國家出版基金項目
NATIONAL PUBLICATION FOUNDATION

陝西出版資金資助項目

「十二五」國家重點圖書出版規劃項目

關學文庫·關學文獻整理系列

總主編 劉學智 方光華

王心敬集（上册）

［清］王心敬 著

劉宗鎬 蘇鵬 點校整理

西北大學出版社

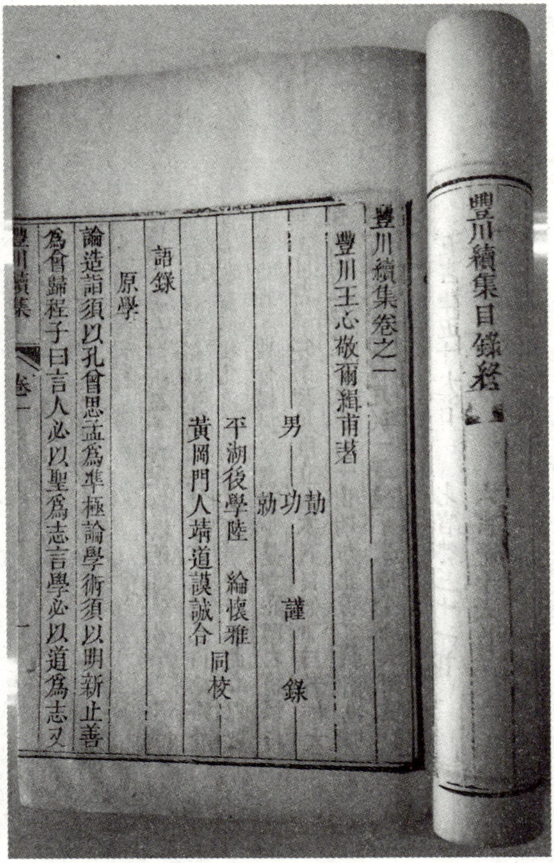
豐川續集目錄終
豐川續集卷之一
豐川王心敬爾緝甫著
男 勷 功 勣 謹錄
平湖後學陸 綸懷雅
黃岡門人靖道謨誠合 同校
語錄
原學
論造詣須以孔曾思孟爲準極論學術須以明新止善
爲會歸程子曰言人必以聖爲志言學必以道爲志又
豐川續集 卷一 一

清恕堂本《豐川續集》書影

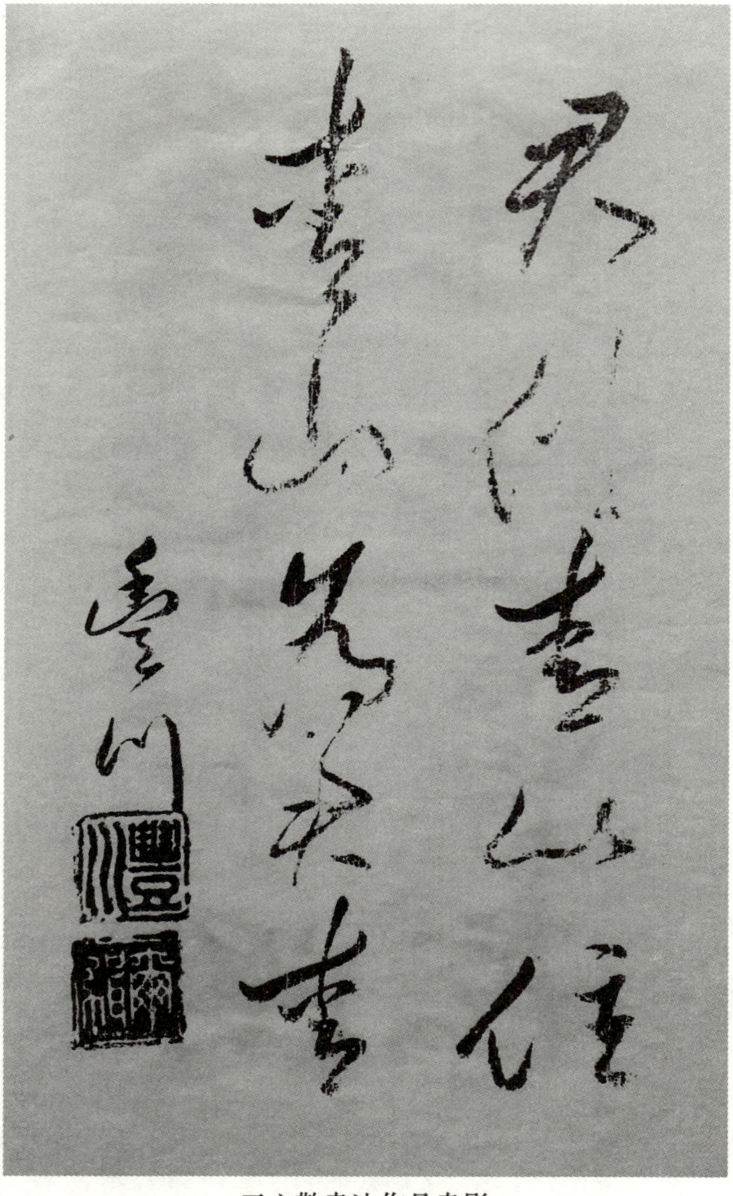

王心敬書法作品書影

總序

張載(一〇二〇—一〇七七),字子厚,宋鳳翔府郿縣(今陝西眉縣)人,祖籍大梁,宋仁宗嘉祐二年(一〇五七)進士。張載出身於官宦之家。祖父張復在宋真宗時官至給事中、集賢院學士,死後贈司空。父親張迪在宋仁宗時官至殿中丞、知涪州事,贈尚書都官郎中。張迪死後,張載與全家遂僑居於鳳翔府郿縣橫渠鎮之南。因他曾在此聚徒講學,世稱「橫渠先生」。他的學術思想在學術史上被稱爲「橫渠之學」,他所代表的學派被後人稱爲「關學」。張載與程顥、程頤同爲北宋理學的創始人。可以説,關學是由張載創立并於宋元明清以至民國初年,一直在關中地區傳衍的地域性理學學派,亦稱「關中理學」。

關學基本文獻整理與相關研究不僅是中國思想學術史的重要課題,也是體現中國思想文化傳承與創新的重要舉措。關學文庫關學文獻整理系列以繼承、弘揚和創新中華文化爲宗旨,以文獻整理的系統性、全面性爲特點,是我國第一部對上起於北宋、下迄於清末民初,綿延八百餘年的關中理學的基本文獻資料進行整理的大型叢書。這項重點文化工程的完成,對於完整呈現關學的歷史面貌、發展脈絡和鮮明特色,彰顯關學精神,推動傳統文化創造性轉化、創新性發展無疑具有重要意義。因爲文庫關學文獻整理系列的各部分均有整理者具體的前言介紹和點校説明,我這裏僅就關學、關學與程朱理學的關係、關學的思想特質、關學文庫關學文獻整理系列的整體構成與學術價值等談幾點意見,以供讀者參考。

一、作爲理學重要構成部分的關學

衆所周知,宋明理學是中國儒學發展的新形態與新階段,一般被稱爲新儒學。但在新儒學中,構成較爲複雜。比較典型的則是程朱理學與陸王心學。南宋學者呂本中較早提到「關學」這一概念。南宋朱熹、呂祖謙編選的近思録較早地梳理了北宋理學發展的統緒，關學是作爲理學的重要一支來作介紹的。朱熹在伊洛淵源録中，將張載的「關學」與周敦頤的「濂學」、二程（程顥、程頤）的「洛學」并列加以考察。明初宋濂、王禕等人纂修元史，將宋代理學概括爲「濂洛關閩」四大派別，其中雖有地域文化的特色，但它們的思想內涵及其影響并不限於某個地域，而成爲中國思想文化史上重要的一頁，即宋代理學。

根據洛學代表人物程顥、程頤以及閩學代表人物朱熹對張載關學思想的理解、評價和吸收，張載創始的關學本質上當是理學，而且是影響全國的思想文化學派。過去，我們在編寫中國思想通史第四卷、宋明理學史上册的時候，在關學學術旨歸和歷史作用上曾作過探討，但是也不能不顧及古代學術史考鏡源流的基本看法。

需要注意的是，張載後學，如藍田呂氏等，在張載去世後多歸二程門下，如果拘泥門戶之見，似乎張載關學發展有所中斷，但學術思想的傳承往往較學者的理解和判斷複雜得多。關學，如同其他學術形態一樣，也是一個源遠流長、不斷推陳出新的形態。關學沒有中斷過，它不斷與程朱理學、陸王心學融合。明清時期以至民初，關學的學術基本是朱子學、陽明學的傳入及與張載關學的融會過程。因此，由宋至清末民初的關學，實際是中國理學的重要組成部分，它是一個動態的且具有包容性和創新性的概念，它開啓了清初王船山學術的先河。

關學文庫關學文獻整理系列所遴選的作品，結合學術史已有研究成果，如宋元學案、明儒學案、關學編及關學續編、關學宗傳等，均是關中理學的典型代表，上起北宋張載，下至晚清的劉光蕡、民國初期的牛兆濂，能够反映關中理學的發展源流及其學術內容的豐富性、深刻性。與歷史上的關中叢書相比，這套文庫文獻整理更加豐富醇純，是對前賢整理文獻思想與實踐的進一步繼承與發展，其學術意義不言而喻。

二、張載關學與程朱理學的關係

佛教傳入中土後，有所謂「三教合一」說，主張儒、道、釋融合滲透，或稱三教「會通」。唐朝初期可以看到三教并舉的文化現象。當歷史演進到北宋時期，由於書院建立，學術思想有了更多自由交流的場所，從而促進了學人的獨立思考，使他們對儒家經學箋注主義提出了懷疑，呼喚新思想的出現，於是理學應時而生。理學主體是儒學，兼采佛、道思想，研究如何將它們融合爲一個整體，這是一個重要的課題。從理學產生時起，不同時代有不同的理學學派。譬如，在「三教融合」過程中，如何理解「氣」與「理」（「理」的問題是迴避不開的，華嚴宗的「理事説」早在唐代就有很大影響）的關係？理學如何捍衛儒學早期關於人性善惡的基本觀點，又不致只在「善」與「惡」的對立中打圈子？如何理解宇宙？宇宙與社會及個人有何關係？君子、士大夫怎麽做才能維護自身的價值和尊嚴，又能堅持修齊治平的準則？這些都是中國思想史中宇宙觀與人生觀的大問題。對這些問題的研究和認識，不可能一開始就有一個統一的看法，需要在思想文化演進的歷史進程中逐步加以解決。宋代理學的產生及不同學派的存在，就是上述思想文化發展歷史的寫照，因而理學在實質上是中國思想文化的傳承創新，具有重要的歷史意義。

張載關學、二程洛學、南宋時朱熹閩學各有自己的特色。作爲理學的創建者之一，張載胸懷「爲天地立心，爲生民立命，爲往聖繼絶學，爲萬世開太平」的學術抱負，在對儒學學説進行傳承發展中做出了重要的理論貢獻。北宋時期，學者們重視對易的研究。易富於哲理性，張載通過對易的解説，闡述對宇宙和人生的見解，積極發揮禮記、論語、孟子等書中的義理，并融合佛、道，將儒家的思想提升到一個新的高度。

張載與洛學的代表人物程顥、程頤等人曾有過密切的學術交往，彼此或多或少在學術思想上相互産生過一定的影響。宋仁宗嘉祐元年（一〇五六），張載來到京師汴京，講授易學，曾與程顥一起終日切磋學術，探討學問（參見二程集河南程氏遺書卷二上）。張載是二程之父程珦的表弟，爲二程表叔，二程對張載的人品和學術非常敬重。通過與二程的切磋與交流，張載對自成一家之言的學術思想充滿自信：「吾道自足，何事旁求！」（呂大臨横渠先生行狀）

因爲張載與程顥、程頤之間爲親屬關係，在學術上有密切的交往，關學後傳不拘門戶，如呂氏三兄弟呂大忠、呂大鈞、呂大臨，蘇昞、范育、薛昌朝以及种師道、游師雄、潘拯、李復、田腴、邵彦明、張舜民等，在張載去世後一些人投到二程門下，繼續研究學術，也因此關學的學術地位在學術史上常常有意無意地受到貶低甚至質疑（包括程門弟子的貶低和質疑）。事實上，在理學發展史上，張載以其關學卓然成家，具有鮮明的特點和理論建樹，這是不能否定的。反過來，張載的一些觀點和思想也影響了二程的思想體系，對後來的程朱學說及閩學的形成也有重要的啓迪意義，這也是客觀的事實。

張載依據易建立自己的思想體系，但是，在基本點上和易的原有內容并不完全相同。他提出「太虛即氣」的觀點，認爲沒有超越「氣」之上的「太極」或「理」世界，換言之，「氣」不是被人創造出的產物。又由此推論出天下萬物由「氣」聚而成；物毀氣散，復歸於虛空（或「太虛」）。在氣聚、氣散即物成物毀的運行過程中，纔顯示出事物的條理性。張載說：「太虛不能無氣，氣不能不聚而爲萬物，萬物不能不散而爲太虛，循是出入，是皆不得已而然也。」（正蒙卷一）他用這個觀點去看萬物的成毀。這些觀點極大地影響了清初大思想家王船山。

張載在西銘中說：「乾稱父，坤稱母。予茲藐焉，乃混然中處。故天地之塞，吾其體；天地之帥，吾其性。民，吾同胞；物，吾與也。」天地是萬物和人的父母，人是天地間藐小的一物。天、地、人三者共處於宇宙之中。由於三者都是氣聚之物，天地之性就是人之性，所以人類是我的同胞，萬物是我的朋友，歸根到底，萬物與人類的本性是一致的。進而認爲，人們「尊高年，所以長其長；慈孤弱，所以幼其幼。聖，其合德；賢，其秀也。凡天下疲癃殘疾、惸獨鰥寡，皆吾兄弟之顛連而無告者也」。這裏所表述的是一種高尚的人道主義精神境界。

二程思想與張載有別，他們通過對張載氣本論的取捨和改造，又吸收佛教的有關思想，建構了「萬理歸於一理」的理論體系。在人性論方面，二程在張載人性論的基礎上進一步深化了孟子的性善論。二程贊同張載將人性分爲「天地之性」和「氣質之性」。但二程認爲「天地之性」是天理在人性中的體現，未受任何損害和扭曲，因而是至善無瑕的；「氣質之性」是氣化而生的，也叫「才」，它由氣禀決定，禀清氣則爲善，禀濁氣則爲惡，正因爲氣質之性不可避免地受到了「氣」的侵蝕而出現「氣之偏」，因而具有惡的因素。在二程看來，善與惡的對立，實際上是「天理」與「人欲」的對立。

朱熹將張載氣本論進行改造，把有關「氣」的學說納入他的天理論體系中。朱熹接受「氣」生萬物的思想，但與張載的氣本論不同，朱熹不再將「理」看成是「氣」的屬性，而是「氣」的本原。天理與萬事萬物是一種怎樣的關係？朱熹關於「理一分殊」的理論回答了這一問題。他認爲：「太極只是個極好至善的道理。人人有一太極，物物有一太極。」又說：「太極非是別爲一物，即陰陽而在陰陽，即五行而在五行，即萬物而在萬物，只是一個理而已。」（朱子語類卷九四）「理一分殊」理論包括一理攝萬理與萬理歸一理兩個方面，這與張載思想有別。

總之，宋明理學反映出儒、道、釋三者融合所達到的理論高度。這一思想的融合完成於兩宋時期。張載開創的關學爲此做出了重要的學術貢獻。正如清初思想家王船山所說：「張子之學，上承孔孟之志，下救來茲之失，如皎日麗天，無幽不燭，聖人復起，未有能易焉者也。」（張子正蒙注序論）船山之學繼承發揚了張載學說，又有新的創造。

三、關學的特色

關學既有深邃的理論，又重視經世致用。這可以概括爲以下幾個方面：

首先，學風篤實，注重踐履。黄宗羲指出：「關學世有淵源，皆以躬行禮教爲本。」（明儒學案師說）躬行禮教、學風樸質是關學的顯著特徵。受張載的影響，其弟子藍田「三呂」也「務爲實踐之學，取古禮，繹其義，陳其數，而力行之」（宋元學案呂范諸儒學案），特別是呂大臨。明代呂柟其行亦「一準之以禮」（關學編）。清代的關學學者王心敬、李元春、賀瑞麟等人，依然守禮不輟。

其次，崇尚氣節，敦善厚行。關學學者大都注意砥礪操行，敦厚士風，具有不阿權貴、不苟於世的特點。張載曾兩次被薦入京，但當發現自己的政治理想難以實現時，毅然辭官，回歸鄉里，教授弟子。明代楊爵、呂柟、馮從吾等均敢於仗義執言，即使觸犯龍顏，被判入獄，依舊不改初衷，體現了大義凛然的獨立人格和卓異的精神風貌。清代關學大儒李顒，在皇權面前錚錚鐵骨，操志高潔。這些關學學者「窮則獨善其身，達則兼善天下」，體現出「富貴不能淫，貧賤不能移，威武不能屈」的「大丈夫」氣節。

最後，求真求實，開放會通。關學學者大多不主一家，具有比較寬廣的學術胸懷。張載善於吸收新的自然科學成果，不斷充實豐富自己的儒學理論。他注意對物理、氣象、生物等自然現象做客觀的觀察和合理的解釋，具有科學精神。後世關學學者韓邦奇、王徵等都重視自然科學。三原學派的代表人物王恕以治易入仕，晚年精研儒家經典，強調用心求學，用心考證，求疏通之解，形成了有獨立主見的治國理政觀念。關學學者堅持傳統，但并不拘泥於傳統，能够因時而化，不斷地融合會通學術思想，具有鮮明的開放性和包容性特徵。由張載到「三呂」、呂柟、馮從吾、李顒等，這種融會貫通的學術精神得到不斷承傳和弘揚。

四、關學文庫關學文獻整理系列的整體構成與學術價值

關學文獻遺存豐厚，但是長期以來没有得到應有的保護和整理，除少量著作如正蒙、涇野先生五經說、少墟集、元儒考略等在清代收入四庫全書之外，大量的著作仍以綫裝書或手抄本的形式散存於陝西、北京、上海等地的圖書館或民間，其中有的已成孤本（如韓邦奇的禹貢詳略、李因篤的受祺堂文集家藏抄本），有的已殘缺不全（如南大吉集收入的瑞泉集殘本，現重慶圖書館存有原書，國家圖書館僅存膠片；收入的南大吉詩文，搜自西北大學圖書館藏周雅續）。即使晚近的劉光蕡、牛兆濂等人的著述，其流傳亦稀世罕見。二十世紀七十年代以來，中華書局出版了張載集，并將藍田呂氏遺著輯校、關學編、正蒙合校集釋、涇野子内篇、二曲集等收入理學叢書陸續出版，這些僅是關學文獻的很少一部分。全方位系統梳理關學學術文獻仍係空白。

關學典籍的收集與整理，是關學學術研究的重要基礎。這次關學文庫文獻的整理與編纂者在全國范圍的圖書館和民間廣泛搜集資料，一是搶救性發掘整理了一批關學文獻，二是對一些文獻以新發現的版本進行比對校勘、輯佚補充，從而使關學文庫關學文獻整理系列成爲目前最能反映關學學術史面貌，對關學研究具有基礎性作用的文獻集成。關學文獻整理系列圖書共涉及關學重要學人二十九人，編訂文獻二十六部，計一千八百六十餘萬字。這些文獻分別是：張子全書、

藍田呂氏集、李復集、元代關學三家集、王恕集、薛敬之張舜典集、馬理集、呂柟集涇野經學文集、呂柟集涇野子內篇、呂柟集涇野先生文集、韓邦奇集、南大吉集、楊爵集、馮從吾集、王徵集、王建常集、王弘撰集、李顒集、李柏集、李因篤集、王心敬集、李元春集、賀瑞麟集、劉光蕡集、牛兆濂集以及關學史文獻輯校等。其中的韓邦奇集、南大吉集、李柏集、李因篤集、牛兆濂集屬于搶救性整理；李復、王恕、薛敬之、呂柟、馬理、楊爵、王建常、王弘撰、王心敬、李元春、賀瑞麟等學人文獻屬于首次系統整理出版；張子全書、藍田呂氏集、李顒集、劉光蕡集、關學史文獻輯校是在進一步輯佚完善的基礎上整理出版的。總之，關學文獻整理的系統性和全面性得到了體現。

關學文庫文獻整理力圖突出全面性、系統性和深度整理的特點。就全面性和系統性而言，就是保證關學史上重要學人的文獻資料不被遺漏，這裏所選的二十九位學人，都是關學史上較爲重要的和代表了關學發展某一環節的學人。其中如張載、藍田「三呂」、馬理、呂柟、楊爵、馮從吾、王弘撰、李顒、李柏等人的著作集，是迄今文獻收集最爲齊全的。同時對於有關關學史的文獻也進行了全面系統的搜集和整理，如關學史文獻輯校，不僅重新點校整理了馮從吾的關學編，收録和點校整理了王心敬、李元春、賀瑞麟以及由劉光蕡、柏景偉重加整理校勘的關學續編，還首次點校整理了清末民初張驥的關學宗傳，并從諸多史書中輯録了一些零散的關學史資料，使之成爲目前能全面反映關學史面貌的文獻輯校本。關學文庫關學文獻整理系列，以豐富的關學史文獻，證明了「關學之源流初終，條貫秩然」，關學有其自身發展演變的歷史。就深度整理來說，關學文獻整理系列遵循古籍整理的傳統做法，采用繁體字、竪排版，標點、校勘，并對專用名詞做下劃綫處理。其目的不僅在於使整理與編纂者在文獻整理中提高自身的學術素養，同時也爲以後文獻研究者提供方便，推動關學研究深入開展，這也是關學文庫關學文獻整理系列圖書出版的重要目的。

關學文庫係「十二五」國家重點圖書出版規劃項目，國家出版基金項目、陝西出版資金資助項目，得到了中共陝西省委、陝西省人民政府、國家新聞出版廣電總局以及陝西省新聞出版廣電局的大力支持。文庫的組織、編輯、審定和出版工作在編輯出版委員會領導下進行，日常工作由陝西省人民政府參事室（陝西省文史研究館）和西北大學出版社負責。本文庫歷時五年編纂完成，凝結着全體參與者的智慧和心血。總主編劉學智、方光華教授，項目總負責徐曄、馬來同志統籌全書，精心組織，陝西師範大學、西北大學、西北政法大學、中國人民大學、華東師範大學、鄭州大學等十餘所院校的數十位專家學者協力攻關，精益求精，體現出深沉厚重的歷史使命感和復興民族文化的責任感；他們孜孜矻矻，持之以恒，任勞任怨，樂於奉獻，以古人爲己之學相互勉勵，在整理研究古代文獻的同時，不斷錘煉學識，砥礪德行，努力追求樸實的學風和嚴謹的學術品格。出版社組織專業編輯、外審專家通力合作，希望盡最大可能提高本文庫的學術品質。作爲文庫編輯出版委員會主任，我謹向大家卓有成效的工作表示衷心的感謝。由於時間緊迫、經驗不足等原因，文獻整理中存在的疏漏差錯難以完全避免。希望讀者朋友們在閱讀使用時加以批評指正，以便日後進一步修訂，努力使文庫文獻整理更加完善。

張豈之

二〇一五年一月八日

于西北大學中國思想文化研究所

前言

王心敬字爾緝，號豐川，陝西鄠縣（今户縣）人。生於清順治十三年（一六五六），卒於清乾隆三年（一七三八）。是清代中期著名的思想家和教育家。王心敬終身蟄居鄠縣，以講學著述爲事，故而著述宏富。今傳世著作有豐川易說十卷，江漢書院講義十卷，尚書質疑八卷，春秋原經十六卷，禮記彙編八卷，豐川詩說二十卷，關學彙編六卷，豐川全集正編二十八卷，豐川全集續編二十二卷，豐川全集外編五卷，豐川續集三十四卷和南行述不分卷。

一、生平簡歷

王心敬出生於貧寒的農耕家庭，十岁時，其父中悦公（名忻，字中悦）病逝，家境遂日益贫寒。大抵在他十五歲時，在其伯父篤恭公（名慤，字篤恭）的鼎力資助下，他追隨鄠縣制藝名師王酇學習八股文。就學之初，他即樹立三十歲時功業輝煌之志，所以學習異常刻苦。十八歲就學邑庠，十九歲食餼，二十歲「文名噪甚」。嗣後，他泛讀宋儒論道之書，始知功業非無本之學，道德乃經世之基，並覺得科舉時文浮華無實。二十二歲參加歲試，主考官待之不以禮，他脱幘擲地，曰：「昔陶令公不爲五斗米折腰，我豈戀一青衿乎？」言罷揚長而去。

清康熙十九年（一六八〇），王心敬在其母李氏的支持下，負笈盩厔（今周至），師從李顒（字中孚，學人稱二曲先生）學習「體用全學」。儘管每日過着「煮糜以食」的清苦生活，但他「朝夕執侍，一意闇修」（吳懷清關中三李年譜）。尤其對於李顒倡導的「明體適用」之學，他能夠「反身實踐」，故而深得李顒器重。李顒曾直言：「汝聰明過人，吾安得不喜，竭生平所蘊而傳授之，舍汝其誰？」（李顒二曲集卷一六答王心敬）顯見，他已被李顒確定爲自己學術思想的衣鉢傳人。在李顒的悉心教導下，他在盩厔苦學十年之久，比較全面地繼承了李顒的學術思想。他對李顒學術思想的繼承主要有三個方面：其一，明體適用的學術思想。他繼承了李顒的「明體適用」之學，並將之概括爲「體用全學」；其二，以行踐學的學者作風。他將李顒倡導的「反身實踐」，繼承並發展爲「即行可以驗學」（豐川全集正編卷九侍側紀聞）的爲學作風；其三，明學正人的爲學使命。他繼承了李顒「明學術，正人心」的爲學使命，並提出了自己「繼絕學於往聖，正人心於來兹」（豐川續集卷一三復遜功弟）的爲學主張。

康熙二十八年（一六八九），王心敬辭師返回鄠县。他伏身畎畝，完全過着「勤耕供孀母」（續集卷三〇田園雜興其一）的農耕生活。康熙三十一年（一六九二），他在鄠縣的孫家磑創建二曲書院，擬邀請「知契時常聚會」（正編卷一六又上二曲夫子），「以上續恭定之薪傳」（正編卷二謝學憲高嵩侶先生書），從而復興關學，然不爲時局所許。迨康熙四十六年（一七〇七），他始於二曲書院主講「道德經濟」之學，自此開始了他「款款話耕讀」（續集卷三〇田園雜興其二）的半耕半讀生涯。

康熙四十四年（一七〇五），李顒謝世。王心敬作爲李顒的學術傳人，開始被邀外出講學，但他幾乎皆以老母衰暮不離侍養而辭謝。然康熙五十年（一七一一），他應湖北巡撫陳詵的邀請，曾往武昌江漢書院講學。據載，當時「執經北面者，履滿於庭」。康熙五十三年（一七一四），他又應江蘇巡撫張伯行之邀，往蘇州紫陽書院講學。與當地以張伯行爲首的朱子輩學人「往復辯難，彼此抵牾」（張師栻、張師載張清恪公年譜）。

江南講學之後，王心敬「聲聞茂著，四方學士爭識其面」（劉青芝王徵君先生心敬傳），書信來問學或商榷學術者尤多。當朝理學名臣陳詵、張伯行、朱軾，理學學者李來章、朱澤澐等來信商討學術；諸學術大師的弟子，如黄宗羲的弟子裘璉、高世泰的弟子姚璲、彭定求的弟子林雲翥等來信相與論學；就連桐城派著名學者方苞，顏李學派著名學者李塨也曾與他書信商討學術。今按豐川全集正、續、外編和豐川續集，其中存有論學書信多達四百餘封。從這些參與論學的學人的地域分佈來看，除陝西之外，有北京、河北、甘肅、山西、山東、河南、湖北、湖南、江蘇、安徽、江西、浙江和福建，遍佈當時中國的絕大多數省份。足見王心敬學術交往之廣泛。

王心敬廣泛論學，聲聞愈著，遂引起了清廷的注意。康熙五十三年（一七一四），他在蘇州講學期間，清廷即以「山林隱逸」徵召，他藉患傷寒症而辭卻。雍正元年（一七二三），清廷又以明史分撰官徵召，他因雙耳重聽再次謝絕。乾隆元年（一七三六），清廷授予他「孝廉方正」的榮譽稱號，他無法拒絕這種精神贈予，但以老病爲由謝絕進京謝恩。

自康熙五十三年（一七一四）謝卻徵召後，爲了避免清廷的注意，王心敬要么竟日閉關二曲書院，要么匿身果園圃田，不再外出，甚至「三十餘年足迹不入省會」（豐川續集卷一四答秦州陳刺史）。雍正元年（一七二三），六十八歲的王心敬患眩暈症，臥牀達八月整，自此終結了他二曲書院的教學事業。後來他在終南山太平峪創建太平山房，從此完全過著山林隱居的生活。在隱居期間，他有感於理學向道乏人，考慮寓道於經以待豪傑之士，遂於雍正二年（一七二四）四月開始注解五經。這也就是他所謂的「獨憐六經注，辛苦晚經營。」（豐川續集卷三四除日）

二、學術思想

王心敬的學術思想十分豐富。作爲儒者，他的學術不只囿於理學和經學，而且廣泛地論及政治、教育、農業、軍事和荒政。其實，這和他的爲學使命緊密聯繫。他的爲學使命是「繼絕學於往聖，正人心於來兹」，主要依靠講授「道德經濟，一貫之旨」（豐川全集正编卷一六答友人論宋儒學術書），培養「道德經濟」兼備的「通才」來實現。在古代社會，對學生道德素養的培養，需要依靠理學和經學；而對學生經世致用才能的培養，則需要政治、教育、農業、軍事和荒政等各方面的知識。只不過作爲儒者，他對道德修養更爲重視，甚至認爲道德素養是經世致用的基礎。具體來看，他的學術思想，就内容而言，包括三個大的方面：「道德」之學、「經濟」之學和經學。「道德」之學就是理學，論域包括心體論、工夫論和境界論；「經濟」之學的論域涉及政治、教育、農業、軍事和荒政等；經學即他對周易、尚書、春秋、禮記和詩經的闡釋。另外，他又運用「理一分殊」的方法，在「道德」之學、「經濟」之學、經學之間建立起了緊密的聯繫。首先，「道德」之學、「經濟」之學與經學是道器關係，即經學是承載「道德」之學和「經濟」之學的器具。其次，「道德」之學和「經濟」之學是體用關係，即道德之學是經濟之學的本體，經濟之學是道德之學的功用。顯而易見，道德之學是他學術思想的核心內容，也就是說，理學是他的學術思想的核心內容。就理學思想來看，他運用「理一分殊」將其理學中的諸多範疇，整合在「心」這一核心範疇上。他運用「一而二，二而一」的體用論論證了性與心的體用關係，道德與經濟的體用關係；然後他又運用「理一分殊」將其他理學範疇如「道」「德」「仁」「義」「禮」「忠信」「良知」「良能」「知」「行」等等，都收攏到「心」上。從而建構了以「心」這一核心範疇爲基礎的心學體系。由此可見，他的學術思想是以心學爲基礎、經學爲依據、內容廣泛涉及政治、教育、農業、軍事和荒政的博大的思想體系。王國維論述清代學術時說：「國初之學大，乾嘉之學精，而道咸以來之學新。」（王國維觀堂集林卷二三沈乙庵先生七十壽序）王心敬雖然主要生活在清代中期，但他的學術思想很「大」。

下面就從道德之學、經濟之學和經學三個層面，比較詳細地介紹王心敬的學術思想。

王心敬主張的「道德」之學，主要指的是理學。他的理學體系中，「本心」是核心範疇，其他範疇如「性」「理」「天」都是由「本心」來界定的。「心」的本然狀態被稱爲「心體」，他更看重對「心體」的描述，認爲「心體」是「湛靜清明體段」（豐川續集卷二九書卷）。「心體」是有「分量」的，即他所謂的「心量」。他認爲「心體精明同乎日月，心量弘厚同於天地」（豐川易說卷首通論）。所以對「心體」要想體認到「全體」，就不得不體盡心之「全量」。這已經涉及修養功夫了。所謂修養功夫，就是保持「心體」的「湛靜清明」。具體而言，分「收心」和「養心」兩種功夫。「收心」，他有時也用孟子的「求放心」來表述，是主體通過一定的修養方法去追認「本心」。「收心」就功夫進路來看，是由外向內的追尋；就內容來看，是由明心而見性，由制人欲而彰天理；就主體性來看，是由迷而轉悟；就形式來看，表現爲「勉強」「拘牽」。「收心」功夫是要找回遺失的「本心」，當找回之後，就需要用「養心」功夫來護持。所謂「養心」就是涵養「本心」，是主體由自明的本心而發出的功用。就功夫進路來看，是由內向外的彰顯；就內容來看，是由性顯而心明，由理存而無欲；就主體性來看，本自恒悟故不迷；就形式來看，表現爲「自然」「灑然」。他認爲修養功夫達到一定的火候，主體會产生某種具體的審美體驗，即境界。他認爲境界「固足驗其學力」（豐川全集正編卷一四明學），故而他多通過詩歌來展現自己的修養境界。他的理學思想中所反映的境界有三種：分别是浩然空明、無境不現和内外兩忘。浩然空明的境界是指主體主要通過主靜的修養功夫，收斂得本心清明時，頓然產生的一種海闊天空、萬象通明的感覺。無境不現的境界，就本心的樣態和運行而言，無論主體閑暇還是繁忙，無論心靈與事物接觸與否，心境始終靈明不昧，不滯不染。因爲在他看來，人心原本是活潑潑的，所以對心的體察，有事時就在處理事務中體察，無事時就在閒暇中返觀内照，隨處體認，隨時體認。内外兩忘的境界是主體在對本心的涵養中消解了物我之别，從而實現萬物一體，生死兩忘。

王心敬倡導的「經濟」之學，也就是經世致用之學，具體包括政治、教育、農業、軍事和荒政諸學。政治方面，他主張以民爲本，提出了「治天下之道，以安養生民爲第一義」（豐川續集卷一九寄朱可亭）的主張。但他所説的民主要指農民，因而他反對「貴士賤民」（豐川全集外編卷三答金應枚邑侯求言書）的主張，並批評統治者將農民「以愚賤忽之」（同上）的作法。儘管他主張以德治世，但鑒於天德對「不知廉恥」者完全失效、天道對「不怕神鬼」者完全失靈時，他又非常重視法治。最終，他認爲治世之道應當以德治爲主，以法治爲輔，這樣社會管理者「上畏國法，下顧清議」（豐川續集卷一八與施公論賑濟各條附），國家才能被治理得文明和諧。教育方面，他在多年二曲書院教學的實踐基礎上，提出了廢除科舉制而實行保舉制的主張，並主張恢復晚明的書院講會活動。他認爲只有這樣，才能培養出「道德經濟」兼備的「通才」。農業方面，他的成就更爲突出。他在農田水利方面的專著區田圃田説、井利説和水利説備受現代農學專家的推崇。他提出的鑿井灌溉主張，被陝西巡撫崔紀、陳宏謀等付諸實踐，從而推動了陝西農業的發展。他主張的區田法，被王毓瑚認爲是「提出了一種獨創的耕作方法」（王毓瑚中國農學書録）。陝西布政使帥念祖繼承了他的這一耕種方法，並在陝西大力推廣。同樣，對陝西的農業發展具有推動作用。另外，他在農業研究和實踐中，提出了一個重要的哲學命題，即「天工之缺於生者，直補之以人工之巧；地道之虧於成者，盡贊之以殖物之能」（豐川續集卷八井利説）。該命題闡發的是人应当遵循和利用自然規律來克服自然界的不足的主张，這顯然是對天人之辯命題的創新詮釋，頗具哲學價值。軍事方面，他對儒者提出了「兵事亦不可不知」（豐川全集正編卷二六豐川家訓）的要求。就他的軍事思想來看，戰爭論、戰略論、戰術論、將帥論、士兵論和軍備論或詳或略皆有論述。而且他的軍事思想曾被額倫特和鄂爾泰等顧問，對清廷用兵準噶爾不無影響。荒政方面，他主要論述了「備荒」和「救荒」思想。「救災於有事之後，不如防災於無事之先」（豐川續集卷七荒政考）是他的基本觀點，所以他特別重視備荒。對於救荒，他提出了綜合救治的方法，即安插飢民、調控物價、維護治安和引水灌溉等方法配合救治。當然，也要看到他的救荒僅僅局限於乾旱引起的饑荒。

王心敬的經學思想，具體表現在他的五經注疏中，這裏僅概括地予以介紹。他對五經有一個基本的認知，即「矧聖經者，聖道之攸寄」（尚書質疑卷首豐川古文尚書質疑自序）。鑒於漢儒注經「語器而遺道」，所以他注解五經以發掘「孔孟心宗」爲目標，以「援經證經」爲方法。具體而言，他是依據論語和孟子中有關五經的簡單論述來確定五經的本旨，並在本旨的規範下闡釋五經，而不顧及文字訓詁。很明顯，他注疏五經走的是宋學的路子。在這一路徑的導引下，他遍注儒家五經，從而撰就豐川易說、尚書質疑、春秋原經、禮記彙編和豐川詩說等經學著作。其中，豐川易說被視爲清代易學「理象折中派」的代表作（羅振玉本朝學術源流概略），頗有研究的價值。

三、歷史地位

王心敬在關學歷史上具有十分重要的地位。康熙間陝西督學使陸德元曾給王心敬創辦並主講的二曲書院贈送了一副對聯：「繼横渠道統，承二曲心傳。」（豐川全集正編卷二〇謝學憲陸儼庭先生匾聯書）這確切地表明：王心敬主講的「道德」之學，是對李顒心性之學的繼承和發展；而他主講的「經濟」之學，則是對張載經世之學的傳承和發展。同時，也顯示了王心敬是繼張載和李顒之後最爲傑出的關學學者。

王心敬謝世後，無論是關中學者，還是關中之外的學者，都對他在關學史上的貢獻做出了評價。唐鑑說：「關中之學，二曲倡之，豐川繼起而振之，與東南學者相應相求，俱不失切近篤實之旨焉。」（唐鑑國朝學案識卷一〇待訪録）這是說他當時在關學史上的地位可以與李顒媲美，因爲他步李顒後塵將關學推向了頂峰。然而他身後的關學學者，幾乎難以望其項背。關學學者孫景烈就認爲自他謝世後，關學「薪火岌岌不續」（孫景烈史復齋文集序）。無獨有偶，另一位關學學者周元鼎也認爲「自豐川先生而後，吾關中之學其絕響矣」（周元鼎關學續編後序）。這都説明他在關學史上具有極其高的地位。

另外，王心敬的學術人品更是爲後來的關學學者所稱道，關中程朱理學學者對他的學術人品的評價最具説服力。張秉直雖然批評他在關中宣揚陽明學，「致令吾鄉學者不知程朱的傳」（張秉直蘿谷文集卷三答姬鸞東書）；但不能不承認他的「學行兼優，名播當世」（張秉直開知録卷四）。李元春對他的心學思想有所不滿，但也充分讚揚他「有志有節」（李元春桐閣先生文鈔卷一一書箋）。楊樹椿雖指出他的理學思想「畢竟陽明爲主，特貌似尊程朱耳」（楊樹椿楊損齋文鈔卷八書李二曲集王豐川序後）；但依然讚許他「制行高風世所欽」（楊樹椿楊損齋文鈔卷一五豐川祠）。清末唯程朱理學是從的賀瑞麟也充分肯定他的理學是「實學」，並稱讚他「學博辭精」（賀瑞麟清麓答問卷二）。民國初期的關學學者温恭盛讚他「俗緣淨掃，道味是沉」（温恭國朝關中十八儒序贊之鄠縣王豐川先生），並推許他爲「三秦師表」。這都能夠在一定程度上反映出王心敬在關學史上具有很高的地位。

所以，我們可以肯定地説，王心敬無論在世之時，還是謝世之後，都對關學的發展具有很大的推動作用。他是一位頗具影響力的關學學者，他在關學史上具有十分重要的地位。

劉宗鎬　蘇鵬

二〇一四年九月寫於西安

點校説明

有清一代凡對王心敬有所記載的文獻，幾乎對其著作均有介紹；然詳略不一，正誤混雜。據王心敬豐川全集、豐川續集，劉清芝王徵君先生心敬傳以及清雍正十年（一七三二）刊刻、清乾隆十六年（一七五一）補刻的鄠縣重續志等文獻的記載來看，他的著作刊刻的有豐川易說十卷，江漢書院講義十卷，尚書質疑八卷，春秋原經十六卷，禮記彙編八卷，豐川詩說二十卷，關學彙編六卷，豐川全集正編二十八卷，豐川全集續編二十二卷，豐川全集外編五卷，豐川續集三十四卷，二曲先生歷年紀略四卷和南行述不分卷；另外，還有文獻攬要、洗冤録、古道典型、集荒政考等著作未刊刻，卷數皆不詳。由此可見，王心敬的著作非常宏富。

雖然王心敬的著作非常宏富，但是版本比较单一。他的著作历史上僅有两次较大規模的刊刻，且均結集爲豐川全集，即康熙本豐川全集和乾隆本豐川全集。康熙本豐川全集始刻於康熙五十四年（一七一五）夏，翌年夏完成。該本著録有豐川易說十卷、江漢書院講義十卷、豐川全集正編二十八卷、豐川全集續編二十二卷和豐川全集外編五卷，後附録二曲先生歷年紀略四卷。然按正編、續編和外編書側有「存省稿」字樣，再按王心敬所說弟子靖道謨曾幫助自己「校正存省稿」（豐川續集卷三四哭門人黄岡靖庶常）來看，康熙本豐川全集即其著作存省稿一書。康熙本豐川全集雖署名二曲書院版刻，但實際刊刻於湖北武昌。由湖廣總督額倫特捐資倡導刊刻，其標下中軍副將丁沂監工，江夏縣知縣金廷襄主編，王心敬次子王功和江漢書院諸生靖道謨等參與編輯。王心敬自云該集八十餘萬言，刻木版數多達三牛車。然而由於刊刻時間十分緊促，再兼刊刻過程中時有增删塗改，故而該本文字錯訛较多，且編次混亂，甚至出現了重複的篇章。就連王心敬自已都不禁感嘆：「鄙人前集中錯訛既多，兼可改删處亦復不少。」（豐川續集卷一三答竇應朱光進）但誠如蔡尚思所指出，該本的内容「多關哲學」（蔡尚思中國思想研究方法）。乾隆本豐川全集著録有尚書質疑八卷，禮記彙編八卷，春秋原經十六卷和豐川續集三十四卷，基本都是王心敬康熙五十五年（一七一六）至乾隆三年（一七三八）間的著作。該本豐川全集皆由王心敬幼子王勍主持刊刻完成。詳而言之，尚書質疑、禮記彙編和春秋原經均於乾隆三年（一七三八）由王劭主持刊刻於廣西潯州知州任所，故署名潯衙本；豐川續集乾隆十四年（一七四九）秋始刊刻，翌年夏刻成，署名恕堂本。該本豐川全集雖較康熙本優出，但文字的錯訛和脱落亦所不免，詩歌也存有内容重複編排的情形。該本的内容多關涉王心敬的經學思想和實學思想，而很少關涉他的理學思想。

這兩個版本的豐川全集都未著録豐川詩説、關學彙編和南行述。南行述是王心敬記録其師李顒南行講學事，故多附録在二曲集中刊刻。豐川詩説清代亦有刊刻，今山東大學圖書館有藏，但刊刻年代及版本均不詳。關學彙編原刻已亡佚，今有清嘉慶七年（一八〇二）周元鼎增修本關學編可概見其貌。

王心敬的著作除上述結集樣式和版本外，還有其他樣式和版本。豐川續集另有清光緒十三年（一八八七）補刻本，乃鄠縣知縣鈕福嘉鑒於恕堂本版刻散佚不全而主持補刻的。該本僅補足恕堂本之缺失，恕堂本當初的文字脱落和錯訛一仍其舊。清道光年間，三原楊秀元將豐川全集正編中的豐川家訓節録爲豐川家訓節要，後於光緒三十四年（一九〇八）由永遠書局刊印。民國間，宋聯奎等從豐川續集中選出區田说、荒政考和四禮寧儉編命名爲豐川雜著，著録於關中叢書刊刻。另外，王心敬的著作還被一些叢書所著録，如昭代叢書著録南行述，皇朝經世文編著録區田圃田説、井利説和論馬政。這裏還需要説明的是，據陽海清編撰的中國叢書廣録記載，王心敬還有豐川五經，即豐川易説十卷，尚書質疑八卷，豐川詩説二十卷，禮記彙編八卷和春秋原經十六卷。然該書今之未見，遑論何種版本。看來對王心敬著作的考察，還有俟來日進一步的努力。

鑒於王心敬著作宏富，且版本存有問題，較短時限内無法將之全部點校，所以我們決定選擇部分著作來點校。我們的選擇標準有二：一是主要選擇儒學尤其是理學方面的著作，二是盡量選擇有校本可校對或者無校本但底本清晰可辨的著作。基於這一考慮，我們選擇了如下著作：豐川易説、四禮寧儉編、江漢書院講義、關學彙編、傳道諸儒評、論濂洛諸儒、豐川語録、侍側紀聞、學旨、證心録、豐川家訓、姑蘇論學、豐川答問録和豐川詩集。

下面就將各著作點校所依據的底本以及校本略做介紹：

豐川易説十卷，康熙本豐川全集所著録的二曲書院本已亡佚，今所見有四庫全書文淵閣本和文津閣本。兩本對勘，皆有脱落，然文淵閣本較文津閣本脱落少，故以文淵閣本爲底本，以文津閣本爲校本。

四禮寧儉編不分卷，四庫全書總目云該書又名豐川家禮，豐川續集卷三著録，豐川雜著亦著録。以恕堂本爲底本，關中叢書本爲校本。

江漢書院講義十卷，康熙本豐川全集所著録的二曲書院本國家圖書館有藏，即以此本爲底本。

關學彙編六卷，今有清嘉慶七年周元鼎增修本關學編。然鄠縣重續志卷五藝文記載的書名爲關學彙編；而且王心敬在給王承烈的書信中所提及的書名也是關學彙編，並對書名解釋説：「顧如鄙意竊以爲彙編標名，明乎關學原自有舊編，非自今日創。今之此編特因依舊編，而前後附益彙成耳。」（豐川續集卷一三又（答遜功弟）可見，該書原名關學彙編，關學編乃後人刊刻時擬定。今以周氏增刻本爲底本，但恢復關學彙編原名。

傳道諸儒評不分卷，著録於豐川全集正編卷一三，以二曲書院本爲底本。

論濂洛諸儒不分卷，著録於豐川續集卷五，以恕堂本爲底本。

豐川語録五卷，卷一至卷四著録於豐川全集正編，卷五著録於豐川續集卷五，分别以二曲書院本和恕堂本爲底本。

侍側紀聞七卷，卷一至卷六著録於豐川全集正編卷五至卷一〇，卷七著録於豐川全集續編卷四，分别以二曲書院本和恕堂本爲底本。

學旨不分卷，著録於豐川全集正編卷一一，以二曲書院本爲底本。

證心録不分卷，著録於豐川全集正編卷一二，以二曲書院本爲底本。

豐川家訓三卷，著録於豐川全集正編卷二六至二八，以二曲書院本爲底本，以永遠書局刊印的王豐川家訓節要爲校本。

姑蘇論學三卷，著録於豐川全集續編卷一至卷三，以二曲書院本爲底本。

豐川答問録四卷，卷一至卷三著録於豐川全集續編卷五至卷七，卷四著録於豐川續集卷二，分别以二曲書院本和恕堂本爲底本。

豐川詩集五卷，著録於豐川續集卷三〇至卷三四，以恕堂本爲底本。

對以上著作，我們大體按照四部分類法進行排序，各類内部依照原著的排列次序爲序，並按照「關學文庫」編纂要求命名爲王心敬集。

另外，還需要説明的是，點校過程中，我們對在某些意項上的通假字，如「念」通「廿」、「岐」通「歧」等，皆保持原貌而未改正。對於明顯的文字訛誤，如「己」與「已」、「人」與「入」之誤等，則直接改正而不出校記。對於避諱字，如「玄」，以缺筆避諱者，皆予以回改；以「元」和「依」改字避諱者，除在人名、書名等專有名詞中改正外，其他俱未回改。對原版文字缺脱或漫漶處，皆以「□」替代，或出校記予以説明。

本書點校整理工作，斷斷續續進行了三年多，然而相當多的時間卻耗費在版本的搜尋和文字的録入上。感謝西北大學出版社編輯黄偉敏老師的鼓勵和督促，時至今日才得以完成。但限於時間和水平，點校中存在的不足甚或錯誤亦在所難免，希望廣大讀者不吝批評指正。

劉宗鎬　蘇鵬

二〇一四年九月寫於西安

目録

總序……張豈之　一
前言……一
點校説明……一

豐川易説

豐川全集序……一
豐川續集序一……二
豐川續集序二……三
豐川易説原序……九
卷首……一〇
通論……一〇

上册

用易……三三
卷一……三六
上經
乾……三六
坤……五三
卷二……六四
上經
屯……六四
蒙……六八
需……七三
訟……七七
師……八一

比……八六
小畜……九〇
卷三……九五
上經
履……九五
泰……一〇〇
否……一〇五
同人……一〇九
大有……一一四
謙……一一八
豫……一二三
卷四……一二八
上經
隨……一二八
蠱……一三二
臨……一三七
觀……一四一
噬嗑……一四六
賁……一五一
剥……一五七
卷五……一六二
上經
復……一六二
无妄……一六七
大畜……一七二
頤……一七六
大過……一八一
坎……一八六
離……一九〇
卷六……一九五
下經
咸……一九五
恒……二〇〇
遯……二〇四

大壯……二〇九
晉……二一三
明夷……二一七
家人……二二二
卷七……二二八
下經
睽……二二八
蹇……二三三
解……二三七
損……二四一
益……二四七
夬……二五一
姤……二五五
卷八……二六〇
下經
萃……二六〇
升……二六四
困……二六八
井……二七三
革……二七八
鼎……二八二
震……二八七
卷九……二九二
下經
艮……二九二
漸……二九七
歸妹……三〇三
豐……三〇七
旅……三一二
巽……三一六
兌……三二一
卷十……三二六
下經
渙……三二六

節……三三〇
中孚……三三五
小過……三三九
既濟……三四五
未濟……三五〇

四禮寧儉編

四禮寧儉編……三五七
冠……三五七
昏……三五九
喪……三六二
祭……三七八

江漢書院講義

江漢書院講義　有引……三八三
卷一……三八四
子以四教章……三八四
君子深造之以道章……三八六
上論一……三八七
卷二……三九六
上論二……三九六
卷三……四〇六
下論一……四〇六
卷四……四一六
下論二……四一六
卷五……四二五
大學……四二五

卷六 …… 四三三

中庸 …… 四三三

卷七 …… 四三九

上孟一 …… 四三九

卷八 …… 四四八

上孟二 …… 四四八

卷九 …… 四五七

上孟三 …… 四五七

卷十 …… 四六五

下孟 …… 四六五

關學彙編

關學彙編序 …… 四八三

關學編原序（三篇） …… 四八四

關學編後序 …… 四八七

關學彙編凡例 …… 四八七

卷一（新增） …… 四九〇

聖人

伏羲 …… 四九〇

附傳疑三聖 …… 四九二

商

泰伯　仲雍 …… 四九三

文王 …… 四九四

周

武王 …… 四九五

周公 …… 四九六

卷二（原編） …… 四九九

周

孔門四賢 …… 四九九

漢儒
流寓一人 新增……五〇一
四知楊先生 新增……五〇二
附拾遺一人……五〇三
宋儒
橫渠張先生……五〇四
天祺張先生……五〇七
進伯呂先生……五〇八
和叔呂先生……五〇九
與叔呂先生……五一一
季明蘇先生……五一二
巽之范先生……五一三
師聖侯先生……五一四
天水劉先生……五一四
卷三(原編)……五一五
金儒
君美楊先生……五一五
元儒
紫陽楊先生 鑑山宋氏附……五一六
元甫楊先生……五一七
維斗蕭先生 伯充呂氏附……五一九
寬甫同先生……五二一
從善韓先生……五二二
伯仁侯先生……五二二
士安第五先生……五二二
悅古程先生 子敬李氏附……五二三
卷四(原編)……五二四
明儒
容思段先生……五二四
默齋張先生……五二六
小泉周先生……五二八
大器張先生 抑之張氏附……五二九
介庵李先生 仲白李氏附……五三〇
思庵薛先生……五三二
平川王先生……五三三

卷五（原編）……五三五

明儒

涇野呂先生……五三五

谿田馬先生……五三九

苑洛韓先生……五四一

瑞泉南先生 雲林尚氏附……五四三

斛山楊先生……五四四

愧軒呂先生 石谷張氏 正立李氏附……五四六

蒙泉郭先生……五四八

秦關王先生……五四九

卷六（新增）……五五二

明儒

馮少墟先生 淑遠周氏傳誦 子真党氏

還醇 白氏希彩 澄源劉氏波附……五五二

雞山張先生……五五六

湛川張先生……五五七

二岑馬先生……五五九

端節王先生……五六〇

元洲單先生……五六二

國朝

二曲李先生……五六四

附同時向學暨同志切磨諸子……五六六

附二曲先生及門諸子 以耳齒生

卒分先後……五六八

豐川王先生……五七一

後序……五七三

傳道諸儒評

傳道諸儒評……五七七

董子……五七七

諸葛武侯……五七七

王子……五七八

陸子……五七八

韓子……五七八

胡子……五七九
周子……五七九
程子一……五七九
程子二……五八〇
范文正公……五八〇
張子……五八〇
邵子……五八一
司馬温公……五八一
謝子……五八二
游子……五八二
楊子……五八二
劉子……五八三
吕子……五八四
胡子……五八四
羅子……五八四
李子……五八五
朱子……五八五
張子……五八六
陸子……五八七
真子……五八七
薛子文清……五八八
胡子敬齋……五八八
陳子白沙……五八八
王子陽明……五八九
鄒子東廓……五九一
羅子念庵……五九二
顧子端文……五九二
高子……五九三
李子……五九三
評諸子……五九四

論濂洛諸儒

論濂洛諸儒……五九九
濂溪周先生……五九九
明道程先生……六〇〇
伊川程先生……六〇二

橫渠先生……六〇五
邵康節……六〇九

豐川語録

卷一……六一七
卷二……六三三
卷三……六四九
卷四……六六八
卷五……六八五
原學……六八五

下册

王陽明先生……六一〇
原聖……六八七
性敬同歸之義……六八九
居敬窮理之旨……六九一
示及門……六九一

侍側紀聞

卷一……七一一
卷二……七二四
卷三……七三九

卷四……七五四
卷五……七七〇
卷六……七八七
卷七……七九八
侍側偶記……八一一
其一……八一一
另一……八一二

學旨

小引……八一七
學旨……八一八

證心録

證心録自識……八二九
證心録……八二九

豐川家訓

自序……八四三
卷上……八四四
立身……八四四
卷中……八五一
治家……八五一
卷下……八六一
蒞仕……八六一

姑蘇論學

卷一……八七五
卷二……八八二
卷三……八九〇
跋……八九一
姑蘇紀略……八九二

豐川答問録

卷一（答徐子）……九〇一
卷二（答張擇中）……九一二
卷三（答唐生）……九一九
卷四……九二三

豐川詩集

卷一……九三七
四言古詩
亭竹四章章六句……九三七
祝友四章章四句……九三七
乾乾君子……九三八
崇效卑法二章章四句……九三八
動静……九三八
天民四章章四句……九三九
我母十二章章八句……九三九
讀易三章章四句……九四〇
語默二章章四句……九四〇

大君……九四〇
示兒四章一二章六句三四章四句……九四一
重示八章章四句……九四一
淄陽湖弔賀文忠先生四章章四句……九四二
自矢二章章四句……九四二
冬旱二章章四句……九四二
歲暮五章章四句……九四三
題富平王節母旌節録八章章四句……九四三
懷人五章章四句……九四四
祝岫庵邑君四章章八句……九四四
山居……九四五
贈友……九四五
祝李重五先生四章章四句……九四五
感秋示兒……九四六
贈孝思李翁……九四六
贈葉君 葉醫……九四六
古道篇贈韓城命之王君凡三章章六句 有序……九四六
大人……九四七

五言古詩

感興……九四七
元日訂訓……九四八
田園雜興……九四八
寓心……九四九
夏夜……九五〇
托言仙人心……九五〇
問白雲……九五一
古意……九五一
西方有美人……九五一
閒步……九五二
返照……九五二
自警兼示從弟……九五二
古道篇贈富平沈欽公……九五三
賦得菱花荷葉淨如拭……九五三
知音……九五三
一病……九五三
郊行……九五四
夜讀方書……九五四

種松……九五四
悲……九五四
即事……九五五
春雨新晴偶步南郊見山川草木欣欣向榮悠然如遊太古不覺感而成詩……九五五
山居漫筆遠寄同學　蓋所感無窮不獨在地境喧靜間也……九五五
岫庵令君秋雨索和……九五六
題歐陽卷　生嗜琴……九五六
表叔母李孺人之葬予以病未得赴奠使功兒代赴執紼因摘園產朱橘十枚攜薦几筵臨遺感舊潸然成吟……九五六
結茅汝澤祖果園爲讀書之所愴然感懷　癸未……九五六
雪晴……九五七
采柏吟寄清涼山道人……九五七
誌感書示兒孫……九五七
感興……九五八

七言古詩

豐之山答友人……九六〇
殷祝　年幾及壯章句痼心願言向道就正無從觸境懷賢慨乎餘慕……九六一
河岳篇　河岳在望儼然明師觸感自勵兼示兒曹……九六一
觸感用示兒孫……九六一
題嚴子陵春江獨釣圖……九六二
素懷……九六二
過北邙……九六二
感秋寄知心……九六三
題張山人陶詩卷面……九六三
題城南釣臺……九六三
酬郃陽康孟謀……九六三
灞陵……九六四

卷二

卷二……九六五

五言律詩

歲晚……九六五

贈復庵弟……九六五
與復庵雨後登白公臺言志……九六五
送復庵歸里……九六六
秋夜……九六六
春雨後承諸子相扳登白公臺……九六七
雨餘 仿少陵體時三十一年皇恩新沛牛種之□綸……九六七
送額將軍西征……九六七
登西嶽廟萬壽閣望華嶽……九六七
三登嶽廟萬壽閣有懷希夷……九六八
讀李藥師禱雨碑……九六八
丈室……九六八
餘年……九六八
郊居……九六九
山居……九六九
示子……九六九
不寐……九六九
霜降日閱西郊觀大操 時有打箭爐之釁……九七〇
夜雨……九七〇
永晝……九七〇
夜裏……九七〇
立秋後一日題……九七一
除日……九七一
書壁……九七一
秋夜……九七一
秋霽東皋……九七二
復愁……九七二
自喜……九七二
送友人落第西謁二曲夫子 甲子……九七二
贈孫日躋……九七三
寄懷李重五先生……九七三
清明雨後獨步西郊……九七三
尋山……九七四
答同門孫四章……九七四
夏夜坐月……九七四
新齋……九七四
秋夜聞笛……九七五

仲春寄祝金應枚邑侯　時隨大軍
監運口外……九七五
酬臨潼趙豐原明府　豐原山東濟
南人爲人慷慨尚道義……九七五
春日同諸子游樓觀日暮匆匆而歸途中誌
慨一首……九七五
和田十二世兄見贈　有序……九七六
傳聞西邊黑霜殺禾……九七六
題友人園林……九七六
代孫日躋送別浙西李偉觀　李爲蔡侯幕賓孫
爲西席蔡侯時以讀禮旋都李將南歸越中……九七六
祝朱亞翁邑侯　懷來進士初仕吾邑愷悌慈祥
邑人愛之……九七七
贈李穆庵州守……九七七
贈友……九七七
喜雨……九七八
除日……九七八
代人賀鳳翔郡守……九七八

六言八句詩

同李重五先生温再振表叔游草堂寺高冠
潭諸勝夜飲大圓寺石樓即宿其上……九七九

七言律詩

秋日登元武閣……九七九
垂釣……九七九
元宵……九八〇
別墅初成……九八〇
過水雲屯經屏國先生傲山樓愴然成感……九八〇
夏日避暑山村……九八〇
詠懷……九八一
書懷……九八一
登嶽閣望蓮華峰有懷希夷……九八一
秋夜……九八二
感秋……九八二
秋日西郊攜酒特邀知契……九八二
夏日山居代州馮荆南見顧並寄中州張潛
翁來教及詩一章依韻奉答兼祝潛谷荆
南及都下同志諸君子……九八三

讀王端節先生傳……九八三
奉賀岫庵明府新舉義學及敦請名士立會
課藝之作即步原韻用揚原旨……九八三
寄漢口易思成……九八三
歲癸巳春時以萬壽開科兒曹闈試未歸
出郊遙望……九八四
和令公過渼陂空翠堂有懷子美先生……九八四
奉和令公詠明道先生手植雙槐……九八四
掩關習静孫日躋示以春遊八句索和借用
原韻聊述心和既以答教兼求就正……九八五
夏日漫興……九八五
題陶山人園林……九八五
過重陽宫題重陽真人遺像 像儼然如生
爲海内奇觀殿前有仙迹無夢令刻石……九八六
和岫庵明府新成渼陂杜工部祠相邀賞秋
之作 時同坐者爲侯弟某某魏王靳楊諸君
家彭水兄翼之……九八六
和岫庵令君九日渼陂登高索和之作
予時以事辭未語故侯必欲索和……九八六
燈已就槃歛息静坐新民從咸陽至攜其兄
箋趙彦通魏雲棟七律一首且云明春必
到荒齋興之所至泚筆依韻和之……九八七
漫興……九八七
賀邑侯再署盩厔事 侯最喜詩處處留題……九八七
贈富平孫德符……九八七

五言絶句

獨坐……九八八
即事……九八八
山居……九八八
新正三日……九八九
二曲旅寓憶母……九八九
山中春事……九八九
歸山……九八九
題松泉高隱圖……九九〇
題山人茅亭……九九〇
讀史……九九〇
漫興……九九〇
甘菊……九九一

種梨……九九一
野眺……九九一
答友問山居　太平山莊紫閣西予家在焉……九九一
登臺……九九二
秋夜獨坐柬友……九九二
偶題……九九三
出門……九九三
垂釣……九九三
春日……九九四
濯纓……九九四
春郊雜興……九九四
晚歸河梁……九九五
端午日感弔屈子……九九五
題重陽宮　先儒謂金元之際高士隱於黄冠即指重陽師弟也……九九五
感興……九九六
再過臨潼館重望石甕寺……九九六
春雨新霽西郊有懷二曲夫子……九九六
中秋代柬邀友……九九六
囑兒……九九七
登臺……九九七
答友……九九七
春雨後郊行……九九七
憶董廣寧憲副……九九八
更憶　公寓所有四緑蓴樹自號緑蓴主人……九九八
病起西園對菊　時趙子省親尚未歸館……九九八
再過西園……九八八
門人求書口占以贈……九九九
讀史……九九九
讀孟子……一〇〇〇
明良……一〇〇〇
題畫扇……一〇〇一
答元客……一〇〇一
千尋澗底松……一〇〇二
陳射洪張曲江……一〇〇三
李太白……一〇〇三
杜子美……一〇〇三
品四家……一〇〇三

題元次山詩集 …… 一〇〇四
山寺入定僧 …… 一〇〇四
題醉仙 …… 一〇〇四
悠悠 …… 一〇〇四
六言絕句
題壁 …… 一〇〇五
與友擬續冬日青松不改成詩 …… 一〇〇五
題春林高隱圖 …… 一〇〇五
題秋江獨釣圖 …… 一〇〇五
題游仙圖 …… 一〇〇六
山居 …… 一〇〇六
贈友 …… 一〇〇七
書齋 …… 一〇〇八
臘中 …… 一〇〇八
七言絕句
秋望終南 …… 一〇〇八
華清宮 …… 一〇〇八
太乙壇 …… 一〇〇九
春郊送客 …… 一〇〇九
東溪 …… 一〇〇九
閑身 …… 一〇〇九
山齋春事 …… 一〇一〇
垂釣 …… 一〇一〇
答問 …… 一〇一〇
宿華陽觀 …… 一〇一〇
晚回華陽 …… 一〇一一
祝鄜邑令君 …… 一〇一一
雨後二曲道中 …… 一〇一一
春日再上小雁塔 …… 一〇一一
酬郃陽康孟謀 …… 一〇一二
題雲裏長春 …… 一〇一二
題橘贈長公表兄 …… 一〇一二
秋日蝴蝶 …… 一〇一二
懷友 …… 一〇一三
山齋春事 …… 一〇一三
晨過山人山莊 …… 一〇一三
燕然曲 …… 一〇一三
塞下曲 …… 一〇一四

問渭川 …… 一〇一四
春郊 …… 一〇一四
冬至前夜 與友共賦 …… 一〇一四
秋夜 …… 一〇一五
雨中接渭北友人問易旨詩以答之 …… 一〇一五
春仲過長安十里亭 …… 一〇一五
題灞橋館 …… 一〇一五
鴻門 …… 一〇一六
過臨潼謁段太尉祠 …… 一〇一六
贈別朱生 …… 一〇一六
歲底送西席張君歸里 …… 一〇一六
二曲道中 …… 一〇一七
扶病過西園菊已大放而趙子省親未歸情之所以觸不覺吟成五七各四絶題之壁間然如黄花二語則有味乎其言之凡我子弟宜尋繹焉 …… 一〇一七
塞下曲 …… 一〇一八
途中重逢故人 …… 一〇一八
新春 …… 一〇一九
送客游江寧 …… 一〇一九
讀明史節義名臣傳 …… 一〇一九
漫興 …… 一〇一九
送學使歸都 …… 一〇二〇
北窗 …… 一〇二〇
贈友遊蘇 …… 一〇二〇
寄家復庵於京師 …… 一〇二一
夏日即事 …… 一〇二一
讀史 …… 一〇二一
灞陵 …… 一〇二二
始皇墓 …… 一〇二二
過鴻門 …… 一〇二二
晨過咸陽 …… 一〇二二
晚歸咸陽愴焉有感 …… 一〇二三
經渡口感事 …… 一〇二三
石樓秋月 樓在大圓寺 …… 一〇二三
紫閣老道 …… 一〇二三
題醉仙圖 …… 一〇二四

遊方士見予多靜坐以予習煉養之術爲出離生死計者詩以答之 …… 一〇二四
進紫閣峪見老道人拾地華 …… 一〇二四
讀杜詩飛揚跋扈爲誰雄詩示童孫 …… 一〇二四
書齋春事 北關書齋南向北城齋中竹覆前院不見官城獨於後齋之前遠見碧筍之頂高拱山峰巍峛而已 …… 一〇二五
書債 …… 一〇二五
春事 …… 一〇二五
妙契 …… 一〇二五
訪山人不遇 …… 一〇二六
六十初度 …… 一〇二六
追痛 …… 一〇二七
春日雨霽伴友登眺靈臺靈沼竊見文聖遺迹而無一畝之宮一碣之石生其地者滋之愧矣憑弔移時慨乎情愴 …… 一〇二七
訪友山東 …… 一〇二八
端午日感召屈子 …… 一〇二八

卷三 …… 一〇二九

別墅草
春事 …… 一〇二九
草堂 …… 一〇二九
漫興 …… 一〇三〇
即事 …… 一〇三〇
旱後頻雨春麥芃芃豐可知也喜何如之油然成吟 …… 一〇三一
晨起 …… 一〇三一
惟應 …… 一〇三一
獨得 …… 一〇三一
餘生 …… 一〇三二
讀擊壤歌 …… 一〇三二
夏夜 …… 一〇三二
我來 …… 一〇三二
中秋 …… 一〇三三
宇宙 …… 一〇三三
性情吟 …… 一〇三三

中和吟……一〇三三
代簡答人……一〇三四
感興……一〇三四
林間……一〇三四
讀皇極經世……一〇三五
答問靜……一〇三五
答奇觀……一〇三六
楚遊草
宿確山驛　是日睹山東河南流民載道兼聞登萊饑饉之狀不覺夜不成寐……一〇三六
客愁……一〇三六
初渡漢江……一〇三七
送倪旦老往粤西謁馬提臺……一〇三七
憶母登黄鶴樓望秦川……一〇三七
黄鶴樓……一〇三七
再登黄鶴樓感而有賦　樓頭塑費仙駕鶴升雲像……一〇三八
與胡枚臣董虞颺泛舟滋陽湖候月
十一月初九夜……一〇三八
軒中梅放重題示虞颺公子……一〇三八
題緑蕚軒新梅……一〇三八
元日和復庵憲副祝天……一〇三九
正月六日晨訪趙又清於尚以朋高冠草堂尚臥未起……一〇三九
柳浪鶯　爲董大參賦……一〇三九
梅影　爲董大參賦……一〇四〇
麥浪　爲董大參賦……一〇四〇
微雲　與董大參道誼深知故篇中往往寓規勸之意……一〇四〇
遠寺鐘聲　爲董大參賦……一〇四〇
夜裏漁舟　爲董大參賦……一〇四一
秋蝶　爲董大參賦……一〇四一
蜂衙　時湖南紅苗未平爲董大參賦……一〇四一
鶯簧　爲董大參賦……一〇四一
蝶板　爲董大參賦……一〇四二
千丈松　爲董大參賦……一〇四二
淡雲　爲董大參賦……一〇四二
千竿竹　爲董大參賦……一〇四二

武昌客舍雨中餞卜臣胡君就遂平
西席 …………………… 一〇四三
月夜爲友邀飲前湖即和原韻 …………………… 一〇四三
十四夜武昌城觀燈記事竹枝詞 …………………… 一〇四三
元宵 …………………… 一〇四三
張大參新樓招飲 …………………… 一〇四四
滋陽橋春雨 …………………… 一〇四四
二十一日夜客齋有感 …………………… 一〇四四
三登黃鶴樓 …………………… 一〇四四
滋陽湖弔賀文忠 湖在城中東南張獻
忠破武昌亞相賀文忠家居一家二十口
殉難湖中 …………………… 一〇四五
雪中懷達夫上人 …………………… 一〇四五
武昌春雪 …………………… 一〇四五
客中逢雪 …………………… 一〇四六
喜得舍弟家報 …………………… 一〇四六
得舍弟手書知家慈康泰而二曲夫子夙疾
稍痊癒兼荷皇上西巡時旌禮異數既以
誌喜兼申謝復庵憲副蓋家師夙荷憲副
眷注近年來更荷其粟帛之饋深也 …… 一〇四六
臨漢江 …………………… 一〇四六
席間共擬滿湖明月弔湘娥 …………………… 一〇四七
客懷 二月晦日 …………………… 一〇四七

黃州草

題江天一覽亭 亭在郡治西偏竹樓舊趾
之北踞地最高郭外江山雲樹一望無際 …… 一〇四七
題覽勝 亭在北城頭又踞全郡之
勝即治之少祖山也 …………………… 一〇四八
西亭感興八首即呈華西先生 …………………… 一〇四八
赤壁一絕呈李華西先生 …………………… 一〇四九
遊林皋赤壁輒讀賈可齋太守石刻題留慨
然憶舊不覺淚之沾襟 …………………… 一〇四九
夜發陽邏舟中即事 …………………… 一〇五〇
歸自黃州滋陽橋登望 …………………… 一〇五〇
發漢口五里途中即事 …………………… 一〇五〇

辛卯冬赴湖北實齋中丞之召過襄陽逆旅主人固求題卷口占六言半律二首以答其意……一〇五〇
南遊草
舟泊丹陽……一〇五一
歸舟仍泊丹陽……一〇五一
晨渡長江……一〇五一
舟過金陵……一〇五一
蕪湖阻風見燕子剪江……一〇五二
燕湖夜泊　是日大風幾於覆舟……一〇五二
自三灣發舟假寐片時而舟已渡江……一〇五二
日西望舊縣鎮尚遠而以風清浪平舟行自如……一〇五二
過鳳凰山　山在江心……一〇五三
舟泊荻港……一〇五三
是晚乘小艇歸自橋頭港經過寺觀居人皆依山臨水維時皓月横空清風入舫顧而樂之想蓬萊方丈或當有此況味非得阻風何可際此人生風波小阻未必盡不幸也達人正須味無味之味耳復歌一律……一〇五三
舟中聞觀音堂梵音……一〇五三
舟發荻港見漁翁操輕舟出入蘆灣……一〇五四
舟指銅陵……一〇五四
舟發銅陵……一〇五四
江行無題……一〇五四
舟過大通五千里九華山……一〇六〇
舟行望池州府……一〇六〇
晨過池州府……一〇六一
李陽驛……一〇六一
阻風天妃廟望小孤山……一〇六一
孤山……一〇六一
阻風仍雨……一〇六二
舟行……一〇六二

江上勉行……一〇六二
夜泊五里套……一〇六三
舟出宿松界五十里喜風……一〇六三
過安慶謁元韓忠烈祠　祠中有石砌墓即忠烈藏骨之穴……一〇六四
舟指彭澤……一〇六四
舟中逢立秋……一〇六五
立秋日晨起發舟……一〇六五
立秋一日舟中晚行款語同舟諸君……一〇六五
雨過舟行……一〇六六
夜經彭澤……一〇六六
將到湖口别江西同舟……一〇六六
舟入湖口界……一〇六六
過湖口關……一〇六七
舟泊九江……一〇六七
從豬波湖入通山……一〇六七
題通山署公堂　縣無城依山隨川而居……一〇六七
舟指黄州有懷華西太守先生……一〇六八

紫閣草

大圓禪院　舊係子房仙窩今更爲寺……一〇六八
山房感興……一〇六九
夜坐……一〇六九
禪堂前院蒼松……一〇六九
山門望雨……一〇六九
乙亥夏攜童孫避暑紫閣山下大圓禪寺邑中閧鬧事大異尋常而積四十餘日尚無休期傷醇風之頓墜不覺蒼然成吟……一〇七〇
雨中收得紫松鱗……一〇七〇
禪房漫興十二首……一〇七〇
山門閑眺……一〇七二
對月……一〇七二
題彌勒佛堂　有序……一〇七二
感旱……一〇七二
送客人蜀……一〇七三
即事……一〇七三
禪房……一〇七三
獨步……一〇七三

對紫閣 …… 一〇七四
折得野菊付小孫 …… 一〇七四
山房雜興 …… 一〇七四
巖旁赤石竹 …… 一〇七五
贈大圓寺衆 …… 一〇七六
後院雙松 …… 一〇七六
山中雨後 …… 一〇七六
紫閣蒼松示兒 …… 一〇七六
尋山 …… 一〇七七
夜月 …… 一〇七七
雨後自家晚赴大圓 …… 一〇七七
大圓寺院即事 …… 一〇七七
秋夜 …… 一〇七八
山中即事 …… 一〇七八
雨中對禪院蒼松雞冠悠然感心 …… 一〇七八
獨坐 …… 一〇七九
山中 …… 一〇七九
山中雨候 …… 一〇七九
又雨 …… 一〇七九
山中對問元客 …… 一〇八〇
答元客 …… 一〇八〇
中秋日山房新霽 …… 一〇八〇
與客談禪元 …… 一〇八〇
與客談畢重訂諸孫 …… 一〇八一
秋深峰紫 …… 一〇八一
入前谷 …… 一〇八二
山中與勛兒偶論漢史 …… 一〇八二
山中憶老友涇陽公張君因寄 …… 一〇八三
秋逼重陽再攜童孫登紫閣西峰
直造峰巔 …… 一〇八三
哭旱篇 有序 …… 一〇八四
憂旱 庚午五月朔十 …… 一〇八四
八月終旱 …… 一〇八五
辛未仍旱 …… 一〇八五
喜聞皇恩蠲賑 …… 一〇八六
十月 …… 一〇八六
壬申五月 …… 一〇八六

讀白沙集樂歲呈楊大尹感懷書事首章
仍步原韻　壬申 …… 一〇八六
久旱新雨漫題一詩索和温仲芳表弟
壬申七月附柬 …… 一〇八七
喜聞皇恩更蠲租稅隨口吟成口號一章
壬申十月二十 …… 一〇八七
慰流民 …… 一〇八七
雨後觀禾　癸酉 …… 一〇八八
郊行寄侄 …… 一〇八八
饑饉後逢故人 …… 一〇八八
復愁　丁丑 …… 一〇八九
復憂 …… 一〇八九
擬征婦詞　有序 …… 一〇九〇
玉門曲 …… 一〇九一
秋思 …… 一〇九一

卷四

卷四 …… 一〇九二
戊戌草
戊戌草自敘 …… 一〇九二
登臺　戊戌有序 …… 一〇九三
即事　庚子九月念二 …… 一〇九三
重陽 …… 一〇九三
行歸 …… 一〇九四
翹祝 …… 一〇九四
荒中得復庵弟書於京師知於此荒極廑念
調劑之殷詩以答之 …… 一〇九四
西來流移今尚不息而此方去年頓早今
年又荒天心真不可問矣悲而更祝情
見乎詞蓋前此之祝在兩川仁人君子
今日殷祝正在吾省汲公鄭監也 …… 一〇九五
無聊 …… 一〇九五
殷訓兒曹 …… 一〇九六
寄復庵弟於京師 …… 一〇九六
冬寒倍常目睹流民凍餒之狀愴乎難忍
而又束手無策嗚呼我生不辰逢此百
憂乃知雅不自我先不自我後之怨爲
發於情之不能自默也兩絕嗚哀又冀
吾鄉仁人君子共聞余言耳 …… 一〇九七

喜得 有序 …… 一〇九七
頌聖 …… 一〇九八
立秋 …… 一〇九八
皇仁格天秋成有象欣寄復庵弟於京師
兼祝同志諸公 …… 一〇九八
秋郊 同寄復庵 …… 一〇九八
自感 …… 一〇九九
祝風 …… 一〇九九
與友論孟子 …… 一〇九九
和友人秋渡渭橋 …… 一一〇〇
寄友代簡 …… 一一〇〇
八景 有序 …… 一一〇〇
感秋 …… 一一〇三
感事 …… 一一〇四
録入秋小詩再寄復庵弟於京師 …… 一一〇四
送客出門見鄰人子打雁而歸懇
款祝之 …… 一一〇五
又感 …… 一一〇五
晨朝 …… 一一〇五
滿目 …… 一一〇六
寒裏饑民咽道周賑無計不覺心之如
刺仍用滿目原韻口占一律 …… 一一〇六
嘲林示孫 取外貌徒清中無實用之比 …… 一一〇六
解嘲示孫 又取有資實用不須崇尚虛文 …… 一一〇六
冬夜送胡代言孝廉時以效力軍前入關過
存 代言少宗伯作梅公季弟昔交楚中 …… 一一〇七
月裏再雪憶功兒襄陽之行 有序 …… 一一〇七
再愁 …… 一一〇七
又雪更愁 …… 一一〇八
過臘八二日仍雪倚門又祝 …… 一一〇八
老病 …… 一一〇八
雪裏得急走送至功兒襄陽書言李司馬
傾蓋如舊兼際竟陵帶存王丈遇於襄
署程侯仍高情念舊亦眷存之厚獨以
雪雨連綿歸期春冬皆不可知燈下即
擬一論論所未盡托情韻語仍煩原人
帶去襄陽 …… 一一〇九
殘臘 …… 一一一二

偏見 …… 一一二
立春前一日示兒 是年臘月十九立春 …… 一一二
歲底送孫德符歸里 德符爲寒家西席 …… 一一二
次宵再送兼寄其兄展成 …… 一一三
成春滋感 …… 一一三
呼兒 …… 一一四
又呼 …… 一一四
除日 …… 一一四
除日又得功兒書 …… 一一五
元旦喜而且祝 …… 一一五
新春三日四得功兒途中之報言李司馬送己西返之日即得卓異之報五日内業已赴都板葉至家當在二月初旬喜聞佳音詩誌慶祝情之所溢不覺竟得十首 …… 一一六
新年四日 …… 一一七
新春六日邀親鄰小酌 …… 一一七
擬賀盧公撫甘 有序 …… 一一八
贈富平路來二君 …… 一一九
寄襄城劉華岳 有序 …… 一一九
訓兒 有序 …… 一二〇
勖兒讀書紫閣禪院前樓詩以勖之 …… 一二一
和張令公弔先渼陂先生春雨亭遺像 癸卯 …… 一二一
和令公秋雨新霽獨坐西橋垂柳下韻 …… 一二二
初秋六日午後陪令公游釣臺即和原韻 …… 一二二
中秋後五日手補丹溪心法破損 …… 一二二
和令公留住西園避暑 …… 一二三
附令公原唱 …… 一二三
夜坐 …… 一二三
同孫德符至水磨頭囑兒 …… 一二四
和令公讀少墟先生集 …… 一二四
和令公初秋登中樓文昌閣 …… 一二四
和令公婁敬庵弔古 …… 一二四
和令公遊白沙泉 …… 一二五
和令公登顯靈臺 …… 一二五
題酒德頌 …… 一二五

上元步月……一一二五
和令公重陽日遊清涼山……一一二六
和令公重陽夜飲……一一二六
送門人……一一二七
和令公晤鄠邑茂宰……一一二七
和令公經斑竹園次大復韻……一一二七
和令釣臺作……一一二七
和令公題羅什寺淨土樹　浄土樹相傳羅什經此傾履中臭土而生……一一二八
和令公過二曲書院……一一二八
和令公同至太平山莊……一一二八
和令公草堂韻……一一二九
和令公遊高冠峪……一一二九
和令公鄠杜山水行……一一二九
和令公謁周文武二王陵……一一三〇
送蛛摘網……一一三〇
呼兒……一一三〇
聞都憲可亭朱公誤以賤名入薦剡書懷矢報……一一三一
寄襄城劉七一……一一三一
又感……一一三一
送客遊粵東……一一三二
觸感擬寄七一……一一三二
漫興……一一三三
即事……一一三三
再辭……一一三四
山居……一一三四
老矣……一一三五
得劼兒都中書……一一三六
感烏……一一三六
莫解……一一三六
漫題……一一三六
誌慟……一一三七
百忍……一一三七
漫興……一一三七
持此……一一三八
除夕　甲辰……一一三八

仍雜前韻續成七言二律蓋於時更有感
愴不覺其言之煩多耳 …… 一一三九
乙巳元日 …… 一一三九
元宵 …… 一一四〇
是夜獨邀德生表兄 予年七十德兄已
七十有四矣 …… 一一四〇
又七律一首仍用真韻 …… 一一四〇
驚蟄雨雪 …… 一一四〇
寄勍京師 仲春初八 …… 一一四一
賤辰前一日即事 二月初十日 …… 一一四一
賤日荷涇陽令公弟辱臨兼荷壽言壽卮十
七史詳節之儀即席奉和即用原韻 …… 一一四二
再和令公十一日遊太史橋 …… 一一四二
再和令公十二日遊金峰寺詩亦用原韻
緣余以是日客尚多在未得陪行 …… 一一四三
清明 …… 一一四三
春暮雨過登白公臺憶老友令公 …… 一一四三
窗前於雨後栽棗占律示孫 …… 一一四四
雨至移西院石榴之待去者 …… 一一四四
寄祝令公老友 …… 一一四四
勍兒於京得山左素園林君爲友深承高誼
規切此古道交也兒童赴都寄詩以祝蓋
素園候銓邑宰不日有循良之責耳 …… 一一四五
卷五 …… 一一四六
感興篇
感興篇題詞 …… 一一四六
一至六十八 …… 一一四六
附
讀尚書 …… 一一五四
讀洪範 …… 一一五四
讀東周史 …… 一一五四
讀宋史 …… 一一五四
天人 …… 一一五五
有命 …… 一一五五
宋明諸大儒 …… 一一五五
讀西銘 …… 一一五五
評濂溪 …… 一一五六

陽明……一一五六
邵子……一一五六
讀史　漢代高文……一一五六
諸子衆流……一一五七
主靜……一一五七
元教……一一五七
禪教……一一五八
讀韓非……一一五八

補遺詩

垂釣……一一五九
石蘚……一一六〇
有感……一一六一
登武昌寓目……一一六一
舟過金陵……一一六一
次日傍舟……一一六一
昭君怨……一一六二
元宵……一一六二
憶野臣……一一六二
灞水感興　灞水原名滋水秦穆欲彰霸功因更爲霸然至今知此水之爲霸亦孰知此霸之爲秦霸者噫嘻千載迷人勞心經營□成人名類如此夫可嘆也……一一六三
夏日晨過紫閣山寺……一一六三
冬至……一一六四
登山……一一六四
紫閣山寺……一一六四
秋雨新霽……一一六五
春感……一一六五
除日……一一六六
七十二歲歲暮……一一六六
除夜……一一六七
学博子蕃公屢惠瓮頭春……一一六七
春日重游樊川……一一六七
欲登金山又阻風清……一一六九

滯舟維陽者五日酷暑侵骨晦日易舟方欲就途始出門無大陰雲而雨者移時積日焰蒸爲之頓滌同送者咸歸天意如憐某之苦暑余何敢當然仁天之惠則特厚也口吟一絕用誌冥慈……一一六九
漁灣亭……一一六九
舟泊繁昌午夜聞有銅笛聲……一一六九
薄暮再抵黃州謁李華西先生遺愛祠慨然憶舊不覺淚之沾襟……一一七〇
由江將趨通山入豬波湖望興國尚遠而日已暮仍宿水次……一一七〇
竹山阻雨 在興國……一一七〇
舟泊回風磯……一一七〇
夜過排風……一一七一
題通山署後亭……一一七一
留別通山令金應枚……一一七一
入麻城界 金應枚弟署邑篆……一一七一
班婕妤……一一七二
塞上曲……一一七二
河套……一一七三
寧夏……一一七三
和令公踐約金峰之作即贈月印士人 余七歲時曾一至閣六十二年今乃再至……一一七四
贈月印……一一七四
和復庵方伯弟白鹿洞用朱陸二先生唱和原韻 有序……一一七五
寄祝張令公……一一七六
漢昆明池……一一七六
小雁塔……一一七六
題壁……一一七七
哭門人黃岡靖庶常……一一七七
祝令公生辰……一一七八
元日辭餽……一一七八
南天竹 此君至冬始紅經霜不凋勁節與竹同德因德標號名以天竹始爲稱情……一一七八
感嘆……一一七九
和岫庵令君秋雨見示之作……一一七九
送同門傅子南歸……一一七九

除日……一一八〇
魯橋八詠……一一八〇
又堰口天桃二首……一一八二
祝遜老……一一八二
送別遜功歸里……一一八二
季秋望日岫庵明府邀遊釣臺　同坐者爲
涇陽王遜功解元明府三仲……一一八三
雨後與遜功弟登眺澇濱白公臺……一一八三
除夕……一一八三
獨坐……一一八四
雪裏白梅……一一八四
庚戌上元祭祖畢自嘆……一一八四

豐川全集序

先大人、大兄偕二曲李先生游時，余方覓棗桌作虎跳於其側。孰識先生魁梧奇偉，而不識先父兄之致敬於先生果何以。比就塾習句讀，聞往來稱李先生理學淵源，自濂、洛、關、閩後，爲吾道真正儒宗，爲昭代第一人物，始悟先父兄之致敬於先生者以此。

年既舞象，復聞李先生高弟有所謂豐川王先生者，衣鉢真傳，名實並驅。竊冀儋簦負笈，從游皋比。值先大人即世，余遂以弱冠驅馳戎馬間，輒感福瘠緣慳，托諸精神嚮往而已。荏苒移節荆楚，關之外，斗以南，其景慕王先生者，僉稱學幾顏氏之悟，孝比曾子之純，著書立言悉法宋明大儒所未發。吳楚當事諸鉅公，莫不競相攀迓。薦紳庠序執經北面者，履滿於庭。余益憾初失之李先生者，再失之王先生也。

歲癸巳，謬承制楚，簡命入覲，天顏顧問及於山林隱逸，即欲以先生姓名上聞，恐失造次。越明年春，甫敢以先生副明詔。詔下，地方執政起就徵車。時先生講學吳門，秦制撫移文催並，急於星火，先生不得已而返駕。經余所治黄麻，不一晤，僅貽二曲年譜一册〔一〕、存省語録數册。入關辭疾懇，不就徵。奉有疾，愈起送之部議。余甚慚其不能仰體高志而妄形之薦牘也。簿書餘暇，莊誦貽篇，知先生聞確見真，功深力到。是故本之講學，而千聖一心，萬賢一理，闢盡旁門蹊〔二〕徑。本之爲政，而上可致君，下可澤民，言言實在經濟。自非明體達用之真儒，安能有此内聖外王之實學？何幸孔顏一脈不絕，而續程朱一燈將晦復明。天授豐川，夫豈偶然？且也筆底行文灝如瀉峽，舌端晰理貫若串珠。行將羽翼聖經，津梁道

〔一〕「册」，原作「則」，疑形近而訛，逕改。
〔二〕「蹊」，原作「谿」，疑形近而訛，逕改。

岸，使千百世蒼生後學免於如聾如聵，豈鮮小哉！

余不揣蚊負，慨以刊梓爲任者，初非冀先生之德余及余，欲自結於先生也。夜光在室，所照幾何？朗月經天，幽遐無隱。傳之弗廣，學者終迷。余將爲有志進修者效綿力，非敢爲豐川作功臣也已。然余於是不無感焉，不幸不能於四十年之前從游二曲、豐川兩先生之門，俾先父兄慰子弟得所師資，猶幸於四十年之後爲之敘其事、梓其書，而究不能一接光輝盛德。詎相知遲速，因緣淺深，舉不無天意於其間歟？

是書之成，爲余延禮參編者江夏令金廷襄，簡材監梓者標下中軍副將丁沂，至讎校訂正則江漢書院諸先生及門有與其力者。厥工既竣，並志其端云。

時皇清康熙五十五年歲在丙申清和月穀旦，誥封榮禄大夫、總湖廣等處地方軍務兼理糧餉、兵部右侍郎兼都察院右副都御史、世襲拖沙喇哈番加二級紀録一次額倫特撰。

豐川續集序一

嘗讀艮之象曰「君子思不出其位」，孔子亦曰：「不在其位，不謀其政。」而羣弟子講學一堂，無日不以政問，且兵農禮樂之具各裕於平居之日，豈非士人必明體達用，天德王道，一以貫之，然後可以言學而命爲真儒者哉？余嘗觀古今之論明體達用之學者，莫善於周子「志伊尹之志，學顏子之學」之二言。夫顏子之學何學也？克己復禮而已。己者，天下之表也。克之而悉合乎禮，則動容周旋中禮而爲盛德之至，天下萬世皆輒法焉。此惟孔子能之，亦惟顏子可與語之。伊尹之志何志也？堯舜君民而已。天地既生吾身，即當體天地之心，而任天下之重，故一夫不獲若撻於市。其身即天下之身，其志即天下之志。周子是言，殆欲使學者正己以立其本，而身任天下以達其用。誠備聖學之全，而爲萬世立儒者之極也。康熙己亥，余奉使西蜀，取道咸陽，紆軨至鄠，造訪豐川先生之廬，而請謁焉。先生留余信宿，備聞緒論。將行，余請一言爲終身誦，先生舉周子是二言爲勖。閲今三十年，未敢一日忘也。

先生所著易、禮、春秋諸説，久已刊布海内，人競習之。丁卯，先生之嗣君勍謁選來京師，攜先生續集若干卷示余。余盥手讀之，其中如備荒、水利、籌邊、用兵諸篇，皆名論碩畫。竊嘆先生之學自正誼明道以及敷政寧人之要，無不灼其原究其弊，而合天德王道一以貫之也。

昔孔子與顔子論爲邦，而舉四代之禮樂告之，豈誠欲其改正朔易服色而爲生今反古之事哉？蓋學者守先王之道，備王佐之略，必有上下千古、損益百王之識。然後可以斟酌時宜，而定爲一代之制作。若徒卑論儕俗，拘牽文義，皓首窮經，而無一事之裨於實用，是烏與語聖賢之學而爲當世之儒者乎？是以孔子言修身修道而有九經，孟子言知言養氣而有井田、學校。雖其學不得施於當世，而萬世之言治者必來取法，誠以其道爲至中不易之道，而其言爲萬世不易之言也。

先生之文，上觀天道，俯察地理，中參人事。行其法，足以體國而善俗；守其議，足以決疑而定業。無一不本聖賢至誠惻怛之心，而折衷乎先王經世立法之要道。故其言深切著名，體用咸貫，庶幾可以紹先聖之絶學，而興百世之善治，豈徒迂疏無用托諸空言已哉？宋史道學之傳始自周子，先生身體力行，著爲文章，實有不愧周子斯二言者。

余才識淺陋，雖佩先生之遺訓，而文章政績一無可紀。今年力日衰，安能更進於學？惟日手是編，而長愧此兩言也。

夫時乾隆十三年戊辰嘉平朔日，海寧後學陳世倌書於燕山邸舍。

豐川續集序二

天下古今之事物，不外乎理。明此理，而内以克治其身心，外以推暨乎民物，不能不由於學理變化而無窮，則學亦日進而不已。隱居以求其志，所求者理也；行義以達其道，道即理也。士人不出戶庭而通當世之務，其術足以匡時，其言足以救世，舍理學其誰與歸？自世之言學者不一其途，或尋章摘句，雕琢詞華，無益身心；或窮高務遠，馳騁古今，罔切倫物。

即有侈談性命以講理爲學者，又多拾瀋空虛，濡足迂腐，連篇累牘，求一言之有用於世而不可得。每見著述家多以理學自負，而無裨實用，理學竟爲天地間無用之學〔一〕。學術不明，爲世詬病，可爲浩嘆。

余與黄岡靖果園前輩嘗論及此，果園盛稱其師關中王豐川先生有體有用，不愧真理學。余心焉志之。豐川令子劻官粤時相見，稍稍出先人之書見示，而未得見全書也。乾隆甲子，奉命撫陝，讀其初刻前集，悉其行誼學術。邦人推重，咸稱爲豐川夫子。因採公論，請於朝，得祀瞽宗。而令子出守黄州，録其先集進呈御覽，蒙聖恩賜幣嘉獎。蓋先生當康熙甲午詔允湖廣制府額公薦奉特徵，而先生以老病辭甚懇，獲止。額公乃請先生編輯諸稿訂校彙雕於楚，今所刊續集乃康熙丙申以後著述也。令子郵書索予序，予不得而辭。

予惟關中學者，近推李二曲先生。豐川爲二曲高弟，得其藴奥，擴而大之，修身淑世，更爲切實。其論學也，以明、新、止至善爲歸，無容分立門戶。上下千載，詳考得失，斷之於心，筆之於書。凡議論、雜著及與友人酬答、訓誨子弟，勤懇諄切，旁通曲暢，不求字句之工，惟務理道之足明道術、正人心、厚風俗，一篇之中，三致意焉。尤留意於邊防、武備、荒政諸大端。凡所區畫，皆可見之施行。有當時已行而效者，有未及行而驗之十數年之後無不符合者。先生之澤物爲心，經世爲學，其裨益於世豈淺鮮哉！吾師朱文端公先視學關中，雅重先生學行，旌其門。雍正元年，欽奉詔旨徵求山林隱逸有識有學之士纂修明史，文端公復以其名應詔。先生以老病益增，辭益堅，不果赴。而所論纂修明史，俯仰二百餘年間君德人物，褒貶予奪皆有卓識。先生之知人論世即此見其大端矣。夫先生固未嘗一日登仕版、有民社之任者也，而於民生休戚利病、官場興革事宜瞭如指掌，曲中情事，爲老吏所不能道。一時執政重臣、開閫大帥下及分曹庶司有所造請，娓娓指陳，咸有所得。遠不能赴者，肅書幣以祈一至，而先生亦隨時隨地隨人款曲相示，不虛其請。以予淺陋，自招開隴，聞緒論小試輒有效。

〔一〕「學」，原作「人」，疑誤，今據上下文義擬改。

巡歷所至，經過里邑。登其堂，門庭肅穆，儒風未墜。睹插架圖書，想見當年明道訓世之婆心，爲之低佪不能去。噫！若豐川先生者，豈非體用兼備，不出戶庭而通當世之務之真理學乎！儒術之不迂疏，於豐川見之。彼章句以爲學，雕琢以爲文，不涉空虛，即蹈迂腐者，讀豐川文集，可以恧然愧矣，亦可以躍然興矣。

乾隆辛未孟夏，桂林後學陳弘謀書於西安使署。

豐川易說

豐川易說原序

易之爲道，範圍乎天地，觀變於陰陽，蓋五經之淵源，萬事萬理之權衡也。余何人斯，而敢有說以解耶。然余竊嘗見吾夫子自言曰：「五十學易，可無大過。」則是易之爲道，雖窮天之高，極地之深，盡陰陽不測之變，亦只是示人以寡過之象，教人以寡過之義耳。又見伊川先生曰：「易，變〔一〕易也，隨時變易以從道也。」則是易之爲道，雖曰觀天之道，察地之宜，窮極乎陰陽不測之變，亦只是示人以變易從道之象，教人以變易從道之義耳。余不敢於易妄有說也，於學易寡過變易從道之旨，則竊有志焉，故於易每嗜之而不厭。嗜斯讀，讀斯味，味斯時，於先儒有契心之說，於鄙衷有會心之說，集之日久，而遂不覺裒然成帙矣。然余亦不敢言於孔子、程子之旨，志之而有得也。姑以識吾過不能寡，而心實欲其學易以寡；道不能從，而心實欲其學易以從之說於萬一耳。故不敢曰注曰解，而自題曰豐川易說。嗚呼！余於易，蓋終身焉。茲說特前此之說耳，不知將來又自以爲如何也。

豐川王心敬爾緝甫書。

〔一〕「變」字原脫，據程頤周易程氏傳補。

卷首

鄠縣王心敬撰

通論

孔子曰：「加我數年，五十以學易，可以無大過矣。」此是易學底本。學易可以無大過，這是孔子明得易之切於人身如此。此韋編之所以三絕而不能自已也。然即是而可以知四聖人繫易之本旨，亦並可識吾儒學易之要領。

四聖人殷切闡易之旨，總是教人觀象惕心，讀易反身，得占決疑，時時寡過自新的意思，是義乃質幹，卦爻象數特借來作影子耳。讀易而但謂當求其義，不必留心影子，四聖人示象教人之旨，固無從看出。若徒泥象數而不求其義，卻是昧四聖人示象教人本旨，而徒求影子矣。故必象義雙顯，然後表裏精粗斯無偏舉。

易之體，以道爲體；易之用，以道爲用。故易之爲道也，非真明乎道者，不能神明；非真得於道者，不能默成。而其爲書，亦非真能見道者，不能讀，不能注。易之爲道，即動靜不失其時而光明之道。故易之體用，即道之體用，非有二也。學者欲明易之神化，當於道之精微求之，見道斯見易矣。若不知道之精微，正當於易之神化求之，見易自可見道耳。

易之爲書，是四聖人教人趨吉避凶之道。而吉凶只關於動靜之善不善，趨避亦只在於爲善去惡之一念，則是易乃四聖人勸善戒惡之書也。而卻假借陰陽消長之當不當以示象，即揲筮所得之卦與爻以辨吉凶，故曰易神道設教耳。其實教不關乎神也。

易是道人事之書，陰陽消長只是借來作影子耳。故曰：「易者象也，象者像也。」於陰陽消長處看得不明，是影子不真，若徒泥陰陽消長的影子，而無得於切己的人事，亦屬捕風捉影虛見解，殊於易學本旨不應也。

四聖人只因「時中」二字，活潑潑現於目前，而難於發端，故借六十四卦、三百八十四爻，發明出「時中」二字的活象，使人因象通義，因義體行，神明默成，以崇德寡過耳。學易必明此義，然後不至飲食忘味。

此道察乎天地，而神明於四聖人之心，示象於六十四卦、三百八十四爻之中，發明於羲畫、文象、周象、孔翼之內，則是易之上下二經、上下二繫，乃四聖人憲天明道之書，亦四聖人代天宣教之書。讀易者必心會身體，乃不負四聖人示教婆心。

置象言義是爲懸空，執象舍義是爲泥迹。象義雙顯，則體用一源，顯微無間矣。

六十四卦，是天地間陰陽消長、五行順逆的疏義。文王之彖，是六十四卦的疏義。孔子之彖傳，是文王彖繫的疏義。大象又是孔子總觀全象，學易寡過的疏義。周公小象，是三百八十四爻的疏義。小象傳是孔子細翼爻象的疏義。至於文言，則所以發傳中未盡之義。繫辭二卷，又所以明作易之淵源、示象之本旨、卦爻之來歷、吉凶之緣由、讀易之道、用易之方，以極於範圍天地之化，而不過「曲成萬物而不遺」也。嗚呼！盡矣，尚何旁求？後儒之注解爲，但是按之經旨，不特文周之詞旨深約，即孔子之十翼，亦尚有簡奧之處。初學豈易？即便明了，其不能不資後儒之注疏者，亦勢之必至。然既有經文作底本，則亦只宜於其深約簡奧處，求切近疏解作入頭耳。正不必旁生枝節，穿鑿附會，欲求深遠而反失易簡本旨也。故吾輩讀易，只宜奉孔子十翼爲宗，反覆全經以資印證，其有不明，然後求之前儒注疏可耳。而讀前儒之注疏，又須先辨其能於孔子寡過之義、程子隨時變易從道之旨，克合與否。合，則是能知易旨之書；不合，即非能知易旨之書。舍其不知易旨之言，而印以能知易旨之言，縱於易之象數文辭不能盡知，而大旨不差，即可神明默成，作一羲、文、周、孔心許之人也。或曰：然則象數文辭，可不必盡知乎？曰：非不宜盡知，乃不能盡知耳。蓋當日三聖人於中間偶有會心處，容參以目前之物象，一時之方言時語；兼更世之遠，竹簡漆書，容有遺訛。今觀古今本之互有異同，可以知後世之於前經，必不能一字不差也。舍明白簡易、可以實用之旨歸，既成寶山空回，而苦求諸必不能盡知之字句，又成夸父逐日，故不必耳。

惡而思遠，怠而思奮，肆而知斂，斂而思純，得意不矜，失意不懾。士希賢，賢希聖，聖希天，善學易者也。

觀易逐卦逐爻，皆有一恰好天則，示象明占，文、周、孔三聖人精義入神，亦至矣。而卦卦爻爻，無一非指示人以利用安身正道，則三聖人之義盡仁至，抑又至也。學易者，無論神明默成，足以從道寡過，即能體會得三聖人一點心精，亦自足。心體精明，同乎日月；心量弘[一]厚，同於天地。而所謂觀天之道、法[二]天之行者在是矣。

[一]「弘」，文津本作「崇」。

[二]「法」，文津本作「執」。

易象稽實待虚，一象宜作千象萬象會，一占宜作千占萬占用。而自占一法，則視乎神明其德，盡性至命耳。

讀易莫實於觀象，莫妙於自占。讀易不知自占，失四聖人易教之本旨矣。

易義懸空，而象則實，易象至實，而占仍虚。以占宜通變取義，不容拘象。而自占尤宜神明默成也。

六十四卦中，元亨利貞、大吉、无咎、悔亡之辭，原以情善位當、履中處正而得，已寓示教之旨。而文周二聖人，又於其中往往申以戒義。孔子之翼，又必極意推明，即此可見三聖人之用心，亦可見大易設教之微旨。

讀易準以孔子之十翼，則見得易道潔靜精微，真可神明其德以寡過。舍此而眩於後儒之意見，縱窮天盡地，只資口頭談説耳。於易旨毫不得用，於易教毫無得力。

觀文、周、孔子之彖、象、十翼，卦卦是教人寡過，爻爻是教人寡過，可見讀易必能通得此旨，乃云窮經知要。讀易知得卦爻之象，原有義象，而不可盡執物象事象以求，則看象便活；不至索諸互變錯綜之隱深穿鑿，而易象可通。又若知得即占之吉凶，亦是設象，則象義雙融，象占同歸，亦不至有執象執義、拘象執占之病，而自占之道可通，即大易設教之旨可通。

觀「易」之爲字，從日從月，可見這易原是貞明之體，原是變動之用。讀易者，於貞明中悟得變動即易道，思過半矣。

易看來繫首天尊地卑一章大旨，乃孔子首欲人知天地設位，而易行乎其中，與易道統於乾坤，而乾坤本自易簡之義。

旨昭然可見。解易讀易安得涉於玄[一]虛穿鑿。「人心惟危，道心惟微，惟精惟一，允執厥中」四語，全若爲千百世學易之道示以指南。「德無常師，主善爲師。善無常主，協於克一」四語，全若爲千古用易之旨立之準繩。「可以仕則仕，可以止則止，可以久則久，可以速則速」四語，全若爲千古體易之人樹之榜樣。可見千古聖賢，無非此一點真機。洗心退藏，神明其德，而易學實聖學之淵源也。然「乾以易知，坤以簡能，易簡而天下之理得」，易簡之善配至德，易道又即中庸之至德、大學之至善矣。每讀易，體認至此，不啻對三代諸聖人於一堂，而相與印此心精。

易道如此神化，而孔子只括之以易簡，此蓋從韋編三絕後，了了於心，故直以此二字盡其旨也。然又曰：「易簡而天下之理得。」則是盡宇宙大經大法人情物理，亦只統貫此二字中，而「易簡」二字即三才之根柢，俱不外是也。不知後儒讀易，如何偏求之深隱繁賾。又不知後儒論道，如何偏索之粧綴離奇。

看來中庸一書，是子思爲當日之言道者，視爲高深玄[二]遠，故篇中兩引中庸之說，以實道易。翼十篇，是孔子爲當日之言易者，視爲高深玄遠，故孔子二繫中重申易簡之旨，以明易。蓋此理原易知簡能，亦原是宜知宜能，故聖賢言理，無不取於人人日用可行耳。後儒往往索諸隱深，是欲以張皇易妙，而不知反失其本旨。

繫曰：「君子所居而安者，易之序也；所樂而玩者，爻之辭也。」是則觀象玩辭、觀變玩占，只是要明所居而安之理，求以居之耳。徒曰觀象玩辭、觀變玩占，而無得於易之序，不知所以居之之道，則雖謂其觀玩，爲玩物喪志可也。

[一]「玄」，文津本作「空」。
[二]「玄」，文津本作「幽」，後文同。

到得所居而安，纔是神明乎易之學。吾輩學易必到這地位，乃可言默而成之，不言而信。所居而安，是之謂德行。德行之謂易序。易序豈獨在乾、坤、屯、蒙先後之間？

觀象玩辭，觀變玩占，要是爲明吉凶之所由分，而臨事趨避之耳。故讀易之要，在反身實體，要得卦卦切己，爻爻益身。庶不徒爲聞見口耳之末習。

「震无咎者，存乎悔」，學者有過，曾不自知，知而曾不能悔。淺之而吝，深之而凶，叢集厥躬矣。縱讀盡易解，耳目間易耳。其於孔子學易之旨，相去逕庭。

「神無方而易無體」，學不見道之人，羣疑滿腹，衆難塞胸。縱復學易，終是謬以千里。易是無思無爲而無方無所之道，「仁者見之謂之仁，智者見之謂之智，百姓日用而不知，君子之道所由鮮也。」學易不知正旨，惡乎學易？

即「一陰一陽之謂道」一語，可想見這易妙用不息而常體不易之旨，可想見這易常體不易而妙用無息之旨。

「生生之謂易」，人而不仁，生機滅矣，其如易何？

「天地設位，而易行乎其中」，故「陰陽不測之謂神」，「一陰一陽之謂道」，陰陽時若之謂易。而在吾心，只此健順之機。「成性存存，道義之門」，是所居而安之淵源。讀易能見得此義，纔是明於易理。造詣到這田地，纔是善於用易，亦纔是神明默成乎易。

或言孔子所謂觀象玩辭、觀變玩占，真學易之要義。如此學易，易道何不可得者？余謂是特教以就畫魚識真魚之法耳，尚非設網獲魚之實義。必如「擬之而後言，議之而後動，擬議以成其變化」，則截斷上流，一網打盡矣。更如「默而成之，不言而信」，「成性存存，道義之門」，庶幾全體，皆易得魚忘筌也。

善讀易者，讀此卦，明得此卦之所由吉凶，便要反上身來：我現[一]在所居之位、所行之事，與此有相應者否？讀此爻，明得此爻之所由吉凶，便要反上身來：我現在所居之位、所行之事，與此有相應者否？即大易卦爻變遷之位，一一反觀於身，又即吾身所宜由之義，一一印合於易，則讀易如讀吾切身之符，久之於易道證據親切，臨事時自知擬之而言、議之而動矣。此初學讀易之要法也。若夫「神而明之」，則又「存乎其人」；「默而成之」，則又「存乎德行」矣。

「擬之而後言，議之而後動，擬議以成其變化」，這便是善學吾心無畫之易，亦便是四聖人教人學易寡過之微義。泥封求解，執爻索義，據册有易，離文無易，即訓詁之精，文義之密，終成負販之學耳。

「顯道神德行」，孔子分明將易理一口道盡，後儒拘拘執象數卜筮作解，無異辨木理者忘其本根，生意之何在，而徒於

[一]「現」，原作「見」，據文津本改，後文同。

枝葉間摹其横直曲斜也，亦徇流忘源矣。或曰：象數蓍策可廢乎？曰：非謂其可廢也，象所以像〔一〕義之難顯也，數所以明象之度數也，即數而明象，斯爲得數；即象而明義，斯爲得象，總之，象與數皆爲義設也。不明其義而區區惟象之求，泥於流矣，更區區惟數之求，抑又遠耳。至若倚蓍策而占吉凶，易道之一端，聖人神道設教之微權耳。君子所居而安者，即易之序，所樂而玩者，即爻之辭〔二〕。盡人生動靜語默行藏取與，無處非易，盡人生思慮計度籌劃經營，無念非占，明於易從道之旨，即易不在設蓍數策而在我，易不在占卦占爻而在占心矣。蓍策云乎哉？占卜云乎哉？

孔子易繫曰：「以卜筮〔三〕者尚其占。」又曰：「因貳以濟民行，以明失得之報。」易豈不關於卜筮？然夫子又曰：「夫易，聖人所以崇德廣業。」又曰：「君子所居而安者，易之序；所樂而玩者，爻之辭。居則觀其象而玩其辭，動則觀其變而玩其占。」易自是以齋戒神明其德望君子，而以卜筮訓有爲有行。心疑而問之，人徒以卜筮盡之，豈其可？

易之爲道，教人以趨吉凶，而假之卜筮，則「神道設教」之微旨，亦猶今神廟籤部使人趨避之義。特是籤部止於示人趨避，而易旨則示人以勸戒。籤部吉凶止於叩卜之一事，而易旨趣勸戒則統乎動靜之全機。籤部止可示教於中下，而易教則直可貫攝乎聖凡。籤部止一時之趨避，而易教則終身之勸戒。籤部離神則無勸戒，而易教離蓍自由占卜。神道設教之義同，而其旨歸之淺深大小精粗廣狹天淵矣。故易之畫，萬世文字之祖；易之彖、象、翼，萬世義理之宗。易之教，則君臣父子之五倫不能外，貴賤隱顯之地分不能外，順逆常變之境遇不能外，萬事萬物之定理不能外，即天地鬼神亦且不能外，真萬

〔一〕「像」，原作「象」，據文津本改。
〔二〕「辭」，原作「詞」，據周易改，後文同。
〔三〕「筮」，原作「蓍」，據周易繫辭改。

世範圍曲成之洪爐也。謂不關於卜筮，固不可；謂盡主於卜筮，便失四聖人垂教微旨。

「天地設位，而易行乎其中」，這易是何等道理？豈得謂象外無易？「成性存存，道義之門」，易原是這等樣全備〔一〕，又豈得以卜筮盡易？然卻不得矯言易不在象、不在卜筮，若易不關象，不知義於何取？不屬卜筮，不知設筮何爲？於義亦未備也。

立象以盡意，要知得意如何可。立象以盡，又要知得立象所盡者何意。則象不徒顯，而意不終隱矣。

易則河圖衍數，尚藉以作象數影子。至尚書中，洛書衍疇，並連影子亦不藉，只是用其九數發出帝王奉天撫人的九種經常道理耳。自漢以來，學者讀易不知求易道設教之本旨，讀書不知求洪範經世之弘〔二〕猷。每於河圖、洛書穿鑿附會，何切於實事實理？

「神而明之，存乎其人」，「默而成之，存乎德行」，易道是何如事，可區區於象數間拘泥，又可僅以卜筮盡之哉？

讀易者能於變動周流之中，識時中之用，即於易道思過半矣。然不能實體所居而安之旨以爲心行，亦終是畫餅繪火，無濟於真飢實寒耳。故學易者必如所謂「神而明之」之真知，所謂「默而成之」之實踐，然後可言善讀易、善用易也。

〔一〕「備」，文津本作「占」。
〔二〕「弘」，文津本作「大」。

觀象玩辭，觀變玩占，是爲要明得此理，以爲率由之本。若學者真見得此理，隨時神明默成，而變易以從道，即日用動靜語默之際不異。觀象玩辭之時，而審幾度務之間，無非玩辭玩占之幾矣。蓋聖人教人學易之意，原是教人用易之道以善身世耳，匪第教人區區辨卦爻變動陰陽消長耳。

「通其變，使民不倦，神而化之，使民宜之」，嗚呼！古聖人神道設教之婆心，分明自己言下托出矣。

看來「知幾其神」，不徒只是能知，原是見善即遷，見過即改，真知實踐，一體爲用。

「易之爲道也，變動不居，周流六虛，不可爲典要，惟變所適」，這是個甚麼道理？漢唐間無幾於道之人，如何發揮得易中精神命脈使出？

「觀易之爲書也，不可遠」一段，這道理豈尋章摘句所能明，真所謂「苟非其人，道不虛行」也。然謂所居而安，即易之序，這事又豈高深玄遠的事？又所謂「易簡而天下之理得」者。

「居則觀象玩辭，動則觀變玩占」，孔子示人以學易之法也。「使出入以度，內外知懼」，孔子教人以用易之道也。余則謂學者真能「出入以度，內外知懼」，則雖無象無辭無變無占，而易之把柄在我，所謂善易者不言易而全體皆易也。否則對易有易，離易無易，即時時觀象玩辭，觀變玩占，究之只成得泥象逐辭、拘變執占之迂學，而去易仍遠耳。

繫辭曰：「懼以終始，其要无咎。」又曰：「聖人之作易也，將以順性命之理。」其於教人寡過之義，何等明白，學易者只以此求之便得義。文、周、孔本旨，終身用之不盡。乃近世讀易者，往往不知着眼於此，而徒於後儒注疏中採取一行穿鑿附會之說，援爲借證，真扣盤捫燭之見。

不言而躬行，此盡性立命之事，然非神而明之，則無由知終而終。此實踐之必始於真知，而繫辭窮理之所以始盡性至命也。又使神而明之，而不至於默成而信，則亦不得謂之神明。此真知之又必以實踐爲究竟，而繫辭盡性至命之所以終窮理也。

觀易繫辭曰：「昔者聖人之作易也，將以順性命之理，是以立天之道曰陰與陽，立地之道曰柔與剛，立人之道曰仁與義。」看來聖人作易，原是如此主意，則雖謂六十四卦、三百八十四爻，四聖人殫精擬議，只是教人趨於仁義之路亦可矣。吾輩必居仁由義，乃云善於學易。

象以顯義，義以實象，執象昧義，象何以設？執義遺象，義於何存？觀於孔子六十四象，無不以「象曰」「君子以」五字發義，可知象義偏廢不得。

凡象皆爲義設，執象昧義，買櫝還珠固所不可。

凡象皆爲義設，凡義原皆爲君子設。君子無時不廑遷善改過之義，則無時或忘審幾度務之占。占之資象固多已，易之爲道，又豈盡係占象乎？總之，觀象而占者，凡人與君子偶爲之事。所居而安，以此齋戒，神明其德者，聖賢君子生平之占也。執象論占，亦昧聖人崇德廣業之旨矣。

就易之爲書而論，其「爲道也屢遷，變動不居，周流六虛，上下無常，剛柔相易，不可爲典要，惟變所適」；就易之爲量而論，「範圍天地之化而不過，曲成萬物而不遺，明於陰陽之故，達於生死之說，通乎晝夜之變」；就易之體履而論，「時止則止，時行則行，動靜不失其時，其道光明」；就易之爲用而論，「所以顯道神德行，使人出入以度，內外知懼」；就易之立教而論，「定天下之吉凶，成天下之亹亹，以開天下之物，成天下之務」；就其爲卜筮而論，「其受命也如響，無有遠近幽深，遂知來物，非天下至廣至大至幽至深至精至神，孰能與於斯乎」，而樞紐只在於乾卦自強不息之實功。故易以乾首六十四卦，以大象首六十四象也。嗚呼！書首欽明，禮首毋[一]不敬，而易首以乾。乾象以自強不息，學易者亦於主敬之道，終身實體之，而易元在我，即易主在我矣。

讀易能於所居而安之旨明其真詮，便得入易之門。更能躬行實踐此動靜不失其時之理於日用間，即於易道登堂入室矣。然非有朝乾夕惕之功，豈易到與時偕行之地？仔細推詳，敬之一字，真易道之本原，不獨修己之要領。黃帝之丹書曰「敬勝怠者吉」，即此一語，可尋時中脈絡，並可作易學樞紐。昔文中子答人問易曰：「『君子終日乾乾，夕惕若』而已。」嗚呼！文中子不見道，孰爲見道哉？後儒每譏此語，亦是無真見耳。

盡人生大之仕止行藏，小之飲食男女，無非易之動變周流。一息不敬，即一息咎凶立至。易安得不始乾？而乾安得

[一]「毋」，原作「無」，據禮記曲禮第一改。

不象以君子之自強不息?

一部易經，只發得時中之義。然時中必由於神明默成，而神明默成必由於忠信進德、修辭立誠之潛修，是「敬」之一字，聖學之脈絡，實易道之脈絡。故六十四卦以乾卦爲樞要，而乾卦以三爻爲樞要。仔細推來，孔子「自強不息」一語，不特乾卦之大象，並可統六十四卦而象之。觀易可見四聖人之心源契合，即可見千古聖賢其心法道法，無不以這一段敬慎戒懼爲參同，即無不以這一段敬慎戒懼持世教。後儒每言道妙於無爲，學宗乎自然。嗚呼！自以爲玄諦矣，其如未達聖道之淵源、聖教之本旨何?

繫辭曰：「神而明之，存乎其人」「默而成之，不言而信，存乎德行」，此言易道非執方可明，浮慕摸擬可能也。學易必須實下窮理之功，實道盡性至命之地，然後於易合真耳。二者原一體相成，故有互相爲用。必實有窮理之功，然後能到德行默成之地。又必實到盡性至命之地，然後真幾神而明之之域，未有不能真知易道，而實能體易之人，亦未有不能實體易行，而真能知易之人。乾三之文言曰：「知至至之，可與幾也，知終終之，可與存義。」嗚呼！神明默成互相表裏之旨，首乾已明揭此義，示所以學易要領矣。有志學易者，曷體此旨行之?

先天不違，作易之聖人；後天奉若，體易之君子。然盡得後天體易之學，即先天自在其中。故古來先天聖人闡易之教，只是教人實盡後天之學而已。

觀象玩辭，讀易之法；觀變玩占，占易之法；所居而安，用易之法；神而明之，通易之法；默而成之，契易之法；

知〔一〕崇禮卑，效易之法；「敬以直内，義以方外」，懲忿窒欲，遷善改過，體易踐易之法。而要之工夫要領，只自強不息一語括之。嗚呼！君子乾乾日夕而已。

「龍德中正」，原本於庸德庸言之謹行、閑邪存誠之精專，可貴處豈獨在變化不測？然正惟有此切近精實之功，然後可幾於變化不測之神，故曰：「見龍在田，利見大人，君德也。」

易坤初六之文言曰：「積善之家，必有餘慶；積不善之家，必有餘殃。」四語雖以釋履霜堅冰之義，其實四聖人立象明意，繫彖繫象，以示勸戒之大旨，書括於此。學易者誠能見此義以讀易，則得四聖人諄懇告誡之義，即見得天人感召原不相遠，善惡吉凶只如影響。雖不欲遷善改過，而有所不敢。

「神而明之」，非「窮理盡性以至命」者不能。錯履无咎，忠信以進德者，可與幾也。

於此心之天理見得明，即踐得勇；於此心之人欲覺得早，即反得速。其於易也，把柄在手矣。

能於「遷善改過」四字時時有真知實踐之功，即可晤對羲、文、周、孔四聖人於一堂。

學易者無見於動静光明之旨，極其所得只成閃躲利害伎倆耳。然非真有與道合真之修，亦終無見於動静光明之真血

〔一〕「知」，原作「智」，據周易改。

脈，無得於動靜光明之真樞要也。孔子曰：「吾道一以貫之。」吾輩必於道之全體大用有真見，斯於易之神明默成有入頭，即六經之精微蘊奥，亦始見堂奥耳。

四聖人畫卦繫辭之婆心，只是導人所居而安之義，然如何得所居而安，亦只動靜不失其時耳。一部易經，六十四卦，三百八十四爻，及孔子之十翼，凡二萬餘言。四聖人推索闡衍，不憚諄復如此者，亦只是爲動靜不失其時之旨發揮不出耳。近世注易者，動手十卷八卷，而不知着眼於此，抑誤矣。

堯舜禪讓，湯武征誅，天道人事到這裏皆不容不然，而數聖人適如其當然而爲之，這纔是神明乎易，而善於用易也。或曰：下此者，不足言用易乎？曰：非也。「率性之謂道」，從道之謂易。人性皆善，雖愚夫愚婦，亦有不學不慮之知能。一念合道，安在非易？但無敬勝義勝實工夫，不可言全體與易渾合耳。

孔子仕止久速，各當其時，是爲太極在手，八卦在身，活活一副傳真寫照的易樣子也。求易理者，能於吾夫子之行止求之，其於易道亦思過半矣。然卻須知孔子之仕止久速各當其時，原從意、必、固、我之咸絕其端來。若不達此旨，而徒從仕止久速上作摸擬，優孟之學，叔敖啼笑。雖而似神明，非真極其功力，只成子莫之執中耳。

孔子之言九思、三戒、三畏，曾子之言三省、三貴，此吾儒全占法也。至若孔子聖之時，君子而時中，則與易渾合，占不足言矣。然可仕則仕，可止則止，孔子正是神於自占，未可言不占。君子隨時而處中，正是君子妙於自占，亦未可言不占也。嗚呼！易之爲道，總是憂勤惕厲之道，易之爲學，總是憂勤惕厲之學。其人之爲聖爲賢，亦不必一格。總之，在憂勤惕厲之中而已。

「神而明之，存乎其人」，孟子不言易，而所行無非易也。「默而成之，存乎德行」，顔子之「不遷怒，不貳過」，三月不違仁，爲能身體乎易也。善學易者，要知得用易體易之實義。讀易乃卦卦有益，爻爻有用耳。或曰：「不遷」「不貳」與易何涉？曰：閑邪存誠，龍德之所以中正〔一〕。顔子不遷不貳，心不違仁，正是寡過之實學，亦便是他龍德正中，可幾於王佐之真機。易道豈必在飛潛惕躍間，辨時宜也？

横渠揭「知〔二〕禮成性」之旨，可謂探取易道之淵源。或曰：「知禮成性」與易何涉？曰：易道只要人動靜不失其時，而動靜不失其時，只是能隨時變易從道。「知禮成性」乃道義之門，豈非易道之淵源？

伊川先生解易，即不必與原旨盡合，然要之得易之義理自正當，當推爲易道中暗室之燈。

又曰：程注得易義，即謂此注爲伊川之易可也。或曰：能盡得時中之旨否？曰：可。與權則未敢知，可與立則可信也。然立則已道得充實光輝之地，於易如已入門而升堂矣。

「成性存存，道義之門」，故善學易者，無如盡性然。如何能盡性以至於成性存存乎？「知崇禮卑」而已。横渠先生知禮成性之説，蓋祖乎此。漢唐千年間，少知性盡性之人，安得有明於易道、善於用易之人？故惟伊川、京山二先生，尚爲暗室之一燈。然伊川未化，京山尚氣，知言處固多，失意處亦不少。向若得明道之清明純粹、紫陽之沉潛篤實、陽明之易簡精

〔一〕「中正」，原誤倒，據文津本乙正。
〔二〕「知」，原作「智」，據張載經學理窟改，後文同。

明，有古稀之年，三絕之專，當必與四聖寤寐羹墻，惜乎其兼之爲難也。

揚子雲作太玄擬易，而失身新莽。即於乾卦初爻「潛龍勿用」之義亦不解，說甚麽明於易理。

宋儒中楊誠齋、蘇東坡二公，皆有易注。誠齋之易，余未見其全書，然於大全多見其說，亦只其中略有穎思，究於向上易旨無聞，亦未可爲得易意者。至於東坡之易，只是以聰明簸弄於脣吻間，全於易之本旨無得。何以言之？易之大旨歸於教人寡過，而寡過之道，只以敬慎爲要領。故文中子以日乾夕惕蔽其旨，而孔子亦以爲使人出入以度，外內知懼也。今且無論東坡生平恃聰明逞才氣，傲物凌人，輕世肆志，盡與易反，即其譏伊川曰：「何時打破敬字。」嗚呼！打破敬字，是打破易元也。易元即破，何以易爲？即其注疏，亦只落描枝繪葉耳，於本來生機何相干涉乎？大抵漢唐之易，只成訓詁。宋明幾個文人之易，多簸弄聰明。訓詁非易，而易在；聰明亂易，而易亡。二十年間，向非伊川、京山二先生尚存幾分真種子，則易道竟至今墜地矣。

見得道之全體，始可言知易。黃鐘潛萌，亦只道得一點生機耳，便以知易許之，亦太輕易矣。

莊子謂：「易以道陰陽。」掠取易象影子語耳，不知先儒何以多取之。

學者誠能於序卦之旨，會通其大義，則於四聖人繫彖繫象繫辭之旨，亦可略見一斑，即於君子所居而安之義，亦可略識梗概。故讀易者能明序卦之旨歸，於易理已思過半矣。

讀周易須先明周易之序，蓋連山、歸藏，夏商之易，非無義理，而文王更其次序，首之以乾坤者，必夏商之序未盡當，而文王之會心獨精耳。故學易先須探取周易之序，序明而易道已明入門之路矣。

周易乾、坤、屯、蒙相承之序，本如化工，而孔子之序說，更如天地化工之自然。形神畢妙，解經得此手筆，乃云傳神。卦序得此一序，周易之序乃明。不知歐陽公何見而疑之？

凡書皆以凡例首篇，所以明一書之規模。周易以今本讀之，自無不可。若論體裁，則孔子之二繫，乃讀易之凡例，自宜揭於經前，以示讀之之法，而尤當以序卦傳冠繫爲當。蓋二繫作易讀易用易之法，而序卦傳則周易所由更定夏商連山、歸藏之序而自爲次序之由也。學者不先明於周易序卦之旨，即學易先昧來歷。況序義已盡易理，而序卦傳尤精妙圓融，讀之不特於易序晰其緣由，並可使人心暢神融，有造化盈虛、人事消息如在目前之趣，故易注以序卦傳揭首爲當，而讀易以先明序卦傳〔二〕大義爲要。

易旨如淵海，非一人一說之能盡，即先儒亦不敢自謂其已盡於已說，亦只云自道其所見而已。後學淺識薄植，欲求入門，自不得不資前人之注疏，又不得不擇注疏之精粹，但不可謂易之全旨即盡於吾所取資之說，稍與此說不合者，遂棄而置之，甚之且加擯排也。要在虛中折衷，務求中正切當耳。然初學豈易到得折衷得當？只先據孔子十翼，明易用易讀易之法，用之觀象玩辭之間，不主先入，不雜意見，而一一即翼以明經，不敢一毫穿鑿附會。迨遇翼語隱約，然後求之程朱以及諸儒先之注疏可耳。然要之觀注疏，所以求明經傳之旨，取自足發經傳隱約之旨而止，固不得舍經傳而別立一說也。

卜筮所以神易，故卜筮自易之一道，然易道原是教人寡過從道，易又豈卜筮所能盡？本義於卜筮發得分明，然必合以

〔二〕「傳」字原脫，據文津本補。

程傳及諸儒之論，觀會通而行典禮，乃能圓滿無漏。

易必聖人而後明得盡，發得明，良以易與道爲體，惟聖人見道分明也。其下讀易之法，只據孔子繫辭爲主，而不參以後人穿鑿附會之説，即於易不能盡明而已，掃去幾層雲霧耳，故余於互變錯綜，不出於繫辭之中者，雖前賢相沿，不敢概從也。

義言象占同體共貫，廢一不得，泥一不得。後儒紛紛主象、主數、主理、主卜筮、主錯綜之變，卻是舍通衢大道而走入旁蹊小徑矣。

易是文、周、孔子教人即造化、明人事、辨善惡、決從違之書。讀易者，止以三聖人之言求之，明得旨歸，便足窮理寡過，元亨利貞。且即文、周、孔子之旨，亦恐終身明之不盡，學之難盡，尚何容於文、周、孔子之未言，附會穿鑿，以滋附贅懸疣之衍。故互卦之説，經文未及，余不敢信。老陰老陽始變之説，經文未及，余不敢深信。錯綜之説，雖言之，而細玩之本旨，卻亦非。近來所謂三百八十四爻，互相錯綜之謂，余亦不敢深信也。余惟知於經之所已言味其旨歸，務求的切而已。或曰：後世互卦之説，亦本於經之雜物撰德，非其中爻不備之旨，子何疑乎？余則謂經之言雜物撰德也，是言每卦若非中爻，則此卦之物不備，此卦之德不全，如乾若無三四，則只有初、二、五、上，天地之物而無人，便不成三才。備物只有潛見飛亢之德，而無進德修業及時之德，便不成隱顯全德，其他莫不皆然。此與雜物撰德，係乎中爻之義。如何貼切？顧舍之，而掠取他卦之可互者備義，則是遠涉泛濫而究之，近遺本旨耳。且無卦無中爻，無卦不雜物撰德，則中爻之雜物撰德，自是易中一段切要道理，向使必待互他卦而後備，則互之一字，孔子繫辭中必明發其例以示人，何竟無一言及之耶？孔子既無一言及之，後之人何從知其雜物撰德爲互他卦乎？此余之不敢輕信者也。或曰：老變之説，宋儒因之，而實本於左傳，如陳敬仲筮齊、畢萬筮仕、成季將生之類，是老陽之獨變也。老變而少不變，從可知矣。子何疑爲？余則謂經言蓍法，十八變而成卦，則吉凶可知。是所得本卦自無不足，何必更索之他卦？且以十八變之後，反以本卦爲傳，舍而以所變之卦爲主，是亦理之難信者也。或曰：其如左傳之言何？余則又謂不惟左氏晚出，其言多矯誣難信，即果屬周人觀其所引卦爻之詞，多不出於文、周、孔子之彖、象、翼中，而自爲其言，如鳳鳴鏘鏘之詞，於易何涉？必當時自有卜蓍之書，如焦京之類者，亦只是筮家老變之一法，非周易卜筮正法也。如係正法，則到十八變後，正是結穴得卦，辨吉凶、決嫌疑之處，豈有繫辭於大衍之數一篇發明筮法，亦已至詳，而於此一字不及耶？孔子不及，後之人何得以左氏援據他筮之説信乎？此又余之不敢輕信者也。錯綜之説，近代盛於來氏，當世讀易者，多以爲然。蓋以經有錯綜其數之言，又有極其數以定天下之象之言，遂信而不疑耳。不知錯綜其數，是言營卦之法，極其數以定天下之象，是言極蓍策掛揲之數，成六十四卦、三百八十四爻，以定天下之象耳。豈謂六十四卦中，凡爻之於義難明者，又取他卦可互之象，錯之綜之，以通於四千九十六，而無不可乎？且二繫發明易例詳矣，而亦不及於錯綜六十四之爻，以通於四千九十六，以明此卦難明之爻，又何得輕信後人，而自蹈附益凌亂之失乎？此又余之不敢輕信者也。或曰：如此則先儒諸説何？余則又謂余深信孔子，故不敢舍孔子而輕信後儒。余深信孔子之十翼，故不敢舍十翼而信後儒之説，是則余乃過信孔子，初非如近儒輒矜一己私見，以掩蓋前人也。此意即先儒有作或當諒，余又何嫌乎？且至理大公，直道在人。自是而同志之士，知以經解經，不雜臆見，經旨或得少明於注疏淆真之日，余厚幸矣！即不然，而余且自免於穿鑿附會之罪，余心亦稍足自安也。即當世知我罪我，何暇問乎？

易之古本，羲畫、文彖、周象、孔翼，共十二篇，原各自爲書。其後漢晉諸儒，如鄭、費、王輔嗣輩，漸次分附孔子之彖傳、象傳、文言於經下。程朱因之，亦殊便於誦讀，無容更議。但是自坤以下，皆是彖傳隨彖，象傳隨象，而乾卦獨否，即坤亦且文言仍割諸後，而惟乾獨異，將以文、周、孔子之言，不可混淆耶？則自屯以下六十二卦，已合附之，將以附合爲一，便於誦讀耶？何爲首乾獨爲不然，而坤亦尚後文言乎？此事無關於易之大義，要之於易書之體裁尚爲不備，後學亦尚不便誦讀。此亦有待於有心者之更爲整定耳。或曰：孔子於乾彖有傳，而又再繫文言，爻象已傳，而又四繫文言，今若彙之一處，不幾叢薈繁亂耶？余則又謂彖傳附彖，而仍依其前後，各自爲篇。象傳附象，而仍依其前後，各自爲篇，如此則血脈貫通，而次第仍自秩然。不惟見得孔子於乾三繫、彖五繫，於坤仍重彖重象，乃其韋編三絶之後，味之而愈深，探之而愈出，見大聖人學易之精勤，而憂患天下後世之至切。亦可使讀者便於尋味，見易之爲道真是味之不窮、推之莫罄，終身學之莫罄，而可以引伸觸類神明默成也，又不獨其便於誦讀耳。顧不知當世大君子以爲何如也？

卦變之説，彖、象、十翼之所未言，自虞翻力爲主張，後儒多從之以解經。然觀古注已有賁卦自泰變來之説，則意者其説之由來亦遠也。惟伊川不謂然，以爲乾坤合而爲泰，豈有泰復變賁之理？乃以爲陰陽剛柔之變，皆來自乾坤。朱子則又以爲伊川不取卦變之説，至賁卦柔來文剛，无妄剛自外來，而爲主於内諸處，其説皆不免涉於牽强。王輔嗣變卦又不自然，於是推廣爲卦變，一圖一畫，以至五畫無不盡類圖之，而其言曰論伏羲畫卦，則六十四卦一時俱有，雖乾坤亦無生諸卦之理。若如文王、孔子之説，則縱横曲直反覆相生，無所不可，要在看得活潑，無所拘泥，則無不通耳。又曰熹之説，卻覺得有自然氣象，只是換了一爻，非是聖人作卦如此，自是卦成了自然有此象，蓋亦自視爲活潑不執也。乃愚嘗按諸經文，反覆推索，如程子言諸變皆自乾坤之説，其言未嘗不是，然以之解賁、咸等，一卦中剛柔自爲往來，上下之卦則分明。以之解訟剛來而得中，无妄剛自外來而爲主於内數處，則原覺欠卻來歷。如朱子卦變之説，亦似活潑不執矣。然亦覺於經旨不合，更覺得只於成卦後得其剛柔上下互換之一端，而於成卦之由如所謂剛來得中成訟、柔來文剛分剛上文柔成賁，剛自外來而爲主於内以成无妄之義，既不關切，且於孔子分疏彖傳以加此數句之旨，亦無發明也。何者？如賁之柔來剛上，涣之剛來柔上，此原是本卦之内外，自相上下往來。若訟之剛來而得中，无妄之剛自外來而爲主於内，卻是推明前後兩卦反正相綜以成此卦之由來，故孔子於彖傳特釋之，以發明彖中本有之旨，非止同成卦後。後人推索爻畫，可以變換之末節，如虞翻所云也。所以然者，經中六十四卦，除乾、坤、坎、離、大過、頤、小過、中孚八卦外，其餘皆兩卦相合爲一，一正一倒而爲兩。伏羲畫卦時固合下生成，原無此卦由彼卦變來而後成之理。若文王更演周易六十四卦之序，則正是一正一反相合以成，而適值此數卦正倒之間，有取於往來之義爲成卦之由，故孔子特爲表出耳。且通以損、益二五爻辭之皆繫以「或益之十朋之龜，弗克違」，夬、姤四三爻辭之皆繫以「臀無膚，其行次」，且既濟、未濟之四三爻辭皆繫以「高宗伐鬼方，方三年克之」之旨，而益信兩卦反正相因，乃此數卦往來之所自來。故變不在遠取爻畫之剛柔可以互換，而在近取卦序正反之往來，本自相通。蓋損是山澤之順合，而益即山風之倒值。兩卦只屬一卦，在損爲五爻者，在益即爲二爻。夬乃澤天之順合，姤即天風之倒值。兩卦只屬一卦，在夬爲四爻者，在姤即爲三爻。既濟是水火之順合，未濟是水火之倒遇。兩卦原只一卦，在既濟爲四爻者，在未濟即爲三爻，故其義可相通，其辭遂相類耳。且如此參看，不惟爻可明，兩卦相綜乃以成此一卦，如損、益、賁諸卦之上下自相往來，訟、无妄諸卦之變，即宜從彼卦之正反來者。孔子繫易時洞見此旨，而爲此傳。即文王繫彖時，亦正有見於此，而繫之彖。周公繫爻時，亦有見於此，而爲之象也。特文王、周公繫彖、象時，未暇明衍至此耳。其實孔子彖象傳所以釋文王、周公之彖象，正是推原文王、周公未言之隱意而暢發之，初非自撰一義例也。此某歷年以來印合諸經，反覆諸心，乃敢斷以此說。近來反覆文孔之原繫，益覺關切經義，亦且不涉安排，既無執泥之弊，並無渺茫之嫌。顧不知當世明易君子以爲何如也？

先儒皆謂伏羲則河圖而畫卦，大禹則洛書而衍疇。愚嘗反覆孔子繫辭，而竊覺未然。畫卦要是羲聖見得神明之德、萬物之情，洞然於胸，特拈出八卦以象之。又見得神明之德、萬物之情，無非陰陽剛柔相摩相盪，故重爲六十四卦以象之。若但見圖而畫卦，則是天、地、風、雷、山、澤、水、火之象，皆因見圖然後觸發出來，不惟埋沒羲聖仰觀俯察、遠徵近取苦心，亦又涉於先神後人，荒渺不經，非孔子繫易本旨耳。況按之河圖於卦義卦位，兩無印會。雖先儒牽強有解，終覺未能吻合，而可據爲定本乎？據愚意，昔孔子之繫易曰：「昔者伏羲氏之王天下也，仰以觀於天文，俯以察於地理，觀鳥獸之文，與地之宜，遠取諸物，近取諸身，於是始作八卦，以通神明之德，以類萬物之情。」夫既曰仰觀俯察云云，乃曰於是始作云云，則是八卦之不盡因見圖而後畫可知，且即見圖在畫卦之先，龍馬之圖，要亦觀鳥獸之文之一端，卦豈遂因此而畫者？至若繫之言「河出圖，洛出書，聖人則之」者，則是言聖人見圖之畫，而衍策取卦以神易耳。故孔子曰：「昔者聖人之作易也，幽贊於神明而生蓍。」曰幽贊生蓍，正所謂則圖以衍策也。與下文觀變於陰陽立卦、發揮於剛柔生爻同一義例，爲成卦之由。豈曰幽贊畫卦者？故余斷以爲伏羲之卦，當不因見圖始畫，而則圖之文，要是爲生蓍之藉。凡皆按據孔子之言以爲說，顧不知當時明易君子以爲何如也？

觀繫辭「昔者伏羲之王天下」一段，可見聖人畫卦不因於圖出。觀繫辭「昔者聖人之作易，幽贊於神明而生蓍」數語，可見聖人則圖只以衍蓍，謂八卦因圖而始畫，謂神明默贊而後生蓍者，皆不免神異其說，抑又自遠事實，自遠本旨也。惜乎無從親炙三聖人於一堂，而面叩之。

論周易，但當求諸既有卦爻之後，不當求諸未有卦爻之前；但當於象既立後論吉凶悔吝，不當於象未立前遡罔象先天；但當即造化以明人事，不當舍人事而徒求造化。蓋周易一書，原是卦爻象數既立後，文、周、孔三聖人即造化明人事之理，舍此而反索諸未卦未爻之前，以求諸不可端倪之造化，而曰吾遡求心地於羲皇，是論人不論其立身行己善惡得失，而反索諸父母未生前也。且伏羲當日畫卦命名，已是即造化明人事矣。矧生文、周、孔三聖繫辭之後，而尚曰但當求諸先天未畫，不抑又遠甚乎？但是僅明人事，而不知造化，將不知人事皆造化之自然，「天地設位，而易行乎其中」之來歷。不惟卦爻人事皆可任意穿鑿，任意附會，抑且據卦有易而離卦無易，將天地間範圍曲成、日用間無一刻可遠之理，徒囿於觀玩占卜，而四聖人教人崇德廣業、所居而安之微旨，幾乎息矣。故讀易在明人事，而亦須明造化也。

邵子八卦先天圖，亦本繫辭天地設位一章之義，然卻是未畫前事。六十四卦圓圖按節數時，方圖按部求方，橫圖自根生幹，自幹生枝。是乃象數中一種旁見側出之物理，說來未嘗不可通於畫卦揲蓍之義，要之論易者不必據此索解，存此作一種道理，另講可也。

用易

聖敬日躋，高明配天，善用乾者也。敬以直内，義以方外，薄厚配地，善用坤者也。愚而思明，柔而思強，遇險不懾，動忍增益，善用屯者也。順帝則而不識不知，爲大人不失赤子之心，善用蒙者也。進德不躐等，進身不欲速，審時達勢，而不與運會爭一日之先，善用需者也。見過内訟，處爭樂讓，善用訟者也。行險以順，正身格人，善用師者也。就道親仁，舍逆輔順，善用比者也。剛健而徽柔，懿恭臣子而善格君父，善用小畜者也。聲律身度，可儀可則，禮達而分無不宜，善用履者也。宇泰定而發天光見大心泰，而富貴貧賤處之如一，致中和而天地萬物以位以育，善用泰者也。默足以容，遯世無悶，善用否者也。善與人同，和而不同，善用同人者也。功而不德，節用愛人，統萬古於一心，納四海而在宥，善用大有者也。有若無，實若虛，矜而不爭，犯而不校，善用謙者也。安處善，樂循理，人悅而神歆，善用豫者也。和而不流，羣而不黨，惟善是師，匪道弗從，善用隨者也。改過增德，幹父用譽，凡事反終而稽敝，善用蠱者也。操心如臨深，接物如履薄，正身而處莊以涖之，善用臨者也。明四目，達四聰，闢四門，胸中具宇宙之大觀，一身立萬世之坊表，善用觀者也。去私不令一私之間理，去邪弗令一邪之梗正，明而察，健而決，善用噬嗑者也。質而不野，文而不史，禮樂不從後進而從先進，善用賁者也。克己不盡不止，去惡不盡不已，善用剥者也。見善必遷，聞義必從，私必克，直還性體，善用復者也。心无妄思，口无妄言，身无妄行，善用无妄者也。深造以道，而不欲一善成名；一體萬物，而不取驩虞小效，溥博如天，淵泉如淵，善用大畜者也。以靜定養心，以淡泊養口，德善政善，教以養家國天下，善用頤者也。獨立不懼，強立不返，善用大過者也。見險而知止，行險而能信，出險而善慮，善用坎者也。交必麗乎正，行必麗乎中，自昭明德，日新又新，善用離者也。廓然大公，物來順應，善用咸者也。仁爲己任，死而後已，善用恒者也。用之則行，舍之則藏，有道則見，無道則隱，無吝情，無繫志，善用遯者也。

居天下之廣居，立天下之正位，行天下之達〔一〕道，富貴不能淫，貧賤不能移，威武不能屈，善用大壯者也。善信而進於美大，美大而進於聖神，不爲不已，不至不安，即至而猶不敢安焉，善用晉者也。外晦内明，處憂不傷，窮而益堅，老能益壯，善用明夷者也。正身以倡，整躬作型，恩不掩義，寬以猛濟，始於家邦，終於四海，善用家人也。明親疏，分賢愚，以親九族，以辨庶品，殊分不乖，一理之合，善用睽者也。不冒險而輕進，知幾其神，不因險而遂已，致命遂志，善用蹇者也。迷而獲悟，昏而得明，不膠不固，而渙然釋屯之途，以就坦易，善用解者也。減妄思以養心，減妄言以省咎，減妄動以寡過，減妄費以裕財，虚文浮物可省者，一一樽節之是尚，善用損者也。性日益瑩，心日益平，行日益誠，前之虧陷昏昧者，至此而篤實光明，善用益者也。決私勇如去莠，遠惡斷如棄臭，不牽舊習，不戀私恩，善用夬者也。遇親而孝，遇君而忠，遇友而信，遇兄弟而友且恭，遇夫婦而義且別，善用姤者也。以敬聚德，以和聚家，以恩聚國，以仁義聚天下，以學術聚千古聖神、道德功業於一身，善用萃者也。位不必日高而道欲其日高，爵不必日崇而德欲其日崇，行遠自邇，登高自卑，以聖人爲必可至而至焉，善用升者也。貧而樂，人不知不愠，隱居求志之功，確乎其不可拔，善用困者也。深造自得，居安資深而左右之逢原，溥博淵泉時出之無不當可，善用井者也。日洗其舊染，淘其熟習，憲天爲度而不膠己私，不溺成見，善用革者也。尊德凝道以立體，享帝養賢以善用，儼然吾道之典型而不貽覆餗之羞，善用鼎者也。修道也，戒慎不睹，恐懼不聞；保身也，如臨深淵，如履薄冰；遺大投艱也，臨事而懼，好謀而成，善用震者也。主静立極，歷動静人我之紛賾，澄然而不可淆，凝然而不可摇，善用艮者也。學不凌節，教不躐等，善用漸者也。仕必擇主，因不失親，男女姻嫁視德性，視德門，而不徒取於貴盛，善用歸妹者也。貴而不驕，富而不侈，厚其德，弗厚其積，善用豐者也。達人情，明物理，羈旅如居家，和厚待同人，善用旅者也。精思入奥理，仁風被萬物，善用巽者也。以道格其君而君悦，以善養其親而親悦，以信交其友而友悦，以深仁厚澤，實被國家天下之人，人心無乎不悦而弗貽尚口之羞，善用兑者也。有疑即釋，有欲即消，周而不比，和而不同，天空海闊，流水

〔一〕「達」，原作「大」，據孟子改。

行雲，而膠轕結滯之私悉化，善用涣者也。無浮思，无妄語，樂不淫，哀不傷，服食器用準乎分而無暴殄天物之愆，善用節者也。忠信篤敬，立則參前在，輿則倚衡天地，人神〔二〕淵乎一誠之通，善用中孚者也。居心寧厚無薄，遇物寧仁無刻，服食器具寧樸無華，善用小過者也。富不忘貧，貴不忘賤，安不忘勞，治不忘亂，凡事必備，有備無患，善用既濟者也。進德如不勝，改過如不及，用賢如飢渴，圖治如救火，拯溺而自強不息，如天行之健焉，善用未濟者也。引而伸之，觸類而長之，「智崇效天，禮卑效地」「成性存存，道義之門」，庶幾所居而安，可以寡過矣。

〔二〕「人神」，原誤倒，據文津本乙正。

卷一

鄠縣王心敬撰

上經

乾☰（乾下乾上）

文王演易，變夏商易序，而獨首乎乾。何也？曰：萬物生於天地，而乾尤乘坤，而爲天地萬物之祖氣。無天地，則萬物不能自生。無乾，即坤之孤陰，亦不能獨生。易，生生之道也，故首乾也。

乾：元亨利貞。（乾，渠焉反。）

文王之彖乾以「元亨利貞」。何也？曰：乾於二氣爲陽德，而重乾更爲純陽。是上天「於穆不已」之命，而自具剛、健、中、正、純、粹、精之至德者也。乾原統貫七德以爲體，故非七德統貫，不足盡其藴。而七德自具，四善以爲用，故非四善兼該，不足盡其占也。然曰「乾，元亨利貞」，則文王使人知體乾之德者，斯能善乾之用、獲乾之吉，而占者從可知矣。後倣此。

初九，潛龍勿用。（潛，捷言反。）

周公之象乾以龍，何也？曰：乾不可象，而象之天。天亦難象，而象之龍。若曰秉陽之精，具陽之變，而飛、潛、惕、躍，神化不測者，龍也。故不言乾，不言天，並不言陽，而象之以龍也。

周公之象乾初九以「潛龍」，而占取「勿用」。何也？曰：初九爲地下始生之一陽，故爲象取地下蟄藏之潛龍也。微陽在下，尚未能有出地上之用，故戒潛龍值初，亦未可冒昧思用也。然曰「潛龍，勿用」，則凡體乾者，遇此時，居此位，皆當推此象而得其意，以免躁動之咎，斯爲當耳。而占者亦從可知矣。餘爻倣此。

九二，見龍在田，利見大人。（「見龍」之「見」，賢遍反。卦內「見龍」並同。）

周公之象乾九二以「見龍在田」，而占取「利見大人」，何也？曰：九二爲出地之二陽，故象取在田之見龍也。陽出地，則必品物流形；龍在田，則必行雲沛雨者。見龍之所以利見萬物，亦萬物之所以利見見龍。「見龍在田」者，大人之所以利見當世，亦當世之所以利見大人，故占取「利見大人」也。然曰「見龍在田，利見大人」，則凡體乾者德已成乎潛龍，但當勉於謹信閑存，而無急於利見之心，斯爲「元亨利貞」。即凡爲大人者知世有在田之見龍，即當「拔茅連茹」，以爲王國之光，斯爲「元亨利貞」也。不然處士而係情，干進大臣而不知明揚，皆所謂亢龍之悔，失九二正中之旨矣。

九三，君子終日乾乾，夕惕若，厲无咎。

周公之象乾九三以君子「終日乾乾，夕惕若」，而占以「厲无咎」，何也？曰：中二爻人位，君子之象也。九三下乾終而上乾交，乾乾終日，「夕惕若」之象也。九陽質三陽位，上下重乾，乘承皆剛，故占有厲象也。純剛處此乾乾惕若，有雖厲无咎之象也。然曰「君子終日乾乾，夕惕若，厲无咎」，則亦可見乾惕者人生自免咎戾之道。世之履危蹈險，不知自勉，而輒怨境遇之險阻者，舉自暴自棄之借口耳。

九四，或躍在淵，无咎。（躍，羊灼反。）

周公之象乾九四，以「或躍在淵」，而占以「无咎」，何也？曰：居下卦之上，而升乎天位，惟龍能之。不言龍者，蒙上之文也。近乎五，有躍象也。尚在上乾之下，故象淵。又有與初相應之義，故象在淵上也。下上之間，有審於進退、達可而行之義，故占爲「或躍」。而審於出「或」「在」而未忘處，「无咎」之象也。然曰「或躍在淵，无咎」，則知鋭於進取，而不知度時；泥於隱退，而不知行義。皆自取咎戾之道矣。

九五，飛龍在天，利見大人。

周公之象乾九五以「飛龍在天」，而占爲「利見大人」。何也？曰：五天位，故九五在天之飛龍象也。五居天位，具天德以臨天下，故占有九五大人利見天下之象，亦有天下利見九五大人之象也。然九二曰「利見大人」，九五亦曰「利見大人」；九二曰「見龍」，九五曰「飛龍」。則其所以飛之天者，即其所以修之田；而九五之王道利見，皆九二之天德利見耳。不然者，五之飛龍便近亢龍，咎且不免，尚何利見之與有？

上九，亢龍有悔。（亢，苦浪反。）

周公之象乾上九以「亢龍」，而占爲「有悔」，何也？曰：陽，亢也。而又踞乎諸陽之上、天位之表，亢之象也。亢龍則有首，而失乎天則矣，故又有悔之象，而占爲「有悔」也。然曰「亢龍，有悔」，則可知龍本無悔，而悔生於亢。亢龍惟不能潛、見、躍、飛之時宜，故並異於羣龍之利見无咎。而羣龍若不能自安潛、見、躍、飛之天則，則亦同於有悔之亢龍。君子進退、出處、立身、行己，顧可忘朝乾夕惕之功，昧孔子知幾存義之訓乎？

用九，見羣龍無首，吉。

百九十二陽爻，不發用九之例，而於乾獨發之，且獨明其爲「見羣龍無首」而「吉」。何也？曰：乾卦爲六十四卦之首，乾九即百九十二用九之首。發用九之旨於乾卦，乃所以例百九十二陽爻也。羣龍有利見无咎之吉者，爲其無首也。上九以亢龍而悔者，爲其有首也。蓋用九即是用此乾剛，悔所易招，而更不以柔道濟之，凶且立至，何獨有悔乎？故又戒於用九，以能見得羣龍無首而吉也。然觀於逐爻用九之道，無非貴於因時爲用，而至此又總明用九之道。吉於見羣龍無首，則易道乃教人隨時用中之道，亦可從知矣。甚矣！聖人之憂患天下後世至深也。

羣龍以不見其首爲天則，故用九以「見羣龍無首」爲「吉」也。

彖曰：大哉乾元，萬物資始，乃統天。雲行雨施，品物流形。大明終始，六位時成，時乘六龍以御天。乾道變化，各正性命，保合太和，乃利貞。首出庶物，萬國咸寧。（彖，吐亂反。施，始豉反。卦內皆同。）

孔子傳彖之「元亨利貞」，出於文王所言之外。何也？曰：文王之彖繫，原括孔子之義；孔子傳彖只以申明文王之旨也。且使文王即先孔子而演，亦當不異孔子之說。又使孔子即繼此而更演，亦終不能出文王原旨之外也。今試思文王不言「元」之物資統天，而「元」之物資統天曾能出於文王繫「元」之旨乎。文王不言「亨」之行施形物，而「亨」之行施形物能出於文王繫「亨」之旨乎？其實文王原括孔子之意以立言，而孔子實推文王之旨以盡義也。且傳所以傳經未發之本旨，而令暢也。經果已暢，尚何以傳乎？今如以傳之所言，疑經之未言；而謂孔子之傳出於文王之外，則大學聖經之誠意不言好善惡惡，平天下不言好惡同民；而傳言之，爲曾子之傳出於孔子之經也，可乎？不可。故凡諸儒謂羲、文、周、孔各自爲易者，皆執於言詮也。

孔子又申以聖人法天體乾之義，何也？曰：易本造化推人事明天之道，正所以責人之道也。天道人盡可法，而非聖人則法之不盡；乾義人盡宜體，而非聖人則體之不至。故援聖人以實體乾之人也。又聖爲人類之主，猶乾冠諸卦之首；王爲萬邦之宗，猶天爲萬物之祖。故孔子繫乾之「元亨利貞」。以聖人之「元亨利貞」，足之正明易乃羲、文、周、孔四聖人所以借天道明人道耳。

言乾元之資始統天，又言「雲行雨施，品物流形」，何也？曰：此言乾之「元亨」也。天之爲天，惟是元氣周流，故萬物之生皆資元氣爲始。而元氣周流，原是終始不息，故乾元以統天而大也。「雲行雨施」是元氣之亨通，「品物流形」是萬物之亨通。然究之元氣萬物，實終始亨通於大哉之乾元。故曰資始統天也。

「大明終始，六位時成，時乘六龍以御天」，何也？曰：此言聖人之「元亨」，所以實元亨之象於人耳。蓋天地之間只此一元之理，消息因時，亨通無礙。惟至聖聰明睿智爲能大明獨照，終始洞徹，隨時乘運，御天而行，如天之元亨也。匪是，則有愧天道之元亨矣。

「乾道變化，各正性命，保合太和乃利貞」，何也？曰：此言乾之「利貞」也。「乾道變化」，萬物使之生理各得，至於生意收斂包裹完固，洪纖高下元氣不泄。此乾之所爲利貞也。然所謂性命各正，即乾元之變化。「保合太和」，即保合此乾元之太和。總之，是乾元之資始而統天耳。故乾之「元亨利貞」四德，實一德之目爲變化，故曰「乾，元亨利貞」也。蓋至此而乾之四德其旨乃暢矣。文王之旨豈不足？而孔子之言豈有餘乎？

「首出庶物，萬國咸寧」，何也？曰：此言聖人之利貞，所以實利貞之象於人耳。所以然者，聖人在上，抱天德，乘天位，因天時，興道致治，使萬國民物各得其所，是即乾之利貞也。不然，則有愧天道之利貞已。此夫子傳彖之「元亨利貞」，更實以體乾之聖人也。

象曰：天行健，君子以自強不息。

卦象有彖，而大旨已具。且小象，周公有繫矣。何爲孔子又總括一卦之象，而復實以君子體備之道乎？且不曰乾，而曰天行。不曰乾行健，而曰天行健。前言聖人大明終始，後言大人合德天地。聖人知進退存亡，而於諸卦總象，獨明君子體易之旨。何也？曰：正孔子以易道責人體備之旨也。文彖雖寓人體備之義，而未嘗明責之人。小象雖無非責人之旨，而未嘗直責人以體備。故孔子總括一卦全象之旨，而申明君子體易之道也。其不曰乾，而曰天行。不曰乾行健，而曰天行健者，乾不可名，而天可象。天體渾然，而天行甚健，故曰「天行」也。就天之性情而言，則曰乾。就天之運行而言，則止可曰健。故不曰乾行乾，而曰「天行健」也。前言聖人，後言大人。聖人而象，下括之君子者。聖人大人與天爲一體，與天合德。君子則人而法天，行而效乾之人也。世之與天合一、與乾合德者，萬不得一。但得法天效乾之人，即可免悔吝咎厲之凶，而得元亨利貞之吉矣。故卦卦明君子體易之道，實卦卦望君子以體易之道也。此諸卦大象責成君子之義也。其曰「君子以自強不息」者，君子以天行之健，反求諸身，謹信閑存，忠信立誠，憂勤惕厲，念念不忘，則至誠不息，而天行之健在我，又何有於凶悔咎吝之至哉？然曰「自強不息」，自強孰不可能，不息孰不可勉，則夫子責備斯人之意爲深切矣。其餘六十三卦之象義皆同也。

觀「君子以自強不息」，而君子崇效天之道，可以類推。

八卦始畫，取象天地。天、地、風、雷、山、澤、水、火，重爲六十四，亦只是八卦摩盪之旨。自夫子作大象，申明重卦之義，而後知六十四卦之用皆不達人。即三百八十四爻之用，亦無不可以類推。學易者始識指歸，易道至孔子真如揭日中天，光明洞達。而後世猶有緯稗、占候、象數、卜蓍，紛紛亂經之說，抑獨何耶？六十四卦大象，無一不實以君子體易之道。四聖人作易，無非教人寡過之旨，於是昭然明白。讀易但尊孔子，便如瞽之得相，不至重墮坑塹；則雖十翼爲羲畫、文彖、周象之眼目，可也。謂孔子集易道之大成，可也。

易是即造化明人事之書，於孔子之大象益信。

「潛龍勿用」，陽在下也。

周公之小象，孔子亦傳之，何也？曰伏羲之心精，寓於卦畫。得文王之繫彖，而卦旨明。得周公之繫象，而爻義明。故文王之心精，即在卦彖。周公之心精，即在爻象。文、周乃孔子奉爲願學之人，彖、象即孔子奉以寡過之書。故韋編三絕之間，翫玩有得。既按卦傳、文彖，又逐爻傳周象也。

其傳初九以「潛龍勿用，陽在下」，何也？曰：言初九陽在地下，尚未可用，故占戒以「勿用」也。至於乾坤初爻，提出陰陽兩字，則易道之要領已透出矣。

「見龍在田」，德施普也。

其傳九二，以「見龍在田，德施普」，何也？曰：九二陽出地上，德施已普，故占爲「利見大人」也。

「終日乾乾」，反復道也。（復，芳服反，本亦作「覆」。）

其傳九三，以「終日乾乾，反復道」，何也？曰：九三下乾終而上乾始，往來反復，皆不離道，故占爲雖「厲」，「无咎」也。

「或躍在淵」，進无咎也。

其傳九四，以「或躍在淵，進无咎」，何也？曰：九四質陽處陰，出處不苟，故進爲无咎，而占亦「无咎」也。

「飛龍在天」，大人造也。（造，徂早反。）

其傳九五「『飛龍在天，大人造』，何也？」曰：九五陽德當位，大中至正，乃聖人之躋乎天位者耳。故占爲利見也。

「亢龍有悔」，盈不可久也。

其傳上九，以「『亢龍有悔，盈不可久』，何也？」曰：言上九極剛處上，盈滿極而虧所必至，是乃不可長久之道。故占爲「有悔」也。

「用九」，天德不可爲首也。

其傳用九，以「『天德不可爲首』，何也？」曰：好剛則爲首，爲首即非天德，故「不可爲首也」。嗚呼！周公之象，夫子之贊，蓋莫非教也。占卜不能外，要豈獨供人占卜之用乎！

文言曰：元者，善之長也；亨者，嘉之會也；利者，義之和也；貞者，事之幹也。君子體仁足以長人；嘉會足以合禮；利物足以和義；貞固足以幹事。君子行此四德者，故曰：「乾：元亨利貞。」（長，丁丈反。下長人同。幹，古旦反。）

文王「元亨利貞」之彖，孔子已傳之矣。又申以文言。何也？曰：韋編三絶之間，味之而愈深，推之而愈出。覺前之傳彖者，尚不盡意耳。蓋前之傳彖者，特以明在天之「元亨利貞」，而至此又見得人心自有「元亨利貞」。僅以天道明之，固不可御天時乘。聖人之體乾，至此又見得效天法乾。君子亦有「元亨利貞」，僅以聖人明之亦不得也。然要之即申上文之未盡，故曰文言也。其曰「元者，善之長也」者，謂此元在乾爲資物之始，在人即衆善之長，而所謂統四端兼萬善之仁也。

「亨者，嘉之會也」者，謂此亨在乾爲行施流形之運，在人即嘉會之禮也。「利者，義之和也」者，謂此利在乾爲各正之性命，在人即此義之和也。「貞者，事之幹也」者，謂此貞在乾爲保合之太和，在人即事爲之楨幹也。故君子誠能體乾之元，宅心居仁，則無物不在所愛之中，而足以長人矣；能動協臧嘉，則周旋酬酢無不中度，而足以合禮矣；以公溥之利及物，使物各得其所利，則上下公私之義正而和矣；以安貞之意處事，則信以成之，知而弗去，而幹理自固矣。君子行此四德，「自強不息」，是即天行之健爾，故曰「乾，元亨利貞」也。

即孔子乾象之文言觀之，可見此理此心無分在天在人。聖人學者，總是此物此志。易道「範圍天地而不過，曲成萬物而不遺」之大旨，已概見於此。聖言真朗如日月經天，而學者每以穿鑿附會隱深不經之說解之，何也？

初九曰「潛龍勿用」，何謂也？子曰：「龍德而隱者也。不易乎世，不成乎名。遯世無悶，不見是而無悶。樂則行之，憂則違之。確乎其不可拔，潛龍也。」（樂，音洛，苦學反。）

孔子又申明六爻象傳之義，何也？曰：亦猶文言申象之旨也。蓋孔子當韋編三絶之下，不惟見得文王之彖，味之而愈長，推之而愈出。即周公之象，亦非一說之可盡，一義之可終。故象以傳，而重申以傳耳。然此尚屬申傳之義耳。仔細推詳孔子之意，則謂易原爲人事設，故必須申明以身自占之旨。使學者知隨時從道之實義，然後易可體而用，過可因而寡。易之爲道，乃真不可遠。而體之者，步步元亨利貞矣。故易之作，乃聖人憂患天下之至意也。且如「不易乎世」云云，君子處隱之道；「庸言庸行」云云，君子中正之德；「終日乾乾」云云，君子進德修業之事；「上下無常」云云，君子審時之哲；同聲云云，大人過化存神之業；「高而無位」云云，君子動悔之戒，何與於占？而孔子一一申之象彖之下，其意固曰天地間無處非易，故善體易者，無往不占。且學者但能隨時隨地反身自占，即隨時隨地利用无咎。彼蓍以決疑，特一時事，一處占耳。全占固視吾心之變易從道何如也。嗚呼！孔子諄切之意，明白反覆如此。吾輩讀易者，讀孔子之言，學寡過之道，亦可以觀象玩占，而悟用易之道矣。

初九曰：「潛龍，勿用。」何謂也者？謂言君子所以體周公乾初爻義何如也。子曰「龍德而隱者也」者，謂德已成乎龍德，而當隱處之地者也。「不易乎世」者，守其道，不隨世變也。「不成乎名」者，晦其行，不求人知也。「遯世無悶」者，窮，不改樂也。「不見是而無悶」者，人不知，不慍也。「樂則行之」者，得志，與民由也。「憂則違之」者，不得志，獨行其道也。如此乎，其確不可拔。乃潛龍之德，而君子體乾處潛之道也。

初潛地下，而亦曰龍德者，即能見能惕能躍能飛之龍，正當其潛耳，故曰龍德也。君子方其在潛之時，而亦曰龍德者，則學已成，德已就，無不可進。而利見之君子大人，故曰龍德而隱者也。然則處潛者，非真有確乎不拔之守，便無得於潛龍勿用之旨，而雖潛而不能抱樂行憂違之具，亦無當於勿用之潛龍也。總之，真龍德則必能勿用，本自能用，而特以隱勿用，乃爲真潛龍，乃爲真潛龍勿用耳。自占者尚其以此求之其於用乾之九也，思過半矣。其於用三百八十四爻也，思過半矣。

不忘憂樂，是其一體之弘仁；樂行憂違，是其出處之正義。若樂行而不能不拔，躁進之流也；無悶而亦不知憂，亦屬枯木死灰之流。元陽之氣，不存也。

確乎不拔，即乾之貞，可見元未嘗不貞，故曰利貞者，性情也。

四德分之，各自爲性情；合之，正一性情。故確乎不拔者，必能樂則行之。君子但真能體乾之元，即亨利貞，俱在是矣。元而不貞，必非真元也。

貞下起元，潛龍惟其有不易不成憂樂無悶之德，自然能飛躍利見。此乾之六龍，只一潛龍爲之也。故六龍作六種人看，固得。即以六爻作一人看，亦得耳。

九二曰「見龍在田，利見大人」，何謂也？子曰：「龍德而正中者也。庸言之信，庸行之謹。閑邪存其誠，善世而不伐，德博而化。易曰：『見龍在田，利見大人。』君德也。」（行，下孟反。邪，以嗟反。）

九二之言「見龍在田，利見大人」，何謂也者？　謂君子之所以體周公乾二爻意何如也。　龍德而正中，言九二履中得正，是龍德之正中者也。　信庸言、謹庸行、「閑邪存誠」者，言行閑存之是凛，正是其內外顯微，體乾之實學實德也。「善世而不伐，德博而化」者，謂善成一世，而心不伐已。　德廣博而人自化，正是大人正己而物正之盛德也。　德至於此，雖未得爲君子，而君德已備，故爻辭曰：「見龍在田，利見大人，君德也」。　而君子體乾處見之道，可概見矣。

細玩九二之德，只平平實實一乾天常運之德，所謂依乎中庸也。

九二實盡下學乾誠之功而以爲君德，乃九五飛龍上造之德，而以九二誠意正心之實功當之，可見王道本於天德。

九二乾體得中，君子之依乎中庸者也。　依乎中庸，則時中之君子矣。　惟其時中，則自能遯世不見知而不，故龍德必能潛。　則自能用其中於民，故龍德必能躍能飛。　是九二一爻之德者，實乾爻中達天盡性、允執其中之聖德也。　有此聖德，安往不「元亨利貞」乎？　體乾者亦於此加之義，可也。

九三曰「君子終日乾乾，夕惕若，厲无咎」，何謂也？　子曰：「君子進德修業。　忠信，所以進德也；　修辭立其誠，所以居業也。　知至至之，可與幾也；　知終終之，可與存義也。　是故居上位而不驕，在下位而不憂，故乾乾因其時而惕，雖危无咎矣。」（幾，音機。）

九三之曰「君子終日乾乾，夕惕若，厲无咎」，何謂也者？　謂君子所以體周公乾三爻義何如也。　君子進德修業，謂九二乃君德之已成，君業之可就。　九三則尚在人位，是乾乾進德修業之君子也。　忠信進德、修辭居業者，處以德爲學，故當其處，則德欲進而內主忠信，不二不欺，無詐無虞，所以進德也。　處以業爲用，故當未用，則業欲修而修辭立誠，使真可廷獻，真足致用，所以居業也。「知至至之，可與幾」者，知其至極，而必求至之，此「始條理者，智之事」，可與於知幾其神也。「知終終〔二〕之，可與存義」者，謂知終必求之，此「終條理者，聖之事」，可與於存達行之義者也。是故居上位，惟知以進修爲事而不驕；居下位，惟知以進修爲事而不憂。總是以乾乾惕若，當上下之交，故「雖危无咎」也。

忠信進德，修辭立誠，亦只是學九二信謹存誠之德。與幾存義，亦只是學九二善世至博之德。不驕不憂，亦仍是學九三不伐而化之德。可見真正龍德之學，只是學真可以飛龍上治之君德。故處曰隱居求志，而出即爲行義達道也。大學之不外明、新，亦即此義。嗚呼！後世談學術亦可知所從事矣。修辭如何，卻是立誠。修辭立誠如何，爲所以居業。蓋辭而浮華無實，則不足以經世，固非可居之實業。即標榜前言，不由心得，亦非立誠之道。故必以自得於心者，由衷而出。平日之坐而言者，真可作而行，乃修辭立誠，乃爲所以居業也，蓋這業即飛龍上造之業。其居之也，非可以無用虛詞、不誠僞詞當之。故惟孔、孟、伊尹足以當此義。九三明君子之學，乃六龍之根柢。有此學，斯無往不宜。故忠信進德，即進九二之德；居下不憂，即進初九乾隆之德；知幾因時，即進九四之德；居上不驕，即九五之德；乾乾因時而惕，即戒上九亢龍之悔。一貫相因，故易爲責備人道而作。而於乾六爻，尤以人道克修爲義。嗚呼！易道從可知矣。

「終日乾乾」之君子，即大象體天行健之君子，故羣龍之心學備於九三一爻。

九四曰「或躍在淵，无咎」，何謂也？子曰：「上下無常，非爲邪也。進退無恒，非離羣也。君子進德修業，欲及時也，故『无咎』。」（離，去聲。）

九四之曰「或躍在淵，无咎」，何謂也者？謂君子體周公乾四爻義何如也。「上下無常」云云者，謂君子之出處時而已。一於躍而不知退，是爲干進而爲邪；泥於淵而不知進，是爲忘世而離羣。「君子進德修業」，欲其及時，故或躍而上，

〔二〕「終」字原脫，據周易繫辭傳補。

或在淵而下，初不執於一轍，所謂進以禮、退以義者耳，何咎之有？

陽剛好進，故聖人以憂疑爲戒，所以豫消上九之亢悔也。

四尚在人位，故進修與三同功。及時之義，聖人之責備人道也。

觀「或躍在淵」，爲欲及時進德修業，可見人生仕止行藏，非特出處之遇。正是進修之時，而且屬驗我學修之地。

九五曰「飛龍在天，利見大人」，何謂也？子曰：「同聲相應，同氣相求；水流濕，火就燥，雲從龍，風從虎，聖人作而萬物睹；本乎天者親上，本乎地者親下，則從其類也。」

九五之曰飛龍利見，何謂也者？謂體周公乾五爻義何如也。「同聲」云云者，謂乾自初來，而功德懋矣。此直贊其業，以釋爻辭利見之義也。蓋人之於聖，類也。五本九二成龍之君德，以「首出庶物」，自然如天道有利物不言，行施飽滿，性命各正，保和太和之弘用。由是以所信，見爲言則民莫不信；以所謹，見爲行民莫不悅。以立誠者，盡人物之性，即天地賴以參贊。其善者雖不伐，而世自賴其以博德正諸己，而物自無不化，而何有同聲之類不相應、同氣之類不相求乎？流濕就燥，雲龍風虎，皆聖人作而萬物自睹之實理，亦本天親上、地親下，各從其類之順應耳。

「聖人作而萬物睹」，固是言聖人盛德大業，物自共睹。如所謂善世不伐而德博自化之義，實是聖人體乾「元亨利貞」之德，用爲仁義禮智之施。如尊賢使能、市廛不征等實德實政睹於上，故能得天下仕者願立其朝、耕者願耕其野之應。而「凡有血氣，莫不尊親」耳。非聖人纔作而萬物即睹也實義，須體中庸至聖章、孟子尊賢使能章，切實取之，乃不落於空虛。

上九曰「亢龍有悔」，何謂也？子曰：「貴而無位，高而無民，賢人在下位而無輔，是以動而『有悔』也。」

上九之曰「亢龍有悔」，何謂也者？謂體乾者於周公繫上九爻義如何爲戒也。曰「貴而無位」者，五居中爲君上，居五上不應君上，復有君，故上無位也。無位則無民輔，安得不動而有悔乎？嗚呼！易真聖人憂患天下後世而作。學易者，必反身自占乃不負聖人垂戒之旨。不然，不能不動，動輒得悔，雖窮盡易家義疏，說他人樂方耳，於己無益也。

「潛龍勿用」，下也；「見龍在田」，時舍也；「終日乾乾」，行事也；「或躍在淵」，自試也；「飛龍在天」，上治也；「亢龍有悔」，窮之災也；乾元「用九」，天下治也。（舍，音捨。治，去聲。）

爻義一傳再傳矣，又申以三傳四傳五傳，何也？蓋韋編三絕之際，覺前言猶爲未盡，故猶不能已於三傳四傳五傳耳。而此傳，則程子謂就乾之時而發義也。下也者，以潛龍尚在地下，未可用也。時舍者，以在田尚未飛，則是時尚屬舍，宜隨時而止也。行事者，終日乾乾，行此進德修業之事也。自試者，或進或退，隨時自試也。上治者，得位而行，上治之時也。窮之災者，性陽剛而處，又上窮極，而災至也。天下治者，聖人用九之道，即用乾元亨利貞之道，則萬國咸寧也。其於前傳又推出一層矣。

「潛龍勿用」，陽氣潛藏；「見龍在田」，天下文明；「終日乾乾」，與時偕行；「或躍在淵」，乾道乃革；「飛龍在天」，乃位乎天德；「亢龍有悔」，與時偕極；乾元「用九」，乃見天則。

此傳則程子謂就乾之義而發明也。「陽氣潛藏」者，謂初方陽微，潛藏之時，自當晦隱，所以申言潛龍之宜藏，而未可用也。「天下文明」者，謂二龍德見於地上，天下見其文明之化，所以申言九二，雖時不用，其道大明也。「與時偕行」者，謂地處兩乾之交，故乾乾隨時而進，所以申明九三有事勿忘也。「乾道乃革」者，謂四離乾下而升乾上，故「或躍在淵」，所以申言九四自試也。「位乎天德」者，謂五正飛龍在天，乃位乎天德，所以申言天德，居天位所以上治也。然不曰位乎天位，而曰「位乎天德」，則九五之利見者。豈曰淵默無爲而萬物自睹乎？亦曰正位乎天上，實正位乎天德耳。「與時偕極」，謂上九陽已極，而時位亦且偕極，所以申言上九時極不止，所以災也。「乾元用九，乃見天則」，則謂乾元之用，以無首見天則也。然曰「乃見天則」，則於親切指示憂患天下後世之意，至諄至懇，其於前傳更推出一層矣。

「乾元」者，始而亨者也；「利貞」者，性情也。乾始能以美利利天下，不言所利，大矣哉！大哉乾乎！剛健中正，純粹精也。六爻發揮，旁通情也。時乘六龍，以御天也。雲行雨施，天下平也。

彖傳再繫矣，更申之以文言，何也？蓋所以明乾德雖有「元亨利貞」四名，而其實一理。且以明乾雖六位而乘之，只是隨時。君子進退，亦惟隨時處中也。乾元始而亨云云者，謂乾元始，則必亨而利貞固，即其性情非截然四項也。試觀「乾始能以美利利天下」，是亨利即實即乾元自具之性情，而不言所利，是貞又即乾元性情之自有。乾原兼綜，統貫四德而無遺，不亦可見其大乎！蓋此乾道者，其性情原至剛至健至中至正至純粹精者也。其性情既七德統貫而無餘，故其義蘊必六爻旁通而始盡，亦非局局執一爻之性情所能發揮也。故聖人之「時乘六龍，以御天」者，亦非淵默無爲，遂能上治而天下即平。必體此美利而利天下之義，發政施仁如乾道之「雲行雨施，品物流形」，然後盡飛龍上治之旨耳。

看來前傳發揮聖人之乘龍御天，而終於萬國咸寧。雖已終聖人體乾之旨，然曰「萬國咸寧」，則是天下平已。豈虛虛體乾，曾無體乾發育之實政實施而天下遂平乎？故此補足聖人之乘時御天，必如乾之發育恢弘，然後天下乃平耳。非一無所爲，而萬國咸寧也。聖人論理周密圓滿固如此，其於文王彖旨闡發愈益詳密矣。

君子以成德爲行，日可見之行也。「潛」之爲言也，隱而未見，行而未成，是以君子弗「用」也。（行，並去聲。未見之見，音現。）

彖象凡四繫矣，五申之以文言，何也？蓋韋編三絕之間，又看出此旨，故又隨爻申傳以足乾爻責重人事之義也。君子成德云云者，君子進德修業原欲其成德以日可見之行耳。方其潛時，則身方隱而位未見。苟無其位，雖有其德，其能行所學而著其業乎？是以弗用也。

君子學以聚之，問以辯之，寬以居之，仁以行之。易曰「見龍在田，利見大人」，君德也。

「君子學以聚之」云云者，謂君子雖已見而尚未飛，惟實下學聚問辯明善之功，寬居仁行誠身之學，則道明德立，修身見世。君德已著，則以此利見大人，固有其具耳。此易傳九二之所謂「見龍在田，利見大人，君德也。」

九三重剛而不中，上不在天，下不在田，故「乾乾」因其時而「惕」，雖危「无咎」矣。（重，平聲，下同。）

九三重剛云云者，謂九三重剛不中，「上不在天，下不在田」，而當人之位，其責甚重，危懼之道也。故能因時順處，乾兢惕以防危，「雖危无咎矣」。

九四重剛而不中，上不在天，下不在田，中不在人，故「或」之。「或」之者，疑之也，故「无咎」。

「九四重剛」云云者，謂九四重剛而不中，「上不在天，下不在田」，中並不在人。所謂當天之革進而欲飛，又處地之柔退而思潛，故「疑之」耳。能疑則審時，知幾而「无咎」矣。

夫「大人」者，與天地合其德，與日月合其明，與四時合其序，與鬼神合其吉凶。先天而天弗違，後天而奉天時。天且弗違，而況於人乎？而況於鬼神乎？（夫，音扶。先、後，並去聲。）

大人與天云云者，謂九五處乾之盛，得天應時，動無不合人生響應，所以成大人之業，爲時中之至也。然曰與天地合德，則其生成之仁，自當獨至。與日月合明，則其臨照之智，自當獨至。與四時合序，則其秩序之禮，自當獨至。與鬼神合吉凶，則其賞罰之義，自當獨至。而以此先天則，天不違；以此後天則，爲奉時。而天且弗違耳，則是此節發揮大人時中之大業，而大人之實德實行，固已言外透露畢出也。中庸所謂君子之道本諸身，故徵庶民與夫考建質俟之無一不協，即此義耳。

先天者，如命討之類，天不能違聖人；後天者，如秩序之類，聖人不能違天也。

「亢」之爲言也，知進而不知退，知存而不知亡，知得而不知喪。其唯聖人乎？知進退存亡，而不失其正者，其唯聖人乎？（喪，去聲。）

「亢之爲言」云云者，謂亢之所以必悔者，以其一味好剛上。人全不知進退存亡得喪之幾耳，故處亢無別法，免悔無他道，只在時時抑其貴，時時損其高，時時虚心下賢以求自輔耳。然此義卻至微至深至易至難，不可以責之中材下士，其唯聖人而後能之乎？故結篇重言感嘆，正所以見戒亢知幾之難，而又以見周公諄諄象上九以「亢龍有悔」乃所以教人損過就中、隨時知戒之義也。而四聖人繫易之旨，亦即透露於言下矣。

看來天地間好剛必折，矜高必墮，故周公發亢龍之悔，而孔子再四申明其義。則謂易之爲書，是教人隨時就中之書，實是教人隨時損過之書，可也。讀易不知損過就中之義，真如食不知味。

以乾卦純陽之德，尚有亢龍之悔，故九卦履爲德基，謙爲德柄，而特發「藉用白茅」之旨於大過初爻。乾卦六爻，處下不厭，喜中忌上。總之，是發明一天德不可爲首之旨。天德不可首，則是乾之爲德原以兼坤爲中，故堯之允恭克讓、舜之温恭允塞、文王之徽柔懿恭、孔子之温良恭儉，皆以體坤爲乾德，而君子效天法地之學，亦從可知。

「智崇禮卑」之旨，孔子雖於繫發之，其實大旨已備於乾之六爻，而尤莫明於「亢龍有悔」「天德不可爲首」二語。蓋乾而不亢，乃爲「陰陽合德」而「智崇禮卑」，亦始能「元亨利貞」而「德崇業廣」。故易之爲書，無非教人效天卑地之事，而其實只教人智宜崇禮宜卑之道也。善讀易者，能於乾爻之全體味之，而能於周公、孔子上九一爻之象傳味之而得其指歸，即學易可得要領。

坤䷁（坤下坤上）

乾而繼之以坤，何也？曰：乾坤合而後萬物生。序卦傳曰：「有天地，然後有萬物。」易生道，故乾而受之以坤也。

坤：元亨，利牝馬之貞。君子有攸往，先迷，後得，主利。西南得朋，東北喪朋。安貞吉。（牝，頻忍反。喪，去聲。）

文王之彖坤云云，何也？曰：坤承受乾而同體，坤之「元亨」即乾之「元亨」。惟乾之占象爲「利貞」，而坤之占象則「利牝馬之貞」。蓋論象則馬陽物，健而能順，所以象坤。牝馬陰類，其象爲地，故坤象特取「利牝馬之貞」。論義，則坤以從乾承行爲貞，故「坤道無成」。惟以從陽得正爲貞，如牝馬之從牡然也。坤既有柔順利貞之象，故占即爲君子之攸行。象陽倡陰隨，先所以倡，後所以隨，故又爲陰倡則迷主，陰隨則得主而利。象又地勢四方，故占爲「西南」則陰鄉而得其朋，「東北」則陽方而「喪朋」象，坤爲地爲順，有安貞之義，故爲「安貞吉」。

彖曰：至哉坤元，萬物資生，乃順承天。

孔子之傳坤彖「至哉坤元」云云，何也？曰：乾始坤生，乾大而坤與之齊，故乾曰「大」而坤曰「至」也。然其實非坤別有元，天之始生，即地之始生。故乾施氣，坤即承氣以生萬物之形，乃所以「承天」也。

坤厚載物，德合無疆，含弘光大，品物咸亨。（疆，居良反。下同。）

其傳象「坤厚載物」云云，何也？曰：坤以「厚德載物」，配合乾大，無有疆界，其承而受之也。則靜翕而含藏弘廓，其布而散之也。則動闢而光顯博大，普天之下，品物無不亨通於地，所以行乾之大德而「順承天」也。

「牝馬」地類，行地無疆，柔順利貞，君子攸行。

其傳象「牝馬地類」云云，何也？曰：牝馬從牡，如地從天，故曰「牝馬地類」也。坤承天而行之無疆，如牝馬行地之無疆，此坤之所以爲「柔順」得利「貞者」也。君子居坤位，體坤德，行牝馬之行而已。

先迷失道，後順得常。「西南得朋」，乃與類行；「東北喪朋」，乃終有慶。安貞之吉，應地無疆。

「先迷」云云，何也？曰：先所以倡，乃陽道而非陰道，故先迷則失坤道也。後所以隨，乃坤道之常，故後則順而得常道也。西南陰方，故陰之朋類，故曰「西南得朋」。東北陽方，雖非陰類，然陽有必施，坤有必承，陰從陽則必有慶，故曰「乃終有慶」也。「安貞之吉，應地無疆」者，則言牝馬之行，乃體地「安貞之吉」，應地道之無疆，斯則君子體乾之攸行也。文王只言「東北喪朋」，而孔子足以「乃終有慶」，則正示以從陽「安貞之吉」。而凡惡而遷善，邪而反正，小人而歸嚮君子，其終之有慶，俱可類推於此。即凡臣道、子道、妻道之順從而有慶，又可於此概見。噫嘻！深哉！

乾道主知，故乾以知言；坤道主行，故坤以行言。即坤之象與傳，可知居下之道，亦便可知事上之宜。可知坤道承乾之義，亦便可知君子體坤之學。坤之資生無疆，只是承乾之資始無疆，可知浩然之氣配道義而塞天地之學，只是持志集義得主腦耳。

地道只以承天爲得主，猶之耳目之官以心官爲大本也，故「類行」、無主而自先，必「迷」「喪朋」居後，則得主而不失其常。又可知六二之「義以方外」，亦只是「敬以直内」之道能貫内外爾。

及以知而守以仁，善欲明而守欲固，即坤道「承天」「安貞之義」，故君子體坤之學，只是善於體乾之學，然其實坤之全義早已備於乾之利貞耳。故乾元曰「資始統天」，又曰「『利貞』者，性情也」。

陰陽耦合而成乾坤，猶男女耦合而成夫婦。乾坤雖有動靜，而只屬一氣，猶夫婦雖分男女，而只成一體。故君子之學，必以明誠並懋、知行合一爲心，學亦只以易知簡能、效天法地爲學易體易之要義也。

象曰：地勢坤，君子以厚德載物。

孔子之繫坤大象云云，何也？曰：天主生，象以行明陽之動直也；地主成，象以勢明陰之動闢也。君子觀於地勢之載物無疆，而反占於身，亦以博厚之德載乎萬物，如地勢之坤也。嗚呼！觀君子之以「厚德載物」，君子卑法地之旨，又可以類推矣。

卦積六陰有厚象，六陰相累而上有載象。

君子體坤之德，而萬物載之度内，自不須言。至於體坤之載物，而器宇敦篤，以凝天下之理；心志端愨，以荷天下之事。善占坤者，正無不可用坤之勢以培養厚德，爲載物之地也。故讀易莫妙於反身自占，反身自占又莫妙於窮理集義。知讀易，而不知反身自占，何取乎？讀易欲觀象反身自占，而不能窮理集義，亦必不能推類自盡。故孔子於繫，發神明默成之義，又發窮理盡性至命之義也。

初六，履霜，堅冰至。

周公之象坤初六云云，何也？初六始凝之陰，有「履霜」之象；五陰侵來，有「堅冰」之象。蓋已深寓戒之之義矣。易卦皆自下生至上，故聖人於乾坤初爻皆發惕戒之旨，所以明謹初之易爲力也。而於坤尤甚者，則以遏惡防奸尤宜自微耳。

象曰：「履霜」「堅冰」，陰始凝也；馴致其道，至堅冰也。（凝，魚陵反。馴，似遵反。）

孔子之傳坤初六云云，何也？曰：易彰往而察來，明陰之始凝，即「馴致」而「至堅冰」不離耳。然曰「馴致其道」，則其教人於馴致之時，當致防閑之道已在言外矣。又其於百九十二陰爻之始透出陰字，則又以明易之要領也。

六二，直方大，不習無不利。

周公之象坤六二云云，何也？曰：坤體承天安貞，二又以陰居陰，當地之位，故坤德莫盛於二，是地之上也。乾施即生，更無壅閼，何直如之？生長成就，無有偏虧，何方如之？乾之所覆至大，而兼收並載，配合無疆，何大如之？而皆不待習而後利，是真六二之至德也，故象占云云。

初六發「堅冰」之懼，六二則陰寖盛，漸成冰矣。而反有「直方大，不習，無不利」之吉者，六二正居地中，其直方大，正是善於承天順行之道。善於承天，即陰道消悔之幾；順行其道，即處陰安貞之利。所謂「吉凶以情遷，而憂悔吝者，存乎介也」。吁！學易者能於此著眼，亦可知寡過之旨、變易從道之義矣。

象曰：六二之動，「直」以「方」也。「不習無不利」，地道光也。

孔子之傳坤六二云云，何也？曰：言六二總是承乾而動，故其動即承天之動。直而將之以方，承天順行，又何待習而後利乎？此乃地道之含弘光大也。

六三，含章可貞；或從王事，無成有終。

周公之象坤六三云云，何也？曰：六三以陰居陽，處下坤之終，有「含章可貞」之象。終下坤而接上坤，有「或從王事」象。然坤以承乾，順行貞吉。三居坤終，正坤實盡人事之地，故又有無專成功，代乾[一]以終之象也。坤六三陰而處陽，與乾九四陽而居陰位，皆有不正之象，故或之者疑之也。

象曰：含章可貞，以時發也；或從王事，知光大也。（知，音智。）

孔子傳坤六三云云，何也？曰：有章而含之，非不發也。「可貞」，則貞發必以時也。「或從王事」，「無成」而「有終」者，乃臣道之正，正其知之光顯而博大也。

觀孔子以無成代終爲「光大」之智，人臣可以知從王事之道。然勸戒深切矣！嗚呼！作易者其當商周之末世乎！「光大」之智，郭汾陽庶幾近之。

六四，括囊，无咎无譽。（括，古活反。譽，音餘，又音預。）

周公之象坤六四云云，何也？曰：四近君，然以陰處柔，「括囊」象，故其占「无咎无譽」。

[一]「乾」，文津本作「天」。

象曰：「括囊」「无咎」，慎不害也。

孔子之傳坤六四云云，何也？曰：謂「括囊」「无咎」者，言能克謹其口，則可得「无咎」而「不害」耳。然此孔子發周公繫象之義云然。人臣縱不爲名起見，苟一味以「括囊」爲明哲之保身，慎則慎矣，其如吾君何？其如吾學何？亦卒羞矣。

君子處無道之世，遇無道之人，值權不已屬之事，自當以其身爲六四。

六五，黄裳，元吉。

周公之象坤六五以「黄裳，元吉」，何也？曰：五居上卦之中，柔順得中，而含篤實温文之德，故其象爲「黄裳」。以此居位致用，則承天代終，自有元吉之慶，故其占爲「元吉」。

象曰：「黄裳元吉」，文在中也。

孔子之傳坤六五云云，何也？曰：謂「黄裳」之所以「元吉」者，以六陰居五陽之位。文實在中而終不可掩，道德文章直合内外而備美，坤德之至盛者也。

黄裳吉以文之在中，故「君子之道，闇然而日章」，人臣之道，有功而不居。

上六，龍戰於野，其血玄黄。

周公之象坤上六云云，何也？曰：陰從陽者也。上六陰盛而至於窮極，則必抗而爭，故有「戰於野」之象。與陽爭必傷，故有「其血玄黄」之象。

象曰：「龍戰於野」，其道窮也。

孔子傳坤上六云云，何也？曰：謂陰而至於戰野見血，蓋其陰盛至於窮極也。嗚呼！乾之亢龍必悔，坤之上六致戰，君子亦可以知戒滿處盈之道矣。上六「龍戰於野」，一爻之象。以居陰論，則呂雉、武曌當之；以陰居乾下論，則自古奸邪之蓄異志者皆是也。未有不戰而血玄黄者。

用六，利永貞。

坤終又發用六之義，何也？曰：所以爲百九十二陰爻之例也。「利永貞」，謂地道以永貞爲正也。

象曰：用六「永貞」，以大終也。

孔子傳坤用六云云，何也？曰：陰以承乾之大，代終無疆爲正道，故陰之終，即乾之「大終」也。

文言曰：坤至柔而動也剛，至靜而德方。後得主而有常，含萬物而化光。坤道其順乎！承天而時行。

坤象有傳矣，復文言之何也？曰：所謂探之愈深，推之愈出者，非獨乾然也，即坤亦然。皆韋編三絕之際，日玩日新不能已於再言耳。然他卦無文言，惟乾坤獨有。而坤又不若乾之諄復者，坤特配乾以生六子，坤之義已於乾備之。總之，天地間萬有不齊之物，生成於陰陽，而陰之變化，皆陽之變化，故三百八十四爻，雖曰分統於陰陽，其實只一元陽之變化耳。

坤象、文言之「至柔」云云，何也？曰：坤道至柔而其動則剛，蓋坤之動即承天之動也。坤體至靜而其德則方，蓋坤即終乾元亨之德而不變也。不倡而後則得主而有常，資生載物，則厚德含物而化光，坤道其順矣乎？惟「承天而時行」已耳。

積善之家，必有餘慶。積不善之家，必有餘殃。臣弑其君，子弑其父，非一朝一夕之故，其所由來者漸矣！由辯〔一〕之不早辯也。易曰「履霜，堅冰至」，蓋言順也。

坤六爻皆有象傳矣，而亦文言之，何也？曰：前傳兼明造化，此傳申明人事，亦猶乾文言重重釋象之旨也。然乾初上戒以「勿用」，而坤初直惕以殃惡弑逆之禍者。乾本無惡，而初則又陽之微，原屬無惡，故但戒以微陽之當養。坤雖本善，而初則已落於形氣之不善，故直惕以微陰之當防。蓋聖人愛護陽善，而防閑陰惡之至意也。然其實「積善之家」不特本身有慶，而且及於子孫而有「餘慶」。「積惡之家」不特本身得殃，且及於子孫而有「餘殃」。積之原非「一朝一夕之故」，慶殃亦豈一朝一夕之餘，此幾自當於幾之初動辯之，至若古今來臣弑君，其君子弑其父，這樣滔天大惡，亦豈「一朝一夕之故」哉！其所由來者，亦良有漸。皆由辯之不早，以至此耳。故易之所謂「履霜，堅冰至」者，乃順致之自然，非過爲之防也。

積善餘慶，積惡餘殃，乃天道之自然而發之坤者。坤順天而時行也。且人生禍福皆因於行，而行之善惡皆辯諸微。又坤陰類，初六微陰，亦原多惡少善，此處正須辯之於早，故特於坤初發之。易道在辯之於早者，謂能早辯。雖惡而可變爲善，積之以至於慶及子孫。不則本善而寖習乎惡，積之直可使殃及子孫。故辯之於早一道，人世千慶萬慶皆積於此。辯之不早一語，人世千殃萬殃皆積於此。

「積善」一節，防微杜漸之旨至明且切，一部易旨盡露於此。至於辯之於早一語，不特慶殃關頭，即大學致知誠意之旨，中庸明善誠身之旨，俱該於此。學易寡過之道，真莫此爲要。

天下之事，造於逆者易知，造於順者難知。聖人發順漸之義，示人最切最廣。積善積不善，弑父與君，特一象耳。

〔一〕「辯」，原作「辨」，據周易改，後文同。

「直」，其正也；「方」，其義也。君子敬以直內，義以方外，敬義立而德不孤。「直方大，不習無不利」，則不疑其所行也。

孔子之重傳坤六二象義云云者，何也？曰：此言君子體坤六二爲行之旨也。象之所謂「直」者，言其「正」也；「方」者，言其「義」也。君子平日敬以直乎其內，猶坤之承乾而直遂也。蓋敬原所以直內，不使有偏曲放佚之道。君子以之，則志專而內直矣。平日義以方乎外，猶之坤之代天而德方也。蓋義原所以方外，不使有履蹈錯亂之道。君子以之，則事有裁制而外方矣。敬義夾持，則自然道合內外而德不孤，時錯咸宜而行不疑矣。象之所謂「直方大，不習無不利」，即在君子之行者此也。

陰雖有美，含之以從王事，弗敢成也。地道也，妻道也，臣道也。地道「無成」，而代「有終」也。

孔子重傳坤六三云云，何也？曰：言六三自處之道雖有美，亦宜含之而不露。其以從王事而弗敢成，則是言陰之弗敢自成。乃是地道承天順行之道，正猶妻之宜順承夫、臣之宜順承君也。所以然者，正以地道原無專成之義，而以代乾之終爲正耳。

天地變化，草木蕃；天地閉，賢人隱。易曰：「括囊，无咎無譽。」蓋言謹也。

孔子之重傳坤六四云云，何也？曰：六四重陰沍寒之位，當之者如值無道之時。天地不交，否塞壅閉，正君子所宜儉德避難之秋。此時咎所不有，即譽亦所不有，乃爲謹之之至，而明哲保身之道也。嗚呼！其當文王與紂之時乎？外此，則宜脫身而去。居四，近君之位矣。

君子黃中通理，正位居體，美在其中，而暢於四支，發於事業，美之至也！

孔子之重傳坤六五云云，何也？曰：謂「黃裳，元吉」者，不特文在其中，實是君子敬義交修，深造自得，胸中太和之氣周流貫徹，亦復停蓄凝聚，所謂「通理」而「正位居體」也。由是以其在中之美而生色也，則睟面盎背，暢於四體。其經猷也，則彪炳輝煌，發於事業。坤道至此，真德合無疆，而爲盛之至極者乎？故曰「元吉」也。

看來五居上坤之中，有「黃中」象。上下六爻皆陰之虛中條達，有「通理」象。居五得中，有「正位居體」象。陰虛無所不透徹發越，有「暢於四支，發於事業」象。六爻皆坤偶之相錯，則又至美之象也。

六二明坤承天之學業，六五明坤順天之德業。德業由於學業，故六二君子，即六五君子學修之日。學業必發爲事業，故六五君子，乃六二君子展布之時。道德、事功、文章，原同體共貫，亦内外體用相因也。嗚呼！即此可以見聖賢之道脈學脈矣。

坤陰質代天而動，難保其不變。人生吉凶之關，君子小人之界，皆係於此。故聖人憂患獨深，示戒最嚴。初六即教以審幾之旨，而至引餘慶餘殃、弑父弑君爲戒，以明辯之不可不早。上六又發「龍戰於野，其血玄黃」之義，以明禍至於此，正由其辯之不早。皆所以申明「履霜」「堅冰」之必至，而防閑不可不嚴之意也。噫！聖人之慮陰深，防陰嚴，而教陰亦至矣。

陰疑於陽必戰，爲其嫌於無陽也，故稱「龍」焉。猶未離其類也，故稱「血」焉。夫「玄黃」者，天地之雜也。天玄而地黃。（爲，于僞反。離，力智反。夫，音扶。）

孔子之重傳坤上六云云，何也？坤而居上，數位兩極，是無主自先「疑於陽」者也。「疑於陽」，則必與陽戰。然陰非龍，而陽稱龍者，則謂其嫌於專主獨行，目中全若無陽也，「故稱龍焉」。然其實原是陰質猶未離類也，「故稱血焉」。究之陰而戰陽，陰傷無疑，陽爲陰戰，陽亦帶傷，誠以「玄黃者，天地之雜也。天玄而地黃」。今曰「其血玄黃」，不可知陰陽俱傷乎？

「陰疑於陽」，則兩敗俱傷，然陽固陽矣，即陰容何利乎？周公、孔子繫辭至此，戒陽之縱陰，切儆陰之凌陽，亦深矣！

乾坤，以天地之體段言，則天覆地載；以天地之生成言，則天生地成；以在人之名分言，則君令臣行；以在人之性情言，則志帥體充。總之，乾主知主剛明，坤主行主柔順。乾以兼坤爲貴，坤以順乾爲正。乾不可過剛，坤不可先迷。任他六十四卦、三百八十四爻錯綜變化，無非發揮此義，無不根本此義。體易者於此二卦反身實占，即易道過半。讀易者於此反身實證，於讀易亦思過半矣。

陰陽異情而合德。異情，故於乾中四爻皆有動象，而發精明奮發之義；坤中四爻皆有靜象，而發收斂安靜之義。合德，故易首乾，即次以坤。而乾初九爲陽始生，坤初六爲陰始生；九二乾德之盛，六二坤德之盛；九三將出而憂惕，六三將出而含章；九四初出遇重剛而或之，六四初出遇重陰而括囊；九五居尊利見，六五正位元吉；上九陽亢而悔，上六陰極而戰。學易者能明得乾坤之所以異，並明得乾坤之所以合，即於易引申觸類，曲暢旁通，而不難矣。

仔細看來，易道易旨易學，已盡於乾坤二卦。讀易者能於二卦看得明白，即其餘可以類推。然若是善讀，即謂六十四卦之義，已盡乾卦一卦亦可。蓋乾卦六爻，已盡人生閱歷之變，已詳人生趨吉避凶之道耳。故易以乾坤作首，而尤以乾冠坤也。

學者知擴充善念，而遏絕惡念；知親近君子，而遠卻小人。便是知的體易乾坤之旨，明得反身二卦之旨，即六十四卦、三百八十四爻，皆可引而申也。

卷二

鄠縣王心敬撰

上經

屯䷂（震下坎上）

坤而受之以屯，何也？序卦傳曰：「有天地然後萬物生焉。盈天地之間者惟萬物，故受之以屯；屯者，盈也；屯者[一]，物之始生也。」

屯：元亨，利貞；勿用有攸往，利建侯。（屯，張倫反。）

文王之彖屯云云，何也？震以一陽動於坎下，不以坎險而止，故占有「元亨，利貞」象。初陽在下，坎險在上，有難進象，故占爲勿用攸往。幹陽初交，是生長男，而在羣陰之下。主器者莫若長子，有「建侯」象，故占爲「利建侯」也。然曰「元亨，利貞」，則贊屯殊深；曰勿用攸往，則戒屯殊深；曰「利建侯」，則鼓屯之意亦深矣！蓋草昧艱難，人情易成易敗之

[一]「屯者」二字原脫，據周易序卦傳補。

秋，亦人情難進難退之候，故聖人於屯諄諄教誘也。

彖曰：屯，剛柔始交而難生。動乎險中，大亨貞。雷雨之動滿盈，天造草昧。宜建侯而不寧。（難，去聲。）

孔子之傳屯彖云云，何也？曰：乾一索於坤而得震，即上遇坎險，是動乎坎險之中，有大通安貞之道也。下震雷，上坎雲，二氣震動蓊鬱，雜亂晦冥，百物於此勾萌。其在人事，即天造草率冥昧之時，利於建侯，以經營締造而不遑寧處也。「動乎險中，大亨貞」，可知在險而不能動心忍性，增益不能，咎不能免。「宜建侯而不寧」，可知濟屯而不能憂勤惕厲，屯不能濟。

象曰：雲雷，屯；君子以經綸。

孔子之傳屯大象云云，何也？曰：言君子觀「雲雷，屯」之象，用以經綸天下之事而濟屯也。蓋天地以雲雷作而生萬物，英主以經綸運而開太平，亦猶行天之道爾。

經綸於屯時，以濟屯，必有雷動雲合，使天下鼓舞奮勵之意乃可。故君子之經綸即取象於雲雷。然則單寒而欲自樹於人倫，初機而欲自底於清寧。無貴齷齪委細，因循怠惰，從可知也。

初九，磐桓，利居貞，利建侯。（磐，步干反。）

周公之象屯初九云云，何也？曰：初陽居屯之下，有磐桓安固象，故占取「利居貞」。震長男，侯象；動乎坎中，「利建侯」以濟屯象。蓋欲濟屯而不居貞，則將失義；欲濟屯而無其人，屯終莫濟耳。

象曰：雖磐桓，志行正也；以貴下賤，大得民也。（下，遐嫁反。）

孔子之傳屯初九云云，何也？謂其「雖磐桓」而其志在。欲行其正，非懷安也。陽貴陰賤，初九以陽下陰，如以剛明之才不辭以身爲小民經營教養，不惜以貴屈下，賢哲自然大得乎民心，其於建侯寧不利乎？孟子謂得天下在好民之好，聚民之欲，即此意也。

六二，屯如邅如，乘馬班如，匪寇婚媾。女子貞不字，十年乃字。（邅，張連反。乘，繩澄反，又音繩。）

周公之象屯六二云云，何也？曰：以六居二乘下之動，而當屯時，有「屯如邅如，乘馬班如」象。二與五爲正應，而下逼於初，不能即應；然正應不與寇同時，久終須應之。故又有「匪寇婚媾，女子貞不字，十年乃字」象也。然亦可見守正者，終無不合之事。「德不孤，必有鄰」，亦可自信矣！

「乘馬」但言乘動，濟屯之義；非謂六二下與初連，以乘初之剛爲「乘馬」。蓋象傳以六二之難爲乘剛，是乃統釋爻辭，非是專釋「乘馬」二字之義。若以二之「乘馬」爲乘初剛，四乘三之「乘馬」難通矣。

象曰：六二之難，乘剛也。「十年乃字」，反常也。

孔子之傳屯六二云云，何也？曰：言六二欲上行應五，而難進者以其下乘初九之剛也。故雖與五剛柔相應，且反常至十年之久耳！

六三，即鹿無虞，惟入於林中；君子幾，不如舍，往吝。（幾，音機。舍，音捨。）

周公之象屯六三云云，何也？言六三本非剛明之才，兼上無賢明之應，而居剛志躁，亦欲動而濟屯，徒自入於險難耳，有「即鹿無虞」「入林」之象。見幾之君子，當此可以舍矣。不然憑剛而往吝，窮不免。故占又有「君子幾，不如舍」之象也。

象曰：「即鹿無虞」，以從禽也。君子舍之，「往吝」，窮也。

孔子之傳屯六三云云，何也？言三本無濟屯之才，又無濟屯之應，而乘時妄動，是從禽之欲耳！不知濟屯非從禽，比往則必窮。見幾之君子，自必舍之，往則未有不吝窮也。嗚呼！亞父之事，亦可鑑矣！

周公、孔子繫爻繫傳，皆於無才無援而妄動之戒甚明甚警。

六四，乘馬班如，求婚媾。往吉，無不利。

周公之象屯六四云云，何也？曰：六四以陰居柔，而當屯乘震，亦有「乘馬班如」象。與初利見之主爲正應，又有「求婚媾」象。故占爲「往吉，無不利」也。

象曰：「求」而「往」，明也。

孔子之傳屯六四云云，何也？曰：此正明四之當屯，而知擇利見之初，乃其明於擇主也。嗚呼！馬伏波其人乎？而周公、孔子之示濟屯者，以擇主爲要，其義亦明矣！

九五，屯其膏。小貞吉，大貞凶。

周公之象屯九五云云，何也？曰：五雖陽剛當位，而在坎中，下應又懦。「小貞」則「吉」，「大貞」則「凶」之象也。坎爲水，膏澤象。

象曰：「屯其膏」，施未光也。

孔子之傳屯九五云云，何也？曰：五在險中，施未能普，豈能光乎？然亦九五自居坎中，囿於施耳！其占則施之未得光。爲昭烈未知光？爲項羽而施光？則武王之大賚四海，善人是富。繫曰：「憂悔吝者存乎介。」善用易者亦於此中變遷之機圖之而已。

上六，乘馬班如，泣血漣如。

周公之象屯上六云云，何也？曰：上六居屯乘震，亦有「乘馬班如」象。而以陰柔居屯之終，下無正應，是處屯之極地。無才無助，終於屯而無可如何者，悲傷涕洟，有「泣血漣如」象也。嗚呼！項羽烏江之嘆泣，亦其事耳？

象曰：「泣血漣如」，何可長也？

孔子之傳屯上六云云，何也？曰：言屯極而至於如此，豈能長乎？然「何可長」固以釋「泣血」之義。其實上六窮於屯地，更無所之，亦有不長之象也。大抵易道變化，不特周公有時就義取象，即孔子傳象，亦時於爻象中自取一義也。

蒙 ䷃ （坎下艮上）

屯而受之以蒙，何也？序卦傳曰：「屯者，物之始生也。物生必蒙，故受之以蒙。蒙者，蒙也，物之穉也。」

蒙：亨。匪我求童蒙，童蒙求我。初筮告，再三瀆，瀆則不告。利貞。（告，音穀。瀆，音獨。）

文王之彖蒙云云，何也？曰：蒙，坎險在下，遇艮止在上，險而止，有「蒙」象也。九二居中發蒙，剛中而應，正有亨道也。九二爲養蒙之主，而六五以柔中應之，有「童蒙求我，匪我求童蒙」之象也。發蒙之道，取其人之以誠心求我，不取其人之以機變相賞。故又有「初筮告，再三瀆，瀆則不告」，而利於貞之象占也。

彖曰：蒙，山下有險，險而止，蒙。蒙「亨」，以亨行，時中也。「匪我求童蒙，童蒙求我」，志應也。「初筮告」，以剛中也。「再三瀆，瀆則不告」，瀆蒙也。蒙以養正，聖功也。

孔子之傳蒙彖云云，何也？言「山下有險」，險而止，所以爲蒙象也。九二發蒙之主，而居中處剛，「以亨行，時中也」。六五正應，乃童蒙之志應乎我，「匪我求童蒙」也。志應而後發，正二剛中之所以善於養蒙正也。「瀆則不告」，正謂其志不應，發之徒「瀆蒙」耳。所以然者，童蒙志應乎我，而後告教之，乃爲培養其天真，使成聖胎之正道。不然，則彼以機變賞我，我以機變鑿之，適以「瀆蒙」而壞其天真耳。故「蒙以養正」，爲「聖功」也。

大人不失赤子之心，此善於自養其蒙者；教人而望以立誠之道，此善於養童蒙之蒙者。嗚呼！「蒙以養正」，爲「聖功」。自養者可以知所養，教人者亦可以知養人之道矣。

「不識不知，順帝之則」，聖人而蒙矣。然其工夫則自無畔援歆羡來，聖功只是善養其蒙。

九二剛中，上應六五柔中之志，則在五爲誠求之切，在二乃無失人失言之愆，此當幾之教也。不然，蒙瀆我，而我瀆蒙，師弟兼失矣。故爲師亦何可易言。

蒙以養得正，而正卻以養其蒙得。故教弟子者，全要保護其一點知能之良。

論語弟子一章，養正之聖功盡統於是。朱子之小學，其即弟子章「學文」之注腳乎？蓋聖賢之成法，事理之當然，皆於此乎備也。教子弟者須於此著眼。若視此爲迂濶，即誤卻童蒙，而養失其正矣。

象曰：山下出泉，蒙；君子以果行育德。

孔子之傳蒙大象云云，何也？曰：上山下坎，爲山下出泉，蒙迷之象。君子體之以養蒙，惟是果行。而見善即遷，過勿憚改，則業可進。育德而寬居仁行，居安資深，則德可修，庶幾乎養蒙之聖功如山下出泉耳。又艮以一陽止乎二陰之上，有「果行」象。坎以一陽蓄於二陰之中，有「育德」象。

象傳坎爲溝瀆，未有泉象，而蒙象取於山下出泉。六十四卦中，象固有非象傳所能盡者，然亦可見象原不執於一也。

初六，發蒙，利用刑人，用說桎梏；以往吝。（說，吐活反。桎，音質。梏，古毒反。）

周公之象蒙初六云云，何也？曰：初六以陰居下，全無知識之蒙。發之之道，自宜利用嚴威，以禁其放佚，故有「利用刑人」之象。蓋以如此之蒙，而不加嚴威，則蒙不知懼，教亦不入，故又有「用說桎梏」以往之吝。

象曰：「利用刑人」，以正法也。

孔子之傳蒙初六云云，何也？曰：此言發蒙之道，初間自是宜正法以禁其邪枉也。孔子之治魯，子產之治鄭，諸葛忠武之治蜀，其義即取諸此。

九二，包蒙，吉。納婦，吉；子克家。

周公之象蒙九二云云，何也？曰：九二居坎中，爲養蒙之主，而六五以柔中應之，有「包蒙」象。六五應，而九二養，有「納婦」象。六五居上乎下，而九二居下承上，有「子克家」象。區區一爻，既象蒙，師又取此三種法象，引伸觸類固可窮哉！嗚呼！讀易者知易取象之義，即可明反身自占之道矣！不必乾盡宜君，坤盡合臣也。

象曰：「子克家」，剛柔接也。
孔子之傳蒙九二，獨釋「子克家」，何也？曰：「包蒙」「納婦」於九二取象爲易明，而「子克家」又取於二之以剛接五柔，殊不易明故耳。然則執象論易，豈復有易？
六三，勿用取女，見金夫，不有躬，無攸利。（取，七具反。）
周公之象蒙六三云云，何也？曰：六三陰柔處險之極，是不貞之蒙女子也。本與上爲正應，而近繫於九二，是見納婦克家之金夫，而不有其窮之象。取女取此，何利之有？故有「無攸利」之占也。然占亦象耳。故易者，象也。讀易知得象爲象，而即占亦象。易斯可通爾。
象曰：「勿用取女」，行不順也。
孔子之傳蒙六三云云，何也？曰：此言「勿用取女」者，爲其行不順理耳！然則舍其君，而君人之君，皆見金夫不有躬之女，非其臣而輒納爲臣，皆取「見金夫，不有躬」之女也。何利之有？
六四，困蒙，吝。
周公之象蒙六四云云，何也？曰：居艮之下，陰柔居險，又無正應，蒙之困而不知自發者也。吝其能免乎？故象以「困蒙」，而占以「吝」也。
象曰：「困蒙」之「吝」，獨遠實也。（遠，於萬反。實，去聲。）

孔子之傳蒙九四云云，何也？曰：蒙之所以困者，以其無陽應。又與九二隔處，蒙而無師無友，獨遠乎實，困何由發？吝何由免乎？然則處蒙地當蒙時者，宜求明師良友，端可知已。

六五，童蒙，吉。

周公之象蒙六五云云，何也？曰：六五以柔中止於艮陽之下，蒙之童者也。而下有九二剛中正應爲之師。則是五以誠求，二以誠教。所謂養正之聖功，其在斯乎？蒙之最吉者也。故象取「童蒙」，而占則「吉」。

象曰：「童蒙」之「吉」，順以巽也。

孔子之傳蒙六五云云，何也？曰：言「童蒙」之所以「吉」者，自己順巽以受教，則九二自開誠以養正也。凡受訓於人之道，於此可悟。

上九，擊蒙，不利爲寇，利禦寇。

周公之象蒙上九云云，何也？曰：上九以剛居艮上，艮有手象，有擊象。過剛不利犯人，而利於禦寇。故占爲「不利爲寇」，而「利禦寇」象。

象曰：「利」用「禦寇」，上下順也。

孔子之傳蒙上九云云，何也？曰：程子之言上下順，爲上不過暴下，得擊去其蒙。上下皆順，自爲得之。然亦上九以一陽止於五爻之上，五爻皆順服其下，是亦有「上下順」象也。然則「擊蒙」而不順上下之心，是真爲寇耳。其亦不占而已。

需䷄（乾下坎上）

蒙而受之以需，何也？序卦傳曰：「蒙者，蒙也，物之穉也。物穉不可不養也，故受之以需。需者，飲食之道也。」

需：有孚，光亨，貞吉，利涉大川。

文王之彖需云云，何也？曰：乾健在下，欲進而坎險阻前，有需待之義，自有需待之象也。九五爲需主，而坎中實有水光通天之義，且居中得正。故有「有孚，光亨，貞吉」之象。以此涉險，則有利涉之義。兼以乾健而需，坎亦爲涉水之象，故占又取象於「利涉大川」也。

彖曰：「需」，須也；險在前也，剛健而不陷，其義不困窮矣。「需，有孚，光亨，貞吉」，位乎天位，以正中也。「利涉大川」，往有功也。

孔子之傳需彖云云，何也？言所以待須之義，以坎險在乾剛之前也。險在，乾而乘剛直進，滅頂之凶即在是矣！能無困窮乎？故乾而能須，則自不至陷，而「其義不困窮」耳！「有孚，光亨，貞吉」者，九五爲需主，是位乎天位者也。中實則爲「有孚」，坎水內明則爲光，以此需方進之乾，寧不亨通得正而吉乎？而三陽以見險，而須以此涉川，自然往必有功耳！

象曰：雲上於天，需；君子以飲食宴樂。（上，上聲。樂，音洛。）

孔子之傳需大象云云，何也？曰：坎上乾下，有雲在天上需雨之象。君子之所需而養者，「飲食宴樂」，如雲上於天之需雨也。君子生平之志不在温飽。三樂戒損於宴樂，孔子何以取象「飲食宴樂」乎？易道人情之至，即天理之至也。屯，經綸草昧。蒙，果行育德。勞亦甚矣！至此恬養不亦須於飲食宴樂，以自頤其天和耶？故飲食之在需，非尺寸之膚；宴樂之在需，非荒淫之愆也。時當需也。

需爲等待之義，而象又取乎需於「飲食宴樂」義。苟可象，聖人固不執一廢百也。易可與權，豈不信然？「欲速則不達」，功固有以需而成者。必世而後仁，治有雖欲不需而不得者。君子之左右逢源，必須於深造自得。愚柔之必明必強必須於已百已千類推之，而天運之必須歷夏秋而後冬，月之必先弦而後滿，水之必由江河至海，人之必經少壯而後老，草木鳥獸之必由勾萌胎卵漸至於暢茂飛走，皆需義也。需之義亦廣矣！但以「有孚，光亨」爲得正而吉耳！故善需者不以怠緩廢弛賊義，而以剛中漸進需時也。君子之「飲食宴樂」，義亦如此。

坎中滿，有醉飽象。

初九，需於郊，利用恒，无咎。

周公之象需初九云云，何也？曰：需以乾剛阻坎水，故三乾幹爻以需於水外爲義。初九則去坎尚遠，有需郊象。陽剛好進，利在用恒。能恒，則不至致咎。故占爲「利用恒，无咎」。

象曰：「需於郊」，不犯難行也；「利用恒，无咎」，未失常也。（難，去聲。）

孔子之傳需初九爻義云云，何也？言需郊者，乃不犯難而行也。「利用恒，无咎」者，言乾行有常，固不避險不進，亦不改常犯難也。嗚呼！需亦「不犯難行」耳！豈濡滯因循之謂哉！

九二，需於沙，小有言；終吉。

周公之象需九二云云，何也？曰：二去坎漸近，有需沙之象。漸近險，則必有言。然二以剛居柔，有進退適中，必乎於五之義。故又有「終吉」之象也。

象曰：「需於沙」，衍在中也；雖「小有言」，以吉「終」也。

孔子之傳需九二云云，何也？曰：言九二居中，處柔寬裕，不迫盡需之道者也。以此而需，咎敗何從？雖「小有言」，必「以吉終也」。然則過剛非需之道亦明矣。

九三，需於泥，致寇至。

周公之象需九三云云，何也？曰：三與坎接，有需泥象。坎爲盜，而三進，而臨坎，有「致寇至」象也。

象曰：「需於泥」，災在外也；自我「致寇」，敬慎不敗也。

孔子之傳需九三云云，何也？言三以近坎，災即在外也。「自我致寇」，又將誰咎？然亦豈無道以免敗乎？敬慎庶可耳。「自我致寇」，以上釋需泥。致寇之義，敬慎不敗，則孔子當機示教微旨。嗚呼！聖人教人趨吉避凶之道亦明矣！天下何寇不自我而致，何敗不可以敬慎免？引伸觸類，是在讀易者。

六四，需於血，出自穴。

周公之象需六四云云，何也？曰：四居坎下陰位，有需血象。又坎爲險體，二陰皆有穴象。然四入上坎，則已出乾而上近九五，又有「出自穴」象也。

象曰：「需於血」，順以聽也。

孔子之傳需六四云云，何也？曰：言四雖需血，而陰以柔近五，不與時競，是順以聽時者也。亦自能出穴而不至致凶矣。然則處險而徒以剛犯難，徒自陷於敗耳。

四陰柔需血，而終出自穴者。陰柔則敬慎，敬慎則不敢犯難而静以需時，正合敬慎不敗之義，故終出穴不敗耳。嗚呼！其即師卦「左次，无咎」之旨乎？

九五，需於酒食，貞吉。

周公之象需九五云云，何也？曰：五居中爲需主，盡需之道者也。正大象「飲食宴樂」之君子。坎中爲醉飽，故象「酒食」。居中得正，故占爲「貞吉」也。

象曰：「酒食，貞吉」，以中正也。

孔子之傳需九五云云，何也？曰：言五以剛中，而正居天位，乃中正而盡其道者也，故得正而吉耳。然則不盡其道，而徒以「飲食宴樂」廢日曠業者，殆飲食之人耳。其不貞甚矣，吉於何有？

上六，入於穴，有不速之客三人來；敬之，終吉。

周公之象需上六云云，何也？曰：以六之陰柔居上，爲坎險之終，有入穴象。而九三上與之應，有「不速之客三人來」象。上六雖險極，然以柔處柔，亦有敬順之義。夫以敬順待客，客雖剛暴，豈至凌犯乎？則又有「敬之，終吉」象也。可見〔二〕以柔恭待强暴，乃天地間消免凌犯之道。

象曰：「不速之客」來，「敬之，終吉」，雖不當位，未大失也。

孔子之傳需上六云云，何也？曰：言客雖憑剛而至，而主人柔恭以待，則必得「終吉」。此天理人情之必至耳。故上之敬客，雖若自處怯弱，未爲大光。而要之自保終吉，亦「未大失也」，「終吉」，以上終爻義。「雖不當位」二句，孔子足象意，恐人以敬人爲愧，不肯屈下，故明其旨曰敬客雖未大光，然亦無有大失。不失，即得吉矣。何用爲嫌乎？則所以教人遇剛之道益明且切也。

訟 ䷅ （坎下乾上）

需而受之以訟，何也？序卦傳曰：「飲食必有訟，故受之以訟。」

訟：有孚，窒；惕中，吉；終凶。利見大人，不利涉大川。（窒，張栗反。）

〔二〕「見」，原作「以」，據文津本改。

文王之彖訟云云，何也？曰：訟，上健下險。九二爲訟主，中實「有孚」象；與五上下不應，「窒」象；居坎之中，「惕中」象。訟以孚窒成，以「惕中，吉」，以終訟凶。故占又有「惕中，吉」，終訟凶象。然終訟之，凶言之，既以爲戒，亦所以明「惕中」必吉之旨耳。又卦中九五剛中大人，而以下訟之，必不得志，有「利見大人」象。卦體以乾履坎，有陷於深淵象，故占又戒以「不利涉大川」也。彖之取象至夥。總之，以宜戒其終，使不得行爲義。文王之戒訟亦深矣。

彖曰：訟，上剛下險，險而健，訟。「訟，有孚，窒；惕中，吉」，剛來而得中也。「終凶」，訟不可成也。「利見大人」，尚中正也。「不利涉大川」，入於淵也。

孔子之傳訟彖云云，何也？曰：謂訟以上剛下險而成也。「有孚，窒；惕中，吉」者，謂九二剛自外之需來，而得中也。「終凶」者，訟非善事，終則必凶，而斷不可成也。「利見大人」者，訟遇剛明之主則不行，以其所「尚中正也」。而九五居中履正，固所謂訟者，利見之大人也。「不利涉大川」者，乾履乎坎，有入淵之象，故取於「不利涉大川」也。

象曰：天與水違行，訟；君子以作事謀始。

孔子之傳訟大象云云，何也？曰：天上水下相違，而行致訟之由。君子體此，知人情爭訟之道，皆始於性情之違戾。故凡作事必謀其始，使協於天理人情，則訟端自絕耳。嗚呼！天下何事不宜謀始，獨訟乎哉！

初六，不永所事，小有言，終吉。

周公之象訟初六云云，何也？曰：訟雖以坎險成，而初六處下，居險上，又有援，有「不永所事」象。訟而不永，雖「小有言」，「終吉」之道也，故占有「終吉」象。而周公即繫此義於訟之初六，其示訓亦切矣。

象曰：「不永所事」，訟不可長也；雖「小有言」，其辯明也。

孔子之傳訟初六云云，何也？曰：「不永所事」者，訟原不可長也。雖「小有言」「終吉」者，上有明應爲援，「其辯明也」。嗚呼！孔子之意補足周公之旨，而其切於示訓亦猶是矣。

九二，不克訟，歸而逋，其邑人三百戶，無眚。（逋，補吳反。眚，生領反。）

周公之象訟九二云云，何也？曰：訟之所以成，原以二爲險主，而九五剛中處正，自非二之可敵，故有「不克訟」之象也。「不克訟」，則必退而避之矣。訟主既逋，其牽連之邑人不且免眚乎？故占又有「其邑人三百户，無眚」象也。先儒多解「其邑人三百户，無眚」爲自處寡約，則可免災。愚意竊覺解以訟主既逋，即闔邑皆免株連、擾費之災爲得情。且「三百户」以需卦上六「不速之客三人來」例之，於「三百户」之象，亦有取耳。或曰：需取三人，此言「三百户」，何也？愚意則又覺言客止可言三人，言邑則宜言三百户，取象固取切近事理也。

象曰：「不克訟」，歸逋竄也。自下訟上，患至掇也。（掇，都活反。）

孔子之傳訟九二云云，何也？曰：二之「不克訟」者，歸而逋竄也。訟而逋竄，這便是明於處訟之道也者。何也？「自下訟上」，患乃自取，豈得免乎？則所以告訟者之宜知自退而無事牽累邑人，其義益明矣。

六三，食舊德，貞厲，終吉；或從王事，無成。

周公之象訟六三云云，何也？曰：三居險終，以六處之，而上應剛，此「食舊德」象也。夫下之訟上，大抵由於下之忘上舊德而結新怨耳。「食舊德」，則得正矣。雖處危地，自得「終吉」，故有「貞厲」吉象。然亦六三原居柔應上，卦中自有此義，故又取爲占也。六三上應上九，亦有「或從王事，無成」象。

象曰：「食舊德」，從上吉也。

孔子之傳訟六三云云，何也？曰：言「食舊德」之吉者，從上則吉也。然仔細推詳，「從上吉也」一語，固所以明「食舊德」之吉，亦實合下「或從王事，無成」之旨傳出耳。傳固不可執一視也。

九四，不克訟，復即命，渝，安貞，吉。

周公之象訟九四云云，何也？曰：九才雖剛，而居四則柔，兼九五剛中，既非可訟之人。初六陰柔，又非可恃之援，有「不克訟」象。居近九五，惟五順聽，爲復即天命，而渝變初心，安於正理之象，故占有吉象也。「復即命，渝，安貞」，於象外取義，似不若即象爲解。故注以九四居近九五，惟五順聽。取義既覺，取象爲近，亦且於傳義切合。不知明易之君子以爲何如？

象曰：「復即命，渝，安貞」，不失也。

孔子之傳訟九四云云，何也？曰：言能「復即命，渝，安貞」，則自無失而吉耳。然觀初以「不永所事，吉」，二以「不克訟，無眚」，三以「食舊德，吉」，四以「復即命，吉」。嗚呼！訟固以能止爲善耳。

九五，訟，元吉。

周公之象訟九五云云，何也？曰：九五爲聽訟之主，而剛健中正，治訟得此等人，自然得情合理，故占有「元吉」象。

象曰：「訟，元吉」，以中正也。

孔子之傳訟九五云云，何也？曰：言「訟」之所以「元吉」者，以九五剛中居正，自然片言折獄，可使無訟也。而聽訟以剛明爲貴，亦從可識。

上九，或錫之鞶帶，終朝三褫之。（褫，救紙反。）

周公之象訟上九云云，何也？曰：言上九處訟極，而以剛履柔，此乃終訟。而僥倖得勝之人，必且因終訟而剛過即折者也，有「錫之鞶帶，終朝三褫」象。然曰：或則未必能僥倖，而曰「終朝三褫」，即倖又豈可常僥乎？至孔子之傳，則又以爲即僥倖，亦何足貴？嗚呼！訟固必不宜終之事也。

象曰：以訟受服，亦不足敬也。

孔子之傳訟上九云云，何也？曰：言終訟雖受服命之寵，亦不足敬。況又「終朝三褫」乎？嗚呼！三聖人之戒訟警訟者，亦深切著明矣。讀易者能識此義，以處訟、規訟、斷訟，即屬利見之大人，不必在居九五之位，然後足當之也。

師 ䷆（坎下坤上）

訟而受之以師，何也？序卦傳曰：「訟必有衆起，故受之以師。」

師：貞，丈人吉，无咎。

文王之彖師云云，何也？曰：師，坎下坤上。行險而順，有「貞」象。九二剛中爲師主，六五柔中而順應，有「丈人」象。行師而得正得人，自然元吉，咎何從至乎？故占爲「无咎」象也。嗚呼！彖僅六字，已盡千古用師之道矣。用師而不得正，非貪兵，即忿兵。雖强民，而心不從。徒自毒，毒天下之民耳。故師貴貞，然不得其人，必致輿尸之凶。即幸而勝，亦不能以衆正而王也。故師必以得貞得人爲吉而无咎。

彖曰：師，衆也；貞，正也。能以衆正，可以王矣。剛中而應，行險而順，以此毒天下，而民從之，「吉」又何「咎」矣！

孔子之傳師彖云云，何也？曰：謂師言乎其衆，貞言乎其正也。能以我之衆正人，而並使衆人之皆正，可以王天下矣。故師取占於貞也。成湯放桀之師，武王伐紂之師，斯足當之。「丈人吉，无咎」者，謂九二剛中而六五應，下坎上坤而行險順。「以此毒天下」，乃爲弔民伐罪之師而已。之〔一〕民心從，天下之民心亦從，則得道多助，於何不吉？以征不正，又何咎乎？成湯任一心一德之伊尹，造攻自牧，而東征西怨。武王任天下大老之尚父，用三千同心同德之義士，而商人筐篚壺漿。斯足當之。

行師傷財害人，彼此兩毒之道。必我之民從，敵之民亦從，乃爲義師，亦始得吉。故孔子曰：「以此毒天下而民從之，吉又何咎？」故師不正不可動，不得其人不可動。雖得正得人，而民心不從，亦不可動。

觀孔子彖傳，見伊川先生解「師」「貞」之義自當。而取穰苴淮陰以實「丈人吉，无咎」之象，特言差足當「丈人吉」者耳。實不盡文王取象丈人之旨。必如成湯伐夏之任伊尹而即克，武王伐商之任尚父而即克，乃足盡衆正可王之義。

〔一〕「之」字前疑有脱文。

象曰：地中有水，師；君子以容民畜衆。

孔子之傳師大象云云，何也？言「地中有水」，水聚地中，故爲「師」。君子觀「地中有水」之象，以容保其民，畜聚其衆，如「地中有水」也。古者寓兵於農，故民衆者師之所自出。然師取「容民畜衆」，又可見師道固以安民不殺爲本原耳。

初六，師出以律，否臧凶。

周公之象師初六云云，何也？曰：初六陰柔居下，聽二指揮，有「師出以律」象。以陰居柔，亦有「否臧凶」象。然初居「師出」之始，而即戒以「律」，惕以「否臧凶」。則周公之示象已至明也。

象曰：「師出以律」，失律「凶」也。

孔子之傳師初六云云，何也？曰：言師出當以律，失律則凶。所以明師之吉凶決於當否，而當否即宜決於初出之時耳。

九二，在師，中吉，无咎；王三錫命。

周公之象師九二云云，何也？曰：九二爲師之丈人，而在五陰中，則有「在師中」象。居中得正，而上有六五推心委腹之主，則上無疑忌而下得展布，有「在師，中吉」而「无咎」象。上坤三爻皆順而應下，亦有「王三錫命」象，故周公皆取之。嗚呼！惟「王三錫命」，而九二乃得安然在於師中，收衆正民從之效，無「毒民輿尸」之凶。王者任將之道，從可識也。

自古未有將在千里之外，而以專制廟堂之上吉者。故九二以「在師，中吉」，以「王三錫命」而得安處師中。爲將者宜以此自審進退，任將者宜以此自知所尚。師，毒天下事也，而可漫易哉！

象曰：「在師，中吉」，承天寵也；「王三錫命」，懷萬邦也。

孔子之傳師六二云云，何也？曰：言「在師，中吉」者，以其承六五委任之寵也。「王三錫命」者，以王者不得已而出師。原以衆正民從爲主，惟九二剛中之丈人，乃能不至空毒天下而得民之從，故「王三錫命」。如此之諄復，正是懷保萬邦而不欲其荼毒之至意也。嗚呼！古之聖王，師不得不用，而用師之意乃如此；任將極其專，而其心之所存乃如此。故師不至流於毒衆，將得自效其忠悃。師出而天下諒其義，功成而天下歸其仁也。

六三，師或輿尸，凶。

周公之象師六三云云，何也？曰：三陰柔居險終，「師或輿尸」之「凶」象也。師可以柔險之人任哉？任之柔險，是自喪其師也。

象曰：「師或輿尸」，大無功也。

孔子之傳師六三云云，何也？曰：言「師或輿尸」者，所任不當，「大無功」而至此耳。

或曰：九二爲師帥，是丈人長子也，則三皆聽二主張矣。而亦有輿尸之凶，何也？曰：「吉凶以情遷」，爻自各爲義象耳。且「雜物撰德，辨是與非，非其中爻不備」。於三四發「輿尸」「左次」之義，而師道之是非勝敗吉凶，乃始備也。

六四，師左次，无咎。

周公之象師六四云云，何也？曰：師以陽進，六四以陰處柔，有量時退舍之義。爲將而能知己知彼，不敢輕進，亦守則有餘之道也。故有「左次，无咎」象。

象曰：「左次，无咎」，未失常也。

孔子之傳師六四云云，何也？曰：言行師之道，有剛有柔，知進知退，乃常道耳。四以陰居柔而能「左次」，雖無丈人錫命之吉，亦免失律輿尸之凶，未爲失常道耳。此爻即所謂爲將亦有合怯弱時義。而光武謂「長勝之家，難與慮敵」，亦即此義。

六五，田有禽，利執言，无咎；長子帥師，弟子輿尸，貞凶。

周公之象師六五云云，何也？曰：五爲師君，所以操行師用人之柄者也。而坤爲地，有田象。時當用師乃用，是能以衆正毒天下而民從之會，故有「田有禽，利執言」象。能以衆正，則可以王。毒天下，民從則得大吉，咎何有乎？故占有「无咎」象。而二三皆惟五所用，故又有「長子帥師，弟子輿尸，貞凶」之象。嗚呼！觀於有禽、利執爲无咎，可見兵者必不得已而後可用也。觀於「長子帥師，弟子輿尸」，雖貞亦凶。可見委任不明，用舍失宜，皆取凶之道也。

象曰：「長子帥師」，以中行也；「弟子輿尸」，使不當也。

孔子之傳師六五，不釋「田有禽」義，而專釋「長子帥師」云云，何也？曰：「有禽」「利執」之義易明，而「長子帥師，弟子輿尸」之義則恐讀易者視爲長子弟子之功罪，而與六五任用之主無涉耳。故曰「以」、曰「使」，所以明長子、弟子之功罪，皆由六五任用之昏明也。嗚呼！大君之用舍，顧可忽哉！

「長子帥師」，廉頗以之。「弟子輿尸」，趙括其人[一]。然皆趙主之所使也，故責在大君。

[一]「其人」，文津本作「以之」。

上六，大君有命，開國承家，小人勿用。

周公之象師上六云云，何也？曰：師之上六終，而大君賞功時也。上以六之陰柔居之，有「用小人」象。兼坤爲地，有「開國承家」象。故有大君有命，開國承家，勿用小人之戒也。然周公之垂戒亦切矣！

象曰：「大君有命」，以正功也；「小人勿用」，必亂邦也。

孔子之傳師上六云云，何也？曰：正所以申明大君賞功，不可用小人之旨耳。蓋軍功之成，固有小人而才者。若賞以開國承家，則是天下之民不毒以一時之師，而長毒以開國承家之小人矣。豈用師衆正可王本旨乎？故孔子特釋之曰：「大君有命，乃正功時也。」所謂「小人勿用」者，則以小人開國家必凶於爾國、害於爾家，而亂邦耳。嗚呼！師之爲道，必以能以衆正取其貞，以寵命丈人取其吉，以勿用小人防其亂，乃能盡善而吉无咎耳。不然則非凶即咎，非輿尸即亂邦，所必至矣。大君容何利乎？

比䷇（坤下坎上）

師而受之以比，何也？序卦傳曰：「衆必有所比，故受之以比。」

比：吉。原筮，元永貞，无咎。不寧方來，後夫凶。（比，平志反。）

文王之象比云云，何也？曰：比以九五居中。比衆陰，衆陰亦以順應。比九五有吉道。五爲坎中比主，而心亨尚中，有誠信而大得常正之義。故占取「原筮，元永貞，无咎」象。上下順，比有「不寧方來」象。上六「比之〔一〕無首」，有「後夫凶」象，故象占悉取之。蓋占亦象爾。「原筮」，先儒多取爲再度之義。愚嘗反復尋味，「原筮」所以明九五剛中之德，故象傳合「元永貞」爲言，而以剛中釋之，似於再度無所取義。若近取蒙卦初筮告爲例，以明九五剛中誠一，有心乎尚忠之義。則於「元永貞」既有來歷，於彖傳之釋以剛中亦合，且與蒙之九二坎中取於初筮不悖也。顧不知明易君子以爲何如？

彖曰：比，吉也；比，輔也，下順從也。「原筮，元永貞，无咎」，以剛中也。「不寧方來」，上下應也；「後夫凶」，其道窮也。

孔子之傳比彖云云，何也？曰：謂比之所以吉者，以比取輔義也。自四而下，皆順從之義也。「原筮，元永貞，无咎」者，九五剛中，原具此德也。「不寧方來」者，上下皆應五而親比也。「後夫凶」者，上六居上，比之無首，其道窮也。

象曰：地上有水，比；先王以建萬國，親諸侯。

孔子之傳比大〔二〕象云云，何也？曰：物相親比無間者，莫如「水在地上」，所以爲比也。先王則體比之象「以建萬國」而「親諸侯」，如地中有水也。蓋天下至廣，兆民至衆，一人治之勢所不及，分建賢哲以安民撫衆。即此爲王者，親比四海，兆民之道也。他象皆言君子，而比獨言先王者，「以建萬國，親諸侯」，王者事，故變「君子」言「先王」耳。後倣此。

初六，有孚比之，无咎；有孚盈缶，終來有他，吉。（缶，俯九反。他，湯何反。）

〔一〕「之」，原作「外」，據文津本改。

〔二〕「大」字疑脫，據上下文義擬補。

周公之象比初六云云，何也？曰：初六居坤之初，而上比於五，擇君慎始，比得其主，何咎之有？故有「有孚，无咎」象。又坤體而居初處陰，順以從五，「有孚盈缶」象。以盈缶之孚，遥順五顯，比之聖君，自然在五德教親比之中，故又有「終來他，吉」象。然曰有孚他吉，則是必誠信，真足孚上，而後无咎來吉耳。甚矣！誠信乃比人之道也。其漢之竇融乎？

象曰：比之初六，有他吉也。

孔子之傳比初六云云，何也？曰：言比之初六「有孚盈缶」，則自然有他吉耳。益信誠之必足比人也。

六二，比之自内，貞吉。

周公之象比六二云云，何也？曰：六二内卦之中，心孚九五而比之，「比之自内」象。居中守正，有「貞吉」象。

象曰：「比之自内」，不自失也。

孔子之傳比六二云云，何也？曰：言「比之自内」而「貞吉」者，心傾聖主，而居中守正，卻「不自失」耳。嗚呼！太公西歸磻溪之日，庶足當之。

六三，比之匪人。

周公之象比六三云云，何也？曰：六三體柔居剛，而應上六，弱才而懷躁動之志，應人而比匪類之人者也，有「比之匪人」象。

象曰：「比之匪人」，不亦傷乎？

孔子之傳比六三云云，何也？曰：言六三越五，而比於上六，是比後凶之匪人。所比者且將不免，而欲求自託，得乎？亦可傷矣。隗囂之比公孫述，即其證也。

六四，外比之，貞吉。

周公之象比六四云云，何也？曰：六四内無正應，外與五親，是「外比之」象。得賢主而輔，自有得正而吉之道，故占有「貞吉」象也。宋之吳越，亦其事也。

象曰：「外比」於賢，以從上也。

孔子之傳比六四云云，何也？言「外比之，貞吉」者，以五當位居中，是爲賢主，而四能上而從之，寧不得正而獲吉乎？

九五，顯比；王用三驅，失前禽，邑人不誡，吉。

周公之傳比九五云云，何也？曰：九五以剛中居天位而比虚中，待比之諸陰上，下開誠見心，有「顯比」之象。五既開誠比下，則是自盡其公道，無驩虞要結以求必比之私，有「王用三驅，失前禽」象。而四陰亦虚心開誠以比，亦有「邑人不誡」之象。此自顯比之吉，故占有吉象也。嗚呼！成湯開三面之網即其義。而古王者奉無私以照臨天下，天下亦應以皡皡，即其象也。

象曰：「顯比」之吉，位中正也。舍逆取順，「失前禽」也。「邑人不誡」，上使中也。

孔子之傳比九五云云，何也？曰：言「顯比」之所以吉者，以九五居中正之位，有中正之德。故有「舍逆取順」中正之比，而邑人亦有不誡而中正之應爾。嗚呼！王者以中正比天下，天下亦自以中正比王者，此理之必然。然究之天下不誡之中正，皆王者顯比而使之中正也。故王者之比，貴乎中正。彼霸術要結，一時驩虞，或得之不久，而天下之心渙然散矣。終何益？

師六五曰：「田有禽，利執言。」比九五曰：「王用三驅，失前禽。」可見王者之用兵，必不得已而後用。王者之伐罪，亦不期盡服其醜類。舜禹有苗之師，固如此也。匪是師爲否臧之師，而比非顯比之比矣。

上六，比之無首，凶。

周公之象比上六云云，何也？曰：一卦皆比九五，上六獨居五上，此正所謂「後夫凶」耳，有「比之無首」而「凶」象。

象曰：「比之無首」，無所終也。

孔子之傳比上六云云，何也？曰：言「比之無首，凶」者，上自絕於顯比之五，將自顛殞，「無所終也」。防風後至之誅，田横海島之死，非明鑑乎？嗚呼！王者比人之道，其莫要於義正仁育；英雄比主之道，其莫要於見明識定哉！

小畜䷈（乾下巽上）

比而受之小畜，何也？序卦傳曰：「比必有所畜，故受之以小畜。」

小畜：亨，密雲不雨，自我西郊。（畜，救六反。）

文王之彖小畜云云，何也？曰：小畜四柔得位，上下五陽皆爲所畜，而下健上巽，二五皆剛，有「亨」象。以陰畜陽，以小畜大，畜終不極不通，有「密雲不雨，自我西郊」象。朱子曰：「『密雲』，陰物；『西郊』，陰方。」文王演易羑里，視岐周爲西方，故云爾。然亦文王羑里之自占乎？由其詞味其旨，愴乎有餘悲矣。

彖曰：「小畜」，柔得位而上下應之，曰小畜。健而巽，剛中而志行，乃「亨」。「密雲不雨」，尚往也；「自我西郊」，施未行也。

孔子之傳彖云云，何也？曰：言六四陰柔得位，而上下五陽應，曰「小畜」也。下健上巽，二五「剛中志行」，乃所以「亨」也。密雲欲雨之時，所尚在陽氣上往，而雨澤降耳。乃陽欲上往，竟爲陰畜，但壅閼爲「密雲」者。則以「自我西郊」，尚滯陰方，而所施還未得行也。噫！彖辭文王之自占，而彖傳則孔子據文王之事占矣。

象曰：風行天上，小畜；君子以懿文德。

孔子之傳小畜大象云云，何也？曰：言卦以巽風行天上，是乃以柔文剛，故取象於「小畜」。君子觀畜之象以懿美其文德，則亦以柔文剛，「風行天上」之義也。然不曰飾文德而曰「懿文德」，則文德固非君子修飾文爲之事，而乃懿美其德，使之徽柔懿美耳。又以「懿文德」繫之小畜，則又可知君子以道德經綸之業爲大，而文章才藝固其小矣。象義無不可通。變易從道，在讀者神而明之，用者默而成之也。

初九，復自道，何其咎？吉。

周公之象小畜初九云云，何也？曰：初與四爲正應，正應則復正道矣。復得正道，又何咎乎？真天下最吉之事也。故有「復自道，何其咎」而「吉」象。

象曰：「復自道」，其義「吉」也。

孔子之傳小畜初九云云，何也？曰：言「復自道」「吉」者，「其義吉也」。而言外不復自道之義爲凶，即從可知。

九二，牽復，吉。

周公之象小畜九二云云，何也？曰：二與四非正應，而當畜之時，以剛中之德與初九正應之陽相比應四，有「牽復，吉」象。

象曰：「牽復」在中，亦不自失也。

孔子之傳小畜九二云云，何也？曰：言「牽復，吉」者，非爲人「牽復」而即得「吉」。謂二自處剛中，本無徵逐之情，亦不自失其正，故得吉耳。孔子於文、周彖、象未顯之旨，往往補足其義，類如此。

觀孔子此等傳象之旨，孔子之於文、周後先相發，隱顯相闡，真如一家祖孫，明聖作述規制益明。如此乃云善於讀書，即古人亦樂得今人耳。近儒於前聖明白顯易之言，往往曲加塗飾。嗚呼！竊恐古人不引爲知己也。反不如不釋之爲本旨自在耳。

九三，輿説輻，夫妻反目。（説，吐活反。）

周公之象小畜九三云云，何也？曰：九三以剛處剛，上與四比，而非其正應，則四必不應，三亦必止而不行，有「輿說輻，夫妻反目」象。三四非正應，而亦曰夫妻者，以陰陽剛柔言也。象固多變耳。

象曰：「夫妻反目」，不能正室也。

孔子之傳小畜九三云云，何也？曰：「夫妻反目」者，三過剛不中，不能自正其室而取之耳。

六四，有孚；血去惕出，无咎。（去，上聲。）

周公之象小畜六四云云，何也？曰：四以陰居柔，處得其正，又居巽體，上比九五，是乃柔順精忠與君交孚矣。人臣如此，自然傷害憂懼皆可以免。故象爲「有孚，血去惕出」，而占爲「无咎」也。

象曰：「有孚」，「惕出」，上合志也。

孔子之傳小畜六四云云，何也？曰：四之所以「有孚」「惕出」者，以與九五合志，故傷害憂懼可免耳。晏子之畜景公，庶幾近之。

九五，有孚攣如，富以其鄰。（攣，力傳反。）

周公之象小畜九五云云，何也？曰：九五巽體剛中，與四同體，以畜乎下，故爲「有孚攣如，富以其鄰」象。

象曰：「有孚攣如」，不獨富也。

孔子之傳小畜九五云云，何也？曰：言「有孚攣如」者，乃不獨富其富，而必以及之鄰耳。齊景悅晏子之言，而興發補不足，亦其義也。

上九，既雨既處，尚德載。婦貞厲，月幾望。君子征凶。

周公之象小畜上九云云，何也？曰：上九處小畜之極，不雨者至此已雨；尚往者，至此無復可往，有「既雨既處」象。「既雨既處」，則德已尚而載矣。且上九居畜之最上，有「尚德載」象。第四陰爲畜主，而至於如此。婦之道雖得正無邪，亦危甚矣。蓋月而幾望，則疑於無陽，龍戰之災，固可畏也。君子尚可行乎？故象占又取「婦貞厲」「月幾望」「君子征凶象」也。嗚呼！宋之宣仁后事殆類此矣。當時所謂令官家別用一番人，亦「君子征凶」義也。又若反貞以論象，則唐之武后優禮正人。德載月望，尤君子征凶時耳。吁！可戒哉！

又此爻若就文王自占論，則羑里既出，委任愈篤。迨至有二西歸，而文王純節自凜，惟恐一有違行便爲臣道之累，亦其義也。

象曰：「既雨既處」，「德」積「載」也。「君子征凶」，有所疑也。

孔子之傳小畜上九云云，何也？曰：言「既雨既處」，則畜通而「德積載」矣。「君子征凶」者，言若如畜之陰柔至此而尚爲之征，是與於月望龍戰之會耳。其禍真可疑也。

卷三

鄞縣王心敬撰

上經

履 ䷉（兑下乾上）

小畜而受之以履，何也？序卦傳曰：「物畜然後有禮，故受之以履。」

履：虎尾，不咥人，亨。（咥，直結反。）

文王之彖履云云，何也？曰：履以兑説履乾剛，有「履虎尾，不咥人」象。「履虎尾」而「不咥人」，「亨」，可知矣。故占有「亨」象。嗚呼！惟禮免患，其當文王與紂之事乎？

履虎以履尾亨，乾龍以無首吉，聖人所以處後不處先也。讀易者，宜於此着眼。

「智崇禮卑」即履義。故曰履者，「德之基也」。

彖曰：「履」，柔履剛也。説而應乎乾，是以「履虎尾，不咥人，亨」。剛中正，履帝位而不疚，光明也。（説，音悦。）

孔子之繫彖履云云，何也？言履是以兑柔履乾剛也。兑説而上應乎乾，以説而履，是以雖「履虎尾，不咥人」而「亨」也。又乾九五以「剛中正，履帝位而不疚」，兑敢以一陰自驕於九五之前乎？是亦有陽道光明「履帝位而無疚」義。嗚呼！天王聖明兮，臣罪當誅。文王惟以如此之心遇紂，是以説而應「履虎尾」而不咥也。至德哉！不惟大患終以禮免，即千古君臣冠履之分亦正於此矣。故履卦以君臣作解，當以文王爲大象，又即謂文王繫此卦原本自占者明義可也。

象曰：上天下澤，履；君子以辯〔二〕上下，定民志。

孔子之傳履大象云云，何也？言乾天在上，兑澤在下，所以成履。而君子體之則用以辯上下之分，而定斯民之志，如「上天下澤」之截然不紊耳。程傳最爲分明的當矣。但亦須知辯上下而定民志，在上則爲化民成俗之明主，在下則爲俗移風易之順民。必在上者如乾剛之中正光明以履於上，則分始辯而民志定。在下者亦必如兑説之説而應乎乾，則民志定而分益辯。故乾剛兑説，上下相應之義，亦不容略也。

初九，素履，往，无咎。

周公之象履初九云云，何也？曰：初九以陽剛質直之德居初地履歷之始，有「素履」象。「素履」則雖欠少節文而誠質可尚，何咎之有？故占有「无咎」象。

〔二〕「辯」，原作「辨」，據文津本改，後文同。

象曰：「素履」之「往」，獨行願也。

孔子之傳履初九云云，何也？言「素履」之所以「无咎」者，以其誠質，自將「獨行」所「願」也。然並連兑説之義亦發出矣。蓋獨行所願，是所説而應耳。

九二，履道坦坦，幽人貞吉。

周公之象履九二云云，何也？九二剛中説體，上無正應，而履地之上，有「履道坦坦，幽人貞吉」象。嗚呼！其伊尹耕莘樂道，囂囂自命；顔子陋巷簞瓢，不改其樂之時乎？他不足擬也。

象曰：「幽人貞吉」，中不自亂也。

孔子之傳履九二云云，何也？言九二「幽人貞吉」者，剛中説體，履道出於本心，「中不自亂」耳。即孔子之繫，可知信非伊尹、顔子不足當之。

六三，眇能視，跛能履，履虎尾，咥人，凶；武人爲於大君。（跛，波我反。）

周公之象〔一〕履六三云云，何也？曰：三以柔履剛，不中不正，且逼近乎乾，有眇視、跛履、「履虎尾」象。履而如此，凶豈待言？故占有「咥人，凶」象，而又爲「武人爲於大君」象也。

〔一〕「象」，原作「彖」，據文津本改。

象曰：「眇能視」，不足以有明也。「跛能履」，不足以與行也。「咥人」之「凶」，位不當也。「武人爲於大君」，志剛也。

孔子之傳履六三云云，何也？ 言眇而視，終不足有明；跛而履，終不足與行。「咥人之凶」，言其履位不當，必且致凶。而「武人爲於大君」，言如武夫爲君，志氣剛暴者耳。嗚呼！ 武人爲君，周公、孔子雖不言吉凶。然始皇、項羽豈視履元吉者乎？ 讀者、占者亦可識其旨矣。

視則宜明，履則宜行。而眇者，終不足有明；跛者，終不足與行。然則其能視、能履者，亦只是眇者不自知其眇而自謂能視，跛者不自知其跛而自謂能履耳。世之本無實具而高自標許，徒貽自知不明之羞者，皆此類也。

象言「履虎尾，不咥人，亨」而六三則言「履虎尾，咥人，凶」者，蓋全卦是以悦履剛，故得吉。而六三則履乎外柔内剛，逼近乾剛之位，故凶也。可見履以當位爲吉。凡不當位而履者，皆自取噬嚙耳。千古履非其正之戒，皆可於此取鑑。

大君之道取於神武，而「武人爲於大君」又同於眇視跛履之凶者。君道取於剛柔相濟，無取志尚其剛也。蓋大君而志一尚剛，即賢明之君尚有必折之凶，況武人徒剛無識者乎？ 故與眇視跛履同一致咥之凶耳。唐文皇征遼之師頗類之。然則剛非其戒而志剛，則履道之至戒也。

九四，履虎尾，愬愬，終吉。（愬，山革反，音色。）

周公之象履九四云云，何也？ 蓋九四雖以不中不正履九五之剛，然以九剛居四柔則濟剛以柔，有能戒懼而終得吉之義。故象占特取於此。

六三以柔居剛則必凶，九四以剛居柔則終吉，可見履道莫凶於志剛。然天下一切居上居下，待人接物，何事不凶於志剛者。嗚呼！ 可戒哉！

象曰：「愬愬終吉」，志行也。

孔子之傳履九四云云，何也？曰：凡爻以位之本情爲志，六三以陰而居陽位，是志於剛者。故不足以與行。九四以陽而居陰位，愬愬戒懼，則其志真可有行矣。噫！其即乾乾朝乾夕惕而在上不驕，在下不憂之義乎？

九五，夬履，貞厲。（夬，古快反。）

周公之象履九五云云，何也？言九五以剛中正履帝位，下以兑應之。凡事必行無所違礙，此君道之正也。故有「夬履，貞」象。然陽剛中正而自信，一切阻撓不行則亦自處於乾乾之厲矣。故占又有「厲」象也。此亦與贊乾三之「厲」同。

象曰：「夬履」，「貞厲」，位正當也。

孔子之傳履九五云云，何也？言「夬履」自是九五剛中之正位，「厲」正是其履而當位之道，非爲過也。蓋孔子釋周公爻義至此，恐人錯認「厲」字爲不美之危詞，故特以「位正當」釋之。以明君道自當以剛中直達、權不旁撓爲正耳。

上九，視履考祥，其旋元吉。

周公之象履上九云云，何也？言上九履道之終，視其履以考其祥時，故有「視履考祥」象。處剛履悦，當履之終，履皆得宜。自無致「咥人之凶」，有「其旋元吉」之義〔二〕，故占亦有「其旋元吉」象也。此一爻可括一卦之義，亦可當一部迪吉録。讀聖人之憂患，天下後世至矣哉！

〔二〕「義」，文津本作「象」。

象曰：「元吉」在上，大有慶也。

孔子之傳履上九云云，何也？言「其旋元吉」者，視履一一合乎規矩，自然「大有慶」耳。然亦可知必「其旋」而後「元吉」也。舍「其旋」言「元吉」，祥從何至哉？

觀於「其旋元吉」，可見「考祥」不在於天之慶而在人之履，又可見慶不在大有之日而在視履之時，且可見「考祥」正不必在他人「視履」之時，而在吾身自履之心。嗚呼！舍履言祥，祥何可得？舍心言履，履於何本乎？故君子省身存心之學，謹於日用云爲之間也。

泰 ䷊ （乾下坤上）

履而受之以泰，何也？序卦傳曰：「履而泰，然後安，故受之以泰。泰者，通也。」

泰：小往大來，吉亨。

文王之彖泰云云，何也？曰：其在造化，天高地下，分位原相懸絕。一旦天氣下降，地氣上升，則是「小往大來」，天地交而泰矣，泰則萬物通達。其在人事，即君尊臣卑，體統原自隔絕。一旦君志下交，臣志上交，即君臣交泰而四海安和時也。「吉」而且「亨」，自不待言。故泰之占，有「吉」而且「亨」之象。

彖曰：「泰，小往大來，吉亨」，則是天地交而萬物通也，上下交而其志同也。內陽而外陰，內健而外順，內君子而外小人。君子道長，小人道消也。（長，丁文反。否卦同。）

孔子之繫彖泰云云，何也？曰：易藉造化以明人事之書也。孔子心企泰和之時，夢寐殷切。故繫天地交泰之義，只一語贊過；而其反覆推明，盡在君臣交泰之義。其實泰就君臣言，則必「內陽外陰，內健外順，內君子外小人，君子道長，小人道消」而後成。且取義亦卦中自有之義也。獨其以陽爲君子，陰爲小人，則聖人扶陽抑陰之意，固昭然可見矣。

又天地之泰，一歲一交；世道之泰，屢世不逢。聖人於泰所以津津嘆羨贊美之不置乎？顧其語意於「君子道長，小人道消」之意，尤若慨乎其有餘慕焉。

象曰：天地交，泰；后以財成天地之道，輔相天地之宜，以左右民。（財、裁同。相，息亮反。左，音佐。右，音佑。）

孔子之傳泰之大象〔一〕云云，何也？曰：謂天地交而後成泰。王后體此以經綸民物，必於天地之生成以供斯民用者。或裁成以損其過，或輔相以補其不及，左右維持務令皆得成就。其用以登斯民於泰和，如地天之交泰耳。然此言王后體泰之意云。然其實這泰匪關氣運之適盛也。正由朝廷之上，君臣同心爲斯民裁成、輔相，令各得所，而後世道昌隆，天下泰和耳。則謂此象爲孔子象君子體泰之義，即孔子爲萬世指成泰之由，示保泰之道可也。義固在人自取耳。

觀后以財成、輔相，以左右民。嗚呼！王者之於民，如保赤子不啻也。聖天子入赤心於小民之腹，萬姓焉得不輸赤誠於聖主之前乎？「上下交，泰」，此亦其義。

初九，拔茅茹，以其彙。征吉。（茹，人余反。彙，於位反，音胃。否卦同。）

〔一〕「傳泰之大象」，原作「象泰」，文津本作「傳泰之象」，今據上下文義擬改。

周公之象泰初九云云，何也？曰：三陽並進於泰交之時，「拔茅連茹，以其彙」象，以此而往吉也可知。故占有「征吉」象。

象曰：「拔茅」「征吉」，志在外也。

孔子之傳泰初九云云，何也？曰：言「拔茅」「征吉」者，士在草莽，正逢世主下賢亨泰之會。故彈冠相慶，志在於偕出耳。

九二，包荒，用馮河，不遐遺。朋亡，得尚於中行。（馮，音憑。）

周公之象泰九二云云，何也？曰：九二剛中而與五爲正應，此乃六五之聖主推心委任以成泰，亦即九二之大臣竭誠進忠以報聖主者也。求之古大臣，其惟商之伊尹漢之諸葛忠武乎？故象義取於既能「包荒」，又能「馮河」；既能「不遐遺」，又能「朋亡」以「得尚於中行」也。其不言吉凶者，當泰之世，五降心以相下二，二德以孚上，征吉自不待言，惟惕厲或所不免。然履中應上，亦自尚其中。道之行厲，又何足道乎？故征吉惕厲，皆不必言也。

「包荒」四者皆大臣之中行，而於泰九二必一一數出者，蓋泰之九二乃王佐之地，致泰之由。於是乎係必仁智義勇諸德之備優，然後世道之太平可幾，聖主之付託不負，而上下之交孚益固耳。故必兼這「包荒」度量、「馮河」剛勇、「不遐遺」弘智、「朋亡」公義，乃足滿「中行」相尚之心也。

又曰：伊尹之行，世遠書殘，不能盡得。然即書與孟子之言，亦可得其大略。武侯時近，史存尚論其世。而細觀其行，乃見此爻之德，信非此二公不足當之。嗚呼！寥寥宇宙不知幾千百年，中間只此二三人。「中行」二字，固可易言歟？大臣無「包荒」之量，則不能容物需時；無「馮河」之勇，則亦必有遲滯因循之弊；無「不遐遺」之智，則不能遠慮；

兼綜無「朋亡」之義，則亦必有比黨徇私之弊。皆非「中行」之道，故九二致泰之大臣一一備之。「包荒」易於遲滯廢弛，「不遐遺」易於朋黨比昵。故四德雖以兼盡爲「中行」，而尤以相濟相尚而行始中也。大臣必有這等「中行」，然後可以乘時致泰。然亦必人主推心信任，然後得尚於此等「中行」。故泰之九二以遇九五下交之主，而後行得自尚也。看來泰是君臣相交而成，實以君能下交而成，志泰者須知之。

象曰：「包荒」，「得尚於中行」，以光大也。

孔子之傳泰九二云云，何也？曰：言「包荒，得尚於中行」者，以君下交於臣，如天下交於地之含弘光大也。

九三，無平不陂，無往不復；艱貞无咎，勿恤其孚，於食有福。

周公之象泰九三爻義[一]云云，何也？曰：周公其[二]借此爻示以保泰之至戒乎？蓋九三下乾終而與坤接。其在造化，則天地相接之際；在世道，則泰極而否之始。故周公特取九三所處之義象之，又不拘他卦爻象而區區僅從爻位明象也。其言「無平不陂，無往不復」者，若曰莫謂泰可常恃，如九三即接乎坤四。無有平而不陂，往而不復者，又勿謂泰可常通。必於今未艱之日自處艱貞，乃得「无咎」耳。又勿以小人於我逢迎殷勤，遂信而任之也。必「勿恤其孚」，拒之不應，然後泰可常保，而「於食有福」耳。嗚呼！「艱貞」乃「无咎」，「勿恤」乃「有福」。聖人之爲泰慮者，皆泰必至之情理乎？

觀周公象泰九三爻義，可見保泰全以不侈，然自恣、遠絕小人爲至戒。

[一]「爻義」，據上下文義，疑爲衍文。
[二]「其」，據上下文義，疑爲衍文。

象曰：「無往不復」，天地際也。

孔子之傳泰九三爻義〔一〕云云，何也？曰周公之爻義本明傳，特釋「無往不復」者。若曰所謂「無往不復」者，上天下地相接之際，往復必然之理耳。其「艱貞」「勿恤」，固至戒也。

六四，翩翩，不富，以其鄰，不戒以孚。

周公之象泰六四云云，何也？曰：六四攜三陰順下而交乾，此小人之願交逢時大臣也。有「翩翩，不富，以其鄰」象。並有「不戒以孚」象。嗚呼！亦畫出小人趨權附勢之情形矣。

象曰：「翩翩，不富」，皆失實也。「不戒以孚」，中心願也。

孔子之傳泰六四云云，何也？曰：陰虛陽實，「翩翩，不富」言三陰皆失其實。常情戒尚不孚，「不戒以孚」，乃其中心願也。

六五，帝乙歸妹，以祉元吉。

周公之象泰六五云云，何也？曰：六五居尊爲泰主，下應九二之剛中，是虛中泰交乎臣者也。有「帝乙歸妹」象。人君而交臣如此，不特人臣之福，天下蒼生之祉，實是人主之大祉。故占又有「以祉元吉」象。

〔一〕「爻義」，據上下文義，疑爲衍文。

象曰：「以祉元吉」，中以行願也。

孔子之傳泰六五云云，何也？曰：言六五之謂「以祉元吉」者，以其出於中心之誠，自行其願耳。然則下交不出於中心之誠，大臣雖欲尚於中行以致泰，無由也。吁！宜戒哉！

上六，城復於隍；勿用師，自邑告命，貞吝。（復，房六反。下同。）

周公之象泰上六云云，何也？曰：上六陰柔居泰終，浸與否鄰，是泰極而君臣上下一切頹唐時也。有「城復於隍」象。當是時也，綱紀不肅，人心不振，可用師乎？命令已亂，雖令不從，則亦徒自告於邑耳。頒之天下，則臣工不實遵，黎庶不相信。雖正而吝，亦不免矣。嗚呼！當泰之極時，即有此象，是則人主方自謂其泰，而不知否即已伏於此矣。可畏哉！而周公之繫此爻，重重致意，其啟告世主之保泰者亦深也。

坤爲地，有「師」象、「邑」象。

象曰：「城復於隍」，其命亂也。

孔子之傳泰上六云云，何也？曰：所謂「城復於隍」云云者，謂其自恃世泰，頹然無振勵精明之意，其命已亂耳。嗚呼！明主固以振勵精明成泰保泰也夫！

否 ䷋（坤下乾上）

泰而受之以否，何也？序卦傳曰：「物不可以終通，故受之以否。」

否之匪人，不利君子貞，大往小來。

文王之象否云云，何也？曰：否，天自上而地自下，否塞不通之義。其在人事，則用事者皆匪其人也。如是則上下不交，君子中行之正道將何施乎？故其占爲「不利君子貞」。又泰原以「小往大來」成，而否則正與泰反，「大往」而「小來」矣。此「否之」所由「匪人」而「不利君子貞」乎？故文王又取以明否也。

象曰：「否之匪人，不利君子貞，大往小來」，則是天地不交而萬物不通也，上下不交而天下無邦也。内陰而外陽，内柔而外剛，内小人而外君子。小人道長，君子道消也。

孔子之傳否象云云，何也？曰：言否往來、内外盡與泰反，故泰上下交而萬物通，否「上下不交而天下無邦」耳。嗚呼！「上下不交」，則雖有邦而無邦。孟子「不信仁賢，則國空虛」之言，豈其過哉？故休否之道，莫要於反否之行，行泰之行，令「君子道長，小人道消」也。

象曰：天地不交，否；君子以儉德辟難，不可榮以禄。（辟，音避。難，去聲。）

孔子之傳否之大象[一]云云，何也？曰：言「天地不交」而「否」，以成君子觀否之象。自己儉斂其德以辟時之難，而不可以禄榮其心而使之動者，亦如天地之不交耳。蓋當否之時而榮禄之心不能已，則必不能「儉德」。德不能儉，難寧能辟耶？嗚呼！荀慈明、蔡伯喈可見也。

「不可榮以禄」，是言君子儉德自守，人不得以禄羈縻。非戒君子之詞也，而戒即在其中矣。

[一]「傳否之大象」，原作「象否」，文津本作「傳否之象」，今據上下文義擬改。

初六，拔茅茹，以其彙；貞吉，亨。

周公之傳否初六云云，何也？曰：初六三陰上行，亦有「拔茅茹，以其彙」象。然以陰柔居否初，陰柔易邪，否世難吉。故占即戒以得正則吉。「貞吉」，則其道亨也。

象曰：「拔茅」，「貞[一]吉」，志在君也。

孔子之傳否初六云云，何也？曰：言「拔茅，貞吉」者，謂志在得君行義。故變泰初之「征」言「貞」也。嗚呼！否初之所以吉亨者，吉亨以貞耳。固不似泰初之彙，征即吉也。

六二，包承，小人吉，大人否，亨。

周公之象否六二云云，何也？曰：六二當否之時，以陰居柔，而上承九五，有「包承」象。夫志不相反而但以承順爲事，此乃小人之吉。君子正以守中持志，與時同否，爲其道之亨也。故占爲「小人吉，大人否，亨」。

此爻之義，先儒多解「包承」「小人」爲君子之吉。愚意斷以程朱之言爲正。蓋這是天下無道，以道殉身之正。義若如以「包承」「小人」爲君子之吉，則元祐之覆轍耳。且下君子「否，亨」句，亦覺難通。

象曰：「大人否，亨」，不亂羣也。

孔子之傳否六二云云，何也？曰：言「大人否」而反「亨」者，大人不雜亂小人之羣，乃其道之所以亨也。

〔一〕「貞」，原作「征」，據文津本改。

六三，包羞。

周公之傳否六三云云，何也？曰：言三當否之世，以陰柔處剛位，而上與乾接。無德無才之小人而切近朝貴，否而「包羞」者耳。

象曰：「包羞」，位不當也。

孔子之傳否六三云云，何也？曰：言六三之「包羞」者，「位不當」故耳。然則「位不當」而居其位，皆「包羞」者也。六三象傳，雖皆不言凶咎，然使即无咎、凶，包羞亦奚可忍？

九四，有命无咎，疇離祉。

周公之象否九四云云，何也？曰：四居陽剛，近君之位，是以濟否之才而得高位者也。然當方否之時，必使動皆出於君命，則不至功成取忌。在己既可免咎，而同類亦得並進，以受福矣。故象占如此。

象曰：「有命无咎」，志行也。

孔子之傳否九四云云，何也？曰：言有君命則可无咎，而志乃得行耳。嗚呼！郭汾陽亦其人也。

九五，休否，大人吉；其亡其亡，繫於苞桑。（苞，與包同，古易作「包」。）

周公之象否九五云云，何也？曰：五以陽剛居天位，「休否」之大人也。剛中乾惕以濟否，否自可濟，有「休否，大人吉」象。三陽在上，交惕互勵，時時以泰之難成、否之難濟爲懼，有「其亡其亡，繫於苞桑」象。嗚呼！亡乃所以保其存，亂乃所以有其治。大人有如此之憂勤，天下豈有常否不泰之理乎？故否之九五爲「大人吉」也。

象曰：「大人」之「吉」，位正當也。

孔子之傳否九五云云，何也？曰：言「大人之吉」者，正以其位之剛中得正，有剛健乾惕之德。故能休否而吉耳。

上九，傾否，先否後喜。

周公之象〔二〕否上九云云，何也？曰：言否極則泰，理數之自然。陽剛居上，傾否之才具。故有「傾否，先否後喜」之象也。

象曰：否終則傾，何可長也。

孔子之傳否上九云云，何也？曰：言否終則自宜傾，否何可長乎？非否之不可長，謂人當泰極則必肆，否極則必奮。所謂窮變通久之必然，未有否而終否者也。然亦上九有陽剛之德，故能傾耳。若陰柔則聽其「城復於隍」矣，否安得傾乎？

同人䷌（離下乾上）

否而受之以同人，何也？序卦傳曰：「物不可以終否，故受之以同人。」

〔二〕「象」，原作「傳」，據文津本改。

同人於野，亨，利涉大川，利君子貞。

文王之彖同人云云，何也？曰：言下離六二，上應上乾九五，故謂之「同人」。六二以一陰同上下五陽，而五陽皆欲同二陰，有「同人於野」「利涉大川」象。下離上健，二五陰陽皆得其中，故占爲「利君子貞」象。然曰「於野」「亨」「利君子貞」，則知人不可以苟同。曰「同人」「利涉大川」，則知獨力非濟險之道。嗚呼！「於野」「利貞」二語盡人世、事人、用人、交人之理，「利涉」一語盡古今成功、建事、進德、亨屯之理。聖言真如龜鑑，千百人皆待照於此，千百事舉待決於此。師卦等彖亦然。故曰：「智者觀其彖辭，則思過半矣。」

彖曰：「同人」，柔得位得中而應乎乾，曰同人。同人曰：「同人於野，亨，利涉大川」，乾行也。文明以健，中正而應。「君子」正也，唯[一]君子爲能通天下之志。

孔子之繫彖同人云云，何也？曰：言「同人」者，六二「柔得位而應乎乾，曰同人」也。曰「同人於野，亨，利涉大川」者，謂五陽皆欲同二乾之志行也。曰「利君子貞」者，離文明而乾剛健，二五皆中正而志相應，是乃君子體同人之道而得其正。故「唯君子爲能通天下之志」，而同乎人也。嗚呼！「文明以健，中正而應」，乃爲「同人」。是同人者，周而不比之義也。信乎唯君子乃能爲之。

程子曰：聖人視億兆之心，猶一心者，通於理而已。文明則能燭理而明大同之理，剛健則能克己而盡大同之理。惟君子能文明中正，故「唯君子能通天下之志」也。噫嘻！至哉！大學之致知誠意而後能治國平天下，其即此物此志乎？

[一]「唯」，原作「惟」，據周易改，後文同。

象曰：天與火，同人；君子以類族辨物。

孔子之繫同人大象云云，何也？曰：言天在上而火在下，光明普照而相通無間，故象取諸同人。君子體同人之義，以類族之宜，辨物之用，審異致同，如天火之異體而同照也。象取「同人於野」而象取「類族辨物」，則是同人之道固取其公普而又取其分明亦明矣。不然，以君子用小人而亦曰吾「同人於野」也，可乎？故「唯君子」有「類族辨物」，見理之明乃「能通天下之志」，乃真爲「同人於野」。

初九，同人於門，无咎。

周公之象[一]同人初九云云，何也？曰：初九居同人之初，本與二比，又非正應，而與之同有出門，即同象。如此而同，又何咎乎？故占有「无咎」象也。

象曰：出門同人，又誰「咎」也？

孔子之傳[二]同人初九云云，何也？曰：言出門即同，非有私昵，又誰咎乎？

六二，同人於宗，吝。

周公之象同人六二云云，何也？曰：六二與五正應，未免有係而同，故占有「同人於宗」之「吝」象。

[一] 「象」，原作「繫」，據文津本改。

[二] 「傳」，原作「繫」，據文津本改。

象曰：「同人於宗」，「吝」道也。

孔子之傳同人六二云云，何也？曰：言同人取於野之公而於宗，則有比而同矣。比而同人，此「吝道也」。然二與五正應而亦有「吝」道，則同人之貴公益明矣。

九三，伏戎於莽，升其高陵，三歲不興。（莽，莫蕩反。）

周公之象同人九三云云，何也？曰：言九三以剛居剛，踞二之上，欲與二同，而非其正應，又懼爲九五剛中之君所阻，有「伏戎於莽，升其高陵」象。處明之終，五不可敵，有「三歲不興」象。蓋離爲甲胄、爲戈兵，故象取「伏戎」。三居二上，故象取升「高陵」。凡象多以一卦三畫取義，如三人、三百户之類。而卦本同人，又有終同之義，故象取「三歲不興」。

象曰：「伏戎於莽」，敵剛也；「三歲不興」，安行也？

孔子之傳同人九三云云，何也？曰：言「伏戎於莽」，欲與三同，恐九五正應之陽剛見阻，而欲敵之耳。「三歲不興」，則又知同之宜正，不可憑剛恃氣而安行也。

九四，乘其墉，弗克攻，吉。（墉，音庸。）

周公之象同人九四云云，何也？曰：九四亦欲同二，而居二之上，又隔以三，故有「乘墉」象。居柔比五，既無憑剛之失，又知九五之尊，故又有「弗克攻」象。不宜動而安於静，此吉道也，故占有「吉」象。

象曰：「乘其墉」，義弗克也；其「吉」，則困而反則也。

孔子之傳同人九四云云，何也？曰：「乘其墉」而弗攻者，義原「弗克」也。其「吉」者，則困而知自反於正道也。嗚呼！天下何事不以「反則」而吉乎？

九五，同人，先號咷，而後笑，大師克相遇。（號，户羔反。咷，道刀反。旅卦音同。）

周公之象同人九五云云，何也？曰：五與二爲正應，本可同者也。而間以伏莽、乘墉之三四，有未能即同而終同之義，故有「先號咷，而後笑」象。又越三四而究與之同，有「大師克相遇」象。且乾取剛克，故云「大師克」也。

象曰：「同人」之「先」，以中直也。「大師」相遇，言相「克」也。

孔子之傳同人九五云云，何也？曰：言九五剛中與二正應，同人之中正誠直者也。「大師相遇」，言以此而同，終必克三四之間而同之耳。

上九，同人於郊，無悔。

周公之象同人上九云云，何也？曰：言上九亦欲同二，而相去懸遠。且處陰柔之地，有需時待同之義，故象取「於郊」。夫「同人」而「於郊」，雖不即同，然伏戎、乘墉、號咷之咎亦免矣，故其占象特取无咎也。

象曰：「同人於郊」，志未得也。

孔子之傳同人上九云云，何也？曰：言「同人於郊」，雖無大悔，志亦豈得乎？蓋「同人」必以「於野」爲貴也。

大有 ䷍（乾下離上）

同人而受之以大有，何也？序卦傳曰：「與人同者，物必歸焉，故受之以大有。」

大有：元亨。

文王之彖大有以「元亨」，何也？曰：言六五柔中居位，上下五陽皆應；又爲乾健離明，居尊應天，有「元亨」象也。

彖曰：「大有」，柔得尊位大中，而上下應之，曰大有。其德剛健而文明，應乎天而時行，是以「元亨」。

孔子傳大有之彖云云，何也？曰：言六五以柔居「尊位」，本自「大中」，「而上下」五陽「應之」，故曰「大有」也。下乾上離，五二相應。「其德剛健」「文明」，應天「時行」，是以「元亨」耳。然則無此德而欲常有其大，亦難矣。

象曰：火在天上，大有；君子以遏惡揚善，順天休命。

孔子傳大有之象云云，何也？曰：言「火在天上」，無所不照，所以謂之「大有」。君子則體此以遏絕惡類，明揚善人，順天大有之美命，如「火在天上」耳。蓋天命不常，故泰運大有，皆上天「休命」之獨厚乎我者也。特厚乎我而無以順之，其能保乎？然「順」非聽順之謂，亦非敬順之謂。「善」乃天之所以特命，而「惡」乃人之所以違天。故天道福善禍謡，昭昭不爽，蓋天心之所注也。順之者，必深體天心，遏絕惡類，明揚善人，以順其「休命」而答其厚我之意，乃爲當也。然能如是而大有者，常大有矣。則是保大者，又即在此順天者乎？

大有大象「遏惡揚善，順天休命」，是言尊貴者大有之道。觀於尊位之道如是，而卿大夫乘高履富之道，士庶人履豐處盈之道，即從可知。

初九，無交害，匪咎；艱則无咎。

周公之象大有初九云云，何也？曰：言初九當大有之初，上無正應，大有之尚，「無交害」也。無交則無害而匪過矣，故有「無交害，匪咎」象。然亦必艱以處之則「无咎」耳，故占又有「艱則无咎」象。嗚呼！大有之初即戒以「艱則无咎」，此與師初之即戒以「師出以律」，訟初之即戒以「不永所事」，皆同一慎始之旨。聖人之憂患天下後世亦至矣！而其謂「無交害，匪咎」，則又示以大有之不可濫交爾。

大有則願交者多，居初尚未廣交，又無正應，故象取「無交害，匪咎」之義。然二聖人於世情經歷，亦熟悉洞徹矣。

象曰：大有初九，「無交害」也。

孔子之傳大有初九云云，何也？曰：言大有初九之所以「匪咎」者，以其尚「無交害」也。

九二，大車以載，有攸往，无咎。

周公之象大有九二云云，何也？曰：言九二當大有之時，而居乎乾陽之中。乾三陽並進，而二居中以行。有「大車以載，有攸往」象。大車堅固，而以此運載，世之處大有而能穩重渾堅者也。咎何有乎？故占爲「无咎」象。

象曰：「大車以載」，積中不敗也。

孔子之傳大有九二云云，何也？曰：言九二居乾中實之地，而與三陽並進，此如「大車以載」之，積中既實，而攸往不敗者也。嗚呼！「積中不敗」，而大有乃可長久矣。不然者，積不厚而行輒敗。今日之大有，即他日之小無也。

九三，公用亨於天子，小人弗克。（亨，通作享。）〔一〕

周公之象大有九三云云，何也？曰：九三居人之上，公侯象。以剛處剛，中無陰險之私，而上應於六五，「公用亨於天子」象。然惟君子之剛正則能之，若小人陰險履剛則「弗克」耳。此又即其爻，而示之以情之必至。所以明大有之長享於君子，而必隳於小人。欲處大有者，反身以自審而知戒也。夫程注精當之至！

象曰：「公用亨於天子」，小人害也。

孔子之傳大有九三云云，何也？曰：言「公用亨於天子，小人弗克」者，小人大有則生非分之想，萌犯上之志，作威作福而玉食是享，在家必凶於家，在國必凶於國，寧有利乎？然其實是大有之害小人耳。嗚呼！大有乃上天之「休命」，即小人得之亦以爲天休之，滋至而不知，適所以自貽其患害。爲小人者，亦何苦必求大有乎？大有亦費多少經營，而適以自害。然則小人生平得意之事，皆自害之媒也。

九四，匪其彭，无咎。（彭，蒲光反，音旁。）

周公之象大有九四云云，何也？曰：言九四處大有之時，而履柔近五。大有之知，自戒盈滿而順以承君者也。有

〔一〕「亨，通作享」，原本脫，據文津本補。

「匪其彭」象。人臣如此，咎斯免矣。故占有「无咎」象也。

象曰：「匪其彭，无咎」，明辨晳也。

孔子之傳大有九四云云，何也？曰：言九四以陽處陰，獨能悉所有爲君之有，而毫釐不以自有。是真有過人之識，又明又辨又晳者耳。嗚呼！君之靈，社稷之福，臣何功之與有？乃所以善全其功也。有大者，何必自有其大。

六五，厥孚交如，威如，吉。

周公之象大有六五云云，何也？曰：言六五乃大有之主，而居尊處中，文明而健之聖君也。虛中以有五陽，五陽亦顒顒以爲其所有。柔中，則有「厥孚」之交；離中，則有烜〔一〕赫之威。有「厥孚交如，威如」象。君而如此，真善處大有之尊位者也。故占又有「吉」象。

象曰：「厥孚交如」，信以發志也。「威如」之吉，易而無備也。（易，以豉反。）

孔子之傳大有六五云云，何也？曰：言「厥孚交如」者，六五之誠信所以發五陽之誠信，而上下相交也。「威如之吉」者，則大有之時，人心易侈易縱亦且易肆，若一於柔交，則下慢易而無恭畏備上之道矣。故又取乎「威如」也。然據周公、孔子之繫辭，而王者處大有之道，其不可執於一偏，使恩威有偏勝之失，斷可知矣。

〔一〕「烜」，文津本作「輝」。

上九，自天祐之，吉，無不利。

周公之象大有上九云云，何也？曰：上九處大有之終，居柔順之地，而履六五之上，是履信、思順、尚賢者也。如此則自然得天之祐，「吉，無不利」矣。故象占如此。

象曰：大有上吉，「自天祐」也。

孔子之傳大有上九云云，何也？曰：言大有之上九吉無不利者，爲其上得天心，「天自祐之」，以「吉，無不利」之福耳。劉用相氏曰：「六五一爻，備言六五所以大有之德；上九一爻，備言上九所以大有之福。福德兼備，是爲大有六五、上九合爲一人。」嗚呼！得之矣。然亦惟其有六五之德，是以有上九之福，則即謂上九之天，即六五自具之天可也。即孔子之言仔細尋味，上九踞五之上，五上惟天，居離之頂，離照通乾，處大有之終，而爲高明之至。其斯爲「大有上吉，自天祐之」者乎？然要之天祐大有之上九，只爲能履信、思順、尚賢耳，故孔子文言所以又於此爻詳釋而備言之。有大者欲得天祐，亦圖所以履信、思順、尚賢之道而已。

謙䷎（艮下坤上）

大有而受之以謙，何也？序卦傳曰：「有大者不可以盈，故受之以謙。」

謙：亨，君子有終，吉[一]。

文王之象謙云云，何也？曰：於物象爲山高地卑，而山屈地下；於義則内止外順，有而不居。故占有「亨」。道順以止，止而順。惟君子能之，故占取於「君子有終」。

彖曰：「謙，亨」，天道下濟而光明，地道卑而上行。天道虧盈而益謙，地道變盈而流謙，鬼神害盈而福謙，人道惡盈而好謙，謙尊而光，卑而不可踰，「君子」之「終」也。（上，時掌反。惡，烏路反。好，呼報反。）

孔子之彖謙云云，何也？曰：言謙卦之取於亨者，以謙乃「天道下濟而光明，地道卑而上行」也。君子之所以有終者，天地、鬼神、人情，無不順謙止盈。惟君子爲能窮理而見道之明，盡性而守謙以誠，故其道尊大而光顯。自處雖若卑屈，而其德自不可加。尚謙，惟君子能終，故惟「君子有終」也。

象曰：地中有山，謙；君子以裒多益寡，稱物平施。（裒，蒲侯反。稱，尺證反。施，始豉反。）

孔子之傳謙之大象[二]云云，何也？曰：地卑山高，「地中有山」，則山不顯高，地不見卑，而就於平等，故爲謙也。君子體此，「裒多」如山之崇高止於地下，「益寡」如地之卑順居於山上。損過就中，稱物多寡，使施得其平也。嗚呼！王者治天下之道，裁成輔相，義至弘矣。而特取義於平，其即此旨乎？

初六，謙謙君子，用涉大川，吉。

[一] 「吉」字疑屬衍文，周易本無。

[二] 「傳謙之大象」，原作「象謙」，文津本作「傳謙之象」，今據上下文義擬改。

周公之象謙初六云云，何也？曰：初六以柔止居一卦之下，謙而又謙者也，有「謙謙君子」象。以此道涉世，何所不濟？有「用涉大川」而「吉」象，故象占取之。

謙以下爲本，故初三皆稱君子。

同人無坎澤，而象取「利涉大川」；謙卦亦無坎澤，而象取「用涉大川」。象固有以義取者，不必盡物也。由此以推，凡諸卦爻之象有難通者，正當以義取之。固不必盡執本卦、本爻之物象爲解，亦不必穿鑿附會。如互卦錯綜之凌亂繁雜，從可知矣。蓋象以象義之難顯義得，而象正在其中也。

象曰：「謙謙君子」，卑以自牧也。

孔子之傳謙初六云云，何也？曰：言「謙謙君子」者，君子道高而心下，「卑以自牧」耳。

六二，鳴謙，貞吉。

周公之象謙六二云云，何也？曰：六二處謙之時，得止於中。謙而實見諸待人接物之间，人亦共明其謙者也，有「鳴謙」象。以此處世，自然得正而吉，故占爲「貞吉」象。嗚呼！周公之吐哺握髪以之。

象曰：「鳴謙，貞吉」，中心得也。

孔子之傳謙六二云云，何也？曰：言「鳴謙」之「貞吉」者，二居止中，中心原自安於謙。「鳴謙，貞吉」，則中心得遂耳。不然僞爲於聲音笑貌之間，而曰吾謙，即謙豈能得正而吉乎？

九三，勞謙，君子有終，吉。

周公之象謙九三云云，何也？曰：卦惟九三一陽，是九三乃成卦之主，有大功於時者也，有「勞謙」象。三居止之終，處順之下，止而能順，正君子功而不矜，能而不伐者也，有「君子有終」象。君子自立，如是百祥俱集矣，故又有貞吉象。

象曰：「勞謙君子」，萬民服也。

孔子之傳謙九三云云，何也？曰：言君子能勞而謙，則雖不矜其功，而天下無與爭功；雖不伐其能，而天下無與爭能。自然德威禮恭，萬民共服。所謂「謙尊而光」，卑不可踰。「君子之終」者，其在此乎？求之古人，大禹之不矜伐，顔子之無伐施，庶足當之。其次，則宋之曹彬庶幾焉。

六四，無不利，撝謙。（撝，呼回反，與揮同。）

周公之象謙六四云云，何也？曰：言六四由山出地，是已居山之上者也；居山上則過盈矣。而四以陰處柔，又爲坤體，是履盈能撝下者也；履盈能下，有何不利？故象占特取於「無不利，撝謙」耳。嗚呼！「無不利」，居上之心期也。而撝謙，則無不利，謙亦何負於人？而又豈難撝者乎？

象曰：「無不利，撝謙」，不違則也。

孔子之傳謙六四云云，何也？曰：「無不利，撝謙」者，謙乃人生立身制行之則也。故繫辭九德曰「謙以制禮」，禮正所謂天則耳。「撝謙」，則能謙以制禮，循爲德柄，而不違天則矣。安得不「尊而光」乎？「尊而光」，尚何不利之有？然亦以六居四體，順履止爻，内原有「不違則」義在，故孔子特發之也。

六五，不富以其鄰。利用侵伐，無不利。

周公之象謙六五云云，何也？曰：六坤中陰虚「不富」象。三陰同體，順以止下，有「以其鄰」「侵伐」象。順而止，安有不利？故又有「利用侵伐，無不利」象。

六五柔中處順，既曰「利用侵伐」，又曰「無不利」者，固以象中原備此義。然亦以過謙而威不振，則坤順爲頹唐，艮止爲委靡。即非王莽之「撝謙」，亦元成之因循退懦耳。但五上二爻皆以利用侵伐行師，爲謙之利。而於五則兩言利者，此謙道變易，從道之介，恐執謙者以爲不利，故言「利用」，又言「無不利」耳。所以然者，當履謙順止之時，侵伐行師，正王者裒多乎盈之道。君子之所勞者，勞以此；萬民之所服者，亦正服以此。初不同恃衆侵凌邑國之爲也。易，乃變易從道之理。不謙者，宜變而之謙；執謙者，又宜知所以善用其謙。故於謙卦上五二爻，重重申之。

象曰：「利用侵伐」，征不服也。

孔子之傳謙六五云云，何也？曰：言「利用侵伐」者，非不謙也，不服則宜伐。既屬謙道順止之義，亦屬謙道「裒多益寡」之「平施」也。嗚呼！孔子之傳「利用侵伐」，亦明矣。

上六，鳴謙，利用行師，征邑國。

周公之象謙上六云云，何也？曰：上六居謙之上，亦有鳴之之象。居順極，處止上。是順止之得正者也。以此彰明較著，聲大義以征不服，天下其孰敢不順不止者？故占又有「利用行師，征邑國」象也。

象曰：「鳴謙」，志未得也；可用「行師，征邑國」也。

孔子之傳謙上六云云，何也？曰：六二之「鳴謙，貞吉」，爲「中心得」者，以其居中得正而得耳。上六之「鳴謙，志未得」者，以上踞順之極，而下盡安於止，故「志未得」耳。蓋居高原以下服爲得道，故亦以下服爲志得也。

謙六爻非吉即利，於艮體言吉、坤體言利者，止則吉、順則利也。然要之吉無不利，利亦自吉，而皆根於一念之謙。嗚呼！「謙」之一字，其生人善身善世之靈符乎？

豫 ䷏（坤下震上）

謙而受之以豫，何也？序卦傳曰：「有大而能謙必豫，故受之以豫。」

豫：利建侯，行師。

文王之彖豫云云，何也？曰：豫，上震爲動，下坤爲順，是動而順者也。又上震爲長子，而居地之上；下坤爲師衆，而爲長子所臨。有「利建侯，行師」象，故取以爲象也。然彖即卦明象耳。其實，「順動」何事不利乎？故孔子於傳特發「天地」亦「如之」之旨，明義也。

彖曰：豫，剛應而志行，順以動，豫。豫順以動，故天地如之，而況「建侯，行師」乎？天地以順動，故日月不過，而四時不忒。聖人以順動，則刑罰清而民服。豫之時義大矣哉！

孔子之傳豫彖云云，何也？曰：豫以九四一陽为羣陰所應，是動而上下順從，其志得行者也，故義取於豫。豫既取於「順動」，即「天地」尚且「如之」而弗違，況「建侯，行師」豈有不順乎？且此「順動」之道，天地固以此，「日月不過，而四時不忒」。即古之聖人，亦以此刑罰清明而人民順服。是「豫」之一字，「建侯，行師」而利天地，聖人亦無不利。「豫之時義」真「大矣哉」！嗚呼！觀文王、孔子明豫之旨，可知世之動而不利者，皆不順其理耳。

象曰：雷出地奮，豫；先王以作樂崇德，殷薦之上帝，以配祖考。

孔子之傳豫之大象[一]云云，何也？曰：言雷出地而奮動，則爲豫。蓋始閉鬱及奮發則通暢也。先王體此，故象祖考之德，作之聲樂，以褒崇其德美，而盛薦之上帝以配之，如雷之出於地奮也。蓋「作樂崇德」，薦帝配親，則祖德奮揚，神人幽明，無不和暢。是乃王者之和氣協於上下，以成豫之大者，故於豫象之耳。

初六，鳴豫，凶。

周公之象豫初六云云，何也？曰：初爲豫始，六居坤下，而與四豫主正應，陰柔凡材，得志而便叫噪讙譁者其常耳，凶可立俟也，故有「鳴豫，凶」象。然於豫初即戒，其戒深矣。

象曰：初六「鳴豫」，志窮「凶」也。

孔子之傳豫初六云云，何也？曰：言初六之「鳴豫，凶」者，先憂後樂，猶慮罔終，始豫即鳴，終將何極？如是之人，始志已窮極而不可復加，凶不待言也？

[一]「傳豫之大象」，原作「象豫」，文津本作「傳豫象」，今據上下文義擬改。

六二，介於石，不終日，貞吉。

周公之象豫六二云云，何也？曰：六二居中處順，上無應與，有介然特立如石之象。如此則清静寧一，自然見幾而作，不染「鳴豫」之「凶」矣。故有「不終日，貞吉」象。

「介於石，不終日」，皆係義象，不關卦象，亦不關互變錯綜。蓋二居坤中而特立，有安貞如石之義。有此定力，自然明識獨運，見幾即作，有「不終日」象也。

象曰：「不終日，貞吉」，以中正也。

孔子之傳豫六二云云，何也？曰：言六二之「不終日，貞吉」者，居中得正，又無繫應。凡初三「鳴」「盱」之病，一切無之，貞固而吉，豈待言乎？至其旨之發揮明透，則文言又爲盡之。學者讀此傳，更能細讀文言，則可以知讀易之法，亦可知解易之法，更可得體易用易之道矣。「介於石，不終日」，大學之定、静、安而能慮，中庸之誠則自明，無非此旨。然要之只是主静自明耳。近來学者，往往譏彈主静。嗚呼！譏彈主静，則不知主静矣。安知介石之吉乎？

六三，盱豫悔，遲有悔。（盱，況於反。）

周公之象豫六三云云，何也？曰：三處順之極，將動之交，以陰居陽，而上比於四，有盱而視四之象。四，由豫者也；而盱焉心動於紛華矣。可悔之道也，故有「盱豫悔」象。然當悔即便速悔，庶悔可免，但一遲則仍有悔也，故又有「遲有悔」象。蓋周公繫象至此，見得此乃人情之必至，遂即據此爻以明教。所以憂患後世者如此耳！二語皆是即象爲占，即占亦象。三百八十四爻中，往往如此。

象曰：「盱豫」，「有悔」，位不當也。

孔子之傳豫六三云云，何也？曰：「盱豫」，「有悔」者，惟其居位不正中耳。

九四，由豫，大有得；勿疑，朋盍簪。（簪，側林反。）

周公之象豫九四云云，何也？曰：九四一陽爲豫主，豫之所由成者也，有「由豫」象。一陽起於地上，羣陰響應，是「大有得」象。一陽通乎五陰，五陰共應一陽，有「勿疑」象。以一陽直貫五陰於一氣暢悦之中，有「朋盍簪」象。然曰「勿疑」則示以處豫之道，當推誠布公爲當耳。所以喜四之豫，亦所以教四之豫也。

象曰：「由豫，大有得」，志大行也。

孔子之傳豫九四云云，何也？曰：言「由豫，大有得」者，良以豫由四成。四能得上下五陰之應，而志乃大行耳。

六五，貞疾，恒不死。

周公之象豫六五云云，何也？曰：五以陰柔居尊，而豫由四致。業已得衆，行志當此時也。五其能豫悦暢遂乎？有「貞疾」象。然得中居正，亦尚無凶，故又有「不死」象。

象曰：六五「貞疾」，乘剛也；「恒不死」，中未亡也。

孔子之傳豫六五云云，何也？曰：言六五之「貞疾」者，以其乘九四之剛也。「恒不死」者，則以其居中履正，而「中未亡」耳。嗚呼！六二以中正而吉，六五以「中未亡」而不死，則是「中」之一字，固上下貴賤起死回生之良藥、避凶趨吉之坦途也。故千古聖賢皆以一中之傳爲兢兢耳。

上六，冥豫，成有渝，无咎。（渝，以朱反。）

周公之象豫上六云云，何也？曰：上六動之終、豫之極，而以陰柔不正之六居之，沉冥於豫者也，有「冥豫」象。然冥雖已成，若能變而從正，則是窮而知反也，亦尚可以无咎。故有「成有渝，无咎」象。然曰「成有渝，无咎」，則是又教以過而能改、迷而使悟之道矣。天下無窮而不變、變而不通之理，故否終則傾，豫終則渝。聖人皆示以變通之旨。

象曰：「冥豫」在上，何可長也。

孔子之象豫上六云云，何也？曰：「生於憂患，死於安樂」，人事之必然。上六居豫之終，視初之「鳴豫」，三之「盱豫」，咎有甚焉，故速宜渝變而不可長也。昔人云：「富貴不與驕奢期，而驕奢至；驕奢不與死亡期，而死亡至。」讀上六之「冥豫」，可以憬然悟矣。

卷四

鄠縣王心敬撰

上經

隨䷐（震下兑上）

豫而受之以隨，何也？序卦傳曰：「豫必有隨，故受之以隨。」

隨：元亨，利貞，无咎。

文王之彖隨云云，何也？曰：隨以乾之上剛來下坤之初柔，下動上説，故爲「隨」。隨有大通順正而无咎義，故占有「元亨，利貞」而「无咎」象。

彖曰：隨，剛來而下柔，動而說，隨。大亨，貞，「无咎」，而天下隨時，隨時之義大矣哉。（下，遐嫁反。說，音悦。）

孔子之傳隨彖云云，何也？言卦之所以爲隨者，以剛自上來，而下於柔，雷動於下，而澤説乎上，動而説，故爲「隨」

也。「大亨，貞，无咎」者，隨既以動説爲義，是乃天下萬事萬物隨時從宜之正道。在聖人則爲從容中道，在君子則爲隨時處中。微之爲日用飲食之隨時，大則爲仕止久速之隨時。隨時之義，真包天盡地所不能窮，不亦大矣哉！

象曰：澤中有雷，隨；君子以嚮晦入宴〔一〕息。

孔子之傳隨大象云云，何也？曰：言爲卦「澤中有雷」爲「隨」。君子體此，「以嚮晦入晏息」，如雷之息於澤中也。蓋嚮明而治，嚮晦而息，隨時之正理。惟君子神明識時，故惟君子出入隨時，所謂「動静不失其時」也。然「嚮晦入晏息」，特取象於澤雷耳。若推廣隨時之義，則凡動而合時者，皆隨時之義。即皆「嚮晦入晏息」之類，「澤中有雷」之象也。嗚呼！「象者，像也」。即一象而可通於千百者也，是在善讀易者矣。

初九，官有渝，貞吉；出門交有功。

周公之象隨初九云云，何也？曰：初九自乾上而下柔，爲成隨之主，又爲長子，有「官」象。隨以隨時從宜爲義，故以「官有渝」爲得正而吉象。與二相比，既有近隨乎二之義，而渝初即二，又有「出門」即「交」而「有功」象。大抵隨以相近即從爲義，故諸爻皆不拘正應而論親比。嗚呼！聖人之取象，各自隨宜。觀象者固可執一論耶？

象曰：「官有渝」，從正「吉」也。「出門交有功」，不失也。

孔子之傳隨初九云云，何也？曰：言守官而渝者，陽來下柔，所從得正，故「吉」也。「出門交有功」者，以初隨二近，

〔一〕「宴」，原作「晏」，據文津本改。

而隨時專一無失也。

六二，係小子，失丈夫。

周公之象隨六二云云，何也？曰：二與五乃正應，然五遠而初近，故有近「係小子」而遠「失丈夫」象。「小子」指初，「丈夫」指五，蓋五尊而初小也。然隨非其正爻，雖不言悔吝，而悔吝從可知矣。

象曰：「係小子」，弗兼與也。

孔子之傳隨六二云云，何也？曰：言其「小子」係者，係於所私，比之初不能兼與耳。

六三，係丈夫，失小子；隨有求得。利居貞。

周公之象隨六三云云，何也？曰：三近係四，而失於初，有「係丈夫，失小子」象。與四親比，而隨豈有不得之理？故「隨有求得」象。然以柔居剛，又非正應，當有不正，而爲邪媚之嫌，故占又取「居貞」爲象也。象皆本義，義即寓戒。聖人之憂患後世，真不啻父之於子、師之於弟矣！

象曰：係丈夫，志舍下也。

孔子之傳隨六三云云，何也？曰：言「係丈夫」者，爲其志不係於初，而志舍下耳。然則隨固以近而得宜爲貞耳。

九四，隨有獲，貞凶；有孚在道以明，何咎！

周公之象隨九四云云，何也？曰：言九四以剛居柔，與五同德，而爲三所隨，故占爲「隨有獲」象。夫四近君之位，而「隨」而「有獲」，雖正亦凶矣，故有「貞凶」象。然處柔不失之過剛，又居下親五，是明於君臣大義，忠順自盡者也，如此則五孚之矣。雖獲，何咎乎？有「有孚在道以明，何咎」象。

郝氏[一]曰：「四以剛承剛，爲下所隨。所謂挾震主之威，冒獨攬之行者。故雖以正守，然危疑之凶所不免矣。」

象曰：「隨有獲」，其義「凶」也；「有孚在道」，明功也。

孔子之傳隨九四云云，何也？曰：言「隨有獲」而雖正亦凶者，四逼近於君，「其義凶也」。「有孚在道以明，何咎」者，謂四功而不居，五孚其心而明其功也。嗚呼！人臣遇人心隨順之功，非自處於「有孚在道」之地，己非悅以動，君亦[二]不動而悅，即其獲皆致凶之媒耳。咎何從無乎？當隨之任者，其尚知所以自處，可也。

九五，孚於嘉，吉。

周公之象隨九五云云，何也？曰：言九五履中處正爲悅主，而下與四比，是君而隨「有孚在道」之大臣也，是爲「孚於嘉」象。人君如此，是爲能孚大臣之盛美，亦即是自己信賢之盛美。安有不吉者？故占有「吉」象。

象曰：「孚於嘉，吉」，位正中也。

孔子之傳隨九五云云，何也？曰：言「孚於嘉，吉」者，以其當隨之時，比四之賢，而位居悅中，大中至正。其德如

[一]「郝氏」，文津本作「郝子」，以後各卷同。

[二]「亦」，原作「一」，據文津本改。

是，其吉斷可識也。

上六，拘係之，乃從，維之；　王用亨於西山。（亨[一]，音見大有卦，後升卦同。）

周公之象隨上六云云，何也？　曰：　上六居隨之終，而處柔不中，是本無可隨，而猶欲從而隨之。　其象則爲欲隨人，而拘係維縶以隨之者也。　如此之隨，其惟文王之亨紂於西山乎？　蓋紂惡已極，人心盡離；　而文王當三分有二之時，臣節愈篤，猶欲從而維縶以隨之。　故古之人有言曰：「隨者，文王之所以事殷也。」嗚呼！　非甚盛德，孰能如此。　所以爲隨之至極，而無以復加者乎？

象曰：「拘係之」，上窮也。

孔子之傳隨上六云云，何也？　曰：　言「拘係之」者，以上六孤陰處高而無民之地，理窮數盡，故必拘係維縶而後可隨也。　噫！　古今孰有如此之隨乎？　信非文王之事紂，不足當之。

蠱 ䷑（巽下艮上）

隨而受之以蠱，何也？　序卦傳曰：「以喜隨人者必有事，故受之以蠱。」

[一]「亨」，原作「享」，據文津本改。

蠱：元亨，利涉大川；先甲三日，後甲三日。（先，息薦反。後，胡豆反。）

文王之彖蠱云云，何也？曰：爲卦以乾剛上坤柔爲艮，坤柔下乾剛爲巽，下巽懦而上艮止，此蠱之所由成也。壞必有事，有事則壞者仍成，故占有「元亨」象。原其所以元亨者，以事壞於因循而振於勤動，故占又爲「利涉大川」象。然要之蠱之成與幹，固人事之感召，亦天道循環之自然。如「先甲三日」，則至甲而終，必且「後甲三日」，自甲而始。蓋天下事，皆因始以成終，則亦無有終而不始。係人事事，不事事耳。故又有「先甲三日，後甲三日」象也。

彖曰：蠱，剛上而柔下，巽而止，蠱。蠱「元亨」，而天下治也。「利涉大川」，往有事也。「先甲三日，後甲三日」，終則有始，天行也。

孔子之傳蠱彖云云，何也？曰：言蠱之所以成者，以乾剛上坤成止，坤柔下乾成巽，上下不通；又爲下巽上止，全不事事，故蠱遂成也。「元亨，而天下治」者，窮則思變，變則必通。以此而治天下，則父亂而子治，先亂而後治者也。又言「利涉大川」者，言治蠱之道，以往而有事爲貴。蓋以不事事蠱，即以能事事治也。而所謂「先甲三日，後甲三日」，則以終必「有始」，乃天道運行之自然也。嗚呼！觀文王之彖與孔子之傳，皆取於治蠱必亨之義；初與卦象山風之義無涉。則知凡卦爻之以義取象者，固多也。互變錯綜，舍切近求虛遠，恐不其然。

孔子以「往有事」，釋「利涉大川」；以「終則有始」，釋先甲後甲。意旨已至明至徹，而後儒尚紛於「利涉大川」之象先甲後甲之日，何異畫蛇添足？

象曰：山下有風，蠱；君子以振民育德。

觀蠱以艮巽相合成，可見天下百事之敗壞，皆由於因循怠惰。故善救敗者，在鼓之以振勵果行。

孔子之傳蠱大象云云，何也？曰：言「山下有風」，是乃「蠱」之象也。君子體此，振民之德，使如巽之風行草偃；育民之德，使如山之廣厚生物也。蓋天下之所以頹敝，由於上無綱紀，故君子必以禮樂政刑振作乎民。民之不知興行，由於上無教化，故君子必以勞來匡直涵育其德。是乃所謂「元亨，而天下治」者乎？象與彖，固互相表裏也。

初六，幹父之蠱，有子，考无咎，厲終吉。

周公之象蠱初六云云，何也？曰：初六蠱初，是人子嗣服方始，先緒未振，賴以幹之者也，有「幹父之蠱」象。「有子」如此，厥考乃可「无咎」。雖厲所不免，然敗緒重立，必得終吉，有「考无咎。厲終吉」象。

卦是蠱，而六爻皆以幹蠱取義者，蓋聖人之意，只是教人知所以治亂救敗之道。敗亂之情形，固不必道也。

象曰：「幹父之蠱」，意承考也。

孔子之傳蠱初六云云，何也？曰：言「幹父之蠱」所以善承考意，乃人子繼述之孝也。

九二，幹母之蠱，不可貞。

周公之象蠱九二云云，何也？曰：二居巽中，初事爲父，入事即母；又二居柔應五，故有「幹母之蠱」象。九二陽剛，慮其過直。婦人之事，安得求備？故占又有「不可貞」象。嗚呼！聖人之明於人情，善於救敗，固如此乎？非精義入神，其孰與此？

象曰：「幹母之蠱」，得中道也。

孔子之傳蠱九二云云，何也？曰：言「幹母之蠱」，以「不可貞」，乃得中道也。

九三，幹父之蠱，小有悔，無大咎。

周公之象蠱[一]九三云云，何也？曰：九三以剛處剛，在蠱之時，改父之行者也，故占爲「小有悔」。然父蠱得幹，既敗復振，所失小而所全大，有「無大咎」象。

象曰：「幹父之蠱」，終「无咎」也。

孔子之傳蠱九三云云，何也？曰：言「幹父之蠱」，是人子之善於繼述，終自无咎，小失不足道也。嗚呼！人子固以幹父母之蠱爲孝乎！

六四，裕父之蠱，往見吝。

周公之象蠱六四云云，何也？曰：四止體而以陰居柔，柔懦退縮，前蠱之一不能幹，而日以益蠱者也。以此而往，吝能免乎？故占有「往見吝」象。

象曰：「裕父之蠱」，往未得也。

孔子之傳蠱六四云云，何也？曰：六四「裕父之蠱」，則壞者益壞，即自己亦前途盡滯矣。往能得志乎？

[一]「蠱」字疑脫，據上下文義擬補。

六五，幹父之蠱，用譽。

周公之象蠱六五云云，何也？曰：六五以柔履剛，履中得正，兼下有初二之應。「幹父之蠱」，而能成其德，天下亦歸其孝者也，故占有「幹父之蠱，用譽」象。

象曰：「幹父」「用譽」，承以德也。

孔子之傳蠱六五云云，何也？曰：言「幹父之蠱」而「用譽」者，能承考志以成其德也。初二三五，皆以幹蠱終吉，得中无咎。「用譽」，獨四以裕蠱往吝。嗚呼！人子處父母之蠱，亦可以知自盡矣。此大禹之蓋愆、武周之繼述，爲千古之大孝達孝夫！

五爻皆言人子幹蠱之事，而人臣之於君，從可知也。隨卦明忠，至六而極，文王之所以爲忠臣也。蠱卦明孝，至五而極，武王之所以爲孝子也。嗚呼！商周之間，聖人難言，故托之卦爻以顯義乎？然賴此而千古〔一〕之臣道子道示象於此矣。

上九，不事王侯，高尚其志。

周公之象蠱上九云云，何也？曰：上九蠱已終而止已極，又「貴而無位，高而無民」之位也。當蠱之時，而居如此，其「不事王侯，高尚其志」者乎？故象以「不事王侯，高尚其志」。不言吉凶悔吝者，地至五而蠱已幹上九，處乎事之外，履乎蠱之表，不惟無悔吝之凶；即貞吉二字，亦無所置喙矣。求之古人，其伊尹、太公未遇之年，而巢、許、嚴、龐終身之

〔一〕「千古」，文津本作「千萬世」。

尚乎？

象曰：「不事王侯」，志可則也。

孔子之傳蠱上九云云，何也？曰：言上九之「不事王侯」，雖無幹蠱之初，然視世之無才無德，徒事人事，而「裕父之蠱」者，志自可法耳。則如聞夷齊之風者，頑廉懦立；桐江一絲，繫漢九鼎。亦可見也。

臨䷒（兑下坤上）

蠱而受之以臨，何也？序卦傳曰：「有事而後可大，故受之以臨。」

臨：元亨，利貞，至於八月，有凶。

文王之彖臨云云，何也？曰：臨者，二陽浸長而臨衆陰之義。爲卦下説上順，二剛中與五柔中應，有「元亨，利貞」象。然今日之盛大，即將來之消歇。一旦理窮數極，「至於八月」，則亦必「有凶」矣。蓋方喜其盛，即慮其衰；方慶其進，即憂其退。聖人示天下以幾先之哲，每每如此。而所以教之使知豫防，即在其中矣。「八月」，以程傳「陽生之八月」爲正。蓋陽生於復，自復及遯，則八月而二陰漸長、陽浸消也。

象曰：臨，剛浸而長，説而順，剛中而應。大「亨」以正，天之道也。「至於八月，有凶」，消不久也。（長，丁文反。説，音悦。）

孔子之傳臨〔二〕象云云，何也？曰：言臨者，二陽剛健，而浸長臨陰，下説而上順，九二剛中，而六五順應，自有「大亨以正」之義。然亦天道則然。蓋天道循環，陽亨則必至於成乾，故陽之浸長。既順而乾終，則又必生姤，故陽之消歇亦且不久。所謂「至於八月，有凶」者，抑言乎説順之自然耳。善持大者正當於方盛時持之；不然，則其消亦順而至此。雖欲持，無及矣。

象曰：澤上有地，臨；君子以教思無窮，容保民無疆。（思，去聲。）

孔子之傳臨之大象〔三〕云云，何也？曰：言卦是「澤上有地」，乃地臨乎澤，故義取於「臨」。君子體此，「以教思無窮」，如澤之説物；「容保民無疆」，如坤之育物也。然據此而君子誨不倦之心、仁民育物之德，可想見矣。

初九，咸臨，貞吉。

周公之象臨初九云云，何也？曰：臨初二兩爻以陽臨陰，又爲説體而應四，故初九即有「咸臨」象。以其剛而得正，故占有「貞吉」象。

象曰：「咸臨，貞吉」，志行正也。

孔子之傳臨初九云云，何也？曰：言初之「咸臨，貞吉」者，處剛得正，「志」與「行」，皆「正」也。嗚呼！志行皆正，則吉。臨民臨事者，曷於志行圖之？

〔二〕「臨」字疑脱，據上下文義擬補。
〔三〕「之大象」三字疑脱，據上下文義擬補。

九二，咸臨，吉，無不利。

周公之象臨九二云云，何也？曰：二與初咸以剛臨柔，二又上有柔中正應之六五，其臨自「吉，無不利」耳，有「咸臨，吉，無不利」象。

程子曰：吉者已然，如是無不利者，將然無不利也。

象曰：「咸臨，吉，無不利」，未順命也。

孔子之傳臨九二云云，何也？曰：程子以「未順命」爲二以剛中應五，是以誠相感，非由順上之命。其義亦自可通；然終覺聖人必不應下。此可疑之辭，吾其從朱子「未詳」之例乎？

六三，甘臨，無攸利；既憂之，无咎。

周公之象臨六三云云，何也？曰：三爲説體兑口，而以陰居柔，無剛正臨人之道，而徒以甘言説人而臨者也。説人無實德，而徒以言語甘説臨之，其能大亨以正乎？雖往，無利矣。然三以柔處剛，亦有知「憂」之象。知憂則窮而能變，亦自可以「无咎」也。蓋能知口舌之不可感人，而實感以德，自是「无咎」之道耳。

象曰：「甘臨」，位不當也；「既憂之」，咎不長也。

孔子之傳臨六三云云，何也？曰：言「甘臨，無攸利」者，以其位不當，故行不中而無利耳。若能「既憂之」，則過而知改。自處以誠，咎自可免，不終長也。

六四，至臨，无咎。

周公之象臨六四云云，何也？曰：六四處順履柔，下應初九。初以誠感，四以誠應，下説上，順臨之至者也。咎何有乎？故占有「至臨，无咎」象。

象曰：「至臨，无咎」，位當也。

孔子之傳臨六四云云，何也？曰：言六四之「至臨，无咎」者，以其位正當也。位當則德當，安有不免咎者？

六五，知臨，大君之宜，吉。（知，音智。）

周公之象臨六五云云，何也？曰：六五處順居尊，得中應二，所謂聰明睿知之足以有臨者乎？故象占有「知臨，大君之宜，吉」象。蓋自用者小，用人者大。人君誠能不自用而知用人，乃可稱曰大君。而其道真爲大君之時宜矣。步步得吉，又何疑乎？舜之不自用而取諸人，孔子稱其爲「大知」，孟子稱其爲「有大」，其即此義乎？嗚呼！爲君者，何爲而自用歟！

象曰：「大君之宜」，行中之謂也。

孔子之傳臨六五云云，何也？曰：言六五「大君之宜」，謂六五行得中正之謂也。嗚呼！大君之不自用，殆即大君之中正乎！

上六，敦臨，吉，无咎。

周公之象臨上六云云，何也？ 曰： 言上六居坤之終，處臨〔一〕之極。地勢敦厚則臨澤愈平，是温恭允塞，敦厚以臨人者也，有「敦臨」象。「敦臨」則「吉」，又何咎矣？ 故占有「吉，无咎」象。

象曰：「敦臨」之吉，志在内也。

孔子之傳臨上六云云，何也？ 曰： 言「敦臨之吉」者，其志在内之澤説也。蓋在下之二陽則爲澤臨於地，在上之四陰則爲地臨乎澤，故皆取臨義。

觀 ䷓（坤下巽上）

臨而受之以觀，何也？ 序卦傳曰：「物大然後可觀，故受之以觀。」

觀： 盥而不薦，有孚顒若。（觀，官奐反。下「大觀」、「以觀」之「觀」，大象「觀」字並同。）

文王之象觀云云，何也？ 曰： 觀風上地下，二陽居高以觀下四陰，四陰亦仰而上觀乎上五，下順上巽； 上五皆居中履正，與下四陰相應，有潔誠自將而下皆孚信之義。故取「盥而不進，有孚顒若」象。蓋未薦方盥，正誠意「顒若」之時。上觀以此孚下，而下觀以此孚上，是爲「不言而信」相觀以神也。合論語之「爲政以德」而天下化、「臨之以莊，則敬」、「其身正，不令而行」、「尊其瞻視」則民望而畏之數條，可以默會其旨。

〔一〕「臨」，原作「坤」，據文津本改。

彖曰：大觀在上，順而巽，中正以觀天下。「觀：盥而不薦，有孚顒若」，下觀而化也。觀天之神道，而四時不忒；聖人以神道設教，而天下服矣。（觀，如字，下觀天、大象「觀民」之「觀」、六爻「觀」字並同。）

孔子之傳觀〔一〕彖云云，何也？曰：言觀卦二陽居五上，有「大觀在上」象。下坤上巽，有「順而巽」象。上五剛中居正，以觀天下，而爲天下所仰觀。故彖取「盥而不薦，有孚顒若，下觀而化」之象。然推其極，則若天道之以神運，而四時自不差忒。聖人之以神道設教，而天下自服，亦即「盥而不薦，有孚顒若」之旨。嗚呼！易，象也。舉一象，而無象不可類推。即孔子諸卦之引伸觸類，正自可以明其大義。若如世儒之執象論義，即孔子之彖傳，多屬溢格之論矣。豈其可！

象曰：風行地上，觀；先王以省方觀民設教。（省，悉並反。）

孔子之傳觀大象云云，何也？曰：觀以「風行地上」，無所不通〔二〕而成。先王體此，以「省方觀民」，隨宜「設教」，亦如「風行地上」也。嗚呼！觀先王之省方，皆爲「觀民設教」。可見古聖主無無事之遊。又必觀民而後教以設，可見先王亦無不宜民而泛設之教。聖人之言，真字字理到事到，無一泛設也。

初六，童觀，小人无咎，君子吝。

周公之象觀初六云云，何也？曰：卦以觀示爲義，據上五二爻爲主也。爻以觀瞻爲義，皆仰觀乎上五二爻也。初六陰柔在下，不能遠見於觀，屬「童觀」；於人，屬小人，故象取「童觀」。而占象在「小人」則爲「无咎」，「君子」則爲「吝」耳。

觀象以「大觀在上」明觀，則知下四陰之仰觀者，必以兼上五二爻爲确。

〔一〕「觀」字疑脱，據上下文義擬補。

〔二〕「通」，原作「遍」，據文津本改。

象曰：初六「童觀」，小人道也。

孔子之傳觀初六云云，何也？曰：言初六之象爲「童觀」，此乃小人淺識，不能遠見之道，故占爲「小人无咎」也。「童觀」爲矮人之觀場，不能盡見，但略觀其形耳。略觀其形，豈能得其真乎？故占象在小人，亦不爲咎；而在君子，則吝而可羞也。嗚呼！觀人不得其心，觀理不得其精，徒見皮膚而無視遠之明，皆「童觀」類耳。君子豈宜出此乎！

六二，闚觀，利女貞。

周公之象「觀」六二云云，何也？曰：六二以陰柔居内卦之中，而仰觀外卦之上五，有「闚觀」象。觀不能如四之親觀其光，而但知「闚觀」，則亦利於女之貞耳，故占爲「利女貞」。蓋六二居陰，原有女象；處坤之中，原有貞象。故占又取之耳。

象曰：「闚觀」，「女貞」，亦可醜也。

孔子之傳「觀」[一]六二云云，何也？曰：言「闚觀」，乃女之正；在君子，則亦可羞耳，故爲君子吝也。蓋學士大夫須具域外之觀，若徒窺一域，而不睹其大全，則亦婦人之闚觀耳。豈非至可醜者乎？「童觀」則爲「君子吝」，「闚觀」則爲君子醜。君子之觀，固以得正得真爲貴乎！影響，約略之見，曾何足道。

〔一〕「觀」字疑脱，今據上下文義擬補。

退」。

六三，觀我生進退。

周公之象觀六三云云，何也？曰：六三居坤之終，而上與巽接，於觀爲「觀我生進退」之地也，故象取「觀我生進退」。

象曰：「觀我生進退」，未失道也。

孔子之傳觀六三云云，何也？曰：言六三之「觀我生進退」，亦「未失道」耳。蓋人生之進退自有正規，能觀則自不至於大錯也。嗚呼！君子出處進退，其不可苟且，類如是夫！

傳是言觀吾生出處之進退。善讀易者，正當反而自觀吾學之進退。

六四，觀國之光，利用賓於王。

周公之傳觀六四云云，何也？曰：六四進坤處巽，居近君之位，且有巽而善入之義。於爻義爲「觀國之光，利用賓於王」象。

象曰：「觀國之光」，尚「賓」也。

孔子之傳觀六四云云，何也？曰：言六四居得其地，原有觀光尚賓之義也。

九五，觀我生，君子无咎。

周公之象觀九五云云，何也？曰：五正所謂「大觀在上」，爲下四陰之所觀仰者，有「君子」象。以一身觀乎下，而爲下之所仰觀，是君子之生即下四陰之身也。故必自觀其生爲正、爲不正，爲中、爲不中，則所以爲中正。「以觀天下」者在是，「盥而不薦，有孚顒若」者亦在是。是乃君子「修己以敬」，安人、安百姓之正道耳，故有「觀我生，君子无咎」象。

象曰：「觀我生」，觀民也。

孔子之傳觀九五云云，何也？曰：是言我生之敬肆，即下民之安危；而下民之安危，本我生之敬肆。故「觀我生」，乃所以「觀民也」。蓋孔子慮讀易者以九五居君子「大觀在上」之地，而徒以自觀其生爲遺民，故特於傳明之。爻象猶孔子答子路君子「修己以敬」之旨，爻傳猶孔子再答子路修己安人、安百姓之旨。

上九，觀其生，君子无咎。

周公之象觀上九云云，何也？曰：上九與九五同爲君子大觀之在上，其德原與九五同，故象仍取於「觀其生，君子无咎」也。然變觀「我生」爲「其生」，則似更就大觀居心之至虚至殷言耳。故傳中發志猶未平之旨，以終中正觀天下之義也。觀上九之象辭，可知初二之所爲觀乎上者，統以上五二爻爲大觀之主，似不專指九五一爻。

象曰：「觀其生」，志未平也。

孔子之傳觀上九云云，何也？曰：言九五已以「觀我生」爲「觀民」矣。而上九仍「觀其生」者，謂其以觀我爲觀民之志未能平滿，如孔子答子路「堯舜猶病之」旨耳。蓋孔子又慮讀易者以「觀其生」爲仍與九五象同，即義仍與之同，而更無所取。故又發「志未平」之旨，以明君於觀生、觀民無自滿假之心，所爲觀之至也。

噬嗑 ䷔ (震下離上)

觀而受之以噬嗑,何也?序卦傳曰:「可觀而後有所合,故受之以噬嗑。嗑者,合也。」

噬嗑:亨,利用獄。(噬,市利反。嗑,胡臘反。)

文王之彖噬嗑云云,何也?曰:天下之事,所以不得亨者,以有間也。噬而嗑之,則可亨通矣,故有「噬嗑:亨」象。蓋王者以刑罰揉强,事雖非吉,而以之去其間,則自有可亨之道也。爲卦上明下斷,故占爲「利用獄」象。以用獄固非明非斷不利也。

彖曰:頤中有物,曰噬嗑。「噬嗑」而「亨」,剛柔分,動而明,雷電合而章。柔得中而上行,雖不當位,「利用獄」也。(上,時掌反。)

孔子之傳噬嗑彖[一]云云,何也?曰:言卦之所以名噬嗑者,以卦上下二剛爻而中柔,有上下脣齒之象。中虛之中,又間一剛爻爲頤中,有物之象。口中有物,則隔其上下,令不得合矣。必切齒而合之乃得嗑,故爲「噬嗑」也。嗚呼!天下凡事之不得合者,皆以有間故耳。必去其間而乃合,類如斯矣。其曰「噬嗑而亨」者,言有物間於頤中,則必爲害噬,而嗑之則其害亡而可得亨通,故云「噬嗑:亨」也。又以卦才言,則上下之剛柔分,下震上離爲動而明,雷震電耀相須並見,

[一]「彖」字疑脫,今據上下文義擬補。

爲合而章。且六五以柔居上卦之中，「離不當位」，然治獄之道過柔，則失於寬縱，全剛亦傷於暴戾。而五以柔居剛，爲用獄之主，是爲得中上行，則亦得用獄之宜也。嗚呼！獄之情隱而曲，險而健。純柔不可用，純剛亦豈可用乎？用獄者亦於噬嗑之象與傳細味而可矣。

口中之間，噬之而後合。嗜好情欲，皆吾仁之間也。無以克之，何從而合乎？昔孔子以「克己復禮爲仁」語顔子，而朱子注以「非至明，無以察其幾；非至健，無以致其決」。正雷動火明，以成噬嗑之旨耳。

象曰：雷電，噬嗑；先王以明罰勑法。

孔子之傳噬嗑大象云云，何也？曰：電[一]先掣，而雷後應，雷以從電，故曰「雷電，噬嗑」。先王體此，以制獄決訟。用電之明以罰罪，用雷之動以勑法。蓋決獄所以察情，非明不當；勑法所以齊衆，非斷不行。故必以雷電之合明罰勑法，則獄情得真而國法得振，庶幾獄無冤濫耳。

觀噬嗑之象，可知斷獄必賴明決之人，而後獄無冤民。不然，不明不決，即自以爲無冤，而不知其冤，抑已甚矣。國家庸何利乎！

初九，屨校滅趾，无咎。（校，音教。）

周公之象噬嗑初九云云，何也？曰：初九以剛居初，爲頷頦之象。頷頦乃所以噬物之具，故象刑具著罪人也。又震爲足動，居初趾，象在初，猶輕刑，故爲兩足著械，遮没其趾象。罪在初犯，而即以刑械禁之，則自足以懲惡，使不得行，故又

[一]「電」，原作「雷」，據文津本改。

有「无咎」象也。

象曰：「屨校滅趾」，不行也。

孔子之傳噬嗑初九云云，何也？曰：言「屨校滅趾」者，趾爲初動，「滅趾」以遏其行也。不行尚何咎乎？

昔一友問余「无咎」爲罪人言？爲用刑者言？余曰：「爲罪人言，而言外則爲用刑者言矣。」友問其説，余曰：「據文言『小人不恥不仁，不畏不義，不見利不勸，不威不懲。小懲而大戒，此小人之福』之旨，則知戒小人正小人之福，故於『无咎』貼小人爲正。然噬嗑一卦，皆明『明罰勑法』之義，故義取噬嗑。用獄者，懲小人之初犯，即能不姑息養奸，以長其惡，而使之怙終難赦，則在上之過亦免矣。不然，一時小不忍以容奸，他日致蹈於刑戮，豈非爲上之過乎！由此以觀，則此『无咎』二字，言外責重用獄者之義，亦自明耳。」

郝氏曰：「初象罪人，何也？罪人寃滯不達，故在下；惡由小積，故在初；事發先覺，故爲獄始。」然以剛象罪人，何也？凶暴之徒，未有不剛者。初上强梁，噬人剛惡也。老氏曰强梁者死之徒。易戒於過剛也，此亦中理之説。

六二，噬膚滅鼻，无咎。

周公之象噬嗑六二云云，何也？曰：六二下乘，罪人象；獄初訊，二本震體，陰柔中正，威而不猛，是爲斷獄無枉深得其情者，故象爲「噬膚滅鼻」。蓋膚乃肉之無骨最易噬者，滅鼻則言無事考掠，而强梗自能輸情耳。以此斷獄，何咎之有！故占爲「无咎」象。

象曰：「噬膚滅鼻」，乘剛也。

孔子之傳噬嗑六二云云，何也？曰：言「噬膚滅鼻」者，二乘初九，罪人本剛，而一訊即得其情耳，故曰「无咎」也。嗚呼！其片言折獄之子路乎？

六三，噬腊肉，遇毒，小吝，无咎。（腊，音昔。）

周公之象噬嗑六三云云，何也？曰：六三以柔居剛，處非其正，如無定見之人斷牽連之訟，故爲「噬腊肉」之象。以六居三之剛，爲「遇毒」之象。處非其當，本無決獄之才，進又「遇毒」，而值難決之訟，「小吝」豈能免乎？然三居動終，盡與明接，又三乃在頤之物終，有噬而必合之理，亦自无咎戾也，故占爲「无咎」象。

象曰：「遇毒」，位不當也。

孔子之傳噬嗑六三云云，何也？曰：言三以陰處陽，處「位不當」也。處位不當，故所刑者，不易服而如「遇毒」耳。

九四，噬乾胏，得金矢；利艱貞，吉。（乾，音干。胏，緇美反。）

周公之象噬嗑九四云云，何也？曰：九四以剛居上下之間，合離震之分。當噬嗑之時，爲執法之象。蓋罪人所畏服，而二三所待裁者也。又膚自二、自三已爲「腊肉」，至四則爲「乾胏」，最堅難噬者矣。金取剛，矢取直。九四以剛居明，爲得剛直之道。蓋所謂執法者既剛且明，則雖獄之至難決者皆可決之而得正，故爲「噬乾胏，得金矢」象。然剛則傷果，明則易刻，居柔又易涉於守之不固，故占又取乎「利艱貞」，則「吉」而盡善也。

程子曰：「剛而不貞者，有矣」。凡失剛者，皆不貞也。在噬嗑九四最爲善。

象曰：「利艱貞，吉」，未光也。

孔子之傳噬嗑九四云云，何也？曰：言九四之所以「利艱貞，吉」者，處非其中，其道未光大也。九四正在上下之交，所謂頤中之間，象不取於間，而反取於去間。「得金矢」之吉者，蓋噬嗑是噬而合之義；噬而合則必以去其間爲要領。又四才剛居明，足以噬嗑，故不主爲間而利去間。象固不可執一論也，然益見去間之必以剛明爲尚，而用獄之必以剛明爲吉矣。

六五，噬乾肉，得黄金；貞厲，无咎。

周公之象噬嗑六五云云，何也？曰：五居明體之中，爲頤中之物；而處柔得中，是亦執法斷獄而得其情者，有「噬乾肉」象。又離中明體，而在頤中，有噬「得黄金」象。居中履剛，有「貞厲」象。斷獄而能居中用剛，守正慮危，咎自可無矣，故占又有「无咎」象也。

象曰：「貞厲，无咎」，得當也。（當，去聲。）

孔子之傳噬嗑六五云云，何也？曰：言六五之所以「貞厲，无咎」者，以其位之得當，故其行之得當，而自能「无咎」也。噫！觀於孔子以「得當」釋六五之「貞厲，无咎」，益可見象義以取於本卦本爻爲當，正不必互變錯綜之自取凌亂矣。或曰：六五何得有黄金象？且文明在中，外柔内剛，何得有厲象乎？余則又以爲五在離中，以中言黄，而繫金以言，固無不可。即以五之剛爲金，亦無不可。居柔言厲以示教，固無不可。以柔履五之剛，義取於厲，亦無不可也。總之，前人溺於執象爲象之意，而未思即義爲象之旨。故凡論象不得，必欲援互變錯綜之旨務實其象以明之，不知正不如近取諸義之爲切而有據也。顧不知海内明易君子以爲何如也？

九四、六五，居離之明，皆剛柔相濟，自可斷獄無枉，而皆取於「貞厲」者。蓋獄乃斯人之生死所關，王法之是非所係。恃其聰明，必且有偏執不平之害，故聖人於四五二爻，反覆戒之。善讀易者亦可以識易旨與用獄之法矣。

上九，何校滅耳，凶。（何，何可反。）

周公之象噬嗑上九云云，何也？曰：上九以剛居上，爲脣吻噬物象。亦以象凶人始履校，而終何校，爲怙終不赦之象。又上以一爻橫踞五爻之頂，是「何校滅耳」象也。上當噬嗑之終，而所處如此，是四五平反，再三而上，終無可赦之理。真自蹈於大獄，而不可救援者矣。故占爲「凶」象。

象曰：「何校滅耳」，聰不明也。

孔子之傳噬嗑上九云云，何也？曰：言上九之至於「何校滅耳」者，以上九剛躁無前，聾頑不可化誨，故積成其釁，至於罪大惡極，自陷法網耳。是其「何校」之所以「滅耳」，乃由其聰之不明以至此也。

觀於孔子傳上九爻義，可知世之喜聞善言者尚可救藥；而自恃剛果、恥於聞過者，皆自取刑禍耳。嗚呼！亦可戒也哉！

賁䷕（離下艮上）

噬嗑而受之以賁，何也？序卦傳曰：「物不可以苟合而已，故受之以賁。賁者，飾也。」

賁：亨，小利有攸往。（賁，彼僞反。）

文王之彖賁云云，何也？曰：賁之爲卦，山下有火。山者百物草木之所聚，而下有火以照，則其上之草木品彙自被其光彩，有賁飾象。下體離，故彖取於「亨」；上體艮，故彖取於「小利有攸往」。伊川先生曰：「天下事，無本不立，無文不行。有質而加飾，則可以亨。文飾之道，可增其光彩，故能小利於進也。」愚謂伊川先生注彖於「賁，亨」、利往之旨，分疏明白。然其實彖義隱，自孔子彖傳盡發之，而彖辭乃可以解耳，則由斯以觀易旨。向非孔子十翼顯明，即文王、周公彖、象原旨且埋没而不可考證者幾半矣。解易讀易亦只據孔子十翼詮解，即易道如日中天，正無容穿鑿附會，欲求隱深而反失正旨也。必如孔子之言亦無由明其來歷，則博考諸傳注可耳；然傳注亦只以會歸孔子之十翼爲當。如更不得會歸，則援朱子「未詳」之例，作闕疑一案留之宇宙，尚無甚失也。

彖曰：賁，「亨」，柔來而文剛，故「亨」；分剛上而文柔，故「小利有攸往」，天文也。文明以止，人文也。觀乎天文，以察時變；觀乎人文，以化成天下。

孔子之傳賁彖云云，何也？曰：言賁有亨道。而賁之所以亨者，則以剛柔相雜而後成賁，猶文質相雜而後成賁也。爲卦下體本乾，上坤分一柔以來文其中而爲離；上體本坤，下乾分一剛以文其上而爲艮。乃爲「山下有火」，止於文明而成賁，故賁則能「亨」也。然其曰[二]「柔來而文剛，故亨」者，言柔來文於剛，而乃成文明之象。成文明，乃能飾以成賁。成賁，乃能由飾而亨也。其曰「分剛上而文柔，故小利有攸往」者，言分乾之中爻，往文於艮之上爻，事由飾而加盛，加盛則能行也。二卦之象共成賁義。而傳象分言上下，各主一事者，蓋離明足以致亨，文柔又能小進也。其曰「天文也。文明以止，

[二]「曰」，原作「自」，據文津本改。

人文也」者，蓋承上文言陰陽剛柔相文者，天之文也；止於文明者，人之文也。其「觀乎天文，以察時變；觀乎人文，以化成天下」者，則又推廣天文、人文之義，以明聖人體賁、用賁之道。所謂味之而愈深，推之而愈出也。蓋古聖人觀於天文，日月星辰之錯列，寒暑陰陽之代變，以察四時之遷改，而敬授人時。觀於人倫之秩序、衆物之品彙，教化天下，使成其禮俗，以寵綏帝命。皆善用此「賁，亨」之義，以經世宜民耳。則由此以推繫辭，所謂伏羲仰觀俯察、遠觀近取，「以通神明之德，類萬物之情」者，亦可想見一斑。易道非「神而明之」，真虛行天地間也。

象曰：山下有火，賁；君子以明庶政，無敢折獄。

孔子之傳賁大象云云，何也？曰：言山聚百物而火在其下，庶類皆被照耀之光，爲賁飾之象也。君子體此，以修明其庶政，而無敢果於折獄焉。蓋庶政小者近而易見，故明如山下之火可以照見。而修明折獄，則貴用情實，徒文必掩沒其情。且身立堂上，然後見堂下之是非真僞。以區區山下之火，而用之察至隱之獄情，能無誤乎？故「無敢折獄」。聖人觀象論理，稱情而合理，如此亦可見其「精義入神」之妙也。「明庶政」者，離之明；「無敢折獄」者，艮之止。

觀於賁之「無敢折獄」，可見粉飾增益，折獄所忌，漢人所以最惡於煅煉周納也。然又曰「無敢」，則聖人慎於用獄之意，亦昭然言下矣。讀易者於諸象，識聖人神明變化之妙。又於聖人識謹幾慎微之心。即易道思過半也。

初九，賁其趾，舍車而徒。（舍，音捨。）

周公之象賁初九云云，何也？曰：初九以陽剛居明處下，賢人君子有剛明之德而在下者也。在下則無位，無位則無所施於天下。惟自賁飾其所行，守節處義，不肯苟合，以待正應而已，有「賁其趾，舍車而徒」象。蓋「趾」取在下，正所以行「君子以義爲質」。義所不當，寧以「舍車而徒」爲自賁其行耳。古人安步當車，令聞廣譽施於身，不願人之文繡，義蓋類此。而樂正子之從子敖來，其失又可類推也。

象曰：「舍車而徒」，義弗乘也。

孔子之傳賁初九云云，何也？曰：言舍車而徒行者，於義不可以乘也。義不可乘而弗乘，雖流俗之所迂，於君子寧非最貴者乎？象無義字，而孔子繫傳發出此旨，其爲千古辭受進退者示以所由之正則乎！故曰易明道之書，實示人以寡過徙義之書也。

六二，賁其須。

周公之象賁六二云云，何也？曰：卦之爲賁，由兩爻之變。而文明之義，爲重二爲賁主，故言賁之飾於物。不能大變其質，特因其質而加飾，如須之隨頤而動耳。

象曰：「賁其須」，與上興也。

孔子之傳賁六二云云，何也？曰：言六二以賁爲象者，謂其與上同興，動止惟繫，所附猶加飾於物。因其質而賁之，善惡固在質耳。然則天下凡事凡物之必須於賁而後能利往，亦必慎用其賁無太掩其質而乃可致亨。抑又明甚也。

九三，賁如，濡如，永貞吉。

周公之象賁九三云云，何也？曰：言九三處文明之極，才剛居剛，又能賁者，有「賁如，濡如」，光彩潤澤象。然賁忌文飾太盛，踰正失常。九三以剛處剛，前與止接，能賁而亦尚能得正得常者也，則亦有吉道焉。故象占如此。

象曰：「永貞」之「吉」，終莫之陵也。

孔子之傳賁九三云云，何也？曰：言賁之盛而又能得常得正，天下孰能尚之乎？然則賁而不常不正，乃取陵之道也。

六四，賁如，皤如，白馬翰如，匪寇，婚媾。（皤，白波反。）

周公之象賁六四云云，何也？曰：四與初本正應，而爲三所隔，故不獲相賁，而皤如其白。然初欲從正應之志，則如「白馬」之「翰如」，而不可遏止。三終不得爲寇，而初四之婚媾終必遂耳。馬在下而乘以動者，未獲賁則爲白馬翰如，亦白而疾飛之義。三間初四似寇正應，終合象婚媾也。

象曰：六四當位，疑也。「匪寇，婚媾」，終無尤也。

孔子之傳賁六四云云，何也？曰：言四與初正應，而三介於其間，是所當之位爲可疑也。然正應理直義勝，終必得合，則亦「終無尤」耳。蓋四初既爲正應，而又處賁之中，亦有得所賁之義也。

六五，賁於丘園，束帛戔戔；吝，終吉。（戔，在干反，又音殘。）

周公之象賁六五云云，何也？曰：六五以柔居艮中，而處艮上，一陽之下，是賢人君子隱居丘〔一〕園；而好士尚文之主停車山下，繫馬門前，奉束帛而升堂致禮者。故象取於「賁於丘園，束帛戔戔」。大賢在國，弗與共天位、治天職，而徒以

〔一〕「丘」，原作「邱」，據文津本改，後文同。

束帛自文。其好士之禮，斯六五之吝道矣。然亦尚知好賢以成禮賢下士之盛節，故占有「吝，終吉」象。觀史孔僖對漢主之言，亦可明此爻「終吉」之旨。

象曰：六五之吉，有喜也。

孔子之傳賁六五云云，何也？曰：言六五之「吝」而「終吉」者，以其見賢而徒以束帛，自是吝道；以其尚知「賁於丘園」，則亦心喜禮士，足爲盛世之光華也。

上九，白賁，无咎。

周公之象賁上九云云，何也？曰：上九以剛居止，是明而知止之君子也。有遺世獨立、纖塵不染之象，故其象爲「白賁」。賁而尚白，雖與世異尚，然清白可以勵污俗，故占又有「无咎」象也。

賁爲增飾之義，然益而不已則必止，乃天之道也。上以一陽艮止於諸爻之上，當賁之終，是以不受。賁爲賁者，故爲「白賁」。然以其不加雕飾，可以矯繁縟之習，培質素之風，而勵士大夫高尚之節，則其隱助盛世之醇風亦多矣。以不賁賁，故曰「白賁」。嗚呼！世知賁之爲賁矣，亦知「白賁」之爲賁乎！知賁之爲亨矣，亦知「白賁」之无咎乎！

象曰：「白賁，无咎」，上得志也。

孔子之傳賁上九云云，何也？曰：言「白賁，无咎」者，上九自尚其志，素履自信，自得志也。

賁之下卦三爻，皆言賁離，有文明之義也。上卦三爻，皆有賁不離質之義，艮有止而堅確之義也，然已寓致飾亨則盡矣之義矣。讀易者宜於此識聖人戒盈惡滿之旨，亦宜於此識易道窮變通久之旨。

剥 ䷖（坤下艮上）

賁而受之以剥，何也？序卦傳曰：「致飾然後亨，則盡矣。故受之以剥。剥者，剥也。」

剥：不利有攸往。

文王之彖剥云云，何也？曰：剥之爲卦，五陰在下，而正生一陽在上而將盡，陰盛長而陽消落。於人事則爲衆小人剥喪君子之時。又内卦坤順，而外卦艮止，亦有順止之義，故占爲「不利有攸往」象也。嗚呼！文王之爲攸往者慮亦深矣。故曰：「作易者，其有憂患乎！」其當商之末世乎！

彖曰：「剥」，剥也，柔變剛也。「不利有攸往」，小人長也。順而止之，觀象也；君子尚消息盈虚，天行也。（長，丁丈反。）

孔子之傳剥彖云云，何也？曰：剥者，言乎其剥落之義也。謂五陰變易五陽，而柔長剛變也。其曰「不利有攸往」者，則以小人已長盛，至此其勢不剥盡此陽不止。君子自宜隨時晦迹，以免小人之害，尚何宜往乎？又卦下坤上艮，本有順止之象。君子見理既明，目睹羣小之剥，陽象已顯著，自當順時知止，以免剥落之凶。故亦不敢自違天行，而昧夫「消息盈虚」之尚也。

象曰：山附於地，剥；上以厚下安宅。

孔子之傳剥大象云云，何也？曰：以山之高厚，而止於地上，有「山附於地」之象。爲人上者體此，知上以下爲基，剥民肥己，適以自削其基而令之薄耳。乃一意損上益下，以厚固其下，爲自安其宅也。嗚呼！百姓足，君孰與不足？其「厚下安宅」之義乎！

初六，剥牀以足，蔑貞，凶。

周公之象剥初六云云，何也？曰：陰之剥陽，自下而上。以「牀」爲象者，取身之所處也。又以一陽横亘五陰之上，有「牀」象。於卦初爲足，故剥初取「剥牀以足」象。當初即剥，是陰自下已消滅乎！一陽而失其正矣，凶之道也，故占有「蔑貞，凶」象。

象曰：「剥牀以足」，以滅下也。

孔子之傳剥初六云云，何也？曰：言初六取牀足爲象者，以陰侵没陽於下也。嗚呼！「履霜」「堅冰」，即從此始矣。凶何如乎！

六二，剥牀以辨，蔑貞，凶。（辨，音辦。）

周公之象剥六二云云，何也？曰：六二於「牀」，爲上下之辨，二陰漸進而上剥，至此愈蔑於正矣。凶不亦甚乎！故象占取此。

象曰：「剥牀以辨」，未有與也。

孔子之傳剥六二云云，何也？曰：言陰之剥陽，得以益盛。而至於辨者，以陽未有應與故也。嗚呼！六五，二之正應，以陰應陰，又爲同氣相求，正所謂與也。而曰「未有與」者，蓋五自處柔止，故雖應二，而實不足以援二。此爻其蕭望之之謂乎！然下者，上之宅。聽其剥而無能援，豈徒望之之凶？亦漢元之凶也夫？故六二之凶，當於二五兩爻當之。

六三，剥之，无咎。

周公之象剥六三云云，何也？曰：衆陰剥陽之時。三獨處剛應上，去其黨而從上，在剥之時，獨得「无咎」者也，故象占爲「剥之，无咎」。

象曰：「剥之，无咎」，失上下也。

孔子之傳剥六三云云，何也？曰：言六三在剥之時，而獨得「无咎」。以其在上下五陰之中，獨能失其上下之黨而與陽應，是衆小人中之君子也。嗚呼！伊川先生以爲漢之吕强，斯爲得之乎！

六四，剥牀以膚，凶。

周公之象剥六四云云，何也？曰：六四剥牀已至足辨之上，漸至於膚之位也。剥而至膚，將滅其身矣。其凶又何待言乎？蓋自此而陰長陽消，皆已至極，貞道不可言矣。故更不言「蔑貞」，但直言「凶」也。

象曰：「剥牀以膚」，切近災也。

孔子之傳剥六四云云，何也？曰：言「剥牀以膚」，則割肉至身，「切近」乎「災」，而凶無可避矣。

六五，貫魚以宮人寵，無不利。

周公之象剥六五云云，何也？曰：六五處剥之極，五陰盛不可言。然位近於上九之陽，則亦有后妃率宮人進御於大君之義。且卦象原有衆陰魚貫以進，而五率以近上狀，故象占以爲此爻之義。惟如魚貫之以宮人受寵於君，乃「無不利」耳，非是則不利也。嗚呼！五陰皆以剥陽致凶。惟三與陽應，則「无咎」。五以順止乎陽，則「無不利」。然則陽復固陰之吉道也。爲小人者，亦何若喜剥君子乎？

象曰：「以宮人寵」，終無尤也。

孔子之傳剥六五云云，何也？曰：言以宮人寵，是雖當剥陽之位，而能順止乎陽之下，則亦「終無尤」耳。

上九，碩果不食，君子得輿，小人剥廬。

周公之象剥上九云云，何也？曰：上九以一陽踞乎衆陰之上，有「碩果不食」象。卦象一陽得五陰以承載，有「君子得輿」象。衆陰將剥一陽而成坤，有「小人剥廬」象。不言吉凶者，「碩果不食」，尚爲君子之幸，而亦小人之吉。僅留一不食之碩果，則君子之吝，而亦小人之凶。若「君子得輿」，則「無不利」在君子。「小人剥廬」，則「蔑貞，凶」即在小人矣。互有得失，故不暇一一言也。

觀上九一爻，以一陽止於其上，象取「碩果不食」；一陽乘五陰，象取「君子得輿」；以五陰剥一陽，象取「小人剥廬」。可見象義無方，拘執不得。若讀易者能於象識義，則可與論象。更能於義推象，則更可以通象，並可以得義忘象矣。

觀剥之上九一爻並取三象，可見置象無以見易，執象亦非所以論易。必象義雙顯，易道乃活潑潑如在目前耳。

觀剥上九之一陽在上，而即承以復一陽隨轉而在下。可見陰陽無終盡之理，所謂互根也。世儒謂陽盡生陰，陰盡生陽。如是則剥復之間，當更有坤矣，何得剥下即受以復乎？且觀夬姤之間亦不續乾，更自可見。

象曰：「君子得輿」，民所載也；「小人剥廬」，終不可用也。

孔子之傳剥上九云云，何也？曰：言「君子得輿」者，謂一陽獨居於上，五陰重承於下，陰象民，是爲「民所載也」。「小人剥廬」者，陰爲小人所恃，一陽以爲庇，如人之有廬。若陰再進而剥此上九，則純坤無陽而失其所庇矣。終何所用乎？

上九一爻，同以一陽上五陰，而在君子則爲民所承載，在小人則爲剥廬而「終不可用」者，非故意扶君子而抑小人也。蓋惟君子有撥亂之才，有正固之守，以安萬民而爲萬民所共載。若小人則無才無守，時危力詘，徒悼瞻烏爰止於誰之屋耳，豈能久庇其宇下乎？聖人所言自實理實象，千古不易也。然則爲小人者，亦幸無輕乘一時之勢，必欲剥盡君子，以自失所庇乎！然觀此一爻，而易之教戒小人，提醒小人，亦至矣！孰謂易不爲小人謀也？

卷五

鄠縣王心敬撰

上經

復䷗（震下坤上）

剥而受之以復，何也？序卦傳曰：「物不可以終盡，剥窮上反下，故受之以復。」

復：亨。出入無疾，朋來无咎；反復其道，七日來復。利有攸往。

文王之彖復云云，何也？曰：復一陽自剥而來，「窮上反下」，故爲復自此。陽日進生，直至於乾，皆由此一陽之復，有亨通義。爲卦下雷爲動，而上坤爲順，有順動義。一陽出，剥入坤，有出入義。自此五陰順動，有「朋來」義。而皆統於順動之體，有「出入無疾，朋來无咎」義。又反剥成復，有「反復其道」義。卦六爻位，陽自剥來，閲歷六位而後復於數爲七，而陽又象日，有「七日來復」義。自此陽日以長，陰日以消，乃小人道消，君子道長時也，自有往無不利義。故占象皆取之。

天地間無往不復，乃循環之正理。陽窮於上而反於下，即此循環之義。而謂之復者，陽於天地爲生物之本，於人爲君子，於心爲善念。聖人喜陽之反正，故名曰復。若曰陽其已反矣，故深喜其復，而備極其形容耳。蓋就復而論其旨，天道之閉極而復通，國家之亂極而復治，人心之私極而復公，即其義也。故復之一字，乃萬世萬理轉凶爲吉之樞紐。其實一部易經，四聖人亦只教人知復之道，故文王、孔子於復彖備極其美善也。

彖曰：「復，亨」，剛反。動而以順行，是以「出入無疾，朋來无咎」。「反復其道，七日來復」，天行也。「利有攸往」，剛長也。復其見天地之心乎？

孔子之傳復彖云云，何也？曰：言復之所以亨者，剛自剥上反下爲震動，而遇坤以順行也。其言「出入無疾，朋來无咎」者，謂惟剛反而以順行，是以一陽從剥上反下，即下仍漸漸前進，而五陽由是偕進，故无咎也。其言「反復其道，七日來復」者，謂此非人力，陽由剥六還於復初，其期七日循環不已，是乃天道自然之運行也。其言「利有攸往」者，謂陽剛初進，漸至臨泰，往無不利也。而又曰「復其見天地之心」者，則孔子傳彖之際，見得此一陽也，方其未動天地之心，藏於無形而不可見。即陽氣充滿天地之心，散爲萬品，亦不可見。惟此一陽初動，沖漠無朕而生機不息，如雷藏地中，於此見天地生物不息之心也。然即其言天地，而可默會於聖人體道之心矣。

象曰：雷在地中，復；先王以至日閉關，商旅不行，后不省方。

孔子之傳復大象云云，何也？曰：雷動地静，動來地中，動極復静，有復道焉，故謂之復。先王體此，於冬至一陽來復之日，「閉關」不啟，「商旅不行，后不省方」，以順天道而養此微陽也。嗚呼！其在人心則紛紛擾攘，而復其本心，亦「雷在地中」之象乎？

即先王之「閉關」，可悟復仁之在閉其情竇。即「商旅」之「不行」，可悟復仁之在戒其貪行。觀「后不省方」，可悟復仁之在無役志於耳目。

初九，不遠復，無祇悔，元吉。

周公之象復初九云云，何也？曰：復一陽甫終於上，即反於下，故其象爲「不遠復」。復而不遠，則是一念偶失旋覺，即復形迹未著，而念慮立時已化，乃人心天真不汩，日新又新之機也。尚何悔之可言而吉之不大耶？嗚呼！顏子之不善，未嘗不知，知即未嘗復行，其庶幾乎？

象曰：「不遠」之「復」，以修身也。

孔子之傳初九云云，何也？曰：言「不遠之復」者，神志清明，主宰在我，則視聽言動之間，自然非禮不履，而所以修其身爲成己之仁者在是耳。大學之「心正而後身修」，亦即此義。

復之初九在人心，即最初一念，有理無欲之天機也。而觀於自二以上之五爻，依此者吉，違此者厲，應此者無悔，而遠此者便凶。吾輩亦可以知復仁之方矣。

六二，休復，吉。

周公之象復六二云云，何也？曰：復以初爲不遠，至二稍緩，故於初象知幾敏速，於二象保養休息，於義則友仁事賢以自養也，故象占特取於「休復，吉」。其在孔門，即冉、閔之徒乎？

二居中得正，有受善獲益之象，故取象如此。又初爲震，主陽性剛健，如雷之迅，故不遠即復。二當震中，陰柔空虛，有從容改圖之象，故爲「休復」。

象曰：「休復」之「吉」，以下仁也。

孔子之傳復六二云云，何也？曰：言六二「休復之吉」以下近初九之仁也。嗚呼！近仁乃得「休復」，「休復」即無不吉。近仁何負於人耶？

六三，頻復，厲，无咎。

周公之象復六三云云，何也？曰：三以陰居陽位，當動之極，上下之交，有「頻復」而操舍不常之象，其亦「厲」矣。然頻失而「頻復」，雖若危厲，而頻厲而頻復，則亦自「无咎」也，故象占取此。其在於古，則「日月至焉」之諸賢乎？

楊廷秀曰：「『頻復』非危，頻過爲危。『无咎』者，聖人憂其頻過，而開其『頻復』也。」余則謂「頻復」因於頻失，失豈可頻而頻焉？自是危事。然頻失終能「頻復」，復仍無過，而亦尚能頻，則亦自可免咎。故「頻復」「无咎」一言，不惟聖人開其「頻復」，亦是聖人憂其「頻復」而喜其「頻復」也。

象曰：「頻復」之「厲」，義「无咎」也。

孔子之傳復六三云云，何也？曰：言「頻復」雖「厲」，猶知改過從義之義，故於義无咎耳。

六四，中行獨復。

周公之象復六四云云，何也？曰：六四處順當位，而與初爲正應，是處羣陰之中，而獨能「居天下之廣居，立天下之正位，行天下之大道」，願學聖人者也。其在戰國則儀、衍、楊、墨紛紛門戶之日，而獨能私淑孔子之孟子乎？噫！難矣！象雖不言吉凶，然吉而无咎，又豈待言。

象曰：「中行獨復」，以從道也。

孔子之傳復六四云云，何也？曰：言六四之「中行獨復」者，初見天地之心，而四能率由之以從道也。「中行」謂在五陰之中，行乎中則自無過差，應乎初則爲「從道」。

六五，敦復，無悔。

周公之象復六五云云，何也？曰：六五以陰居陽，處坤之中。坤爲土，有「敦厚」義，居中又爲至順義，蓋「安土敦乎仁」者也。初不「遠復」則無悔，五「敦復」寧有悔歟？故象占取此。其在孔門，則篤行之曾子乎？象雖不言元吉，而吉亦正自可知爾。

象曰：「敦復，無悔」，中以自考也。

孔子之傳復六五云云，何也？曰：言六五之「敦復，無悔」者，謂其敦篤質誠，日省不怠，而能以中道自考也。嗚呼！信非曾子不足以當此。

上六，迷復，凶，有災眚。用行師，終有大敗；以其國，君凶；至於十年不克征。

周公之象復上六云云，何也？曰：上六以陰居復下，無正應，去初獨遠，所謂迷而失道者也，故占有凶象。凶則更無所之，而災與眚無一可免矣，故占有災眚象。坤爲師象，上亦君位，十年坤數之終，故又有「用行師，終有大敗；以其國，君凶」象，且有「十年不克征」象。嗚呼！一「迷復」，而諸凶皆備，然則自暴自棄者，其安於終迷而不悔也耶？

象曰：「迷復」之「凶」，反君道也。

孔子之傳復上六云云，何也？曰：言上六「迷復之凶」至於如此之極者，以其盡「反」乎「君道」耳。觀孔子之傳，則知上六君象，亦自可知易象變通，豈得專以五屬君位。

復於天道爲陰陽剥復之關，在人無往不具，而於國家治亂、人心理欲所關爲大。故六爻中下五爻言理欲，上一爻言治亂，所以明天德必復後全王道。非復即迷，復則爲吉，迷即成凶，復之所關最大也。然言能復者，備極階級；而言「迷復」者，卻〔二〕只屬一迷。則又以明復之道層累，而難盡「迷復之凶」。只一迷便無不至此，正所以明夫復之難，而迷之易也。蓋聖人之致教於復，致惕於不復，如此至也。故易爲聖人憂患後世之書。

无妄 ䷘ （下震上乾）

復而受之无妄，何也？序卦傳曰：「復則不妄矣，故受之以无妄。」

无妄：元亨利貞；其匪正有眚，不利有攸往。

文王之象无妄云云，何也？曰：无妄下震雷上，乾天是爲動而順天。五陽居上，六二居下，是爲剛中而應，有元大亨通利宜貞固義。故象占取此。而又曰「其匪正則有眚，不利有攸往」者，易所以責重人事，故聖人處處以人事提撕斯人也。善讀易者，以此自占於心，知得心能无妄，則自當「元亨利貞」，如其「匪正」則必然「有眚」而不能利往。時時閑邪存誠，舍

〔二〕「卻」，文津本作「要」。

妄即真。即天祐不在天而在我，易不在易而在我爾。

无妄是人心天心來復之機，於學者爲意誠之候。意誠則心真動直，無物不孚，物我天人，一真感召矣，故「元亨利貞」皆其自有然。不曰誠而曰无妄者，即本然無加之義也。嗚呼！學者亦可會吾心无妄之真矣。「匪正有眚」之旨，大抵如小人無忌憚之類，蓋其自已任放爲无妄，不本天心來復之機。這樣，人自以爲任真，不知卻是目見空華，迷真成妄耳。安得利往？

彖曰：无妄，剛自外來而爲主於內，動而健，剛中而應；大「亨」以正，天之命也。「其匪正有眚，不利有攸往」，无妄之往，何之矣？天命不祐，行矣哉！

孔子之傳无妄彖云云，何也？曰：言无妄而「元亨利貞」者，剛自大畜之上來，而爲主於內，震動乾健；五剛中以應六二，是天降衷而人率性，「大亨」守正。所行皆順帝則而合天命者也，何不利之有？「其匪正有眚，不利有攸往」者，動違天行，无妄生妄，往將何之乎？徒逆天違人，一步難行耳。

觀孔子傳彖，以「大亨以正」爲「天之命」，「无妄之往」爲「天命不祐」，可見天人相去不遠，更可知吾心機天。欲利往者，斷須順天之命；欲順天者，又須祛心之妄。世人以妄心行妄事，起心動念早與天違矣，焉得天祐人助乎？

聖人先天不違，則自然「元亨利貞」；學者後天奉時，亦必然「攸往」可行。欲攸往者，宜知起心動念即當隨順天命矣。

即孔子无妄一傳，直可作一部感應篇綱領。聖言真天覆地載，無所不具，亦真是取之不窮，用之不竭。善窮理者，只於聖言窮之體之，即深造自得之道也。

象曰：天下雷行，物與无妄；先王以茂對時育萬物。

孔子之傳无妄大象云云，何也？曰：言「天下雷行」，震動發生，萬物之蟄者起，萌者達，無心同得。是天以无妄之命命萬物，而萬物亦各得其性命，以自物其物也。先王體此，知大造公物，因時並茂，以此順時愛養，一如天下雷行之无妄也。

先王「茂對時育萬物」之義，即月令一篇可見其概，孟子王民皞皞一章可明其義。

初九，无妄，往吉。

周公之象无妄初九云云，何也？曰：震以一陰居初，誠一未分而爲无妄之主，是陽道之直遂無係，而動與天合者也。以此而往，天命祐之，吉自不待言耳。故象如此。

象曰：「无妄」之「往」，得志也。

孔子之傳无妄初九云云，何也？曰：言初九「无妄之往」，乃率性而行，雖有往而未始失吾本志耳。嗚呼！其斯「不識不知，順帝之則」者乎？「帝謂明德，乃眷西顧」，何疑也？

六二，不耕穫，不菑畬，則利有攸往。

周公之象无妄六二云云，何也？曰：六二中正，而效初以動，是處无妄之時，能無希望，如「不耕穫，不菑畬」，與世無累者也。以此居心，以此制行，即天行之無私，何不利之有？故象占取此。

二與五剛柔正應，有應則宜求而妄生矣。然卦本无妄，而二虚中居正，故雖應不求，雖應不累，爲「不耕穫，不菑畬」

之象。

象曰：「不耕獲」，未富也。

孔子之傳六二云云，何也？曰：言六二虛中无妄，淡然屢空，無求富之心，故亦不富，而仍自无妄耳。

或疑世安有「不耕獲，不菑畬」之理？周公之象得無教人素餐如佛老之爲乎？不知聖人特取无妄虛中不貧之象，如孟獻子所云「不察雞豚」之義耳，非教人不須耕菑也。若泥其語，即「艮其背」爲背真可艮，「不見其人」爲真不見人矣。豈其可然！亦可見无妄之在聖人則爲直養不染法，在學者則爲寡欲減擔法也。故孔子以屢空之回爲貨殖之賜言之，使知自損耳。

六三，无妄之災：或繫之牛，行人之得，邑人之災。

周公之象无妄六三云云，何也？曰：六三處動之終，以柔履剛，上應上九，是妄動而有繫戀者也。妄動則必失，失則喪得，是爲无妄之災。而其象占則爲「或繫之牛，行人之得，邑人之災」也。蓋无妄本非有災，以外有繫應、乘剛而動、所求非所得，而災耳。先儒以「或」爲指二，恐以不然。或之者，取象欲活之義，猶曰或如某象云耳。又以爲乾離同體，有牛象，亦恐不然。陰柔皆可爲牛，六陰安在不可爲牛？且義取於有繫則失之旨，正不必於爻實牽牛象也。或又爲上九變，則外四爻爲坎，坎爲盜，有得牛之象。又或以爲上九變，則爲隨之上六「拘係」「從」「維」，繫牛之象。又以爲上九行在外，爲遠行行人之象。皆恐不然。總之，此爻以六居三，處動之終，爲動必有失之義。周公繫牛四語，只借此一事以示象，所謂義象也。義象則皆可以義會矣，恐不容如此穿鑿附會也。

象曰：「行人」得牛，「邑人」災也。

孔子之傳无妄六三云云，何也？曰：言「行人得牛」，邑人受災。受災者非得牛之人，故其災爲无妄耳。

九四，可貞，无咎。

周公之象无妄九四云云，何也？曰：九四雖處非其正，然爻體居柔，下無係應，則亦能固守无妄之義者也。故象占如此。

象曰：「可貞，无咎」，固有之也。

孔子之傳无妄九四云云，何也？曰：言「可貞，无咎」，固守此无妄者也。嗚呼！君子從容中道，自然无妄，豈可固守乎？然賢於三之妄動，必失亦遠矣。

九五，无妄之疾，勿藥有喜。

周公之象无妄九五云云，何也？曰：九五陽剛中正，本自无妄，以其下與二應，故爲「无妄之疾」。然本屬正應，但無大生係戀之意。即疾自可已，初不待藥，一藥則仍，即藥爲病耳。故象占如此。

象曰：「无妄」之「藥」，不可試也。

孔子之傳无妄九五云云，何也？曰：言疾本得之无妄而復藥之，則反爲妄而生疾矣，此藥萬不可嘗試也。嗚呼！程子「不須窮索，不須防檢」之旨，其此義乎？而孔子不逆詐而先覺，尤其象也。

上九，无妄，行有眚，無攸利。

周公之象无妄上九云云，何也？曰：上九无妄之終，更何所往？獨以陽亢不正，下係六三，而遂生妄想，此正所謂貪欲不止。无妄之往，何之者也？招災不利，自不待言。故象占如此。

象曰：「无妄」之「行」，窮之災也[一]。

孔子之傳无妄上九云云，何也？曰：言上九「无妄之行」，總是任情罔終，故其數盡理窮，天命不祐，而災不免耳，何利之有？嗚呼！古今之以妄想貪行招災致釁者，舉此類也。聖言真如蓍蔡，可畏哉！

大畜 ䷙ （乾下艮上）

无妄而受之以大畜，何也？序卦傳曰：「有无妄然後可畜，故受之以大畜。」

大畜：利貞；不家食，吉；利涉大川。

文王之彖大畜云云，何也？曰：大畜以艮山止乾健，是之謂大畜。而卦中艮以一陽居最上，乾以純陽止艮下，有人君畜賢象，故占象爲「利貞」。又上既有養賢之主，則士自以不食於家爲吉。卦德行健知止，以之遺大投艱，亦自能無往不濟，故象占又取於「不家食，吉；利涉大川」也。然於大畜之「利貞」，則知凡一切畜人畜學畜物者，不可不正於「不家食，

[一]「窮之災也」，原作「災之窮也」，據周易改。

吉」；可知國家以畜賢爲大經大猷。於「利涉大川」，可知行健知止乃涉世攸往之利耳。

卦中本無坎澤，而亦取「利涉大川」。天本不可以山畜，而卦竟以山畜天成大畜，則又可知讀易者求象於物，宜通象於義也。易道變通多端，真活潑潑地。後儒往往執象舍義，不得則穿鑿附會，求之緯稗。噫！誤矣！

彖曰：大畜，剛健篤實輝光，日新其德。剛上而尚賢，能止健，大正也。「不家食，吉」，養賢也。「利涉大川」，應乎天也。

孔子之傳大畜彖云云，何也？曰：言大畜者下以乾健，上遇艮止。乾精斂而篤實，艮止明而光輝。止以畜健，健以受止。誠，明並進，而兩相磨，而德日新，所以爲大畜也。又爲卦艮陽在上，有尚賢之君，則士不可復食於家，故爲卦「不家食，吉」。濟世艱難，以艮道之光明，應乾行之剛健，何憂不濟？故曰「利涉大川」也。

象曰：天在山中，大畜；君子以多識前言往行，以畜其德。（識，如字，又音志。行，下孟反。）

孔子之傳大畜大象云云，何也？曰：言天體之至大，而山以靜虛止畜之，故曰大畜。君子體此，則多識前言往行，以畜在中之德焉。蓋吾德本大，與天同體，而非經好古敏求之後，則亦無由開發印正，而使之還其本量。彼前言往行，則皆古之聖賢由道德之精蘊發爲菁華，而言爲德言。本精義之實得見諸制行，而行爲德行。可以印正開服吾德者也。故君子於前言往行，多見多識，神明默成，以畜其德，而使之篤實輝光焉。

觀君子之「多識前言往行，以畜其德」，可知徒事虛靜者，德終不大；又可知不爲畜德，而徒以多識前言往行爲德者，所畜不足言大也。吾輩欲體大畜之旨者，必以道問學爲尊德性之實功，然後廣大、精微、高明、中庸一以貫之於大畜也，其庶幾乎！

又朱子曰："天在山中，不必實有是事，但以其象言之耳。"可見全易之中義象固多也。

初九，有厲，利已。（已，夷止反。）

周公之象大畜初九云云，何也？曰：乾之三陽爲艮所止，初九爲六四所止者也。而以剛居剛，易生躐等躁動之弊，故占象爲"有厲"，爲不利於行而利於已。已，止也。

象曰："有厲，利已"，不犯災也。

孔子之傳大畜初九云云，何也？曰：言初九"有厲，利已"者，躁動而不已，則必犯災；能止而受畜者，則不犯災也。

九二，輿說輹。（說，吐活反。輹，音福。）

周公之象大畜九二云云，何也？曰：九二得中履正，上應六五，有待用之期。而當畜之時，則以其中正，知止不進。故雖有可駕之輿，竟脱其受軸之輹，止而不進焉。嗚呼！伊尹之幣聘而囂囂，其類此乎？

象曰："輿說輹"，中無尤也。

孔子之傳大畜九二云云，何也？曰：言"輿說輹"者，九二剛中，材大得中，無躁進之過也。嗚呼！信非伊尹囂囂之象，不足當之也。

九三，良馬逐，利艱貞。日閑輿衛，利有攸往。

周公之象大畜九三云云，何也？曰：九三以剛居剛，當乾之終，而與上敵應，是乃下之畜積已多，而可行之時也，故爲「良馬逐」之象。然自處重剛，又遇剛應，必艱難守正，以謹績家修廷獻之學，使真足爲國家干城，好仇黼黻皇猷如「日閑輿衛」之義，乃利「攸往」耳。故占如此。

象曰：「利有攸往」，上合志也。

孔子之傳大畜九三云云，何也？曰：言九三之「利有攸往」者，上九陽剛，與九三陽剛之志合也。

六四，童牛之牿，元吉。（牿，古毒反。）

周公之象大畜六四云云，何也？曰：六四以陰畜初陽，有畜之於早之義，故有「童牛」加牿象。畜而如是，自然養成其材，而足爲我用，故占又有「元吉」象也。

象曰：六四「元吉」，有喜也。

孔子之傳大畜六四云云，何也？曰：六四之「元吉」者，蒙養既豫，自然小子有造，他日當得真材而心喜耳。

六五，豶豕之牙，吉。（豶，符云反。）

周公之象大畜六五云云，何也？曰：據程朱二先生說，六五以柔居尊位，而爲上所畜，如豶去其勢，以制其牙爲得機會而制之象。義自可取。但細味經文「豶豕之牙」四字，終覺注與經語脈未合。且如此，則與六二不殊。又五當君位，乃士子嚮應，而畜道至此已成之時也，亦不應又言初事耳。顧無從更向二先生面質也。

象曰：六五之「吉」，有慶也。

孔子之傳六五云云，何也？曰：言「六五之吉」者，畜士而養之已成，自然足爲王國之楨，爲社稷之慶耳。

上九，何天之衢，亨。

周公之象大畜上九云云，何也？曰：上九以陽居止之上，畜極而通，不特三之「日閑輿衛」者至此而良馬彙征，即初、二之「利已」者至此而進，「說輹」者至此而行矣。所謂上有好賢之主，而士皆奮翼天衢、鵬摶萬里者，其在此乎！故占有「亨」象。

象曰：「何天之衢」，道大行也。

孔子之傳大畜上九云云，何也？曰：上九「何天之衢」者，謂所畜者至此乃得其道大行耳。蓋以上有尚賢之主，故士乃得大行其道，而以「不家食，吉」爲吉也。

頤 ䷚（震下艮上）

大畜而受之以頤，何也？序卦傳曰：「物畜然後可養，故受之以頤；頤者，養也。」

頤：貞吉；觀頤，自求口實。

文王之彖頤云云，何也？曰：頷頰曰頤，所以飲食養人者也。卦體外實内虚，下動上止，有頤象，故取於頤也。頤以養生，惟正而固則吉，故占有吉象也。養有所養之道，故象取於「觀頤」。又有所以自養之術，故象又取「自求口實」也。然此言義象耳。其實仔細玩味，爲卦全象似離，本有觀象，而四陰在中亦自有「口實」象，則義象、象象固未始不貫也。

彖曰：頤，貞吉，養正則吉也。「觀頤」，觀其所養也。「自求口實」，觀其自養也。天地養萬物，聖人養賢以及萬民。頤之時，大矣哉！

孔子之傳頤彖云云，何也？曰：言「頤，貞吉」者，養得其正，不以饑渴害其心則吉也。「觀頤」者，動而知止，以觀其所爲養也。「自求口實」者，頤以虛待實，所求口實之物，不可不自觀也。彖義至此矣，而又言天地云云者，蓋孔子讀易至此，又見得頤道更有至大至正，而不徒自養之口實者在，故又特推而廣之以示人，使知頤時固至大耳。其曰「天地養萬物」云云者，則言萬物莫不養，而皆資於天地；萬民莫不養，而皆資於聖賢。「天地養萬物，聖人養賢以及萬民」，此養之得正而吉也。天地聖人民物不能廢養，則其爲時豈不大哉？此頤之不可不觀，口實不可妄求，而惟其時之爲貴也。

觀聖人養賢以及萬民，則知養賢方可以養民，而養賢乃養民之實事，不然所養非賢，而令親民者多貪殘，日將思剥民以肥己。即人君悉心民瘼，朝令夕申，民且日漸瘠羸耳。故欲養萬民者，以觀其所養之賢不賢爲要也。然使名曰養賢，而不能使賢足以自養，究之不能養及萬民耳。何者？既富方穀，即凡厥正人固莫不然耳。故養賢者又當以忠信重祿爲大經。

虞書曰：「在知人，在安民。」此即養賢及萬民之旨。而中庸曰：「忠信重祿，所以勸士。」此即養賢之實。六經、四子原相表裏，善讀易者，融六經、四子於一貫可也。

象曰：山下有雷，頤；君子以慎言語，節飲食。

孔子之傳頤大象云云，何也？曰：「山下有雷」，山止乎上，雷動乎下，其卦象頤也。君子體此，而知此口之所爲禍者由動不知止耳。於是於言語則加慎，於飲食則加節焉。蓋言語口之所出也，雖時當言語，不能不動而言語，而爲難言訒，不使多言喪心。飲食口之所入也，雖時當飲食，不能不動而飲食，而節性止貪，不使嗜味生疾。以此爲養德養生之要務耳。

觀君子云云，可知凡事以動而知止爲自養之道。

初九，舍爾靈龜，觀我朵頤，凶。（舍，音捨。朵，多果反。）

周公之象頤初九云云，何也？曰：初九九陽在下，可不賴人而食者？而乃上應六四，是動於欲，而仰人之養也，故爲「舍爾靈龜，觀我朵頤」象。頤而如此，大非養正之義矣，故占有凶象。

象曰：「觀我朵頤」，亦不足貴也。

孔子之傳頤初九云云，何也？曰：言「觀我朵頤」，是不能自觀其所養，而徒仰養於人，乃齊人乞墦，昏夜之行，亦何足貴乎？嗚呼！孔子之示戒更切矣。

六二，顛頤，拂經於丘頤，征凶。

周公之象頤六二云云，何也？曰：言六二以陰居柔，不足自養，求養於初，則顛倒而違於常理。求養於上，則非其正，應而征凶。故象占取此。

李氏以「顛頤」指上，以上居艮上，爲山顛也。以「丘頤」爲指五，以「征凶」爲五方仰養於上，不能養二。此亦足備一説。

象曰：六二「征凶」，行失類也。

孔子之傳頤六二云云，何也？曰：言六二往上凶者，二上非應，行失其類也。嗚呼！今之於非類求養者，皆於「丘頤」類也，其當慎所往哉！

六三，拂頤，貞凶，十年勿用，无攸利。

周公之象頤六三云云，何也？曰：六三處動之終，居非其正，雖於上爲正應，然下動上止，終不得其養，故有「拂頤，貞[一]凶」象，又有「十年勿用，無攸利」象。「十年」不必於二體中求象，只是形其終不可得之義。

象曰：「十年勿用」，道大悖也。

孔子傳頤之六三云云，何也？曰：言「十年勿用」者，養太失道，終不可用耳。下三爻多凶者，以其處動耳。頤固以動而知止爲正也。

六四，顛頤，吉，虎視眈眈，其欲逐逐，无咎。

周公之象頤六四云云，何也？曰：六四與艮同體，居柔得正，是賴上之養而得其所欲者，故象占爲「顛頤」之「吉」。又卦似離目，有視象。位當頤中，爲口實象。而虎則視下而專，逐逐其欲，正以象其「自求口實」之義也。頤而如此，是欲動而能視，以觀其所者，則亦可「无咎」耳。故象占又如此。

[一]「貞」，原作「征」，據文津本改。

「虎視」不必於象求解，但取其求養得常之旨耳。嗚呼！文王善養，雖伯夷、太公皆來就之，況同體耶？故傳曰「上施光」耳。

象曰：「顛頤」之「吉」，上施光也。

孔子之傳六四云云，何也？曰：言六四當上下之交，與上九同體，止而能明，以仰上九之養，而上九以大烹之養養之。其上施本光，故雖「顛頤」而「吉」也。

六五，拂經；居貞吉，不可涉大川。

周公之象頤六五云云，何也？曰：言六五處尊位，陰柔不能自養，而止賴上之養，是反乎常理也，有「拂經」象。然處柔得中，能止而順上，則亦自得吉道耳，故占有「居貞吉」象。但頤而如是，雖得其正，而終不足以濟險。蓋其以柔處止，而又無正應，是力不足以養天下者，亦安能涉險乎？故占又有「不可涉大川」象。

象曰：「居貞」之「吉」，順以從上也。

孔子之傳頤六五云云，何也？曰：言六五「居貞之吉」者，大君虛己養賢，上九一陽爲所倚重，五惟順上，以養天下而已。

上九，由頤；厲吉，利涉大川。

周公之象頤上九云云，何也？曰：上九陽剛爲艮主，羣陰無不仰欲給求，頤之所由成者在此，所以厲者亦在此，故象占爲「由頤，厲吉」。又艮以一陽剛果無前，則自足以濟大過之事而勝任，故爲「利涉大川」也。然要之「涉大川」取乎[一]艮剛之堅，而實由於由頤之吉。蓋惟上九足以養賢及萬民，故無險不濟耳，觀傳義亦自可見也。

象曰：「由頤，厲，吉」，大有慶也。

孔子之傳上九云云，何也？曰：言「由頤」雖「厲」得「吉」者，以克艱之心居此位，則自能澤被天下，大有福慶耳。嗚呼！觀上九一爻，曰「厲」，曰「涉大川」，勢綦危矣，而終得吉，則亦可知動而明者之能保令終也。嗚呼！其斯伊、周、諸葛足以當之乎？

大過 ䷛ （巽下兌上）

頤而受之以大過，何也？序卦傳曰：「不養則不可動，故受之以大過。」

大過：棟橈；利有攸往，亨。（橈，乃教反。）

文王之彖大過云云，何也？曰：爲卦取於四陽居中，過盛爲大過；而以上下二陰不勝其重爲「棟橈」；二五得中，內巽外說，爲利往亨通。而其義則謂「大過：棟橈」之象，亦有利往亨通之占也。

[一]「乎」，文津本作「于」。

彖曰：「大過」，大者過也。「棟橈」，本末弱也。剛過而中，巽而説行，「利有攸往」，乃「亨」。「大過」之時，大矣哉！

孔子之傳大過彖云云，何也？曰：言「大過」者，謂四陽「大者過也」。「棟橈」者，「本末」皆陰柔而「弱也」。「剛過」而二五得中，下巽而上説以行，故「利有攸往，乃亨」也。其曰「大過之時，大矣」者，則孔子又於觀象繫辭時，真見得天下大過之事，非有大過人之材不能濟，故推廣而贊嘆之耳。

象曰：澤滅木，大過；君子以獨立不懼，遯世無悶。

孔子之傳大過大象云云，何也？曰：朱子謂：「澤滅於木，『大過』之象。不懼不悶，『大過』之行。」自爲得之。蓋以時風衆勢[一]之中，而能「獨立不懼」；天地閉藏之時，而能「遯世無悶」。此真屬過人之行。然要非有大過人之識，大過人之養，則亦豈能砥柱中流，屹立不移乎？故大過人之君子，其立身行己大過乎人，原是其識見涵養大過乎人也。

大過之君子説而能巽，蓋所謂處陰氣錮寒之時，盡己順令者也。否之，君子儉德避難，所以處否世。大過之君子不懼無悶，所以自盡道。然要之儉德避難之君子，原有此不懼無悶之學，故能如彼耳。不然，則避難爲懼禍，而儉德有悶心，非吾夫子翼易所取象之君子矣。

初六，藉用白茅，无咎。

周公之象大過初六云云，何也？曰：大過以四陽居中，而初六以陰柔處下，有「藉用白茅」象。孔子曰：「錯諸地

[一]「時風衆勢」，原作「時危勢急」，據文津本改。

而可矣，藉用白茅，慎之至也。」天下百凶皆起於放肆，而百福皆起於敬慎。慎如此，尚何咎乎？故占又有「无咎」象也。嗚呼！觀周公於「藉用白茅」，則繫之「无咎」。易，四聖人教人寡過之書，而其實教人敬而無失之書乎！

白茅柔嫩，巽初柔象。初居下而上居四陽，「藉用」象。初六潔齊以承衆剛，小心慎重，自能「无咎」象。

象曰：「藉用白茅」，柔在下也。

孔子之傳大過初九云云，何也？曰：言「藉用白茅」者，以下承剛而能用柔，則自然「无咎」耳。誠以剛不可以承剛也。然須合繫中此爻之文言觀之，則爻義始盡耳。蓋孔子初繫此爻時，特釋象辭，而繫言則並其義暢發之。其餘如困六三爻，大有上九諸爻皆然。

九二，枯楊生稊[一]，老夫得其女妻；無不利。（稊，杜兮反。）

周公之象大過九二云云，何也？曰：陽過之時，而二比初陰，有「枯楊生稊，老夫得其女妻」象，是則強陽難過，猶借陰柔以調和其下於初六，尚爲无咎，而往則有利，故占有「無不利」象。

二原[二]根於下，而上接羣剛，有「枯楊」象。下資於陰，有萌蘖象。二陽與初陰比，爲得妻象。陽剛履中得正，「無不利」象。大抵象皆爻所本有，非外借也，故知讀易無事穿鑿附會。

他卦以陰陽正應爲夫婦，而大過以剛柔相比爲夫婦，蓋聖人取象固惟其義之適耳，豈拘拘如律例之一定不可移易乎？讀易者亦可以知易之爲書，不特其道「變動不居」「惟變所適」，即象亦「變動不居」「惟變所適」也。

[一]「稊」，原作「梯」，據文津本改，後文同。

[二]「原」，原作「元」，據文津本改。

象曰：「老夫」「女妻」，過以相與也。

孔子之傳大過九二云云，何也？曰：言「老夫女妻」者，剛居二，柔居初，以陰之過調陽之過，以相與也。

九三，棟橈，凶。

周公之象大過九三云云，何也？曰：三四二爻居卦之中，棟之象也。九三不惟以剛承剛，剛過必折，亦且下近於地，原有「棟橈」之象。「棟橈」豈能勝重乎？故占有凶象。

象曰：「棟橈」之「凶」，不可以有輔也。

孔子之傳大過九三云云，何也？曰：言九三「棟橈之凶」者，以九三棟已近地，下邊容不得支撐，而不可以有輔耳。

九四，棟隆，吉；有它，吝。（它，徒何反。）

周公之象大過九四云云，何也？曰：九四位已居上，而又以剛處之，此棟之隆而不橈者也，故象占取於隆吉。然以下應處陰，則是一橋二棟三既橈矣。而初六一陰兩承，亦太費力矣，故象占又取「有它，吝」也。然此語孔子未釋來歷，皆以意釋，顧不知竟如何耳。

象曰：「棟隆」之「吉」，不橈乎下也。

孔子之傳大過九四云云，何也？曰：言九四「棟隆之吉」者，蓋以四視三居位已高，似棟之隆，然獨起不橈乎下耳。

九五，枯楊生華，老婦得其士夫；无咎無譽。

周公之象大過云云，何也？曰：九五以陽過之極，又比過極之陰，有「枯楊生華，老婦得其士夫」象。大過如此，雖於陰陽之義無乖，要非適可之耦，雖可以濟壯陽之偏，要未可成生育之功，故雖「无咎」，而亦「無譽」耳。

象曰：「枯楊生華」，何可久也？「老婦」「士夫」，亦可醜也。

孔子之傳大過九五云云，何也？曰：言「枯楊生華」，轉眼便萎，何可久也？「老婦士夫」，亢陽極而求耦於窮陰，既非其配，又無生育。天下事之最恠而可醜者也！

上六，過涉滅頂，凶，无咎。

周公之象大過上六云云，何也？曰：上六以窮陰處大過之終，所謂末弱者也。於橋樑則爲木過柔而滅於水，於行人則爲橋已斷而「涉滅頂」，「過涉」之凶從可知矣。然卦象爲澤滅木而木中立，於人象則「涉滅頂」而人未仆，則又所謂「獨立不懼，遯世無悶」者也，故雖「凶」而又有「无咎」象。

既「凶」矣，又「无咎」，何也？「凶」以言乎「滅頂」，「无咎」言乎「滅頂」而仍「涉」也。嗚呼！孔孟雖隱滅於春秋戰國之時，而其挺然獨立，則千古之道德「无咎」也；龍逄、比干雖死滅於夏桀、商紂之時，而其致命遂志，則於萬古之綱常「无咎」也。讀易者能於此引而伸之，觸類而長之，亦可以神明乎易，而默成居安矣。

象曰：「過涉」之「凶」，不可咎也。

孔子之傳大過上六云云，何也？曰：言上六「過涉之凶」，雖凶其身，而實義所當過，亦「不可咎」耳。

觀孔子「不可咎」之釋，則似宜解无咎以自己「過涉」尚於誰咎爲近，然如程朱之説，自於名教有關也。

坎 ䷜ （坎下坎上）

大過而受之以坎，何也？序卦傳曰：「物不可以終過，故受之以坎；坎者，陷也。」

習坎：有孚，維心亨。行有尚。

文王之彖坎云云，何也？曰：坎於象爲陽陷陰中，外虚中實，而卦則上下皆坎，是爲「習坎」。「習坎」之象取其陽實在中，則爲中有孚信。取其中實，則爲中心誠一。誠一則自能動物，而爲「維心亨」。又惟誠一則行可嘉尚，而居險亦尚乎行以出險，則「行有尚」也。蓋彖辭於卦中無義不顯，固如此。易道「探賾索隱」，豈不信然！

彖曰：「習坎」，重險也。水流而不盈，行險而不失其信。「維心亨」，乃以剛中也。「行有尚」，往有功也。天險，不可升也；地險，山川丘陵也。王公設險，以守其國。險之時用，大矣哉！

孔子之傳坎彖云云，何也？曰：言「習坎」者，謂其爲「重險」也。於卦象則「水流而不盈」，於卦義則「行險而不失其信」，是爲「有孚」也。「維心亨」者，以剛在中而亨也；「行有尚」者，本誠實而行，則可尚濟險，亦尚乎實行也。天險云云者，則孔子於傳彖時，又推重險之用而廣之。蓋以爲此險，在天則「不可升也」，在地則「山川邱陵也」，在王公則知險之不可陵，而設爲城郭潢池之險，以「守其國」而保其人民。是用險之時，其用固甚大也。

象曰：水洊至，習坎；君子以常德行，習教事。（洊，在薦反。行，下孟反。）

孔子之傳習坎大象云云，何也？曰：言卦以上下兩坎爲「水洊至」，故取義「習坎」。是殆如水之「原泉混混，不舍晝夜，盈科而後進」者也。君子體此，取其有常，則常久其德行，而至誠無息，安居資深。取其洊習相受，則以習熟其教令之事，而勞來匡直，使之自得。蓋以德行非常不熟，而教令非習不喻也。「爲之不厭」，常德行也；「誨人不倦」，習教事也。易之精藴，孔子時時於言行證之。欲求易義者，能求之於孔子之行止言論，即易道可以默識。

初六，習坎，入於坎窞，凶。（窞，徒坎、陵感二反。）

周公之象坎初六云云，何也？曰：初六當坎之時，而以陰柔處下，是「習坎」而且入「坎窞」者也，則終無出理矣，其凶可知。故象占取此。

象曰：「習坎」入坎，失道「凶」也。

孔子之傳坎初六云云，何也？曰：言由「習坎」而更入「坎窞」，「失道」之甚，豈有出險之日乎？無恠其凶也。嗚呼！世之積惡而益肆爲惡，亦猶是已。

九二，坎有險，求小得。

周公之象坎九二云云，何也？曰：九二當刊之時，處險之中，所謂方有其險者也。然以其剛中心亨，則亦可以濟險，而不得其求，不至如初之「入於坎窞」耳。嗚呼！其申屠蟠、袁閎之流乎？

程子曰：「剛，則才足以自衛；中，則動不失宜。」其解求得至明。二正在險中，故爲「有險」。剛中而實，故「求小得」。向非有險，則求大亦得，以二本陽剛而大者也。然向非中實，則且陷而無得，故求得亦惟九二之中乎心亨也。

象曰：「求小得」，未出中也。

孔子之傳九二云云，何也？曰：言「求小得」者，以陽剛之才本可濟險，而尚未出險，故所求僅小得也。

六三，來之坎坎，險且枕，入於坎窞，勿用。

周公之象坎六三云云，何也？曰：六三在下坎之終，而上際上坎，又以陰柔居不中，正是「來之坎坎，險且枕」而「入於坎窞」者也。如三之所處，如是豈可用者乎？故象占如是。嗚呼！古之君子見險而止，知難而退者，殆即善用此爻「勿用」之旨者乎！

象曰：「來之坎坎」，終無功也。

孔子之傳坎六三云云，何也？曰：言六三「來之坎坎」云云者，進退皆險，處又不安，若用此道，當益入於險，「終無功」耳。

六四，樽酒，簋貳，用缶。納約自牖，終无咎。（簋，音軌。缶，俯九反。）

周公之象坎六四云云，何也？曰：言六四上險初出，而近與五比，是君臣之間，險中交際，以克難時也。以其爻位爻德皆陰虚，有不豐不實之義，故取「樽酒，簋貳，用缶」，以爲艱難交際象。又六以陰而四亦柔，有誠信相得義，故又取「納約自牖」象。大臣如是，始雖艱難，終必無尤，故占又爲「无咎」也。「樽酒，簋貳，用缶」，甯武子之槖饘，馮異之麥飯豆粥，庶幾似之；「納約自牖」，子房四皓之悟漢高，觸讋少子之悟趙后，亦爲近之也。

「樽酒，簋貳，用缶」，先儒或以「樽酒簋」三字爲句，「貳用缶」三字爲句，或以「樽酒」爲讀，「簋貳」爲讀，「用缶」爲讀。前説以酒食器爲義，後説以樽酒簋食缶樂爲義。總之，象大臣於君艱難中交際之義。但得此義，固不必定其何當，亦無從質其何當也。第觀離卦「鼓缶而歌」，又詩云「坎其擊缶」，則於樂義差近耳。

六四之「无咎」，總是於九五君臣結約雖在險難之中，而同心有禮可以終濟之義。

象曰：樽酒，簋貳，剛柔際也。

孔子之傳六四云云，何也？曰：六四以柔正承五剛中，得交際之道也。〔一〕

九五，坎不盈，祇既平，无咎。

周公之象坎九五云云，何也？曰：九五以陽剛中正居尊位，且居上卦之中，時亦將出矣，而尚居於中，則有「坎不盈」象。而以其時將出，則又爲「祇既平」象。傳所謂水流不盈、行險有常者，九五之謂也。故雖處乎險上，而中孚心亨行尚，則亦自「无咎」耳。嗚呼！其在中主創業之始，則昭烈正位之際，而在聖人克艱之心，則大禹「祇台」之懷乎？

〔一〕離卦六四爻象辭及解說原脱，據文津本補。

象曰：「坎不盈」，中未大也。

孔子之傳九五云云，何也？曰：言「坎不盈」者，雖陽剛中正，而尚屬坎中，未大光耳。

上六，係用徽纆，寘於叢棘，三歲不得凶。（纆，音墨。寘，音置。）

周公之象坎上六云云，何也？曰：上六以陰柔居險極，有「係用徽纆，寘於叢棘」三歲不能脱出象。居坎如此，凶終釁末，不可救矣。故於占爲至凶也。嗚呼！其怙〔一〕終不赦，而屏諸四夷者乎？

象曰：上六失道，凶「三歲」也。

孔子之傳坎上六云云，何也？曰：言上六如此云云者，以其處險而陰柔成性，故自致於罪，而凶「三歲」耳。觀上六以陰柔「失道」而凶，則可以悟象辭二五以剛實而有孚心亨行尚之旨，且以悟濟陰之端賴剛中也。

離☲（離下離上）

坎而受之以離，何也？序卦傳曰：「陷必有所麗，故受之以離；離者，麗也。」

離：利貞，亨；畜牝牛，吉。

文王之象離云云，何也？曰：爲卦上下皆離，火之繼續不絶者也，而其占象則爲「利貞，亨」，而忌飛揚躁擾。爲「畜

〔一〕「怙」，原作「怗」，據文津本改。

牝牛，吉」，而喜柔順安靜耳。然離之二五兩陰爻俱在剛中，原自有「畜牝牛」象，而彖取於此。易往往由義象雙融恰好符者，此類是也。

彖曰：　離，麗也；　日月麗乎天，百穀草木麗乎土。重明以麗乎正，乃化成天下。柔麗乎中正，故「亨」，是以「畜牝牛，吉」也。

孔子之傳離彖云云，何也？曰：　言離者，兩相附而謂之麗也。日月則麗乎天而光明，百穀草木則麗乎地而光華，物固無不以麗而化成者，況人爲萬物之靈明以繼明麗乎？至正則大明普照，有不化成天下乎？而爲卦二五皆以柔體麗上下，二卦之中是重明，無偏依邪曲而麗乎正者也。何用不亨？是以象占取於「畜牝牛，吉」也。而凡人生麗人宜得其正，居心欲麗於正，從可類推。

他彖傳皆以推廣時用義之旨，繫於釋彖辭後，而麗獨繫於釋卦名下。聖人之立言，得心寫意，固無成例有如是乎？

象曰：　明兩作，離；　大人以繼明照於四方。

孔子之傳離大象云云，何也？曰：　言離之爲卦兩明相繼，故成「繼明」之離。大人體此，聰明睿智以照臨天下，使天下無不達之隱，九重無不照之時。德則日新，繼以又新；治則善政，繼以善教。常使光明不息，以坐照於四方，如離之兩明相繼也。嗚呼！其「古之明明德於天下者」乎？

初九，履錯然，敬之，无咎。（錯，七各反。）

周公之象離初九云云，何也？曰：　下卦之離取於日而初出，則日始出而未大曉，有開戶出門，各營所事，而視「履錯然」參差之象。當此時也，能謹而不爲所錯，乃得「无咎」。故象占如此。

初在下，有「履」象；以剛居之，有「敬之」象。

聰明每多躁擾，則聰明反爲自焚之具，故宜於當初即敬。

象曰：「履錯」之「敬」，以辟〔一〕咎也。

孔子之傳離初九云云，何也？曰：初九履端之始吉與咎之所由分，人無不求吉而「辟咎」者，然莊重日強，安肆日偷，天下之定理。視「履錯然」之初，而能以敬持之，所「辟咎」之道，莫外於是。

六二，黄離，元吉。

周公之象離六二云云，何也？曰：六二履柔處中，如日之方中，所謂柔麗乎中正，以化成天下者也，故其象爲「黄離」。得中，而其占爲「元吉」，大利。嗚呼！其古之睿〔二〕哲文明、温恭允塞者乎？宜其得無爲而天下治之吉也。

象曰：「黄離，元吉」，得中道也。

孔子之傳離六二云云，何也？曰：六二、六五爲離卦之主，而二尤居中而得正。文明之世，而有用中之君，含弘廣大，蕩蕩平平，所以一世遵道遵路而「元吉」也。後世如光武治天下以柔道行之之言庶幾近之，而秦之苛酷、隋之操切，適以自促其元氣也。

〔一〕「辟」，原作「避」，據周易改，後同。

〔二〕「睿」，原作「濬」，疑形近而訛，遂改。

九三，日昃之離，不鼓缶而歌，則大耋之嗟，凶。

周公之象離九三云云，何也？曰：九三於日爲既昃之離，人之老耋時也，正宜有以自娛以忘其老。倘不能「鼓缶而歌」，則戚戚於日暮之窮而昏作罔休，是自速其亡也。大耄之傷，何能免乎？故占爲大凶。嗚呼！世之耄耋而知自樂者，其尚鑑於此。

象曰：「日昃之離」，何可久也。

孔子之傳九三云云，何也？曰：言「日昃之離」時已過矣，其能久乎？此正宜自樂以娛老時也。噫！合象以觀，而見周公、孔子之爲昃者儆亦至矣，故曰：「易，聖人爲憂患天下後世而作也。」

九四，突如其來如，焚如，死如，棄如。（突，如忽反。）

周公之象離九四云云，何也？曰：九四前火來迫，後火相促而自已。又以剛乘之，其凶可想而知，故象占特取於「突如」「來如，焚如，死如，棄如」也。人之處非其正，而又輾轉附麗，益非其正者，俱可作此觀已。

象曰：「突如其來如」，無所容也。

孔子之傳離九四云云，何也？曰：言九四之「突如其來如」云云者，謂其麗太不當，「無所容」之象也。

六五，出涕沱若，戚嗟若，吉。（沱，徒何反。）

周公之象離之六五云云，何也？曰：六五柔麗乎中，與六二同，而位則人君之位。人君以一身坐照天下，而自恃聰明則昏蔽反多，而大化不成。必須時時有臨淵履薄、克艱憂厲之心，乃爲麗乎中正，故象占特取於「出涕沱若，戚嗟若」則「吉」也。二「若」字亦即五「如」字之義，極形其憂危戒懼之象耳。不必於卦爻索象也。嗚呼！其古知難之君乎？一言興邦，是即其吉耳。

象曰：六五之「吉」，離王公也。（離，音麗。）

孔子之傳離六五云云，何也？曰：言「六五之吉」者，所麗得王公之正位也。蓋居在上之勢，而明察事理，畏懼憂虞以待之，乃得「吉」耳。所謂危乃保其存者，六五其知之矣。故六五正爲柔麗乎中正，以化成天下者耳。

上九，王用出征，有嘉折首，獲匪其醜，无咎。

周公之象離之上九云云，何也？曰：上九居明之終，履位之高明之及乎至遠者也。又離爲甲胄，有「征」象，故象取於「出征，有嘉折首，獲匪其醜」焉。蓋用兵欲殲厥渠魁，協從罔治，以正有罪而安四方耳。然非王者真有不濫及脅從之仁，察及首從之明，則亦不能「嘉折首，獲匪其醜」也，故於上九離之繼明遠照發之。嗚呼！王者固以恩威並用，寬猛相濟，爲明之至乎！

象曰：「王用出征」，以正邦也。

孔子之傳離上九云云，何也？曰：言王者用此上九之德以「出征」而行罰，乃所以正治其邦國。剛明，居上之道也，然則聖王之「出征」，固義取於「正邦」；匪是，即不以興師動衆。從可知矣。

卷六

下經

鄠縣王心敬撰

咸䷞（艮下兑上）

下經之首咸，何也？序卦傳曰：「有天地然後有萬物，有萬物然後有男女，有男女然後有夫婦，有夫婦然後有父子，有父子然後有君臣，有君臣然後有上下，有上下然後禮義有所錯。」蓋天地者人物之本，上經所以首乾坤。夫婦者人倫之始，下經所以首咸恒也。

咸：亨，利貞，取女吉。

文王之彖咸云云，何也？曰：咸之爲卦，山澤通氣，感應以無心之謂也。凡物不感則不通，咸則此往彼來，相與偕適，自有亨道，故占有「亨」象。然利於得正，不然非道之悅，不可亨矣，故占又有「利貞」象。卦以上男下少女，相得以正，佳耦之合，故象占又爲「取女吉」。

爲卦六爻皆應，有咸和通暢、元氣昕合、自然而然之義。其在人心，則無欲之感應乎？

咸本自亨自正，故象占取於「亨」以贊之，取於「利貞」以戒之。然恒爲夫婦之常經，不先恒而先咸，何也？男女惟少則感之真，而爲卦二五相得，男下女尤感之真也。且天地感而萬物生，男女感而子女生，易生道取其氣通而行變化耳。惟少男少女感則生，生則相感於無窮，故首咸又所以明生生之道，行變化之義也。而取於艮兑，何也？女應以悦，男止以感，乃能恩義以篤，倡隨以辨，節宣以時，往來以中，雖感而不失其正。不然，悦而不止，即六氣淫而災沴生，非其道矣。聖人取象明義，真是於天道人事「觀會通以行典禮」，至矣哉！非明於天地人物之情者，其孰與於斯？

彖曰：咸，感也。柔上而剛下，二氣感應以相與。止而説，男下女，是以「亨，利貞，取女吉」也。天地感而萬物化生，聖人感人心而天下和平。觀其所感，而天地萬物之情可見矣。

孔子之傳咸彖云云，何也？曰：言「感」者，謂其男女相感也。兑柔上而艮剛下，二氣感應以相與。兑女上乎男，而艮男下乎女，「是以亨，利貞，取女吉也。」而又推之「天地感動萬物」云云者，則孔子觀咸之象，會咸之旨，而見得此，以正相感之義。雖天地化生萬物，聖人和平天下，皆不外此，故終之曰「觀其所感，而天地萬物之情可見」云爾也。

觀咸彖傳可知，霸者驩虞之感人心，係應之感，皆非其正，故王者過化存神，君子大公順應也。

象曰：山上有澤，咸；君子以虚受人。

孔子之傳咸大象云云，何也？曰：言卦艮下兑上，是「山上有澤」。澤通氣於山，而山受澤潤以生物，交感爲咸耳。君子體此，知人心惟虚，乃能容物受善，於是大公無我，虚以待感，如山澤之通氣也。嗚呼！非大舜之舍己從人，樂取爲善，孰能當之！

「寂然不動，感而遂通」，可作咸義底本注腳；「廓然大公，物來順應」，乃爲人心自然之感通。

初六，咸其拇。

周公之象咸初六云云，何也？曰：咸以人身取象，初六感於最下，咸拇之象。是感之尚淺，進不由己者也。故卦不言吉凶，以吉凶在人自取耳。

艮爲指，拇乃足之大指。初以柔居下，其動甚微，故爲「咸其拇」象。

象曰：「咸其拇」，志在外也。

孔子之傳咸初六云云，何也？曰：言「咸其拇」者，原非有心，獨以上與四應，而四爲心志，乃拇所受命，故曰「志在外」耳。大抵感以無心爲正，初之志在外，亦未合無心虛受之義，但吉凶悔吝生乎動，咸初感志尚未及動，故吉凶悔吝尚不可見。孔子亦只以「志在外」釋之耳。

六二，咸其腓，凶；居吉。

周公之象咸云云，何也？曰：人身在下，動莫若足。其不動而動者，惟拇與腓股。二在足上，正腓之地也，自宜聽命於心，以爲行止，故「咸其腓」則感而成凶，能止不動，則吉無不利。蓋爻中原具此義，故象占一一拈出也。

二與五應，故有咸腓之凶，而居止[一]柔中，故亦有居貞之吉。象義多通，俱如此類。總之，教人知所以隨處寡過耳。

象曰：雖「凶，居吉」，順不害也。

[一]「止」，原作「正」，據文津本改。

孔子之傳咸六二云云，何也？曰：言六二「雖凶，居吉」者腓順股止，不自專行，故「不害」也。

九三，咸其股，執其隨，往吝。

周公之象咸九三云云，何也？曰：三於人身當股也[一]，處咸之時，下乘腓拇，故爲「咸其股」象。股不能行，隨足以運，故爲「執其隨」象。又三居止體，而爲止主，原以静爲正，若往而從人，則吝之道耳。故象占皆取之。

象曰：「咸其股」，亦不處也；志在「隨」人，所「執」下也。

孔子之傳咸九三云云，何也？曰：「咸其股」者，處感之時，股亦欲動而不處也。「志在隨人」，所執者下，所以往而見吝耳。嗚呼！今之不能自立，而「志在隨人」者，吾不知其所執何如也。

九四，貞吉，悔亡；憧憧往來，朋從爾思。

周公之象咸九四云云，何也？曰：九四居股之上，脢之下，又當三陽之中心之象，咸之主也。然不言心者，心無形不可以象言耳。心之感物，當正而固，乃得其理。而九四以陽居陰，爲失其正，故因設戒以爲能正而固，則「吉」而「悔亡」。若「憧憧往來」，不能正固，而累於私感，則亦從「朋從爾思」而至耳。嗚呼！周公之於此爻，既示以得吉免悔之道，又戒以往來朋從之思。聖人之爲後世之人心計者，真詳且周；而其明於此心貞悔之機者，亦至精且明。幾希之統，信乎周公接四聖人。後學亦可於此知操心養心之道矣。

[一]「也」，原作「地」，據文津本改。

孟子「養心莫善於寡欲」「心之官則思」「先立其大，則小者不能奪」，可作此爻義疏；而虞廷危微精一四語，尤此爻之淵源會合。欲讀易者，要須先明二帝、三王、周公、孔、孟之心傳乃可耳。

象曰：「貞吉，悔亡」，未感害也；「憧憧往來」，未光大也。

孔子之傳咸九四云云，何也？曰：言「貞吉，悔亡」者，以靜正順應，而不以汩亂其本靜之體，雖感未有感之害也。「憧憧往來」者，謂以念慮之紛紜汩其虛靈之宅舍，而不能廓然大公以遂其光明正大之體，所以害也。嗚呼！心之爲體，豈能不感？亦以靜正順應爲光大耳。談心學者，尚其於主靜立極求之。

九五，咸其脢，無悔。

周公之象咸九五云云，何也？曰：九五居心之上，口之下，爲喉骨之地，乃動而上行，食息所必由者也。然亦不能爲主，而悅體倚成於上，故象取咸脢，而占取「無悔」耳。然益可知感以無心而善也。脢以取於喉骨之在口下心上者爲近實，故從之。

象曰：「咸其脢」，志末也。

孔子之傳咸九五云云，何也？曰：言「咸其脢」者，志欲悅而宣乎口，必由脢達於上之末耳，故曰「志末也」。上與象象末，大過之上云末弱，亦其證也。

上六，咸其輔頰舌。（頰，古協反。）

周公之象咸云云，何也？曰：上六當感之終，居兑之口，有「咸其輔頰舌」象，是以言感人者也。嗚呼！感人以言，不亦淺乎？雖不言凶，而悔吝所不免矣。

象曰：「咸其輔頰舌」，滕口説也。（滕、騰通用。）

孔子之傳咸上六云云，何也？曰：言「咸其輔頰舌」者，謂感人以言，徒「滕〔二〕口説」以悦人。在我爲感非其實，在人亦徒聽而心不感也。嗚呼！其末世之文誥，禦人之口給乎？庸何貴焉！

恒 ䷟ （巽下震上）

咸而受之以恒，何也？序卦傳曰：「夫婦之道不可以〔三〕不久也，故受之以恒；恒者，久也。」

恒：亨，无咎，利貞，利有攸往。

文王之彖恒云云，何也？曰：恒乃常久之義，卦中自具亨通之道，而亦自具「无咎，利貞，利有攸往」之義。蓋有咎則不亨，而恒則循理「无咎」。不利安貞則不亨，而恒則自正而固。不利攸往則不亨，而恒則不窮而「利有攸往」。故恒有亨道，而彖占備取於「无咎，利貞，利有攸往」也。恒固天下最善之事乎！

〔二〕「滕」，原作「騰」，據文津本改。

〔三〕「以」字原脱，據周易序卦傳補。

彖曰：恒，久也。剛上而柔下，雷風相與，巽而動，剛柔皆應，恒。「恒：亨，无咎，利貞」，久於其道也。天地之道，恒久而不已也。「利有攸往」，終則有始也。日月得天而能久照，四時變化而能久成。聖人久於其道，而天下化成。觀其所恒，而天地萬物之情可見矣。

孔子之傳恒彖云云，何也？曰：言恒者久也，震剛以長男居上，巽柔以長女居下，男尊女卑，分得常也。一陽初動乎陰爲震，一陰初入於陽爲巽，陽動陰入，相與得常也。卦以巽承震動而能順，爻以柔應剛倡而有和，感應得常也。兼此數常久之道，故謂之恒也。而其所以「亨，无咎，利貞」者，亦只是取義於恒久之得其道耳。蓋雖天地之道，亦不過此恒久之得道，況人而有恒有不亨通利貞乎？故恒則「亨」，「无咎」而「利貞」也。所謂「利有攸往」者，亦以恒則能隨時變通，終而復始耳。蓋天地間萬物萬事惟此恒之之道無爲不成，故「日月得天」終始而「能久照」，「四時變化」終始而「能久成」，「聖人久於」終始之道而「天下化成」，恒所以利攸往也。觀天地日月聖人所爲恒，而知天地萬物惟是屈伸往來，終始相循環不已耳。「天地萬物之情」不可見乎？甚矣！恒之爲貴也。

象曰：雷風，恒；君子以立不易方。

孔子之傳恒大象云云，何也？曰：言卦乃震雷動而在上，巽風入而在下，二氣得常不易之理，所以謂之恒也。君子體此，以常久其德，自立於大中常久之道，而不變其方所，如雷風之有常焉。嗚呼！恒之君子，其即中庸「和而不流，中立不倚，有道不變塞，無道至死不變」之君子乎？而亦可知易理即中庸之理也。

初六，浚恒，貞凶，無攸利。（浚，荀潤反。）

周公之象恒初六云云，何也？曰：初六巽體主入，初又居巽最下，而與四正應，所謂不量其淺深而浚者乎？以此望人，凶終釁末所不免矣，故象占取此。

象曰：「浚恒」之「凶」，始求深也。

孔子之傳恒初六云云，何也？曰：言常久之道取其寬裕，如天地不能遽春而必歷秋冬以至春，月魄不遽盈而必歷朔弦以至盈，聖人不能遽仁天下而必世後仁。今初六即求恒，是乃始即「求深」，而「浚恒之凶」不免耳。嗚呼！學者之入世交人，亦可推此而知恒之之道矣。

九二，悔亡。

周公之象恒九二云云，何也？曰：九二以陽居陰，本當有悔，而以其得中，自得「悔亡」，故象占取此。

象曰：九二「悔亡」，能久中也。

孔子之傳九二云云，何也？曰：言九二「悔亡」者，以其陽剛居中，是能久於執中者也。執中能久，尚何悔乎？

九三，不恒其德，或承之羞；貞吝。

周公之象恒九三云云，何也？曰：九三位雖得正，而過剛不中，志從乎上，是爲「不恒其德」之象。而「不恒其德」，則人皆得笑之薄之慢之而承之以羞矣。雖居位得正，吝所不免，故象占取於「或承之羞；貞吝」也。九三在雷風之交，躁極熱中，故爲「不恒其德」之象。

象曰：「不恒其德」，無所容也。

孔子之傳恒九三云云，何也？曰：九三之「不恒其德」而「或承之羞」者，躁極熱中，行無所往，此身無所容於天地之間也。嗚呼！世之「不恒其德」而不爲人容者，亦無致怨於人可矣。

九四，田無禽。

周公之象恒九四云云，何也？曰：九四以陽居陰，既非正位，又應初六之陰虛，是田而無禽也。象取於此，而占即可知。

象曰：久非其位，安得禽也？

孔子之傳恒九四云云，何也？曰：言九四之「田無禽」者，「久非其位，安得禽也？」嗚呼！世之久非其道，而欲有求者其尚鑑於此。

六五，恒其德，貞；婦人吉，夫子凶。

周公之象恒六五云云，何也？曰：六五以柔中應剛中，是亦能「恒其德」者。然以柔中應，人爲恒雖得貞恒之義，卻是婦人之道而非夫子之宜也，故象占爲「婦人吉，夫子凶」。

象取「婦人吉，夫子凶」者，五以柔中居震男之動體，而下應九二巽女之剛中，於義取不能自立而從婦之象，是恒所不當恒者也，故占爲在「婦人吉」而在「夫子凶」。

象曰：「婦人」貞吉，從一而終也；「夫子」制義，從婦凶也。

孔子之傳恒六五云云，何也？曰：言「婦人貞吉」者，不自主，而從一以終，乃婦人之道也。言「夫子凶」者，惟義所在者，夫子之道也，而恒執柔中以應剛中，是從婦矣。夫子而從婦，凶也何如？嗚呼！唐之高宗其明鑑也。而凡不能「制義」，而但以從人得吉者，亦皆婦人之吉耳。「夫子制義」，「制」字下得極好，蓋義無常主，惟變所適。惟精義入神者始能制之，猶惟達於禮義者始能制之耳。夫子宜以精義制義爲道，豈宜執中無權乎？故孔子以無適莫而比義爲君子，以硜硜信果爲小人；而孟子亦以爲大人惟義所在也。嗚呼！孔孟之所謂大人君子，其即易恒之君子，而孔子之所謂小人，其即恒五之婦人乎？學者尚知所以從事哉！

上六，振恒，凶。

周公之象恒上六云云，何也？曰：上六以陰柔居動終，不能以陽剛立不易方，而但以陰柔矜持爲恒，是虛而爲盈，約而爲泰，難乎有恒者也，終歸於凶耳。故象占如此。

象曰：「振恒」在上，大無功也。

孔子之傳恒上六云云，何也？曰：言以陰柔矜持爲恒，豈能有恒乎？徒無功耳，安得不凶？嗚呼！恒固以久於其道，而亨非其道，而求恒皆「大無功」者耳。

遯 ䷠ （艮下乾上）

恒而受之以遯，何也？序卦傳曰：「物不可以久居其所，故受之以遯；遯者，退也。」

遯：亨，小利貞。

文王之彖遯云云，何也？曰：遯，退避也，謂四陽應時而退避也。應時而退，是爲宜遯，而遯有亨道，故占取於「亨」。又二陰浸長不止，則否、觀、剥、坤將至，故占象又戒以「小利貞」。嗚呼！文王之彖遯以「利貞」，其猶周公象否初六以「貞吉」之旨乎？聖人懼陰柔小人之浸長既深，而教陰柔小人之以正，亦至矣。教之以正，即所以導之以利，孰謂易不爲小人謀乎？然惟是教之趨乎正，以爲利宜之路，則聖人仁育義正、曲成萬物之大造洪鑪，原不徒爲小人區區之利謀耳。

彖曰：「遯，亨」，遯而亨也。剛當[一]位而應，與時行也。「小利貞」，浸而長也。遯之時義大矣哉！

孔子之傳遯彖云云，何也？曰：言遯而亦「亨」者，宜遯而遯自得「亨」也。向使宜遯而不遯，可望「亨」乎？而遯之所以「亨」者，則以九五剛當位而二相應，是乃與時偕行耳。與時偕行，何不亨之有？「小利貞」謂二陰浸長，雖尚未如否、剥之淩抗，然亦自以守正爲宜，所以戒陰柔小人，無使滋蔓也。其曰「遯之時義大矣哉」者，遯在君子則當位時行，在小人則宜於守正。遯之時義豈不大哉？然亦聖人傳彖時又見於遯時之義如此，而教人識其所大云爾。

象曰：天下有山，遯；君子以遠小人，不惡而嚴。（遠，袁萬反。）

孔子之傳遯大象云云，何也？曰：言「天下有山」，天在山上，陽去而艮不能止，故爲遯。所謂天自高而山自不可及

[一] 「當」，原作「得」，據文津本改。

耳。君子體此，與小人處只自立其操，自持乎正，未嘗有嫉惡太甚之迹。而小人自不得親，亦如天之於山無心之絕，而山自莫及也。蓋與小人居而周旋太密，不惟慮傷於朋比，亦且自墮於卑柔。若刻核太甚，不惟使小人應之以擠陷不肖之心，亦且非君子曲成萬物之意。故惟相接以禮，相導以正，無惡怒之加而有方嚴之守，遠之以不惡而嚴之道爲正耳。嗚呼！非君子精義之學，其孰與於斯！

初六，遯尾，厲，勿用有攸往。

周公之象遯初六云云，何也？曰：初當遯之時，以陰居初，有「遯尾」象。重陰之下，以陰柔之質，遯而居後，危可知矣，有「厲」象。而以陰柔居止體，亦有「勿用有攸往」象。故占又戒以「勿用有攸往」也。即爻義隨即取戒。易固聖人教人寡過之書也夫！

象曰：「遯尾」之「厲」，不往，何災也？

孔子之傳遯初六云云，何也？曰：言初六雖有「遯尾之厲」，然「不往」則自無災耳。故象辭戒以勿用攸往也。

六二，執之用黄牛之革，莫之勝說。（勝，音升。說，吐活反。）

周公之象遯六二云云，何也？曰：言六二才柔居止，而位尚得中，知守如執物「用黄牛之革」，而人莫能解。故爲象如此，而占即在中矣。

二柔中，「黄牛之革」象；止體居下卦中，執之用革，「莫之勝說」象。

象曰：「執用黄牛」，固志也。

孔子之傳遯六二云云，何也？曰：言「執用黄牛」者，謂二知止，能固守其遯而在下之志也。大抵下卦止體，故皆有宜止而遯下之義；上卦乾體，故皆有宜健而上遯之義。又下卦二陰乃小人，小人則欲其以知止遯下爲正。上卦諸陽乃君子，君子則欲其以見幾上遯爲正。故二初皆以不用、往執、不説爲戒，似不宜以應五爲解也。且遯卦君子小人不相謀，陽原欲其上遯，陰原欲其下遯，應義自無取耳。顧不知明易君子以爲何如也？

九三，係遯，有疾厲；畜臣妾，吉。

周公之象遯九三云云，何也？曰：九三以陽居剛，是乃君子而處止之終，履非其正。且下與二初通體，則是宜遯而係自蹈於病而危厲之道也，故占象如此。然三以一陽覆冒二陰，則亦是能「畜臣妾」，使止於所之象，故占象又爲「畜臣妾，吉」也。

象曰：「係遯」之「厲」，有疾憊也；「畜臣妾，吉」，不可大事也。

孔子之傳遯九三云云，何也？曰：言「係遯之厲」者，謂其「有疾憊也」。「畜臣妾，吉」者，謂其「不可大事」，惟「畜臣妾，吉」也。

九四，好遯，君子吉，小人否。

周公之象遯九四云云，何也？曰：九四健體，與五上同往，心好乎遯者也。然惟君子則能自克而見義即決，小人則有所係吝而徘徊不去矣。九原陽剛之君子，四乃陰柔之小人，故象占並取之而自爲一例。

象曰：「君子」「好遯」，「小人否」也。

孔子之傳遯九四云云，何也？曰：君子則好進之心不勝好退，是以終遯。小人反是，是以否也。

九五，嘉遯，貞吉。

周公之象遯九五云云，何也？曰：九五陽剛中正，遯之最可嘉尚者也。得正而吉，從可知矣。故象占如此。

象曰：「嘉遯，貞吉」，以正志也。

孔子之傳遯九五云云，何也？曰：言「嘉遯，貞吉」者，九五以剛中之德，能正其遯之志，而毫無係吝也。其詩白駒之伊人乎？

上九，肥遯，無不利。

周公之象遯之上九云云，何也？曰：言上九以陽剛居卦外，於遯爲優游世外，長往不返，是遯之遠且裕而肥者也。以此避世，於何不利？嗚呼！襄陽、蘇門殆其人歟？

象曰：「肥遯，無不利」，無所疑也。

孔子之傳遯上九云云，何也？曰：言上九之「肥遯，無不利」者，決策長往，無復疑慮也。

大壯䷡（乾下震上）

遯而受之以大壯，何也？序卦傳曰：「物不可以終遯〔一〕，故受之以大壯」。

大壯：利貞。

文王之彖大壯云云，何也？曰：卦以四陽盛長，故爲大壯。但過壯則用剛憑氣，自以得正爲利耳。故象占如此。然亦可知壯之不可終用也。

彖曰：「大壯」，大者壯也；剛以動，故壯。「大壯，利貞」，大者正也。正大而天地之情可見矣。

孔子之傳大壯彖云云，何也？曰：言大壯者乃陽之大者壯也。而所以名曰壯者，謂其下剛上動，是爲剛以動，故爲壯耳。而所以曰「大壯，利貞」者，謂其四陽大者進得其正。大者正耳，既大且正，「天地之情」且可於此而見，故大壯取乎「利貞」也。

象曰：雷在天上，大壯；君子以非禮弗履。

孔子之傳大壯大象云云，何也？曰：言「雷在天上」，乘天以動，動而合天，故謂之大壯。君子體此，則「非禮弗履」，

〔一〕「遯」，原作「退」，據序卦傳改。

動與天游，亦如震之乘乾也。嗚呼！君子之大壯，亦以禮自勝耳，豈曰憑剛使氣乎？

觀大壯之象，愈可知君子以自勝爲強，非血氣之謂也。

初九，壯於趾，征凶；有孚。

周公之象大壯云云，何也？曰初九以剛居下，「壯於趾」者也。居下而壯於進，其凶必矣。故象占如此。

初在下，有趾象。當壯而以陽剛居初，有「壯於趾」象，不必震乃爲足也。「征凶；有孚」則取義象亦申戒耳，亦不必於卦爻索象。

象曰：「壯於趾」，其孚窮也。

孔子之傳大壯初九云云，何也？曰：言「壯於趾」而「征凶」者，乃理之必然，信乎宜困窮也。

九二，貞吉。

周公之象大壯九二云云，何也？曰：九二陽剛中正，是所謂「非禮弗履」者也。壯而如此，與壯趾者迥別，得正而吉從可知矣。故象占如此。

象曰：九二「貞吉」，以中也。

孔子之傳大壯九二云云，何也？曰：言九二之所以「貞吉」者，以其剛健中正，故得正而吉也。

九三，小人用壯，君子用罔；　貞厲，羝羊觸藩，羸其角。

周公之象大壯九三云云，何也？　曰：　九三處壯之時，而當乾之終，際震之陽，以剛居剛，是過剛不正也。在「小人」則爲「用壯」，在「君子」則爲〔二〕「用罔」。若當此而用壯，則雖正亦厲耳。蓋三雖強健，而四陰阻前，如羝羊之遇藩而觸，徒「羸其角」，厲何如乎？　故象占如此。然觀此而知壯之不可過用，所以君子惟知用罔也。

羝羊性剛喜觸，陽性好進，似之正不必兑之爲羊。然三本以九四一陽在前似藩，三居四下，進而遇四之剛，必且自傷，有「羝羊觸藩，羸其角」象。此正即象明義，亦恐不容徒以義言。

象曰：「小人用壯」，「君子」「罔」也。

孔子之傳大壯九三云云，何也？　曰：　九三以陽剛居陽位，處乾之極，乃剛之過而不中者。凡物過剛則折，故小人則干進務前之不已，而君子尚消息盈虛，則固以用罔爲得也。

九四，貞吉，悔亡；　藩決不羸，壯於大輿之輹。（輹，音福。）

周公之象大壯九四云云，何也？　曰：　九四大壯之極，而能自處於柔。且前已無見阻之陽，自能得正而吉，悔可盡亡耳。其象占則爲藩已決而不致羸，輿本〔三〕大而壯其輹，可以進無不吉也。

觀四之「藩決不羸」，則知三之羸角以四之陽剛在前，故余以三之「羝羊觸藩」爲即象明義也。

〔二〕「爲」，原作「惟」，疑誤，今據上下文義擬改。

〔三〕「本」，原作「未」，據文津本改。

象曰：「藩決不羸」，尚往也。

孔子之傳大壯九四云云，何也？曰：言「藩決不羸」者，前無所阻，陽可直尚而往耳。

六五，喪羊於易，無悔。（喪，息浪反。易，以豉反。）

周公之象大壯六五云云，何也？曰：六五踰剛而處柔，有「喪羊於易」之象。當壯而如此，是因時處順、與世無爭者也，則亦自有「無悔」之義。故象占如此。

象曰：「喪羊於易」，位不當也。

孔子之傳大壯六五云云，何也？曰：言六五之「喪羊於易」者，五陽位而以六之陰柔居之，位不得當，故雖「無悔」，而亦不能元亨耳。然勝於觸藩羸角者多矣。

在他卦以不當位爲悔，而在大壯以不當位無悔，蓋用柔可以濟剛也。

上六，羝羊觸藩，不能退，不能遂，無攸利；艱則吉。

周公之象大壯上六云云，何也？曰：上六以柔處壯終，前更無位，而體尚在動，有「羝羊觸藩，不能退，不能遂」象。是本無壯才而不達進退者也，安能利乎？然居終處上，則亦尚有棲身之地。但能固守其正，則亦尚可圖此身之安耳，故又戒以「艱則吉」也。

象曰：「不能退，不能遂」，不詳也；「艱則吉」，咎不長也。

孔子之傳大壯上六云云，何也？曰：言「不能退，不能遂」者，謂自己昧於進退之義而不能詳也。「艱則吉」者，謂若能謹守此一步棲身之地，則咎尚不長而得吉耳。蓋前面更無餘地，故保吉要須用艱也。

上六以陰居柔，前無藩限，而曰「羝羊觸藩」，是但以卦本大壯，羝羊乃用壯之物象之耳，又不必陽之爲羊。可見象固不可執一論也。

六爻皆以剛得其正爲壯，故象取「利貞」，而大象取於「非禮弗履」，蓋孔子所謂「義以爲上」，乃君子之勇義也。

晉 ䷢ （坤下離上）

大壯而受之以晉，何也？序卦傳曰：「物不可以終壯，故受之以晉。晉者，進也。」

晉：康侯用錫馬蕃庶，晝日三接。

文王之彖晉云云，何也？曰：晉離明在上，坤順在下，日自地昇也。其體有諸侯覲王而王照臨備至之象。蓋離爲日，象王；坤爲臣，象諸侯。日出地上，地資日光，象王侯相得。坤有土有衆，象侯。坤道厚載，象康。坤爲衆，爲牝馬。衆偶在下，象「馬蕃庶」。馬在王下，象王錫。「晝日」則象離，而「三接」則陰爻之象也。

彖曰：「晉」，進也。明出地上，順而麗乎大明。柔進而上行，是以「康侯用錫馬蕃庶，晝日三接」也。

孔子之傳晉彖云云，何也？曰：言「晉」者言乎其「進也」。離明出乎地上，地順而麗乎離以成大明，而六五之柔進而上行以成離主。是其象義原有「康侯用錫馬蕃庶，晝日三接」之象也，故彖中備象之耳。而人心之大明畢照，亦猶是矣。

象曰：明出地上，晉；君子以自昭明德。

孔子之傳晉大象云云，何也？曰：言日之大明，出於地上，是之爲「晉」。君子體此，「以自昭明德」，不使氣拘物蔽，亦如晉之日出地上也。

觀晉象之言德而曰「明」，可見德之本明。明而曰「昭」，可見昭之乃明。而「昭明德」而曰「自」，又可見此格致誠正之功，原匪他人可以旁貸之事，乃君子自成自道之道也。嗚呼！大學「自明之」，堯、湯、文王其即易晉「自昭明德」之君子乎！

初六，晉如摧如，貞吉；罔孚，裕无咎。

周公之象晉初六云云，何也？曰：下卦三爻爲坤順安貞，而初爲坤始上應，匪人有一旦上進，即若有所摧乎其上之象，是乃謙卑巽順之至者耳。自是得正，而吉之道斯時也。縱與四罔孚，而但以寬裕處之，在我即「无咎」耳。蓋欲求信於上而心太切，非汲汲以失其守，即悻悻以傷於義矣。故象占如此。嗚呼！不附權貴，固人臣「貞吉」之道；正靜需時，乃人臣「无咎」之義乎！而凡進而涉世交人者，皆可於此類推也。

曰「如」者，非真有是事，謂其心如是耳，故得「貞吉」。此似始至之康侯也。

象曰：「晉如摧如」，獨行正也；「裕无咎」，未受命也。

孔子之傳晉初六云云，何也？曰：言「晉如」而即厘「摧如」之心者，獨行其貞正之道，不附權門也。「裕无咎」者，初尚未受四命，固可裕以俟之，豈肯媚權臣以求進乎？

六二，晉如愁如，貞吉；受兹介福，於其王母。

周公之象晉六二云云，何也？曰：六二漸進之地，又與五同氣相應，而以居中處順，有「晉如愁如」之象。當晉而愁，是晉爲可喜而中實不喜也。爲臣如此，柔順安貞，必且進而有麗明之吉，以受知於大明之君，得蕃庶之錫，故占象又取受介福於王母耳。此似述職之康侯也。王母謂六五乃君位，而陰柔麗中，象王母也。即此一象，辨物當名稱情俱備，易真萬事萬物之權衡乎！

象曰：「受兹介福」，以中正也。

孔子之傳晉六二云云，何也？曰：言六二「受兹介福」於其王母者，以其有如是柔順中正之德也。嗟乎！人臣中正固受福之基乎！

六三，衆允，悔亡。

周公之象晉六三云云，何也？曰：言六三當晉之時，處順之極，而偕二陰以並晉，是衆允也。殆與罔孚者異矣。有臣如此，順衆心而向大明，自然無復摧愁，悔何有乎？故象占取於「衆允，悔亡」。嗚呼！隨順衆心，歸向明主，人臣無悔之道固如是哉！

象曰：「衆允」之志，上行也。

孔子之傳晉六三云云，何也？曰：言六三偕二陰以並進，至此乃上行之志乃遂耳。

九四，晉如鼫鼠，貞厲。

周公之象晉九四云云，何也？曰：九四已晉而居上，近乎君矣。而以九處四，外陽內陰，是大臣懷貪殘之心者也。守此不變，危厲之道耳。故象占取「晉如鼫鼠」，而占取「貞厲」。

愚按此「貞」，以恒固作解爲當，謂其守此不變耳。似不宜解以得正，鼫鼠之晉，何正之得？顧不知明易君子以爲何如也？

象曰：「鼫鼠」「貞厲」，位不當也。

孔子之傳晉九四云云，何也？曰：言九四之「晉如鼫鼠，貞厲」者，謂其位處不當，居離明之下，而不敢當離明之照，亦如鼫鼠踪迹詭譎，晝見畏人，雖欲不厲，不能得也。蓋周公爲稱情之象，故孔子特釋其義耳。

六五，悔亡，失得勿恤；往吉，無不利。

周公之象晉六五云云，何也？曰：六五柔中得正，正所謂地上之明進而上行之柔也。大凡昏暗者多悔，而九五則大明察察者多悔，而六五則得中。君而如此，悔何有乎？故占象爲「悔亡」。又其當大明之位，處二陽之中，聰明內含，察察不用，是乃精明中之渾厚，渾厚中之精明，有睿智之實德，而無綜核刻薄之流弊。以此而往，何往不吉？以此而行，何行不利？故象占又取於「失得勿恤；往吉，無不利」也。

「失得勿恤」，是言臣下小小得失，勿以爲憂，而自出於察見淵魚之不祥。蓋六五以大明當天，原是羣陰畢照。即間有陰翳，頃刻自消。正不用察察爲明，自傷大明之體耳。嗚呼！漢之文帝其庶幾乎？

象曰：「失得勿恤」，往有慶也。

孔子之傳晉六五云云，何也？曰：　言六五之「失得勿恤」，正是晉五大明之用，往自有慶，故悔亡吉利備具也。

上九，晉其角，維用伐邑，厲吉，无咎，貞吝。

周公之傳晉上九云云，何也？曰：　上九離終，象甲冑，而以剛居晉上，是「晉其角」者也。晉角則剛而易觸，於象爲「維用伐邑」矣。動兵，邦內厲所不免，故占象特取於「厲」。然以君正臣罪，亦自得無過，故占象又取於「吉」、「无咎」。但此等事雖曰得正，終非明世所宜有，故終有羞吝之貽也。「維用伐邑」「吉」與「畜臣妾，吉」一例，謂維此吉耳。

象曰：「維用伐邑」，道未光也。

孔子之傳晉上九云云，何也？曰：　言王者自宜「明明德於天下」，使四海昇平向化，畏威懷德。今也尚用伐其私邑，則是近郊猶有未順之梗，其於晉明之道尚未光大耳。嗚呼！　王者固以兵不待用而天下自服爲道之光乎？

明夷䷣（離下坤上）

晉而受之以明夷，何也？　序卦傳曰：「進必有所傷，故受之以明夷；　夷者，傷也。」

明夷：　利艱貞。

文王彖明夷云云，何也？曰：　離爲日，坤爲地，離入坤下，明受其傷，故曰「明夷」。所謂文明而處昏暗之世者也。

利在艱難守正，故占爲「利艱貞」。嗚呼！味斯言也，文王蓋即本其自處者以繫彖乎？故不覺語深而意悲矣。

象曰：明入地中，「明夷」。内文明而外柔順，以蒙大難，文王以之。「利艱貞」，晦其明也；内難而能正其志，箕子以之。

孔子之傳明夷彖云云，何也？曰：言離下於坤，是「明入地中」也。明而入地，則於明晦矣。明晦是明傷也，故爲「明夷」。離在下而居内，是内文明也；坤在上而處外，是外柔順也。以此韜光，蒙大難内不失臣節，外不即凶戮。此文王所用以事紂之道也。「利艱貞」者，謂自「晦其明」，同於入地之日也。以此遭逢内難，身被囚奴，而卒能自「正其志」，不爲邪諂。此箕子所用以處紂之道也。嗚呼！孔子雖不似文王箕子之大明蒙難，然以大聖人之明德，而栖皇於春秋之世，其亦離明而晦於地下者乎？故其傳彖之言深覺愴乎有餘悲耳。然於彖傳，知爲文王、箕子之以則，又以知惟聖人爲能論世知人，又知惟聖人能知聖人也夫！

明夷反晉，故爲明傷。而在人心則耳目聰明不用，而一靈炯炯不昧之時，卻是初學善養其明之一大功課。易道固在人自取而神明之耳。執象論義與執義取用皆無當也。

象曰：明入地中，明夷；君子以涖衆，用晦而明。

孔子之傳明夷大象云云，何也？曰：明夷爲日入地下，非無明，而於晦中行其明，故爲「明夷」。君子體此，以涖衆也，用晦而明。蓋明而明用之，則炫才揚己，察見淵魚，不惟衆情有不安之弊，亦且幽隱有不照之憂，故君子惟「用晦」，而明如日明入地下也。

「用晦而明」，不惟涖衆宜然，一切居家交友無不宜然。蓋凡事聰明而藏諸渾厚乃真聰明耳。漢明之察察，其實察於小而蔽者大，察於人而蔽於己，故古之帝王凝旒黈纊，正欲以自晦善養其明也。

晉六五「失得勿恤」，亦明夷大象「用晦」之義。故爲「知臨，大君之宜」，而「悔亡」「往吉」「無不利」。

初九，明夷於飛，垂其翼；君子於行，三日不食。有攸往，主人有言。

周公之象明夷初九云云，何也？曰：初九居離之下，離明受傷之始也。其在於象，則如鳥之飛而傷其翼。其在君子，則爲於行而三日不暇食。但「有攸往」則「主人有言」也。嗚呼！其文王已疑於紂，事事挫抑責備之候乎？而遑論暇食哉！離象鳥，故取「飛」「垂」；象口，故取「食」，取「言」。下傷必有上傷之人，故取「主人」；而「三日」則取於地下之三畫也。

象曰：「君子於行」，義不食也。

孔子之傳明夷初九云云，何也？曰：言「君子於行，三日不食」者，謂當見傷時，義不暇食，故「三日不食」也。

六二，明夷；夷於左股，用拯馬壯，吉。

周公之象明夷六二云云，何也？曰：六二當明夷之時，居離之中，正受傷之人也。其象爲夷及於左股。斯時也，不可以不拯，而拯且不可以不速，如用馬之壯，乃得「吉」也。蓋拯之速則尚可救耳。故象占如此。蓋象於此爻爲文王羑里之時，而象義則周公有感於拯救文王已出之效，故爲此「用拯馬壯」之「吉」以示教乎？嗚呼！周公之繫此爻亦大愴心也夫！

「左股」臣象，但象其拯之宜速，不必於卦爻互變求解也。

象曰：六二之「吉」，順以則也。

孔子之傳明夷六二云云，何也？曰：言六二之所以吉者，以其順人心、合天則。君父之傷可以救，而非出於邪曲也。蓋臣子救君父之難，苟可委曲望全，雖「竊負而逃」，亦所不恤文馬珍幣之用，何傷於日月之明乎？於是爻見文王之爲臣止敬，亦可見周公之爲子止孝。

九三，明夷於南狩，得其大首；不可疾貞。

周公之象明夷九三云云，何也？曰：九三以剛居離之上，應上陰柔，而可以得志。又離爲兵，於方爲南，有狩於南而得其大首象，故象占取之。嗚呼！其武王伐紂之事乎？然狩貴時，「不可疾貞」也，故又爲不可疾正之戒，蓋貞於正也。一說「不可疾貞」爲不以爲疾而病之，此乃天人之正，亦通。

象曰：「南狩」之志，乃大得也。

孔子之傳明夷九三云云，何也？曰：言「南狩之志」非當天下也，乃伐暴救民之志如此，而後得耳。

六四，入於左腹，獲明夷之心，於出門庭。

周公之象明夷六四云云，何也？曰：六四位近君側，於象爲出地之日，於明夷爲入君左腹，獲其心意，始得出此門庭而成生還之幸。所謂向來受傷，而至此始出也。文王羑里初出之象乎？雖不言吉凶，而吉無不利亦可知矣。

象曰：「入於左腹」，獲心意也。

孔子之傳明夷六四云云，何也？曰：言六四之「入於左腹」云云者，乃是揣其心意，而設法以獲之，故得出門庭耳。嗚呼！周公之象此爻，慶幸殊深；而孔子之贊此爻，歆羡亦至矣。

六五，箕子之明夷，利貞。

周公之象明夷六五云云，何也？曰：五居坤中，上承晦主，誼無可去。惟有痛自屈辱以全其正，所謂內艱而能正其志者也。正箕子之明夷以之，故利在艱貞。

象曰：「箕子」之「貞」，明不可息也。

孔子之傳明夷六五云云，何也？曰：言「箕子之貞」，執志不回，故雖明爲所傷，而終不可掩而息也。

上六，不明晦，初登於天，後入於地。

周公之象明夷上六云云，何也？曰：上六坤終，而以陰柔處之，此正日之沒於地中者也。故雖本宜明者，亦不明而晦矣。昏昧至此，初之登天者今且淪沒地下有必然耳。嗚呼！紂尊爲天子，而竟以不明求爲匹夫不得，非即此象乎？而象亦實指紂言也。

象曰：「初登於天」，照四國也；「後入於地」，失則也。

孔子之傳明夷上六云云，何也？曰：言「初登於天」者，本可以「照四國也」。「後入於地」者，由其失君之則也。嗚呼！以本登於天之朗日，一旦復入地下，得喪存亡不啻較若天淵，獨以失則致之，然則爲人上者奈何可失則乎？爻於二象文王，而以順則王；以上象紂，而以失則亡。然則此一則也，固存亡興喪之關乎？乃易以順則象文王，而詩詠「文王順帝之則」。易之則即帝則，易之順則即詩「順帝之則」乎？文王惟其能順帝則，故爲人臣止於敬。當明夷之時，即順明夷之則。讀易者於易識則，於文王識所以順則，可也。噫！意深哉！

家人 ䷤ （離下巽上）

明夷而受之以家人，何也？序卦傳曰：「傷於外者必反於家，故受之以家人。」

家人：利女貞。

文王之彖家人云云，何也？曰：爲卦上巽長女，下離中女，是爲二女相得而上順下明，則是各得其職。長上中下，則是各得其序。四爲巽主而從五，二爲離主而從三，則是各得其耦。陽外陰內，則是各得其事。凡皆家齊之事，而卦備之，故曰「家人」。而二卦卻以長女中二女相值而成，故占象又取「利女貞」耳。然其實家人之所以不齊，由於婦之不順不明。不順則驕亢侈泰之弊必作，不明則瀆倫亂禮之愆必生，而家道遂不可言，故家道必得女之順明乃成。而卦體上順下明，原備此義，故彖亦遂即其自有者以爲戒耳。嗚呼！「牝鷄之晨，惟家之索。」桀亡以妹喜，而紂亡以妲己。有家者安得不以女之貞爲利？而欲齊家以定天下者，又安可不知利女之貞乎？

萬物「齊乎巽」而「相見乎離」，人道齊乎家而相見乎國與天下。爲卦上巽下離，風動火明，正是即家之刑寡妻至兄弟，以御家邦事也，故彖言「利女貞」，以即卦明戒。而孔子更推其義以極於家道正而天下定耳。

觀二聖人於家人一卦，彖言之藴含者，即於彖傳明補之；大象之未盡者，仍於小傳備發之。反覆推原，務使正家之道本末終始無一滲漏，亦可知齊家之關乎治本者深且重也。

彖曰：家人，女正位乎內，男正位乎外；男女正，天地之大義也。家人有嚴君焉，父母之謂也。父父，子子，兄兄，弟弟，夫夫，婦婦，而家道正；正家而天下定矣。

孔子之傳家人彖云云，何也？曰：言卦之所以爲家人者，固以女之「正位乎內」，而實男之「正位乎外」，有齊家之道，而男女偕得其正以合於「天尊地卑」「天施地生」之大義也。蓋所謂男女者，非徒家人中男女之謂，謂其能巽齊離明，足爲家主而如嚴君之父母耳。若曰家人之男女，則豈足言嚴君哉？所以然者，惟這嚴君內明外齊，內外各正，則型儀足法，規嚴矩整，恩不掩義，義以濟恩，上下明齊。父父，子子，兄兄，弟弟，夫夫，婦婦，一家之中無一不出於正，而家道皆正耳。家道正而刑寡妻至兄弟，便可御於家邦，而天下以之定。這真是以修身作齊家之本，以齊家作治平之本者能之，豈徒一女正之爲乎？然推觀厥刑，則於女之得正而驗，故家人以女貞爲利也。

母亦稱嚴君者，正位乎外者父，而正位乎內者母。家有嚴母，能離明而巽齊，則子弟之隱惡，家衆之隱弊，可以盡正；內外之分別，幃薄之防閑，可以備肅。然後內外上下一歸明齊，而家道可正，一如嚴君之能明齊乎衆庶也。故世俗稱妻爲內君，而夫子以母爲嚴君。嗚乎！嚴君而不可正乎？故「家人：利女貞」。

家人人衆，最忌在不肅，故貴巽齊；家人情淆，最忌在不知，故貴嚴明。爲卦下離上巽，於位則爲上齊而下明，於家則爲內明而外齊，於分則爲父齊而母明。既明且齊，家何不正之有？既正矣，又何不利之有？故利貞之義，本取於巽離爲多，彖因本卦義爲戒耳。

象曰：風自火出，家人；君子以言有物而行有恒。

孔子之傳家人大象云云，何也？曰：上巽之風自下之離火而出，謂之「家人」。君子觀「風自火出」之象，知家之本在身，而身爲風之自也。於是先自正其身始，言則有物，而根諸義禮，口無夸誕之辭。行則有恒，而遵道以行，身無詭異之行。一如火之爲風自焉。嗚呼！大學之所謂「其爲父子兄弟足法」，孟子之所謂「身不行道，不能行於妻子」，非此意乎！

初九，閑有家，悔亡。

周公之象家人云云，何也？曰：初九以陽剛處離始，是明於家情而閑家於始者也。家閑於初，則銷萌杜漸而諸悔可亡矣。故象占如此。

又初九以一陽横亘於陰下，亦有「閑」象。然取於離明剛正，以正家人。於初義自正大，正不必索之爻象也。

象曰：「閑有家」，志未變也。

孔子之傳家人初九云云，何也？曰：言「閑有家，悔亡」者，閑之於衆「志未變」之始，故「悔亡」也。嗚呼！非離之明，陽之剛，其孰知之而能之？

六二，無攸遂，在中饋，貞吉。

周公之象家人六二云云，何也？曰：言六二以陰居二陽之中，正女之在家中者也，亦正有「無攸遂，在中饋」象，故象占取此。然其義則婦人無專制之義，有三從之道，故占象取於「無攸遂」。無非無儀，惟酒食是議，正婦之正也，故占象取於「在中饋」。而「無攸遂，在中饋」，則本是婦人正道吉道，故占象又取於「貞吉」耳。嗚呼！象義雙顯，占象俱融，周公之繫易妙真難形矣。惜乎呂雉、武曌二婦不知此義，又惜乎漢高、唐高不知此義也。故上六以威，如反身爲吉。

象曰：六二之「吉」，順以巽也。

孔子之傳家人六二云云，何也？曰：「六二之吉」者，以六二能順，以上從乎巽之九五，此正位乎内之道也。得其道矣，安得不吉？

九三，家人嗃嗃，悔厲吉；婦子嘻嘻，終吝。（嗃，呼落反。嘻，喜悲反。）

周公之象家人九三云云，何也？曰：九三居離之終，而以剛處剛，剛而過者也。以此處家，則未免傷恩，然亦變患可銷，故其象爲「家人嗃嗃」。「嗃嗃」雖始若有「悔」有「厲」，而終能得「吉」。若其反是，則過寬必縱，如家人婦子之「嘻嘻」然。諧笑不謹，始雖若和，而終至羞吝矣。「嗃嗃」「嘻嘻」，皆取離似口。又爲火象，故象取於離，而字皆從口。

象曰：「家人嗃嗃」，未失也；「婦子嘻嘻」，失家節也。

孔子之象家人九三云云，何也？曰：言「家人嗃嗃」，雖若太嚴而終未失則也；苟「婦子嘻嘻」，則和而無禮，失齊家之正則也。

六四，富家，大吉。

周公之象家人六四云云，何也？曰：六四以離明之克家，而至於巽之整齊，是治家而至於富者也。家而至富，是必内以貞明之婦，佐居位巽齊之男，克勤克儉，知禮尚義，乃能之，真爲家人之大吉耳。故象占取此。嗚呼！觀於「富家，大吉」，則富固非聖人之所不欲，特以男女正位而得之，則道之得正者耳。

象曰：「富家，大吉」，順在位也。

孔子之傳家人六四云云，何也？曰：言「富家，大吉」者，正以四爲巽順之主，乃巽順得正之位也。而爲「富家」者，以巽順爲保富之道，可類推矣。

九五，王假有家，勿恤，吉。（假，更白反。）

周公之象家人九五云云，何也？曰：九五陽剛中正，内聰明，外齊肅，正所謂正位乎外之男以倡正位乎内之女，而家人之嚴父耳。當此時也，一家之人内外咸理，大小得情，尚何俟憂恤乎？真吉之至者耳。故象占如此。嗚呼！是殆無憂之文王歟？以此齊家，而即以此御家邦，吉何如也！

象曰：「王假有家」，交相愛也。

孔子之傳家人九五云云，何也？曰：言「王假有家」者，謂其内外上下交相親愛，父父，子子，兄兄，弟弟，無不各得其情耳。嗚呼！信非文王之「刑於寡妻」，不足當之。

上九，有孚，威如，終吉。

周公之象家人上九云云，何也？曰：上九以陽剛巽齊居家人之終，正所謂言物行恒，以身型家之第一人也。蓋其能以剛嚴明齊正己端範，「威如」可畏，終之得吉，不言可知。故象占如此。

象曰：「威如」之「吉」，反身之謂也。

孔子之傳家人上九云云，何也？曰：言「威如之吉」者，乃上九能反身自修，端範於上，言可爲坊，行可爲表，自然不言而上下以肅，家道以正之謂也。嗚呼！家之本在身，反身固齊家之第一事乎？

卷七

鄠縣王心敬撰

下經

睽☲☱（兌下離上）

家人而受之以睽，何也？序卦傳曰：「家道窮必乖，故受之以睽；睽者，乖也。」

睽：小事吉。

文王之彖睽云云，何也？曰：爲卦離火居上，兌澤反下，火澤乖睽，離散之時也。人心乖睽，大事豈能濟乎？則亦僅能吉小事耳。蓋卦才亦有「小事吉」義也。

彖曰：睽，火動而上，澤動而下；二女同居，其志不同行。說而麗乎明，柔進而上行，得中而應乎剛，是以小事吉。天地睽而其事同也，男女睽而其志通也，萬物睽而其事類也；睽之時用大矣哉！（上、下，俱上聲，下同。說，音悅。）

孔子之傳睽彖云云，何也？曰：言睽爲火動而炎上，澤動而沉下，以離之中女與兑之少女同居而「志不同行」，是以謂之睽也。然其所以小利貞者，卦才兑説而麗乎離明，非忿恨昏迷之人。六五之柔自家人來，離往居外而當位上行，亦非剛愎不情之主，而且得中，下應九二之剛，亦非上下全不相得者，故占象又取「小事吉」也。然睽之所以僅「小事吉」者，亦以五以陰之小者居之，故曰「小事吉」耳。究而論之，天下無睽不合，無合非睽。天地本睽，而化育之事同也；男女本睽，而倡隨之志同也；萬物本睽，而羣聚之事類也。當其睽時，即有合之理；至其爲用，無不合之睽。睽之時用，自大矣哉！但視人之用睽何如哉。

象曰：上火下澤，睽；君子以同而異。

孔子之傳睽大象云云，何也？曰：言水火用相資而不同適。水資火而爨，火資水以烹，此其必同者也。燥濕異質，上下異趣，此其本異者也。君子體此，未嘗不和以處衆，與俗爲羣。然和而不流，則同而異在其中；羣而不黨，則同而異在其中。亦如水火之異質而同用也。

理義本無不同，而聖人則先得之，故惟聖人善於用睽。天地間無事不因異爲同，亦無事不以同劑異。同異異同，乃天地間自然之理，亦天地間必然之道。第自睽者視爲睽耳。後世學術門户之爭亦然。苟一旦明乎異同、同異之旨，當必有載鬼遇雨、張弧脱矢之吉矣。

初九，悔亡；喪馬，勿逐自復；見惡人，无咎。（喪，去聲。）

周公之象睽初九云云，何也？曰：初九地在睽始，而以剛居説，睽而不見有睽者也。不見有睽則不疑不憂，而悔自可亡。其占象則爲「喪馬」而「勿逐自復」，不妨直「見惡人」，以免咎耳。蓋初以陽居剛，自悦其悦，又與四非其正應，故有

「喪馬」「勿逐」「見惡人」義。而與四終以陽剛相合，故又有「自復」「无咎」之象。蓋無心以待天下，雖始睽必合也，況四又明體知人者乎。

象曰：「見惡人」，以辟咎也。（辟，音避。）

孔子之傳睽初九云云，何也？曰：言「見惡人」者，初不以辟爲辟咎之道，而以見爲辟咎之道也。嗚呼！其孔子之見陽貨、見南子之義乎？

九二，遇主於巷，无咎。

周公之象睽九二云云，何也？曰：九二悅體得中，與五爲應，而六五當君之位，居離之中，有「遇主於巷」之象。所謂明良之合，其在此乎？復何咎焉？占象取於「无咎」。

象曰：「遇主於巷」，未失道也。

孔子之傳睽九二云云，何也？曰：言九二之「遇主於巷」，悅而得中，以應離明之主。遭遇如此，亦未爲失道也。古之蕭、曹、鄧、馮庶幾似之。

六三，見輿曳，其牛掣；其人天且劓。無初有終。（曳，以制反。掣，昌逝反。劓，魚器反。）

周公之象睽六三云云，何也？曰：六三以陰柔不當之位當睽上下之交，本與上應，而心疑目眩，見若乘輿者。牛曳之而上，其一牛又掣之而下，又其人若「天且劓」而刑焉者，蓋兑爲毁折，而三又以陰柔居之，故其象如此。然有應在外，說而能明，初暌終合也，故占爲「無初有終」。六三在二四兩陽中，輿曳牛掣象，與上方暌，天劓象。

象曰：「見輿曳」，位不當也；「無初有終」，遇剛也。

孔子之傳暌六三云云，何也？曰：言「見輿曳」者，六三之位處不當也。「無初有終」者，於上九之剛初雖暌而終必遇也。

九四，暌孤；遇元夫，交孚，厲无咎。

周公之象暌九四云云，何也？曰：言九四以剛居四，而初非正應大臣，而無應則無輔而「暌孤」矣。然以體居離明，尚能知初九「元夫」之德，而同氣相孚[一]，故初非其正應而「厲」，而陽剛相遇，終必合志同方，而自能「无咎」耳。

象曰：「交孚」「无咎」，志行也。

孔子之傳暌九四云云，何也？曰：言四「交孚」「无咎」之者，雖以與初非正應，而孤終以與初「交孚」而「志行」耳，蓋求同德以相輔乃可行志也。

六五，悔亡，厥宗噬膚，往何咎？（噬，市制反。）

周公之象暌六五云云，何也？曰：六五居位得中，正所謂柔麗乎中正，悅而上行者也。與二又屬正應，爲在巷之遇，

〔一〕「孚」，原作「孕」，據文津本改。

故其象爲「厥宗噬膚」。無睽有合，睽而終合，往尚何咎乎？故占取「无咎」。

象曰：「厥宗噬膚」，往有慶也。

孔子之傳睽六五云云，何也？曰：言六五之「厥宗噬膚」「无咎」者，明良遇於一時，何睽不合？何事不吉？自然相悅有慶也。

上九，睽孤，見豕負塗，載鬼一車，先張之弧，後說之弧；匪寇，婚媾；往遇雨則吉。（弧，音胡。說，吐活反。媾，古豆反。）

周公之象睽上九云云，何也？曰：上九處睽之終，應下不當位之三，始甚相睽，則亦無輔而孤，故其衷疑目眩。亦與三同，而始則見三之兌，若豕之負塗泥中。又見三之輿曳牛掣，爲「載鬼一車」。且見三之若爲我寇讎，而先張之弧以射之。又見三之爲婚媾而悅弧不射，所謂無見不眩，無疑不生也。然終以陽剛居明，與三之兌悅爲正應，始疑終〔一〕察，如陰陽既合，得雨自吉耳。蓋以三柔而能應說而麗明，終有必合之理也。然仔細看來，下三爻說體，原不欲其終睽；而上三爻明體，故雖睽而終能察情求合。總之，睽者所值之位，若見爲睽而合者。兩卦之情自有合理也。吁！合觀大象之同而異，六爻之異而同。周公、孔子之大象、小象總以暢發文王之彖辭耳。孰謂周公、孔子之旨與文王各自義也？

象曰：「遇雨」之「吉」，羣疑亡也。

〔一〕「終」，原作「始」，據文津本改。

孔子之傳睽上九云云，何也？曰：言上九「遇雨之吉」者，雨則陰陽合，合則羣疑盡解，而睽可合也。然要之皆賴上九之明能察情知人耳。嗚呼！明固知人合睽之要義哉！

蹇䷦（艮下坎上）

睽而受之以蹇，何也？序卦傳曰：「乖必有難，故受之以蹇；蹇者，難也。」

蹇：利西南，不利東北；利見大人，貞吉。（蹇，紀免反。）

文王之彖蹇云云，何也？曰：爲卦艮下坎上，爲進而遇險，足行難進之象，故曰「蹇」也。西南水鄉，坤位平易容養之地，而坎中五之所居，故占象取「利西南」。東北山鄉，艮位險阻峻巖，足所難行，故占象取「不利東北」。然其實文王繫象時，固即以所自處者明卦義乎？蓋東北暗指紂鄉，而西南暗指周鄉也。又爻九五剛中正位，可以濟難之大人而得正獲吉，故占象既取「利見大人」，而又取於「貞吉」，則文王殆又即其所自盡者明卦義乎？蓋文王正險中獲吉之大人，而收「貞吉」之用者也。獨其立言示象則以爲當蹇時，以止於西南平易容養之鄉爲利，以進於東北險阻難行之鄉爲不利。又必有陽剛中正以居尊位之大人，乃可持危守正而得吉。蓋其示戒明教之義俱於言外，令人自得也。每讀此卦象辭，反復於心，終覺諸儒注疏未安於心。故愚見爲此，顧不知明易君子以爲何如也？

觀解之「利西南」爲指坎言，則知蹇之「利西南」自以指坎之九五爲當。又觀彖傳「往得中」云云，則西南指坎益明矣[一]。且卦乃險止相值，何義不可取。而明明指鄉爲言，非心感於身之所處，又何爲是舍義言方乎？惜乎！其無從質

〔一〕「矣」字原脱，據文津本補。

疑也。

彖曰：蹇，難也，險在前也；見險而能止，知矣哉！「蹇，利西南」，往得中也；「不利東北」，其道窮也。「利見大人」，往有功也；當位「貞吉」，以正邦也。蹇之時用大矣哉！（難，乃旦反。知，音智。）

孔子之傳蹇彖云云，何也？曰：言卦取蹇者，取難進之義，以其坎險即在前也。坎險在前而能止，非知者能如是乎？然孔子釋彖時，即下讚嘆之辭，則示教之意已寓諸釋彖之中矣。其曰「蹇，利西南」者，坎水西南之鄉，而九五正位居中，往則得中也。「不利東北」者，其道多險阻而窮也。「利見大人」，往見陽剛得中之大人，則得君道之正，可以正邦而定難濟蹇也。蹇雖不可往，而當其可往，亦自得中而有功正邦，則蹇之時用亦大矣哉！蓋孔子當傳彖時，亦見的蹇象蹇才，非文王不足當，故於言下隱隱指文王爲言耳。

象曰：山上有水，蹇；君子以反身修德。

孔子之傳蹇大象云云，何也？曰：「山上有水」，蓋水由地中行則平，依山則險耳。君子體此，知往而蒙難，不如「反身修德」焉。蓋德修則身修，可以處險，亦可以濟險，無在非西南耳。

蹇則難進知止，故取「反身修德」。孟子曰：「行有不得者，皆反求諸己。」蹇之象義也。

初六，往蹇，來譽。

周公之象蹇初六云云，何也？曰：初六居止之始，上又無應，有往則得蹇，而來則得譽象。

象曰：「往蹇，來譽」，宜待也。

孔子之傳蹇初六云云，何也？曰：言「往蹇，來譽」者，謂險阻方始時自宜待，故往則蹇而來譽耳。「來譽」有知止與「反身修德」在內，不然免悔吝凶咎可耳，何譽之有？

六二，王臣蹇蹇，匪躬之故。

周公之象蹇六二云云，何也？曰：六二柔順得正，尚在陰中，而與五爲正應，故有「王臣蹇蹇，匪躬之故」象。嗚呼！諸葛忠武之鞠躬盡瘁，殆其以之。

象曰：「王臣蹇蹇」，終無尤也。

孔子之傳蹇六二云云，何也？曰：言「王臣蹇蹇」，雖蹇未遽出，而人臣之分已盡，終何尤乎？蓋人臣固以自盡爲正，時數非所知也。

九三，往蹇，來反。

周公之象蹇九三云云，何也？曰：九三正與上險相值，是正往則蹇，而宜來反者也。

象曰：「往蹇，來反」，內喜之也。

孔子之傳蹇九三云云，何也？曰：言「往蹇，來反」者，險正在外，不可前往，反內則喜之也。

六四，往蹇，來連。

周公之象蹇六四云云，何也？曰：六四正與險主相際，前往則蹇，宜來連於三以共濟，故占象如此。

象曰：「往蹇，來連」，當位實也。（當，去聲。）

孔子之傳蹇六四云云，何也？曰：言六四之「往蹇，來連」者，濟蹇在剛實，九三當位而實，四不宜獨往，取蹇而宜「來連」共濟也。

九五，大蹇，朋來。

周公之象蹇九五云云，何也？曰：九五正在險中，而以陽剛居正，爲上下所恃以共濟，是爲「大蹇，朋來」象。嗚呼！下四爻其文王所處大難之地，而九五一爻其文王修德正位師師濟濟之休乎？象之「當位貞吉」，正謂此耳。

象曰：「大蹇，朋來」，以中節也。

孔子之傳蹇九五云云，何也？曰：蹇卦六爻惟二五爲濟蹇之主，故諸爻皆有往來之文，而二五獨無。然二爲臣之濟蹇，故匪躬者僅可以無尤。而五爲君之濟蹇，其獲朋來之慶者，以其剛健中正，而適中乎蹇之節也。其湯武革命之秋，漢祖唐宗舉事豐沛、建旗晉陽之日乎？

上六，往蹇，來碩，吉，利見大人。

周公之象蹇上六云云，何也？曰：上六已在卦顛，往更何之？蓋以往則蹇，而能來就九五之碩陽，以濟此蹇難則吉。又占爲「利見大人」也。

象曰：「往蹇，來碩」，志在內也；「利見大人」，以從貴也。

孔子之傳蹇上六云云，何也？曰：言上六之「往蹇，來碩」者，「志在內」而就九五之陽剛也。「利見大人」者，處蹇以從九五尊貴之大人爲利也。

或疑「來碩」爲指九三，於「志在內」爲似。然五亦在上之內，且爻皆以九五得中，有功正邦，則「碩」指九五。朱注自不可易耳。

解 ䷧（坎下震上）

蹇而受之以解，何也？序卦傳曰：「物不可以終難〔一〕，故受之以解。」

解：利西南；無所往；其來復，吉；有攸往，夙吉。（解，音蟹，彖傳大象同。坊本：胡賣反。）

文王之彖解云云，何也？曰：解爲雷動在上，坎險在下。其占象則亦爲利乎西南寬平容養之鄉。蓋蹇之初解，不宜煩苛嚴急，而宜寬大容養也。又爲「無所往；其來復，吉；有攸往，夙吉」，蓋當解之時，而論其卦才卦德，其「無所往」而「來復」也，固吉。即「有攸往」，亦自「夙吉」也。

〔一〕「難」，原作「蹇」，據序卦傳改。

細觀卦義彖辭，大抵亦是文王自寫出蹇逢解之旨，故彖辭反復形之。

彖曰：解，險以動，動而免乎險，解。「解，利西南」，往得衆也；「其來復，吉」，乃得中也；「有攸往，夙吉」，往有功也。天地解而雷雨作，雷雨作而百果草木皆甲坼：解之時大矣哉！

孔子之傳解彖云云，何也？曰：言解之所以爲解者，以卦坎下震上是爲險而能動，動而免險，故爲「解」也。「利西南」者，西南坤鄉，可以容養萬物而得衆也。「其來復，吉」者，謂九二得中，「其來復」固吉也。「有攸往，夙吉」者，謂由此而往，亦有功而早吉也。「天地」云云者，則傳彖時又見得天地以陰陽解而「雷雨作」，「雷雨作而百果草木皆甲坼」，以發生解之時，固「大矣哉」。故解之彖辭利而吉，吉而又利也。而孔子傳彖時，亦若深幸文王之出蹇成解，故於彖義一一致欣幸之思乎？

象曰：雷雨作，解；君子以赦過宥罪。

孔子之傳解大〔一〕象云云，何也？曰：言「雷雨作」而成「解」，天地所以解散屯結之氣，發生萬物者也。君子體此，以生爲心，於小過則赦而釋之，於大過則宥而寬之，以宣萬民沉鬱冤抑之氣，如雷雨之作而成解也。

觀解之取於「雷雨作」而解萬物，可知人心疑而獲解，結而獲解，與人世之冤而獲解，忿而獲解，俱有雷雨作解之用。孰謂人心不可與天同運？

〔一〕「大」字原脫，據文津本補。

初六，无咎。

周公之象解初六云云，何也？曰：謂初六居解之始，上有四應，何咎之有？故象如此。

象曰：剛柔之際，義「无咎」也。

孔子之傳解初六云云，何也？曰：言初六「无咎」者，以陰居初，上應四陽，剛柔相接，可以解蹇，自於義「无咎」也。

九二，田獲三狐，得黄矢；貞吉。

周公之象解九二云云，何也？曰：九二以陽剛居中爲坎主，於鄉爲東南，於德爲得中，於往爲有功。「田獲三狐」，並「得黄矢」，「貞吉」之象。蓋坎爲狐，居二爲中，黄者中色，而二以一陽横亘其中爲「得黄矢」。其義則以九二得中，故往而得衆有功，可以正邦耳。蓋其卦成解之機關於四，而能解之德則由乎二也。陽剛得中之德，固無往而不可哉！

象曰：九二「貞吉」，得中道也。

孔子之傳解九二云云，何也？曰：言九二之所以「貞吉」者，以其「得中道」也。而得中何往不正？何往不吉？

六三，負且乘，致寇至；貞吝。（乘，如字，又石證反。）

周公之象解六三云云，何也？曰：六三當解之時，居下卦之上，乘坎戴震，而處之以陰柔。如小人負販之侶，而居乘軒之位。貪鄙無行，使人生脅奪之心。雖自以爲我得宦途之正，而不知其可羞可吝莫甚於是也。故象占如此。

象曰：「負且乘」，亦可醜也；自我致戎，又誰咎也？（戎，古本作「寇」。）

孔子之傳解六三云云，何也？曰：言六三之「負且乘」，雖自以爲正，「亦可醜也」。其寇至，乃「自我致戎」，又可咎人乎？觀「自我致戎」，則知爻辭「寇」字不宜作「寇盜」之「寇」解，而以上下生脅奪之患解爲當。然觀「慢藏誨盜」，即「寇盜」之「寇」自在其中矣。

九四，解而拇，朋至斯孚。（解，佳買反，象同。拇，茂後反。）

周公之象解九四云云，何也？曰：九四當解之時，居動之始，與初皆不正而相應，故解以必「解其拇」，然後朋至斯合而孚。蓋九四以剛居柔，應又不正，故戒以必解小人，然後得孚君子也。

象曰：「解而拇」，未當位也。

孔子之傳六四云云，何也？曰：言六四必「解而拇」者，以其以陽居陰，應又不正，處位不當也。

六五，君子維有解，吉；有孚於小人。（解，音蟹；坊本：佳買反，象同。）

周公之象解六五云云，何也？曰：六五以陰居位下之諸爻，信之以動，君子小人交相來前之時也。於君子則當維而不可解，然非小人則間離君子者必至矣。故欲維君子，又能解小人爲吉。然非信能退小人，則亦何以爲能維君子之驗乎？故又示象於「有孚」小人耳。嗚呼！聖人之爲維君子，慮亦深切矣。

象曰：「君子」「有解」，小人退也。

孔子之传解六五云云，何也？曰：於維「君子」而「有解」者，謂其宜退小人而使「小人退」也，不然則君子之維不固矣。

上六，公用射隼於高墉之上，獲之無不利。（射，食亦反。隼，荀尹反。）

周公之象解上六云云，何也？曰：上六居解之終，處動之極，而與負乘之六三應。其爲解也，必用法以制之，使之不得自漏其奸。如「公用射隼於高墉之上」，獲之無有不利乃可耳。嗚呼！乘高位而以正法制，小人何慮？小人之不獲，據正法以去奸邪，又何慮往之不利乎？象之占以「無不利」，宜矣。上六居卦之上，「高墉」象。

象曰：「公用射隼」，以解悖也。（解，佳買反。）

孔子之傳解上六云云，何也？曰：言「公用射隼」，所以解悖亂之人，正王法以去之耳。觀解之解悖終，則知解道以退小人爲解之正義，亦能解小人爲善用解。

損 ䷨ （兌下艮上）

解而受之以損，何也？序卦傳曰：「緩〔一〕必有所失，故受之以損。」

〔一〕「緩」，原作「解」，據序卦傳改。

損：有孚，元吉，无咎，可貞，利有攸往；曷之用？二簋可用享。（簋，音軌；坊本：音癸。）

文王之彖損云云，何也？曰：損者，減省也。爲卦損乾之九三，益坤之上六，故爲損也。當損之時，若能實信得是天道人事當損之時，而「有孚」。其於入世，則損己裕人；於修德，則損過就中。自是大吉之道，可以免過而「无咎」，可以守正而「可貞」，可以時宜而「利有攸往」。故道莫善於損也。是故言其當損而損之，用雖「二簋」之薄，無不可以薦王公而羞鬼神，但在「有孚」耳。故損取「有孚」爲吉利、「可貞」、利往之道也。

凡有所損皆爲有益，而既有益則實未嘗損，故彖傳備言損之美善。

享禮八簋爲盛，故以「二簋」爲損之用。

彖曰：損，損下益上，其道上行。損而「有孚，元吉，无咎，可貞，利有攸往；曷之用？二簋可用享」。二簋應有時，損剛益柔有時，損益盈虛，與時偕行。（「上行」之「上」，時掌反。）

孔子之傳彖云云，何也？曰：言損者爲其損下之兑益上之艮，「其道上行」也。而所謂損而「有孚，元吉，无咎，可貞，利有攸往；曷之用？二簋可享用」者，當其時之可損，則「二簋」不爲薄；當其時之宜損，則剛益柔不爲損。誠以損盈而益虛，固「與時偕行」之道也。嗚呼！人事之損益盈虛固屬順理之時，而亦實天地鬼神之所共許。立身涉世者，無視損爲損而不爲也。

損於象爲損下益上，而在上用之則爲損欲益德。於象爲損剛益柔，而在上用之則爲損貪益廉。悖入悖出，弗損而實損之驗也。散財發身，能損而非損之證也。故善用益者以損爲益，不善用損者欲益反損也。

唐陸宣公奏議中深得此義。可取以證此彖耳。

象曰：山下有澤，損；君子以懲忿窒欲。（懲，直升反；坊本：時征反。）

孔子之傳損大〔一〕象云云，何也？曰：言山下有澤，山高澤深，是損澤以益山也，故謂之損君子。體此知尊德莫善於損過，於忿則懲之使平如摧山，於欲則窒之使止如塞竇，亦如山下有澤也。

觀大象可見損只是減擔法。

觀君子體損之象以懲忿窒欲，可悟養心之道，養德之道，更可悟養生之道，又可悟處處損則處處益，時時損則時時益，事事損則事事益，念念損則念念益。損固非損人事也，故君子莫善用損。

初九，已事遄往，无咎；酌損之。（已，音以。遄，市專反。）

周公之象損初九云云，何也？曰：初九當損下之時，上應六四。輟所爲而速往以益之則「无咎」。然損下益上，亦當斟酌其淺深，故占象如此。

酌損者謂損下太過，不量淺深，始而下損，不可以自立，究且損上而終不得益，故「酌損」二字所以教損下者，亦所以教受損者。

象曰：「已事遄往」，尚合志也。

孔子之傳損初九云云，何也？曰：言初之「已事遄往」者，初與四爲正應，四以望初之益已爲志，而初始如〔二〕此以合其志也。

〔一〕「大」字原脫，據文津本補。

〔二〕「如」字原脫，據文津本補。

九二，利貞，征凶；　弗損益之。

周公之象損九二云云，何也？　曰：　九二以剛履柔，是爲志在自守而不肯妄損以益上之人，故雖與五爲應，而以得正爲利，以往益爲凶，以「弗損」下爲益上之道，故象占如此。程子曰：「世之愚者，有雖無邪心，而惟知竭力順上爲忠者，蓋不知『弗損益之』之義也。」至哉！　言乎！

象曰：　九二「利貞」，中以爲志也。

孔子之傳九二云云，何也？　曰：　言九二「利貞」者〔一〕，謂其位得中，故其義以守中爲志，而不爲損下益上之爲。使己既居於剥下奉上之損，而上亦不得撙己裕下之益也。嗚呼！　人臣守中，固益上之正道哉。

六三，三人行，則損一人；　一人行，則得其友。

周公之象損六三云云，何也？　曰：　六三正所謂損下益上、損剛益柔之爻，故但取損象謂如「三人行，則損一人；　一人行，則得其友」也。蓋此爻原是三陽損一以益上，而此一陽爻又往上而成應，故其象占如此。而觀此爻者，亦可知致一之爲貴。占此爻者，又可知致一之乃得耳。故夫子又於繫辭盡其義也。

象曰：「一人行」，三則疑也。

〔一〕「者」，原作「也」，據文津本改。

孔子之傳損六三云云，何也？曰：言「一人行」，則專而可得友；三人行，則疑而必損一人。蓋古今之人情大抵皆然也。

六四，損其疾，使遄有喜，无咎。

周公之象損六四云云，何也？曰：言六四陰柔當位，又居止體，而與遄往之初相應，是不肯過受損下益上之益，而能損其貧欲之病者也。此則必使「已事遄往」之初有喜，而即己亦無過於損下之咎耳。嗚呼！爲上者一能損其疾，而人皆得如此。不肯用損，何爲哉？

象曰：「損其疾」，亦可喜也。

孔子之傳損六四云云，何也？曰：言六四「損其疾」在初，自是「可喜」之事。在己无咎，亦正是「可喜」之事耳。

六五，或益之十朋之龜，弗克違，元吉。

周公之象損六五云云，何也？曰：六五當損時，而居中履柔，又爲止體，以應二「弗損」之益，是損滿下賢而集忠廣益者也。人君而能此，羣策效力，不眩不惑，天下無難決之事，而知臨見大君之宜矣。故象取「或益十朋之龜，弗克違」，而占取於「元吉」耳。

龜決是非吉凶之物，「十朋之龜」是喻在下之賢莫不損己，自盡以益之之義。人君虚己受善，其自損而實益之道有如此。

象曰：六五「元吉」，自上祐也。

孔子之傳六五云云，何也？曰：言六五之得「元吉」者，以其能損己受益，是能得人之助矣。安得不得天之助乎？「自上祐」之，所必然也。

損至上而吉，天道盈虚而益謙也。故一卦之吉，大於六五一爻，而又皆備於上九一爻。

上九，弗損益之，无咎。貞吉，利有攸往，得臣無家。

周公之象損上九云云，何也？曰：上九處損之終，居止之極，而下應六三，是不以弗損下爲益者也，故其象爲「弗損益之」。蓋以弗損爲益，於益民則爲惠而不費，於益君則爲以財發身。損而如此，咎尚何有？得正而吉，行無不利。「得臣無家」，一舉而四善備於此矣。彖之所謂「有孚，元吉，无咎，可貞」而「利有攸往」者，蓋即指此爻耳，故損以損爲益也。

看來下卦悦體，故以損下益上爲義，然亦取於酌損。「弗損」者，悦之貴[一]以道也。下卦止體，宜以受下之益爲義，而又取於損疾。弗損者，不過損其下以自益。正居上所宜止之道，亦正上所自益之道也。不然則天道忌盈，人心惡貪，「莫益之，或擊之」，欲益而自損多矣。故損卦以損爲益，以不損下爲益上。蓋天道人事之自然也。

象曰：「弗損益之」，大得志也。

孔子之傳損上九云云，何也？曰：言「弗損益之」者，弗損下正所以益上而大得其志耳。嗚呼！六經、四子中言薄斂厚下之道，固皆此旨乎？爲人上者，尚其念諸！

[一]「貴」字原脱，據文津本補。

益䷩（震下巽上）

損而受之以益，何也？序卦傳曰：「損而不已必益，故受之以益。」

益：利有攸往，利涉大川。

文王之彖益云云，何也？曰：言益之爲卦，損乾之四陽，益坤之初柔，是乃損上益下之道，故占象爲「利有攸往」。又益之道可以濟險涉難，故占象爲「利涉大川」。觀「利涉大川」，指巽木上動言，而又不必指乾指坎。可見象義固自「不可爲典要，惟變所適」也。

彖曰：「益」，損上益下，民說無疆；自上下下，其道大光。「利有攸往」，中正有慶；「利涉大川」，木道乃行。益動而巽，日進無疆；天施地生，其益無方。凡益之道，與時偕行。（「上下」之「下」，去聲。施，始豉反。）

孔子之傳益彖云云，何也？曰：言益之爲義，謂王者能損上益下，則「民説無疆」。「民説」即上之益也。「自上」而施惠以益下，於爲上之道乃爲「大光」。道光即上之益也。「利有攸往」則言二五中正相應，而天下受慶。有慶即上之益也。至若「利涉大川」，則取於上卦之巽木，上動而益於下之利於涉險，抑又可知利於涉險則無往不利。其爲上之益，則又不待言也。乃孔子傳彖時，則又見益之爲道，下動上巽，「日進無疆」。不特於人事爲悅民利往之咸得，即天地亦且以此〔二〕爲施生之無方。凡爲人君者，所當「與時偕行」，而不可不實行之耳。蓋孔子又極推益之卦義卦才，而以益下望爲上者也。

象曰：風雷，益；君子以見善則遷，有過則改。

孔子之傳益大〔三〕象云云，何也？曰：言風烈則雷迅，雷激則風怒，風雷二物原相附益也。君子體此，以求己之益。但見爲善，則遷不善以就善，而善日以益。但見有過，即便速改，而弗憚於改，即過改而益復無過。亦如風雷之相益也。

初九，利用爲大作，元吉，无咎。

周公之象益初九云云，何也？曰：初九當益之時，以陽剛雷動之資，而得六四巽入之應，是用大作而無不利者也，故占象爲「利用爲大作，元吉，无咎。」

象曰：「元吉，无咎」，下不厚事也。

孔子傳益初九云云，何也？曰：言下本不當任厚事，而初以得六四之任用，不如是不足以塞責也。按此，雖本注意爲說，而終覺心未曉暢，當俟知者問之。

六二，或益之十朋之龜，弗克違。永貞吉；王用享於帝，吉。

〔二〕「此」，原作「施」，據文津本改。

〔三〕「大」字原脫，據文津本補。

周公之象益六二云云，何也？曰：六二處中正，而履柔順，有虛中順從義，而與九五「有孚惠心」惠德之主相應，故有「或益之十朋之龜，弗克違」，而占象復爲「永貞」之吉。蓋居中而應又中，自然「吉」，可長得正耳。又以二之虛中而應五之孚衷，亦有「王用享於帝，吉」義也。然觀損之六五爲「益之十朋之龜，弗克違」而益之，六二又爲「益之十朋之龜，弗克違」，則知損、益二卦以相反而成。益之二，固損之五。而凡卦中一切外來之云，大約以取於前後卦反對之往來爲正。又其中亦尚有自乾坤來者。蓋乾坤大父母，固一切剛柔之變所從來也。若曰「訟自遯，而漸歸妹」，恐有可疑者。

象曰：「或益之」，自外來也。

孔子之傳益六二云云，何也？曰：言「或益之」者，理必得益，自然益從外來，亦莫知其然而然也。

六三，益之用凶事，无咎；有孚中行，告公用圭。

周公之象益六三云云，何也？曰：六三處益之時，陰柔不中，而上應上九之剛，剛必凌弱，是爲「益之用凶事」象。然艱難成德，殷憂啟聖，警戒震動，自是增益不能之機，亦正「无咎」也。又卦三四皆居中處柔，爲「有孚」於「中行」，如「告公用圭」之誠歟。故雖外來之凶不免，而自得中行之「无咎」耳。

象曰：益用凶事，固有之也。

孔子之傳益六三云云，何也？曰：益而用凶事以爲益者，蓋必如是而後動心忍性，所以增益不能者，乃固有之也。

六四，中行告公從，利用爲依遷國。

周公之象益六四云云，何也？曰：六四巽主處柔，而與三在卦中，有「中行」象。又與震初利建之侯爲正應，故占象爲「告公」見從，而「利用爲依遷國」也。

象曰：「告公從」，以益志也。

孔子之傳益六四云云，何也？曰：「告公從」者，告之益下之志，而「從」乃所以益其志也。

九五，有孚惠心，勿問元吉。有孚惠我德。

周公之象益九五云云，何也？曰：九五以巽體居中得正，又與「永貞」享帝之六二爲正應，是乃爲天下得人以發政施仁者也，爲「有孚惠心」象。君而若此，不問而可知其吉，故占以「元吉」斷之。且上既有信以惠於下，則下必有信以惠於上，故象占又爲「有孚惠我德」也。蓋上以實心實德惠於下，則下亦必以誠心誠意惠其上，乃自然之理耳。

象曰：「有孚惠心」，「勿問」之矣；「惠我德」，大得志也。

孔子傳益九五云云，何也？曰：言「有孚惠心」，尚何待問而知其「元吉」乎。至於「惠我德」，則上益下而下並益其上，益下之志乃「大得」耳。嗚呼！居九五之位者，一「孚惠心」既得「勿問」之「元吉」，而又有「惠我德，大得志」之秋，則益下又豈徒下之益也哉。

上九，莫益之，或擊之，立心勿恒，凶。

周公之象益上九云云，何也？曰：上九以陽剛居益之極，剛不當位，求益反損，有「立心勿恒」之凶，故象占如此。

然其實剛暴擊下，求益之人立心豈得有恒？又必得以剛取擊之報，所行豈能終利？凶原即在此恃剛擊下之在中也。吁！周公[一]之示戒亦深哉。

象曰：「莫益之」，偏辭也；「或擊之」，自外來也。

孔子之傳益上九云云，何也？曰：言「莫益之」者，猶從其求益之偏辭而言也，若究而言之，則又必有「擊之」者「自外來也」。嗚呼！桀之暴刻，湯來擊之；紂之殘賊，武王來擊之；至於秦之暴虐，且有陳勝、吳廣來而擊之矣。故「或擊之」「自外」者，真不知其所自來耳，可戒哉！

夬䷪（乾下兌上）

益而受之以夬，何也？序卦傳曰：「益而不已必夬，故受之以夬。夬者[二]，決也。」

夬：揚於王庭，孚號有厲；告自邑，不利即戎，利有攸往。（夬，古快反。號，戶恙反。卦內並同。）

文王之彖夬云云，何也？曰：夬之爲卦，上兌下乾，爲五陽決一柔也。然其決之也，必正明其罪，而盡誠以呼號其衆相與合力，且有危厲不可安肆。又止宜治其私邑，而不可專尚威武，則利有所往也。蓋諸義皆本卦中自具，而皆爲戒辭，以象之所以明剛，決之亦自有道耳。

〔一〕「周公」，原作「孔子」，據文津本改。
〔二〕「者」字原脫，據序卦傳補。

彖曰：「夬」，決也，剛決柔也；健而說，決而和。「揚於王庭」，柔乘五剛也；「孚號有厲」，其危乃光也；「告自邑，不利即戎」，所尚乃窮也；「利有攸往」，剛長乃終也。（說，音悅。長，丁丈反。）

孔子之傳夬彖云云，何也？曰：言「夬」者，取其「決」之義也。謂其以五剛決一柔也。而卦德則爲「健而說，決而和」耳。其曰「揚於王庭」者，柔乘五剛之上也。「孚號有厲」者，謂必危厲乃光也。「告自邑，不利即戎」，謂太尚剛決則必窮也。「利有攸往」者，剛再一長，則陰終而消也。

象曰：澤上於天，夬；君子以施禄及下，居德則忌。（上，時掌反。施，始豉反。）

孔子之傳夬大[一]象云云，何也？曰：言爲卦兑上乾下，是爲澤上於天也。澤上於天，未有不決以下流者，故於象爲夬[二]。君子體此，以之施禄，則普及於下，如澤之自天而下；以之居德，則忌居其上，不敢入澤之上於天也。吁！觀吾夫子於夬之象，法戒皆設，可見聖人之於易真神而明之。又可見聖人之於世真提攜心切也。

不曰澤在天上，而曰「澤上於天」，則亦似有貪天爲功之象。又兑口喜揚，而居五陽之上，則亦似有居德之忌之象。不知明易君子以爲何如也？

初九，壯於前趾，往不勝爲咎。

周公之象夬初九云云，何也？曰：初九以剛居最下，是壯於趾者。用壯如此，往而不勝，亦已明矣。咎豈能免乎？

〔一〕「大」字原脱，據文津本補。
〔二〕「夬」字原脱，據文津本補。

故象占如此。

象曰：「不勝」而「往」，咎也。

孔子之傳夬初九云云，何也？曰：言往而能勝，尚恐有咎。「不勝而往」，咎何辭也？

九二，惕號，莫夜有戎，勿恤。（莫，音暮。）

周公之象夬九二云云，何也？曰：九二雖當夬之時，而以剛處柔，爲得中道，故能憂惕號呼，以自警備。壯而知戒，雖「莫夜有戎」，亦可「勿恤」矣。蓋有備固無患之道也。

象曰：「有戎」「勿恤」，得中道也。

孔子之傳夬九二云云，何也？曰：言雖「有戎」，亦「勿恤」者，以九二剛而得中，知所戒也。

九三，壯於頄，有凶。君子夬夬，獨行遇雨，若濡有慍，无咎。（頄，求龜反。）

周公之象夬九三云云，何也？曰：九三以剛居剛，又居下卦之上，「壯於頄」者也。壯而如此，視「壯於趾」者更甚矣，必然致凶無疑。然諸陽獨三與上六相應，則亦有「君子夬夬」以決小人之義。故其象雖爲係私愛，而與上應，如「獨行遇雨」，至於「若濡」，而爲君子所慍。然小人終必決去，則亦尚無大過也，故象占如此。朱注爲温嶠之於王敦，自爲得之。

大抵剛決太過，於諸事不宜以之決去。小人則尚「无咎」。

象曰：「君子夬夬」，終无咎也。

孔子之傳夬九三云云，何也？曰：言「君子夬夬」，雖過於壯，然終能決去。小人則亦「无咎」也。

九四，臀無膚，其行次且；牽羊悔亡，聞言不信。（臀，徒敦反。次，七私反。且，七餘反。姤卦同。）

周公之象夬九四云云，何也？曰：九四以陽居陰，當決之時，而所處如此，如人臀之「無膚」，而「其行次且」，亦取悔之道矣。然以牽率下之三陽，連累不決，則悔亦尚可亡也。又其處陰遠上，若不明於德言，而似於當決反退餒者然，故象占如此。

象曰：「其行次且」，位不當也；「聞言不信」，聰不明也。

孔子之傳夬九四云云，何也？曰：言「其行次且」者，其居位之不當也。「聞言不信」者，無聽言之聰明也。

九五，莧陸夬夬，中行无咎。（莧，閑辨反，又胡練反。）

周公之象夬九五云云，何也？曰：九五以剛中履位，而上決一陰，如「莧陸」之「夬夬」，至不難也。然五爲君位，亦必得中而行，乃「无咎」耳。

象曰：「中行无咎」，中未光也。

孔子之傳夬九五云云，何也？曰：言「中行无咎」者，以人君之尊，去小人不能銷去於未萌之始，而至使其「揚於王庭」而後決之，則亦僅免咎耳。其於人君之中道，豈能大光乎？蓋又惜其決之不早也。

上六，無號，終有凶。

周公之象夬上六云云，何也？曰：上六獨以陰柔居上，雖以居兑口能號，而更無同類可號，故雖暫存一時，而終爲陽決耳，凶可立俟也，故象如此。

象曰：「無號」之「凶」，終不可長也。

孔子傳夬之上六云云，何也？曰：言「無號之凶」者，謂陽再一決，終於必亡，不可長也。嗚呼！陰柔小人，亦何爲自取凶終哉。

姤䷫（巽下乾上）

夬而受之以姤，何也？序卦傳曰：「夬必有所遇，故受之以姤。姤者，遇也。」

姤：女壯，勿用取女。（姤，古後反。取，七喻反。）

文王之象〔一〕姤云云，何也？曰：爲卦一陰始生於下而遇陽，如本非所望而卒然值之者然，故爲「姤」。姤屬一陰始生，非女壯而曰「女壯」，此爲上行剥陽之女，故爲「女壯」，而占象戒以「勿用取女」也。嗚呼！其在文王以前，則妹喜、妲己方至之始；在文王之後，則賈氏、武氏入宮之初乎？然曰「勿用取」，則文王已於方遇之陰，申之以戒。如周公象坤之

〔一〕「彖」，原作「象」，據文津本改。

初六，「履霜」即戒以「堅冰」也。聖人之防陰亦至矣。

彖曰：姤，遇也，柔遇剛也。「勿用取女」，不可與長也。天地相遇，品物咸章也；剛遇中正，天下大行也。姤之時義大矣哉！

孔子之傳姤彖云云，何也？曰：言「姤者，遇也」，謂巽初柔遇五剛也。「勿用取女」者，謂方進之陰將長而未已。其勢不至遯、否、觀、剥，不止以如此之女，而用以自取，是自取牝鷄之鳴耳，必不可與其長也。至「天地」云云，則傳彖時又見得卦體九五中正，有可推可取之時義，而極賛之耳。蓋謂姤是「天地相遇」，而推原其「相遇」之時，則有「品物咸章」而發育流行之義。九五乃「剛遇中正」，而推原其「剛遇中正」之時，則有「天下大行」而乾德上治之義。「姤之時義」正自「大矣哉」！故以之「取女」，則宜知「勿用」之義；而以之「大行」，則又宜知謹幾之義耳。

象曰：天下有風，姤；后以施命誥四方。

孔子之傳姤大象云云，何也？曰：姤，乾上巽下，是天下有大風也。王后體此，以乾爲施，以巽爲命，以之告戒四方，如風行乎天之下也。

初六，繫於金柅，貞吉；有攸往，見凶，羸豕孚蹢躅。（柅，乃李反，又女紀反。）

周公之象姤初六云云，何也？曰：初六爲巽主而上行，正所謂女之壯者也。能止之以固，則得正而吉。若「有攸往」，則漸不可長，不至剥、坤，不止即「見凶」。蓋初爲巽入而卑伏於下，有「羸豕孚蹢躅」象，故象占如此。嗚呼！姤始即繫之以「貞」，其即遯彖「小利貞」之旨乎？

以木指物，爲之「柅」； 卦體純乾，「金」象； 而陰忽滯其底，巽又爲繩，「繫」象； 孤陰上附，若繫，故初六取象「繫於金柅」也。上進之陰，勢不可長，往而不已，則消陽無已。不特爲陽之凶，即陰亦不得中吉，故象又取此。

象曰：「繫於金柅」，柔道牽也。

孔子之傳姤初九云云，何也？曰：言「繫於金柅」者，以陰柔方進，貴於牽止也。

九二，包有魚，无咎； 不利賓。

周公之象姤九二云云，何也？曰：九二陽剛，而與初陰相比，畜制之固，則「无咎」。若不能畜制，反奉爲賓而進之，則是令其自得朋耳，將女禍生矣，故占象又取於「不利賓」。蓋魚陰物易制，而賓愈進則衆，故爲九二近初之陽申戒。

象曰：「包有魚」，義不及賓也。

孔子之傳姤九二云云，何也？曰：言「包有魚」者，二之視初，宜如包之畜魚義，不可使陰柔小人之得朋日衆也。

九三，臀無膚，其行次且； 厲，無大咎。

周公之象姤九三云云，何也？曰：九三過剛不中，下不遇於初，上無應於上。居則不安，行則不進。故亦取「臀無膚，其行次且」象。然既無所遇，則亦自不爲陰柔所繫，故雖「厲」、「無大咎」也。姤、夬反對，姤之三即夬之四，而象正同。可知反對之爻，自有來往相通之義，不獨損之六二與益之六五也。若遠取他卦，則恐涉淩亂耳。

象曰：「其行次且」，行未牽也。

孔子之傳姤九三云云，何也？曰：九三雖「其行次且」，然亦尚非初應，不爲柔所牽也。

九四，包無魚，起凶。

周公之象姤九四云云，何也？曰：九四初應，應[一]而初已見包於二，是爲「包無魚」象。居上而無民，動成凶矣，故占象爲凶。

象曰：「無魚」之「凶」，遠民也。（遠，元萬反。）

孔子之傳姤九四云云，何也？曰「無魚之凶」者，四居近君之位，而「遠民」以自失其民，是凶道耳。蓋民之不可遠也如是，夫爲大臣者尚其鑑諸。

九五，以杞包瓜，含章；有隕自天。

周公之象姤九五云云，何也？曰：九五居乾之中，陽剛中正，下[二]與剛中之九二同德相遇而已。「包瓜」得民。是九五遇二高大堅實之杞，以包初六陰柔之瓜，正所謂剛遇中正而大行者乎。又五下覆乎初，體乾履巽，是爲施命誥四方之后，亦有含[三]風動之文章自天下行之義，故象又取此也。

[一]「應」字疑屬衍文，文津本無。
[二]「下」，原作「不」，據文津本改。
[三]「含」，原作「舍」，據文津本改。

象曰：九五「含章」，中正也；「有隕自天」，志不舍命也。（舍，音捨。）

孔子之傳姤九五云云，何也？曰：言九五之「含章」原具大中至正，可以風動四方之德，而不忘命誥動民之志，故爲「有隕自天」也。乾爲天，九五天位，自上而下，爲「隕自天」，命指初爲誥命。

上九，姤其角，吝，无咎。

周公之象姤上九云云，何也？曰：上九處姤之終，居姤之上，又無正應，是爲姤角。姤而以角，亦可羞矣。然此乃自懷狐疑，識不知人，自取之罪，於誰而咎乎？故象占如此。「无咎」似解以無可咎義爲當，故傳專以「窮吝」釋之。

象曰：「姤其角」，上窮吝也。

孔子之傳姤上九云云，何也？曰：上九取於姤角之象者，爲其以剛居上，過剛而道窮，故羞吝也。嗚呼！姤之上九其亦乾之上九乎？陽剛可過亢耶？

卷八

鄠縣王心敬撰

下經

萃䷬（坤下兑上）

姤而受之以萃，何也？序卦傳曰：「物相遇而後聚，故受之以萃。萃者，聚也。」

萃：亨，王假有廟，利見大人，亨，利貞；用大牲吉，利有攸往。（假，更白反。）

文王之彖萃云云，何也？曰：卦爲澤上於地。於人心，則順悦而萃聚之義也。人心順悦以聚，自是亨通之道，故其象占有王假於廟之亨，有「利見大人」之亨，而亦利於正，不正則雖聚必散也。又申言其假廟也，則宜體物聚時，皇享禮宜豐之義，而「用大牲吉」。其見大人也，則必然得衆，能聚人心悦從，而「利有攸往」。蓋卦中原備此義，故象占亦如此其詳耳。

彖曰：「萃」，聚也。順以説，剛中而應，故聚也。「王假有廟」，致孝享也；「利見大人，亨」，聚以正也；

「用大牲吉，利有攸往」，順天命也。觀其所聚，而天地萬物之情可見矣。（説，音悦。）

孔子之傳萃彖云云，何也？曰：言「萃」者，取乎人心萃聚之義也。所以取乎人心萃聚之義者，爲卦下順上説，九五剛中而九二應之，故成萃也。「王假有廟」者，王者萃此心之精神，致孝享於祖考也。「利見大人，亨，利貞」者，聚衆必以正也。「用大牲吉，利有攸往」者，當萃之時，時豐禮備，下順上説，所以順天命之自然也。備觀萃聚之義，可以見人情即天地萬物之情。惟順惟悦，即可以格神，可以致治，則天地萬物之情又豈出順悦之外乎？故萃有亨道也。

象曰：澤上於地，萃；君子以除戎器，戒不虞。（上，時掌反。）

孔子之傳萃大象云云，何也？曰：兑上坤下，是「澤上於地」也。君子體此，知衆多之聚，人情囂煩，易有不虞之事，則除脩戎器以戒備不虞耳。蓋衆聚易鬭爭，又衆聚藏奸邪，有不虞之事，亦必至之情。故君子以「除戎器，戒不虞」爲處萃之道也。

初六，有孚不終，乃亂乃萃；若號，一握爲笑，勿恤，往无咎。（號，乎勞反[一]。）

周公之象萃初六云云，何也？曰：初六上應九四，而隔於二陰，是「有孚不終」，志亂而妄聚也。若能號呼正應，則「一握爲笑」，而更勿顧恤，以「往无咎」耳。嗚呼！上二句其隗囂之舍漢而萃公孫，下數句其馬援之去隗而萃光武乎？

象曰：「乃亂乃萃」，其志亂也。

[一]「乎勞反」，文津本作「平聲」。

孔子之傳萃初六云云，何也？曰：初六之「乃亂乃萃」者，衆萃之中，「志亂」而未知所適從也。

六二，引吉，无咎；孚乃利用禴。（禴，羊略反。）

周公之象萃六二云云，何也？曰：六二應五而雜於二陰之間，必牽引以萃，乃「吉」而「无咎」。又二柔順中正虚中，而上應九五，剛健中正，誠實以下交，則亦有孚而利於「用禴」之象，故象占如此。然曰「孚乃利用禴」，則又以戒二處萃之時，誠敬爲本耳。

細觀初二之象，凡皆即爻象之自有隨申以戒，聖人之教人寡過亦至矣。而其事象，則竇融引五太守以萃漢也。

象曰：「引吉，无咎」，中未變也。

孔子之傳萃六二云云，何也？曰：言六二之「引吉，无咎」者，初與三皆不中，而有異志；六二中正不變也。

六三，萃如嗟如，無攸利；往无咎，小吝。

周公之象萃六三云云，何也？曰：六三陰柔不中不正，上無應與，欲求萃而不得。故「萃如嗟如」，而無所利。惟往從於四，可以「无咎」。然終是非應而往，亦可小羞矣。

象曰：「往无咎」，上巽也。

孔子之傳萃六三云云，何也？曰：言六三「往无咎」者，能舍不正而上順乎四也。

九四，大吉，无咎。

周公之象九四云云，何也？曰：九四上比九五，而據坤上以得衆，得其萃矣。然以陽居陰，大臣而爲衆之所聚，必得君之同心同德、相悦無間，而因大以得吉，然後「无咎」也。

象曰：「大吉，无咎」，位不當也。

孔子之傳九四云云，何也？曰：九四「大吉」乃「无咎」者，以九四非當位之君位，非君而得衆，是臣之所不宜也。嗚呼！人臣惟得君而後宜得衆；不然，則擅權得衆之咎難免矣。

九五，萃有位，无咎；匪孚，元永貞，悔亡。

周公之象萃九五云云，何也？曰：九五以體剛履悦中正，爲下所萃，是「萃有位」者也。君道亦未爲咎。但羣陰承四而萃人心，亦未盡孚。爲五計者，惟體元長，「永貞」其德，庶乎仁積信成，「匪孚」之悔，可以亡耳。

象曰：「萃有位」，志未光也。

孔子之傳萃九五云云，何也？曰：九五雖有其位，而四在其下，爲衆所萃，未得如顯比之光也。故比之「元永貞」言於象，而萃之「元永貞」言於五，其教深矣。

上六，齎咨涕洟，无咎。（齎，音咨，又將啼反。洟，音夷。象同。）

周公之象萃上六云云，何也？曰：上六處萃之終，陰柔無位，下又無應，求萃不得者也。其爲齎嗟涕泗，可想而知，故其象如此。然處悅知懼，雖寡與，「无咎」也，故占象又如此。

象曰：「齎咨涕洟」，未安上也。

孔子之傳萃上六云云，何也？曰：言上六之「齎咨涕洟」者，是居上而以未得所萃，不安於心也。不安於心則必求所以萃之，求萃則必得萃，故亦自「无咎」耳。

升䷭（巽下坤上）

萃而受之以升，何[一]也？曰：序卦傳曰：「聚而上者謂之升，故受之以升。」

升：元亨，用見大人，勿恤。南征吉。

文王之彖升云云，何也？曰：升，巽下坤上，地中之木自下而升也。有大亨之義，有「用見大人」、勿憂其不允之義，有向南而進無所不吉之義，故彖占如此。而升有大吉之道也。南行以指巽、坤之間，南離之位，爲人臣朝見之鄉爲當。蓋此等字易中多不輕用，用則必有所指。不然則「征吉」「利征」何所不可，而必曰「南征吉」乎？

彖曰：柔以時升，巽而順，剛中而應，是以大亨。「用見大人，勿恤」，有慶也；「南征吉」，志行也。

[一]「何」字原脫，據文津本補。

孔子之傳升彖云云，何也？曰：言升之爲卦，巽木之柔，以時上升，故曰「升」也。其卦爲下巽上順，其德爲九二剛中，而應乎九五，是以「大亨」也。其曰「用見大人，勿恤」者，謂用此巽順之道，「見大人」則必升階，而「有慶」也。其曰「南征」者，坤、巽之間，離明之位，欲升之志，至此而可行也。

象曰：地中生木，升；君子以順德，積小以高大。

孔子之傳升大象云云，何也？曰：爲卦坤在上而巽在下，爲「地中生木」之象。而地之生木也，則順其生機，由萌芽而方寸，由方寸而拱把，由拱把而參天淩雲，無不由卑以至高，由〔二〕小以至大。君子體此，其爲學也一順乎德之漸，至日積月累，由善信而充實光輝，由光輝而爲聖爲神，無淩節之行，無襲取之爲，亦如「地中生木」「積小」而「高大」也。觀君子順德，「積小以高大」，可見頓悟頓修之説終有病在。

初六，允升，大吉。

周公之象升初六云云，何也？曰：初以順柔爲巽主，又上應巽順之六四，正是〔三〕方生日升之木，無有阻遏，所謂「允升」也。升而如此，孰能禦之？吉之大者，莫過此耳。

象曰：「允升，大吉」，上合志也。

孔子之傳初六云云，何也？曰：言初六之「允升，大吉」者，以上之六四同心同德，合志以應也。

〔二〕「由」，原作「田」，據文津本改。
〔三〕「是」，原作「自」，據文津本改。

九二，孚乃利用禴，无咎。

周公之象升九二云云，何也？曰：九二剛中得正，與六五爲正應，是乃君臣合德，下進上援，而升中告虔之日也，故其象爲上下相孚，乃利於「用禴」而「无咎」也。

象曰：九二之「孚」，有喜也。

孔子之傳升九二云云，何也？曰：言「九二之孚」九五，君臣交孚而同升，「有喜」「无咎」耳。

九三，升虚邑。

周公之象升九三云云，何也？曰：陽實陰虚爲虚象，而坤固自有國邑象，三與坤接，以實升虚，進無所阻，故「升虚邑」也。

象曰：「升虚邑」，無所疑也。

孔子之傳升九三云云，何也？曰：言九三之「升虚邑」者，謂其前即三坤中虚，陽升最爲順利，無所疑礙也。

六四，王用亨於岐山，吉，无咎。

周公之象升六四云云，何也？曰：六四以柔居順，始而與五同氣相比，順之至者也。其象爲「王用亨於岐山」，升中告虔。升而如此，「吉」而「无咎」從可知矣，故象占如此。

象曰：「王用亨於岐山」，順事也。

孔子之傳升六四云云，何也？曰：六四之「王用亨於岐山，吉，无咎」者，以柔順之心行順升之事，神必享之，故「吉」且「无咎」耳。而凡以順心行順事者，其爲天地神明所鑑，享俱視此矣。

六五，貞吉，升階。

周公之象升六五云云，何也？曰：六五爲順主，而下應九二之剛中，自然得正而大吉。又居下卦之上，爲地中出土之木，乃升之更進一階者也，故占象如此。

象曰：「貞吉，升階」，大得志也。

孔子之傳升六五云云，何也？曰：言六五之「貞吉，升階」者，謂五之柔順得中，而下應又當，故象爲既「貞」且「吉」。又能「升階」而升之，大得所志者也。嗚呼！君子之升而得志，亦惟其順乎中道而已矣。

上六，冥升，利於不息之貞。

周公之象升上六云云，何也？曰：上六以陰柔之資，積累以升於最上之地，是「冥升」不已者也，寧有利乎？惟是其「冥升」不已之義，則可取爲進德積行，由小至大，而「不息之貞」之利用耳。嗚呼！「冥升」於進身而不可，而於進德則自利欲升者，亦審機而善用之可也。

觀「冥升，利於不息之貞」，可見學業最忌小成半塗，亦最忌欲速助長。

象曰：「冥升」在上，消不富也。

孔子之傳上六云云，何也？曰：言「冥升在上」，雖身則升而上富必消，而貧正不獨見薄於月旦之評也。嗚呼！升以望富，而升愈上則富愈消。然則「冥升」者既消其品，兼消其富，得一虛而消兩實謂之升，信乎其「冥升」乎？漢之崔烈得無類此？

困䷮（坎下兌上）

升而受之以困，何也？序卦傳曰：「升而不已必困，故受之以困。」

困：亨；貞，大人吉，无咎；有言不信。

文王之彖困云云，何也？曰：困者，困閉不通之義也。爲卦坎剛爲兌柔所揜，則是以君子而揜蔽於諛讒之小人，以陽剛而屈抑於邪佞之巧，夫困可知矣。然卦德有可以亨通之道，惟在安固守正而已。故惟剛中之大人乃能「亨」，能得「吉」，能「无咎」也。又兌上爲口，言之所出；而爲卦以兌處險，亦有聞言不信之象。故又戒以當困之時，無尚口說，徒使人不信耳。蓋即象之自有又示以困，非言之所能亨，而亨固自有道也。

困而亨，文王、孔子、孟子以之。「大人吉，无咎」，亦非此二聖一賢不足當也。至「有言不信」，無論文王羑里時如此，即孔孟當時或且以爲佞，或且以好辨譏之矣。然在今日，則文王、孔、孟之言，果何如乎？故君子亦自信自亨而已，不急以其言求信當世也。

彖曰：困，剛揜也。險以説，困而不失其所「亨」，其唯君子乎？「貞，大人吉」，以剛中也；「有言不信」，尚口乃窮也。（揜，本義作掩，於檢反。）

孔子之傳困彖云云，何也？曰：言卦之爲困者，以剛爲陰柔所揜，如下坎之剛揜於上兑之陰柔也。且坎中一陽揜於二陰，兑二陽揜於一陰，初上皆陰而三陽盡閉於内，皆所謂剛揜耳，故謂之「困」。而其所以「亨」者，爲卦下險而上説，是身雖困而能不失其所以「亨」者也。其唯剛中之君子能之乎？若在小人，身困而心亦困矣，「亨」於何有也？「貞，大人吉」者，九二之大人與九五之大人皆剛中相應，故「吉」也。若在小人之陰柔不正，雖通泰，尚不吉多過。況窮極必變，否極必通，正自有大亨之日乎。

象曰：澤無水，困；君子以致命遂志。

孔子之傳困大象云云，何也？曰：水宜在澤，今澤在水上，是無水也。無水則巽木失潤，故爲「困」。君子體此，「致命」而聽之天，「遂志」而修諸己，不以困視困，而以亨視困，故身雖困而道自亨也。「致命遂志」是履險而能悦之義。履險而能悦，是樂在其中。患難不撓，貧賤不移，而無入不得者也。故惟君子能亨，亦惟大人貞吉。

初六，臀困於株木，入於幽谷，三歲不覿。

周公之象坤初六云云，何也？曰：初六以陰柔居困初，與四應而隔於二三，是困之深而出不易者也，爲「臀困於株木」〔二〕而「入於幽谷」雖「三歲不覿」象。困而如此，象雖不言凶而凶悔亦可知矣。

困初六取於本卦，則爲困於佞而不能察。推類盡義，則爲困於欲而不知出，困於色而不知節，困於貧而不知止，困於忿而不知忍。嗚呼！既入幽谷，迷在終身矣，三歲其能覿乎？故象占如此。

按象初陰柔在下，「臀」象，「株木」象。坎爲陰，伏溝瀆，而初最下爲「入幽谷」象。與四應而隔二三，爲「三歲不覿」象。

象曰：「入於幽谷」，幽不明也。

孔子之傳困初六云云，何也？曰：言初六爲「入於幽谷」者，謂其不能知幾，而幽而不明也。

九二，困於酒食，朱紱方來，利用亨祀；征凶，无咎。（紱，音弗。亨，讀作享。）

周公之象困九二云云，何也？曰：九二正在困中，而坎實中滿，有陽德正中，雖困不餒之義，故象取「困於酒食」。與九五同德相應，故占象取「朱紱方來」。二五非正應，而以誠相通，故占象取「利用亨祀」。又二在坎中，正當困險之時，自然宜來，不宜他往，故占象又戒以「征凶」。二乃剛中，當困而不失其亨，故占象又終得「无咎」也。

象曰：「困於酒食」，中有慶也。

孔子之傳困九二云云，何也？曰：言九二之「困於酒食」云云者，陽剛中正，上有同德之應，君臣一德。今日雖困，

〔二〕「爲『臀困於株木』」原作「故惟君子能亨」，據文津本改。

終有福慶也，然亦二自有中正之德耳。苟無其德，五雖剛中，豈援無德之困？吾恐二之位在陷中，正險於初之入谷不覿耳，故亨。困以自中其德爲要，而傳特發中則「有慶」之義也。

六三，困於石，據於蒺藜；入於其宮，不見其妻，凶。

周公之象困六三云云，何也？曰：三以陰居陽，乘承皆剛，有「困於石，據於蒺藜」象。以陰居陽，又坎虛之地，有「入其宮，不見其妻」象。困而如此，凶何如乎？故象占如此。然據孔子繫辭之言，則「入其宮，不見其妻」乃非所據而據，非所困而困，身且將危，妻安得見？則又是於上二句推其義象當如此耳，固不必索爻象以實象也。

象曰：「據於蒺藜」，乘剛也；「入於其宮，不見其妻」，不祥也。

孔子之傳困六三云云，何也？曰：言「據於蒺藜」者，下乘九二之剛，退無所歸也。「入其宮，不見其妻」者，所據如此。身且將危，不祥之至，而妻不可得見也。嗚呼！非所據而據者，亦詳味孔子繫辭之旨可乎？

九四，來徐徐，困於金車，吝，有終。

周公之象困九四云云，何也？曰：四應初而隔二三，以剛體而居柔位，皆有來徐不果之義。與五比，乃近君相悅之臣，故又爲「困於金車」。而不得與初即應，正應不急，又爲所阻，未免羞吝。然本屬正應，困極終通也，故象占如此。

象曰：「來徐徐」，志在下也；雖不當位，有與也。

孔子之傳困九四云云，何也？曰：言「來徐徐」者，謂其處位不當，無剛中誠應之德也。然雖「不當位」，終必「有與」

而相應耳。

九五，劓刖，困於赤紱；　乃徐有説，利用祭祀。（劓，音見睽。刖，音月。説，音悦。）

周公之象困九五云云，何也？曰：　九五處困之時，體本兑而一陰毁於上，以虧其進。下乘坎而初陰缺於下，以阻其行。上下俱困，有劓上刖下象。欲與二應而爲四阻，有「困於赤紱」象。剛中居尊，終與二遇，有「徐有悦」象。二五非應，而以同德相感，誠無不通，有「利用祭祀」象也。

象曰：「劓刖」，志未得也。「乃徐有説」，以中直也。「利用祭祀」，受福也。

孔子之傳困九五云云，何也？曰：　九五「劓刖」者，上兑虧而下坎缺，其「志未得也」。「乃徐有説」者，剛中誠直，終相遇也。「利用祭祀」者，五以履中處悦，悦以祭神，神亦必悦而錫福，五終「受福」也。

上六，困於葛藟，於臲卼；　曰動悔；　有悔，征吉。（藟，力軌反。臲，五結反。卼，五骨反。）

周公之象困上六云云，何也？曰：　上六以陰柔居兑上，於人爲兑口，於木爲樹上之葛藟。居高而柔，亦動摇不安之甚矣。如是而尚欲不變，而自言曰勿動，動則「有悔」，則亦終悔於困耳。惟征而求出則吉，而悔乃可免，故象占如此。然周公於此爻，既戒而復勸，則所謂「窮則變，變則通」，而鼓之舞之以盡利耳。

象曰：「困於葛藟」，未當也；「動悔有悔」，吉行也。

孔子之傳困上六云云，何也？曰：「困於葛藟」者，陰居上乘剛，未當位也。「動悔有悔」「吉」者，能動則其體變。而初之臀困不行者，至是可行，而以「吉行」也。嗚呼！易爲教人變易以從道之書，亦不信乎？

井䷯（巽下坎上）

困而受之[一]以井，何也？序卦傳曰：「困乎上者必反下，故受之以井。」

井：改邑不改井，無喪無得，往來井井。汔至，亦未繘井，羸其瓶，凶。（喪，息浪反。汔，許訖反。繘，音橘。羸，力[二]裴反。）

文王之彖井云云，何也？曰：穴土用木爲幹以出水曰井。爲卦坎水在上，巽木在下，爲木入水而取水象。水上於木，亦爲以木汲水而水已出象，故皆取義於井也。井乃養道之自然，而終不可窮之物，固有及物之功矣，然要在人汲之耳。不及井，無喪也；及之井，無得也。來而汲，此井常在；往而不汲，此井亦常在。常在者井，往來者人，得喪者汲，於井何與乎？是故井可汲，而不能求人汲，此井之得也。即如「改邑」者，邑雖可改，而井寧可改乎？故用井者在知井之德而善用乎井也。若汲方至，猶未收繘之綆，而即「羸其瓶」，則雖汲而實未汲，而凶立見矣，故彖占如此。

愚按井不可改，乃指九二正在坎中而言，至「汔至」以下則直取義爲象矣。不然，「得」「喪」「往來」「汔至」「繘井」於卦、象、爻、彖將何指定乎？徒見穿鑿耳。故讀易而通義、象，庶幾明文、周卦[三]、象之旨，即易道可見一斑也。

[一]「之」字原脫，據文津本補。
[二]「力」，文津本作「律」。
[三]「卦」，原作「設」，據文津本改。

愚按無地不有水可養，而掘則成井，則養固在人知求也。無井之水不養人，而汲則有功，則養固在人之善取也。率性之道，正吾人取不盡[一]而用不竭之井，亦在人之知取不知取、善取不善取耳。性道豈任咎乎？故君子深造以道欲其自得一章，乃「繘井」之底本注腳。

率性之道，不爲堯存，不爲桀亡，此「改邑不改井，無喪無得，往來井井」也。堯則寒泉食，勿幕有孚；而桀則井泥羸瓶耳。得喪皆自取，於井何與乎？然則世之心不知養，養不得道，而終於暴棄者，是乃未汲與羸瓶耳，可罪氣質哉？

象曰：巽乎水而上水，井；井養而不窮也。「改邑不改井」，乃以剛中也。「汔至，亦未繘井」，未有功也。「羸其瓶」，是以凶也。（上，時掌反。）

孔子之傳井彖云云，何也？曰：言井之爲卦，乃巽木入乎水而上水，故謂之井。井乃養人不窮之物也。其言「改邑不改井」者，謂九二剛中不變，爲泉食之主也。「汔至」「未繘井」者，已近水而未汲，未有致養之功也。羸敗其瓶者，無出水之具，不得致養，是以凶也。

象曰：木上有水，井；君子以勞民勸相。（上，如字，又時掌反。勞，力報反。相，息亮反。）

孔子之傳井大象云云，何也？曰：巽木入水，坎水上出，井之象也。君子體此，知養民而徒以利利民，則在上費不給而在下惠必窮，是欲養而反不得常養之道矣。於是勞其民而勸勉輔相，使之勤業立本，自給不竭，亦如井之爲人取養焉。

[一]「盡」，原作「禁」，疑誤，今據上下文義擬改。

初六，井泥不食，舊井無禽。（泥，乃計反。）

周公之象井初六云云，何也？曰：初六在下，象井之底。其在新井乎，則此井乃方泥而不可食者也。其在舊井乎，則此井土邑丘墟，鷄犬亦盡，井雖不改，而不可用汲者也。蓋初之象占固如此。

象曰：「井泥不食」，下也。「舊井無禽」，時舍也。（舍，音捨。）

孔子之傳井初六云云，何也？曰：言「井泥不食」者謂新井，則初六爲井下之泥，未出乎水，不可食也。「舊井無禽」者謂舊井，則邑已改，鷄犬盡時，當其舍無人用也。

九二，井谷射鮒，甕敝漏。（谷，余六反，音育。射，石亦反。鮒，音付。）

周公之象井之九二云云，何也？曰：九二既在坎中，又失應比初，有「井谷射鮒」象。下有穴如谷，而射注於鮒，是爲漏井。甕復敝漏，是爲漏甕。其不可食，亦猶初矣。蓋尚屬井之未成者也。故其象如此，而占從可知。

象曰：「井谷射鮒」，無與也。

孔子之傳井九二云云，何也？曰：言九二之「井谷射鮒」者無正應，又比初，則無人成汲養之功，而井漏甕敝也。

九三，井渫不食，爲我心惻；可用汲，王明並受其福。（渫，息列反。）

周公之象井九三云云，何也？曰：九三巽入之功已畢，而坎中實之孚在下，水已靜深不窮矣。此正井之渫潔可食，不同初二者也。然以上無正應而不食，則是賢人君子之道德已成，正明主所宜汲〔二〕以養萬民之日，而反同於泥井敝井而置之矣。夫初不食尚可言，二不食尚可委，至此而猶不食，即行道且爲心惻矣。何也？當此可用汲井，王若能有知人之明，獨斷而汲之，則必上下並受其福矣。蓋王者不能以身親養天下，又不能以身獨養天下，全賴得渫潔之井爲萬民養，欲給求於不窮，故但得王有知人之明，即上下實享得人之福也。

象曰：「井渫不食」，行惻也。求「王明」，受福也。

孔子之傳井九三云云，何也？曰：言若使「井渫不食」，非但使「我心惻」，即行道見之而且爲心惻也。至所謂「王明」「受其福」者，則以爲受福之故而求王明也，不然何以王明之求爲哉？

六四，井甃，无咎。（甃，側救反。）

周公之象井六四云云，何也？曰：初爲井泥，二爲井谷，三爲井水，五爲汲井之主，上爲井口，四則「井甃」而修井者耳。井必修而後可汲，「井甃」則將來之受福在此矣，故占象爲「无咎」也。嗚呼！士君子閉戶家修之日，正四海引領望澤之年，必實修實證使真可以致君澤民，乃爲「无咎」。否則處士虛聲之誚必不能免，咎能無耶？故周公於三則致望於汲井之主，而於四則又責以自修之井也。

象曰：「井甃，无咎」，修井也。

〔二〕「汲」，文津本作「取」。

孔子之傳井六四云云，何也？曰：言「井甃，无咎」者，修井之道宜然也。

九五，井洌，寒泉食。（洌，音列。）

周公之象井九五云云，何也？曰：九五剛中得正，與九二同德相應，是能汲井之王明也，故其象爲「井洌，寒泉食」。嗚呼！「井洌」而能食，則必免行路之心惻。爻雖不言吉凶，而有得無喪，往來受福，從可知矣。

象曰：「寒泉」之「食」，中正也。

孔子之傳井九五云云，何也？曰：言「寒泉之食」者，謂九五剛中得正，能與九二同德相應，而知所以汲享其養也。

上六，井收勿幕，有孚元吉。（收，詩救反，又如字。幕，音莫。）

周公之象井上六云云，何也？曰：上六井道已成，養人攸賴。而以陰柔虛中居之，有井口「勿幕」象。夫井已成，而又「勿幕」，將汲養不窮，而任人隨取隨足矣。前之所謂王明並受其福者，實在於是。其「元吉」也，自理之必然，又何待問乎？故象占如此。

象曰：「元吉」在上，大成也。

孔子之傳井上六云云，何也？曰：言上六之「元吉在上」者，井道至此而大成也。嗚呼！一井耳，不汲則爲「時舍」，則爲甕漏，而使人「心惻」；一汲則「有孚元吉」，而受福若此。有養人之責者，尚思用汲以爲明哉。

革 ䷰ （離下兑上）

井而受之以革，何也？序卦傳曰：「井道不可不革，故受之以革。」

革：巳日乃孚，元亨，利貞，悔亡。

文王之彖革云云，何也？曰：爲卦上兑下離，水火相息，有革變之義，故謂之「革」。變革事之驚人聽聞者，必革事已成，而後人始孚之。蓋凡民可與習常，難與適變；可與樂成，難與慮始。固古今之常情[一]耳。又革者革物之義，物不可以妄革，亦必「元亨，利貞」，乃得「悔亡」耳[二]。嗚呼！觀文王彖革之辭，而知事之當革者不可慮其難而不革，亦不可不計其有悔而冒行矣。

彖曰：革，水火相息；二女同居，其志不相得，曰革。「巳日乃孚」，革而信之；文明以説，大「亨」以正，革而當，其「悔」乃「亡」。天地革而四時成。湯武革命，順乎天而應乎人。革之時大矣哉！（説，音悦。當，去聲。）

孔子之傳革彖云云，何也？曰：言卦謂之革者，下火上澤，水火相止而相生，其燥濕往來如人之息。而離中女，兑少女，二女同居，水火不相得，故曰「革」也。「巳日乃孚」者，革巳之日，而後人信之也。「元亨，利貞，悔亡」者，離火文明有其

[一] 「情」字原脱，據文津本補。

[二] 「耳」，文津本作「也」。

才，兑而人說有其民，元大亨通有其時，剛柔中正有其德，如是則革而當，乃「悔亡」耳；不如是，未有不悔者也。「天地革」而云云者，則推言革之時。以言乎天地，則二氣相代四時成序以孚革也；以言乎聖人，則湯武除暴安民，順天應人，亦以孚革也。造化以此成物，聖人以此革命，其時豈不大矣哉！蓋又以明革之所關者大，而不可善用耳。

象曰：澤中有火，革；君子以治歷明時。（治，平聲。歷，監本作曆〔一〕，說文、正韻，歷曆通用。）

孔子之傳革大象云云，何也？曰：言水火相息爲「革」。革者變也，而革變之大者則莫如四時之錯行〔二〕。故君子體此以治歷數，明四時之序。蓋歷定歷元乃其統體，而差法則須年年改革而後合〔三〕，不改革則天度必且漸差也。

初九，鞏用黄牛之革。（鞏，九勇反。）

周公之象革初九云云，何也？曰：初九離初無應，未孚而不敢革者也。故雖當革之時，且宜執守堅實。若用「黄牛之革」之鞏固而不可爲乃爲當耳，故取象如此。

象曰：「鞏用黄牛」，不可以有爲也。

孔子之傳革初九云云，何也？曰：初之「鞏用黄牛」者，不可有爲之時，則不宜革也。

六二，巳日乃革之，征吉，无咎。

〔一〕「曆」，原作「歷」，疑誤，今據上下文義擬改。下同。

〔二〕「之錯行」三字原脫，據文津本補。

〔三〕「而後合」三字原脫，據文津本補。

周公之象革六二云云，何也？曰：六二正當日之方中，而與五剛柔相應，正所謂「巳日」也。如是而革，則有孚悔亡自所必然，以之往革則吉，革之者亦「无咎」也，故象占如此。

象曰：「巳日」「革之」，行有嘉也。

孔子之傳革六二云云，何也？曰：言六二巳日革之，「征吉，无咎」者，二五正應，人心已孚，行有嘉美，尚何咎乎？故征則吉也。

九三，征凶，貞厲；革言三就，有孚。

周公之象革九三云云，何也？曰：九三以剛處剛，而當離終，是乃剛明躁決以用革者也。嗚呼！商鞅非其人乎？以此而征，亦必取凶。故雖屬革得其正，而亦且危厲，然其時則當革。言「三就」之時矣，亦自可革而「有孚」也。故傳獨解此義，而不及「征凶，貞厲」耳。「三就」象，離之三爻已就。

象曰：「革言三就」，又何之矣！

孔子之傳革九三云云，何也？曰：言革言已三就矣，尚何之乎？則亦自宜即革耳。嗚呼！商君得秦王之孚，有三就之機，其革亦自不可以已。但其以過剛濟革，則於文明以說、大亨以正之義反矣，其悔安得亡乎？故君子鑑商鞅而宜知所以用革之道也。

九四，悔亡，有孚，改命吉。

周公之象革九四云云，何也？曰：九四以剛履柔，宜若有悔，而位已入說。水火之際，剛柔不偏，則正當改革之日矣。故不革則已，革必「悔亡」，必「有孚」，而「改命」爲「吉」。嗚呼！其當武王八百諸侯改命之秋乎？

象曰：「改命」之「吉」，信志也。

孔子之傳革九四云云，何也？曰：言九四「改命之吉」者，時正當革，又剛柔得正，故人咸「信志」，而所革必吉也。

九五，大人虎變，未占有孚。

周公之象革九五云云，何也？曰：九五以剛處說，居中得正，是乃大人自新新民之極，而順天應人之時也，故其象爲「虎變」。所謂威德折衝萬里，人心望風而順喻者乎？四尚改命信志，物盡從化。矧五之大亨以正，尚待占而有孚耶？故占象如此。嗚呼！非湯武之革命順天應人，孰其當之？

五乃開創大定，制作一新。「大人虎變」，天下文明之時，故其時則爲「巳日乃孚」。革而信之之時，其革則爲文明以說，大亨以正。故惟湯武之順天應人，乃克當之也。

象曰：「大人虎變」，其文炳也。

孔子之傳革九五云云，何也？曰：言九五之「大人虎變」者，大人文明以說，順天應人，其創作煥然一新，如虎之變。而其文彪炳宣朗，有目共睹，其光昭耳。

上六，君子豹變，小人革面；征凶，居貞吉。

周公之象革上六云云，何也？曰：言革至於上六而革道成矣。其君子以禮樂相先，有豹文之變。其小人亦回面稽首，有從君之順。天下盡革薄從忠，風俗大變矣。苟復征焉，不亦凶乎？則亦止宜居，大得正而自享其吉也。

象曰：「君子豹變」，其文蔚也；「小人革面」，順以從君也。（蔚，紆胃反。）

孔子之傳上六云云，何也？曰：言革至上六，則人心已孚，而盡革其應。在君子則「豹變」，而「文蔚」以贊皇猷。其小人則革面，而回面向内，順以從君也。嗚呼！其洪範「錫極」、雅詩「作新之日」乎？革必至此而後爲大亨以正，應天順人也。

鼎䷱（巽下離上）

革而受之以鼎，何也？序卦傳曰：「革物者莫若鼎，故受之以鼎。」

鼎：元吉，亨。

文王之彖鼎云云，何也？曰：鼎下巽上離，其象似鼎。又以木入火，有烹飪之象，故謂之「鼎」也。爲卦内巽外明，二五得中相應，有元亨之道，故占象取於「元吉，亨」也。

彖曰：鼎，象也。以木巽火，亨飪也。聖人亨以享上帝，而大亨以養聖賢。巽而耳目聰明，柔進而上行，得中而應乎剛，是以元亨。（亨，普庚反。飪，人甚反。上，時掌反。）

孔子之傳鼎彖云云，何也？曰：卦象取鼎者，言取乎卦之初六。一爻象鼎足，二、三、四三爻皆陽，象鼎腹，六五一爻象鼎耳，上六一爻象鼎鉉，其象似鼎也。其曰「以木巽火」者，則言爲卦巽木入乎離火之中，烹飪以之，又爲鼎義之所取也。至「聖人」二句，則推言鼎以烹飪。乃凡民日用之常，原不足道。而其大者則固有「聖人亨以享上帝」「大亨以養聖賢」之旨。又所以明鼎之爲物，褻用之不過家人之常器，重用之遂爲聖人之大寶，鼎固在人用之如何耳。其曰「巽而耳目聰明，柔進而上行，得中而應乎剛，是以元亨」者，蓋又所以明惟其有如是之德，乃克有如是之占也。而中間用「是以」二字，則釋卦之中，而示教之旨隱然意言之表矣。

頤，口也，而在聖人則養賢以及萬民。鼎，烹也，而在聖人則養賢以享上帝。觀頤之彖[一]，而知惟聖人爲能善用其頤；觀鼎之象，而知惟聖人爲能善用其器。蓋吾夫子又於本象之中，而取聖人以爲之象矣。然聖人之享上帝則曰亨，養聖賢則曰大亨者，蓋謂不能大亨以養聖賢，則雖享上帝，而上帝亦不享耳。故鼎貴知所用，而尤貴所以善用也。

象曰：木上有火，鼎；君子以正位凝命。

孔子之傳鼎大象云云，何也？曰：爲卦「木上有火」，其形端正凝重，鼎象也。又離火上明，向明出治之義。木火相生，革命宜凝之義，鼎義也。君子體此，而知身履大位所宜正身盡道，大命革新所宜得天承休，如木上之有火也。湯武革命，鼎象也。發政施仁，「正位凝命」也。至於君子居易俟命，則又善用鼎象，「正位凝命」之旨也。於鼎之革故鼎，可知人生居心制行，進德修業，事事皆以易舊日新爲貴。鼎取「正位凝命」，而以離明下應剛中，是以占取元大亨通，則明德固「正位凝命」之本乎？故君子莫要於「自昭明德」。

[一]「彖」，原作「象」，據文津本改。

初六，鼎顛趾，利出否；得妾以其子，无咎。（出，尺遂反，又如字。否，音鄙。）

周公之象鼎初六云云，何也？曰：初六以陰柔居巽初，所謂鼎趾而顛缺，不能支鼎者也，故象取於「顛趾」。「顛趾」之鼎，庸何利乎？然在鼎之始，則故欲其去而新乃可入，則出否亦有利焉，故占象又取「利出否」。又初以陰柔應四之剛，不堪敵應，則妾類耳。夫婦有制，妾亦何可濫得？惟爲子之故而得妾，則尚「无咎」耳。觀鼎初之取象，見聖人之取象原不執於一轍，即可明易之爲道原「不可爲典要」也。故讀易必「神而明之」，然後「道不虛行」。

象曰：「鼎顛趾」，未悖也；「利出否」，以從貴也。

孔子之傳鼎初六云云，何也？曰：言初之「顛趾」，不言凶者，尚未有實，雖顛未悖理也。「利出否」，將以薦實，而妾因子貴，上達耳。

九二，鼎有實；我仇有疾，不我能即，吉。（仇，音求。）

周公之象鼎九二云云，何也？曰：陽剛爲實，九二正於位爲鼎實，而於五爲正應，是爲鼎有實象。然以隔於三四，故我之六五正匹，方有所疾，而不能即就乎我。然實成而終就，則亦必然之理耳，故占象又爲吉也。嗚呼！鼎亦取乎有實耳。有實自必即，即不即而要自爲有實之鼎，有可即之道也。不然而虛聲是盜，即我仇即焉，但見凶耳，何吉之有乎？

象曰：「鼎有實」，慎所之也；「我仇有疾」，終無尤也。

孔子之傳鼎九二云云，何也？曰：言「鼎有實」者，則自能慎其所之也。故雖「我仇有疾」，不能即就，而實成自就，

「終無尤也」。嗚呼！有疾之鼎，自慎所之。然則所之不慎者，原屬無實之鼎耳。故君子所之，辨鼎之虛實如燭照數計也。

九三，鼎耳革，其行塞。雉膏不食；方雨虧悔，終吉。（行，下孟反。塞，悉則反。）

周公之象鼎九三云云，何也？曰：九三以陽處剛，亦爲鼎中之實。以其過剛失偶，又當卦變之地，則是耳之可以行者方在變革，而不可以行。故雖承上卦文明之腴，有雉之美，而不得爲人之所食。然以陽居陽爲得正，苟能自守以待，則陰陽自和而其悔可虧，終必見食而吉耳。

三與上同實相應，而上爲玉鉉，則是所以貫耳以行者，變革而莫可舉行，故爲鼎耳。革行塞，「雉膏不食」。此亦足備一說，故附記之。

象曰：「鼎耳革」，失其義也。

孔子之傳鼎九三云云，何也？曰：言九三之鼎耳，革者在下之上，於位則鼎當有耳。舉之以行，而耳革不行，失其義也。

九四，鼎折足，覆公餗，其形渥，凶。（折，之舌反。餗，送鹿反。形，一作「刑」。渥，一作「剭」，音屋。）

周公之象鼎九四云云，何也？曰：九四鼎之任重者也，而下應初六之陰，則不勝其任矣。任重而不勝其任，穢形尚可言耶？故其象爲「鼎折足」，爲「覆公餗，其形渥」。嗚呼！古今之德薄而位尊，智小而謀大，力小而任重，舉可作是觀也。欲不覆餗形渥，得乎？

象曰：「覆公餗」，信如何也？

孔子之傳鼎九四云云，何也？曰：言九四居任重之地，平日必自負有致澤之言。今而覆公之餗，平日之信何如也？嗚呼！深源以蒼生自負，安石以唐、虞、三代期君，而敗壞國事至於如彼書空舍宅之際，無論當世莫能諒其信，即反心自問，平日之慷慨自負曾可問耶？當人重任者，尚其念之！

六五，鼎黄耳金鉉，利貞。（鉉，玄典反。）

周公之象鼎六五云云，何也？曰：五於鼎爲耳，而有中德，故象黄鉉，則貫耳舉鼎者也。惟耳既黄，故鉉取金而象黄。蓋五以虚中應九二之剛中，故其象如此。然其利則又在貞固，蓋又即爻義自有之德而因以示教耳。

舍鉉無能舉耳，故五兼言「黄耳金鉉」。

象曰：「鼎黄耳」，中以爲實也。

孔子之傳鼎六五云云，何也？曰：言「鼎黄耳」者，謂五柔中得正，爲離明之主。而下應剛中之二，所賴以舉鼎腹之實者在此也，故獨曰「利貞」焉。

上九，鼎玉鉉，大吉，無不利。

周公之象鼎上九云云，何也？曰：上於鼎之實則已舉，無所用鉉而適當鼎鉉之處，故直以「玉鉉」名其德。蓋無爲而化成者也，其吉無不利宜也，故象占如此。

玉性温，中和之象，故爲鼎德之至，古稱粹德。爲金玉之器義，亦猶此人能德器粹然，何往不吉不利乎？故上九之利，即象之元吉亨也。

象曰：「玉鉉」在上，剛柔節也。

孔子之傳鼎上九云云，何也？曰：言上九之「玉鉉在上」，謂其以剛履柔，剛柔應節也。

震䷲（震下震上）

鼎而受之以震，何也？序卦傳曰：「主器者莫若長子，故受之以震。」

震：亨。震來虩虩，笑言啞啞；震驚百里，不喪匕鬯。（虩，許逆反。啞，烏客反。喪，息浪反。匕，必以反。鬯，勑亮反。）

文王之彖〔一〕震云云，何也？曰：震於物爲雷動，於義爲震動，於人爲長男主鬯者也。凡人震動則知驚懼修省，知驚懼修省則必寡失，故震有亨道。而「震來虩虩」者，後必「笑言啞啞」。矧以承器之主而知恐懼修省，則必自信自修。初雖「震驚百里」，後必能守其宗廟社稷，而「不喪匕鬯」。蓋知危而後安，知亡而後存，知喪而後得，乃天道人事之必然也。故震非驚人致喪之地，而笑言不喪之機耳。主器者其勿以震視震可也。

〔一〕「彖」，原作「象」，據文津本改。

象曰：震，「亨」。「震來虩虩」，恐致福也；「笑言啞啞」，後有則也。「震驚百里」，驚遠而懼邇也；出可以守宗廟社稷，以爲祭主也。

孔子之傳震象云云，何也？曰：言「震，亨」者，謂「震來」雖「虩虩」，而恐懼致福可亨也。「笑言啞啞」者，言初能震懼，後必有法，則可喜也。「震驚百里」者[一]，謂二震相乘，驚上之遠，而懼初之邇也。其曰「不喪匕鬯」，則謂守器之主而如此，其自可以守宗廟社稷，以長爲祭主也。

象曰：洊雷，震；君子以恐懼修省。（洊，在薦反。省，悉井反。）

孔子之傳震大象云云，何也？曰：洊，重也。爲卦上下皆震，故謂之「洊雷，震」。君子體此，知人心之宴安怠弛非所以「崇德廣業」。故時時「恐懼修省」，以臨深履薄之心，用修過省非之功，如洊雷之相襲震動耳。嗚呼！君子以此存心，安得不亨？又安得或喪匕鬯乎？

震於義爲悔，所謂「震无咎者存乎悔也」。於卦爲復，所謂克己而後能復禮也。故震之爲道最宜於「恐懼修省」以自治其身。

震象不取臨事而懼，而取於「恐懼修省」者，蓋應天下之事而過於恐懼，則喪失之咎反不免。又若慮其震動而並修省，則告子勿求之害又大耳。聖人盡性至命，故其立言精當如此。

初九，震來虩虩，後笑言啞啞，吉。

[一]「者」字原脫，據文津本補。

周公之象震初九云云，何也？曰：初爲成震之主，故其辭與彖無異，而象傳亦無異也。然曰「後笑言啞啞，吉」，加一「後」字，則又於彖之末言者，暢發之矣。

象曰：「震來虩虩」，恐致福也；「笑言啞啞」，後有則也。

解見彖。

六二，震來厲；億喪貝，躋於九陵，勿逐，七日得。（躋，於西反。）

周公之象震六二云云，何也？曰：六二當震中，而下乘初剛，震之「來厲」者也。其義有「億喪貝，躋於九陵」之象。然初以能震，而初震後笑。二又柔中得正，有不初喪，後得乎？故占象又示以「勿逐」而七日自得耳。「七日」與「七日來復」之義同。蓋既有此震厲之功，則當其宜復之時，自然來復，復三頻復之，雖厲无咎，亦猶是也。

象曰：「震來厲」，乘剛也。

孔子之傳震六二云云，何也？曰：言六二之「震來厲」者，謂其乘初剛耳，故有喪貝、躋陵之厲也。

六三，震蘇蘇，震行無眚。

周公之象震六三云云，何也？曰：言六三前震將終，而處以陰柔，有舒緩自失之狀。夫當此宜震之時而如是，則過不免矣。必能法雷行之震動，乃无咎耳。

象曰：「震蘇蘇」，位不當也。

孔子之傳震六三云云，何也？曰：言六三之「震蘇蘇」者，以柔而處三之剛位，原「不當」耳。

九四，震遂泥。（泥，乃計反。）

周公之象震九四云云，何也？曰：九四處重震之中，以剛處柔，是震而泥於震者也。嗚呼！慎而無禮則葸，况震而「遂泥」乎？不言失而失可知矣。

象曰：「震遂泥」，未光也。

孔子之傳震九四云云，何也？曰：言震以退省爲主，若滯泥於震懼之中，而曾不知退省以無恐，其又何日能光大乎？

「震蘇蘇」，則有眚；「震遂泥」，則「未光」。可見，易道時中則無過。

六五，震往來，厲；億無喪，有事。（喪，息浪反。）

周公之象震六五云云，何也？曰：六五處上震之中，當下卦之上，是來往皆在震厲之中矣。而以柔處中，則全若不聞，而反無喪吾所有之事，則與不震之時若一。而所謂「不喪匕鬯」者，即在是也，故其象占如此。

象曰：「震往來，厲」，危行也；其事在中，大無喪也。

孔子之傳震六五云云，何也？曰：言「震往來」皆「厲」者，常在「危行」之中也。而所以「億無喪，有事」者，則以五之柔中得正。其修省之事，原自在震之中，本非震厲之所能得，亦非震厲之所能喪，而大無喪也。嗚呼！在震中而無喪所事，其造次顛沛必於是者，是震正屬驗學力之地，亦正「恐懼修省」之日耳。震而亨，殆謂是歟？

上六，震索索，視矍矍，征凶。震不於其躬，於其鄰，无咎。婚媾有言。（索，桑落反。矍，俱縛反。）

周公之象震上六云云，何也？曰：上以陰柔處震極，故爲「索索」「矍矍」之象，以是而行凶可知矣。若能於震不「於其躬」而「於其鄰」之時知「恐懼修省」，則亦自可以「无咎」。然處震之終，而居不當位之地，終不免婚媾之言耳。

象曰：「震索索」，中未得也；雖凶无咎，畏鄰戒[一]也。

孔子之傳震上六云云，何也？曰：言上六之「震索索」者，中心未能自得，故不能如五之當震無喪也。然「雖凶」而「无咎」者，則尚知畏懼於鄰之戒而免咎耳。嗚呼！吳越之於宋，亦其事也。

[一]「戒」字原脫，據文津本補。

卷九

下經

鄠縣王心敬撰

艮䷳（艮下艮上）

震而受之以艮，何也？序卦傳曰：「物不可以終動，止之，故受之以艮。艮者，止也。」

艮其背，不獲其身；行其庭，不見其人，无咎。

文王之彖艮云云，何也？曰：艮體一陽上止，外實内虚，如人之妄見胥屏，善性明静時也。而卦則兩山對止，不相往來，尤爲各止其所之象，故於義尤屬得止之正耳。蓋學問之道不震動不能進德，非艮止不能成德。故震卦之後繼之以艮，使知艮因震達，震以艮止，動而能止，止以善動。雖動履紛紛之中，而此中常静常定常安常慮如兩山之凝。凝則主敬立極，與天地合德、日月合明。德至是乃爲明德，而善至是乃爲至善耳。故艮以「艮其背」，而人我皆忘，「无咎」也。然其所以取義艮背者，人之一身變動盡在乎面，不在於背，故背爲不見之地。苟艮其面，則終不能止。縱使知其動而止之，亦終不止也。何者？止非其所故耳。唯「艮其背」，則面皆如背，而一切耳目口鼻四肢之所爲，一如其背。故雖酬酢萬變，而天君明靜，屹然如山。內無我而不獲其身，外無物而雖行庭「不見其人」矣。嗚呼！其孟子不動心之學乎？若如告子輩之強制，乃「艮其限，列其夤，厲薰心」者也，烏足語之！

象曰：艮，止也。時止則止，時行則行；動靜不失其時，其道光明。艮其止，止其所也。上下敵應，不相與也，是以「不獲其身，行其庭，不見其人，无咎」也。

孔子之傳艮彖云云，何也？曰：言其所謂艮者，取諸一陽止諸二陰之上得所止也。其所以取於得止者，非不動而一於靜之謂。一於靜則又獲靜之身，見靜之人不得爲止得其所矣。惟「時止則止，時行則行」，動靜以時，無行非止，而「其道光明」耳。而所謂「艮其背」者，言乎止其所也。而其義則取諸上下兩山，陰陽敵應，不相往來也。止而如此，則自然天光發乎泰宇，其動如靜，其行如止。內不牽於耳目口鼻四肢，而「不獲其身」；外不累於聲色臭味安佚，而行庭「不見其人」。一生皆明定之日，無處非明定之境。自燕居獨處以至於大庭廣衆，皆吾背之艮也，何咎之有？嗚呼！微矣！非文王緝熙敬止，不識知而順帝之則，孰與滿其量乎？

「時止」四句，明艮非躭空泥寂〔一〕之學，乃動靜時中之旨。如四時之錯行而不移其度，日月之代明而弗動其體也。此乃大學明、新之必始定、靜，孟子之學問在「求放心」。聖學之一大頭腦，而乾翼「知至至之，知終終之」實義也。是在善學易、善進道者，知所自占耳。

象曰：兼山，艮；君子以思不出其位。

〔一〕「躭空泥寂」，原作「致虛守寂」，據文津本改。

孔子之傳艮之大象[一]云云，何也？曰：言物之善止莫若山，而艮則兩山連立，各止其所，而不相應，是爲「兼山艮」。君子體此，而知人心處感之道亦當如山，隨此身所在之位，即思所當止之理，而不出其位焉。於富貴、貧賤、患難也，則「素位而行，不願乎外」。於君臣、父子五倫也，則仁敬孝慈，各止其所。於視聽言行九事也，則各思所以善其行，以無失其時。安土敦仁，如兼山之艮也。

雷風水火澤五子之兩者，皆有來往之義。惟艮兩山並峙，不相往來，故於義爲止也。思心之用，豈能不來往者？惟是動靜之間，能不出其位，而畔援歆羡之盡絕，一一還他一個當止之所，則雖萬變紛紜，而吾心屹如山岳不可移易，即「兼山」之義耳。此乃聖學之歸極，故大學綱領以「止至善」終之。

初六，艮其趾，无咎，利永貞。

周公之象艮初六云云，何也？曰：艮之六爻，以身取象。初六居下爲足趾，故象爲「艮其趾」。趾動而能止，則躁動之咎亦免矣。然動靜惟時乃得正而可久，故占象又爲「利永貞」以戒之。嗚呼！其步亦步之學乎？

象曰：「艮其趾」，未失正也。

孔子之傳艮初六云云，何也？曰：言初六當初，而即能止，亦未爲失正，但當求永貞之道爲得耳。趾本動物而能止，未爲失正，但當艮初，即欲不行，亦恐非時行之止，故戒以「利永貞」。蓋即爻之中即示以補過之道也。嗚呼！易無一卦無一爻非教人寡過之旨，而於此等處，尤其彰明較著矣。讀易不達寡過之義，真飲食忘味耳。

[一]「傳艮之大象」，原作「象艮」，文津本作「傳艮之象」，今據上下文義擬改。

六二，艮其腓，不拯其隨，其心不快。（拯，音丞。）

周公之象艮六二云云，何也？曰：六二於位爲腓，腓乃隨足以動之物。而當艮止之時，心本欲不行，而又不能不隨足以動，是爲「不拯其隨，其心不快」之象。嗚呼！是欲其止而恨其不能止之學乎？日月至焉，殆類是歟。

象曰：「不拯其隨」，未退聽也。

孔子之傳艮六二云云，何也？曰：言「不拯其隨，其心不快」者，謂雖不能「拯其隨」，而即使之止，亦不可自安於隨，而便聽足之命，此意固可取耳。

「未退聽」三字，最是初學知止得止之機。蓋初學豈易即臻於止，惟是不能止而不甘「退聽」，則必自求所以光明之道，而日進於光明，於以得止不難矣。

九三，艮其限，列其夤，厲薰心。（夤，引真反。）

周公之象艮九三云云，何也？曰：九三於位爲上下之交，而以剛據二體之中，限絶上下。其於人身則爲夤限之地，是艮而斷列其夤者也。此非勉強把持，亦莫能至此，然其危厲薰心亦甚矣。嗚呼！限非背也而欲止，止其限也而「厲薰心」，此亦知學之貴艮，而未得所以艮而光明之道，故錯認機緘乎？告子之「不動心」，殆類是也。千古「不動心」之道，真至此而「列其夤」矣。

象曰：「艮其限」，危「薰心」也。

孔子之傳艮九三云云，何也？曰：言九三之「艮其限」，雖自以爲艮矣，而止非其所，危厲之薰心亦甚也。然愚讀易至此，又以惜告子輩之不聞此言耳。

六四，艮其身，无咎。

周公之象艮六四云云，何也？曰：六四當身之位，以陰處柔而居艮，是「艮其身」者也。「艮其身」，則亦自無非禮之視聽言動矣，乃「无咎」之道也，故象占如此。

止諸身以不僅屬貌恭看爲當，謂凡身之所動無不得所止耳。咸四於此位爲心，而艮以四爲身者，身可統心。且咸取心感，而艮取其背，言身自於艮爲切也。

象曰：「艮其身」，止諸躬也。

孔子之傳艮六四云云，何也？曰：言六四之「艮其身」爲止諸其躬，而視聽言動無不得其所止也。

六五，艮其輔，言有序，悔亡。

周公之象艮六五云云，何也？曰：六五於位爲輔頰之地，而以柔中處之，是「艮其輔」而言不妄發，各得其序者也。「言行，君子之所以動天地。」言而有序，自然言皆法言，而無一非禮之言，雖言滿天下無怨惡矣。悔安得不亡乎？嗚呼！言豈細故哉。

象曰：「艮其輔」，以中正也。

孔子之傳艮六五云云，何也？曰：言六五之「艮其輔」者，六五艮而得其中正，自然爲難言，訒言必有中而無悔也。

上九，敦艮，吉。

周公之象艮上九云云，何也？曰：艮於卦爲一陽止於二陰之上，敦實堅確，隆然守安。而上九又踞兩卦之最上，以爲艮道之成，是大人真能止善，君子至死不變者也。艮而至此，渾厚淳龐，安土如山矣。象之所謂「不獲其身」、不見人者，其在此乎？真大吉之道，豈獨无咎而已耶？故象占如此。嗚呼！堯舜之聖，而安止幾康；孔子之聖，而從心不踰。其「敦艮」之至極乎？下此如曾子之賢，而疾啟手足；武公之賢，而耄修不倦。是亦無愧「敦艮」之義者也。讀易者能踐「敦艮」之旨，以幾成德不難矣。

象曰：「敦艮」之吉，以厚終也。

孔子之傳艮上九云云，何也？曰：言止道貴終，佻薄之人徒自失其所止而鮮終耳。上六「敦艮之吉」者，謂其敦厚所止，以爲令終之道也。

漸 ䷴ （艮下巽上）

艮而受之以漸，何也？序卦傳曰：「物不可以終止，故受之以漸。漸者，進也。」

漸：女歸吉，利貞。

文王之彖漸云云〔一〕，何也？曰：漸取進之義。爲卦止於下，巽於上。木因高山以止，爲體以順爲用，有漸進義。而彖占則爲「女歸吉」，爲利於貞也。

觀漸彖「女歸吉，利貞」之旨，可知士君子「進德修業」，誠能進而得正，自無德之不進，無業之不修。更若本此道以進身涉世，亦當不至有欲速好徑之失、浚恒始深之凶。漸臻無所不吉之道，又豈獨吉於取女也？易道神明皆得，但在善用易者知反身自占耳。

象曰：漸之進也，「女歸吉」也。進得位，往有功也；進以正，可以正邦也。其位，剛得中也；止而巽，動不窮也。

孔子之傳漸彖云云，何也？曰：言「漸之進也」，謂其漸以進，如女之歸，以漸則吉也。蓋止而巽莫如女歸之無造次陵節得正而吉也。何言乎「利貞」也？卦本乾坤，六進居四，陰得陰位，九退居三，陽得陽位，一往而剛柔以正，是「有功」也。而所以謂之「有功」者，何也？君子進以正，則上下莫不正，而可以正邦者在是。且三進則柔居四，九退居下則中。四爻各當其位，而九五以剛得中，下皆以陰從陽，以下從上，君正莫不正而國定也。又下止則内而安静，上巽則外而和順。其動有常，其行不疚，自然如卦之木因山高止而日進，而何憂於窮乎？此漸之所以「利貞」也。

按注謂「漸之進」，「『之』字疑衍，或是『漸』字」。愚嘗反覆經義，漸進中加一「之」字，似是言「漸之進」以别於晉之進耳。蓋晉亦進之義，但晉之進爲君臣，而「漸之進」則爲男女。故晉則康侯日晉三接，而漸則利如女歸之以六禮既備也。

觀「進以正，可以正邦」，可見枉己者必不能正天下，古之君子所以不肯枉道徇人也。又觀「止而巽」，則「動不窮」，可

〔一〕「云云」二字原脱，據文津本改。

知居德莫善於知止，進德莫善於巽順。而古之君子所以強立不反，日進無疆也。嗚呼！漸之時義大矣哉！

象曰：山上有木，漸；君子以居賢德善俗。

孔子之傳漸大〔一〕象云云，何也？曰：言爲卦艮山巽木。木生於山，以漸而長，外若不見其長，而日以浸盛，是物之循序不驟者，莫如山上之木也。君子體此，知居賢德善風俗皆取乎漸，而不以欲速見小亂之，亦如山上之木焉。蓋賢德非積累無成，習俗非久道難化也。注謂：「或〔二〕『賢』字衍，或『善』下有脫字」得之。然相其語脈，似「善」下脫字也。

「居賢德」取於山之陽剛上止，「善俗」取於巽之風行入人。又「俗」爲風動之義，而止居則宜於賢德，巽風則又宜乎上善，則正聖人教人隨事從道之義，而亦可見其「精義入神」之妙也。

初六，鴻漸于干；小子厲，有言，无咎。

周公之象漸初六云云，何也？曰：漸義取漸進。而鴻之爲物，其飛有序，知長幼之禮；其羣有偶，厚夫婦之別；其來有候，適寒暑之期。物之進而能漸者，亦莫如鴻，故又取爲女歸以漸之象。夫象以「女歸」取漸象，而象又以鴻取象「女歸」。然則「象者，像也」，所以顯義之難顯，而又以一象顯千萬象也。吁！知者觀其象而思過半矣。初六爲鴻，漸之始，是鴻之去水，而漸干者也。以其居止之下既不當位，而外又無援，故爲危厲。而有言，然亦自「无咎」也，故象占如此。

女之將歸，如鴻之離水，故稱「干」。猶在未歸，故稱「小子」。女子始字，將遠父母兄弟，有唧唧不安之意，故又稱「厲」。有言以其未能遽進，自於漸義「无咎」耳。

〔一〕「大」字原脫，據文津本補。
〔二〕「或」，朱熹周易本義作「疑」。

象曰：「小子」之「厲」，義「无咎」也。

孔子之傳漸初六云云，何也？曰：言「小子之厲」，於漸義自无咎也。故初象取「小子厲」，又取「无咎」耳。嗚呼！此一爻也，其在於女則將歸未歸之時乎？而在於士則方在草野而人主欲羅致之候，在於學問則方屬疑殆之地、討論之初矣。故易之道反身自占，無卦不可用，無爻不可用，亦且無人不可用，無時不可用，只視人之知用如何也。

六二，鴻漸于磐，飲食衎衎，吉。（衎，苦干反。）

周公之象漸云云，何也？曰：六二漸進於初，又與五爲正應，然尚居止中，是爲「鴻漸于磐，飲食衎衎」之象。漸而如此，真如女子之得正配，兩配而得所矣，自有吉道，故象占如此。

象曰：「飲食衎衎」，不素飽也。

孔子之傳漸六二云云，何也？曰：言六二柔止得中，與五正應，其「飲食衎衎」，乃得正之養，非徒素餐之飽也。然則士之未得正應，而輕身妄進以食人禄者，皆素飽之類矣。

九三，鴻漸于陸，夫征不復，婦孕不育，凶；利禦寇。

周公之象漸九三云云，何也？曰：九三居止之陽，過剛無應，是鴻之漸陸者也。鴻，水鳥，而漸陸，則大非所安矣，故其象爲「夫征不復，婦孕不育」之「凶」。然以其剛而善於止物也，則又爲利用「禦寇」之象。

陸象艮三之陽，夫征象艮三陽之往上，「婦孕不育」則三以少男無正應，徒與四長女相比而孕，是爲夫征不見復，婦孕不敢育也，故爲失道而凶。嗚呼！男女之進不以正者，皆是類也。而士之進不以正，亦徒可例矣。

象曰：「夫征不復」，離羣醜也；「婦孕不育」，失其道也；「利」用「禦寇」，順相保也。（離，力智反。）

孔子之傳漸九三云云，何也？曰：言「夫征不復」者，三以一陽離羣醜而獨往也。「婦孕不育」者，失其正應，非道而比也。「利用禦寇」者，陽止陰上，順而下濟，以相保也。

觀周公、孔子於九三一爻未嘗不摘其離羣失道之凶，而正未嘗不揭其利於禦寇之用。爻中本〔二〕有之善惡，二聖人一一闡出無遺。即此見聖人之精義入神，亦見聖人之大公無我。後世惡而不知其美，遇人一言之失，便舉其生平棄之。嗚呼！亦不占而已。

六四，鴻漸于木，或得其桷，无咎。（桷，音角。）

周公之象漸六四云云，何也？曰：六四離乎下卦，而進於巽初，又以陰居柔，處亦得平，故爲「鴻漸于木，或得其桷」象。漸而如此，非其正矣。然以巽順漸得其安，亦尚「无咎」也，故象占如此。

象曰：「或得其桷」，順以巽也。

孔子之傳漸六四云云，何也？曰：言六四之「或得其桷」者，以其巽順得棲身之地，故「无咎」也。

九五，鴻漸于陵，婦三歲不孕；終莫之勝，吉。

周公之象漸九五云云，何也？曰：九五居艮之上，當巽之中，而剛中應下六二之柔中，故爲「鴻漸于陵」之象。與二

〔二〕「本」，原作「末」，據文津本改。

應，而限以三四，爲「三歲不孕」之象。然巽體剛中，中乃正應，則亦終莫之勝而得吉也，故象占如此。五之漸陵非不安，乃不苟安也。三歲不育非不育，不宜苟配而育也。終莫之勝而吉，則守貞擇配終必得偶也。嗚呼！在女則孟光之於梁鴻，而士則伊尹、太公、諸葛之流歟！縱終不勝，猶謂之「吉」，而況終莫之勝乎？然則士君子抱道自處者，亦可自信矣。

象曰：「終莫之勝，吉」，得所願也。

孔子之傳漸九五云云，何也？曰：言九五「終莫之勝」者，漸而得位、得正、剛中，如此自然有功正邦。巽止不窮，而得所願也。

上九，鴻漸于陸，其羽可用爲儀，吉。

周公之象漸上九云云，何也？曰：上九以剛居漸之極，德以漸而崇，是爲漸於九達之逵。鴻漸至此，振翮高飛，乘風翱翔，其亦超然流俗之表矣。然仰視其羽，舒徐雍容，有倫有序，可用爲人道之儀，何吉如之？嗚呼！桐江一絲，丕振二百年無限忠節義氣之風。上九之吉，非子陵孰足當之？范文正謂爲蠱之上九，特言其志之高耳，亦豈知其志正可則乎？故惟漸之上九乃爲盡先生之功也。

象曰：「其羽可用爲儀，吉」，不可亂也。

孔子之傳漸上九云云，何也？曰：言「其羽可用爲儀，吉」者，以鴻飛有序，不自淩亂，人道之儀型莫過於此，鴻至此而後盡漸吉之道也。而觀於孔子之以不自亂解可用爲儀，然則士君子進退行止安容亂哉！

歸妹 ䷵ （兌下震上）

漸而受之以歸妹，何也？序卦傳曰：「進必有所歸，故受之以歸妹。」

歸妹：征凶，無攸利。

文王彖歸妹云云，何也？曰：爲卦以兌之少女從震之長男，是爲「歸妹」。而卦體則下說上動，爲說以動從之義。從男不以正，而以說動，以此而往，凶亦甚矣。何往而利乎？故彖占如此。

歸妹與漸反，蓋少女尚未可歸，而從震長男，是少女無知，而徒以情欲相感也。女之歸人不以正，而相感以情欲，則是見可欲而昏，動不以禮矣。安往而可乎？故漸「女歸吉」，而歸妹「征凶」。

妹爲少女無知之象，言其無知昏昧也。

觀歸妹之象，是以君子貴艮、漸而戒輕說。

彖曰：歸妹，天地之大義也。天地不交，而萬物不興；歸妹，人之終始也。說以動，所歸妹也；「征凶」，位不當也；「無攸利」，柔乘剛也。

孔子之傳歸妹彖云云，何也？曰：言歸妹者少女歸長男，是爲男女配合，天地大義也。蓋天地不交則萬物無由發生，男女不合則人道無由終始，故歸妹爲天道人事之至情耳。

然其爲卦下說上動，徇情昧禮，所歸者乃無知之妹也，故謂之「歸妹」。而曰「征凶」者，則是謂其卦位皆與漸反。漸於位皆正，而歸妹則陰上陽下，陰外陽内，位皆不當也。又曰「無攸利」者，則是謂二四本陰而得剛，三五本陽而得柔，以柔乘剛，從欲遠理，終將必敗，故「無攸利」也。

象曰：澤上有雷，歸妹；君子以永終知敝。

孔子之傳歸妹大象云云，何也？曰：言「澤上有雷」，雷動澤隨，爲男女昏昧以説而動之象。君子體此，則凡事始慮其終，動謹其敝焉。蓋物必有終，有以永之則令終；事久必敝，有以知之則不敝。故君子鑑歸妹征凶無利，而用心如此也。

初九，歸妹以娣，跛能履，征吉。（娣，音弟。跛，波我反。）

周公之象歸歸初九云云，何也？曰：九於初最少，而上無正應，有娣象，故「歸妹以娣」。蓋娣女之從嫡婦者也，非嫡則不敢輒行而似跛矣。然其以剛居初，是女子而尚有賢正之德者。以是爲娣，往自得吉。故象占如此。

象曰：「歸妹以娣」，以恒也；「跛能履」吉，相承也。

孔子之傳歸妹初九云云，何也？曰：初以少媵長，是以常禮行也，故「跛能履」吉者。娣承嫡而行，初剛自能承嫡以佐其君也。

九二，眇能視，利幽人之貞。

周公之象歸妹九二云云，何也？曰：九二陽剛得中，女之賢而待聘者也。而居於澤中最幽之地，是乃女之行不踰闃，窺不出户而幽閒貞静者耳。故其象爲「眇能視」，占象爲「利幽人之貞」。蓋二乃少女得中，爲正嫡小君之象。初與三皆待以行，而能守正以需月之望，故爲「幽人之貞」，如是則利也。

象曰：「利幽人之貞」，未變常也。

孔子之傳歸妹九二云云，何也？曰：言「幽人之貞」者，處歸妹之時，衆皆急欲，二獨守中，未變六禮，待行之常道也。

六三，歸妹以須，反歸以娣。

周公之象歸妹六三云云，何也？曰：六三陰柔不中正，上無正應，又爲説主而與四相比，以女悦男，是乃女之不正，而人莫之取者也。故「歸妹以須，反歸以娣」之象。

象曰：「歸妹以須」，未當也。

孔子之傳歸妹六三云云，何也？曰：言「歸妹以須」而「反歸以娣」者，三與四本非其偶，而徒以悦而動歸之，於理未當，故宜舍所須而反也。

九四，歸妹愆期，遲歸有時。

周公之象歸妹九四云云，何也？曰：九四以陽居上體，而下無正應，是賢女不輕從人，而愆期以待歸之象。嗚呼！古之孟光非耶？

象曰：「愆期」之志，有待而行也。

孔子之傳歸妹九四云云，何也？曰：言九四「愆期之志」，有待於良匹而後肯行，不然則寧愆期也。

六五，帝乙歸妹，其君之袂，不如其娣之袂良；月幾望，吉。（袂，彌計反。）

周公之象歸妹六五云云，何也？曰：六五柔中居尊，下應九二，於歸妹則爲「帝乙歸妹」之象，於身之飾則爲「不如其娣之袂良」之象。然處貴而能下賤，貴德不貴飾，乃女德之最盛，如月之幾望者也。歸妹如此，吉可知矣。

象曰：「帝乙歸妹」，「不如其娣之袂良」也；其位在中，以貴行也。

孔子之傳歸妹六五云云，何也？曰：言「帝乙歸妹」，在當日原「不如其娣之袂良」也。蓋其位當中正，是能以貴行其中正之道耳。

上六，女承筐，無實；士刲羊，無血。無攸利。（刲，苦圭反。）

周公之象歸妹上六云云，何也？曰：上六以陰柔居歸妹之終，而無正應，是約婚而不終者也。故其象爲「女承筐」而無其實，「士刲羊」而無其血。將何往而利乎？

象曰：上六「無實」，「承」虛「筐」也。

孔子之傳歸妹上六云云，何也？曰：言上六之無實者，上六陰虛無實，是夫婦之不終，而「承虛筐」者也。嗚呼！歸妹固以得中應正爲實乎？匪得中得正應，則皆「承虛筐」之類耳，宜戒哉！

豐䷶（離下震上）

歸妹而受之以豐，何也？序卦傳曰：「得其〔一〕所歸者必大，故受之以豐。豐者〔二〕，大也。」

豐：亨，王假之；勿憂，宜日中。（假，庚白反。）

文王之象豐云云，何也？曰：豐之爲邦，火明雷動，是乃君作於上，明照天下，無幽不照，無微不動，而成崇隆豐大之業者，故豐有亨道。而所以亨，則「王假之」也。蓋惟明主當陽，知臨四海，故能至耳。然當此時也，又勿以日無常中爲憂，但宜時時明此明德。本明德以動，而不向於晦暗，即時時日之方中耳。嗚呼！其古帝堯之「明」「欽」，禹之「日孜」，成湯之「聖敬日躋」乎？其卒享豐亨之慶也。

大學之「日新又新」，乃日中之實義。蓋日新則新民新命，而時時日中，即時時豐亨耳。又何以時無常豐爲憂乎？

彖曰：豐：大也；明以動，故豐。「王假之」，尚大也；「勿憂，宜日中」，宜照天下也。日中則昃，月盈則食；天地盈虛，與時消息，而況於人乎？況於鬼神乎？

孔子之傳豐彖云云，何也？曰：言豐之爲義取乎其大也。爲卦下明上動，是爲明以動，故成「豐：大也」。「王假之」，尚大者惟王向明出治，知臨天下。所尚者大，故能享其大而亨也。「勿憂，宜日中」者，但宜以明動照臨天下，即天下

〔一〕「其」字原脫，據序卦傳補。

〔二〕「者」字原脫，據周易序卦傳補。

時時中也，又何憂乎？所以然者，「日中則昃，月盈則食」，此乃天地四時自然之盈虚消息，不惟人不能違，即鬼神亦不能違，何用憂乎？且觀於「天地盈虚，與時消息」，則知日擇者正復能中，但在王者時時明動，即時時日中。抑又不宜憂日之不中，而只宜圖日之方中也。吁！聖人之示教處豐者亦至矣！

象曰：雷電皆至，豐；君子以折獄致刑。（折，之舌反。）

孔子之傳豐大象云云，何也？曰：雷電並至，是明威並至也，故謂之「豐」。君子體此，以折獄而照察奸僞，致刑而懲創不貸，一如雷電之並至焉耳。

豐與噬嗑皆明動相兼，噬嗑則「明罰勑法」，而豐則「折獄致刑」者。噬嗑動先於明慮或未中，故「明罰勑法」以示威於下；豐先明後動既得其情，故「折獄致刑」以運威於上。大抵折獄非明不當，而致刑非斷不決。又折獄亦須雷之斷，而致刑亦須離之明。二者原交相資，故噬嗑、豐二卦皆用之也。然則不明不斷者，何以「明罰勑法」？又何以〔二〕「折獄致刑」哉？

初九，遇其配主，雖旬无咎，往有尚。

周公之象豐初九云云，何也？曰：爲卦明動相資，初以剛處明始，而四以陽爲動始，是初與四同德相應，而四與初爲敵體配主也。敵體相遇，雖旬何咎？往自有尚，而必遇爾，故象占如此。

愚按「配主」之辭，則旬以均平。敵體取明動，兼資爲正。若以離日謂「旬」爲日，取旬日相遇，以見天地盈虚消息之自

〔二〕「以」字原脱，據文津本補。

然，義亦通也。姑記於此，俟質高明。

象曰：「雖旬无咎」，過旬災也。

孔子之傳豐初九云云，何也？曰：言初九之「雖旬无咎」者，明動原屬配主，故均敵正，自无咎。但過則明斷必偏，斯爲災耳。

六二，豐其蔀，日中見斗，往得疑疾；有孚發若，吉。（蔀，音部。）

周公之象豐六二云云，何也？曰：六二正成離之主，以柔中應柔暗之五，又在二剛之間，是如「豐其蔀」。而日中反見斗之在天者也，以是而動，必反見疑。然以二之明中，遇五之動中，自必兩心交孚，而始疑終發以得吉。蓋亦天道消息盈虛之自然也，故象占如此。

象曰：「有孚發若」，信以發志也。

孔子之傳豐六二云云，何也？曰：言六二之「有孚發若」者，二爲離主，以虛明誠信之心見照於五，以發其見信之志，故初疑終吉也。嗚呼！觀信可以發志，則知疑疾固可以藥醫也。士君子無慮人之見疑，止慮吾之不信。

九三，豐其沛，日中見沬；折其右肱，无咎。（沬，作昧，亡大反；坊本：莫佩反。折，食列反。）

周公之象豐九三云云，何也？曰：九三居震之下，上有晦明之雷雨處離之終，下有見傷之昃日，故其象占爲上遇豐沛之雨。日中不見日，而反見雨沬之象。又爲「折其右肱」，而不可動作之象。然「日中則昃」，而日昃則復中，日明必晦，而日晦亦必明，乃消息盈虛之自然。但得日在，則自「无咎」也，故象占如此。

注謂「沛」爲「旙幔」，「沬」爲「小星」，似覺不及「沛」「沬」作雨爲不煩詮釋。蓋「沛」「沬」字皆從水，而三處雷雨晦明之下，於雨近也。

象曰：「豐其沛」，不可大事也；「折其右肱」，終不可用也。

孔子之傳豐九三云云，何也？曰：言「豐其沛」如日之值雨，豈可動大事乎？「折其右肱」，終尚何用乎？

九四，豐其蔀，日中見斗，遇其夷主，吉。

周公之象豐九四云云，何也？曰：九四爲動主，而正當雷動晦明之地，則是亦日之豐於蔀，日中不見日，而反見斗者也。然四與初同德相應，故初視四爲配主尚往，而四亦視初爲夷主必遇，是乃日之既晦而復明，人之始疏而終遇。亦天道之自然，而大吉者也，故象占如此。

象曰：「豐其蔀」，位不當也；「日中見斗」，幽不明也；「遇其夷主」，吉行也。

孔子之傳九四云云，何也？曰：言「豐其蔀」者，謂四處雷動晦明之位不當也。「日中見斗」者，謂幽暗不能明見也。「遇其夷主」者，則同德相遇，明可資動，而行之最吉者也。

六五，來章，有慶譽，吉。

周公之象豐六五云云，何也？曰：五居動中而與離中相應，於時則爲雷雨既過，天日開霽，而萬象光華。在王者則爲如日中天，明動相資，而尚大宜照。故其象爲來天下之明章，享坐照之豐亨，而王者亦自得明主之美譽耳。此正象所謂王假日中，豐之亨而最吉者也，故象占如此。

象曰：六五之「吉」，有慶也。

孔子之傳豐六五云云，何也？曰：言「六五之吉」，謂其能明以資動，坐照天下，而「有慶」也。

上六，豐其屋，蔀其家，闚其戶，闃其無人，三歲不覿，凶。

周公之象豐上六云云，何也？曰：上六以陰柔居動終，是日之已晦者矣。而又遇豐沛折肱之九三，是不獨「豐其蔀」，且「豐其屋」而「蔀其家」矣。斯時也，日之既晦，豈復見人家之獨豐？豈復得人？其與困之困蒺藜、坎之置叢棘者，殆同一不可救耳。入其室，且必「不見其妻」。縱三歲，豈能興而覿乎？凶亦甚矣。嗚呼！「豐其屋」亦何益哉！

象曰：「豐其屋」，天際翔也；「窺其戶，闃其無人」，自藏也。

孔子之傳豐上六云云，何也？曰：言上六之「豐其屋」者，亦自謂能豐其家，富而大有，若與天游耳。而不知正所以自「蔀其家」必至有屋無家，有戶無人，自豐而實以自藏其身也。嗚呼！商紂鹿臺鉅橋之豐殆類是乎？孔子繫易至此，蓋心惜之至，而遂不覺其慨嘆之獨至矣。

「豐其屋」，而凶至此者，以其止知動而自照，不知所以照天下，不能如日之中，故終於不能自照，而反致幽暗耳。然則王者照天下，不求自豐，而自豐在其中。照一身欲以豐屋，而反成藏其身。象曰「宜日中」，信乎其宜日中也。

一豐屋而翔天者，自藏得失禍福之機，亦可畏哉！

旅䷷（艮下離上）

豐而受之以旅，何也？序卦傳曰：「窮大者必失其居，故受之以旅。」旅，衆也。

旅：小亨，旅貞吉。

文王之彖旅云云，何也？曰：旅，羈旅也。蓋爲卦上離火下艮止，火在山上，去其所止而不處，有旅之象。下止上明，亦爲止於明。明而止，有旅之義，故謂之「旅」也。有小者亨之道也，故爲「小亨」。又在旅亦惟守正知止則吉，故又爲「旅貞吉」。然曰「小亨」、「貞吉」，則旅之爲道固在柔之得中。而非正不吉，又可知矣。

彖曰：「旅：小亨」，柔得中乎外而順乎剛，止而麗乎明，是以「小亨，旅貞吉」也。旅之時義大矣哉！

孔子之傳旅彖云云，何也？曰：言「旅」之「小亨」者，謂離之「柔得中乎外」，而順乎在内艮止主人之剛，是以内卦之止能麗外卦之明，遂有功於旅，而「旅：小亨，旅貞吉」也。至其大旅之時義者，蓋孔子傳彖時，又見得卦之内體三爻則爲商賈士庶之旅，卦之外體三爻則爲君侯卿大夫之旅，而或以旅興，或以旅喪，其時義爲大也。

象曰：山上有火，旅；君子以明慎用刑而不留獄。

孔子之傳旅之大象[一]云云，何也？曰：言火在山上，逐草而行，不能久留，故象旅。君子體此，而知人情之留滯冤抑者莫如獄，於是以離之明、艮之慎，火速因罪用刑，而不使獄囚之留滯，亦如火之在山上耳。蓋獄情留滯既使正犯之旅情愁苦難堪；亦且令其舉家奔走鄉里，牽連而盡皆成旅。故用獄一事，不特不明者爲害甚大；即明而不決不速者，亦爲害不淺。明慎用刑而不留獄，聖人真窮理盡性之至者哉！

初六，旅瑣瑣，斯其所取災。

周公之象旅云云，何也？曰：初六陰柔居旅初，旅之在下而「瑣瑣」者也。旅而如是，是但知旅之宜慎，而不知乃所以取災者耳。蓋寬一分則童僕受一分之惠，而寬一著亦主人盡一分之心也。

象曰：「旅瑣瑣」，志窮災也。

孔子之傳旅初六云云，何也？曰：言初六「旅瑣瑣」而災者，非別有災也。志窮於刻瑣，故出門即災耳。嗚呼！旅豈可以陰柔刻削處乎？

六二，旅即次，懷其資，得童僕，貞。

周公之象旅六二云云，何也？曰：二以柔順中正之德處旅，則剛柔得中，主人既止而相麗，童僕亦順以聽命。所謂「小亨」者，二得一半矣。故有「旅即次」之安，有懷資之裕，有「得童僕」之「貞」。蓋旅之最得其道者也，故象占如此。

[一] 「傳旅之大象」，原作「象旅」，文津本作「傳旅大象」，今據上下文義擬改。

象曰：「得童僕，貞」，終無尤也。

孔子之傳旅六二云云，何也？曰：言二以中正之德而得童僕，貞不特此日無尤，即更進一日亦「終無尤」；不特在此處無尤，即更旅一處亦「終無尤也」。蓋童僕固與旅人終始者也。童僕不得其貞，即今日無尤，終必得尤，固所必然耳。

九三，旅焚其次，喪其童僕，貞厲。（喪，息浪反。象同。）

周公之象旅九三云云，何也？曰：九三以剛處剛，下離二陰上接離陽，在旅則爲過剛不明。又不知止旅而焚次，喪童僕，長得危厲者耳，故象占如此。

象曰：「旅焚其次」，亦以傷矣；以旅與下，其義「喪」也。

孔子之傳旅九三云云，何也？曰：言「旅焚其次」，亦已傷矣。況又有喪僕之事乎？則以當旅時而以此過剛與下，若不喪僕，無是理也，故曰「其義喪也」。此處旅而遇剛，又有所不可者也。

大抵瑣瑣固取災，而亢厲亦致焚，故在下之旅以六二爲得也。

九四，旅於處，得其資斧，我心不快。

周公之象旅九四云云，何也？曰：九四方進乎下止之上，而就於離明之位，是尚無六五正位之安，而旅於處者也。彼其以陽爲動主，而下又[一]有初應，是亦得其資者矣。然終屬旅人未得就安，則其心亦不快耳。蓋晉文居齊之日，昭烈寓荆之時，得斧資矣，而其心實鬱鬱不樂也。

[一]「下又」，原誤倒，據文津本乙正。

象曰：「旅於處」，未得位也；「得其資斧」，「心」未快也。

孔子之傳旅九四云云，何也？曰：言九四之「旅於處」，宜得位矣，而尚未得位。故雖「得其資斧」，而志自有在，心終未快也。

六五，射雉，一矢亡；終以譽命。（射，石亦反。）

周公之象旅六五云云，何也？曰：六五柔順文明，正象所謂柔得中而順乎外，亦分得一半貞吉者也。離中文明爲雉，有「射雉」象。陽爲直爲矢，易一陽以一陰，「一矢亡」象。蓋在旅則始出失利，始舉失事，其象固如此。然以五乾之剛健，而得柔之文明，得中乎外以順剛，則亦終以「射雉」之故，獲文譽文命之上及，而「終以譽命」也，故象占又如此。

象曰：「終以譽命」，上逮也。

孔子之傳旅六五云云，何也？曰：六五之「終以譽命」者，始雖未吉，而終必得位上及也。

上九，鳥焚其巢，旅人先笑後號咷；喪牛於易，凶。（喪、易，並去聲。）

周公之象旅上九云云，何也？曰：上九以剛處旅之終，象其在離之上，則爲「鳥焚其巢」。蓋下之旅尚可依次，而上之旅則無歸也。象其在離口離目，則爲「先笑後號咷」。蓋焚巢則「號咷」，自其情形又惟「先笑」樂自得，而其「後號咷」自悲，亦理也。象其離乎六五之陰，而即乎上九之剛，則爲「喪牛於易」。蓋自恃無事，而不知大物即喪於此也。嗚呼！旅而至此，凶尚可言耶？故象占又如此。

象曰：以旅在上，其義「焚」也；「喪牛於易」，終莫之聞也。

孔子之傳旅上九云云，何也？曰：言上九「以旅在上」者，言乎其義之自取焚巢，而無所於歸也。「喪牛於易」者，言乎其般樂怠傲，曾一言之不聞，自以爲日亡吾乃亡；而竟不知牛之已喪，而終莫聞知也。嗚呼！夏之太康，隋之煬帝非耶？

大抵在下者雖欲不旅不可得，但在性情中正柔順即可无咎。過剛即失柔中順剛之義，不可以旅。不得已而旅，非譬命上逮有不可，過剛亦必有焚巢喪牛之凶。甚矣！處旅之道固亨以柔順乎。剛而凶，以純恃乎剛也。剛可恃乎哉？然又豈獨旅也。

巽☴（巽下巽上）

旅而受之以巽，何也？曰：序卦傳曰：「旅而無所容，故受之以巽。巽者，入也。」

巽：小亨，利有攸往，利見大人。

文王之彖巽云云，何也？曰：巽之爲卦，一陰伏於二陽之下，蓋陰善入而陽伏聽，所謂巽而能權，非怯懦之謂也。其所以取象於風者，物之虛而善入者莫如風。陰巽乎陽，亦如此也。其所以取於君命者，撓萬物者莫疾乎風。君命之動萬民，亦猶是也。而爲卦則重巽相因，是以陰之小者得亨，而有攸往之利，見大人之利耳。嗚呼！君子小心謀理，殫思精義，無微不入，無隱不搜，其即學問之巽乎？

彖曰：重巽以申命。剛巽乎中正而志行，柔皆順乎剛，是以「小亨，利有攸往，利見大人」。

孔子之傳巽彖云云，何也？曰：言重巽所以申命也，蓋風爲天下之號令，命乃君之風行。大君有命，三令五申，欲巽以入之，故重巽以申之也。所以「小亨，利有攸往，利見大人」者，卦之九二以剛而巽乎五之中正，故申命之志得行。而二柔皆順乎剛，是以「小亨，利有攸往，利見大人」也。

姤之象曰「后以施[一]命誥四方」，渙之象曰「渙汗其大號」，可知巽之大人惟九五當之。

象曰：隨風，巽；君子以申命行事。

孔子之傳巽大象云云，何也？曰：言巽乃風之相隨而繼續，是動萬物撓萬物而至柔至剛者也。君子體此，知事之行下不可以遽，必先以命申之，而使之入於無形，然後事可以行而人不駭，亦如風之重巽也。

風必真能動萬物，而後物賴風命必真爲行事，而後人始信。故申命以行事爲實義，而行事端賴申命也。若徒申命而無實行之事，此盲風、狂風、颶風徒以撓物而耗物耳。久之且徒厭其擾矣，何貴焉？故「君子以申命行事」，而不徒命之申也。

初六，進退，利武人之貞。

周公之象巽初六云云，何也？曰：初六於下爲巽主卑，巽之太過者也。於象爲進退不果，須以武人之貞處之，則有以濟其不及，故象占又爲「利武人之貞」。嗚呼！沉潛剛克，猛以濟寬，非此之謂乎？而教旨即寓於象中，則聖人補過之義，即行於效動之中矣。易真「無有師保，如臨父母」也。

[一]「施」，原作「申」，據周易姤卦之象辭改。

象曰：「進退」，志疑也；「利武人之貞」，志治也。

孔子之傳巽初六云云，何也？曰：言初之「進退」不果者，謂其「志疑也」。「利武人之貞」者，疑病惟果決可治也。

蓋論語吾夫子以進教求之退即此義。

九二，巽在牀下，用史、巫紛若，吉，无咎。

周公之象巽九二云云，何也？曰：九二以剛處巽中，剛而能柔，「巽在牀下」者也。居下而能巽如此，豈中無計度之士乎？故其象爲「用史、巫紛若」，以自詳審折衷，則吉而「无咎」。蓋巽以制權，二固剛之巽乎？中正而志行者也。

象曰：「紛若」之「吉」，得中也。

孔子之傳巽九二云云，何也？曰：言九二「紛若之吉」，以二之剛而得中，好謀能斷，權其可而布之命，不似初之「進退，志疑也」。

九三，頻巽，吝。

周公之象巽九三云云，何也？曰：九三過剛不中，居下之上，是本不能巽而以其處巽之時，勉強爲巽，屢失頻巽者也，亦可羞矣，故象占如此。

象曰：「頻巽」之「吝」，志窮也。

孔子之傳巽九三云云，何也？曰：言「頻巽之吝」者，謂其徒知卑巽，而中無權度，「志窮」可羞也。[一]大抵下三爻謀順以出命，初志疑不決，三無謀不斷，故以二之剛中能權爲得中。九三下巽終，而接上巽，有頻象。

六四，悔亡，田獲三品。

周公之象巽六四云云，何也？曰：四以上三爻則重巽申命之事矣，而四又以陰居柔，巽順之至。又上近九五剛中之君，是大臣之奉命布令者也。彖所謂柔順乎剛，四其是矣。自然「小亨」而「悔亡」，「利有攸往」而「田獲三品」也。

象曰：「田獲三品」，有功也。

孔子之傳巽六四云云，何也？曰：言六四之「田獲三品」，謂其柔順乎剛，「利有攸往」而「有功也」。「三品」謂上、中、下之三品，象下三爻。

九五，貞吉，悔亡，無不利。無初有終。先庚三日，後庚三日，吉。（先，西薦反。後，胡豆反。）

周公之象巽九五云云，何也？曰：九五正所謂剛巽乎中正而志行者，以此居尊制令，自然得正而吉，「悔亡」而「無不利」。是故就其命之必待重申而言，則爲「無初」；就其剛中而志行言，則爲「有終」。而其象則爲「先庚三日，後庚三日」，以重巽申命，鄭重周翔如此，自然令處民從，志行而吉也。

[一]「孔子之傳巽初六云云」至「可羞也」等四百餘字原脱，據文津本補。

如也？「先庚」「後庚」之說，考諸傳注，總覺未安於心。姑依經文「無初有終」相因解下，稍覺可通。顧不知明易君子以爲何

象曰：九五之「吉」，位中正也。

孔子之傳巽九五云云，何也？曰：言「九五之吉」如此者，以其位之中正，故其志得行而吉也。蓋九五乃象之所謂大人，故利見之吉如此耳。

上九，巽在牀下，喪其資斧；貞凶。（喪，息浪反。下同。）

周公之象巽上九云云，何也？曰：上九以過剛處巽終，巽而無謀無斷，一味巽懦下人，是位本上而反「巽在牀下」，亦爲無斷而「喪其資斧」矣。巽而如是，雖正亦凶，故象占如此。

象曰：「巽在牀下」，上[一]窮也；「喪其資斧」，正乎「凶」也。

孔子之傳巽上九云云，何也？曰：言「巽在牀下」，志窮失中，無謀無斷，而反下也。「喪其資斧」者，雖自以爲正，而不知其正是凶也。大抵上卦行命爲事，故四以斷有功，五制命中正而志行，上無謀無斷而凶，蓋巽原以能權爲正也。

[一]「上」，原作「志」，據文津本改。

兌䷹（兌下兌上）

巽而受之以兌，何也？序卦傳曰：「入而後説之，故受之以兌。兌者，説也。」

兌：亨，利貞。

文王之彖兌云云，何也？曰：兌剛中柔外，而爲卦兩澤相麗，兩兌相孚，有師友之道焉，故有亨義。然利在得正，故象占如此。蓋天地間未有不説而能通，亦未有不正而能説者。爻中三之來兌，上之引兌，可鑑也。

彖曰：兌，説也。剛中而柔外，説以利貞，是以順乎天而應乎人。説以先民，民忘其勞；説以犯難，民忘其死；説之大，民勸矣哉！（説，音悦，下同。先，西[一]薦反，又如字。難，乃旦反。）

孔子之傳兌彖云云，何也？曰：言「兌」者言乎「説」也。爲卦説本柔情，而二五陽剛得中，陰皆在外，内正直而外和悦也。「説以利貞」者，言非苟悦也。是以明君之上順天命，下應人心，爲大悦也。説以忘勞云云，則孔子傳彖時，見得兌説之義於民更大，而在爲君者更申其教耳。蓋爲君而能發政施仁，感動乎民，令其心悦，則以此勞民，悦而忘勞，而勿亟子來，在所必然。以此犯難，則民悦忘死，而親上死長，自不容已。天命順，人心應，豈有不勸者哉？

大抵兌之卦雖從一陰取象，而實以二五剛中得正，故卦言「利貞」，傳言「剛中」「柔外」「説以利貞」。蓋惟剛中柔外，

[一]「西」，原作「酉」，據文津本改。

則説乃得貞，此爻中四陽之所以善也。非剛則不貞，非貞則凶，此爻中二陰之所以失也，故兑説以剛中得正爲利。

象曰：麗澤，兑；君子以朋友講習。

孔子之傳兑大象〔一〕云云，何也？曰：兑爲悦，而兩澤相麗，則爲相説以麗。君子體此，則取於兩口對語，而與朋友講論；取於兩澤相麗，而與朋友重習。時習則説，朋來則樂，悦而且樂，兑孰甚焉，故朋友講習尤君子麗澤之兑也。而凡兩相麗而爲兑，俱準此矣。

初九，和兑，吉。

周公之象兑初九云云，何也？曰：初九以剛居兑初，上無係應，處兑而與物無競利，以和義者也，故其象爲「和兑」。以此居下，吉也何疑？故象占又如此。嗚呼！其柳下惠處世之時乎？

象曰：「和兑」之「吉」，行未疑也。

孔子之傳兑初九云云，何也？曰：言「和兑之吉」，行而自爲人所信，即己亦前途無阻礙耳。語曰「和而不流」，此言以之。

九二，孚兑，吉，悔亡。

〔一〕「大象」二字原脱，據文津本補。

周公之象兌九二云云，何也？曰：九二剛中柔外，而與五以剛中相麗，正所謂說而得正者。故其兌乃真信其志，而以上孚爲說者也。以孚爲說，寧有妄說？即九五同志，豈有不心説而志孚者？「吉」而「悔亡」，又何疑乎？故象占如此。嗚呼！殆傅説之於高宗乎？其次魏徵之於唐太宗，亦庶幾焉。

象曰：「孚兌」之「吉」，信志也。

孔子之傳兌九二云云，何也？曰：言九二「孚兌之吉」者，謂九二與五以剛中相麗，不以妄說爲説，而以真信其志爲說也。

九二以不同爲和，和而能不同，抑又君子之兌矣。

六三，來兌，凶。

周公之象兌六三云云，何也？曰：三與上六兩相麗者，而以陰柔居兌口，是中無誠信，而徒以口舌說上者也。說豈能亨乎？惟見其凶耳。蓋三所麗者上六之陰柔，三既不以誠說上，而徒以口說來兌上；又不以誠說下，而徒以口說引兌。小人之以非道說人，而小人亦以非道爲悅，兩悅皆妄，兩人皆小，凶待言乎？故象占如此。嗚呼！古之諂臣媚子與市道交皆然也。「來兌」二字，亦可謂盡其情狀矣。

象曰：「來兌」之「凶」，位不當也。

孔子之傳兌六三云云，何也？曰：言六三「來兌之凶」者，以六三以陰柔居兌口，本無「孚兌」之吉，亦異「和兌」之吉，而「位不當」耳。

九四，商兑未寧，介疾有喜。

周公之象兑九四云云，何也？曰：九四居下兑六三之上，以剛居柔，而上比九五之剛中，則是大臣欲陳善納誨，惡六三小人「來兑」之失，而欲商其所兑也。言其心則未遑安寧，言其意則病三如讐，而言其終則亦正「有喜」耳，故象占如此。嗚呼！文王之於丁謂，殆類是也。

象曰：九四之「喜」，有慶也。

孔子之傳兑九四云云，何也？曰：言「九四之喜」，非私說也。佞人遠則正直親，而天下國家乃有慶耳。

九五，孚於剥，有厲。

周公之象兑九五云云，何也？曰：九五剛中，而下麗九二之剛中，是同以剛中之德相孚而悦者，故其象爲「孚於剥」。蓋九二剛中，能陳善閉邪，不以「來兑」爲兑，而以「孚兑」爲兑。九五剛中，亦能納善受言，不以「引兑」爲兑，而以孚剥爲兑。正明良相合，君臣克艱之時也，能無厲乎？嗚呼！殆太甲之於伊尹，高宗之於傅說乎？其次若漢文於引席之袁盎，唐宗於面折之魏徵亦爲近之。

象曰：「孚於剥」，位正當也。

孔子之傳兑九五云云，何也？曰：言九五之「孚於剥」者，九五剛中之德，居大君之位，正得其當也。蓋爻位原得其當，故象取如此。而人君之納善受言爲識分之當然，亦從可知矣。

上六，引兑。

周公之象兑上六云云，何也？曰：上六居兑終，而當兑口，與三上下相悦，是無孚兑之誠而徒尚口，以引三之來兑者也。嗚呼！其亦巧令之徒矣。縱得人悦，亦奚貴乎？故象雖不言吉凶，而傳獨譏其「未光也」。

象曰：上六「引兑」，未光也。

孔子之傳兑上六云云，何也？曰：「上六引兑」不能爲孚剥之兑，並不能「商兑」「和兑」，而徒以口舌説人爲兑，亦豈光大之道乎？蓋隱諷之中而刺譏之意殊深矣。兑之「亨」也，安得不取「利貞」哉？

卷十

鄠縣王心敬撰

下經

涣䷺（坎下巽上）

兑而受之以涣，何也？序卦傳曰：「説而後散之，故受之以涣。」

涣：亨，王假有廟，利涉大川，利貞。（涣，呼亂反。假，音格。）

文王之彖涣云云，何也？曰：涣，散也。爲卦下坎上風，風行水上，離披解散之象，故爲「涣」。涣之卦中原有亨通之道，有王者假亨有廟以聚祖考精神之象。又有「利涉大川」，以巽木舟楫乘乎坎水之象。然總以得正爲利也，故象占如此。嗚呼！涣於義爲涣散，言之似不祥不善者，而文王則取於亨，取於假廟，又取於涉川。天地之化機不善用之皆否皆凶，而善用之皆亨皆利。執一者不可以語權，而通變則皆宜民也。然向非文、周、孔子「精義入神」之聖人，示以通變宜民之精詣，將眼前活潑潑察乎天地之理，死卻不著不察之凡民者且無量矣。噫！不觀天地之生物，不知大化之不測；不觀大易之窮理，不知聖人之神明。易固在人善讀善用也。

彖曰：「渙，亨」，剛來而不窮，柔得位乎外而上同。「王假有廟」，王乃在中也。「利涉大川」，乘木有功也。

孔子之傳渙彖云云，何也？曰：言渙之所以亨者，內卦本坤，而上乾之一陽來居其中，遂生水成坎水。生不窮，故剛來不窮。外卦本乾，而下坤之一陰得位乎外，遂生風成巽。以上同於五，而得位乎外，而上[一]同也。其曰「王假有廟」者，則以九五王乃在中，而以剛中萃渙也。「利涉大川」者，則以水上有木，乘木濟川而有功也。

象曰：風行水上，渙；先王以享於帝立廟。

孔子之傳渙大象云云，何也？曰：言巽風行於坎水之上，水靜風散，故爲「渙」。先王體此，知鬼神無形。惟郊廟焄蒿悽愴乃見鬼神，而非立廟以享，則上帝之精神渙乎不屬，即自己之精神亦渙而終散，故享於帝以立廟而萃渙也。

初六，用拯，馬壯，吉。

周公之象渙初六云云，何也？曰：初六爲渙始，拯之尚易。而用壯馬以拯之，則拯尤速而吉，無不利。蓋坎之初六於馬爲薄蹄，原非壯馬之比。而初柔居下，故所以用拯者必得「馬壯」乃「吉」也。

象曰：初六之「吉」，順也。

孔子之傳渙初六云云，何也？曰：言初六之所以吉者，謂拯而能如壯馬之用，乃所以順受上之渙而得吉也，不然則是不欲順受其渙而成凶矣。

[一]「上」，文津本作「大」。

九二，渙奔其机，悔亡。（机，音己。）

周公之象渙九二云云，何也？曰：下三爻皆受上之渙，而九二一陽居中，有水中乘木而奔之象。居下而受上之渙，如此悔尚何有乎？故象占如此。机木之可乘以濟水者矣。

象曰：「渙奔其机」，得願也。

孔子之傳渙九二云云，何也？曰：九二之「渙奔其机」者，欲得其受渙之願而如此也。蓋二與初同受上渙，初既用馬壯矣，二欲得所願，又安得不渙奔其机而乘木以從風哉？則是二之欲得其願者，正是欲一得其悔亡之願也。

六三，渙其躬，無悔。

周公之象渙六三云云，何也？曰：六三當渙之時，而以柔居剛。志在受渙，而不自有其躬者也。公而忘私，君而忘身，渙之得當者耳，尚何悔乎？

象曰：「渙其躬」，志在外也。

孔子之傳渙六三云云，何也？曰：六三之「渙其躬」而不有者，志在外於外以受渙，而不暇有其躬也。嗚呼！非「鞠躬盡瘁，死而後已」之武侯，其孰當之？

六四，渙其羣，元吉；渙有丘，匪夷所思。

周公之象渙六四云云，何也？曰：六四居下卦之上，爲成卦之主，而與九五同體，正象所謂「柔得位乎外而上同」，是大臣之與君同德，代以宣猷布化者也。而以陰居柔下無應，故以言其無黨無私則爲渙羣，而「元吉」言其志在尊君承君則爲「渙有丘」。言其計慮精密，無微不入，則爲「匪夷所思」。蓋下三爻之所仰以受渙者在此人，而九五之所賴以渙汗大號者亦賴此人也。惟大禹之代舜聲教訖於四海乃克當之。

象曰：「渙其羣，元吉」，光大也。

孔子之傳渙六四云云，何也？曰：言六四之「渙其羣，元吉」者，其心事青天朗日，坦白精忠，而光明正大也。

九五，渙汗其大號，渙王居，无咎。

周公之象渙九五云云，何也？曰：九五履剛居位，下比六四，正彖所謂在中乘木之王，故爲「渙汗其大號」。與渙散其居積，則自可以濟渙而「无咎」耳，故象占如此。

「渙王居」，以散其居積爲解，正合王者萃渙。「渙汗」之旨，亦與武王大誥散財發粟之意隱合。但按爻傳以「王居」「无咎」爲正位，彖傳以王假廟爲王乃在中，則是代王作舟楫。渙大號者，倚賴於四，而五實正位居中，無爲而治，如舜之恭己南面耳。則「渙王居」解以當渙時，惟王正位居體，於義亦通。

象曰：「王居」「无咎」，正位也。

孔子之傳渙九五云云，何也？曰：言五之居「王居」「无咎」者，謂五勞於擇人而逸於任人，得以正位居中恭己，無爲也。依傳「王居」上去「渙」字，而但以「王居」「无咎」爲辭，則於「渙王居」句「渙」字略頓，而以王在中而居无咎爲解，乃覺前後可通。

上九，渙其血去逖出，无咎。（去，起呂反。）

周公之象渙上九云云，何也？曰：上九以陽剛居渙之上，能出於渙者也。又遠去乎六四之陰，忽高出乎下二爻之上位，是在蠱爲不事王侯之尚志，在漸爲可用爲儀之鴻漸也。見機高風，遠引高蹈，方且足以廉頑立懦，鄙敦薄寬，又何咎乎？

象曰：「渙其血」，遠害也。

孔子之傳渙上九云云，何也？曰：上九之「渙其血」者，見機之哲，高飛遠舉，自然血去惕出，可以遠害也。嗟乎！鴻飛冥冥，乘風遊天，弋者之繒繳能及耶？自子房托赤松之遊，而身終不及韓彭之禍，其此義歟！

節 ䷻（兌下坎上）

渙而受之以節，何也？序卦傳曰：「物不可以終離，故受之以節。」

節：亨；苦節，不可貞。

文王之象節云云，何也？曰：節有限而止之義也。爲卦下兌上坎，澤上有水，其容有限，故爲「節」。節固自有亨道，蓋凡事有制乃亨通之道也。又其體陰陽各半，而二五皆陽，則亦亨通之道。蓋剛而得中乃亨通之本也，若至於太甚則苦矣，太苦乃不可久之道，故又戒以「苦節，不可貞」。蓋節以時中爲貴，時中之節乃謂之和，乃可爲天下通行之道。「苦節」失和，而不可以通，原非可貞之道也。

大抵節取中節可通之義，故亨義即在節中，而節亦取於可通爲貞。「苦節」或至違天時拂人情，雖較之縱欲敗度不同，而要之非久通之道。不可久通則又是節失其節矣，失節之節則亦究成凶咎耳。細玩彖辭，僅僅七字，而無義不該。見易道之神明通變，又見聖人之「精義入神」，真令人手舞足蹈不能已也！而孟子所以時孔子、隘伯夷、譏陳仲子之旨，亦於此概見矣。

彖曰：「節，亨」，剛柔分而剛得中。「苦節，不可貞」，其道窮也。說以行險，當位以節，中正以通。天地節而四時成；節以制度，不傷財，不害民。

孔子之傳節彖云云，何也？曰：言所謂「節，亨」者，剛柔分而剛得剛位柔得柔位，而二五則剛而得中，能以天理人情之正節制天下也，故亨。「苦節，不可貞」者，凡事通變宜民則不窮，節過則苦，苦則人不能堪，而其道窮也。然則節何以得不苦乎？必如卦德之「說以行險，當位以節」，中正以通，乃「禮之用，和爲貴」，節道斯美，而貞亨不窮耳。今觀天地之節也，四時皆有節，而究之以通變，成聖人之節也。特所以制經常之度，使之足以省費愛民而止，豈非不可貞之謂乎？吁！觀孔子之傳，而知不中之節原非所貴，抑又明甚也。

象曰：澤上有水，節；君子以制數度[一]，議德行。

孔子之傳節大象云云，何也？曰：言卦下兌上坎，是爲澤上受水而有節，故謂之節。君子體此，以制禮而適中，以制數之多寡與度之隆殺。體此以議道而適中，以辨德之偏全與行之過不及，務使節適於中而可通焉。

[一]「數度」，原作「度數」，據文津本改，後同。

初九，不出戶庭，无咎。

周公之象節初九云云，何也？曰：初九以陽實得正位，居節之始，是謂初節。然以四應在外，而九二以陽實塞其前，以此而往，必不能通而徒犯其難，故象占爲「不出戶庭，无咎」。蓋初非不欲通，而位處其塞，則自安於塞耳，其塞而知節者乎？

象曰：「不出戶庭」，知通塞也。

孔子之傳節初九云云，何也？曰：言「不出戶庭」者，在節之初，防險慮終，是乃「知通塞」之義，而不至於犯難，所以「无咎」也。

九二，不出門庭，凶。

周公之象節九二云云，何也？曰：九二居兑之中，陽剛中實，澤水盈滿，又上鄰兑口，澤當可通之時也。而以位尚居中，塞而未通，則宜出而不出，其亦失通變不窮之義矣，凶其能免乎？故象占如此。

二與三之兑口相接，本可以通，而固執不通，是即不可貞之苦節也，其宜通而不通之節乎。

象曰：「不出門庭，凶」，失時極也。

孔子之傳節九二云云，何也？曰：言通塞有時，時行則吉。初本時不宜出，二則時可出矣，而亦不出門庭。失時至此，亦已極矣，能無凶乎？

六三，不節若，則嗟若，无咎。

周公之象節六三云云，何也？曰：六三以陰柔悅佞之姿，居兑之口，是襲厚實之積，悅佞諛之人。日事般樂怠傲，而用財如流水者也。其「不節若」，兑口之日出不已，則必匱屈而有悔心之嗟嘆。此則嗟乃自取於人，何咎乎？嗚呼！令之用財不節，終致悔嘆無及者，節此類也。

漢武有四海之富，又承文景積累之後，一不知節，而後且虚耗悼嘆。矧其下乎？故不節之嗟，只可自咎，不可咎人。

象曰：不「節」之「嗟」，又誰咎也。

孔子之傳節六三云云，何也？曰：六三惟其自己全不知節，故後自蹈於嗟。嗟乃自取，又誰咎乎？

六四，安節，亨〔一〕。

周公之象節六四云云，何也？曰：六四柔順得正，上承九五，自然有節者也。自然之節，自與「苦節」不同，其吉而得亨，不待言矣。嗟乎！節何嘗不吉？只「苦節」不可通耳。尚節者，亦尚未安節可也。

象曰：「安節」之「亨」，承上道也。

孔子之傳六四云云，何也？曰：言六四「安節之亨」，乃承上之道也。然則爲人臣而自盡其節，即皆安節之吉矣。

〔一〕「亨」，原作「吉」，據文津本改，後文同。

九五，甘節，吉，往有尚。

周公之象節九五云云，何也？曰：九五剛中當位，又居坎之中，爲水勢流通，恬適不苦，正彖所謂「説以行險，當位以節，中正以通」者也，是謂「甘節」。以此制度，則不傷財，不勞民。以此制數度，議德行，則中中和之度，適時中之宜。節制天下，而仍通變宜人，又何己之不吉，往而人不尚乎？

象曰：「甘節」之「吉」，居位中也。

孔子之傳節九五云云，何也？曰：言九五「甘節之吉」者，以其居位之中。故所行中節，而和可爲「天下之達道也」。

上六，苦節；貞凶，悔亡〔一〕。

周公之象節上六云云，何也？曰：上六以陰柔居節之終，行險之上，正所謂節之苦而不可貞者也。然雖以節得凶悔，亦自可亡耳，故象占如此。嗚呼！其申屠狄、陳仲子之流歟！

象曰：「苦節；貞凶」，其道窮也。

孔子之傳節上六云云，何也？曰：言「苦節」雖貞亦凶者，節而和則可行。一太苦，以之爲己，則難久；以之責任，則難繼。其道本自處於窮也，故節取中正以通爲亨，而「苦節，不可貞」耳。

〔一〕「悔亡」，原作「无咎」，據文津本改。

中孚䷼（兌下巽上）

節而受之以中孚，何也？曰：序卦傳曰：「節而信之，故受之以中孚。」

中孚：豚魚吉，利涉大川，利貞。

文王之彖中孚云云，何也？曰：爲卦上巽下兌，四陽外實，兩偶中虚，故爲「中孚」。又卦義爲悅而巽，巽以悅，故亦曰「中孚」也。而澤中之物，順而悅以誠孚者，則莫如豚魚。蓋其爲物風至則吹浪，水面如期不爽，水族之無心順時而含靈應氣者，爲此最著，故彖謂人苟能如豚魚虚中懷信則吉也。又卦爲悅，而巽無不可濟之險，故又爲「利涉大川」。必守正則吉，不正亦不可爲信也。

「孚」之爲字，從爪從子，取鳥之乳卵應期而化之義。中孚之義，亦謂虚中之孚須如鳥之乳卵也。

彖曰：「中孚」，柔在内而剛得中；說而巽，孚乃化邦也。「豚魚吉」，信及豚魚也；「利涉大川」，乘木舟虚也；中孚以「利貞」，乃應乎天也。

孔子之傳中孚彖云云，何也？曰：言所謂「中孚」者，兌下巽上。合二體觀，三四皆柔而在内；分二體觀，二五皆剛而得中。柔在内則虚，剛得中則實。虚則無物，實則無僞。兌悅巽順，合而成信，乃人君感化邦國之道也。所謂「豚魚吉」者，能存誠順應，乘化以遊，如豚魚以應風則吉也。「利涉大川」者，涉世順應，如巽木之浮澤，虚舟之順風，何往不利也？「中孚以利貞」者，天道孚而有信，故四時不言而信，百物不應期而生。人能静虚守正，與物无妄，乃能「應乎天也」。

故天地間凡事以中孚爲吉，而中孚尤以得正爲利耳。

存誠順應則信及豚魚，不然曾豚魚之不如矣。信則民任，故「孚乃化邦」。

中孚爲卦，原是乾卦而虚其中，蓋天之心、天之體、天之運皆孚而貞也，故「中孚以利貞，乃應乎天」。

人心大虚如中孚，即「應乎天」，蓋應天者先天而天不能違耳。

象曰：澤上有風，中孚；君子以議獄緩死。

孔子之傳中孚大象云云，何也？曰：澤上有風，風行水上，涣散解釋之象。君子體此，以兑悦之口，議死罪之獄，而使受渥澤以巽入之心；緩獄囚之死，而使被仁風亦如澤風之涣散解釋也。議獄者求其入中之出，緩死者求其死中之生，是惟大聖人本一腔至誠惻怛之心乃能如此，故議獄緩死亦中孚意也。

初九，虞吉，有他不燕。（他，湯何反。）

周公之象中孚初九云云，何也？曰初當中孚之初，陽剛外固，而與四相孚，安然能孚則吉，有他則燕之不如矣。蓋「虞」有安而慮之義，孚以誠確爲貴，而初則陽剛外包，如鳥凝神抱一，慮始謹初，有虞之象也。「燕」亦安義，乃玄鳥之稱，應時而至，處堂悦人，蓋物之有孚而說者巽也。卦取中孚，原有鳥孚之義，故初取燕，二取鶴，而上取翰音，蓋皆以鳥孚之旨相終始也。大抵初爻象鳥伏子，故云「有他不燕」。二爻象孚欲成，故云「其子和之」。三爻象子在殼，故云「得敵」。四爻象子成，故云「月幾望」。五象雛成羣，故爲「有孚攣如」。上象習飛，故爲「登天」。而要之皆鳥孚之節度，即皆中孚之義。象，物象也。善讀易者即象得義，即義悟象，於易即思過半矣。

即「中孚」二字，一象鳥孚卵，一象豚魚，一象涉川，一象燕，一象鶴，一象鼓罷泣歌，一象月望馬亡，一象攣如，一象翰音。可見天地間無象非易，無在非易，在人善觀善會耳。

象曰：初九「虞吉」，志未變也。

孔子之傳中孚初九云云，何也？曰：言初九之「虞吉」者，謂以剛德履悅初，其志誠一未變也。

九二，鶴鳴在陰，其子和之；我有好爵，吾與爾靡之。

周公之象中孚九二云云，何也？曰：「鶴鳴」「子和」者，中孚之神含於三四，而其應則動於二五，蓋九二與五以剛中說巽，正當鳴和之應。而鶴則陽鳥善鳴，於二兌中之象爲尤近，故二取「鶴鳴」「子和」，以見相孚之必然也。其曰「好爵」「爾靡」，則謂好爵人所易吝，而相孚則彼此可共，是亦悅而能巽，可以見相孚之無間者，故象又取之耳。嗚呼！其在人心，則誠信爲德，無物不通者乎？

象曰：「其子和之」，中心願也。

孔子之傳中孚九二云云，何也？曰：言「其子和之」者，其鳴以中心之誠，故和亦出中心之願也。繫辭曰：言行在善不善之間，而應違關千里之遠，其斯誠感誠應之自然乎？而人心之「廓然大公，物來順應」亦猶是矣。

六三，得敵，或鼓或罷，或泣或歌。

周公象中孚六三云云，何也？曰：言六三以陰處陽，以柔處剛，悅極而應翰音之上九，故爲「得敵」，而不能自主。「或鼓或罷，或泣或歌」之象。

象曰：「或鼓或罷」，位不當也。

孔子之傳中孚六三云云，何也？曰：言六三之「或鼓或罷」者，三以柔處剛，又居兌口以應不正之上，所處之位原不當也。

六四，月幾望，馬匹亡，无咎。

周公之象中孚六四云云，何也？曰：六四居中，而以陰居陰，中虛無物，不與三合，而獨上比於五，是爲月之幾望而圓滿。馬之匹亡，而獨進中孚如此，咎於何有？故象占如此。

六四以柔順靜虛而承五，是爲陰之極盛，而中孚體完者，故爲「月幾望」之象。與三兩陰相比，如馬之匹。三躁擾搆敵，而四獨柔巽比五，絕三不正之朋，故爲「馬匹亡」之象。

象曰：「馬匹亡」，絕類上也。

孔子之傳中孚六四云云，何也？曰：言「馬匹亡」者，四與三皆陰，而邪正不同，四絕陰類，而上從九五，故自无咎也。

九五，有孚攣如，无咎。

周公之象中孚九五云云，何也？曰：九五居巽之中，居剛之正，下乘六四，而靜虛內通，內應九二，而中正相孚，正所謂剛中說巽以化邦者也，故爲「有孚攣如」，而自得无咎之象。其在於鳥，則期滿子成之候乎？故六爻惟此獨稱「孚」焉。而王者之信孚大臣，羣臣化乎天下萬邦，可以類推。即人心之性善而情善，心誠而意誠，亦可類推也。

象曰：「有孚攣如」，位正當也。

孔子之傳中孚九五云云，何也？曰：言九五之「有孚攣如」者，惟其位正當剛中之位，故其孚「有孚攣如」之「孚」也。四五虛實得位，中孚之至，而皆有補過之辭。蓋人非至誠未有不補過而能無過者，故中孚又以補過爲功耳。然要之易道亦原是處處教人補過以寡過之旨也。

上九，翰音登於天，貞凶。

周公之象中孚上九云云，何也？曰：上九亢而在外，內應不正之三，故爲展翰長鳴，聲聞於天之象。夫孚由中心之誠虛而後得，乃欲以翰音求之，是自趨於喪孚之途者也。守此不變，凶所不免矣，故象占如此。嗚呼！學者實德不孚，而聲聞過情，亦豈吉道乎！

象曰：「翰音登於天」，何可長也。

孔子之傳中孚上九云云，何也？曰：言「翰音登於天」者，以躁妄爲中孚，豈長久之道乎？必也誠中孚外，如四如五，其庶幾也。

小過 ䷽（艮下震上）

中孚而受之以小過，何也？序卦傳曰：「有其信者，必行之，故受之以小過。」

小過：亨，利貞；可小事，不可大事；飛鳥遺之音，不宜上，宜下，大吉。

文王之彖小過云云，何也？曰：爲卦下艮上震，四陰在外，二陽在內，陰多於陽，小者過也，故爲「小過」。小者既過，則可以亨矣。然必以守正爲利，不正亦不得亨也。又既爲小過，則止可小事，而不可大事。以卦原是小者過，則只可小事得亨，而不可於大事望利也。且卦體上下四偶象鳥翼，中二奇象鳥身，艮止震動，四陰用事，而二陽不能自主，如鳥身挾翼以飛，且飛且鳴，而遺之音，亦可謂小過矣。而其實不宜上而宜下乃大吉，以上則大事，而下則小事也，故象占如此。

觀陰勝雖亨，而亦必利貞，可見陰之亨，正亨以貞。人臣無以震主之威自失臣節，是爲正也。觀「可小事，不可大事」，則知凡事量力而處，乃爲得宜。若力小任重，智小謀大，是自蹈覆餗，甚不可也。觀飛鳥遺音，「不宜上，宜下」乃大吉，則知凡事吉以自安其分。人臣雖至託孤寄命，治定功成，亦必恭謹斂約，勞謙有終，然後上順下安，永終令譽也。嗚呼！聖人之立象也，舉一以例百；繫辭也，括義以象形。不特言凶言悔言吝者爲示戒，即言亨言利言貞者亦示訓。易真所謂「懼以終始，其要无咎，出入以度，內外使知懼也」。仁矣哉！聖人之用心乎，真合天下萬世以寡過矣。

彖曰：小過，小者過而亨也。過以「利貞」，與時行也。柔得中，是以小事吉也。剛失位而不中，是以「不可大事」也。有「飛鳥」之象焉，「飛鳥遺之音，不宜上，宜下，大吉」，上逆而下順也。

孔子之傳小過彖云云，何也？曰：言小過亨者，謂小過而亨也。「過以利貞」者，與時偕行。過而宜得其正，如四時之行也。「小事吉」者，二五皆以柔中處之，是以小處二五，故止得「小事吉也」。「不可大事」者，大事非剛不勝，而剛又非得位不行。三四兩剛皆失當行之位，而不得其中，「是以不可大事也」。「飛鳥遺音，不宜上，宜下，大吉」者，卦體有飛鳥之象焉。往上則其勢逆，往下則其勢順，故以舍逆就順爲吉也。然「不宜上，宜下」，亦取上卦震動下卦艮止之義。蓋又以喻既過而愈動以上，則陵陽愈逆；而能止以下，則從陽自順，故得「大吉」也。總之，天道惡盈福謙，處小過之時，自以退處卑遜，使尊者安尊，始可免犯順之凶，故聖人論理無不準天道之自然以立言耳。

大抵過有三義：有過勝之義，有過失之義，有過往之義。卦中之陰勝陽，傳所謂「小者過」，是過勝之義也。卦中陰多失於太柔，傳所謂「剛失位而不中」，是過失之義也。卦中爻多不應，行不想遇，傳所謂「與時偕行」，是過往之義也。讀象與傳當知原備此三義。

象曰：山上有雷，小過；君子以行過乎恭，喪過乎哀，用過乎儉。

孔子之傳小過大象云云，何也？曰：「山上有雷」是乃雷在山上，往而「小過」耳。君子體此，知禮雖以得中爲貴，而道須以善下爲基。故於行也，寧「過乎恭」，自處尚謙，不敢泰也；於喪也，則寧「過乎哀」，自處尚哀，不敢易也；於用也，則寧「過乎儉」，自處尚省，不尚奢也。凡事下而不敢上，順而不敢逆，以是爲「小過」耳。

初六，飛鳥以凶。

周公之象小過初六云云，何也？曰：卦之六爻象飛鳥，初上乃鳥之兩翰，而初與四應。又居過時，是上而不下者也。飛鳥不宜上宜下，而初獨上而不下，失順逆之義矣，自屬凶道，故象占如此。

象謂宜下吉，而初在下反凶者，象以卦之時言，爻以卦之象言。蓋鳥之下非一羽所能止，上方飛也，而初能下乎？且卦象豎觀則初爲下，若横觀則正以初上爲並飛之羽翰耳。

象曰：「飛鳥以凶」，不可如何也。

孔子之傳小過初六云云，何也？曰：言「飛鳥以凶」者，當陰盛之時，羽毛之成，身雖不與之俱飛，而不得也。大抵下三爻止體，以弗過爲无咎。而初則便是頻飛之翰，當止不止，故爲過凶。

六二，過其祖，遇其妣；不及其君，遇其臣，无咎。

周公之象小過六二云云，何也？曰：六二雖居過時，而能柔中守正，過而不過。於後則雖過初六始生之祖，而居二則過其配祖之妣；於前雖不及六五柔中之君，而處二則實過其承君之臣。履柔安分，亦自是「无咎」之道也，故象占如此。往二則過其始，故爲過其祖。柔得柔位，是遇其妣。正應在上，是不遇其君。二本在下，是遇其臣。

按過祖遇妣，注以「過三四遇五六」爲解，愚嘗反覆此義，大抵爻中過遇之旨，謂已過此而往遇彼耳。則六二之解，以徑過其祖，而值遇其妣，庶於文義爲順。又例以「不及其君，遇其臣」之旨，則是言過乃已過。不遇而不及，則謂其尚在前而未過，抑又明甚也。若以初不可言祖，則初爲爻之始生，爲祖於義亦通。顧不知明易君子以爲何如也？

象曰：「不及其君」，臣不可過也。

孔子之傳小過六二云云，何也？曰：言「不及其君」者，臣無過君之理，過則逆而上矣。當隆盛之時，而能順止於下，「不及其君」，是舍逆取順之道，故爲「无咎」也。

九三，弗過防之，從或戕之，凶。

周公之象小過九三云云，何也？曰：三當小過之時，上應上六，而獨與四以陽剛中正，卓然自立，是衆陰之所欲甘心者也。若不知於此過防，則恃剛必折，或有從而戕之者矣。漢之李固、陳蕃輩，其凶可證也，故象占如此。嗚呼！聖人爲羣陰中之孤陽，慮亦至矣！故曰「作易者其有憂患乎」。

象曰：「從或戕之」，凶如何也！

孔子之傳小過九三云云，何也？曰：言「從或戕之，凶如何也」，而尚可勿過防歟！

九四，无咎，弗過遇之；往厲必戒，勿用，永貞。

周公之象小過九四云云，何也？曰：九四以剛居柔，而處陰過之時，尚無過咎之道也。蓋四位本陰而九則剛，是爲剛柔相濟而「弗過」。以四之柔，而遇九之剛，是爲以柔際剛而「遇之」。夫過而不遇則咎生，「弗過」而遇尚何咎乎？若其不然，而欲過以前往，則以陽而入陰，君子而遇小人，危厲亦甚矣！故往在必戒也。然過之爲旨，取往過之義，謂其「與時偕行」耳，豈謂固守一轍全不知變哉？故又以「勿用，永貞」爲貴也。蓋二「永貞」而固守不變，則又過耳。

上卦爲震動，而四爲震主，動則成動之過，故「往厲必戒」，所以即四之往而戒過也。「永貞」又成不動之過，故「勿用，永貞」，所以即四之不往而救過也。

象曰：「弗過遇之」，位不當也；「往厲必戒」，終不可長也。

孔子之傳小過九四云云，何也？曰：言九四之「弗過遇之」者，四陰而居以柔，則爲小人之過。今以九居四，則不當位，所以不過柔也。「往厲必戒，勿用，永貞」者，固執之意，亦不可長守不變也。味其語意，蓋正以申「與時偕行」之義於二陽爻中也。

愚按：觀「終不可長」之辭，似義在釋「勿用，永貞」之旨，而傳卻單言「往厲必戒」，遂若傳義難通。若參觀諸爻傳中，往往以一語該下數言，則亦自可知「終不可長」之言爲釋「勿用，永貞」也。然亦終不敢定其云何也，則亦從朱注當闕之例，俟知者耳。

六五，密雲不雨，自我西郊；公弋取彼在穴。

周公之象小過六五云云，何也？曰：六五以陰居剛，處乎三四二陽之上，下應艮止在中之二，而又動體居中，是正陰之方盛而高出乎陽，柔之得中而小事爲可者也。故其象爲陰上陽隔，而「密雲不雨，自我西郊」，又爲「公弋取彼在穴」耳。「在穴」指內卦止中之二言也。

象曰：「密雲不雨」，已上也。

孔子之傳小過六五云云，何也？曰：言「密雲不雨」者，以柔居五，其位已上陰盛之極，所爲小過也。

上六，弗遇過之；飛鳥離之，凶，是謂災眚。

周公之象小過上六云云，何也？曰：上六以陰柔居動終而據過時，雖有應在下，然陽失其位而艮不能止，窮高非位，是爲「弗遇過之」。而其象則爲飛鳥，任其躁動之性以遠離巢穴，散無歸者也。以此處過，凶所必至，而外災內眚俱不免耳。

象曰：「弗遇過之」，已亢也。

孔子之傳小過上六云云，何也？曰：言「弗遇過之」者，陰至於上，陵陽已極，位亢而不可下也。夫飛鳥不宜上宜下，而上如此舍順效逆，能無凶乎？大抵天下事過亢，則無一而可。陽且不可過亢，而況於陰乎？故爲陰者亦守利貞之戒而可矣。

既濟䷾（下離上坎）

小過而受之以既濟，何也？序卦傳曰：「有過物者必濟，故受之以既濟。」

既濟：亨小，利貞；初吉，終亂。

文王之彖既濟云云，何也？曰：水原須火以既用者也。而爲卦水火相交，故曰「既濟」。既濟則有亨道矣，然所亨者小，而又利在得正。其象則爲初乃得吉，而於終則亂也。蓋言亨於既濟之時，則所亨爲小謂其於大者，既濟而後爲濟，故亨爲亨小。亦且既濟則易於恃濟自止，故亦爲亨者小，而終易亂。終且易亂，而初之吉不誠爲小乎？嗚呼！聖人之憂盛危明，慮險防危，固如此乎！然亦卦中離二得中，有初吉之義。上坎終止，有亂之道，非於象之外取義也。

郝氏曰：「濟取以火濟水之義，蓋坎象隱伏，須以離明辨之，則相濟爲用，故既、未濟二卦皆以離化坎。君子明善以誠身，致知以誠意，所以爲易道之終也。」

又曰：「易道之體用盡統於乾坤，而乾坤之變化莫妙於坎離。上經卦三十，乾坤而下，奇偶各三十，遇泰否而終坎離，以坎離爲泰否之交也。下經卦三十四，咸恒而下，奇偶亦各三十，遇損益而終既、未濟，以既、未濟爲損益之徵也。」

愚按：人情欲濟而未濟，則必求中道以圖濟。既濟則已得其濟，遂終止而更不復求濟。求濟則何所不濟，終止則雖濟必亂。此雖人事之必然，亦天道之自然。故衆人以既濟爲喜，而聖人以既濟爲憂。此彖於六爻多戒辭，而象、傳則特揭思患豫防也。

彖曰：「既濟，亨」，小者亨也。「利貞」，剛柔正而位當也。「初吉」，柔得中也；「終」止則「亂」，其道窮也。

孔子之傳既濟彖云云，何也？曰：言「既濟，亨」者，謂小者得遂而亨通也。「利貞」者，剛柔各得其正，而二五所居之位盡當也。「初吉」者，謂其離二之柔得中，而可濟坎也。「終止則亂」者，謂以坎止居上，是乃終止。終止則亂，理在必然，而其道窮也。

大抵既濟吉以離明，亂以坎止。凡事自恃其已濟而終止，則道窮而亂，理在不爽。唐明、唐莊固可證，宋襄、苻堅亦可鑑也。

象曰：水在火上，既濟；君子以思患而豫防之。

孔子之傳既濟大象云云，何也？曰：言卦上坎下離，水在火上，是水得火以濟其用也，故謂之「既濟」。然得其用則火可以濟水，而失其用則水亦能滅火，則水火有既濟之用，而亦有意外之患矣。君子體此，知患生於不測，而流潰於不防。於是兢業惕厲，已治如未治，已安如未安，時時事事思中間之患機，孜孜亹亹謹未至之隄防，一如火之足以濟水，而不使水之得以滅火也。

愚按：孔子繫辭翼否九五之旨，全若爲既濟之君子明思患豫防之旨。處否之君子，其尚思此言。既濟之君子，亦無忽此言可也。

坎險在外，防患之象；離明在內，豫思之象。

初九，曳其輪，濡其尾，无咎。

周公之象既濟初九云云，何也？曰：初九處既濟之初，以陽剛居離明之始，知謹始者也，是爲既濟。水將登岸，而車輪上曳，牛尾尚濡之象。謹始如此，寧有咎乎？蓋車將登岸之際，正車上車下之人凜凜惕厲，戒慎以防患之時也。既濟而如是，則雖濟而常若未濟之心，自然咎所必免也。

象曰：「曳其輪」，義无咎也。

孔子之傳既濟初九云云，何也？曰：初九之曳輪濡尾，此乃知慮危防險之道者於義自「无咎」也。

六二，婦喪其茀，勿逐，七日得。（喪，息浪反。茀，音佛。）

周公之象既濟六二云云，何也？曰：六二文明中正之德，本才足以濟險也。然以上應九五坎險之君，自恃其濟而不能下賢以行其道，則二雖有濟險之具，亦失其所以行，如婦之喪其車茀而不能行耳。然二爲離主，明見幾先，安然以聽，則中正之道亦難終。疾而時至，仍行七日即得矣。蓋彖傳所謂小亨以利貞初吉，而柔得中即指此爻言耳。

六二於離爲中女，婦象。喪茀無蔽，離虛象。六二柔中，安常處順，有「勿逐」自得象。「七日」則卦一周爲七日，如「七日來復」之義。蓋天道運行之自然，抑又六爻往而來復。自此至未濟之九二，遇剛則陽實計，又其爲日適七也。

象曰：「七日得」，以中道也。

孔子之傳既濟六二云云，何也？曰：「七日得」者，以六之柔中得正，自有必濟之吉道也。彖之所謂初吉以柔中者此耳。

九三，高宗伐鬼方，三年克之；小人勿用。

周公之象既濟九三云云，何也？曰：九三以剛處剛，居離之上，遇險之交，是乃以明化險蹇之終濟，故爲高宗伐鬼方，三年終克之象。然以三自處非中，是亦剛暴喜事之人，故又戒以「小人勿用」耳。蓋人主之用兵原非人不濟，而非小人則亦無以動其好大喜功之心，故用師既戒用小人，又師克有功，小人必且進爵分土，亦恐易至亂邦。如師終之戒，故聖人於此爻備戒之也。

離爲戈兵，故稱伐三。以明伐暗，故稱「伐鬼方」。

象曰：「三年克之」，憊也。

孔子之傳既濟九三云云，何也？曰：言高宗以天下之盛伐鬼方之小醜，猶必三年然後克之，則是雖克之於三年之後，而三年之中勞師遠輸，國儲耗於車馬供億之間，甲兵敝於寒暑戰陣之際，九重宵衣旰食，百爾奔走禦侮，其困憊亦已甚矣。嗚呼！以高宗之賢，而尚且如此，師可輕用耶？吾夫子贊易，而獨於此言凜凜乎若慮若戒，有以夫！

大抵時當既濟，則天下富強。故人主每易惕其富強之資，興師動衆。不知兵爲凶器，動非其宜，小則虛耗國力，大且患生意外。故周公、孔子於既濟三爻，惓惓致意，而傳特釋「三年」一句也。

六四，繻有衣袽，終日戒。（繻，而朱反。袽，女居反。）

周公之象既濟六四云云，何也？曰：六四身當既濟之時，踰三伐克之上，而入坎陰險之中矣，於象爲繻之有衣袽，而宜「終日戒」者也。蓋時當既濟，則内憂易忘，又兵勝之後，驕心易生，故一切敗絮紛紛皆藏於衣被之中。此而能戒，則思患豫防，濟可終享，而不獨初之吉。若不能戒，即大安之日乃危機之伏，已治之秋乃大亂之伏。所謂「終止則亂」者，即在此耳。而象不言凶者，蓋謂此乃「終日戒」之時，能戒則吉不待言，不能戒則凶不待言。

「終日戒」，以其乘離日之終也。

象曰：「終日戒」，有所疑也。

孔子之傳既濟六四云云，何也？曰：言「終日戒」者，謂當此時雖既濟之後，而危機亂機即藏於中，而有可疑也。有可疑即有所疑，安得不「終日戒」乎？

九五，東鄰殺牛，不如西鄰之禴祭，實受其福。

周公之象既濟九五云云，何也？曰：九五本陽剛中正，下與六二爲鄰，而處坎之中，有終止之病。處濟之盛，無柔中之誠。既濟雖盛於六二，反不如六二之中正誠一實受吉來之福也。蓋時已濟而滿心生誠，意散一切豐亨豫大之中，皆伏喪亂危亡之機。豈能如柔中之二，實受吉來之大福乎？

象曰：「東鄰殺牛，不如西鄰」之時也；「實受其福」，吉大來也。

孔子之傳既濟九五云云，何也？曰：離爲牝牛，離東而坎鄰之，故謂五曰「東鄰」。坎西而離鄰之，故謂二曰「西鄰」。蓋二以柔中喪茀自得，是乃以時用禴，恭儉無求，而永克有濟，故傳特指其「吉大來」。蓋大來之吉，即初吉也。

上六，濡其首，厲。

周公之傳既濟上六云云，何也？曰：上六處既濟之終，以陰柔之資居陰險之位，是坎水既盈，亨其既濟，而惟知飲酒宴樂以自終者也，故於象爲「濡其首」。夫既濟之時，乃「終日戒」時也。而至於飲酒濡首，是犯「終止則亂」之大戒矣，危能免乎？故占象爲「厲」。然「厲」特就濡首之時，言其蹈危機耳。其實終止之凶，原在此也。象傳曰「其道窮」，道窮焉，有不凶者？

象曰：「濡其首，厲」，何可久也。

孔子之傳既濟上六云云，何也？曰：言上六之飲酒而至於濡首。道已窮而亂必至，如泰之上六矣，又何可長乎？言其必厲，而至於亂也。「終止之亂」，不亦信乎！

未濟 ䷿ （坎下離上）

既濟而終之以未濟，何也？序卦傳曰：「物不可窮也，故受之以未濟終焉。」

未濟：亨；小狐汔濟，濡其尾，無攸利。（汔，許立反。）

文王之象未濟云云，何也？曰：水火以相濟爲用而未濟。則火在水上，炎者反升上，而流者反居下，分背不交，故曰「未濟」也。然卦德雖不若既濟之交致其用，亦自有濟險之明、待用無方之具，有亨道焉，但「亨」者亨其未濟。而可濟如小狐之尚未習險汔濟，而尚有水「濡其尾」，則是未明所以濟之之道耳。以是而往，蹈險履危，「無攸利」也。

狐多疑，每聽冰下無水聲乃濟。小狐則尚不能習險善濟，故象以小狐象全卦。爻以初六象小狐，蓋濟事貴謀惡疑，以小狐之暗而處險，故「無攸利」也。

凡事以明濟險則濟，而卦則險暗在內，離明在外，故有未濟之象。

萬物生成於乾坤，而致用於水火，故上經首乾坤而終於坎離。人道造端於夫婦，而生成於水火相交，故下經首咸恒而終於既、未濟。然既濟則交致其用，而未濟則各致其用。交致其用則用已致，而其事已畢；各致其用則用未致，而待用不窮。蓋易道主於「生生不已」，故六十四卦終未濟也。

彖曰：「未濟，亨」，柔得中也。「小狐汔濟」，未出中也；「濡其尾，無攸利」，不續終也。雖不當位，剛柔應也。

孔子傳未濟彖云云，何也？曰：言「未濟，亨」者，離在上而五之柔得中也。「小狐汔濟」者，坎二正在險中，未能出而達於險外也。「濡其尾，無攸利」者，智塞識暗，不能即濟而繼之於終也。然六位皆不得正，而二五居中，剛柔相應，亦自有共濟之道，所以未濟而亨也。

象曰：火在水上[一]，未濟；君子以慎辨物居方。

孔子之傳未濟大象云云，何也？曰：言「火在水上」謂之「未濟」。蓋火炎上水流下，不成交致之用，而屬不移之方也。君子體此，慎審以辨物之性，使各居其方而不相雜，則類聚而羣仍分。不特善惡邪正無凌蝕之患，亦且大小偏全有得所之用，是以未濟而各有所濟之道也。

初六，濡其尾，吝。

[一]「火在水上」，原作「水在火上」，據象辭改，後同。

周公之象未濟初六云云，何也？曰：初六以陰柔居險初而居未濟之始，狐之汔未濟而「濡其尾」者也。夫方陷於險，惟剛決可濟，而「濡其尾」焉能濟乎？亦可羞矣，故象占如此。而凡居宜濟之地而遲疑不決者，其爲吝皆可類推耳。

坎爲狐爲水，而初居卦後，有濡尾象。

下坎三爻皆未嘗濟，故以濡尾、曳輪、征凶爲戒。

象曰：「濡其尾」，亦不知極也。

孔子之傳未濟初六云云，何也？曰：言初六之「濡其尾」者，居坎暗塞隱伏之下，全無離明先見之識，亦不知之極也。不知如此，不亦可羞耶？

九二，曳其輪，貞吉。

周公之象未濟九二云云，何也？曰：言九二當未濟之時，以離處險中，雖應五而未能即應，是象所謂柔在中而知險不濟者也，故有車「曳其輪」之象。處未濟而能如是，則亦得正而吉已，故象占如此。嗚呼！其見險知止，行不犯難者乎？

象曰：九二「貞吉」，中以行正也。

孔子之傳未濟九二云云，何也？曰：言「九二貞吉」者，時當未濟之時，地居坎險之中，知時之不可濟而不濟，是乃以中行正，而非如小狐之不知者也。其得正而吉，又何疑乎？

六三，未濟，征凶，利涉大川。

周公之象未濟六三云云，何也？曰：六三當未濟之時，以柔暗之資處極險之地，而又應以濡首之上，是乃以不能濟之才，值不可濟之時者。若犯難而征，則凶必矣。獨以其位居出險際離之會，則爲涉大川之利耳。初二皆未濟，而獨於三言之者，三近外坎，將出有濟之疑也。

象曰：「未濟，征凶」，位不當也。

孔子之傳未濟六三云云，何也？曰：言「未濟，征凶」者，以剛居柔，位不正中，而未可征耳。

九四，貞吉，悔亡；震用伐鬼方，三年有賞於大國。

周公之象未濟九四云云，何也？曰：九四雖當未濟之時，而已出險居離。以才之剛明，而處位之陰順，自能以明濟暗，未濟者可從而濟，故占象爲得正而吉，悔自可亡。事象爲「震用伐鬼方，三年有賞於大國」也。觀未濟之九四「貞吉」，可見居以當位爲功，不盡關二五也，二五自有不貞吉者。大抵上三爻未濟而可濟者，故象多吉辭。

象曰：「貞吉，悔亡」，志行也。

孔子之傳未濟九四云云，何也？曰：九四之「貞吉，悔亡」者，九四以陽明濟險，其志得大行也。嗚呼！陽剛文明，固濟險之具乎？濡尾之小狐安得不吝？

六五，貞吉，無悔；君子之光，有孚吉。

周公之象未濟六五云云，何也？曰：六五以離明中正之德，下應九二剛中之臣良，何險不濟？何濟不通？故占象爲「貞吉，無悔」事。象爲「君子之光」，上下交孚而「吉」也。大抵「君子之光」，光以文明，而實光以孚二。蓋人君能信任賢臣，則自用不事，而兼照無遺。自然上下交孚，而行無不吉耳。

象曰：「君子之光」，其暉「吉」也。

孔子之傳未濟六五云云，何也？曰：言「君子之光」者，五二相孚，離明坎潤，交相發越，「其暉吉也」。

上九，有孚於飲酒，无咎；濡其首，有孚失是。

周公之象未濟上九云云，何也？曰：上九以剛處離終，而下孚六三不正之險，是非君子之孚，乃孚於飲酒而已。夫當未濟而既濟，則飲酒宴樂亦君子所不廢，未可便謂之咎。但以六三之險終，而上以剛躁應之，則有飲酒而沉淪濡首之象。若以此爲孚，則孚所不當孚而失是耳。

象曰：「飲酒」濡首，亦不知節也。

孔子之傳未濟上九云云，何也？曰：「飲酒」而至於「濡首」，亦太「不知節也」。既濟者且將以終止亂，而況其爲未濟之終乎？

按：「知節」，即知時之義。而以此終易者，易取時行以既濟爲用，而以未濟爲功。知節則時雖未濟而可濟，不知節則時雖既濟而終於不濟。正以見易乃時中之道而生生之道。知節則得時之中而道日生，不知節則失時之中而道終窮也。嗚呼！易固教人時中之道，而實寡過之道哉。

四禮寧儉編

四禮寧儉編

禮無所不在，何獨於四禮而謹諸？ 謂四禮生人之最切近也。禮貴得中，即吾夫子亦曰「奢則不遜，儉則固」矣。又何容偏取於儉而尚焉？ 謂儉之尚近於本，而抑且中材下士可企而及也。然維昔吾夫子不又有曰「禮，與其奢也，寧儉」，又曰「與其不孫也，寧固」耶。夫吾夫子豈不知禮之貴中哉？ 正以儀文繁縟，非並禮之本始失之，即且有病其繁而畏難不行者。故寧儉寧固之嘆，吾夫子一言之不已而至再，再言之不已而直至於三。嗚呼！ 味斯言也，吾夫子殆隱有溯本之深思，挽時之隱意存焉。矧余家世業耕讀之家也，崇質尚樸，莫儉爲宜，而敢妄希當世大雅之林，用避固陋之誚哉！ 故暇日就前代傳來家禮纂本，更爲删其繁縟，而題曰四禮寧儉。蓋區區愚見，首取其於文不繁爲近本，次更取其簡而易遵爲可行。若博雅君子，其有睹余編而執固之一義，譏余笑余者，余不敢恤也。

冠

冠之有禮，所謂以成人之道責望子弟也，故古人敘禮以此爲首。冠禮蓋綦重矣，奈於今廢棄已久，復古爲難。然如吾黨有深愛子弟者，將欲責望吾子吾弟以成人，而有助於其強立，則是禮亦正不可以世俗之久廢而不講也，故仍以此冠首焉。

四禮約言曰：「子弟年十五至二十皆可冠，擇吉告於祖先。特請鄉黨姻友中之賢而有德望者一人爲賓，擇明習禮儀者一人爲贊。至日，盛服迎賓，儀節遵照家禮斟酌舉行。如貧家不能如禮舉行，亦須請至親有德一人告於祖先，命以成人之道，俾通俗而易曉即是。」

愚按： 禮約是規，殊屬簡雅，但如盛服迎賓，或宜改爲新服。蓋如衰族寒士，焉得盛服？ 且借倩人衣，自失本面。成人之道，期於誠慤質實，顧先可令之自蹈虛枉耶？又如家禮儀節，亦覺微煩。但得略存禮意，即可以止煩，則慢易必滋，亦非所以玉弟子於成也。

既冠乃字。

按：約言曰「古人重冠禮」，蓋謂自此以後，以成人之禮責之也。近世人情輕薄，過十餘歲便私自置帽，甫二十或彼此送冠送號，無復古意。爲父母者亦相因以爲常，所以自幼至長愚騃不悟。然則冠當復者豈獨禮文哉？

冠後，拜父母尊長。明日，拜宗族親黨。所知者宜答拜，或稍致祝願規諷之語。

約言：「拜父母尊長，父母尊長爲之起，以成人而與爲禮也。拜宗族親黨，宗族親黨宜答拜者亦答拜，亦重其成人也。如有教言，宜再拜致謝而退。」

愚按：古禮十九舉廢，矧此禮不比祖父之喪祭，而其廢缺且非一日，驟而復之必且駭世。然其禮本不煩，而其取義則甚重而且深。如果行之於舉世不行之日，而且將之以鄭重恪恭，即其於子弟收警發震動之益不淺，而是禮即不爲徒然矣。然此中有機焉，亦非可漫然舉事，徒爲無益也。必視子弟自十七八後，有勃然自矢之志然後可，又必延足爲後進敬重師效之人而後可。蓋乘其將萌之志識，而示之以可羡可法之儀型，則其感動自神。不然子弟匪其時無益，延賓不足重亦無益也。故冠禮宜復，而復之必相其機。

昏

易序卦曰：有夫婦，然後有父子；有父子，然後有君臣；有君臣，然後有上下；有上下〔一〕，然後禮義有所錯。則是昏禮大事，甚不可苟也。顧家禮載有昏禮，而世之恪遵者亦少，且即其本書亦覺微涉繁縟。而如各方俗尚之儀文，則又多鄙陋，遠於禮義。夫禮而遠於義，即視繁縟之弊不更甚乎？今酌其簡而文者，定以爲式焉。蓋文則可以達情，而簡則近本，尚爲可行也。

古者男子年十六至三十，女子年十四至二十，爲議昏之期。

愚按：古議昏之期，男自十六上，女自十四上。此義自好。蓋至此則男女之好歹盡見，姻家之盛衰未移，自可無意外之悔，勝後世之孩童繈褓爲昏者多矣。今再爲酌之，其年亦不可甚大，大約自六七歲至十三四爲則，庶爲近情合宜。蓋不太早所以防患於意外，而及時議昏又所以全男女之節行，而易於揀擇也。

第一問名（即併納采爲一節亦可）。

家禮昏有問名、納采、納吉、納幣、請期、親迎六節；集略則略去問名、納吉、請期，以從簡便；而約言則又以問名併入納采，以納吉、請期併入納幣，以備六禮之目。夫禮不在儀節之繁簡，惟期足以達情而止。問名、請期必不可廢之端，亦必不能廢之端。矧問名屬第一重事，而可去耶？又可併耶？又如情之已達，節之不缺，亦正不以侈目爲華，虚存名數，而

〔一〕「然後有上下；有上下」原脱，據易序卦補。

必求備於古儀，是亦未可云於禮義允協也。蓋昏禮第一宜慎重在問名一節，而議定時必以告於祖龕爲宜。緣此是爲此子定內政之助，關家門之興替；又是爲此女定終身之托，關閨門之榮辱，是皆祖心所陰注也。而如以問名即合納采爲一節，以省煩文而便兩家，亦無不可。凡欲議昏，男家先審女家之門第、女子之年齒性姿。媒妁始通，則女家細審男家之門第，並審其男子年齒姿格。若諸色彼此相稱，固爲全美。縱使盛衰貧富微有不同，苟得門第忠厚無玷，男女姿格佳良，男家當念將來得良婦必且善成吾家，所得何似，奚論眼前妝奩之厚薄？女家當計得一佳婿，將來之發越亦奚可量，又何計目前聘幣之豐嗇？議昏已定，兩家須各具聘許書啟庚帖，交送其家。一以防反覆，一以防詐冒。蓋作事謀始，出言稽弊，凡事宜然，而於昏尤不可廢。故答帖一事，雖縉紳家不可易也。媒妁議定，問名即以兼行。納采，則所納之采不可計較儀物之厚薄，但得可以將禮而止，是乃大雅君子所爲也。其告祖式，則曰：「維年月日，不孝孫某，敢昭告於祖考妣四代之靈，曰：『某之子某，今年若何，未定伉儷，茲已定某官第幾女。今日納采，就以問名，不勝感愴，謹此虔告。』」（陳設或止用酒果，亦不必過於鋪設。）其具書式則曰：「某郡某啟，某官（稱呼隨宜）伏承尊慈不見鄙薄，曲從媒議，許以第幾令愛配僕某男。謹此略具薄物，擬古納采，因以問名，敢請令愛所生年月日時，將以上告先靈，伏維尊慈俯賜，鑑念，某年月日某啟。」萬不可用舊來四六套啟。告祖之後，或於次日，或於即日，媒翁同男氏一親眷齎書幣，如女氏納采。女氏主人迎賓，受書交禮畢，亦告祖龕（其告文云：「某之第幾女許某官之子某，今日問名並行納采。謹告必告祖者，婚姻大事，不可自專而行也。」）告畢，設筵（隨宜厚薄）。筵畢，即以答書庚帖同付媒翁與男氏親眷。至男氏所，男氏受書訖，亦宜陳告於祖龕。其答書式云：「伏承尊慈不見鄙薄，過聽媒言，擇僕之第幾女作配幾令嗣。弱息愚蠢，又弗能教，承啟受采，惶慚奚似，謹此奉答。謹具弱女生年月日時如別幅。伏惟尊慈特賜，鑑念不宜，某年月日具官某啟。」男家受女家書後，亦必以復書及庚帖置龕前香案上，口告云：「某男定某女之納采問名禮已成，敢告。」

自後以至請期，中間如納吉等儀，亦自可裁。而如男母之看女，時節之辦送節儀，則視乎人視乎時地，其厚薄不必拘，即有無亦不必拘可也。

請期納幣。

臨可完娶之時，必托媒請期於女氏之父母。許期，乃行納幣禮。大約請期但視男女之年，不必拘利年之説；但視可辦賓筵之季，不必拘利月之説；但視黄曆吉日，亦不必拘利時之説。而納幣則惟力之視，富則不可拘簡，然亦不可八幣外更侈美觀，自蹈越禮奢侈之咎。如兩家皆貧，則但取女家足送女出門而足。男家貧，女家不可過責備物；女家貧，男家不可責望妝奩。蓋即日完娶，兩家便成一家。爭薄較厚，不但同至親於陌路，鄙陋同於商賈。即男女或且生支離寃怨之隙，亦非吉祥之道也。

迎親。

吉晨告祖後，婿氏乘馬，或轎或舟，詣女之門。鼓吹前導。主人迎入中堂。茶飯畢，婿詣女之祠堂，拜其祖先，四拜（無祠則拜於其祖龕）。拜畢，拜女父母。（舊禮請拜女父母，女父母必辭，以女尚未拜婿父母也。然獨不思禮取其適，不盡拘於報施。且即以報施論，女父母鞠育其女至於及笄以歸吾家，將終身爲吾家幹濟之婦。當其迎娶之時，正其離母之日，婿申四拜之儀以謝其鞠育申請深情，亦豈爲過？況如拜其祖龕之禮必不能已，又曷思拜其祖先時，豈女曾拜婿之祖先耶？何親迎之日，宜拜其祖先而獨不宜拜其父母乎？）拜畢，婿出女門，先女而行。至門，下乘，導女而入。先詣祖祠，男左女右，夫婦一同四拜。主人迎送女之客於中堂，又迓媒翁至家。設筵。宴畢，女氏梳妝訖，男女同詣筵前，先謝媒翁之勞。謝畢，入内，同拜父母。（舊規三月廟見，家禮更爲三日，而覲拜舅姑亦在次日。然如人家罕有祠堂，祖龕多安中庭。婿迎女入，過前而不拜，於禮安乎？又女一入門，即係子婦，覲祠[一]之後，覲叩翁姑，是奚容緩？況婿迎女時，拜女祖龕，拜女父

[一]「祠」，原作「視」，據關中叢書本改。

母。女爲婿親迎至家，而女不隨婿同拜其祖先、父母，亦覺此禮偏枯不稱矣。故不如隨俗同拜祖龕，仍同拜父母之爲於婿合禮，並於女之禮合也。）

喪

喪禮，人子第一大事，一或苟而不可，爲子便終身之悔莫追，即鄉黨之譏笑不可弭矣，故孟子曰：「親喪固所自盡也。」然自盡者，固在盡制，而制以質而確者爲能盡。所重尤在盡敬盡哀，而節之以禮，通之以情。爲凡子孫可通行長行，而真足示範於將來，不但世俗之儀文不敢輕襲，即先儒之緒論且不容苟因也。

疾亟，家長遷居正寢，餘則各遷於所居室中。

按：集略正寢非廳堂之謂，廳堂無室，寢則有室。古宮室之制，前堂后寢故也。然惟卿大夫之家或備之，士庶人自世家外，安得皆有堂寢？且病劇則不可遷，未劇又無遷理。故即屬家長，亦但卒於所居之室、所寢之牀，既終而遷於可以安尸設位之處，庶於情事爲近耳。

盥面，洗手足（舊無此，今增入）。

書遺言（宜酌行）。

此正禮，而亦須相時爲之。蓋如家長賢而達於事體，其言足以示訓子孫則可。餘非家長，或不通學術，不[二]識事體，亦須酌行。

加新衣，納履。

屬纊（宜酌）。

舊注，置新棉於口鼻間，棉不動則氣絕。而集略則云此雖古禮，亦覺可去。蓋此時人子必侍於其側，氣絕則自知，何屬纊爲？

廢牀，寢地（宜去）。

喪大記云冀其復生也。然於義未安，不若即遷尸牀爲當。

楔齒，綴足（宜去）。

集略注曰：「楔齒，謂角柶楔齒使不合，令可以含。」愚則竊謂角柶楔齒一節，此亦古禮之斷不可從者。蓋當親氣散魂分之時，必有難言之苦，而又楔其齒使不得合，於心奚忍？且一楔之後，雖含以物，口不復有合時矣。又奚其可？愚則又謂含之取義爲不忍其口之虛也，獨不思生也本無一物而來，死也仍還其無物而去，不亦善還吾親於本來乎？且今無論飯之爲物易腐生蟲，但遇天暑，片時便臭。即金玉爲物，世俗視以爲貴，古大人君子生也固有泥塗軒冕而塵視珠玉者，死也

[二]「不」字疑脫，據上下文義擬補。

顧可含以累於其口乎？又其如誨盜何？此節亦正可去也。

又家禮此間有「令人坐其旁視手足，男子不絕於婦人之手，婦人不絕於男子之手」數言，似亦未融。夫親至臨終，則或夫或妻，或子或女，皆環守其旁。何令人坐旁之爲？又如爲父，則愛子愛女必握其手；爲母，則子孫各握其手。男女不絕其手，其言若正當，而其義正難通也。難通則不可行矣，故俱裁之。

既絕，乃哭。

至是男女擗踴哭無數。

愚按：集略朱子家禮曰：「以上初喪自補入，以下若倉促不能盡從，惟用遷居正寢、屬纊、書遺言、廢牀寢地、楔齒、舉哀六節亦可。」愚意即屬纊、廢牀寢地、楔齒三[一]節亦似可去。惟遷居可遷之室、盥浴、加新衣、舉哀四節必不可略。

復（今難盡行，亦似可裁）。

舊注復規：遣一人持死者之上衣升屋，招呼曰：「皋，某復[二]！」如是者三，捲衣降自屋後，以所捲衣覆尸上。復畢，男女哭無數。

禮運曰：望天招魂，冀其復生也。

愚又按：集略謂「世俗不行復禮」。蓋謂死者不復生，行之徒爲具文耳。然孝子冀親之生無所不至，古有此禮，似不可廢。至楚俗於親初終，用僧道執幡旗唱念，謂引魂歸西方，名曰「明路」。不招之來，而速之去，則悖理已甚，不可不革

[一]「三」，原作「五」，據關中叢書本改。

[二]「皋，某復」，原作「某皋復」，據儀禮士喪禮改。

也。愚則竊謂復之起也，原屬人子愛親之心，其奈習而行之褻媟近俚，反覺非宜。又禮以貴賤咸可遵循，然後可以範世而行遠。今士卿大夫家斷不可行此。且呼「皋，某！」不可，是禮專爲庶人設矣。況即知禮之庶人，亦十九不行乎？則存此一段亦似虛設，不如裁去此一題目之尤爲「寧儉」也。

戒內外（舊在遷尸後，今移此。蓋至此乃治喪之始事也）。

按：舊制戒內外者，內外安靜無驚擾也。若目次遷寢，則是頓遭親喪，安得無驚？喪具伊始，安得不擾？且如疾亟突亡，又如何得安靜無驚擾乎？故此目須移復後，爲治喪始事。

乃易服。

孝子披髮徒跣，妻子婦妾皆去冠及帛、有色上服，諸有服男女皆易色衣。

不食（宜酌於可行不可行之間）。

舊制，諸子三日不食；期功、九月之喪，一日不食；五月、三月之喪，再不食。

愚按：禮束人情，而實本於人性。必以中上可以盡行，而情禮皆得爲合宜。親之始死，而忍於飲酒嚼肉，此人真無人性。若曰必三日不食，無論長年多病之人不能堪，即少壯者或經親久病而晝夜勞於湯藥，或單丁獨子方將經營喪具，必且於其哀痛慘惻中有一二月之勞瘁，即一日不食已自不可以支，況三日乎？是則「三日不食」之規，在真孝子本心行之或可，又在古稟氣厚之子勉而行之或可以堪。若在今日而亦以此定制，則不通人情，不達事宜。而且流俗謂古禮必不可行，並喪中飲酒食肉之禮而弁髦之，皆斯制貽之咎矣。且吾目實未見三日不食之人，即吾亦未嘗三日不食。徒使禮制空懸，留作紙上一段虛文耳。況問喪本注分明言：「三日不舉火，鄰里爲之糜粥以飲食之。」亦初非執定三日不食之說也。如不豪飲大嚼，此自三年中斷，宜恪守之定禮，又不獨初喪爲然耳。

愚嘗細酌父母之喪，以爲人子遇此，於飲酒、食肉、衣帛、宴會、宿内五事，即三年之内斷宜恪守，萬不可苟。若夫北人之麪餅、南人之稻米，是即三日之内亦不必禁。且即禁，亦正不能斷之使不食也。而如菜菓茶湯之類，初非腥葷適口薰陶醉人之比，亦正不妨聽其隨宜茹啖。更如宦途中人，時或遵例留任，且不能禁。其出門行走，偶逢會饌，但不可飲酒食肉、大笑劇談，與平時無異。蓋但不大飲大嚼，劇談無忌，即爲善遵禮制，自全本心。而於菜菓茶餅，通融飲食，以充一日必需之飲餐，即於情理兩得，而是禮乃可責人以必行耳。更如期大功一日不食、五月三月之喪再不食之規，亦覺近於空懸禮文，不可責人任以必行，不如節之爲質也。但如謝太傅期功之喪不廢管弦，則大不可耳。蓋期功皆至近至切之親，其義重恩深，亞於三年之喪，亦必以不忘慘惻痛疚爲當耳。

立喪主喪婦。

此謂長子亡，而有嫡長孫與或無嫡長孫者言。若自有長子，則不言立矣。

置家禮一部，以備參考（新增）。

立主賓。

擇同居或族屬或姻親賢知禮體者爲之。

立相禮。

禮廢之後，人家子弟未必皆能知禮，宜擇親友或鄉鄰之素習禮者爲相。凡喪事皆聽處分。

司書。

以子弟或族識人多、字體端楷者爲之，記弔客答謝帖柬。

司貨。

擇親信人，爲置二簿，一書喪禮當有之物及財貨出入，一書親賓祭奠賻襚之數。

棺具。

擇本鄉木之佳而耐久者爲之，務令漆彌縫隙，令不滲漏。而最宜留神者，則自親六十後即早爲之計。蓋此事乃人子遇父母之老，第一宜早備以防不虞者也。至如古制棺用大索鐵丁鐵環之類，則今時送終之制頗善於古，正不必古制之拘耳。

遷尸之具。

幃（聯白布爲之，既以障尸，亦隔絕內外）、沐浴巾、櫛、組（束髮根者）。

襲具。

襲牀（即用尸牀自可，正不必另具，頻移親尸）、巾帽、衣裳、大帶、襪履、握手帛（今易用巾扇亦得）、衾褥。

含具（今盡去）。

斂具。

舊制有小斂，爲死之明日；又有大斂，爲小斂明日。然須相乎時候，如時炎暑，則死之明日尚或難待，況再明日乎？故今合大小斂爲一目。而其儀節則舉棺入置堂中，佈置衾褥，舉尸於棺，殉齒髮塞空缺，令周乎身者。必誠必信，即爲得體。而如衣服衾褥，亦正不必過多。更如卿大夫金玉之帶、贈夫人金玉首飾，正不必用。蓋在孝子骨肉可以無所不殉，其如小人之生心盜掘何？故古人云薄葬，正所以存親之骸，而令無震驚也。又近來縉紳家舉尸入棺，往往討礮縣衙，驚動俗耳。此非禮。哀慟慘惻之中，何用此震驚耳目之虛具爲？是亦惟裁去爲貴。

設靈牀於柩東，以安魂帛。

枕席衣被之屬，皆如平生。

設奠成服。

舊設奠成服爲二節，今合爲一。親喪禮制本不可簡略，然易也寧戚，亦正不宜煩瀆也。至如奠儀，則近世相沿皆請衣冠贊禮，此正不妨隨俗行之。蓋既見人子之鄭重其事，又事之無害於義者，隨俗亦不爲鄙耳。但如行禮用鼓吹，不妨隨俗；而如侑食用細樂，則自可去也。

喪主以下各歸喪次，五服之人各服其服。

舊注：中門之外，擇樸陋之室，爲丈夫喪次，寢苫枕塊。婦人次於中門之内别室，撤去幃幛衾褥華麗之物。愚意此則視乎中門内外有室無室何如。且門外有室，正不如中堂夾室之爲尚邇親柩也。至如婦女，但撤去華麗幃幛便是。中門内雖有别室，是豈宜居乎？舊注亦但言禮，殊未通於義耳。不通於義，是豈可以通行之禮歟？

朝夕奠。

古禮成服後，有朝夕奠。愚則謂成服之後，每日晨起設盆、巾、櫛（父喪不用櫛）於靈座側，奉魂帛出，安靈座前。陳設蔬菓，或醢醓羹飯、茶酒匙箸之類，此外有時物則必薦。而獻之一如事生之禮，則必不可廢。而如夕奠，則但奉魂帛，入安靈牀，或可不用品物之奠。蓋禮取將誠，誠在知敬。若儀文太煩，則怠慢之處必多。不敬，奚以奠爲？且朝則日日奠，而夕仍奠，果能儀物胥備乎？徒成慢神欺心耳！孔子曰：「禘自灌而往者，吾不欲觀之矣。」蓋不但魯禘非禮，實是自灌之後誠意浸怠，殊無足觀也。故節去夕奠一節，而但議以奉魂帛仍歸靈座焉。

立銘旌。

按：家禮此在襲後，今移斂而朝奠後者，蓋銘旌以表柩，非表尸也。

七七、百日設奠（新增）。

七七之奠，不見於典禮。蓋自成服以至卒哭，日日設儀，奠無所用。七七，時奠也。然如逐日朝奠，不過精潔之常饌已耳，何足以將孝子之誠款？故七七特行備物之奠，是亦事父母者不容自已之情也。但若世俗用僧道追薦，親黨公分送戲，則大不可耳。

治葬。

古者三月而葬，今則貧賤者尚可如期而行，富貴之家勢必不能。但得葬不踰於期月，即免停柩之罪耳。

擇地之可葬者，既得地，乃擇日開塋域，祀后土。

擇地或於祖塋附葬，或祖塋窄狹及有妨礙，則別擇土色光潤，草木暢茂，及他日不爲城郭、道路、溝池及貴勢所奪，即美地也。必若如今堪輿家所云擇將來貴盛之地，殫力爭奪，爲子孫富貴發祥之藉，而稽時延歲，停柩在堂，不計水火，不計盜賊，則是違天理而圖地理矣。夫〔一〕有識者誠思天理外有地理耶？且獨不見地理家書曾言風水可遇而不可求乎？又云陰騭之家遇風水耶？風水既可以陰騭遇，而不可以人力求，則爲人子者欲爲祖父求風水佳地，亦積德動天可耳，何有乎停柩涉危險之地而不顧，而又不計人身無常，萬一不幸有朝露之虞，不幾此生自蹈於不孝耶？至於擇日，但看黄曆而足，不用對查通書並事瞽卜。祀土乃孝子宜身親而不可旁貸之事，又何有藉貴顯之人虚增一時之光，取羨鄉愚，妄事鋪張乎？

擇吉開塋域時，主人陳香楮牲醴案前，奠酒讀祝。其祝詞曰：「不孝子某，敢昭告於后土之神，今爲某親營建宅兆，神其保佑，俾無後艱。謹以不腆牲醴祇薦於神。尚饗！」讀畢，四拜。乃穿壙，或用磚砌，或作灰隔。若土脈堅厚，則但用槨而不用磚包。至如近來石槨，似尤爲堅，而且可防劫。

刻誌石。

石二片，方各二尺，厚四寸，一蓋一底。蓋題死者銜號，底刻死者歷履。而文則以有德望者爲之爲貴，不必苦求貴顯。蓋顯而不賢，其言亦奚足貴乎？又誌石之設也，蓋恐陵谷變遷，或爲人動，而此石先見，則人有知其姓名而爲之掩者耳。至敘事之誌，必本行狀，切不可一字不真，流於通套鋪張。蓋一不真，則他人耳，與吾親奚與也？至如近日填諱一節，無謂之至。而日前一二大家名族，於子孫自撰祖父行述之末，亦用顯貴填名之例，殊不可解，斷宜去之。

〔一〕「夫」字原脱，據關中叢書本補。

造明器。

舊制，五六七八品官，皆有數目。然非墓寬而有可置器之地，則器無所厝。又非有力，則亦不易爲。今權衡於行止之間，大抵五六品以下，則竭力經營墓槨，爲稱情稱力耳。即如四品以上尊官，亦竟不宜器數多也。蓋既以神明待之，則亦神而明之可耳。虛設誨盜，死者有知，應所不欲也。

作神主（如舊式）。

以舊制爲式，而即擇善書者，按款書之。

翣。

非職官，或可不用。

功布。

以布爲之，長三尺，引於柩前。蓋緣路有高低傾虧，使舁柩者知備耳。

方相。

非職官，或可不用。

葬前一二日設奠。

不可用僧道對壇，不可用彩棚彩樓，並不可用紙串類，尤切戒在簗臺演戲。發引前一日，延衣冠贊奠，則奉魂帛出靈座，焚香，酌，跪告曰：「今者吉辰，遷柩敢告。」舉哀，再拜。哀止，跪告曰：「請朝祖！」（古以柩朝，今擬代以魂帛）以箱奉魂帛，詣祠堂（無祠，則魂帛朝神龕），主人以下哭從。執事者布席置魂帛箱於席上朝祖。主人以下就位，再拜。奉魂帛還柩所，主人以下哭從。安魂帛於靈座，遂遷柩於廳事（今人家未必有聽又有堂，略移動可也）。日晡時，設祖奠（如朝奠儀）。主人以下就位，舉哀。哀止，詣靈座前，跪，焚香，酌酒，告曰：「永遷之禮，神靈不留。今奉柩車，式遵祖道。」哀畢，再拜。厥明陳器，前柩而發（有方相、明器、翣，則方相在前，明器次之，翣夾柩而行。無方相、翣、明器，則銘旌、香案、功布依次而行）。遷柩就轝，安靈桌於柩前，乃設遣奠就位，孝子以下皆跪，酌酒，告曰：「靈輀既駕，往即幽宅。載陳遣禮，永訣終天。」俯伏，舉哀。哀畢，再拜（有服宗親，亦皆再拜）。禮畢，奉魂帛升車，則以箱盛主，置魂帛後。柩行，禮賓前導，主人以下男女哭從（若道遠，則禮賓乘車或馬，旁銘旌而行。婦女童子亦乘車隨柩而行。即孝子老或病，亦通融以素車）。而最前，導以鼓吹（喪事以不用樂吹爲正，而如送終大事，且如品官生前則導以騎吹，送終大事落漠草率，亦非所宜，故從俗前導以鼓吹），而終不可用僧道送柩。

未至墓，先設靈幃墓右。

靈車至墓，奉魂帛就幄座，主箱亦置帛後，遂設奠。男女各就位哭，賓客拜辭而歸（中間如外甥、外孫、婿至親愛者，須俟葬畢）。主人跪，辭謝客，乃窆（此間舊有主人以下輟哭臨視二語，今去。緣性孝者眼見親尸臨土，自有難已之痛，是豈禮之能禁？故節之）。

鋪銘旌，乃實土而漸築之（如前告儀祝文，則改「營宅兆」爲「窆兹幽室」）。

有明器者藏明器。

下誌石（於壙内近前先布磚一層，置石其上。又以磚四圍之，而覆其上。復實以土，而堅築之。即以魂帛同埋於此亦得）。

題主（今去）。

舊規只延善書者書主，自後不知始於何人，遂浸淫爲書就之主。空其主之上點，特請顯貴人於葬時到墳頭點而足之，謂之「點主」。夫主已書就，而獨留「主」字上一點，必邀顯貴人於人子舉葬日，倉惶煩劇中補而足之。此亦何所取義乎？近來舊家故族遲葬其親，甚至蹈水火盜賊之悔而莫追者，十九皆根於此等。作俑淺夫喜事鋪張，妄生枝節，造爲此等繁縟豔目之爲。而流俗相沿，並不知其奢而非禮爲可笑，反豔其華而耀俗爲可羨。一遇無力，遂憚俗口之譏笑，寧付親柩於空堂三年五年，甚至一二十年，而莫之忌也。非惟不孝之罪必不可贖，更自蹈於鄙俗不達正禮，爲鄉里一俗人而已。

辭墓。

築墓畢，然後孝子以下就位哭，四拜，而奉主以歸。

反哭。

主人以下奉靈車載主徐行，哭至家，望門大哭。

祝奉神主入置靈座（或即安主祖龕宜居之位）。

執事者先設靈座於故處，祝奉神主入，就位，櫝之。主人以下遂詣靈座前哭，盡哀。

虞。

舊制，葬之日，日中而虞。或墓遠，則但不出是日可也。若或去家經宿以上，則必俟歸家而虞焉。其禮亦行三獻。愚意葬日孝子惶劇之中，正不必拘於三獻，令有誠意懈弛之虞。且即其餚饌陳設，止可將誠而止，亦正不必太繁爲貴也。通禮儀者當自知之。又古虞凡三祭，亦似可合爲一祭。即行二虞三虞，亦可不延賓贊，但孝子孝孫盡誠薦饌可耳。蓋太繁則世少如式而行，徒使禮文爲虚設也。更如集略必謂經宿，則初虞行於所館，邱氏謂宜用篷葦搆一居行之。其說皆近似，而亦泥於禮義矣。虞以行諸家，爲所以安其神靈也。

卒哭。

虞後卒哭。

按舊注：三虞後，遇剛日卒哭。此禮亦似惟縉紳家能行之，餘者少能行此，則是禮又屬一段虚懸文儀也。至如古禮有自是朝夕之間哀至不哭之説，不知古人何爲爲此言，其失言則亦甚矣。人子念父母之深恩，而至此不能一聞其謦欬，抱痛何極？哀至則哭，自將終身莫解，而禁之曰「哀至不哭」，抑何説也！豈泥於禮有卒哭之文，而特綴以「哀至不哭」之言耶？

祔。

卒哭明日而祔。卒哭之祭既徹，即陳器具饌。

愚按：前一日卒哭，次日仍祔，則儀節太繁，不但草率之弊必滋，即孝子之誠意浸微。或且移前之器，具果饌而用之，不且仍蹈瀆神欺人之格套耶？喪以哀爲本，祭以誠爲貴，而文省則哀可全，儀簡斯誠不散。故三虞不若併爲一祭，卒哭不若附於三虞。即祔亦不若於初虞之辰，即祔主祖龕爲禮之寧儉，而尚可以將誠全哀也。又古者三月而葬，故卒哭祔主可以限時。後世十九不能遵三月之制，而虞、卒哭、祔必欲如古按期逐次行之，得乎？否耶。故三節必合爲一祭，庶禮不至瀆，而人情始可通行耳。

周期。

自初喪至此，不計閏，凡十三月。古者卜日而祭，今則只用初忌。愚按：自古相沿，以周期名爲小祥。鄭氏曰：「祥，吉也。」謂漸即吉，故云「小祥」。夫「周期」則據親言也，「小祥」乃據子言也。「小祥」之文已遜「周期」之妥矣。且若據子言，親終一年，而終不可以復生，不祥孰大於是，何吉之有？只可名以「周期」，爲文通理順耳。又「小」之爲言，義亦未允。更爲「周期」，即四面義無弗協也。其祭儀則視七七加厚爲當。蓋七七在喪間倉攘之中，且時時奠獻，此則時已踰年矣，孝子之情力已稍有餘裕也。

再期。

自初喪至此，不計閏，凡二十五月，亦止祭用忌辰。其祭儀與周期同。而如「大祥」之爲言，於義更爲未協，故標目亦即以「再期」爲名。

禫。

再期之後，中月而禫。

鄭氏曰：「禫，淡也。平安之意。中月間一月也。」自喪至此，不計閏，凡二十七月。愚按：禫之爲義，取於淡然平安。夫吾親之亡，奄乎一期再期，而究之無術以返生。孝子之痛心疾首何如也？故時愈遠，孝子之情倍愴。曾可以時遠，淡然平安乎？今不知古人據服名禫之義果屬何居？而要之如鄭氏淡然平安之説，亦所未安也。或止以「終喪」二字標名爲近耳。至如祭儀，則或少減再期，但取意虔，不以備物爲尚可也。

愚按：近制以二十七月始聽除服，則禫乃易喪從吉之限也。是豈孝子之心所能恝然？故禫祭在士大夫家自不可廢。

至此，始易色衣、飲酒、食肉、復寢。

右自卒哭、虞、禫以下諸儀節，此蓋依古三月而葬之序，循次酌注耳。其實後世葬親，十九不能符三月即舉之規。爲人子者，但求通乎其義，於虞、祔、卒哭等儀節通便行之，始合禮意；不然則拘泥難通，雖按古行之，究無當禮義耳。

附喪葬所宜融通八事

第一，衣帛斷在宜禁。至如衰、麻等項，令人豈能如式而製。又即有力者如式製成，其實止服於七七、百日奠獻之時，究非三年内之常服。夫一不常服，即古設衰、麻之等級爲應付虚文，況終不能如而製乎？不若於夏即於時下農夫所衣至粗麻布製一切冠服，而春、秋、冬即於至粗疏棉布製衣，爲三年中可以常服之服，而冠帶則依仿古制而通便爲之，庶幾質慤無僞，而且可終三年如一日也。

第二，飲酒食肉斷在宜戒。而如三日不食，期年内不食菜菓，則必不可。蓋一則懼守禮者有滅性難堪之憂，一則懼開古今人子以人人違禮之罪。夫先王制禮原期範萬世於在宥，而使人人犯違禮不孝之條，是屬何禮乎？先王而在，肯制此禮耶？正不如力禁其飲酒食肉，而聽其尋常飲食資養，即菜菓亦在不禁之列。庶幾上可全孝子之生，次且可免中人於罪。是乃得先王制禮本義，而足範世於通行久行耳。

第三，三年之內，北人寢炕，南人寢牀，是宜通融。蓋北方寒冷，隆冬非火炕難堪；南方卑濕，寢處非牀則疾病易生。拘守禮文而戕賊親生之身，且將誰爲襄親大事乎？即親靈之不怡，可推想而知也。故但使爲孝子而寢炕牀者，布衾布褥，粗簀粗席，而又無内宿，即合禮義。儻若三年之內，必寢苫枕塊，夜臨地上，即中人十九不遵，徒使此禮空懸。前此千萬年，而後世且千萬年，空懸而已。是豈達於先王制禮曲成萬物不遺之義乎？故變而通之，正所以全禮，令可實行也。

第四，今之葬親必不能三月而襄事者，古葬具簡質，後世儀文繁縟，雖欲三月葬而不得。今若裁一切非禮虛飾，而但量力製墓製槨，即墓亦相其土脈，而不盡拘於柏槨灰隔，且即誌石墓碣必不可已之端，亦稍俟歲季之間補足，如此則爲力稍易。縱不能盡符三月之期，而要之五七月亦自可辦爾。

第五，近來間有現任官遭父母之喪，苟係才能，則許給數月。歸里營葬畢，如期仍赴本任。此蓋國家恤民任官切體人情之意。但是爲人子者，終屬冒喪從事，必心體國家設立此制本意，倍盡職業，方爲無負君恩，亦始無負親恩耳。又必於地方上興利除弊，視〔二〕前人因循而相仍者，立見興除，永留實惠於地方，乃見真能仰體明旨，不但貪禄戀位耳。若毫無矢心建樹實意，即戀榮忘親之咎，流俗不知責備，要其得罪於天地鬼神，不能免矣。

第六，墳塋無取太大，卻宜力節浮費，多樹良柏良楸，令之充滿佳城。蓋孝子事死如生，生則期於居親身者深邃清幽，死則期於葬親體者鬱葱氤氳。且塋中置屋，既看守匪易，且最難在此力量，而兼之風雨漂搖，不久便壞。若得柏成楸茂，不過一二十年，便可鬱鬱葱葱，成一佳城，妥怡親靈耳。

第七，近墳左右必置有祭田。蓋置有祭田，不但主人歲中可數到塋中省墓，即家人輩歲中春夏討租，亦有數回往返，得以查看墓碣樹枝。

第八，塋墓所以安親體，祠堂、祭田所以妥親靈。吾親生爲敬祖睦宗之親，而無宗祠以祀其親，無祭田以推惠於族，縱

〔二〕「視」，原作「事」，據關中叢書本改。

有家祠不廢時饗，吾親英靈樂乎？否耶。故爲子孫者無力則已，如其但有微力，與其多爲子孫置浪費之產，不如仰體親志，分二三分倡建祖祠，歲時公祭，倡營祭田，祭祖之餘，分惠貧宗。見吾親之有子，吾宗之有人。

右八者特從親終之後，略從人子正分與吾親志事之攸存者，按實從質，姑循子職耳。若夫忠於事君，盡瘁樹績，終於立身，行道顯親，則在孝子之用心矣。

祭

祭者，子孫所以接祖考之精神於異世之上也。爲子孫而不知祭其祖考，是爲忘木本而迷水源，失人理矣。然如祭而不敬，猶之乎不祭也。是故語祭但取能祭，不求備物；但貴能敬，不重豐盈。匪不貴備物豐盈也，備物豐盈或至憚難中止，其弊正與徒祭無誠均。是皆議禮者拘泥未達，貽之咎耳。

凡祭縱不能如古人散齋致齋之嚴恪，亦必於是日收斂身心。凡陳設果品飾饌，與夫灌獻跪拜之節，務極誠敬，有如在之虔始爲近禮，正不必以備物爲尚。若但求備物而不知致虔，則祭亦止成虛文。不但神不歆顧，即子孫之精神不能通於祖父，漠如路人，而一氣相承之義，渙然離矣，尚何望其釐善繼善述、體親志事於終身乎？故祭主誠敬，子孫所以接祖宗之氣脈，亦所以養子孫之孝心，而不失子職也。

祭有喪祭，有時祭。喪祭行於喪中，時祭行於四季。又有節祭，如元旦、上元、中秋、十月朔日、冬至、生日、忌日之類。

清明則行於上墓拜掃之類，此常祭也。此外，則有登第、生子、娶媳、遷官、誥封諸節目，行於常祭之外。至如四時獻新，則尤屬子孫所宜留神之端。蓋思其所嗜，事亡如存，所以將子孫之心，而於此且寓型家教孝子之義。此古孝子慈父之所由懇款篤執，不敢以爲瑣節而忽也。然如上諸條，節目已多，要知禮亦忌煩，非儉於吾親也。太煩則必且近瀆，正恐懈於將事、忽於備物，反來慢神之虞，致開不敬之罪耳，故於諸祭中較量損益豐約。一歲中既有元旦、清明、中秋、十月初一日並生日、忌日等稍豐之祭，又有上元、冬至及獻新之節行於四時之中，即四時仲月之祭，亦似宜節也。

在喪亦不可廢祭，蓋喪必近親，而祭者乃遠親。即近親之親，近親所欲祭而不得者也。故在喪遇大節，祭必不可廢。至如禮文易服行事，是蓋謂祭於禮屬五禮之吉，不可以喪服行事耳。獨未思祖孫一氣一家，吉凶同患之情自應生死不二。子哀其親，祖豈有不哀其孫之理？且如果用麻布棉布爲衰，即何不可作祭祖之服歟？古禮有近細密而不可行者，此類是也。又禮約有言曰：「祖先神主以宗子奉祀，支子只隨班助祭，不得僭祭。」此言亦難執方。蓋所謂宗子奉祀者，謂宗法未廢，宗祠尚存者耳。支子不得僭祭者，謂上有宗子主祭，又有宗嗣可祭耳。今宗法既廢，即縉紳家大半無有公祠，況各門支分，離居蕩析，若禁支子不得僭祭，無論不可行於宗法墮廢之日，將大宗廣族百其戶，無有祖龕得隨時薦獻以伸子孫之心；即此百千門千百丁，皆成無祖之孫、不孝之嗣矣。拘往例而率天下，大半成不孝之門者，必此之由矣。故祖龕斷宜每門皆具，以便支子隨時奠獻。必如本有宗祠，則元旦、冬至公祭之日，支子只隨班行禮可耳。且如世襲之家宗子主祭之說，則亦尚可舉行。至若尋常縉紳嫡長子孫式微，愚癡不堪主祭者往往而然，即宗法亦豈能行乎？故除世襲家外，如有宗祠，但以年長輩高有德望而達禮體者主祠可耳。禮約之言不可執，執則反害禮也。

但有新味，未薦祖龕，不可輒自入口，或與兒女。

大事必告祖龕。

遇父母忌日，非大不得已，不可輕與宴會。

附

天地不可以士庶人祭，然如人生於天地。元旦，設香案於院，率子孫四叩，以謝天地之覆載生成。是亦禮之可以義起者。

臘月二十三祭竈，元旦祭宅中土神、井龍神，亦皆不可廢。蓋神道雖渺，然如古人八蜡之祭，凡爲生民除禾害佐農工者，皆報賽以答其惠。矧如宅中土神、井、竈，皆人家之攸賴，歲必一報，亦奚容略？

江漢書院講義

江漢書院講義 有引

心敬承大中丞陳實齋先生之召，於正月念有八日至武昌。晤石虹張先生、中丞先生於江漢書院。是日諸友畢集，坐間石虹先生曰：「今日諸友課期，首題子以四教章，次君子深造以道章。先生適至，即此可作一公案講究，願爲諸友發其大旨，即良等亦得沐教澤焉是幸。」心敬辭不獲命，則略爲講說。且重訂諸友曰：「惟大中丞弘開書院，延禮石虹先生，名儒主盟文壇，而以是命題，即此可見二先生造就之弘規，惟諸君子循序自進，由偏會全，以無負二先生殷懇期望之至意，是爲宜耳。」講畢，承二先生不以爲謬，復命述之紙筆，以公同志。遂燈下敷衍原說，繕録就正焉。辛卯正月晦日也。

卷一

豐川王心敬爾緝甫著　男　功　謹録
同學諸子參閲　及門諸子　校

子以四教章

此章依愚見，似是當時記者見及門諸子學焉而各得其性之所近，即以此各授其徒，不無失夫子之宗傳，如荀子所謂子張、子夏之儒之類者。故恪守宗傳如曾子輩者，櫽括孔子一生教人大旨，以文、行、忠、信統之。見夫子之教大中至正，圓滿切實，乃千百世明道術、育人材之通途正宗，非專家拘曲者比以立之極也。蓋學者致知爲先，未有識見不大、不高、不真、不切，而行事得當、心術得正者。故先之以文，使之考聖賢之成法，識事理之當然，以定其識焉。然行之不力，是知及而仁不能守，則亦浮華之士耳。無論文多實寡，於心可恥，即其所致之知，亦是從口耳聞見而入，非爲躬行實踐而學。其與後世空言無實之學何異？故又教之以行。然行而不本於忠，事不由衷，義襲而取，欺天誑人，不流爲霸術之假仁假義，即流於鄉愿之無刺無非。如何得成表裏粹白之士、言行足動天地之人？縱能文章立事功，譭聞動衆，病深且不免於喪心術、壞人品，即病淺亦不免於行不著而習不察，故又必教以忠。所以實文、行而歸之存誠盡性之域也。然與人不信，詐虞是尚，無論不足以誠民動物，即其交人蒞衆涉於二三出入，亦豈君子信友信民一誠入世之義乎？且與人接而一有不信，亦覺所謂忠者尚未至於有孚惠，心有孚惠乃德也，故又必教以信焉。則是始之教以致乃知，而使之識所往，庶幾承學者志無他岐；繼之教以力乃行，而使之盡實分，庶幾承學者人道無虧；終之教以忠與信，而使之慎持乎實心實德，庶幾承學者有以成己。

而孚物克滿其量者，便是大人君子；　略識其義者，亦不失爲好修之士。勉此者，爲賢人；　安此者，便是聖人。繫之讃易曰：「範圍天地而不過，曲成萬物而不遺。」惟吾夫子之四教真足當之而無歉也。舉萬世教化之大中至正，切實圓滿，真無過此。彼旁門小徑，好爲新奇可喜，以眩人惑衆者，雖後世有述，終覺支離破碎，糅雜偏駁，無裨於造就人材實用耳。至於即其言而觀其道器、內外、本末、始終之無漏，則可以識學術之大旨。即其言而觀其先後條理之不紊，並可識下學之次第。又或一人而兼舉無遺，或一人而初終異施，或就氣質之偏而補其不足，或就專家之守而益其未備，俱可於其言之包舉次第會之。是則吾夫子之四教□可天地之化育，高下洪纖，靡不歸覆載之內，又靡不使之各正其性命而遂其生、成其功。豈不與二帝、三王之治天下、漸仁摩義、一道德而同風俗者，同其含弘廣大乎？然行道之功尚在一時，而明教之功則在萬世，則即此立教一端論之，宰我謂夫子賢於堯舜之言非阿好，可也。類推之，而覺論語中並記子所雅言、子所罕言、子所不語諸章，皆是記者爲當時學者立教著論。或詭經常，或流渺茫，無益人倫明教實義，而徒以敗壞天下可造之材者立之型而正其失也，又可知矣。然非其人真得吾夫子之心傳，亦何能見得如此分明、說得如此真切耶？故曰記此者或在曾子輩，否則，亦必其得力之門人。蓋以聖門自顏子後，惟曾子得夫子之真傳故也。又文、行、忠、信之旨深與大學之旨有相吻合，教以文即大學格物致知之旨，教以行、忠、信，即大學誠、正、修、齊、治平之旨。而大學傳自曾子，曾子傳之子思，則又可知記此者必曾子之徒也。且即此推之，可見此四教者統備於孔子，實淵源於前聖。即雖謂子之四教，即堯、舜、禹、湯、文、武、周公諸聖人合於一堂而裁定不易之良規可也。謂孔子統二帝、三王之道於一身，折衷二帝、三王之教法於一堂，以成此良規而垂萬世可也。後之立教者舍是將奚師哉？舍是又何以能成千萬世學者之德、達千萬世學者之材哉？顧不知二先生與諸友皆以爲然否也？

君子深造之以道章

此章據愚見，似是爲當時學者競心於聞見湊泊以圖泛應者，指出所以泛應曲當之源，故章内以自得爲血脈，然非深造以道則亦無由自得，故深造是自得之本，而以道尤是深造主腦也。故深造以道之道，先儒多解作進爲之方，愚意妄以爲是率性之道。蓋惟其爲率性之道，則道乃爲衆理之會歸、萬事之本原。就其居之而論，是爲吾心之安宅；就其溥博淵泉而時出論，則爲資深，爲取之左右逢其原。深造必以此，則始能自得。而斯道之全體大用，其機在我。以之居則安，以之資則深，以之取之則左右逢其原。故君子深造以道，乃欲其自得之也。若指爲進爲之序，則「深造」二字反似於贅矣。蓋既曰「深造」而使進爲無序，何以爲深造乎？前輩獨因句内「之以」二字，遂覺「道」字爲進爲之序，而不知「道」字作率性之道解，於文義亦未嘗不順也。總之，此「道」字作率性之大道會，則是道爲本體，深造是工夫。深造以道，是工夫在本體上着脚矣。功之既深，自然本之能立；本之既立，何愁道之不生？故一自得而居安、資深、左右逢其原相因而見也。若不將「道」字作率性之大道會，則自得無來頭，居安、資深、取之左右逢其原亦無原委。至使承學之士不明於自得之本領，湊泊於聞見情識，支吾於應事接物。無論物理人情非聞見湊泊之能周，即事事而仿成規，物物而索舊見，學既無本，涸可立待。於所謂居安、資深、取之左右逢其原者，庸有冀乎？故深造未始非大道。但不如將道直作大道之道爲源流一貫，本體工夫合同無漏也。此中真緘最是學術有本無本之辨，故鄙意於此「道」字獨以率性之大道作解。然實未敢知言之是非也，惟二先生與諸友教焉！

右講義二章，蓋家君初至書院日爲諸友發明者。燈下，功録出，次日呈正張先生。先生閲畢，遍語諸友曰：「此内聖外王之淵源也，諸友作文能見得此中二三分，即可用之不盡。」及中丞閲之，擊節，曰：「如此發明，真可謂無所不包矣！」而武曹汪太史亦以爲此章是爲門弟子學焉各得其性之所近者而發，一句道破，真是千載之後親見記者之心於一堂。竊念家君平素每期功等以學問須窺見從上聖賢體用一源、本末一貫之旨，今功年二十五矣，迄無能少副家君之望於萬一。循省此稿及諸先生長者□□□□懼深而愧滋深矣。至於與諸友問答講明四子之書者，則另彙一編，以誌當日相與之盛云。甲午仲春，男功謹識。

上論一

坐間，靖子道謨問：「論語首章載孔子論學之言，次章即序列有子論行以孝弟爲本之說，其旨何居？且行仁則親親仁民愛物，其事無窮，孝弟乃親親邊事也，何以獨爲行仁之本？」家君曰：「據愚見，此章雖是有子之言，卻非有子特創之旨。蓋孔子平日論孝以爲是德之本，教之所由生。故孝經一書皆本此推明其蘊，爲曾子言之。而有子此章則總括孝經與孔子平日發明孝道孝量之義，反覆推演，以明孝弟之能遠不仁，務孝弟之仁由此生，以見孝弟之當務也。今觀其言雖異乎孔子之所常言，而推其意，實無非孔子之已言。其曰孝弟則犯上之好必鮮者，即孔子事親孝則忠，可移於君。事兄弟則順，可移於長之本旨，亦即孔子事上不忠，事長不順，非孝之反證。其曰『不好作亂』，即孔子孝子爲下不亂，在醜不爭之本義。至云孝弟爲行仁之本，則合親親仁民愛物，而統舉言之，然亦皆於孔子之言足相證也。蓋其意謂親親由此生者，即父母之所愛愛之、所敬敬之之義。謂仁民由此生者，即愛親者不敢惡於人，敬親者不敢慢於人，孝治天下國家者，不敢侮於鰥寡臣妾之意。謂愛物由此生者，即孝子不殺胎毀卵、斬木伐樹不非時之意。特孔子隨處歷指其條目爲言，而有子則總括其大義言之也。然聖門如子夏、子游輩問孝，夫子皆各舉其一節相答，而有子獨括夫子言孝之全旨，如此推明者，蓋孔門惟曾子至孝而篤實，可以傳孝道之大全，故夫子爲曾子獨舉孝量之大全詳言之，使千古孝道至此無復餘蘊；而有子平日言行有似孔子，至使門人以事孔子者事之，則亦必與聞夫子論孝之全旨，而深信爲行仁大本，故其言如此也。至記論語者首述孔子論學之言，次即序列有子此章者，蓋孔門之學以仁爲宗，而行之之要則以孝弟爲本也。且亦可知孔門後來尊事有子直比於孔子耳。故篇首繼孔子論學之後，即列以有子孝弟爲本之論也。」

旁一友起問曰：「有子之言既即孔子之意，乃孔子答其餘弟子之問仁，以及其他言仁處則不盡同。且孔子孝經十八章單言孝，而有子則兼言弟，何也？」家君曰：「孔子於仁道明得盡，見得全，而亦於及門偏蔽之處洞悉底裏，故往往因人問答，隨方解縛。然實見得孝爲斯人最初之真心，雖愚夫愚婦莫不生而同具，從此觸動其本然不容自已之機，其機最順，其勢至易，而盡其量直可使上下無怨，神人和平，是「孝」之一字真行仁一點丹頭也。故孝經一書教人從孝道下手以推暨其量，所謂從人性之親切發現者導之率循也。但非其人承受得這擔子，亦未可遽以相傳。夫子見得惟參可以授受，故爲之反覆推衍，而有子聞之亦復深信其旨，故至此反覆推原耳。則謂此章是有子初聞其義，豁然有悟，而爲此嘆美之言也，可謂是有子佩服已久，覺得行仁之本真惟此親切，而舉以示同門及門弟子也，亦無不可。至若孔子專言孝而有子兼言弟者，蓋人性本善，故惟愛親之心爲最真最切，亦惟敬兄之心爲最易最近。今觀『孩提之童無不知愛其親，稍長無不知敬其兄』，可知孝弟之良，真機一體，故有子並舉以言，而其後孟子亦遂並舉事親從兄揭爲仁義禮智之實也。然觀孝經一書，夫子終始明一孝道，而中間亦曰孝弟之至通於神明，則是真孝必弟，而孝弟爲一體事也，亦自可知。有子之言正非無本耳。總之，千古聖賢見道分明，亦復濟世心切。見道明，故深晰乎斯道從入之紆直；濟世殷，故不惜以自得之坦途親切示人。如主靜、主敬、立大本、致良知之類，諸儒非不知此道之無方，原不可執一廢百，亦各從其生平獨得親切之旨舉以示人耳。然其實以孝弟教人爲行仁之本，親切順便，又的當確實，不落言詮，不涉元虛。既非隱怪，亦非高遠，真千萬世中庸之道。有明羅近溪先生論學獨提孝弟慈爲宗，良以是耳。」張石虹先生顧諸子曰：「如此發明孝弟爲本之旨，乃得真詮。諸儒紛紛訓解，終不免涉於影響也。」

旁一友又問曰：「孝弟爲行仁之本，某等既聞命矣。不知孝弟而不好犯上、不好作亂之旨，更可切指其實否？又不知不好犯上則曰『鮮』，而不好作亂則曰『未之有』，其義亦可得聞否？」家君曰：「玩有子首節『爲人不好犯上』之言，大抵此章爲當時士、庶人言之。今即以士、庶人論：士之孝弟者，必期保禄位，守祭祀，以終父母兄弟之養；庶人必期保身家，遠刑僇，以終父母兄弟之養。然士必忠順不失以事上，然後禄位可保，祭祀可守，而無貽憂於父母兄弟； 庶人必奉公守法以順其上，然後身家可保，刑僇可免，而無累其父母兄弟。故真能以孝弟爲心者，一念及此，雖欲不順事其上，而有所不敢，況肯悖逆爭鬥以危殆其父母兄弟乎？ 然於好犯上則曰『鮮』，而於好作亂則曰『未之有』者，是乃有子見理分明，而善於立言也。即如士雖期於忠順事上，以保禄位，然亦有所守正分。且守身即是事親之本，則亦有不肯枉道辱身，以貽父母兄弟羞辱之處。故守正以見忤於士者，亦或不免； 但好剛使氣，故意犯上處自少耳。若違理作亂則焉有？ 孝子悌弟，平日念念在於安親榮親，時時惟恐辱親危親，而尚萌是念乎？ 故於好犯上則曰『鮮』，而於好作亂則曰『未之有也』。」同人稱快。

一友復起，問曰：「孝弟不好犯上作亂之旨敬聞命矣，敢問孝弟而親親仁民愛物如何遂能並盡？ 且天子、諸侯勢力可及民物，士、庶人如何得以兼濟耶？」家君曰：「孝弟之人，一念及於一本，九族皆吾父母兄弟之所欲親，人民萬物亦皆與吾父母兄弟休戚相關。爲天子、諸侯者，凡所以尊位重禄，而同好惡者當不容己，即士、庶人亦必不容己於推分敦睦，故孝子悌弟必能夠親親。天子以孝弟爲心，則必思合萬國之歡心以事其先王； 諸侯以孝弟爲心，則必思合百姓之歡心以事其先君； 卿、士、庶人以孝弟爲心，則必思無怨惡於人以事其父母。故天子、諸侯必有忠信重禄，時使薄斂，一切養民教民之仁政。即士、庶人亦必有推恩行恕之實德，故孝子悌弟必能仁民。更推之，而天子、諸侯欲弘錫類之仁，以阜成萬物、長養庶類者，必有數罟不入、斧斤以時之仁政，不掩羣不合圍之厲禁。而下焉者，亦必有愛惜物力，不輕暴殄之深仁，故孝子悌弟必能愛物。蓋其平日滿腔欲尊隆其親，善繼述其親之心逼塞盎溢，觸之而即動，導之而即流，遏之而有所難已，故其遇人遇物，滴滴皆歸吾和順慈祥之内也。孟子之所謂『樂則生，生則惡可已』者，正猶此耳。」

言畢，家君又顧諸友而言曰：「吾輩在此於孝弟爲本之義反覆推勘，庶幾已得大略，顧不知諸君平□於『本』字之意皆作何如解會？」一友起，對曰：「注言『本，猶根也』。謀等亦只以本作根看，即恐别無他解。」家君曰：「木中一點生機之謂本。今觀『本』之一字，從木從一，則是這點生機原未嘗不在此根之中。然謂本在根中則可，謂根即爲本則不可。不見今之栽木者乎？固有根株雖具，直以生機不存，而僵且槁者，則亦可知根外無本，而卻不可即以根作本也。然則務爲仁之本者，亦即於吾心一點孝弟真機，培養深厚，爲道生之本可耳。蓋此點真機即是仁道生機。務得生機完固時，不愁仁道不暢茂條達也。故『本』字之義，先須切身有得分曉，認得貼切，然後可言爲本務本爾。」在座咸爲擊節。越一日，張先生述此義於中丞。中丞亦以爲發前儒之未發。

坐間，一友問：「『三年無改於父之道』，先儒謂在可改而未可即改之間。此言極爲有理，不然，何不曰終身無改，而曰『三年無改』乎？」家君曰：「此說雖承襲已久，然鄙心尚覺有未安者。若謂在可改而未可即改之間，則當曰事曰行，不當曰『道』。既曰『道』，則是行事之有合於正理者矣。其曰『三年』，特言其久。曰『無改』，則言其能守耳。豈曰『在可改而未可即改之間』者乎？所以然者，緣繼述最非易事，不特中材以下未易望此，即賢智者或有直伸己志之處，況曰道則事事俱入繩墨，亦且有拘苦難勝者？在爲人子者，能三年之久而不改，則真能體親志守良規者矣。豈非是孝耶？且道無中立之事，若是在可改未可即改之間，則必屬行不得中之舉，不特不可曰『道』，亦正所宜速改矣，故蓋父之愆，史推大禹幹父之蠱，易有明訓也。且不觀夫子稱孟莊子之孝爲難能者，在不改父之臣與父之政耶？蓋以獻子之賢，其臣皆賢，其政皆善，原不可改。而莊子獨能不改，是謂合於孝子繼述之意，故特以孝稱之。若非獻子之賢，其政與臣皆善而無改，則如三家之舞佾歌雍以及他分公室、僭王章事，世世相承習爲衣鉢，而後代益甚者皆可謂之善繼善述矣，何以獨稱莊子乎？大抵先儒泥於正道，終身宜尊不止無改於三年之說，故不得已遷就爲『在可改而未可即改之間』，不知『三』字特言其久，如三年學『三年』之義耳。若必以『三年』之『三』確定作一二三之義下注腳，則是『三年學』乃今日童蒙破承題未弄之年也，而不至於穀，何不易得之有乎？解經貴通大義，泥於字句必失正旨也。」張先生深以爲然。

一友問：「孔子十五志學，果是志何學？」家君曰：「即志大學明、新、止善，天德王道之學。蓋大學是千萬世學宗，而夫子天性清明，當十五時即知志此學以爲標準耳。若外此而他，有所學即言不得志學，而夫子亦不敢直認爲志學矣，故朱注直斷曰：『此所謂學，即大學之道也。』」友曰：「然則昔人又有即志從心不踰矩之學之説，何也？」家君曰：「從心不踰矩之學，即明、新、至善之學，非有二也。蓋夫子之學雖無所不貫，而亦只貫以天德王道。天德王道只貫以至善之一心。而至善之外，無所爲矩；止至善之外，無所爲不踰矩。故明、新、至善之心，即從心不踰矩之心；而從心不踰矩之境，即明、新、止至善之境。原是一貫事也。」友曰：「從心不踰矩之境如何即明、新、至善之境？恐未可儱侗爲一。」家君曰：「君以爲天下有二道，聖人有二心乎？盡天下道理只明、新二事括之。盡聖人止至善之心，只不踰矩一念括之。故夫子一貫之道，曾子只括之以忠恕之一心耳。蓋只此一點天理流行之心。從其統天德王道言之，則謂之明、新、至善；從其由中以出自然中乎天則言之，則謂之從心不踰矩；從其盡己推己言之，則謂之忠恕。究之所謂不踰矩者，即不踰此至善之矩。而所謂止至善者，即止此盡己推己之矩而不踰，其實非有二也。若曰從心不踰矩之心非即明、新、止至善之心，則是天下有二道，聖人有二心。即夫子之道言不得一貫，即夫子一貫之道亦不可以『忠恕』二字貫之矣。豈其可？」

夏子力恕又問曰：「夫子十有五即知志明、新、止至善的大學，是其生來氣稟異人處。如何又歷十五年之久而後自信爲立？又如何更十年而後不惑？豈當志學時尚未立？立時尚有惑？又十年至五十而後知天命，豈當不惑時尚於天命未知？將所謂不惑者何淺耶？又如既知天命造綦深矣，如何又歷十年至六十而後耳順？更歷十年至七十而後從心不踰矩，是何耳順之難於知命？而從心不踰矩之更難於耳順也？又孔子之言止於七十，故其自敘亦止於從心不踰矩耳，不知天假之年，更加造詣，此後更有進步乎？」家君曰：「夫子雖生而氣稟異人，然當志學之年，尚在成童之時。當時王澤既竭，鄉曲已乏深明正學之人，入門又無父兄養正之教，見好即學，他務奪念亦所不免。且不久爲貧而仕，適齊爲高昭子家臣，雖至委吏乘田，亦且身親爲之。是則當其時也，既爲饑驅，又無師友，一切奪正務撓正見的事紛紛而前，故歷十五年之久而後，於正見守得定也。蓋風急天寒則當門定脚殊非易事，故孔子雖天生聖人，而當其無師友、處難爲之秋，亦必多歷年所，而後能立爾。顧以當少壯無師友、處難爲之時，而三十便能自立，則亦非聖人天稟異人不克至此矣。然立亦特志無他岐，站得腳跟定耳。亦尚無多經歷探討，豈能於大綱細目一一見得分明乎？故又加十年學、問、思、辨之功，而後能到得不惑。然不惑者亦只於學之綱領節目無所疑耳，亦豈便能於事物之大本大原徹底洞照乎？蓋天命雖止在事物之內，而這一關卻最是難過。苟非窮理盡性而至命，則必不能實到此境，故不惑之後又必歷十年窮深極微之功而後至也。到得知命，則前之不惑者，皆見得是吾性天之流行，而日用中行著習察矣。然於道理見得雖真，聲自外入者，豈易觸之而便通？念自內出者，豈易行至而便順？故又必歷十餘年煅煉洗磨涵養之功，到得六十，而後聲入心通，以至於不思而得之之境。又歷十年融液涵養之功，到得七十，而後動與矩偕，以至於不勉而中之之地也。蓋知命、耳順者，君子知性知天之地。從心不踰矩，則堯、舜動容周旋中禮，文王不識不知而自順帝則。所謂盛德之至，誕登道岸之境，故所到又如此之難也。向使其更有歷年，亦只於此熟之耳。然於此可見學無躐等之獲，而異學之所謂頓悟者，非所以語聖學。又可見學無半途之止，而世儒之一得自足者，非所以語聖學。又可以見後儒之於知行分先後、於修悟分重輕者，非所以語聖學。又可見知不至於知天命，皆見聞推測之知；學術非有本之學術，終歸於世儒之義襲而取；行不至於不踰矩，皆摸擬安排之行；事業非有本之事業，終歸於霸術之久假不歸，非所以語聖學。且又可見外心而言矩者，尚屬子莫執中之見；舍不踰矩而言從心者，不免小人無忌憚之歸，非所以語聖學。寥寥數語，盡萬世學脈，皆印合於此。盡萬世學術中旁蹊小徑，亦皆可於此返照而明。孔子之謂集大成，孟子之言信不誣耳。」

熊子同智問夫子與顏子言終日，而顏子不違之旨。家君曰：「顏子天性清明，乃大賢中行之選。既與聖人天分相近，又得夫子自幼煉煆，平日學問路途脈脈印合，故其聞夫子之言皆若心之所欲言，真如生物化於時雨，生意盎然，悅之不暇，而何違之有？朱子所謂顏子深潛純粹，其於聖人體段已具，故其聞夫子之言默識心融，不假問難，最爲得之。」熊子曰：「愚者不足以發，此固無容疑顏子，但是夫子終日言，既極道體之大全，不知顏子如何便能一一發之於身？」家君曰：「顏子既於夫子之言無所不悅，則於夫子之言自無不能行。今觀其聞夫子『克己復禮』之旨，便直認以請事。領夫子博約之旨，便竭才而卓爾，亦可見其足發矣。譬如人既深信芻豢之悅口，必且嗜之而不厭，所謂惟其深悅是以不違，惟其不違是以足發也。」

坐間，屠子用觀復起，問曰：「如夫子言四勿之旨，顏子當能直下體行矣。若夫子所與言行夏時乘殷輅服周冕樂韶舞云云，不知顏子布衣陋巷之士，卻如何發之？」家君曰：「君以爲天德王道有二致乎？夫子之與顏子論爲邦也，雖曰斟酌四代，損益百王而爲此言，其實折衷於道法之大中至正而立此說也。顏子既能聞夫子之言心解神會，觸類旁通，即能於日用間語默動靜，待人接物，咸體此意，以酌於大中至正之規，故雖在陋巷之中，而其行己接物咸當其可之機緘。即無非二帝、三王時措咸宜的機緘。邵堯夫先生曰：『唐虞揖讓三杯酒，湯武征誅一局棋。』『三杯酒』『一局棋』具有揖讓征誅，道理安在？顏子日用間不足發夫子論爲邦之義耶？」

夏子力恕曰：「行藏畢竟異勢，不知顏子於行夏時諸事卻於陋巷時如何發之？」家君曰：「夫子之有取於夏時者，原以其時之正與其令之善耳。顏子能於日用間隨時擇善而服膺，便是發得行夏時的大旨矣。一切日用間器具居處樸素渾堅，如簞瓢陋巷風味不改，便是發得乘殷之輅的大旨矣。一切日用間正衣冠尊瞻視，整飭不苟，便是發得服周冕之大旨。一切日用間和平溫厚，元氣盎然，便是發得樂則韶舞大旨。至若耳不聽非禮之聲，交不近便佞之人，即便是發得『放鄭聲，遠佞人』大旨。總之，見道分明，人融道器精粗爲一致。卷之以此，退藏於密；放之即以此，彌乎六合。用行時，即天德爲王道；舍藏時，即王道爲天德。原無難易大小之可言耳。類推之而知仲尼之『上律天時』，非意料也；『下襲水土』，非懸擬也。即昔人所謂「宇宙在手，變化生心」之說，並非徒侈而大之，尊而推之也。皆此一點真機，統會貫徹，絲絲入扣耳。」張先生顧謂諸子曰：「必如此，始發得『不違』；足發大旨圓融精確。不然，只一語訓詁混過矣。諸友誌之！」次日，述此於中丞，亦深以爲然。

吳子自悌問：「夫子誨由以真知固矣，但以自知其知不知爲是，而聞見有所不論。即知寧有幾何？而夫子乃以爲知即在是，何也？」家君曰：「聖賢之學只期自信於心，故知不於聞見爭多寡，而於吾心較欺慊。所以，知而自信之真者固是知，即不知而不至於自昧者亦即是知。蓋於聞見雖有知不知之異，而於吾心總一自信是之謂真知耳。若多聞擇善而從，多見而識，雖未始非自心之真精貫攝，然要之從外面打入，終是耳目聞見間推索記憶，與自己心靈燭照不比其親切，故夫子以爲是知之次也。夫以聞見之知爲次，則所謂自信己心者，非知之真乎？然即此可悟聖人之學不徒在門面上的見聞增多益寡，總以關切自己痛癢爲實耳。」

旁一友曰：「真知之旨，則既聞命矣。敢問真知之旨，夫子不以語他人，而獨以語子路，將毋強不知以爲知之病，子路果身犯之，故夫子特呼而誨之乎？」家君曰：「強不知以爲知，亦覺說得子路太淺，然其人要是『好勇』而『無所取裁』。『好勇』則自信無前，『無所取裁』則不能細心體認。觀其迂夫子之正名，則其不能闕所不知亦已明矣。是則原其本心，雖不似世人強不知爲知之流於欺人，而要之見理不明，於本心真明真昧之處鹵莽，而不自覺處不少。故夫子他日警之以知德者鮮，而至此特告以致知之道，所謂既發其病，而又加之藥也。然要之，孔孟道脈原淵源於危微精一，一切皆近精實，故孔子於子貢之問仁，則教之以近取諸身；子張之問政，則教之以無倦以忠；子貢之問行，則教之以推己行恕；子張之問行，則教之以忠信篤敬；於哀公之問政，亦要歸明善誠身。而孟子之論學問，則要歸於自得、反約、求放心、立大本；論王道，則要歸於舉斯心推不忍。無非從這一點真心之切近精實者爲張本，正不獨以真知教子路爲切近精實也。」

劉子國泰問：「哀公問服民之道，而夫子告以舉直錯枉，義果如何？」家君曰：「孔子言不浪發，對病而藥，原有此義。然其實服民之道，舉錯所關最大。今觀朝廷之上用一正人，即四海之人聞者，無不稱其明公；退一奸邪，即四海之民聞者，無不快其英斷。反是者，必譏議之。甚者，且生怨謗。亦可見舉錯之當否，關於民心之向背爲切也。」

旁一友曰：「注言舉錯合義則民服，添一『義』字，不幾鄰於蛇足乎？」家君曰：「義只是合宜之謂，直原是合舉的人，枉原是合錯的人，舉直錯枉原是朝廷合做的事，而能斷然行之，這便是能做合宜之事。豈不合乎百姓大公之心？總之，天下惟義足以服人。一家之主，而行事任人合宜，則一家必服。一國之主，而行事任人合宜，則一國必服。天下之主，而行事任人合宜，則天下必服。故君子『義之與比』也。合義之言，正自的確，但此中卻離不得『誠』『明』二字作主腦耳。蓋非明則不能辨直枉，故或有心本無他而舉錯未當之失，非誠則又易奪於偏溺，故又有明知直枉而不能斬然舉錯之過。是以朱注又集居敬、窮理之說以終之。窮理即明之之謂，居敬即誠之之謂，誠、明合而舉錯始徹底合義矣。故居敬、窮理又合義之淵源，而古聖賢必務講於精一之學也。」

卷二

豐川王心敬爾緝甫著　男　功　謹録
同學諸子參閲　及門諸子　校

上論二

熊子同智問人而不仁如禮、樂何之旨，家君曰：「今且無論大禮同天地之節，大樂同天地之和，禮、樂自有本原。即就日用行習之禮論，先王因人有是敬君之心，而後制爲一切敬君之禮；因人有是尊祖孝親之心，而後制爲一切尊祖孝親之禮。推之，而一切禮數莫不皆然。是禮者所以將人心自有之序，非徒飾美觀也。人必有是心，然後行是禮，而禮爲我有耳。故横渠先生曰：『三千三百，無一事而非道。』即無一事而非仁。若不仁之人，本心已失，雖一切緣飾格套，優孟之啼笑、傀儡之跪拜耳。可當得個行禮？即禮果爲所用乎？即是以推，而樂從可知矣。且如三家歌雍、八佾，儼然行禮而奏樂矣，遂算得他能用尊祖孝親之禮樂耶？徒貽玷於禮、樂，得罪於先王先公耳。」

一友曰：「記者叙此言於舞佾歌雍之後，或者亦非無謂乎？」家君曰：「觀其篇章次第，夫子當時之言，皆非無感而生；門人記録之意，亦當非無謂而然也。」

一友問：「『祭如在』，果然祖宗在乎？」家君曰：「君且無論祖宗在否，要須知聖人祭時則便如在其上，如在其左右。且不獨聖人也，古之仁人孝子僾乎如見其形，愾乎如聞其聲，靡不如是耳。」曰：「然則祖宗不在乎？」家君曰：「如在則在矣，且必真有在焉者。故聖人祭時便如在也。詩不云乎『神之格思，不可度思，矧可射思』？在之謂也。又曰：『文王在上，在帝左右』，在之謂也。」曰：「是則祖宗真在矣？」家君曰：「必祭之者真有如在之心，而後祖宗在耳。故曰唯仁人爲能饗帝，唯孝子爲能饗親。而昔之人所謂當祭而不極其誠，皆子死其親者也。」友人憬然如有所得。

吳子自悌問：「夫子之道大矣，何以只貫以忠恕？」家君曰：「夫子之道信大，不知内聖外王可以概之乎？」曰：「可」。家君曰：「内聖外王不知可以成己成物之義概之乎？」曰：「可」。家君曰：「既可以成己成物概之，夫子忠恕之道即盡己及物之道也。以之貫内聖外王之道也，有何不足？總之，諸君平日震於夫子之道高深遠大，而忽視忠恕之道只人人具有的一點愨實平易之心，故疑忠恕之道不足貫夫子之道耳。不知盡夫子之道，只忠恕之包涵推暨，初非有他也。諸君苟信此不及，胡不思大學之道修、齊、治、平，其量何限？而其道只以忠信得之。中庸位天地、育萬物，功用何窮？而只中和一心。基之忠恕，即忠信、中和也。故夫子之道只一貫以忠恕而無餘耳。」

言畢，家君又顧諸友而言曰：「孔門推尊孔子，宰我以爲賢於堯舜；有若以爲生民未有至；子貢則以爲百王莫踰。又曰『天縱』，曰『猶天』，曰『日月』，亦可謂推崇之極矣。然要之皆擬議於功德久近之際，即其推崇亦尚在郛廓局面之間也。至曾子獨明其爲忠恕，雖似只下學之常事，而其實獨探夫子之心精。故孔子之學，惟曾子獨得其傳耳。吾輩生聖賢千載之後，欲爲之尚友而宗法，可以知所致力矣。」

吳子自悌又問「以約失之者鮮」。家君曰：「多失生於放肆，人能不侈然自放，自然所失當鮮。」曰：「鮮特言其過少耳，不知約則可至於無過乎？」家君曰：「無過地位何可易言，蓋行事少謬戾、能約者尚可信之。若無失，則非見道明、涵養熟者不能至也。然孔子言學易可無大過，夫學易則必深明於吉凶消長之理、進退存亡之道，而見道分明矣，亦尚不敢曰無過而曰『可無大過』。正是夫子實見得顯然尤悔，尚屬可免。其實隱微之中，匪幾冒貢，雖學易之後亦不易盡也。蓋學者到得見道明則眼愈清，愈見得過難免；到得涵養熟則心愈細，愈覺得過易生。即如夫子是何等識見！何等造詣！而屢曰『何有』，屢曰『未能』『未敢』，皆若返躬而歉者。又如聖人默識，不厭不倦，尚屬造詣之精純者耳。至若子臣弟友，日用倫常，凡民所能共由，而亦曰『未能』，豈非其眼愈清、心愈細，自心實見爲未能，自慊而云然乎？然倫常大故既未易盡，且遇有幸不幸在，不敢自信爲無過，猶可也。至如『喪事不敢不免』，『不爲酒困』，此則凡人稍能自持者，不犯此罪過矣，亦曰『何有於我』。且此數說者，安在無一二條係韋編三絕之後者？而其不敢自信者，且猶然如故。誠以過不易弭，惟聖人乃能真知其寡之之難有如此也，又豈特無之甚難哉？諸儒解此數章，皆曰聖人之謙詞。看來總是未能深信聖人自心體勘之實義，而徒爲推隆聖人之見耳。即夫子恐不引爲知己也。」

坐間，一友問：「孔門身通六藝者七十二人，孔子何獨以好學歸『不遷怒，不貳過』之顔子？」家君曰：「即此可以明聖學之本源矣。蓋才藝是學問之枝葉，德性是學問之根本。學者能從德性上著腳，然後道器一貫，深造自得；若不知從事德性，而徒馳騖於才能技藝，即一一盡通，亦只徒長得標末耳。應務或優，實德則病，豈君子有本自學乎？故七十子身通六藝，夫子俱不以好學許之，獨以好學許不遷不貳之顔子也。蓋孔孟之學原本於歷聖敬義精一一脈，故孔子之論好學既如此，而孟子論學問之道，亦只在求放心；論大人之學，亦只在立大本耳。厥後周子之主靜無欲，程子之識仁定性，朱子之居敬窮理，陽明之實致良知，言雖不同，要之皆是這一點滴骨血，初於孔孟之淵源不異也，而後之學者每不深探其本源，多妄議周子之主靜、陽明之致良知爲與孔孟之宗傳不類，是皆不明於聖學宗旨，而徒執訓詁以比較爾。嗚呼！論學不準於孔子之言學，而徒執後儒門戶意見之偏私，角強而爭勝，學術且重爲天下裂矣。學術裂，此世教人心之憂也。安得起吾夫子於九原而言學問根宗哉？」

劉子國清因問：「孔子以庶乎許顔子，不知庶幾乎之義即注所謂許其近道，抑即指其『不遠復』而爲言乎？」家君曰：「夫子讚易於復卦初爻曰：『顔氏之子，其庶幾乎？有不善未嘗不知，知之未嘗復行。』據此，庶乎之義未嘗不可通於近道，但不如指『不遠復』爲貼切又有依據耳。然要之『有不善未嘗不知，知之未嘗復行』，亦是總括爲言。其實於怒而即知其怒，於過而即知其過，是即『有不善未嘗不知』。知其爲怒而即不遷，知其爲過而即不貳，是即『知之未嘗復行』。雖謂夫子庶乎之許，即指『不遷怒，不貳過』，言之可也。」在座暢然。

金子班問曰：「注解『不遷怒』謂『怒於甲者不移於乙』，解『不貳過』謂『過於前者不復於後』，何如？」家君曰：「未嘗不是，但此是分疏不遷、不貳訓詁耳。若徹底理會，則有明王汝中先生所謂『顏子之心常止，故不遷；常一，故不貳』，其言精微簡當，推見本原也。蓋顏子之所孜孜者，時時於常止常一處著力，故其心常定常靜。定、靜則安，安則能慮，自然七情之當否如明鏡照物，絲毫皆見。見得既明白，自然一毫不當，罷手不得，必去之爲快矣。安得更有遷怒、貳過之咎？以此言好學，孰切於此？以此言庶幾，孰庶幾於此也？總之，顏子之學是在道心上磨勘洗刷，真知實踐，與夫子不厭、不倦同一心行。故夫子恒深許之，曰『足發』、曰『不惰』、曰『無所不悅』、曰『三月不違仁』，無非許其孜孜亹亹於心性入微處不懈用力耳。更熟則幾于化矣。程子嘗有言曰『學聖人者當自顏子始』，此真知學術脈路者也！」

熊子鍾秀問曰：「伊川先生『顏子所學何學』論，先生以爲何如？」家君曰：「道學初明之時，鬱而未暢處亦有之然。秦漢以來，學者孰能有此識見？亦可謂開積時之陰霾矣。但夫子分明以不遷、不貳明好學之實，先生即靠此旨發明，而取義微寬耳。然其實已說得大義七八分明徹，正不得施責備之論也。」

靖子天績問：「夫子稱顏子『不改其樂』，周子令二程尋其所樂何事，而伊川先生後來卻言『若說樂道，冤殺顏子』。既非樂道，所樂何事？」家君曰：「若說顏子所樂非道，亦冤殺顏子。蓋顏子之心以道爲體，故其樂處即道。以爲更有道可樂，則是增日下之燈，架屋下之屋，反成障礙矣。伊川先生爲門下稍知意思者言，故爲此掃卻障蔀之說耳。若爲見道分明，領悟言表者言之，即謂之樂道，自無不是也。總之，前古聖賢立教，皆因病立方，隨方解縛。又如扶醉人相似，東邊倒則從西邊扶，西邊倒則從東邊扶。善學者當因言會意，固不得執著言詮，昧卻本旨也。」

金子班起，問君子博文約禮弗畔之旨。家君曰：「文即此道燦者之條目，禮即此道秩然之矩矱。博學於文是於道之全體大用知之極其明，約之以禮是於所學者一一歸於上身來。凡一切動靜語默、待人接物，無不循那天然矩矱行之，則是行之又極其當矣。知既明，則識極其周，而行非冥行；行既當，則身與道會，即知亦非泛知。所知即是行，所行即依道，尚何畔道之有哉？然要知是即博即約，博學時便講究的是可以身體力行之準則。又是隨博隨約，於所學者遇事接物即依那講究明白的準則躬行實踐。庶幾知行合一，深造以道，而可以弗畔爾。初非如世儒先博後約之説也。若説是博後方約，無論當博學時，道之在古人者與自己兩無交涉，且古今事理浩瀚何窮？苟終身無博盡之日，即終身無約禮之時矣，又安得於道弗畔耶？」張先生深以爲然，顧諸班曰：「必如是即博即約、隨博隨約之旨，然後知行合一，可無畔道之虞。不然者，博文工夫一生先做不盡，約禮工夫何日方盡？且既不能做約禮工夫，即所知者亦屬無歸之知，終身所騖皆耳目聞見糟粕，而欲道岸誕登，無是理也。吾輩可以知從事矣。」家君曰：「此道是人人日用必不能外的，故取義於路。博學於文是講明路途法，約之以禮是循行這路途法。路途既辨得詳細，行之又遵那途程，何至有適燕南轅之弊？又何至有斷港絶河之阻哉？故古之學者必講於知行合一法也。自聖學不明，學者率以誦習章句爲利禄之資，志既不在於斯道。即一二有志於道者，各執意見，或重悟而略修，或重修而略悟；又或先知後行，先行後知。紛紛籍籍，莫適厥中已矣乎。吾見斯人之近道無期也。」

王子世鋭問：「子貢施濟衆之願，固是難副，然如欲立欲達亦似僅屬虚願。且如匹夫無立人達人，權將一毫仁恩亦不能施，不幾隘仁之量乎？」家君曰：「求之施濟，堯舜猶病，無權無位者尚何得自致於仁義？若歸本於欲立欲達，則隨其分位無不可自將其心。即匹夫有堯舜氣象耳。」王子曰：「匹夫得自將其心，則聞命矣，如何匹夫有堯舜氣象？」家君曰：「堯舜以好生一心養人教人，故致『時雍風動』之休。匹夫若滿腔是惻隱之心，欲立欲達，達人隨分，推心人我不隔，即家庭間慈祥和藹之象，便是一家的『時雍風動』；一鄉間慈祥和藹之象，便是一鄉的『時雍風動』。故以博施濟衆言仁，即堯舜德位兼隆之聖人猶病。而下此者可知是遠以言仁，而仁之途徑反隘也。以欲立欲達言仁，即匹夫無不自足於惻隱。上焉者愈可知是近以言仁，而仁之途殊寬也。然夫子亦非獨以寬隘爲言也。仁，人心也。吾輩誠本心爲體，根心爲用，一切無自私自利之意，即吾心自問無歉於萬物一體之量矣。施濟廣狹，特其分位所值耳。仁固不爭分位之大小廣狹，而爭此心之公私厚薄也。大抵千古來，道術治術皆有本原有要領，靡不約而可操，切近易行。故六經、四子之旨坦然明白，亦復的切簡易，真如長安大道人人共見，人人能由也。」靖誠合曰：「是説出，不惟可明孔門學宗之切近，亦並可推千古聖賢無高遠難行之道也。」

吳子自悌問：「孔子言志道、據德、依仁，而後游藝；文中子亦謂志道、據德、依仁，而後藝可游。乃古小學之教則自八歲以後，十五歲以前，於詩、書、樂、舞以及書計幼儀等事，即令誦習。何次第之不同也？」家君曰：「孔子之言與文中子之説乃是論爲學之大致，蓋先本後末之旨也。古小學之教，則從生人終身不可缺廢者先教之。且當沖幼之時，志道、據德、依仁事雖教之不能喻，故先以誦讀、舞蹈、書數之可學而能者爲教。蓋先易後難之旨所由，與孔子之説異耳。然其實小學之教，即以培志道、據德、依仁之資助。而志道、據德、依仁之時，亦未嘗廢詩、書、禮、樂、射、御、書、數之實用也。且小學之教所謂誦讀、舞蹈者，亦特論教之居業之務，乃餘力學文邊事，而其本務原在於孝弟謹信等大本大節上教之力行，故曰：『行有餘力，則以學文』。初非專以此誦讀樂舞教子弟也。是則孔子之言與小學之教，言不妨各異，而義自無不相同耳。惟文中子『志道、據德、依仁，而後藝可游』之説，中間加『而後』『可』三字，與夫子之言微異其宗旨，與小學之教顯違其節度。然文中是教人先本後末之義，與夫子論教弟子章吻合。且夫子之言先志道、據德、依仁，而後游藝，先後秩然，原非無説。而文中發此先本後末之義，則亦淵源契合也。且若知得小學所習是屬餘力後學文邊事，而本事自有所在，則文中先本後末之説，又安在與小學之教異乎？」

劉子國泰問：「顏子『不改其樂』與夫子『樂在其中』有淺深異同否？」家君曰：「不以貧而改其樂，可知其樂之在中；惟其樂之在中，自然非貧所能改。原無淺深異同也。」劉子曰：「如此則昔人何以謂顏子未達夫子一間？」家君曰：「或者從心不踰與三月不違未免安勉之別，所謂大與化微不同耳。然吾輩讀書論古，貴在有益吾身。如讀顏子不改其樂，則但尋求顏子之樂何在，不改作何體認，反上我身來，又如何得似其不改？讀孔子樂亦在中，則當推尋夫子之樂何在，何以貧賤富貴總不能加損其真樂？反上身來，又如何學得夫子此樂？則讀書處處得益，否則，逐項比較，雖未始非窮理格物之事，竊恐心著於此，成一泥形逐影、無關痛癢之學也。」

夏子力恕問：「爲之不厭，誨人不倦，地位雖高，然亦盡人可勉者。公西華嘆其不能，可矣。而嘆爲不能學，何也？」家君曰：「此二語者，在夫子若自安下學之常，然其實明明畫出天地同流、純亦不已的體段。公西華是知道的人，如何敢道承當得這個『學』字起？」

坐間，一友問：「有天下而不與，是合天子之尊、四海之富，一旦加之於身，而不爲所動也。不知舜禹何以淡定如是？」家君曰：「分定故耳。蓋顏子是窮居不損，舜禹是大行不加。這裏皆有見大心泰學問在，故外遇不能搖其已定之天耳。」又曰：「顏子見得簞瓢陋巷無足憂，故不以此改其樂；舜禹見得天下之任有可憂，故雖有之而不與。這裏不止是養之定，正是其識之高。若無識人看破世局，小失意便戚戚，一官半級便自意得，如何得有這樣天空海闊胸襟耶？」

一友問：「『三年學，不至於穀』，夫子不言終身，而言『三年』，或者『三年』之解亦只『三年』之『三』乎？」家君曰：「『三年』特言其久耳。若曰三年則初事詩書之人不馴，利祿之想亦何難得之有。比與友人，論『三年無改於父之道』時曾及此義矣。吾友獨不聞耶？」家君言畢，又笑而言曰：「即以『三年』實作三年之義解，而能不至穀，其人正不易得耳。」友懵然。家君曰：「今之父兄方送子弟入學，便期之曰進學、中舉、做官。即子弟之警敏者初入學，亦便孜孜以進學、中舉、做官爲期望，有立地即得之想。如此看來，即三年學而不至穀，亦豈易得哉？且又安知夫子非爲初事學而即至穀者致警耶？」舉座咸爲爽然。

夏子力恕問：「古之帝王多矣，夫子何獨以無間稱禹？」家君曰：「間生於欲念之萌動、本心之滲透。禹以人臣涉天位，一旦享四海之奉，自己服食居處間一毫不以自侈，而獨於事神養民兢兢乎致誠盡力。這心事是何等光明綿密！夫子於其行事窺去底裏，故獨以無間許之也。」夏子曰：「不知禹之無間與夫子前之稱其有天下不與有相關照否？」家君曰：「本是一機相貫，非特有關照也。世之欣艷於有天下者，雖所志有在，然大率多是爲自己奉身之服食宮室得以快其欲耳。故一命之榮便有得色，一有天下侈心頓生。一切珍奇玩好之端交投並至，天君便已搬弄得七顛八倒，純白完潔之體便已鑿削得七透八穿，則是有天下而與者，其心必有間，必且有天下而與也。禹獨於神民上當營心者營心，而於此等處淡之又淡，且務爲樽節。是乃雖有天下，只如前此四載胼胝時耳。只此一段純白完潔之心，富貴一毫不能移，所由有天下不與，而千萬世無從得其間隙而指之也。」夏子曰：「有天下不與，夫子並稱舜禹；而於此獨遺舜而稱禹。何也？」家君曰：「經無明文，何敢臆斷？依愚見或是夫子範世立教微旨耳。蓋舜禹皆聖人，其心體之光明潔白自無不同。然觀孟子之贊舜曰被珍衣琴，若固有之，則是舜於陟位之後，其於天子之奉固無侈泰之失，卻亦享之而不辭。但此是大聖隨遇而安之事，立教必以制節謹度、淡泊寧靜爲足範世防俗也。禹則豐於神民而儉於自奉，其豐儉適宜，真是足爲君天下者法程，亦真見其心行之光明綿密，故有天下不與，舜禹並稱；而無間之許獨歸大禹耳。顧某臆見云然，究未知有當於夫子當日之本旨否也？」

言畢，家君又顧諸友，曰：「但凡衣服居處取足奉身而止，營心豐靡最奪正志、最害心田，即其識亦卑陋可鄙，故夫子明君子之好學以安飽無求爲先，論士之立身以懷居恥惡衣食爲戒。而明禹之無間，獨於其菲而惡卑者重加贊嘆也。吾輩立身必於此等處看得破、淡得下，乃做得成光明俊偉之業，不可不實下定力也。」

熊子同義問：「夫子言由少賤而故多能，而復曰君子不多，則是夫子心裏似以爲自少錯走路途矣。不知夫子自十五志學後，如何又錯走路途也？」家君曰：「比爲一友發明志學章大旨已及此義矣，明彼固可悟此也。蓋夫子十五志學，亦是志知嚮正路耳。其實於路之遠近紆直，亦尚未能講究得也，故敘曰：『四十而不惑，五十而知天命』。是到四十時，亦尚知得不盡，直到五十知命時，乃始洞知底裏所在耳。所以然者，人雖生知之聖，未有不探討經歷之深而能明者。夫子當少賤時，既無明師，又無經歷，故但見可學者無不盡力學去。及至知命之後，乃一一洞原達本，道器一貫，故曰君子不多。蓋初間原見爲多，到後來原見爲不多也。而當時如達巷黨人，徒見夫子之博學。太宰、子貢亦見夫子之多能，故夫子不沒其始事曰。少賤故多能，而實明當前之造詣。又曰君子不多，然曰少賤故多能。君子不多，則可知多能無本之非所重，而君子之學以一貫爲貴也。先儒以爲既曉太宰，又教子貢。可謂得其情矣！」熊子曰：「子貢深知夫子，恐未可與太宰同譏。」家君曰：「子貢終未離乎多能之見，則亦僅優於太宰耳，亦算不得深知夫子也，故夫子亦接以誨之，而賜終不悟，故他日又呼而詰之曰：『汝以予爲多學而識之者與？』蓋直下發機矣。子貢終不能如曾子之直下領悟，則又爲一言決之曰：『予一以貫之』。蓋正所以明不多之故，而使知君子之所由不多也。」熊子曰：「然則多非所用乎？」家君曰：「非多無所用，言多非所尚耳。蓋君子之學殊途同歸，一致百慮。見得一貫時，即多能而原自不多；若不知一貫，無論射、御、書、數爲粗迹，徒成末技，即詩、書、禮、樂亦只屬典章器數之具文，徒以資聞見之識，而終無關於精義入神之奧妙。故君子不多者非不用乎多，乃多皆歸一；不尚乎多，亦並不見爲多也。此是歷聖相傳體用一源、簡易直截根宗。後儒見不及此，卑者支離於聞見技藝，高者亦只滯於虛無寂滅，而君子不多之旨湮矣。千古學脈湮滅不傳，可勝嘆息！」

麻城阮子鳳昌問：「鄉黨一篇記聖人之舉動如此恰好，不知夫子何以遂能如此？」家君曰：「惟其有此無意、必、固、我之心體，是以有此動容周旋中禮之妙用，要之只是時中而已，故篇末結出『時』字。記者之意當非無謂，而他日孟子亦特推其爲『聖之時也』。」石虹先生深以爲然。次日，中丞先生聞其說，謂諸生曰：「鄉黨一篇只描寫得夫子『不踰矩』三字圖形，必如王先生言有『無意、必、固、我之心體』，然後『有此動容周旋中禮之妙用』。不惟『時中』二字有來頭，即夫子所謂從心不踰矩者亦有淵源也。此中精微之旨，卻須深加體味，不可徒作講說聽過耳。」

卷三

豐川王心敬爾緝甫著　　男　功　謹録
同學諸子參閲　　及門諸子　校

下論一

一友問："言者心聲。夫子至聖，則其所言皆廣大精微，圓滿周遍矣。顔子何以遂能無所不悦？"家君曰："顔子與夫子心精相印，如夫子樂在其中，而便能不改其樂。夫子爲語克己復禮，而便請從事。是顔子之心幾於夫子。夫子所言者，皆若顔子所欲言。故一旦聞之耳者，自然會之心，而遂不知手之舞之足之蹈之耳。"

坐間，一友問："顔淵死，子哭之慟宜矣。何以曰：『天喪予』？"家君曰："顔子死，不特夫子斯文之寄無托，心事無傳，即求一真可與言之人亦難矣。是天喪顔子真天喪夫子也。"友曰："斯文無托是固然矣。聖門諸賢儘有高明，何謂真可與言之人亦難得乎？"家君曰："聖門穎悟莫如子貢，於夫子之問『多學而識』，則曰然曰非；於夫子之言『欲無言』，則曰『子如不言，小子何述』。又如子路亦在升堂之列，而至以夫子正名之言爲迂。真可與言之人，亦豈易得耶？夫子一生抱負既不得施行，若有人傳授亦尚可托以不墜。眼前茫茫，僅一顔子，而一旦殞喪，是真喪卻夫子之後身矣。況連幾句心事話亦説來無人領受，是並夫子之口而閉之。真是形影相弔，毫無生人趣味也。謂爲喪予，豈其過歟？"旁一友曰："曾子後來亦曾傳授聖學，何謂心事無托？"家君曰："當顔子没時，曾子尚少，未見真可以承當此事。況曾子氣質微魯，成就出來僅可不失忠信篤敬一脈，如何比得顔子深潛純粹，於夫子貫古今、通天人、融貫帝德王猷的大擔子，一一可以托付乎？辟之天地之運，曾子只得孔子『貞』字一脈，可以培植元氣耳。其實，統『元亨利貞』而與時偕行的全體殊不敢望。故夫子所望於顏子者，亦難遽傳於曾子也。」

一友問：「夫子於季路問事鬼神，而答以『未能事人，焉能事鬼』；於其問死，而答以『未知生，焉知死』。雖集注解得甚詳，而某心終未深喻其旨。」家君曰：「此須有窮理盡性至命之實功始能及此，蓋能實信得幽明一理之義及，則知所以事鬼之理即不外所以事人之理。記曰『惟仁人爲能饗帝，惟孝子爲能饗親』，即此義也。實信得生死一理之義及，則知斯人所以生之之理即所以死之之理。易曰『原始反終，故知死生之説』，即此義也。若無窮理實功於幽明、生死一理原頭信不能及，縱紛紛解索，終成射覆耳。且使窮理不能至於盡性至命之地，即猜東猜西亦終成射覆也。」

屠子觀用問：「夫子言由不得其死，而子路後日果死於非正，是夫子前知乎？抑〔二〕即就其行行者斷之耶？」家君曰：「就其行行者前知之耳。蓋太剛必折，理之必然。而子路犯此大戒，正使他日獲免孔悝之難，亦終是不得其死之人，故中庸所謂『至誠前知』。即於動乎四體之善不善知之，亦此義也。術數前知之説，於此無所用耳。」友曰：「然則子於其行行，亦在顧而樂之之列，何也？」家君曰：「退懦委瑣之流，雖復拘謹遜順，於名教擔當不得毫釐。這樣人雖復千百，何足有無。子路器局磊落，殊無退懦委瑣之弊，夫子安得不顧而樂之？然心憂其易折，故復嘆以儆之。至他日六言六蔽之儆，義以爲上之儆，知德者鮮之儆，所以化裁之者如此其至。皆是從憂之之念，隨處下對症之藥，而由終不悟，故卒犯夫子之憂，而不能免耳。向使聞儆之後，動心忍性，好學知裁，當不至有不正之死。而勇者見義必爲，視退懦之流自不啻騏驥之倍蓰駑駘，將由升堂以入室，固自無難，豈不真可樂之甚耶？」

〔二〕「抑」，原作「亦」，疑誤，今據上下文義擬改。

劉子國泰問：「『克己復禮』何以不言理而言禮？」家君曰：「禮即理也。就其品節燦著言之，謂之禮；就其秩序不紊言之，謂之理。然虚言不紊，尚無實據可依。一言禮則規矩森然，可持可守矣。故言理尚可容人假借，而言禮則必一一中規中矩，乃爲當行。六經所以皆言禮，而不言理也。」

又曰：「此理雖體用一源，然必實踐諸用，則本體乃益圓滿確實，不涉影響。故復禮以克己爲工夫，克己以復禮爲要歸。而『克己復禮』以實致諸視、聽、言、動之間，爲内外表裏交得其養也。此是本體工夫，真體實用一貫之學。世儒外仁而言禮者，既視禮爲糟粕，而不知禮即仁體之條理。語仁但言克己而不知復禮者，亦不知仁道之歸宿必欲實致諸日用，而不徒盤旋於腔子中克治也。聖人之言真是簡易直截，亦復圓滿切實。吾輩會得徹時，不惟可破支離之見，並可醫虚寂之病耳。至若顔子一聞夫子之言，直下承當，略無推諉，更可爲吾輩遵聞行知之師法。」

金班問：「顔子問仁，夫子直以『克己復禮』盡之。至仲弓問仁，則先之以敬，廣之以恕，而又必驗之邦家。將仲弓身分不及顔子，故其語之特周匝嚴密耶？」家君曰：「孔子之論仁，雖不無因人下藥之異，然要之期於完全此理，其大旨則同。即如此章言敬言恕，其言若與『克己復禮』異矣，而其實去其不敬、去其不恕，即爲克不敬不恕之己；去不敬以歸於敬，去不恕以歸於恕，即爲復敬恕之禮。初非有異旨也。且其驗之邦家之怨否，亦豈與徵諸天下之歸否異乎？不特此也，樊遲輩之在聖門，非仲弓比也，而程子於其答問仁條下注之曰『此是徹上徹下語』，則是不特告仲弓者與顔子無異旨，即告樊遲輩亦與告顔子無異旨也。」班曰：「先生以爲夫子告仲弓者與顔子無異似矣，即以爲告樊遲『居處恭』之説與告顔子無異亦似矣，至如以言訒告司馬牛，將非特藥牛之多言與『克己復禮』之旨不同乎？」家君曰：「君未之思耳，其實即『克己復禮』之旨也。」班未達。家君曰：「爲之難是論其平日克復致力之不易，言之得無訒則仍是『非禮勿言』之旨矣。但是單以言訒箴司馬牛，原是對症之藥，而其實歸於爲之難則與告顔子者又寧有異旨耶？」

旁一友起，問曰：「爲難言訒，昔人以『防意如城，守口如瓶』二語括之。如某之愚，竊以爲真確注也。」家君曰：「意若相近，然以『防意』句硬貼爲難，以『守口』句硬貼言訒，則於本旨語脈不吻合矣。蓋防意、守口二語是並列條目，謂防意則當如城，守口則當如瓶耳。若爲之難言之得無訒，則是謂省察克治此心者，兢兢乎臨深淵而履薄冰，一念稍縱，直咎爲此心防檢之不密，尚何出之口者敢非時而妄發乎？蓋惟其爲之也，真是其難其慎，故其言之也，雖欲不訒而不得，是乃防意守口一貫相因之學。與逐項對治者，自不得同日語也。若必欲援防意、守口二語以解爲難言訒，則當曰惟其防意也如城，故其守口也如瓶，庶爲合耳。」

坐間，一友問：「子張問政，夫子不告以政之條目；但曰：『居之無倦，行之以忠。』何也？」家君曰：「『文武之政，布在方策。』子張在聖門身通六藝，豈其未之講者？獨其爲人務外好高，鋪張有餘，而誠信或不足。故雖明於周官、周禮之法度，而少關睢、麟趾之至意，則亦徒法不能自行耳。夫子舉無倦、以忠告之，正所謂『人存政舉』。王道以天德爲本體之微旨，寧俟逐節細數耶？」

一友言：「『君子成人美，不成人惡』，何忠厚如是？小人反是，何刻薄如是耶？」家君曰：「此仁不仁之異耳。君子以仁存心，視一切人痛痒無不與己相關。故其遇人之美，即不啻己美，而必欲成就之爲快；遇人之惡，即不啻己惡，而必欲改去之爲快。小人不仁，惟以利己損人爲心。故其見人之善，惟恐形己之惡，必欲敗壞之爲快；見人之惡，喜其同己之醜，必欲成就之爲快。由其心之仁不仁如天淵，故其心之厚與薄若霄壤也。然究之君子成人之美，即自成其美，而留芳無窮；不成人之惡，人己同歸於無惡，而惡聲不至。小人不成人之美，究竟人之美不因其不成而不成，而徒成得嫉賢妒能之大惡；好成人之惡，究竟人之惡未必遂因己之成而成，而徒落得陷人坑人之大惡。則君子樂得做君子，而小人枉做了小人也。吾輩可以鑑矣。」舉座稱快。

言畢，家君又顧諸友而言曰：「君子小人不特仁不仁攸分，實是智與愚迥別。蓋君子惟其知成人之美，故能成一有美之君子；知不成人之惡，故能成一無惡之君子。其智也何如！小人但知忌人之美，而不知自己徒落得一個忌美之小人；成人之惡，而不知自己徒落得一個成惡之小人。其愚也何如！吾輩又可以鑑矣。」

旁一友起，問曰：「君子小人，仁智攸分，是義真聞所未聞。顧不知於勇之義，亦有取否？」家君曰：「豈無取也。君子惟勇於做君子，故果於隱惡揚善；小人惟勇於做小人，故果於忌善濟惡。向使中間略有遲回審顧之意，則君子隱惡揚善必不能果，小人忌善濟惡亦必不能果。君子如何便做得成君子？小人如何便做得成小人耶？吾輩更可以鑑矣。」其友起而嘆曰：「今而後不惟知君子小人之分別，亦並曉然於仁、智、勇異用而一體，真所謂問一得三也。」家君曰：「不惟仁、智、勇一體相因，即五常、萬善亦莫不然。學者惟不明於理一之義，不惟支離於道德之途，心境不能易簡精一，即文義訓詁亦且處處隔礙不通。若能探本窮源，直下見得殊途同歸、百慮一致之旨，將上焉窮理盡性，可幾義盡仁至；即下焉讀經解義亦且四通八達，觸處洞然矣。故學問以探本窮源爲第一義也。」

熊子同智問：「孔子於衛正名之義，胡、王二先生各有說矣，不知於義孰長？」家君曰：「古聖賢作事雖據理爲宗，然亦皆揆情度勢而爲之。蓋理是情之根柢，而情是理之順應。外理言情，則情屬私意。然徒執死理而不知審度情勢，則於理雖正而事勢不順，即事且害成，徒虛張一番聲勢耳。豈所云好謀而成者乎？胡子請於天子方伯之說，於理似矣，殊未思此等舉動乃方伯連帥之事。夫子始用於衛，可能行耶？且衛君方任以政，遽請於天子方伯而爲易置之舉，無論勢不能爲，即情亦豈安乎？將子路之所謂迂者，真在是也。必如陽明先生以父子至情默相感化，使衛輒父子良心打動，衛輒涕泣而迎父，蒯聵由衷以固辭，然後國人大臣上告方伯，合請於天子，仍立衛輒以承社稷，尊養蒯聵如後世太上皇之禮，備極其崇隆，庶幾天理人情兩順耳。」

一友問：「公子荆之居室，曰始有少有，亦尚無餘積也；至曰富有，則有餘積矣。餘積豈皆伯夷之所樹耶？夫子何以善之？」家君曰：「子荆，公子也。田祿所入自應富有，非若他人聚斂所積不義而得者，何惡於富有？況當時世祿之家，怙侈滅義，鮮克由禮者十人而九。而子荆獨知足知止，是真濁世之佳公子，可爲世禄家儀型矣。夫子安得不善之以示風乎？且吾友之意謂富有非宜耳，不知聖人之教，初不遠於人情，故洪範曰『凡厥正人，既富方穀』。夫子語冉有之加庶，曰『富之』，又嘗曰『富與貴是人之所欲』，而繫易曰『崇高莫大乎富貴』，富貴豈聖人之所惡者？但不處非道義之富貴，與蹈富而驕與不知禮之轍耳。公子荆恬淡安詳，三苟自足，庶幾乎不驕而知禮者，此真夫子所取也。若夫吾已知富不如貧之説，此則方外高潔之士蟬蜕富貴之言，其實不免於矯激不情。聖人天理人情之至，必不作是見矣。」

熊子同智問：「夫子自明其見用之後，『期月而可，三年有成』。治功豈易言者，而夫子自信之明如是，何也？」家君曰：「夫子平日講於時事者，悉真見得拯時濟世的機緘，故其施爲緩急之序，既已了了於心，即其治功遲速之間，亦靡不預信有素。期月、三年之效，真如權貴人操左券責夙負，國手設方藥以醫風寒之疾，身到即獲，按期不差，何有不可決者？然夫子尚是大聖人過化存神，不足異也。即春秋、秦、漢後，幾個識時達務的經濟之士，如子産、管仲、諸葛忠武者，亦皆豫決功業於未試之先，而立奏成效於已試之後有一一不爽者也。蓋平日學術實，故臨事措置當，而好謀必成爾。」

熊子同義問：「聖人太和元氣，況居是邦，禮不非其大夫。子貢問今之從政，而夫子直以斗筲鄙之，何也？」家君曰：「所謂太和元氣者，謂如元氣之運於四時，不拘一偏，不滯一轍耳。豈曰專於寬厚而全無嚴厲之意者？若是一於寬厚，則是但有仁育而無義正，如四時之但有春生夏長而全無秋冬肅殺。拘一偏而滯一轍，豈所云太和元氣乎？且所云太和者，非一味含容之謂，謂其當春夏即春夏，當秋冬即秋冬，如五味之相和，八音之相和也。世儒但見前人言夫子太和元氣，遂一味以寬弘含和目聖人，不知惟聖人太和元氣，故能當寬則寬，當嚴則嚴，無所乖戾，亦無所偏倚，如元氣之運行於四時耳。今無論他書所載，即論語一書，聖人嚴氣正性之義，正與含弘寬厚之仁並行不悖，如與上大夫言則誾誾，與下大夫言便侃侃。温良而和厚，亦復恭儉而莊敬。温而且厲，威而不猛，豈曰一於寬弘含容、喜怒不形者？其發爲言，則鄉愿一世之愿人，而譏爲德賊色厲內荏者，指爲穿窬小人。目今之愚者，爲詐以罔之生爲幸免。他若八佾之舞，雍徹之歌，則譏刺指摘，語深意厲。更如少正卯一世之聞人，而誅不少貸。萊夷之舞者，鄰邦兵卒，而當誅即誅，曾不寬假，曾不姑待。他人不能下手直做者，夫子皆略不存恤，略無隱忍。蓋正惟其爲太和元氣，故當肅殺是即肅殺也。若如俗所解太和元氣，正是鄉愿忍辱耐煩，藏垢納汙耳。豈聖人天地同運，陰陽合德者哉？道誼不明，千百年淪浹於鄉愿之餘習，至舉聖人仁育義正之全德，亦消歸於鄉愿之途轍，可嘆也夫！」

旁一友復問曰：「後儒亦知當寬猛相濟，仁義兼施，而多不當可。敢問夫子時出當可，其本源何在也？」家君曰：「方纔言聖人渾然元氣，便是本源。」友曰：「中間更無作用配合否？」家君曰：「作用配合，細推之未嘗無條段，然亦總是渾然元氣耳。」友未達。家君曰：「若就所以當可者而指其作用配合，則知其當仁育處仁育，當義正處義正，而不淆於疑似之界便是智。當仁育即仁育，當義正即義正，而不雜於情欲之私便是仁。於當仁育處斬然仁育，當義正時斬然義正，而不撓於喜怒之偏便是勇。而要之只是天理渾然發見，當可一心。故語其用雖有仁、智、勇之異，而要之只一太和元氣之自爲長養肅殺也。」

劉子明經問曰：「子貢欲問衛事，不直問衛君，而但問夷齊。昭公本不知禮，陳司敗以知禮問夫子，而夫子以知禮答之。將非居是邦不非其大夫之義見聖賢之忠厚涵容乎？」家君曰：「子貢欲問衛事，而姑問夷齊，此是其善問處。蓋夷齊是兄弟讓國，衛輒是父子爭國。讓國者之是非明，即爭國者之是非明。借彼形此，一照便了，豈獨不非其君耶？昭公平日有知禮之名，況司敗陳人也，異國之大夫一旦以本國之君爲問，且又不能逆知其所問何旨，安得不就其言而以知禮答之？然使徒落忠厚之名，則隱忍不言可矣，何爲復以『有過，人知』之說明告巫馬期也？夫自以諱君爲過，則昭公之不知禮又不啻明言矣，又豈一於忠厚諱過者？大抵聖人當寬厚含容者便寬厚含容，當嚴正直截者便嚴正直截，於不宜非其君與大夫處自不直加指摘，於綱常名教有關處亦自不曲加隱諱。春生秋肅，當可而行也。況冉有、子貢問衛君事時，子貢與孔子是時居衛之説經無明文，又難定其爲居是邦不非其大夫之義也。」

一友問：「夫子言『不得中行而與之，必也狂狷』，『必』字之義言此外更無可與也。不知狂狷去中行遠矣，夫子何以獨取於此耶？」家君曰：「以某平日推想，此章文義似是夫子見得當日中行難得，每稱念狂狷。不置一時聽言之人，卻疑狂者志大言大，言行不掩；狷者踽踽涼涼，生世違世。殊不知鄉愿之忠信廉潔無非無刺，而夫子獨深取之。心不解夫子取之之意，而或有譏疑之言。故夫子推而明之，曰狂狷固不及中行，然可望其進於中行者。無如其人，既不得中行而與之，必定是要這兩般人耳。如鄉愿輩人，固不可與入堯舜之道也。所以然者，狂者嘐嘐，志古難有行，不掩言之失，而要其志意之高遠，不甘以一善自名，正是他進取不忘其初處。狷者不屑不潔，雖與世踽踽涼涼，而要之其操守潔確，一毫非義不以自污，正是他心事乾淨，有所不爲處。就其進取之志量，是即得中行身分，中高明一邊；就其不爲之操守，是即得中行身分，中沉潛一邊。向使得狂者而裁抑之，使就沉潛，則以進取之志量，加以不爲之操守，即可進於中行。得狷者而激勵之，使進高明，則以不爲之操守，加之進取之志量，亦可進於中行。是姿稟之近於中行，材料之可造中行者莫此兩般人也。豈與鄉愿輩奄然媚世道終難入者可同日語乎？總之，世人之譏疑狂狷者，在世情上論，夫子之有取於狂狷者，在血脈上論，苟知聖人之所以取狂狷者，非俗情而係血脈，則知夫子不取鄉愿而取狂狷之微旨矣。」

言畢，家君又嘆曰：「大抵擔當道脈，媚世心腸一毫用之不得。吾輩縱莫望於中行，亦正須心事磊磊落落，乾乾淨淨，不失狂狷面目，不入鄉愿窠巢，即便不失生人一點真種子耳。然要之中行亦無不可學而至者，吾輩憤一念向上之志，即便可至於狂；奮一念守身之操，即便可至於狷；更能奮一念有爲有守之志，沉潛剛克，高明柔克，即無不可進於中。行道若大路，人病不由耳。」諸友聞之，爽然心快。張先生亦擊節稱善。

劉子明經問和同之辨，家君曰：「和是與人無有乖戾，同是與人同流合污。左傳中晏子之論尚須推類以盡其餘，乃能得之。然要知辨君子小人者，只在公義私情之間。蓋君子之心審於公義，故待人接物一切視乎公義；小人之心盡是私情，故待人接物一切出於私情。視乎公義，故雖有時似同而實和，如五臣師師，十亂濟濟，同心同德，非不同也，然這等臭味豈可以同目之？故惟可謂之和，而不可謂之同。出於私情，故雖有時似和而實同，如熙寧諸人之新法附和，紹聖諸人之紹述附和；異姓若師弟之衣鉢相付，前後若父子之繼述遞禪。迹若似於和也，然無論其後日凶終釁末，不和實甚。即其初，同惡相濟，乃其本心何嘗有一毫五味均調、八音相宣之意，故只可謂之同，而不可謂之和。蓋和同辨其情之公私，不係乎迹之異同也。爲周爲比，爲泰爲驕，莫不皆然。」

靖子天績問：「子貢欲以鄉人皆好皆惡定人，而夫子以爲不如善者好而不善者惡，真是聖人之言的當也？」家君曰：「誠然，然尚要知夫子亦只就子貢皆好皆惡之言而推明其不如類求之爲公耳。其實，吾輩生百世之後，更歷人情之變，又須知善者好之中正有不必其善者，如趙丞相鼎之於秦檜、于忠肅謙之於項文耀輩是也。有善者不好而不必其惡者，如趙清獻之不知周濂溪先生、蘇文忠之不知程伊川先生是也。不善者惡之之中正有不必其善者，如千古小人之爭名而相擠、爭利而相排、爭權爭勢之傾軋誣陷，無所不至，如楊賈之於恭顯，呂蔡之於安石輩是也。更有不善者好之之中不必其不善者，小人懼禍敗、慕名義，特藉君子以爲聲援，如蔡京之於楊龜山、石亨之於吳聘君是也。江河日下，中間情態益出而益變，吾輩觀人須守吾夫子類求之正旨，而又參以末世情形之變，則庶乎不至失人矣。然非見得理明，亦無由於羣情紛紛之中定真是真非也。故吾輩欲講於觀人之學，又必以知言窮理爲要耳。」

言畢，家君又曰：「所謂觀人以窮理爲要者，亦不必遠徵千古，即如下章君子小人其人品大相懸矣。然只即其非道不悅，便可知其心之公；即其使人以器，便可知其心之恕。即其心之公恕，便可知其人是君子。即其悅不以道，便可知其心之偏私；即其使人求備，便可知其心之刻薄。即其偏私刻薄，便可知其人爲小人。據行事以索心術，即心術以定人品。言之似亦不難，然卻非是平日從義利公私關頭體勘得徹底洞然，則亦豈易當前立辨？故居敬窮理之說不惟可作服民張本，亦正可作觀人張本也。」

一友問：「夫子言善人教民七年，亦可即戎。理自可信，惟是教民作用經無明文，不知可指陳否？」家君曰：「教民之義雖夫子未以語人，然孟子學仲尼之學，則所傳者即夫子之作用。今觀孟子告梁君百里可王一章，謂即此章之注脚可也。蓋善人即發政施仁之人也，教民七年，期間必務於省刑罰以寬民生，薄稅斂以裕民財，深耕易耨以足其食，而盡所以養之之事。亦必於暇日使壯者修孝弟忠信，以作其親上死長之氣，而盡所以教之之事。如是七年，將養之至、教之深，百姓且爲有勇知方之民矣。雖秦楚之堅甲利兵，真可制挺以撻，寧不可以即戎乎？且其他如告齊宣王與泛論者，又不一而足。夫子教民之作用，正可於孟子之言類推而得之。況夫子之言足食足兵，而使民信本，自言約而意該也。」友曰：「孟子之言，以語其作民親上死長之氣可耳，其實，戰陣之間有步伐止齊之法、坐作進退之道，而孟子當日不言得毋以不練之兵，操不選之仗而漫嘗乎？」家君曰：「不然。古之時兵寓於農，兵即是民，吏即爲帥。故四時蒐苗獮狩之法，即所以習步伐止齊之節，坐作進退之道也。當時何國不講於此，而尚待孟子言耶？且孟子言可使制梃以撻秦楚之堅甲利兵，正所以曉惠王使知兵不徒在技藝武勇，而以人和爲壯耳。七國日尋干戈，惠王長日臨戎，又豈不講於步伐止齊、坐作進退者？寧如與我輩書生言必詳於教訓選練之法耶？」

卷四

豐川王心敬爾緝甫著　男　功　謹録

同學諸子參閲　及門諸子　校

下論二

一友問：「憲問恥，夫子以邦有道穀、邦無道穀之可恥答之，則是無道而穀之可恥亦明矣。而夫子卻三月無君則皇皇者何也？」家君曰：「夫子之皇皇非皇皇其無穀，皇皇其無君而道不行耳。」友曰：「即不爲穀，然『有道則見，無道則隱，危邦不入，亂邦不居』者，非夫子之素論、吾儒之家法耶？春秋何時？魯衛何邦？危耶？亂耶？亦可云無道矣，而夫子尚皇皇於無君，何也？」家君曰：「此賢者之家法，非聖人之出處耳。」友曰：「賢者與聖人行藏不同乎？」家君曰：「賢者力不足以轉移世道，非時而出則咎必隨之，故當相時爲行藏。聖人則自量轉移人心之具在我，故不以時世之治亂爲仕止。且夫子自言斯文之在茲，又時時民物之在抱。在茲者不可以力謝，而必欲其四海同風；在抱者必欲其獲濟，而不忍以一刻恝置。今觀其言曰『吾非斯人之徒與而誰與，天下有道，丘不與易』，又曰『君子之仕，行其義也，道之不行已知之矣』，此是何等願力！何等心腸！何等見解！豈與夫爲世道轉移者聽仕止行藏於時會歟？然不合於齊而即行，衛君顧蜚鴻而便行，魯君不朝而遂行。見可固仕，不合即去。接淅而行之，斬截勇決，未嘗不在席不暇暖之日，則又用舍行藏毫無係吝，未嘗不合於賢者出處之正規也。」

一友問：「君子如何謂之上達？小人如何謂之下達？」家君曰：「君子之日進於高明，如登山者由平地直要上至山頂，不至山頂不已。小人之流污下，譬入海者由平地直入海底，不至海底不已。故曰上達、下達。」友曰：「此是上下之取象，不知可實疏高明污下旨本義否？」家君曰：「君子與小人本同一性，同一人也，而必由士而希賢，由賢而希聖，由聖而希天，不與天配其高明而不已，其日進於高明也何如？小人與君子本同一性，同一人也，而日淪於昏昧，日淪於貪鄙，日淪於殘忍刻薄，縱欲敗度，直與禽獸無異，其日流於污下也何如？」友曰：「古言君子小人人品若逕庭，由今觀之，真天淵耳，豈獨逕庭而已哉！第不知尋究根宗，其源本何在也？」家君曰：「朱注已言之矣，根源只循天理徇人欲括之，然天理人欲亦只下章爲己爲人盡之。吾輩立心可不慎歟？」是友復起，問曰：「根源只爲己爲人，則聞命矣。第不知夫子嘗言『君子求諸己，小人求諸人』，是以爲己爲人分君子小人，而至是卻不以君子小人分爲己爲人，而以古今之學者分之，又何也？」旁一友遽起，曰：「這或者是昨某友所謂聖人忠厚，亦是爲小人諱歟。」舉座咸爲之解順。

阮子鳳昌問：「多學而識章一貫之旨，不知與上論傳曾子者有異無異？如以爲無異，昔門人問曾子，曾子指之曰『忠恕而已』。假如有門人問子貢，子貢亦可解之曰忠恕而已乎？如以爲有異，則曾子既借忠恕以明一貫，子貢又將何以解之？又注云『一以知言，一以行言』。雖知行無二理，聖心無二道，亦似各有指歸，敢請夫子爲一剖示！」家君曰：「如吾友之問，深見細心體認，更見識解通明，亦可謂善問矣。顧既知知行無二理，聖心無二道，則所以傳子貢又豈得與曾子異？蓋一有異則便屬有二理、有二道也，但言各有當耳。大抵聖學主腦只『誠』『明』二字，然『誠』者即誠此性善之實理，而行之於身。『明』者亦即明此性善之實理，而知之於心。故就行言，一貫則爲忠恕，以忠恕者盡心推心，此即學問實指歸。而就知言，一貫則亦只此忠恕，誠以古君子之多識前言往行，孜孜不已者亦止求明此理也。況聖人之學格、致、誠、正本屬一貫，聖人之教文、行、忠、信正自一貫。多學而識在學上屬格致邊事，在教上屬文一邊事。格致必貫之誠正，則始爲知行一貫；文必歸之於行忠信，則始爲本末一貫。故夫子之告子貢與告曾子雖語言當自各別，要之必不能外此以爲宗也。」

劉子國泰問：「夫子以多學而識啟子貢，子貢當下以爲然，而旋易一辭曰『非與』。不知子貢一向工夫只在多學路上走，忽被夫子從旁突然一問，茫無所措，故如此云云歟？抑或者始而執泥舊見，既而豁然頓解，故於夫子之問方信忽疑歟？今不知聖人與二氏棒喝機關同歟？否歟？望夫子進而教之！」家君曰：「聖人之學，原是格、致、誠、正一以貫之之學。聖人之教，亦原是博文、約禮、文、行、忠、信合一之教。子貢平日未能會夫子一貫之教，故亦不知夫子是一貫之學。又見夫子常有多聞多見之說，好古敏求之言，遂視夫子爲多學而識之學。夫子覺得他見解止於如此，恐他錯認師學，即終生錯走路途，成一聞見記憶之學也，故呼而詰之。蓋當時七十之徒，顏子而外，穎悟莫如子貢，篤信莫如曾子，皆可與傳道之器。而子貢不免汩於聞見意識，失卻一貫宗傳，故夫子嘗以庶乎之回相提而論，又以回使之相提自較，無非欲其反本窮源，識聖門一貫之宗也。而子貢終不能悟，故夫子至此復就當身詰問，欲以迎機開導耳。子貢則始而不離舊見，故對曰『然』。然其人畢竟聰明過人，一返衷檢點間，又覺得夫子之學豈止於此，故轉一語曰『非歟』。方信忽疑，終是胸無定見。然方信而即疑，亦是悟機將闢，可迎機而直示之時也，故夫子直決之曰：『非也，予一以貫之。』是則夫子始之欲啟其機，而現身以試，自是實試之法。子貢自信爲然，自是實見爲然，轉而又覺得非，自是觸境生出一點啟悟之機。及夫子見其悟機將開，而直曰『非也，予一以貫』。自是直截實教，原與二氏棒喝機關邈乎不同，但其不直語之以一貫，而先即身詰問，以見其識而啟其悟。及子貢悟機將開，而後直下指示。此中不無妙用耳，然要之總是實試實示，正不同於二氏啞謎棒喝也。」

孫子復元問：「多識一貫之義，先生雖爲阮劉二子發之，然某心終覺得爲學必先從多識入手，到得多後，然後可言一貫，猶錢必積之多而後可貫。不然將於何貫乎？」家君曰：「某前言甚明，非是謂學不當多識，是謂多識須知以一貫爲歸，即多即一，即識即貫，原無初終始末之異，豈截然分得先博後約之階？如貫錢者得一個即貫一個，得十個即貫十個，但得即貫，雖積至千貫萬貫，而貫貫皆有頭有緒，然後不至淩亂無統。如此，則雖學盡古今之事，識盡天下之理，總是滙歸一原，多乃不爲泛騖無益，學乃不屬支離瑣碎耳。且多既不爲泛騖無益，學既不屬支離瑣碎，則所謂多學而識者，自不得復謂之多學，而謂之一貫矣。七曜總歸一天之明，四瀆統成一海之水，千古聖賢易簡精一之宗，所由異於聞見湊泊之學，亦復别於寂滅虚無之教也。豈謂學者但當事一，不當事多耶？若但事一而不事多，則又是有索無錢，不知貫個甚麼耳。大抵多識一貫之辨，古今學術毫釐千里之差，不特聖學俗學辨於此，即吾儒、二氏俱辨於此。諸友有志此道，不可不反身體認也。」

靖子天續問：「君子義以爲質，而禮行孫出信成，無所不到。不知君子是比義到精熟，處行出成一時俱中乎義，中禮孫信之節耶？抑是平日義禮孫信根於心，到遇事時便取之左右逢其原耶？」家君曰：「子能會得『義』字通徹，明得君子心體無所不貫，則謂君子比義到精熟，處行出成一時俱中乎禮孫信之節也固得，即謂君子義禮孫信根於心，遇事時便取之左右逢其原也亦得。」靖子未達。家君曰：「只此一心一理，從其有裁制而合宜曰義，從其由節文而無過不及曰禮，從其節文之委婉遜順曰孫，從其徹始徹終真誠无妄曰信，故禮、孫、信謂之皆義中自具之條理可也，即謂之一心之全德亦可也。君子精義之學，直是於義之徹首徹尾見得透行得到，故但遇事時即本義爲質，而行出成咸中乎義中節文婉順真實之宜，故謂君子到精義時，一時俱中乎禮孫信之節，固爲得之也。又禮、孫、信與義異名而同原，則禮、孫、信與義自異用而同功。君子平日胸中五常四德活潑潑充滿於心，故遇一事而義、禮、孫、信一一奔赴，無不合來成一統備之體，即謂義、禮、孫、信平日根心，到遇事便取之左右逢其原，亦爲得之也。然這裏須有精義入神之功，成性存存之養。到得義、禮、孫、信真能根心而生色時，則或彼或此，無不可通。不然以禮、孫、信俱爲義之條理，一到俱到者固涉顢頇，即義、禮、孫、信爲左右逢原者，亦涉支離湊泊也。」

屠子用觀問：「『君子疾沒世而名不稱』，或以爲是疾沒世而無名之可稱，或以爲是疾沒世而名不稱實，二義孰長？」家君曰：「據愚見，朱注疾無名之可稱於義自長。蓋疾沒世而實不稱名，是爲徒騖虚名不求實際者警戒，雖亦教人崇實之義，然細玩此章文義，及參以夫子論齊景公、伯夷、叔齊之旨，則疾無名之可稱自覺於章脈爲合也。所以然者，聖人雖不貴無實之名，然世正未有名不以實得之理。沒世而名不稱，則無一善狀，而平日無一爲善之實可知矣。草木同腐，虛生漫死，可疾何如也？」

夏子力恕曰：「然則先儒謂學者立心，名非所重，何也？」家君曰：「此爲學者立心言之。人生學問人品以此心爲主，若立心以名爲重，則一切務外欺人之事不可勝言，其弊必流爲詐僞無實之小人。故先儒特言學者立心，名非所重。以醒覺之，即先儒解此章，爲實不稱名者戒之之義也。然詳觀古聖帝明王上聖大賢持世立教之旨，則皆不肯說壞名字。蓋賢者以上須教以鞭辟近裏，然後可以盡性至命。顧當世悠悠，千百爲羣者皆中人也。中人則非名不足以激勵而鼓舞矣。故持世立教率以中人爲衡，而亹亹以流芳遺臭之旨打動其頑懦鄙薄之習。是故理重名理，人重名人，教重名教。細推之，而臣重名臣，更重名世，儒重名儒，士重名士，言重名言，論重名論，而復以博雅秀穎總謂之名流。至若禮義之國，則稱名邦；世德之家，則稱名門；文章學問之家，則稱名家。又下而至奇異之山，亦推名山；淵潤之水，亦推名水。先聖昔賢經游流寓之地，且爲名迹。靡不尊尚名稱，以勸末俗所由。聖人之教，通乎中下，固不以盡性至命無爲而爲之事概責中人也，故『名』之一字未可抹殺耳。且以名立教，其流弊特使人騖名耳。然名下皆善事，務乎孝之名，亦必實盡此孝之事，斷未有不孝而得孝之名者；務乎忠之名，亦必實盡此忠之事，斷未有不忠而得忠之名者。且即如吾友欲作名儒名士，亦必法言矩行，博聞廣見，以求盡乎其實，然後吾黨皆以名儒名士之名歸之，則是人生但知好名，必且與忠孝節義事孜孜爲之，亦且於貪鄙苟賤等事必畏避不爲，而其人即爲風俗世教攸賴之人矣。若使天下皆知好名，則人人必且顧惜名節，而四海統成一忠孝節義之區，不亦天下太平，戶皆可風乎？若將「名」字一概抹煞，不惟無以勵中人持世教，亦且使嫉賢妒能者不難一網打盡善人君子也。漢宋之故輒不可鑑耶？雖然不肖所言乃以語是章之本義及持世立教之旨耳。若吾輩既知從事孔孟，則斷當以盡性至命爲歸，正不可徒騖虛名，忽前賢實不副名之訓，見疾於爲己君子爾。」

萬子繩祜問：「以孔子之聖不特叔孫輩不知，即子禽輩久學聖門而亦不知，何耶？」家君曰：「此正孔子之聖處。」

萬子曰：「日月無人不見，仲尼既如日月，而親炙者竟不能知，將所謂如日月者何在耶？」家君曰：「凡人識見必與之齊量，然後能見其人，即不然，而相去不遠，亦尚能見得幾分。仲尼之道直是去人敻絕，非大賢以下之能知，故不特子禽輩知之不盡，即子貢自以爲知足知聖，亦終是知之不盡耳。正如日月雖人所見，然無論升沉盈缺之所以然，終古無能知之人。即運行疾遲、氣盈朔虚之顯數，講究來不知幾千萬年，亦不知幾多智計之士，而究之以歷試之死法捉活潑之日月，而差法久近多寡之故，亦且逾時輒變，是不知者固日戴日月，而不知日月，號知日月者，亦特得其大略而億，孰是真知日月者？夫子之道，子貢輩學之未至，寧能知之驟及耶？且使子貢真有知聖之識，夫子亦不對之生莫知之嘆矣。」萬子曰：「子貢知仲尼如日月之不可窺測，則亦知仲尼矣，何爲不知孔子耶？」家君曰：「終是望洋之嘆，徒驚駭其規模廣大高明已耳。何嘗是真見夫子精神命脈，一口道破也。大抵知人最難，從古但屬賢哲邁衆之士不苟合流俗。即日習者亦且疑謗叢生，形聲羣吠。至如夫子道高德深，迥非凡情所能幾及，自然窺測不易，蓋量域於所止故也。」

言畢，家君又曰：「以孔子之聖，萬古昭然其見。而同時者且疑謗交集，即親炙者亦知之莫盡。何況吾輩生百世之後，尚論百世以上古人。年遠時隔，亦復聖凡霄壤，徒從書册上擬議測度，真是隔皮未已，又且隔膜可易言洞知耶？故吾輩欲尚論古人，須平日實下窮理盡性之實學，臨文更加設身處地虚心詳察實功，或者能十得二三耳。不然者，無論知人之具，而比方古人，較其短長，賢哲且不能盡其底裏，況能得聖神心事於一堂耶？」

坐間，一友問：「十九篇終以夫子，而二十篇卻接以二帝、三王道統之傳，何也？」家君曰：「以明仲尼之道乃所以接二帝、三王之統，使其得志當能爲二帝、三王之事，故十九篇末記者序列子貢答子禽得邦家之對。蓋記者之妙於傳神也。是則論語二十篇雖孔門師弟子不得志於時之言行，而實皆推衍二帝、三王之道法心法，以垂統萬世。則雖謂二帝、三王爲唐、虞、三代之聖主，而孔子即千萬世之二帝、三王也。可謂論語二十篇即以接二典、三謨以及三代之誓、誥、書、命也可，且即謂是千萬世之典、謨、誓、告也可。是吾友不覿子貢明夫子之學，而推本於學文武之道耶？文武統承二帝，監於二代，是其道即二帝、三王、禹、湯之道也，而夫子所學實在於此，則是夫子以學文武者學堯舜禹湯，從可知矣。且子思，孔子之家孫，家法淵源由來甚明，而曰『祖述堯舜，憲章文武』，則可明仲尼之道，即二帝、三王之道耳。記論語者敘二帝、三王於夫子之後，其即中庸推明仲尼祖述憲章之大旨。而且以教後之讀論語者，即當作二帝、三王之懿訓讀始爲當也。不然則爲不知言不知人耳。故末章又引夫子『不知言，無以知人』之說終之。所謂記論語者，如鏡花水月，隱映傳神。亦復如元氣充周，流行布濩也。」

靖子天績問：「堯以天下與舜，而其傳授之詞不言用人行政何如。舜以天下與禹，雖益之以危微精一數言，然總是發明執中之旨耳。究之無有他義者，其旨何居？」家君曰：「傳中正所以傳治也。蓋古今無心法外之治法，故王道必本於天德，而孔子告哀公之問政必以明善誠身爲九經要領也。」曰：「然則治法非所用乎？」家君曰：「從善豈足以爲政？然徒法亦不能以自行。禹之法非亡也，禹則興而桀以亡；湯之法非亡也，湯則興而紂以亡；文武之法非亡也，文武則興而幽厲以亡。豈非法不徒恃乎法，而必以心法爲行之之本乎？故王者於執中之學實下惟精惟一之功，將用人行政自無不當，將天心民命亦自無不維繫永賴。是則『中』之一字，心法而治法；執中一脈，天德而王道。堯舜雖曰不詳列治法，而其實深於著明上理之水源木本也。故尚書一書，二帝、三王、君臣、父子之間陳天命之難諶，示民心之難保，慄慄危懼，不啻臨深淵，履薄冰。而中間所諄諄傳授者，則惟欽明誠敬與夫德仁建中建極之爲兢兢。蓋古之聖賢皆洞本達原，故其所以付托責望者胥此執中一脈之宗傳也。由是觀之，後世人主有志於二帝、三王之治者，不可不求其道；有志於二帝、三王之道者，不可不求其執中之一心。得執中之心法，而二帝、三王之治法自不外是矣。故堯舜執中一語，真天命民心之祖脈，千萬世帝王之心法也。豈若毛舉細政而舉一廢百者，可同日語哉？」

旁一友起，問曰：「然則敘湯而下不言執中，而但言用人行政節目，何也？」家君曰：「惟桀紂之心法湮，故其用人行政之治法壞於是，湯武反其行而歸之中。蓋唐、虞、夏后當聖聖相交之際，如人元氣充足，故其治之者亦只以保合元氣爲固本之良方。湯武處夏桀、商紂暴虐之後，如人之元氣傷而官骸現其病。湯武於是反其政事之不中以合中，急則救標，勢所宜然。然治標總是欲其反本還元也，故爲言則異而會歸則同，不獨二帝、三王也，古之聖賢見道皆同，故不敢有心以立異。然其相時甚明，故其竭心思之力對症設方者，各因其時之所需，而不拘於前聖現成之法。如二帝、三王之道法非有不足也，而孔門則言仁。孔門之仁非不足也，而孟子則兼言義。孟子之仁義豈有不足者？而周子則提主靜無欲之旨，程子又益之以窮理居敬之説。蓋其時症之所現不同形，故諸聖賢亦不得仍襲其故方而用之也，然要之期於補偏救弊以歸大中，則千聖有同宗耳。論世然後知言，泥形逐迹，則前聖之心法湮矣。」

言畢，家君又顧諸友而言曰：「即此又可知聖門求仁之學，即二帝精一執中之旨，而千古學術治術原同體共貫也。」友未達。家君曰：「此章總論帝王治天下之寬信敏公，究之即是與子張論爲仁之寬信敏惠。可見古聖賢學術治功初無二理，且由前可悟聖賢學術即體即用，一涉無用便是二氏虛無寂滅之宗；由後可悟聖賢治術即用即體，一涉無體便入霸者假竊冒襲套數。生乎前聖之後，而欲爲學爲治者可以知所宗尚，即論學論治者亦可以知所折衷矣。」

徐子家麟問：「大學結以平天下，所以明大學之全功；中庸結以聖神功化，所以明道之極量；上論結以孔子之時，所以明孔子之聖；孟子結以帝王道統之傳，所以自處於見知之列。至上論終孔子之時中，而下論終帝王道統之傳，又所以明孔子時中之道即二帝、三王執中之道。其命意無不分明。乃下論叙列帝王之後，又終之以知命、知禮、知言之説，而且獨歸重於知，又何也？」家君曰：「據愚意，論語一書蓋孔門記其師弟論道之書也。其終帝王一中之傳者，所以明學術之淵源，而末復叙列孔子知命、知禮、知言之説者，又所以申明學術之要領也。蓋記者善體聖人之意，以爲夫子平日所以立教者文、行、忠、信，所雅言者詩書、執禮，所教人寡過者學易，而總之欲人知德爲君子，知禮以自立，知言以知人，大旨不外此數端而已。故復列夫子知命、知言、知禮之訓以終之，然非知足以相及，則亦懵然而莫知所從事。故論語一書皆知行並重，且中間重行處爲多。而此乃歸重一知，則所以爲初學入德者示從人之路，如大學之必始格致耳。故此章命、禮、言之爲重自不待言，而三『知』字更爲吃緊也，然吾夫子當日只言知命、知禮、知言耳。而至所以知命、知禮、知言之實功，則略而未及。我輩今日尤須仰體聖訓，尋究根原，務求所以實致其知之的詮，身體而力踐之，以求至乎其域，然後可望至於君子知人自立之地耳。願與諸友共勉之也！」

卷五

大學

豐川王心敬爾緝甫著　男　功　謹録
同學諸子參閲　及門諸子　校

靖子道謨問：「以謨博觀五經，自執中之傳始於二帝，厥後三王繼起，雖各有闡衍，然無非本二帝心法爲張本。『學』之一字僅見説命，然亦未有大學一書之綱舉目張，天德王道一以貫之者。程子謂爲孔門遺書，所以示初學入德之門，而前儒相緣謂是孔子傳述古大學教人之法，即朱子亦因之。不知畢竟依何説爲當？」家君曰：「敬自稍知向學時，亦即以此爲疑，其後反覆推勘，竊覺此章是吾夫子上下千古折衷學術治術之源流本末。見得道莫高於堯舜，法莫備於文武。故以祖述堯舜之義，闡衍爲大學一書，垂教後世；而以憲章文武之義，推明九經條目，以啟告時君。程子之言似爲長也。」

曰：「大學如何是祖述堯舜之義？九經如何是憲章文武之義？」家君曰：「吾子不觀尚書之敘帝堯乎？其曰『克明峻德』，即孔子明明德之自來，而亦即孔子格、致、誠、正、修之所從衍，蓋明德未有外格、致、誠、正、修而能明也。其曰『以親九族』，即孔子齊家之所自來，而亦即傳中好知惡惡知美之所從衍，蓋家未有不如此而能齊也。其曰『平章百姓』，即孔子治國之所從來，而亦即傳中即家成教藏恕喻人之所從衍，蓋明國未有不如此而能治也。其曰『協和萬邦』，即孔子平天下之所自來也，亦即傳中理財用人好惡同民之所從衍，蓋天下未有不如此而能平也。至若九經之本於憲章文武，則孔子固自言『文武之政，布在方策』。而其啟告哀公之九經，正屬方策所載文武之政而無疑，故不佞謂大學一書乃孔子祖述堯舜之道法，而九經條目乃孔子憲章文武之治法也。且吾子不觀紫陽之解中庸乎？其解仲尼『祖述堯舜』曰『遠宗其道』，仲尼遠宗堯舜之何道？即宗帝堯『明德親族，平章協和』之道，而衍作大學明、親、止善之道，奉爲宗而繼述耳。解『憲章文武』曰『近守其法□』，如何見仲尼近守文武之法？即言政守九經，與夫從郁郁之文，從先進之禮樂，無一不奉文武之法爲憲而表章之爾，不然亦覺中庸仲尼『祖述堯舜，憲章文武』之旨全無來歷證據也。然又須知孔子之憲章文武仍是祖述堯舜之旨乃得，不然則是先聖後聖亦不可言一揆而王之，與帝心法殊有異同矣。」

靖子曰：「如何憲章文武亦是祖述堯舜之義？」家君曰：「文武之九經自身而家國天下，固即淵源於帝堯明德親族、平章百姓、協和萬邦之旨也。蓋萬古只此治法，帝王皆不易，故不曰政而曰經爾。」靖子曰：「由此看來，大學一書是乃天德王道之淵源，內聖外王之統宗，孔子所折衷以垂憲萬世之學術無疑也。而古今相傳謂爲古大學教人之法，何歟？」家君曰：「大約是因『大學之道』四字，謂大學爲古大學，道爲教人之法爾。然古大學之教宜莫詳於唐、虞、三代，而以敬細考其源流，虞廷命契只在敬敷五教，即戴記所載有虞氏養國老於上庠，養庶老於下庠，亦總是敬老明倫之旨。夏商之學，則戴記略言其概。周之學制六典又爲最詳，然明白簡括則莫如孟子。今觀其言夏校、殷序、周庠，皆所以明此人倫，亦可以知三代相沿只以明倫爲要領，固未有大學明、新、止善之旨本末終始秩然不紊，亦復渾然共貫者，則是明倫未始非明、新、止善中事，而明、新、止善之旨實不盡於明倫。謂大學爲古大學教人之法，固不若謂爲孔子折衷學術，祖述堯舜，以垂教萬世之來歷的切也。」

又曰：「觀大學聖經一章寥寥二百餘言中，舉帝王天德王道之精蘊淵源於此，吾儒內聖外王之旨歸淵源於此。即舉俗儒逐末昧本之見，異端溺空遺用之失，霸儒襲用迷體之非，與小成者苟且粗略之弊，亦舉於此勘破，而立之準繩。後世即更有聖人生，亦不能於此加之毫末而損其分釐。蓋自此而千萬世學術治術、道法心法乃融會貫通，歸於大中至正之途矣。故人謂孔子師表萬世之功在於刪述六經，敬竊謂孔子師表萬世之功首在折衷千古學術，獨能『祖述堯舜』，以爲大學一書也。然此以語此書之由來耳。若論窮經取益之旨，吾輩但明得大學全體大用一貫之旨，真體實工一貫之旨。功無偏適，詣必求全，而不以門戶意見之私亂之，即得孔子以大學垂訓本心。若夫出於孔子之『祖述堯舜』與出於紹述古大學立教之旨，此特學者窮理中一事，固於學術脈絡無甚關係，不須苦辯也。」

熊子同義問曰：「學而曰大，何也？」家君曰：「對門戶私小之學言也。自文武遠而世教衰，道術裂，一切曲學意見之學迷學術之大路，盡成旁門小戶入於私小矣。學而盡入於私小，即其人且盡囿於私小。不惟宇宙茫茫，舉天生大人之體段，盡失其本量。即世教生民將何恃賴乎？故孔子首揭『大學之道』四字，所以明學術須學做大人之道也。在昔聖門子夏曰：『雖小道，必有可觀者焉。致遠恐泥，是以君子不爲。』此正親炙聖人，而有得於吾夫子言『大學之道』四字義者也。」

一友曰：「然則大學之必始於明明德，何也？」家君曰：「大學立體之道也。人生即稟此虛靈不昧，具衆理應萬事之明德，此德原與天地同體而共明。還其體者，是爲大人。無奈氣拘物蔽而昏之者千百其途，昏斯迷，迷斯情欲紛撓，而本來與天地同體者乃淪於禽獸草木而不自覺矣。故欲作大人者必實下格、致、誠、正之功，以造於自昭明德之域，斯大學之體立，而大人之本體始立耳。」

一友曰：「然則又在親民，何也？」家君曰：「大學達用之道也。天生兆民咸有恒性，故明德者我與民共具之性靈也。一自自私自利者從形骸分爾汝，斯民之昏明乃盡聽之民習，而漠然不顧。民德日迷，而天地間一體天地民物之大人亦鮮矣。故要做大人必須以格、致、誠、正之功，實歷諸家國天下之間，而不以齊、治、平之事，姑聽諸家國天下之人，則吾德乃大明於天下。斯吾身乃合天下以爲體，而不愧先知先覺之任爾。蓋明德原合民物爲一體，則欲明吾德者自不容不一體萬物也。是則大學達用之道宜然，即大人萬物一體之分量於斯始滿爾。」

一友曰：「然則明德親民必要之止至善，何也？豈明德親〔一〕民尚有不合至善之慮？又豈明德親民者尚有不知止善之弊歟？且大學此篇先生以爲孔子『祖述堯舜』之義，堯典兼明親固然矣。初不及止至善，而孔子益之。將所謂祖述者何在歟？」家君曰：「爲不知者言之，故必備然，亦正『祖述堯舜』之義也。蓋本吾知能之良，以實明明德，明德豈有不止至善者？推吾明德以新民，新民豈有不止至善者？然此等精詣必曾下格物致知之功，以臻於定、靜、安、慮之境者乃能知之。而斯世悠悠，誰是能下此實功者？故不特無志大學者茫然於此旨無聞，即有志者或且以獨善爲明德，而無與親民；或且以兼愛爲親民，而不本明德；又或知明新之不可偏廢，而不知本末先後之序。夫明德而不知合親民，以爲明是有體無用，即屬迂儒與佛老之明德，而非大人止至善之明德親民。而舍明德以爲親，是有用無體，即屬霸儒與墨氏之親民，而非大人止至善之親民。知明德之必宜親民，親民之必宜明德。而不知本末先後之序，以臻於知止知本之地，即子莫無權之止善，而非大人止於至善之明親。故雖知明知親而尤以格、致、誠、正、修、齊、治、平，物當其則，事合其式，爲大學歸宿之地，大人會歸之學也。然要之前三者之爲病生於淺學之不知，故無有一可。而當時之士習與後世之人心，吾夫子固逆知其舉不能知此也，故言明明德可以盡大學矣。而又必合親民之作用而言之，曰『在親民』。言明德親民，而本體作用俱在是，足盡大學矣。而又必合要歸言之，曰『在止於至善』。總之，是爲不知者說，故言不得不詳，義不得不備爾。至謂堯典之不言止善，不知欽明、文思、安安之運於明德、親族、平章、協和中者，固即止至善也。大學之定、靜、安、慮運於格、致、誠、正、修、齊、治、平中即本此耳。特是大學言大人之學，學術以誠立體，故定、靜、安、誠之義居三，慮則誠自能明之。事僅於四境中居一，堯典言君臨之德，君德以明致用，故明文思明之義居三，而『欽』之一字則屬精神之主宰，亦僅於四德中居一，以是大學、帝典有不同爾。然其實定、靜、安亦只是欽之節度，慮則屬明、文、思之握機，而得止之旨即安安，而『光被四表，格於上下』總括之義也。且大學以定、靜、安、慮、明、止至善之內境，以知本末終始先後之序爲止至善之節候，則亦仍是明峻德、親

〔一〕「親」，原作「新」，疑形近而訛，遂改。

九族、平章百姓、協和萬邦相因之序爾，故曰『在止於至善』，猶是『祖述堯舜』義也。」

屠子用謙曰：「然則得止之必始於知止，知止之必歷定、靜、安、慮而後得，何也？」家君曰：「定、靜、安、慮，至善之節度，而止至善之符契也。非知無以明其機，非歷定、靜、安、慮，無以驗其得，故知止乃能得止，而實造乎定、靜、安、慮之境者乃得止也。」曰：「然則先儒言定、靜、安、慮有節次而無工夫。夫無工夫，經何以歷言而後能云云也？」家君曰：「學至知止，不惟前面有格致之功，實是前面有誠、正、修、齊、治、平之功，蓋止即至善，非格致之功實不能明此止之當然，然非誠、正、修、齊、治、平之功實，亦不能身至而知其所以然也。故知止之時，格、致、誠、正、修、齊、治、平實工已用之於前矣。一旦而豁然貫通，直至知止之地，自然內境凝澄而清明，定、靜、安、慮相因俱到。蓋定、靜、安只是中道，不容二也。故初以知行並進而知始真切，及知真切，而心自誠明。原是一時俱有，不分四境。而必言而後能云云者，蓋言其候之所歷，自不容紊，猶自得之必歷居安資深，而後言左右逢原爾。然味其始於知止，而得於能慮，則是止至善之境，亦只是始終一明德之功到表裏明徹處也。」

萬子繩祐曰：「然則第四節又結之以『物有本末，事有終始』，而更不言止善，且終之以知先後〔一〕則近道，何也？」家君曰：「亦所謂爲不知者言，故必欲其明而仍以明得止之必由知止，且以起下文先後之義也。蓋大學之至善就內境言，只是到得定、靜、安、慮而即得；就功序論，亦只是知所先後而近道。故物合其則，事當其式，先所當先，後所當後，即止至善之實地也。然首節言在『明明德』，而後言『在新民』，其實『物有本末』之義，不言已具次節。言『知止』云云，而後能得，其實『事有終始』之義，已具本末終始，其實先後之道已具。而至此又明結之曰『物有本末，事有終始』者，則吾夫子慮不知者容淆於下手之次序，故其言之不厭詳明乎？又曰『知所先後而近道』者，則以道即大學至善之道。而必以知所先後而近，

〔一〕「後」，原作「后」，疑誤，今據上下文義擬改。

是又終上文知止後得之旨，而又以起下古人知先知後之義云爾。」

胡子文垣曰：「知先後而道已近，大學之體段節候已甚明矣，而必歷引古人八目之次序，何也？」家君曰：「亦是爲不知者言，必實之以人，始信其理，必盡其詳，始明其蘊，所以終『知所先後』之義耳。蓋觀於『古之欲明明德於天下』，而知明德原合天下以爲量，故古大人即欲明明德於天下以副其量。後之平天下者，雖欲不好惡同民而不可得，且即『大學』二字益可明其來歷也。觀於『先治其國』，而知天下之本在國，則凡欲明明德於天下者，必先於國興仁興讓，藏恕以喻，而後可也。觀於古人『欲治國必先齊家』，而知國之本在家，則凡欲治其國者必先即家成教，先仁先讓，而後可也。觀於古人『欲齊家必先修身』，而知家之本在身，凡欲齊其家者，必先於身，好惡無辟，而後可也。觀於古人『欲修其身者必先正心』，則知心更身之主宰，凡欲修其身者必先於心之忿懥好樂四者俱得其正，而後可也。觀於古人『欲正心先誠意』，則知意乃心之所發，凡欲正其心者，必先於意戒欺求慊，而後可也。觀於古人『欲誠意先致知』，則知知乃意之明覺，凡欲誠其意者，必先知所先後以至知止知至知本之域，而後可也。觀於『致知在格物』，則知知不可以虛致，物乃致知之實地，而凡欲使吾身心意之知實致，而無不明之德，斷在於身心意之物實格，而無德不格。家國天下之知實致，而無不明之新，斷在於家國天下之物實格，而無民之不格。即實物以求實理，務使物當其則，仍即實理以印實知，務使事合其式，而後可也。總之，是推明古人知先之學如是詳，乃是欲後世有明明德於天下之責者，知視效也。」

徐子家麟曰：「然則『格物』之『物』與上『物有本末』之『物』無異乎？」家君曰：「豈有一時之言而二其物者？」曰：「『物有本末』之『物』只指明德新民耳。天下何物非物？何物之理不當格？而僅於身、心、意、知、家、國、天下之物格之，不幾隘大人之知量乎？」家君曰：「敬初亦深致疑於此，其後反覆推勘，竊覺『格物』之『物』既不可與前『物有本末』之『物』頓異，又覺大人之學惟其所先格者，即在身、心、意、知、家、國、天下之間，故其所後得者乃有誠、正、修、齊、治、平之效實。格明新之物，而或略於天下之物者固有矣。未有泛格天下之物，而能洞知明德新民之物者也。大抵凡物皆物，而不可以語此處之物。凡物皆宜格，而不可以語此地之格物。蓋此地是言大人明德新民之實下手處，固不容舍明德新民之實物，而泛指天下之物。欲其不隘，而卻入於泛濫也，故某四十年來竊守物即身、心、意、知、家、國、天下之物之解，格即其身、心、意何以誠、正、修，家、國、天下何以齊、治、平之解，而不敢易爾。」

熊子同義曰：「然則明古大人之知先而後自可知，又必歷推所後，何也？」家君曰：「明所後正以終所先也，蓋學者必明於後之得效如此捷，自當益明先之致功不容緩爾。且義至此，乃覺圓滿也。」

尹子成威曰：「然則大學精義至此，已無餘蘊矣，而又結之以『自天子以至於庶人，壹是皆以修身爲本』，末又反覆致辨於本亂不可治末之旨，何也？」家君曰：「總是爲不知者言，惟恐一義之或漏，致從事者迷於所往爾。蓋前言『大學之道』，繼以援引古人必兼家、國、天下，新必兼齊、治、平，不知者或疑大學爲有位大人之學，而無與庶人之學，故至此。要之以自天子至於庶人，使人知此大學固無一人能外也。前言『物有本末』，又言古人知先知後，修身爲本之義，其於本亂末不可治之義，已自隱然可見，然終未結明格致誠正總爲身設，齊治均平總由身推之義，故至此復總括之曰『壹是皆以修身爲本』。得此一結，然後前邊紛紛頭緒，乃得一大收束。而從事大學者乃曉然知道真有本，學真有要也。然終未結明末之不治，由於本之先亂。故至此又反結之曰：『其本亂，而末治者否矣。其所厚者薄，而其所薄者厚，未之有也。』蓋至於厚薄、薄厚必不可得之旨明，而本亂末治必不可得之旨愈明。即修身爲本與古人先後不紊，知所先後近道之旨益暢然言下矣。然細尋其脈絡，總之，大學以明明德於天下爲本量，以明、新、止善一貫爲體段，以定、靜、安、慮爲止善內境之符驗，以格、致、誠、正、修、齊、治、平爲工夫實歷之條目，以修身爲八目之要歸，以本末終始先後之序爲中間線索之節候，而始終以知爲開關啟鑰之肯綮。嗚呼！大學之道，明明德於天下盡之矣。」

熊子同智曰：「如何以知爲開關啟鑰肯綮？又如何以明德盡之？」家君曰：「大學之道以明德冠綱領，以知止始能得，以知先後爲近道，以格致先八目以知至首七後而結尾，以知修身爲本爲知之至。是一切天德王道與夫本體工夫皆以實致其知爲發端。『知義』凡五見，『慮』凡一見，『明德』凡兩見，明固明義，知與慮亦明義。大學豈非一明明德於天下盡之乎？」

熊子同智又曰：「誠、正、修、齊、治、平之旨，可即明指傳中故實發揮乎？」家君曰：「此是明書理，非是作時文恐傷下也。蓋明書理傳中所言之實事，即經文所言之正旨，外此別下注腳，非虚浮不切，即旨落他岐。不佞以吾子追求實理，故即按下實義發明爾。」

劉子國泰曰：「格物專指身、心、意、知、家、國、天下之物，此義所未喻，不知更可示教乎？」家君曰：「古人看得生人分量明白，覺得惟做個大人乃副天地生人之義；又看得學術頭腦明白，覺得惟實從身、心、意、知、家、國、天下以明此明德乃爲大學。蓋惟格、致、誠、正乃能成己，齊治均平乃能成物成己，內聖之修成物外王之事，故學以合八目，而大人以合內聖外王而大也。是故欲合身、心、意、知、家、國、天下以成吾萬物一體之人者，必須學誠、正、修、齊、治、平一體之學。而欲學誠、正、修、齊、治、平一體之學者，必先致誠、正、修、齊、治、平爲一體之知。而物則此知之實事實理也，故此『物』字恐不容外身、心、意、知、家、國、天下而別生異解，此『格』字亦不容外，即格身、心、意、知、家、國、天下之何以誠、正、修、齊、治、平而另下注腳。蓋走的是誠、正、修、齊、治、平之路，而泛言格天下之物，務小則入於細瑣，務廣亦涉於泛濫。細瑣固非適大學之道，泛濫亦豈適大學之道乎？故格物以即格『物有本末』之『物』爲有倫有要也。然愚見謂然，究不知鄙見之有合經旨萬一否也。」

卷六

豐川王心敬爾緝甫著　男　功　謹録

同學諸子參閱　及門諸子　校

中庸

吳子自悌問統論中庸之旨。家君曰："集注大全發之詳矣，君何旨之問？"吳曰："五經之中性命、道教、天人明行與夫天德王道靡所不具，然多分言其理，而中庸旨意歸諸一貫。何也？"家君曰："此正所謂明道之書也。五經之分言乃各就道之所重，據事言之，原未嘗不一貫相因。奈自世衰教微，學者每沿流忘源，轉相授受，於是日益支離，莫可致詰，而門户之禍且中於世道人心。子思子憂之，乃爲發明一貫之宗。若曰如此乃爲性命，如此乃爲道教，如此乃爲天人明行，如此乃爲天德王道。彼百家簧鼓，割裂分異，未嘗非道之支流，要之於大道之全體大用不融不貫，非所以觀會通而行典禮也。故一一探本窮源，融會貫通而發之，斯道之源流於是始搜剔分明，斯道之精藴於是始昭揭朗徹。仲尼之後，斯道更爲之一明矣。然其實皆推本仲尼之宗傳以示訓，故篇前歷引仲尼之言，而篇末結以仲尼體備中庸之旨也。"

坐間，一友問："二帝、三王一中相傳，而子思獨兼庸言道。何也？"家君曰："兼庸正子思之苦心，所以切於明道也。蓋中之爲旨未嘗不庸，而無奈末學好異，每以高遠言中，而率性謂道；道不遠人之旨，於是晦塞不明，故子思特輯此篇，名以中庸。若曰此道高之位天地、贊化育，遠之治天下、育萬物，而要之皆以吾心之中和盡性，與吾心之智仁勇位之贊之治之，不特行遠自邇、登高自卑，實是遠即在邇、高即在卑。徒求之高，即非道；徒求之遠，即非道也。故篇中前引仲尼君子中庸之說以實之，復引夫子道不遠人之旨以證之。蓋惟中庸乃爲道之真中，惟不遠於人，所以謂之『中庸』也。故曰於中庸名篇，見子思明道之苦心也。」

友曰：「然則體行之法將奈何？」家君曰：「此須清虛其心胸，闊大其眼界，細按其脈絡，切求其精神，而以人一己百，人十己千之心力將之，乃能入其門徑以升堂睹奧耳。」友固請其旨。家君曰：「只此道也，命之自天，率之本性，修之在教，而自其命之天也，吾身此性此道，天下國家、天地萬物亦此性此道。自其率之，性也。內之爲中和、爲明誠、爲仁智勇之三德，由之爲君臣、父子、兄弟、夫婦、朋友之五倫，微之爲鬼神天地之生成，顯之爲三千三百之典禮，體之爲大舜之大孝、周武之達孝。自其修之，教也。其人則舜、回之知行，君子之強，至誠之誠，至聖之明，集大成於孔子之祖述、憲章、上律、下襲。而論其功之綱領則只在於明善誠身；論其功之條目，則只在於學問思辨行實、下學、致曲之事而已。嗚呼！推其極於聖神公化與天地無疆，而修之功只基於下學、致曲之事。中庸之道，真至高、至遠、至卑、至邇之道也。謂之中庸，豈不信然？故吾輩欲奉中庸爲毫釐之差，而千里之謬所不能免。」

又曰：「中庸一書所以發明『體用一源，顯微無間』之理，至此而天人性命、道德經濟乃融會貫通矣。真吾道一貫之宗也！然位育只本於致中和，九經治天下國家只豫立於明善誠身，參天地、贊化育、高明、悠久之功業只原於盡性無息。是其機緘亦只管括於孔子『下學上達』之一言，則又屬大易易簡而理得宗傳耳。五經、四子真相爲表裏，二帝、三王、孔、曾、思、孟真相爲祖禰。求聖道者能於此等處著眼目、探旨歸，即思過半矣。」

又曰：「中庸發端於天命之性，所以原人道之始，結歸於上天之載，所以反人道之終，而中間只歷叙盡人合天之實學實事，盡人合天之實人實理。則謂中庸一書所以盡人合天之學也可，所以明天人一貫之學也可。然盡人而能合乎天，人而能上貫乎天，則中庸之理何如高且遠。合天只在於盡人，貫天只以人貫之，則中庸之理又何如平且實。故中庸一書萬古盡性至命、窮深極微之書，實萬古停停當當、平平常常之理也。只吾輩無明善誠身之功，不能到得真明真誠之域，則便覺得只是窮深極微，而不知其爲停當平常耳。」

又曰：「中庸一書與易相表裏：易是四聖人借天道消息盈虛之理示象以教人，中庸是子思本孔子『道不遠人』之旨教人盡人以合天。易即陰符所謂『觀天之道，執天之行』，中庸即孟子所謂『盡心知性以知天，存心養性以事天』。宋儒所謂『人盡而天還，體立而用達』也。易之教人也，極切極醒；中庸之教人也，極平極實。嗚呼！其於天人一貫之旨至矣盡矣。」

金子理請問：「聞先生嘗言濂溪太極圖說、横渠西銘一書亦皆淵源於中庸，有之乎？」家君曰：「有之。太極圖前半自無極推到化生人物處，只發得天命之性來歷。中間主靜立極只發得戒懼慎獨之旨，而結篇『與天地合德』一段亦只發得中和位天地、至誠配天地之旨。於中庸中原本二三語遂衍作一段範圍三才的大道理，創作一篇範圍三才的大文章。西銘前半篇只推這天命之性原是合天地人物爲一體的意旨，後半篇只推得這修道之教須是明善誠身實盡其性以完天命的意旨，而卻藉意於武周繼述之孝以爲盡人答天實事，則亦只於中庸中探取二三語遂衍作一段天地萬物和爲一體的大道理，創作一篇天地萬物合爲一體的大文章。四子書真如淵海，取之不盡[一]，用之不竭，同於造物之無盡藏也，只視人能取用與否耳。」又曰：「言中不言庸，則賢、智、過之之病不可言；言庸不言中，則愚、不肖、不及之病不可言。故中庸之道真如長安大路，高下賢愚無一人不可由，無一人所能外。先儒謂子思此書所以裁賢、智者，使損過以就中；愚意則謂亦所以鼓愚、不肖，令勉不及而企中也。」理曰：「使賢、智損過就中，其意昭然，如何見得使愚、不肖勉不及企中？」家君曰：「亦只於中庸名篇見之。子思子之明道，所以明千古大中至正之道也。而名其書曰中庸，彼其爲賢、智者裁抑之意，固曰此道中而

[一]「盡」，原作「禁」，疑誤，今據上下文義擬改。

本庸，必盡得庸之實事，纔算得中的實理，不然則過矣。索隱行怪也何爲？而其爲愚、不肖者鼓勵之意，則曰此道非庸外有中，只實盡日用庸常之理，便是聖賢大中之道。非是乃不及也。行習全不著察也何爲？實是高下兼警，中上齊裁，故子思亦引夫子言道之不明不行，由賢、智、愚、不肖之交相病也。特這等明道之書，非賢智不知講明，故於賢智警醒特深爾。」

靖子問：「中庸一書，子思首以發端，其下歷引夫子之言，又其後皆伸己意。何文體之參差也？」家君曰：「看來此書是子思有感於當日百家簧鼓，大道分裂，人心世道全不可言，思欲以中正平常之理力砥狂瀾，故特揭『中庸』二字以開示羣蒙。所謂蕩平正直的坦途，人人能知能行，亦人人易知易行，真千萬世經常之道也。然中自二帝以來相傳，而庸則自仲尼發之。故篇首自述己意，總括大旨以發端；而次即引孔子之說提出『中庸』二字以爲頭腦。下文乃歷引孔子之言，終以己意耳。蓋是自己看得這道理來歷明白，故以意次序孔子之言以明己意，而於孔子言之未盡者又伸以己意也。至於中間遇罅隙處以意塡補，文若不續，其實脈絡貫通，統成一片，則謂中庸一書三十三章實即一章也。然味其前半截多引仲尼之言，而末又結歸仲尼以集斯道之大成，則謂中庸一書是奉揚祖德、繼述聖教而作，亦無不可。」

又曰：「中庸之旨，人人可知可由。但學不至於達天德，則信不能及，徒嘆望洋耳。」友固請達天德之功。家君曰：「實學盡性則庶幾矣。」友曰：「此至誠生知安行事，恐非末學所能承當。」家君曰：「性是君之性，君肯盡則自能盡得。縱是讓至誠以生安，當能幾至誠之知行，所謂知之成功一也。何不可承當之有？」友終以爲難能。家君曰：「既以盡性爲難能，且從慎獨下手，何如？」友欣然而去。家君謂侍友曰：「是友看得盡性難而慎獨易，究之於慎獨脈絡亦未明了耳。獨即性之無對，慎即盡之實功。盡性只是慎獨到恰好通徹處，慎獨乃是盡性的握機扼要處。何得易此而難彼？」

金子理請問：「聞先生有大學、中庸互相表裏之說，果否？」家君曰：「有之。」理請其旨。家君曰：「大學是明此學之規模，中庸是言此道之血脈；中庸得大學而規模整齊，大學以中庸而血脈融貫，故大學、中庸相爲表裏。然其實明德、新民、止於至善，中庸之血脈已函於大學；成己、成物、參天、贊地，大學之規模自具於中庸。中庸、大學實是互相表裏。但大學是發明千聖學脈，爲割裂學術者立之準極；而中庸是發明千古道脈，爲支離道統者示以堂奧。旨各有歸，言各有當耳。」

又曰：「細看中庸一書中前後脈絡，凡性道中和、中庸、一善、德性、天德，皆淵源於虞廷道心之微；凡言明察、擇知、學問、思辨，皆淵源於虞廷之『惟精』；凡言戒愼、致守、忠恕、謹修、篤行，皆淵源於虞廷之『惟一』；凡言致中和、君子時中、執兩用中、服膺弗失、依乎中庸、君子慥慥、無入不得以及盡性無息、純一不已，皆淵源於虞廷之『允執厥中』。而其位天地、育萬物、家國天下之治、人物化育之盡贊、薄厚高明悠久之克配、考建質俟之不謬悖疑惑，見言之敬信悅，不賞不怒而天下平，與舜、回、文、武、周公，至誠至聖集大成之仲尼，皆執中自有之功化，古今求能執中之人極也。說來似溢於十六字之外，會歸實括於十六字之中。子思自述祖德，以爲仲尼祖述堯舜，其實中庸一書皆推本仲尼祖述堯舜之旨，而於前後中便更闡發無餘耳，則雖謂中庸三十三章即虞廷一十六字之注腳也，一十六字之衍義亦可也。然則後學不明於虞廷十六字之旨者，曷於中庸三十三章求之？而疑於中庸之隱深奧衍者，曷以虞廷之簡易明白質之？」又曰：「中庸原道之書，而說來與虞廷心傳淵源印合，可見道無二致，旨皆同歸。先聖後聖，其揆皆一。一有出入，即言言依傍詩書，流入後世門戶之習矣。」

靖子請問中庸首章之旨。家君曰：「此子思統攜一書之綱領以立言，其實三十二章之大義俱於此章包函。打徹此章，即下三十二章頭頭有緒，亦復渾渾聯絡，猶之大學聖經爲下諸傳之統會也。然仔細看來，其實『天命之謂性』三句已包括全章旨趣殆盡耳。」

靖子因請問全章已包括於首三句之旨。家君曰：「此章是爲當時邪說詖行不明聖道者導之指南，故言道必先明性，以性乃道之所自處也。還之天命，而一切三品五性紛紛之説已勘破無餘，即下於穆之命、不貳之物，與性、誠、仁、義、禮、智、德性、天德等義已包括於此也。知性而道乃可言，以道必率之性而始真實中正也。然自歸於率性，而一切九流百家拘虚逐迹之説已勘破無餘，即下中和、中庸、一善、五達道、三百三千之禮儀、王天下之三重等義已包函於此也。言道又必言教，以教道之所由全也。還之修道，而一切曲學異端與法家伯術矯揉牽強之説已勘破無餘，即下文戒懼、慎獨、擇中、守中、明善、誠身、學、問、思辨、行與夫盡性道問學之工夫條目，舜、回、文、武、周公至聖真知力行、盡倫盡制之聖賢已包函於此也。朱子之注曰：「人知已有之性，而不知其出於天；知事之有道，而不知其由於性；知聖人之有教，而不知其因吾之固有者裁之。」又曰：「子思此三句乃天地萬物之大本大根，萬化皆從此處。」三山陳氏亦謂此章乃中庸之綱領，此三句又一章之綱領。嗚呼！其於子思開章發端之大旨可謂深切著名矣。但吾輩讀此三句須於天命之所以爲性、率性之所以爲道、修道之所以爲教的旨歸，一一反上身來，見個端的，乃能自得於心，而知其無一事可以他求耳。不然縱解得明，亦是誦言忘味爾。」

靖子曰：「首三句綱領已盡，卻不直接下章歷引明道之言，而復申之以君子戒懼、慎獨、中和、位育之旨，何也？」家君曰：「首三句之言雖包全而實渾淪，故必須剖析源流功用，令其分明。且道修以教，無教則亦並無道，故下實以修道之功用以終率性天命之義。然道率於性，性不盡亦率不當，故修道之功貴於克滿其量；而欲滿其量，亦只在實盡其性。哀公章所謂修道以仁，即此義也；而不睹不聞之獨體，即此性聲臭俱無而靈明獨照之地。是乃萬事萬理之樞紐，天地人物之根柢，故下又言中以明此性之體，言和以明此性之用，言天地萬物以明此性之同體共貫。而必從這點靈明處戒懼而慎之，此性之本不可離者乃得不離；又必從這戒懼慎獨之功推之以至其極，然後本立道行而有位天地育萬物之功用。蓋性原合天地萬物爲一體，修道者必到位育天地萬物之域，然後完得率性之道，而天命之性亦自我還歸其本量耳。故中庸爲盡人合天之學，而首章已透出天人一貫之宗也。」

卷七

豐川王心敬爾緝甫著　男　功　謹録

同學諸子參閲　及門諸子　校

上孟一

阮子鳳昌問：「孟子之於孔子前儒嘗論之矣，不知其説果能盡允否？」家君曰：「前儒之論各自有見，但以愚見反覆推勘，覺諸儒較長論短未免多從規模上卜度大小，其實孟子之於孔子一脈印合，特其氣象略異耳。譬之天地，孔子太極二五之真精克周布濩，化生萬物於無外；而孟子則日月之在天，能使太極二五之生育者發皇洞達，不令有幽閉隱翳之患。論分量，日月亦太極二五之行生；而論功用，則日月所以發皇洞達乎太極二五之行生者，厥功且無窮極限量也。然此等處非口舌所能擬議。吾輩亦惟是於孔孟心精之所以契合，學術之所以淵源處，默體神會於意言之表，或當有淵然自得之一日爾。」

胡子文垣問讀孟子之法，家君曰：「孟子章句本自明白爽豁，不多假注疏而明，但須探求其一生精神命脈所在，即七篇之大旨瞭若指掌矣。」胡子請問其精神命脈。家君曰：「七篇雖三萬餘言，然言學則主於求放心，言治則本於推不忍人之心。求放心，天德之原本；推不忍之心，王道之根宗。至於中間言性言天，則此心之大本大原；言仁言義，則此心之真體真用；言二帝言三王，則此心之實功實德。力闢告子鄉愿者，所以防迷心陷心之學術；力闢五伯、楊、墨者，所以閑生心害政之事功。而要之此旨本於孔門明、新一貫之宗，堯舜人心道心精一執中之傳也。蓋孔子祖述堯舜，而孟子願學孔子，故一脈淵源印合爾。」

家君又曰：「學術至孔子天覆地載，學術至孟子日朗月明，真千萬世眼目也。」

萬子繩祜問：「孟子平日守不往見諸侯之義，又因梁惠王之招而往見，得毋與素守相違乎？」家君曰：「不往見諸侯者，聖賢自處之大義；卑禮厚幣而往者，聖賢行道濟時之機宜。蓋聖賢本欲以道援天下，但待招而往，則是以道徇人，欲正人而先枉己，故義不可爲，若既遇卑禮厚幣以招而終不往，則是果於自爲而無與於爲人，亦心所不忍。或見或不見，正孔子仕止久遠家法也，故孟子爲善學孔子。」

靖子道謨問：「孟子以仁義對梁惠王而戒其言利，誠防其源也。然至於仁不遺親，義不後君，是言仁義者未嘗不計利也。而漢儒董子則曰『正其誼不謀其利，明其道不計其功』，不知於孟子之言同異何如？」家君曰：「孟子與梁惠王言者，乃是言切梁事，故戒其言利，而未嘗不言仁義之利。董子與江都易王言者，乃是論古之仁人，故告以正誼明道而斷其無謀利計功之心，所謂言各有當，而亦其藥病之意各不同也。何者？七國之病在計利忘仁義，以不利爲利，以本利者反爲不利。易王之病，行事驕恣，而問尤失旨。原止知謀利計功之事，不達正誼明道之功，故孟子、董子各反其問醫之耳。或消或補，對症立方，所謂明醫無死着耳。然要之董子正誼明道之旨，即孟子亦有仁義之旨；不計功謀利之旨，即孟子『何必曰利』之旨。言之婉決若異，而其實同一義也。金侯之言固自得之，獨孟子仁義未嘗不利之意，則淵源於孔子、曾子、子思之旨，旨圓情通；而董子之意則義方詞嚴，於理固自正當，然其語意未至圓通，亦似微開宋儒談理之轍耳。此中爲說頗長，惟誠合善會之可也。」

胡子鳴問：「惠王以喪敗之故，卑禮厚幣以招賢，其意本圖富強之利，興兵雪恥耳。孟子不言貪土地、糜爛其民之害，而但言言利弑奪之必至，又先言言利之害，而後及仁義之利。何也？」家君曰：「此防其源，然亦是隱從惠王之身歷者覺惕之，庶幾易於反正，所謂納約自牖耳。蓋爲中主進言，不開其迷，則向正之志必不堅。惠王方溺富強之利，君臣之間孜孜惟利是言，幾昧梁所自來，正是初聞上下言利之故，啟日前弑奪分晉之禍，故孟子乘其利國之問，惕以上下征利之害。若曰王言利不惟以土地之故，招糜爛喪敗之害，即君臣之間明啟弑奪之機而莫可禁止，庶幾惠王聞之惕覆轍之未遠，知言利之宜戒，然後爲之闡仁不遺親、義不後君之效，或易於醒覺，而幡然易慮改圖乎。然要之至理自是如此，惟孟子見明識達，言下便正理機宜俱透耳，故千古通識善諫莫如孟子。」

夏子力恕問：「或言孟子見梁王在見齊宣之後者，有言當據孟子敘篇爲正者，不知何說爲長？」家君曰：「此等處得實據自好，但既無從質定，且讀書之所貴者在得其宗旨。如讀孟子見梁惠王，便要見所以啟告梁君者是何等機宜。讀見齊宣王，便要見其所以啟告齊宣者是何等機宜。識得齊梁受病深重之由，並識得孟子隨機引導之旨，即讀書處處得益。若此等處無關大義，正不必強所難也。」

徐子家麟問：「梁惠王顧鴻雁麋鹿，此禽荒也，與言利之病豈大相遠。孟子不力辨其非，而反援賢者以爲證。何也？」家君曰：「天理不遠於人情，況惠王中主，固不可盡閉其欲，而但責之以正。且惠王初見孟子時以利爲問，其心侈侈，則宜以害惕之。今曰『賢者亦有此樂』，則其心慚然矣。慚，正可以引諸當道之機，故以文王之能樂者引而進之，使之知所向往也。然引文王之能樂樂，即引夏桀之不能樂[一]樂。言文王之能樂，由於與民偕樂，即明桀之不能樂樂，由其獨樂，則其法戒昭然。可感可懲俱在，於是或先戒後勸，或先勸後戒，正見孟子之通識善誘，初非同世俗逢迎之術耳。」

言畢，又曰：「讀孟子要見其明爽直捷處，更要見其委婉通變處，然其委婉通變卻不在明爽直捷之外。由其見理到得

[一]「樂」，原作「獨」，疑誤，今據上下文義擬改。

精義入神之地，故其爲言四通八達，無一死字耳。後儒正言讜論固自不乏，要之四通八達，孰得似孟子者？」

又曰：「蘇明允有孟韓温醇之言，後之論文章者，每孟韓並言，不知韓子如何與孟子並言。蓋孟子之言字字精義微言，韓子之言十九虚機浮詞。有識者一入口可辨其滋味之淳漓，何得以高銅擬配真金？」

又曰：「孔子之言，字字顛撲不破；孟子之言，字字障蔀盡徹。孟子善學孔子，吾輩皆須善學孟子。下此而各從其性之所近以爲宗法，必於理境有不能盡徹之弊，將千古活理死卻執見之下耳。」

劉子國泰問：「移民移粟中間亦費許多，經營財粟勝於後世之漠視民瘼者多矣。孟子何以一筆抹倒乎？」家君曰：「盡心以實濟於百姓，使之生聚爲尚，移民移粟縱費盡心力，能救得幾何人乎？故爲民父母者必使斯民養生喪死而無憾，乃不至歲凶殺人而民可望多也。然若無經制詳法使老者衣帛食肉，黎民不饑不寒，亦終無能遂生復性，安固其志氣，而休養滋息之加多，故王者必以王道終始，使之豐凶有備，而不尚權宜苟且之術也。然孟子此言固即孔子論保庶以富教遞加之遺旨。孔孟真是淵源一脈，如父子相承。善學孟子即便善學孔子爾。」

吴子自悌問寡人願安承教章連用喻言，似開韓蘇無限法門。家君曰：「然，然其高妙處卻不盡在譬喻，而在譬喻之下，即切指實事。又譬喻處語極峻厲，指實事處語卻含蓄耐咀味，明爽易醒覺耳。如言刃與政同一殺人、獸相食、而民且惡作俑者必無後語，何峻厲也。而言庖有肥肉、廄有肥馬之下則曰『率獸食人』，言獸相食之下則曰『爲民父母』，行政不免於率獸食人，惡在其爲民父母？言作俑無後之下則曰『如之何其使斯民饑而死』。這些處又何等含蓄耐味，明爽易醒覺也。真是法言巽語，隱風明勸，神變無方，全是爲千古作民父母者撰下一卷感應篇。君國子民者能時一誦味，當必有惕然惻然動心易慮而不自已者。用喻之巧，韓蘇時或得之勸戒之切。理到情真，韓蘇如何可並言也？」

熊子同義問：「地方百里而可王，此猶可明。至若可使制挺撻秦楚之堅甲利兵，得毋以不選之仗常試，而不可信乎？」家君曰：「兵之勝負視乎氣，甲仗其末耳。發政施仁之君，培斯民之勝氣於刑罰稅斂之際，養斯民之勝氣於深耕易耨之間，教斯民之勝氣於修其孝弟忠信之日。有不戰，戰則視其君長。如兩手之捍頭目，兩足之供心志。而勝氣盡在於我，寧不可制挺以撻其堅甲利兵乎？然這制挺可撻之說，亦對雪恥言耳。其實以至仁伐至不仁，即東征西怨，南征北怨，筐篚壺漿相迎於道，而前徒倒戈以北矣。戰且不用，矧俟制挺耶？」

又曰：「可使制挺以撻秦楚之堅甲利兵，此惟仁政浹於吾民之心，仁聲洽於敵人之心，使內外遠邇咸戴若嚴父慈母，乃足語此。此須於發政施仁之所以實被於吾民，與實動於敵民處體認親切，乃能洞其機緘，徒從語言解會，無得也。」

語畢，又顧熊子而言，曰：「於此可悟兵家鼓氣之法，又可以悟兵家擊其惰氣之旨。蓋我能發政施仁，則吾民之氣皆朝氣；彼陷溺其民，則彼民之氣皆惰氣。以朝氣乘惰氣，摧枯拉朽，何足喻乎？蓋兵家之言鼓氣者，特鼓之將戰之際耳。尚能乘其惰氣而勝之，若發政施仁之主，其平日所以鼓之者直入其心腹而淪浹於骨髓，其以之勝敵也，寧不可信乎？故曰：『仁者無敵，王請勿疑。』」

靖子道謨問：「齊桓、晉文之事，春秋內外傳所載詳矣，而孟子以爲後世無傳，何歟？」家君曰：「孟子以爲齊桓、晉文之事，後世無傳者，是言仲尼之門羞稱五霸而已，乃仲尼之徒是以不得其傳而傳之耳。然豈真無傳而一未之聞者？蓋是欲奪宣王心之所恃，以王道誘之，故爲此云云也。不然，桓、文事艷傳當世久矣。且孟子熟於春秋，春秋之事則齊桓、晉文也，孟子豈懵懵無一聞者？」

錢子珏曰：「齊宣之問桓、文，是有意於闢土地，莅中國，以朝秦楚而得大欲於天下也。一念不忍，推以保吾之民可矣，何以遂能得志天下乎？」家君曰：「天下雖大，大約士、農、商、賈與欲赴愬者盡之。發政施仁，自然行尊賢使能，俊傑在位之仁政，而足以使天下仕者欲立其朝；自然行廛而不征，法而不廛之仁政，而足以使天下之商賈欲藏其市；自然行時使薄斂之仁政，而使天下之耕者欲耕其野；自然行送往迎來之仁政，而使天下之行旅欲出其途；自然法明令肅，刑清罰當，而使天下之疾其君者皆欲赴愬。仁政播則聞者動心，動其心則歸向自殷，歸向自殷則趨赴自衆。可無用興兵搆怨，而天下之人皆吾人矣。將所謂朝秦楚，而莅中國者，安在不可坐致乎？故不忍一念王天下之神機，而行仁保民王天下之本圖也。不然以七國之勢力均敵，不同春秋之小邦環列矣。而欲以區區兵威振中國而攝秦楚，真所謂緣木求魚耳。故孟子約王機於不忍之一心，真探本之至論，而難求欲於以若所爲，正見幾之深識耳。至中間反覆詰難，務逼王自己認清這點不忍之心。又顯譬明喻，務令王明得這及物之仁，視人宜難而且易；何爲仁民之仁，視物爲急而反緩。則又所謂循循善誘，務令王於本心認得真，推得當，而易於推致也。然民無常產則恒心爲難，邦不本固則善政無基。故篇末又歸重制民恒產，使足仰事俯育。詳定經制，使老者衣帛食肉，黎民不饑不寒，以爲王道之成焉。蓋聖賢之論治大而有本，切而有要。王道本於保民，大業根之一心，所由異於迂士之執泥格套，策士之競尚權謀也。」

家君又曰：「『是心足王』一語，是直將王者保民王天下之道歸根於這一點本心，可見這一點心乃天德王道之根宗。不知後儒言學如何偏諱於言心？又如何輒譏人言心？噫！外心言治，其治必流於雜霸；外心言學，尚可謂有本之學乎？弊亦甚矣！」

熊子同廉問：「孟子與齊梁之君言政，而皆以分田里、教樹畜、興學校爲王道本務，既類經生之常談，兼亦不見變通深識，何也？」家君曰：「立國以保民爲根本，而民生保安於恒產恒心，故王道歸重於富教，令使斯民人人有定宅，家家有分田，人人有蠶桑，家家有六畜，老皆有終，少皆有養，入則皆孝，出則皆弟。王者皞皞之民不過如是，而治即二帝、三王郅隆之治矣。何嫌老生之常談乎？且王道惟其平實確切，所以百世不易。孟子之言雖若拘方執古，然要之是千萬世不易之經常，縱十管、韓，百申、商，豈能出其範圍？彼變通者特於此中權難易緩急耳，豈能變通其大經大法乎？且又須知管、韓、申、商正非所與於王道之變也。」

吴子自悌問：「莊暴章好樂之樂，集注主鼓樂之樂，而先儒多主行樂之樂，畢竟何説最長？」家君曰：「主好樂爲行樂之樂，於下文鐘鼓田獵皆綰合，以爲即好鐘鼓管籥之樂亦自無害。蓋此章但要明得樂無古今，同民即王之旨，曉了分明，便見得孟子之言無不切於天理人情，更無不關於勸公戒私。即千古善言事理真莫過是，何必深辨其爲行樂鼓樂之樂耶？」

旁一友曰：「何以見其切於天理人情，關於勸公戒私乎？」家君曰：「齊王以好樂爲慚，以先王爲不可及，是自己不能禁其情，而究未知王道之不遠人情。迂儒至此，必極言好樂之不可否，則必極辯於今樂古樂之優劣。孟子卻教以與民同樂即好樂，且惟恐其不甚不禁王之好，而且導之以同樂之宜甚，豈非於天理人情無不親切乎？又其爲旨日不問先王世俗，但民心懽悦，即世俗之樂亦先王；民心怨嗟，即先王之樂亦世俗。世俗之樂即先王，即民得其所而民樂，君亦長樂其樂。先王之樂亦世俗，即民不得其所，而君亦不能獨享其樂，又豈不於勸公戒私昭然明白乎千古？又孟子一字一句俱於理境，七穿八透，真令人讀之心開目明，情暢神怡爾。」

又曰：「即孟子此章推之，可見聖君賢相其所以致治者，祇在大公無我，好惡同民。故其功高業隆，後世不可幾及耳，原無異術也。」

又曰：「聖凡治亂判若霄壤，卻只於這一般人情上分公私。吾輩可以悟矣。」

又曰：「舜、蹠善惡之分只善利之間，聖凡治亂之分只公私之異。孟子此等處皆剥皮見骨、剥骨見髓之至論。自謂知言，豈不信然！」

談子有典贊孟子論交鄰章引庸主於仁、智、勇統備之域，説來又無不直截醒豁，真大識見！大開發！聖學堂皇局面也！家君曰：「仁、智、勇乃天下之達德，學問不歸極於此不成學術，治功不根本於此不成治功。孟子七篇中或單言此三德，或兼言三德，或且有言不及於此之處，要之無不會歸於此。蓋此三德孔孟相傳之淵源，亦千古聖賢覺世導迷之指南也，何獨此章爲然！」

熊子同智問仁、智、勇離合之辨，家君曰：「就其分見言之，德足容蓄天下謂之仁，德足審察事理謂之智，德足戡定禍亂謂之勇。若就其一貫言之，仁即智勇中容蓄之義，智即仁勇中明察之義，勇即仁智中奮發之義。而就此章三達德相因之旨論，則有文、武之勇，而不尚興兵搆怨，是爲仁智。有文、武之仁智而善養其勇，是爲大勇。其要只關於安民而已。蓋孟子是真見得上天爲民作君之旨，故凡論治理處無一事不念及於民生，無一義不衷之安民。故交鄰亦歸之安民也。此又其洞本之識，握要之論，匪後儒之所見及耳。」

靖子道謨問：「孟子羞稱管晏，而與齊宣論雪宫之樂，則於景公、晏子津津有餘慕焉，抑又何也？」家君曰：「孟子羞稱管、晏，仲尼門下之家法。又引景公說晏子之言者，引君畜君之善術。蓋前方欲以王道啟王，故鄙薄桓、文爲不足爲；後欲以悦諫望王，故援引先齊景公悦晏子事以動之。或鄙或引，義固並行不悖也。然亦正所謂因勢利導、因病下藥耳。」

劉子明經問：「滕文公時勢危迫，故虚心相問。所貴乎聖賢者，於他人難爲處見幹濟弘略耳。乃孟子之爲滕策者，只強善守死二着，更無善全之策，迂濶之疑恐終難免也。」家君曰：「滕已逼危急之時，實無善全之策，惟有乘敵未至時，勉強爲善，固結民心。到臨急時，效死避難以俟天命耳。如天命不絶，或能如太王少康之困而復興，固爲意外之慶。即不然，君臣上下矢死無二，背城以借一戰，未必不徼敵國之釁。更不然，而國君死社稷，大臣死封疆，士庶人死城守，亦無愧見先君於地下矣。若不實盡能爲之力，守當爲之分，收拾民心，固守封疆，一旦倉皇失措，而徒爲徇人苟延之計，即不特珠玉土地於此立盡去，且安往乎？滅亡終必不免，而坐失自盡之實圖，且無基以徼意外之天幸，天道人事兩失之矣。以此論幹濟，抑孰爲迂濶？孰不迂濶耶？」

又曰：「孟子之爲滕策者，但惟是守正盡分，聽命於天，而毫釐無徂詐之謀者。蓋古聖賢處憂患之道以盡己俟天爲正分，是乃觀於天道人事之終始，惟此爲無可如何中自强善着耳。」

又曰：「觀孟子之爲滕謀者，似無新奇可喜，然要之盡一切游士新奇徼幸之謀舉，不若其正大光明，亦終不若其穩確深遠。所謂見理明者謀素定也。前後三章以爲善爲本圖，以固守爲定分，而以事人避敵爲相時權宜之計，非謂不當事人也。蓋無固守之志，雖盡以小事大之禮，終不免爲寄公之爲。然若無爲善之實，則爲我守者無親上死長之志，亦徒成小敵之堅耳。故孟子決成敗於民心，曰與民守之，效死勿去，而又曰爲善以創業垂統，使爲可繼。蓋當時世難爲之秋，必實圖自固之策，兼盡以小事大之禮，庶幾冀倖於國之可保耳。若如策士徂詐徇人之策，乍見亦似新奇，要之終於自速其亡，而且無益於幸得之存也。」

屠子用觀問：「魯平公見孟子，即無臧倉之沮，能保其見用否？」家君曰：「古今惟高識獨斷人乃能任用英賢。平公以樂正子言欲見孟子，又以臧倉之沮不見孟子，總是胸無成見，步步隨人，腳跟作轉耳。即無臧倉之沮，見孟子不過徒見而已，豈能深知孟子之賢獨斷以用孟子哉？且即孟子當日亦知平公之不能用己，故止曰吾之不遇魯侯云耳。未嘗曰吾之不見用於魯侯也。金侯止於一見之言，良屬不誣。」

卷八

豐川王心敬爾緝甫著　男　功　謹録
同學諸子參閱　及門諸子　校

上孟二

坐問，一友問：「孟子言齊王猶反手，雖曰自信之深，終不無侈張之嫌。如使當路，果能必王乎？」家君曰：「孟子平日濟世心切，而又積窮理、知言、集義、養氣之功，其於當世人心世道之機，興衰補敝之宜，必且通盤打算，故其度德量力，審時度勢，瞭如指掌，而明若燭照，安在不可豫信者？特是世無能用之人，不克卒驗其言耳。然於此可見孔孟當日不獨稱先則古，可繼往開來也。生平所學聚辨問者，原即學此經時濟世之實務，故其學聚問辨之實獲者，即無非經時濟世之實功。合道器於一貫，融古今爲一心，故孔子自信曰『如有用我，吾爲東周』，又曰『苟有用我，期月而可，三年有成』。而孟子亦自信曰『當今之世，舍我其誰』，至此則又曰：『齊王猶反手，事半古人，功必倍之。』蓋惟所學之明，故其自見之明，見時之明，見勢之明，而其自信之明，乃如此也。且吾子不見韓淮陰尚能定取秦滅項之計於未遇之年，諸葛忠武尚能逆料三分鼎足之勢於隆中之日乎？矧孟子以大賢亞聖之偉人，抱天德王道之全學，安在明明時勢有不洞若觀火而言若左券歟？」

魏子永經問：「前章孟子言齊王猶反手，次章即言當霸王之任而不動心，然則不動心固致王之本乎？顧不知不動心，何與於致王？」家君曰：「致王在以德行仁，然所以審時察勢，相視機宜，則在乎智。所以力仁行義，救民水火，則在乎勇。而孟子之不動心，則以知言養氣爲主本者也。知言即智之所自來，養氣即仁勇之自來。智而仁勇，有不於斯民憔瘁之時，洞察饑渴之由，大慰雲霓之望耶？故事半功倍，而王天下猶反手耳。然這脈絡卻淵源於孔門大學之宗傳，其曰知言者即以大學格物致知之功至知性知天之地也，其曰養氣者，即以大學正心誠意之功至盡性至命之域也，而要之細按之淵源於大學之格、致、誠、正，而統溯之即本章孔子之學不厭，教不倦。故孟子直自信曰：『乃所願，則學孔子耳。』」

又曰：「此章文義反覆曲折，故先儒以爲當作五節看，又以爲當作六七節看，其實即首節朱注之解亦已通章血脈貫通已。蓋此章大旨在不動心，而不動心脈絡在知言、養氣，而所以知言、養氣則淵源於孔子。今觀集注之解動心曰『恐懼疑惑』，已透卻知言、養氣經絡。解四十不動心曰『君子道明德立之時』已發卻不動心來歷。而曰『孔子四十而不惑，亦不動心之謂』，已透卻願學孔子之旨。閒閒數語，打徹前後，更無扞格不通之處，亦可謂簡言扼要矣。解經得此手筆，真心細如髮，眼大如箕也。漢唐以來，經解多矣，何得有此精透！」

夏子力恕因請問：「通篇作五六節之旨，先儒言之矣。但其細微曲折之故，不知尚有可出前人注疏之外者否？」家君曰：「解經如飲，海量大者不過多飲得少許，豈便能盡海之量？前人解經，各就一時之所見以爲言。無論人各異見，不能盡同，即使本人閱時而更加注疏，亦且益引益長。且如孔子之聖，讀易洗心，而十翼十篇日新月異於韋編三絕之餘。今觀乾坤二卦之彖、象、文言，再三推詳，初不相襲，亦可見矣。不佞縱有疏解，何敢謂稍出前人之外？亦不過就自飲於海者言之相正耳。謹按首節，先儒之解曰『言已當大任而不動心』，然曰『我四十不動心』，則不動心內已含知言、養氣之脈，『四十』字內已含願學孔子之脈，即使丑不重疊，請問孟子更不一言，而全旨固已包涵於此也。」

「次節自夫子過孟賁至守約，先儒之解曰『大概言不動心之有道』，然此『道』字只可作法字看。以黝舍之養氣自爲其法，而不同於曾子之守約合乎正道也。若其中間條理之詳，則言黝主敵人是以勝人爲主，舍專守己是以自勝爲主。論其所守，則守己者殊有把柄。若較以曾子之所守，則不論人之多寡強弱，而但審己之理直理屈，不在與人勝負之迹，而在方寸無累之天。往固勇，不往何必非勇？縮與不縮，往與不往，總之，權度主張在我之爲尤約也。前面言黝之勇，不如舍之勇，乃是以血氣較血氣；後面言舍之約，又不如曾子之約，乃是以血氣較志氣。而其引北宮黝、孟施舍者，因丑言孟賁而推類也；引子夏、曾子者，因丑言夫子而自況也。以北宮黝比子夏、孟施舍比曾子者，因丑言夫子過孟賁並形也；以勇士比賢者，以血氣形志氣也。究之黝何得似子夏，舍何得比曾子哉？使舍而可比曾子，又何有守氣守約之辨、舍之守不如曾子之守之評乎？」

「三節自『敢問夫子之不動心』至『反動其心』，先儒之解曰『言告子之不動心而斷其失』。蓋操心而使之不動，如操舟者不能使之不受風，亦不能使之不逆行。但得舵柄在手，而無往不穩，即爲安舟。又如操兵者不能使之不乘人，並不能使人之不我乘。但得兵符在我，而無往可亂，即爲治兵。而告子則徒知不得於言而求心之足以動心，而不知言之不知適足以疑心使動也。徒知不得於心而求氣之爲心動，而不知氣之不求適足以撼心使動也。硬持一不動之死局，究之陷心成不靈不貞之癡物浮物，且即其費力把持處，此心已動而不自覺也。故告子之不得於言而不求心固不可，即其不得於心而不求氣亦不可爾。然究之氣之所以暴，只是志之不能持；氣之動心，只是志之動氣。蓋志爲氣帥，相因之勢固然也。特因告子『勿求於氣』之說有似乎置氣，故爲是志氣並列之言耳。善讀書者，會其源流之所以然，兼達於立言之不得不然，可也。」

「四節自『敢問夫子惡乎長』至『不易吾言矣』，先儒之解曰『言己之不動心所以異於告子者，在知言、養氣』。今就其中細分之，則知言、養氣之解如朱注之說，曰：『知言者，盡心知性，於凡天下之言，無不有以究極其理，而識其是非得失之所以然。』善養浩然之氣者，氣之充體本自浩然，失養故餒，獨己爲能善養之以復其初。『惟知言，則有以明夫道義，而於天下之事無所疑；養氣，則有以配夫道義，而於天下之事無所懼，此其所以當大任而不動心也。』夫知言曰明夫道義而無所疑，養氣曰配夫道義而無所懼。言內皆貼合道義，既使下文精髓透露於此。而知言曰無疑，養氣曰無懼，且與首節注中疑惑恐懼之旨映合關照。解疏之精融透徹，直可使此節之大義微言和盤托出而無餘矣。然尚須知理明而後氣能浩然，則知言爲養氣之要。惟氣真能配道義，而後見理益真，則養氣尤知言之實。知言、養氣名雖二事並列，實則一體相成，所謂一集義而知言、養氣舉該者此也。而其以知言養氣明不動心之實，則亦且與大學之格、致、誠、正淵源相合，又已見願學孔子，而真能善學孔子也。」

「何謂浩然之氣節？ 注以爲孟子先言知言而丑先問養氣者，承上文方論志氣而言。而愚意竊覺先問浩然之氣者，固以承上志氣之論，而亦覺一旦乍聞浩然之氣爲平日之未聞，亦從其心之急欲聞者問之也。下節剛大塞天地，言乎氣之體段配道義；無是餒，言乎其氣之根柢；集義、有事勿忘、助，言乎其直養之功候。而要之氣盈兩間，根本道義，而含於人心。心無私曲曰直，直即道義之本體。集義有事之直機直養，則正、忘、助之悉屏，而真性常存，道義流行。吾身之氣與天地通，天地之氣與吾身通，自然中和位育，修己安人，上下同流，而塞乎天地爾。若無是，則行尸走肉，此身渺乎天地之一物。小小是非利害，即危疑震撼之不免，矧當霸王之大任重責乎？孟子有善養之功，此孟子之養氣異於告子之勿求、而當大任、而不動心也。至若審察詖淫邪遁之病，洞知蔽陷離窮之心，淺深之辨不淆，而終始之因悉徹知，生心害政之必然達，發政害事之必至，聞其議論，而得其心曲，見其設施。」

「自『宰我、子貢善爲說辭』至末，或從中分爲二節，或作一節。先儒之解曰『自宰我至學孔子，言己不敢當孔子，而願學孔子。』自伯夷至末，則見孔子之盛於羣聖，以見其所以願學。要之或作二節看，或作一節看，總是明願學孔子之所以然，無足置喙也。惟是孔子之盛於羣聖在事功，而事功之所以盛，則由仕止久速之無心。蓋其以忘助悉屏之行藏，成浩然充塞之軌範。千萬世有孔子，真是太和元氣，同於天載之聲臭，俱無爲元氣之祖、羣言之宗也。而孟子獨能當戰國邪說橫行之時，篤信而尊奉諸羣聖之上，毅然矢願學之志，則即此一段知言之識，浩然之勇，豈不與孔子不厭、不倦之智仁脈脈印合乎？故雖不敢自當於聖，而其學問源流隱然一孔子，而功高百世矣。章脈至此，真覺如萬壑朝宗，而四十不動心之血脈於此愈覺分明矣。又即以歷舉羣賢列聖之詣、三子尊聖之言，源源委委，總於孔子發揮得昭若日月。其知言之實驗，又孰詳於此耶？則謂此章爲孟子自明不動心之由來，而即爲自敘見知孔子之實歷可也。但非真能善學孟子，有只知言、養氣之實功，亦恐無以得其精神命脈之周流貫注爾。嗚呼！後世安得更有如孟子知言之人，善學孟子爲吾道繼往開來，如孟子願學孔子以承前聖之統乎？」

屠子用賓因請問：「公孫丑聞孟子『齊王猶反手』之論，即信其由此霸王，不異識亦明矣，而復推求其心之動否，何也？」家君曰：「天地間一切大功大業，何事不由心造？當機而扤臲，必其素無涵養也。古來師弟之間，皆以逐事逐理探索其底裏，爲窮理之資，故公孫丑因齊王反手之説而直窮其心之動否。蓋其平日聞孟子本心、操心、存心、養心、盡心、求放心之旨不一而足，故至此直欲得其心之所主者何如耳。然細考孟子之門，獨公孫丑善問也。如公都子萬章之徒，無一事不窮究到底，而發其師旨之欲言，這便是能助其師之人。能助其師，即孔門起予之人。先儒往往謂孟子之門無人，亦未允也。」

「然則丑聞孟子四十不動心之言，而贊其過於孟賁之勇，何也？」家君曰：「這是言當這樣大任，而有這不動心的力量，其強立真有過人者。」

友曰：「觀其後[一]邊言動心，直須知言、養氣，不動心豈易言哉？而曰是不難，何也？」家君曰：「不動心有是不是，若不論是不是，而但曰不動心，則強制者亦能之，故下文曰有道而此處應以不難耳。」

「然則北宮黝言養，而孟施舍則言之所養勇，何也？」家君曰：「黝雖好勝，然一遇勁敵，勇未必全，故雖養勇而無所以養也。舍勇不如黝，而能別立主張，不主勝人而主己無懼，有所以養者，故曰之所養之也。然吾不敢執此爲是，或者孟子到此文義，亦只順手寫去，初無深意，亦未可知。」

「然則以爲孟施舍似曾子，北宮黝似子夏，何也？」家君曰：「似者，似是而非之似。將辨告子之似，先言黝、舍似二賢，與夫子過孟賁相應也。」

「然則二賢非勇而爲勇，何也？」家君曰：「其學力涵養固有自勝之強也。」

[一]「後」，原作「后」，疑誤，今據上下文義擬改。

「然則黝、舍之氣象何以似二賢？而二賢亦何以爲黝、舍似也？」家君曰：「吾嘗聞朱子與郝子之論矣。子夏篤信聖人，學詩學禮，文勝而反約之功疏。北宮黝主於勝敵、殺人、侮人，而自守之主亂。故子夏爲君子儒小人儒未免出入，而黝勝則伸，不勝則屈，終難自保，黝之所以似子夏也。曾子反求諸己，未必日省皆得，而自反則本立，孟施舍不必皆勝，而堅忍則氣定，舍之所以似曾子也。」

「然則曾子所述有縮不縮、往不往，而以爲大勇，何也？」家君曰：「非據其事而言，乃約其理而言，所以破孟施舍無懼之爲小勇耳。蓋小勇硜硜而強執不反，大勇圓通而應變無窮，故其有往有不往，行止若有勇怯，而其無適無莫，實從容而順應，則尤所守要約，而爲大勇也。」

友曰：「氣之主宰即志，志之運行即氣。孟施舍所守是氣，曾子所守亦是氣，而以爲舍之守氣不如曾子之守約，何也？」曰：「孟施舍守氣於氣，氣不根志，其無懼也，強制而已，故但可爲守氣。曾子守氣於志，氣由理生，故其氣也全轉爲志，而所守真爲要約耳。總之，守氣者努力堅忍，守約者精一執中。氣同，而爲志氣、爲血氣不同，故守同，而爲守氣、爲守約不同也。」

「然則知曾子之守約，則知孟子不動心之自來矣，而丑復以告子與孟子並問者，何也？」曰：「告子當時亦以不動心聞於世，故丑以告子、孟子並問。而孟子亦以告子之強制其心異於己之自然不動，故其辯之爲獨詳也。」

「然則謂告子之『不得於言，勿求於心；不得於心，勿求於氣』俱不可，何也？」曰：「言，心聲；氣，心用。同條共貫，得則俱得，失則俱失，非可擇而守之，護此置彼也。若告子謂不得於言而求心，只滋憧擾，故不復求通於心。不得於心而求氣，益動其心，故即屏氣休息，不復求之於氣。是但知此心之貴於安靜，不知言之不知，而徒強制其心，是使此心安於冥然無覺也。氣之不養，而徒護持此心，是使此心終藏愧怍也。無論遺大投艱之不勝，即其羣疑滿腹，衆難塞胸，一旦稍際盤錯，惑心懼心且交馳胸中矣，故告子不動心之道真無一可也。」

又曰：「告子亦知心是身之主，不可教之使動，卻不知廢不得知言、養氣之功。而只以強護此心，令之外緣不入，內緣不出，圖得這心安寧，便以爲得力耳。其旨與佛氏幻空一切近，卻不知在佛氏出世之旨尚可用，而在吾儒經世之中則萬不可用，不特不可用，亦萬不能行也。蓋吾儒日周旋應酬於人倫日用之中，而先麻木其應用之主，不令知覺，不得從容，亦安有一可乎？故告子之不可者固不可，即所謂可者亦終不可。而下文辨志氣相須之説獨詳耳。」

「然則志至氣次之旨，有集注之解，又有以至次爲到隨之解，果孰爲長也？」家君曰：「此明志氣之一體相須，正所以見勿求於氣之必不可耳。蓋世人心喜而顔怡，心怒而髮指，心哀而淚出，心樂而體暢。志之所之，氣即隨之，故志爲氣帥，氣爲體充，志至而氣即次。志氣既就三軍爲喻，則至次即以到隨爲解，於義覺長。然但明於志氣體用本末，一體相須之旨，則或彼或此，固無不通，不用深爭也。」

「然則勿暴其氣之旨何謂也？」曰：「志壹固足動氣，氣壹亦足動志，欲使此心恬貼乎道義之中，須養其氣，有和順從容之意。氣不暴戾，而心乃適還其明定之天耳，故勿暴其氣。內要明得會集義直養之功，屏正心助長之病，始爲圓滿也。然要之心能主敬慎獨，便是集義有事，而此氣自無陵暴之失。氣之無暴，亦只是持志之功得其當耳。無暴之説，特因氣之不可勿求爲言，卻不可與持志截然分二功，別二候也。」

「然則先生言知言爲養氣之要，而養氣乃知言之實，何也？」曰：「心者，氣之靈；氣者，心之運；而言則心之聲，而氣之發也。學者必平日有格物致知之功，然後有意誠心正之境，故心廣體胖，非知至意誠者不能臻。然養氣至心廣體胖之候，則於道理益有精明洞徹之益，故知至知止得諸意誠心正之後者爲倍真。知言養氣名曰二事並列，實則一體相成也。」

「然則既言難言，而下文又歷發其剛大塞天地，配道義，而無是餒，何也？」家君曰：「言人之五官者，可實指其爲耳目口鼻心思；言人之五臟者，可實指爲心肝脾肺腎，以其有形象可指數也。浩然之氣，何形何象乎？而可易言耶？故雖善言者終不能實指其形象之所以然，但可略言曰剛大配天地、直養塞天地而已。是，氣配道義，無是，則餒而已。究不能於其形象實指一字，而但使人於自己直養時識取此盛大流行之體段根柢耳。」

「然則浩然之氣由集義生，非義襲取，且上言配道義，至此集不兼道而單言集義，何也？」家君曰：「養成之氣可以配道義，而養之之始則實由於能集義。蓋必平日持志帥氣，誠意謹獨，無爲不爲，無欲不欲之心，慎持於動靜常變之途而不少變，則義集。義集然後志氣清明，心廣體胖，而浩然之氣充塞乎天地之間，初非可掩襲行義之迹，而虛張以取之也。不然，反諸心，而素行一有不慊，所稱道義者爲強配，亦終於餒耳。至若上言配道義，而到此單言由集義者，道者大公之義，而義即有裁制之道。就天地間之流行言，則可兼言道；就斯人之應務酬酢言，則不妨單言義，其實義即兼乎道而爲言耳。」

「然則集義之必有事宜矣，而又曰勿正心，曰有事勿正心矣，又曰勿忘、勿助長。且程子於『正心』作句，而朱子乃將『心』字連下讀，何也？」曰：「四句只以完直養之義也。蓋氣之所以能配道義而塞天地者，以其體之本直，故須以直養還之，而集義則所以還之之道也。但義之爲體，即此本直行慊之心，故集義者亦只集其本直之心爾。故非必有事，則忘之病所不免，即類於告子之勿求，而非直養之道。非勿正心，則助之病所不免，而類於暴其氣，亦非直養之道也。故必此不爲不欲之心常存匪懈，而不生一毫計功助長之私，夫然後成性之存，乃與天地相似，剛大充塞而無往不浩然耳。是則論其節度，必兼四者始全；而論其旨歸，只一必有事盡之。蓋集義之中必無正忘助長之病，而後合節度，則勿正勿忘助長，而只以成集義之真修不待言也。但必諄諄切戒以正，而又必諄諄申以忘助之爲病者，蓋爲不知者言，非盡發其蘊，固不足以明其節候之所以然也。則如朱注解此四句之旨，中間加『其或未充』四字，其於重疊反覆之旨，更覺靈醒快心耳。至若中間加一『心』字，先儒謂爲緊提『心』字，謂正不在氣而在心，求慊於心是養氣之要，其義未嘗不是，然竊覺其中不無遺訛一字之誤。又或『心』字即『必』字，乃孟子論集義工夫重疊申飭之義，未可知耳。至或以『正心』爲句，或以『勿正』爲句，但從其句義之順暢處點定，自無不可，這些處初不關大義，亦無足苦辨也。」

「然則詖淫邪遁，何能即知其爲蔽陷離窮？即詖淫邪遁，亦何從而知其爲詖淫邪遁也？」曰：「平日集義知言之功深而熟，故臨事〔二〕察言知心之哲精且明，蓋始之由知言而始能養氣，繼且由養氣而益能知言。如良醫然，因其已現之症，即

〔二〕「事」，原作「時」，疑誤，今據上下文義擬改。

知其受病之由者，平日之醫理大明也。如良賈然，身歷乎五都之市，即立識其良楛之辨者，平日閱歷已周也。」

「然則何以知其生心害政也？」曰：「如楊之爲我，墨之兼愛，其生心者也。而楊子爲我，必且至於無君；墨子兼愛，必且至於無父。有是心必有是政，有是政必有是事，害所必至，則理可預信，然究之即於其言知之。蓋天下之言歸楊，必楊之言盈天下也；天下之言歸墨，必墨之言盈天下也。故生心害政端可知之於詖淫邪遁之詞，而即其蔽陷離窮之心，斷可知其有發政害事之禍耳。且即孟子之於告子，亦只於其勿求之四言，而知其有忘助之流禍。知言如此，而天下尚有人情物理、事變時宜不能洞徹乎？以此當霸王之任，尚安有可疑之事以動其心乎？彼告子之勿求，惟能強制之不動，究之置其心於冥然頑然之途耳，豈真不動心之道乎？故孟子亦自信其知言之長於告子也。」

「然則知言止於知人之言，而不及於己之言，何也？」曰：「即其於人之言，而其於己之言可知也。蓋蔽陷離窮者，學術之隱弊；而生心害政者，治術之顯禍。一自窮理集義，其於天德王道之源流、人心世道之機緘，自無不了然於心，而曉然於目。故不特能分別人言之是非得失而不爲迷，並能洞悉治亂安危之大機大要於方寸而不能眩也。辨道德於指掌，天下雖大，運之此心裕如耳。此心切無絲毫之動，尚何己言之足疑者？」

「然則既曰知言，則隱然與孔子不厭之智脈脈契合；曰養氣，則隱然與孔子教人不倦之仁脈脈契合。分明已至於聖矣，而終不自居於聖，何也？」曰：「謙詞也。然於顏、閔輩，則不欲處；於伯夷、伊尹，則曰不同道。而獨欲願學乎時中集大成之孔子，則亦明明自承乎時中集大成之宗矣。」

「然則孔子之聖，如宰我、子貢、有若所推之盛，直如天地日月，而可直信爲能承其宗傳乎？」曰：「不敢顯然自居於聖者，君子欿然若虛之心；必欲超然獨學孔子者，君子當仁不讓之意。故終篇皆以明孔子之所以異於羣聖，而其願學之意隱然在意言之外也。然至此乃益見其真能知言養氣爾。」

卷九

豐川王心敬爾緝甫著　男　功　謹録
同學諸子參閱　及門諸子　校

上孟三

坐間，有友問仁則榮不仁則辱章宗旨者。曰：「孟子之言本自明透，更不需於訓解，吾友只誦味而得之可矣。」友固請。家君曰：「不佞姑喻言，可乎？大抵通章以『仁則榮，不仁則辱』立骨格，以自求作肯綮[一]，而以及時得人修政，及時盤樂怠傲爲血脈。無語不爽快，無一意不警醒，真句句清液鐘，字字頂門針也。然讀這一章，不惟有國者宜知勸戒，即吾輩亦當反躬自惕，知吾生之榮辱只在學業之大小成敗，而學業之大小成敗，亦只爭於這少壯可爲之二三十年。由是及時奮勵，早夜孜孜，無俾他年徒歌老大傷悲之句，而自悔無及也。即讀孟子此篇不爲徒讀爾。」

王子以健問：「尊賢使能一章敘於仁榮章後，看來是實及時貴德尊士，明其政刑之詳，以終禍福自求之旨，不知是否？」家君曰：「孟子七篇中間散彙次處，實有前後數章掩映互發者。君之言良是也。然仔細看來，不獨此二章前後相承，其實自以德行仁而下，歷仁榮、尊賢使能、人皆有不忍以至矢人函人五章，正以遞相發明，而其義始備耳。蓋仁榮章揭出及時用人行政，即大國必畏，所以明榮在自求，而即以自足。前章行仁則王，王不待大之旨耳。尊賢使能章又所以明實

[一]「綮」，原作「緊」，疑誤，今據上下文義擬改。

實行仁則天下無敵。既以天吏歆動世主，而其實尊賢使能五事正所以實上章用人明政條目，而天下歸心如子弟視父母，又以明行仁必王、福在自求之義也。人皆有不忍人之心一章，則又恐世主聞仁王榮福無敵之言，而慕轉以仁政高遠難行，畏葸而止，故又指出不忍之心爲治天下運掌之本，擴充保四海之原，所以明仁政不假外求，但本這一點不忍之心擴充不已，即可同先王郅隆之治而無難耳。又所以終前三章之義，而示之以根心不遠、順心不難之機也。矢人章則見仁既如此易行，行仁又如此尊榮，而世主每惑於策士之說，貪殘自恣，卒之自取敗亡，貽辱蹈恨而不悔，真是不智無恥。舍尊爵而自趨人役，舍安宅而盲不知擇，又所以終前章不仁則辱、禍皆自求，不仁不足以事父母之旨，使之知術之當擇，而仁之不可不自爲也。然五章中以尊賢使能五段爲以德行仁實載之物，以擴充不忍之心爲以德行仁駕車之馬，以知充爲以德行仁策馬之鞭，以知擇自求爲以德行仁御車策馬之人，而尤以知恥爲以德行仁者憤勵行遠之真精神也。蓋一不知恥則精神死卻，雖有尊爵安宅不知處，雖爲人役不知惡，昏昏迷迷，日在利欲慘忍中沸騰，尚何能充不忍之心，行尊賢使能、損上益下、切近人情之政哉？仁政不行，即大國我畏，人役不免，又何敢望四海之保、無敵之王、天吏之榮、行仁之王如成湯、文、武哉？故知充爲行仁致王之大本，而知恥尤行仁致王之大機也。」

坐間，一友因問：「不忍章見孺子無內交、要譽、惡聲之心，此是不忍之真心發現，故不暇安排做作耳，此正惻隱之真機，而下文卻直截並羞、惡、辭、讓、是、非一齊數出，何也？」曰：「於非所內交三句內，即羞、惡、辭、讓、是、非一齊呈露，故下文四端並呈也。」未達。家君曰：「此義先儒固已言之矣。蓋即此三句而分看，於不內交見羞惡，不要譽見辭讓，於非惡聲見是非。即此三句而合看，於其無許多機詐即羞惡，無許多奔競即辭讓，無許多曖昧即是非。大凡一端動，即四端應；一仁立，即萬善從。所謂不待安排，亦本無欠少也。」

胡子鳴問：「凡有四端於我，知皆擴而充之，此是言但知則皆當擴而充之。知作引子，擴充作實工夫。而先儒又或以爲擴充皆知之爲，非先知而後擴充，何也？」家君曰：「知即斯人不忍之心，本來靈覺。惟其靈覺不昧，斯滿腔皆不忍之心活潑感通，而四端一齊暢茂，即是擴而充之也。若神明昏迷，即物交而引，真心喪而好惡與人遠矣，故能擴充不能擴充俱係此知之明昧也。」胡子曰：「然則知與是非之知何別乎？」曰：「先儒亦言之矣。擴充之知言其本性全體之明，是非之知言其發見一端之明，猶仁統四端，亦自爲一端，實非二也。」

王子以健問：「先正有言禹拜昌大舜同善，不必過分低昂，只敘取善之中，子路而上又有這兩般取善之量，若過分低昂，即禹舜低昂矣。其言亦似近理。」家君曰：「此言亦是爲大禹回護之意，然正所不必。聖人雖同，分量各別。如有天下不與，舜禹無異，而無間之推，獨以歸禹，蓋聖自有長耳。禹之拜善已無人我，然未免尚於人我形迹間裒益。舜則廓然大公，惟見一善，不見人我，是善本無窮無盡，而舜之好善亦與之無窮無盡，真是心同太虛，浩然無際。豈不視拜善者分量又弘乎？況本文明言大舜有大，君子莫大乎與人爲善，兩『大』字本承禹與子路而言，又何必曲爲禹諱，反損善量之弘廓耶？」

劉子國祚問：「孟子平日稱伯夷爲聖人之清，柳下惠爲聖人之和，而至此則曰隘曰不恭，平日以二聖爲百世之師，而至此則曰『君子不由』，何也？」家君曰：「稱其爲聖人者，就所造言之。夷之清已到極處，惠之和已到極處也。然就中道論之，極其清則隘所不能免，極其和則不恭所不能免耳。推其爲百世之師者，就夷、惠之流風感被言之。聞伯夷之風者，真可使頑廉懦立；聞柳下惠之風者，真可使鄙寬薄敦也。而明其君子不由者，就君子之矢志效法論之。君子自有不隘之清規可學，而不肯學伯夷之清而隘；自有允恭之和德可學，而不肯學柳下惠之和而不恭。大抵行造其極，雖一偏亦不得不爲聖，而既流於偏，雖至於聖亦不能無所蔽。取善不可不弘，故雖一偏之善亦所兼取；而師法不可不正，故惟大中之道乃所願學。百世後於其論伯夷、柳下惠，而知言之精，論世之公，自命之高，俱見於此也。嗚呼！世儒靡不知尊孟子，顧其於古人也，既無窮理知人之識，又乏原情推恕之量，意之所喜則見爲美，性之所近則爲可學，意見一不相投而甚至擯排攻擊之不遺餘力，並其人之長沒之，亦失孟子之家法矣。」

坐間，一友問天時不如地利章。家君曰：「總是因世主不知力行仁義以圖人和，而惟策士天時地利之詭論浮說相尚，敗亡接踵，通不知反，故爲此不如人和之說反覆推明，使之深思自悟，猶之告梁惠王仁者無敵之旨也。然此章不獨其論理之精，千古無兩，其文字之爽朗，亦古今莫及。吾輩讀孟子此等篇，誠能清心細味，有得於心，既可使識見高卓，亦且當筆力日就簡老，勝讀韓蘇集十倍也。」

坐間，一友問：「孟子欲行道於齊，王召而反托疾不往，何也？」家君曰：「不往正所欲大行其道也。」友曰：「不往何以爲欲大行其道？」曰：「孟子欲行其道於齊者，望王爲大有爲之君也。大有爲之君，必有不召之臣，就而後謀。王知孟子可與謀矣，而猶欲以待尋常人者待之，不就見與謀，而儼然以召。召賓師，是好臣其所教，而不好臣其所受教，王豈復足與大有爲如湯、桓？而孟子之道亦豈復足大行於王哉？故托以疾，欲王之自悟。及疾不可托，則大發其旨於景丑，以冀王聞之而悔心易慮，知孟子爲不召之臣已，即可爲大有爲之君，亦於王啟發爲多。更不然，而吾道自在，亦留此正義於天壤，令當世士知吾道之寧可不用，而不可小用耳。通章反覆推明，無非此旨，而其心曲尤盡於『大有爲之君，必有所不召之臣』二語，故曰不往，正所以大行其道也。」友曰：「然則孟子必欲王以不召之臣待己，然後可望以大有爲，何也？」曰：「吾道不尊則人不信從，人主不能自屈則受教不篤。孟子抱堯舜仁義之道於策士功力相尚之日，已不可自輕，而當時齊王又以奔走指使待稷下之士，孟子愈不得不自重，故不爲臣不受禄。處邪世，不如此不足以立道德之坊表，發賢主之謙光，而成大有爲之君也。」

「然則明學焉而後臣之，故引湯之於伊尹，而不及武王之於太公。又平日羞道桓公、管仲，而至此又引之，何也？」家君曰：「湯之於伊尹，隆之以三聘，尊之以阿衡，尊信之至千古無兩。武王之於太公，亦尊爲尚父，然其以功相尚，或與孟子略異，故不及援引。若桓公、管仲之可鄙者不知王道，而苟且霸功耳，然其君臣之相信，任以腹心，尊爲仲父，又何異湯之於伊尹乎？且此事爲先齊已事，王所習聞，故借以明尊賢之隆禮。且使齊王誠能以桓公之尊管仲者尊己，所就又豈特霸功而已哉？是其自處於不可召之臣者，所以望王誠厚。平日菲薄桓、文、管、晏，若謂不足道，而於前雪宫章仍引晏子之言，至此而又引桓公之於管仲也。」

屠子用賁問：「當時周尚有王，而孟子每以致王啟告齊王而不諱。及問伐燕，亦以爲有可伐之理，不以尊周爲嫌。又伐齊之役，始告以燕之可伐，及燕畔，又追咎其取燕之不當。前後俱若於義不合，何也？」家君曰：「有周之王綱已不復可望其重振，而生民之糜亂又不可以姑聽其騰沸，惟齊尚有致王之資，宣王亦尚可望以有爲之人。濟民生者，即可爲生民主，惟此時爲然，亦大義所在也。尊周之嫌，自無容疑。至齊人伐燕一案，孟子前後之旨本自明白。總之，燕有可伐之罪，而齊非伐燕之人。爲天吏之齊，則燕自可爲齊伐；而爲以燕伐燕之齊，則齊何可以伐燕？孟子初問是論公義，到後來亦仍是就公義論，初無不合也。大抵論古人要有知言論世之識，然後可以原情定理；否則，處處違礙，觸途成滯矣。」

熊子同廉問：「孟子之齊之梁，轍不停車，所以望行道也。梁之不留，惠王父子原無用之意。若於齊則當用以爲卿，而終不受禄，欲養弟子以萬鍾，使爲國人矜式，而終於不受。及其去齊，又惓惓於去留之際，以來濡滯之譏。前後自相遞戾，抑又何也？」家君曰：「志切用世者，行道之本心；不合即去者，守身之大義；不見諸侯者，出處之正分；終不忘世者，濟世之婆衷。梁齊初皆有禮於孟子，故孟子至梁至齊，而終不能實用孟子，故孟子去梁去齊。然生民不可聽其淪於水火，故救世心切。而齊王尚可與於推心行政，故於齊不忘。即此正可見孟子以世道爲己任者，猶是孔子轍環行道之心傳；而其不欲以道徇人者，即猶是孔子不合即去之家法。於其仕止之合宜，正見其精義之入神，又何疑焉？」

吳子自愉問：「孟子與充虞言：『如欲平治天下，當今之世舍我其誰？』其自信如此，無乃高自位置乎？」家君曰：「孟子知言論世，洞若觀火，豈有高自位置之意？蓋其平日之齊之梁，交接當世遊説之士，於海內名流聞之詳矣，故其審己忖人，度德量力，名世之任自信卓然，胸中審得明白，言下自無回護，以是志切安民。之梁不已，而又之齊，蓋以當世舍己，名世之人更無真能安民之人也。所如不合，不特去梁，而更去齊，蓋以當世如己名世之人不可爲苟合之行也。遇則必欲大有爲之主不召而就謀，蓋以當世如己名世之人不可召見，而宜就見也。不遇則雖厚以萬鐘之禄，而不可以富留，蓋以當世如己名世之人固可爲人禮際，而斷不可爲人富縻也。總之，看得己重則輕己者不得浼己，看得道重則非道者不容貶道。鳳翔千仞，龍遊天衢，真吾道之金科玉律，千秋萬世宜奉爲儀型者也，匪是則貶損吾道多矣。」

吳子啟相問：「孟子見滕世子，與之道性善，所以啟其固有之良心，此真善於開發者也。而言必及堯舜，固曰引之，畢竟非世子力所能承，無乃躐等之教歟？」家君曰：「躐等者，謂其邈不相及而及之，強以力之必不能耳。世子此善性，堯舜亦此善性，且世子是由此善性生成，堯舜亦是從此善性做成。生成者雖未能有做成之功，然做成者卻只此生成之理，則生成者由是做去，但要肯心，固非假諸他人，而別求所以做成之基也。因風吹火，火非外得，蘊蓄之火，固可使燎原燔山而無難，這正是時雨之化。中人以下，不可語上之説，固非所語於此耳。」

吳子驚起，問曰：「世子本性自善，只因無人指點，不能自識，得孟子一言點破，世子便當爽然醒悟。此於時雨之化亦似矣。若言稱堯舜，世子豈有顔曾真積力久之功？驟語以聖神之可企，而亦曰時雨之化，何歟？」曰：「世子平日聞堯舜之名，不知看得多少高大難爲。一旦聞是從這性善做成，則必恍然於堯舜此性，我亦此性，何不可企及之有？一言之下，不知把多少畏難苟安之念銷歸烏有，而直認爲堯舜可學而至。真如百草屯曲，一旦時雨沛降，而氣達甲拆，勾萌頓伸，安在非時雨之化歟？躐等之嫌，亦非所用也。」

言畢，家君又曰：「先儒謂孟子之功正在發明性善、養氣之論，余謂孟子之功在發明性善即引堯舜以實之之功。蓋言堯舜不言性善，則人不知聖凡同性，或視堯舜爲高遠難爲；　而言性善不稱堯舜，則人又不知盡性如聖而善量乃全，或又止以一善成名。故言性善所以實堯舜之真可爲，稱堯舜所以明盡性之宜如聖。一言之下，而振刷人多少暴棄之心；　一時之言，而直立萬世性教之準。此等處真與大禹、周公、孔子同功，千載而下，吾道宗傳，孔子的裔，舍孟子誰屬哉？」

旁一友因嘆曰：「自孟子發性善之論，而後性惡、三品之說無所容喙，孟子於性學真千古之金科玉律也。」家君曰：「性善之言，非孟子創見，實本於孔子繼善成性之旨。特孔子渾渾言理，而孟子特地揭出，便如取日虞淵，於天地萬物有溥照之弘功。孟子嘗自信爲知言，真不誣也。」

程子光朝曰：「不知吾人從情欲紛擾之後，如何下工夫〔二〕可以見此性善之體？」家君曰：「此性之善不爲堯存，不爲桀亡，雖情欲紛擾之後，善性依然自在。吾友若肯細心從赤子天性之良體認之，自可以明；　就孩提知能之良體認之，自可以明；　就喜怒哀樂未發時體認之，自可以明；　就乍見孺子入井時體認之，自可以明；　更如能就得之生不得死而嘑蹴之食有不屑體認之，自可以明。初非渺茫無門戶可入也，但不大下窮理體認之功，卻終見不的確耳。」

家君又曰：「孟子稱堯舜而言性善，所以明人人有堯舜胚胎；　言性善而必稱堯舜，所以明盡性自有準極。知人人有聖人胚胎，則不甘於自賊，而千古無棄；　人知盡性自有準極，則不甘於小成，而千古有全詣。生得千古人多少發憤有爲之志，鼓得千古人多少偷惰退懦之心，真如靈丹一粒，直變得大地盡成黄金，僕妾皆能飛昇。佛家有天人導師、人天眼目之論，吾不知其說果否可信，要之如吾孟子者足以當之無愧也。」

旁一友因言：「某平日仔細推詳，世人賢愚善惡真有不齊。荀子性惡之說，固屬偏駁；　楊、韓三品之言，亦覺近似。今若盡概以性善之說，何世之賢者善者少，而愚者惡者多歟？」家君曰：「孟子性善之旨是本於易繫繼善成性，從天命之性渾然不雜上說來。楊、韓三品之說是統觀人世品類之不齊，從氣拘物蔽、習染既移之後說來。孟子是言其不二之初，楊、

〔二〕「夫」字疑脱，今據上下文義擬補。

韓是言其萬感之後。言不二之初，即善尚不可以指名，而何況於惡。言萬感之後，即萬且不足以盡品，而何況於三。譬之水，孟子是言未出之泉但無濁有清，而楊、韓是言滔汩之水自有清有濁。此義初不相妨也。吾友疑性善之說妨三品，又以三品之義奪性善，亦未溯流窮源，徹底理會爾。誠理會得孟子道性善之旨的確，即紛紛亂性之說舉不足惑矣。」

一友問：「孟子言治地莫善於助，莫不善於貢。由今想來，助法使民皆有恒產，賦法不至凶年取盈，真千古良法。而後世卒廢助而用貢，何也？」家君曰：「時勢有便有不便也。蓋助法必用井田，自秦開阡陌，而井田不可復矣。井田不復，助將何行？助既不用，貢自所宜。蓋助法之廢，非後世之不知其善，實是時之不可復行。貢法之行，亦非後世之不知其不善，實是勢之不能不行。後世紛紛論貢助之善否，而不知貢而不助已成一牢不可破之局矣。」友曰：「然則井田果不可復乎？」曰：「以吾閱歷東西四千里間阡陌溝渠，無論妨農棄地，理可不必。海内宜川宜澮之地，正自有限，且即其紛紛改移更定之間，結怨叢奸，爲利尚遠，害且先至，故吾嘗反覆此事，他日即遇有志復古之君，重以父子相承，亦徒付之慨嘆，而不可如何。更如因沿成事，若唐之因於周隋，亦不過租庸調之略勝因循而已，何能盡復古制哉？書生開口便談井田、封建，亦見其迂濶拘牽，徒貽尚口之窮也。」

卷十

豐川王心敬爾緝甫著　男　功　謹録

同學諸子參閲　及門諸子　校

下孟

一友問："聖人，人倫之至，原所當法，但如事君必欲如舜之事堯，治民必欲如堯之治民。得毋太責人以難及？而孟子之言亦微涉於過高歟？"家君曰："事君必如舜之事堯，而後事君之道盡，不然則爲賊君；治民必如堯之治民，而後治民之道盡，不然則爲賊民。故惟聖人爲人倫之至，而盡倫必宜法聖人以爲則，此是實理實事。吾友但合『惟聖人然後可踐形』，並孟子『道性善，言必稱堯舜』之旨參觀之，便見孟子此言是責人以性之自有分之合盡，非強人以性之本無力之難勝，而徒以取法乎上之旨教人也。其後程子『寧學聖人而不至，不欲以一善成名』之説正本此立言。學者必明於此義，然後恥怠棄苟安之心，奮勇猛前進之志，天地間庶幾有向上之士爾。"

一友問："人生得失、榮辱、禍福、存亡亦有天數，而孟子處處歸之反己自取，何也？"家君曰："天道無憑，人事有據。若舍自己實人事，而徒靠虚天道，乃是自斷腳跟卻望登山，不惟山不可到，必且墮落谿壑而不可救藥。故『天德』二字最是誤人之鴆毒，而反己自求一言實屬生身良劑。孟子生平集義、知言，無一處不探本窮源，故論天德必以自暴、自棄、自賊爲深警，而言王道必以反己自求爲實義，自侮、自毀、自亡爲切戒。我輩誠信得及此旨，時時處處反己自求，即立身涉世、治家治國無不確有得天實據，而終身所履自當有得無失，有榮無辱，有福有存，而無禍無亡耳。故孟子之言，千百世起死回生之良方，斯世不可一日無者也。」

一友問：「安危利災，樂其所亡，世豈有如此癡人？孟子言之得無過歟？」家君曰：「利災樂危，雖至愚無此心，但是仁則國安、國利、國存如影響，而世主每不肯發政施仁；不仁則危、則災、則亡如影響，而世主每喜般樂怠敖。豈不是安危利災，樂其所以亡乎？故今來亡國敗家之人，其在於昏愚無知十之五，而在於聰明好勝之人亦十之五也。」友曰：「然則我輩之鑑此而自圖也，宜何如？」家君曰：「易有之『君子以自昭明德』，孟子亦有之『行有不得者，皆反求諸己』，吾輩真能遵奉此旨，而以一切自暴自棄、安危利災爲戒，即『永言配命，自求多福』之道也。」

一友問：「以某自驗，世上公然有不虞之譽、求全之毀，不知吾輩處之何如而後爲盡善？」家君曰：「更無如自反責實之爲盡善者，如遇不虞之譽，其於己也，則宜審量自己果有可譽之實歟？有則勿喜，視爲當然；無則宜懼，勉所未至。於人也，則衆好必察，勿徒徇聲，亦勿輕疑，以自蹈於刻薄之愆。遇求全之毀，則於己也，宜内返諸心，得毋尚有可毀之端歟？有則即改其不善，無則亦倍求其純全。於人也，則衆惡必察，勿徒因人，亦勿遽信以自傷忠恕之意，庶幾乎反身而自修，責實而實得。若聞譽徒曰無喜，聞謗僅以無辯，亦覺尚有未盡之道爾。」

一友問：「仲尼如何不爲已甚之行？」家君曰：「道本中庸，已甚何爲？看此章書，要見得仲尼立心行事只依乎中庸，故雖集羣聖之大成，而無一毫矜情立異之意耳；且要見得這脈絡從絕四發來，正惟其胸中無一毫意、必、固、我之私，故其心如平衡，渣滓盡融。見之於言，則曰非生知、本無知、何有於我、丘未能一，無一少涉驕矜；見之於行，則鄉黨恂恂、宗廟朝廷惟謹、杖者出而斯出、鄉人儺而朝服，無一少戾禮俗。羅近溪先生曰：『聖人者，常人而安心者也。』此言雖若淺近，實是深知得聖人命脈，亦竟可作此節注疏也。」

一友問：「『言人之不善，當如後患何？』，兩說竟以何說爲長？」家君曰：「集注自屬妥確，蓋觀於詩云『無言不讎』，書言『惟口出好興戎』，老子之告孔子『聰明深察而近於死者，好譏議人』等旨，則知悖出悖入，出爾反爾，理在不爽，故古之聖賢皆切切以此戒人，而不憚諄復也。」

家君與一友論徐子章，謂其友曰：「聲聞過情，君子所恥，故古之君子孜孜學務其本也。」友曰：「本務奈何？」家君曰：「大學明、新、止善之學，全體大用，真體實工，一以貫之，此千古聖學之根柢，做人之本原，自二帝、三王、周公、孔、孟以來，未之有改也，吾友識之！」

阮子鳳昌言：「孟子言『人之所以異於禽獸者幾希』固是驚惺庶民，亦覺説得太甚。」家君曰：「説得太甚者，謂不至於此，而作意拾掇至此耳。吾友試將人禽比較，其知覺運動何一不同，只是人的這一點憂勤惕厲之心，與禽獸的昏迷放佚異耳，是則人禽之分更不在多，只在一念惺迷之間。人之所以異禽獸者幾希耶，非幾希耶？」

一友問：「唐、虞、三代相傳只此一中，此篇歷敘存心之統，而舜、禹、成湯、文、武各異其事，何也？」家君曰：「中無定體，隨時而在，隨事而具，初非一人之所能盡，亦非一事之所能窮。諸聖人或性或反，謂之能存其心，以無負於執中之旨則可謂之備極其量，已推極乎執中之道則不可，故學有各至，功有專精。論存心之統，亦惟取其有關於憂勤惕厲，大足闡明存之之旨者。援引作證，其實舉一例餘，言此該彼，言有盡而意無窮也。若執泥條件，則聖人心精死卻言下矣。」

友曰：「然則舜之『明物察倫，由仁義行』，何以明存之之統也？」家君曰：「此道散於庶物，切於人倫，而精實於仁義。舜從艱難歷試中，於庶物則根心昭明，於人倫則殫心精察，且其性地澄瑩，天理流行，時時由其明察之肫然爲仁者以行，初非有意以行仁，而所行自無不由乎仁。由其明察之秩然爲義者以行，初非有意於行義，而所行自無不由乎義。知之精而心存於知，行之至而心存於行，神明默成，悉本自然，此性之之君子，而存之之統賴以主持者也。」

友曰：「然則『明物察論，由仁義行』之實義可得聞乎？」家君曰：「仁義之心散於倫物，則爲倫物之理；倫物之理本乎此心，則爲仁義之道。明庶物：謂凡宇宙間大小精粗，如自耕稼陶漁以至爲帝，與夫敷土、濬川、上下、草木之類，無不區別得宜耳，然要之只明得仁育義正之理透徹也。察人倫：謂如三禮五典以至孝親愛弟、型二女、相帝堯，以及命官討罪、黜陟幽明之類，無不纖悉曲盡耳，然要之只察得仁盡義至之理精晰也。由仁行者，非倫物之外別有仁之行，亦只是率其明察者以經綸、宰制、肫懇之意，即行其中而無俟推解也。由義而行者，非倫物之外別有義之行，亦只是率其明察者以長養、區畫、化裁之意，即行其中而無俟勉強也。總之，『明物察倫』言其存之無不實，『由仁義行』言其施之無不存，而只以仁義爲線索脈路爾。」

友曰：「然則以『惡旨酒，而好善言』明禹存之之傳，何也？」家君曰：「心以欲亡，而旨酒尤甚；心以理存，而善言其媒。故禹菲飲食，惡衣服，卑宮室，克勤克儉，無所不慎，而獨首舉惡旨酒一事者，所以明禹戒惕之心於此尤嚴。而凡一切聲色貨利之舉無以溺心，從可知也。禹懸鐸設鞀，大拜昌言，取善之誠，卓絕千古，而獨言其好善言者，所以明禹嗜好之心於此尤篤，即其虔惕之心於此倍摯。則舉一好善言，而所行無一之不善，心之無一不存，亦從可知也。此反之之君子，而幾希之統賴以常存者也。」

友曰：「旨酒之可欲，豈過於聲色貨利？而禹於此獨加深惡，何也？」家君曰：「凡人迷性違德皆酒之由，故禹惡旨酒特嚴爾。」友曰：「酒者中人能戒，禹祇台聖人，戒之自易，而惡之特嚴，何也？」家君曰：「他嗜一覺而可止，旨酒迷人於不覺，禹防心嚴，故其防迷心者尤嚴已。德雖已至於上聖，而尤不廢下士克治之力也。大禹存心之功，亦從可想爾。」

友曰：「一中之傳，列聖同符，於湯獨舉執中，何也？」家君曰：「舜禹禪讓，執中易明也。成湯征誅，局面大變於前，則疑其異於唐虞一中之傳矣，故舉執中以明成湯。即二帝之心法，征誅與禪讓一脈契合也。蓋其不邇聲色，不殖貨利，以義治事，以禮治心之學，猶是堯舜危微精一之學，故其敷政寧人，不競不絿，不剛不柔。即是執中之道爾。」

友曰：「然則獨舉立賢無方一事，何也？」家君曰：「天下治於得賢，而賢才實不盡於世族，以天心民命之繫屬，而但局於世族，以大賢上聖之高明，而聽其淪於草野。天下事理之不中，真莫甚於此。然前乎此者，以唐虞之聖，而或不能免；後乎此者，以文武之聖人，而終不能盡改。則如湯之敷求哲人，旁招俊乂，而果得伊尹、萊朱之賢，以弔民罰罪，式命九有，寧非大中至正之舉，足爲萬世準繩者乎？故舉賢無方正以明成湯之執中也，然要之帝王之大經大法無出命德討罪二事。湯之放桀也，始爲應天順人之舉，而不嫌於創；於伊尹也，始爲三聘畎畝之行，而不襲乎故。則是其於夏桀，其實即堯舜之於朱均；於伊尹，其實即堯之於舜，舜之於禹。故執中莫如湯，立賢亦莫如湯也。」

友曰：「文王之存心，不言其惠鮮懷保、父母孔邇之仁，而獨及其視民如傷之心，不言其緝熙敬止、誕登道岸之功，而獨及其望道未見之心，抑獨何也？」家君曰：「言其事，則心有限；言其心，則事無窮；言其已治已得之心，則尚未見孜警無已之功；言其欲治欲得之心，則始見憂勤惕厲之意。蓋民果傷而能視之[一]如傷，已足徵其心之切於保民，民無傷而視之仍如傷，其心之切於民也可知，其心之必止於仁也可知，心而止於仁，幾希之意存之止仁矣。道果未見而望之知其未見，已足徵其心之殷於望道，道已見而望之猶若未見，其心之殷於道也可知，其心之必緝熙於敬也可知，心而緝熙於敬，幾希之意存之緝敬矣。書曰『文王自朝，至於日昃，不遑暇食』，又曰『文王卑服』，即康功田功，視民如傷之謂也。詩曰『不聞亦式，不諫亦入』，又曰『不顯亦臨，無射亦保』，望道未見之謂也。這是何等憂勤，何等惕厲！真如天道之「於穆不已」，而無從窺其絲忽之間隙。此又性之之君子，而幾希之統賴之常存者也。」

[一]「之」字原脫，據後文補。

友曰：「然則引武王不推其伐暴救民之心、敬勝義勝之功，而概舉其不泄邇、不忘遠，何也？」家君曰：「亦猶述文王之意也。大抵實指其事，則心限於事，而概言其心，則事裕於心，且明幾希之統，言心自爲切耳。蓋凡人非昏迷放佚，一事無見，即是意見偏着，見此遺彼，昏迷放佚。心之放，意見偏着，亦心之漏也。全放而幾希，去有漏亦豈得幾希之存乎？武王當殷紂淫酗之後，承文王敬止之傳，見得天下真無一事可忽、一境可忽、一人可忽，故兢兢業業，心精獨殫，不敢以近泄。而雖几杖有銘，戶牖有銘，不敢以遠忘，而預爲孫謀之詒、翼子之燕。此又反之之君子，而幾希之統賴之以存者也。」

友曰：「然則引周公而獨推其思兼三王、施四事，不合而仰思繼日，得之而坐以待旦，豈三王而可以一人兼，四事而可以一代施？仰思待旦，下學憂勤惕厲之事，而周公聖人亦爲此歟？」家君曰：「思兼三王，欲合禹、湯、文、武之中德，以觀其會通也。以施四事，欲采禹、湯、文、武之中道，以行其典禮也。不合而仰思繼日者，即四聖較量以求中也。幸得而坐以待旦者，擇中得善而即欲用其中于民也。然思兼三王以施四事，乃是心源契合，而時宜化裁之意俱在其中，初非指定上四事以爲言也。其心思之周密爲何如？不合而至仰思繼日，幸得而至坐以待旦，亦即執兩用中、惟日不足之意在其中，正是爲兼三王、施四事，欲得其恰好，而實見之施行，故雖以上聖之姿，不啻下學之勤也。亦不必執定思某事、行某事，必於夜思而晨行也。其心思之勤敏爲何如？總之，周公天性清明，心思精細，而值武王末年受命，文武未既之德既承之一身，孺子方幼，遭家不造，一切危疑震撼之事又萃之一旦，一心恒思，監古立制，奠定王家，以終文武之志，故其爲事獨勞，而用心獨苦。此又性之之君子，而幾希之統賴之以存者也。要之自舜以後，湯武以反，禹、文、周以性，而皆憂勤惕厲，不自暇逸，則世愈降而滑人心機者倍多，故四聖人事事而爲之防，處處而爲之慮。躬崇高富貴之地，而切節性防淫、制節謹度之心，所由存心相接，見知聞知賴以不墜乎？然觀諸聖人，總以不自放佚，撿制其方寸爲心行，故其心以宰事，事以徵心，合顯微內外而無間，統先聖後聖於一揆。吾輩講學明道者，亦可知道術之宗傳矣。」

坐間一友問：「王者之迹熄，即敘於周公之後；孟子之私淑，即敘於孔子作春秋之後。觀其前後相承之義，自是以存之之統推孔子以接周公，而即以已接，孔子亦猶敘見知聞知，而以見知孔子自任之意，顧舜、禹、湯、文、武皆以君道主持存之之統。周公尚以制作維持存之之防，君道皆實德，制作亦實禮。獨孔子作春秋以文字之是非予奪，抵五聖之道法心法，而孟子亦欲以私淑孔子，上繼列聖，得無不類歟？」家君曰：「孔子、孟子生五聖人後，抱五聖人之道，故其心即切五聖人扶世立教之意，而以救正人心爲己責，奈其權不在焉。權所不在，則亦惟相視王綱墜續之機，以空言維持之。苟得人心知警，大義不泯，即皇極賴以不墜，而吾儒爲天地立心、生民立命之實責或可少塞於萬一。故孔子直欲以春秋維王迹，而孟子自處於私淑孔子，以繼羣聖之後也。」

一友又問：「然則詩亡何以關王迹之熄？春秋何以作於詩亡之後？孔子何所取義於齊桓、晉文之事與文也？」家君曰：「周之盛時，王綱振舉，故太史採風，諸侯貢詩，因其風俗，示以勸懲。蓋一貢詩也，而王者之迹於斯係焉。及王迹熄而詩亡，王朝之勸懲於斯並亡，故於詩亡見王迹之熄也。詩備善惡，春秋經世亂；詩有美刺，春秋有是非，相爲表裏終始者也。自詩亡而美刺不備，法戒不彰，遂令後世無所考懲。故孔子用詩人之志，借史氏之義，以修春秋。此春秋之所以補詩亡者也。桓、文之事誠異于唐、虞、三代之美善，史臣之文亦異乎尚書詩文之典醇，其始本與晉楚之史無異。獨孔子之筆削，于是是非勸誡之旨，依然還諸三代直道之公，用以續詩亡，而存亡迹，遂使春秋二百四十二年已隳之王法復反一于正。已壞之人心尚知所裁，則所以維持幾希之統于不墜，而其功亦與二帝、三王、周公同其大矣。然孔子魯人，而即用魯史以寓大法義例，直取于周公，而曰『竊取』，則孔子借史臣無毁譽之義，申明周公之法，與詩人主文譎諫同，而忠厚之意亦與詩人敦厚之旨同。故春秋所以繼詩亡，而周公經世之法再維之孔子，存之之統亦特主持自孔子矣。至若孟子之生當戰國之時，人心不正更甚于春秋。孟子自顧一身承唐、虞、三代、周公、孔子之傳，世道之責更不可他諉，故直任名世而以爲當今平治天下舍我其誰，好辯不辭，而直欲救正人心以息邪距詖。存心之統正治平天下之根柢，而救正人心之機緘也。孟子不以身任，將誰諉歟？然不曰上學孔子，而曰私淑諸人，則其忠厚謙謹之意儼然孔子竊取之旨。列聖憂勤惕厲、不自滿假之心，存之之統，所以終賴也夫。」

熊子同義問「故者以利爲本」之旨。家君曰：「即見孺子之入井，乃可見性之真仁，即不守嘑蹴之食，乃可見性之真義，故以利言性，性斯見真，而故者以利爲本也。此即『乃若其情，則可以爲善』之旨。最是孟子見得真，指得切，提醒昏蒙，大有功於世道之處。若如告子、荀子以及韓、楊之説，豈非即故而言？然未免合攙合習染處言性，正所謂鑑也，亂性甚矣，尚何以言性？」

夏子力恕問禹稷當平世一章之旨。家君曰：「此章大抵是孟子自處以隱居求志之義，不輕枉見諸侯。又如發棠不肯更爲，而或疑孟子徒知自重，果於忘世如陳代、周霄之疑之類，故孟子以顔子自況，明禹、稷、顔子之同道，又明其爲異地則皆然。而以禹稷當出而濟世，顔子合處而自愛，譬之同室鄉鄰之鬭也。章内説顔子之道宜如是，非是不能爲禹稷；正是言自己之道亦合如是，非是不欲出而濟世如禹稷，亦非不能出而濟世如禹稷也。通章影喻曉然，而其援引孔子，則又以明孔子仕止行藏得乎時宜。己之折衷禹、稷、顔子，正本孔子之旨，亦所以明願學之自有在也。」

魏子永絲曰：「然則禹、稷、顔回同道之旨可切指歟？」家君曰：「古今出處之道只有兩端：見用於世者，宜切於救民；未見用者，宜篤於修己。然兩端只是一端，世不我用，則救民者即宜修己；世若用我，即修己者又宜救民。蓋遇不同而道同也，禹、稷、顔子用不用不同，而道正同，故曰同道。」

胡子嗚曰：「禹稷易地而能爲顔子或然矣，顔子易地而果能必其爲禹稷乎？范文正先憂後樂之旨，不知與禹、稷、顔子憂樂之旨可相通歟？」家君曰：「出處雖若二事，其實只管於所志所學，志真學當，而或出或處，無不實盡其心，而實盡其分。顔子平日是何等志趣，何等學術，豈易地而處禹稷之任，肯恝視斯世斯民之顛隮歟？不特禹稷當事效不入之勤，必能家居有獨善之養如顔子，即顔子窮居有不改之樂，亦必能大行有不入之憂如禹稷也。易地皆然，抑有何疑？至若後來范文正「先天下之憂而憂，後天下之樂而樂」，又是即禹稷三過不入之旨，更尋出這一段機柚爲千百世名言，又可以見道理包含，莫如經旨，只在人知尋味爾。」

吳子自悌問：「古今論人之説，公者不必當，當者又不必公，惟孟子論人公而且當，真千古論人之準繩。」家君曰：「誠然。然這裏有本原在。凡論人不公者，其心不平不恕；論人不當者，於理不明不精。孟子平日有多少知言、集義之功，故見一人必窮究其始終，且虚心評處其生平，是以是是非非不爽毫釐。千百世下，縱有善論事理人物之人，欲出意見以相角，總不能越其範圍也。」

言畢，家君又曰：「近來學者門戶成風，專以口舌議論相尚。平日既無知言、集義之功，臨事〔二〕又乏虚公平恕之意，而只以索瘢摘瑕爲精詳，不惟於所論之人毁譽俱不得真，即自己於窮理知人之義亦且背馳千里。如此風尚，甚害學術。今日焉得重起孔孟於九京而正之？」

家君又曰：「孟子萬章一篇，評論古人，無非於羣言鶩亂中，一準乎是非之真；或於衆人尋迹之間，獨探其心；或於衆人逐聲之際，力辯其誣；或由其學以信其行事，或即其行以證其人品。舉世之所謂然不必然，而千百世之下舉不能易其然；舉世之所謂否不必否，而千百世之下舉不能易其否。真如秦越人治病，眼到處洞見人五臟六腑，故是非功過毫釐不爽也。吾輩自揣，有此學識，有此心性，論人可也；否則寧存謙下，自處於默，少省些口過，少得罪古人爲宜耳。」

魏子永經問：「當時人言伊尹以割烹要湯，孟子獨明其爲三聘後起，不知孟子何所據而云然？」家君曰：「以其理斷之也。從來自命非常之人，必是看得道重，而遇合爲輕，看得身重，而富貴爲輕；又必看得理明，而知正己乃可以善世，

〔二〕「事」，原作「時」，疑誤，今據上下文義擬改。

枉己必不可以正人。伊尹是樂堯舜之道，一介不肯取與之人，則必無割烹要湯之事；又是自任以先知先覺之人，則必知枉己之斷不可爲正。如孟子自己自任以名世之重，故必欲齊王待己以不召之臣，否則雖客卿之位不爲動，萬鐘之養不爲留耳。是則孟子看得伊尹之身分，即自己之身分，伊尹之識見，即自己之識見，信得自己過，即信得伊尹過，而決然斷然其必不至割烹要湯也。其論百里奚亦是此義。然亦必當時自有書如尚書之類，不然，即其理可以己斷伊尹出處之詳、自命之言、自命之思，如何可以自己造作，自蹈不經歟？」

一友又問曰：「伊尹相湯爲宰衡，不知後世如何遂誣之以割烹？」家君曰：「以後世字句疑訛之誤，信三代以上之事，古今想亦不大相遠。或者古以宰輔爲鼎鼐之司，伊尹官宰衡，而古謂庖人曰宰、割肉曰尹、秤曰衡，故緣飾爲割烹負鼎俎之說。如百里奚名『奚』，而因以『奚』爲『奚奴』，謂爲人飯牛之誣歟？然這裏毫於窮理知言無關，只是要信得古來大君子擔當重，則執持必堅，斷無卑污苟賤之行。即於自己立身有益，正不必苦苦追求實證，追求終不得的，徒來不知之譏，誤切己之功，爲孔孟所鄙也。」

徐子家麟問：「孟子言三子之聖得清、任、和之一偏，孔子之聖集三聖之大成，末乃歸重於智。豈三子之智不及孔子之大全，故其力之所至，聖亦止得其一偏歟？」家君曰：「易曰：『知至至之，知終終之。』而程子亦有曰：『學者必先明所往，然後力行以求至。』大抵聖以實用其力而至，而力之至處則全視乎智之所及。三子若無智，如何於當世污濁驕悍之時，獨能造到清、任、和絕頂之域？但惟其智之所至，只到得清、任、和絕頂處，故其力之所至，亦只至得清、任、和之聖，而不敢望於時中。孔子則十五志學，中間於不惑、知命、耳順、從心之境，靡不與時俱進，故其智與習長化於心，成而渾然與大化同流也。余比爲諸君言孔子惟其無意、必、固、我執吝之私，故有仕止久速咸宜之用，亦正惟其有精義入神之功，故能至意、必、固、我咸無之地，則又是智以聖而益真益精，實聖以智而始神終化爾。然孔子這智不惟非下此者所能模擬得來，亦並非下此者所能勉強可至，故曰其至爾力，其中非爾力也。」

一友又問：「然則孔子之智終不可及乎？」家君曰：「孔子天稟既異，學力兼至，要望孔子之智，須兼二者之長乃可，今亦豈敢謂下學可以易幾？雖然論語一書，孔子之心行畢具；大學一書，孔子之學宗畢具；易、詩、書、禮、春秋五經，孔子之學術淵源、作用經緯畢具。至孟子一書，不特孔子之規矩準繩畢具，且並其精神命脈一一托出。吾輩誠有不甘暴棄之志，一心以孟子爲宗，兼採宋明諸儒之長，作之階梯，時時刻刻以博文約禮、明善誠身爲工課，以小成苟安爲深恥，直企至於大化聖神之域，而不至已，庶幾可望於孟子，亦始可望入孔子之門爾。」

劉子國泰問：「貴貴尊賢，自昭天壤，而後世胥反之。或者愈降，道誼之風不可復見歟？」家君喟然曰：「天地之間何事不可復始，況貴貴尊賢之義關乎世教。他日遇留心世教之大君子終須行之，安在不可復反？但此義係上下兼隮，而坊尤潰，自處士欲弘此義，尤須處士自愛名節，自重道誼，有壁立不可貶降之風，然後可望於上之尊賢，如孟獻子，費惠、晉平二公也。則今日欲振刷此義，欲上之知有尊賢者，先須從士之貴貴以義，而不貴貴以諂屈始。下有亥唐，上或當有晉平公；下有子思，上或當有費惠公；下有樂正裘牧仲，上或當有孟獻子也。」

言畢，家君又曰：「用上敬下，固貴之通義，然此論上下通義耳。士自有自處正義，卻不得自貶身分，枉道求合，以希王公大人之盼，自墮其義也。故往役或可往，召或不可不召，而趨炎附勢，曳裾侯門則尤不可。」

家君又曰：「昔漢之王生，以納履爲張廷尉重。王生不聞其學孔孟樂道忘勢之學，張廷尉亦不聞其裕古賢王好善忘勢之德，而以古道兩相成就，如此則亦可見漢之初年去古未遠，道誼之風尤未盡墜也。後世不惟於晉平、費惠之風掃地無餘，即求如孟獻子、張廷尉不可得，以是古大臣進賢樂善之風規，渺乎不屬，功業愈降，而德輝益微矣。此固由士之不能自重，亦由卿大夫不知重道以自重其風格、尊士以自尊其德美也。良可嘆矣！」

又曰：「五人友獻子，而不有其家；獻子友五人，亦以其不有己之家。這纔是友德之義。」

又曰：「昔人謂五人難爲，獻子更難爲。蓋在後世一命之士，便驕倨萬狀，執友故交只惟其尊我貴我者爲親密。嗚呼！獻子可易及哉！則如五人者，固後世處士之坊表；而如獻子者，後世士大夫之儀型夫。」

屠子用謙問：「今之仕者多爲貧而仕，願先生於其中推出警策之義以示教！」家君曰：「孟子之言，句句實理實事，字字警策動人。此章共長短十九句，何一句不足發人深省〔一〕？但如某愚見，委吏乘田與抱關擊柝固一卑賤之職，皆爲貧而仕者也，而孔子必會計牛羊之期於當，且壯長可見。雖爲貧而仕者，莫不有當盡之職、合行之道。若立乎人之本朝，大官大禄，榮身肥家，而道不能行，毫無建白，其負愧何可言矣。」舉坐暢然。

胡子文垣問告子杞柳諸章之義。家君曰：「首杞柳章：告子是言性無善，由爲乃有善；而孟子則言仁義順性。次湍水章：告子是言人性亦無不善，由爲乃有不善；而孟子則言不善非人性。三章：告子言性無分別，孟子則言性善雖同，智愚靈蠢自分。四章：告子言性有分別，由仁義生内外，故爲義外之說，而其底裏則總歸於性無善無不善一語，故孟子言仁義合内外之道，而終乃折衷之於告公都子性善一章，以杜其紛紛之見。蓋前四章乃是即其言意折衷，到此處乃直從『天生蒸民』指出性善本原，而其驗之也，則實從一點觸之而順性以動，即用見體處真切指點。末乃衷之詩與孔子，以性善之旨發自孔子，孔子千古明性之宗主也，故引其言以終之。總之，孟子之意是即情顯性，孔子之意乃即性言情，孔子是從源頭處說來，孟子是從順達處說去，總是一理，故引以相印證爾。蓋既明得性原是善，則無善無不善之爲非自不待言，而所謂可以爲善可以爲不善、有性善有性不善之說，亦不待辯矣。孟子性善之說，真千古言性之宗也。」

家君又曰：「即見孺子之入井，而怵惕惻隱之心自生，是真情原只有善；内交、要譽、惡聲之念不作，是真情亦本無不善。即情之有善無不善，顯然明白；而性之有善無不善，自昭然可證。後世三品之說，出自推尚孟子之人，而依然公都子所引告子等三說之旨。甚矣！性理之未易明也。至若以陷溺之故，而不知歸，重習染，而亦舉以誣性。三品之說，相沿

〔一〕「省」，原作「醒」，疑音同而誤，遂改。

迷人，則又顯悖孔子性近習遠之旨，而不知返矣。千古解人真難多得，亦可嘆矣。」

又曰：「於『天生蒸民，有物有則』，自可知人生本性原無不善；於『乃若其情，則可以爲善』，自可知即習染之後，性善正自依然。是則有是性即有是情，有是情即有是才，才即情之良能，而實性之良能也。性善情善，而才豈有不善者？故曰：『若夫爲不善，非才之罪，不能盡其才者也。』」

又曰：「人性發於情，靈於才，而其所以卒相遠者，則病在於習染深重，通不知求，而弗思其病根也。苟一知思，則必恍然知人之異於禽獸，而爲天地之心、萬物之靈、陰陽之會、五行之秀者，只此一性，雖欲不求，不可得矣。」

坐間，一友問：「聞先生嘗與熊友言孟子杞柳一篇，心性源流本末發揮明透，殆無餘藴，而中間尤以性善一章、仁人心一章爲提宗攜要之旨。不知可得聞其詳否？」家君曰：「不肖舊有此說，然尚合五穀章言也。」友請其詳。家君曰：「學問非明於真本體，則雖用盡工夫，非泛騖即支離。孟子提明性善，是直於羣言淆亂中指出斯人生身立命根宗，由此實下工夫，自可希聖希賢而無難。此孟子闡明性善之大功也。人性雖善，然非得專精切實工夫以養以盡，非物交而引，陷入小人之歸，即不盡其才，爲車薪一杯之水。心官之不得其職，即性善之必移於習，而莫可收攝也。自孟子提出『學問之道無他，惟在求其放心』，天下後世乃知學問之道。功不可以泛用，學必要於反身，而後放心收而本心復，本心復而善性全，由此可以盡性至命，以人合天而不難。此孟子闡明學問之道在求放心之大功也。若吾之必合五穀章言者，有真體，得實工，而或作輟相乘，一暴十寒，即性終須陷溺，心終須馳放，亦成五穀之不熟，不如荑稗耳，故又必要於能熟也。」

友曰：「二章、五穀章言，敬聞命矣。敢問盡性、求放心可相通乎？」家君曰：「性者，心之真體，心者，全體大用，非有二也。性之所以善者，善以有仁義禮智之心，而心之所以仁者，原於性之本無不善，仁心之與善性，亦非可二視也。故盡性養性之道只在於求放心，而求放心之功即所以實盡性，言若異旨，其實理本相通耳。」

靖子天績問盡心知性章宗旨。家君曰：「此章總是要人知得心性天命同原一本，不可截然分段。只須實盡下學盡心、知性、存心、養性、修身，不貳之功，即屬上達知天、事天、立命之學，固不必外心性而別求天命，不必外盡知存養、不貳、修身，而別求知天事天立命也。閒閒數語，打通心性，渾合天人，而言之更極爽豁明透，毫不犯人推索。嗚呼！孟子真聖道之金鏡也！」

萬子繩祐問：「陽明先生論盡心章，以首節盡心、知性、知天是與天爲一，而定之以生知安行事；次節存心、養性、事天是尚與天爲二，而定之以學知利行事；末節夭壽不貳、修身以俟，是尚未曾與天見面，而屬之困知勉行事。其說何如？」家君曰：「此條議論某初讀傳習録時不安於心，今閱四十五年矣，總覺牽強不合。蓋謂知性知天與天爲一，而屬之生安分上，固無不可。然此性此天人人同具，學利困勉特其資之差等耳。及其知之成功一也一則，雖困勉者所知所行與生安無二，安在學知利行者與天尚爲二乎？且既曰學知利行乃是要其知之成功而言也，使尚與天爲二則算不得學知利行矣。孟子又如何即以存心養性爲所以事天乎？觀『所以』二字，則是心、性、天分明是一理，存心、養性者分明與天一體無間矣。且世安有知性不養而謂之知性、知天不事而謂之知天？又安有不知心之即天而能真存其心？不知性之即天而真能養其性者？陽明先生平日既以爲知行合一，豈生安者遂無俟存心、養性、事天之功？學知利行者終不足與于知性知天之地乎？而硬分知性知天爲生安，謂與天爲一；存心、養性以事天爲學利，謂尚與天爲二。亦自生支離，自生割裂，自背宿旨矣。至于夭壽不貳，是非真能知行達天、盡性至命者，豈易語是？造詣到此天地，真是命自我立，我自爲天矣。孔子曰：『朝聞道，夕死可矣。』必聞道而後能不貳于夕死。道即天也，不貳則是已聞道矣，而爲未見天乎？易曰『通乎晝夜之道而知』，晝夜之道即天也，不貳是已通乎晝夜之道矣，而謂尚未知天乎？又曰：『原始反終，故知死生之說。』始終生死之說即天也，不貳是已知死生之說矣，而謂未知天乎？今日夭壽不貳、修身以俟者，是尚未曾與天見面，豈其可乎？試觀從前大儒先生，生平從事性天之學，固有視生死利害不貳者，亦有臨生死界頭，此心尚不能不撓動憂惶者，則是知性知天、存心養性者，其中間造詣尚有淺深生熟之異，至於夭壽不貳，則直到盡性至命、天人一致田地矣，豈可以盡性至命者屬之初學立心始事乎？陽明譏朱子錯訓格物，只爲倒看此意，以盡心知性爲格物知至，要初學便做生知安行事，獨奈何以盡性至命上聖事屬之初學立心乎？此尤自相矛盾者也。大抵此章之旨細玩白文，要是孟子爲世之學者看得天人性命截然兩節不相關涉者指點，如曰勿謂天與人遠，不可知不可事；勿謂我命在天不在我，須知我之心性本與天一理。若能盡心知性便能知天，能存心養性便是事天。命本是我之命，我誠能夭壽不貳，而修身以俟，便是我立得命在。今試細玩首節『則』字，次節、末節二『所以』字，文義何等明白。而必硬以生安、學利、困勉三項人牽强分屬，此亦不能免意見之偏也。」

熊子同智問：「孟子上篇終好辯、自任，以欲閑先聖之道。下篇終思狂狷、反經、興、慝，而末更結以見知自任之意，何也？」家君曰：「經無明文，以某愚見，孟子自任以身，承列聖之統，故一生願學孔子。當時民之邪慝，由於道之不明；道之不明，由於經之不正；而經之不正，則以無傳道之人羽翼扶持其間。以是民心日非，而民俗日偷，斯道遂日益淪喪不可收攝耳。思狂狷，正思可與傳道之人；惡鄉愿，惡其足以亂吾道之防。當時狂狷之士又不可得，而鄉愿之習日以益熾，遂不得不以身承當。蓋原其苦心，縱使二帝、三王之道不能復行於斯世，猶當使之傳於吾徒。吾徒又不可得傳，則猶當擔當諸一身，寄托諸空言，使先聖之道有所恃賴以不墜，而後學有志之士有所稽考，以溯求道統之淵源，故其所以好辯者，雖欲不辯而分不能已。所以自任者，雖欲不任，而分不容辭。是則孟子一身即二帝、三王、周公、孔子之眼目，而七篇之言即五經四子之槖籥。孔子爲宇宙生成之天地，而孟子爲兩間照臨之日月也。嗚呼！孔子萬世師表，孟子亦萬世師表。吾輩學孔子不易，舍孟子又將誰屬哉？」

關學彙編

關學彙編序

關學有編，創自前代馮少墟先生。其編雖首冠孔門四子，實始宋之横渠，終明之秦關，皆關中産也。自秦關迄今且百年，代移世易，中間傳記缺然，後之徵考文獻者，將無所取證，心敬竊有懼焉，間乃忘其固陋，取自少墟至今，搜羅聞見，輯而編之。既復自念，編關學者，編關中道統之脈絡也。横渠特宋關學之始耳，前此如楊伯起之慎獨不欺，又前此如泰伯仲雍之至德，文、武、周公之緝熙敬止、纘緒成德，正道統昌明之會，爲關學之大宗。至如伏羲之易畫開天，固宇宙道學之淵源，而吾關學之鼻祖也。譬諸水，泰伯、文、武、周公，乃黄河之九曲，而伏羲則河源之星宿，横渠以後諸儒，乃龍門、華陰、砥柱之浩瀚汪洋，涇、渭、豐、澇諸水之奔赴也。記曰：「三王之祭川，皆先河而後海，或源也，或委也，此之謂務本。」君子之論學，觀於水，可以有志於本矣。於是，復援經據傳，編伏羲、泰伯、仲雍、文、武、周公六聖於孔門四子之前，並編伯起、楊子於四子之後，合諸少墟原編，以年代爲編次焉。蓋愚見以爲，必如是而後關學之源流初終，條貫秩然耳。

編既竟，竊念斯道雖無古今、聖凡、貴賤之殊，但以伏羲、文、周六聖人與宋元以後諸儒同彙而共編，亦覺無大小、淺深之差别。於是，據吾夫子聖人、君子、善人有恒之分，於伏羲六聖，則標目曰「聖人」，若曰是即吾夫子所欲見之聖人也。孔門四子則曰「賢」，自漢以後則總目之曰「儒」，若曰是固吾夫子所謂君子、善人有恒而不甘流俗者也。顧周元公之言曰：「士希賢，賢希聖，聖希天。」則又以明善人有恒之士，苟能希聖、希賢，自可至於聖、至於賢，而無能我靳也。然則千百世下，凡生吾關中者，讀羲、文、武、周之書，誦漢宋以來諸儒先之傳，溯流窮源，可無復望洋之嘆。因是孜孜亹亹，用以仰慰吾夫子思見聖人之本懷。是則後死者之責，而先聖賢之所亟待也夫！

豐川後學王心敬爾緝盥手題

關學編原序(三篇)

一

理學一脈,其盛衰關世運高下。然自東周以還,聖如孔子戹於無位,不得行所學,徒與弟子講業於洙泗之濱,晚而贊易、序書、删詩、修春秋、定禮樂以俟後賢,令斯道不終墜,所謂聖人既往,道在六經也。孟子紹之,皇皇救世,所如不合,徒託空言,今所存僅七篇遺書耳,又不幸火於秦。佛於東漢、宋、梁、陳、唐,老莊於晉,經既闕訛,學又誕幻,至功利之習溺,文辭之尚牽,漸靡成風,末流莫挽,蓋不知理如何,學如何矣。宋自濂溪倡明絶學,而關中有横渠出,若河南二程、新安朱子後先崛起,皆以闡聖真、翼道統爲己任,然後斯道粲然復明。

關中故文獻國,自横渠迄今又五百餘歲矣,山川深厚,鐘爲俊彦,潛心理學,代有其人。迨我明道化翔洽,益興起焉,如涇野則尤稱領袖者。侍御馮仲好氏,關中人也,弱冠即志聖道,通籍不數載,以言事歸山中,閒暇日,惟講求正學、排斥異端爲惓惓。所著關學編四卷,始於横渠,訖於秦關,計姓字三十三,雖諸君子門户有同異,造詣有淺深,然皆不詭於道。設在聖門,當所嘉與者,簡册兼收,詎不宜也。其書以「關學」名,爲關中理學而輯,表前修,風後進,用意勤矣。

余不肖,嚮往古昔有年,且居子遊之鄉,産晦庵之里,彬彬名儒,不一而足,未能博稽精論,仿仲好體裁,次爲成書,坐視先哲遺迹放失,愧矣,罪矣!仲好有此舉,嘆服良久,遂屬長安楊令募工梓之,用公同志。蓋理爲人人具足之理,學爲人人當講之學。編内諸君子,其力學以明理,明理以完性,皆人人可企及者,非絶德也。由諸君子而溯孔孟,是在黽勉不息哉。衡雖魯,敢與同志共勖之。

萬曆戊申八月廿八日,新安後學余懋衡書於朝邑之貞肅堂

二

關學編者，侍御史馮仲好集關西之爲理學者也。其爲孔子弟子者四人，學無所考。於宋得九人，於金得一人，於元得八人，於明得十五人，諸附見者不與焉。皆述其學之大略爲小傳，授受源委可推求也。

夫伏羲畫卦，爲關西萬世理學祖，至周有文、武、周公父子兄弟，號稱極盛。周之後，置他閏位不論，西漢、李唐有天下最久，無能爲理學者。至宋，乃始有周程三先生興於濂洛，而張子厚先生崛起關西，與之營道同術，合志同方。蓋當是時，禪教大行，先生少年亦嘗從事於斯。久之，悟而反正，以爲「佛門千五百年，使英才間氣，生則溺耳目恬習之事，長則師世儒宗尚之言，因謂聖人可不修而至，大道可不學而知。人倫不察，庶物不明，上無禮以防其僞，下無學以稽其弊，詖淫邪遁，亂德害治」。其持論深切著明如此。信乎所謂「獨立不懼，精一自信，有大過人之才」者矣。程子謂博聞強識之士，鮮不入於禪，卓然不惑，惟子厚與邵堯夫、范景仁、司馬君實，豈不難哉？同子厚，游二程門，如游定夫以「克己」與「四勿」不相涉，呂與叔以喜怒哀樂未發由空而後中，楊中立因而執之，謝顯道以知覺爲仁。四先生且然，況其他乎？呂微仲表子厚墓稱：「學者苦聖人之微，而珍佛之易入。橫渠不必以佛、老合先王之道，則子厚先生著書立言，攘斥異學，生平所苦心極思，幾不白於世矣！」迨其後也，鵝湖慈湖輩出，而周、程、張、朱之學日爲所晦蝕，然關西諸君子尚守郿縣宗指。近代學者左朱右陸，德靖之間，天下靡然從之，關西大儒亦所不免。明聖學，正人心，扶世教，安得起子厚於九京而揚扢之哉？

仲好之爲是編也，直以子厚承洙泗。汲公略見進伯傳後，雖鄉里後進，未可顯斥先正之過。其學術醇疵，臚列𠨍分，以俟夫人之自擇，而毫釐千里之差，堤防界限之嚴，詳於辯學、疑思二録中，要之以子厚爲正。故關學明，而濂洛以下紫陽之學明，濂洛以上羲、文、周、孔之學亦明矣。余謂仲好有遠慮焉，有定力焉，有兼善之量焉，有繼往之功焉。若夫侈說其鄉人，以爲游談者譽，造作者程，非仲好意也。

大泌山人李維楨本寧父

三

我關中自古稱理學之邦，文、武、周公不可上已，有宋横渠張先生崛起郿邑，倡明斯學，皋比勇撤，聖道中天。先生之言曰：「爲天地立心，爲生民立命，爲往聖繼絕學，爲來世開太平。」可謂自道矣。當時執經滿座，多所興起，如藍田、武功、三水，名爲尤著。至於勝國，是乾坤何等時也，而奉元諸儒猶力爲撐持，塤吹篪和，濟濟雝雝，横渠遺風將絕復續。天之未喪斯文也，豈偶然哉！

我皇明益隆斯道，化理熙洽，真儒輩出。皋蘭並起，厥力尤韙，璞玉渾金，精光含斂，令人有有餘不盡之思。鳳翔以經術教授鄉里，真有先進遺風。小泉不由文字，超悟於行伍之中，亦足奇矣。司徒步趨文清，允稱高弟。在中、顯思履繩蹈矩，之死靡他。至於康僖，上承庭訓，下啟光禄，而光禄與宗伯司馬金石相宣，鈞天並奏，一時學者翕然嚮風，而關中之學益大顯明於天下。若夫集諸儒之大成而直接横渠之傳，則宗伯尤爲獨步者也。宗伯門人幾遍海内，而梓里惟工部爲速肖。元善篤信文成，而毀譽得失，屹不能奪，其真能「致良知」可知。侍御直節精忠，有光斯道。博士甘貧好學，無愧藍田。嗚呼，盛矣！學者類仰古今，必折衷於孔氏，諸君子之學雖由入門戶各異，造詣淺深或殊，然一脈相承，千古若契，其不詭於吾孔氏之道則一也。

余不肖，私淑有日，頃山中無事，取諸君子行實，僭爲纂次，題曰關學編。聊以識吾關中理學之大略云。嗟夫！諸君子往矣，程子不云乎「堯舜其心至今在」！夫堯舜其心至今在，諸君子其心至今在也。學者誦詩讀書，知人論世，恍然見諸君子之心，而因以自見其心，則靈源濬發，一念萬年，横渠諸君子將旦暮遇矣。不然而徒品騭前哲，庸嘵口耳，則雖起諸君子與之共晤一堂，何益哉？

萬曆歲在丙午九月朔日，長安後學馮從吾書於靜觀堂

關學編後序

夫天覆地載，日照月臨，凡有血氣，莫不有性命，而道在焉。道在而由之知之，則學在也。奚獨以「關學」名也？關學之編，少墟馮侍御爲吾鄉之理學作也。吾鄉居天下之西北，脊神〔一〕靈淑粹之氣自吾鄉發，是以庖羲畫卦，西伯演易，姬公制禮，而千萬世之道源學術自此衍且廣矣。子曰：「文不在茲乎？」又曰：「吾其爲東周乎！」則西方聖人發揮旁通，東方聖人懷而則之，其揆一也，此載在詩書，無庸復贅。故此編惟列孔子弟子四人、横渠先生而至今，無不考而述焉。故不載獨行，不載文詞，不載氣節，不載隱逸，而獨載理學諸先生，炳炳爾爾也；不論升沉，不計崇卑，而學洙泗、祖羲文者，無不載焉。少墟之用心亦可謂弘且遠矣！不然，自張、呂諸大儒而外，如不列於史册，則湮没於無聞，後死者惡得辭其責也？

書成，人無不樂傳之。然則是學也，果何學也？誦是編而印諸其心，即心即學，即學即羲、文、周、孔，未見有不得者，奚止論關中之學，即以論天下之學，論千萬世之學可也。

萬曆歲次己酉正月人日，後學岐陽張舜典書於澶淵之闇然亭

關學彙編凡例

一原編始横渠張子，而是編則備編伏羲、泰伯、仲雍、文、武、周公六聖於前，或問於余曰：「少墟之不備録前六聖也，

〔一〕「神」，原作「坤」，據後文「神靈淑粹」（卷一伏羲）改。

意或以伏羲帝，文武王，周公相，且皆聖人也，不可與後儒同類而編歟。而子備録之，豈大夫不敢祖諸侯，諸侯不敢祖天子，通鑑不敢以己編直接春秋之旨乎？」余曰：「不然，大夫不敢祖諸侯，諸侯不敢祖天子，所以辨宗也。通鑑不敢接春秋，所以尊聖也。編關學，則溯宗原聖矣。辨宗尊聖，則惟恐不嚴。溯宗原聖，正惟恐其不備。胡可比也？且此道此學而有貴賤、聖凡之殊歟？不觀吾夫子東魯布衣也，而祖述堯舜，憲章文武，亦正不嫌自蹈僭踰耶。六聖人自吾關中道德學行之斗極，編關學者自宜前録以昭吾道之正統大宗，而在所不疑爾。」

是編以伏羲開先，或疑爲世代緬遠，緒論寥略，今所傳者，僅卦畫與易繫贊述數言耳。關學首編伏羲，豈吾夫子刪書斷自唐虞之旨乎？余則以爲刪書欲以垂千百世君臨之道法，而唐虞以前，則風氣尚樸略未備，史傳亦荒唐多誣也。至唐虞而中天文明，故序書不始伏羲而斷自唐虞耳。若夫溯道脈之自始，始於伏羲六十四卦之創畫；溯學脈之從肇，肇於伏羲仰觀俯察、遠徵近取之開宗。則謂今日六經之昭垂，皆伏羲畫卦之推衍，盡宇宙一切史傳文字之闡明，皆伏羲畫卦之敷暢。伏羲直生至於今，而至今無一人、一事、一時不神接伏羲於耳目心思之間可矣，而顧可以世代遼遠、緒論寥略論歟？獨不觀吾夫子繫易，必詳溯伏羲畫卦之精神命脈耶。則今日上溯關學之統者，必上溯諸文、武、周公，又必上溯諸伏羲，而後源流分明，本末條貫耳。

一是編備録泰伯、仲雍，或疑經史不著其學術，竊恐蹈附會之嫌。余則謂吾夫子推尊泰伯爲至德，而讚美之不置，仲雍與泰伯同逃讓弟，即其德之至可知。德既至矣，其致力之心精密詣，當不知何如，而必責如後世之語録喋喋耶？故謹序於伏羲之後，文、武、周公之前而不敢遺略。蓋愚意周之至德，後有文王，前則先有泰伯伯仲，而厥後更有武王、周公二聖，繼此家學之精微而益暢益密。以此見古今家學之盛，莫盛於有周。即以見吾關中此學之明之盛，莫明莫盛於有周，而豈徒侈關中聖德之衆，增簡編之色而已哉！

一是編於漢獨録四知楊子，或者疑其不無以氣節作理學之嫌。余則謂氣節本自中誠，安在非即理學？況如天知、地知、子知、我知之旨，凜乎慎獨無自欺之心傳，而一切立朝行己則卓卓乎剛毅近仁之旨歟。且「關西夫子」之推，當時無異辭，後世有同稱，宋元諸儒幾此者幾人乎？ 而可廢耶？

一伏羲世史中亦尚有紀述，而是編獨取吾夫子繫辭仰觀俯察數語。文、武、周公則國語、國策及諸子百家中傳述極多，而獨取聖經所述，孔孟論斷所及，其他皆在所略者，蓋原道明學，取於可據可信，無取乎影響附會，反誣聖真也。

一原編諸傳後俱無論斷，即間有數語，亦俱序於傳內。茲編於伏羲、泰伯、仲雍、文、武、周公六聖，四知楊子一賢，則俱仿理學宗傳例，傳後臚列論贊不一而足者。凡以六聖一賢，乃關學之堂奧門徑，俱原編之未備，兼前儒之論亦多於其精蘊闡之未盡，故特加論斷以明六聖一賢之淵詣，爲吾關學揭統明宗耳。若其續自少墟先生以下，則但致詳於淑遠周公，與馮門傳記無考之故，從元洲守志十二人者姓氏無存之概，而論斷更不復贅者。續原編則依原編爲例，兼論斷俱在傳中如原編也。

一少墟原編無「聖人」「賢」「儒」之目，而是編則加此品目者，緣原編以横渠爲始，雖與後此元明諸儒分量有大小淺深之不同，要之品格相近。是編則溯源六聖，首列編端，若使概名以關學，而品目不分，則且使上聖與善人有恒等類而並列，無論餘子，即横渠涇野數先生能自安於心耶？ 亦大覺其不倫不類耳，故標題有聖、賢、儒三等之分。

一少墟先生原編本自簡潔，而今於中間亦尚不無一二節刪之處。蓋務期真切簡當，以副先生本心，匪敢妄加裁損也。

一仲舒原非關中人，以其老關中，且葬關中也，故並列傳關中。

一續編自少墟至於今，合二代百餘年，則獨取七人，而附者亦僅寥寥數人，即自顧且不無掛漏之慚，敢望見恕於博雅君子耶？ 但是心敬僻處山鄉，生也又晚，而此百年中世代既移，又傳紀缺然，今編中所載，已是從灰裏尋線，備極搜訪。此外搜訪所不及，則亦終聽之掛漏，而無可如何耳。是惟留心名教之大君子，援可據以見教，則心敬之殷祝也夫。

卷一（新增）

豐川王心敬爾緝纂述
涇陽王承烈遜功參訂

聖人

伏羲

太皡伏羲氏，亦云庖犧氏，風姓。生於成紀。代燧人氏王天下，有聖德。孔子繫周易，追述曰：「昔者庖犧氏之王天下也，仰則觀象於天，俯則觀法於地。觀鳥獸之文與地之宜，近取諸身，遠取諸物，於是始作八卦，以通神明之德，以類萬物之情。」

敬按：斯道彌綸天地萬物，而管歸於吾身。非學，道無由明行；非文字，道亦無由寄託。而宇宙文字之始，則始於八卦，八卦則畫自伏羲，是則自開闢來，雖聖神代作，皆有綱維世道之弘功，而伏羲其開天明道之第一人乎！其六十四卦之一奇一偶，雖謂之代天而言，以垂示宇宙可也，又謂後此一切闡道之典謨、訓誥、經史、論述，皆自此推而衍之、統而貫之可也。而原其所生，則於我關中成紀，故今溯關學淵源，斷當以伏羲爲鼻祖。

又按：神明之德，乃天、地、風、雷、山、澤、水、火之精英，萬物之情，乃天、地、風、雷、山、澤、水、火之情狀，是皆斯道之彌綸發皇，盡宇宙不能一時一事外者。伏羲開天神智，生而於此，獨能冥會，但是欲揭此覺民，又苦言不盡意。於是仰觀俯察，遠徵近取，昭融此德此情於心目之間，通類此德此情於宇宙之象，特地畫出一奇以象天，畫出一偶以像地，又參天兩地畫出三畫，以象三才。三才立而由是相摩相盪爲四象，爲八卦，爲六十四卦。舉宇宙、天地、風雷、山川、水火，與一切神明萬物之德之情，胥昭揭於一奇一偶之錯綜參伍，而宇宙萬事萬理皆於此包絡流衍矣。這也是斯道合開，上天遂生此肇開文明之聖，啟斯世之顓蒙。論者以爲神靈淑粹之氣萃於西北乾方，故開天明道之聖特於是出。嗚呼！是豈無見而云然哉？然則生乎其後者，值斯道昌明之日，托神靈未竭之氣，既聖訓之昭如日星，復賢關之辟若大路，可妄自菲薄耶。

又按：伏羲仰觀俯察，遠求近取，而總爲通神明之德，類萬物之情，則知其仰觀不獨觀於天象，並象之所以然處通之類之。俯察不獨觀於地法，並法之所以然處通之類之。遠觀近取，不獨取其文其宜其形色，並其文其宜其形色之所以然處通之類之。故通曰通德，類曰類情，則是於天地物我，直無處不周，而祇爲通神明之德，類萬物之情也？由前則表裏精粗窮徹靡遺，這學力是何等精密，儼然爲聖學立道器情文兼綜條貫之宗；由後則功雖詳而有要，知雖博而反約，這學力是何等的實，又儼然爲聖學立窮大失居、泛騖無歸之鑑。然則聖學宗傳，真開自伏羲，而吾夫子一生上律下襲、好古敏求之心傳，俱淵源於此矣。昔子思之述祖德曰：「仲尼祖述堯舜，憲章文武」，是特就道與法之隆備師承爾，要之就道源心法論脈絡，謂即祖述伏羲可也。

又按：伏羲仰觀天象，俯察地法，並鳥獸之文與地之宜，無不遠求博取，是於吾身以外，無不明察之物矣。而仍必近取諸身，則是直將天地萬物盡融會於吾身，而吾身之官骸性情，盡類通於天地萬物。即此以推，不獨後世之明物察倫、崇效卑法，與一切博學、審問、慎思、明辨之脈絡舉伏於此。即一切致中和而位天地、育萬物，盡性以盡人物、贊化育而參天地之脈絡，亦靡弗隱伏於此而無遺。邵康節曰：「圖雖無文，吾終日言之而不離乎是。」敬亦曰：「吾夫子之繫伏羲也，語亦寥寥，要之盡後世千聖萬賢學術之根柢，俱於此乎範圍曲成矣。」嗚呼！伏羲一聖，宇宙道源俱從是發，豈獨肇開關學也！然非吾夫子神明，其精神命脈亦何能於寥寥數言，盡闡其畫卦立象之源流如是明切歟？然則溯道統、原學宗者，當詳察潛昧伏羲之精神命脈。而欲溯伏羲之精神命脈者，當反覆咀味吾夫子繫伏羲之九言。若其咀味有得，更能讀易而得諸畫前，則雖生伏羲千萬世後，正不難與伏羲晤對一堂爾。

附傳疑三聖

敬按：陝西通志：神農、黄帝俱載關中。二聖人開物成務，通變宜民，其備道豈待言？道備即學備，其學又豈待言哉？然考之輿圖，神農生陳州，黄帝生新鄭，則通志之載關中，恐不足盡據也。且六經中不及神農學術之端，即黄帝有丹書之傳，然亦不見聖經，疑出後世之假借。至崆峒問道，與他載黄帝之遺言遺事，亦似皆老莊之徒與後世好事者僞託。自太史公已謂其文不雅訓，爲縉紳先生所難言，故今不敢概録，以滋矯誣之嫌焉。

敬又按：通志：「倉頡，長安人。爲黄帝左史。見鳥獸之迹，體類象形而制字，使天下義理必歸文字，天下文字必歸六書。」則是倉頡亦不可謂與關學無與矣。然按世史，伏羲造書契以代結繩，則書契之由來已久。倉頡或補伏羲之未備，或易形而使愚蒙之易曉，是或有之，然要之文字固不始於倉頡也。且是編皆據經記事，雖以文、武、周公之紀，經太史公之手筆，亦不敢信爲無訛。而必據六經、孔孟之言，按實詮次。倉頡之傳不見於经，而敢信地志他傳耶？故亦從細注，附傳疑之列云。

商

泰伯　仲雍

泰伯、仲雍，商諸侯古公亶父子。古公三子，長泰伯，次仲雍，又次季歷。季歷子昌，生而有聖德。古公愛之，欲傳位季歷以及昌。泰伯、仲雍知之，遂相攜诸荆蛮。其後古公卒，歷嗣。歷卒，昌嗣。而周以大興，推其淵源，本泰伯、仲雍相攜而逃，讓位季歷之故也。而當時曾無知其至德而稱述之者，至孔子乃追而贊泰伯曰：「泰伯，其可謂至德也已。三以天下讓，民無得而稱。」於仲雍，則他日序列逸民懿行，有「身中清，廢中權」之許焉。

敬按：吾夫子推泰伯爲至德，據其行事論之耳，未及其心學也。然即其如是之行，而追想其心之所存注，亦良苦矣。心良苦，而其中體認之必精，踐履之必力，以求自遂其心理之安，可以言盡耶。昔吾夫子答子貢問伯夷、叔齊之怨否，曰：「求仁而得仁。」先儒謂「求」即其學之致力處，「得」即學之得力處，而總之依乎仁而不移於他，蓋仁爲己任，死而後已者也。嗚呼！即是以推，而夷齊之心學可想而知。泰伯兄弟與夷齊兄弟異世同揆，即夷齊而泰伯之心學不可類推耶？然讓歷而歷之得卒嗣，古公者亦惟仲雍與泰伯同此心行之故，而吾夫子則獨舉泰伯者，舉伯以例仲，其仰體父心以讓弟同，其至德自同耳。而周之家學，於文、武、周公父子之前，遂丕昭於至德之兄弟矣，盛哉！

敬又按：仲雍之德同於泰伯，是仲雍、泰伯之爲兄弟，猶之伯夷、叔齊之爲兄弟也。夫夷齊兄弟同於求仁得仁，即仲雍與泰伯亦同一求仁得仁，而可謂至德又奚疑歟？足於德而寧不足於學歟？故編中泰伯、仲雍並列云。

文王

文王名昌，王季子。嗣位爲西伯。及武王得天下，追王曰文王焉。西伯之爲世子也，朝於王季日三，晨至寢門外問内豎之御者，曰：「今日安否？何如？」内豎曰：「安。」西伯乃喜。日中又如之。抵暮又如之。其有不安節，則内豎以告，西伯色憂，行不能正履。王季復膳，然後復初。食上，必在，視寒暖之節；食下，問所膳，命宰曰：「末有原。」應曰：「諾。」然後退。及嗣位，其治岐也，發政施仁，必先窮民之無告，次如耕九一，仕世禄，關市不征，澤梁無禁，藹藹如父母焉。時北海伯夷、叔齊，東海太公，年皆老矣，聞其善養老，相率來歸。一日出獵，見太公釣於渭濱而異之。與之語，尤大異焉，乃載之歸以輔政。嘗行於野，見枯骨，命瘞之。吏曰：「無主矣。」西伯曰：「吾即其主。」以棺衾葬之。天下聞之曰：「西伯澤及枯骨，況於人乎？」時紂日益無道，醢九侯，脯鄂侯，西伯聞而竊嘆。崇侯虎知之，以告紂，紂乃拘而囚之羑里。閎夭之徒百方謀所以奉紂，而始釋。西伯歸而又獻洛西之地，請除炮烙之刑。紂許之，更賜得專征伐。時虞芮之人爭界，久不決，乃入周求質。及入周疆，見耕者皆讓畔，民俗皆讓長，慚相謂曰：「吾所爭，周人所恥，何往爲？」遂還，俱讓其田而不取。當是時也，密人不恭，侵阮徂共，崇侯虎助紂爲惡日益甚。西伯乃伐密，復伐崇，作邑於豐，而徙都焉。漢南諸侯歸者四十國，三分天下，奄有其二，西伯率以事紂，年九十七薨。

敬按：文王一生積累之仁政武功隆且懋矣，而周公追頌則不復侈陳，獨取其德心圣學反覆贊述曰：「維天之命，於穆不已。於乎不顯，文王之德之純。」又曰：「惟此文王，小心翼翼，昭事上帝。」又曰：「帝謂文王，無然畔援，無然欣羨，誕先登於岸。」「不大聲以色，不長夏以華，不識不知，順帝之則。」其他如「亦臨」「亦保」「亦式」「亦入」「文王陟除，在帝左右」「文王在上，於昭於天」，凡以言乎文德之純純於敬，而文王之敬德則直與天合載無二也。又如詩詠「緝熙敬止」，而曾子則釋其義於君臣父子交國人之間，謂是此「敬止」之「緝熙」者，乃人倫之皆得其止而各極其至，則又以明文德之敬常明於己心，而丕周乎人倫也。蓋周公於文王，父子作述間，獨以此一點精心默相孚授，故其頌文王諸詩，言功業者略；而於其德心之純符契天德者，反復鄭重，而極闡詳道之不一而足也。至孟子歷序存心之統，則又獨取其憂勤惕勵之心，曰：視民如傷，望道未見。如見文於羹墻焉。嗚呼！聖至文王，時益變而處愈難，實聖至文王，心益苦而學益密。吾夫子至德之贊，繼泰伯而再推文王，蓋心服之者至矣。至於序易、彖易於九年羑里之中，則其素患難，行乎患難，而又以開萬世著作闡道之門庭。是則自三皇五帝以來，聖人以道法爲學脈，至文王彖易，而更以文章闡性道。聖至文王，而益精細微密，實學至文王而益精細微密矣。關學以文王爲大宗，不猶治道以堯舜爲大宗哉？後生讀書尚論，須靜溯其心學之淵醇，始得其精神命脈，若但艷其仁政武功，曾何當於文王之真精神命脈哉！

周

武王

武王名發，文王次子。文王有疾，武王不脱冠帶而養。文王一飯，亦一飯；文王再飯，亦再飯。及即位，太公望爲師，周公爲輔，召公、畢公之徒左右。王躬修文王之業，纘太王、王季之緒。逮十有三年，紂惡日甚，天變人怨，乃應天順人，率師東征，諸侯不期而會者八百。緣途千餘里，其君子實元黄於篚以迎其君子，其小人簞食壺漿以迎其小人。甲子，會於牧野，紂師如林，皆前徒倒戈以北，於是誅紂。孔子曰：「壹戎衣而有天下，身不失天下之顯名。」孟子曰：「救民於水火之中，取其殘而已矣。」既克商，則一反紂政。封比干墓，釋箕子囚，式商容間，發鉅橋之粟，散鹿臺之財，歸傾宮之女，大賚於四海。謹權量，審法度，修廢官，而四方之政行。興滅國，繼絶世，舉逸民，而天下之民歸心。所重民食喪祭，而於善人是富。又監於天命之不易，民生之難遂也。於是折節訪箕子，以相協厥居、攸敘彝倫之道，而得箕子洪範九疇之旨。又問羣臣以藏約行博可爲萬世子孫恒足之道，而得師尚父對以丹書敬勝義勝之訓。王聞之，惕若恐懼，乃爲戒書於席之四端，及几劍之類，各有銘焉。君子以爲王心之存，備見於觸目之惕。而他日孟子所由敘幾希之統，而特揭其不泄邇、不忘遠之心法也。十有十年，年九十三崩。

敬按：人知衛武公耄修不倦，行年九十而猶廑切磋琢磨之修，歿而推爲睿聖武公。不知武王得天下於既暮之年，其發政施仁一以體天地祖父之心爲兢兢。而如其於箕子之訪，虛心重道；丹書之奉，老而益虔。孟子曰：「堯舜性之，湯武身之。」「身之」，斯終其身敬以作所而不敢一刻逸矣。彼武公之耄修勤，渠正得諸乃祖之家法而思肖也。嗚呼！性之之聖不可幾，如武王、武公，斯不亦不厭不倦之宗傳，而中材皆可企及者哉？

敬又按：人知武王之伐紂爲應天順人，不知中間窮理盡變，其心精之密詣，學力正有獨證者在焉。彼其於千古君臣之大義，以武王之聖自屬洞徹於心。況文王服事有殷之積，誠又得諸家庭六七十年之親炙。一旦伐紂，踰人臣之大閑、變聖父之家法，是非其見義獨明，踐道獨力也。何能如是？又何忍爲是乎？陸文安曰：「民爲貴，社稷次之，君爲輕。此宇宙之公義。」惟武王見得明，夷齊卻不見此。孟子曰：「賊仁者，謂之賊；賊義者，謂之殘。殘賊之人，謂之一夫，聞誅一夫紂矣，未聞弑君也。」武王於十三年前確守臣節，於十三年後會朝清明，這應天順人中，有多少精義入神之心學在，豈尋常拘攣之見、遊移之守所可幾歟！學者但論其行迹，而不知推原其心學，聖人之真精神命脈湮於百世之上矣。

周公

周公名旦，文王子，武王弟也。當文王時，旦爲子篤仁，異於羣子。後文王被拘羑里，則佐武王治其國，與散宜生之徒經營，悅紂以還文王。及武王伐紂，則佐武王陳師牧野。既受殷命，則佐武王反紂之虐以施仁。逮二年，武王有疾，則怵惕惶懼，設三壇，載璧秉圭，告於太王、王季、文王，願以身代武王。於是卜三龜習吉，則喜曰：「王其無害。」乃納自以爲功册於金縢櫃中。王翼日乃瘳。後二年，武王崩，成王幼，公則相成王治天下。一沐三握髮，一飯三吐哺，起以待士，猶恐失天下之賢人。初武王之革殷也，封紂子武庚於殷都，使管叔、蔡叔、霍叔爲監。王歿而三叔流言曰：「公將不利於孺子。」公乃避於東，繫易之小象三百八十四爻。東人歌之曰：「公孫碩膚，赤舄几几。」又曰：「公孫碩膚，德音不瑕。」蓋素患難，行乎患難，其德心德容不易其常。雖婦人女子，心乎而意欽也。既而三叔挾武庚以叛，王取管叔殺之，然亦尚未知公之本心也。及感風雷之變，發金縢之櫃，得公自爲功代武王册，王乃大寤，迎公歸。而武庚又糾淮夷以叛，公乃奉王東征，誅武庚，滅國者五十。書曰：「丕顯哉，文王謨！丕承哉，武王烈！佑啟我後人，咸以正無缺。」蓋當是時也，向非周公，周之爲周，未可知也。而周公於此數年中，其困心衡慮，憂勤惕勵，亦無所不用其極矣。後封於魯，而公仍留以輔王，薨乃隨文武葬焉。

敬按：孟子序存心之統至周公，則贊曰：「周公思兼三王，以施四事；其有不合者，仰而思之，夜以繼日；幸而得之，坐以待旦。」夫周公夾輔王室之功勳，古今更無與二矣，而孟子不一言，獨取其願力之精勤敏皇以概公生平者，蓋公見道分明，識時達會，每期會通列聖之道法。本原父兄之心傳，折衷融液一歸時中，以光昭有周之令緒，故孟子論世知人，而獨得其心精之注也。然如逢時之變，始而遭父之困厄，中而佐兄於放伐，晚而更遭己身之讒謗，無一不釁波滔天、危疑震撼。彼旁觀者徒見其身處崇高顯赫之地，而不知其心實蹈於履險踐蹇之途。論世者徒見其製作垂世，立千古文明之宗範，而不知其操心危慮患深，其一假精仁熟義真精神。初非紀事之書、道志之詩之揄揚闡發所能盡，而僅從三百八十四爻中繫象之微詞隱隱寓之也。嗟乎！世日降，而聖人之局日處其難，其心學之密詣亦遂益精而益詳。厥後吾夫子删詩學易，於文王、周公淵乎異代傳心神交夢寐者正在於此。若謂徒欲行其道於事業之間，豈盡然哉？蓋關學自是益弘暢精密，無餘蘊並無遺憾矣。

又按：先儒曰後世艷稱周公制作勳猷，不知皆其迹也。公之秘密在易爻辭與歌詠文王諸詩，皆宣洩道奧，吐露無遺。嗚呼！今易象俱在，雅頌備存，生公之後而欲論世知人，可無尋繹其微言要旨哉？吾輩生公之鄉，而欲尚友人乎千古，亦必無誦言忘味，然後入道有日也夫。

又按：周公嘗曰：文王我師。夫周公於文王父也，而直認爲師，是則於其小心翼翼昭事上帝之心傳。蓋凜凜乎屢諸仰思坐待之間，而未嘗一息離矣。彼昔吾夫子稱贊武周「善繼」「善述」之「達孝」，是特就其事親之盡倫盡制，發明其孝德之達於古今耳，其實並其心德之前後纘承，無弗統括諸「善繼」「善述」中矣。嗚呼！周之家學蓋深且長哉。後之溯宗風而景前修者，無徒求諸易侯而王、典章文物之美備輝煌，則庶幾乎深知聖人善學聖學爾。

又按：周自泰伯、仲雍以至文武，雖屬一家之祖孫父子兄弟，要之所處之局各自不同，而其心精密詣則皆於斯道吻合不忒。故敬嘗謂唐虞之際，道隆於君臣；洙泗之會，道隆於師弟；武周之間，則道隆於祖孫父子兄弟之聖聖繼美。此宇宙道德文明之三大會也，而聚於祖孫父子兄弟者，則尤萃於一家，會於一堂，爲宇宙天倫之盛事。蓋雖以堯舜之聖而帝，以禹湯之聖而王，亦且遜其天倫之樂，而爲宇宙之僅有。嗚呼！有周一家，至此蓋盛不可及。關學至此，亦真盛不可及哉！

卷二（原編）

長安馮從吾仲好纂編
豐川王心敬爾緝重訂
涇水王承烈遜功參閲

周

孔門四賢

孔門秦子

秦子名祖，字子南，秦人（一統志：西安府）。孔門弟子，篤於守道。唐玄宗追封少梁伯，從祀孔子廟庭。宋真宗加封鄄城侯。國朝嘉靖中，改稱「先賢秦子」。宋高宗贊曰：「秦有子南，賢賢述作。守道之淵，成德之博。範若鑄金，契猶發藥。歷世明祀，少梁寵爵。」

孔門燕子

燕子名伋（家語作「級」）。字子思，秦人（一作汧陽人）。孔門弟子。唐玄宗追封漁陽伯，從祀孔子廟庭。宋真宗加封汧源侯。國朝嘉靖中，改稱「先賢燕子」。宋陳知微贊曰：「八九之徒，具傳大義。賢哉子思，道本無愧。鐘靈咸鎬，浴德洙泗。增封汧源，皇澤斯被。」聖門人物志贊曰：「師席高振，大成是集。道傳一貫，速肖七十。善教云衷，儒風可立。漁陽之士，得跂而及。」

孔門石作子

石作子名蜀，字子明，秦之成紀人（一統志：鞏昌府秦州）。孔門弟子。唐玄宗追封石邑伯，從祀孔子廟庭。宋真宗加封成紀侯。國朝嘉靖中，改稱「先賢石子」。宋高宗贊曰：「在昔石邑，能知所尊。懋依有德，克述無言。鼓篋槐市，揚名里門。此道久視，彼美常存。」按姓氏英賢傳有石作蜀，氏族略複姓篇有石作氏，注云：「石作蜀，孔子弟子。」據此，當稱石作子，稱「石子」者誤。

孔門壤駟子

壤駟子名赤，字子從（家語「壤」作「穰」，史記「從」作「徒」）。秦人（一統志：西安府）。孔門弟子。唐玄宗追封北徵伯，從祀孔子廟庭。宋真宗加封上邽侯。國朝嘉靖中，改稱「先賢壤子」。宋高宗贊曰：「式是壤侯，昭乎聖徒。執經請益，載道若無。詩書規矩，問學楷模。得時而駕，領袖諸儒。」按通志略「壤駟氏，複姓」，今稱「壤子」誤。

漢儒

流寓一人 新增

董仲舒，廣川人也。少治春秋，孝景時爲博士。下帷講誦，弟子傳以久，次相授業，或莫見其面。蓋三年不窺園，其精如此。又其爲人進退容止非禮不行，學士皆師尊之。武帝即位，舉賢良文學之士前後百數，而仲舒以賢良對策，天子以爲江都相，事易王。易王，帝兄，素驕好勇，仲舒以禮誼匡王，王敬重焉。久之，王問仲舒曰：「越王句踐與大夫泄庸、種、蠡謀伐吴，遂滅之。孔子稱殷有三仁，寡人亦以爲越有三仁。」仲舒對曰：「昔者魯君問柳下惠：『吾伐齊如何？』柳下惠曰：『不可。』歸而有憂色，曰：『吾聞伐國不問仁人，此言何爲至於我哉？徒見問爾，且猶羞之。况設詐以伐吴乎？』由此言之，越本無一仁。夫仁者正其誼不謀其利，明其道不計其功。是以仲尼之徒、五尺之童，羞稱五霸，爲其先詐力而後仁誼也。」王曰：「善。」初，公孫弘治春秋不如仲舒，而弘希世用事，位至公卿，仲舒以弘爲從諛，弘嫉之。膠西王，亦上兄也，尤縱恣，數害吏二千石。弘乃言於上曰：「獨董仲舒可使相膠西。」膠西王聞仲舒大儒，善待之。仲舒恐久獲罪，病免。凡相兩國，輒事驕主，正身率下，數上疏諫爭，教令國中，所居而治。自武帝初立，魏其武安侯爲相而隆儒矣。及仲舒對策，推明孔氏，抑黜百家。立學校之官，州郡舉茂才孝廉，皆自仲舒發之。武帝晚年，以仲舒對問，皆有明法，乃賜仲舒第，令居長安。凡朝廷建置興革，多使使就問，或使尉張湯就家問之。年七十餘，以壽終長安賜第。子孫乃徙家茂陵，皆以學至大官。

心敬按：仲舒先生原籍廣川，晚以時應帝問，就家長安。卒也，遂葬京兆。今長安城中所傳下馬陵者即其處。其後子孫乃徙茂陵，則是仲舒老關中，卒關中，並葬關中也。故亦附載孔門四子之後云。

四知楊先生　新增

先生名震，字伯起，弘農華陰人。少好學，受歐陽尚書於桓郁。明經博覽，無所不窮。諸儒爲之語曰：「關西夫子楊伯起。」常客居湖城，不答州縣禮命，如是者數十年。衆人謂爲晚暮，而先生志愈篤，年五十始仕州郡。大將軍鄧騭聞其賢而辟之，舉茂才，遷荆州刺史，及轉東萊太守。當之郡，道經昌邑，故所舉荆州茂才王密爲昌邑令。謁見，至夜懷金十斤以遺。先生訝曰：「故人知君，君不知故人，何也？」密曰：「暮夜無知者。」先生曰：「天知，地知，我知，子知，何謂無知！」密愧而去。後爲涿郡太守。公廉不受私謁，子孫常疏食步行，故舊長者或欲令爲稍開產業。先生笑曰：「使後世稱爲『清白吏』子孫，以此貽之，不亦厚乎！」遷太常，舉薦明經士陳留、楊倫〔一〕等，顯傳學業，諸儒稱之。

時安帝乳母王聖緣恩放恣，聖子女伯榮出入宫掖，傳通姦賂。先生切疏：「宜速出阿母，令居外舍；斷絶伯榮，莫使往來。」奏御，帝以示阿母，内侍等皆懷忿恚。延光二年，爲太尉。帝舅大鴻臚耿寶薦中常侍李閏兄，不從。皇后兄閻顯亦薦舉所親厚，復不從。寶、閏等亦大恨。司空劉授聞之，即辟此二人，旬日中皆見拔擢，由是内外側目。然以其名儒，未敢加害。

會三年春，帝東巡岱宗，中常侍樊豐等前以奉使爲阿母修第，曾詐作詔書，調發司農錢穀、大匠見徒材木，各起第宅。先生部掾高舒，召大匠令史考校之，得豐等所詐下詔書，具奏，須帝行還上之。豐等聞，惶怖。會太史言星變逆行，遂共譖先生有詔遣歸本郡。行至城西夕陽亭，因飲酖而卒。順帝即位，豐等誅死，先生門人詣闕追訟，朝廷咸稱其忠，乃以禮改葬於華陰潼亭，遠近畢至。葬十餘日，有大鳥高丈餘，集柩前俯仰悲鳴，淚下霑地，葬畢乃飛去。郡以狀上。時人立石鳥象於

〔一〕「倫」，原作「顯」，據後漢書卷八十四楊震列傳改。

其墓所，海内學者稱「四知先生」。

敬按：自先生後，歷秉，歷賜，歷彪，爲三公者凡四世。論者皆以「累葉載德，繼踵三公」，爲先生積善之餘慶，是固然矣。而君子則謂此四知心印，是乃於大學之「誠意毋欺」、中庸之「不愧屋漏」、孟子之「仰不愧天，俯不怍人」，真積力行，早已攜宋明數大儒「誠明」「致良知」之脈絡，而開其緒矣。況「關西夫子」之名，當時固已羣稱乎！是則關學一脈，自周而後，横渠以前，不屬之先生而誰屬？彼昔之議祀孔廟者，曾及扶風馬季常融，而不及先生，是獨以其有注經之功耳。今試問季常之立身行己，視先生何如？且問以身體經與徒明經以語言文字者，其虚實、誠僞、優劣、高下爲何如？孔孟而在，果孰去而孰取耶？嗚呼！吾夫子昔之論士曰「行己有恥」，論狷曰「有所不爲」，論仁曰剛毅木訥爲近，而曾子亦謂士之弘毅者：「仁爲己任，死而後已。」如先生之爲人，可不謂有恥不爲而近仁之剛毅耶！

附拾遺一人

東漢摯恂字季直，京兆人。好學善文，以儒術教授。隱於南山之陰，不應徵聘，名重關西。馬融從學，恂奇其才，以女妻之。

烈按：融字季常，扶風茂陵人也。美辭貌，才高博洽，爲世通儒。教養諸生，嘗至千數。著三傳異同説，注孝經、論語、詩、易、三禮、尚書、列女傳。至所作忠經，擬孝經，尤爲朱子所取。特爲梁冀草奏李固，又作大將軍西第頌，以此爲正直所羞。既配享孔廟，復經罷斥。蓋其早惜無貲之軀，終以奢樂恣性，學無本原，史譏其識鮮匡欲者信矣。故余訂豐川先生關學續編，收恂而附論融於其後云。

宋儒

横渠張先生

先生名載，字子厚，郿人。少孤自立，無所不學，喜談兵，至欲結客取洮西之地。年十八，以書謁范文正公，公一見知其遠器，欲成就之，乃謂之曰：「儒者自有名教可樂，何事於兵！」因勸讀中庸。先生讀其書，遂翻然志於道，已猶以爲未足，又訪諸釋老。累年，盡究其說。知無所得，反而求之六經。嘗坐虎皮講易京師，聽從者甚衆。一夕，程伯淳正叔二先生至，與論易，二先生於先生爲外兄弟之子，卑行也，而先生心服之，次日語人曰：「比見二程，深明易道，吾所弗及，汝輩可師之。」即撤坐輟講。與二程論道學之要，煥然自信，曰：「吾道自足，何事旁求！」於是盡棄異學，淳如也。文潞公以故相判長安，聞先生名行之美，以束帛聘，延之學宮，禮重之，命士子矜式焉。嘉祐二年，舉進士，爲祁州司法參軍，遷雲巖（在宜川縣西北，今廢）令。政事以敦本善俗爲先，每月吉，具酒食召父老高年者會於縣庭，親勸酬之，使人知養老事長之義，因訪民疾苦及告所以訓戒子弟之意。有所教告，常患文檄之出不能盡達於民，每召鄉長於庭，諄諄口諭，使往告其里。閭閻有民因事至庭，或行遇於道，必問：「某時命某告某事，聞否？」聞即已，否則罪其受命者。故教命出，雖僻壤婦人孺子畢與聞，俗用翕然。

熙寧初，遷著作佐郎，僉書渭州軍事判官。御史中丞吕晦叔公著薦先生於朝曰：「張載學有本原，西方之學者皆宗之，可以召對訪問。」上召見，問治道，對曰：「爲治不法三代者，終苟道也。」上説之，曰：「卿宜日見二府議事，朕且將大用卿。」先生謝曰：「臣自外官赴召，未測朝廷新政所安，願徐觀旬月，繼有所獻。」上然之。他日，見執政王安石，安石謂曰：「新政之更，懼不能任事，求助於子，何如？」先生曰：「朝廷將大有爲，天下之士願與下風。若與人爲善，則孰敢不盡！如教玉人追琢，則人亦故有不能。」執政默然。所語多不合，寖不悅。既命校書崇文，辭，未得請，復命按獄浙東。程伯淳時官御史裏行，爭曰：「張載以道德進，不宜使治獄。」安石曰：「淑問如皋陶，猶且讞囚，此庸何傷！」命竟下，實疏之也。獄成，還朝。會弟御史天祺及伯淳並以言得罪，乃移疾西歸，屏居橫渠。

橫渠至僻陋，僅田數百畝供歲計，人不堪其憂，先生約而能足，處之裕如。終日危坐一室，左右簡編，俯而讀，仰而思。有妙契，雖中夜必取燭疾書。嘗謂門人曰：「吾學既得諸心，則修其辭命；辭命無差，然後斷事；斷事無失，吾乃沛然。」蓋其志道精思未始須臾息，亦未嘗須臾忘也。學者有問，多告以知禮成性、變化氣質之道，學必如聖人而後已。以爲知人而不知天，求爲賢人而不求爲聖人，此秦漢以來學者之大弊也。故其學以易爲宗，以中庸爲體，以禮爲的，以孔孟爲法，窮神化，一天人，立大本，斥異學，自孟子以來未之有也。

患近世喪祭無法，喪僅隆三年，期以下，恬未有衰麻之變；祀先之禮，用流俗節序，祭以褻不嚴。於是勉修古禮，爲薄俗倡，期功而下，爲制服，輕重如儀實；始行四時之薦，曲盡誠潔。教童子以灑掃應對，給侍長者；女子未嫁者，必使觀於祭祀，納酒漿，以養遜弟，而就成德。嘗曰：「事親奉祭，豈可使人爲之！」聞者始或疑笑，終乃信而從之，相效復古者甚衆，關中風俗爲之大變。

熙寧九年，秦鳳帥呂微仲大防薦之曰：「張載之學，善發聖人之遺意，其術略可措之以復古，宜還舊職，訪以治體。」詔從之，召同知太常禮院。及至都，公卿聞風爭造，然亦未有深知之者。以所欲言嘗試於人，多未之信。會言者欲講行冠昏喪祭禮，詔下禮官議。禮官狃故常，以古今異俗爲說，先生力爭之不能得。適三年郊，禮官不致嚴，力爭之又不得。先生知道之終不行也，復謁告歸。中道而疾病，抵臨潼卒，年五十八。貧無以斂，門人共買棺奉其喪還。翰林學士許將言其恬於進取，乞加贈恤，詔賜館職及賻。

先生氣質剛毅，望之儼然，與之居久而日親。勇於自克，人未信，惟反躬自艾，即未喻，安行之無悔也。聞風者服義，不敢以私干之。

居恒以天下爲念。聞皇子生，喜見顏面；行道見饑殍輒咨嗟，對案不食者終日；聞人善輒喜；答問學者，雖多不倦，有不能者，未嘗不開其端；行游所至，必訪人才，有可語者，必丁寧以誨之，惟恐其成就之晚；雖貧不能自給，而門人無貲者，輒粗糲與共嘗。

慨然有志三代之治。論治人先務，未始不以經界爲急，以爲「仁政必自經界始。貧富不均，教養無法，雖欲言治，皆苟而已」。方欲與學者買田一方，畫爲數井，上不失公家之賦役，退以其私正經界，分宅里，立斂法，廣儲蓄，興學校，成禮俗，救菑恤患，敦本抑末，足以推先王之遺法，明當今之可行。有志未就而卒。

始先生爲學亦頗秘之，不多以語人，曰：「學者雖復多聞，不務蓄德，只益口耳，無爲也！」程伯淳聞之曰：「道之不明久矣，人善其所習，自謂至足，必欲如孔門不憤不啟，不悱不發，則師資勢隔而先王之道或幾乎熄矣！趨今之時，且當隨其資而誘之，雖識有明暗，志有淺深，亦各有得，而堯舜之道庶可馴至也。」先生用其言。故關中學者躬行之多，與洛人並歷數世不衰。

先生所著書曰正蒙，嘗自言：「吾爲此書，譬之樹株，根本枝葉，莫不悉備，充榮之者，其在人功而已。又如晬盤示兒，百物具在，顧取者何如耳！」書成，揭書中乾稱篇首尾二章，寘在左右，曰訂頑，曰砭愚。已程正叔改曰西銘、東銘。其西銘曰：「乾稱父，坤稱母；予茲藐焉，乃混然中處。故天地之塞，吾其體；天地之帥，吾其性。民，吾同胞；物，吾與也。大君者，吾父母宗子；其大臣，宗子之家相也。尊高年，所以長其長；慈孤弱，所以幼其幼。聖，其合德；賢，其秀也。凡天下疲癃殘疾、惸獨鰥寡，皆吾兄弟之顛連而無告者也。『於時保之』，子之翼也。『樂且不憂』，純乎孝者也。違曰悖德，害仁曰賊；濟惡者不才，其踐形，惟肖者也。知化則善述其事，窮神則善繼其志。不愧屋漏爲無忝，存心養性爲匪懈。惡旨酒，崇伯子之顧養；育英才，潁封人之錫類。不馳勞而底豫，舜其功也；無所逃而待烹，申生其恭也；體其受而歸全者，參乎！勇於從而順令者，伯奇也。富貴福澤，將厚吾之生也；貧賤憂戚，庸玉汝於成也。存，吾順事；沒，吾寧也。」程正叔謂：「西銘擴前聖所未發，與孟子性善養氣之論同功。」又謂：「自孟子後未見此書。」

先生學古力行，篤志好禮，爲關中士人宗師，世稱爲横渠先生，門人私謚曰誠明。理宗淳祐初，謚明公，封郿伯，從祀孔子廟庭。國朝嘉靖九年，改稱「先儒張子」。

天祺張先生

先生名戩，字天祺，横渠先生季弟。少而莊重老成，長而好學，不喜爲雕蟲之辭以從科舉。父兄敦迫，喻以爲貧，乃强起就鄉貢。既冠，登進士第，調陜州閿縣主簿，移鳳翔普潤縣令。改秘書省著作佐郎，知陜州靈寶、渠州流江、懷安軍金堂縣事，轉太常博士。熙寧二年，爲監察御史裏行。明年，以言事出知公安縣，改陜州夏縣轉運使，舉監鳳翔司竹監。熙寧九年卒，年四十有七。

先生歷治六七邑，誠心愛人，而有術以濟之，力行不怠，所至皆有顯效。視民之不得其所，若己致之，極其智力必濟而後已。嘗攝令華州蒲城，蒲城劇邑，民悍使氣，不畏法令，鬥訟寇盜，倍蓰它邑。先是，令長以峻法治之，奸愈不勝。先生悉寬條禁，有訟至庭，必以理敦喻，使無犯法；間召父老，使之教督子弟服學省過；作記善簿，民有小善，悉以籍之。月吉，以俸錢爲酒食，召邑之高年聚於縣廨以勞之，使其子孫侍，因勸以孝弟之道。不數月，邑人化之，獄訟爲衰。

爲御史，每進對，必以堯、舜、三代進於上前，惻怛之愛，無所遷避。其大要啟君心，進有德，謂「反經正本當自朝廷始，不先諸此而治其末，未見其可也」。累章論王安石亂法，乞罷條例司及追還常平使者。劾曾公亮、陳升之依違不能救正；韓絳左右徇從，與爲死黨；李定以邪陷竊台諫；吕惠卿刻薄使給，假經術以文奸言，豈宜勸講君側。又詣中書省爭之，安石舉扇掩面而笑，先生曰：「戩之狂直，宜爲公笑，然天下之笑公不少矣！」章十數上，卒不納，乃嘆曰：「茲未可以已乎！」遂謝病待罪，卒罷言職。既出知公安，未嘗以諫草示人，不説人以無罪。天下士大夫聞其風者，始則聳然畏之，終乃服其厚。自公安改知夏縣。縣素號多訟，先生待以至誠，反復教喻，不逆不億，不行小惠，訟者往往叩頭自引。未幾，靈寶之民遮使者車請曰：「今夏令張公，乃吾昔日之賢令也，願使君哀吾民，乞張公還舊治。」使者欣然聽其辭而言於朝。去之日，遮道送，不得行，父老曰：「昔者，人以吾邑之人無良喜訟，自公來，民訟幾希，是惟公知吾邑民之不喜訟也。」言已，皆泣下。徙監司竹監，舉家不食笋，其清慎如此。

先生篤實寬裕，儼然正色，雖喜慍不見於容。然與人居，溫厚之意，久而益親。終日言未嘗不及於義。接人無貴賤疏戚，未嘗失色於一人。樂道人之善而不及其惡，樂進己之德而不事無益之言。其清不以能病人，其和不以物奪志。常鷄鳴而起，勉勉矯強，任道力行，每若不及。德大容物，沛若有餘。常自省，小有過差，必語人曰：「我知之矣，公等察之，後此不復爲矣。」重然諾，一言之欺以爲己病。少孤，不得事親，而奉其兄，以弟就養無方，極其恭愛，推而及諸族姻故舊，罔不周恤。有妹寡居，子不克家，先生力爲經其家事。有一二故人，死不克葬十餘年，先生惻然不安，帥其知識合力聚財，乃克襄事。篤行不苟，爲一時師表。

横渠先生嘗語人曰：「吾弟德性之美，吾有所不如。其不自假而勇於不屈，在孔門之列，宜與子夏後先。晚而講，學而達。」又曰：「吾弟，全器也。然語道而合，乃自今始。有弟如此，道其無憂乎！」關中學者稱爲「二張」云。

進伯呂先生

先生名大忠，字進伯，其先汲郡人。祖通，太常博士。父蕡，比部郎中。通葬藍田，子孫遂爲藍田人。先生登皇祐中進士，爲華陰尉、晉城令。未幾，提督永興路義勇，改秘書丞，簽書定國軍判官。

熙寧中，王安石議遣使諸道，立緣邊封溝，進伯與范育被命，俱辭行。進伯陳五不可，以爲懷撫外國，恩信不洽，必致生患。罷不遣。令與劉忱使遼，議代北地，會遭父喪，起復，知代州。遼使至代，設次，據主席，先生與之爭，乃移次於長城北，遼使竟屈。已而復使求代北地，神宗將從之，先生曰：「彼遣一使來，即與地五百里，若使魏王英弼來求關南，則何如？」神宗曰：「卿是何言也？」劉忱曰：「大忠之言，社稷大計，願陛下熟思之。」執政知其不可奪，議竟不決，罷忱還三司，先生亦終喪制。其後竟以分水嶺爲界焉。

元豐中，爲河北轉運判官，徙提點淮西刑獄。尋詔歸故官。元祐初，歷工部郎中、陝西轉運副使、知陝州，以直龍圖閣知秦州，進寶文閣待制。紹聖二年，加寶文閣直學士，知渭州。後汲公及黨禍，乞以所進官爲量移，徙知同州，旋降待制致仕。卒，詔復學士官，佐其葬。

知秦州時，馬涓以狀元爲州簽判，初呼「狀元」。先生謂之曰：「狀元云者，及第未除官之稱也，既爲判官則不可。今科舉之學既無用，修身爲己之學，不可不勉。」又時時告以臨政治民之道。涓自爲得師，後爲臺官有聲，每嘆曰：「呂公教我之恩也。」謝上蔡時教授州學，先生每過之，聽謝講論語，必正襟斂容曰：「聖人之言行在焉，吾不敢不肅。」

先生爲人質直，不妄語，動有法度。從程正公學，正公稱曰：「呂進伯可愛，老而好學，理會直是到底。」所著有輞川集五卷，奏議十卷。弟大防、大鈞、大臨，兄弟四人皆爲一時賢者，世無不高之。

大防字微仲，進士及第。元祐初，以左僕射同范純仁相，垂簾聽政者八年，能使元祐之治，比靈斯嘉祐。封汲郡公。紹聖初，貶舒州，行至虔州信豐，薨。紹興初，贈太師、宣國公，謚正滑。

和叔呂先生

先生名大鈞，字和叔，大忠弟。嘉祐二年中進士乙科，授秦州司理參軍，監延州折博務。改光禄寺丞，知三原。移巴西，又移知侯官，以薦知涇陽，皆不赴。丁外艱，服除，自以道未明，學未優，曰「吾斯之未能信」，於是不復有禄仕意，家居講道，以教育人才，變化風俗，期德成而致用。久之，以大臣薦，爲諸王宫教授。當獻文，作天下一家、中國一人論上。尋監鳳翔船務，制改宣義郎。

會伐西夏，鄜延轉運司檄爲從事。既出塞，轉運使李稷餽餉不繼，欲還安定取糧，使先生請於种諤。諤曰：「吾受命將兵，安知糧道！萬一不繼，召稷來，與一劍耳。」先生即曰：「朝廷出師，去塞未遠，遂斬轉運使，無君父乎？」諤意折，強謂先生曰：「君欲以此報稷，先稷受禍矣！」先生怒曰：「公將以此言見恐耶？吾委身事主，死無所辭，正恐公過耳。」諤見其直，乃好謂曰：「子乃爾耶？今聽汝矣！」始許稷還。是時，微先生盛氣誚諤，稷且不免。未幾，以疾卒於官，年五十有二。

先生爲人質厚剛正。初學於橫渠張子，又卒業於二程子，以聖門事業爲己任，識者方之季路。先生於橫渠爲同年友，及聞學，遂執弟子禮。時橫渠以禮教爲學者倡，後進蔽於習尚，其才俊者急於進取，昏塞者難於領解，寂寥無有和者。先生獨信不疑，毅然不恤人之非間己也。潛心玩理，望聖賢尅期可到，日用躬行，必取先王法度以爲宗範。居父喪，衰麻、斂、奠、比、虞、祔，一襄之於禮。已又推之冠、婚、飲酒、相見、慶弔之事，皆不混習俗。與兄進伯微仲、弟與叔率鄉人，爲鄉約以敦俗，其略云：「德業相勸，過失相規，禮俗相交，患難相恤。」節文粲然可觀。自是關中風俗爲之一變。橫渠嘆：「秦俗之化，和叔有力。」又嘆其「勇爲不可及」。而程正公亦稱其「任道擔當，其風力甚勁」云。

先生少時贍學洽聞，無所不該，嘗言「始學必先行其所知而已，若夫道德性命之際，惟躬行久則至焉」。橫渠謂「學不造約，雖勞而艱於進德」，且謂「君勉之，當自悟」。至是博而以約，煥然冰釋矣，故比他人功敏而得之尤多。其與人語，必因其所可及而喻諸義，治經說得於身踐而心解；其文章，不作於無用，能守其師說而踐履之。尤喜講明井田、兵制，謂治道必自此始，悉撰次爲圖籍，使可見之行，曰：「如有用我，舉而措之而已。」

其卒也，范巽之表其墓曰：「誠德君子。」又曰：「君性純厚易直，強明正亮，所行不二於心，所知不二於行。其學以孔子下學上達之心立其志，以孟子集義之功養其德，以顏子克己復禮之用厲其行；其要歸之誠明不息，不爲衆人沮之而疑，小辨奪之而屈，勢利劫之而回，知力窮之而止。其自任以聖賢之重如此。」

當先生卒時，妻种氏治先生喪，一如先生治比部公喪，諸委巷浮圖事一屏不用。子義山能傳其學，人以爲道行於妻子云。所著有四書注誠德集。其鄉約、鄉儀，朱文公表章之行於世，鄉約今爲令甲。

與叔呂先生

先生名大臨，字與叔，號芸閣，大鈞弟。以門蔭入官，不復應舉，或問其故，曰：「某何敢掩祖宗之德？」元祐中，爲太學博士、秘書省正字。嘗論選舉，曰：「立士規以養德厲行，更學制以量才進藝，定試法以區別能否，修辟法以興能備用，嚴舉法以核實得人，制考法以責任考功。」范學士祖禹薦其修身好學，行如古人，可爲講官。未及用而卒。

先生學通六經，尤邃於禮，每欲掇習三代遺文舊制，令可行，不爲空言以拂世駭俗。少從横渠張先生游，横渠殁，乃東見二程先生，卒業焉。與謝良佐、遊酢、楊時在程門號「四先生」。純公語之以「識仁」，先生默識深契豁如也，作克己銘以見意。其文曰：「凡厥有生，均氣同體，胡爲不仁？我則有己。立己與物，私爲町畦，勝心横生，擾擾不齊。大人存誠，心見帝則，初無吝驕，作我蟊賊。志以爲帥，氣爲卒徒，奉辭於天，誰敢侮予？且戰且徠，勝私窒欲，昔焉寇仇，今則臣僕。方其未克，窘我室廬，婦姑勃磎，安取其餘？亦既克之，皇皇四達，洞然八荒，皆在我闥。孰曰天下，不歸吾仁？癢痾疾痛，舉切吾身，一日至之，莫非吾事。顔何人哉？唏[一]之則是。」始先生博極羣書，能文章；已涵養深醇，若無能者。賦詩云：「學如元凱方成癖，文似相如始類俳。獨立孔門無一事，只輸顔子得心齋。」婦翁張天祺語人曰：「吾得顔回爲婿矣！」而其學尤嚴於吾儒異端之辨。

富文忠公弼致政於家，爲佛氏之學。先生與之書曰：「古者三公無職事，惟有德者居之，内則論道於朝，外則主教於鄉。古之大人當是任者，必將以斯道覺斯民，成己以成物，豈以爵位進退、體力盛衰爲之變哉？今大道未明，人趨異學，不

[一]「唏」，原作「晞」，據馮從吾關學編改。

入於莊，則入於釋。疑聖人爲未盡善，輕理義爲不足學，人倫不明，萬物憔悴，此老成大人惻隱存心之時。以道自任，振起壞俗，在公之力，宜無難矣。若夫移精變氣，務求長年，此山谷避世之士獨善其身者所好，豈世之所以望於公者哉？」弼謝之。

正公嘗曰：「與叔守横渠説甚固，每横渠無説處皆相從，有説了更不肯回。」又曰：「與叔六月中來緱氏，閒居中某常窺之，見其儼然危坐，可謂敦篤矣。」又曰：「和叔任道擔當，其風力甚勁。然深潛縝密，有所不逮於與叔。」其見重如此。

所著大學中庸解、考古圖、玉溪集。所述有東見録，録二程先生語，二先生微言粹語多載録中。其有功於程門不小，故朱文公稱其高於諸公，大段有筋骨，而又惜其早死云。

季明蘇先生

先生名昞，字季明，武功人。同邑人遊師雄師横渠張子最久，後又卒業於二程子。時尹焞彦明方業舉，造之，先生謂曰：「子以狀元及第即學乎，唯復科舉之外，更有所謂學乎？」彦明未達。一日先生因會茶，舉盞以示曰：「此豈不是學？」彦明大悟。先生令詣程門受學焉。

元祐末，呂進伯大忠薦曰：「臣某伏見京兆府處士蘇昞，德性純茂，强學篤志，行年四十，不求仕進，從故崇文校書張載學，爲門人之秀，秦之賢士大夫亦多稱之。如蒙朝廷擢用，俾充學宫[一]之選，必能盡其素學，以副朝廷樂育之意。」乃自布衣召爲太常博士。後坐元符上書入黨籍，編管饒州。行過洛館彦明所，伊川訪焉，既行，伊川謂：「季明殊以遷貶爲意？」彦明曰：「然。焞嘗問季明，當初上書爲國家計邪，爲身計邪？若爲國家計，自當忻然赴饒州；若爲進取計，則饒州之貶，猶爲輕典。季明以焞言爲然。」

[一]「宫」，原作「官」，據馮從吾關學編改。

先是，横渠正蒙成，先生編次而序之，自謂最知大旨。熙寧九年，横渠過洛，與二程子論學，先生録程張三子語，題曰洛陽議論，朱文公表章之，行於世，今刻二程全書中。

巽之范先生

先生名育，字巽之，三水人。父祥，進士及第，累官轉運副使，以邊功追贈秘書，録其後。先生舉進士，爲涇陽令。以養親謁歸。有薦之者，召見，授崇文校書、監察御史裏行。神宗喻之曰：「書稱『堲讒説殄行』，此朕任御史意也。」先生請用大學「誠意」「正心」以治天下國家，因薦張載等數人。西夏入環慶，詔先生行邊。坐劾李定親喪匿服，出知韓城。久之，晉知河中府，加直集賢院，徙鳳翔，以直龍圖閣鎮秦州。

元祐初，召爲太常少卿，改光禄卿，出知熙州（今臨洮府）。時議棄質孤、勝如兩堡，先生爭之曰：「熙河以蘭州爲要塞，此兩堡者，蘭州之蔽也。棄之則蘭州危，蘭州危則熙河有腰膂之憂矣。」又請城李諾平、汝遮川，曰：「此趙充國屯田古榆塞之地也。」不報。入爲給事中，仕終户部侍郎，卒。紹興中，采其抗論棄地西夏及進築之策，贈寶文閣學士。

先生從程張三先生學，伊川嘗曰：「與范巽之語，聞而多礙者，先入也。」横渠嘗詰先生曰：「吾輩不及古人，病源何在？」先生請問，横渠曰：「此非難悟，設此語者，欲學者存之不忘，庶遊心深久，有一日脱然如大寐得醒耳。」

横渠正蒙成，先生序曰：「張夫子之爲此書也，有六經之所未載，聖人之所未言。蓋道一而已，語上極乎高明，語下涉乎形器，語大至於無間，語小入於無朕，一有窒而不通，則於理爲妄。正蒙之言，高者抑之，卑者舉之，虚者實之，礙者通之，衆者一之，合者散之。要之立乎大中至正之矩。天之所以運，地之所以載，日月之所以明，鬼神之所以幽，風雲之所以變，江河之所以流，物理以辨，人倫以正。造端者微，能成者著，知德者崇，就業者廣，本末上下，貫乎一道。過乎此者，淫遁之狂言也；不及乎此者，邪詖之卑説也。推而放諸有形而準，推而放諸無形而準，推而放諸至動而準，推而放諸至静而準，無不包矣，無不盡矣，無大可過矣，無細可遺矣，言若是乎其極矣，道若是乎其至矣，聖人復起，無有間乎斯文矣。」其篤信師說而善發其藴如此。

師聖侯先生

先生名仲良，字師聖，華陰人。二程先生舅氏無可之孫，從二程先生游。人有欲館先生者，先生造焉，則壁垂佛像，几積佛書，其家人又常齋素，欲先生從之，先生遂行。或問之，曰：「蔬食，士之常分，若食彼之食則非矣。」嘗訪周濂溪，濂溪留之，對榻夜談，越三日乃還，自謂有得，如見天之廣大。伊川驚異其不凡，曰：「非從濂溪來邪！」後游荆門，胡文定留與爲鄰終焉。文定與楊大諫書云：「侯仲良者，去春至荆門潰卒甲馬之中脱身，相就於漳水之濱，今已兩年，其安於羈苦，守節不移，固所未有。至於講論經術，則貫通不窮；商略時事，則纖微皆察。國勢安危，民情休戚，凡務之切於今者，莫不留意而皆曉也。方阽危艱難之時，而使此輩人老身貧賤，亦足慨矣。伏望吾兄力薦於朝，俾命以官，使得效一職，亦不爲無補。」朱文公稱其學清白勁直。所著有論語説及侯子雅言行世。

按伊洛淵源録稱先生爲「華陰先生，無可之孫」，即當書爲華陰人，而云河東人，豈金陷關洛時，先生曾避難河東耶？學者詳之。

天水劉先生

先生名願，字口口，天水人。天資耿介。時王安石新書盛行，學者靡然向風，先生獨不喜穿鑿附會之説，潛心伊洛之學，後以人行舉。

卷三（原編）

長安馮從吾仲好纂編
豐川王心敬爾緝重訂
涇水王承烈遜功參閲

金儒

君美楊先生

先生名天德，字君美，高陵人。肄業太學，登興定二年進士第，釋褐，補博州聊城丞。未及赴，辟陝西行臺掾，尋權大理寺丞，繼擬主長安簿，未幾，正主慶陽安化簿。尋辟德順之隆德令，再辟安化令，補尚書都省掾，遷轉運司支度判官。京城不守，流寓宋魯間十年，而歸長安。

先生自讀書入仕，至於晚歲，風節矯矯，始終不少變。亂後士夫或不能自守，而先生於勢利藐然如浮雲。晚讀大學解，沿及伊洛諸書，大嗜愛之，常語人曰：「吾少時精力奪於課試，殊不省有此，今而後知吾道之傳爲有在也。」埋沒篆刻中，幾不復見天日。目昏不能視書，猶使其子講誦，而朝夕聽之，以是自樂。及有疾，親友往問之，談笑歌詠不衰，曰：「吾晚年幸聞道，死無恨矣！」卒年七十九。

魯齋許先生衡志其墓銘曰：「出也有爲，死生以之。處也有守，不變於時。日臨桑榆，學喜有得，其知益精，其行益力。吾道之公，異端之私，暸然胸中，洞析毫釐。外私内公，息邪距詖，俯仰古今，可以無愧。受全於天，復歸其全，尚固幽藏，無窮歲年。」

子恭懿，益倡其家學，爲元名儒，別有傳。

元儒

紫陽楊先生　鑑山宋氏附

先生名奐，字煥然，號紫陽，乾州奉天人。母程嘗夢東南日光射其身，旁一神人以筆授之，已而生先生，父振以爲文明之象，因名曰奐。天性至孝，年十一喪母，哀毁如成人。未冠，夢遊紫陽閣，景趣甚異，後因以自號。長師鄉先生吳榮叔，迥出倫輩，讀書厭科舉之學，遂以濂洛諸儒自期待。金末，嘗作萬言策，指陳時病，辭旨凱切，皆人所不敢言者，詣闕欲上之，不果。元初，隱居講道授徒，抵鄠縣柳塘，門生百餘人。創紫陽閣（即清風閣），稱紫陽先生。嘗避兵河朔，河朔士大夫想聞風采，求見者應接不暇。東平嚴實聞先生名，數問其行藏，先生終不一詣。

歲戊戌，太宗詔宣德税課使劉用之試諸道進士。先生試東平，兩中賦論第一。以耶律楚材薦，授河南路徵收課税所長官，兼廉訪使。既至，招致一時名士，與之議，政事約束一以簡易爲事。按行境内，親問監務月課幾何、難易若何。有以增額言者，先生責之曰：「剥下欺上，汝欲我爲之耶！」即减元額四之一，公私便之。不逾月，政成，時論翕然，謂前此漕司未有也。在官十年，請老於燕之行臺。

壬子，世祖在潛邸，驛召先生參議京兆宣撫司事，累上書請歸。築堂曰「歸來」，以爲佚老之所，教授著述不倦。乙卯，病革，諭子弟孝弟、力田，以廉慎自保，戒家人無事二家齋醮。引觴大噱，命門人員擇載筆留詩三章，怡然而逝，年七十，賜謚文憲。

先生博覽強記，真積力久，猶恐不及。作文務去陳言，以蹈襲爲恥，一時諸老皆折行輩與之交。關中號稱多士，一時名未有出先生右者。不治家人生產業，而喜周人之急，雖力不贍，猶勉強爲之。人有片善，則委曲稱獎，唯恐其名不聞；或小過失，必盡言勸止，不計其怨怒也。初，翰林學士姚燧早孤，育於世父樞，樞督教甚急，先生馳書止之曰：「燧，令器也，長自有分，何以急爲！」乃以子妻之。燧後爲名儒，其學得於先生爲多。元好問撰神道碑，稱爲「關西夫子」。江漢趙復序其集，稱「其志其學粹然一出於正，即其文可以得其爲人」，其見重如此。

所著有：還山前後集百卷，天興近鑑三卷，韓子十卷，概言二十五篇，硯纂八卷，北見記三卷，正統書六十卷。

時宋規，字漢臣，長安人，與紫陽及遺山、鹿庵、九山數儒論道洛西，弟子受業者甚衆。親歿廬墓，瑞草生塋，閻趙復嘗稱之曰：「天性至孝，德重三秦。才贍而敏，冠絕一時。」中統戊戌徵試，中論賦兩科，拜議事官。先是，官吏縱肆日久，數侵苦小民，公繩之以法，惕然皆莫敢犯。丙辰春，詣闕陳便宜數事，上悉加納。廉希憲云：「宋規循良，可與共事。」希憲相，知公有經濟才，議欲薦列，有嫉其文章名世者沮之，署爲講議官，不就。後徵爲耀州尹，官至蜀道憲副，政聲在在著聞。號鑑山先生。有鑑山補暇集梓行於世。年七十七卒。

元甫楊先生

先生名恭懿，字元甫，號潛齋，高陵人，天德之子。自少讀書強記，日數千言。會時艱，從親逃亂，而東於汴、於歸德、於天平，雖間關險阻，未嘗怠弛其業。年十七，侍父西歸，家貧，假室以居。鄉鄰或繼其匱，皆謝不取，惟服勞以爲奉。暇則力學，博綜於書，無不究心，而尤邃於易、禮、春秋，思有纂述，恥爲章句儒而止。志於用世，反覆史學，以鑑觀古昔興亡之事。從學者已衆，海内縉紳與父友者，馳書交譽，即以宗盟斯文期之。年二十四始得朱子四書集注、太極圖、小學、近思録諸書，讀之喜而嘆曰：「人倫日用之常，天道性命之妙，皆萃此書。今入德有其門，進道有其途矣。吾何獨不可及前修踵武哉！」於是窮理反躬，一乎持敬，優遊厭飫，俟其成功於潛齋之下。自任益重，前習盡變，不事浮末矣。赫然名動一時，宣撫司、行省以掌書記、共議事辟之，皆不就。

至元七年，與魯齋許文正公同被召，先生不至。魯齋由國子祭酒拜中書左丞，日於右丞相安童前稱譽其賢，丞相以聞。十年，帝遣協律郎申敬來召，以疾辭。十一年，太子下教中書，俾如漢惠聘四皓故事，再聘之，丞相遣郎中張元智爲書致命，不得已，乃至京師，帝遣國王和童勞其遠來。既入見，帝親詢其鄉里、族氏師承、子姓，無不周悉。

詔與學士徒單公履定科舉之法，先生議曰：「三代以德行、六藝賓興賢能，漢舉孝廉，兼策經術，魏晉尚文辭，而經術猶未之遺。隋煬始專賦詩，唐因之，使自投牒，貢舉之法遂熄，雖有明經，止於記誦。宋神宗始試經義，亦令典矣。哲宗復賦詩，遼金循習。將救斯弊，惟如明詔嘗曰：『士不治經學孔孟之道，日爲賦詩空文。』斯言足立萬世治安之本。今欲取士，宜勑有司，舉有行檢、通經史之士，使無投牒自薦，試以五經四書、大小義史、論時務策。夫既從事實學，則士風還淳，民俗趨厚，國家得識治體之才矣。」奏入，帝善之。

會北征，辭歸。十六年，詔安西王相敦遣赴闕，詔與太史王恂等改曆。明年，曆成，授集賢館學士，兼太史院事，辭歸。當曆成進奏日，諸臣方列跪，帝命先生及魯齋起，曰：「二老自安，是年少皆受學汝者。」故終奏皆坐畢其説，蓋異禮也。二十年，以太子賓客召；二十二年，以昭文館大學士領太史院事召；二十九年，以議中書省事召，皆辭疾不行。三十一年卒，年七十。

先是，魯齋提京兆學，與先生爲友，一遇講貫，動窮日夕，篤信好學，操履不苟，魯齋亟稱之。父歿，水漿不入口者五日，襄事遵朱文公家禮，盡祛桑門惑世之法，爲具不足，稱貸益之。魯齋會葬歸，語學者曰：「小子識之，曠世墜典，夫夫特立而獨行之，其功可當肇修人極。」聚居六年，魯齋東歸。後治母喪，一如父。三輔士大夫知由禮制自致其親者，皆本之先生云。

蕭維斗𣪍誌其墓曰：「朱文公集周程夫子之大成，其學盛於江左。北方之士聞而知者，固有其人；求能究聖賢精微之蘊、篤志於學、真知實踐、主乎敬義、表裏一致，以躬行心得之餘私淑諸人、繼前修而開後覺、粹然一出乎正者，維司徒暨公。」司徒謂魯齋也。

學士姚燧撰神道碑銘曰：「維天生賢，匪使自有，俾拯烝民，爲責己厚。公於明命，實肩實負，乾乾其行，艮艮其守。師古喪祭，如禮不苟，三綱之淪，我絛自手。推得其類，無倦誨誘，學者宗之，西土山斗。」

皇慶中，贈榮禄大夫、太子少保、弘農郡公，謚文康。所著有潛齋遺稿若干卷。

子寅，字敬伯，博通六經、百氏，累官集賢學士、國子祭酒。在成均，講明誨誘，終日忘倦，有父風。

維斗蕭先生　伯充呂氏附

先生名𣪍，字維斗，號勤齋，奉元人。天性至孝，自幼翹楚不凡。長爲府史，語當道不合，即引退，讀書終南山，力學三十年不求進。制一革衣，由身半以下，及臥，輒倚其榻，玩誦不少置，於是博極羣書，凡天文、地理、律曆、算數，靡不研究。侯均謂元有天下百年，惟蕭維斗爲識字人。學者及門受業者甚衆，鄉里孚化，稱之曰蕭先生。

鄉人有自城暮歸者，途遇寇，詭曰「我蕭先生也」，寇驚愕釋去。嘗出，遇一婦人失金釵道旁，疑先生拾之，謂曰：「殊無他人，獨公居後耳。」先生令隨至門，取家釵以償，其婦後得所遺釵，愧謝之。

世祖初分藩在秦，用平章咸寧王野仙薦，徵侍藩邸，以疾辭，授陝西儒學提舉，不赴。省憲大臣即其家具宴爲賀，遣一從史先往。先生方灌園，從史不知爲先生也，使飲其馬，即應之不拒。及冠帶迎客，從史見，有懼色，先生殊不爲意。後累授集賢直學士、國子司業，改集賢侍讀學士，皆不赴。武宗初，徵拜太子右諭德。不得已，扶病至京師，入覲東宮，書酒誥爲獻，以朝廷時尚酒故也。尋以病請去，或問其故，則曰：「在禮，東宮東面，師傅西面，此禮今可行乎？」俄除集賢學士、國子祭酒，諭德如故，固辭歸。年七十八，以壽終於家，謚貞敏。

劉致謚議略云：「聖王之治天下也，必有所不召之臣。蓋志意修則輕富貴，道義重則輕王公，蟬蛻塵埃之中，翱遊萬物之表，不事王侯，高尚其事者以之。傳曰『舉逸民，天下之民歸心焉』，故必蒲車、旌帛，側席以俟其至，冀以勵俗興化，猶或長往而不返，亦有既至而不屈，則「束帛戔戔，賁於丘園」者，治天下者以之也。於吾元得二人焉，曰容城劉因，京兆蕭𣂏。士君子之趣向不同，期各得所志而已。彼不求人知而人知之，不希世用而世用之，至上徹帝聰，鶴書天出，薜蘿動色，巖戶騰輝，猶堅臥不起。不得已焉始一至，卒不撓其節，不隳所守而去，亦可謂得所志也已。方之於古，則嚴光、周黨之流亞歟！雖其道不周於用，而廉頑立懦、勵俗興化之功亦已多矣。且其累徵而不起，蹔出而即歸，不既『貞』乎？以勤自居，其好古好學之心，不既『敏』乎？按謚法清白守節曰『貞』，好古不怠曰『敏』，請謚曰『貞敏』。」詔從之。

先生制行甚高，真履實踐，其教人必自小學始。爲文立意精深，言近指遠，一以洙泗爲本，濂、洛、考亭爲據，關輔之士翕然宗之，稱爲一代醇儒。門人涇陽第五居仁、平定呂思誠、南陽孛術魯翀爲最著。所著有三禮說、小學標題駁論、九州志及勤齋文集行世。

同時有呂域，字伯充，其先河內人。金末，父佑避亂關中，因家焉。伯充從許魯齋學，魯齋爲祭酒，舉爲伴讀，輔成教養，其功居多。至元間，爲四川行樞密院都事，勸主帥李德輝不殺，巴人感德，祠之。知華州，勸農興學，俱有成效。累官翰林侍讀學士，致仕，卒，追封東平郡公，謚文穆。

大德中，河東、關、隴地震月餘，伯充與維斗各設問答數千言，以究其理。居父憂，喪葬一仿古禮。魯齋貽書稱其「信道力行，爲楊元甫之亞」云。

寬甫同先生

先生名恕，字寬甫，號榘庵，奉元人。祖昇。父繼先，博學能文，廉希憲宣撫陝右，辟掌庫鑰。家世業儒，同居二百口，無間言。

先生安靜端凝，羈丱如成人。從鄉先生學，日記數千言。年十三，以書經魁鄉校。至元間，朝廷始分六部，選名士爲吏屬，關陝以先生貢禮曹，辭不行。仁宗初，即其家拜國子司業，階儒林郎，使三召不起。陝西行臺侍御史趙世延，請即奉元置魯齋書院，中書奏先生領教事，制可之。先後來學者殆千數。延祐設科，再主鄉試，人服其公。六年，以奉議大夫、太子左贊善召，入見東宮，賜酒慰問。繼而獻書，歷陳古誼，盡開悟涵養之道。明年春，英宗繼統，以疾歸。致和元年，拜集賢侍讀學士，以老疾辭。

先生之學由程朱上溯孔孟，務貫浹事理，以利於行。教人曲爲開導，使得趨向之正。性整潔，平居雖大暑，不去冠帶。母張卒，事繼母如事所生。父喪，哀毁致目疾，時祀齋肅詳至。嘗曰：「養生有不備，事有可復；追遠有不誠，是誣神也，可逭罪乎？」與人交，雖外無適莫，而中有繩尺。里人借騾而死，償其值，不受，曰：「物之數也，何以償爲！」家無擔石之儲，聚書數萬卷，扁所居曰榘庵。時蕭先生㪺居南山下，亦以道高當世，入城府，必主先生家，士論並稱曰「蕭同」。自京師還，家居十有三年，中外縉紳望之若景星麟鳳，鄉里稱爲「先生」而不姓。至順二年卒，年七十八。贈翰林直學士，封京兆郡侯，謚文貞。所著有榘庵集二十卷。

從善韓先生

先生名擇，字從善，奉元人。天資超異，信道不惑，其教學者，雖中歲以後，亦必自小學等書始。或疑爲淩節勤苦，則曰：「人不知學，白首童心，且童蒙所當知，而皓首不知，可乎？」尤邃禮學，有質問者，口講指畫無倦容。士大夫游宦過秦，必往見先生，莫不虛往而實歸焉。世祖嘗召之，疾，不果行。其卒也，門人爲服緦麻者百餘人。

伯仁侯先生

先生名均，字伯仁，蒲城人。父母蚤亡，獨與繼母居，賣薪以給奉養。積學四十年，羣經百氏，無不淹貫，每讀書，必熟誦乃已。嘗言：「讀書不至千遍，終於己無益。」故其答諸生所問，窮索極探，如取諸篋笥，名振關中，學者宗之。用薦者起爲太常博士，後以上疏忤時相意，即歸休田里。

先生貌魁梧，而氣剛正，人多嚴憚之，及其應接之際，則和易款洽。雖方言古語，世所未曉者，莫不隨問而答，世咸服其博聞云。今祀蒲城鄉賢祠。

士安第五先生

先生名居仁，字士安，涇陽人。幼師蕭維斗輿，弱冠從同寬甫恕受學，博通經史。躬率子弟，致力農畝，而學徒滿門。其宏度雅量，能容人所不能容。嘗行田間，遇有竊其桑者，先生輒避之，鄉里高其行義，率多化服。作字必楷整。遊其門者，不惟學明，而行加修焉。卒之日，門人相與議易名之禮，私謚曰靜安先生。

悅古程先生 子敬李氏附

先生名瑁，字君用，號悅古，涇陽人。隱居不仕。弱冠即以古學自力，討論六籍，雖祁寒暑雨，造次顛沛，未嘗少輟。三原李子敬創學古書院，延先生講學其中，遠近從遊者百餘人，循循然樂教不倦，學者稱悅古先生。嘗誡諸子曰：「人性本善，習之易荒，古聖賢皆以驕惰爲戒，況凡民乎？」集家戒一卷，以遺子孫。著述有遼史三卷、異端辨二卷、雲陽志二卷、樂府文集傳世。

李子敬字恭甫，爲人質謹孝友。家素裕，族黨因其資而葬者三十餘喪，婚者八十餘姓。捐千金創學古書院，又割田以供釋奠，廩師生學士，蕭貞敏公爲記。行省上其義，下詔旌表其門。

卷四（原編）

長安馮從吾仲好纂編
豐川王心敬爾緝重訂
涇水王承烈遜功參閱

明儒

容思段先生

先生名堅，字可久，蘭州人。初號柏軒，後更號容思，義取「九容」「九思」也，學者稱容思先生。生而剛方穎異，讀書即知正學。年十四，爲郡諸生，見絛山陳先生書銘於明倫堂有「羣居慎口，獨坐防心」之語，酷愛而敬誦之，遂慨然以爲聖賢可學而至。年十七，王父殁，白其父，治喪不用浮屠法。凡當世宿儒宦遊於蘭者，無不師之。於經史藴奥、性命精微，不究其極不止也。動作不苟，人以伊川儗之。正統甲子領鄉薦，明年下第歸，鄉之士大夫多遣子弟就學。先生以師道自尊，教法嚴而造就有等，士類興起。己巳，英廟北狩，應上詔詣闕上書，不報。乃裹糧買舟南遊，由齊、魯、淮、楚以至吳越，訪求同志之士，相與講切，得閻子與、白良輔輩定交焉。逾年始歸，學益有得。

景泰甲戌登進士，以文名差纂山西誌。明年，誌成，復命。尋移疾歸，讀書於五泉小圃，依巖作洞，以爲會友講習之所。

有得即形於詩，有云：「風清雲淨雨初晴，南畝東阡策杖行。幽鳥似知行樂意，綠楊煙外兩三聲。」論者謂宛然有「浴沂」氣象。越五年，爲天順己卯，選山東福山知縣。福山，故僻邑，先生以德化民，刊佈小學諸書，令邑人講誦。復以詩歌興之，必欲變其風俗。或謂其迂闊不能行，先生獨謂天下無不可化之人，無不可變之俗。嘗有詩曰：「天下有材皆可用，世間無草不從風。」始終不少懈。由是陋俗丕變，海邦島嶼渢渢乎有弦誦風。既六載，以李文達公薦，超擢知萊州府，廼先生與文達公竟未面也。先生治萊如治福山，時召郡縣官師與燕，俾言志詠歌以申政教。未期月，萊人大化。以憂去，既禫，不遽北上，乃訪周廷芳於秦州，訪張立夫於鳳翔，講學求友，孜孜不暇，其於功名利達澹如也。久之，復補南陽。

在南陽，慨近世學者以讀書媒利祿，階富貴，士鮮知聖賢之學，乃倡明周、程、張、朱與古人爲學之意，建志學書院，聚郡庠及屬治諸生，親授講說。又以民俗之偷，由未預教，乃遴屬治童蒙，授以小學、孝經、文公家禮、教民俗言諸書，俾之講習。又創刻二程全書、胡致堂崇正辨諸書，俟盈科者給授。士習翕然改觀。又創節義祠，祀古聖母烈女，以風勵郡俗。尤嚴迸巫尼，不使假左道傷風化。會有女纓而自經以殉夫死者，先生率僚屬師生往弔，爲具棺殮，卜地合葬。已又奏表其閭。由是郡人雖婦人女子皆爲感化。先生爲政，持大體，重風教，不急功利，不規規於簿書，不以毀譽得失動其心。凡屬吏不法者，即案問不少貸。民或良或奸，相宜訓治，與民休息。在南陽八年，郡人戴之如父母，其敬畏之至，若家有一段太守者。

治行爲天下第一。以直道不能諧時，遂致政歸。乃結廬蘭山之麓，扁曰「南村」，曰「東園」，取淵明詩「昔欲居南村」及「青松在東園」意。授徒講業，相羊唫詠以自樂。然於時政闕失，民情困苦，則又未嘗不憂形於色。成化甲辰卒，年六十有六。門人私謚曰文毅。

先生性素孝友，治父母喪一遵古禮，事兄椿曲盡弟道。居家嚴內治，崇禮教，凜然爲鄉邦典刑。與人尤篤於分義，友人唐知縣廷器貧甚，其歿也，爲具棺殮以襄事，並志其墓。方伯石公執中曾孫以貧鬻於人，乃垂涕捐貲贖還，俾主其祀。業師周公麟歿，爲撫其後，每至其家，坐必避席焉。先生雖未居言路，而屢有建白，如請修龍逄〔一〕、比干祠墓，請從祀元儒劉因，請旌表孝行節義，請開言路。諸封事皆鑿鑿有關國體，補風化。

蓋先生之學，近宗程朱，遠溯孔孟，而其功一本於敬。嘗言：「學者主敬以致知格物。知吾之心即天地之心，吾心之理即天地之理，吾身可以參天地，贊化育者在於此。必以命世大儒自期，而不可自暴自棄，以常人自居，有負爲人之名。」所至，從遊者衆，多所成立，如同郡董學諭芳、羅僉憲睿、彭少保澤、孫孝廉芳、秦州周布衣惠、山西董僉憲齡，福山張同知瓛，南陽柴尚書昇、王文莊鴻儒、熊少參紀、張孝廉景純，皆門墻尤著者。

郡人陳祥贊云：「距釋排聃，吾道是遵，士趨歸正，鄉俗以淳。繼往開來，遠探濂洛，文清之統，惟公是廓。」彭澤撰墓碑云：「先儒謂道自堯舜以來，至孟子歿，失其傳焉。匪道不傳，學者托之言語文字，而無深造力踐之功也。至宋，周程三夫子出，至晦庵朱先生始極主敬，致知力行之功，上繼孔孟之統。元魯齋許文正公，我明敬軒薛文清公，以篤實輝光之學繼其絕，此固萬世之公議也。若我南陽太守容思先生段公，其克尊信斯道，而致深造力踐之學者歟！」論者以爲知言。所著有容思集、柏軒語録行世。

默齋張先生

先生名傑，字立夫，號默齋，鳳翔人。父璡，工部主事。先生生有異質，穎悟過人。稍長入郡庠，卓然以聖賢自期。年二十一，登正統辛酉鄉薦。乙丑中乙榜。以親老，就山西趙城訓導，居官六年，惟以講學教人爲事。一日，薛文清公過趙城，與先生論身心性命之學，文清公嘆服而去，先生之學由是益深。值歲祲，捐俸賑饑，雖所捐無幾，亦寒氈所難。

〔一〕「逄」，原作「逢」，據韓詩外傳卷四改。

景泰辛未，工部公捐館舍，先生徒跣奔歸，喪葬悉以禮。先是，里俗多用浮屠法，先生一切屏去，鄉人化之。久之，以養母不出。天順癸未，母棄養，既禫，有司勸駕，先生蹙然曰：「吾少也，力學以明道，禄仕以養親，今吾親終矣，而學無所得，尚欲仕乎？」遂不復出。因賦詩自責曰：「年幾四十四，此理未真知。晝夜不勤勉，遷延到幾時？」益大肆力於學。居恒瞑目端坐，至於移時。起則取諸經子史，朗然諷誦，或至丙夜後已。最愛「涵養須用敬，進學在致知」二語，因大書揭座右。造詣日深，弟子從游者日衆，乃拓家塾以五經教授，學者稱爲「五經先生」，名重一時。巡按御史某薦先生爲提學僉事，不報。成化乙酉，應天聘典文衡，謝不往。辛卯，茶臺馬公震行部漢南，特遣諸生黄照、王宣輩奉書載幣，聘先生攝城固學事。先生復書略曰：「天地生人，無不與之以善；聖賢教人，亦無不欲其同歸於善。是知善者，人所自有而自爲之。先覺之覺後覺，如呼寐者而使之寤耳。但古之學者從事於性情，而文辭所以達其意，今之學者專務文詞，反有以累其性情。某今年五十有一矣，方知求之於此，以尋古人向上之學，雖得其門，未造其域，汲汲皇皇，恐虚此生。嘗自念僻處一方，獨學無友，每欲遠遊質正高明，奈有寒疾不可以出，況鄉黨小子相從頗衆，豈能遠及他方邪？」亦謝不往。與臯蘭段先生堅、趙侍御英、河東李學博昶、秦州周布衣惠相與論學，而段尤稱契厚，嘗贈以詩，有云：「萬徑千蹊吾道害，四書、六籍聖賢心。聖賢心學真堪學，何用奔馳此外尋。」而先生詩中亦有「今宵忘寢論收心」之句，學者爭傳誦焉。或勸先生著書，曰：「吾年未艾，猶可進也，俟有所得，爲之未晚。」乃竟未及著書而卒。是爲成化壬辰十月十二日，距生永樂辛丑八月十九日，年僅五十有二。

先生爲人篤於孝友，事二親曲盡子道。與兄英爲異母，同居五十年無間言。姊早卒，撫其子若己出，教之成立。御子弟一以禮法，内外斬斬。嘗自贊曰：「讀孔孟書，學孔孟事，知有未真，行有未至，惟日孳孳，以求其所無負也。」其勤勵如此。

先生歿若干年，郡守趙公博白兩臺，爲先生建祠於家塾之左，以供祀事，長平郭公定爲記。郡倅范公吉稱先生：「以五經教授，明心學於狂瀾既倒之餘；以四禮率人，挽風化於頹靡不振之秋；以端實淡泊飭躬砥行，垂休光於千百載之後，可謂一代人物矣！」識者以爲實録云。

小泉周先生

先生名蕙，字廷芳，號小泉，山丹衛人。後徙居秦州，因家焉。年二十聽人講大學首章，奮然感動，始知讀書問字。爲臨洮衛軍戍蘭州，守墩。聞容思段先生集諸儒講理學，時往聽之，有聞即服行。久之，諸儒令坐聽，既而與坐講，既而以爲畏友，有疑與訂論焉。段先生勖以聖賢可學而至，教示進爲途方。段先生曰：「非聖弗學。」先生曰：「惟聖斯學。」遂殫力就學，究通五經，篤信力行，慨然以程朱自任。當時見者，亦翕然以爲程朱復出也，咸敬信樂從之。又受學於清水教諭安邑李公昶，得薛文清公之傳，功密存省，造入真純，遂爲一時遠邇學者之宗。

有總兵恭順侯吴瑾者，聞其賢，欲延教其子，先生固辭。或問故，先生曰：「總兵以軍士役某，召之役則往役，召之教子則不敢往。」聞者嘆服，其侯亦不能強，遂親送二子於其家以受教，先生始納贄焉。時，肅藩有二樂人鄭安、鄭寧者，進啟本願除樂籍，從周先生讀書，其感發人如此。後隱居秦州之小泉，因以爲號。著深衣幅巾爲容。成紀之人薰化其德，稱爲小泉先生。嘗游西安，與介庵李公錦論學，介庵由是大悟，遂爲關西名儒。渭南思庵薛公敬之執弟子禮，師事焉。秦州守數造其廬，舉鄉飲賓，謝不往。巡按杜公禮徵求見，講太極、先天二圖，不覺前席。嘗正冠、婚、喪、祭之禮以示學者，秦人至今遵之。

成化戊子，容思先生至小泉，訪之不遇，留以詩，有「歷盡巉巖君不見，一天風雪野梅開」之句。後又贈以二詩，云：「小泉泉水隔煙蘿，一濯冠纓一浩歌。細細静涵洙泗脈，源源動鼓洛川波。風埃些子無由入，寒玉一泓清更多。老我未除塵俗病，欲煩洗雪起沉痾。」又云：「白雪封鎖萬山林，卜築幽居深更深。養道不干軒冕貴，讀書探取聖賢心。何爲有大如天地，須信無窮自古今。欲鼓遺音弦絶後，關、閩、濂、洛待君尋。」何大復謂：「先生與容思先生，其始若張横渠之於范仲淹，其後若蔡元定之於朱紫陽也。」迨老以父游江南，歷年涉險蹤訪，沒於楊子江，人皆稱其孝，而又重悲其死云。

先生初名檜，後更蕙，或作「桂」，誤。

先生門人甚衆，最著名者，渭南薛敬之、秦州王爵。

爵，字錫之。自少潛心力學，及長，從游先生門而知操守。郡守秦公與語，悅之，時與講操守之學。及教後學，切切以誠敬爲本。弘治初，以國子生仕爲保安州判，君出納公、會計當，日不憚勞，保安稱平焉。秦公後總督原州，聘君至原，三年相處如一日。及歸，秦公贈以揚州鹽引數百石，君辭之，而惡衣惡食坦如也，州人咸稱之。詳載可泉胡公纂宗郡志中。

敬之，余別有傳。

大器張先生 抑之張氏附

先生名鼎，字大器，別號自在道人，咸寧人。父廉，爲山西蒲州知州。先生少從父之任，受學於河東薛文清公之門，用是日勤勵於聖賢之學，諸子百家雖靡不研究，而一稟於濂、洛、關、閩之旨，文清公深器重之。歸補西安郡庠弟子員。景泰癸酉，以易舉於鄉。成化丙戌，成進士，授刑部主事，遷員外郎，冰蘗自持，推讞詳明。甲午，出知山西太原府。太原爲省會劇郡，故稱難治，先生游刃有餘，循良弁，三晉郡人德之，不忍先生離去。故九載考績，晉山西參政，仍署府事。又四載，始遷河南按察使，振肅紀綱，奸貪斂迹，嘗辨指揮董敬等人命之誣。弘治改元，擢右僉都御史，巡撫保定等府。時畿内多事，盜賊縱橫於途，行旅戒嚴，先生築墻植樹，自内丘[一]直達京師，由是道路肅然，至今賴之。值歲大祲，先生給糧賑濟，民免流亡。辛亥，晉戶部右侍郎。尋以病請歸。歸四年，爲弘治乙卯，卒於家，年六十有五。

[一]「丘」，原作「邱」，據馮從吾關學編改。

先生爲人仁厚敬慎，事不苟爲，非義一介不取，進退惟命是聽，終身恪守師説，不敢少有逾〔一〕越。文清公歿，其文集散漫不傳，先生搜輯校正凡數年，稿始克成，乃爲序，梓而傳之，至今學者尚論文清必以先生之言爲徵信云。所著有仕學日記、自在詩文、蠹齋博稿若干卷。先生爲都憲，爲亞卿，皆三原王端毅公爲冢宰時所推轂。其卒也，端毅公銘其墓，稱其「理學傳自文清公，高名可並太華峰」，世以爲確論。

時有秦州大參張公鋭，字抑之，成化初舉於鄉。父敏以國子生爲江西布政司照磨。公從之任，受學東白張先生元禎。張先生者，豫章名儒也，公由是學益有得。乙未，登進士，授刑部主事，歷員外郎、郎中，遷江西吉安知府。在吉安，政教兼舉，士習聿興，民用安業。坐忤權貴，調湖廣漢陽六載，以兩郡令譽，晉山東左參政。後致仕居鄉，日進執經諸弟子於庭，講學不倦，鄉閭薰德焉。故隴西學者稱爲張夫子。可泉胡中丞纘宗稱公誠確温厚，本之天性，而多學好古，汲引後進，尤人所不可及云。

介庵李先生　仲白李氏附

先生名錦，字在中，號介庵，咸寧人。幼警悟不凡。九歲失恃，如安成依舅氏韓君智，韓爲擇師教之。端坐終日，不逐羣兒嬉。讀書知大義，日見英發。比成童，還爲諸生，受易於鄉先生董君德昭之門。大肆力於學，每試輒爲督學使者所稱賞。後遇秦州小泉周廷芳講學，得聞周、程、張、朱爲學之要，遂棄記誦辭章之習，專以主敬窮理爲事。又與渭南思庵薛氏、咸陽西廓姚氏、同邑誼庵雍氏麗澤講習，相勸相規。久之，踐履醇茂，關中學者咸以「横渠」稱之。濟南尹恭簡公爲通政

〔一〕「逾」，原作「渝」，疑形近而訛，遂改。

時，使秦，聞先生名，延與語，大爲驚嘆。

天順壬午，舉於鄉。成化戊子，游成均，友天下士，其學益進，大司成邢公讓深器異之，令諸子受業焉。後邢坐事下獄，先生倡六館士伏闕抗章，明其無罪，雖於事無益，而先生之名重京師矣。嘗愛武侯「靜以修身，儉以養德」「學須靜，才須學」數語，揭之座右以自警。事親色養備至，執喪盡禮，力絀異端。至今省會士大夫不作浮屠事，實自先生始。爲孝廉居憂時，巡撫余肅敏公欲延教其子，先生以「齊衰不入公門」固辭，余益重之。後余知其喪不能舉，賻以二槨。先生卻其一，曰：「不可因喪射利也。」郡大夫有與之厚者賻米數十斛，以辭命無俸米字辭。後周廷芳復過省，與先生印證所學，設問辨難，周爲嘆服。先生解經平正通達，不爲鑿說，且善誘後學，諄諄忘倦。出其門者如李參政崙、劉尚書璣、于知州寬、董員外養民，及舉人張子渭、李盛漸被尤深。

先生數上春官，竟不第。成化甲辰，謁選直隸松江府同知。職親戎牒，夙夜精勤，奸無所售。有脱役垂四十載者，先生始發之，即令補伍，雖權貴居間，竟莫能奪。未究厥施，以疾卒於官。是在成化丙午，年僅五十一。貧不能爲棺斂，其僚友賻之，始克歸云。

先生性剛介，不妄交接，不苟爲然諾，義之所在，確然自信，不以一毫挫於人。尤重取予，所居僅蔽牀席，茹淡服疏，雖至屢空，終不輕有所取。學務窮理性，體之身心。不好立言語文字，以故殁之日遺稿無存。靈寶許襄毅公爲先生同志友，先生殁十年，襄毅公巡撫關中，屬督學楊文襄公表其墓。文襄公稱先生：「挺然風塵之表，不苟簡遷就，與世低昂。抱其貞璞，卒以完歸。」而督學虎谷王公亦稱其「化如和叔辭章外，貧似原思草澤間」。嗚呼！可謂深知先生者矣。

後數十年而有渭南李仲白氏者，名與先生同，字仲白，號龍坡，亦潛心理學。爲諸生時，西蜀龍灣高先生儒署高陵教事，仲白越疆從受學，與涇野呂先生同門相切磋焉。正德庚午，領鄉薦爲宿遷令。著勸農文、勸孝文以化俗，由是邑多孝子。又以税餘金買牛給民耕墾荒地。宿遷人稱爲「百年以來一人」。遷海州知府，致仕。初擢州時，不能具一花帶，呂先生遺之一圍。後去州抵家，猶是帶也，其清苦如此。嘉靖丙申，卒於家。呂先生銘其墓，稱其「稟受懿嘉，學求根本」云。

思庵薛先生

先生名敬之，字顯思，號思庵，渭南人。生有異狀，長大雄偉，鬚髯修美，左膊一黑文字深入膚裏。生五歲，愛讀書。十一，解屬文賦詩。稍長，言動必稱古道、則先賢。景泰丙子，獲籍邑諸生，居止端嚴，不同流俗，鄉閭驚駭，稱之爲「薛道學」。爲文說理而華，每爲督學使者所賞鑑。應試省闈至十有二次，竟不售。成化丙戌，以積廩充貢入太學。太學生接其言論，咸爲嘆服，一時與陳白沙並稱，由是名動京師。

自太學歸，二尊人相繼殁，徒跣奔葬。時大雪盈尺，兼湝淺泥濘，亦不知避。後遂病足，值冬月輒發。母嗜韭，母殁，終身不忍食韭。

成化丙午，謁選山西應州知州。先生治應，首勸民耕稼紡績。時當東作，循察田野。民艱於耕種者，賚以牛種。民貧負租及不能婚葬者，皆助之。買牸畜數十，給之煢民，令孳息爲養。又務積蔬粟。不三四歲，粟至四萬餘石，乾蔬數萬餘斤。尋當饑饉，應民免於死亡。其既竄而復歸者三百餘家，皆與衣食，補葺其屋廬與處。由是屬邑聞風，復者沛然。又立義塚，以瘞流民之死於道者。弘治戊申秋，南山有虎患，爲文祭之，旬日間虎死於壑。己酉春，蕭家寨北平地有暴水湧出，一寨幾至沉陷。先生亦爲文祭告，水即下洩，聲如雷鳴，民免於溺。他德政異政多此類，詳守谿王公撰碑記中。

先生尤雅重學政，數至學舍，切切爲言孔孟之旨，由是應人士始知身心性命之學。奏課第一，弘治丙辰陞金華府同知。東南學者如陳聰輩數十人，皆摳衣門墻。居二年，致仕。撰金華鄉賢祠志若干卷。正德戊辰卒，年七十又四。

先生嗜道若飴，老而彌篤。好與人講，遇人無問人省解不，即爲說道，人或不樂聽說，亦不置。又好靜坐思索，凡有所得，如横渠法，即以劄記。所著有思庵野録、道學基統、洙泗言學録、爾雅便音、田疇百詠集、歸來稿，及演作定心性說諸書，其言多有補於名教云。

其卒也，呂文簡公誌其墓，略曰：「初先生致仕家居，以事入長安，柟獲遇於長安之開元寺，因叩先生。先生言：『蘭州軍周蕙者字廷芳，躬行孝弟，其學近於伊洛，吾執弟子禮事之。吾入太學時，道經陜州，陳雲逵忠信狷介，凡事皆持敬，吾以爲友。凡吾所以有今日者，多此二人力也。』柟謁先生者再四，見先生年已七十，日夜讀書不釋卷。聽其論議，皆可警策惰志，則亦今日之博學好古、死而後已者也。」又謂門人胡大器曰：「爲學隆師求友，變化氣質爲本。渭南有薛先生從周先生學，常鷄鳴而起，候門開，灑掃設坐。及至，則跪以請教。」又謂門人廉介曰：「予聞諸思庵薛子曰：『介庵李錦，關西之豪傑也。甘貧守道，好學，至死不倦。今亡矣夫！』夫薛子其亦見介庵而興起者乎？」其學問淵源如此云。

平川王先生

先生名承裕，字天宇，號平川，三原人。父恕，歷官太子太保、吏部尚書，贈太師，謚端毅，爲國朝名臣第一，道德功業載在國史。成化元年乙酉，先生生於河南宦邸，蓋端毅公巡撫日也。端毅公七子，而先生最少。方兒時，即重厚如老儒，恒端坐不妄言笑。七八歲作屋隙詩曰：「風來梁上響，月到枕邊明。」又作先師孔子木主，朝夕拜之，春秋丁日，具香果齋而祭。乃爲齋銘曰：「齊不齊，謹當謹，萬物安，百神統。聖賢我，古來吻。齊不齊，謹當謹。」太淑人廉知之，以白端毅公，公喜曰：「此兒足繼志矣！」十四五時，在南都從莆田蕭先生學。蕭令侍立三日，一無所授。先生歸告端毅公曰：「蕭先生待兒如此，謂不足教耶？」公曰：「善哉，教也，真汝師矣！」先生由是益尊師樂學，遂造深焉。年十七八，著進修筆録，崇仁吴正郎宣序之以傳。年十九，應鄉試，督學戴公珊試其文，奇之。丙午，年二十二，舉於鄉。

丁未，孝宗登極，召起端毅公爲冢宰。先生侍行，讀書京邸，與一時名公遊，由是聞見益廣，學益進。癸丑，第進士。會端毅公致仕，先生予告歸，乃開門授徒，講學於釋氏之刹。堂至不能容，復講於弘道書院。先生教以宗程朱以爲階梯，祖孔顔以爲標準。語具督學虎谷王公書院記中。蓋先生以師道自居甚嚴，弟子咸知敬學，故自樹而成名者甚衆。

久之，授兵科給事中，有時政先務等疏，皆切中時弊。兩使藩國，饋遺一無所受。歷吏科都給事中。正德初，逆瑾專政，羣工多出其門，先生遠之。又上疏乞進君子、退小人，及諸不法事。瑾怒，罰粟三百石輸邊。其恨猶未已，會先生以外艱去，始免。服除，瑾誅，以原官遷太僕少卿、本寺卿、南太常卿。時上南巡，先生夙戒牲帛祭品待祀。或曰：「上方用武，無暇於祀，焉用備爲？」弗聽。及上至，奏祀皆行之，言者愧服。己卯，宸濠叛，欲趨南都，大臣分城以守，先生分守通濟門。乃與家人訣別登城，誓死守之。會有逆党藏甲兵於櫟以應賊者，先生覺發，服以上刑，都城肅然。壬午，世廟即位，改元嘉靖，論禦賊功，有白金文綺之賜。癸未，遷戶部右侍郎，提督倉場。尋回部。爲世廟所重，賜獻皇帝睿筆「清平正直」四字。丁亥，晉南戶部尚書。乙丑，致仕。

林居十年，惟以讀書教人爲事。當時稱其濟美，有范忠宣繼文正公之風。論薦者無虛日，廟堂方欲召用，而先生已歿，識者於是有蒼生之恨云。卒年七十有四，蓋嘉靖戊戌五月也。訃聞，賜祭葬如例，謚康僖。

先生性篤孝，能悅親養志，故端毅公愛之特甚。又善事諸兄，諸兄皆殊常友之。時序祀先唯謹，誨諸子侄以道。與人交，温乎可親而又栗然不可狎，故與之交者咸愛敬焉。與長安高御史胤先遊，久之贈詩，以堯夫正叔與之，蓋服其和粹嚴正，不易及也。自少樂多賢友，端毅公尤夙以尚友之道誨之，故一時海内名賢無弗接者。自始學好禮，終身由之，故教人以禮爲先。凡弟子家冠婚喪祭，必令率禮而行。又刊佈藍田呂氏鄉約、鄉儀諸書，俾鄉人由之。三原士風民俗至今貞美，先生之力居多。

所著有論語近說、論語蒙讀、談録漫語、星軺集、辛巳集、考經堂集、庚寅集、諫垣奏草、草堂語録、三泉堂漫録、厚鄉録、童子吟稿、婚禮用中、進修筆録、動靜圖說等書。所述有横渠遺書、太師端毅公遺事等書行世。端毅公林居日，著五經四書意見，獨攄心得，自成一家，學者宗之。先生著述種種，蓋多本之庭訓云。

門人馬光禄理、秦大參偉、郝大參世家、雒中丞昂、張給諫原、李憲副伸、趙僉憲瀛、秦明府寧、王明府佩、李孝廉結有名，光禄別有傳。

卷五（原編）

長安馮從吾仲好纂編
豐川王心敬爾緝重訂
涇水王承烈遜功參閲

明儒

涇野呂先生

先生名柟，字仲木，高陵人。世居涇水北，自號涇野，學者尊之曰涇野先生。父溥，號渭陽，有隱德。先生少儁悟絶人，羈丱爲諸生，受尚書於高學諭儔、邑人孫大行昂，即有志聖賢之學。又問道於渭南薛思庵氏，充乎有得。不妄語，不苟交。夙夜居一矮屋，危坐誦讀，雖炎暑不廢衣冠。

年十七八，夢明道程子、東萊呂氏，就正所學，由是學益進。督學邃庵楊公、虎谷王公拔入正學書院，與羣俊茂遊。大參熊公、李公延教其子，先生辭不獲，乃館於開元寺。後聞父疾，即徒步歸，二公以夫馬追送不及。先生曰：「親在牀褥，安忍俟乘馬也！」父尋愈，構雲槐精舍，聚徒講學其中，二公仍遣子熊慶浩、李繼祖卒業焉。弘治辛酉，舉於鄉。明年，計偕不第，游成均，與三原馬伯循、秦世觀，榆次寇子惇，安陽張仲修、崔仲鳧，林縣馬敬臣諸同志講學寶邛寺。嘗約曰：「文必載道，行必顧言。毋徒舉業，以要利禄；毋徒任重，弗克有終。」日孜孜惟以古聖賢進德修業爲事。遣弟栖師事伯循，其入學儀式京師傳以爲法。同邑高朝用時爲地官郎，謂檢討王敬夫曰：「予邑有顔子，子知之乎？」敬夫曰：「豈呂仲木耶？」自是納爲厚交。

乙丑，敬皇帝賓天，與諸生哭臨，先生聲出淚下，衆譁爲迂，弗恤也。孫行人殁於京，遺孤不在側，先生衰絰哭拜，弔者或曰：「禮與？」曰：「禮，喪無主，比鄰爲主，況師乎？」及返葬於鄉，猶是服也。宿館下三日，哭而相葬事。既歸，復講學於精舍，從遊者日衆。

正德戊辰，舉南宫第六人，廷對擢第一，授翰林修撰。凡知先生者皆喜曰：「今得其狀元矣！」時閹瑾竊政，以枌榆故致賀，先生卻之，瑾銜甚。自是遜避不與往來。在翰林二年，操介益勵。禄入，祗祀其先，父母書問至，必再拜使者受之，退而跪讀。期功喪爲位而哭，門無饋遺。時何粹夫瑭爲編修，以道自守，不爲流俗所喜，先生日相切劘，驩如也。會西夏搆亂，疏請上入宫御經筵，親政事，不報。瑾惡其言，益銜甚。乃與粹夫相繼引去。未幾，瑾敗，禍延朝紳，人咸服先生之明。家居，杜門謝客者三年，臺省交章薦其往拒逆瑾，卓識偉節，宜召擢大用。壬申，起供舊職。上疏勸學，謂：「文王『緝熙敬止』，咸和萬民，斯享靈囿之樂，元順帝廢學縱欲，盛有臺沼，我太祖代取之，人主可不深念？」或謂「元主之戒，傷於太直」，先生曰：「賈山借秦爲喻，漢文尚能用之，況主上過漢文遠甚，柟獨不能爲賈山乎？」疏入，上亦嘉納。未幾，乾清宫災，復應詔言六事：一曰逐日臨朝聽政；二曰還處宫寢，預圖儲貳；三曰郊社禘嘗，祗肅欽承；四曰日朝兩宫，承顔順志；五曰遣去義子、番僧、邊軍，令各寧業；六曰天下鎮守中官貪婪，取回别用。不報。先生復引疾去。崔仲鳧嘆曰：「古有直躬進退不失其道者，吾於呂仲木見之矣！」

歸而卜築邑東門外，扁曰「東郭别墅」，四方學者日集。都御史虎谷王公薦其學行高古，乞代己任，不報。渭陽公病，先生侍湯藥，晝夜衣不解帶，履恒無聲。如是一年，鬚髮爲白。比卒，哀毁踰禮。既葬，廬墓側，旦夕焚香號泣，門人感之，皆隨先生居。乃與平定李應箕、同邑楊九儀輩講古今喪禮。當襄事時，郡守致賻，受之，既而馳幣匄文辭。門人問故，先生曰：「方卒哭而遽懷金爲文，吾不忍也。」既禫，釋服，講學於別墅，遠方從者彌衆。別墅不能容，又築東林書屋居焉。鎮守閹廖饋以豚米，卻之。廖素張甚，乃戒使者曰：「凡過高陵毋擾，有呂公在也。」有客以兼金乞居間，先生笑而謝曰：「人心如青天白日，乃以鳥獸視耶？」其人慚曰：「吾姑試子耳。」門庭蕭然，無異寒素。

世廟即位，詔起原官。時朝鮮國奏稱：「狀元呂柟、主事馬理爲中國人才第一，朝廷宜加厚遇。仍乞頒賜其文，使本國爲式。」其爲外國敬慕如此。上御經筵，先生進講，適值仁祖淳皇后忌辰，口奏宜存驂服。禮罷，賜酒饌，朝論韙之。癸未，分校禮闈，取李舜臣輩，悉名士。時陽明先生講學東南，當路某深嫉之，主試者以道學發策，有焚書禁學之議，先生力辨而扶救之，得不行。場中一士子對策，欲將令宗陸辨朱者誅其人，火其書，極肆詆毀，甚合問者意，且經書、論、表俱可，同事者欲取之。先生曰：「觀此人今日迎合主司，他日必迎合權勢。」同事者深以爲然，遂置之。念新天子即位，上疏請講聖學，略曰：「學貴於力行而知要，故慎獨克己，上對天心，親賢遠讒，下通民志，天下中興。太平之業，實在於此。」不報。在史館，與鄒東廓友善。甲申，奉修省詔，復以十三事上，言頗過切直。時東廓亦上封事，同下詔獄。一時直聲震天下，人人有「真鐵漢」之稱。尋謫東廓判廣德，先生判解州。

道出上黨，隱士仇欄兄弟遮道問學。有梓匠張提者，役於仇氏，聞先生講，喜甚，跽而求教。先生誨以善言，提大悟，昔嘗取人一木作界方，至是遂還其主。仇氏兄弟益爲感動。先生喜形諸詩云：「豈有征夫能過化，雄山村裏似堯時。」既至解，仰堯舜故址，慨然以作士變俗爲己任。解士子視聖學與舉業爲二，先生曰：「苟知舉業聖學爲一，則干祿念輕，救世意重。」於是講學崇寧宮，每誨諸士，雖舉業拳拳，不離聖賢之學。諸士皆欣然向道，以爲聖賢復出也。會守缺，先生攝事，不以遷客自解免。恤煢減役，勸農課桑，築堤以護鹽池，開渠以興水利，善政犂然。郡庠士及四方來學者益衆，乃建解梁書院居之，選少而俊秀者歌詩、習小學、諸儀，朔望令耆德者講會典、行鄉約；廉孝弟節義者表其閭，求子夏後，教之學。建溫公祠，正夷齊墓，訂雲長集。久之，政舉化行，俗用丕變。丁亥，轉南吏部考功郎中。解梁門人王光祖謂「先生在解三年，未嘗言及朝廷事」。爲考功，躬親吏牘。少司馬王浚川薦其性行淳篤，學問淵粹，遷南尚寶卿。久之，遷南太常少卿。往太常譙樂甚褻，先生悉革之。乙未，遷國子祭酒。

先生在南都幾九載，海内學者大集。初講於柳灣精舍，既講於鷲峰東所，後又講於太常南所，風動江南，環向而聽者前後幾千餘人。閩中林穎、浙中王健以謁選行，中途聞先生風遂止，乃買舟泛江從之遊。上党仇欄不遠數千里復來受學。先生猶日請益於甘泉湛先生，日切琢於鄒東廓、穆玄庵[一]、顧東橋諸君子。時東廓亦由廣德移南，蓋相得甚歡云。其在國學，益以師道自任，自講期外，尤日進諸生，諄諄發明，使人人知聖人可學而至。嘗取儀禮諸篇，令按圖習之，登降俛仰，鐘鼓管籥，洋然改觀易聽。有以孝廉著者揭榜示旌。喪者弔而賻，病者問而醫，死者哭而歸骸其鄉。又奏減歷以通淹滯，絶請托以杜倖門。凡監規之久弛者，罔不畢舉。六館僚屬，覩法清慎，諸生皆循循雅飭，一時太學有古辟雍之風。京邸搢紳多執弟子禮從學，而内使大興沈東亦時時聽講焉，其感人如此。人人稱爲「真祭酒」。

臺臣張景薦其德行、文學，真海内碩儒，當代師表。丙申，晉南禮部右侍郎。東南學者喜先生復至，益日納履其門，乃復講於禮部南所。時上將躬視承天山陵，累疏勸止，不報。署南吏曹，篆疏薦何塘、穆孔暉、徐階、唐順之等二十人。入賀，會有論湛先生僞學者，先生白諸當路曰：「聖皇在上，賢相輔之，豈可使明時有學禁之舉乎？」事遂已。時霍文敏爲南宗伯，與夏貴溪故有隙，時時噂訴夏，先生乘間諷曰：「大臣宜當和衷，過規之可也，背憎非體。」霍誤疑先生党夏。已先生來闕下，夏已柄國，數短霍於先生，先生毅然曰：「霍君性雖少褊，固天下才也。公爲相，當爲國惜才。」由是夏亦誤疑先生党霍。會廟災，自陳，遂致仕。然先生終未嘗以此向人自白也。歸而講學北泉精舍。越四年，壬寅七月初一日卒，距生成化己亥四月二十一日，年六十有四。卒之日，高陵人爲罷市。休寧門人胡大器先至高陵侍疾，遂視殮殯而執喪焉。四方門人聞者皆爲位而哭。

先生性至孝友儉樸。事繼母侯色養篤至。室無妾媵，與李淑人相敬如賓。事叔父博如父。歲饑，嘗分俸賙其族衆。

[一]「玄」，原作「元」，據黄宗羲明儒學案卷二九北方王門學案改。

姊劉家窶甚，時時濟之。憫外祖宋乏嗣，每展墓流涕。從舅瑾寓同州，特訪迓歸。平生未嘗干謁人，亦不受人干謁。不事生產。既歿，家無長物。

蓋先生之學，以立志爲先，慎獨爲要，忠信爲本，格致爲功，而一準之以禮。重躬行，不事口耳。平居端嚴恪毅，接人則和易可親，至義理所執，則硜然競烈，置死生利害弗顧也。嘗訪王心齋艮於泰州，趙玉泉初於黎城。每遇同志，雖深夜必往訪，苟非其人，即一刺不輕投。教人因材造就，總之以安貧改過爲言，不爲元虚高遠之論。門人侍數十年，未嘗見有偷語惰容。論者謂關中之學自横渠張子後，惟先生爲集大成云。

所著有四書因問、周易説翼、尚書説要、毛詩説序、春秋説志、禮問内篇外篇、宋四子抄釋、史館獻納、南省奏稿、詩樂圖譜、史約、高陵志、解州志及涇野文集、别集傳世。

隆慶初，贈禮部尚書，謚文簡。

谿田馬先生

先生名理，字伯循，號谿田，三原人。弘治戊午舉人，正德甲戌進士，皆高等。初授吏部稽勳司主事，尋調文選。甫一年，即謝病歸。戊寅，薦起考功。庚辰，又送母歸。嘉靖甲申，復薦起稽勳員外郎，尋遷稽勳考功郎中。丁亥，擢南京通政司右通政。戊子，又謝病歸。辛卯，復薦起光禄卿。甫一年，又謝病歸。歸十年，又薦起南京光禄卿，至即引年致仕。乙卯，年八十又二，其年十二月十一日夜，地大震，先生即以是夜卒，人皆慟之。

先生幼敏慧醇雅如成人。年十四爲邑諸生，即稱説先王，則古昔，研究五經，指義多出人意表。弘治癸丑，先生年二十矣，會王端毅公致仕，康僖公以進士侍歸，講學弘道書院，先生即受講康僖公所，於是得習聞國朝典故與諸儒之學。先生一切體驗於身心，與同門友秦西澗偉作告文告先師，共爲反身循理之學，以曾子「三省」、顔子「四勿」爲約，進退容止，力追古道。康僖公深器異之，一時學者即以爲今之横渠也。

邃庵楊公督學關中，見先生與康德涵、呂仲木，大驚曰：「康之文辭，馬、呂之經學，皆天下士也！」是時，身未出里中而名已傳海内，動京師矣。既如京，益與海内諸名公講學，其意見最合者，則陳雲逵、呂仲木、崔仲鳧、何粹夫、羅整庵諸君子。於是學日純，名日起，所在學者多從之遊。督學漁石唐公爲建嵯峨精舍，漁石作記，稱先生「得關洛真傳，爲當今碩儒」，四方學徒就講者益衆，其教以主敬窮理爲主，士無問少長與及門不及門，無不聞風傾慕者。先生又特好古儀禮，時自習其節度。至冠、婚、喪、祭禮，則取司馬温公、朱文公與大明集禮折衷用之。處父喪與嫡生母之喪，關中傳以爲訓。乃其難進易退之節，人尤以爲不可及，嘗曰：「身可絀，道不可絀；見行可之仕，惟孔子能之。下此者，須自揣分量可也。」仲鳧稱先生「愛道甚於愛官」，當世以爲確論。往安南貢使謂部郎黄清曰：「故聞馬先生名，願一見。今不在仕列，何也？」黄曰：「先生高志，不欲官。」使人嘉嘆以去。朝鮮國王奏乞頒賜主事馬某文，使本國傳誦爲式。其名重外夷若此。

先生主事時，上書諫武宗巡遊者二，後伏闕諍益力，杖於廷。員外時，值議大禮，率百官伏闕進諫，世宗震怒，命開伏闕者姓名，百官以先生名爲首，逮繫詔獄，復杖於廷，尋復官郎中。時奏寢莊襗之奏，即執政言亦不從。考察力罷執政私人，廣東人彭澤力主被劾調用魏校、蕭鳴鳳爲正人，卒不改官，公論翕然，至今稱爲「真考功」。嘉靖丙戌，分校禮闈，所取皆海内名士，人尤服其藻鑑。

先生喜接人，又喜汲引後生。年七十，歸隱商山書院，名益重，來學者遠近踵集，縉紳過訪與海内求詩文者無虚日。先生亹亹應之不倦，山巾野服，鶴髮童顔，飄然望之若仙，人以是益願侍先生談，諸得詩文者，又願得先生親書。先生不談佛老，不觀非聖書。初年介而毅，方大以直，至晚年則益恭而和，直諒而有容。其執禮如横渠，其論學歸準於程朱，然亦時與諸儒異同，蓋自有獨得之見云。

所著四書注疏、周易贊義、尚書疏義、詩經删義、周禮注解、春秋修義、陝西通志與詩文集各若干卷。隆慶間，追贈副都御史，賜祭葬。

先生門人最盛，有河州何永達，字成章，自號拙庵。以歲貢爲清豐縣丞，尋棄去。讀書講學，老而彌篤。壽九十有四。著春秋井鑑、林泉偶得、聖訓補注、井鑑續編諸書。先生嘗寄以詩云：「楊柳灣頭撫七弦，故人零落似飛綿。河濱尚有鍾期在，青鳥音來動隔年。」其見重如此。

苑洛韓先生

先生名邦奇，字汝節，號苑洛，朝邑人。父紹宗，號蓮峰，成化戊戌進士，仕至福建按察副使，學識才品，當世推重。先生幼靈俊異常，承訓過庭，即有志聖學。爲諸生治尚書時，即著蔡傳發明、禹貢詳略、律呂直解，見者驚服。弘治甲子，以書舉第二人。正德戊辰，成進士，拜吏部考功主事，尋轉員外郎。辛未考察，都御史某私袖小帙竊視，先生曰：「考覈公事，有公籍在，何以私帙爲？」乃奪其帙，封貯不檢，都御史爲遜謝，衆皆失色。調文選，太宰托意爲官擇人，欲發視缺封，先生執不可，太宰銜之。

會京師地震，上疏極論時政闕失，謫平陽通判。甲戌，遷浙江按察僉事，時逆厮錢寧以鈔數萬符浙易銀，當事者斂饋恐後，先生檄知縣吉棠散其斂，卒不饋。宸濠將舉逆，先命内豎假飯僧數千人於杭天竺寺，先生立爲散遣。濠又以儀賓託名進貢，假道衢州，先生召儀賓詰曰：「進貢自當沿江而下，奚自假道？歸誥爾主，韓僉事在此，不可誑也！」後三年，濠果通鎮守欲襲浙江，賴前事發，奸不竟逞。先生謂鎮守爲浙蠹，諸不少假。鎮守銜甚，誣奏擅革進貢，誹謗朝廷，逮下詔獄，爲民。既歸，謝客講學，四方學者負笈日衆。世廟即位，改元嘉靖，詔起山東參議，尋乞休。

甲申，大同巡撫張文錦階亂遇害，時勢孔棘，復以薦起山西左參議，分守大同。人皆危之，先生聞命即行，將入城，去二舍許，逆者使二人露刃迎，且欲燬參將宅以懾之，先生奮然單車入，時諸司無官，鎮人聞先生入，皆感激泣下，人心少安。既而巡撫蔡公天佑至代州，先生親率將領，令盛裝戎服，謁蔡於代。蔡驚曰：「公何爲如此？」先生曰：「某豈過於奉上者！大同變後，巡撫之威削甚，大同人止知有某耳，不身先降禮，何以帥衆？」蔡爲嘆服。

會上遣戶部侍郎胡公瓚提兵問罪，鎮人聞之復大譟。先生迓侍郎於天城，以處分事宜馳白巡撫。諸軍聞言出於先生，信之，始解。翌日，首惡就戮，先生謂侍郎曰：「首惡既獲，宜速給賞以示信，庶亂可彌寧。不然，人心疑懼，將有他變。」侍郎不聽，先生遂致仕歸，後果如其言。

戊子，起四川提學副使。尋改右春坊右庶子，兼翰林院修撰。其秋，主試順天，因命題爲執政所不悅，嗾言者謫南太僕寺丞。己丑，再疏歸。尋起山東按察副使，大理左少卿，以左僉都御史巡撫宣府。時大同再變，王師出討，百凡軍需倚辦，宣府悉力經理，有備無乏。乙未，入佐院事，尋改巡撫山西。時羽檄交馳，先生躬歷塞外，增飭戰守之具，拓老營堡城垣，募軍常守以代分番，諸邊屹然可恃。四疏乞休，復致仕。甲辰，復用薦起總理河道，陞刑部右侍郎，改吏部右侍郎，太宰周公用喜得佐理，翕然委重。丁未，陞南京都察院右都御史，復進南京兵部尚書，參贊機務。五疏乞歸，是在己酉。益修舊業，宣導來學。居七年，乙卯，會地震，卒，年七十七。贈少保，謚恭簡。

門人白璧曰：「先生天稟高明，學問精到，明於數學，胸次灑落，大類邵堯夫，而論道體乃獨取張橫渠。少負氣節，既乃不欲爲奇節一行，而識度汪然，涵養宏深，持守堅定，躬行心得，中正明達，則又一薛敬軒也。」

所著有苑落語録、苑洛集、苑洛志樂、性理三解、易占經緯、易說、書說、毛詩未喻諸書傳世。

弟邦靖，字汝慶，號五泉。幼稱「奇童」。年十四，舉於鄉。二十一，與先生同第進士，爲工部主事，榷稅武林。比及瓜，有同年趙司李以屈安人病無子，買女婢遺之，拒不受。趙曰：「此越女有色者。」笑曰：「政恐若此耳。」既遷郎中，以建言逮獄，爲民。嘉靖改元，起山西左參議，以病免。尋卒，年僅三十有六。汝慶父子兄弟以學問相爲師友，太史王敬夫銘其墓，稱爲「曠世之英，全德之士」。所著有五泉集、朝邑志若干卷。

瑞泉南先生　雲林尚氏附

先生名大吉，字元善，號瑞泉，渭南人。正德庚午舉人，辛未進士。授户部主事，歷員外郎、郎中、浙江紹興府知府，致仕。嘉靖辛丑卒，年五十有五。

先生幼穎敏絶倫，稍長，讀書爲文，即知求聖賢之學。嘗賦詩言懷，有「誰謂予嬰小，忽焉十五齡。獨念前賢訓，堯舜皆可並」之語。弱冠，以古文辭鳴世。入仕，尚友講學，漸棄其辭章之習，志於聖道，然猶豪曠不拘小節。

嘉靖癸未知紹興時，王文成公倡道東南，講致良知之學。王公乃先生辛未座主也。先生既從王公學，得實踐致力肯綮處，乃大悟曰：「人心果自有聖賢也，奚必他求？」於是時時就王公請益焉。嘗曰：「大吉臨政多過，先生何無一言？」王公曰：「何過？」先生歷數其事。王公曰：「吾言之矣。」先生曰：「何？」曰：「吾不言，何以知之？」曰：「良知自知之。」王公曰：「良知卻是我言。」先生笑謝而去。居數日，復自數過加密，來告曰：「與其過後悔改，不若預言無犯爲佳也。」王公曰：「人言不如自悔之真。」先生笑謝而去。居數日，復自數過益密，曰：「身過可勉，心過奈何？」王公曰：「昔鏡未開，可得藏垢。今鏡明矣，一塵之落，自難住腳，此正入聖之機也。勉之！」先生謝别而去。於是辟稽山書院，聚八邑彦士，身率講習以督之，而王公之門人日益進。已又同諸同門録王公語爲傳習録，續刻以傳。

越丙戌，先生入覲，以考察罷官。先生治郡以循良重一時，當事者以抑王公故，故斥之。先生致書王公千數百言，勤勤懇懇，惟以得聞道爲喜，急問學爲事，恐卒不得爲聖人爲憂，略無一字及於得喪榮辱之間。王公讀之嘆曰：「此非真有『朝聞夕死』之志者，未易以涉斯境也！」同門遞觀傳誦，相與嘆仰歆服，因而興起者甚多。王公報書爲論良知，旨甚悉，謂關中自横渠後，今實自南元善始。

先生既歸，益以道自任，尋温舊學不輟。以書抵其侶馬西玄[一]諸君，闡明致良知之學。構酒西書院，以教四方來學之士。其示弟及諸門人詩有云：「昔我在英齡，駕車詞賦場。朝夕工步驟，追蹤班與揚。中歲遇達人，授我大道方。歸來三秦地，墜緒何茫茫。前訪周公迹，後竊横渠芳。願言偕數子，教學此相將。」而尤惓惓於慎獨改過之訓，故出其門者多所成立。蓋先生之學以致良知爲宗旨，以慎獨改過爲致知工夫，飭躬勵行，惇倫敘理，非世儒矜解悟而略檢柙者可比。故至今稱王公高第弟子，必稱渭南南元善云。所著有紹興志、渭南志、瑞泉集若干卷行於世。

時有同州尚公班爵，字宗周，弘治甲子經魁。父衡爲浙江參議。公隨父任，亦從王文成公學。後任安居知縣。谿田先生撰通志，稱公作縣剛果勤勵，政舉民安。著有小淨稿、雲林集。

斛山楊先生

先生名爵，字伯修，號斛山，富平人。初誕時，室中如火光起，人咸驚異之。長美姿容，身滿七尺。家故貧，年二十始發篋讀書，苦無繼晷資，嘗以薪代，夙夜攻苦，每之隴上耕，即挾册往，意欣欣也。居恒念人當以聖賢爲師，一切不稟古昔，何所稱宇宙間？

兄靖以掾誤罹法，先生徒步百里外申厥冤，遂並系獄。先生從獄中上書，辭意激烈，邑令見而驚之曰：「奇士也，胡累至是耶？」立出之，給油薪費，督之學。

年二十八，聞朝邑韓恭簡公講理學，躬輦米往拜其門。公睇先生貌，行行壯[二]也，欲卻之，父蓮峰老人謂曰：「意若非

[一]「玄」，原作「元」，據焦竑編國朝獻徵録卷三五贈禮部尚書文簡侍郎西玄先生馬公汝驥行狀改。
[二]「壯」，原作「狀」，據馮從吾關學編改。

凡人。」數日，叩其學，詫曰：「縱宿學老儒莫是過，吾幾失人矣！」既省語言踐履，錚錚多古人節，嘆曰：「畏友也！」同門學者皆自以爲不及。後與楊椒山稱「韓門二楊」云。

年踰三十，督學漁石唐公始首拔爲邑諸生。嘉靖戊子秋，應試長安，就食館。客有遺金者，先生守之，客至，持館人急，先生詰其實，付以金，客謝寡取，先生峻不允，乃敦請家止宿焉。是秋即以書舉第三名。明年，成進士，授行人，三使藩國，饋贈俱讓不受。或以爲矯，先生曰：「彼雖禮來，名重天子使。吾獨不自重天子使邪？」聞者嘆服。壬辰，選山東道監察御史。時權臣當國，草疏將劾之，疏且具，會鄉人有以垂白在堂勸止者，乃移疾歸。歸未幾，母殁，毁瘠踰禮，廬墓三年，有冬笋馴兔之瑞。服闋，家居授徒講學者又五年。

庚子秋，以薦起河南道，巡視南城，權貴斂避，而所睹時事不勝扼腕。辛丑春二月初四日上封事，娓娓數千言，大約天下事內而腹心、外而百骸皆受病，足以失人心而致危亂者五：一則輔臣夏言習爲欺罔，翊國公郭勛爲國巨蠹，所當急去；二則凍餒民閔不憂恤，而爲方士修雷壇；三則大小臣工弗睹朝儀，宜慰其望；四則名器濫及緇黃，出入大內，非制；五則言事諸臣若楊最、羅洪先輩非死即斥去，所損國體不小。是時，中外頗以言爲諱，疏入，人皆愕然。

上大怒，即逮系鎮撫司，窮究其詞，拷掠備至，先生一無詘。是日，都城風大作，人面不相覷，都人呼爲「楊御史風」，其感動天地如此。先生身晝夜桎鎖中，創甚，血淋漓下，死而復甦。先是，士大夫下獄並未有桎鎖者，乃自先生始，蓋貴溪、翊國意也。戶部主事周公天佐、巡撫陝西御史浦公鋐相繼申救，俱箠死。獄中守益戒嚴，人益爲先生危，而先生處之自若。

刑部郎錢公德洪、工部郎劉公魁、吏科給事中周公怡，皆先生同志舊友，先後俱以事下獄，相得甚歡。然自學問相勸勉外，各相戒不得言得罪事。錢先釋獄，先生願有以爲別，錢曰：「靜中收攝精神，勿使遊放，則心體湛一，高明廣大，可馴致矣。古人作聖之功，其在此乎！」先生敬識之，而乃日與周、劉切劘修詣不少輟。繹四子、諸經、百家，研精於易，著周易辨録及中庸解若干卷。諸所著作，略無憤惋不平語。詩文倡和，身世頓忘，如是者五年。乙巳秋八月十二日，上以受釐故，放先生及周、劉歸田里。而三人者猶相與取道潞水，講學舟中，逾臨清始別歸。

會熊太宰以諫仙箕忤旨，復逮三人獄。先生抵家甫十日，聞命，即日就道。親朋揮淚爲別，先生無幾微見顔面。身幽圜扉者又三年。丁未冬十一月五日，上建醮高玄殿〔二〕災，火圍中恍聞呼三人名氏者。次日，釋歸爲民。上之聖明，保全諫臣如此。

既歸，教授里中，貴人莫得見其面，疏粥敝履，怡然自適。己酉冬十月九日，卒於家，年五十有七。病革時，援筆自志，又惓惓以「作第一等事，做第一等人」教其子孫，無他辭。

蓋先生爲人硜直不阿，而內實忠淳。自少至老，孳孳學問，以韓苑洛、馬谿田爲師，以楊椒山、周訥溪、劉晴川、錢緒山、蔡汶濱諸君子爲友。險夷如一，初終不貳，磨礲精光，展拓胸次，其所涵養者誠深，以故鼎鑊湯火，百折不回，完名全節，鏗鍧一代不偶也。彼世之淺衷寡蓄，耽耽以氣節自多者，視先生當愧死矣。

先生沒若干年，莊皇帝以世廟遺詔，贈光禄少卿，録其後。今上用禮官議，謚忠介。

愧軒呂先生　石谷張氏　正立李氏附

先生名潛，字時見，涇陽人，號愧軒。嘗謂「爲學必不愧屋漏，方可爲人」，因取號以自警云。父應祥，嘉靖壬辰進士，爲禮科都給事中，以論宫寮事奪官，爲時名臣。

先生幼穎敏，讀書即解大義。嘗秘書克己銘懷袖中，時爲展玩。稍長，從都諫公任，師事蜀進士趙木溪氏，聞木溪氏講義理之學而悅，於是學甚力。歸又師事涇野呂先生，深幸其得所依皈，凡一言一動，率以涇野爲法。於是學益力，而舉子業亦益入理，爲邑諸生試，每傾曹偶。學使者重其文行，拔入正學書院以風多士。嘉靖丙午，以詩薦鄉書，卒業成均，友天下

〔二〕「玄」，原作「伭」，據英廉等編欽定日下舊聞考改。

士，而名日起。時朝紳中有講學會，每聞先生偕計至，亟延之講。

先生刻意躬行，遠聲色，慎取予，一毫不苟，而尤嚴於禮，諸冠、婚、喪、祭，咸遵文公惟謹，即置冠與祭器，式必如古人，或以爲迂，弗恤也。先是，母柏孺人病於京，先生扶母病西歸，劑醫百至。孺人病革，以先生且弱冠，命之娶，先生娶而不婚，日夜苫處喪次，既襄事，廬居墓所。服除，始完婚事，至孝之名動關中。事都諫公與繼母張，曲盡孝養。都諫公病，至嘗糞以驗，歿則哀毁幾絶。都諫公封事，故未留稿，先生走闕下録原疏，請銘馬文莊公，文莊公亟稱之。事叔父，待諸弟，情愛備至。每歲時祭畢，燕諸族人，講明家訓。又率鄉人行鄉約，人多化之。親黨有窘乏，輒憐而周焉。與人交，平易款洽，或有過，即面規之，而未嘗背言其短。嘗與友人蒙泉郭公郛讀書講學谷口洞中，四方從學者甚衆，聽者津津有得，咸曰：「得涇野之傳者愧軒也。」當道旌異無慮數十。

初，南祭酒姜公寶建言：「天下人才多壞於舉人之時，以其身階仕進而上無繩束甄別，故易壞也。請詔有司推擇舉人中行誼修者，特掄擢，風士習。」於是撫按張公祉等，交章以先生名上聞，遂辟入京，特授國子監學正。時馬文莊公爲祭酒，蒙泉郭公亦爲助教，乃與郭公議，以涇野先生爲祭酒，時所布學約，請馬公力舉行之，由是講讀之聲徹於橋門。

萬曆癸酉，調工部司務。會淮海孫公、楚侗耿公俱入京，先生數就兩公質所學。同志方依先生爲主盟，乃戊寅六月一病遽逝，年僅六十又二。水部郎葉君逢春狀其行，大司馬確庵魏公銘其墓，宫保李敏肅公爲之傳，皆實録，非溢美。

時，從涇野先生學者，又有張公節、李公挺。節字介夫，號石谷，亦涇陽人。父幡，官通州同知，公隨之任。會甘泉湛先生講學京師，通州距京師甚邇，公從之游，湛先生教以隨處體認天理，公大有省。無何，通州公致仕，公歸而補邑諸生，復受學涇野先生。爲諸生四十餘年，竟屹於場屋。以積廩行將膺貢，嘆曰：「吾老矣，安用貢爲！」乃上書督學劉公辭廩。劉公雅知公學行，特加禮遇，仍扁其門曰「清風高節」。尋奉例遙授訓導職銜云。公爲人方正介直，涇野先生深器重之，嘗贈以詩，有「守道不回比舊堅」之句。生平不妄交遊，獨與愧軒、蒙泉諸君子相講切。日坐南園草屋中讀書窮理，涵養本原，至老不倦，即惡衣糲食澹如也。嘗語學者曰：「先儒有云『默坐澄心，體認天理』，又云『靜中養出端倪』，吾輩須理會得此，方知一貫真境。不爾，縱事事求合於道，終難湊泊，不成片段矣。」人皆以爲名言。卒於萬曆壬午，壽八十。貧不能葬，李敏肅公捐金助之，始克襄事云。

挺字正立，咸寧人，正、嘉間西安郡學生。性孤直，有義氣，不隨時俯仰。會有詔藩郡如故事出諸生，分諭諸屬，公以次出某邑，贈遺一無所受。嘗自誦曰：「生須肩大事，還用讀春秋。」涇野先生歿，又講學谿田馬先生所。往來三原路中，以盜死，人皆惜之。

蒙泉郭先生

先生名郛，字惟藩，號蒙泉，涇陽人。器宇凝重，童時屹若成人。甫八齡，即知誦讀，諳聲律。時從都諫龍山呂公學，偶試以對句云「曉風拂水面」，先生輒應聲曰「朝日射巖頭」。龍山公計偕，屬受學東橋李公，與龍山公子愧軒先生同筆研。兩人同肆力於學，即以聖賢相期許曰：「必不爲世俗碌碌者！」補邑庠生，聲名蔚起。父母相繼逝，先生侍疾居喪，竭力盡瘁，家計窘甚，而處之裕如，朝夕攻苦，益潛心性命，不顓顓竟雕蟲之技。時蓋未離庠校，而名已蜚三輔矣。邑侯樊高其行，延居講席，或有以千金求居間者，先生峻拒不納。樊侯退而省其私，益用高之。嘉靖戊午，年已四十有一矣，始舉於鄉。辛酉冬，以呂師會葬，遂不上公車，一時郡邑爭表其廬，謂得古師弟之誼焉。先生舉孝廉後，猶與愧軒先生讀書龍巖洞中，學益有得，負笈從遊者甚衆。累試春官不第。

乙丑，謁選河南獲嘉學諭，日與諸生講學課藝，多所造就。隆慶庚午，擢國子助教，值馬文莊公爲祭酒，教規肅然，先生贊襄之力居多。時年已五十有六，例不得入臺省，同列欲先生少隱庚甲應選，先生笑曰：「臺省寧可不得，年其可隱邪？」僅得戶部主事，朝論偉之。榷稅九江，先生處脂潤，皭然不滓，弊剔奸鋤，商旅胥悅。時有監關郡倅某者，墨吏也，東於新令不得肆，乃妄加污蔑。事聞諸朝，朝大夫共知先生賢，竟爲白其誣。萬曆庚辰，出守馬湖。馬湖，西南夷故地，俗陋易囂，先生恩威並濟，禮讓躬先，裸夷數十輩，從其譯酋，願望見先生顔色，歸而愛戴彌切。居未三載，聞有猶子之戚，念伯兄且老獨居，遂投牒歸。

歸田二十餘年，自讀書講學外，他無所事。督學敬庵許先生雅重先生，檄縣延爲鄉飲大賓，先生雖堅遜，恒虚席以待。乙巳六月三日，無疾而卒。距生正德戊寅三月十二日，享年八十有八。士大夫及門下士追思無已，以其德履私謚曰貞懿先生。

先生學重根本，篤於倫理而兢兢持敬，自少至老，一步不肯屑越。暇中喜吟詩，卓有堯夫擊壤遺意，有云：「學道全憑敬作箴，須臾離敬道難尋。常從獨木橋邊過，惟願無忘此際心。」又云：「近名終喪己，無欲自通神。識遠乾坤闊，心空意見新。閉門只靜坐，自是出風塵。」又云：「莫道老來積德難，古人雖老志不朽。富公八十尚書屏，武公九十猶求友。老來聞道未爲遲，錯過一生寧不忸。從此努力惜分陰，毋徒碌碌空白首！」觀此，則知先生享上壽而完名全節非偶然矣。先生與人言，每依大節，而出之藹然可聽，令人不忍別去，雖新進少年延見必恪。生平手不釋卷，冠履几榻，悉列箴銘，而晚年猶喜讀易。所著有自警俚語、山居雜詠、語略、族譜、仰鄭堂集。仲子九有，殺青以傳。

九有，乙未進士，以猗氏令擢禮部主事，未究其用而卒，人皆惜之。

秦關王先生

先生名之士，字欲立，號秦關，學者稱秦關先生。其先咸寧人，五世祖志和遷居藍田，其後子孫因家焉。父旌，號飛泉，官代邸教授，明理學，有語録藏於家。

先生幼承庭訓，七八歲即知學，教授公授之毛詩二南輒解，輒爲諸弟妹誦之。教授公喜有子。後治大戴禮，兼通易。爲諸生，以文名庠校間。嘉靖戊午，舉於鄉。己未，試春官不第，由是益肆力舉業者累年。後屢不第，幡然改曰：「所性分定，聖道遠人乎哉？一曲經生，華藻奚爲？」遂屏棄帖括，潛心理窟，毅然以道學自任。

爲養心圖、定氣說，書之座右，閉關不出者九年。蒿牀糲食，尚友千古，行己必恭，與人必敬，飲食必祭必誠，兢兢遵守孔氏家法。一時學者以爲藍田呂氏復出，感慕執經者屨滿戶外，士習翕然。又謂：「居鄉不能善俗，如先正和叔何！」乃立鄉約，爲十二會，赴會者百餘人。設科勸糾，身先不倦。諸灑掃應對、冠婚喪祭禮久廢，每率諸宗族弟子，一一敦行之。於是，藍田美俗復興。

萬曆甲戌，病痹，屬又哭母過毀，步履愈艱，終喪，而向道之心愈篤，謂「非博取遠遊，終難進道」。會仲子守亦與偕計，己卯，遂復如京。是時先生已久謝公車，第日與諸同志講學都門之蕭寺，崇正辟邪，力肩斯道。即時貴或譚及二氏，輒正辭距之不少假。既而道鄒魯，瞻闕里，遍拜先師及諸賢祠墓，低回留之不忍去，夢寐如見其人。久之始歸。由是秦關之名動海內矣，凡縉紳莅茲、道茲者，罔不式廬願見，表厥宅里云。

歲乙酉，德清許敬庵先生督關中學，講學正學書院。先生故許先生同志友也，禮徵先生爲多士式，先生亦樂就許先生，合志同方，相爲切劘，時多士皆有所興起。後許先生以應天丞謫歸，先生亦南游講學，出武關，浮江漢而下，迂道江之右，會南昌章子潢、新城鄧子元錫、廣信、衢州楊子時喬、殷子士望。復東渡浙水，見許先生於德清，東南學者聞先生至，多從之遊。先生二子宗、容念先生疾，客久，肅迎歸，是在己丑秋。明年庚寅八月，卒於家，壽六十有三。目欲瞑，以手示二子爲訣，亦曾子「啟手足」意也。

先是，南司成趙公用賢、柱史王公以通相繼疏薦。趙疏「海內三逸，公居其一」。疏云：「孝弟力田，行不踰乎軌範；詩書敦悅，名已動於鄉閭。雖久嬰足疾，而過廬者必式。宜如近王敬臣故事，授以京秩，俾表帥一鄉，矜式後學便。」柱史疏大略與趙符。命下宗伯議，議如薦者指。先生爲孝廉垂三十餘年，竟不仕，角巾野服，悠焉終老。至是，詔授國子監博士。除目至，而先生已先物故四越月，一命不待，君子惜之。

先生生平修姱惇倫，篤於行誼，丁內外艱，毀幾滅性，處昆弟怡怡。未五旬失耦，誓不繼，鰥居終身，其於世俗聲色嗜好，一切漠然。性不問家而好施，喜活人，或謂：「貧，所濟幾何？」則曰：「吾盡吾心力耳！」置祠祭、墓祭二田，爲宗族置義倉、義田，即楹晦無多，實貧士所難。居恒晦迹卻埽，即郡邑以幣交，未嘗苟受，亦未嘗輕謁。至於訪道求友，雖跋涉間關數千里，亦不憚遠云。先生篤信好學，見徹本原，非沾沾矜〔二〕一節一善以成名者。世或止以「甘貧苦節」稱先生，是豈足盡先生哉！

所著有理學緒言、信學私言、大易圖象卷、道學考源録、易傳、詩傳、正世要言、正俗鄉約、王氏族譜、正學筌蹄、關里瞻思、關洛集、京途集、南遊稿。所述有先師遺訓、先君遺訓、皇明四大家要言、性理類言、續孟録諸書行世。

〔二〕「矜」字原脱，據馮從吾關學編補。

卷六（新增）

豐川王心敬爾緝纂述
涇陽王承烈遜功參訂

明儒

馮少墟先生 淑遠周氏傳誦 子真党氏還醇 白氏希彩 澄源劉氏波附

先生名從吾，字仲好，學者稱少墟先生，西安府長安人。父友，保定郡丞，以先生貴，贈通議大夫。先生九歲，通議公手書王文成公「個個人心有仲尼」詩，命習字，即命學其爲人，先生便亹亹有願學志。弱冠，以恩選入太學。比歸，德清許敬庵公督學關中，開正學書院，拔志趨向上士講明正學。聞先生名，延之。與藍田秦關王公講切關洛宗旨，識力之卓犖，大爲敬庵器重。

萬曆戊子，舉於鄉。明年，成進士，觀政禮部，謂「士君子即釋褐，不可忘做秀才時」，書壁自警。時入朝，多飯中貴家，先生獨攜茶餅往。尋選庶吉士，應館課，不規規於〔一〕詞章。嘗以文人何如聖人，著做人說二篇。而其於一切翰苑浮華徵

〔一〕「於」字原脫，據張驥關學宗傳卷二四馮恭定公傳補。

逐，概謝絶不爲，惟與焦漪園、涂敬源、徐匡嶽諸公立會講學。既而改御史，巡視中城，司城者結首撄紀綱爲厲，先生疏斥之，權貴斂迹。督科胡某爲政府私人，前後疏參者，神廟皆留中，先生列其狀，得旨擿調。而是時神廟中年，倦於朝講，酒後數斃左右給侍。先生齋心草疏，有「困麯〔二〕蘖而歡飲長夜，娛窈窕而晏眠終日」等語。神廟震怒，傳旨廷杖，會長秋節，以輔臣趙志皋救免，一時直聲震天下。命巡按宣大，不拜，請告歸。與故友蕭茂才輝之諸人講學寶慶寺，著疑思録六卷。起河南道，巡鹽長蘆，清國課，除積弊。行部所至，必進講諸生，著訂士篇。

暨新建用事，臺省正人削籍者強半，先生與焉，策蹇抵里，則日事講學，不關外事。著學會約、善利圖説。既而以怔忡處一斗室，足不至閾者歷九年，蓋藉養病謝親知交遊，一意探討學術源流異同也。出則與周大參淑遠講學寶慶，執經問業者日以衆。當道於寺東創關中書院，爲同志講會之所。林居凡二十年，自非會講，則不輕入城市。至於牘干公府，則一字不屑也。世推「南鄒北馮」，前後疏薦數十上。

庚申，光廟即位，以符卿、冏卿、廷尉召，俱未行。次年，熹廟改元，始應詔，歷左副都御史。遼左陷，疏參經撫置之法。以「紅丸」論李可灼，又論「廷擊之獄，與發奸諸臣爲難者，皆奸黨也」。而於一切大獄，則力任之，確乎不爲人言搖奪，坐是與要人左，羣黨齒擊矣。初熹廟之立也，先生目擊時事，內則旱荒盜賊，連綿糾結，而士大夫咸懷一切，莫肯顧慮，日惟植利結黨爲汲汲；外則遼左危急，禍且剥牀及膚，而有事則將帥輒棄城宵遁，不知有死綏之義，無事則本兵經撫各自結黨，互相排陷，不知和衷共濟之道。於是挺身而出，冀以直道大義挽回其間。及出，則權所不屬，勢不可維，徒蒿目而視，殊無救濟之良策。於是遇可言處，則明目張膽，糾彈不避，以一身彰宇宙之公道。復與同官鄒南皋、鐘龍源、曹真予、高景逸數先生約會講都城隍廟，亹亹發明人性本善、堯舜可爲之旨，以啟斯人固有之良，冀以作其國爾忘家、君爾忘身之正志，兼欲借此聯絡正人同志濟國也。縉紳士庶環聽者，至廟院不能容。或曰：「輦轂講談，謠諑之囮也。國家內外多事，宜講者非一

〔二〕「麯」，原作「麪」，據馮從吾關學編改。

端，學其可已乎？」先生愴然曰：「正以國家多事，人臣大義不可不明耳！」鄒南皋先生曰：「馮子以學行其道者也，毁譽禍福，老夫願與共之！」於是十三道奏建首善書院。院甫成而人言至，先生與南皋後先去。温旨慰留，五請乃報。修撰文震孟、御史劉廷宣請留，同官鐘龍源、高景逸請同去。時，權璫猶收人望，明年即家，起少宰，不拜。又明年，陞右都副，掌南都察院事，固以疾辭。尋改工部尚書，推吏部，又以疾辭，家居杜門著書。而逆璫恚恨諸正人不已，於是次第傾陷，中旨，忽褫其官。璫黨柄鈞者，又使其黨喬應甲撫關中，毁書院，窘辱備至。先生雖在病間，正襟危坐屹如也。丁卯二月，年七十一以正寢終。易簀猶以講學、做人囑其子若孫。是歲，逆璫誅，詔復原官，贈太子太保，賜祭葬，易名恭定，廕其後人，復關中書院，祀之。

先生之學始終以性善爲頭腦，盡性爲工夫，天地萬物一體爲度量，出處進退一介不苟爲風操，其於異端是非之界，則辨之不遺餘力。蓋其秉性剛毅方嚴，既類伊川，又其經歷深久，洞見前此講學流弊不無淪於談空説寂之習，故一歸於正當切實，如二程、晦庵，恪守矩矱不變也。然所守雖嚴，而秉心淵虚，初不執吝成心以湮大道之公。故於姚江「四無」之旨，吹毛求疵，不少假借，而於「致良知」三字，則信之極篤。嘗謂學者曰：「『致良知』三字，洩千載聖學之秘，有功吾道甚大。」又曰：「非『無善無惡』之説，並非『致良知』之説者俱不是。」蓋不欲以虚無寂滅，令後學步趨無據，而於本領頭腦之確不可易，則又未嘗同世儒門庭之見，妄築垣塹也。生平自讀書講學立朝建白外，惟不廢書法。外此則産業不營，妾媵不畜，宴會不赴，飲奕不喜，即園亭花木之玩，亦不留意。四方從學至五千餘人。論者謂「關中自楊伯起、張横渠、呂涇野三先生後，惟先生一人」，信不誣云。

敬初讀關中書院志，見中間對聯題詠多淑遠先生手筆，至當事助創書院牒縣之檄亦多屬馮、周並推。而少墟先生集中語録之行世者，又多屬淑遠先生之敘。竊以爲淑遠先生斷屬馮先生當時同志切砥之密友，而吾黨典型後進之先覺也。而郡志所載寥寥如是，奚以範圍後進。凡求先生之官業著述於咸、長士友者五六度。又讀少墟集見諸先輩敘言題跋及先師稱説，云從其門者五千人。以海内重學之日，而先生以名儒風動積至數十年之久。且衆至五千人，其中卓立實詣當且不一而足。於是又轉求諸西安諸士友者，亦六七度。最後又問諸馮宅，冀姓字歷履猶有留籍者，乃淑遠先生之詳既終不可得。而少墟先生五千受業之士，亦究無一可考於紀籍與其鄉人。嗚呼！以淑遠之高風好學，其事業亦必卓犖可訓者多。馮門五千人之尊師尚道，其中特達篤雅當且不一而足，乃竟以西安都會之地，百年未遙之時，二年中求索詢訪之勤至七八度，而不惟其細行述作杳乎莫詳，即其生平大略與其姓名梗概亦十不得二三焉。將非子孫繼述關祖父之存亡，而鄉國之學士大夫，其好德樂善之紀載勤替，亦即關前此賢人君子之湮留耶。

敬於淑遠先生馮門受業之五千士既重爲之惜，而且爲此百年中諸公之後嗣與同鄉接迹學士大夫惜矣。然向使其中卓举者，皆德重道隆，眞足示型千百代而不磨滅，亦安在不傳世而行遠者？則甚矣士君子欲砥德勵行，而或一得自足，半途而止，精光不足以照當時而射來兹，皆自求速朽者也。又可無鑑哉！又可無鑒哉！今獨於通志得三原党還醇，於同州得白希彩，於先生文集得劉波三人焉。

周傳誦字淑遠，西安左衛人。萬曆中進士。官至湖廣左布政。時楚有稅璫虐焰鴟張，分巡僉憲以劾璫下獄，公力抗其鋒，江漢之民，賴以少安，楚人肖像祀焉。晚乃告終養歸，與馮少墟先生講學關中書院。所著有西游漫言草。

党還醇字子真，三原人。天啟乙丑進士。授休寧令，撫字勤勞，補保定，調繁良鄉，吏畏民懷，循聲藉甚。屬有震鄰之恐，蚤夜登陴，城破，遂不屈而死，署中妾媵僕從死者，凡十二人。事聞，特加優卹，予祭葬。還醇嘗受學馮少墟先生門，比其死也，士林以爲殺身成仁，不愧其師云。

白希彩，同州人。性孝友而志向上。自受業少墟先生門，歸聯同志，以聞諸師者切磨之，爲同州學會之先覺。

劉波字澄源，隴州人。以明經授盩厔訓導，有學有行，日與諸生以得之師者講論不輟。或以時方忌講學之風，有勸非其時者，澄源曰：「學之不講，吾夫子且爲憂。即如訓導一席，是師席以講爲職者也，以講爲職而怠於講，其如職分何？吾以盡吾訓導之職耳，他何計焉？」諸生益信從之。

雞山張先生

先生名舜典，字心虞，鳳翔府人。萬曆甲午孝廉，官終特授武選員外，學者稱雞山先生。自諸生時，即潛心理學，受知督學德清敬庵許公。敬庵，理學名儒也。先生既舉於鄉，廼自嘆〔一〕：「斯理不明，世即我用，我將何以爲用？」仍裹糧南從敬庵學，因交江右鄒南皋、常州顧涇陽二先生，其他緣途名儒，往往造訪，以資印證，遂洞見明德識仁之旨。數年歸，則馮少墟先生以侍御告歸，講學長安，當事者爲建關中書院，廼深於訂交，時時商證道術離合異同之故，稱莫逆焉。

蓋少墟恪守伊川晦庵矩矱，先生則學主明道，以爲學聖人之學，而不知以本體爲功夫，最易蹈義襲支離之弊，與馮先生意見微別。然先生心重馮先生之規嚴矩方，而非同執吝意見，馮先生亦重先生之透體通徹，而不類剖藩決離，故自此馮先生有述作，多先生爲之序首焉。

謁選署開州學正，挺立師道，與諸生朝夕提究四書五經外，多濂、洛、關、閩之書，不以舉業爲先。或有以非急爲言者，先生喟然曰：「誤天下人才者，八股也！且八股，士自急之，學博何容以重誤人才者督之誤乎？況學者苟知聖學爲急，即皋夔事業皆將黽勉企及，何有區區八股不加力造耶？」一時舉以配安定蘇湖之教焉。

當事者特疏薦授鄢陵令，先生則悉心民瘼，農桑教養，無微不舉，至民間養生送死之具，皆備而貯之，以待貧乏。時承

〔一〕「嘆」，原作「歎」，疑形近而訛，遂改。

平日久，先生獨製軍器若干，皆令精堅，藏之庫。或詰其故，先生曰：「行當有用。」去無幾，邊事急，果徵軍器於州縣。他州縣皆倉皇莫應，獨鄠陵以預備故，不勞費而應命，精好又獨爲他邑冠，邑人始服先生之先識焉。當先生之初至鄠也，即創弘仁書院，置經史數千卷，政暇，輒與諸生講切道德、經濟要略，而要皆歸於仁爲己任之義，以滿吾性之量。蓋即本明道識仁之旨，而會萬理於一源，故書院即以「弘仁」題名焉。爲令五年，鄠士民戴若父母。以治最薦陞彰德府同知。先生以佐貳於時事無可措手，而隨俗則又心恥尸素，乃斬然告致仕歸。

即家爲塾，與有志士究極學旨，不問寒暑。時少墟先生尚居里第，學會益盛。而先生則主盟岐陽，而從遊亦衆，時有「東馮西張」之稱。學者尊之，不敢軒輊焉。天啟改元，陞兵部武選員外，先生抗疏，力辭「奉旨張舜典前來供職郎官」。得此蓋異數也。然當是時，魏閹用事，勢浸張，先生耳聞心憂，遂復上疏，懇懇以勸聖學、遠宦寺爲言，意中蓋指斥有在，遂犯閹黨之忌，因又奉沽名條陳之旨。先生遂堅臥不出，惟日著書講學爲事。年七十三，以疾卒。

晚年所著有明德集、致曲言二書。明德集發明「體用一源」之旨爲悉，致曲言中間多發明「即工夫以全本體」之旨，而實發明即本體爲工夫之旨。蓋一生論學不執一成之見，入主出奴，而大旨則歸重明道一脈。故其論教人，每即下學日用繩墨，而指示上達盡性命之脈絡，不厭諄復也。至生平事功，獨鄠陵五年，所學不究於用，識者惜之。更如從先生學者，其人甚衆，以西方風氣之醇茂，兼先生提唱之肫懇，力行實踐，應多其侶，而以地遠代移，紀載無徵，此亦文獻之一憾也夫！

湛川張先生

先生名鑑，字孔昭，別號湛川，世涇陽人。甫垂髫，舉止言笑即不苟。年十四，隨叔父文學朝宰讀書甘州，即知攻苦。十七，出應童子試，督學楚侗耿公，理學名儒也，奇其牘，謂「雅正湛於名理」，取入甘學第一。越歲癸亥，撫軍戴公聞其名，闢館禮致。時則精研易理，著有易占發蒙說略行世。隆慶改元，以恩貢肄業成均。助教郭公郛，宿學粹品也，命其子九里九有相從受業，嘗語人曰：「對張君如對尸祝，不敢萌邪念。吾且奉之爲師，獨二子云乎哉？」監滿，歸應鄉試，不售。迎叔父朝寶柩於白水鎮，出貲樹其孽子，以延後嗣，鄉里義之。乙丑，館於耀州通政喬公因阜家，得盡讀三石小丘山房藏書。著有歷代事實、荒歌行世。

己卯，入都謁選，授趙城令。禱雨立應，捍汾水狂瀾，他善政種種，前後薦剡屢上，業署卓異，而贈公忽捐館矣。先生扶柩歸里，喪葬一遵典禮，戒葷酒，絶宴會，不近內室者三年。服闋，補定興令。定興，九省通塗，閭閻病於供應。先生設法辦濟，民以安枕。甫踰歲，連丁王母、母李宜人憂。先生居兩喪，一如贈公。己丑，襄事畢，創建先祠，羣諸弟子，講學其中。辛卯，復入京，補令遷安。灤水經城外，木筏例十取一，先生獨二十抽一。他潔身裕民，教士禁姦，無不出諸邑上。時大倉王公秉政，聞其治行，欲借爲薦剡光，乃奏並徵天下三途賢，令爲臺諫，天子允焉。

先生業登諸單，而晉撫寧陵呂公坤特疏請：「岢嵐邊疆要地，殘弊日甚，非得循良如張某者治之不可。」遂擢岢嵐守。遷安民赴都懇留，不報。先生單車赴任，首審其重累十一款，上狀請除之，民氣爲之頓蘇。次年，乃捐俸買耕牛，招徠逃戶，歸業者八百五十戶。州水，舊資東門外一河，每遇寇警，則皇皇虞渴死，乃命工鑿石成井；州煤炭，舊取諸二百里外，先生乃親行相土至霸王山，視石色紅黧，檄窯戶就鑿，竟得煤料；州磁器，舊來自義唐橋，遠距八百里，先生念煤出則陶可成，乃親相山間，指土紺潤地使陶，陶成，且爲鄰郡資；州民舊不能布，乃爲置機杼，招男女教師給餼器，使教習，不三年，民皆餘布，且可轉售充賦稅。於是岢嵐荒僻瘠困之區煥然改色，而頌聲洋溢遠邇矣。至如請納本色以便軍民，開太原西北谷別逕三十里，免行者淹墜之患，皆先生視民如傷大政，他小者指不勝屈也。丙辰，督御史魏公允貞久欲大示激揚，乃檄全省守令集都臺，署先生三晉循良第一，手酧爵三飲之。

丁酉，陞太原同知，督偏頭關軍餉。遇歲大饑，悉心調劑，六軍歡騰，而六年中且爲國省冗費二萬有奇。以暇又創制各色戰車、護城懸樓、翻車、易弩等器，皆巧思獨運，總督蕭公大亨使造式布諸諸邊焉。癸卯，以勞疾決意告歸，諸臺不能留，乃上其績於朝，遂加河東鹽運司，運同旌之。檢囊僅數十金，藥餌之餘，與親故及門輩論性命之學不輟。越再歲，乙巳，年六十卒。

先生好學深思，詩、古文、詞皆成家。然所深嗜者關、洛之學，而初不執宗旨爲談柄，嘗以爲：「聖學關鍵要在此心不自欺，吾輩但從行事起念時一一點檢無愧，便是聖賢入路，若徒事語言而自欺不除，君子恥之。」故生平不多著書。在家則日用倫常，事事求慊於心；曆官所至，則念念切於民生國計，利不興不已，害不除不已。以故官雖不踰五品，而功績則卓乎古循良之遺徽也。

歿之日，富平家宰丕揚孫公，一代名臣也，議以『貞惠』私易其名。蓋謂先生一生不特潔己慎獨之守正，而且固親親仁民之意摯而能弘，克合貞惠之旨。即如未冠，館戴中丞署時，拒都護某五百金居間之求，卻王大將軍以愛女委禽之議，當草茅矢志之日，貞白之操，已可對天日而孚鄉邦。至督餉偏關時，昭雪營將陳某之被誣，讋服稅璫孫朝之積横。五任中，平反大辟，如杜九子、李沖霄等四十七事。有方面大吏之所瞻顧依違而不敢直行其意者，先生皆從不忍一念，斷而行之。易名『貞惠』，夫奚慚焉！獨以官卑未邀太常之褒，此士林不能已於三代之直也。生平道誼切摩，則秦關王公、石谷張公、近山王公諸君子。而如及門王端節公徵，誨誘於童穉之年，後卒奉其心傳，屹爲一代偉人云。

二岑馬先生

先生名嗣煜，字元昭，二岑，其自號也。同州人。父朴，歷官洱海道副使，能文章。先生幼承庭訓，弱冠即以古學自任。後感悟，信向理學，一以洛、閩爲宗，戒空談，敦實行。以選貢謁選山東濟南府通判，清衙蠹，屏巨猾，一切餽遺俱絕。政暇，即與諸生有志者講明學術，朔望，宣講鄉約，誨諭反復，尤諄復於忠孝節義之防，士民蒸蒸向風。

會郡有叛兵之釁，武定州缺守，當事者委先生攝事，先生不辭而赴。至則悉力捍禦，州賴以全，然賊熾未受招也。未幾，新守至，先生將去，士民遮道懇留，以爲寇將再至，非得別駕威略鎮捍之，將奈百姓何？因擁與號泣，不聽行。先生惻然，乃留與新守分城而守。賊至，則晝夜攻城，城且破，或勸先生易服而逃，先生瞪目曰：「若等可去，我死此矣！」城破，賊重先生名，逼使降，先生大罵之，賊遂殺而投諸火。事聞，贈太僕少卿。

君子謂先生此時已無武定之責，本可以去，獨以不忍負百姓之留，遂身殉而不悔。古之殺身成仁蓋如是，而平日之講學真不徒空談也。

子秫土，敦龐向正學，從事李二曲先生，附載二曲門人之列云。

端節王先生

先生名徵，字良甫，既第後，自號葵心，晚乃自號了一。卒之歸於致命遂志，故歿而士林謚以端節，至今稱端節先生焉。西安府涇陽人。生而器宇英邁。七歲從張湛川學，即言動不苟，文藝駿發。十六入庠，廿四舉於鄉，即自誓以天下爲己任，因自號葵心，識者已知先生之志所在矣。困公車者三十年，孝事兩親，餘惟講學著書爲事。芒履蔬食，一字不以干公府。母素多疾，百計醫不愈，徒跣耀州，十武一叩，禱醫宗孫真人洞，向夜望斗，膜拜百數，以祈增算。一時士大夫聞之艷羨曰：「良甫事親如是，他日事君鞠躬盡瘁，當生死以之矣！」年五十二，乃登天啟壬戌榜進士。

當是時也，明之季葉，盜賊、饑荒，海以內連綿不絶。先生自未第時即蒿目而憂，講經時濟變之略，於凡兵陣、城守、積貯、製器之宜，無不究極其要。故初任廣平司李，即贊守飭武備，演武侯八陣以禦盜。他如辨白蓮教之誣服，全活以數百千計；修整清河之水閘，溉石田以千頃計；築成安之河壩，拯數邑之昏墊，不啻百十萬；皆其救災捍患大目，餘丹筆明冤，難指數也。甫一年，丁母憂，柴毀骨立，不飲酒食肉、近寢室者，踰三年。服闋，再補廣陵，值魏璫扇虐搆黄山一獄，蔓引不可勝數。先生獨矢天自誓曰：「司李，郡執法也，倘以平反斥去，是固所願。廢朝廷法，爲己身功罪計，獲罪於天，孰甚焉，死不敢爲也！」一時默全爲多。及璫祠之議興，白下淮揚，纍纍相屬，部使者以下，竭蹷恐後，先生獨與淮揚道陽伯來公屹立不往，一時有「關西二勁」之稱。蓋來公，三原人，與先生皆關西人也。甫一年，又以丁父艱去。計兩任司李，實歷官僅年餘耳。先生設施固百不暨一，而膽略之弘偉，已聲滿縉紳間矣。服尚未闋，會登萊叛將劉興治據島爲亂，撫軍孫公初陽素悉先生幹略，特疏起陞山東登萊兵備僉事，監遼東軍務。先生固乞終制，不得請，則親赴闕自懇，卒不允，奉特旨令與孫撫經營島事，及圖恢復金復海蓋諸道。先生單車赴任，至則與孫撫慘淡經營。未幾，叛將授首，恢復諸務，駸駸有緒矣。而孔李二叛將復自吳橋激變，賊黨家屬在內，外內勢合而城遂陷，先生乃以艅艎航海歸命。廷尉朝議，量其非辜，特赦歸里。

是時，海內盜賊益衆，而荒旱益甚，先生明見時事，知將益棘，於是築室於園，嚴事天之課。立心，則必以「盡性至命」爲歸，曰「學不至此，則不可以對天」；講學，則皆拯溺救焚之務，曰「學不至此，則言不得體天」；於救荒也，則以身倡，糾「仁社」賑之，一民飢如己之飢；於禦盜也，則築城浚隍，倡鄉人固守，又籌輔車相依之勢，約合三原令君公議救援戰守之宜，復創爲連弩、活橋、自飛礮諸奇器，以出奇制勝，卒之二邑俱賴以全。厥後〔一〕，兵部尚書張公縉彦誌先生墓，謂「三原嚴邑而賊不敢犯者，皆先生之力」。蓋是時張公令三原，本從先生受方略以保境，蓋知之最詳云。

既而逆闖攻關，先生自矢以死報國，遂更號了一道人。「了一」者，猶之「葵心」之旨，而殺身成仁之志，遂決於此矣。及逆闖至長安，果羅致縉紳大夫。先生乃手題墓石曰：「明進士了一道人王某之墓。」又書「全忠全孝」四大字付其子永春，曰：「吾且死，尚何名？要使女曹識吾志耳！」越數日，賊果指名使促行，先生引佩刀自誓。令邑者素重先生，乃縶子永春以行，先生送而慰之曰：「兒代我死，死孝；我自矢死，死忠。吾父子得以忠孝死，甘如飴也，尚何憾哉！」及永春既行，先生曰：「此行縱使賊聽我，終不可苟生賊手。」從此遂絶粒不食。家人泣進匕箸不御，進藥餌不御，閲七日捐館舍。維時張公炳璿以至戚視含殮，目見先生脫然委蛻，金色浮滿大宅。嘗語人曰：「先生屬纊時，獨把予手，誦所謂

〔一〕「後」，原作「后」，疑音同而訛，遂改。

『憂國思君』，語甫畢而翛然逝去。一語絶不及他，但見其顔色如生意。」

先生三十年勤事天之學，刻刻念念，以畏天愛人爲心，至是復以忠憤盡節。君子雖不語怪，要必有不死者存，遠擬夷齊，近媲文謝，夫何議焉！顧未知文謝當就義時其氣象從容，視此何如耳？嗚呼！殺身成仁，從容就義，於先生備見矣。

先生所著有學庸解、兩理略、士約、兵約、了心丹、百字解、歷代發蒙、辨道説諸書，皆傳於世。門人私謚曰端節，而海内深知先生者，則猶謂是特就致命遂志一節名先生耳，其實與先生生平之大志弘學未之盡云。

子永春，性至孝。當逆闖之變，威逼縉紳入謁，先生以死自誓，永春乃告邑令，願身代父行。及行而先生卒七日不食以死，永春亦卒無恙以歸，俱如先生「父忠子孝」之旨，君子以爲天倫之難事焉。永春事備載陝西通志。

元洲單先生

先生名允昌，字發之，元洲，其號也，家世蒲城人。父可大，號一山，以孝廉守蘇州。子二，長即先生，次允蕃。一山庭訓素嚴而正，先生則尤生而慷慨，敦大節，自少讀史傳，即慕文文山、謝疊山之爲人。萬曆戊午，以麟經魁鄉榜。家居與弟允蕃及友人王化泰輩立會講學於靜外園，從之遊者甚衆。其論學不專一家，大旨要歸於盡性至命，而尤諄切於忠孝廉恥之防。時則國事浸非，迨啟、禎[一]間，盜賊旱荒，日奄延不可爲。先生蒿目愴心，每與同志言及，輒撫膺浩嘆，或至淚下，遂不復以進取爲急，而悉心經世之務，間注釋經書以發其胸中所自得。

迨崇禎癸未，逆闖陷關中，威逼縉紳從逆，先生乃遁迹深山，既而終殉志以死。當其未死也，親知百方勸解以位非大臣，奚爲至此？先生號慟曰：「父子兄弟受國養士之恩，獨懼貽累宗族，不敢爲文謝「二山」之爲，更若覥靦偷生，何面目

[一]「禎」，原作「正」，疑誤，今據上下文義擬改。後同。

立於人間？將來何以見吾父地下歟？」卒之决於殉志，時年五十有二。

蓋先生賦性既烈，又其家庭父子兄弟及數十年朋友所講切，於君親大義見之最明，恒以得尚友古忠烈士爲幸，故殺身成仁無一毫霑濡意。嗚呼，烈哉！同時從先生講學、繼先生掛冠長往者，蓋十有二人，則先生道義之薰陶感格，亦盛矣哉！先生生平所著春秋傳、寤言、四書説皆梓行，餘稿多毁於兵。至所傳訣友二語則慷慨深切，聞者無不爲之墮淚云。

弟允蕃，字茂之，崇禎壬午舉人。與兄同志正學，互相激發，邑人有「二難」之目。癸未之後，負衲遠遊，竟不知所之。蓋與其兄雖生死不同，要之同歸於自靖其心，以不負其生平。嗚呼！其雪庵補鍋之流風餘韻歟！殆與先生皆實以身講，而不徒以口講者也。所著有學統、壎碩集、就古齋文集並詩稿藏於家。士林謂單氏四世七孝廉不爲難，而如其兄弟同學亦復同節，則吾道之光而天倫之盛事云。惜乎，從先生掛冠長往之十二人者，姓氏皆不傳，獨同邑王侶與同講習之化泰王公其生平略可考焉。

敬按：單元洲先生，蓋四十年前聞諸其鄉丕閻甯君。誦其訣友二語，兼他友之傳述，重其志遠而行烈。謹□之，然亦獨得其爲明孝廉，講理學，以身殉國之變，而名字與其述作則莫之詳也。今乃五托士友詢先生之誌傳述作與十二人姓字，僅得先生之略於邑志小傳，並其雜著數篇及其弟允蕃梗概。竊以爲即此可窺先生兄弟之風烈學術，並一時切摩之懿徽。縱是十二人者名莫傳，而要其精神俱足與西山之餓夫同列爾。

附

王侶，字仲襄，號再復，蒲城人。生而氣稟清明。六歲入家塾，即静重如成人。年十六，便閉戸誦讀，自矢以七年爲期，常晝夜攻苦，父兄以爲勤習舉子業也，乃其所研究者，則五經、性理、傳習録等書。久之，倍於太極圖有深契。嘗謂：「太極只是誠，先天消息，人能確認得一個太極，則天下無復餘事。彼古今賢智一行之長輒自矜炫者，只是不曾確認得一個太極爾。」未及七年，竟以積勞成疾，力疾赴試，成諸生，而疾遂不可起矣。臨歿，神氣不亂，蓋年僅二十三云。後其父發篋，得語録五册，皆從濂洛諸集中切身體驗語也。同邑單元洲先生深悼惜之，每以爲使再復得長年，當必深有所詣。而享年不永，天心之無意於關學也夫！

國朝

二曲李先生

先生名顒，字中孚，學者稱二曲先生，西安府盩厔人。前明天啟丁卯正月二十五日，母彭氏感震雷之夢而生，生而氣貌偉特。甫周歲，識者謂其必非常人。年九歲，入小學，從師發蒙讀三字經，私問學長曰：「性既本善，如何又說『相近』？」已穎慧異人。在小學，僅誦學庸，以嬰疾輟讀。既而父可從從汪督師征逆闖於河南，殉義襄城，母子煢煢，至日不再食。然每過學舍，輒欣然動心，而以束脩無出，母子輒相對涕泣。於是取舊所讀學庸，依稀認識，至論孟則逢人問字正句。不一年，識字漸廣，文理漸通，讀書遂一覽輒能記其大略。故年十五六時，已博通典籍，有「奇童」之稱，然泛覽博涉，殊無統紀也。

年十七，得馮少墟先生集讀之，恍然悟聖學淵源，乃一意究心經史，求其要領。甫冠，邑令山西樊侯辛，文敬高弟也，聞其名，就家顧之，坐語移時，驚曰：「此關洛輩人也！」即以「大志希賢」扁其門。而是時邑之舊家，如二趙、南李及郿邑杜氏者，皆博藏書籍〔二〕，先生一一借〔三〕而觀之，遂無所不窺，亦遂無所不知，而守則益嚴，雖簞瓢屢空，一介不以苟取。遠邇咸

〔二〕「籍」，原作「借」，疑誤，今據上下文義擬改。

〔三〕「借」，原作「籍」，疑誤，今據上下文義擬改。

以「夫子」推之，本省大寮表閭者後先相望。三十三歲，臨安駱侯涖邑，親睹其言行丰采，大咤爲：「振古人豪，不當求諸今人？」遂事以師禮，時時詣廬請益。而同時東西數百里間，耆儒名士，年長一倍者，亦往往納贄門墻，彬彬河汾之風焉。三十九歲，母彭孺人病，先生百方延醫，衣不解帶者數月。及卒，慟母終身食貧，哀毀幾於滅性。四十四歲，訪父骨於襄城，蓋先生久懷此志，以母老無依，故至此決計往也。至襄城，一時士大夫高其義，爲之舉祀置塚，歲時祀焉，今之義林、忠烈祠是也。而是歲駱侯晉守常州，乃遣人迓先生爲常人開導聖學。來使遇於襄城，遂敦迎至常。所屬五邑，皆設皋比明倫堂，次第會講，注籍及門者，至四千人，一時故老咸咤爲百年未有之盛事。去後，五邑追憶風徽，梓語録一十八種，鼎建延陵書院祀焉。四十七歲，制軍鄂公修復關中書院，造士延禮，啟迪諸生，先生三辭不得，而後應命。鄂公既見，親其儀範，聽其議論，則信尚益深，隨以「大儒」疏薦，兵部主政房公廷正又以「大儒宜備顧問」薦，撫軍又以「博學鴻辭」薦，交章上請，先後皆奉旨特徵。守令至門，敦逼上道，先生臥病終不赴。

自是閉戶母祠，終歲不出。遠方問學至者，啟戶與會。先生因人指授，無不各厭其望而去。由是海內三大名儒，雖兒童走卒熟悉之。三大儒者，河南孫鐘元先生奇逢，浙江黃黎州先生宗羲，並先生也。七十六歲，聖祖仁皇帝西巡，詔見行宮，並索著述。先生時以老病臥牀，懇辭召命，特所著之書進奉。温旨「處士既高年有疾，不必相強」，特賜御書「操志高潔」扁額，並御制金山詩幅賜焉。所呈二曲集、反身録二書，則並荷「醇正昌明，羽翼經傳」之褒，蓋康熙癸未冬也。歲乙酉，年七十八歲，四月十五日廼以疾卒。

先生之學，幼無師承，故早歲不無馳騁於三教九流。自十七知學後，則天德王道，源源本本，由宋唐直溯於孔孟。其生平論學，無朱陸，無王薛，惟是之從。嘗曰：「朱子自謂某之學主於道問學，子靜之學主於尊德性。自今當去兩短，集兩長。某生也愚，然如區區素心，則竊願去短集長，遵朱子明訓，敢執私意、昧公道，自蹈於執德不宏耶？」故所學不畸重一偏，落近儒門戶之習。而如其事母之孝，則根於天性，至老彌篤。識者謂先生生平造詣，充實光輝，要自行道，顯揚一點血誠，擴而充之，暢茂條達，故道德風節，不至不休。嗚呼！吾夫子行在孝經之志，先生允蹈之矣！葬之日，海寧大宗伯陳公題其碑，襄城劉恭叔先生表其墓，督學逄公檄祀鄉賢。蓋關中道學之傳，自前明馮少墟先生後，寥寥絕響，先生起自孤寒，特振宗風。然論者以爲少墟尚處其易，而先生則倍處其難。至如學不由師，未冠即能卓然志道據德，中年以還，指示來學，諄諄揭「改過自新」爲心課，「盡性無欲」爲究竟，以「反身」爲讀書要領，「名節」爲衛道藩籬，則於聖學宗傳，益覺切近精實。雖顏、孟、周、程復起，無以易也。中州潛谷張公嘗謂先生「殆曾子所謂任重道遠之弘毅，孟子所謂先覺任重之天民」，士林以爲篤論云。

附同時向學暨同志切磨諸子

王化泰號省庵，性剛，尚氣誼。與同邑單元洲先生厚善，時時講明忠孝性命之學。及國變，單以死殉國，公乃身隱於醫，遂與同州白、張、党、馬諸君子以學術相切砥，而於党兩一尤稱莫逆。然諸老皆敦尚行履，而省庵則中有獨契。嘗據靜中所得連吟三絕，識者嘆爲見道之言。年幾古稀，不遠數百里造訪二曲先生於盩厔，求質所學。一見心折，直欲納贄門墻，先生以其年高幾倍固辭。後又與同州泊如白公肅車迎先生於白齋。晚而每自憾日汩歲暮，虛度此生，輒欷噓涕零。生平性至直，見人過，輒面斥不貸，遇人一長一善，則又欣羨推許，不啻若其口出。刊布迪吉録、僞學禁二書，寓淑人成物意，蓋於爲善惟日不足者也。卒年七十五。二曲先生爲之傳，太守董公爲樹墓道之碑。

王建常字仲復，號復齋，朝邑人。性篤樸，有堅守。前明邑庠弟子員。及代革，不復應試事，日惟讀宋明諸儒先書，或有心得，即記録於册。家素貧，淡泊自甘，數十年如一日。晚病重聽，尤深居簡出。蓋生平確守孝經始於立身之義，雖盛暑衣冠不去，其守爲人之極難。至其生平述作，於吾儒、二氏之分辨之尤不遺餘力。

其諸尚志守節之逸民，與同時又有關獨鶴〔一〕者，亦朝邑人，逸其名，與其弟某者俱爲前代邑庠生。兄弟咸與仲復同操，亦不復應試而好理學家言，朝邑人推爲「一門兩高士」。二曲先生過朝邑，嘗一見之，後每稱其篤實樸茂，淵乎見太古醇龐遺風於仲復、獨鶴伯仲之間。惜乎，其學術之詳無考，無從紀述云。

党湛字子澄，同州人。嘗以「人生須做天地間第一等人，爲天地間第一等事」，故號「兩一」以自勖。父兄皆籍邑庠，兩一獨不事貼括，勵志正學，常日手宋明諸儒先書，恒不去手，會心者輒書之壁，壁爲之滿。性至孝，父患癱，家人莫敢近，兩一獨晝夜侍調養。及父歿，兩一獨廬墓三年，遠邇稱「党孝子」焉。生平不營產業，薄田自給，簞瓢陋巷，恬不爲意。晚年獨處一窑，靜久有得，覺動靜云。爲卓有持循，每遇同志，講切輒娓娓不倦。年躋八旬，猶冒履冰雪，於五百里外訪李二曲先生於盩厔，商證所學，留住積日，嘗至夜分未嘗見有惰容，亦不以己年倍長恥於請益。卒年八十四。張忠烈公深重其品，二曲先生爲之傳。既葬，郡丞郝公署州守，豎碑墓前，大書「理學孝子兩一党先生之墓」以表之。

同時，本州有白煥采者，白希彩之弟，以積廩貢成均，每聆兄敍述師說，輒私竊嚮往。後乃博集羣書，與鄉先達太乙張公、陸海武公集同志講明正學，既又與元昭馬公講學於寄庵，晚而與蒲城省庵王公肅車迎二曲先生於盩厔，集同志日會家塾。前後凡兩度爲之，賓客滿堂，略無倦色，一時同志依爲主盟者積年。至於祀先、孝親、恭兄、敦宗，與夫信友周急，美行縷縷，蓋惟恐善之有一或缺於己焉。年七十八卒，二曲先生爲之傳，署州守郝公表其墓。

張珥號敦庵，同州人。爲人好正學，尚德行。以進士林居，言行動止，非禮不爲。至與鄉人處，則退讓謙恭，絕不以等威自異。同時，党兩一向道而至貧，白泊如年等而守正，敦庵皆折節下之，州人無少長士庶，無不敬愛其爲人者。歲戊申，

〔一〕「鶴」，原作「河」，據王兆鰲纂修朝邑縣後志改。

二曲先生爲其鄉肅迓至白齋，公之年幾長先生一倍，有所請益，必跪而受教，先生每力辭之，不從。二曲先生每嘆謂：「生而後時，不及見成、弘、嘉、隆間先正風範，如敦庵之篤雅謙恭，即前輩名世諸老，其質行何加焉？」蓋明之一代，崇尚性理一書，宗法有宋濂、洛、關、閩五子。同州則風氣之醇本甲三輔，兼浸被馬二岑先生風澤；暨萬曆、天啟間，西南二百里則馮少墟先生提唱正學者數十年；鄰邑則蒲城單元洲先生以性命氣節之學鼓舞同志。故一時同、蒲諸邑，流風廣被，人士往往嚮往理學，惟恐或後，有宋道學之盛，不能過也。惜乎時移代易，記載缺然，可勝嘆哉！

附二曲先生及門諸子　以耳齒生卒分先後

李士璸字文伯，同州人。未冠即知向學。甫四十，以積廩貢成均，不就廷試，惟文史自娛。性至孝，父疽發於背，衣不解帶者月餘，口咀瘡毒而愈。庚申奇荒，以應聘入幕之金，糴粟活其親眷數家。又嘗拾五十金，仍訪還其人。前後州守，聞名優禮。歲戊申，二曲先生爲其鄉諸公敦邀，因聞性命之旨，欣然當心，乃首先納贄，其實齒倍先生也，一時謂其「忘年向道，有古人風」。垂年九十，手不釋卷。所著有理學宗言九種，藏於家。其歿也，二曲先生爲之傳。

蔡啟胤字紹元，天水人。弱冠入庠食餼，而性喜宋儒書，每至忠孝節烈，則往往拊膺嚮往，欲即其人。父病，籲天祈代，不時之需，旁求必獲。嘗爲親預營壽器，入山采漆，虎遇之輒避。寇起陷城，母被獲，則哀號請代，寇感其孝，遂並釋以歸。待三同胞弟，教訓課業則甚嚴，而家庭居處恒怡怡如也。癸未，逆闖入關，兵薄秦隴，乃衣冠趨學校龍亭，九叩慟哭，欲以身殉，其父固諭而止。然心終於此耿耿也。及以積廩將貢，遂堅謝不應，日惟耽玩濂、洛、關、閩諸書。後聞二曲先生風，乃執贄門墻。每得書，必拜而後讀，每發書請益，必拜以送使。逮後病危，兩親皆年及期頤尚在，子蕃問後事，則大慟曰：「先親而逝，吾罪人也，尚何言！」戒之斂以斬衰，暴棺野次，以明未能送終之罪。前後督學使者多旌其門。所著有四書洞庭集、蒙解集、鑑觀録、溪巖集藏於家。弟啟賢孝友，性成，亦知向正學。司鐸盩厔，自處清潔，學政整嚴，盩厔士至今悉之。

張承烈字爾晉，晚年自號澹庵〔一〕，武功人。生而性任俠，年幾五十一，旦悔其前非，奮志心性之學，嘗對人曰：「少無師承，爲俠客誤我二十年，爲諸生誤我二十年，今尚可爲鄉愿誤耶？」乃節讀程朱書，交遠邇正人。時長子志坦幾冠，亦篤向正學，乃率之受業二曲先生門。自是父子刻意砥礪，期於必若心齋父子而後已。不幸志坦年三十亡，澹庵遂摧殘不勝而卒，同人惜焉。

馬棫土，同州人，馬二岑先生子。生而習聞家學，兼氣質醇愨，讀書寫字外，更不復識世有可榮可慕事，亦不知世機械變詐事。中年納贄二曲先生門，益向學守禮。先生嘗言：「使世皆棫土，朝廷刑罰可使盡措。即理學家規矩準繩，亦可無事諄諄矣！」年逾七十卒。

楊堯階、舜階胞兄弟，商州洛南人。早歲皆入庠食餼，同納贄二曲先生門。洛南居商州東南萬山中，風俗素稱樸醇，堯階兄弟本自潔修，自是益循禮矩，事事遵奉師訓惟謹。制舉外，讀諸先儒書，講反身悔過之旨，商州人有「洛南二士」之目。

王吉相字天如，郃州人。生而恬退端諒，非禮不行。中壬子鄉試第一。丙辰，成進士，選庶常。每自嘆：「學不見道，何容以未信之身，立朝事主？」請告歸，受業二曲先生門。先生授以知行合一之旨，天如躬行力踐，期於必至。未三年，一病不起。君子以爲如天如之行己有恥，使其造詣有成，當必不愧先賢，而一旦摧折，蓋吾道之不幸云。

〔一〕「澹」，原作「淡」，據李顒二曲集卷二〇張澹庵傳改。

李彥瑚字重五，三原人。生而清謹孝友。母歿，恪遵禮制，不飲酒食肉，居宿內室者三年。以孝廉考中書，待補家居。兄彥瑁坦衷好施，歷官凡數十年在外。彥瑚代兄應門，恪恭愷悌。歲荒，尤悉心賑濟宗戚。於二曲先生，以宗屬事如胞兄，凡砥德進道之訓，一一循奉惟謹。晚年應酬之餘，輒閉門靜坐，體認未發氣象。二曲先生嘗稱之曰：「重五孝友性成，晚年尤篤信好學，吾黨矜貴之品也！」及補授中書，爲同官獨受公共之過。一旦聞兄卒黃州，大慟得病而亡，士林惜焉。

羅魁字仲修，咸寧人。爲人敦篤好學，尤孝於事親。自爲諸生時，士林即重其爲人，省中大寮每敦延以訓子弟。後受業二曲先生門，尊聞行知，以選拔教諭麟游，修學宮，振學規，梓布聖諭，旌表節孝，諸生中極貧者往往節口賑恤之。及謝病歸里，麟庠士追憶教澤，爲立「去思碑」。聞其卒，則舉祀名宦，蓋入本朝來關以西教諭之僅見云。同時如：富平孫長階，清醇孝友，志期正學，僅三十餘，以副榜坐監成均卒；武功諸生張志坦，生於宦家，父子同心，勵志希賢，年僅三十卒；韓城賈締芳，生爲貴公子，未冠即修潔好禮，崇尚正學，亦僅三十餘卒，識者咸爲吾道惜焉。外如寶鷄李修，秉心慈良，天真未鑿，蓋亦不失爲有恆；而如富平惠霦嗣，則篤於事師，及出宰通海，雅意循良，則亦師門之先覺云。

文佩字鳴廷，平凉府涇州人。弱冠入庠食餼，而性嗜正學，年二十五，徒步五百里外，納贄二曲先生門。歸而倡率同志郭、張、李等四十餘人爲「正學會」，商證師門宗旨。後又以會聚無地，又竭力倡衆建師祠於居旁，定以朔望會講之規，凡數十年不替。年六十一，訓導漢中府寧羌州，甫踰一年，而遽以疾卒。鳴廷自少至老，孝友温恭，行誼修潔，而如其篤信好學，樂誨後進，尤爲出於天性。凡交與者，無不愛敬其人，以爲即古篤行之士，當無以過。及是以所施未究其志而卒，士林蓋無不爲之感慨悼惜云。

王承烈字遜功，號復庵，涇陽橋頭人，端節王先生四世孫也。少以精舉子業，兼博通聲詩、古文詞，士林雅重其品。久困場屋，四十三歲以五經發解，名噪藝林，而遜功不以爲榮也。及鄠邑令蕪湖張侯開館造士，以重幣敦延師多士館余家，講明心性及修己治人之學，乃舍基學而惟余言之是從。逮捷南宫，館庶常，辨諸儒真僞，務求力行，甘貧守志，勸學不替。世宗皇帝繼承大統，聞其品操學行，不次擢臺垣，剛方守正，不避權要。奉有督糧湖北之命，講「明明德」之旨於養心殿，上爲稱賞，謂其學有本源。隨藩江右，操嚴而行惠，向學益篤，冀於斯道大明，展其所學，以報國恩。復由副憲歷少司寇，未及期而卒。嗚呼！年六十有四，學未究其施，朝野同志蓋不能不爲吾道惜也。養廉，偶有贏餘，即用以惠民濟貧及修廢興學，不問私殖，亦不爲子孫計。歿之日，幾無以殮。蓋其清操，實爲絕德。著有日省録、毛詩解、書經解行於世。

豐川王先生[一]

先生名心敬，字爾緝，號豐川，鄠縣人。父字中悅，生十歲而見背。母李孺人於流寇刼焚之餘，拮据持家，育而教之，毫不姑息。先生年十八，補邑庠弟子，旋食廩。李孺人念俗學不足爲，使離家就學於二曲先生。已又以兼習舉業有妨正學，令謝去諸生，一意聖賢之務，曰：「吾不願汝禄養，但能砥礪德業，與古人齊軌，無負父託，斯爲孝耳！」歲中止許二三次定省，居數日即促之去。從學二曲者十年，一切需用皆母紡績質産所供。先生佩服師訓，遵[二]聞而行知，遂爲入室高弟。母嘗問：「學聖賢者如何用功？」對曰：「以存心盡性爲實履，成己成物爲分量。」母曰：「汝便如此學去，若讓古人獨步，非夫也！」二曲先生每語人曰：「吾不及見古孟母，若爾緝母李太君，恐古人亦不過也！」特述母教一篇梓行之。

[一] 此篇乃周元鼎嘉慶間刊刻王心敬關學彙編時所增。
[二] 「遵」，原作「尊」，疑形近而訛，遂改。

先生學既成，以母老歸家侍養。日理經史，折衷自宋關、閩、濂、洛以至河、會、姚、涇之學，咸師其長，而融液於大學「明德」「親民」「至止善」之宗。自信以爲此道必合天德、王道於一貫，乃本末不遺；用功之要則敬義夾持，知行並進，方不墮於一偏。又曰：「全體必兼大用，真體必兼實功。」以故學業日粹，聲聞日章。海寧陳實齋先生名詵，巡撫黔中，即陽明書院延禮師儒，將以倡明正學，特聘先生一往。又閩大中丞儀封張孝先先生名伯行，亦聘請入閩商證學術，皆以母老不赴。及實齋移撫湖廣，累書聘之，母令之行，遂至楚，與張石虹、汪武曹相得，而書院願從學者亦問學多人。先生答問，孜孜不倦，詞旨明朗切實，聞者莫不厭服。歸而母疾，既歿，喪葬盡禮，一時旌賢母者甚夥，皆實録云。服闋後，孝先先生撫蘇，又聘之。先生乃至姑蘇講學。

時言學者爭以闢陸王爲尊朱，先生一不阿附，直陳其所見，力與之辨。先生之子功請曰：「學者諱言陸王，心不沒其長可矣，或宜諱言之，以息紛紛之爭。」先生蹙然曰：「小子言何鄙也！道者，萬世之公也。余知言論世四十年來，頗費心力，違平日素心，取悦世儒，心何安乎？」又曰：「象山義門風規，荆門政績，陽明討寇之略，推功之仁，使在聖門，恐尚列之德行，不止在政事、文學之科。即『無善無惡』四字，推以無意、無必、無極、太極之旨，亦未可非也。」蓋其見道真切，立論明爽如此。

先是，鄂大中丞撫秦，即以二曲先生爲當世第一人物，真正儒宗，薦達於朝，且時訪以政事。鄂公之子曰額倫特，康熙五十五年總督湖廣，耳先生名，又知其爲二曲高弟，遂以真儒復薦於朝，下地方起就徵車，秦中制撫移文催併，先生乃從吳門返駕入關，辭疾不赴，奉有「疾愈起送」之部議乃止。額制軍乃求其所著書，延禮江夏令金廷襄參編而梓行之，固先生實學之所感興。而鄂公仰繼父志，加意正學，使二曲師弟耀於當世，垂光將來，爲國朝兩廡議祀之所由基，其用心豈不深且大哉！

先生歸而考訂經書，有易說、詩說、尚書質疑、春秋原經、禮記彙編，皆精審詳明，一洗前注之陋妄。其答嶽中丞、寄陳實齋、與陸學憲、金應枚及擬上部臺籌荒各書，尤足見其留心世務，通達古今事理，不愧「明親一貫」之學旨也。年八十餘卒。子三：功、勷、勍。所刻有豐川正編、續編、外編。凡講學論政，皆詞旨爽朗條暢，似得之王陽明云。

後序

馮少墟全集中有關學編二册，先生所手訂也，余既與南塘傅君印行矣。已從友人錫爵劉公處得關學續編，則豐川先生所續也，自少墟先生至二曲先生之弟子而止。顧此本人不多見，予意其板或藏先生家，遂親詣鄠縣，就其曾孫求之，果得焉。乃就豐川先生集中，從觀其生平崖略，別作傳以續其後，並梓而行之。

嗚呼！今之學者岐理學與舉業爲二，勢不得不專舉業而遺理學。自豐川先生後，吾關中之學其絕響矣，是不能不望於豪傑之士。

時嘉慶閹茂元默二月，勉齋甫周元鼎謹識。

傳道諸儒評

傳道諸儒評

董子

董子生漢初學術未明之日，而獨恪守禮教，毅然倡尊孔子，崇六經之說。天人三策雖未醇乎孔孟之微言，亦可謂暗室之一燈。至正誼明道之旨，則淵然符吾夫子先難後獲之旨矣。使在孔門得聖人陶成，諸賢切砥，當必與四科諸賢輝映聖門。惜乎其生之非時也！然以其生如此之時，而獨能遵聞行知，不愧儒者氣象，則卓然豪傑之士矣。

諸葛武侯

諸葛武侯原不曾講學，亦原不曾窮經，然觀其立身之正大光明，立德之清真簡諒，存心之忠耿直誠，制行之公讜弘如，嗚呼！其天生之中行乎！使在孔門三千七十子中，四科或當急收耳。且窮經著書，士君子隱居求志之事，其實窮經本期於明理致用，著述原所以修辭立其誠。如武侯之立身、立德、存心、制行，真能致六經之用，真能坐言起行，自返不愧。伊尹而下，二千年間僅見斯人也。何可令孔孟天德王道一貫之學，僅以章句文辭盡之。又況出師二表足與伊訓、說命相表裏。澹泊寧靜之旨，隱然開主靜立極之宗傳耶。

王子

文中王子特地要行周公之道，學孔子之學。據其天生氣禀，真有中行之概。向使老其年，深其造，當必卓然可觀。惜乎其死太早耳。然盡濂、洛、關、閩、河、會、崇、姚諸大儒之精詣密修，邃於文中則有之。若云能副文中之志量，亦正僅也。嗚呼！其無待而興之豪傑乎！或者謂書乃阮逸假托，恐亦不然。逸好其書，□□中點染潤色容有之，若其志識之弘毅，即盡十逸輩如何可以假托？

陸子

陸宣公時，理學未明。不知其何所從授，見得事理如此明白，體得經旨如此融浹。赤心讜論，正氣直言，濂、洛、關、閩不能駕出其上。今觀奏議之傳世者，只是窘於格式，其實義理文章融事融理，通古通今。今觀秦漢以來，未能或之先也。此正善於行道、精於體經之名世真儒，使在聖門，亦當兼政事文學之科。吾道中得此等人，乃見大道不迂、六經有用。何得以口不談，功非注經，謂非吾道宗傳。

韓子

昌黎韓子見得文至六朝，靡麗不振，奮然力挽狂瀾，師效孟子爽健堂皇之文，且能因文見得從來道統之源流，亦不可不謂有志有識矣。但見道只於典要，傳道僅於文章。且即其所見者，亦只供文章之用，而不知實體諸倫物綱紀、出處取舍之間。嗚呼！抑末矣。至於初之闢佛如此力，而後復眷戀大顛，亦足見其見不真，力不定也，故斯道宗傳斷。以程朱之窮深究微，身體力行，爲入門升堂，韓歐或當另議耳。

胡子

安定胡先生當周、程、張、朱未生之日，而特持師道，以經義治事立教，遂於學術漸近切實。雖視濂、洛、關、閩五先生之精詣深造較遜，然已開洛關師道尊嚴之門。則是濂、洛、關、閩於吾道有倡明之弘功，而安定固五先生啟途肇端之先覺也。嗚呼！難矣。

周子

濂溪周先生特地揭主靜之旨，開誠明之宗。無欲學聖一語，真與孔顏心宗脈脈符契。嗚呼！於吾道真有取日虞淵奇功乎！太極圖有從授無從授，主靜之旨有從來無從來，不敢知。要之特地而起，固見天授之奇。即脫穎而出，亦見志力之卓也。吾道中興，先生真首出矣。

程子一

明道程先生氣禀清明，見地淵通，德器粹美，制行誠信，直淵乎中行之選。孔門顏閔之儔也。問學濂溪，不敢謂淵源無自，要之擴而大之，則先生之自得爲多。真吾道之元氣乎！老以歲月，優之大位，古王佐盛德大業，或可致也，而止於此。

天之無意於斯道斯民如是夫？惜哉！然於顔閔後，使斯世重見兩間太和之氣於吾儒中，則兩千年之景星慶雲矣。

程子二

伊川程先生非禮勿視，非禮勿聽，非禮勿言，非禮勿動，知行並進，敬義夾持，得天地秋肅之氣爲多也。吾道有斯人，出處進退，辭受取予，乃見義路禮門耳。向若參以明道之淵通，矩方規圓，吾道中行矣。然於學術湮晦之日，而兄弟以身作倡，卓然會千聖之宗傳，明六經之真諦。言師行法，則二千來吾黨之典型未有或之先者。

范文正公

范文正先生當其做秀才時，便以天下爲己任，無一事不經心理會。及出而用世，隨身所到，必盡其分，不顧利害，不計稱譏。功業雖未滿其心願志量，則有餘於建立。嗚呼！隱居求志，行義達道，即吾夫子猶爲見難。其人若公者，不亦當之而無愧耶！故雖經術之精切不及陸宣公，道學之淵微不及兩程子，而要其志量弘毅，振勵名節士氣之功，則一代之偉人矣。向令生於孔門，政事之科必所亟收也。且論學脈者，以其扶植人極，有功世教耳。若公負剛大之氣，抱致澤之心，先憂後樂，公爾忘私，其於人極何如？世教何如？而謂可拒諸聖道之外，竊恐語言虚浮之習種種，滋吾道之弊竇矣。

張子

横渠張先生氣質剛果，學力苦堅，前無所依傍，無與輔超。然入孔孟之門，而見宗廟之美，百官之富。嗚呼！卓矣。

至如西銘大旨，淵乎通古之大人之學；「知禮成性」，粹乎會吾夫子之心。大化雖未敢遽許，而在吾道宗傳中，則「弘毅」二字自不愧焉。

邵子

邵子弄丸之旨，艷稱儒林。不知一著此見，不免反爲丸弄矣。此道彌天漫地，平鋪兩間，何處非丸？何丸可弄？何處是丸？何人弄得？謂此老無得於心，余不敢誣此老；謂此老真得乎道，余亦不敢誣道也。然其品格要自清風明月，灝氣孤行矣。至如皇極經世、河圖、洛書〔二〕，世雖共傳，揆之聖道，終須另作一種道理、一段議論行世，爲博物者資談柄耳。不得與太極、西銘並行吾黨也。

司馬温公

司馬温公方正持身，忠誠體國，孔子所謂剛毅之近仁者也。論者或以見道未甚分明，功業亦未茂著訾議之。然以公之心事皎如白日，品操屹如泰山，故雖見道遜於關洛弘勳，容讓范韓，而要之躬行實踐，義路禮門，則吾黨之典型矣。雖百華言詭，行者未之或及也。嗚呼，賢哉！

〔二〕「書」，原作「數」，疑誤，今據上下文義擬改。

謝子

上蔡謝先生能深思，能克己，能窺探學術之血脈。至其慎守名節，猶見其實能遵聞行知，而見之行事。朱子稱其英果勇鋭，强力不倦，蓋不誣云。

游子

定夫游先生氣質清和，見亦通脱。平生著述止於中庸、論語，官亦不過監察、知州，而當時皆推高之。即伊川先生亦稱其德宇學術與政事之絶人，殆坦衷諒德，卓然自信者乎！

楊子

龜山楊先生德宇冲然，不爲偉岸。其淡樸真誠之概，歷終身而不易。蓋先生之學，務求自得於内。故其所造者，日就於簡易淵虚。殆學明道先生坦衷諒德之風，而又别有會心以成其家者，然高於支離膠滯者亦多矣。至晚年一出，人多議之，而先儒則謂龜山此行固自有病，但只後人又何夢到他地位？嗚呼！此言平矣。又似不足，此出而抑又有可取者在，則愚意所見，覺稍别也。今無論有可原，則不可病。不可病，則自有可原也。且試思宋之國勢至此，是何等時乎！祖宗百五十年，宗社且將淪於喪亡，正仁人義士奮不顧身之秋。龜山平日目擊心戚，直苦於無可措手，一旦被命徵用，胸中平日所籌畫而藴蓄者，亦自顧可以濟顛扶危，保境全疆。矧旨意雖出自奸京，要之朝廷爵命，京得而假，京不得而私，則承召直出。

揆以孔子欲往佛肸〔一〕、公山弗擾之召，不更爲無一可疑耶？且後二年之間，二帝北狩，中原鼎沸，義士接踵而起者，假名赴援，借號保境，君子猶爲義之謂其急君父之難、知勤王之義也。矧先生抱曲〔二〕突徙薪之忠，於朝命尚行之際者耶。又或者雖以後此之師道已用，李綱已相，而終無救於宋亡爲嫌，然要之自宋不盡所用而莫存，非先生之説本不足以存宋。今試思當龜山初至之日，即用其盡復祖法之説，一破黨與之私，弊法盡革，善人是求。金人去汴之後，師道兵柄得伸，李綱終相不罷，不割三鎮以待契徵，援師而守境，君臣勵精，將士和同，金遂能遽虜二帝以北耶？嗚呼！亦不免以成敗論矣。故愚於古今論龜山與有明唐荆川因倭寇被徵出二事，而竊嘆吾儒論世亦多不盡情實，未盡平允也。

昔周之嫠〔三〕婦不恤其緯而恤宗周之將亡，君子義之龜山之出，去宋亡年餘耳。嗚呼！此何時也？正仁人不恤其身，不恤其家，以謀國捍境之日也。矧龜山素明大義，康濟爲期者乎！且蔡京此舉以國勢將危，思用老成而濟顛，名義自出於謀國。則龜山之出，因國勢之將危，而思欲以所學拯時，名實亦出於爲國。龜山知有宋耳，知召命之出於宋耳，何知有蔡京，又何知爲旨之出於蔡京與假於京者？故龜山之真能存宋、不能存宋，余亦不敢知。要之龜山之心乎謀宋，心乎存宋，此一出固所不當病也。

劉子

元城劉公遵温公之訓，終身口无妄語，而立朝持身毫不爲利害禍福所惕，屹然爲一時不食之碩果。嗚呼！是固吾黨

〔一〕「肸」，原作「肹」，據論語陽貨篇改。
〔二〕「曲」，原作「屈」，疑音同而訛，遂改。
〔三〕「嫠」，原作「婺」，疑形近而訛，遂改。

操履不苟之士也！義雖未弘，守自可尚。

吕子

與叔吕先生清明沉潛，在諸昆中尤爲粹美。而其折節好學，舍己從人，深淺之思，湛定之性，即程門亦推先覺焉。向在孔門，未知其與二冉何如，要之亦漆雕諸賢之流亞歟。

胡子

安國胡先生自幼有出塵之志，强學力行，以聖人爲標的。對君則以正己爲要，出處則以自信爲本，立身則超然自立於權勢之外，而曾不爲蔡氏父子所污辱。嗚呼！名節者，衛道之藩籬。如先生者，可不謂吾道長城耶？至於二十年潛心春秋，凛凛乎内外名分之防，直欲藉經義以啟悟世主之心，而振刷士大夫積頹之氣，則尤見其心乎國計，心乎世教人心也。穿鑿之言，或者雖嘖有煩言，要之於經旨外自有勸懲，正不必概施責備之論耳。

羅子

豫章羅先生見道未敢謂弘暢，造就未敢謂高深，而能確守體認喜怒哀樂未發一脈，源遠泒長，上衍洛川之淵源，下開閩流之浩瀚，厥功自不可掩也。至於徒步從學龜山於蕭山，鬻田往見伊川於洛陽，其向道之勇出中心之誠。尊堯一録，其一點畎畆不忘君親之心，抑又惓惓諄摯。嗚呼！其至性過人，恪遵師傳者乎。

李子

延平李先生志行卓然，見地真切，著述雖不傳，然無一字不從親身經歷煅煉而得。故其遺書字字有味，迥非意見模擬語言比較者之可論。蓋有德有造之人，有德有造之言也。至於恪守洛脈，大啟閩流，隱种文公先生反身體認之真脈，使得由博悟約，以弘聖道宗傳，則先生之功亦又茂矣。

朱子

紫陽先生承先啟後之志，崇正衛道之功，發明六經之力，表章周程之勳，學術則一尊循致精之旨，教法則一宗教不臘等之傳。孔門游、夏之選，恐未能或之先也。至既老之歲，省克尤嚴。本體指示，晚歲不忘，尤可見先生仁爲己任，望道未見之心淵乎，上符古聖賢之心矣。吾輩師其學，必師其心，法其詣，乃爲善學先生。不然，讀其書不知其心之所向，學其學不察其詣之所歸，徒以口舌尊奉，曰吾學紫陽之學也，恐非善學先生者。

紫陽先生學宗，則論語博學篤志一章之旨，教法則論語始先卒後之宗，制行則嚴毅力整，著述則正大堂皇。嗚呼！充實而有光輝之謂大。孔孟而後，非先生其誰與歸哉！顧以初年衛道之嚴，防〔一〕道之切，學歸積累，教重讀書。按洙泗四教之旨、四科之成，有遺憾焉。然其後因學者譏詆陸子，則自明其意主學問；見及門拘牽文義，則時時指示本體。過而即知，知之即改，視道爲衡，原無適莫。此一點心，天地鬼神當且諒之，先聖先師當且原之。論人者，論其得力，乃得其平；

〔一〕「防」，原作「坊」，疑形近而訛，遂改。

師人者，師其成功，乃符其真。而今之談學重悟者，往往妄有譏彈，或謂本體之不足；重修者，又往往不分初終，至謂工夫之盡實。嗚呼！不知紫陽者，固不知其得力矣。即宗紫陽者，亦豈盡知其成功哉？必如顧高二先生論世知人，尚有公評耳，然終不如紫陽之自知。語皆本心，論皆實事也。善學紫陽者，亦於紫陽之自言按其全書，詳味而深體之，庶幾乎一一得當耳。不然竊恐不涉褊，即涉誣也。

先生無經不注，無理不窮，一洗漢魏以來穿鑿隱僻之病，而十七歸於平正通達，其功正自卓偉。後人既未能細心觀理，又未能參會舊注，比較其得失，徒於意見不同之間索瘢搜瑕。無論其無當，即有當焉，合抱之寸朽，尺璧之微玷，曾何足以議先生者。惟是大學格物之旨，不實靠明德新民作底本，而泛指天下之物，涉於微寬。易注明易之道，不主三聖人教人觀象玩辭、觀變玩占以從道寡過之旨，而主於即卜筮示勸戒，覺視易爲狹。詩注多駁原序，以從己意，或使詩人忠厚諷托之旨少隱。二風男女淫褻之章過多，亦覺於吾夫子删詩立教本旨不盡符契。此等處使先生再延歲年，而門弟子中高識者商確其間，揆以先生之虛懷同善，大公無我，正未必不翻然樂從。惜乎不可得於當日也。則自今以往，善學先生者，追復更訂，亦正先生之亟待，而爲吾道所攸賴矣。

張子

南軒先生富貴之家，皭然不渣。幼承父兄義方之誨，長資師友正學之傳。識見朗澈深密，學術純正精明，制行必心安理順，立身則孝盡忠全。嗚呼！其明道之流亞歟！至若希顔一録、武侯續傳，寥寥二編中，願學顔子之學，欲志諸葛之志，一段赤心，千載之下讀其書信，其志猶足令人掩卷泣也。而天不相道，不永其年，則吾道之不幸哉。然要之先生其姿近中行之姿，造近中行之造，其自成亦良卓也。

又曰洋洋乎，美哉！其真心、真品、真學、真行、真忠、真孝，殆與武侯、明道相望於千載間。蓋天地元氣之所鍾，而兼之得力於父師之漸摩、知行之深造，故其立之清超卓偉如是夫。

陸子

象山陸先生爽直真率，於語言格套外，獨能脫穎而出，直指涵養本心，以求合孟子先立其大之旨，不可謂非探本之見。顧其張皇此心之本善，而疏略盡心之全功；知吾心爲六經注腳之根源，而不知六經實古聖賢已盡其心之言行。信心太過，窮經功疏。自信太甚，受善未弘。極其末流偏著之弊，原自有之，然以其認定本心本性之自明自誠，日用行習之重在養心立本，則亦後儒支離繞擾者之一貼清涼散矣，而或者紛紛竟詆爲禪而不察。嗚呼！禪自是去人倫、離事物、超然出世之旨，象山自明人倫、察事物、淵然經世之宗。路途何啻天淵，而可以此二字錮之耶？乃若一門十世之孝友、荆門數年之善政，向在孔門，自四科中人耳。近儒即善排，亦恐不能泯千古是非之公也。

真子

西山真先生自信卓然，當學禁摧折之後，而奮然以倡明正學爲己任。濂、洛、關、閩之傳既晦而復明者，先生力也。至於立朝則務欲正君於道，積誠啟心；涖政則務欲實惠及民，不負所學。求志達道，幼學壯行。孔孟積心相待之旨，千載而下，先生允踐之矣。乃若大學衍義，則表裏經史，資益帝王，足爲宇宙不刊之典，千秋之金鑑在是矣，又何偉也哉！

薛子 文清

孔子曰："剛毅木訥近仁。"又曰："力行近乎仁。"如先生者，殆庶幾乎。又其當有明聖學未啟之日，而先生獨起，而以復性爲工課。名教自防檢，利害生死，確乎不易，以開一代道學之傳。嗚呼！厥功亦至偉矣哉！

胡子 敬齋

先生端重懿恭，動遵禮度。而生平語學，則惟曰爲己；語學，則惟曰王道。亦何其見之獨正？嗚呼！吾道中如先生，其斯爲恪守宗風、尊聞行知者哉！

陳子 白沙

白沙先生學宗自然，每教人於靜坐中養出端倪。較其所指，亦只於龜山門下相傳靜坐指訣得其崖略，而雜以康節弄丸餘習耳，實未盡程門相傳藴奥也。然當性學尚未大明之日，而先生獨發其端而引之緒，亦可謂一代之人豪矣。又後之學者，每以白沙陽明同類並譏，不特不知聖學血脈，即陽明、白沙異同之辨亦且未解。矮人觀場，隨聲附和。即二先生聞之，且不足發一笑也。

王子　陽明

陽明王先生天生穎姿，學力亦苦。觀其竄逐之日，忘寢忘食，以躬斯道之歸，可謂勤矣。然尚日困窮中，逼出真性耳。至於歷仕中外，晉掌三軍、制府、轅門，即爲師壇講院，其一段篤信好學之力，吾黨曾有幾人乎？老以歲月，所造當不止此。惜乎其僅此也。然如良知之傳，或者雖嘖有煩言，亦正自揆之孔孟而無悖也。何者？大學之道先於明德，孟子一書性善提綱，良知即德之明而性之善耳。況「致」之一字，固本體工夫合一無遺也耶。明德、性善無弊，而謂致良知有弊耶？獨其張皇良知之本善，疏略下學之實工。且大學合明、新、止善於一貫，孟子告世子性善，堯、舜夾發。蓋謂全體以大用而全，真體以實工而備。而先生獨揭「致良知」三字爲宗傳，且謂無俟於考古證今，則宗語微墮一偏耳。此當時窮經之功少，夾輔之助微，而信心無前之爲道害也。然要之在吾道中真切爽豁，則數百年間積陰之晴日矣。昔朱文公評孔門子游曰：「易簡疏朗，弘暢條達。」嗚呼！如先生者，其爲學自如是，爲人自如是，其著述文章亦無不如是。而謂禪學中有此旨，禪門中有此人耶？至於平江西、兩廣之積盜，其條畫措置，無非古王佐之用心，則又吾儒之僅有。而於平蕩寧藩□論者咸推其奇功偉勳，足高千古。而吾獨深重其心，蓋以本無兵糧之客臣，而君爾忘身，國爾忘家，直以身抵滔天之勢而障其流，即其不濟，此心猶昭天日、泣鬼神也。矧一舉而成奠國安民之功乎？昔孔子小管仲之器，而仁其功。向令以先生經孔子之品題，吾不知其推獎當何如也。而顧以悠悠之議、戔戔之論，廢宇宙公評，勢不至使吾道盡歸於虛浮無用不止耳。故吾既願論先生之學者，原其心，推其實；而尤願論先生之品者，視其功，原其學，無使千百世下論世者，有知人實難、公論不伸之憾也。

象山陽明，世多同類譏之，不知象山、陽明所入各自不同。其學孟子也，亦各不同。象山從孟子立大本、求放心入手，而未既其全，蓋孟子言立大本，所以立小者不奪之本，言求放心根於實盡學問之道；而象山則曰：「除立大本，更有何說？」又曰：「人心本善，原無欠少，只在自立。」更不申明本末兼該、實盡學問之詳。夫立大本豈其遺末？求放心安在非學？然僅言立大本，僅言求放心，則似單單於本心一著看到矣。不善學者，或將認此事僅主靜還虛之事。宗語不俱墮一偏乎？象山之學雖曰宗孟子，其實未既其全也。陽明則從孟子人性本善、皆可爲堯舜入頭，故雖以良知提宗，若本孟子不慮而知來，要之實從性善即可爲堯舜闡義。其視象山入門又較直截，然亦未既其實也。蓋孟子言人性之善在仁義禮智，言盡性之義在知言養氣，言堯舜之道實在孝弟，堯舜之學在明倫察物、動容周旋中禮，而陽明致良知則曰良知即聖，言致良知則僅曰致之即可以至聖，且言良知則指知是知非，言致良知則曰但盡吾之良知，無俟講求古人之儀節。固未嘗非孟子之意，而於孟子仁義禮智根心之實旨，知言養氣、明倫察物之實事實功，概乎若略也。不知者，或疑致良知爲僅致這一點虛明之體，而無知言養氣、人倫物理之實事實學。其於宗語，亦覺墮一偏矣。故陽明之學，雖曰宗孟子，其實未既其實也。故王與陸相提而論，象山之旨，視陽明較有積累；陽明之旨，視象山較爲直截。而並衡於孟子，則二公皆有出人之姿，而未既經學之蘊；有聖學之志，而未既學聖之全量實功：視孟子原不無流弊耳。然例以孔門諸子，學焉而各得其性之所近或可耳。概以異端，則爲失人失言也。蓋二公通在人倫日用中盡性至命，禪固盡性於人倫日用之外也。割吾儒之盡性至命，而盡歸二氏。嗚呼！亦懲噎廢食，且以見所學之止於糟粕也夫。

近時排擯陽明，曰禪學，曰心學家。以良知爲禪，則已爲不知人、不知學；以爲心學家，則尤覺失人失言：無一可矣。人心道心始於堯舜，而宣暢講明於孔孟之門，發揮推原於程朱之口。今以排心學爲尊程朱。嗚呼！無論不察於心學之淵源，亦不察於程朱之學、不察於程朱之言矣。且不知倡此說者，平日看二帝、三王之典謨訓誥，作何理會其道法心法？平日讀四子諸儒之遺言，如何窺探其大旨宗傳？即平日自己之講習討論者，將此學當作何事也？又其爲說曰吾擯陸王，乃所以尊朱子。嗚呼！抑又不察於陸王之言心體，即朱子之言心體。特朱子欲人由博而後歸諸此心之約，陸王欲人先從此心之約而後使之博。其入手由博由約或異，其會歸於盡心存心則同。陸王正宜人資朱子之實功，而心體始得平實圓滿。朱子惟其兼陸王之心體，而學問乃爲切近精明。論陸王者，取其學知重本，而惜其言功疏略則可；鑑其旨涉畸內，而矯其流弊所極則可。尊朱子者，謂其本體不虛，而旨歸切實則可；謂其工夫平實，而流弊或輕則可。卻不可以陸王本與朱子同重之心宗，而謂爲禪。又不可以朱子原與陸王同歸之心學，而於陸王反擯斥之不容餘力。欲尊朱子，而徒尊其標末；欲明朱子，而反晦其宗傳也。此既學術之無容嘵嘵矣。且有甚不可者，漢唐之黨皆以小人攻君子。自宋中葉，乃以君子攻君子。風俗已衰於前日□然尚以洛蜀志趣不同相攻擊耳。至明之中季，則且以理學攻理學。舉宇宙天寬地濶之中，更無一步和平坦蕩之途矣。風俗之敝，憂在人心，此正有心道脈者之所宜心痛亟挽，吾黨向學之士所宜深懲力變者。而晚村輩又復推波助瀾，以啟吾道之紛紜，而增口舌之競尚。噫！過矣。且國家統一，聖真折衷儒術。體虞廷五臣並用之風，推孔門四科兼收之義。象山、陽明久陪孔廟之祀，而以處士橫議其間，亦覺自用自專之非宜耳，然則今日有留心世道人心之責者，於大道蕩平正直之日，一消黨伐攻擊之私，而歸諸一道同風之盛，固天心民極，往聖來學之亟待矣。

鄒子 東廓

先生生質之美，而兼以體行良知之學，故其德器粹然金輝玉映。至於一聞宸濠之變，而直率羣從赴義起兵，則又見其見義之明，爲義之勇，而真能致良知者也。嗚呼！使當時之講良知者盡如〔二〕先生，何至使當世謂理學多僞學，又何至使後世談學術者歸咎良知之傳哉！

〔二〕「如」字疑脱，今據上下文義擬補。

羅子 念庵

先生深潛純粹，簡靜謙恭。其制防之切，原有原思克伐怨欲不行之力；而其廉而不劌，清而不矯，矜而不爭；望道爲趨，而期以盡性至命爲歸。使在孔門，亦當居德行之列矣。宜孫鐘元先生列諸大子也。又曰吾儒中「矜貴」二字，惟先生足以當之。庶幾乎有衛道之弘功矣。

顧子 端文

先生勁氣熱腸，得自天植。惟義所在，視天下無不可爲之事；善與人同，視天下無不可化之人。東林倡道雖未竟挽回世道人心本志，而要之培植明季忠義之氣於不墜，則振興名教之功於斯大矣。至於發明學術，折衷千古，本體以性善爲淵源，工夫以小心爲要領，掃盡一切支離虛寂之見，則尤屬聖學宗傳，有功道脈焉。若夫附會東林之人，不無陽君子者亂其中，世或以此病先生。然以孔子之門，尚有聚斂之宰予；荀卿之後，尚有流禍之李斯；程子之門，尚有陷師之邢恕。甚至堯舜爲父，而朱均之不肖且繼踵相生。大抵事之非我所能豫知，而限於力之無可如何者，雖上聖大賢，亦且不能逆必之當身與其子孫，而謂可以責先生哉？此則妒婦之口、耳食之人，徒見其褊衷闇識，不足於論世知人，而與先生無損也。凡我子弟尚論先生，尚無吠影逐聲，使塚中人反笑吾輩，則予之望也夫。

高子

忠[一]憲高先生從識仁盡性入手，故其所得力真切淵邃。而遺書亦味潔旨淵，耐人咀嚼。至於終身績學，則切切以復性爲急；立朝則嶽嶽以名節自持。向令生於孔門，亦七十子中高弟之選也。而或者至以心無一事謂敬之言，忘其爲原本紫陽，且爲忠憲罪案而詆之。嗚呼！悠悠之口，曾足憑哉？又先生生平以朱子爲宗，得其心精。而論者不察，羣目爲禪。嗚呼！抑又不察於朱子之淵源矣。

李子

二曲先生學無師傳。年未弱冠，獨從宋明諸儒中窮探宗傳，故其所自得於心者，體用兼該，内外不遺。蓋於諸儒中獨爲不立異同，超然獨會者耳。然於指示初學，則恒從程門體認未發一訣，教之入見性之門，而必合語默出處、辭受取予一無或苟，以爲立身之實。則先生既從生平之自得者舉一語人，亦折衷學術親切之路，而使之的確不迷也。故全集所言，多出此旨。而至於揭悔過自新爲功課，盡性無欲爲究竟，以反身爲讀書之要領，以名節爲衛道之藩籬，則於聖門宗傳益覺切近明白矣。況其清操峻節，挺然以身樹名教之坊，而屹立爲一代師法，則尤爲行俱教俱，以身衛道者哉！

[一]「忠」，原作「中」，據明史列傳第一百三十一改。下同。

評諸子

或問董、楊、王、韓孰優。曰：「兼天地人之謂儒。儒者，天地人物之需也。匪道胡需？匪需胡儒？漢、魏、晉、隋之間，道弊極矣。有志於立天地心、作生民命、繼往聖而開來學者，獨仲淹耳。其祖述仲尼之業也，知明道之宗者也；夢寐周公之功也，知行道之準者也。天假以年，詣可量哉！韓子文章士，子雲先賢優孟耳，視仲舒儒者氣象有遜焉。」「矧文中繼往開來之人乎？」曰：「昌黎躋子雲於孟子。」「永叔推韓子而遺仲淹，何與？」曰：「各從其所見也。韓、楊而可追子輿之踪，班、馬、歐、蘇亦得升孔子之堂矣。」「或謂文中之擬經爲僭，何也？」曰：「以孔子而視堯、舜、禹、湯、文、武，君也。刪定詩書不爲僭。以文中而視孔子，師也。師師而獨僭乎夫？夫也[一]孔子之願與而不得，欲見而不得者也。」曰：「漢、魏、六朝之事與文，果可續唐、虞、三代乎？」曰：「唐、虞、三代，而唐、虞、三代焉；漢、魏、六朝，而漢、魏、六朝焉。會逢其適焉。孟子曰：『晉之乘，楚之檮杌，魯之春秋，一也。其事則齊桓晉文，其文則史。』孔子曰『其義丘竊取之』，而詩采列國，書録泰誓，苟其義有可取而吾義伸焉。漢、魏、六朝猶春秋之文與事也。孔子不爲嫌，而仲淹嫌乎？」曰：「中說之擬論語，何也？」曰：「門人尊師之過也。然其格言至論，秦、漢、隋、唐數百年實未有及之者。」「然則仲淹可繼孔孟乎？」曰：「何敢當也？擬孔孟之的裔，而周程之前矛矣。」「周子何如？」曰：「君子哉！淡而不厭，簡而文，温而理，闇然而日章者也。天之未喪斯文也，其啟發誠明之機於宋代乎！微斯人，詞章功利之習未知底極矣。」問明道。曰：「和而不流，中立而不依，清明醇粹之姿，精微易簡之學，大道爲公，達天德者也。」「伊川如何？」曰：「義以爲質，禮以行之，遜以出之，信以成之，醇儒也，大儒也。微二子，孔孟而後，斯道至今長夜矣。中興而有開創之功者也。」曰：「明道庶幾顏子，

〔一〕「也」字疑屬衍文。

信乎？」曰：「孰定其然？然庶幾乎大賢中行矣。」曰：「伊川與事君交友之間，直而峻，方而嚴。其謂遜出何？」曰：「非堯舜之道不敢陳，孟子固謂莫如其敬王，其直而峻，方而嚴也，其斯以義爲質者乎。匪是容悅而已，善柔而已。」「周程之功孰爲大？」曰：「匪源弗始，匪流弗弘，源流合而利澤溥矣。其孰得而大小之？」問横渠。曰：「志於道，據於德者也。早得聖人而師之，當進於光輝之大矣。以彼其時，而有斯人，其無待而興之豪傑，與曾子所謂士之弘毅者也。」「朱子何如？」曰：「非先生之法言不敢言，非先王之法行不敢行。闡聖真，闢異端，守先王之道以待後之學者。斯文之宗盟，聖道之長城也。昔人以爲泰山喬嶽，信然哉！」「象山如何？」曰：「尊德性，求放心，立大本，願學孟子者也。天生斯人以發蒙徹蔽乎！微斯人，斯道不無以見聞情識淆之矣。顧其客氣勝，矯枉過也，情識意見之未融也。其視孟子將毋遜其醇且醇乎！孔子而後吾未見文中，顏子而後吾未見明道，曾子而後吾未見伊川、晦庵，孟子而後吾未見象山、陽明也。」曰：「如是，當日何爲有朱陸之辨？今日又何爲有薛王之辨？」曰：「當其時也，二先生微覺取善之不弘，迨於後則其子弟與宗師者衷褊而識淺也。和衷而濟，象山爲文公直諒友，文公爲象山多聞友。重德性者，當能益進於充實光輝；重學問者，當能益進於易簡淵通：胥獲益矣。平心而論，薛子爲不爲之狷，王子爲進取之狂。退步，狂不如狷；進步，狷不如狂。高忠憲至當之論，不可易也。然要之狂者之志量恢恢弘矣，故先師孔子首致望於其志嘐嘐之人也。「或以陽明學孟子，而繼象山，信乎？」曰：「其簡易直截，則似之矣。然孟子學孔子之學，而陽明自學其學，象山尚近孟子，而陽明並非尊象山。蓋象山心粗之孟子，而陽明則才大而自立門庭之象山也。陽明之學不可謂非孔子之血脈，而其教則不可謂孔子之正規。孔子備化工四時之氣，而陽明則秋冬肅殺之氣也。」或曰：「教既非孔子之教矣，何以學不可謂非孔子之學乎？」曰：「孔門之主求仁者，盡人合天之學。而陽明之致良知者，亦盡性至命之宗也。況依然曾、思致知明善、孟子知性良知之心傳耶。得善學者而用其長焉，固陽明之肖子，更得善學者而補其偏焉，尤陽明之功臣。今之毀王者，固惡而不知其美，謂之憑耳而食可也。即尊王者，亦好而莫知其短，謂之『裕父之蠱』可也。」

論濂洛諸儒

論濂洛諸儒

濂溪周先生

濂溪先生典樸真切，敦厚淵通，方之聖門，未敢知與顔曾何似？要是冉、閔、漆雕諸賢輩德行科邊人。通書四十則，不爲高深新奇之論，而淵然之味，黯然之色，令人咀挹不盡。至如「誠者，聖人之本」「聖，誠而已」，則表裏中庸，而一洗漢魏以來影響之見，使千古有志聖學者涣然知宗。而如聖學一則「一爲要，一者無欲」之旨，則直是取日虞淵，又使千古矢學聖之志者，恍然知從事之要歸。其餘亦俱平正無呰。而如顔樂、心泰、師道、禮樂諸説，則言簡意長，而可使人於尋常語言訓詁、議論氣象外，穆乎生古處之思，即千載下尚可想見有道之氣象心胸也。敬前評先生曰：「淡而不厭，簡而文，温而理，君子哉！」至今思之，先生之風規於此端可想見，而要之静臆先生之精神，一言以蔽之，則粹然渾金璞玉而已。至如不闢禪玄，不染禪玄，尤見名德自信之篤，大人包荒之仁，迥異後儒勝氣凌物、尚異矜奇之弊習多多矣。

「聖，誠而已。」可見聖人祇不失赤子之心，即聖人原非人難學之人。止此一語，先生有功於後學不淺。

通書「誠者，聖人之本」「聖，誠而已」二語，是從中庸「誠者，物之終始」發源，亦正是從中庸「君子誠之爲貴」匯海。通書，蓋表裏中庸，粹然不雜。

濂溪之書，不尚文詞，不事表襮，正是簡而文，温而理。其道其學，正是「闇然而日章」。

通書不但理精義當，其一段淵穆氣象，令人讀之者直是矜躁冰釋。

仲尼、顔子之樂，不可於誠外、仁外、無欲外別尋，顧不於誠、仁、無欲作指引，而獨以此令二程尋者，或從少年之所易欣願者引之，是有微權乎？然要之與康節之口口說樂自別。蓋樂與誠連類而陳，與仁並列而論，與無欲比章而及，這是本性生生之機，不比邵子有所好樂之樂，慮其涉於簸弄恣宕也。然這意思亦是從別有會心得來。而先生一按聖門心泰化齊之旨作麈柄，則先生嚴恭寅畏，不敢侈然自放於聖教正矩之外之神明，端可想見也。

太極圖說於今最稱儒林。顧如通書四十章中，不曾一言及之。二程生平論敘濂溪無所不悉，亦不曾有一言推明此書。故論者往往謂圖說非濂溪手著，而謂他氏之僞托。嗚呼！果其僞也？愚不敢知如其果出濂溪，要是「無極」二字不免於太極架屋之上屋，貽咎先生。圖說「主靜」下，下「無欲故靜」四字，傳來謂是濂溪之自注。余竊謂圖說既不敢信是濂溪之親著，而敢信此四字之注出先生之手耶？然要之此四字下得最切最真，非有真見淵識者，不能爲，不能言。

又讀古本大學，鄭康成於「定而後能靜」下，注曰「無欲故靜」，則知太極圖說中主靜句下用此四字源淵正非無自。然要之用得當時，古器今器自須要用，正不比論古人與今人也。

明道程先生

明道先生天稟清明，自幼得於其父大中先生之庭訓，又復最深。故十六七時見周茂叔，告以尋仲尼、顏子樂處，便有吟風弄月意思。非其得天本異，又其家教夙嫻，奚能一觸即悟歟？愚嘗竊臆先生自見茂叔後，蓋已儼然具大賢胚胎矣。故不三四年中進士，主鄠簿，則先生年在二十二三間也。簿鄠時，與横渠先生定性一書及鄠志所載種種美政、種種詩記。論學則直窺孔門之門堂，政教行事則古之名宦循吏。不是遇[一]一切皆不煩繩墨，而天然契合。蓋當他人血氣未定時，而儼然成名德碩彥，便已優入顏冉之科矣。逮後凡立朝仕外之日，皆進德修業之實地、明道淑人之實念、行義達道之實事實功，而

[一]「遇」，原作「過」，疑形近而訛，遂改。

淵乎天德王道畢備之學問行藏也。易之繫曰：「君子黃中通理，發於事業，見於身體。」如先生者，庶幾近之矣。又曰：「忠信所以進德，立誠所以居業。」如先生者，抑又身而體之矣。而識仁爲要之旨，獨超前後諸儒，而特揭爲吾黨進道之安宅正路也。獨惜年之不永，未既所施。蓋天之無意於斯道斯民也夫！

明道先生於孔門言仁之旨看得分曉，其集中言仁處多不煩。擬議不犯繩削，而天然自合。至識仁一提，則尤於聖學仁道有提綱挈領之功。宋元諸儒，皆當讓之，直可與孟子之道性善、稱堯舜同功。

二程傳明道先生曰：「出入佛老者十餘年，返求諸六經，而後得之。」此自匪誣。然要之明道當年十六七時，正是其天機亹亹之候，得濂溪尋樂一點，不覺渙然直契本心。自此以往，這及時所下之種，亦已生出胖壯根芽。又再出入佛老，反求六經，費十餘年研幾之力，遂於吾道之是非偏全印正得了了分明。由是能不迷所往耳。此豈專得之尋樂？然要之尋樂一提，開闢啟鑰，則終身自得於神明意象之表，而隱躍出沒於寤寐動止間也。故余嘗謂如明道兄弟即不見濂溪，亦成大儒。蓋他兄弟生來不凡，又有家教，且正值宋家隆盛時，士大夫道誼成風，焉得不成正大人物？卻是明道不得濂溪此一點化，亦恐未易得二十二三時便直達天德，如此超詣也。然則爲父兄而望子弟早成與講學明道者，其於求明師、訪賢友不是小可事。

孔門之用力要於求仁，而孔顏之得力則皆在此樂。是豈非着力者即其得力，而得力者即其着力哉？是則尋樂只是求仁，而求仁即是尋樂。這裏有分別而實無分別，亦正是無分別而卻要明得分別，必也徹底通透，乃不至下路涉入恣肆耳。然不獨孔孟也，即二程兄弟論學，亦止教人求仁識仁，皆不輕教人求樂。周子初見二程，教之尋顏子之樂者，則周子爲世儒相緣，學總不知近裏自得，又以二程正少，亦未容遽語聖學精深，故導之尋樂之旨，使知於詞章記誦外，反求諸孔顏心行，好從此尋究血脈耳。究之通書四十章，中間莫要於聖學一章。而聖學章則只示人以一之爲要，無欲之爲一。而餘四十章中，言樂僅一見。蓋亦慮專言樂，未達者病深且流於恣；即病淺亦終不免於簸弄矜張。其流弊且至舍仁言樂，不免迷源逐流耳。故細究血脈，則邵子之弄丸，病正不輕。至心齋之樂學一歌，未嘗不說得去，要是微乖千聖憂勤惕勵宗傳。

孟子言：「反身而誠，樂莫大焉。」今試問這樂是何滋味？是何景況？與誠如何區別？孔子言：「仁者安仁。」今試問樂與仁作何分疏？與安可是同異？這裏要須神明於心，默成而信。明得仁旨盡，看得樂時徹，然後言仁可，言樂正無不可。蓋血脈真，自條理合也。若於仁旨、樂旨不盡不徹，而以此論仁，深之或至涉於渺茫，淺之必至執着意見，甚之流於枯槁。即口口言敬，亦不免蹈於把捉執着。而以此語樂，則淺之或涉於恣肆，深之且近矜張。又或旁人掉弄之鄉，攙合氣意之快。心以有着而成物，意以發揚而成象，與仁之渾然乾元而各正性命者脈絡未能吻合。蓋其於誠仁之旨未曾透得盡，是以處處成碍也，故論學端以識仁爲要務。識得仁，樂字可不言而喻耳。明得仁字透，即洞得樂字真。由是而言樂可，即言敬亦無不可。所謂資之深，則取之左右逢其源也。

先生一生未當大位，故其措施未弘。然如學術制行針針見血，三代佐命之英、慈惠之師，何以加此？不謂之王佐之器，不得也。五十四歲而死，令人直欲仰問蒼天。

明道先生元氣盎然，仁爲己任。擬其所造，秦漢以來真絕無僅有。

明道天禀清，聞道蚤，然如少而作宦腸又熱，而直身子到處，便真心流溢，不輕放過。即其講習討論之功，未免有檢點不到之處。故集中語意不免時有流失，即如「惡亦不可不謂之性」等說，不但未合孟子之旨，今試問不可不謂之氣則可矣，謂爲不可不謂之性，是性果善惡混耶？大易繼善成性之旨，孟子性善之旨，將何以分疏乎？此亦不免見之尚疏，心之未細處。君子上承絕學，下開來茲，有言安得不衷於至當無訾？

伊川程先生

伊川先生是明道親弟，年祇少得一歲。自幼同承父訓，兼同學濂溪，兄弟相爲師友。不知何以到後，迴與乃兄規格議論之別直至如此。嗚呼！川流山止，造物者生物固自不測哉。於二先生也，奚疑？

明道天分高，不可強學；伊川人力到，可以勉至。此亦是後儒論二先生成案。不知昔人謂明道之天分高者，不但是言其德類天成，少而敏異於人；正是言其天分高，自少便知從生而本具之仁從事。他這路走得直捷輕省，比他人順成而前到，全若天分高人耳。然這也是大較從皮膚上論，未盡底裏之說也。若曰明道但是天分高，獨不思十六七前，得大中賢父如此養正之教；十六七又遇濂溪，得聞尋樂指點；繼此且出入佛老者十餘年，最後乃返求六經而得之。即這返求六經又豈一年二年之力者？到這裏看是多少積累的學修！祇是他偏知從天生自具的德性着腳，即一切工夫，亦俱若天成耳。看來明道之氣象若不易學，而學術之路途卻是順便輕省。易學於伊川，伊川之操持真宜學，而伊川之學術積累，反是難學。何者？德性則人人皆具，學德性之學是取吾所生而本具者護持保任之耳。這正是中人可學而能事，若勤勵刻苦，則雖中人以上，猶且憚以爲難，而責之中人，竊恐是沙裏淘金耳。總之，此事得資質清明者入首較易，然不但穎資不易得，即得之，而學術不知路途，半途而視爲苦局因而退步者，正是常人之恒。惟是學術以孔孟爲宗傳，言學主於明德，論功主於求仁。明德祇不昧此良心，求仁祇內求之無欲。上焉者，當可克之以明善誠身，充實大化；下焉，但得於本來不昧的良心，自知照顧，不至放佚。而立朝居家，居鄉接世，蹈規循矩，持法守正，期作太平盛世中安分樂業之臣民，這便是生人順水行舟之正矩、因風吹火之善方，先生所以因天之道、法地之宜、順人之情的正經坦途也。伊川之學，聰明人自詣則可，恐不可以此設教立宗。一則懼阻中人畏難之志，二則懼人忽天命之本明不察，徒從外面考索執守、威儀訓釋上打點。氣質不美者，久之而不著不察，與凡民同一，終身由之不知耳。立教以中人爲率、復性爲要。明道之姿之學，不可妄冀，學則人人可至；伊川之學，說來似人人可勉，究之易於使人半途而廢，且恐不善學者，有昧本逐末、溺流迷源之隱弊伏於其中也。聖學固是重行，然亦豈徒從外面矜持而就中真意不屬者？伊川在孔門自是原憲輩克己勵行的高賢。然如仁，則吾不知也。緣其矜持太過，中間寧免於意見之攙合？

昔鄒志完記伊川一則。鮮於侁曾問顏子在陋巷不改其樂，不知所樂者何事？伊川卻問曰：「尋常道顏子所樂者何？」侁曰：「不過是說所樂者道。」伊川曰：「若有道可樂，便不是顏子」，以此見伊川見處最高。今試問「有道可樂，便不是顏子」，若謂顏子所樂非道，可是顏子耶？又文集，伊川曰：「使顏子而樂道，便不爲顏子。」更請問顏子不是以道爲樂，又更何樂耶？此皆不免溺禪宗「本來無一物」之旨爲說。伊川最闢佛，到這裏卻亦不免濡足沾裳。

先王立教牖民，不是徒以法制禁令戕人爲惡，原是因親教愛，因嚴教敬，就他本來各具者順而導之，令不敢肆然常規之外，便可風俗醇而世教興。孟子所謂「人人親其親，長其長，而天下平」，又謂「王民皞皞，上下與天地同流」，正是此意。蓋因他自有的，教他順而還之。在下自無難於順，則在上自不大犯驅迫也。今且不必遠徵，衹如論語弟子入則孝一章七句，而養正之聖功備具，可不謂之嚴且密耶？顧如入則孝，則是因他本有知愛之心而教他孝；出則弟，則是因他本有知敬之心而教他弟；謹信親愛，則亦皆教其順還本來不二、不詐、不狠、不毒之本性；餘力學文，則又因其知識之已開，而教之擴充其本識，使益知向正，防其習僞之污染。童牛而加牿，使益無放佚。蓋原其本旨，無非教以正規正矩，令其習與智長，化與心成。而究其淵源，則總因其性之自有者，範圍而曲成之也。寥寥七語，盡大易養正之聖功，括朱子小學於在宥，而觀會通以行典禮，則與先王因親教愛、因嚴教敬之旨，淵源同歸也。由是以觀，聖道是體天之道，聖學是體天之學，其教是修道之教。自天命以至修道，我無加損。後世立教，必也自童蒙至大學，自學校至選造，要是統合以明明德爲底本。至如童蒙猝不能明於明德之旨，衹三字經「人之初，性本善」六字，至明白易曉，可以反覆提撕。俗學猝不能辨明德之真指，衹朱注「人之所以得乎天，虛靈不昧，具衆理而應萬事」二語，訓詁明德，正是分明，自足正惑釋疑。本此推衍將去，務使高下智愚皆心明學術真路，國家表風勵俗，學術一歸於本實至意。而如取士陞遷中，亦寓敦尚本實之機。自將教旨漸真，人才日實，以寔人才講明真學術，士尚成風，上之自可得天德王道之全材，次之亦可得忠信篤誠之良士，即下之鄉風民氣，正可漸漸返樸還醇耳。

或謂明道先生要是明善一派學問，伊川先生要是持敬一派學問，明道得力在識仁，伊川得力在篤行。余竊謂如此截然即不是。真識仁者必主敬，真主敬者必識仁。識仁而不主敬，仁必不真；主敬而不識仁，其所主之敬必非真敬也。然無識仁而不主敬之人，卻有主敬而不識仁之人。何者？其從入之路途真與不真之間也，若徒言主敬而不識仁，不是強持不終，即是矯拂飾外，要之強持不終非敬，矯拂飾外更乖敬脈。故善學明道者，不期敬而自敬；不善學伊川，即恐其敬近色莊而先不足於仁守，此非小病也。先儒論二程，各主一說。要是識仁爲聖學入手第一要務。

敬是本心上自然的一點兢業。學者苟能知性盡性，即不言敬，而敬自在中。若學未知性而言敬，學未能盡性而曰我能敬，即恐認意見之把持爲性天之兢業。嗚呼！真僞勞逸，是非得失，蓋不啻天淵矣，豈直在分寸之間而已也？

橫渠先生

伊川先生嚴毅，橫渠先生剛毅。惟嚴毅故有守，有守故德造，卓乎成家。惟剛毅故有志，有志故趨向迥乎無前。此伊川所由，以子夏之篤信好學，而兼原憲之克伐怨欲不行。橫渠所由，以子張之才高意廣，而兼子路之聞過則喜。然如商思生於聖人之門，獲聞六藝之旨，有師有範，有教有學，尚爲有藉而立，交資以成。乃若二先生者，生乎聖遠言湮之後，詞章佛老之餘，而特地而起，一超時尚流失之俗，徑入志道據德之門，力肩聖學，屹爲己任。雖所造未至於熟，要之中興聖道，卓乎孔門升堂之緒，而無秦漢以下權謀變詐、索隱行怪之流失。孟子曰：「豪傑之士，雖無文王猶興。」然則如關洛兩先生者，不謂之豪傑之士不可也。

習俗錮人，雖詩書俱在，下之祗視爲故寔具文，資見聞之廣博；上之亦祗視爲良訓寶箴，作神明之起助、智識之開發者，蓋幾千四百年於茲矣。人心迷錮，真如積陰長夜，不可復睹天日。天啟文運於宋之中葉，獨生周、程、張、朱諸子，雖學術不無淺深生熟，要之獨能奮乎百世之下，望道而趨，視聖爲歸，廓積時之霾陰，起白日於長夜，創前此千四百年未有之局，而獨爲理學開先。然則如五先生者，殆兩間之間氣獨踵而特生者也，不歸之天心愛道也不得。

橫渠先生力行近仁，知恥近勇。至如學絕道晦之日，前無所藉，獨知從詩書尚友，力肩聖道，迄爲學道之先覺，則如先生者，好學近知，其尤卓乎，其不可及也！夫昔朱文公贊康節曰：「天挺人豪，英邁蓋世。」愚竊謂移此以贊橫渠，始爲稱情。

横渠先生「爲天地立心，爲生民立命，爲往聖繼絶學，爲來世開太平」四語，以今仰溯先生詣力，不敢謂已至於此而無憾，要是真見得宜至於此，而不容少憾於生平。嗚呼！如此立志乃爲真有志，能見到此處乃爲真有識。抑試問自孟子而後〔一〕誰人具此志識者？

西銘直達天德，徹底無渣，直是舉仁道之源流終始，而發明無復餘藴。後世祇以朱子南軒因程子答龜山兼愛之問，而概之以理一分殊，遂至今緣爲口實，無復洞撤其障蔀耳。吾願吾黨究竟西銘，先須參求其如何是直達天德，又須知理一分殊只篇中老老幼幼一段中，餘者無概以此，盡通篇失横渠立言命意本旨也。

程子評横渠曰：「子厚才高，其學更先從博雅中來。」這是言其才本高，獨以少無明師之教，初聞不免流於博雅，不知要領，故任自姿之所至。要兵即學兵，要佛老即學佛老，人無能阻當得他，他亦不爲人言所阻。然畢竟是他氣禀高出於人，他人溺便不返，習便日污，他一見二程兄弟，便能知過，便能一變夙習，趨向正道，而一惟孔孟之學是學、孔孟之志是志，屹然爲聖門之先覺。全是子路之一見夫子，合骨合髓，通體悉變，另是一番人物。故後語學者，多教以知〔二〕禮成性、變化氣質，蓋本其得力者公諸同志也。祇這些處便是聖賢路上人，匪人所幾。矧研幾之功，至如彼之勤，踐履之寔，又如彼之勇，是豈淺學可冀者？看來狂者進取，仁爲己任。論語二語，直可取以相方。祇可惜在改手遲，學不副志，年復不老，涵養磨練之未至精瑩透徹耳。

古今論横渠與孟子並列，此亦未爲定論。孟子通體明徹，直是孔子之日月。合周、程、張、朱敵不得一孟子，矧一横渠？若程正叔嘗言：「自孟子後，無他見識。」則此言庶幾也。又正叔有言如「彼見識，秦漢以來何人到此」，此亦語其知

〔一〕「後」，原作「后」，疑誤，今據上下文義擬改。
〔二〕「知」，原作「智」，據張載集改，後同。

學孔孟之學，志切三代之志爾。若以語打透天人，融通事理，融古於今，會事於道，學成王佐之藴，言協天德之經，亦恐橫渠亦尚覺有志未逮也。吾儒知人論人，要惟其平，乃得其當。

藍田呂氏之贊橫渠也：「先生之自得者，窮神化，一天人，立大本，斥異學。自孟子以後未之有。」斯言信矣。其立大本，斥異端，卓矣！愚則謂其言窮神化，言一天人，反覆而不厭，此正先生雜博之見，終未能脱然處。今試觀論語二十篇、孟子七篇，可謂無所不及矣。然如神則不語，命亦罕言，性與天道，孔門不可得聞。蓋吾儒當務之急，時時有實事在這理，直是窮不盡這事，直是盡不了人倫日用，即無在非天人神化之淵含，豈必諄諄言神化天人，然後見吾所窮之理，非俗學聞見之末習哉？蓋孔子因子貢疑不言之何述，直曉之曰：「天何言哉？」言中是明天道之化育，顯著於行生，言外正是言求之言者反淺，正不如神明默成、不言而信之之爲得於語言論説之表也。自漢以來，董仲舒喜言天道、陰陽、五行之變，其説往往涉於矯誣不經。揚子雲太玄[一]之作，窮天盡地，而故爲艱險之辭，至爲識者所譏。蓋天地間道理，本以蕩平正直爲正規。孔孟之述作非宇宙之典常乎？橫渠窮聖經，明聖緒，視子雲之立心積學，人鬼天壤。顧如正蒙一書，窮神化，一天人，要之不無於古聖人存而不論、論而不議之説喋喋不已。直覺其初之入手，真不免於見之博雜。到後來，亦終不免好高嗜玄之弊流溢精神辭氣之間。向非中間幸而借正於二程，即恐博雜玄奇，抱憾在終身耳。甚矣！學者無志於道則已，如誠有志於道，親師取友是爲要乎！

中庸真明道書，亦真屬大賢之見，觀其論天地之道，只渾渾以一言而盡。「其爲物不貳，則其生物不測。」二十餘字括之，而舉古今以來論天地之道，更無一人一語可以出得他範圍。這纔是真明得天地之道，亦正是達於明道著書體裁。若如太玄，真是嗜怪。即橫渠先生之好窮神化，亦不免失於窮高極遠，未符吾夫子「雅言，詩書執禮」本旨也。

昔有問尹和靖，橫渠得似孟子否？尹曰：「橫渠嚴密，孟子宏擴。」愚竊謂此論未爲知孟子，亦未爲知橫渠。孟子真

[一]「玄」，原作「元」，蓋避康熙帝諱也。今回改。

是透體通明，如日月在天，照徹八荒。横渠初出之月，托體雖高，光明未普。即以著述論，孟子七篇，光天化日，山峙水流，讀之者無不爲之心開目朗，欲罷不能。這是何等詞旨氣象！横渠「苦心力索，意慮偏而言多窒」，讀其書者非復好學深思，不能終篇，且令人倦而思臥。若横渠者，殆其志嘐嘐之真狂也。可敬在其志之真卓，可惜在其造之未就。

西銘見地真高真卓，秦漢以來，原無人見到此地。然以之語其詞旨，亦不算得心應手、水到渠成，其餘一切文集及正蒙，則不免苦心極力之態，且中間意旨亦往往蒙昧，未慊人意。此固轉身之已晚，亦屬氣稟之難强。横渠每對學者告以變化氣質，想亦以其自問而未能慊心者，舉以效朋友之忠告耳。

横渠以禮教學者自不差，不知僅教之循守矩矱耶，抑教之從無不敬、克己復禮處，本末兼該處下手乎？要之皆有法度可守。蓋若教之從本末兼該從事，無不敬即禮之根柢，克己復禮又禮之淵源，將敬即禮，禮即仁，如何慮初學者恐無下手處歟？即若專以禮教初學，得動履循規，起居依矩，亦自可固人肌膚之會、筋骨之束，制乎外而於養中有益。故横渠教學者以禮爲先，自是古者小學教人遺意。

本傳云先生教問學之士，多告以知禮成性，變化氣質，學必到聖人而後已。這宗旨是本於易繫，然如仔細推敲，卻是體用知行，併收併包，涵弘深遠，即明道識仁抑猶遜其渾括。不謂近世遡道學之淵源者，較論諸先正宗旨，往往於居敬窮理、主静無欲、體認天理、立大本、致良知、盡性、小心等宗推先。至如居敬窮理之説，尤爲最重，而如知禮成性，則罕及焉。不知諸宗中，卻是横渠知禮成性、變化氣質、學必至聖人而後已之宗旨源深流遠，與四子、五經同歸，而尤於大學脈絡印合，視居敬窮理更爲骨髓通融，不犯另下注脚也。總之，括横渠生平學宗，如西銘，如志切聖人之學，如直撤皋比之勇，此等處不謂之秦漢未有不可。至如「爲天地立心，爲生民立命，爲往聖繼絶學，爲來世開太平」四語，則尤爲若代天而語，即孔孟立言，亦當不過如是，尤足爲二千年間清夜之鳴鐘。奈以天生如此奇偉豪傑，而鍛煉亦尚未瑩。以此見壽不可不老，尤以見學力純熟之難。吾輩中材下士，遵道而行，而邀天及老，安容半途而廢，粗略苟安？

程門評論横渠曰：「高處太高，僻處太僻。」夫謂高處太高者，如好窮神化、一天人之類，而愚則正謂其僻處即在此高處。何者？丹砂、空青畜之凶年，固不如山蔬野果之尚足濟饑餒也。學者好馳騖高遠，正是其識見未透，行履未實處。

橫渠天分如彼高，抑又少時無所不學。正蒙之作，則晚自西監歸來也。按當時用力如是勤，矢志如此專，而立意行文則艱澀險難，殊少理順心得、水到渠成之意，將氣質高而學力疏耶？蓋大儒文字不求精巧，要之亦貴理明言當，顛撲不破。今看易繫、論語、孟子是何等義旨！何等氣象！何等文字！

邵康節

自昔論道學之傳者，往往周、程、張、邵並列，要之康節畢竟與周、程、張未可同列而論。康節自是聰明曠達之士，與聖學無涉。蓋聖學未嘗不與天地萬物共其變化推移，然要之與天地萬物同此各正之性命，有保合太和之實功在焉。觀康節之議論詩章，直是於天地進退、萬物消長的消息窺見梗概，便自爲吾見高出於人，便自可稱豪於士林。卻是於聖門知禮成性功夫，不復實地學修，故只做豪狂襟懷而已。必曰仁者天下歸仁，其「非禮勿視，非禮勿聽，非禮勿言，非禮勿動」乎。必也「大丈夫居天下之廣居，立天下之正位，行天下之達道，得志與民由之，不得志則獨行其道，富貴不能淫，貧賤不能移，威武不能屈」乎。試問康節見及此耶？又勿論行之生熟矣。

昔程子嘗謂：「觀堯夫詩意，纔做得識道理，卻是儒術未見所得。」愚竊謂程子此言，亦覺微爲未當。既是道理，如何未識儒術乎？豈儒術另一道理耶？祇可言於造化、盈虛、消息略識門頭戶影，而便以謂天地神化流行之理，我獨得之，便當做大也。若是真識道理，天地之小德川流，何一不根源大德敦化？真識得川流之小德者，自不容已於敦化之大德。蓋其於生物不測者能還其並育並行之妙用，即其於爲物不貳者實還其並育並行之全體。堯夫不免以能見其大侈然自大，這便是慢世不恭，與道未合，少敦化之實功也。道學無敦化之實功，便是其根柢未深。康節有見而未醇，志大而言放，簸弄造化，遊戲風花，不謂之傲世不恭也不可。

打乖、弄丸弊不同，而同歸於性功無得。若性功得力，何乖可打？何丸可弄？且打乖、弄丸此等語言，無論孔、孟、思、曾不肯出口，即周、程、張、朱亦自恥道。

康節於乾道之變化不可謂不知，卻是於各正性命處欠體認實功，故其於保合太和處往往假之於酒以寄其灑脫，卻不知真太和非酒之醺所可參其力，而真保合又豈一醉之可奏其功者？直須從無極太極處問渡爾。

王陽明先生

陽明先生最是有高識、有正見的豪傑。致良知之宗易簡直截，真是有功吾道。至如一切軍功，人人羨艷。余則謂尚是豪傑能事，即其謂擒宸濠於兩陳，奇功神功，道學中自古無比，要之亦未盡其底裏也。嘗謂宸濠之反也，先生是因奉命勘事至此，非守土之臣，又無隻兵斗糧可藉。況家在浙中，向若一有愛身全家的念頭，即不難爲閃躲利害之計。或乘夜而逃，或決計去豐，誰得以失地棄守爲之罪？又誰得以坐觀成敗繩者？而先生不計身，不計家，又不計成敗利鈍，而一惟是仗義討賊爲己任，號召義勇，用間出奇，兩陳而擒滔天之巨寇。今試問雖三代伊、傅、周、召諸元聖處此，豈復過此乎？是則先生之此舉豪傑，而王佐存心矣。即其不濟，此義猶光日月而塞天地也。矧一舉而成奠社稷、安生民之偉功大勳歟！嗚呼！論人者論其學，論學者證諸行，論行者要之功，論功者原其心。先生之功何如？行何如？即其學、其人何如？其心更是何如？而可容淺夫迂生嘵嘵而私議耶？而可謂致良知非聖學之真脈也？

吾於陽明先生敬之至，愛之深，而惜之並深並至。敬愛之深至者，其識真高，其念真正，其才真長；惜之深至者，則先生生聖遠道晦之後，無勝己之師，乏勝己之友，並早從仕宦之途、文章之圃，而少窮經稽古之力、涵養篤實之功，卒不免以聰明用事，未能一脫豪傑面目也。嗚呼！先生始終不免爲「豪傑」二字受累哉！陽明先生復大學古本不爲差，祗是以自己意見爲說則差，與朱子無異矣。蓋朱子之集注是將傳來一篇首尾尚可尋究之簡編，疑中間有錯訛脫遺，而用己見硬定成篇，獨未及思中間縱是錯訛脫遺之不免，要是祇合還他一個錯訛脫遺，以明闕疑之意，是爲正理，豈合輕自硬分經傳，又割截下文，重補三綱三傳，而並自補格致一傳，使大學頓失傳來舊面，而另成一種規則歟！ 且即能自信己心矣，果能質天下萬世之人心，而謂爲吾之安排截補盡合聖心耶？ 是則朱子集注既屬朱子之大學，而非傳來孔門之大學矣。 陽明爲見未安，則又不按本文，而竄入己見，要之歸於致良知一宗。 嗚呼！ 大學祇明明德爲主腦，豈謂不通於致良知之旨？ 但是孔門折衷學旨，著此書時豈不知簡言扼要？ 正是謂欲發明明德於天下之大義，必備之心、意、知、物、家、國、天下，又必格、致、誠、正、修、齊、治、平，然後於明明德於天下之本末終始乃無餘憾。 非此，則不免有漏目、有疏條，不能統貫此物此事，真明此明德於天下也。 且致良知之旨，縱橫推明，固無所不通，而要之單捻只明德中格致之一條。 不然格物致知以至知至，良知之旨豈能外此？ 而大學必備歷誠意、正心、齊家、治國、平天下，而無一之或遺，是又何耶？ 故陽明攜致良知爲談學之宗亦自有見，而以大學大旨按而斷之曰致良知，焉盡之？ 嗚呼！ 無論中間疏漏處種種，要其歸宿亦只成陽明之大學，而究與古本大學無與也。 自理學開宗以來，宋之朱子，明之陽明，屹然爲吾道之兩翼，後學之先覺，而皆自師己心，以一己之意見窺測編排先聖大學之宗傳，致令孔孟相傳之學脈鬱而未光。 嗚呼！ 是能無待於後死者之表章耶？ 總之，仔細推敲朱子之集注，是將未央宮獨出心裁，於門逕宮殿另作一番局面安頓；陽明之古本，則又是宮殿門逕一如其舊，而號令則卻是另出的一番作用。 看來皆非未央宮之舊氣象原人物也。 夫大學格局人物是吾道宸居皇家正脈，豈容私意改造？ 又豈得他人可輕易借居者？ 而二先生皆不免有師心自用之意存乎其中，是一吾儒之一大憾也。

良知原不藉聞見而有，而聞見正是良知畜德之助。 今試問人同一性，即同此良知經歷見聞者？ 他本其素明處置事物是屬何等？ 胸中全無見聞者，縱是聰明天亶，而要其本他意見處分是屬何等？ 是則良知不因功夫積累而始爲完全，而功夫積累正自是培養灌溉之正法也。 陽明於見聞外，看得良知妙用是生人命脈、學問頭腦，此是其大有識、迥出俗學處。 至其非薄聞見，脫略功夫，亦正是其看良知之無內外、無人我、無古今、合同而化的分量未盡也。 須知先師孔子之好古敏求，不厭不倦，不但是千聖心傳，亦正是觀天之道、執天之行、善致良知者。

良知無所不該，致良知者必該得天地、古今、萬理、萬事在吾本知中，一絲不遺，一念不漏，而能無一念之或昧、一處之不融，乃算得直達天德。學到達天德，而這致良知的脈路乃真乃滿爾。又恥庵論陽明先生曰：「陽明語中言儀、秦亦得良知妙用，是徒知良知神變不測，而不知亦涉機械變詐之私，是正良知之賊爾。欲明不二之宗，而反乖良知之用，迫合故也。」此言可謂真知良知，亦可謂切中陽明語意之流失。嗚呼！天下後世自有具眼人，吾願著書立說者，莫得任情掣曳也。

楊恥庵曰：「陽明於朱子有廓清之功，然良知卻非絕學，於二氏有假借之失，然良知卻非異學。」愚則謂此言公矣，然平心而論，衹合論其旨歸是異非異。若借彼印此，如出門人依官路上行，遇天雨突至，路旁有大寺觀，中間叢緇黄輩買飯招客，此人曾到這寺觀裏歇宿數日，吃其飯，飲其漿，這人便可作緇黄律耶？即這一借宿，便算得此客失腳耶？昔伊川敘明道先生行狀曰：「出入佛老者十餘年，返求六經，而後得之。」至今儒者論前賢，衹賞心明道先生之能得於六經，何嘗並罪其出沒之前失，而或且謂即前之出沒，要亦不爲無功。蓋謂倘如無此十餘年出沒，如何探討二氏經歷得遍到得這路途分明，知得此道？惟六經爲正，於此自得，而直收功於末路歟。然則近世不論良知之旨是正是邪，是儒是禪？而概以爲禪，又不知禪玄之旨，正合參究底藴，辨明路途，然後正路始得不差，而徒曉曉焉！概謂禪書之不必看，其宗旨不必知，吾且惜其浮談無根，而抑又慮其閱歷之不悉，心無一定之見，不知不覺自己腳跟陷入禪窟爾。蓋講學多是一輩高明人所務，不讀禪書，不辨玄旨，但是於此道一下得心深，即不愁不入禪玄窠窟，而反爲明眼人冷笑也。陽明先生致良知之揭，雖本大學致知之宗、孟子良知之脈，要之前有四子、六經謨訓昭然，何理不足？何旨不包？而特地仍以此三字立宗明教，這裏何辭師心之病。至「無善無惡心之體」一言，則反覆推勘，旨無病而語帶傷。夫語者，旨之標，語一帶傷，即謂旨之帶病可也。且是言也縱不得律以告子之留毒，終難免脱胎壇經之責備。

吾儒身承斯道之任，即此身是斯道之身，其言關斯道之言。夫斯道取於不偏不黨，範圍天地而不過，即斯言取於純師純法，曲成萬物而不遺，乃宗合千聖之宗，而言爲萬世當可之言。奈何舍中天之皜日，仍思競微明於初夜之月光乎？識見至此，真是不敢許爲達人大觀矣。昔余與友人論前代名世人物，友人謂前明一代無真狂，予則謂陽明先生正是進取之真狂。奚容厚誣？然如知人論世，要須合吾夫子兩處論狂，如「狂者進取」「古之狂也」，律二言，引來以評品文成，乃功過不掩，是非允當爾。蓋惟其爲進取之真狂，故一生心術、學術、事功、文章磊落軒豁，不蹈鄉愿弊轍。又惟其類於古之狂肆，故通不計斯世之毁譽、不計自己之得失，但心爲然，便衝口而出，不復顧忌。若屬中行，便當意見首融，才知弗恃，不敢一念上人、一言競勝，爲千萬世後進留遺毒而貽流弊也。

「致良知」三字，其功同於濂溪之主静無欲、明道之識仁定性，真可謂開人久迷之心目。但如六經昭垂，四子前列，縱復天縱聰明，正恐莫窮其藴奥，何有舍千聖之宗傳，仍復自開徑竇乎？況復枝言日繁，學旨日岐，正恐末俗難挽，益滋口舌。何有衆言淆亂之日，又滋末俗羣喙分爭之端耶？且試問「致良知」三字之旨能出大學知止致知之旨與孟子良知知皆擴充本旨耶？吾恐將來又有好事思救言致良知之流弊者，又將起而別立一新宗旨，塗斯世之耳目於無已也夫。

看來有善有惡何有不成至善語，亦豈不妥協？豈不超詣？今必欲揭「無善無惡之心體」爲至善，而不顧中間藏無限流弊，如顧高所云「這正是舍堂堂正正之陳，而弄險出奇。這裏縱無名心，要之難免勝見。而如亂吾道之防維，貽告子之譏誚，則又第二義也。」嗚呼！如吾儒繼往開來，這責任是何等責任！則如亂吾道之防而不知顧忌，此豈屬第二義事者？敬且欲起先生於九原而面證之也。

國家出版基金項目
NATIONAL PUBLICATION FOUNDATION

陝西出版資金資助項目

「十二五」國家重點圖書出版規劃項目

關學文庫·關學文獻整理系列

總主編 劉學智 方光華

王心敬集（下册）

［清］王心敬 著

劉宗鎬 蘇鵬 點校整理

西北大學出版社

豐川語録

卷一

豐川王心敬爾緝甫著
同學諸子參閱及門諸子校

千古道脈學脈，只以全體大用，真體實功，一貫不偏爲正宗。故舉千聖百王之道、六經、四子之言，無一不會歸於此。而惟大學一書，則合下包括，更無滲漏。蓋孔子生千聖百王之後，折衷千聖百王之道術學術，而融會貫通以示萬世也。故學術必衷於孔子，教宗必準乎大學，然後範圍天地，曲成萬物，無門戶意見之流弊得以淆之。

觀虞書贊帝堯之四十八字，可以知千古帝德王猷之淵源，即可以知孔門大學之宗傳所自來。蓋大學之明德，即本帝典之克明峻德；大學之齊家，即本帝典之親睦九族；大學之治國，即本帝典之平章百姓；大學之平天下，即本帝典之協和萬邦。其格、致、誠、正、修、齊、治、平之相因，特以明明親中必具之條理；定、靜、安、慮之相因，特以明明親中必歷之內境；本末始終之不紊，特以明明親中之自有先後。初非於帝典之旨有加也，蓋吾夫子於折衷古今之日，淵然獨見千古之道統學統，必合全體大用，真體實功全。而惟帝堯之盛德大業，乃克全體大用，真體實功，一貫於不偏，故刪三墳、五典之紛賾，而獨斷自唐堯；而終身學術，亦遂約千古道術學術之會歸，而遠宗其道法。中庸所謂祖述堯舜，即謂其祖述乎此也。然則大學一書，上滙千聖之源流，下開萬世之眼目，真如日月之經天、江河之行地。後此即更生千聖萬賢，豈能出其範圍哉！吾輩無志於學則已，有志於學，安可不知千古聖道之宗傳？

觀帝典命教胄之旨，皋陶行有九德之倫，可見人材必不能一致，教亦必不容一途。但得有長無弊，即可成德；有弊知改，皆可達材成德。便不至負慚秉弊，達材便足以效用當世。初不教執一法，用拘一轍，如後世好尚執一者之於世多棄材也。厥後孔門無類之教，正本此意。故當時四科成就之衆，與五官十二牧同一師師之盛。嗚呼！觀此可明吾黨立教之道矣。

帝典首揭欽明，昭然示帝王心法之宗，亦實剖吾儒誠明知行之原。論者謂堯舜之世，堯舜之治如日中天是固然矣。今仔細觀孔子删述之旨，其實二帝之道法心法得孔子此一番表揭，乃始千萬年雲翳盡徹，朗朗精明耳。嗚呼！溯道學之統者，能於此深味而默會之，其於帝德王猷之淵源、吾儒學術之宗傳，即思過半矣。

古今道統學術之源流，盡於全體大用，真體實工。惟大學明、新、止〔一〕善乃於此包括無遺。真是會四瀆百川之衆流於滄海，更無一滴旁溢。明此者，六經、四子乃得其宗傳，百家衆説乃得所權衡，吾輩遵聞行知乃不至差人旁蹊小徑，故程朱每教人先讀大學也。

論學術歸於實行履，則無意見口耳之弊，然行以盡性而實。論道德徵於實功業，則無清虚冒托之弊、語言文辭假借之弊，然實功業本於天德。故中庸首揭天命謂性、率性謂道、修道謂教三語，以立千古道教之宗。

人與萬物同稟天地之氣以生，而惟人之性則得其秀而最靈，故學以還其本善之理、本具之量爲全功。然非明則無由知

〔一〕「止」，原作「至」，疑音近而訛，遂改。

其理，非誠則無由行其理，故功在於明誠。非自盡其性，則無以立體；非盡人物之性，則無以致用，故功統乎人物天地。而大學則括此大旨，提綱疏目，以垂教萬世者也。學者必知歸極於此，然後路途不至偏曲，精神不至虚敝，以辜負此最靈之性。

千古聖賢之學，無不本末一貫，而卻無不先本後末。故大學先明德，中庸先成己。書言堯舜之德業首及欽明，易言威如之吉在於反身。蓋此道以統貫天地萬物爲大全，而實以自誠自明爲本始，故君子之學以先立其大本爲要義。

易首乾坤，書首欽明，孔門宗仁，而大學則首明德，中庸則首性道，千古學宗於此可悟，千聖垂世立教之旨，亦即於此可悟。只有此道此學可充滿性分，可經紀世教；只有六經、四子可奉爲此道之準，可依爲此學之宗。而括之只此「全體大用，真體實工」八字，統之只以明、新、止善三綱。嗚呼！大學固千聖學宗也。

後〔一〕之談學者，何得以爝火微明，偏執意見妄裂宗傳？

尚書義取執中，傳前聖心法；周易義取時中，明千聖心行。然執中之旨，聖人以此憲天撫民，學者即可於此修身善世。時中之旨，聖人於此崇德廣業，學者即可於此寡過消凶。妙契之，固聖之淵源；善用之，實下士之準極。只看人誦讀時，知味不知味；立心制行時，能體履不能體履耳。

〔一〕此章「後」字前有缺文。

學者資質必不能一致，但能實從性之相近以入，道自無不可至，只要知歸極，肯歸極耳。如入京師者，但期至京，東西南北固無不可者。然卻是或南或北或東或西，俱望京師而行，得其坦正端直之路乃可。得坦正端直之路，而求以必至乃可。若不得真路途，而曰無不可。得路矣，不求至而亦無不可。卻恐阻於崇山險嶺者不至，入於斷港絕河者不至。而其因循不前，亦終不至耳。孔孟者，吾道之京師。當時若文、行、忠、信之四教，德行、言語、政事、文學之四科，皆從入之路，即後世江都、河汾、濂、洛、關、閩、河、會、姚、涇，亦皆從入之方。資質相近者，擇一人一途以入，自無不得。若舍之而自從所好，吾見不阻崇山險嶺，即入斷港絕河耳。更若謂方皆可從，路皆可入，不求直至京師，而但盤桓留滯於其方，亦終於半途廢耳。半途塗亦非京師也。周子曰：「士希賢，賢希聖。」正以明從入之不能遽至京師，而得方之期於必至京師也。故吾輩不妨各擇其性之相近以爲從入，而要以期登孔孟之堂，入孔孟之室爲會歸。

中庸性、道、教盡乎道統學術之綱領，而言性則歸於天命，言道則歸於率性，言教則歸於修道，又可見性、道、教自有底本。吾輩有志於道者，所宜徹底理會。

學須知理之所以一，又須知分之所以殊。知理之所以一，則知殊途原自同歸，百慮原自一致；知分之所以殊，則知同歸正自殊途，一致正自百慮，源源委委，乃始徹底分明。

看得此道太高遠，則必至有自暴自棄之病；若看得此道太卑邇，則索德行怪之弊，或且滋矣：故論道以得平爲貴。然得平卻非以人意可以增損絲毫，但能明得道之實際，原是日用平常，卻原是精深高遠，則不期平而自平矣，故明道又務求其實際也。

實見得道不遠人，則知日用彝倫之地，無處可容人忍略。實見得君子之道造端乎夫婦，則知得閨門袵席之間，無處可容人漫浪。實見得萬物皆備於我，則知得林林總總之人，無一可容人恝置。更若實見得曰明曰旦之天赫赫昭昭，則知起心動念，以至臨民涖衆，無一可容人縱肆。

千聖相傳，只傳此一點兢業惕厲之心。千聖相接，只接此一點兢業惕厲之心。

入門下手處，不妨從其資之所近以入。至於血脈路途，卻不可毫釐差錯。會極歸極之地，卻不可分寸闕虧。

此道無由人慢處，無由人緊處，亦更無由人歇得手處，直須助忘盡屏，死而後已。

此道本於天命，豈不現成？陸王原看見這現成一着，故本此主教，但說得太現成耳。其病在未能深思聖人先得我心之同然，固是得此現成之理，卻不思未得時有許多功在，既得後仍有許多功在。直是須臾不離之功，與本來之體相符契，故得不終失耳。二公卻說得此心本善，但存即是；此知本良，但致即是。卻不道存之致之中間有多少學、問、思、辨、行之功，有多少學、利、困、勉之等。無論初學有茫無從入之患，中材未易得神明會歸之功，即聰穎者言下領略，亦只於見性還須得入頭，未會本末終始之先後，詣深而造極也。其見解之粗疏，不盡學量，固無可諱。然謂之爲禪，則不知言矣。蓋陸王是教人於倫物日用間，以虛靈不昧爲運用之宰，向非教人遺倫物而超然出世也。

或問：「先生言學，每深明陸王之疏，而深辯陸王之禪。何也？」曰：「此是陸王自具之偏全是非，我不敢昧心將偏作全，亦不忍昧心將是作非也。又吾儒之學原本心性，故朱子曰『千聖相傳，只此一心』，而生平孜孜者，獨以心性之存養爲要歸，全集所載可考而知也。今以陸王之知重心性而昧者禪之，勢必至割吾儒性命精微之旨盡歸二氏；又必至舍朱子性命精微之藴，而徒求諸著述立説。致令二帝、三王以來，一中相傳之心法淪棄於世儒口耳意見之私而後已。故但有問者，不敢復爲毀譽計，而每據此心之自信者明之耳。

學以還其性之固有爲本，故大學首在明德；以還其性之同有爲大，故明德即以新民爲末；止善特言其本末先後之天則耳。言學不知本體，言本體不知作用，言本體作用而不知本末先後，皆不知大學之道也。

西銘一篇，原非爲大學下注腳，然於大人立體達用，以還其本性之量爲切。

此道察於兩間，未嘗停息。即凡民亦俱有秉彝，無人欠少，固不敢謂闡衍。自孔孟後，千四百年，宇宙竟絶然。實是千四百年間，旁門小户紛紛迷真。迨至王文中始特地發志周學孔之旨，周子始特地發主静無欲之旨，二程始特地發識仁主敬之旨，聖學乃自此洞啟門庭。迨至朱子以至有明諸儒，本體功用，亦復闡發無餘。聖學實是無境不現，然以諸先生高明沉潛之異稟，不免各隨其資之所近以爲輕重，則於大學天德王道一貫之旨，亦尚未敢謂盡滿其量也。這裏能無待於大君子，造精詣微，融會貫通，以還吾道之大全。「全體大用，真體實功」八字中，有一字斤兩不稱，一事血脈不貫，即弊病無窮。故大學以明德爲本，明德以格致爲先，格致以知止知至爲要。

道是千萬世大公之道，如何得意爲輕重損益，又如何得意爲毀譽是非。況六經、孔孟之言，明明在前，一返照亦自權衡昭然，又何得友人自作好惡？

大學言明德，即言新民；中庸言性道，即言修教。可知體用割裂，即非大學；本體工夫軒輊，即非中道。故學術必全體大用，真體實工，一貫不偏爲宗傳。

孔子言仁，皆兼功用；孟子論理，言仁兼義。蓋此理固無内外、顯微、表裏、精粗，而本體要以工夫而全，作用而實也。張皇本體，略於工夫，徒言内養，略於實用，説來未嘗非學，要之舉一廢百，失孔孟論學之宗傳矣。

學問不知本體，泥形逐迹，極其所造，義襲而止。然徒張皇本體之自然，而不實從語默動靜、人倫事物間，磨勘煅煉，極其所至，徒得靜中一點虚機耳。遇盤根錯節，必且主宰紛拿，擾亂不寧。即不然而習成窠巢，久之生厭動之弊，且不知不覺流於二氏之頽然頑懶矣。故六經、四子無離本體之學術，亦無外功用之本體。蓋諸聖賢皆見道分明，體道精切，故論道一一圓滿也。講學論道要得一一會歸於此，乃能滴滴歸源。

中庸發端言「率性之謂道，修道之謂教」。明此者，不惟見得不率自性者，即非道；並見得性而不實見諸道之真可率行者，亦非吾儒之所謂性。又不惟見得不修乎道者，不可謂教；並見得道而不修諸教，使真不失者，亦非吾儒之所謂道。寥寥十字中，不但盡萬世旁門小户之弊，於此堪破；即舉後儒偏曲意見之弊，亦於此堪破。中庸真明道之書也，然向非「天命之謂性」一語開端，則本源不清，所率者或非其正，所修者或失其則。縱有實功，本心不正，本理終邪耳。故中庸開章三句源源委委，的當分明，不惟括盡一部中庸，並括盡千古道學之源流。此等處斷屬祖孫師友間，平日融會道術，講究得頭項分明，自己亦上下千古，折衷得道統的切，而後能爲此語耳。是此三語者，乃吾儒原道原學之星宿海也。盡漢、唐、宋、明諸儒宣暢發明，要皆從這裏流衍出來。吾輩生曾思之後，不能親見二賢，而領其指授，這等處亦明若觀火矣。奈何可自任意見，昧於適從，昧於權衡。

吾身父天母地，與萬物並生，而獨爲萬物之靈，五行之秀。這一點性，原無内外表裏，亦無人我古今。徇外既成失内，徇人既成遺己。而專内遺外，知己忘人，亦土木鹿豕。不惟自私自利，虧生人萬物一體全量，亦辜負造物賦畀獨靈獨秀，資以參贊之本意。所以大學言明德必歸本修身，修身必兼新民；中庸言盡性歸於成己，而成己即統成物。蓋內外人己，原吾性之同體共貫，偏之即屬虧欠，分之即成支離也。故古之聖賢視聽言貌、起居食息之地，無一敢以少疏；君臣僚友、宗族民物之交，無一敢以恝置。修其身，而肅乂哲謀之咸凜；齊其家，而一本九族之胥睦；治其國，平其天下，而平章協和，靄然如一家。父子兄弟、妻妾奴僕之仰事俯育□□□□蓋見得吾生性分之不容自已固如是耳。故吾輩須實體西銘之旨，乃克副生人之分。

古人言學必言問，以學非問不明也。然在後世則去聖既遠，師友道喪，將何從問乎？惟有考諸聖經，以身體驗耳。然初間考經，苦於不得其旨。體認苦於心理難得其合，只須讀書字字句句切身體會，行事時時事事印經求合。久之心理漸漸相得，自然事理漸漸不違矣。然這裏須要真心貫注其間始得，若無真實明理心，讀經亦只成人耳出口，必不能深見從上聖賢精神命脈所在。若無真實寡過盡性之心，行事亦只成計利較害，必不能仰體古聖賢立心制行之則。

學不明理，行不中道，只是志不真切。「如保赤子，心誠求之，雖不中，不遠矣。」這裏無人借口自掩處。

於學、問、思、辨之中，實盡博、審、慎、明之功，善之不明，未之有也。於博學、審問、慎思、明辨之所得，而即體行諸達道、九經之間，執之不固，未之有也。於此五者，人一而己百，人十而己千，愚之不明，柔之不強，未之有也。故知下愚不移，只是自不肯移耳，肯移焉有不可移者？

學、問、思、辨、行雖曰五事，其實只是一事。而五者之中，以行爲要歸，而尤以學爲托足。托足苟差，南轅北轍，縱復問、辨、思、行各極其功，路途既差，愈鶩愈遠，亦終於莫至其域耳。故「學」之一字，最宜先辨路途。

去聖既遠，鄉無明師，路途從何辨之？亦只於四子問津可耳。蓋四子皆會六經之精英，而歸於明白正當。故其所言者雖無一非六經之旨，而其所指者則端正坦平之途。故就四書而論，吾夫子之論語爲吾道之通途，大學一書爲吾道之正途，中庸一書爲吾道之真途，孟子七篇則吾道之明明坦途也。辨途者準以孔子之通，而兼取三子之長；合以三子之所長，以趨孔子之通。庶乎適燕北轅，適越南轅，不至誤入岐路耳。乃若漢隋以來，傳道諸子亦皆適京之的途，第其質稟高明沉潛之異軌，故其指示偏水偏陸之殊轍。準以四子，要難四面皆通也。然地近陸者，陸自得其坦平；地近水者，水自得其徑直。第在率由者知所擇，慎所趨耳。外此則皆不免旁蹊小徑，甚或斷港絕河。有識者斷不肯以有用之精神、有限之時日，出於其途，自誤時日，自誤歸宿也。

不自强而怨天賦之暗弱，不自力而怨他人之勝己，皆無志者也。

有志者事竟成，孔子十五志學，時時進步，直至心不踰矩之地，亦只是下得這志真切耳，故學莫要於立志。然惟其當初所志，即在此心不踰矩之學，故卒至從心不踰之地，可見立志又要知正大之標準。

學不進只責志，志不立只責恥，恥不生只責識之不明。蓋吾輩識見能明得生人正分，當志不立時，雖欲不恥而不得，恥既生，而志雖欲不立，不可得矣。故立志以致知爲要，而致知以辨別學術之大小偏全爲要也。大學首篇凡五言知、兩言明、一言慮，即此義。

致知全在好學好問，能反身體認，蓋積誠乃生明也。

知欲其明，功欲其實，若徒明而行不實，則知及而仁不能守，雖得之，必失之矣。故說命謂知之匪艱，行之維艱，而孔子亦謂知不如好也。吾輩安得以虚見虚解輒自止足？

「晝有爲，宵有得，瞬有存，息有養」，動静有考程。「造次必於是，顛沛必於是」，古之君子，其致功如是之勤且懇也，道焉有不明不得者。

知明則行益力，行力則知愈明，知行原相爲表裏終始。合一之説謂其爲本，合而不可離，非强二者從一也。

倫常綱紀，正吾盡性之實事；男女飲食，正吾盡性之實地；仁義忠信，正吾盡性之實工；盡人物之性，贊天地之化育，正吾盡性之實量。於此知之不徹，而曰吾知性；於此盡之未滿其分，而曰吾盡性。只竊得二氏中下乘一點清虚之機耳。君子羞之，即佛老亦且笑之。

孟子曰：「行有不得者，皆反求諸身。」這意思甚好。人只爲行一不得，便怨天尤人，更不復自加進步，所以終身身終不正，人終不歸耳。若值一不得時，即於身加反求，反求之功，既誠且切，身必自正，人必自服，而人己兩得矣。故孔子謂忠信篤敬，必參前倚衡而後行也。

千古聖賢制行之要，只以反求諸身爲盡己實功，故中庸謂「正己而無求於人」，孟子反覆言「行有不得，則反求諸身」。仁者如射，正己無求於人，先聖後聖若合符節。

忠信篤敬，必參前倚衡而後行。可見不誠未有能動者也，故欲行只自盡忠信篤敬之實。「恕」之一字，終身可行，故聖賢處世無不以盡己推己，不欲勿施爲工課。

克之久，則欲日消；養之久，則理日熟。欲消理熟，則心理日融浹矣。

古之君子心存理得，只是用得工夫切實綿密，到深久處，漸近自然，漸合本體耳。然卻要實明得心體原是有理無欲的體段，庶幾克復俱有着落，俱得天則，而欲可漸消，理得漸復也。不然卻恐但從克伐怨欲不行處，幫補綴緝，終於理欲交勝耳。蓋惟知性者始能盡性也。

學止實盡己分，不妄希自然，久之本體工夫自合一無間。蓋工夫本體合一一着，不特非虛見摸擬可得，亦並非工夫生疏可至，必到深造自得後，乃不期自到耳。然縱是到自然後，亦只是工夫到得恰好，愈細愈膩，此心能順帝之則，初非遂聽其自然也。

學問不明得自然一着，終於支離强持。然徒張皇本體之自然，而不知裏邊恰好天則，正緣有實工夫，亦終於蹈虛見，無實詣，甚至流爲野狐禪之清虛耳。故象山、陽明喜舉本體之自然以示人，亦一病也。

無本體，無工夫；無工夫，亦無本體。譬之作飯，初間要得水爲匀稱，火候調停，到得熟時，水米融浹，水火通融，恰好可用矣。學問不知本體，如無米無水，而欲憑火力以成飯，飯可得耶？故無本體，即工夫枉用耳。然若不下工夫，卻又是不盡火力，但憑水米而欲望成飯，抑又難矣。故無工夫，即知本體，亦更不可得而用也。故本體工夫偏廢即不得，偏重亦不得。然這工夫本體譬之作飯者，亦是明其不可不偏廢耳。其實此理本體工夫本是一物，爲未知者言，可曰上天生本來者爲本體，加自人工者爲工夫，究之本體即工夫之體段，工夫即本體之精神。初間尚可分別，到得成熟後，只是這一點兢業靈醒心操存涵養耳，亦更無處可容人分別也。

看得大道爲公，在士林則爲大儒，在朝廷則爲大臣。

君子無事不宜讓人，惟求道一事，雖師不讓；無事不宜渾含，惟论道一事，一字不可假借。

於讀經所得者，實驗諸身心倫物，則讀經不至誦言忘味；於存心制行時，一一會歸於經旨聖言，則心行乃不至蕩矩踰規。久之讀書便當知要，立身自當中禮，而心理事理自然融浹無間矣。

讀經之法，程朱之説最詳最細；而反身體認之旨，則二曲先生揭之更爲明暢。讀書之道，合此二法，無餘蘊矣，然又須知這是辨明路途之法耳。其實這一切講明路途，要是爲行時直捷正當，不至差入旁蹊曲徑，耽閣時日，枉費工夫之意。初非教人徒資講説，侈口談也。故既講明之後，即宜從這直捷正當路上實實體行，庶幾知明行當。前此講明體認者，至此俱有着落；而後此身體力踐者，至此亦更無差謬。積之日久，識見踐履，一一可望古人壼域矣。

讀經不能不資注疏，然要是先讀經文，仔細尋求其立言命意所在，到得心見彷彿，然後印以注解，即不至舍己徇人，全無心得，又可以少辨注疏之屈直當否。久之不惟於經旨當有契會，即自己亦漸能自作主宰，不至徇人迷己矣。至於典故事實，卻須考之，先儒不可自作主張，蓋這是杜撰不得者。必如先儒之言，終不能自信，姑且依他放下，更讀他經，未必不觸類旁通耳。

五經是四子渾然之全體，四書是諸經秩然之血脈。能真見四子之精神，即讀經處處脈絡分明。然讀書卻非徒靠訓詁，可以明了，要須以反身體驗，就正先覺爲從入。又必躬行實踐，以身證明，然後可以真得諸心。蓋四子書與他書不同，原是四聖賢體驗心得之言。若行不至，知終不真，故要得理會心得，必以實行爲致知第一實法。

致知所以講明躬行之路，躬行所以實踐既明之知，亦即所以實致吾心之知。行之既方既至，自然知之益實益真。故致知之法，無如力行。

讀經有三難：一見解不能到古人田地，則意擬難真；一訓詁難陳，未易即辨真旨；一經秦火之後，簡編脱遺，後儒附會雜出，世遠莫證其真。以此三難，致令光天化日之六經，轉見雲翳幽隱之或多。然意擬難真之病，以力行求至之藥醫之；訓詁雜陳之病，以融會經旨、印以全經之藥醫之；至簡編脱遺，則亦又有闕疑一藥。獨後儒附會，則惟有實體二帝、三王、周、孔、顔、孟之道法心法，幾於鑑明衡平，以照妖鏡辨其真僞而已，此外更無良藥也。

多讀經，少讀諸儒語録，則不至淆於意見之偏畸，即諸儒語録亦無不可與經旨會通矣。若讀得語録多，讀經工夫少，則不免從資之所近、意之所好處入頭。氣質重者，或且以先入爲主。不惟讀一切語録少可多否，必成門戶，即讀古聖人中正圓滿之經，亦只供其意見偏溺之用，故讀書以多讀經爲貴也。

明明六經在前，全體大用，真體實工，一一圓滿。不知二千餘年間，何以諸大儒皆僅從資之所近以結局。然六經之言，尚渾淪深沉，未易即了。大學開章發端四語，簡括明透，不啻白日中天。如何諸儒先以概世之聰明，竭終身兼人之功力，亦且半至偏窺，未副其量。則自茲有望大學爲趣，期於必至者，吾道之亟待矣。

觀虞書敷奏、明試之說，則知古之取人，亦未有不觀其言者。顧古之士敷奏之言，即其明試之功。而朝廷之上，其車服之庸，即據其有功之試。今其言雖不傳於後世，然其虚實亦可想而知也。後世相率而尚經義詩賦，又相率而尚策論。嗚呼！此亦士子敷奏之言，而朝廷試功之券矣。爲士者須自問諸己之敷奏者，果可以試之有功，而應國家之車服乃可。取士者亦尚須實按諸士之敷奏者，果可以實試之有功。果可以即信其不待歷試有功，而即庸以車服乃可。

舜、伊、說、望生於草野，一旦舉而加諸上位，遂堪大任。固是其天分之過人，亦當時士之所學者皆實事。故風俗之所漸染者深厚，數聖人即草莽耕釣之日，已裕經綸致澤之弘具耳。可見國家取士之法，須要得切實。切實則不惟所取之士多得其用，即風氣之漸染者亦當薰陶得異人輩出，足爲王國之楨。

十人之長匪人則亂，何況一邑數千萬人之長，又上而一郡數百萬人之長，又況一省數千萬人之長，故用人不可不慎。然十人之長，已難得於十人之中。矧數十萬人之長，即關數十萬人之休戚；數百萬人之長，即關數百萬人之休戚；數千萬人之長，又關數千萬人之休戚。識不足以達理推情，行不能以克私行恕，是以上天所生待養待教之蒼赤，付諸水火也，豈其可乎？況生民之苦樂即關天心之向背，國勢之安危，有何容漫爾委任，不慎厥圖。

性者天地萬物之一源，故至誠成盡其性，則盡人物之性，參贊天地之化育，合下一盡俱盡，而更無欠少耳。然實由見得性之本量原是如是完全，故其盡之之功實而能克其量。量之所暨，乃圓滿能得其全也。故吾輩要滿得生人之量，須以知性爲第一義。

明得性量全，即須存心行事，待人接物，實實的知明處當。民胞物與，己立己達之念脈脈與立人達人之意相關，而不分人我，並飛潛動植之物，亦栽培時厘而不限貴賤，庶幾存的心即天地並生之心，行的事即化育兼茂之行。在我合下一性而無不性，一盡而無不盡。天地人物，渾然在吾性統貫之中，即在吾盡性統貫之中矣，至誠豈不贊化育而參天地哉？然曰性惟至誠能盡者，則以此性乃誠之實體，而此誠即性之真精。惟至誠能以這一點真精神，渾渾與真性流行。其知至明，而見得這性之全量；其行至實，而達得這性之全量。故惟天下至誠，乃能實盡其性也。然則吾輩欲盡性者，宜從求誠始，而不能即至於誠者，宜從致曲始。

細看至誠盡性，而人物天地之性無不盡，可想見三達德即貫於五達道、九經之中，而五達道、九經即無非此三達德之推暨發皇。天德王道，渾渾只是一點真誠自性自人。自人自物，知明處當耳。更不間於彼我人物，亦更無形骸貴賤之可言，至誠真與太極同其體用也。抑又可想見大學格、致、誠、正之功，實用於心、意、知、物之間，即實用於家、國、天下之間；而修、齊、治、平所以實用於家、國、天下之內，其實只格、致、誠、正實用於家、國、天下之內。只此一點明德自本自末，自終自始，有先後而實無先後，大人原渾然與太極同其體用也。至誠盡性一章，不惟包得一部中庸，並可包得一部大學。且不獨大學，並千古聖德聖學，亦無不於此該括也。善學者須從這些處窺探經旨，窺探聖心，然後乃於此道得個入頭，於做人正分得個入頭，不至費終身苦功，徒入旁蹊小徑，自蹈曲儒拘生耳。

即中庸「天命之謂性」，可知性命一貫；即「率性之謂道」，可知性道一貫；即「修道之謂教」，可知道教一貫；即

「戒懼不睹，恐懼不聞」「慎獨」「致中和」與一切擇中、修道、明善、盡性、尊德性等義，可知本體工夫一貫；即不明由不行、不行由不擇善、明誠相須諸義，可知知行誠明一貫；即致中和則位育、人存而政舉、達德知而天下國家之治在是、九經爲治天下國家之大綱而皆行於一誠，以及至誠之功業、至聖之德業，可見天德王道一貫；即至誠之贊化育、配天地，至聖之配天，君子之合天載，可見聖天一貫。即行遠自邇、登高自卑、擇善固執之愚弱可以明强、致曲之可以有誠至化、下學立心知幾之可以德盛化神，可知下學上達一貫；即致中和而位天地、盡大孝而得天祐、知人之不可不知天、知地之化育諸義，則可以知天人一貫；又觀於天命謂性、道不遠人、困勉之可至明誠、致曲之可幾至誠，而可知聖凡一貫；至觀於仲尼祖述憲章、上律下襲，而正可見統此諸義而真能一貫千古者，惟我先師仲尼集其大成也。嗚呼！吾道之宗傳原屬一貫，而一貫之宗傳舍仲尼奚屬哉？然開章始於天命謂性，終篇結以上天之載，則竊見此性乃一貫之樞機範圍，而仲尼只一能滿性量之人，能善乘天心之聖。世無無性之人，聖無獨得之天，體天盡性，固一貫之血脈，而盡人可學仲尼之真切路途爾。

卷二

豐川王心敬爾緝甫著
受業門人魏梁謹録

做人須是明得生人來歷，然後不至自迷天命之性。又須明得盡性實功，然後不至悖于率性之道。故修道之教章首雖未嘗即指出明善之旨，要之以明善為第一義。

看得「性」字明，則道之來頭清；看得「教」字真，則道之要歸實。天命謂性，率性謂道。這道豈容參以後起人爲之私？修道謂教，這教豈得於盡性外別有工夫？而率性又豈得無修道實工？故人道原是天道，而工夫不離本體，本體不離工夫也。

戒慎恐懼，慎獨之功，滴滴皆從性體上保任體察，乃算得修道之教。

未發謂中，中節謂和。可見即心即理，心外無理。中爲天下之大本，和爲天下之達道。可見萬物備我，性外無物。致中和而天地位，萬物育。可見天地萬物統吾一體。此性一盡，無不咸盡，然機緘只管於「慎獨」二字。盡一切性道中、和、大本、達道，止以明此獨之體用，率之修之，戒慎恐懼，慎獨與致，止以明此慎之實功。這「慎獨」二字真是統貫天人道教。

讀中庸者，必須徹底理會，乃於此道見其本末終始，得門而入也。

中庸開章溯自天命之謂性，而三十三章仍結歸盛德之合於天載。可見中庸一書是教人盡性合天之學，亦即明天人合一之道。而中間言盡性之人，只歸於至誠，言其次求誠之功，只發端於致曲。說來包天羅地，而起脚只在這一點炯炯不自昧的真性上作樞機。可見此道原至大無外，亦原至近且實。讀者必看得這宗旨分明，然後知得大學合下以天德王道一貫爲分量之旨。原非故爲托大以誘人，而功始格致真確而有要也。

言本體，破除工夫，便知其人不知工夫，亦並不知本體；言工夫，破除本體，便知其人不知本體，亦並不知工夫。

友有問世之務者，先生曰：「經己之心。」友曰：「經己而世遂可經乎？」先生曰：「古今之法非亡也，而有治亂，主心有治亂耳。能經己之心，即人存而政舉矣，於經世也何有？」

友有言天德王道不可偏廢者。先生曰：「無王道，言不得天德；然無天德，亦言不得王道。故程子曰『有天德，然後可言王道』。天德王道論條目，不得不並舉而言，其實只一機相貫。若並列說不可偏廢，即天德王道皆病矣。」

友有問：「大學新民之目，在齊家、治國、平天下。傳中不一言其法，而但於好惡、反身藏恕、絜矩上反覆推究，何也？」曰：「良法生於美意，故康誥謂保赤誠求，不中不遠，齊治平，若但於法制求之，文法其豈足感乎家國天下之心乎？且身爲家、國、天下之本，好惡所以通家、國、天下之情，好惡之不當不公，先無以服人心而感人情，區區法制禁革，亦何益耶？又好惡無辟，必有好惡無辟實事；反身藏恕，必有反身藏恕實行。且如平天下章内，好惡同民，既有理財用人實政，亦必推類更有正德利用厚生，以措置斯民於安全詳法。不言法制者，法制皆包舉於其中也。況齊家即未詳數法制，治國則仁義之所包，既廣平天下，亦理財用人之所該亦弘耶。讀書論理，不探其本，而徒於末求之，已爲失要，更不實推其義，而徒執泥其辭，抑又失旨也。大抵格、致、誠、正，非徒虛致於心、意、知、物之間，實是樞機乎家、國、天下之內。而齊、治、平雖是用於家、國、天下，而實是本於身、心、意、知。故離齊、治、平，不可言天德；離格、致、誠、正，不可言王道。外家、國、天下，則心、意、知爲虛機；離心、意、知，則家、國、天下爲虛器。故曰：「自天子以〔一〕至於庶人，壹是皆以修身爲本。」又曰：「其本亂而末治者否耳。」蓋本末終始，原是合內外之道，分得先後，卻不得截然將明親分兩事也。

郭巨老好參禪。先生曰：「吾儒明、新、止善是大乘法。」史完璧好讀書。先生曰：「六經、四子皆吾心之記籍，須反身體認。」張希賢無見聞。先生曰：「讀書最開人心胸。」焦生喜靜坐。先生曰：「莫溺空。」黎長舉好談經濟。先生曰：「須先理會自己性情。」又曰：「王道本於天德。」每與梁言，則曰：「道途原難即通，大學一書程途分明，不從此徹底體認，不入意見，即入旁門。」

先生每與尚孚言，則曰：「學須沉潛。」每與潛夫言，則曰：「學須通達。」每與康孟翁言，則曰：「學須知本。」每與家遜功師言，則曰：「學須統會千古聖賢立教之旨，不墮一偏。」

在楚中爲諸士友言，則皆導之以本性皆善，習乃相遠，而諄諄以希聖希賢爲言。在蘇中與二三學者言學，則每言此道大中至正，亦復至公至平，不容執見成礙，論道不弘。而爲無錫諸友言，則無非以全體大用，真體實工，一貫之旨爲切磨。與平日所以教及門，與知交論學，無異旨也。

〔一〕「以」字原脫，據禮記大學篇四十二補。

每言此道如布帛菽粟，聖凡賢愚無不服食。又如天覆地載，四時百物無不行生。學者最可惜在迂視理學，高視理學，又最可傷在一知半解，更不求進，爭門競戶，輒排異尚。

學問所辨在義利公私、大小偏全，最是全體大用、本體工夫毫釐不容人偏勝偏爭。

友問學問致知之法。先生曰：「實法無如力行，講說稽考，特借作問津審途之資耳。須是實按程途，身子實到，則一一皆真。不然縱聰明過人，講究功深，終是揣度影響，略得形似也。」友曰：「有身子能到的，即有身子不能到的，如何皆能身到？」先生曰：「如君所不能到者，莫如治國平天下。若能於齊家的實情，親身體行得明當，國自可以類推，天下亦自可以類推。緣人情不論衆寡，無不同也。又家、國、天下事理雖有多寡繁簡，總之處置之法皆本此心此知。苟得於身家之間，遇事遇物一一體認親切，得其樞紐，即萬事萬物俱得其樞紐。縱身不能至，已不啻得其四五分精神命脈矣。得四五分精神命脈，便是身親到四五分也。」或曰：「如天文地理、兵農書數，何如可以身親？」先生曰：「我爲君言大學格物致知之道，君如何又說到後世博物的路上去也？然即博物，亦須要力行也。如欲知得天文，亦須親問知者，親身仰觀。欲知地理，亦須細按圖形，親身閱歷。爲農爲兵，亦皆如此，乃得曉然心目，未有不力行而知得真者。」

平日致知之功，能從精神命脈上體認，到得心地精明時，即□□□□□□□□□□□□□□□□事到面前，一入目經心，縱不能及徹終始，亦便自審幾不遠，故窮理之功要得切實。

連來讀中庸，覺得日用平常中，浩然與天地同流。

西銘是從中庸中悟出。

學者須得生意盎然，乃能生生不息。以之學問，則自當日進日新，不造其極不止。遇民遇物，亦自然欲立欲達，不措諸安全得所不止。故天道以元統四德，五常以仁統四善，而孔孟以仁提宗也。或曰：「孟子兼言義，如何亦謂以仁提宗乎？」曰：「義只是仁之裁制，真能體仁，未有不兼義者。孟子正是爲仁而不知兼義，如墨子之兼愛者，立之準繩耳。其實只是以仁爲宗也，然不獨義只是仁，即禮亦只是仁之簡文，智亦只是仁之明通，信亦只是仁之質誠。四德只是一德，特隨其發現異名耳。明此即可以明孔門論仁之旨。」

類觀孔門之言仁，可想仁之全體，即可實見學問之要領、學問之實功。

成己仁，成物智，仁智只是誠之盎然炯然處，分言則支離，混言則籠統。要看得理一分殊分明，即見得中庸所謂性之德，合內外之道的義旨分明，而時措之宜，亦可想而知矣。

每讀禮運大道之行一章，輒覺神游唐虞時雍風動之域。

讀禮運首篇，最消人驕吝之私。

楊墨皆學仁義，而其流弊皆如此之甚，學之不講也。

不讀濂、洛、關、閩、河、會、姚、涇書，不知秦漢以來諸子之偏駁；然不會歸於四子之宗傳，畸重偏溺之弊或所不免。故先儒以諸儒爲四子階梯之説真篤論也。蓋階梯是升堂登山之途徑，非便謂堂奥山顛，即盡是爾。

讀經不知讀宋明諸儒語録，訓詁執泥之弊所不免。喜讀諸儒語録，不喜讀經，門户偏泥之弊亦所不免。

無見地時，須多讀語録。略有見地，則須多讀聖經，窮探古聖人道法心法之會歸。

講得明則行得始實，行得到則知得始真。知行如何可以偏重，又如何可以偏廢？

不知不能問，不能不知學，終於暴棄耳。能問不能思，能學不知要，終於茫昧耳。思而不知歸，知要不能充，終於一知半解耳。

爲學欲作名儒，已爲爲人可鄙。更連名儒之名不知慕，人品尚可言耶？作官欲作名臣，已爲好名可笑。更連名臣之名不知慕，人品尚可言耶？

聖人不教人好名無實，然名之一字，卻時提以勵中人。

書曰：“百工師師，庶績其凝。”有家國者能使内外臣僚各舉其職，即庶事辦治而天下太平矣。然非得朝廷有當功當罪之賞罰，各舉其職亦豈易言。

敦崇廉恥，最朝廷家鼓勵官方第一義。誠使縉紳之侶，無不以貪榮曠職、苟得妄取爲心恥，其視賞罰之所勸懲者豈啻倍蓰。然這源頭終是從朝廷賞罰明當來，故賞罰最鼓勵官方之樞紐。

不知不能，尚足寬之來日，又得寬以人難求備，惟不知自愧，即孔孟與居，無如何矣。

邊庭寇盜不足憂。最可憂者，仕途不知名義，士風不重名節。

進一人而當，則四海之心皆爲之服；退一人而當，則四海之心皆爲之服。矧所舉皆直，所錯皆枉乎？故王者以慎用舉錯爲第一義。

以問爲恥，而不知不能則不恥，恥非其恥矣。

小技小術則學，而切身切家切國之務則不學，學非其學矣。

懲惡而當，則人不敢爲惡。小懲大戒，是乃小人之福。故淫刑者殘忍不仁，而驕爲輕刑以市恩者亦婦人之仁耳。昔諸葛武侯嘗有言曰：「治世以大德，不以小惠。」是真知大體之言，亦真屬仁人之言。

唐虞用人，不執一格；孔門教人，不執一法。蓋因材器使，因人成就，朝廷乃無廢事，天下乃無棄人也。後世一二儒者，往往執一律以概人，喜同惡異，甚至黨同伐異，不獨其量隘識淺，亦見其學之未準於堯、舜、孔、孟耳。

「體面」二字原爲中人設，士君子未仕則可顏可孟，已仕則可皋可夔，何得連「體面」二字亦不知講。

子夏居孔門，在文學之列，自是聖門高第。「小人」二字豈其所慮，而夫子警之曰：「女爲君子儒，無爲小人儒。」吾輩必須於這「小人儒」三字徹底究出的端，然後見得吾儒君子之實，亦始不蹈入小人儒轍也。

論語道理隨處平滿，周易道理隨處分明。謂論語即無象之易，而周易乃有象之論語可也。謂論語即易之體段，而周易即論語之節度可也。然論語無象而實象，周易有象而非象。論語章章有易之節度，而無節度之可執；周易爻爻有論語之體用，而無體用之可泥。神而明之，默而成之，淵然與羲、文、周、孔寤寐一堂矣。

「經既通，方讀子」，此言童而習之。今方知其有味。經不通，而遽讀子，未有不爲意見之偏所惑者。

或問：「佛老之書宜看與否？」曰：「未見吾道之大全時，不宜看；既見得吾道之梗概後，不可看。」或請其故。曰：「二氏之書，不惟其長生無生之旨，令無識者歆艷；即其見性還虛之旨，亦足令高明者沉溺。見不明吾道之全旨而讀之，未有不爲所惑者。若既於吾道識其梗概，而不從其提宗立教處窮究其底裏，卻恐辨不清吾儒盡性至命之宗，不知不覺墮入禪元見性還虛之途而不知返也。」或曰：「伊川先生生平不看佛書，何也？」曰：「見得吾道分明，原可以不看。伊川見道最分明，正自不必看。然在我輩如既見道分明，即細探其底裏，辨晰其脈絡，令自己心性入微處，不至墮入其巢窟，亦自不妨，故余亦前曾窮究其宗旨也。」

見不盡道之藴奥，言理既差，言事亦錯，言全體固未得，言一端亦不能當也。

百工技藝皆有規矩範圍，何况聖人之道。自二帝、三王、周公、孔、孟以來，坦若大路，明如日月，何得由人淺深偏全？

中庸血脈融暢，大學規模整齊。大學所以立中庸體格，中庸所以融大學精神。有大學不可無中庸，有中庸更不可無大學。而要入其門，則宜先窮探大學宗傳，立吾學之規模，此亦大學先格致、中庸先明善義也。

學者必欲不讀二氏書，亦未盡。蓋窮其旨歸，得其血脈，然後自己不至陷入其中，亦可語於窮理知言，然卻須有見解後乃可入目。若不明吾道之大全，遽行涉獵，疏淺固不能得其旨歸；即下深心，看得有端緒時，亦恐不知不覺墮入其巢窟，迷不知返。甚至將吾儒盡性至命之宗，亦混同二氏，祇以供意見借資耳。故二氏書，無見地之人斷不宜看，恐其易於陷溺。淺根薄器者又不宜輕看，恐其資唇吻，亂吾道也。

佛氏縱説到六度萬行不遺處，只以供出世之借資；吾儒縱説到一念無欲真性流行處，只以歸經世之本。血脈原自天淵。講學論道，辨不清脈絡，濡足沾裳，固見其識之不明。即深拒力排，亦恐未能切中其病根。

好播弄禪機，此識之未融。心之未能帖然處，更若誤認禪機，混同吾道，則是格物明善之功未至，與凡民日用不知同其陷溺耳。

先生一日謂梁曰：「前有千古，後有萬年，前聖在前，後聖在後。此道縱不能自我大明，何可令自我反晦？未知求知，已知愈求其知；未能求能，已能益求其能。直須死而後已耳。」

又一日謂梁曰：「此道無所不該，故兵農禮樂說來枝枝有本，滴滴有源。學者縱爲稟賦所限，不能兼綜條貫，要須因材成就，不失源本。即德行、言語、政事、文學皆吾道之正脈，初不害其爲真品真材也。後世則萬徑千蹊，靡不迷妄失真，而最可惜則德行一科，竟以鄉愿無刺無非者冒之，甚至佛老清虛之習亦且入而亂之；言語一科竟以虛浮無用之言冒之，甚至門戶攻擊之習亦且附而亂之；至政事、文學二科，則亂之者莫甚於不本慈惠之意，不切當世之宜，詞章訓詁無不與游夏輩虛實天淵，而亦且亂聖門四科之選也。有自修之志與世教之責者，正須溯流窮源，以課實德實才。」

梁嘗問學問宗旨。先生曰：「宋明諸儒之宗無不可用，然究之不外大學明、新、止善之旨，而亦且往往未盡其全量。今日言學只須將大學全旨切實體會，使無漏遺。即天德王道同歸一致，可使宇宙道法宗傳點水不漏。」

「小不忍，則亂大謀。」此義無所不該，而警於君道臣職尤甚。

古者士民皆上爲養，所以體恤者又備至，而且有不得其所者。後世聽士民自爲謀矣，安得不詳謀所以厚其生。

朝廷養士大夫最當培養其禮義廉恥之風，此風不存，患且及於國家。

洪範曰：「凡厥正人，既富方穀。」故忠信重禄，文武守爲勸士之經。最可惜在終身學而無益於身心，無補於天下國家。

生重道崇儒之世，無與闡千聖之宗傳，亦辜負造物，辜負國家之教養。

又一日謂梁曰：「莫因循，時不我待。」

又嘗謂梁曰：「道真難盡，以孔子生安之資，極終身學問之力，到晚年時，尚此曰未能，彼曰何有，有無限不能信心處，何況我輩中材下士，安得不愛日惜陰，遜志時敏？」

此道自二帝、三王以來，體備無餘；自孔、曾、思、孟以來，闡發無餘；自濂、洛、關、閩、河、會、姚、涇以來，推索無餘。兼有諸子百家旁見側出，亦復無餘，更不須人創造毫釐。今日只須慎擇精取，知要善守。

初學於先儒語録，最宜常讀，能常讀，則於訓詁辭章外，庶知向上原有切身道理。先聖賢經訓原不徒供人科第之資，於此悟入，不特見解當漸高深，即立身亦自當知輕重。至若已得從入，卻宜參讀五經，印證全旨，不得執一無權，舉一廢百。

諸葛武侯曰：「吾心如秤，不能爲人作輕重。」此道天地之公道，二帝、三王、周公、孔、孟之公道，宋、明諸儒之公道。權衡昭如天日，我輩何得意爲重輕。

惟公乃能論古今之理，惟虚乃能受古今之理，惟精乃能明古今之理，惟一乃能行古今之理，惟自強不息乃能進古今之理，而集之一身。古今之理無古今，即天地大中至正之理也。故君子之學天人一貫，古今一貫，非曰鶩之□得其大中至正者而已。

讀經若於宗旨不明，宜責講之不切、力之不勤；若既窮不能致用，宜責志之不實、學之無得。至於文義不屬，章句不諧，求之傳注，終覺難合，則且仿朱子傳疑之例，切不可以意見穿鑿。蓋傳疑則雖不明於經，而經之疑案自在。一涉穿鑿，則失經必甚也。

先生最不喜門戶攻擊之習。一日謂梁曰：「講學先去此一重障蔽，則留許多有用精神，省多少口過。即天地間四通八達之道，亦不至割裂於意見偏溺之私。」又曰：「值崇儒重道之時，何容於洙泗四教並設、四科兼成之門，彼此攻擊，有同吳越。」梁曰：「朱陸二先生當日亦有辯爭，而整庵大譏陽明，陽明亦時不足於朱子之言。何也？」曰：「初間自是論道，到後面俱不免於競氣，競氣即是亦非道矣，而況未必盡允也，然此皆諸先生不如孔孟處。我輩正宜爲鑑，何得又襲其餘風？」又曰：「即諸先生皆不免氣勝之過，可想到明道先生造詣之深醇。」

成湯改過不吝，子路聞過則喜。可想聖賢自修之實心。

不顧此道之是非，不求此心之安否，而徒徇流俗之喜怒譏稱，在士林必無真品操，在仕途必無真事業。

學未到聖人地位，豈能必見解之與聖同揆？但是一言一行自昧其心理之安，亦便足仰對天日，無愧鬼神。

發憤忘食，看吾夫子是如何勤敏；樂以忘憂，看吾夫子是如何脫洒；不知老之將至，看吾夫子是如何精神命脈。

昔吾夫子論伯夷叔齊曰：「求仁得仁，有何怨？」自明曰：「飯蔬食飲水，曲肱而枕之，樂在其中。不義而富且貴，與我如浮雲。」且道古聖人精神命脈，皆管歸何處？到這裏看得透亮的確時，自可見得君子無終食之間違仁，造次必是，顛沛必是。舜禹之有天下不與，與孟子所謂大行不加，窮居不損，夭壽不貳的真機緘。

讀古聖人書，莫只歆艷其德業，須要得其精神命脈所在。

或問：「古人每言學問最足變化氣質，今觀當世之士，亦有勤學好問，而氣質終不能移者。將毋其言亦不盡然乎？」先生曰：「學問原足變化氣質。勤學好問而氣質終不能移，非其功之止於標掠，及其學問之競尚虛浮，而非六經、四子精切之學耳。今若於六經、四子實下定力，遵聞行知。存心即依其言以存心，立身即依其言以立身，進修即依其言以進修，如是而氣質不能變化，然後可疑其言不盡然也。不然，且無漫罪學問，亦無漫罪氣質。」又曰：「後世學問不足變化氣質亦無怪。今無論詞章之學，即理學一途，亦看作占上流、爭地步事，氣質安能變化？」

或問：「先生嘗有修短視志之說，某所未達。」先生曰：「有人而非人之人，有數十年之人，有百餘年之人，有千萬年之人。越禮犯義，縱欲敗度，雖名曰人，無異禽獸，此人而實非人者也。隨流逐波，與世浮沉，無德可傳，無功可紀，一死而與草木俱朽，此數十年之人也。言信行謹，蹈矩循規，德亦足以自立，善亦足以及人，即身死之日，猶有慕德誦義至數十年者，此百餘年之人也。至若志法聖賢，躬行道義，居朝則上思致君，下思澤民，作當世之範圍，立後代之坊表，在野則非法不言，非德不行，前承往聖之絶學，後開來世之太平，雖至千秋萬世而誦其詩、讀其書者，猶欲生其世而師其人，此與元會爲消息，與世運爲短長，世界萬古不毁，其流風遺韻即萬古常存，此千萬世之人也。然推其源頭，只於生前數十年所爲之善惡勤怠決之。而此生前數十年之所爲，亦只決於此一點志向之立不立，豈非人生修短之數無與乎年而全視乎志耶？」

或問：「先生嘗〔一〕論命之好歹只看德業之有無，何也？」先生曰：「今人見人推命者曰壽考顯榮則喜，以爲此是好命；夭折貧賤則憂，以爲此是歹命。不知人生惟德業傳後，千秋不朽乃爲真壽考。今聞長世，百代景仰，乃爲真顯榮。若德義不立，事業無聞，縱至百年，存亡不關於世道之有無，生死不關於鄉邦之損益，則雖與世同生，而其實與無生同。更若違禮犯義，雖視息人世，又且不如無生者之少遺臭於宇宙也。以此言夭折，夭折又孰過是？以此言貧賤，貧賤又孰過是？即此便是歹命。故善論命者視德業之有無高下爲定衡，不論際遇之豐嗇修短也。」

友人有言及長生者。先生曰：「養生者皆以續命爲説，其意以爲保養得命根固，則長生可到耳。然亘古至今，未見有長生者。而古來大聖大賢、大忠大孝載在史册者，則精神事業，至今如生。即再過千年萬年，亦當與今日不異，其長生孰過於是？豈非此身原無長生之理，而德業乃真壽世之具乎？故善養命者與其圖難憑之長生，不如圖可據之長生。」

言畢，又顧其友而言曰：「昔孟子言盡性俟命，又有修身立命。前一説尚分性命爲二，後則合而一之，真是示人以安身立命之要義。近浙中陳實齋先生又發爲『性外無命，盡性即以立命』之説，則推孟義而暢言之，蓋爲醒切，亦可謂善發前人之未發者。」

〔一〕「嘗」，原作「常」，疑音同而訛，遂改。

又謂其友曰：「任他貴賤窮通，無一足阻我進德修業之路，只在人能自立耳。孟子曰：『君子所性，雖大行不加，窮居不損，分定故也。』學者必明於所性之分，乃爲真能明善，而進德修業乃有根基耳。」

或問：「西銘何以言『富貴福澤，所以厚吾之生』？」先生曰：「天下惟大豪傑識高力定，乃能不爲困厄所累，卓自樹立。其次則儘有美資質、高志趣，往往爲逆境摧折矣。而我獨有父兄可以庇身，有衣食足以養生，有餘力可以招延師友，浸漬歲月以成就德業，豈非天之獨厚其生乎？故吾輩幸際此者，須仰體上天厚我之意，砥德礪業，倍加惕翼，然後爲無負天心，克終吾分也。不然天心厚之而不知仰副其意，乘時砥礪，是反不如貧賤憂戚者於饑寒坎壈中，有樹立之效。無論錯過良緣，殊可悼惜；即恐辜負天心，厚福不再耳。」

又曰：「德自我立，業自我建，初無窮通貴賤之可限，只看志行何如。有志有行，即匹夫一命，亦有可傳之德美；無志無行，即公侯將相，一過而灰燼烟消。然匹夫一命建立殊難，終不若居高履豐、乘權藉勢者建立之易。故居高履豐而德業無聞，真寶山空回，辜負上天特厚之意爲尤甚也。」

或問西銘言「貧賤憂戚，玉汝於成」之意。先生曰：「凡人處得意之境，富貴紛華，皆足溺心，最難發勇猛砥礪之志，是亦天之薄待斯人，以溺心者誤之耳。一當困厄無聊，則奮激自立，不成不休。故古來名世大人物多是從艱難窮苦中逼得一點真精神出，以是識見才力，明通堅練，任大投艱，無或不勝之患，是遭際之險阻，正上天玉成斯人大成之至意也。孟子曰天將降大任於斯人也，必先使之動心忍性，增益其所不能。正謂此耳。」又曰：「學者稍際困厄，便以爲天心故意撓人，阻我進修。這等見解不惟自己無志無骨，抵擋不住風波，亦負上天玉成之至意已。」

先生嘗言：「學者有一知半解，便以意見批駁前儒成説。又或不能論世知人，而徒以口舌妄詆先賢。此最小器易盈，不成大器之根。若讀書考古，而疑悟不生，漫無可否，人可亦可，人否亦否，此又冥然徇人忘己，終身無得者也。總之，立異矜己之念一毫不可有，知疑求信之心不可一時無。蓋初學未到得古聖賢田地，如何於古聖賢言行能一一明了？惟知疑求信，好學深思，久之自有一旦豁然之日。最是堆堆然疑悟不生之人，不得長進耳。」

先生生平言必由衷，行必衷理，不苟異流俗，亦不苟徇流俗。或有以毀譽之説導者，則慨然曰：「有千古之公理在，有吾心之明德善性、天理良知在。苟異則索隱行怪，矜己遠衆而逆天；苟同則同流合污，徇人喪己而昧天。逆天吾何敢，昧天吾何忍？」

卷三

豐川王心敬爾緝甫著
及門諸子録

天覆地載，人以眇然之身作配三才，須是成得個人，方不愧爲人。然必以天地之心爲心，方成得個人。若但視息天壤，不思爲天地立心，其存亡有無於世道生民毫無損益，所謂衣冠而草木也，甚或縱欲敗度，則分明人羣中異類矣。人禽生死之關，決之一念，可無自省？（書壁自警語）

西銘前明人道之本量，後明做人之實事。這是張子實見得人道原是如此，做人雖欲不如此而不可得。這是此老一片婆心吃緊爲人處，真與孟子性善養氣諸論同功。若讀前半篇，而存一我未必如是心，是爲自棄；讀後半篇，而存一可以不必如是心，是爲自賊。

張子爲天地立心、生民立命、往聖繼絶學、來世開太平四語，表裏西銘。説來人道始圓滿無欠，每一展讀，平日自暴自棄之心立奮，若有人督余者。

「人之生也直，罔之生也幸而免。」爲人須無愧此心，然後生非虚生。

人者天地之心，莫小看此身。

人性之善本與堯舜同，故孟子謂聖人先得我心之同然。存一自歉之念，必生自賊之根，故做人莫要於自己信得本性原無聖凡。

周子謂「聖希天，賢希聖，士希賢」者，是就造詣淺深分次第耳。其實士即希天，士不希天，所希即妄，希賢之心，亦名心勝心耳。蓋人心本來與天同體，初無聖凡，故吾儒學問雖有等級，要之是希盡本來同天心體，完得人心本來同天分量，不愧人道耳。士、賢、聖分得工夫造詣生熟安勉，卻非聖人希天的是一種精深微奧之理；而士希賢的又是一種淺近顯易之理也。至於「伊尹之志，顏子之學，過則聖，及則賢，不及則亦不失於令名」數語，亦周子循循誘人之言，使人知伊顏不可不志學耳。非謂不能上二等，姑從事下一等，亦可粗結人生小局也。蓋人性既與天同體，必與天合德之聖人乃爲能踐其形。顏子伊尹雖大賢，亦尚言不得做盡人量，何況更不及也。且此學此志既是爲要做吾人分內事，吾心天體本來有理無欲，自合用克己復禮之功；吾心天體本來萬物一體，自合任先知先覺之責。縱克復到聖人人盡天還之地，覺民到無一夫不被其澤時，亦只還得本來分量，更論甚名不名。爲名而學，早已去道萬里，豈周子立言之意耶？自修者不可借口徇名苟安，徇名苟安者不可借口自寬自解。（答人）

王文中〔二〕中說一書，雖不無門人語病，要之我輩一副做人好樣子也。余每讀其書，想像其人，輒興天際真人之思。〔三〕

〔二〕 此間有缺文。
〔三〕 此章後有缺文。

若說學聖便不是，爲人自合如此盡人道。

此心不可大，此志不可小。心大則粗，粗則不能盡性至命；志小則懦，懦則不能希聖希天。小心翼翼，文王其我師乎；有爲若是，顏氏不吾欺也。

帝王若非堯舜，則千古君極不立；師儒若非孔子，則千古儒極不立。君如堯舜，儒至孔子，天地人乃可並稱，匪是愧三才之義矣。

以氣魄湊泊者，志氣衰索時，終須墮落。做人須講明人之所以不可須臾離道，與道之所以須臾本不離人的真脈絡，然後知得一刻怠荒而不可，自然仁爲己任，死而後已。

孔子祖述堯舜，而孟子揭出性善，自此學者知個個人心有堯舜，即人人可爲堯舜。辨方而得指南，坦坦可適。昔人謂孔子之道得孟子而大明，其實堯舜之道得孟子而益明。且自有孟子之言，不特大禹傳子、湯武弒君之心事表白，即禹、湯、文、武、周公之心法昭揭。是孔子而後能深明二帝、三王之道統者，斷以孟子爲指歸，則居今而欲由孔子以上溯二帝、三王之心傳者，舍孟子其奚師？乃世之論者往往謂孟子較孔子有英氣、露圭角，殊不如孔子之渾含。嗟乎！論世然後知人。孟子之時何時乎？孫吳變詐，儀秦縱横，楊、墨、子莫之說，爲我、兼愛，執一害百，堯、舜、禹、湯、文、武大中至正之脈沉焚無餘，孟子一身荷千聖之統，四顧傍徨，直以口舌砥柱中流，更安忍避嫌顧忌，奄然媚世？譬如大仁人君子處千尺高臺，下視鄰里族姓，沉焚水火，自不忍不大聲疾呼，狂奔往救，將不顧其毛髮之焦而衣履之濡也。且孔子惡鄉愿，至以爲德之賊。

春秋之法，以匹夫而明天王褒貶之義，大書特書，是亦予奪一毫不肯假借，何嘗於世苟合。如世俗所謂藏垢納污，一字不言人是非乎？世有聖賢，正天下後世所賴以辨明學術真是真非之界，爲千萬世眼目。若但作好好先生，無非無刺，是自私自利之徒，於世何賴耶？（答人）

天地之性人爲貴，如何可辜負天心？

每思惟〔一〕皇、降衷之意，便覺從前因循苟且之罪，擢髮難數。

人配天地爲三才，須堂堂的還他一個萬物獨靈之身。

堯舜事業，孔孟學術，只分內事。一長一藝，輒自矜炫，真井底之蛙。

實見得人心即天心，自不敢妄動妄想，故學問致知爲要領。

一真百真，一僞百僞。桓文事業，楊韓文章，皆從末稍做起，故雖是皆非。

大丈夫「居天下之廣居，立天下之正位，行天下之大道」，若徒以雕蟲小技了結一生精神，這是舍通途而自行狹徑。君

〔一〕「惟」，原作「維」，據尚書湯誥「惟皇上帝，降衷下民」改。

子所性大行不加，窮居不損，若或患得患失，憧憧於利害得喪之私，不知止足，這是舍安流而自涉風波。

一念不謹，妖星厲鬼爲人。事功文章可以不有，此心不可以不正。

這事是頂天立地事，識量淺懦人如何解做，如何可做？這事是本分平常事，好奇喜異人如何肯做，如何能做？

人品高下在心術行誼之正不正，聞見知識非所論。

知性之謂知，盡性不懈之謂勇，此是自己性分中一段真精神、真命脈。良、平、賁、育輩知識氣魄用事，雖世俗之所共艷，謂之真知真勇則不可。（答人）

等待便不是，一刻不仁便同草木。

仁是天地人物生生之機，人而不仁，命脈已斬，必無枝葉長茂之理。

君子仁以爲基，禮以爲防。要知仁非外鑠，禮根至性。

經緯天地而綱紀萬事者其禮乎？天地間一日無禮，一事無禮，便世界不成世界，人事不成人事。老氏以禮爲忠信之薄，乃欲掃歸太古，不知風氣已開，禮制如何可廢？況禮者吾性天然條理，禮而可廢，無論無以綱紀萬事，即此心此身莽莽

蕩蕩無有限制，亦且作何收攝？ 蓋由彼以末流虛文論禮，未見禮之大本大全，宜其妄肆譏評也？（答人）

禮所以别禽獸而經緯宇宙萬事之樞紐，談道而薄禮，縱虛極靜篤，頑然木石而已，且不知要這道中何用。

二氏皆以自私自利之心學道，故只管出離生死一路。既云本無生死，而又求出離，豈非空中着楔？

每看到孟子游齊梁，息邪說，距詖行，欲正人心處，便爲長嘆。此老是甚麼心腸，而當時親聽者乃以爲好辯，即後世一二大儒推知言論世者，亦以爲露圭角，露英氣，可嘆也夫！

孟子而後，王文中、周、程、張、朱、張、陸、真、許、薛、王、顧、高諸先生，雖其見解有大小偏全之不同，然要其立心積意俱凜凜乎有綱維世教之思。這纔是大人之學，其他名儒有聞於世者，不無差入鄉愿一路，非刺雖免，心量未弘，有虧大道爲公之義。

得對失而言耳，以道爲可得，如得財得物之類。永不遺失，豈惟有夢中獲金妄生欣喜之病，亦且阻日新又新之功。惟聖罔念做狂，一息尚存，此志不容少懈。（答人）

昔人謂「得來全不用工夫」者，這是禪家說出此道本來現成，見得時不容人安排做作耳。若就吾儒學道說，得來豈有不用工夫之理？ 只可言得來正好用工夫耳。蓋工夫即道，無工夫則亦更無道矣。但見道後，工夫較前雖愈細愈微，卻愈易愈簡，愈現成省力耳。錯認機緘，必至以一知半解，猖狂自恣。（答人）

論甚得不得，活一日操存一日。

得道者得無所得，亦不自見爲得。文王緝熙敬止之功，全從一片望道未見之心來。

若説待來日做，便是不畏天命，上帝臨汝，一刻豈可漫過？

此道不論敏鈍，求則得之；不論閒忙，正在有事處煅煉；不論貧富貴賤，貧賤憂戚正砥德礪操之地；不論老少，朝聞道夕死爲可。

論人先論其人之立心立身，然後論其學問之見解，則人品之高下、造詣之淺深可定。

識得敬字，真本體在是，工夫即在是。即勉即安，以爲持敬。失於把捉，非猖狂者借口之説，即見淺者半解之論。

敬静一功，在提宗立教則敬字，要是顛撲不破。但須指點得真切耳，否則助長之病其害更甚於忘。

白沙以自然爲學宗，信是此老獨得之方，有益助長之病不少，但以此立教，其流弊更甚於助長。蓋從來放達之士，自外禮教，皆認虚無自然爲道宗故也。作法於涼，其弊猶奢；作法於奢，弊將何若？宜乎宗其説者流弊入於懶散頹唐也。必然敬勝義勝之旨，二帝、三王胥此心法，任天下智愚賢不肖胥管歸一途，更無流弊。這纔是皇極大中至正之理，且敬義立而不疑所行，又何嘗遂心勞日拙乎？陸文安嘗謂康節只是閒道人，余謂白沙亦有康節意思。

涵養個甚，須徹得本原始得。

「涵養須用敬」，這敬是吾性天真精神，認不真敬字脈路，不免精神勞攘，以養心者害心。

程朱以居敬窮理立教，自是顛撲不破，而末流相沿，昧卻原旨，至認居敬窮理爲二事，殊失孔門一貫之旨，遂至有他日王門紛紛之爭。可見遵經學古必會通古人立言本旨，乃爲善繼善述。不達其意，而徒兢兢門戶之守，循迹摸象，無論空言虛爭，不足光昭前烈，即踐履敦篤，遵守謹嚴，亦終屬舉一廢百，一再世必至盡背原旨。（答人）

道只是一個道，但人見有偏全耳。二氏未始非道，然亦只見得一邊。而世之無識者，遂以其言性之微眇，至抗衡於吾道。嗚呼！此不惟未嘗徹吾道之大全，抑且未洞二氏之底裏。故余嘗云不窮盡二氏之旨，不知吾道之大。（答人）

真靜無靜無動，單單以靜立宗，末流必至遺棄事物，故「靜」之一字可爲喜動者對症之藥，不可爲立教之宗。（答人）

有一人不可納於範圍，有一事不可納於範圍，有一時不可納入範圍，便不可以經世立教。修道之謂教，道不可須臾離，故教亦不可須臾離。大學明、新、止善之旨，全體大用，本體工夫，中正圓滿，毫無紕[一]漏。學問宗旨至矣盡矣，無以加矣，

[一]「紕」，原作「疵」，疑形近而訛，遂改。

舍此而標宗立旨，諸儒之勝心也。孔子曰：「今用之，吾從周。」吾於學宗亦宗曰孔孟而已。

真知實踐，古人雖並舉而言，然實一體相成。有真知乃能實踐，惟實踐乃爲真知。

我不知所謂道，亦不知所謂學道，但覺此心稍有一毫不順其天則處，便不安，便不肯任情行將去。

靜觀天地之運，萬古只一氣流行，而人居其中，生生化化，至壽者不過百歲，其下大半五六十、三四十，甚者襁褓孩提而已。風漚起沒於洪池，須臾萬變全無實義。爲人須是與天地合德，日月合明，四時合序而鬼神合吉凶，乃能同壽太虛，始不枉生世一場。苟其不然，無論尋常庸碌，即功名富貴烜耀當世，亦卒與草木並腐。（書壁）

天地萬物皆吾一體，有一毫自私自利之意，便是於一身自生支離。西銘備發此義。學者能熟味而默體之，到得能見其大意時，自然不忍度外漠視萬物。

吾於天下同歸於善。

功何必自己立，吾欲諸公皆功被當世；名何必自己成？吾欲吾黨皆流芳萬年。

「千休千處得」，白沙先生得力語，吾以爲中間不無語言未融之病。吾儒盡性至命之學可以休言？書曰：「雖休勿休，念兹在兹。」

欲水放乎四海，須抉求源泉，源泉既出，自然不舍晝夜。縱今日不能至海，他日自有至海之時，故爲誠探本窮原，自有會極歸極之日，不可見小欲速。

戒慎恐懼，即春風浴詠之機不外是敬，而拘苦樂，而放蕩者皆非也。然非與知道者語，則惑矣。

但不起爐作竈，便自天平地成，故知天地同流，只此一念無欲真機。

所過者化，由於所存者神，然唯所過者化，乃見所存者神，亦惟即存爲過，即神而化，體用一原，顯微無間。

後世皆以私爲心，故無好事功； 皆以私論人，故無真是非。王道蕩蕩平平，豈容人私？

學者須知恥，乃可進古人。日進高明，日遠污下，只是知恥耳，故曰恥之於人大矣哉。

悔過是進德之基，改過是入德之門。過而不悔，悔而不改，吾知其終於下流矣。

讀書須知古人命意所在，不可泥文害意； 又須反身實證，不可靠人語言訓詁。然大要在身體力行，否則終屬玩物喪志。

每恨此生知學之晚，獨喜此生得師之明。

大學之道在明、新、止善，後之談學者吾惜之。

幾曾見無志者能成得大人物？又幾曾見有志者不能成得大人物？故學莫先於辨志，莫貴於立志，莫要於定志。

學者須是志勝氣，氣一勝志，則千病萬痛皆生矣。

與後生言，須警發其正志。然後生如何便辨得正志？須開發其正知正覺始得。故道脈不明，自修則誤己，教人則誤人。

大行不加，窮居不損，非知性者不能言其義，非盡性者不能臻其境。

真樂不假於物，不改於物，非知道者不能知之。

吾於朋友言，苟實見爲是，不忍一毫游移摸稜其間，寧使人謂我爲戇爲愚，不欲自處於佞順非逢迎。

吾於論人不敢泛然褒貶，必實見其精神意向之所在。

不知性而學收心，如縛猿守柱。

「先立乎其大」，如何爲大？如何樣立？「心之官則思」，如何樣思？這裏須識得天則始得。

「只有所向便是欲」，明道不足異。「只有所見便是妄」，心齋已見到個田地。一鹽丁如此，宜當時有天挺人豪之目。

「不識不知，順帝之則」，原是聖學真脈，初學舍此更無準極。故昔人謂孔子十五志學，即是志從心不踰矩之學。蓋志學與從心不踰工候有生熟安勉，卻非各自爲脈也。學者須從此下手，始有會歸之日，斷不可別尋路徑，適燕南轍，終無至燕之期。（答人）

存心有一毫自爲之意則私小，學問有一毫爲人之意則浮僞。

知過必改，不可因循，因循便日流於污下。

天下惟自私自用之人不可救藥。

見朋友有過必須規勸，不可顧惜嫌怨，但須婉順耳。若存顧惜嫌怨心，這便是自己私小處。曾子曰「爲人謀而不忠乎」，寧人負我，毋我負人。

友之過即吾過，何可隨順？友之善即吾善，何可忌疾？仁者以天地萬物爲一體，故與同類一切呼吸痛癢相關。

信今不如信古，讀詩還以從序。爲當信古不如信理，讀書正須今古兼取。易之序卦正文王所以衍周易之妙旨也，不知歐陽公如何疑而不信。

戴記雖雜出漢儒之手，然先王之禮意時於其中存焉，吾擇其善者從之而已。

周禮，先王經世之大經大法。時代遷移，政因俗革，謂規制不合於今則可，謂不善於古則不可。謂漢儒有附會則可，謂全出新莽之僞托則不可。

周禮一書，周之政也，而曰禮，可見先王一切綱紀制度皆根天理，順人情，而不可妄意增損者。故能施之四海而當，垂之萬世而準，上下和平，神人無怨。〔一〕

易艮之彖傳曰：「艮止也，止其所也，時行則行，時止則止，動静不失其時，其道光明。」易之大致，其蔽於斯乎？乾之九三曰：「君子終日乾乾，夕惕若。」學易之道，其蔽於斯乎？吾於易終身用之不盡，終身學之不盡也。

〔一〕　此章後疑有缺文。

書皆古聖帝明王、賢臣良佐，經世理物實事，而諄諄言欽言敬，言仁言誠，可以見古帝王之心傳矣。〔一〕

聖賢經書豈可不讀？但教他讀時要知宗旨，知會通，知反身實踐耳。究之至德要道盡在經書中也，工夫原不在陳編之言，雖探本之論，亦未免矯枉過直。

學不見道，只是蔽於欲耳，不可徒罪氣質。

心敬之名，先君所命。余每顧名思義，輒自惕然。先君雖蚤逝，不啻終身耳提而面命。欲報之德，昊天罔極，豈獨生育之恩？

熟讀孟子，乃見後世論學有多少粘牙嚼舌處。今日焉得天生豪傑，更掃浮雲？

每讀韓文至三上宰相書，輒爲忿赧。古之學者，學至而君求，未聞枉己而求人者也。出處人生大致，奈何苟且？

打透名利關，便是八分人，非知道者不能爲此言。

謝上蔡、邵伯温甚有骨力，不以非分之富貴撓其中，有益名教不小。畢竟是習聞父師道誼之訓，乃能如此。程邵諸公

〔一〕 此章後疑有缺文。

振興名教，真有砥柱狂瀾之功。

學道不是說要將來作聖作賢，只是做這人，便合盡這心，一刻不如此，便曠心職，便失人道。孔子曰「罔之生也幸而免」，蓋罔而生僅與蟻蟲草木同存瞬息而已。

此理非由外鑠，何待幫補？ 一切聖賢立言垂訓，只教人還他固有天則。

道只是一個道，人之見解不無偏全淺深，遂有三教九流之異。 故學問致知爲要，然學絕道喪爲日已久，初學如何便解致知？ 須懇求師友指點乃可。

百工技藝皆有師，求道而不求師，猶欲其入而閉之門也。 然非真有爲道之心，則雖遇真師友而不知親，或親之而不盡信，與不遇等耳。 故欲親賢取益，須辨一副真心乃可。

羅近溪先生求道時，處處參訪，虛心請益，庶幾古人詢於芻蕘心行。

此心無欲時，看是甚麼氣象。

天行乾健，聖心兢業孜翼，故聖人與天合德。

此心有安頓消煞不下處，不可尋對治法，須扶求其本原所在。

道，生人之本，人之所以異於禽獸在此，學道正是要做生人正經分内事；否則人理有虧，人奈何以此笑人，而學者又奈何懼人之笑。惟夫徒警虛聲而不知實踐，此則穿窬之流，縱人不笑，所宜自慚。

司馬溫公曰：「吾無過人者，但平生所爲未有不可對人言者。」余則謂平生毫無及人者，但知恥一節差不敢後於人耳。

今人每言「人非聖人，孰能無過」，此不惟開自己方便門，亦非深知聖者改過不吝，正成湯聖敬日躋之學。蓋正惟聖人乃見得自己時時有過，乃見過即改，不吝於改耳。初非以無過爲聖也。

學道不可有揀擇境遇□□，心一擇境，便精神有不貫之處。

洒掃應對之間，皆精義入神之處，天下何地可容浪過？

非時時有虛生浪死之懼，必不知光陰之可惜。

世事妨學，非知道之言，艱難盤錯中，正可煅煉真精神，增益真識力。

舜、說、鬲、敖諸聖賢，皆從動心忍性中成就。可見艱難正進德之地，豈特無妨於進德？

騏驥驊騮歷險阻如履〔一〕平地，吾輩遇逆境只可自盡，不可罪境。

周子主靜立極之旨，乃靜定動定之義，初非坐禪入定也。錯認脈路，必至差入鬼窟。

無欲自靜，論甚有事無事。

孝感楊恥庵先生有言：「體用一源，若過拙無用，止緣學誤，不關才短。」濂、洛、關、閩後，更未見此等議論，楚中有此豪傑，惜未見其全書也。

良心上過不去處，便不可爲。

平日工夫不得力，遇事便亂。

見不徹孟子道性善之旨，終見解不實。

從古無不學而成之聖人，吾輩奈何以姿質自諉，甘心下流？

〔一〕「履」，原作「歷」，疑形近而訛，遂改。

百年易過，此身不再，大丈夫須使此身爲宇宙學術世道不可一日無之身，乃足結果堂堂七尺之軀。

讀古人書，以資踐履爲本，徒說徒講，如瞽誦詩，雖博奚益？

王文成公曰：「爲人由己，固非他人所能與，然切磋鼓舞之益何可一日無？」學者不從經歷過，不知此言之親切有味。

吾輩學道而不求良友，必無志於大成者也，大成焉有不需良友者。

豈必甘心暴棄，然後爲自賊。苟不以聖人之事責諸己，不以聖人之心存諸己，便於人道有虧。

人能辨得無一事、無一時、無一人可以廢學之義，其於人道思過半矣。

誠僞兩字非特人品邪正之關，直是人禽生死之關。

無源之水必涸，無本之學焉得久而不變？

縱學聖人之學，而心不真便是僞學。但有同乎流俗之心，便是俗學。

急迫最害道，變急迫爲和平，此惟天下大勇者能之，吾於此道學之而未能也。

今人每每謂世道險窄，不知世道險窄，吾若以寬平心處之，則無處不寬平。蓋人到得此心寬平時，平心觀理，卻見得世界本自寬平，吾惟以險窄處之，故處處見得無非險窄，是世界之寬平險窄總關吾心，不在世界。然所謂寬平者，卻非排遣所能湊泊得來；所謂險窄者，卻非寬解所能消除得去。此須有無入而不自得之學乃可，故曰「君子無入而不自得」，正以無入而不學也。（答人）

正己而無求於人，正字工夫甚長、甚深、甚細膩，六經、四子發揮此二字不能盡，所謂語其極，雖堯、舜、孔子之心，其猶病諸者也。如今時訓詁家所解，稍知反己守分者能之。

大賢吾師，小賢吾友，不如我者師吾事吾，此皆天理之自然。今人於賢者，恥於謙下；不賢者，反僞爲謙恭。增虚長僞，賊德害義，莫此爲甚。舉世相沿，雖名儒不免，良可嘆息。（答人）

卷四

豐川王心敬爾緝甫著
及門諸子録並校

無萬物一體之意，成就不得一身；無萬世一家之意，成就不得一世。

無名節則無道德，欲使此身不愧聖賢道德之身，須使此身一毫不可做敗名墮節之行。方圓外無規矩，規矩外又焉有方圓？

一向忙迫可笑，總是涵養不力之過。

延平先生不爲高遠之言，卻句句耐人咀嚼，亦可謂言近指遠已。

與人相忤未盡，世人不容我輩之過，多是自己有過當之行、矯情之言，或是不近人情，此處正須自反，未可咎人。

閲歷艱苦一番，方進一格，可見人生安常處順，非好消息。

從心意隱約牽纏處一刀兩段，切莫麻斷絲連，久之絲毫頭繫縛住我充天塞地之氣。

無用閒言語一字不可留。扶世立教之論，不主張自我輩而誰責？

學得參天贊地之學，方可言有天地，不可無人。

孔孟論人皆就血脈上評品，後世論人只在形迹上推索。故近來史評中是非得失，不足爲其人功罪者極多。學者欲論世知人，須有窮理知言之學，然後不至隨聲附和。

可嘆吾輩將充天塞地之靈，盡用在豆區釜鐘間。

余每讀象山「宇宙不曾限隔人，人自限隔宇宙」之語，輒爲汗下沾襟。

門戶之爭，世儒之隘也；門戶之護，世儒之陋也。斯道大公，長短是非自有定理。至當則法，失中則偏。爭之固非，護亦未爲是也。

平心論理，前人可法可戒處自在。以意見爲是非，即不免從違俱失。（答人）

我輩生後世以論古人，取長略短，豈不吾道大公？（答人）

文章性道，本自一貫；博文約禮，亦非二候。大學明新兼舉，中庸道教合修，總之無體不立，無用不達，無真本體則工夫亦並不真，無實工夫則本體亦並不實。朱、陸、薛、王因其性之所近，又或緣當時流弊不同。故重内重外，意各不齊；詳體詳用，旨各不一。然要之合來皆吾道統貫之章條，分之亦吾道應有脈絡，但其見解造詣微有偏全淺深之殊。故其末流之弊亦微有多寡大小之異，初如吾儒二氏判然邪正之迥别也。吾輩於四先生只宜取其長而略其短，鑑其偏而□□□得輒分門户，彼此攻擊。近來尊朱薛者闢陸王，尊陸王者闢朱薛，爭門競户，不惟割裂吾道之大全，亦且大悖四先生原旨，後世學術可謂有門户而無宗傳。

如何一絲毫遂將人牽滯得定，豈可不一刀兩段？

吾道自足，有明隆、萬間諸公往往混禪入儒，自甘不足耳。此識見不徹之過，未可徒罪其敢於撤藩籬也，蓋諸公皆以統一三教爲大耳。

龍溪論心病處細入秋毫，更無入含糊，由此老在此處體勘得久故耳。獨其於道脈不無毫釐千里之差，則當時師友之信心師心太過，切磨講究之益少耳。此病之根，陽明先生不能辭其責。（答人）

世網看不破，終不超脱；世念放不下，終不長進。

自己一副心，誰使我東馳西奔，豈可不自愧自奮？遇事便亂，我知其定非真定。

即事即心，即心即理，即理即禮。此處分不得内外本末，以禮爲忠信之薄，與世儒外心而言禮，外禮而言心，其爲不知禮一也。（答人）

雖日用微小事，古聖賢俱以全副精神應之。

不可放過一人一事絲毫滲漏，生機便不圓滿。

吾心無欲時，天地萬物各適其適。

見不盡性之全體，必於欲之藩籬不能盡徹。於欲之藩籬不能盡徹，亦終無見於性之本體。

只盡性便能至命，學盡性而不能至命，必認識神爲性也。

日用間無心理融洽之意，縱窮盡天下理，亦只是口耳意見之學。

遇明師良友消多少偷惰心，尋師求友真人生第一大事。

一念還真，與天爲徒，故學問以無欲爲做人根本。

君如堯舜，臣皆禹皋，世躋雍動，而吾生其際。得孔、孟、曾、思爲之師友，麗澤切磨於清幽閒曠之所，優游浸涵乎詩書六藝之中，則吾願足矣。

任世人聰明智巧，到性地上這機械絲毫用不着。

見小欲速，終不成大器，故曾子謂「士不可不弘毅」。

勢位所以廣道，道中無有勢位。

用志不紛，乃凝於神。神不凝，則行不能定，心行必有滲漏處。然志不專，則氣不能翕聚，精神必有紛擾處。

古之學者皆是爲自己身心性命而學，初不爲名譽富貴起見。

從善如適康莊，改過如除糞穢，懲忿如摧山，窒欲如塞竇。富貴不能淫，貧賤不能移，仁爲己任，死而後已。（書壁）

「悔過自新」是學問真切脈路，能實實落落從此做去，自然日進於高明，故二曲夫子常拈此四字以教學者。然須知得道，乃能知過改過，脱然自新，否則終屬補東漏西。

人生學問出處苟可自信，不必以他人之毁譽爲欣戚得失，非是謂清議不足恤，蓋學問出處如人飲水，冷暖自知。苟不信心信理，而但以人言爲喜怒從違，則舍己徇人，便非君子爲己之學。

「君子多識前言往行以蓄德」，然溺而無節，卻是以聞見汩天常。

修名者志不實，逃禪者見不實，但患無德，何憂無名？ 吾道自足，何俟旁求？

性善無欲之旨，非深造自得者見不盡。

戒慎恐懼是本原工夫，分不得動静，以本原無動静也。

道不可須臾離，故體道之功亦不可離於須臾。 如鷄抱卵，如龍豢珠，用志不分，乃無滲漏。

仲弓簡默，曾子篤實，濂溪淡樸，皆凝道之器。 學者須識此風味。

學者冗蘪最害事，張皇亦最害事，不激不隨，克剛克柔，非知道者其孰能與於斯？

學問能知張皇害事，則可與適道矣。

先正謂見大則無才可矜，此言最有味。蓋學問到得能見其大時，自知宇宙内事皆吾分内事，堯舜事業只是本分事，矧區區才藝技能乎？

淡薄寧静，非惟凝道之要，亦是養身之本。但吾儒非爲養身而後如此，此義利公私之辨。

古之學者進爲有序，先後本末，秩然不紊。先孝弟，謹信，而後學文。先志道，據德，依仁，而後游藝，故能有始有卒，德成才達。今人都倒做了，昧卻本根，掇拾標末，故竭終身之功，卒於斯道無聞。

認得學字真頭腦，工夫自然的切。

狂狷雖有顯過而心真，鄉愿雖無顯過而行僞。真僞之間，上達下達之分，君子小人之判，人禽生死之關也，故夫子思狂狷而賊鄉愿。

理欲不並行，義利不兩存，君子小人不共途。如山谷之爲高爲卑，登乎山則在高，墜於谷則陷卑，一毫不可假借。學者須是打疊心地，令乾淨皎潔，如皓月當空，纖塵不染，乃不至陷入小人之途。

曾子曰「仁以爲己任」，蓋這擔子原是我身上推謝不得的。又曰「死而後已」，蓋這條路原是我終身行走不盡的。見小欲速之人，如何可以載道，故士貴弘毅。

做人不掩失護短，縱有小過，不害其爲真人。

雖目不識一字之人，但能不入鄉原巢窟，便是真男子、大丈夫，孔、顔、思、孟路上人。

從古聖賢立身行己，都在血脈上做，故仕止語默各隨其時。不立成心，不執己見，不泥舊迹，如造物之無心，而春夏秋冬順運而行。故伯夷之清，不踐伊尹之迹；柳下惠之和，不踐伯夷之迹。及孔子出來，仍與時消息，不踐三子之迹。今人要做人時，先揀一個古人中有名頭的好樣子趨步繩尺，不敢差越。門面上稍一不合自己，便以爲不合古人家法。論者亦便以泛駕責之，一切皆是摹迹仿象，那裏知有血脈？後世規矩愈嚴，而人品日僞，職此之故。（答人）

孟子「求放心」三字，括盡千古學問要領；二曲夫子「反身」二字，括盡千古讀書要領。

孔子曰「志於道」，學者志必在道，而後此心可對天日，可質鬼神，不愧屋漏，不愧鬚眉。

儉者富國之本，故漢文景之世貫朽粟紅。明者成功之原，故唐貞觀之間吏清民安。斷者舉政之要，故明洪永之際令行禁止。

明道謂「有天德人然後可語王道」，世儒不知天德爲何物，開口侈談王道。不知既無天德，縱事事傍依三代，到底打不出管商巢臼。

王文中曰：「通其變，天下無變法；拘其方，古今無善政。」荆公膠柱鼓瑟，焉得不壞人國事？

能使吾之一身五官四肢各得其正者，便能經濟萬物使各得其正。能使吾之一家內外大小上下各得其宜者，便能康濟四海使各得其宜。

真經濟不論大小，不拘衆寡，不限貴賤。天子經濟天下，諸侯經濟一國，士大夫經濟一邑，庶人未嘗不可經濟一家一身。蓋所謂經者，經理之使得宜；所謂濟者，康濟之使得所也。吾輩誠能處身處家，發之心而當理，施之事而合義，達之人而偕宜。雖一身一家俱是五帝、三王經濟參贊之業，至其功施勳名之大小遠近，則視其才之短長、遇之隆污。（答人）

近時學者見上蔡說惺惺，亦說惺惺；見紫陽說提起、放下，亦說提起、放下。及說到上蔡識仁之旨、紫陽明善之義，卻又全不理會，不知未明識仁之旨而說惺惺，未達明善之義而說提起、放下，皆是游談無根。至於紫陽之提起、放下爲切實，以上蔡之惺惺涉虛寂，又屬痴人說夢。（答人）

仁人，心也。韓子專以博愛爲仁，豈不謬以千里？

學問不求信心，追逐時好，莊子所謂天刑之民也，終身桎梏而已。

吾儒於斯道縱見到孔孟田地，縱做到孔孟田地，也只是分內事，有甚可矜。鵝湖之會，朱陸泛舟，樂曰：「自有宇宙以來，已有此溪山，還有此佳客否！」二公當世大儒，到這裏便按納降伏不住，不覺矜心萌矣，可見涵養最難。

朋友論學最忌附會，無極之辨彼此異見，此正宜虚心商確，彼此取益時也。乃二公俱以勝氣臨之，不惟無益，竟成爭端。至今讀其往還之書，猶令人爲之短氣。

明道先生於孔門求仁之旨見得盡，故諄諄以識仁爲學者勸。當時如游、楊、呂、謝諸公，雖其議論不足以盡仁道之大全，亦自針針見血，蓋以曾經明道親傳口授故也。學者欲溯程門之的傳者，苟不能遽了然於明道之言，當於諸公之言體認之，自能循流而會源也。再傳而爲豫章，三傳而爲延平，亦尚不失伊洛嫡派也。（答人）

龜山先生能與牧童野叟處。延平先生居鄉數十年，人無知者。這些意思極好，近時學者罕知此味。

明朝諸儒：薛文清先生可謂力行近仁。陳白沙先生可謂貞而不諒。章文懿先生可謂仁而不佞。王文成先生可謂狂者進取，斐然成章。高忠憲先生可謂篤信好學，守死善道。顧涇陽先生可謂仁爲己任。馮恭定先生可謂閑先聖之道。羅文恭先生可謂狷者不爲。他如月川、敬齋、涇野、雲浦諸公恪慎敦篤，蹈矩循規，雖無廓清聖道之功，猶自不失爲忠信誠確之士。

呂新吾先生熱心長才，吾道中有實用之人。有明中州講學諸公，當推此公爲最。

心外無道，世儒言道諱心，不知將何作道？

心一也，將心觀心，猶如頭上安頭，此謂藥還爲病。然初學未知心爲何物，苟非由此下手，終無見心之期。故先輩自伊川先生而後，多教人靜坐觀心。蓋未悟時即病爲藥，病去藥已，則待人自悟耳。（答人）

無不愧屋漏工夫，做不得經綸參贊事業。

學者但有高人一等心便不是。宇宙内一切人所可爲事，原是人所當爲事。以分内所當爲者爲之，亦只是吾輩本分[一]。且斯道所在，何處可着此高字？

世俗人之過或是失誤，我輩之過多是故犯。失誤之罪小，故犯之罪大。

有過不改，掩覆蓋藏，是自欺也。自欺之人不可救藥。

舜跖之分只在利善之間，可見一念之機，其幾甚微，其關甚大。吾輩須時時自勘自認。

學者終身學問事功所到，全視其志。此志苟立，何地不可到？明道自十五六時，便有志學聖人，後來畢竟德器可比顔子。范文正自做秀才時，便以天下爲己任，後來畢竟有那光明俊偉功業。可見學者終身無所成就，只是志不真切。

[一] 「分」，原作「等」，今據上下文義擬改。

看得「敬」字透徹，工夫在是，本體即在是，謂之敬固可，謂之樂亦可。近時學者皆喜言樂而諱言敬，以爲持敬則失於把捉，有乖本來虚圓之體。此不惟失「敬」字本面，並不知樂字真脈，殊可怪也。

會得時，古人「萬化生身，宇宙在手」之言，只是兩句本分話，不悟則便覺驚天動地矣。

不翕聚則不能發散，靜坐乃翕聚法也。然會得時不惟靜坐爲翕聚，「執事敬，與人忠」，俱翕聚法。

不可以好名之嫌而阻爲善之心，然名心卻不可有。爲名爲善，雖善亦私。

談學者十，而打過利關者十不得一。學者百，而打過名關者百不得一。一絲流注，萬紉纏縛，大丈夫須一刀兩段。

了徹也，透也。了道者，透徹此道體，非了得更不用工夫之謂。「逝者如斯夫，不舍晝夜。」道而可了，其於道也，必不了矣。每笑世人開口欣艷了道謂得後，便可撒手游行，更不事事。真是痴人説夢也。然「了」字原本禪家，吾儒從不用此。義各有歸，言各有體。濡足沾裳，殊破藩籬。君子出言立訓當爲世程，豈可不知忌諱！（答人）

二氏不可謂之不知道，卻不可謂之知聖人之教。然教者修道之謂，離教亦更無所謂道。既不知教，即所謂道者亦非。從前極喜龍溪先生連日，卻見得此老見解未透。由其以合一三教爲大，故知其未盡吾道之全量，而尚囿於二氏見解之内也。（答人）

佛氏以出離生死爲極，則吾儒崇二氏之學者，亦以出離生死爲極，則不知此見一萌，蚤已浮沉生死中矣。千載迷關，相沿不解，良可浩嘆。

「不識不知，順帝之則」，吾儒只是這簡易平常道理。盡二氏伎倆，到這裏一字用不着，一切打不出。

周子謂一部華嚴，不如讀一艮卦，這是此老透頂之言，非與佛氏角勝之說。明朝諸儒見至此者絕少。

六經如萬里終南，寶藏財貨無一不備。學者不知從此探討藴奥，卻向二氏語言中采取一言半偈以爲勝義，真是「拋卻自家無盡藏，緣門持鉢效貧兒」也。

佛氏自有其長，而世之譏之者過當；自有其短，而世之譽之者過當。其長也，自彼之長，而吾長之；其短也，實彼之短，而不知其爲短，皆盲人摸象之見。故不唯毀者非佛氏所畏，即其譽者亦非佛氏所喜。直須命意原頭處致詰立教，原頭處理會，則長短盡見矣。然非實知大道爲公之義，則亦徒爭閒氣耳。（答人）

古者曠達之士，每以爲百年易過，且須自適其適，或留情山水園林，或寄意詩文杯酌，固視繫戀富貴名利者爲優，然皆是有待之物，一不得則違其好矣，違其好則其心仍苦。其視貪着名利富貴者，清濁又何能以寸也？學者須是知自性自天之樂，乃能隨遇而安，無適不適。（答人）

君子作事謀始，出言稽弊，始之不慎，後悔何及。

衣食養生之具，自不可缺，但衣食足養口體足矣。窮奢極靡，豈唯耗財損福，亦且多欲敗志，貪求喪德。人生百年不再之身，砥德礪業尚愁不副人理，與草木同腐，何苦以數臠肉、幾件衣裳，喪人品，壞心術。（答人）

甘得淡薄者，其人可以砥礪廉隅；恥爲不義者，其人可以砥柱流俗。朝廷忠義之臣，斷在骨鯁之士，萬物一體之人，乃立生民之命，源深流長，本固末茂。觀人論人取人，須究其精神命脈，一言一行不足定人。

作事當論理之是非，不可但計較利害毁譽。

不論理之當行不當行，而但論成敗得失，此皆後世道誼不明，議論無根之弊。近來史評中此類最多，極壞人心術。必如孔子觀過知人，孟子論世知人，乃爲血脈之談。

流俗醜正，雖屬常情，然銅山東傾，而洛鐘西應，天下事感於此必通於彼，至誠而不動者未之有也。故君子遇毁譽之來，只可自責己之未善，不可盡責人之忌刻。

以治國之道治家，則家人和而肅；以愛子之心愛民，則百姓尊而親。易家人之初爻曰「閑有家，悔亡」，和而肅之謂也。詩南山之三章曰「樂只君子，民之父母」，尊而親之謂也。

真心愛民，何患無善政？「如保赤子，心誠求之，雖不中，不遠矣。」作官無善政，非屬才短，亦非盡時之難爲，只是無愛民如子之心耳。

教子弟須培其忠厚禮義之心，不可教之以狡猾豪放之行。嘗見富貴家以子弟伶俐豪華爲利器，自喜自幸，且或面誇之。略不教之以忠信謹飭，此以毒藥與兒食也，其不中毒而喪生者幾希。

司馬温公家訓嚴而肅，陸氏家訓整而通。肅則體立，通則用行。吾其兼取乎？然必本之以高忠憲家訓，則家道之元氣永保。高氏家訓吾以爲教家根柢乎，其他家訓家規，亦不廢參酌也。

以讓處事則無爭。甲子爭庄之事，至今深悔之。以正己無求存心，則寡怨。近日自反一着，殊得力也。

交人須交忠厚之人，其人忠厚，則存心行事與夫爲人謀者，皆忠厚之意。吾與之交，暗享其忠厚之益，而不覺與之俱忠厚矣。與刻薄人交，即忠厚者亦或不免漸染於刻薄。故擇友不可不慎，爲子弟擇友更不可不慎也。

不從經歷過，不知友直諒多聞之益。

昔人皆謂井田不復，則民無恒產；貧富不均，天下終不大治。此誠探本之論，然在後世井田其終不易復乎？幅員日廣，守令轉遷，封建既難，井田豈易已矣乎？張子之言，余未敢信其能行也。即唐租庸調之制，亦且成大夏之冬矣。（讀名臣奏議録）

兵制古今皆有弊，而近世則更甚，蓋兵民文武迥分。文不知兵，武不知學，故文士迂拙而無用，武夫悍暴而難用。幸逢君明運昌，粗獲治平。一遇事變，迂者既不可用，而悍者又不爲我用。此唐宋以來，所以國勢易弱而易衰也。顧兵民合則原於井田，井田不可復，則兵民終不可合。其惟有文武相合一着乎？然其機緘在銓舉，而原本則係學校。苟不變教士取士之法，則亦終不能收長才通儒之效。（讀文獻通考録）

明道程先生十疏粹然王佐之言，推而行之，聖聖相繼，五六十年可使世躋平康。

節用一着，不惟撙己裕民，保固天下元氣之本務，實人君養德養福之要義，燕翼之孫之良謀。

三代而下，漢文庶幾於聖乎？知節用而愛人之道者也。

作官一廉，便有許多好事功；朝廷一儉，便爲生民造無窮福，亦便爲子孫留無窮福。

官方貪穢責監司，然君其源也。源清則流自清，源之不清，雖嚴刑重誅，弊終不止。

治天下如醫道，無不可用之方，無執著一定之方。道由世變，政由俗革，因革損益，與時宜之。後儒論治，皆不免膠柱鼓瑟。

「人存則政舉」，故治天下以修君身、求賢才爲第一義。

蕭何非良相。大臣者，以道事君；大人者，格君心之非。何爲漢高營未央宫殿，導君於奢華。他日武帝宫室臺榭之侈，未必非何基之。就當時諸臣而言，何過少功多；就萬世大臣而論，吾以爲何功不敵過。

古者教胄子之法，世子與公侯卿士之子，下至庶人之俊秀，入學尚齒，崇德習藝，尊師重道，初不以等威自異。蓋世子者將來之君，不患其不尊不貴，而患其驕戾傲虐。欲其將來知爲人君爲人父之道，故先教之以爲人臣爲人子之禮，所以養其德而導之善也。及其踐位，又前後左右之師保凝丞弼輔其間，故其德易成而習易正，然猶有敗度縱欲者。後世誰爲厲階乃爲尊崇之説，使世子幼不知入學尚齒之義、道義德禮之教。雖保傅賓師宫僚備具，亦不過苟備員位而已，其實師道不尊，不足動其尊嚴之意。雖時有講説，不過敷演章句，虛文泛説而已，其實師教不行，亦不足開發其德性之良。不尊則不畏，不畏則不聽。夫其不畏不聽也，傲慢自恣，何所不至哉？不足發其德性之良，則不知善之可爲、義之可樂，其縱欲敗度，抑又何所不至哉？驕惰之氣既習與性成，及踐天子位，勢無不行，力無不從，其荒淫暴虐也，亦又何所不至哉？故後世賢君少而昏王多，匪盡由氣運衰薄，良由儲教之法不立。崇驕太過，敗壞其氣習之過也。今觀富豪之家恒出驕子，而禮教之門代多良士，亦可概見矣。嗟呼！一人元良，萬國以貞。世子國之元良，奈何以尊崇之者害之？故人君燕翼詒謀，必以教世子爲第一義，而教世子之法，必以賈太傅、程伊川二公之説爲第一義。匪是，吾未見其可也。（答人）

後世教胄之道不明，世子生於深宫之中，長於寺人女子之手，不知道義，不知世故，不知稼穡民事之艱難。聖人之資，僅能做個賢王；賢人之資，僅能做個中主；中人則未有不入於昏矣。甚且時有賢，而昏者千載迷轍，窮而不變。可慟，可惜！

卷五

豐川王心敬爾緝甫著

男　勷　功　勍　謹録

原學

論造詣，須以孔、曾、思、孟爲準極；論學術，須以明、新、止善爲會歸。程子曰：言人必以聖爲志，言學必以道爲志。又曰：莫説將第一等讓於别人，且做〔一〕第二等，如此便是自暴自棄。程子此言是屬至論。有志者所宜書之座隅，觸目警心，躬行實踐。

大學一書，孔門折衷千古學術以範圍羣弟子之宗傳也。後儒誠欲紹明聖緒，師法孔子，亦祗遵此道此路，於此會極歸極，使此道真明於心，實措於身，本此心以淑人善世，而不留餘憾於家國天下，是孔門之嫡派薪傳。如主靜、識仁、窮理、居敬、立大本、致良知諸旨者，推大儒獨得之秘矣，抑試思有一出明、新、止至善之範圍也耶？若一遵大學，而旨定於一，學統乎宗，即全體大用，真體實功，合下渾全，身、心、意、知、家、國、天下，合下貫通。末流之隱弊立撤，聖真之矩薙立圓，自將人無異尚，家無私説，所謂道德一而風俗同者，便在是矣。

〔一〕「做」，原作「作」，據二程遺書改。

孔子師表萬世，此乃吾儒大宗。後儒進德修業，必恪遵孔子乃算得孝子賢孫。大學格局脈絡，是乃孔門折衷千古學術所定的宗傳。後世講學明道，必準大學全體大用、真體實功、一貫不偏之宗爲會歸，乃算得善繼善述。舍大宗不知師，而各宗其心之所好，縱非庶孽旁支，究之是迷於百世不祧之宗，即謂之識不洞本可也。舍宗傳不知溯，而各從其性之所近爲入途，縱不入斷港絕河，亦究是迷於萬派朝宗之海，即謂之學不知歸可也。孔子是萬世道學之宗，而大學一書則孔門相傳折衷此學之規模程途。今觀其開章以大學之道提綱，以明、新、止善攜目，其於此學之全體大用、真體實功殊無一字偏着、一義滲漏，真宇宙學術之金科玉律也。然則吾輩今日講明理學，若祇欲於士林占題目、爭上流，則但即性之所近，守就一家，循誦傳習，亦無不可。若欲以此身調護道脈、羽翼宗傳，不負孔孟千秋相待之意，即不但近來門戶剿襲陋風，須令洗刷淨盡，即真朱、陸、薛、王重生，正須化其趨向倚着之偏見，會歸於大學全旨，然後印合孔門淵源無愧耳，且爲下不倍，是乃千古之公義，亦正是斯道之當然。

自昔聖祖欲式訓士風，題孔廟之額曰「萬世師表」，題濂、洛、關、閩祠額曰「學達性天」。而今上題江南書院，則曰「敦崇實學」。嗚呼！學未有不敦尚實學而有當聖道者，又未有不達性天而可云敦尚實學者，即未有不準大學宗傳而所謂性天之達，不濡足沾裳於二氏性命之宗，更不誤視語言訓詁、門戶標榜，以爲即此便是性命之學者。煌煌王言，前後三題，只混淪一十二字，括盡聖真儒修之蘊奧，統備道統學術之淵流，明而且盡，則今日紹明聖緒，表章宗傳，直奉孔子爲歸，而兼採諸儒之長，令會歸大學宗傳，不惟是吾儒融偏就全、反流合源之正理正識，亦是中庸爲下不倍之正義也。洪範皇極之敷言曰：「無偏無黨，無黨無偏，會其有極，歸其有極。」又曰：「無有作好，遵王之道。無有作惡，遵王之路。」嗚呼！有世道人心之責者，準古訓，憲王章，亦可知講學明道之矩矱矣。

原聖

「天將以夫子爲木鐸」，封人此語，真是冥契天心。「萬世師表」，聖祖仁皇帝此題，真協萬世公評。縱使聖人復起，斷當不易斯言。

「賢於堯舜」，此是贊吾夫子之功。「祖述憲章，上律下襲」，此是奉揚吾夫子之行詣。「温良恭儉讓」，此是形容吾夫子之德容温而厲、威而不猛。「恭而安」，此是形容吾夫子之氣象。鄉黨一篇，則是詳記吾夫子動容周旋，無不中禮。皆是極意形容，惟恐摹擬不盡之義。獨至曾子，則直以「忠恕」二字盡吾夫子一貫之道。其旨若似卑近庸常，然味其言，而易繫所謂「易簡而天下之理得，理得而成位乎其中」之全旨於是在也。更如記者所謂「絕四」，「勿意，勿必，勿固，勿我」八字，則又覺得活活脱脱、淵然穆然寫出一無極而太極之精神矣。

後世但知最神奇者無如孔子，亦豈知至平實者無如孔子，如曰則吾從先進、於怪力亂神則不語、於利命仁則罕言；而所雅言者，惟詩書執禮。這是何等樣平實！後世但知最高深者無如孔子，亦豈知最虛衷謙沖者正無如孔子，如曰何有於我、無知也、丘未能一焉、則吾豈敢、未之有得之類。平日時時處處輒爲發嘆，這是何等沖虛！後世但知神靈天縱者莫過孔子，亦豈知憂勤惕厲者正無如孔子，如曰好古敏求、發憤忘食、樂以忘憂、不知老之將至。這是何等樣惕厲憂勤！

昔子思奉揚祖德，則曰如天地之無不持載覆幬，如日月四時之錯行代明。嗚呼！德亦至矣。獨至夫子自明則只曰「不怨天，不尤人」「下學而上達」「知我者其天」。轉若通天之脈絡，止取於天下士之心精密詣，使及門知聖不遠人、道非難行、人人可勉、人人可造。其功不尤足贊天地之化育，而與天地參也耶？

或曰：「吾夫子臨終時，曳杖逍遙，此浮雲生死之境也。吾夫子素不講習出世之學，何得臨終時如此瞥脱？」先生曰：「生平意、必、固、我之見盡忘，即臨終時更何得有生死之見撓其素定之天哉？生順安死，一還其自然而已。以自然還自然，即何得不如此瞥脱？」曰：「不知何以能意、必、固、我之盡毋，且到得心無生死之得撓？」曰：「意、必、固、我之見所以盡毋者，由於平日知天命、樂忘憂之智精而功到也。蓋知天命則窮理之功盡，樂忘憂則盡性之功深，理窮則道明，道明則自夕死爲可，盡性則天全，天全則自殀壽不貳，故即夢奠兩楹之候，依然宵存夕養之天，曳杖臨門之時，正不異老至不知之境也，更何生死之得撓與？」或曰：「然則不以死為憂，且將以死爲樂乎？」曰：「世豈有樂死者，只不憂耳。然不憂而情恬，至味之真樂在是矣。」或曰：「不知夫子何以有此真樂也？」曰：「適言窮理盡性，即其功也。」或曰：「後儒率言窮理盡性矣，未見有理明天全如此者。何以夫子獨至此地？」曰：「後儒言窮理，窮理而已，未必如吾夫子盡性直至於忘憂。今試看吾夫子之自言發憤忘食、好古敏求，這是何等工夫！平日既有此等真切肫誠工夫，到老安得不有此等渾然太極心境？」

昔人有言曰：「渾渾流將去，卻是源源入彀。」這二語可作性之之聖人動容周旋中禮的注腳，亦正是吾夫子從心不踰矩的心宗。

「不識不知，順帝之則。」周公之贊文王，若豫爲吾夫子從心不踰矩立之規格。可見萬古無異理，千聖盡同心。

「成性存存，道義之門。」孔子之從心不踰矩，要是於天命之性到得渾然契合。故寂然不動時，廓然大公，與天和體；感而遂通時，物來順應，與天合用。

人但知删詩書、定禮樂、贊周易、修春秋，夫子之功直範圍世教於萬世。又但見吾夫子所論，復其見天地之心。大人者，與天地合其德，與日月合明，與四時合序，與鬼神合吉凶，先天而天弗違，後天而奉天時，以及「上天之載，無聲無臭」。說得上聖至神、通天配天之血脈的當確切，殊不知吾夫子所述下學上達之旨、所語「智崇禮卑，效天法地」之旨，則正是於千萬世中材下士，可以知天事天之機緘，指示得開門見山，易簡真切。這功勛又是何等功勳！

性敬同歸之義

盡宇宙名理的根宗，總不外一「性」字；盡六經、四子、千聖萬賢發明學術的脈絡，總不出一「敬」字。就體統論道論學，則性爲道體，敬爲學功。就血脈論性論敬，則性即敬體，敬即性功。故舍性而言道者，道非其道；外敬而言學者，學非其學。且即舍性而言敬，是爲無米之炊，徒煮空鐺；外敬而言性，是爲不紲之馬，任其奔馳。是則「性」「敬」二字不二視則不得，何者？本體工夫，義原自不同也。不一視又不得，何者？溯其源流本末，實同歸而一貫也。然又必有宜知者，道有本原，非可襲取；學有宗要，不容貌求。天命之性，不雜一毫纖起之氣習者，此乃性之本源，而即道之本源也。存心之敬，一本吾性天之炯照者，此乃敬之宗要，即爲學之宗要也。若認不清性是天命之性，或參以三品之見，即盡性工夫必且涉於幫補湊合；若認不清敬是吾性本來不昧之靈覺，而或出於安排把持之路，即本來真性必且撓於情識拘執。嗚呼！聖學參天地、贊化育，要之只一真性體，是萬理之根宗。真敬功是學修之脈絡，則有志斯道者，奚容不下探本窮源之功？

知性乃可言道，盡性斯可言學。然卻舍居敬一着，更以何方入知性之門，登盡性之堂乎？故於這「性」字既要認得真切，而於這「敬」字又須究得的當。

程子「性即理也」一句，精微圓澈，萬弊盡杜，可與本經「率性之謂道」同功。明其旨者，不但荀、楊、韓三家論性之失可悟；即二氏以虛無語性之流弊，正自一一可印證而明。

明得性即理之本旨，即可知後儒所指不本於性之理，是自理其理，而非天地間公理；又可悟二氏不歸於理之性，是自性其性，而非天地賦予全性。何者？血脈不真，縱貌似而終非也。

「敬」字脈絡發源自帝典，歷禹則祇台，歷湯則敬躋，歷文武則小心、寅畏、不泄、不忘，迨孔門而脈脈奉爲心宗學樞，遂若高曾之規矩，一念一事不容隕越。故程朱表明聖學，遂以居敬窮理示入門要徑。然自茲以往，諸儒闡明敬旨愈推愈詳。或曰「主一無適」，或曰「常惺惺法」，或曰「其心收拾，不容一物」，至明顧涇陽先生，總而括之曰「總不出『小心』二字」。夫謂「不出『小心』二字」當矣，然若不達性是心之本體，心是性之大用，而但曰小心，即恐所謂小心者，祇成用意把持得偶爾鹵莽狂蕩之心耳，不但轉念便移，終莫奏廓清蕩平之功。卻恐前儒所謂一切收心之明法，轉成害心之蟊賊也。故論心功必明得性之本體，然後可望於合帝則而中天節。

敬不是空空的只收斂此心，令不散亂；原是即惺惺中，時時事事惟精惟一的意旨在內。又不止是凜凜惕惕的，不敢怠荒；原是乾乾翼翼而順帝之則，保合太和的脈絡即具於內。蓋此一字之恰合本體功夫，功夫在是，而本體亦即在是也。功夫本體原是渾合不二，故謂此爲敬也可，謂爲性亦可，即謂爲原是「惟精惟一，允執厥中」也，亦無不可。這裏安分功夫？又安分本體與？學者能於此徹底通透，則知這敬不止是個兢惕，中間原是藏擇善固執脈絡，又卻不僅是策勵，原來是性天上一段自然之兢業。到得此地，即不但怠荒縱弛之病可少，即牽強拘迫之弊亦自可少耳。

程朱二先生之門，言敬頗詳。而如孟子所謂「必有事焉，而勿正，心勿忘，勿助長也」一十四字，則活潑潑形容得精神氣象畢出。並這「敬」字中理弊功效，亦脈絡曲折盡現。

居敬窮理之旨

「居敬窮理」四字，是程朱二先生括明誠大旨，示人以希賢希聖之路。而千餘年來，向道之士所恪奉爲明善誠身之要方也。然卻須必知得性乃可云窮理，必盡得性乃可云居敬。性者，乃此敬不息之天行；敬，即此性健順之知能。性乃此理各正之根柢，理即此性天然之條貫。若於性不能盡，而徒言居敬，即其敬爲念慮把持之敬，究之終無當於成性存存之天則；於性未能知，而徒言窮理，即其理爲名物象數之理，究之無當於智崇禮卑之血脈。而終於二先生立言命意本旨，未之有當也，故於今論學術，要必以知本爲精，而知本端，須以知性爲要則。如居敬窮理之旨，又必合明道識仁爲先之旨，融會貫通，然後完備通達，亦無窒礙滲漏爾。

示及門

自孔孟後，歷漢唐而宋、元、明，由元明以至今日，諸儒先於此學講明宣暢，不可謂不詳矣。然漢之董，隋之王，宋之濂、洛、關、閩，元之草廬、魯齋，明之河、會、姚、涇十餘公者，士林推爲大儒，號善學孔子矣。今且無論其造詣所到內聖外王之統貫、意必固我之消融，可望尼山至聖與否？即其志力所趨，亦孰爲準諸大學而無歉其量者？嗚呼！今之論文者以六經爲樞，則論詩者以三百篇爲極，則言者不屬阿好，而聽者盡謂同然。即後此千百世高才上士，當亦終不敢更有異說。爲其協於天理民彝之正，合乎千秋萬世之公，而不可易也。聖學一書，是乃千萬世道法之脈絡、世教人心之範圍，而曾未能會歸於孔門宗傳之大學，是其識反出詩文家下矣。宇宙之缺陷，孰過於是。況近有一輩浮薄不根之人，煽爲門戶標榜之惡習，亦復於口所崇尚之根柢不知尋究，而只成一附會風影、黨同伐異之弊局。此人之罪，蓋浮於洪水猛獸倍蓰矣。坐裂大學之全體，不顧孔門之宗傳，致令道一風同之世、王道蕩平正直之時，增一門戶攻擊之狂焰，其遺害人心可勝言耶？然則今日果有中行豪傑之士，爲千萬世道統宗傳計者，安得不會其有極、歸其有極？千古儒宗且不必較量堂奧，即其生平所標學旨，便是其學術梗概，亦便是其人一生精神命脈所管乃歸。乃今考漢唐來十餘大儒所撰著，其書俱在，即其生平所標學宗不明明在耶？有識者，試一比較，亦孰爲能於大學全量不漏不支、體用渾合者？夫大學一書，千古聖學之規模局量，即千古聖域會歸之通衢正路也。儒者終身學聖人、論聖道、標宗樹的，而曾於大學之分量不符，其見解且於聖學之全量不滿，其詣力不且終於聖域之半塗而莫至耶？夫人材成就之全偏，關係世道醇漓之命脈，而終於如此。然則爲學術人才計者，安能已於原經尊聖，大聲疾呼？

孔子曰：「斯民也，三代之所以直道而行。」正以這是非公道自在天地，而天地即以此道生人，而畀之爲性。故雖晚季之世，真是真非自在民心，而昭明不昧。前代嘉、隆、萬曆之間，王道方興，學者化之，往往於居敬窮理之說，搜索譏彈。逮於明季以及今日，學者專尚朱學，又往往搜索譏彈於致良知之旨。仔細看來，這風之起，固是學者各持門戶，不知會通取益，亦是二先生當日矯偏救弊之手勢原不無涉於畸重。以是入直道未忘之人心，雖以二先生之學術高明俊偉，終莫能服指摘者之心，而弭其口耳。故今實就千古之公評處分近儒紛紜之案，竊以爲二家之學者，到這裏只合按理自反。如較以大學宗旨，而吾宗果符其量，而人言果非，吾固益當自信而不容移其主見；倘如較以大學宗旨，而吾宗同涉畸重，而人言正自可取，即在吾正合翻然鑑非而圖是，舍偏而求全，如是則因相反而適以相成。豈不彼此俱合三代之公，即彼此俱收交證之益乎？若意激而莫肯相下，紛紛然兩相詆譏，如小兒讐口互詈，究之無益前人留憾毫釐，祇重彰其敗闕耳。且不惟莫收明友切砥之益，適滋目前爭鬥角戶之弊風，自形其褊淺，而爲世教人心害耳。故今日有志斯道，縱不能不就其性之所近爲入頭，要必先去門戶之私見，觀會通以行典禮。而今日欲護持道脈，令其無背宗傳，尤須無固執漢唐以來一家之言，要取衷於大學天德王道一貫不偏之宗爲歸也。不然所主一偏於性近，任汝巧辨力爭，偏駁處終不能遁人心之公，徒益彰前人意見之偏，啟薄俗口舌之尚，成聖道之荊榛耳。

東垣河間各有獨長，俱稱名醫。後之論醫道者，淺之各崇其所尚，深必且互相參求，取於並益交資。則以醫理廣大精微，原非一人一說之能盡，必也博取其長，互救其偏，識乃可望於兼通，技可望於大成也。聖學之精深廣大，奚啻醫道？而如程、朱、陸、王，則尤吾儒之東垣河間矣。儘當世聰明篤學之士，豈易闖其藩籬而入其堂奥？後生淺見薄識，剽掠口耳，所得曾有幾何？乃往往不知採長互濟，而徒以意見之不合橫肆詆譏。究之蚊虻撼山，無損四先生毫釐，徒自貽不公不明之誚，落得浮薄茫昧之目，爲識者笑耳。願吾黨切戒之也！

良醫對症〔一〕立方，藥品雖淆然並列，要之爲補爲瀉，義則取於互濟，效則取於專收，且即君、臣、佐、使、多、寡、輕、重，正自有調劑深心，固非拘拘然執一家之方。聖學爲初學立教，中間合備之條目，安得一並收備舉然？要是旨歸一貫，事理雙融，初非爲子莫之執中，無權害道。故大學明、新、止善，雖血脈本來一貫，而要是始終本末秩然有序。中庸之明、誠、性、教，雖血脈本來一貫，而要是天功人事義有攸歸。近來一輩妄人，釀成一種門戶之學，因而又釀成一種調停之論。其立心爲調停之見，似乎平於門戶之見矣，要之爲門戶之見者，既不免於割裂吾道之大全，而爲調停兩可之説者，亦未免涉於子莫之執中無權，弊既不免，貽害則深也。

樹必本末兼具，而後成一全樹，然要之必本固，然後末茂。聖學是天德王道兼綜條貫事，如何容人湊泊幫補得來？故必體立，然後用行，然用行亦究之是屬體立。如千尋之樹，其幹、枝、花、實，無不盛大暢茂者，究之是其根本生機之盛大暢

〔一〕「症」，原作「證」，疑音近而訛，遂改。

茂也。聖經曰：「物有本末，壹以皆以修身爲本。」明道程先生曰：「有天德，然後可言王道。」嗚呼！非二聖賢見道之血脈，何能立言如是之的切！又講學明道者，所宜身體而細認也。

楊子之爲我，本是以義爲宗；墨氏之兼愛，本是以仁爲宗；子莫之執中，又是以執中爲宗。楊墨之學，其實視後世口耳標榜之學爲切實；子莫之學，其實視門戶攻擊之學爲和平。而卒之俱以實見不真，執一無權，陷於異端而不自知。然則後世有志之士，欲明聖學之宗傳，何得不先從格致下手，冀至知止知至之域，不致入門戶之偏畸乎？雖然今天下不講此事者，既不知跟尋、致知、格物本旨，講此事者，又執泥前儒之訓詁，莫能推溯大學宗傳，其不至於執一害道，亦幾希也。凡我同志，尚其慎之，起步一錯，差之毫釐，謬以千里也。

宇宙有二大缺陷事，而天陷西北、地缺東南不與焉。其一自開闢以來，二帝、三王及夏、商、周之諸聖賢，原不能不隨世而盡。若得吾夫子刪定之詩、書、禮、樂、春秋、周易及他議論之經訓，不經秦人之燼，而一一尚在，亦尚可見古聖神代天御極、經世訓俗之彝訓宏規。奈一經祖龍之巨焰，遂無不殘缺失次。二千餘年，學者附會穿鑿，訛以襲訛，竟不見聖道之大全，致令學術不能符孔孟宗傳。其二前聖雖往，遺經多在，因其義類，當可融會宗傳。況二典三謨揭上聖之規模，大學經傳寓祖述之脈絡，語、孟、中庸無一義不根柢道真。詩、易、春秋無一書非發揮道蘊。雖中間遺訛多有，要之大經大法、微言奥旨，所在而存。倘得巨儒宗工闡發正旨，大義彰明，令後進不復迷於異說，猶可沿流溯源，易於會歸。奈自孔孟迄今，幾二千年，諸儒繼起，明經遵聖，亦不可謂不極羽翼之力，而究之各從其性之所近以入。其窮探經旨，發揮經義，亦遂各從其所入據爲門庭，而曾無當於會極歸極。嗚呼！學術不能明鄒魯之淵源，而欲人才追唐、虞、商、周之盛也，能乎？此真宇宙之二大憾也。

昔黄武皋問少墟先生陽明學術之定評，少墟答之曰：陽明先生「致良知」三字，真得聖學真脈，有功吾道不小。「知善知惡是良知」一語，尤爲的確痛快。第「無善無惡心之體」一句，即告子無善無不善、佛氏無淨無詬之旨，因爲五證已明之。迄今細味五證，雖非原情之論，要是有竅之駁。嗚呼！駁之者有竅，豈非言之者原爲人留之間隙乎？吾且願酷信陽明者，當鑑人有竅之駁，知所自反，而無輕爲之原，而仍陷前非也。然如既有情之可原，即本其可原而原之，不亦善善之長而忠厚之行乎？奚爲翻來覆去，窮搜極鍛，一惟是隙之爲攻，而不顧其安也？故吾更願喜駁陽明者，慎無以駁已得竅，而遂忘其情之可原。何者？人性本有善無惡，本至善無惡，此二言者不特是鐵板不易之注腳，且直是萬古無弊之名言。夫言而到得鐵板不易，傳世無弊，即高莫高於此，深莫深於此，精微伭妙莫此過矣，何事出怪弄險，務求伭妙乎？故吾尤願爲陽明之學者，宜鑑人言，而急須自求妥確也。然如「無思無爲」，此以言易之爲書，尚不可舉以論者也。至如論語記吾夫子之心指，「毋意，毋必，毋固，毋我」意也，而無之我也，而亦毋不幾分明類佛耶？不特此也，周子近代羣推開理學之宗傳矣，孔子分明說易有太極，而周子則頓反原旨，而增之以無極，不分明涉老氏之宗耶？而自有論語以來，則不惟不敢議夫子之心指爲類禪，而且共頌其聖德之同天。自宋理學提唱以來，則不惟不敢議周子無極之旨爲類老，而且共推其見解之淵微。所貴大儒先生者，論道極於明允，論事極於的確，論人極於是非短長，稱量而平情。況夫論道而至聖脈，論事而至聖學，論人而至於奉聖。道學聖學，此繼往聖、開來學，而爲天地立心、生民立命之一大公案也，而可以一己門戶之私，失千古是非之公哉？又安知斯道斷不至於終淆，人心斷不至於喪直？天下後世竟無鑑立心立言之偏，仍起而駁余言之隙歟！故吾更願時賢之好駁陽明而不顧情理之安者，大宜窮理知言，秉公行恕，無徒逞一時之私，而昧三代之公也。至若五證中，亦自不無可駁之言。然余不欲蹈先人之轍，專喜門口於先賢也。祇知篇首「無善無惡心之體」，即告子、佛氏之旨，先生直下這一即字，不且類莫須有之鍛煉周内耶？惜無由起先生於九原而正之。

前代之末，海内正人往往講明正學。而無錫之顧端文、高忠憲，關中之馮少墟三先生者，見解風節與夫生平著述，則獨高出一時。顧其駁陽明先生處，往往窮搜極煆，必欲擯之禪學之窟而後已。迄今讀其言，未始無見其駁，未始不可見其流弊之所極，然要之多失情理之平，不無類於莫須有之煅煉周内，以是海内習以成風，遂致至今幾百年矣。而尊王者依然攻朱，尊朱者依然攻王，一門之内，兄弟鬩墻，一堂之上，僚友操戈。值兹一道同風之盛時，未殄爭門競户之陋習也。且最可惜者，前代之季，政令大弊，獨以知講正學者衆，郡國間設有講壇，學者不一而足，故朝廷之上，名臣接踵而出，節義繼迹而生。雖中間屢遭凶閹姦臣慘禍，縉紳不可勝言。迨夫南渡，社稷已亡，而不但忠臣義士蹈死如歸，雖緇黄皂丐亦且殺身以成仁。蓋以講學成風，而風俗漸染之深久也。獨以當時無興學重道之誼，辟明君一大闡揚，不克收一道同風之盛耳。方今聖明屢頒明旨，令海内士大夫潛心理學，誦法聖賢。於，美哉！不特近代之罕有，即遠溯之漢、唐、宋、明，十二朝、百餘王，曾有知此義者耶！此自將來吾道大明、正學興起之良會矣。夫君職其要，臣職其詳，提攜在廟堂大臣，講明則在臣工儒師。若今日師儒間門户私爭之風未改於前，此即將來郡國中學士大夫縱是書院闔開，師徒雍濟，亦豈能免於遂時風勢衆之流弊歟？故吾因講少墟集論陽明有感而爲此。竊冀海内學士大夫，無徒踵前此口舌紛紜爲快，而惟於孔孟大中至正之脈是崇是尚。由此道德真一，風俗同醇，朝野上下間，理學通明，聖賢輩出，統成昭明時雍之徽猷，而不負日前三令五申之詔誥，是即斯道大明若晝日之會也，故不勝仰天視祝之至云。

實見得道之大全，實見得道之分際，乃可望於道之明行。猜度不中用，徒講亦不中用。

知得本體不離工夫、工夫不離本體，吾輩於程、朱、陸、王正宜兼資，何以愛惡之私輕加排議？如知得本體外更無工夫、工夫外更無本體，此際正須補救，又何得以一己好尚之偏意爲從違？總之，陸王宜補救以平實精密，程朱宜補救以易簡疏通。蓋沉潛剛克，高明柔克，克而勝乃平康正直耳。不然宇宙有公道，千萬世有公評，今日縱依時風意見爲低昂，後世終有公道公評相權衡耳。

程、朱、陸、王在聖門，皆游夏之選。我輩能實得其一二分造詣，即可卓然自樹於士林，原不容後生妄談長短。若論吾儒分量、吾道歸宿，即顔子尚一間未達遺得，這一間欠缺，爲終古之憾，何説游夏僅得聖人之一體耶。故「融會貫通」四字，在今日要得屹立擔當聖道之人悉心負荷。

讀古人書，不知遵信固不是，然遵信亦須知體要、知時宜。如尊所聞則高明，行所知則廣大。這是指所已聞已知之理，如六經之大道而言。若在今日，則必須問所聞所知者是何等道理，然後可言高明廣大耳。否則，所聞者原非高明之理，所知者原非廣大之業，即恐愈尊而愈卑愈暗，愈行而愈狹愈隘也。

此道在唐、虞、三代，諸聖賢開物成務，通變宜民，已如採辦就一切建造的好料物。逮至春秋，得孔子大造手，删定折衷，遂造起這一所萬國朝宗的大皇居。經秦榛莽，遂令荒塞。逮漢唐以及宋明諸儒先，乃各竭力開闢，竭力整葺，至今亦覺有門戶可入，而廂廊可居矣。然終是偏院別宅，視未央、建章大小中外，天淵睽違。今日如何得孟子輩人疏通全局，令規模弘敞，氣勢聯絡，仍成一完美宸居，丕復先師孔子原行搆造乎！

體勘到性之全體本來無欲時，雖欲添一毫亦不可，體勘到性之大用無所不周時，雖欲減一毫亦不得，然要須先明得這性之全體大用，然後始不至於妄添妄減，故大學以格致先誠正修齊，而大易以窮理先盡性至命也。

此道活潑而真誠。顧「活潑」二字，吾儒謂之權，而伯術則謂之術，孫吴則謂之詭。「至誠」二字，吾儒謂之實，而佛氏則謂之空，老氏則謂之無。毫釐差，而千里謬。此諸大儒諄諄明辯，而相沿者至今不悟。有心世教者，安能已於反經興民？

論學於後世，無論異端亂正，小道恐泥，不足語孔門大學之道。即離成物言成己，外盡性言盡人物之性，亦非大學明、新、止善一貫之宗也。夫既非大學一貫之宗矣，即切切於存心養性，孳孳於經世物理，縱不流於清虚雜霸，標榜門庭，亦必落於小成半至，而終無當於二帝、三王、孔、曾、思、孟天德王道之淵源也。如是則學術既已不醇、不備、不精、不融矣，而欲以望内聖外王之大儒出，而立天地心，作生民命，爲世道人心之攸賴，容可冀耶？後世於儒者，止見周、程、張、朱，而不見孔、曾、思、孟，於名臣止見有韓、范、富、歐，而不見有伊、傅、周、召，皆坐此病耳。吾儒居今日，而欲溯流窮源，返本復始，無如剖破門庭之偏見，掃去意見之私心，實奉大學明、新、止善之範圍爲規矩，而即以實踐其格、致、誠、正、修、齊、治平之血脈爲向往，務使循誦其言必精悉其旨，既得其意即實奉以行，内以此治心，外即以此修身，以之爲士而本此爲真儒，以之莅官即本此爲良臣，以之立言而不離此以明道，以之垂教而不離此以淑人。庶幾不落旁門小徑，亦不至流於曲學小成，乃始可望於培成命世真儒，爲世道人心之攸賴耳。

門人問：「斯道中絶於漢、魏、隋、唐，迨至宋而理學始名，斯道浸明浸著，然亦未至光昭。於今求聖師親傳口授，萬不可得。不知如何可明得孔孟宗傳，使徹底無餘，令斯道光昭於後世乎？」先生曰：「斯道之在天地，原如元氣之在人身，無一處不是元氣充滿，無一時不是此元氣布濩流行。漢、魏、晉、唐，歷千餘年，天命之良，於穆不已，人心之靈，昭著不昧，斯道安得遂至中絶？然要之去聖久遠，人迷向方。不絶者，天道之流行；中斷者，人心之昏迷。孔子曰：『中庸其至矣乎！民鮮能久矣！』嗚呼！曾鮮能之久，而不謂之中絶耶！孟子曰：行之而不著，習矣而不察，終身由之而不知其道者，衆也。嗚呼！不著不察，不知矣。如是而謂之不絶，其可乎？不可耶。故『漢、魏、晉、唐，斯道中絶』八字，謂是先儒之激詞，即謂是先儒之平心至論，亦無不可也。逮宋以來，真儒輩出，宗聖明經，知本性治，知根心真，不可不謂撥時之陰曀，忽睹青天而見白日矣。然如其意，雖未嘗非望道而趨，其學未嘗不宗聖爲極，要之各從其性之所近爲從入，故諸儒之學名曰原道，而究之自囿於所見之一偏，名曰宗聖，而究之只得聖人之一體。不見今士林之推崇道學者，宋則濂、洛、關、閩、金溪、南軒、西山耶，元明則魯齋、河、會、崇、姚、顧、高、鄒、馮耶。現今無不各有遺書，昭垂宇宙。嘗試即其著述之蘊奥，探討其造詣之指歸，本其傳來之言行，想像其在中之精神，果能於先師孔子之脈絡、志量、造詣、成就，徹底洞燭，徹底合符，而一無遺憾耶？微特孔子，即孟子之脈絡、志量、造詣、成就，果能洞徹此心，而無一隱蔽耶？嗚呼！鵠之立，尚恐射之者不中；知之真，尚恐行之者難至；明師良模灼然在前，尚恐學者之難得而莫肖。矧今師也無聖，知也不至，前無正鵠，而模範無藉矣，而欲生乎其後者，擅獨見之明，殫獨至之功，直由士之希賢，賢之希聖，能不踰孔孟廣大、精微、高明、中庸之至矩，是猶人斷港絕河而望其直達滄海也，必不得矣。不得已而思其方，則吾夫子往矣，不有吾夫子傳心之遺訓在論語二十篇乎？吾孟子往矣，不有吾孟子傳心之遺訓在七篇乎？按其言，索其旨，而弗明弗措；明其旨，返諸身，而弗得弗措，始也務期神而明之，如見孔孟於羹墻，終也期默而成之，不言而信，如遇孔孟而印心契。誠能如是，則不特誦詩讀書之下，孔孟不遠，即日用動靜語默，儼然孔孟卓立在前，須臾離之而不可得耳。更如能印之大學、中庸，孔孟同門同道之篤論，參之詩、書、易、禮吾夫子心信而意好之載籍，抑且仰觀俯察，遠求近取之不遺其方，而貞之以忘食忘寢老不知至之乾衷，死而後已之健行，吾且見天心愛道，當必默啟其識，陰翼其力，一徹吾道向來積習之密霧滃雲，而成一正大光明、繼往開來之真德器耳。」

儒學宗傳欲老朽筆之於書。夫宗傳者，千古斯道斯學之正宗的派也，應如顔、曾、思、孟諸大賢，乃爲真明諸心而無偏岐之誤，斯足垂諸世而合千古之公耳。某何人斯，而敢當此。然如平生從事於此，而不忍自棄，即何敢自匿其見，而忍以自私不資印正耶？大抵老朽平日言人，必以孔孟爲宗，而如濂、洛、關、閩、河、會、姚、涇皆身所未能，皆意所欽仰，而學則不願。言道以大學爲宗，而主敬、存誠、主靜、窮理、立大本、致良知，則皆意中所取資、修中所體備，而要非精神意向所專注。蓋謂舍孔孟而他宗，縱非支庶，要非大宗也。舍大學孔孟折衷千古學脈，而區區守一家一隅之見奉爲祖述，縱屬有源之水，要非朝宗之海也。故不量其資之狂愚，而立心期於學孔孟；不量其力之弱懦，而學術要歸於大學。蓋以千古道脈只天德王道之共貫，千古學脈只内聖外王之同歸，惟孔孟乃算得内聖外王一貫之宗，大學一書乃會天德王道於一貫。能如是也，道斯爲大，學斯爲大，而人斯爲大耳。又後生小子，縱力不足與於學孔學孟，要之孔孟是吾儒師表，學其學者，自應奉以爲師；大學是吾師折衷之功課，師其道者，自應奉爲章程。故造詣之學孔孟不爲僭，學術直遵大學斯合正職正分也。試思今如人家子弟衆多，請一學師，中間有高明之侶，即便有愚鈍之儔，成童者在其中，即幼童者在其内，教雖不同，有不按資而教，要於同歸乎？人雖不同，有不視教而趨，公奉此先生之定程乎？我輩之於孔孟，亦奚異焉？而謂師孔孟、學大學爲迂爲僭耶？

孝感之學統，愚不忍發。其立念之出於趨時局、徇偏見，其本意所屬，第即其安排統系之列款，不但以程朱位置正統，而以二冉、閔子三賢位置翼統。揆諸程朱之心，有所未安。羅整庵亦且並與冉閔爲列。試問整庵輩能一日自安於心耶？三代直道之人心，謂爲允耶？又如論語四科在孔門，且以德行推伯牛。至孟子，亦仍以善言德行與閔子並數。孝感不知何據，而頓降伯牛於閔子、仲弓下。而升降其統，至如周、程、張、朱，自宋歷元明至今，未敢一人妄有軒輊。即程子亦推張子爲正當高明，孝感不知何據，頓降横渠，令於昌黎同科。今試問昌黎文士，可並横渠開宗明道之儒耶？又如游、楊、呂、謝，程門首推之四子，張思叔，程門得力之高足，今以翼統位置龜山及和靖、豫章，而游、呂、謝、張盡抑之附統之列。抑試問令二程先生在，許其評置之當耶？又試問和靖、豫章而在，能自問於心而慊耶？更如五峰、敬齋、敬軒、整庵並列翼統，而冉耕、宓子賤、漆雕開、子路、南宫适、原憲、公西赤諸賢，則盡降之附統之列。夫附之爲言，謂本非其統，而僅可附益之耳。殊不思冉耕在聖門以德行，推德行是乃所謂正統也。孝感何據而直擯之附統，並不得列於翼統之科？如漆雕開、公西赤〔一〕諸賢，何以並豫章、敬軒、整庵之不如也？又試問有若、游、夏、端木諸賢，果昌黎之可並？横渠、君實果可與豫章、敬齋、整庵輩共席而稱平耶？到這裏反覆推勘，總不知孝感是何見識？是何心肝？又不知視聖道是何統緒？視學道者自品詣高下淺深皆作何評處？而爲此一反公理，全昧公評也。至附統，金、銀、銅、錫攙和混雜。異統之抑象山、白沙、陽明，元儒之盡削魯齋，而且有刻骨之駁，並靜齋、草廬之盡去，而念庵、少墟之不録。則不但不公不明，並見其心氣之不平。是何其自用而自專也！又其標宗曰護正統、辨異統，據其主見曰守孔子下學而上達之旨，是乃得與正統，獨不思吾儒之以孔、曾、思、孟爲正統者。孔子之學，大學也；曾子之學，傳大學也；子思之學，率性修道；孟子之學，明性善、法堯舜，皆孔門相傳一脈，明德修道之脈，而列聖相傳大學之宗傳也。今試問孔門相傳，二冉、閔子德行之科，而一旦直貶伯牛於附統，閔子、仲弓不得係正統之列，而後世所指爲門戶口舌一曲一隅之士，直躋之孔門游、夏之班，仲由、原憲、漆雕之上，吾不知統是何統，正是何正也。又大學一書，只「明明德於天下」一語括堂奧，中庸只率性謂道、修道謂教二句括堂奧，而究其脈絡指歸，則只於德而實明、於性而真率，是之謂下學；明而直到得德之全體大用無不明率，而直至於無念不率，直符天命之初，是之謂上達耳。今孝感於道之大原不明，學之根宗不辨，但模擬吾夫子扼要之言，標宗曰學下學上達之學者，乃爲善學孔子，乃得爲正統。試問其所謂下學、所謂上達，果吾夫子之所謂下學上達耶？即恐其所謂下學非畏天事天之學，徒從門庭皮相上作計較；而所謂上達者，非知天達天之達，徒從意見格套上作卜度，到不得知我其天耳。何者？吾夫子所謂下學，原肫肫從直體天心上學；其所謂上達，直是淵淵冥契乎天心。不然，學的不是達天之學，如何便到得知我其天也？至如學統之尾，貶駁魯齋，我且不知其識見如何矣。

問：「學統之論，既聞命矣。論學指歸，宜何遵尚？」先生曰：「今不須論程論朱，較陸較王。祗孔孟是吾儒開宗師表，如大家正主人，直奉爲正主。程、朱、陸、王則各取其長，融以孔孟，總作分任此家切緊職事之亞旅強以，是爲正義。又

〔一〕「赤」字原脫，據論語補。

不須較論『居敬』『存誠』『主靜』『窮理』『立大本』『致良知』諸宗主，孰虛孰實，只直以大學爲功程脈絡上可用即用，期於遵守先師已定之宗傳，作真學大學人，期不負先師真傳嫡系是爲正分。」曰：「然則子思之中庸，孟子之七篇，可且需之後耶？」曰：「曾、思、孟子，原是吾夫子之分身，中庸三十三章，孟子七篇，正是大學之的切注腳。」「請問其詳！」曰：「中庸之性道，孟子之性善，即大學之明德。中庸之誠、明、率、教、戒懼、慎獨、致中和，孟子之居仁、由義、知言、養氣、學孔子、爲堯舜，即大學之明明德、止至善。今日師法孔子，固須首究吾夫子大學、論語宗旨，然正須證諸中庸、孟子，而後吾夫子大學之旨，乃益徹底通融，豈可言且置之後？祇就大學宗旨言姑後一着耳。」曰：「然則何以不言遵論語之全體聖言，而獨宗大學一篇也？」曰：「今所謂師孔子者，是師其學術之脈絡。論語無一字不表裏大學，而要之屬散見之條目；大學無一字不會通論語，而要是單提學宗之綱領。故今正宗學旨，要是以大學爲提綱攝領也。」曰：「然則，如何謂於周之『主靜』、程之『主敬』，以及『存誠』『窮理』『立大本』『致良知』各取其長，總作此家分任，此家切緊之亞旅強以歟？」曰：「靜只是大學之靜，誠只是大學之誠，敬只是大學之敬，窮理只是〔一〕大學明德、新民、止至善之理，立大本只是大學之知本爲本，致良知只是大學之致知、知本、知所先後。特大學簡言舉綱，初學未易遽透全旨，諸儒則分尚爲宗，發揮獨爲詳明透暢耳。詳明透暢，即諸儒之學旨有功於大學，而吾夫子大學之宗傳，正不能無借於諸儒之羽翼發揮耳。蓋如治大家者，第一須主人正大光明。然如不得克家之長子次子，即體認不得主翁心行家法，如何代父承接此門庭，流衍此元氣？又如不得亞旅強以，皆知主翁之心行家法，如何得百事就理，元氣弘暢綿遠也？吾夫子之大學是主翁，顔、曾、思、孟是伯亞，唐、宋、元、明諸儒之論學，是分任此家亞旅強以之任之衆子衆孫治家者。真是無一項人可廢，亦正是要廢一項人不得也。但不可不洞悉其心術才力，任之攸當耳。不然知之不真，任職不稱，必且壞乃翁事，凋落此一家元氣門庭耳。方今不特吾夫子一正主翁，萬不可復得，即顔、曾、思、孟，曾可得耶？二千年間，只得濂、洛、關、閩、河、會、姚、涇數真儒繼續門庭，而中間又復

〔一〕「是」字疑脱，今據上下文義擬補，後同。

爲一等門戶口舌之輩，忍心搆訟，竟使一家而敵國，一祖之孫而支離爲仇讐，至今學貿貿焉，不知所從。只以入者爲主，出者爲奴，斯道幾於四分五裂，而不可收攝。嗚呼！此過蓋獨在一人一家之不肖子孫負販奴僕矣！今日深心爲道脈計者，沿流溯源，返本還俗，始師宗孔子，而學準大學，以定適遠之指南，樹正影之坊表，博觀真擇，略短集長，準四科以位置諸儒，羅諸儒以公暢皇極，不泥門戶，不涉調停，一惟是合二千年健碩彥大儒畢效其能，而適協於蕩平正直之路。令先師孔子之脈，一如帝堯之『光被四表，格於上下』，不亦善哉！不亦快哉！」曰：「沿流窮源，取長略短，是誠今日消門戶、護聖道之要領。但不知下學淺識、庶民顓蒙，如何可以共通於此所謂大學者？」謂：「其『範圍天地而不過，曲成萬物而不遺』，而〔二〕今遺此二項人，是此學專爲一輩高明有位之人言矣，不亦終孤於宇宙耶？又其謂道之曲成範圍何？」先生曰：「只泛言大學之宜學，真是此道終孤於宇宙。若是洞明宗旨者，爲言大學之道，提綱只明德、新民、止至善。而指點明德，不必遠徵訓詁，即指這人生帶來不昧的良心。指點明之之旨，不必深求奧義，祗是要將此一點良心常教不昧。指點新民，不必博求故事，只是要體心推心，將此良心處處不昧於父母兄弟妻子之間、鄉曲接待之侶。發明止至善，不須別求深隱之義，只是期於將此不昧之良，於己於人總無不真、不周、不常、不當之憾。即不特下學可一言而悟，即愚氓庶民正可聞誨而立地驚醒耳。不見大學曰『自天子以至庶人，壹是皆以修身爲本』耶？當時大學一篇，雖無隱奧之言，要是言文指遠，匪可易明。孔門尚以此提爲學宗，使人壹是尊尚。矧今如當身且喻，不用深文，而又若以懇執明剴之意，動其本心共具之明，有不立感而悟耶？只視發明者之迂直與誠浮奚似爾。發明果真切不迂、至誠不浮，即一學之師、一邑之長，正不難立收風動之效。矧如大賢高位，平日以至誠感人於不言，臨時又以至誠切近曉譬，有不人心立感而競勸耶？」

先生曰：「古聖賢論學論治，其言不一而足，其方且更僕難數，只是學一識正理，存正心，行正事，作天地間一正人而

〔二〕「而」，原作「爾」，疑誤，今據上下文義擬改。

止，治亦治的這家國天下之人到得識正理，存正心，行正事，作天地間正人而止。易曰：『正大而天地之情見矣。』不亦信哉！正如各正性命之正大，如天地無不覆載之大。到得此際，看是如何規模，如何運行，如何變化生成。」問：「易繫『易簡而天下之理得，理得而成位乎中』之旨如何？」曰：「乾道生物無窮，而其理只易知；坤道成物無量，而其理只簡能。是則易知乃天之理，簡能乃地之理。君子之知，果能到得如天之理之易知，能果如地理之簡能，即天下之理安在不得？理得而安在不足配天地而稱三才哉？中庸曰：『博厚配地，高明配天。』要知博厚高明字樣，特其功用之形容耳。原其脈絡，總是一至誠無息之易知簡能。故曰：『天地之道，可一言而盡也，其爲物不貳。』不貳正是易知簡能脈絡。會得中庸之易簡，即當會得易簡理得而成位其中之大旨。」

據吾夫子「易簡而天下之理得，天下之理得而成位乎其中」看來，可見要真成得個人，不愧三才不是易事，亦非難事。非易者，吾知必同於乾知，吾能必同於坤能，而後天下之理得，而後成位乎其中。非難者，易知祇人良知，簡能祇人良能。致良知，致良能，便可以得天下之理，成位乎其中。然則良知良能，奚容不體認親切？「致」字功用，奚可不講究分明？

生平半點及人之功勳未能建，並無自己可以信心之學術，真是空生人間，負慚天地。獨偏私鬼魅之心不敢存，邪曲刻薄之事不敢作，這一點炯炯不昧之天良，稍可對天地而質鬼神。

良知在孟子爲不慮之知，於易繫爲易知之知，世儒往往譏彈良知之宗，不惟不達孟子之旨，並未達於易繫之旨。且如孟子開口並言良知良能，而下文卻單言知愛知敬，並不及能，即此亦可悟知能只一體，知是能本來之靈覺，能是知自具之才。惟其良，故即良而知在其中，即知而能在其內，然要之只此一點靈明之妙用無方，而不習無不利耳，故單言良知，而良能不言而即寓也。陽明揭「致良知」爲宗，正是探驪得珠，而或者至譏其重知輕行，又云單知無行，豈善言德行者乎？況乎良知而致，是豈遺行之單詞偏旨歟？曰：「然則良知之旨，果可百世永遵乎？」先生曰：「路有定理，卻無定向之可拘。學如藥病，是惟對症之爲良。道猶路也，有行必出於此之路，有不必出於此之路，視其所據之會何如耳。學猶藥也，有此宜而彼不宜之味，即有彼用不宜，而此用反宜之方，視乎其症何如耳。然要之古與今，今與古，祇此理，祇此學，理本是公理，學終非私學。理到合說良知處，即用良知；在不合說良知處，即不須仍舉良知。學說到致良知不恰好時，正不說致良知；若說到致良知恰好處，仍是要說致良知。彼近來一輩執門戶之見者，當可說致良知時，往往必欲另擇一言以避名目，然要之其旨，亦祇是致良知之旨，徒改頭換面，心勞日拙，致令本旨不明，且失大道之公耳。若在知道必不出此，遇不合說致良知處，諸儒識仁、主敬之宗，稱情而舉，正不必口口良知，自蹈泥形逐迹之陋；遇合說致良知處，又不必拽撦諸儒標宗故旨，舍其切近明白，而自蹈於懲噎廢食之弊。書曰：『道有升降，政由俗革。』歷觀孔門顏、曾、思、孟，總是相時而議道，對症以立方，正不異古帝王之立政建治爲然也。」

自濂洛以來，諸儒論學各自另標一宗。這固是本其自得者語人，要之不無自立門庭之見。吾道大公，是自千古之公是，奚事秘爲己有？一有秘爲己有之心，即此念成私。

有明自嘉隆以後，講學成風，不可謂非一時盛事。顧如各建門庭，各立宗旨，不特良知一宗，自樹赤幟〔一〕，不相假借。餘如南鄒北馮，合志同方，亦終是各執意見，未協虞廷師濟之風、孔門贈處之義，於隆古大道爲公，遜其風徽已矣乎。風氣日漓，蓋無一不視古降一格矣。

論語之論學語教，如時雨普降，萬彙滋榮，又如「乾道變化，各正性命」。

〔一〕「幟」，原作「熾」，疑形近而訛，遂改。

「天道普萬物而無心」，明道之賢，亦爲此言。夫以天道如此之公普，四時寒暑，無一或爽其度，福善禍淫，無一不當其宜。特人不見其天，不言其心，而日無心可耶？且若以天不言其心，而遂謂爲無心。人不見其心，而遂真謂爲無心。嗚呼！復其見天地之心，將作何解？且是真視天爲寘寘昧昧矣，將詩所謂「明明在下，赫赫在上」者，又復如何下訓詁耶？要知最有心者，莫過於天。若果無心，「日監在茲」，誰爲日監？「天爲顯思」，何稱天顯？宋儒論理最精，於說天、說鬼神不中情，實本其立意雖云防流弊之失，要是未協經旨，未中情實。要知「文王陟降，在帝左右」「天作之合」「天降之殃」，這些處正是昭昭不爽之實理實事。實理實事，奚容人增減損益？且如人不明於天心，不畏於天威，在草野則最啟斯人存心行事之怠肆，在朝廷則尤啟人君治民事神之縱恣。其於人心世教，尤大有關係，豈同小可？吾儒出言稽弊，安容不慎！

問聖人與天地合德之義。先生曰：「高明覆物，天之德也，聖人則高明配天；博厚載物，地之德也，聖人則博厚配地。配則不言合，而合在其中，故曰聖人與天地合德。」曰：「願先生更下顯易易明注腳，使後學有所依據焉。可乎？」先生曰：「君不聞天之爲德，春生秋肅耶？聖人則仁育義正，與天合春生秋肅之德焉。又不聞地之爲德，遍載廣生耶？聖人則容民畜衆，與地合遍載廣生之德焉。」復請曰：「不審此義，吾輩亦可下手力學否？」先生曰：「有欲之念，一毫不敢留，有我之私，一念不敢萌，其高明處，即我即天，不言學天，而善學於天即在是也。但可容之處，無物不容；但可愛之處，無人不愛。其博厚處，即我即地，不言學地，而善學於地即是在也。世焉有學之不已，而不至者？」

或問：「學有要乎？」先生曰：「有。」「何在？」先生曰：「莫要於識。」「何識之要乎？」先生曰：「要在矢志識宗尚，又在學術識會歸。」「何以在矢志宗尚之識也？」先生曰：「古今之士衆矣，而賢爲貴；古今之賢衆矣，而聖爲貴；古今之聖亦衆矣，而自生民以來，未有人焉過於孔子。善學孔子，未有過於孟子者。學而不欲自成則已，苟欲自成，舍孔孟而他言宗尚，非一善成名而止，即得半自滿而已耳。即欲不流於門戶之偏畸，得耶？」「何以在學術會歸之識？」先生曰：「志高而功不繼，雖欲不一善自終，而不得也。虛願而力不實，雖欲不得半苟安，而不得也。人之生也性爲主，必明明德，而人之性始盡，大學則明明德以止至善之學也；必新民而德之量始滿，大學則新民以止至善之學也。學而趨會於大學之明德，則天德全而會其有極矣。依歸於大學之新民，則王道備其有極矣。矢志而宗尚孔孟，學術而會歸大學，不亦學之要，而識之正乎？識正而門户偏黨之私，不亦免耶？」

與造物同一大公無私之德，是謂天德，然要之衹本性爲之根柢；與前聖同一蕩平正直之道，是謂王道，然要之衹本性爲之運行。外此而言德、言道、言天、言王，非駁雜不純，即摹擬失真。「天德王道」四字未易言，正以「本性」二字不易言也。

有天德然後可言真王道，有王道然後算得真天德。總之，一段明公通普之真機，上下與天地同流爾。

問：「自程子有『吾儒本天，釋氏本心』之説，而後世往往據之以闢心學。夫天理也，心具理者也。六經、四子皆合而言之，他不具論。孔子由志學知天命，而且曰從心不踰矩。孟子云盡心知性而知天，存心養性以事天。聖門之學，大端如此。程子聖人正脈，而立言如是。其不同何也？」先生曰：「心與天不容硬分異同。但言天，則純理而無欲；言心則不無後起理欲夾雜之心。明道『吾儒本天，釋氏本心』之説，要知是提衡宗傳、護持道脈苦心，與孟子性善之旨，血脈貫通，表裏互發耳。」

又曰：「明道之言，以之提衡宗傳，自是分曉，但覺太將心天硬分異同，與前聖人一貫不無微涉支離。竟不如説『吾儒本性，釋氏本心』爲顛撲不破，是非曉然。」

問入道難易。先生曰：「汝以爲難則難，汝以爲易則易。」未達。曰：「道是人之本性，本性人人自有，這裏豈可言難易？只汝看得天高地遠，便覺得入去彌高彌深，是道之難入，非道入之難，由汝看得難耳，故曰汝以爲難則難。然這道既是率性之道，只汝發一肯心，便覺欲之即至，求之立得，是道之易入，不獨道入之易，由汝看之易耳，故曰汝以爲易則易。」

問無極而太極、太極本無極之旨。先生曰：「無極而太極，是周子難於下語，不得已檃括大意，成此一言。然在自己，亦自覺首句中夾一『而』字，不無言語之病，故下着太極本無極數語，已掃開章數句語痕之病，要之我輩欲直截解此上下二義，只將中庸『上天之載，無聲無臭』二語或倒或轉或順舉，即無不可，言下立明耳。如釋『無極而太極』義，只倒轉曰無聲無臭者，乃是上天之載。如釋『太極本無極』義，只順舉曰上天之載，本無聲無臭。即上下二義，俱可淵源而會。」

又疑「動而生陽，靜而生陰」二「生」字之義。曰：「生有就實事言者，如地之生木、水之生魚、母之生子之類是也。有從無之有言者，本無有是而其義有可兼，如仁之裁制即爲仁義、之節度即爲禮儀之類是也。陰陽一太極，太極只陰陽，此處硬拆不得毫釐，如何可下得『生』字？但是由太極之動處名之爲陽，即謂之太極動而生陽可也；由太極之靜處名之爲陰，即謂之太極靜而生陰可也。這『生』字是乃從自無之有之取義，泥於子母相生之生，便不得耳。」

門人讀傳習録，究竟知行合一之旨。先生曰：「『知行』二字爲初學言，與夫論功夫條目不容不分爲二，要之體本同歸，用亦兼到，硬分固失，偏重亦非也。何以言之？知是知此行，行是行此知，所謂體本同歸也。能時時真知，即是力行，能往往力行，即是真知，所謂工夫亦兼到也。這裏如何可以硬分？又如何可以偏重？」

侍側紀聞

卷一

或問學，王子曰：「子何學之問也？」或曰：「學不同乎？」曰：「侈聞見，競詞章，謏聞動衆，而無益於世道人心之數者，細人之學也。內成己，外成物，詣深造極，而統貫乎天德王道之全者，大人之學也。」或曰：「請問大人之學。」曰：「明德以立體，所以內而成己也；新民以達用，所以外而成物也；止至善以要歸，所以融天德王道於一貫，而德盛化神也。先師之遺規載諸大學者爲綦詳，可考而知，可踐而履也。」或曰：「大則大矣，其如無與逢時何？」曰：「國家設學校師儒以教士，三年而大比以試之，六經、四子之義旨在焉，古典時務之要領在焉。其羅而得之也，高爵以官之，大祿以養之，豈徒然哉？期得體立用達之真儒濟國家、安生民耳。子患體之不能立，無患時之不與汝體也；患用之不能達，無患時之不與汝用也。」或曰：「然則其學之也奈何？」曰：「學而思，思而學，得其意，通其變。考之古者，可用於今，斯今古一矣。言之口者，可施諸行，斯言行一矣。如此乎幼而學也，即如此乎壯而行。如此乎坐而言也，即如此作而行。六經、四子即吾已試之言也，表判論策即吾適用之符也。何有乎古之戾時？又何有乎言之難行？」

或問：「天地之性何以人爲貴？」曰：「貴以仁也。」曰：「仁何以貴？」曰：「統四端，兼萬善，仁也。人則然矣，物無是，不亦仁之貴，而人爲貴乎？由是之焉，而奠生民、育萬物，仁也。人則然矣，物無是，不亦仁之貴而人為貴乎？由是之焉，而參天地，贊化育，仁也。人則然矣，物無是，不亦仁之貴而人爲貴乎？孔孟而後，明道、横渠之原仁爲獨備，而明爲貴之義至切也。」「然則學之有要乎？」曰：「誠爲要，而明其始事乎。故中庸謂君子誠之爲貴，而不明乎善，不誠乎身也。」「然則明誠之功可得聞乎？」曰：「六經、四子備言之，明道、横渠暢言之，而中庸之博學、審問、慎思、明辨則言明爲詳也，中庸之篤行則言誠爲□□。」

或問：「主靜、主敬之旨，周程各有分主矣，不知孰爲無弊？」王子曰：「心一也，不亂之謂靜，不懈之謂敬。非不懈也，能無亂乎？非不亂也，能無懈乎？敬者，靜之真精神；靜者，敬之真體段。吾見其一貫矣，未見其孰弊也。必也持世教而防流弊，敬其尚乎？」

無妄心者無妄行，然自信其無妄，而任心以行，妄將不免矣。故君子有正心誠意之學，有格物致知之功。

「學以聚之，問以辨之，寬以居之，仁以行之。」先師之訓斯其至矣。詳知而略行，重行而輕知，吾見其弊也。雖然工夫所以全本體也，言學聚而不知所聚何事，言問辨而不知所辨何理，言寬居而不知所居何旨，言仁行而不知所行何歸。微特寡實功也，精神敝於馳騖矣。故先師「四之」之本義，宜體認的切也。

知及之，仁能守之，莊以涖之，動之以禮，則內外交養矣。「志於道，據於德，依於仁，游於藝」，則本末兼該矣。德於是乎成，學於是乎全也。

「率性之謂道」，非率性不可言道也。「修道之謂教」，非修道不可言教也。

致虛守寂有似尊德性矣，而究非道問學之實功。博學審問所以道問學也，而須歸尊德性之本旨。以德性爲本體，以問學爲工夫，然後道始凝耳。後之論學者，紛紛乎本體工夫之互有輕重詳略也，其於致廣大、盡精微、極高明、道中庸、温故知新、敦厚崇禮，割裂而疆界之矣。道焉得凝哉？

「誠者，天之道。」君子由致曲而至誠也，人而一天矣。故君子不患知之不精，行之不安，而患誠之不至；不患誠之不至，而患功之不實。

無極太極，而二儀五行，生生不已焉。聖人定之以仁義中正，而主靜以立人極，則全體太極矣。烏有不孜孜乎正三綱敘九疇，殷殷乎民胞物與，皞皞乎黎民於變、萬彙時若歟？

有羞惡之心者，可以事大君；有惻隱之心者，可以涖小民；有是非之心者，可以論古人；有恭敬之心者，可以接今人。無羞惡之心而事君，食其禄，擔其爵，國計民生曾無補益，而不知恥也，則鄙夫矣。無惻隱之心而涖小民，冒名曰父，冒名曰母，損下益上，瘠民肥己，民日困日苦，而不知恤也，則殘人矣。無是非之心而論古人，真僞不分，偏全不辨，古人爲我屈，我爲古人愚，而不能察也，則懵懂畢世矣。無恭敬之心而接今人，在我上者不知承，在我下者不知待，倨其容，傲其氣，行同籧篨，而不知變易也，則恥辱怨惡終身矣。或曰：「子之言四端也，得毋異孟子之旨乎？」曰：「言各有當也，然安在非淵源於孟子之旨者？」

以言動民，未若以身動民之實也；以行服民，未若以情服民之神也。或曰：「情其能喻乎？」曰：「至愚者，民也；至神者，即民。君之身，民之表；君之神，即民之神也。不動而敬，不言民敬，而民孚於敬矣。不言而信，不言民信，而民孚於信矣。義以爲質，不求用情於我，而民情於我乎用矣。神應斯乎，神乎自應。爲政以德，之所以無爲而天下歸；不顯惟德，之所以篤恭而天下平也。文誥刑威，徒革面之具耳，且有不能革面者。」

明道先生有言：「天下非誠不動，非才不治。」其内聖外王，一貫之旨乎？無是具，不能爲是言也。得君行道，天下其庶幾乎。而不假以大位，又不假之長年，昊天之無意於斯世斯民□□□夫。

禮陶民心，非度數之謂也；樂□民情，非聲容之謂也。王者中和之德，孚於度數聲容之先，中和之教，浹於度數聲容之外，而中和之氣寓於度數聲容之中，故天下皆回心嚮道，風移俗易也。後之言禮樂者，度數而已，聲容而已，無得乎其先，無通乎其外，無見乎其中，孰與達禮樂之義哉？即尚禮樂者亦然，雖周官、周禮咸英韶濩文具耳。何與乎時雍風動哉？

大禮同天地之節，大樂同天地之和。王者中和之教直範圍天地之化而不過矣，安得不曲成萬物而不遺哉？然非王者中和備美，至德之光與天地同德也，禮豈易言同天地之節？樂豈易言同天地之和者？故天德者，王道之淵源也，離之則不得。

本大中之德，而爲禮以陶民，民斯範於道之矩矣。本太和之德，而爲樂以淑民，民斯適於道之路矣。禮樂者，先王所由納民於由道之途。而至德之中和，尤先王默孚斯民於由道之途，而令其回心向道，安處不變也。匪是民無孚志，而禮樂徒然矣。

服勞奉養，未若承顔順志也。承顔順志，未若諭親於道也，必也達孝其善繼善述乎？必也大孝其立身行道，顯親揚名乎？

有「思貽父母令名，必果」之心，而後有立身行道之學也。必實盡立身行道之義，而後見思貽父母令名之果也。身之不立，道之不行，而日思貽令名必果焉，如匪行邁謀矣。

子夏，孔門文學之士也，而以敦倫爲實學，孔門之學可知矣。今之爲學者而知務此，斯達於敦本崇實之旨乎！然不達於孔門好學獨歸顔子之旨，亦無以窮學之本、探學之源也。

徒試俊秀以文墨，真儒亦罕矣。徒試武勇於射御，將才亦罕矣。

取途人而授之梓則不欲，謂其敗我器也。三事大夫，生民之命懸焉，社稷之安危係焉。取面墻之人而授之，可乎？故官人必取實才。而取之之法，必以明試。

昔孟子有言曰：「大人者，言不必信，行不必果，惟義所在。」惟大人精於義，故達乎權也。無精義之學，而謂信果之不必，求爲硜硜之小人不可得矣。

吾未見溺境而不違仁者，未見志仁而尚溺境者。義利不兩立，理欲不並行。

仁者不憂，有欲則憂無欲矣，夫何憂？

或問：「定、靜、安、慮，昔人以一時俱到，而節候分明解之。某終未達。」王子曰：「只此至善之機始之終之也，故到則俱到。然此至善之機有始有終也，故仍節候分明。四而一，一而四，至善之體段符驗固如此，然惟知止之大人能至之。

猶之義質、禮行、孫出、信成之一體而相成也。惟精義之君子始知之。」

或問喻義之解。王子曰：「正誼不謀利，明道不計功。董子得其旨矣。然必有窮理之學焉。故知之深，嗜之篤。理義之悅我心，猶芻豢之悅我口。」

君子不器，而有器使之仁；君子不言，而有必中之智。行而不至，必其未欲行也。諉之氣禀，則天不受，人亦不受。

有病易醫，無病難醫，然則不貴無病乎？曰：「非是之謂也，謂病而曾不自知其有也。子不見疑病可以悟醫，惰病可以勤醫乎？羣疑滿腹，而自謂無疑。中道自畫，而自謂不惰。孔孟而在，將何治之！」

觀四序之遞移，日月之遞運，而知逝者之如斯。舉如是也，何獨不舍晝夜之川流哉？生長天地之間，日游大化之內，滿目化機，而昧之□□□矣。故君子知道之不可離於須臾，而孜孜乎戒懼慎獨之務虔焉。

觀人於其心，百不失一；觀人於其行，十不失一；觀人於語言文字之間，得失半耳。然窮理知言者，觀其言亦可得心行之邪正疏密也。鑑物而黑白青赤不分，鏡本昏，非物之善眩也。

觀人於善惡之間，君子與凡民不相遠。察心源之厚薄公私，定人品之安勉真僞，則非君子莫辨。

行而薄，君子不責其行之傷薄，而責其心之不厚。

文以載道，謂道寓文中可也，謂文即道亦可也，謂能文即道在，是則不可。且以韓、柳、歐、蘇之文，而謂道載於是也，更不可。曰：「韓、柳、歐、蘇之文非道乎？」曰：「無所不周者道也，韓、柳、歐、蘇豈能外？且四子原依道爲說，惜也！識不真，論不中。其爲言也，自道其道，而非六經、四子之道也。」「然則離六經、四子更無載道之言乎？」曰：「前乎宋明者，有王文中、陸宣公；後乎隋唐者，有濂、洛、關、閩、河、會、姚、涇焉。其會海之四瀆，朝宗之江河乎？是惟慎擇而兼取之爲宜耳。」

見賢而好，吾見其人矣；見賢思齊，吾未見其人也。見不賢而惡，吾見其人矣；見不賢而內自省，吾未見其人也。

或問志。王子曰：「志伊尹之志。」問學。曰：「學顏子之學。」或曰：「不幾過高乎？」曰：「不及則負生人本量也。」

不明不行，不行不明，故君子擇善而固執。

虛而後實，無欲則明通公溥是也；實而自虛，見大則心泰，富貴貧賤處之如一是也。世儒偏重虛實，分言虛實，扣盤捫燭之見耳。

王子讀文中子書至「不雜學故明」之言，而嘆曰：「吾明則不敢信也，不雜學其庶乎。是以望道而趨，雖不中，不遠也。」或曰：「子不嘗爲詩乎？」曰：「吾於詩觸物道志而已，然間一爲之也。汨精役神而爲詩人，則何嘗然。」

君子之道體用相兼，君子之行經權相濟，君子之學知行相貫。體用弗兼，吾懼其道之入於偏畸也；經權弗濟，吾懼其行之流於執方也；知行弗貫，吾懼其學之落於門戶也。

王子讀朱文公集，至翻動册子，見前人敗闕，起著書之思之言，喟然曰：「古聖賢之用心也如是夫？豈得已哉！即此見當時譏孟子好辯，真妄語也。」

心易動而難靜，體認無動無靜之體，而存養之可也。

建大功，立大業，非達於時勢、明於人情者莫能爲。故古之成功立業者，非必皆有審時達情之學也，而無不有審時達情之識。然以其徒有識而無學也，故功雖成而不必俊偉，業雖立而不必光明。建全功，立全業，識其要哉，學更要也。書曰「學於古訓乃有獲」。

不以勢力之強弱爲圖報之厚薄，其人可與對天地；不以一己之喜怒爲賞罰之厚薄，其人可與從國政；不以小民之肥瘠易子孫之苦樂，其人可與善後世；不以身家之圖謀先國家之經畫，其人可與爲人臣；不以己身之進退伺朝廷之喜怒，其人可與事大君。

達於家之情而後可宜家也，達於鄉之情而後可睦鄉也，達於民之情而後可平治天下也，故聖人以人情爲田。或曰：「家、鄉、天下可一視乎？」曰：「所好與聚，所惡勿施，安有異焉？」

豢鷄、犬者，欲其無他適，爲之飲食，爲之棲宿，雖有此驅，無或逸矣。爲民父母，而衣食爲之謀，無使失時；居處爲之慮，無使失所。雖刑之、威之、役之、取之，安有流離乎？故衣食居處，聖王所以集民和衆之要務也。或曰：「然則教化非所重乎？」曰：「衣食足而知禮義，生養後而知廉恥。教之行皆由養之裕耳。故古之聖王以養爲教經，以教爲養緯。」

革弊法不如革弊人，人存而弊法即良法矣。斤斤焉革弊法，不知求治人，人弊而良法亦弊法也，何益於治理之數哉？故古之王者寤寐求賢，不啻饑渴也。

容說者，人臣固寵之術也。人君而喜此，則是以天下博一笑。吾惜其誤也。

用喜於建事之人，不如求明於處事之人。喜於建事者，未必處天下之事盡當；明於處事者，建天下之事而有成無敗也。然用之當也爲難，故國君進賢如不得已。

量才而用之，智愚老幼皆可用也，吾於用家人，得用國人之法焉。遇功而即賞，遇過而即懲，智愚老幼皆知奮也，吾於教家人，得教國人之道焉。

有善不賞，有罪不罰，雖堯舜不能治天下。其知治機之言乎？

開言路，賞諫臣，大君所以明四目，達四聰也。□□□言疏斥直士，不旒而自蔽其目，不□而自塞其耳乎？漢唐賢主不免焉。安得唐虞之郅隆？

敷奏明試，尚有失人之虞，後世士以浮文空言應上之求，上即以浮文空言用天下士。至舉數千里生民之命寄之，舉社稷安危之任付之。□豈古求士之主皆智不及後王？古□見用之士，尚實行不及後世之空言耶？噫，弊矣！

或問大臣。王子曰：「以正君安國爲己任也，以天心民命爲己責也，君不堯舜也恥之，民不唐虞也恥之，凛乎難進而易退也，其大臣乎。古之禹、稷、伊、傅始足當之，蕭、曹、房、杜吾不知也。」或曰：「然則蕭、曹、房、杜果何如人？」曰：「遭時際會，得君成功，亦云僅矣，然道無聞也。」

求治若渴，不若求賢若渴之約而有要也。求賢若渴，不若求任賢不二之實而有功也。求治不求賢，其如求治何？求賢不任賢，其如求賢何？

一人元良，萬邦以貞，儲君國之大本也。重之，所以重國家。

或問治天下之道。王子曰：「『在知人，在安民』，書有明訓矣。」或曰：「不類書生之常談乎？」王子喟然曰：「子何異之求也？參、苓、术、芪，豈必異味乎？足補羸焉，斯可矣。如必求其中君臣佐使之宜，知人尤安民之君焉。」

待大臣以禮而恩在焉，斯可矣。無恩則薄，元首股肱氣不貫也。待小臣以恩而禮在焉，斯可矣。無禮則慢，手足腹心情不屬也。

或問待士之法。王子曰：「祖宗妻子蒙君恩，而後感君之仁也。匏家山桑皆君餘，而後戴君之惠也。苦樂勞逸戴君恤，而後銘君之慈也。片長小善荷君知，而後感君之明也。孔子曰：『忠信重禄，所以勸士。』孟子曰：『君視臣如手足，則臣視君如腹心。』無厚恩，無深情，爵禄章服，國家公賞耳，何足感司馬三升之士，而動其報禮之重哉？」

「行而後至之速，不行無望於速至也。至而後知之真，不至無望於真知也。」「然則行先知後乎？」曰：「非也。知其宜行，而始行焉；知其如何行，而乃行焉；知其如何至，而乃至焉。行先乎哉？然以爲知與行截然分先後也，則未可一貫焉耳。且夫致知之實致其知即行也，力行之原非冥行即知也。豈獨一貫？直屬一體，特立言不得不先知耳。其亦猶行道之必始於講程乎？」

知之真，而後能行之力。知布帛之足以禦寒，而後不殫跋涉，而謀所以足之也；知菽粟之足以免饑，而後不避寒暑而謀所以足之也。行之力，而始見知之真。求布帛於千里之外，而不憚跋涉，惟其真知布帛之足以禦寒也；圖菽粟於終歲之久，而不避寒暑，惟其真知菽粟之足以免饑也。行不至而曰真知，真知乎哉？吾不信也。知不切而曰力行，力行乎哉？吾不信也。

人而不仁，則生人而痿痹矣；人而不義，則衣冠而豺虎矣；人而無禮，則襟裾而禽獸矣；人而不智，則飲食而木石矣。仁義禮智，人生安身立命之符契也。

或問真知，曰：「知性知天。」問實踐，曰：「盡性至命。」「然則不幾於虚乎？」曰：「知忠知孝，知信知別，皆知性知天之實目也。盡忠盡孝，克信克别，皆盡性至命之實務也。性命而虛，佛老之性命耳，吾儒安有？」

巧言亂德，小辨破義，門户裂道，君子不由也。

太上無爲，順其自然而爲之也。民茹毛也，而教之庖；民衣皮也，而教之蠶；民知巢處也，而後教之居；知男女也，而後教之婚嫁；知畏病也，而立醫藥。不先時開以難，不後時任其病，是之謂無爲耳。豈若所謂一無事事者？一無事事，佛老出世之爲耳。吾道無此也。

見不真者，不可與論道；行不實者，不可與體道；識不全者，不可與議道；力不厚者，不可與任道。君子是以正其識，擴其識，弗敢浮，弗敢隘也；勇其力，貞其力，弗敢怠，弗敢懈也。道舍，君子其奚屬？

或問大智。王子曰：「其小心乎？」或曰：「小心何大智之有？」曰：「臨事而懼，好謀而成，不亦心之小，乃所謂智之大耶？翹翹焉自高其識，而謂人莫己若，漫其心，易其謀，臨事而輒貽敗缺焉，安在其智之有乎？」

上有明君，則下無冤民；上有仁君，則下無困民。

文中子曰：「無赦之國，其刑必平。」王子曰：「治世以大德耳，焉取小惠以自紊其紀綱。」

用吏不擇，而欲民之久安，不可得也。民之不安，而欲國之無危，不可得也。故小民爲大君之命，而擇吏爲安民之本。

身之病也，有一臟受病，然後五臟六腑因之俱病，而斃及者矣，甚至有一臟病亟，而危至者焉。從古有一方困敝，而天下因之俱動以殆國者矣，甚至有一方困敝，而國即因之以亡者焉。大吏數千里生民安危之寄，小吏亦百里生民之寄也，可漫易哉？

千百里之民不安，何惜一吏？千百里之民安矣，何惜一官？故有功之吏，賞不可惜爵；有罪之吏，罰不可踰時：所以重民命也。

以爵錫有功可矣，以官酬私恩則不可，更以親民之官予私人則尤不可。匪其人而以生民付之，是自失其民也。

有冬之晦閉也，而後有春之發生莫遏。君子之厚養薄發，所以蓄德也。道聽途說，吾知難矣。

動而後悔，動求無悔可也。慮其悔而禁其動，動卒不免也，悔斯至矣，且未動而時時自蹈於悔也。或曰：「然則動求無悔之道果何如？」曰：「書不云乎慮善而動，動罔不臧？易不云乎『動靜不失其時，其道光明』？然其要在慎獨也。」

或問出處之道。王子曰：「自審可也。」或曰：「不關於世乎？」曰：「自審未嘗不視乎世也，視世未嘗不在自審也。自審而我能仕焉則仕，不能仕則止。量而入，不入而量，此自審之不關於世也。我能用世，世治而可仕，世亂而不可仕；我不能用世，世亂而不可仕，即世治而亦不可仕。爲難進，爲易退，此關於世，而亦未嘗不在於自審也。」或曰：「吾子之不仕也，何居？」曰：「所謂不能仕耳，我無用世之實具，而尚有自審之微明也。」

卷二

六經、四子，歷聖諄諄爲天下後世留相師之道也，而其委曲詳摯不啻慈母之於嬰兒。天爲天下後世生聖賢，聖賢之於天下後世，豈但作之君、作之師哉？仁矣夫。

六經、四子之説，昭如日星。生乎其後，遵聞行知可矣，而詡詡乎自立宗旨，謂爲獨契，是舍坦道而蹈岐途也。更若違聖法，侮聖言，是舍康莊而自納陷阱爾。

立其體，達其用，則本末畢該矣。智以崇，禮以卑，則知行統貫矣。

就知行之異用言之，知者所以明此理，行者所以踐此理；就知行之同體言之，知之篤實處即行，行之精明處即知。一而二，二而一。達此意者，合言之可也，分言之亦無不可。不達其旨，分言之固多失也，合言之亦未得。

孔子謂「博學於文，約之以禮」，而孟子則以爲博學而詳説，將以反説約。孔子之旨，得孟子注之而其義愈顯。孟子真善學孔子者乎！

或問：「後世書籍繁猥，畔道離經之書盈天下，先儒以爲也須焚書一遭。其言何如？」曰：「此有激之言也，抑末矣。今道之不明，雖聖經且紛岐於注疏之意見，將遂令道之大明乎？且斯道之不明，人各徇其所嗜以爲趨。朝焚而夕競，其意見以相尚矣，可勝焚能盡焚耶？必也道德一於上，風俗同於下，自朝廷以至深山窮谷，非是上不以教，而下不樂習；非是上以爲禁而下恥於爲也。離經畔道之書，將何所用於天地間乎？然如無關名教之書，得如孟子知言之大賢一是正之，以明示當世，而使知取衷，亦不可少矣。」

唐有大臣焉，陸宣公之謂也。其識正，其學通，房、杜、姚、宋出其下焉。

文中子之書，吾不敢謂其盡真也，然其人庶幾乎弘毅之士矣。聖學之爲宋儒開先，斯人力也。

「聖學本天，禪學本心」，子程子見道分明語也。然其中脈絡殊細，而意旨殊微也。必也身實歷之，必實徹之，方可援此爲據耳。不然，而知不真，行不至，脈絡之辨不能清，意見之弊不能徹，但見言心輒禪之，謬且千里矣。

甚矣夫！吾自返於心，而無一事之自信也。但於知爲知、不知爲不知，能爲能、不能爲不能，此一點心炯炯時在目前耳。

王子嘗言：「全體大用，真知實踐，是吾常服續命四物湯；大學一書，其本末始終，是吾四物湯君臣佐使炮製服食實法也。」或曰：「此旨淵源於何人乎？」曰：「六經、四子，宋明諸儒，無非發明此旨矣，但各就其專重言之。故或詳體而略用，或詳用而略體，或詳知而略行，或詳行而略知。又或言體用之詳也，而知行之略；或言知行之詳也，而體用之略。我則始發蒙於二曲先生，暨乃遍探六經、四子、宋明諸儒，數十年中，融會貫通，斟酌調劑，始得此中正和平之劑，而服之續吾命耳。」

君子自信而已，人言不足喜，亦不足憂也。必也借鑑以爲勸懲，其君子之是非乎？

論篤之不可盡與，此言勸人用人之法也。若曰用言則論篤，亦何可廢？

無培養，無教化，縱紛紛文誥，民不和也。風移俗易，亦難矣。

誘之利，鼓其氣，市人可驅而用也。必也親上死長，平日愛之如慈母，教之如嚴師乎？

閱夏而冬，必易葛而裘；閱冬而夏，必易裘而葛。治國家者，法所宜革，不苟因也。然利不百，法不變。與其革故以新而徒爾紛，更無寧慎守其舊而謹持昭宣耳。

成天下之事功者，莫要於氣，故明主務思鼓之，而於兵則尤要。御天下紛□者，莫尚乎才，故明主務思擇之，而於將則尤要。

以學選將難矣，然將不知學，偏裨可耳，大將則不可。

通古今，達事理，明於事君，使衆持身□功之□者，將之學也。横槊賦詩，下馬草檄，抑末矣。

學非徒講之謂也，然不講則不明，以徒講爲戒焉可矣。以講爲戒，是欲其入而閉之門，終身昏昧矣。孔子而在，憂不且深乎？或曰：「然則如之何而講學無弊歟？」曰：「講修德即如其所講而修吾德，講徒義即如其所講而徙吾義，講改過即如其所講而改不□，行以講而明，講以行而誠，明誠合而學日新，業日進，夫然後弊庶免乎。」

自行束脩以上，未嘗無誨，聖人之教心也；不憤不啟，不悱不發，聖人之教術也。無是心則爲術似吝，無是術則爲心似泛，故教至孔子乃足以範圍天下之才，乃足以成就天下之才，真千古教宗也夫！

先其本，後其末，學之要也。重其本，不輕其末，學之道也。先末而後本，重本而輕末，要、道兩失矣。

以欲立欲達言仁者，堯舜不能厭其欲也，匹夫正自足於欲；以近取諸身明仁方，堯舜不能盡近取之量也，匹夫無不足於近取之方。功彌實而方彌切，方彌切而量彌弘。聖人之見理也，圓而精，故其爲言也，含弘廣大，亦復切近精實。

見彌精則言彌切，旨彌遠則言彌近，功彌實則旨彌顯。惟孔、曾、思、孟也爲然，濂、洛、關、閩庶幾矣，其餘非過即不及也。

論其事，使其事，如得於目睹；評其人，使其人，如得於身見。非有知言窮理之學者，莫語此。無此具而論古事古人，猜枚射覆耳。即有得焉，幸中也。

不經而誤犯可望悟也；已犯如未經，終於此矣。

顔子之不善必知，知不復行。克復之功如此，其明且健也。過何從成乎？仁何從違乎？夫子之嘆無庶乎？有以夫，真我□師也。

寓蘇曰，有人問先生之學，宗旨若何者？王子曰：「自顧無高識，不敢自立宗旨，如濂、洛、關、閩、河、會、姚、涇也。抑祖述大學明、新、止善之旨而已。且吾有見於學術至大學而其學始大，至明、新、止善而其學始體用工夫，統貫無遺也。天德王道之大綱在於是，内聖外王之宗傳在於是。吾方懼祖述之不能盡其理也，尚何容舍都會而自趨□邊鄙？」

率性謂道，道不遠人，是予生平論道之淵源也。修道之謂教，尊德性而道問學，是予生平論學之淵源也。爲政以德，是心足王，有天德然後可言王道，是予生平論治之淵源也。小道恐泥，舉一廢百，弗敢知矣。

莫之爲而爲者天也，君子正己順之；莫之致而至者，命也，君子行法俟之。

聖敬日躋，前乎湯者，黄帝、堯、舜、禹皆是，不□湯也。黄帝曰「敬勝怠者吉」，堯之欽明，舜之允恭，禹之祗台，是物是志也。後乎湯者，文王、武王、周公皆是，不止湯也。文王之敬止，武王之敬德，周公之無逸所作、仰思待旦，是物是志也。至□孔、顔、曾、思則終身是言言是矣。敬其聖學之宗傳乎？

「大道難名，非知道之言也，道安有不可名者？不可名必非道也。」「然則何以名之？」曰：「子不見『率性之謂道』？子思子一言而盡道之源流，盡道之體用綱領。舉諸子百家之言，無能出其範圍耶。」或曰：「然則更能易一言以明之乎？」曰：「可。」曰：「何如其可也？」曰：「在知性知天。」曰：「何爲其在知天？」曰：「性者，道之源；天者，性之源也。得其源而流可導矣。不然者，不明於性，即無得於道之淵源也。縱有言焉，一隅而已。即子思子此言當面千里也，矧能易一言以括之？」

佛老之言道也，知本於性矣，而不知順而率之者，其用皆性。其弊也，似乎知道之體而遺其用。遺其用即非道，道一體用也。俗儒之言道也，知道之爲用矣，而不知所以率之者，其體乃性。其弊也，似乎知道之用而迷其體。迷體非道也，道該體用也。必如子思子「率性之謂道」，一言而體在是用在是，源流本末，井井源源也。盡諸子百家，誰能出其範圍乎？

率性謂道，一言而道之源流盡是矣。道不遠人，一言而道之實用盡是矣。中庸其明道之書乎？

明於「率性之謂道」，而覺古今之以無爲言道與執方言道，舉摸象之見也。明於道不遠人之旨，而覺古今之高以視道、遠以求道，舉蠡測之見也。率性謂道奚云無爲？奚可執方？道不遠人，胡可高視？胡容遠求？

或有駁先儒語言之病者。王子曰：「不以文害詞可也。」有摘先儒意見之偏者。王子曰：「不以詞害志可也。且子不見寧儉寧固之説出於孔子乎？而何病焉？」

或問仕宦之道。王子曰：「明於天道，達於人道，可以仕矣。」或曰：「仕從政耳，何天道人道之明達爲也？」王子曰：「升沉遲速，天實主之。盡吾職，盡吾心，以俟之，不其心安理順乎？心安理順，天其能外耶？不然亦付之莫之爲而爲者矣。殫心竭忠，吾自爲之，無歉於心，無愧於分，不其天祐人助乎？天祐人助，仕其不達乎？不然亦付之莫之致而至者矣。以此而仕，何仕之不通？即不通焉，何心之爲病乎？」

天道幽，人道顯；天道遠，人道邇。君子盡其顯且邇者而已，幽且遠者可知乎？然顯者盡而幽在是，近者盡而遠在是。

君子之身，天地萬物之身也，而統貫者在一心，攝心者在一敬。敬其天地萬物之樞紐乎？左傳曰敬者德之聚，又曰敬者德之輿，其此旨乎？

自強不息，重言敬者孰如易？無逸所作，切言敬者孰如書？無不敬者，天德王道之淵源也。豈獨禮經三百三千之要領？

「孔子謂心之精神是謂聖，余謂心之精神是謂敬。」或曰：「不幾異孔子之言乎？」曰：「子以爲有二心耶？無逸所作，心之所以敬也；聖敬日躋，敬之所以聖也。分屬之：敬者工夫之兢翼，聖者造詣之精純，一之似乎淆矣。統貫之：惟工夫之兢翼乃以成造詣之精純，而造詣之精純實由工夫之兢翼。正二之而不得也。故聖學以敬爲主本，求聖人者求之敬而已。」

王子曰：「心之危微，堯舜精言之；心之存亡，孟子詳言之。堯舜者，道法之淵源；孟子者，道法之統宗也。而世儒每指言心爲禪宗，嗚呼！率天下之人皆逐外義襲，必此言也夫？宇宙安得有真學術？安得有真治功哉？」或曰：「程子固言『聖學本天，禪學本心』矣，然則程子亦非乎？」曰：「程子有爲之言也。不達其立言之旨，而但見言心即病焉，其與耳食何異乎？且吾更懼夫舍煌煌之大經，亦昧焉若迷也。讀書論世，窮理知言之謂何矣？」

含弘正大，孔子之言也；易簡精切，孟子之言也。無孔子，無以見吾道之大，而幾於隘吾道矣；無孟子，無與見吾道之真，而幾於淆吾道矣。天不生孔子，萬古真如長夜乎！天不生孟子，聖道真多荆榛乎！

王子曰：「正大光明，簡易直截，文之要也。兼之者，其孟子乎！朱子、王子庶幾焉！」或曰：「如賈、董、劉、楊、韓、柳、歐、蘇也何如？」曰：「順理成章之謂文，諸子之成章亦似矣，而理未精。未精則理弗順也，理不順亦自成其章耳。其於道也，奚當？其於文也，奚當？」

明道先生天姿高，學力粹，雖無意於文也，然多自然成章之言焉，蓋天籟矣。

本道而爲言，爲言而成章，使人讀其書有得於道，使人求其道即得於文。詩書而外，孔子之繫辭〔二〕，孟子之七篇乎？戴記雖雜出，漢儒尚存載道之言於什一，蓋孔門之遺響猶在也。陸宣公、朱文公、王文成則遺響之復振乎？惜也未得親炙孔孟而裁成之，相與盡斯道之全量耳。斯文之不幸也。

生機固，而後可望於木之茂；生機不固，灌之溉之無益也，終於枯槁耳。志者，生人之生機，委頓則生機息矣。故君子之教人也，不徒責其功之不勤、學之不進，而以鼓其志、正其志爲先焉。

〔二〕「辭」，原作「詞」，據周易改。

真知食之足以養生也，自不以他物先菽粟；真知衣之足以禦寒也，自不以他物先布帛。君子真知道德之足以出死入生，離禽歸人也，寧以富貴利達易其守乎？

王子曰：「觀人於廉，人品易見而難定也。」或曰：「何爲其然？」曰：「衆人皆濁而獨清，見之不亦易乎？然濁者自現其真，而清者或滋以僞，定之不亦難乎？然定之亦無難焉。」「然則將何以定之？」曰：「廉，君子所以潔身而立德也，於己無求也，於人無與也。彼廉而矯，是有意於立名也，此人也，非爲立名則不廉，故其行矯，非其情之所樂也。廉而忿，是以廉希寵也，此人也，非爲得君則不廉，故其心忿，非其志之所安也。察其情，辨其心，窮其理。知人之君子，亦可得其梗概焉。」

廉而不劌不僞，可謂君子矣。君子廉吾之當廉，而何劌何僞之有？

王子曰：「觀人於廉，於其用定之是一道也。」或曰：「奚爲觀之於用？」曰：「上以致君，而不徒以廉希非分之榮；下以澤民，而不徒以廉干違道之譽：是以廉成德者也。上無致君之具，而徒自飾其清節；下無澤民之學，而徒邀譽於不取：是以廉藏拙者也。以此定人，不亦易見乎？雖然，亦有性廉才短如孟公綽者，盡以此定真僞，亦失平允也，故曰是亦一道。」

王子睹紫荆熳爛，嘆曰：「花如此之盛，而終於無實。文勝之耗，實也如此。夫君子於此悟崇實之爲貴焉。」或曰：「文非所貴乎？」曰：「無文之質，俚而難用，何可行也？抑文不可勝焉耳？孔子曰：『文質彬彬，然後君子。』」

王子嘗見一人，曰：「數盈矣，持之以約，斯可也，不然敗將及之。」未幾而果敗。或曰：「子何前知之明也？」曰：「滿有傾道焉。持之約，尚可守滿，而滿將之不傾，得乎然？吾言億中也。」

王子又見一人，曰：「危機狹中，物無可居之地矣。將害其成。」已而果然。

一代之興，必有與代終始之家。其始之者，必有異人之厚德焉，故其積善自有餘慶也。

居家無事華，耗有用有限之財猶淺也，誘子弟入奢靡之途，洩一家渾樸之氣，害莫甚矣。

濫交宜戒，必不得已而交，其以正始，以正終乎？

刻薄殘忍，鬼神忌之。

慎終如始，謹暗若明，過庶寡矣。然理之不窮，道之無聞，天理流行，未可望也。

急則害事，緩則喪成，相時以動，依時而行，天祐人助，悔其奚生？

靜而後明，安而後慮，易曰：「介於石，不終日。」

无妄思，而心得其澄焉；无妄喜，而心得其寧焉；无妄怒，而心得其平焉；无妄哀，而心得其瑩焉；无妄樂，而心得其明焉。孟子「養心莫善於寡欲」之論，真對症之良方也。心得其澄，而自无妄思焉；心得其寧，而自无妄喜焉；心得其平，而自无妄怒焉；心得其瑩，而自无妄哀焉；心得其明，而自无妄樂焉。顧端文「寡欲莫善於養心」之言，正探本之至論也。或曰：「然則吾子其奚從？」曰：「皆從之也。始也，以寡欲養心；繼也，以養心寡欲。始也，由工夫以全本體，然未嘗不達於本體而浪用工夫也；繼也，於本體用工夫，然未嘗略於工夫而因任本體也。即工夫即本體，即本體即工夫。孟子其我師，端文亦我師也。」

吾於志道或猶人矣，於體道則未能也。於體道則有志矣，於弘道則無力也。吾能無愧乎？吾敢不勉乎？

余每誦子程子「一日不死，一日有下達之憂」之言，未嘗不汗浹於踵焉。嗚呼！可懼哉！

吾鑑於陸王之失，而工不欲其剽，氣不尚其豪，言不爲其高；吾見夫陸王之得，而體必求其明，心必求其寧，行必由乎誠。前人之得失本自青天白日，吾之去取亦自白日青天也。

佛學本心，此言自有説耳，非謂言心即佛學也。六經、四子何處不言心乎？孟子之言心亦綦詳且悉矣，皆禪學耶？善説詩者，不以辭害志可也。

吾懼諱言心者之言不根心、行不本心，相率而趨於僞也，敢隨聲而排斥心學乎？且又懼得罪於堯、舜、孔、孟也。但吾言心每本性言之，又每合存與盡、正與操言之。

孟子之功，首在言仁義本性善，不獨在辨楊墨也。

或有以孟子之好樂、好色、好勇之對，爲善於誘君者。王子曰：「非義之所安，而以此誘之，是長君惡、逢君惡耳。王道本乎人情，惟孟子乃知天理之不外人情也。同一情，而徇乎私即爲私情，循乎理即爲天理，公共之即爲循理；私己之即爲徇私。」

或疑孟子終身不言易，不知孟子之學實本於易，何也？繼善成性，易中之奥旨也，而孟子宗之，淵源於易矣，不獨明於仕止久速之爲明易也。

窮理盡性，易道淵源於此，六經淵源於此，千古聖賢之學淵源於此。

陸王之學真則真矣，疏原未免。取其真而戒其疏，庶幾當耳；取其真而不知其疏，摘其疏並沒其真，皆不明不公也。

荀、楊、韓之言性，皆混氣與習而言之也；孟子言性，指性之真體而言之也。

性，心之體也；天，心之原也。同條而共貫，一體而相成也。論學而以心爲諱，不蹈佛氏無心之迷，即犯佛氏非心之訛矣。吾儒以本心非佛學，佛氏且當以迷心笑吾儒耳。

無得於性善之旨者，當於喜怒哀樂未發時體驗之；否則，當於情之神感神應體驗之。即孺子入井，可以見吾惻隱之真心；即呼蹴之食，可以見吾羞惡之真心；即入廟入朝見大賓、承大祭，可以見吾恭敬之真心；即一切善惡是非之當前，可以見吾是非之真心。即用可以見體，用善而體有不善乎？故曰乃若其情則可以爲善矣，乃所謂善也。

平旦之氣，驗吾性善之明證也。孟子真善言德性□打徹性善之旨，方可言有本之學，方可言堯舜可學而至。

有若無，實若虛，犯而不校，吾見亦罕矣。亡而爲有，虚而爲盈，約而爲泰，吾見何多也。

剛毅木訥近仁，如薛文清，真剛毅之士也。

言而欺人，行而欺心，皆不知天者也。

行而不著，習而不察，皆不知性者也。

性直是如此難調，安可不日陶時煉？

好善忘勢，吾慕古之賢王焉。樂其道而忘人之勢，吾慕古之賢士焉。

王子觀桃李之謝於俄頃，嘆曰：「春華之不如秋實也，信然哉！」或曰：「華可不用乎？」曰：「何可廢也？實其華之實，而華即實之華焉，斯可矣。」

王子曰：「至難知者，未至之興衰，以敬肆下之，雖萬世可知也。」或曰：「得毋亦有不必然者乎？」曰：「自唐虞以至前明，自堯舜以至啟禎，吾未見敬而不興、肆而不衰者。已往者如是，未來者能外是耶？千百世之上，無一不然，千百世之下，其有不然耶？若夫不肆而不必興，不敬而不必亡，非敬之非其道，即敬之猶未至耳。非肆之猶未甚，即祖宗之澤猶在，人與輔翼者猶有未肆之大臣耳。」

王子因論一事，而嘆曰：「處事如此之難，後生於古人掀天揭地事業，每每妄加雌黄，亦只無論世之識。」

名下皆善事，使天下皆知名之重，即仁人、孝子、忠臣、節婦、義士可矣。今人每不責人之好利，而動責人之好名也，抑何歟？且不以好利責小人，而動以好名排君子也，抑何歟？若乃不知自立自信，而苟避好名之嫌，不敢自力於爲善之途也，則又惑甚焉。

聖人以好名責君子賢者，而以立名誘中人小人。

王子曰：「孔子其儒之不可名者乎？如天之大，無不覆也；如地之厚，無不載也。降此，而真儒其曾子乎？伊川、紫陽庶幾焉。通儒其孟子乎？明道、陽明庶幾焉。」或曰：「真儒通儒可得而言乎？」曰：「知之真，行之實，仁以爲己任，死而後已，其真儒乎？知之明，處之當，居安資深，而取之左右逢其源，其通儒乎？」或曰：「然則真儒通儒固不同乎？」曰：「學只此學也，氣稟之高明沉潛異，其致學問之得力亦遂各隨其氣稟異致耳。然其視道爲歸，究無不一致同歸也。」

或譏王子之書曰：「其言大類勸善之書，無他奇也。」門人以告。王子喟然曰：「有是哉。使天下皆勸於善，則比户可風，人人有士君子之行矣。吾不仕，無能教養我同胞也。不以士君子之行期之祝之，何以將吾心乎？且吾見在天下者有天覆之生之，無容吾言也。在地上者有地載之成之，無容吾言也。吾，人耳，不人之念，不幾負吾耶？不善之勸，不幾負人耶？吾方慮吾不能勸人之善與吾言之不足勸人善也。大類勸善之言，吾盡吾分矣，奇原非所望也。」

王子曰：「六合之外，聖人存而不論；六合之内，聖人論而不議。吾陋巷下士也，即六合之内，亦有不敢論者焉。」或請其目。曰：「務高尚奇，六合内有之，吾弗敢論也；標虚務浮，六合内有之，吾弗敢論也；挾術任數，六合内有之，吾弗敢論也；小道可觀、致遠恐泥、片善自足、一得苟安，六合内有之，吾弗敢論也。吾身以内，有身、心、意、知焉；與身日接，有家、國、天下焉，吾時懼知之有不至、行之有不盡、論之而有不當也，容暇他論乎？」

「未知生，焉知死？」死生之説，莫如此言也。「未能事人，焉能事鬼？」知人神之説，莫如此言也。死生人鬼，一之則不得，二之則不可，知則知其分殊而理一矣。

賞當功，罰當罪，明君也；罪疑輕，功疑重，賢君也。明君而無賢君之仁則不恕，不恕則流於刻薄。賢君而無明君之智則不斷，不斷則流於姑息。兼之貴，故古之君子以仁育萬物，以義正萬民，並行而不悖焉。當之難，故古之君子居敬以存心，窮理以知言，探本而窮源焉。

卷三

不謀道，不知道之易離也；不入世，不知利之易溺也；不求心，不知人心之惟危也；不養心，不知道心之惟微也。書曰：「惟精惟一，允執厥中。」

正己而無求於人，則我何怨於人？躬自厚而薄責於人，則人何怨於我？故君子嚴以律己，恕以待人。

無不宜之謂義，君子精義，故遇一事而義禮孫信咸備焉。

「恕」之一字，終身可行者，不特於世無不宜，亦且己德日以崇。

行恕而熟，幾於仁矣。自反而實，幾於智矣。見義則徙，勇庶幾焉。

於「恕」之一字，體之無不盡，必其於人情體之無不明也。於人情體之無不明，必其於公理察之無不悉也。世有恕人，外之於世而咸宜，內之於學必通微。

通微之謂善思，非實際理會不通微也。書曰：「思曰睿，睿作聖。」聖亦實際理會焉耳。或請其目。曰：孔子之言九思其綦詳矣，然由此而更類推焉可也。或曰：「其如思之不能如是詳何？」曰：「思不詳者，心之蔽也。心之蔽者，志不奮也。志不奮者，由未思其不可不思之實耳。苟思之而知，思則得，不思則失，得則聖，失則愚，聖則人而幾於天，愚則人而類於禽也。雖欲不事事而思、時時而思、念念而思，不敢安矣。」

尊德性不容不道問學，道問學乃所以尊德性。中庸正以明本體之全於工夫、工夫之不離本體耳。一貫之言，非並列之言也。

禮所以自立也，以爲先王之禮不爲我設，難乎其自立矣。自立難，吾懼其隨波逐流而不可止也。學所以自盡其性也，以爲聖人之學不可學，難乎其盡性矣。盡性難，吾懼其恣情縱欲而不知返也，危矣哉！

古之患在好爲人師，今之患在不知求師。古之患在愚不師賢，今之患在賤而師貴。

「師者，所以傳道授業解惑也。」爲師者，尚其以此自問可矣；求師者，尚其準此求師可矣。

朋友，五倫之一，其實關五倫耳。猶土爲五行之一，而實貫乎五行。信爲五常之一，而實貫乎五常也。朋友而倫常無關，道義無關，德不勸，過不規，墮此倫矣。孝標絕交之論，施之此焉，不爲過也。

程子曰「人不學便老而衰」，美哉，言質而味永也！然如無關性命身心之學，大耄之嗟，斯其至矣，能無衰乎？

待人難，克己更難。吾未易其難也，烏敢不慎？烏敢不勉？

或問：「仙道信有之乎？」曰：「有之，然非長生之謂也。」曰：「可學乎？」曰：「君能脫富貴，離室家，斬嗜好，絕情欲，精凝而神靈焉。安在其不可學？不然者，兼營不得也。」曰：「世不可離，然則將聽其衰病促齡乎？」曰：「節飲食，慎言語，息氣斂心，庶幾疾寡而老後乎？即天亦佑之長年矣。君不見仁者而壽，亦理之自然耶。」請問仁者。曰：「識仁之謂仁者，存仁之謂仁者，安仁之謂仁者。不識、不存、不安，不仁也。」

問佛。曰：「見性還空之旨也，淵於仙，要之同一出世之宗耳。」曰：「佛學見性與吾儒奚異乎？」曰：「性豈有異焉？顧吾儒見性之實，而一盡無不盡，故盡己性，盡人性，盡物性，而贊天地，無一之不實也。佛氏見性之空，而一空無不空，故空世界，空人倫，並身心意想無一之不空也。虛實皆性，而公私偏全判然矣。烏得同？」

經正則庶民興，與其虛爭門戶，而使彼得藉於口，無寧實明吾道，而使彼自反其行。

量而後入，斯無悔也；入而後量，悔何及乎？

華言無實，不如其已。

無行不與言在其中矣。聖人既往，行不可見，而學也觀言求行，明言行行，聖人不啻一堂焉。

門戶裂而大道隱，吾其於道之大全求之，敢拘門戶哉？或曰：「得毋有包荒之弊歟？」曰：「包荒者，知不必盡明，行不必盡當，其中荒耳。道之大，道之正也。明德而用以新民，新民而體以明德，本末終始，燦然秩然焉。天德王道粹乎至善之歸也。包荒云乎哉？」

知過速改過，力好學者也，囊螢映雪不與焉。

「在明德，在新民，在止於至善」，孔門之言學如是其全也。「物有本末，事有終始，知所先後，則近道矣」，孔門之疏學如是其明也。偏言之，混言之，於大學也奚與？於孔門之學奚與？

言學而偏重悟，虛見其流弊也；言學而偏重修，義襲其流弊也。知行一貫，流弊庶寡乎？

藥期對症，宜補宜清，不可執，亦不容執也。虛實之不分，寒□之不辨，動曰補中益氣之爲穩也。噫嘻！縱不殺人，亦何能中其實病而已之哉！今之言學者，吾惜之。

離實言虛是謂憑虛，憑虛之道，不中不庸。

積宜消，羸宜補，寒宜溫，熱宜清，疾得平而斯可矣。執消、執補、執溫、執清，即藥爲病也。後世之道不明而執言學者，何異是？

私害公，蔽傷明，意見之執失其平。

孔門言詩之明法綦詳矣。後之言詩者，推而準之，爲雅爲鄭，亦可辨也。

先王詩教之淵源不可詳考矣，然孔子曰：「詩可以興，可以觀，可以羣，可以怨。邇之事父，遠之事君；多識於鳥獸草木之名。」又曰：「人而不爲周南、召南，其猶正墻面而立。」又曰：「誦詩三百，授之以政，不達；使於四方，不能專對，雖多，亦奚以爲？」詩道不徒可識乎？後世之詩，推漢、魏、三唐矣，吾不知按之興、觀、羣、怨何如也？按之事父事君何如也？又不知爲之而面墻不面墻也；授之以政，達不達；使之專對，能不能也。僅多識鳥獸草木之名耳？噫！詩道僅多識耶？

見之易，踐之難，吾滋懼矣。言之易，行之難，何敢不勉！

吾以今準古，而知無不可通也；吾以凡準聖，而知無不可學也。

文中之弘毅，濂溪之精粹，明道之淵通，伊川之直方，文公之博厚，陸王之直爽。高之已至於中行，次之不失爲狂狷，得聖人會而通之，融而化之，激勵而裁抑之，亦可入室矣。惜也，皆未得親炙聖人之門也。

自孔子在門弟子，已學焉而各得其性之所近矣。具體之顏子，竟蚤喪焉，道其孰傳乎？夫子之哭，天喪有以夫！

或問：「子知醫乎？」曰：「其書亦讀之矣，然不敢言也。」曰：「讀其書，何爲不敢言？」曰：「醫書□醫理之所寄也，通其變然後可言其理。吾未通其變，敢空言乎？」

以人命試吾藥，吾不敢爲也，以人命試吾學，吾敢爲乎？教子授徒，或其任耳。

或問：「地理之說，子信之乎？」曰：「吾不敢疑，然未嘗信也。」或曰：「子其何信何疑乎？」曰：「選美土，避五患，妥親體而安子心，吾信之而無疑也。有後福，獲美報，發何房而妨何門，吾疑之而未敢信也。且吾於堪輿之後不必興也，又疑之。於貧賤之家當興也，不求地，而興也勃然；富貴之族當亡也，亟亟求地，而敗也忽焉，尤疑之。又讀堪輿書，見陰騭之家遇風水，風水可遇，不可求之言也，而覺積陰騭以聽其遇之可矣，求何何爲哉？故於堪輿之言多疑而少信。」

或問地理。王子曰：「存天理。」曰：「天理於地理何與乎？」曰：「地氣皆天氣也，存天理則自得天心，天氣通矣，地理不舉其中乎？且不見陰騭之家遇風水，其言出地師耶。陰騭即天理也，風水而遇於陰騭之家，地理外天理亦何有耶？」

或問：「子平之理有之乎？」曰：「安在其無？生剋制化，理之自然也。然亦安在其可盡信者？子不見天地之內，一日一時之生不知幾何矣，未見有一二符契者，得毋天地之化固神變不測而不可盡拘耶？且富貴貧賤、壽夭窮通既有命矣，前知何益？不前知何損？徒生中人矜喜心、憂懼心耳。吾懼淺者之易於自畫，而惰者之自阻進修也，又焉信乎？自畫吾分，□斯可矣。」

異端亂道而害小，鄉愿賊德而害大。異端在吾道之外，入而亂之，中人皆知拒而闢也，其害不亦小乎？鄉愿賊德，在吾道之中，彌近理而彌亂真，即賢者尚迷而墮其中焉，其害不亦大乎？此孔孟皆於鄉愿惡之特深也夫。

無濟世之學，而以曲學取寵於世；無憲世之道，而以小道盜名於世：君子恥之。

不顧害道也，而徒取利於衆口，此曲學阿世也。以之爲儒，則不真；以之爲臣，則不忠。

無實盜名，君子惡之，鬼神笑之。

言必信，行必果，孔子之所謂硜硜也。其在於今，竟稱空谷足音矣。

君子求諸己，小人求諸人。君子周而不比，小人比而不周。君子和而不同，小人同而不和。君子泰而不驕，小人驕而不泰。君子易事而難說，小人難事而易說。聖人之致辨於君子小人如此嚴也夫，聖人於心術、性情、問辨、人品之邪正、善惡如是明也夫，防世立教之心亦切矣。

顯是公，非中人辨之。過中之仁，公中之私，非知言窮理之君子莫能明。

「喪致乎哀而止」，激時反本之思也，然止之爲言，蹈棘子成之弊矣。必也死葬之以禮，親喪自盡，斯無憾也。雖然，與其以親喪取悦流俗之耳目，而誠不存子游之論，亦聖人寧戚之心焉。

不得中行而與之，自孔子之門，中行已不概見，可從知矣。然聖人則致望於狂狷，而後世乃混取於鄉愿，道何由明哉？

道之興廢，命也，於人奚尤？

毁我者，教我者也，吾得因其毁，而益勉於實焉。忌我者，成我者也，吾得因其忌，而益處於平焉。甚矣夫，世之益我良多也，則雖謂毁我忌我，無非我師可也，□獨三人行耶？

清而不驕，斯君子之清也，其朱可亭學使乎？

或問："「六言皆以不好學而蔽，不知夫子所言者好如何之學，而後可無蔽也？」曰："「好大學。」或曰："「六經、四子以及先賢先儒之言學多矣，何以知是大學？」曰："「至善者，萬事萬理之天則。惟好大學也，乃能知止知至，至善之矩昭然焉。夫是以理以制事，事不踰理。六言盡善，而六蔽盡撤也。」或曰："「學一也，六經、四子先儒先賢所言，不皆大學乎？」曰："「皆大學也，然各就其所主明之，故其爲言也不必備，而其爲旨也非得大賢不能通，皆不似大學提宗之爲全體大用畢該也，本體工夫咸具也，旨歸天則適協也。得善學者允蹈之，固直造於聖人，即不善者力學之，亦不至於執方。故大學爲學宗之金科玉律，『範圍天地而不過，曲成萬物而不遺』也。」

「人而不仁，如禮何？人而不仁，如樂何？」「禮云禮云，玉帛云乎哉？樂云樂云，鐘鼓云乎哉？」孔子之言禮樂也如此。

明明大道，而有不知之人焉，吾惜之矣。至不知而自以爲知之人，則吾不敢知也。

知而言，猶恐其知之未至，而言之不盡也。不知而言也，奚爲？

不自勉其不足，而徒忌人之有餘，微特狹中，抑無志矣。

或問：「孔子之言大德也，禄位名壽之必得。顔子之德不可謂不大也，而禄位名壽當身無一焉。天之報施可信乎？」曰：「於顔子而愈知天道之可信也。且子以報之一身者爲厚乎？報之百世者爲厚乎？顔子於今二千年矣，公田永資，禄何如也？爵以上公，位何如也？復聖永稱，名何如也？千載如生，壽何如也？他人禄位名壽之不必兼，而顔子兼之。他人禄位名壽之不必長，而顔子長之。天之報德分明耶，抑不分明耶？」

積德不期報，積惡不欲報，然而報必及焉，天道之公也。君子體天以爲心，故其賞罰必明，而生殺必當。

以選賢、任能、賞善、罰惡爲治平之四物，孰謂陸子爲禪學哉？禪有是說，有是見耶？

「春秋無義戰，彼善於此，則有之。」此千載言春秋之明法也。後儒紛紛，亦寡真見矣。

吾於丹經神御氣之旨，得元首明而股肱良之義焉。於丹經氣留神之旨，得股肱起而元首喜之義焉。君臣蓋一體也，使之不以禮，事之不以忠，明良喜起何由哉？

覺得蚤，反得力，過斯寡矣。知得真，行得實，德斯進矣。

人君而不惑於佞則明矣，人臣而不流於諂則忠矣。曰止此乎？曰大端斯正也。

無未雨之綢繆，無未旱之儲蓄，其人不可與於成家。安居而不思危，處治而不慮亂，其人不可與於治國。易曰：「其亡其亡，繫於苞桑。」

生民之大命係於穀，而尤係於吏。吏之不得，而徒孜孜焉籌積貯，縱貫朽粟紅，水旱災害之來，民且不免流離矣。故治國家者以儲粟爲要務，而尤以儲才爲本圖。

聞人善而輕疑者，忌人也；聞人惡而輕信者，薄人也。見人勝己，不思學而反排之者，小人也；見人不及，不加憐而輒輕之者，忍人也。學不加進者，懦人也；識不通微者，淺人也；見善不遷者，棄人也；聞過不改者，廢人也。不知向聖賢大學之道，而斤斤焉飾小善、矜小譽，以取悅於流俗之口者，纖人也。

聞人譽己而輒喜者，非誠於爲善也；聞人毁己而輒憂者，非篤於自信者也。

全體大用對舉而言，則有全體不可無大用，有大用不可無全體。若論脈絡，則有全體乃有大用，有大用然後見全體。真知實行對舉而言，則有真知不可無實行，有實行不可無真知。若論脈絡，則有真知乃有實行，有實行乃見真知。正一體相成，初無重輕也。全體大用，真知實行，論條理，則體用爲本體，知行爲工夫，有本體不可無工夫，有工夫不可無本體。論脈絡，則工夫所以全本體，故必真知實踐而後體全用大；本體所以主工夫，故必所知者體全用大而後爲真知，所行者體全用大而後爲真知所行者，體全用大而後爲實行。本體工夫，正自一貫也。

王子一日謂門人曰：「家營小室，適缺一工。木匠曰：『且置泥工而辨此。』泥匠曰：『且置木工而辨此。』遂至於相爭，而泥木之工俱停不行者踰時。既而卒就泥工。夫其爭也，豈不皆勤於職而急於事哉？然且至於兩事俱止，而卒泥工之先。向使和衷而濟，先從其所急辨之，爭亦可以無用，事亦可以俱辨矣。國家用人而各主其事，爲其專責之易辨也。爲事俱就時值其難，而兵不暇爲戶謀，戶不能爲兵謀，其事豈遂已哉？卒之必爲兵急餉而戶辨之，則何如和衷而濟之？理，爭可無事也耶？雖然事惟相通也，而後爭可免，兩相濟耳。故國家設官立制，六曹之事要須有兼通之意而後善。即不然，要須有兼領之大臣而後可耳。」

不負其志，其人可與事君；不負其言，其人可與交友；不負其心，其人可與對天地而質聖賢。

無先時之綢繆，必有臨時之狼狽，自身及家，自家及國，莫不皆然。

行不立異而可爲世範，廉不驕激而去後人思，口不多談而以身實體，實齋陳公之爲人也。

文章華國之言，是特謂春華耳；賢才黼黻經猷，有條有理，有倫有□，斯真國華乎？必也語文則道德積中，英華發外，可以明道術，訓斯世，垂千秋而光吾道，如孔孟之論孟，周子之太極，張子之西銘，程子之定性十疏，朱子、王子諸論學論治之篇乎？

理足氣厚、渾灝流轉者，朱文公之文也；　語真意摯、清明爽豁者，王文成之文也。

顧端文心事磊落光明，高忠憲操持清真峻潔，一類狂，一類狷，在聖門皆任道之器也。

吾始於賈誼、劉向之文好之，於韓、柳、蘇、曾之文好之，及讀朱子、王子之文而稍知味焉，則讀韓歐之文如嚼蠟矣。　時或喜其圓捷慧巧，好則不復然也。

以可亭朱公之清介絕俗，而上下敬愛之如此，謂三代之直道不在人心者，皆自誣誣人者也。

生平最喜陸宣公之言，獨惜其時方駢麗之習，致令崇論弘議窘於邊幅耳，然要之三代後高識正見，程朱而前僅見斯人也。

蘇端明奏議學陸宣公也，然較其識、論其學，則宣公迥出蘇上焉。　學之不講，而徒摹其言，聲音笑貌偶肖耳。　顧宣公之學不聞有授受也，而正當精實乃如此，其無待而興之豪傑與？　使在聖門，亦四科中人物也。

吾身之不能行，而見之言以聳人聽，吾恥之，故生平無高論虛論也。　然無高論虛論，而吾力之不加勤，吾也抱愧吾言亦多矣。

尊聖人不如信聖人，聖人往矣，何從信之？ 聖人往而言在也，言在斯聖人在矣。 故吾每讀聖人之言，而即信其言之無不實，更信其言之真可行也。

無一字不明，無一字不誠，無一字不切實。 可行者，其聖人之言乎？

王子觀牡丹之開落，而嘆曰：「培植灌溉之者終歲，而花得於數朝。 吾輩精神之敝於速朽，何爲哉？ 且華太盛則實寡，是亦可鑑也。」

不能先時而備、慮善而動者，在家敗家，在國喪國，即一身且莫容於天地之間。

慕聖者有矣，而力學者無之。 嗚呼！ 此千百年所以不見聖人夫！

或問：「天下至誠何以遂能經綸大經、立大本、知化育乎？」曰：「此至聖事也，我何足知之？ 雖然，亦嘗聞之矣。夫窮理盡性至命，而後爲至誠也，則至誠而自能窮理盡性至命。 何惑乎？」曰：「經綸修道之事也，可爲窮理乎？」曰：「道即理也，窮理而修道在其中矣，且□引言亦取其大意耳。 大意得，而以意會焉，斯可也。」

遯世無悶，窮理盡性者能之。

抱經世之略，而遯世無悶，是難能也； 無經世之具，而無悶於遯世，宜耳，亦奚以難？

「論性不論氣不備，論氣不論性不明。」此言足補前賢之未及，不得謂六經而外無傳言也。

周子五性之説，合氣與性以言性也；孟子性善之旨，指理之淵源而言之也。合氣與性以言性，則有善不能無惡；指理之淵源以言性，則本無惡而惟有善也。

或有詆陸王之短者，王子曰：「有長乎？」曰：「亦有之。」曰：「舍其短，取其長可也。且身居堂上，而後可辨堂下之得失是非。我輩之望二公不啻天上，焉用詆？又學問之要不係此也。」

王子嘗謂門人曰：「家間營屋，就省覓一拙匠。半日之工，終日而不得畢事。本圖直之廉，而不知其費時耗工而且倍之也。治國者不務求賢才，而惟逸之用，教子弟者不務求良師，而惟便之安，惡得不費民而耗子？」

有政有養有教，盜源庶清也。其次賞罰嚴明，盜發庶寡矣。

高窮九天，不如人事之實而可行也；深究九地，不如人事之切而有用也。子所不語者，怪、力、亂、神；子所雅言者，詩書執禮。

一物不知，以爲己恥。不知其於五常不知、五倫不知、九經不知也，恥乎不恥？言有近於名而德不達者，此言與不讀秦漢以後之書類也。不知今之儒者，如何偏喜稱之？

知者無不知也，黨務之爲急；仁者無不愛也，急親賢之爲務。千古達本知要，孰如孟子？

挾貴而交，君子遠之。

富貴迷人，意見更迷人。富貴迷人可悟也，意見迷者終身焉。

家有癡僕，每饑而使之必情怒而語忤。因嘆曰：「以千百國之民之衆，其間愚癡巧慧與夫雄悍奸猾者，不知凡幾也，令其怒而忤耶？故古聖王之臨兆民也，凜乎若朽索之馭六馬，兢兢乎使之以時，殷殷乎食之謀足焉。」一量才而使，聾瞽喑啞可使辨一事也？用違其才，復掣之肘，雖才智高明，莫能自展尺寸矣；故明主用才欲其當，而任才欲其專。

莫智於合衆人之知識才能爲己用，莫愚於以一己之智識才能廢衆人。孟子曰：「大舜有大焉，舍己從人，樂取於人以爲善。」嗚呼！此舜之所由，獨以大知稱乎。

於他人察及淵魚，而身中之善惡不能明，門內之情形不能察，此之謂浮智。

能見己過謂之明，能改己過謂之勇，察人勝敵其次也。

不托大而無實，不務廣以自荒，務本之君子也。

卷四

「蒙以養正，聖功也。」孔子之言也。「大人者，不失其赤子之心」，孟子之言也。孔孟淵源一脈也。

「知微知章，知柔知剛」，精義入神者可語於此。「溥博淵泉，而時出之」，深造自得者可語於此。

國治於和，家安於和，禮所以節和而振其氣也。和而無禮，不久乖且亂矣。

隨俗而處多喜，直道而行多怨，然吾不忍以彼易此也。

唐虞以前難考稽矣，二帝、三王，帝王之盛規也，而堯德首推欽明，舜德特著允恭，夏禹則祗台德先，成湯則聖敬日躋，文王昭緝熙敬止之詣，武王拜敬勝義勝之書。古聖帝明王莫不敬以作所也，蓋若合符節矣。

生知安行宜莫如堯舜，而諄諄乎「敬」「欽」二字不置口，豈不知道之出於自然歟？嗚呼！學者不講於道法之淵源，而每喜張皇無爲自然之說爲元諦，未講於歷聖之心法也。

真知天命之謂性，可言道矣，真知率性之謂道，可言教矣，然非真知修道之謂教，微特其教非教也，性道何有哉？故工夫以本體而真，本體以工夫而全，非真體並非實功，無工夫並無本體。世儒喜言不假修爲，噫嘻！修爲可廢耶！

道者，渾淪之禮；禮者，條理之道。言禮也，而以道爲虚無空寂；言道也，而以禮爲煩瑣拘牽。道非其道，而禮非其禮矣。

或問鬼神之有無者。王子曰：「子問造化功用之鬼神歟，抑問變幻禍福之鬼神歟？問造化之功用也，則觸目盈眸，察乎天地者皆是也。問變幻之鬼神，則吾未至陰府而見。所謂十地〔一〕閻羅、六道輪迴、天堂地獄也，安敢爲君道乎？然以造化之功用如此神、人間善惡之報如此明，縱非有十地閻羅者主其案、六道輪迴者昭其報，天堂以處善、地獄以置淫，要豈漫無主者，而惠吉逆凶真若影響如是歟？」曰：「既不見此能禍福人之鬼神，不知主此吉凶者上天之何神歟？」曰：「我亦未至於天之上，何敢知其爲何神，然詩書言之矣，或曰『文王陟降，在帝左右』，或曰帝謂文王，或曰『天監在茲』，或曰『天命靡常』，或曰『天道福善禍淫』。曰天曰帝，應必有爲天爲帝者在，故禍福昭於不爽乎？」

或問：「變怪之事，信有之乎？」王子曰：「以人心之靈也，時而景星慶雲，時而妖星厲鬼，無不有也。矧所以生生萬彙之靈樞，何所不有乎？且夫明有禮樂、有王法，而鬼怪百出者，且令人不可詰。安在冥幽中無禮樂王法之區，能使變怪不作歟？然君子道其常，何需乎變怪之是語也？」

劉子政五行傳效洪範庶徵之義，而危言之，其老成憂國惕時之旨乎？然□言徵必實其事，言應多不可據，反使人謂其穿鑿不可信，而易心生。君子亦言天難諶、命靡常、積善餘慶、積惡餘殃而已，不敢以無稽之說震中人也。

〔一〕「地」，原作「帝」，疑誤，今據上下文義擬改。下同。

九流百家，窮源而論，皆道之支流也。然流而不反，源遠而支遂分矣。故君子道探其源，學務其全，而不欲爲爾。

行不至而言焉，言必浮；明不至而行焉，行必墮。故君子身之所至始敢言，察之既精始敢行。

道聽途說，德之棄；剿說雷同，道之賊。聖人之訓，不其明且嚴哉？

「吉人之辭寡」，吾有愧焉；「躁人之辭多」，吾其戒之；誣善之人其詞游〔一〕，吾或免乎；「失其守者其詞屈」，吾知懼矣。

王子讀孟子「予豈好辯，予不得已」之言，而嘆曰：「吾於孟子非好辯之言，心有戚戚焉。知我罪我，聽之而已。」

過而遂，生平無此；過而改，終身是依。

言而不當，過也；言而不時，即非不當，而亦過也。當其可之謂是，實當其可之謂時耳。時不可，焉有是者？故君子析義必精。

〔一〕「游」，原作「淫」，據周易繫辭改。

義不見，不知；　徒見不行，不勇。不知，愚不肖之過，其罪小，爲其無知□誤犯也；　不勇，賢智之過，其罪大，爲其知之□故犯也。

「敬授民〔一〕時」，先王之重民命也如此夫。「欽哉！　惟時亮天工」，先王之慎任官也如此夫，然亦所以重民命也。

孟子曰「民爲貴」，古之賢王，其達此旨夫。

或問：「月中影果丹桂，抑山河影也？」王子曰：「身至而後心知，心知而後可言。吾生平未至皇居，不敢言皇居之何象；　未至幽府，不敢言幽府之何景；　未至月宮，敢定月中之何物乎？　然吾未至皇居，而曾至者多矣，故吾於前人之言皇居者信之。吾未至月宮與陰府，而果未見有至月宮陰府者，故吾不惟不敢言也，並於人之言亦不敢信焉。然吾不爲愧也，吾愧人道之當然不能知、不能至者實多也。」

觀孔門之問仁，孔子之答仁，而仁道可想見全體矣。執一方以言仁，吾懼未滿其全量也。

從孔子於陳蔡者十人耳，而成就者四科。不必皆同，而殊無不成也，無不成，而究不必同也。觀孔子之成材，而孔子之用材可知矣。究不能得志，而操用才之柄。春秋七十二君間，良才棄於大匠之旁者可勝道哉？　孔子之不幸，當時人才之不幸也夫。

〔一〕「民」，原作「人」，據尚書堯典改。

孔子布衣也，終身轍環。而相從者若顏、閔、游、夏輩者，屢更患難，而不易其志。當時豈遂知冀尾之附哉？在三之大義見之明，守之定耳。識何高，心何誠也？其不謂之十哲也，何謂？

王子曰：「稼穡維寶，代食維好。周時卿大夫身歷宦途之艱，而思返於務實也如是夫。一介單寒，稼穡不知，農耕不事，而俱以四方爲糊口之地，文墨爲糊口之資，其亦不講於務實矣。」或曰：「然則孔子以樊須之請學農圃而小人之也，抑何居？」曰：「謂其志在於此，舍大夫之學而甘心作農圃之民耳。豈謂農圃者舉小人？」

「知足不辱，知止不殆」，此經歷實得之言也，何得以老氏之言忽之？詩曰：「先民有言，詢於芻蕘。」

「祖述堯舜，憲章文武」，道集古今矣。「上律天時，下襲水土」，德契天地矣。道法於此備焉，心法即於此可想見也。善言祖者莫如孫，吾於子思子生高山仰止之思焉。

中庸言篤恭之德而至於無聲無臭，幾於化矣，幾化而後可言至也。故君子之學期於知化，然功基於爲己知幾，故君子之學尤莫要於擇善固執。

「不學詩，無以言」，言非五七言之謂也，吾願習詩者思之。

三百篇而後達詩之本旨者，王文中、程、朱、白沙數公之說爲近之，其餘詩話、詩說、詩規皆爲詩家氣象、機括、格律、風韻作史臣耳，於詩旨無當也。

觀孔子之敘書，而見後世之史多泛濫也。如有聖人者，起而準道法以定書，即司馬温公、朱文公之編輯尚且删訂。孔子之定書，惟取其關□道法；後世之述史，惟恐其遺□事實。事實詳而道法略，孔子删書之意湮矣。

吾讀子文中子書，而生志周學孔之思焉；吾讀子周子書，而得主靜無欲之旨焉；吾讀子明道程子書，而得識仁定性之旨焉；吾讀子張子書，而得知〔一〕禮成性之旨焉；吾讀子伊川程子書，而得敬義夾持之旨焉；吾讀子朱子書，而得守先待後之旨焉；吾讀子陸子書，而得簡易之旨焉；吾讀子王子書，而得直捷之旨焉。王、周、程、張、朱六子者，吾之補中益氣湯；陸王二子者，吾之加味清涼散也。補中益氣湯扶吾羸，加味清涼散消吾積，吾咸取益焉，故吾不忍偏廢也。必也粱〔二〕肉以養吾太和，則鄒魯吾日用飲食矣。

「惟善以爲寶。」故治國者不患國不治，而患無善人；治家者不患家不興，而患無善子弟；修身者不患學不進，而患無善志。

仁親爲寶，後世嗣國之君知此者寡矣，大學安得不取舅犯之言？

〔一〕「知」，原作「智」，據張載集改。
〔二〕「粱」，原作「梁」，疑形近而訛，遂改。

王子觀築壁者，而嘆曰：「下厚則上穩，爲民上而削薄其民，是自削薄其國基也。」

民生不遂，則多怨心，民不知義，則多悖志，怨心生而悖志萌，饑饉水旱皆亂之化矣。故古之賢君與斯民謀其衣食如不及，明其教化如恐失，故民安國固，雖遇水旱災荒，而民無流離動擾之患也。

「通其變，使民不倦；神而明之，使民宜之。」古之聖人，其於斯民安全生養、鼓舞提誘之至，不啻切於保赤焉，是之謂大君作民父母。

王子觀蒸地黄者必九蒸九晒，而嘆曰：「古聖王政以道民，刑以齊民矣，而又必陶民以禮、淑民於樂，非好勞也。君子學以聚之，問以辨之矣，而又必寬以居之，仁以行之，非多事也。」

三代以後，禮陶之義已微，然尚有存焉，樂淑之義則蕩然矣。嗚呼！時雍風動矣哉！

民格於德化，不格於政刑，矧文誥之虚文故事？

觀孔子之敘書也約要，敘春秋也簡嚴，而知後世史臣之泛濫流溢也，道法何從而正之？

古今之時勢異矣，要之仁則榮，不仁則辱；有德則興，無德則亡。自天子以至於庶人，千百世如一轍也。

「窮理更事之久，而後知所以處人之情也。」「然則得御人之術乎？」曰：「於誠之中得通變宜人之術，非於誠之外得籠絡愚弄之術也。」「然則君子不廢乎？」曰：「術胡可廢也？道有道術焉，仁有仁術焉，智有智術焉，即醫亦有方術焉。」「術之爲義言乎？」「爲此事之方之可用也，豈悖義哉？君子特惡夫道德仁義之不知，而專尚權謀變詐之術耳？」

經者，權之體；權者，經之用。古之人有言曰「正者謂之經」，不知夫正而協其宜，即權也；又有言曰「變者謂之權」，不知夫變而不失其正，即經也。經權者一體而相爲用，非異事而各爲體也。

或問前知。王子曰：「問術者之前知乎，抑聖人之前知乎？如聖人之前知也，則吾聞之，如術數也，則吾不敢知。」或曰：「胡爲聞聖人之前知，而不敢知術者之前知？且以爲不能知，可矣，胡爲曰不敢知？」曰：「聖人之前知，觀善而知其爲將興之禎祥，觀不善而知其爲將亡之妖□，吾信其爲理之有也，亦嘗用而試之，或中矣。若夫假龜卜揲蓍策，雖六經史傳記誌中多載之，吾且疑其難據也，而況如所謂六壬奇門之不經，吾敢學耶？不學而吾敢知耶？」

或問：「前知之數可信乎？」王子曰：「理則宜信，數不必信也。」或曰：「古今相傳以數前知者衆矣，子奚以爲不必信？」曰：「信其理，修德趨吉，去惡遠凶，斯可矣。信夫數將稽數宜吉，道可不必蹈乎？稽數宜凶，德可輟於修乎？吾懼夫信數之未然，而反以墮理之當然也，將焉用信？」

多欲是病，寡欲即藥；惰行是病，敏行即藥；多言是病，寡言即藥。托大成誤，拘執亦錯。因其有餘、不足而激勵裁抑之以中正，是謂神明之醫而當可之藥。

諺有之曰：「有曲木，無曲匠。」此言繩墨規矩之皆出於匠也。爲民父母師長，而聽民有奸回邪狂焉，政將焉用？

王子曰：「君子不以言媚人，不得已而言其祝乎？」或曰：「祝非媚歟？」曰：「君而望於堯舜，臣而望於稷契，同儕而望之以爲聖爲賢。規箴勸勉之意在其中矣，不亦言之□無罪，而聞之□足勸乎？」

言無虛浮，行無驕僞，有恥之君子也。

名不副實，君子若撻於市朝。

食禄若愧，可以事君。聞譽而懼，可以進德。

「選賢任能，信賞必罰」，治天下之八字符。「寬收嚴擇，久任超遷」，選任賢能之八字符。治道亦自有參同契也。

抉鄙夫之情狀甚鄙夫之流禍，聖人之惴惴於鄙夫也如是夫。

忠厚者，聖人之心；　謹慎者，聖人之言；　而於鄉愿則詆爲德賊，而惡之也甚摯。嗚呼！　後世每喜講於鄉愿之道，以爲善身善世之良術也，抑獨何哉？

諸葛忠武有宰相之德，陸宣公有宰相之學，王荆公有宰相之執持，張江陵有宰相之才幹；　然而人品高下迥別，則心術意見公私之别也，故君子貴聞道。

吾夫子以四教成四科之才，其猶化工以二氣曲成萬物而不遺乎？後儒每就其性之所近以爲學，即就其性之所近以爲教，稍不合，即加排擯焉。成德達材亦有矣，其於曲成萬物恐遺也。

見善而不知慕，聞過而不知慚，終身暴棄於天地矣。

論語之論教弟子，綱領正當矣。輔之以朱子之小學，條目亦燦然焉。養正之聖功，其在是乎？

躁以忍治，惰以勤治，此急則治標法也，必也反本還原，其主静立極，敬以作所乎？

君子忍小以就大，造大而圖小。

大小有成形而無定勢，積小不已，大斯至矣。大而自恃，小也忽焉。

刑罰世輕世重，不可執，不容執也。故爲民父母者，法所宜輕，不以刑示威；法所宜重，不以刑示德。與世得□當，而我無容心。

赦者，偏枯之事，利稂莠而害嘉禾。故吳漢不願光武之復用，而諸葛武侯亦不輕用於蜀，知大體也。

德以積而大，學以累而弘。易曰：「日新之謂盛德，富有之謂大業。」一善自矜，寸長自滿，小丈夫哉！

斷天下之大疑存乎識，而識非窮理不明；成天下之大功存乎力，而力非盡性不凝。聰明氣質用事者，私智小力，硜硜而已。

合天下之聰明以爲聰明，集天下之才力以爲才力，必能成蓋世之德業；統古今之聰明以爲聰明，融古今之才力以爲才力，必能統宇宙以爲德業。存乎智與量而已。

無公心，論弗公也；無明識，心弗公也。孟子有公論、有公心也，有公心其惟有明識乎？然則何以知其有明識？曰「我知言」，孟子自言之矣。

蕭、曹、房、杜稱功業矣，稽之禹、稷、伊、周，斯何如也？馬遷、班固稱良史矣，稽之尚書、春秋，斯何如也？韓、柳、歐、蘇稱文章矣，稽之十翼、論、孟，斯何如也？源遠而流益分，安得有如孟子者遡淵源而歸本始哉？

子夏，孔門文學之科也，而其論學則歸重敦倫，論交則歸重擇人，論仁則歸重博學篤志、切問近思，論教則主於教不躐等，他如仕學之論、小道不爲之論，無非崇實探本之旨焉。嗚呼！其爲文學也如是，其斯爲聖人之一體乎！後世史傳中有藝文矣，有儒林矣，吾不知其識見與子夏之識見何如，其造詣與子夏之造詣何如也。

講道而道裂，未若不講者之爲無虧於大道也。雖然，吾見講之而道明，未見不講而道明。故吾無取乎徒講，而深取乎講之無裂吾道者焉。

道取其通，不通，則吾懼其爲斷港絶河也。嗚呼！論道而或重内輕外，或詳知略行，通乎？不通，吾懼由之者□難而寡矣。

以衛道之心而爲道裂，則意見之爲害深也，故學莫患乎意見之私。

人情隱微而委曲，非窮理通微者，無與辨其同而析其異。

孔子而後，孟子其通儒乎？吾不能不至，竊願學焉。

博學篤志，切問近思，惟朱子行之；守先王之道，以待後世之學，惟朱子守之。早得聖人而師焉，當進於大化矣。以彼其志其力，而不遇孔孟，吾道之不幸也。然其志篤，其力厚，其造實，循而守之者，高之淵乎進於大賢，卑之且確乎其足爲修士也。真吾道之先覺，而聖道之長城乎！

紫陽之爲人也，志大而心細，詣密而造實。聖門曾子之亞、子夏之班乎？

實得其志，實體其心，實學其詣，實極其造，善學朱子者也。口誦而身不行，言是而學則非，徒摘諸儒不同之失，以爲推尊之道，不特朱子心戚也，亦負國家表章朱子本旨矣。

論道無公心，盡私論也。論道無真識，縱心公，而論不公也。故千古推孟子知言之學，而孟子亦自謂其所長在知言。言近而指遠，論孟之言也；守約而施博，論孟子之道也。其次則陸宣公奏議，濂、洛、關、閩之書乎？

王子曰：「孟子謂堯舜性者也，湯武身之也。余謂堯舜亦身之耳，不自性也。」或曰：「子違孟子之言乎？」曰：「余見堯舜之生而兢業矣，未見堯舜之生而無爲也。且以三皇沕穆之世，而敬勝義勝載黄〔二〕帝之丹書，安在堯舜以逮三代而率性無爲者？且子不見都俞吁咈者在帝世，而益皋陳謨至戒以逸欲乎？性也，而安用戒爲？又將毋性者，以其生而即知兢業，即能兢業耶。堯舜而兢業，堯舜而身之也何疑。」

無實才則學校空，無良臣則朝廷空。學校空，欲民久安，不得也；朝廷空，欲國久治，不得也。

有學不可以無操，有學而無操，學爲口耳負販之學；有操不可以無學，有操而無學，操爲堅鄙驕飾之操。論語之「篤信好學，死守善道」，乃一貫相因之言，非分條並列之言也。

本心不正，脈理皆邪，學問所以貴真種子也。苟失其養，無物不消，學問所以貴實工夫也。本之立者末必生，天德所以裕王道之原也。枝之茂者根必固，王道所以達天德之用也。真體實功，天德王道，豈不同條共貫，一體相因哉？

〔二〕「黄」，原作「皇」，疑音近而訛，遂改。

禮之大綱大法，百世不變之通議也； 制度文爲，與時代損益變通者也。必也明於道，凝於德，達其義，通其變，夫然後能明□考諸三王不謬、建諸天地不悖、質諸鬼神無疑、百世俟聖不惑之旨耳。 故戴記一書不易讀，欲删定折衷成一不刊之書，真足與易、書、春秋配也，正未易言爾。

道不可離事，離事則道爲虚器； 事不可離道，離道則事爲粗迹。 書載二帝、三王之道法也，而皆唐、虞、三代之事。 春秋載五霸列國之事迹也，而備聖人褒貶勸懲之義。 後世之議道而離事，吾惑焉； 後世之述事而遺道，吾益不知其謂也。

或問：「書、春秋皆經，而實史也。 書詳唐、虞、三代聖賢之言行，而春秋特括其事爲之迹書之，而言行之詳不備，何也？」曰：「此聖人隱意而精義也。 二帝、三王乃可法之言、可法之行，備録之所以示法也。 周之東遷，王不王，侯不侯，僭亂無章之迹耳。 書以示後，不且導亂誨儉乎？ 又何述焉？ 故略其言行之實，而特正其事爲之迹。 若曰使後世亂臣賊子知懼斯已矣，然觀書與春秋，而見聖人之有悼心也。」或曰：「春秋之作，謂聖人之有悼心可矣，書則唐、虞、三代道法之隆也，而何以悼爲？」王子曰：「統此世也。 唐、虞、三代何其治，春秋何其亂。 且唐、虞、三代之法班班在也，而亂若是，其悼心不滋甚乎？ 然而責望之心滋殷矣。」

觀孔子所删定之書，但取大經大法，而略其細小。 春秋之作，但正名辨分，而不詳其僭亂事迹。 而知後世之史，非得大君子一準道法而爲之權衡也不可。〔一〕

〔一〕 此章後有缺文。

春秋之作，但正名分，不備亂迹。子不語亂，以是見之。

史必明於聖賢經世之道法，而後善惡乃可勸戒。後之論史者，動曰史具三長，而曾不及於道，即其長亦短也，□況未必長乎。嗚呼！後世之史，吾見其異於春秋之勸戒矣。

文中子謂：「古之史也辨道，今之史也耀文。」即其言，而古今史傳之得失舉可知也。不謂之言約而當，不可也。

今日談史者，動推遷固，而文中子則謂遷固之史，記繁而志寡，史之失也。自遷固始，古今人識之迥別如此，然要之遷固之失，匪獨志記之繁寡也，道法之不明律以聖人之筆削，十八泛濫流溢耳。

小雅湛露之詩，君子燕臣也；魯頌有駜之詩，臣之燕於君也。湛露則曰不醇無歸，有駜則曰鼓舞胥樂，君臣之間，可不謂燕樂無間乎？湛露歸於令德令儀，有駜終之有穀貽孫，則樂而不淫，和而不流。大樂同天地之和，而大禮仍同天地之節矣。不然者，幾何不同長夜之飲？幾何不爲導亡之具哉？乃知古之盛時，不特宣之篇章、發乎性情者，必止乎義理，即君之待臣、臣之事君，根於至性，亦必約以大義。故能和易而無猜，中正而無失，以此成交泰之風，而臻明良之盛爾。後世反此，則雖謂君臣之间，有詩無詩，有樂無樂，□可矣。

昔文中子論詩曰：「上明三綱，下達五常，於是徵存亡、辨得失。小人歌之以貢其俗，君子賦之以見其志，聖人采之以觀其變。」嗚呼！由是義也，漢、魏、隋、唐有知此者乎？如斯人者，乃可與言三百篇也。蘇、李、李、杜，詩之支流，應、劉、沈、謝，詩之餘波耳，豈足當風雅之旨哉！

王子讀白沙集，謂門人曰：「白沙謂子美詩之聖，其然與？恐聖不如是鄭衛之淆雜也。然其心悲，其音壯，惓惓憂國之意，時有形焉。其詩人之有性情者乎？陶以先王之禮樂，或庶幾焉。至謂堯夫，亦別傳，不免以聲調論體製矣。堯夫時鳥鳴春，秋蛩吟秋耳。渠無顧於漢、魏，亦並不知有六朝、隋、唐也。」〔一〕

昔之論學也患不明，今之論學也患不平，不明而平猶在也，不平而明並失矣，故昔者論學之患一，今者論學之患二。然則何能使二患之不作乎？曰：奉大學以爲宗，而博學、審問、慎思、明辨焉，弗通，弗敢措也，明其庶幾乎。準孔孟以爲極，而論世原心舍短取長焉，弗公弗忍安也，平其庶幾乎。

行之而知始真，君子欲明善也，其必盡性至命，實履乎至善之途，而心晰其本末終始乎。

〔一〕 此章後有缺文。

卷五

此道必合漢、唐、宋、明諸儒先，會歸於皇極，乃克協二帝、三王、周、孔、顔、孟淵源。蓋此道本大中至正，圓滿通達，必偏黨頗側之悉化，乃蕩平正直之克協。諸儒先皆生學絶道喪之餘，姿禀有高明沉潛之異，不免皆從其性之所近以爲從入，又其時之所值病各不同，故其立言垂訓亦不無因時對症之説，故統會之皆孔孟之派，而單用之多門戶之言。直須截長補短，融異歸同，乃克與從上聖聖相傳一中之統，脈絡印合。此千古之公論，吾儒之實責，抑所以仰報天地君親覆載生成之正職正分也。

孔孟是博文、約禮一貫之學，文章、性道一貫之學，明德、新民一貫之學，尊德性、道問學一貫之學。漢唐以來，諸儒去聖既遠，不免各從所好以爲學。拈一放一，時時有之。即自知其弊者，極意調停，終屬意有偏着，不免軒此輊彼。故論其脈絡未嘗不與孔孟相通，□要之□割裂其全體大用以就其好尚，究成一家言耳，今日安得已於折衷？

吾於切用之物，只爲是離之不可得，故遇之留心，究其生産製造之宜。至於鶴頸何以長，鳬頸何以短，桃之何以紅，李之何以白，不惟聰明有不及，亦且心力有不暇。於合明之理，原爲是昧之不可得，故遇之留心，究其源流、偏全、淺深之故。至於雷從何處起，歲星在何方，不惟識見不能到，亦且精神有不暇。於當行之事，原爲是分之不容辭，故遇之盡力，赴乎順逆、常變、險易之途而不敢已，至於徇衆好以求容，工小技而希譽，不惟力不暇爲，亦且心實恥爲。

不細讀大學，不知秦漢以來學術之失。

詳味六經、四子，得其要領後，自然見得學術之本末源流。

我不謂學問不可不格物理，至如張茂先、王弇州諸公之學，得毋雜而無統？

聞見訓詁，是借以蓄德明理之事。即以之當學問，而且矜爲名高，何異於認張翼門作五鳳樓？

不讀非聖之書，這纔算得會讀書。若云不讀秦漢以後書，此恐是胸中無真見，徒占上流耳。秦漢前不必皆可讀之書，秦漢後不必無可讀之書。何得據追蠡以論樂？

羣言淆亂衷諸聖。後世學術分裂，多成門戶，會歸孔孟更復何疑？然非取大者以壓小也，觀東溟而覺江河之淺隘也。

識有所不及，而强探力索，射覆之學耳。雖康節、横渠二先生有不免。吾無二先生精力，然亦不欲爲也。

不從六經、四子探取古人立身經世之旨，爲學終不免於尋枝綴葉，甚且不免敝終身精力，入於旁蹊小徑；爲治終不免於雜霸小康，甚且殫宵旦勵精之勤，流爲刑名刻薄。

孔子集羣聖之大成，爲萬世師表。孟子願學孔子，而文中、周、程、張、朱、薛、王子則終身繩尺步趨，依歸孔子者也。故諸子爲孔孟之階梯。欲學孔孟者，必自善學諸子始。

識得孔孟學術之大全是何淵源，是何規模，是何分量，乃不至以性之所近爲適從，成一門戶偏黨之學。孔孟是吾道大宗，合濂、洛、關、閩、河、會、姚、涇之長，以會歸孔孟。聖人復起，不易斯言。

子思言「率性之謂道」，而爲二氏者之言曰「大道無爲」。夫率性豈有爲者？而以無爲言道，不惟只言得道之一邊，亦覺無與於人生之日用行習。蓋道之爲義，特取於路者，謂此理爲人人所宜行、人人所能行。人人所雖欲不行□不得耳。既無與於人生之日用行習，便是旁蹊小徑、斷港絶河矣。豈得爲大道乎？且率性之道，雖曰順其自然，不事安排作爲；然人性本善，而這善中則原具知覺篤實之意在內。有知覺，即能照察，本篤實，自能踐履，故真能順本善之性而行者，合下知明處當，不違其則，是之謂率性耳。初非信心冥行，任心肆行也。彼學昧宗傳，濡然二氏汁瀋，而喜以無爲言道者，不事安排作爲則信矣，即恐於知明處當無有也，其於道之全體大用如何能適協天則乎？故不惟不中於世用，亦覺所謂道者特道中一點清虚而已。然卻要知二氏原只求這一點清虚，初不求中於世用。蓋彼原是出世之宗，方惟恐世用之累吾性天，故時時言無、言空、言寂、言虚、言清淨寂滅，以求超然出塵濁之世，而躋無爲之域，又何暇慮及中世用、不中世用也？是則二氏之所謂道，乃自道其道，而非吾所謂道也。彼吾儒見理不真者，往往脈絡之未辨，以聖人經世宜民之道，濡染二氏超然出世之宗；而二氏又往往扳引儒者迹似情非之說，以求免儒者之排斥。皆所謂道眼不明，自失本宗者也。

吾儒之道原是經世之道，故一切虚者歸實；二氏之道原是出世之道，故往往實者歸虚。不實不足經世，故吾儒所尚者仁義禮智、忠孝節烈；不虚不足以出世，故二氏所尚者虚無空寂、清淨超脫。然人生天地間，誰能出君臣、父子、兄弟、夫婦、朋友，而自爲其世者？而遑遑焉求以出之，且外仁義禮智、忠孝節烈而自爲其道，則與天地經常之大道異矣。異道即異端矣。異端塞路，是乃正道之榛蕪。有心世道者，能無辭而闢之，使之廓如耶？故曰能言拒楊墨者，聖人之徒也。

闢異端而不得其情，此儒者見道不明之過。得其情而以爲不必闢，亦吾儒見道不明之過。道有天則，有體用，有分量。天則之不協，體用之不全，分量之不合，而以爲道在於是者，是即吾道之害也。故以爲是爭門戶、占上流，則二氏或可不闢。以爲是還道量、衛道體，而廓其所以害道，則異端何可不闢？

即後世通行之法，得其人以行之，正可使躋於唐、虞、三代；唐、虞、三代之法，而其人不存，正可使淪於喪亡。故曰「苟非其人，道不虛行」。後世儒者論治動曰法古，而不講於人存之旨，又不知古道必有不能行於後世之事，且不知後世之法未始非原於古，爲之而區區是古非今，雖謂之游談無根也亦可。

孔子之時，三墳、五典俱在也，而孔子删書斷自唐虞，前乎此者不及焉，固以世代緬遠，史傳多荒略失真，亦其風氣尚樸，道法未備，未足楷模萬世耳，故删書斷自唐堯以立君極。蓋孔子上下千古，見得君道至堯而始隆，故「大哉」一嘆，有極口形容莫能盡之之意，「巍巍」「蕩蕩」「焕乎」數語，謂爲定虞書後，括帝堯一生君極，而特爲一贊可也。然據孔子斷自帝堯之意，而帝堯以前無俟多及，亦從可知矣。劉道原氏外編雖搜羅之勤亦不可没，然矯誣非實之嫌亦殊難免。且傳書取其有益世教耳，無關世教而徒以搜羅見長，亦見其勞心無當，而識暗審擇也。故余嘗謂著述若非識高一世，不足以信今傳後。即纂輯古人述作，而非識高千古，亦易雜而無統。

朱子綱目因温公之舊托，始威烈，而弗及春秋以上至唐堯可考之世，是乃遵經避聖之義，然正所不必也。春秋因魯史而作，故編年從魯。若統千古而歷敘統系，則改魯從周，理在不疑。自〔二〕春秋以前，以至唐虞之世，凡有年可考、有事可徵者統就史法，以歸體要，是亦孔子之所欣待。觀其删書而備唐、虞、夏之禪讓，録三代之盛衰，夏禮殷禮之欲言，而傷杞宋之無徵，則其統貫二帝、三王之代，以就綱目編年紀事之例，安在非孔子之所深取□。至於春秋以後，威烈以前，數十年事迹，雖衰亂餘波，然亦世代之必經。且威烈以後，可以編年歸要，安在威烈以前接於春秋之代不可使就編條乎？况史取勸善戒惡，以正人心維世教耳。勸善必令善可爲法，戒惡必使惡真可懲。惡之可懲則知威烈以後彰彰矣可法，孰如二帝、三王？而於其千百年道隆法備之典訓，未就史法統成全書，則是宇宙史傳獨綱目有可戒而無可法也，寧非宇宙一大缺陷乎？今安得深心大力鴻儒合唐、虞、三代以及春秋二百四十二年以後，逮威烈之世，凡傳紀之可考者，秉經酌雅，去僞存真，與綱目合成一法戒昭然、足垂百世之書者。或曰：「如兩漢賢君，唐宋哲王，安在無可法者？而以爲無可法，何也？」予應之曰：「特賢於昏暴者耳，汔可小康，斯稱善耳。盛德豐功，曾何敢望二帝、三王哉？故道法之宗必斷自唐、虞、三代，仲尼所爲『祖述堯舜，憲章文武』也。」

唐虞本一中之傳，以爲治法，故堯之成功、文章淵源於欽明文思、温恭允塞，舜之時雍風動本於濬咨〔三〕文明、允恭克讓，大禹祗台而建平成之功，成湯執中以爲九圍之式，至於文武聖聖相承、周官周禮、合聖作明、述以成一代之典章，而無非本關雎、麟趾之意以措注，蓋帝王之治法未有不本心法爲之根柢者。今試問漢祖唐宗稱令主矣，曾有危微精一心法否？故原其心術，祗霸術之餘波；極其治功，特驩虞之小效。蓋古今王霸之迥別如是，論世者必有見於此，然後可以辨道法污隆、世運升降之故。

〔二〕「自」，原作「至」，疑音近而訛，遂改。
〔三〕「咨」，原作「哲」，據尚書舜典改。

堯之授舜，舜之授禹，是傳天下之時也，正宜言天下之何以治、何以不治，以爲法戒。而堯之授舜，止允執其中；舜之授禹，亦止本堯相授之旨，而申之以危微精一之旨。嗚呼！即此可悟古聖帝明王之道法心法矣。

細看程朱二先生諸經注疏，覺得前此注疏多如嚼蠟。非獨二先生生乎其後，羣言既備，折衷爲易，緣其學有淵源，故於其疏文解義之中，多能窺見從上聖賢心源，遂迥異乎一切摸擬訓詁之浮說。蓋糠秕精鑿入口自然迥別也，然而□□□處亦不可不知。

近來有一輩學者，專一妄駁程朱以爲迂闊。今且勿論程朱何等道德、何等踐履，即將漢唐以來名儒之議論行事與程朱之言行一相比較，其醇駁、淺深、是非、當否亦自一覽可辨，乃論世無識，竟貿貿而訾之。又有一輩學者，專一貶駁陸王以爲近禪。今且無論陸王事功、文章匪禪所有，即其言心性、言立本良知處，禪之說主於離塵超空，以爲出世張本，而陸王之旨主於近裏務實，以爲經世張本。苟有識者參互對質，亦自了然分明，況其宗旨皆淵源於孟子耶，乃忽而不察，但羣附而擯之。余謂此二輩人者不惟學無深得，不能深見四先生心源密造，即於四先生遺書亦未深讀也。讀之即不能盡解，焉有不知其梗概者？

吾儒之學，理須公諸宇宙，學必準乎聖神。不公諸宇宙以爲理，則偏黨之弊不可言；不準乎聖神以爲學，則門戶之弊不可言。故君子取善欲弘，而師法宜正。

唐漢諸儒解經，往往如猜枚射覆，宋儒出乃始得的當親切之解。緣聖賢說話皆根心爲言，非有真實窮本之學，縱強探力索，亦必不能見從上聖賢心源，焉能探取聖賢言中之旨，而發明其義藴？漢唐間學脈不明，一切注解雖曰依經疏義，然其實以自己識見爲依傍摸擬之説，幾曾會得真諦？□宋儒造道深，故其解經往往□□晤對古人於一堂。昔人謂孔子之學，得孟子而益明；六經、四子之書，得宋儒而真解漸出。信非虚也，然亦可惜無得力子弟消融其渣滓，補救其流失耳。

有天下國家者，但明得上天生民而立君之義，自不忍竭天下之力以奉一人，亦自不忍以一人喜怒嗜好之私拂天下公共之情。但明得大君爲民父母之義，自然與民同其好惡，而以斯民之不得飽暖逸樂、風淳俗良爲己愧，亦自然以斯民之必去其饑寒勞苦、澆瀉囂薄爲己責。昔孔子之言曰如知爲君之難也，庶幾乎一言而興邦，予亦謂如知爲君之重也，庶幾乎一言而致治，故王道以知要爲本圖。

上天甚愛大君者，愛其爲小民父母耳。是則小民者乃大君之命脈也，必皆使之飽暖逸樂而無怨咨冤苦之情以傷上天之心，乃足祈天永命於無窮。

臨天下者，必容、執、敬、别，兼全統備，乃足滿大君之量，然要知有容非姑息養奸之謂，有執非剛愎自用之謂，有敬非修飾儀容之謂，有别非刻薄苛察之謂。必使仁真足以容，而原合義禮智以爲仁；義真足以執，而原合仁義禮知以爲執；禮真足以敬，而原合仁義知以爲敬；智真足以别，而原合仁義禮以爲别。故其仁乃寬裕温柔足以有容之仁，而自無姑息養奸之弊；義乃發强剛毅足以有執之義，而自無剛愎自用之弊；禮乃齊莊中正足以有敬之禮，而自無修飾儀容之弊；智乃文理密察足以有别之智，而自無刻薄苛察之弊：四德一體而異用。故四端異施而咸宜，所謂「溥博淵泉，而時出之」也。然惟聰明睿知之君，乃足語此者，則以惟聰明睿知之主，乃能有高明廣大、圓滿洞徹之識，故能有探本窮源、知至知止之學。知之既明，自然踐之必實。滿腔子皆仁義禮智之充塞藴含，故臨民莅衆自然無施而不當。堯舜之惟精，而乃能惟一精一，而始能允執其中，即此旨也。漢唐而後，英君誼辟非無明識，然何嘗有探本窮源、明善惟精之功？既無明善惟精之實功，豈得有誠身惟一之真修？故極其聰明所至，非剿襲道德之近似迹似而情非，即僅得聖賢之一體，偏頗而不全，最高者亦不過措天下於小康，得驩虞之淺效耳。舉古聖王莫不尊親，而真足配天之隆規，邈乎無聞也。後世人主真有志於配天之業者，非真有仁義禮智當可之施不可。欲真有仁義禮智當可之施者，非真有明善惟精之功不可。嗚呼！微矣！

圖治以得人爲第一義，故古之聖王皆厪求賢如渴之思。然知人殊非易事，故古者明君之進賢必厪如不得已之意，求治不務得賢，求賢視爲易得，吾見所用之未必賢，真賢之未必用於圖治。猶卻行求前也，心雖勞終無益耳。

良法善人原不可偏廢之事，然人存則政舉，人亡則政息。古今來有不敝之人，無不敝之法，故與其議法之詳，不如求人之慎。有治人，即治法在人中矣。後世有志興化致治之主，往往詳於議法而略於求人，此所以法屢變而治終不可幾於上理爾。

立善法不如得善人，以善法得善人而後善也；然使法之不善，縱得善人，民亦不能深被其澤。一不得人，而弊不可言矣，故治國者既須悉心求人，亦須講求善法。

昔人云：千里而得一賢猶比肩，百世得一聖猶旦暮。此言人才之難也。然要之真儒王佐固曠世難覯，至若兵農禮樂、奔走禦侮之任，但使朝廷鼓勵有方，任用得宜，一代之才自足供一代之用，正不藉才異代。

君天下者，必有高天下之識，包天下之量，貞天下之力，邃天下之學，然後無愧首出萬物之義，故四德缺一不可，然學爲樞機。學之不明不正，識或流於察察之明，甚者誤用其聰明於不必用之途，高之不過漢明帝之聰察、明世宗之綜覈，卑之至爲宋徽、元順之小技；量或流於隱忍，甚至漫無可否、姑息養奸，高之不過漢章之長厚，卑之至爲漢元帝、明建文之優柔；力或流於好大喜功，甚者誤用於悻悻之一決，高之爲漢武之雄斷、宋神之果行，卑之至爲唐德宗之蹈過不悔：是則人君之學尤屬點化識、量、力三者之丹頭也。故聖學不可不講，而講之尤不可不精。

昔孟子以知斯二者，行而弗去，爲智之實，則是徒知而不能實行與行之而功力間斷皆屬虛見，而不足語於真智，從可知矣，此即知行合一之旨所自來。世儒於孟子之言遵如成憲，而於知行合一之旨輒加排駁，則是徒知五雙之爲一十，而不知一十之即五雙也，亦泥形逐迹、拘名忘實矣。

王文中、程淳公而有七十之年，其於聖道也幾矣。張南軒、陸象山而有七十之年，其於學也幾矣。諸葛忠武、王文成而有七十之年，其於業也幾矣。三代而後，天之生大賢也不數，而每不假之年，使得邃其學、展其抱以終明道行道之志，將毋天地真元之氣，真薄於古耶。每讀書至此，直欲借巫咸以上扣帝閽。

明道先生天分高，學力亦到，故表裏洞然，學行淵通，真千年間中行之選也。伊川、紫陽則志篤力勤，故其所造充實光輝，使居大位，得志行道，遇轇轕擾攘之秋，明道優爲伊川、紫陽之爲，伊川、紫陽未必能爲明道之爲。至於正色立朝，進禮退義，爲官方師表、吾道儀型，則三先生無彼此也。

論世知人，這裏須要知言窮理之學，直能到得我所尚論之人，乃真能論其世以知其人；不然，即言設身處地，亦只以我私見妄擬古人耳。縱無私心亦不得當也。

二曲先生學脈與延平先生相似，皆教人於靜中體認大本親切，即動中自然得力，蓋龜山門下相傳程子教人指訣也。而二曲先生尤教人於日用倫物、進退辭受間着力以守其心之所存，則尤爲動靜有程，於初學更確有依據。

即行可以驗學，二曲夫子於辭受進退間，七十年壁立如山，尤有鳳翔千仞之概。今之學者每喜以文害辭、辭害志之說附和譏彈。嗚呼！亦曾觀先生之立言如何命意，且如何立身耶。

南宋之末，真西山先生是有體有用好學者，其志堅，其力勇，其學術有要領，而才亦健勁，屹然爲偏安之宋天柱地維，不獨大學衍義一書垂憲百世也，真道學中僅見之人。

有明郝京山、張江陵、熊江夏皆楚產，京山窮經之專精刻苦，太岳相業之敏健爽切，江夏經略之明識鋭才，皆足凌轢一世，而於「自用」二字皆不免病入膏肓，累德賈禍，將無楚中山水雄悍之氣移人性情，雖賢者亦不免囿於其中而不能自克耶？每讀其書，爲之掩卷太息者久之。

或問：「太岳之過在不能成功即退耶？」曰：「太岳之過卻不在於退，使太岳顧忌嫌疑而早退，幼主德性未定，身之去就實關國之安危，爲身謀則得，爲國謀則不忠矣，故去非所以責太岳也。惟是諸子聯第，門生驟顯，親戚貴盛，而遇攻彈者，則擯斥之至於不容。極一時之寵榮威赫，而不復留餘地以自處，是雖承奉附會者之先意輻輳，而太岳不能斂之就約，則亦不可謂非富貴移人，侈心漸生也。以獨斷獨行之取怨忌，又益之以榮寵威權之炫耀赫奕，太岳之得免於身，亦幸耳，又安能已於身後之媒孽耶？以此見成功難，居功更難。君子貴明哲建事之才，尤貴淡泊寧靜之學也。」

人臣無以寵利居成功，霍子孟、張太岳皆反此道，安得不貽禍子孫？

范蠡泛舟，留侯辟穀，功始成而身即退，真可謂「見幾而作，不俟終日」也。然君臣之間不可言矣，此魏鄭公之所以願爲良臣也。

論者皆謂漢昭烈與武侯足稱千古魚水之歡，不知武侯之志有不能盡行於昭烈處，即昭烈亦有不能盡用武侯處。明良喜起，真千古爲難。

張太岳若如武侯之集思〔一〕廣益，恩怨不形，桑田不加，身後安得有禍如此之烈？

留侯始而傾家爲韓報秦，及秦已滅，漢方興，而即托病以去。神龍變化，可見可潛。論者以大智許之當矣，然吾謂「智」之一字何足盡！此公直是拿得起放得下，智而且勇者。李太白辭章之士，而其詠圯橋曰「豈曰非智勇」，智勇兼許，亦可稱獨具隻眼、知言論世矣。

武侯當昭烈之崩，暗主臨朝，强鄰窺間，中間失志爭寵之人，窺隙抵釁者不一而足，乃卒之暗主委心，百爾畏志，强敵且鰓鰓焉顧慮備虞之不暇，此固其勤慎敏練之才，足以集事弭患，攝服人心，亦其平日精白之心、公誠之行，足以信朝野而服

〔一〕「思」，原作「忠」，據諸葛亮教與軍師長史參軍掾屬改。

與國耳。今觀其未遇時，抱膝長吟，是何抱負；而身娶醜女，兄弟躬耕，師友一時之名賢高士，而不屑爲陳荀輩之濡迹權奸；及托孤寄命，主少國疑，則鞠躬盡瘁，開誠布公，恩怨一毫不形，桑田尺寸不加。嗚呼！此心直可信天地、泣鬼神，而孚豚魚也，況於人乎！向使霍子孟、張太岳有如此之躬行，亦何至有如彼之烈禍？故霍、張、諸葛皆有尊主奠國之功，而禍福霄壤，非獨遇合之幸不幸，抑其自處有善不善也。秦漢以來，聖學未有眉目，而此公獨超超乎躋王佐之堂，亦可謂天地精英之氣鍾之獨厚矣。每讀其傳，輒爲神往不盡。

當人國家大任，無好事功，祇是無好學術。無好學術，祇是無好志氣，不得藉口於時勢難爲。

凡人所謂難爲的時勢，正是可爲的機會。惟身不當其任，則難言耳。若身當其任矣，不道自己無識見、無力量，爲時勢所限制，而卻曰我識見力量亦無用處，則不惟冤卻時勢，亦冤卻識見力量矣。真識見時時見幹濟之良機，真力量處處有幹濟之弘功，安有不可爲者？

昔鮮于子駿以新法峻急，問康節以去就之計，康節曰：「新法固嚴寬一分，即民受一分之賜。」這人當人國家必定有轉移幹濟之略，惜乎未用於世也。

不遇盤根錯節，無以別利器。天下固有難爲之時勢，然安有真識見、真力量而尚阻於時勢之難爲？

「德無常師」四句脈絡內含蘊道心惟微、精一執中之旨，唐、虞、三代之學原是同條共貫。

非明善則路途不真，即行爲冥行；非誠身則踐履不實，即知爲虛見。故千古聖學皆知行不偏，明誠交盡，而以格、致、誠、正一到俱到，爲大學本務也。

敬義立而德不孤，聖學內外表裏、天德王道舉該於是，故敬義夾持之旨，程朱恪守爲宗傳。盡千萬世才智高明之士，談元說妙，總不能出此範圍。

此事不是要說得元妙高深，勝出前人，只是要滴滴歸源實落於吾身心倫物，作俯仰無愧之人。

或問：「盡心章畢竟如何分析宗旨？」家君曰：「陽明先生生安學利困勉之說牽強難合無□□□□即有學利困勉工夫，夭壽不貳非困勉者之曷幾？且立命是柱天立地造化在手的本領，勉者到知之成功一致處，雖無不可至，然豈可便以此等事屬之困勉？即朱文公分屬知行，亦微覺按之節脈未盡吻合。看來此一章是孟子本易繫窮理盡性以至於命之旨，而推原其一貫之理、相生之功，揭出以示人也。蓋首節固是言窮理之事，次節固是言盡性之事，末節固是言至命之事。然首節盡心內即有存心工夫在內，知性內即有養性脈絡在內，知天內即有立命脈絡在內，而究之一盡心知性而天與命無不淵源於此，即知之、存之、養之、事天立命之義無不蘊含其中，下特就其義之所歸分析之耳。是則程子所謂窮理便盡性至命者，乃是就學術血脈上統論易旨，而孟子之取義，則爲世儒看得天人性命支離不貫者，指點其理之本，一示人知所從事也。故不惟就知行泛言之說，微覺失孟子當日語脈，即程子所云窮理便盡性至命之說，理極精微，而亦於此章異其蹊徑也。大抵看此章書旨，將『心』『性』『天』『命』四字解得的當，將盡、知、存、養、不貳、修身以俟並『事』字、『立』字之義看得貼切，將『者』字、『也』字、『則』字、二『所以』字推原得分明，將章旨節旨提掇得透亮，將心、性、天、命之理一分殊，盡心知性之所以知天，存心養性之所以事天，不貳、修身之所以立命，打得通徹，即通章大義自可曉了也。若逐節生解，非支離破碎，即拘泥牽強矣。惜無由起孟子於九京，而面質之也。」

「存心養性以事天」，此西銘發脈之祖山，而張子原始要終，推闡其義，遂若獨開此堂皇弘局。這纔是辨九州於指掌的識力。

文中子謂書殘於今古，是謂書經秦火雖殘而存者猶留其真。〔一〕自安國古文出，而真僞淆雜矣。〔二〕但中間精義亦往往在焉，恐非安國所能盡託，故前此諸大儒亦不敢盡疑其僞也。京山直斷古文爲僞書，雖不爲無見，而並其義理亦抹煞，以爲不當，則矯枉之過耳。大抵自秦火而後，古書之僞託者固有，而遺經之尚留者亦多。依真補僞，如大小戴記中往往依托孔子之言行，亦其明證□。吾輩讀今文，當知其中原有遺訛；讀古文，當知其中非無精義。第平心論理，而不硬執己見，則雖真僞攸分，庶幾長短不掩，今文古文皆足爲我資益。〔三〕

或有問尚論古人之道者。家君曰：「天地間無事不有公理公評，況古來大儒之學，自有千萬世不泯之公理，即自有千萬世不昧之公評。其長處自千萬世公長，不因我輩之長而長；其短處自千萬世公短，不因我輩之短而短。我輩亦惟是平心論理，不執己私，庶幾外不失人，内不失己。更若見理不深，未能遽定優劣，卻須設身處地依理品題，切不可徒徇人，言迷目信耳。」

〔一〕此處有缺文。
〔二〕此處有缺文。
〔三〕此章後有缺文。

文中子書不無門人附會，然無他這大識見、大心力作張本，如何借托得來？或又以爲阮逸附會。阮在宋與安定同時，曾同之製造樂律，亦未見有卓然之議，如何有這許大識力附會得？看來學術自漢魏以來，墜緒茫茫，天心憫之，故特生斯人爲周程開闢蠶叢，以啟道脈於後世耳。然今觀程朱力肩絕學，終身孜孜，精微細膩處不無邃於文中，而究之誰爲副文中之志期規模者。即使天假長年，必且更造淵醇。惜乎未至中壽，遽爾損奪，不可謂非天地氣運之薄也。每讀其書，輒爲嘆悼移時，不能自已。

戴記一書經緯真贋，淆亂糅雜，必須分經別緯，去僞存真，使成一綱條釐然、真足經世立教之書，乃克與易、書、詩、春秋相配，不愧宇宙五經之目。顧前乎此者，元之吳幼清氏亦嘗條其綱目大小爲次第，然止於就其篇中各分前後，殊未能統舉全編會通釐正，且其真僞未分，則亦是非未辨，亦無以定千百世人道坊維，而成一不刊之經。今日安得有深心大力人，舉千萬世公案一定其是非曲直，而揭日月於中天者？

五霸者，三王之罪人，齊桓、晉文無非摟諸侯以伐諸侯，而前儒每謂春秋獎五霸，亦異於孟子之言春秋已。

春秋一書舉十二公、二百四十二年，無非上無天子，敵國相征之事。功罪是非，不言可明，但於俱屬不義□中微有曲直之分，故褒貶之中微有嚴恕之分爾，然總之括於孟子「春秋無義戰」。彼善於此之一言而無餘，後之言春秋者，何得舍孟子之定論而自生枝節？〔一〕

〔一〕 此章後疑有缺文。

徒尚講論中何用？讀書一句，即實體此一句，明一義，即實踐此一義，庶幾有明善誠身、道岸誕登之日。

門人有問時風衆勢移人，難以自立者。答曰：「亦顧其自立何如耳？記曰：『匹夫不可奪志。』常人下一定志，雖死生禍福不可移，況賢者信理之操見明守定，豈有時風衆勢足奪之者？即如近來學使一席，論者咸謂院無牽滯，易於行志□□□下掣肘，自立殊難，舉世相沿，千口一致。而江西可亭朱公以僉憲居之三年中，冰操自持，終始不變，竟爲本朝督學吾省者第一人。朱公何嘗不是學道？學道何嘗不可自立？而所謂院之少掣肘者，又豈必皆能自立者乎？吾輩凡事亦宜講自立之道，何可借口時風衆勢，自開隨波逐流之門，壞人品、誣世道也？況三代之直道自在人心，朱公自正其身，上下之交際不行，公私之請托不行，亦可謂落落矣。而上憲禮重之倍至，下僚畏服之益深，反在從前學使之上。及以解卷微罣吏議，而東西督撫殷殷以保章上聞，三邊八府生童皇皇如失慈母，大暑中從千里外徒步而至，持斗粟樽酒來送者兩月餘不絕。至有非諸生，第上等童子被甄拔者，亦可見士君子自立之果真，不惟非時風衆勢之能移，正無不可自我移時風衆勢也。大抵吾輩今日愁自立之不真，不愁時風衆勢之移人。時風衆勢移人，必自己是時風衆勢中人耳。大君子砥柱中流，挽回風氣，宜自信，無自惑。

京山於九經解用□十年閉戶討探之功，其刻苦沉摯之力，即河、會、姚、涇諸先生讓之。有明經學，應推此公。顧其自信之過，殊欠虛心，往往詆譏程朱，不無語過，此其褊愎之失，無可爲諱。然其窮經之專精，用力之深久，亦何可廢也？而近來學者不知切指其失，卻於其經解亦一筆抹煞，亦可謂信耳廢目矣。

明□有三大書：其一王文成公全書，中間見解之精透處，直欲探天根而躡月窟；其一郝京山先生九經解，不獨其疏解詳密，一空前此諸家注疏，即其見解之卓越，足以上會前聖心源者十且五六，至於精神之專、刻苦之深，是亦一代諸儒之罕及，不謂之深心大力可也；　其一鄧元錫先生函史，融液二十一史之精華，折衷千古之道德名法，不冗不略，有倫有要，斯亦古今世史之獨有陶鑄者也。顧文成之書，京山之解，其高明精卓處迥出前人，而其師心過甚處亦病深中材。至於潛谷函史，其筆意務爲渾噩，固其氣質使然，亦似立意欲脱晚近虚滑習氣，以上追西漢之制作，奈何其氣體凝重，篇法灝瀚，語意亦時帶結澀，讀者苟非沉潛解悟之士，且必不終卷而思臥，則亦尺璧之瑕也。著書之難如此！

學正則識益真，識真則學愈正。學者無真正學術，只是無真正識見。無真正識見，亦是由無真正學術。有志者欲得識學相兼，真切正大，必奉大學爲準則，而從格致以入門，到得知止知至之後，即内聖外王表裏俱到，明誠統貫矣。

卷六

家君一日與友人言及太極圖説，謂：「圖説義理不特於宋爲僅有，自孔孟後，歷漢、魏、隋、唐千數百年間，實無此精深奧衍，真足羽翼六經。今觀其於造化人物來頭，一一推索得分明，於生人立極修吉之旨，一一指點得的確，原原委委，無不根極理要。中興聖道之功，真於斯爲大也。」一友曰：「某嘗看其中議論，多前人之已言，亦似未有他異。」家君曰：「雖皆前人之已言，然前人是零碎説，亦誰曾如此徹首徹尾説得的當分明者？凡講道理只要説得的當分明，何以異爲？且他人不能説到徹首徹尾分明處，而獨能徹首徹尾的當分明，即此已便是異也。」友曰：「當時謂其出於希夷，不無老氏餘旨之疑。後儒亦往往以此議之，何也？」家君曰：「此皆不免以成心論公理耳。今無論其出於希夷爲影響之談，假使真出希夷，而以如此精深微妙之理，通以禮失求野之義，亦當推爲天地間大經大訓，與六經、四子並傳。況希夷傳下一脈，如种、如穆、如李，又如康節，俱有傳書，卻不見有如此中正完全議論，而獨發自周子，則亦安得不歸功周子也？然某則竊敢道是周子。此圖即不無傳授，而徹底打通，探出主靜立極奧旨，則其獨得耳。蓋其爲説靡不與通書相表裏，而其他染老氏之餘瀝者，必不能到得這裏也。論世知人當或不誣。」

旁一友曰：「如此，則象山胡爲而有無極之辨？」家君曰：「象山之疑以爲太極本無聲臭，無方體，而圖説復有『無極而太極』之説。不惟有似於無極又生太極，將母作子，亦且視太極爲有聲臭、有方所之物，非太極之本義矣。此言亦自有理，但無極而太極是文字到此，極難下語，故順勢爲言，乍讀之亦覺中間『而』字一轉，有似於太極又從無極而生，分卻先後。不知讀時但將『無極』二字一頓，『而太極』三字一直讀去，則文義亦自明白。昔有一太守訪一處士，其人適往田間，聞太守至，匆忙而歸。始坐定，太守即起問曰：『請問如何是太極？』處士喘尚未定，即大聲重頓『無極』二字，而答曰：

『無極而太極。』太守聞之，即起謝曰：『領教多矣。』蓋重頓『無極』二字，則言下自可知無極爲太極，而太極本無極矣。況下文分明言『太極本無極』，則亦自解釋分明，即何得疑『而』字爲無極生太極也？然在周子立說之時，亦自知『無極而太極』一句不免痕迹，不無語病，『動而生陽，靜而生陰』之語不無階級，故隨結隨解曰：『陰陽一太極，太極本無極。』得此二句圓融無礙，即上數句會意可通矣。象山雖據理而言，亦不免以詞害志也。」友曰：「『無極而〔一〕太極』，『而』字可以意解；『動而生陽，靜而生陰』，『生』字恐終不免落於階級耳。」家君曰：「『生』字語病即不無，然要之此處下語亦極難融適。今但能按下邊『陰陽一太極』之意解此二句，則太極之動即陽之生，太極之靜即陰之生。從太極之動靜着眼，而以『生』字替『即』字，以明此二『生』字乃言陰陽之所由分。而參以朱子圖解，『〇』此即陰陽，而指其本體不離乎陰陽，而爲言數語，則亦自無不可通也。大抵吾輩讀古人書，在以意逆志而得其立言之本意，始爲知言。又須統看上下文義，融會貫徹，則可以上通古人微意。不然，即論語之毋意毋我，雅詩之不識不知，易繫之無思無慮，有類告子之無善無惡、老氏之絕聖棄智、佛氏之善惡不思，而讀書處處成礙矣。」友人釋然。

家君又嘗謂友人曰：「圖說義理淵微圓滿，可謂貫三才而一之，至中間下語，奇闢精卓，真若有智靈天啟，不可思議之妙。如『無極而太極』雖微有語病，然語自奇闢。其他如『一動一靜，互爲其根；分陰分陽，兩儀立焉。陽變陰合而生水火木金土。五氣順布，四時行焉。五行一陰陽』諸語，『無極之真，二五之精，妙合而凝』五語，『惟人得其秀而最靈』數語，『形生而神發』等語，皆若此理合該發洩，此老代天爲言者。至於『定之以仁義中正，主靜立極』之旨，在今日諸儒先闡發詳悉學者習見習聞，亦視爲言理家常談，卻未思當未有圖說之前，歷漢、魏、晉、唐千年間，何人發明得到這裏？而周子特地揭此弘義，真天聰天明，獨闢混茫，爲千百世洗發眼目。論其功當與書圖疇、教稼穡、倡仁義同論，有補世教不少也。這纔

〔一〕「而」字原脫，據周敦頤太極圖說補。

是高明之識、深湛之思。至若漢揚子雲好深湛之思，而太玄[一]一書費如許心力，徒成易道之贅疣，有之不爲益，無之不爲少，思則思矣，聰明誤用，深湛在何處也？又如蔡元定先生作洪範皇極内篇，皆無關於聖道，有無之數，轉覺多事滋擾，又成子雲之優孟耳。以此看來，周子真天生神智，爲吾道守先待後之鴻儒也。」或曰：「仁義中正，主靜立極，六經、四子不昭昭乎？」家君曰：「自孔孟而後，學脈失真，雖宗公巨儒，亦只成得依傍摸擬之學，故漢唐間經學授受只成典要器數一派，抑誰爲得孔孟之真者？自周子主靜立極之説出，而程朱諸大儒乃愈推愈精、益闊益大，浸浸與從上一中授受、仁義相傳微旨合符，亦可謂有取日虞淵之功矣。故予嘗謂孔孟而後有董子，而人始知有聖學名目；有王文中，而人始知有聖學門庭；有周、程、張、朱，而人始知有聖學壼奥。雖數子者學有淺深精粗，而要之卓乎爲孔孟功臣也。」

家君又嘗言：「太極圖説首五句語意未融處尚有之，至於『五行一陰陽，陰陽一太極，太極本無極』，兩個『一』字，一個『本』字，不惟本句語意精該，並使起句未融者一齊融通，可謂妙絶千古矣！談理必須如此識力筆力，足發微闡奥。至朱子圖解，如於仁義中正，亦分動靜陰陽，體立用行，或不無分析過甚之意。若所謂『此動而陽、靜而陰之本體非離乎陰陽，即陰陽而指其本體』云云數語，則通體融徹，不惟義理精透，並可融圖説無極太極、生陰生陽等處語言之未融。解前人書者，必有如此見解筆力，然後不至以文害辭、以辭害志，而湮没其本旨耳。」

家君又言：「太極圖説，周子不獨爲人明太極之體用，正是從太極之體用推出所以生人者。只此『無極之真，二五之精』本來粹精至善，人既禀此理以生，則是性中具太極之全理矣，便當主靜立極，乃無負所生之本來耳，故終之以聖人之立極，勉之以君子之修吉，惕之以小人之悖凶。亦猶西銘不獨明理一分殊之旨，而歸本於盡性至命爲事天之道也。」言畢，因

[一]「玄」，原作「元」，蓋避康熙帝諱也。今回改。

又顧謂兒功曰：「昔人以莊子『易以道陰陽』之語爲名言，如我看來，亦只説得半邊耳。蓋易是數聖人即陰陽消長進退之當不當，示人以進退行止之法戒，非專爲道陰陽也。大抵古聖人立言垂訓，皆爲世教立之防維。如衍河圖而畫卦者，大易之所由來，而文、周、孔三聖人卻一一歸重於勸善戒惡；衍洛書而敘疇者，洪範之所由來，而禹箕二聖人卻一一推其義於經世宜民。初不單言天道，而歸重人事，即此可以見古聖人之用心矣。彼索之渺茫、崇尚元虛者，雖曰神道設教，豈能免惑世誣民之弊？」

又嘗言：「人心同體太極，適如其體者，是之謂大人。靜而廓然大公，所以與太極同體也；動而物來順應，所以與太極同用也。靜何以廓然大公？靜而無欲也，動何以物來順應？動而無欲也，無欲其要乎。」

又曰：「本來與太極同體，適如其體，則便與之同矣。無欲則適如乎其體。」

一友問：「如何可以見得吾心與太極同體？」家君曰：「此非可以言語盡，別人説亦終不親切。公但於一念無欲時體驗之，久當自得之。然若不真能到得無欲，即體驗亦只成摸擬億度之見，與原來體段不符也。」

周子自注主靜曰「無欲故靜」，只這一語，千古聖學一點滴骨血也，淵源洙泗矣。

明道靜定動定之旨，淵源於周子無欲故靜之旨，周程一脈相傳所謂心印，宛然先後同揆。人疑明道終身未言太極圖説，不知濂溪太極一圖要領在主靜無欲，而明道定性諸説發明此旨滴滴歸源，不啻揭濂溪主靜之旨於中天，何必無極、太極、陰陽、五行喋喋口舌然，後爲薪火相續耶？

或問：「立極之道何以獨在主靜無欲？」家君曰：「無極而太極，故雖二儀五行變變化化，而貞靜者自在其中。人本『無極之真，二五之精』所妙合而成，故『人生而靜，天之性也』。雖萬感萬應，而其本體之靜則有未嘗失者。一自蔽於人欲，中正仁義之不修，而靜體始失，天人乃懸絕，而人極不立矣。故仁義中正所以全吾太極之全體大用，以立人極也，無欲尤所以攝吾仁義中正之真機，而神吾明通公溥之妙用也。立極之道，舍主靜無欲將安屬哉？」

人心全體太極，只爲有欲，則失此體段，若能主靜無欲，則渾然太極之真矣。

人性本善，故天理者吾之本心也。而天理則完完全全與生俱來，故雖萬感萬應，而常自無加無損，無動無搖。故天理者，貞靜之道也。人惟蔽於私欲，而後紛擾不寧，雖至獨居靜處，亦且千頭百緒，交投並至，若能體認天理，則無欲而靜矣。靜則當下還真，雖酬酢萬變，而此中之湛然堅定者不移，故從欲則雖靜亦動，從理則雖動亦靜。濂溪之主靜，非躭靜之謂，無欲之謂耳。無欲非絕欲之謂，體認天理之謂耳。

靜而無欲，看與太極同體否？動而無欲，看與太極同用否？

又曰：「無欲則靜虛而明通，與太極同其體矣。動直而公溥，與太極同其用矣。既與太極同其體用，安有不與天地合德、日月合明、四時合序、鬼神合吉凶者？朱子解太極之義曰『造化之樞紐，品彙之根柢』。看來周子『無欲』二字，尤吾儒所以樞紐此樞紐，根柢此根柢也。濂溪先生真可謂探天根而躡月窟矣。」

太極圖前明造化生成之妙，而要歸於中正仁義、主静立極。

談理不索之眇茫，此周孔繫易之微旨。康節往往於陰陽動静毫分縷晰，既無異鏤冰繪空，又其言造化每從陰陽剖判後，見定着一言之，亦覺於其中陰陽不測、變化無窮之妙，未能一一吻合。若太極圖未嘗不推索得造化原委分明，然卻是從實理中溯其淵源，覺得一切皆應有之脈絡，此亦識見高下淺深之所由别、學問道器之所由分。

一友問：「天地、日月、四時、鬼神是造化之功用、二氣之良能，主静無欲何以遂與之合德、合明、合序、同吉凶乎？」家君曰：「天地之德，太極爲之德；日月之明，太極爲之明；四時之序，太極爲之序；鬼神之吉凶，太極爲之吉凶。太極歷萬古而不變不搖，不動不息，故天地亦萬古其德而健順，日月萬古而長明，四時萬古而長序，鬼神萬古而吉凶不二。蓋太極以貞静爲體，故天地、日月、四時、鬼神之從太極生者，亦無不以貞静爲體也。人心全體太極，惟欲動情勝，則失卻太極體段，與天地、日月、四時不相合同耳。聖人主静無欲，則吾心之體即太極之全體，吾心之用即太極之妙用。太極且不能違，而況於天地乎？而況於日月乎？而況於四時、鬼神乎？」

太極圖説雖無一不淵源於易翼，但易翼是逐處散説，圖説則統會爲一；易翼是隨處略説，圖説是探本詳剖。中間又補足立極機要，使人知所從事。寥寥一圖，遂貫三才而一之。神禹聚金以成鼎，女媧煉石而補天，先生之於斯道可謂有陶鑄神力矣！而亦可見其於易會心獨深，真能神而明之也。

家君又嘗語及太極圖、西銘，謂功曰：「濂溪先生胸中真是包絡三才，横渠先生壯志直欲柱地撐天。學者苟非枯木死灰，展讀一過，褊狹怠弛之習，未有不豁然解脱、奮然振起者。」

孟子性善之說，淵源於易繫繼善成性，而易之繼善成性，得太極圖說，益覺推究得脈絡分明。蓋易繫繼善成性是渾淪的話，得圖說「無極之真，二五之精，妙合而凝，乾道成男，坤道成女」數語，始剖析得繼善成性之來路曉了。向若不得如此一番剖析，初學亦尚未易解其所以然也。

「周子『主靜』之『靜』該動靜而爲功，是即『敬』字主一無適、統貫動靜之意。但周子從『定之以中正仁義』立說，靜義於定爲切，故以靜爲理言。今觀大學之定靜相因，蓋脈絡吻合也，然要之敬即靜中自然收斂之真精神，而主一之主，實即主靜之主。以爲敬與靜異理者，不惟不知『靜』字真血脈，亦不知『敬』字真血脈也。故朱子、南軒解主靜皆以敬字替之，蓋謂靜敬一理，而不知敬之即靜，則靜尤易涉頑空也。」或曰：「程朱後來單言敬而不言靜，何也？」家君曰：「程朱防流弊之意也。蓋周子主靜之說，義理本自精微，亦本無病痛。自程子慮其或流於耽靜厭動，故易靜而以主敬立宗，乃不謂至程門末流而耽靜之弊且未已也。故朱子防之尤嚴，而且累摘靜之流弊以爲戒，其意蓋謂言『靜』字恐人失其宗旨，入於坐禪入靜之途。言敬則動靜一貫，本體工夫合同俱在，且歷聖相傳學脈此爲的確，故二先生每每多言敬、少言靜耳。是蓋立教明宗、防弊慮遠之道耳，初非謂敬之異於靜也。」

讀西銘前半篇，雖欲自私而不可得；讀西銘後半篇，雖欲自恣而不可得。

又曰：西銘〔一〕將天地間俯仰不愧的道理，窮源探本，傾廩倒倉而發之，真是開拓萬古之心胸。

〔一〕「西銘」二字疑脫，今據上下文義擬補。

西銘之理是天地間合有的道理，其文字自是天地間斷不可無的文字，但從前無人説得如此愷切。而張子遂窮搜其底蘊而暢發之，開關啟奧，中興聖道之功，宜乎與周程並推也。然二程尚授學濂溪，兼有父教，張子不聞有提掖開導之資，而特地自立如是，真無待而興之豪傑也。

西銘道理拄地撑天，無開天的識見，無開地的胸襟，如何道得隻字？這纔是天地間大文字，可以羽翼六經。

西銘好見識！被他將仁之本量與仁以爲己任的意思，一齊掀出。天開日明，真是千百世無人見得及。

西銘道理大，功夫卻切實細膩。看他前邊是甚麽局量，後面是甚麽心行。孔、曾、思、孟之後，何人到得這裏？

西銘道理，范文正公略得幾分軀殼，王文中略有幾分志力，二程兄弟覺只得幾分精神，朱文公覺只得幾分規模，王文成覺只得幾分聰明，未見有克副全量者，蓋其量真是到聖人田地。

太極圖、西銘真是萬象心生，乾坤在手，小丈夫如何夢想得及？

讀西銘時不生感憤弘毅之志，其人必精神死卻，其心暴棄。

西銘是吾輩做人正當樣子，須讀時生愧悔之心，讀後下實踐之功，則讀時不爲口耳之學，即做人亦當不至苟且，庶幾有以自立，而將來不愧戴天履地之身耳。若讀時亦只當好議論，讀過無思齊則效的意思，過後亦並無刻勵遵循的工夫，不特辜負天地生成之意，並辜負此老一片婆心矣。

程子謂：「訂頑立心可達天德，讀訂頑者須窺見從上聖人踐形盡性的精神命脈，庶幾可望知德。」

每讀西銘，輒覺平日褊淺因循之罪，無以自解。

西銘與太極圖説、程子易傳序、春秋傳序推宋朝四大篇文字。余則妄謂春秋傳序當讓易傳序，易傳序尤當讓太極圖説、西銘，而太極圖説尚當讓西銘也。蓋春秋傳序雖道理正當，然亦尚覺廓落，不及易傳序之簡切。而易傳序則雖簡潔切當，亦尚覺有鬱而未暢自意，不如太極圖説、西銘道理圓滿、文字精卓也。然太極圖説中間，亦尚不無一二語病，猶須推原解説；又其於造化生成原委、聖人所存而未敢直論者，一一刻劃言之，雖爲言精妙，發千古之未發，亦未免盡火捕風之嫌，不似西銘大而實，精而切，高深宏遠。造其域直至聖人，而卻無不切於下學遵聞行知。以此留傳天地，直可作經也。

記之「惟仁人爲能饗帝，惟孝子爲能事天」，孝經之「事父孝，故事天明；事母孝，故事地察」，孟子之「存心養性以事天」，皆與西銘之旨互相發明，亦西銘淵源所來。而西銘則獨會得這事天地當如子之事父母的道理，曲暢旁通，圓滿周匝，遂卓然自成一段經天緯地的大道理。

西銘道理，吾自從學二曲夫子時，便欣然有會於心。每一展讀，一回惶愧，一回激昂。迄今三十餘年，若即若離，若存若亡。無論全量未副，辜負天地生成之意；即其違負初心，每一循省輒若天地之大，無以自容，爲之愧汗浹背者久之。

程子謂「訂頑立心便可達天德」，然則學不至於達天，必於西銘不能深信無疑。又如學不至於達天，於西銘不能深信不疑，卻須實下苦心，體認西銘是甚麼局量、是甚麼工夫。真知而實踐，庶幾有知德之日。

西銘實理煌煌如日月經天，兼諸儒發揮詳悉，似無難曉，乃竟有博聞見、能文章、知名當世、稱名儒者，信不能及。不知横渠先生之前無古人，說道這裏，如何便劈空撰出此理。朱子贊康節「天挺人豪，英邁蓋世」，余謂横渠亦足當此而無愧也。

西銘是言大人之道，盡得這道理，方成得個堂堂的大人物，不愧天地生成之意。

孝經一書以及六經、四子中間言孝，亦綦詳矣。讀西銘而更可悟大孝萬物一體、立身盡性之義，孝之量到這裏始圓滿無漏耳。惜無大君子統括經書，本此意依次第作一書，以盡孝之全量也。

西銘真是經天緯地、萬古顛撲不破的道理，聖人復起，必謂知言。

學者但信得及西銘，便可與言做人之道。

書言惟天地萬物父母，惟人萬物之靈，此西銘前一節之所自來。孟子謂存心養性以事天，此西銘後一節之所自來。然西銘說來，卻成徹首徹尾、圓滿中正的道理。如黄帝采金鑄鼎，鼎成而但見寶鼎成象，卻無從指其爲何處之金，真有洪鈞陶鑄之奇。此老胸中真是融天冶地矣，崇效卑法不足言也。

西銘言事天之道當如事親之道，然裏邊卻包一部孝經在内。爲人不以此事天，便辜負天地生成之恩，爲人子而不以此事親，豈不負父母顧復之恩？故西銘一書，雖非教孝之書，而即謂教孝之書也，亦無不可。

皇極經世中間，天然符契處不少，而牽强配合處亦多。蓋天地間道理是從乾元資始，又卻變化不測，恐不如此截然分段，枝分節别，又不如此一一擬合、前搭後配也。人言周子太極圖説與康節之學同出希夷，今看太極圖説雖節次分明，而義理渾融，殊與皇極經世迥然不同。以此見昔人之言未盡允也。

周子之學自得於原本渾融者爲多，康節終不免於泥象逐迹。一泥象逐迹，不惟於天道人事之渾然處，未能吻合，亦覺分枝别葉，精神敝於無用處多也。且河圖衍易，而四聖人獨歸之教人勸善戒惡；洛書敘疇，而二聖人獨準以經世宜人。豈若康節比擬陰陽、擬配五行於無可分比處，亦强爲之分比也。看來康節之學，自是一種近理的格物象數之學，若曰聖學，吾不敢知也。

卷七

泰一日問聖學宗傳，先生曰：「無遺王道之天德，無外天德之王道，無廢工夫之本體，無離本體之工夫。大學一書，吾夫子統會天德王道、真體實工以立宗，盡古今學術至此，乃範圍莫外。吾輩既奉孔孟爲師表，須是依大學規模學去，乃不至迷入小戶旁門。」

又曰：「全體大用，真體實工，一豪偏着不得，一毫滲漏不得。但有偏着滲漏，即屬執一之病，即賊中道，故孟子力闢楊墨，更惡子莫之執中耳。」

會得孔孟一貫之宗，學術乃云會歸皇極。若於一貫之旨看不分明，用力雖勤，終落門戶。以其所用之力不出門戶之中，故其所造之詣只成門戶之學也。

救弊不妨各從其所急，立宗卻不可流於偏着，流於偏着則即藥仍爲病根。入門亦不妨各從其性之所近，歸宿卻不可不底於中正，一失中正則成舉一廢百，流弊且中於世道人心。楊墨初間亦是學仁義的心，教人亦是教人學仁學義，只以立宗偏着，歸宿不知中正，遂成異端，流禍當世。吾輩所宜鑑戒。

工夫疏漏，只是本體不真，不得借口境遇阻人；本體迷昧，只是工夫不實，不得借口姿稟限人。從古無有真知不能實行之人，並無實行不能真知之事。中庸所以引舜回之智仁，以明道之明行也。

莫徒張皇尊德性，亦莫徒鄭重道問學。實實在在有道問學的密工夫，乃算得真能尊德性；真真切切在尊德性上着主意，乃算得真能道問學。見不透這底裏，即尊德性必流元虛，道問學必墮支離，其爲流弊正均爾。

細看六經、四子中言學術的本末終始，便見得後儒之學未免參和意見，既成意見，便於道之全體大用不該不備，雖欲不流爲門戶而不得。故學諸儒者要須明得二帝、三王、周公、孔、孟是何等心行、何等局量，而於諸儒取長擇善，補偏救弊，務視諸前聖爲準繩。即於諸儒集其長，而不至仍蹈其偏，會其善，而不至仍流於弊，庶幾諸儒之德美，皆我之德美，諸儒之疏略，我無其疏略。諸儒樂得有我以善繼善述，而我直可以集諸儒之大全，正諸儒之心待也。不然，縱學得那諸儒先的皮膚，既不知其精神命脈，復不知所以補救，即先儒之優孟且不可望，矧敢言大禹幹蠱蓋衍之大孝、武周善繼善述之達孝乎？吾輩切宜於此等處，大下窮理知言之功，以爲終身則效趨嚮之準也。

泰一日侍側，請問靜、敬之旨。先生曰：「此心不懈之謂敬，無欲之謂靜。」言畢，又謂泰曰：「這裏須有知性工夫，始得；若不知性，即主敬亦是假工夫，主靜亦屬虛氣機，皆非實義也。」泰因問：「如何不知性，而靜與敬皆虛假乎？」先生曰：「子試體會！能於這裏更透一格，即識見更過一關矣。吾言乃吾見，汝悟始成汝見也。即不能遽及於悟，經一番苦思，自己有一段若疑若悟，得那種子在心裏，即吾言且易入耳。」泰退而反覆思之，越二日，請正所見，曰：「泰思靜乃性之真體段，本非從外得，敬乃性之真精神，亦非從外來，故敬必本之性而始真，靜必歸之性而始實，所謂一真百真也。若不知性，縱極意把持，終屬魄上湊泊□事，極意恬帖，終屬氣機上安排之物，所謂一假百假爾。」先生爲之首肯。

泰問理氣之分與德性用事、氣質用事之分。先生曰：「就主宰處言，謂之理；就運用處言，謂之氣。其實主宰即運用之主宰，運用即主宰之運用也。所謂德性用事者，亦是從此心之悟時言之耳，其實即此氣質之性之悟，初非氣質之性之外另有德性也。所謂氣質用事者，亦是從此心之迷時言之耳，其實即此德性之迷，初非德性之外另有氣質之性也。論理能窮其理之所以一，又能别其分之所以殊，始原委分曉爾。」

泰一日問盡性之道。先生曰：「當惻隱時便惻隱，當羞惡時便羞惡，當辭讓時便辭讓，當是非時處是非，勿參以後起之念，務充其本然之量，惟日孜孜不敢怠荒。」

泰一日問：「如何得動用紛紜中，一一能中乎天然之節度？」先生曰：「人生而静，天之性也，是則静者人生本來之天則也。人若於静中有體認涵養之功恰合乎本然之天則，則自然動時恰合乎本然之節度□。蓋這節度即天則之節度也，静時恰合，動時自不至於走作。」

又曰：「立體致用之道如調馬然，平日調習得性情馴良，自然上路時行走調順，然臨時銜勒之法，亦正不可少忽。總之，此事專靠不得臨時制御之力，亦專恃不得平日調習之熟，要須動静交養，刻刻堤坊，始無走作也。」

仁、義、禮、智、信，大道之綱領統是矣；學、問、思、辨、行，學道之工夫統是矣。然五常本異用而同體，五事實殊途而相因，講學明道，若於這裏看不透、打不徹，不是割裂本體，即是落於儱侗，不是支離實功，即是流於疏略，其於聖學，總是無處。

窮天盡地，祇此一點中和之機作三才之命，故「致中和」三字，生人以眇然之身配三才之道也。這裏無人推謝處，人雖欲推謝之，而亦不可得。只是聖學不講，學者看得此三字太大、吾生太小，遂諉爲匪常人所勝任耳。

志欲其遠，功欲其實，體欲其真，用欲其達，一有或缺，如鼎折足。

此事不是說得是便已，近時舉業家視爲迂闊者，既不識這事是何事，即一二講學宿儒，亦只以著書立說當之，又不惟其理之當，而只以意見爭門戶。嗚呼，弊矣！

又曰：「□□分而大道裂，意見生而微言晦。此道日支離□□□□□可嘆息。」

學□□□□□□爲第一義，然路途之邪正易辨，大□□□難辨，故格物明善之功，必與擇師親仁之□□□互進乃可。

大學一書，乃孔子上下千古，折衷學術，獨祖述堯舜□□而爲此大中至正、圓滿平實之旨，以立教。真是全體大用、真體實工，包舉無遺，千萬世範圍人材之□莫過於是。後儒舍之不講，往往自立宗旨，此處即無勝心，亦覺其於大學宗傳未能細心體認，而洞悉其本末終始也。誠洞悉其本末終始，試一就後世立宗諸說，細細與大學比較，自見得後世所立之宗，僅大學自具之一端，而全體實有不備，當恍然悟偏見意見之割裂大道矣。

先生一日謂泰等曰：「自己從天生來，只帶得這一點性作五官百骸主宰，爲酬酢萬變根柢，而終身茫昧，通不知作何體段，作何涵養，真是氓之蚩蚩。」

又一日謂諸子曰：「此後不必苦辨本心本性之說，但實存其心，即養性在其中，實養得性，即存心在其中。紛紛辨本心本性，不知實從上邊守住，下存養之功，縱自今日辨至白首，祇是添得口頭間議論耳，心性依然不管我事也。」泰曰：「然則可不必辨乎？」曰：「前人論得如彼詳，日來吾爲諸君言，亦不可謂不明矣，何用更煩頰舌乎？」泰曰：「然則孟子何爲舉存心養性而分言之？」曰：「孟子是爲不知者細數事天之目，故不得不合存心養性並舉，然其實早已合言之矣。」

泰未達。先生曰："首節不曰'盡心者知其性'乎？或從舊說，盡心乃能知性，或从朱注，盡心由於知性。總之，是心性相因，舉此該彼，初非將'心性'二字截然分段，又不成是性非心也。"

又一日謂諸子曰："此後但奉孔孟爲大宗，而以六經、四子作印證之本，以濂、洛、關、閩、河、會、姚、涇之言作登高階梯，即學脈不至走入旁門小徑。至於近來一種小辨害道之言，切不必觀，更不可信。蓋彼實無真見，徒滋口耳，將'理學'二字作爭勝之具也。詩曰：'無信人之言，人實不信。'小子戒諸！"

真識公心，可以論道，匪是，狎大人、侮聖人之言不免矣。

昔孟子爲滕世子言人性皆善，堯舜可爲。至引成覸、顏淵之言，又至詳且明。這豈是引誘滕世子，故作此激昂之言？至理實如是耳。近時學者見人說希賢希聖，便視爲天上事。不惟未明孟子之旨，亦看得自己本性不善、身分太低矣。

學道是學所以行也，不行而徒尚口舌，抑末矣。而言又不精不當，則道之蠹也。

泰習靜坐，先生謂曰："靜坐一事莫怠慢，卻心急不得。不疾不徐之間，有道存焉。程、朱、王、高諸先生皆有說可味，而高子尤爲暢達，須實加體履乃有進步。"

起腳一差，終身迷惘，即迷中猛醒轉頭，已枉卻多少功力，故大學以格物致知爲入門，以知止知至知先後爲本務。

泰問聖學所從入。先生曰：「須於四子書中體究孔、曾、思、孟心行，以會歸於二帝、三王道法淵源之宗，令天德王道融會貫通，乃能於千聖經常之道得入門耳。若識不能遽至於此，且於濂、洛、關、閩、河、會、姚、涇九子中，從其性之所近討一入頭可也，然切忌到得入頭時，泥於門戶之見，而不知變，終身只成門戶之學耳。」

當國家者，無遠出前人之識，而好更張前事，衹益亂耳。論學術者，無高出先儒之學，而喜評駁先儒，衹益僭耳。

只無欲便澄然無事，内外兩忘。能内外兩忘，亦便心中無欲。明道定性、識仁之旨，正與濂溪主静、立極之旨，表裏映發，誰謂周程學術淵源不同？

會得九思、九容，無一念一事一時可懈之旨，便知得「敬」之一字，真合内外，兼精粗，該本末人己，而爲聖學成始成終之要義。

敬豈是拘苦事？近來一輩學者，每喜舍敬言樂，直是不知敬之真味。然敬原非拘苦事，樂亦豈放誕事？而近來又有一輩學者，往往言敬諱言樂，匪直不知樂，亦直是不知敬耳。

古今論讀書之法多矣，至於朱子，則論之尤極精詳，無不耐人尋味，然要之以反身體認爲要，以窮經致用為實。徒恃誦讀而不知反身，賈豎負販之學也；徒明諸心而不能實見之行，畫餅充饑之學也。雖多，亦奚以爲？

「虚言天道，不如實盡人事」，先儒名言也。然予以爲真明天道，則雖欲不盡人事而不得，故君子於天道人事俱下窮探實工。

易是四聖人教人寡過之書，明斯旨者，可使四聖人□□□□之意，昭如日星，即可使中材下士，按經而學者坦若大路。

人性中只有一個善，其惡乃善性之自己作踐處，不是善與惡並從性中生來。猶天地間只是一個陽，其陰乃陽氣之自能收斂處，不是陽退了，又別有個陰也。

人心與天地之心原同體，非直相似而已，須要廓清得直與天地一般纔是。

吾心原與天地本來同體，只因私欲牽引，遂與天地不肖。若能時時用主敬存誠之功，即時時若浩然與天地同流，毫無大小之分也。

復，其見天地之心乎[一]？「復」字真旨，須是神會心體，天地之心庶幾可見，否則，揣度摸擬，如何得真？又曰：「吾人惻隱之心，便即是天地生物之心。若能與此心時加體認，時加擴充，即便與天地化生萬物的氣象相似。」

觀「性」之爲字，從「心」從「生」，乃知心性原非二物，特各就其存主異名耳。釋氏之幻空意念，既離心言性，而其視性爲真，視心爲妄，又是離性言心，兩無着落矣。

〔一〕「乎」字原脫，據周易復卦彖辭補。

即心即性，分心分性，此吾儒與釋氏之分界處。此處辨得分明，然後入門用功始不至錯走路途。即心即性，故盡心不得不本於知性；分心分性，故不得不以真視性而以妄視心。釋氏每笑吾儒支離，不達本原，今於本原一體之心性強作分別，抑誰支離耶？

先生一日謂泰曰：「理欲無中立之理：理存則欲亡，欲存則理亡；理勝則欲消，欲勝則理消。存亡勝負之分，只爭毫釐，辨之不可不清。」

泰問持敬之要。先生曰：「爲學之道固莫要於持敬，然敬亦不可太涉拘束，太涉矜持。只要此心不昧，不爲私欲牽引，即本體工夫俱在於是。蓋心之爲體，本來無怠慢放肆者也。苟能不昧，即不待拘束而自無怠慢，不待矜持而自無放肆，不必更言持敬而持敬自在其中。若昧卻本心，一味涉於拘束矜持，卻恐工夫不中節度，反失本來體段耳。」

又曰：「此心苟存，不必更慮怠慢放肆，重加拘束矜持，反成架牀上之牀，疊屋上之屋。」

言畢，又曰：「爲學固以主敬爲入門，然須先用明善工夫。明卻心之本體，敬之天則，庶幾下手時，本體工夫融液浹洽耳。不然徒事主敬，曾無窮理之功，竊恐天則不明，制縛作槁木死灰之心，流於下乘癡禪，終不符主敬真血脈也。」

泰問：「四德皆性，原無偏重。先儒多以仁爲長，而先生又每有以智爲要之説，何也？」先生曰：「仁、義、禮、智皆性也，惻隱、羞惡、辭讓、是非皆情也。四者原無偏重，但就其善之長處論，則仁爲先，就其功之始處論，則智最要。顧仁之爲長，先儒論之詳矣，考稽而可悟。至不肖之所謂智爲要者，蓋必吾心理明見定，能如鏡明潭澄，然後於當惻隱處便惻隱，而不失其則；當羞惡處便羞惡，而不失其則；當辭讓處便辭讓，而不失其則耳。不然心地不瑩，茫昧昏塞，竊恐當惻隱處不知惻隱，即惻隱亦只成煦煦之仁；當羞惡處不知羞惡，即羞惡亦只成孑孑之義；當辭讓處不知辭讓，即辭讓亦只成拘區之禮矣。是「智」之一字，尤爲四德點化精金之神丹也。大學以格物致知爲八條目之首，其以此夫？」

「讀書是藉以窮理事，亦是藉以收束精神，涵養德□事。急緩固不得，若心意太急，惟知上前趕着，記誦無悠游涵詠、心理融浹之意，不惟於書理無得，即心思亦徬徨紛擾，無收斂寧帖之趣，反是養心者害心矣。必如先儒所謂優悠饜飫，理順心得，然後克符其旨。」又曰：「朱子『半日讀書，半日靜坐』之法最善。縱不能如法行持，也須留二三分精神於靜中涵養游詠，收心理融浹之益也。」

讀書宜以五經、四子書爲主，這是千萬世道法之宗。然經旨簡奥，學者未易粹明，卻宜先講明四子書作根基，庶幾經旨可類推而明。蓋人知五經乃四子之淵源，不知四子實五經之精髓也。真能通此，自然明彼。然四子書雖有朱子集注，然亦簡約，未嘗逐節逐句發揮。初學入門，勢不能不資於時下講義，而講義卻不皆知道之人所爲，多是因文衍義，故其意味淡薄，發不盡孔、曾、思、孟原旨，依此而欲明四子精義，亦至難也。故必先講濂、洛、關、閩、上蔡、藍田、延平、南軒、西山以及金谿、姚江之書，味其旨歸，以會歸於鄒魯，然後四子書可漸入其門庭，即五經可次第讀耳。

泰一日問：「某嘗靜坐，覺心收在腔子裏時，卻無着落。不知此段境象是否？」先生曰：「心在腔子裏能無着落，則心安其位矣。豈有不是？但恐彦通將腔子僅作七尺之軀看，以在腔子裏，謂着在方寸之間耳。以腔子看作七尺之軀，以在腔子裏謂收在方寸之間，即恐所謂無着落者早已着落於七尺之內、方寸之間；又恐彦通特一時氣機安靜，討得此一段清虚之機耳。未必能至於真無着落也。」

一友問讀書之法。先生曰：「前人論之備矣，朱子尤爲詳到。只是讀得後消化之道，卻在各人苦心尋討出路，此事靠不得人言也。」

博學篤志，切問近思，條理詳密，工夫亦極結實，然卻是聖學窮理邊事，在大學只當得格物致知條目。而子夏所見止於如此，故其所造僅得聖人之一體，而居文學之科，未得及曾子之孜孜躬行，獨得本實也。然其規矩準繩使後世爲學之士能恪尊固守，正自確有依據，不至蹈空駕虛，走入虛浮一路。故朱子奉之爲學則，每本此發明爲學之道。我輩正宜實體而善用之，以免虛浮之病。

先生一日謂泰曰：「以子志力，不愁前途不能遠到，只恐無恒，勉之，勿使前賢笑人也。」泰起而對曰：「泰雖不敏，然居恒竊見得天之生人，原無不可爲聖爲賢，只因自暴自棄，所以終居下流。泰自今惟是日夕孳孳，立定死而後已之志，以答我父生師教之恩而已。何敢以萬古不再之身，自同草木□？」先生顧諸子曰：「其識之此，彥通息壤之盟也。」

先生又曰：「吾輩必曾立得真志向，走得真路途，又終身實下得勤學好問、日新不已之功。如是而不能到得聖賢地位，然後可言聖賢自有天分。若心志不定，作輟相乘，亦不得借口『天分』二字輒自寬假。」

泰一日問：「近時學者往往詬厲陽明，以爲尊朱之道。先生從來不排陽明，且有時明言於陽明有兼取處。得非願學陽明，故爲是隱約之語乎？」先生慨然曰：「尊朱子自有尊之之道，如朱子學主主敬，即便實實主敬；朱子學主窮理，即便實實窮理；朱子學主力行，即便實實力行；且如朱子教人實學孔孟，即便實實學宗孔孟。此乃尊之之正道，亦尊之之實事。豈以詬厲陽明爲尊乎？　陽明以致良知爲學宗，此即大學『明明德』、中庸『致中和』之旨，亦正與朱子立宗之旨血脈相通。　蓋致良知正是實致此良知於窮理、主敬、力行，不然，則算不得致良知。　而窮理、主敬、力行，亦即屬窮此致良知之理、主此致良知之敬、力此致良知之行，不然，則亦算不得窮理、主敬、力行。　陽明致良知之旨，不與明德背，豈與朱子窮理、主敬、力行之旨背？　即朱子立宗之旨，亦豈與致良知背，而可是此非彼耶？　獨陽明不甚得力于六經，不免語言時有偏着，異於大學之立宗圓滿耳。　然其一段真聰明、真事功，使在孔門，即不得列於德行之科，亦當列言語、政事、文學之班。　朱子而在，正當引爲好友，如南軒、東萊比耳。　又肯排拒若異端耶？　即以爲陽明之言，時與朱子異同，必排王而後爲遵朱，不知語言異同，此學者意見不合之常。　朱子學本程門，而於游謝時翻其案，龜山其淵源之自來，而至以涉禪明言之而不諱。　不特此也，即所深信之二程，亦時遇不滿其說處，必欲直伸己見而後已。　今之易注與全集，所在班班也。　蓋理是宇宙公理，故諸儒先每當有會心處，有必伸己見之意。　陽明之言是，朱子而在，必然虛衷而受；　即不是，朱子在，亦必與之據理明辨。何有乎從百世後詬厲其意見之不同，以爲尊崇，使吾道竟成一黨同伐異之局乎？　亦深覺失朱子取善之弘心矣。　且某見國家表章朱子，刊布全書，其意原見後世之學卑者既止於章句訓詁、高者每流於意見議論，故亟亟取朱子平正篤實之學，大加揚扢，令天下奉爲善學孔孟之依據，豈謂但學朱子，諸儒先與朱子議論之不同者可悉廢，又令排拒之耶？　吾子不見貴州陽明龍崗書院，朝廷亦特差中書送懸『文教遐聞』匾額乎？　廟堂之上原見得道體崇弘，原非兼收兼取，無以符孔門四科並育之義，今但使首崇學力篤實之大儒，而並表章才識卓絕之名賢，即四海承風之士，當曉然知國家原欲使天下真儒蔚起，一歸志篤力勤之途。　又未嘗不欲多士奮興，胥成識明才練之士，庶幾光吾道、濟實用耳。　今必欲以排王爲尊朱，亦昧於表章陽明書院之意矣。　至吾又竊有愚見不忍昧者，君子之立教也，期於成德達材，而其所以成、所以達則有四科，首德行，次言語，次政事，又次文學，而元虛、訓詁二途不與焉。　陽明之爲人且無論，其學術自有淵源；　又無論其文章超絕諸家，即其事功之卓□，使孔孟復生，亦不忍擯諸四科之外。　而今必欲深文煅煉之爲禪，以爲尊朱乎？　嗚呼！　孔門四科，品第較然懸殊，初不聞彼此各立門庭，相聚而訟。　今也以擯王爲尊朱，微獨窺諸朱子樂善之本心有不安，亦恐失孔門四科和衷之義。　即孔顔在天之靈，亦憾然千載之上矣。且吾更有深慮者，吾道首重，原屬道德，事功特因其遇耳，初不專靠此一項，以盡斯道之全量。然非實徵諸事功，即道德且爲虛器。高之，而元虛清靜之旨可以托之，卑之，而著述意見之倫可以托之，吾道且敗壞於虛浮腐朽之兩途，而不可收攝矣。道學一脈，孔孟以來，自隋王文中始開其端，至宋濂、洛、關、閩諸先生乃弘其緒，然皆有德無遇，無所施爲。至使後之無識者，有迂腐之譏，即一二高明論世者，亦終不免議論多而成功少之疑。然非諸先生力之不果有不逮，限於遇耳。獨至陽明，立不世之奇功，刷吾道之深恥，令孔門政事一科實徵於千載之下。今必擯之爲禪，排諸吾道之外，無爲陽明所笑；恐舍吾儒真實作用，將令依附二氏虛寂之見者，得托附於其中，而經生俗士掇拾章句者，且侈然自爲有功吾道，而竊入孔孟功臣之列矣。其弊可勝言哉！故吾尤不忍排拒陽明，而且兼有深取也。然即此而謂吾願學陽明，則未察吾本末耳。夫願學者但見其人之長，未見其人之短，故悉心歸依，如孟子之於孔子，王文中、程、朱之於孔孟耳。吾於陽明，心明其長，不以人之毁而自昧其本心；亦復心究其偏，並不以人之譽而自易其獨見。故拙稿前後兩帙中有與友人論陽明處，其於表章陽明之長者，無不直抉其體，而指摘陽明之偏者，亦無不盡切其骨。竊嘗以爲世之毁譽陽明者，只是據其皮膚以爲是非，而吾之是非陽明者，要是『觀其會通以行典禮』，不特陽明復生當無以少易吾言，竊恐孟子復生於後，亦無以易吾言於百世之下。此雖一時狂説，頗自覺屬宇宙之公論，蓋自信者明也。且吾子亦常即陽明之功，而虛心平心論之耶！其平大洲、茶寮及兩廣諸猺，雖亦奇偉非常，然這些處特見其識明才長、思深慮遠耳。身分底裏，尚不盡係於此，若平寧藩逆濠之功，則真大賢以上之用心矣。何者？當濠之反也，陽明贛州巡撫之局已謝，已受命往閩戡[一]叛軍。至豐城矣，逆濠突起，而據省會，因僇滿城官吏，旬日間南康、九江皆下，又聲言直取南京，勢如燎原之火，不可向邇。且奸黨既布列於遠近，京師復有要人默應其中，天下之勢幾如漏船在風渡之中。陽明以謝事之客臣，無片甲，無斗糧，使一念稍移於利害生死之故，疾趨入閩，脱身遠禍，孰得以逃職責之？況家在浙中，南京若爲濠得，家且蕩爲粉齏，而獨孤忠耿

[一]「戡」，原作「勘」，疑形近而訛，遂改。

耿，不爲身謀，不爲家計，且直以一木支將傾之廈，而息其焰。國爾忘家、君爾忘身之義，三代而下，見此幾人耶？使孔子而在，據事推心，當且直以德行許之，正不獨取其政事、文學也。然吾於此一段真忠實義，生仰止之思，而生平所願學者，正自在於孟子。蓋陽明有似乎孟氏之明爽，而要其豪氣未馴，立論師心處自遠遜孟子之醇乎其醇。吾雖不肖，取法欲上，寧欲舍醇乎其醇之亞聖，而降格步趨也？」

泰一日問操心之道。先生曰：「小心而不流於懼，靜心而不溺於虛，空心而不溺於寂，勤心而不流於急，仁心而不流於姑息，義心而不流於刻薄，勇心而不流於剛暴，希聖希賢之心而不入於好高喜勝，志在上人，則可與言操心矣。」

泰一日問：「親民之説，作親與新，於義孰長？」先生曰：「作親義爲長，蓋下面齊家、治國、平天下諸傳，皆於『新』字無發明。雖有康誥『作新民』之説，然是言自新之民，與親民作新之旨不同。而平天下傳所謂爲民父母好惡與同者，則無非大人民物一體相親之旨。親民從親義自爲長。縱疑經秦火之後，不無訛謬，然使義有不通，學者論古，尚當以虛心爲貴，亦不□□易從己見，失孔門闕疑之義。況義理自通，何必硬執己見，師心違古乎？大抵吾輩生孔孟後，讀書論古，信傳不如信經，信今不如信古。古而可疑，則寧闕勿質，但有可信，與其信心而有自用之失，無寧信古而還其是非之實之猶爲得也。然陽明之説，亦有未盡當者。大學者，大人以天地萬物爲一體之學也，故人曰大人，學曰大學。西銘所以謂『民，吾同胞；物，吾與』『天下之疲癃殘疾、惸獨鰥寡，皆吾兄弟之顛連而無告也』。民既吾同胞，義自不容不親，情自不忍不親。況吾明德原與天地萬物爲一體，則明明德者自不容不一體萬物。『親』字還他『親』字，其於萬物一體意何等親切直截？且大學綱領原是祖述帝典以立宗，明德即本帝堯之『克明峻德』，親民乃原本帝堯之親睦取義，以此證親民之爲親，亦何等的確明白。卻不此之引，而旁引親賢樂利、親親仁民諸説，以資佐證，反覺於本旨有矯強牽合之病，故卒滋後來紛紛之爭，以是知辨理之難也。」

侍側偶記

豐川王心敬爾緝甫著

男　功録

其一

坐間，潛溪言：「昔鄒馮講學京師，戒不言政事。職掌鹿太常聞之曰：『如此則學爲無用之學矣！』因不往會。」家君顧功曰：「此言何如？」功曰：「太常之言是也。」家君曰：「不然，太常之言雖是正理，然其實未嘗經歷事變，故其言雖若近似，而不切於當日事情。當日時事日非，朝廷之上，大小臣工往往不爲國謀，而競於營私樹黨，國事浸不可問。兩先生目激心傷，而奈其權不在焉，不得已爲此挽回萬一之計。蓋未嘗不知空言無補於實事，而其心則以爲苟能提掇得斯人良心醒時，自當心乎國、心乎民，各舉其職，而漸革前此之陋習。得一人，即可實濟一分國事，倘天欲平治，使知之者衆，則善人日多，而時事尚可挽回。且日與正人切砥，亦可借此振刷自己精神，保終末路耳。此二先生不得已之苦衷也。若曰當專論職掌政事，不知職掌政事，此是身當此官任此者，所當圖維之事，且衆中有難以公言者。又即是宜公商衆議之事，然言亦易盡，況在座不必皆同僚，六曹九卿俱各有人，長官佐貳咸在其内。但論公理，苟有人心者，自當即公理之是非，以明處置自己職事之是非。二公前日但泛論其理，正是切於論其事也。若直指某曹行事之是非，實議某卿用人之得失，無論以戶而議禮議兵爲鄰於譏彈觸忌，即長官公言下僚之美惡，亦傷於激怒沽怨。光禄公稱大理之美善，且類於阿黨涉嫌，其於國事未必有濟，而朋黨排擠之禍且立至矣。不見向來東林故轍乎？顧端文徒以一言李修吾之賢，此亦是非之公，而遂犯忌者之怒，葛藤不已。更若於京師首善之地、公會之中，公同褒貶，其葛藤可勝言哉？不然，豈諸先生皆當世大賢，獨不知泛言道理不如切指實事之爲有裨實用，而教人蹈腐儒迂闊、鄉愿媚世之轍哉？故太常之說似是而實屬未當也。學者品評古人是非，須有論世知人之識，然後能明得古人是非之真；不然，無窮理知言之學，而徒執古人尋常格套以相律，將所謂『書生笑彼塚中人，塚中笑汝書生氣』者，不能免已，不亦深可惜耶？」

另一

庚寅冬，功歸自富平，述潛溪言：「學問須有實用乃爲真學問，多講何爲？」家君曰：「學問無實用，縱講到精微處、奧妙處，亦只空談。但實用皆根於實體，故曰有天德然後可言王道。若徒競尚作用，不知體於何立。卑之，即□荊公之依傍周禮；高之，亦易涉五伯之假竊仁義，如何能成得俊偉光明之業、博厚悠久之功？然這體立用達之旨，秦漢以來，亦只三五人能見及耳。以這裏血脈深長，非真明於二帝、三王、孔、顏、曾、孟之道統淵源者，未易明其旨歸，故後世有志之士莫不孜孜以會友講學爲急也。且所惡於講學者，謂其簸弄閑言語耳。若即講此體立用行實事，則正恐其講之不詳，亦何惡於講？又今若使有志者皆孔、顏、曾、孟，則亦自可心心相□，無待於講。獨不思後世學術之不明久矣，即聰明穎悟之士，平日有講究辯難之功者，亦尚不免於偏駁糅雜，無限病痛皆在裏許，如再不講，勢不至師心冥行，與聖道盡相悖馳不止也。況孔子之聖，亦尚以學之不講爲己憂，故與門弟子辨難反覆，不一而足，論語特其一斑耳。至孟子則窮之毫釐疑似之間，無隱不搜，無微不辨矣。何況中材下士□□□言湮之際乎？潛溪受學顏習齋[一]先生，習齋之學主於盡復古制，故其立說以周禮三物之旨爲宗，然以矯枉之過，遂至重用□禮。按之大學，只修、齊、治、平一截，而遺卻格、致、誠、正一截，故其爲說雖曰

[一] 「顏」，原作「閻」，疑音同而訛，遂改。

教本三物，而其實只六藝一物耳。不知明德新民，雖曰兩事，其實一體相成，既無格、致、誠、正實功，如何有修、齊、治、平實用？六德、六行、六藝雖曰三物，其實一體共貫，若略於六德六行，即六藝只成虛文末技。極其弊不惟畸重一邊，即其所重者，亦非原來有本之物矣。所以然者，竹木若無真生機，即其枝幹非妝綴湊合之物，即槁枯不仁之物也。大抵習齋懲明季時文無用之弊，探出周禮三物實用之旨爲教宗，而每以宋儒爲迂腐。此翁祖述其説，益加弘擴，故自信之深，直樹一幟。而於宋儒體立用行、講學明道微旨，皆忽之爲空言，遂事事盡反宋人之案，不知適以自蹈於不弘也。數十年來，學者汩於制舉，此翁知講經濟實用，自是難得□識，惜乎於此尚未體認耳。他日當委婉面商之。」

功又述潛翁言：「文章長大非難，惟於他人千百言發揮不透者，獨能斬釘截鐵，一二言明了爲難。」家君曰：文章主於明道術，辨事理。繁言無當，不如約言理。[一]

獨不思堯、舜、禹、湯、孔、曾、思、孟道統之淵源也，堯、舜、禹之相授受，何以他皆不言，而獨諄諄於人心、道心、精一、執中之旨？成湯、文、武君臣誥誡之言，以及史臣贊頌之詞，何以非曰恒性克綏，則曰聖敬日躋？非曰緝熙敬止，則曰敬勝義勝？孔子之門何以以仁爲宗？大學之何以歸本於正心誠意？中庸之何以歸本於慎獨□誠？以及孟子之何以知性知天、存心養性等論諄諄反覆乎？誠以吾儒之學，內之而爲聖功，外之而該王道，原同條共貫。苟王道不本於天德，即設施注措一切皆湊泊妝綴之枝葉，未有不末路破敗者。故「心性」二字萬理之總會，天德王道之淵源也。後世學者，學術既無傳授，即留心學問者，亦皆從語言章句中轉腳，故雖聰明穎悟者，亦只從門面講起，極其所造，只講明得古聖賢因時應用之文爲，而無與於千聖相傳之本原。又其外騖之久，此心不能約之歸根，故於古聖人明誠中和奧旨，未之或聞，不聞則不知，不知則不難援近似者以爲疑端也。又隨聲耳食之病、矜情喜勝之私，賢者不免，故但見言及心性者，便以「近禪」二字

[一] 此章後有缺文。

一筆抹煞。故余嘗謂後世奸人誣善人君子者則曰朋黨，小人排正人理學者則曰僞學，至於俗學爭門户、名士競譏彈，則胥舉盡性至命之旨，而加以近禪之號。顧前二者尚可一返而正，至門户譏彈之弊，則原於無實見之識，生於多勝情之私，其感悟實有未易言者，所謂此道與溺於意見之人，言却難也。

二曲因先生近世學者馳騖於浮文，不知向裏，故諄諄以存心養性爲説。又其所與言，尚有前一輩篤敦之士，知以心性爲問，故隨問爲答，蓋所謂因當時之病對症之藥。又其實孔、孟、周、程之微旨也，而學者見其多言心性，遂以爲近禪，要之諸君子不惟於立言本旨、孔孟淵源，未嘗潛心理會，亦並於禪學未知底裏，而徒以語言之近似，壓以題目也。夫禪之説棄人倫、遺世務，而以見性還虚爲究竟，故其言心性無非期於還虚。二曲先生之説則期於敦人倫、經世務，而以盡心盡性爲根本，故其言心性無非期於歸實。今禪之書俱在，二曲先生之書俱在，苟平心以觀，無不較若列眉，而概加以近禪之罪，無乃失其情實乎？至于我之淺學，徒得二曲先生枝葉，而未盡其本實。又以相切磋者，多當途之士，故每詳於功用。吾方自愧未盡二曲先生心性精微之旨，徒多事爲標末之論，而潛翁顧以爲較實也，亦非所敢安矣。至云雖講心性，卻明於經濟之略，是亦分明以内外、本末、精粗、體用視爲兩截，而以吾之所長在於尚知經濟，所短在於亦言心性。殊不知吾之未堪自問者，心性之功未至於純深；而尚可自信者，心性精微係經綸注措本原者，或能稍見一斑也。

學旨

小引

大學者，大人明體達用之學也。而古人即自十五學之，其父兄師長即自十五責之，何歟？人者，天地之心，萬物之靈。其天地萬物一體之分量，生而具之。十五入大學，則知識益開，即人爲大人之身矣。自此而學大人明體達用之學，庶習與智長，化與心成。將來德成材達，可爲天地生民之攸賴，而人極於此立焉。匪是者，無論尋常庸碌未副人理，即才技聲華艷傳流俗，究與天心民命無關。其負此身者，可勝言哉！此古者大學之必責於十五時也。余少也魯，雖於大學一書朝夕講貫，而究之於格、致、誠、正之實功，修、齊、治、平之實務，茫然於胸，不過入耳出口、依文解義而已，每視古大人之學邈若非我所可企及。迨年二十有五，從師問學，乃稍知所爲格、致、誠、正者，皆吾人十五以後必不可旁貸之功；所謂修、齊、治、平者，亦即吾人十五以後不可旁貸之事。縱力不能至，亦斷當以必至爲期。而一切聞見技藝，未有不會歸於此，而可言學者。奈知之也晚，爲之也復無力。迄於今，若存若亡，而不堪以自問也，則時時自悔，而若不可追。茲兒□□□□□功年□將成童□宜教之知大學正路矣。乃爲略取人品之大小邪正，學術之異同偏全，開陳梗概，以發其正知正見，冀以吾之致恨於不早者，令其早得聞之。庶讀大學時，不至疑明、新、止善皆古聖賢事，渺然無與吾身，而自小其志量也。至於中間不無危慄惕懼之辭者，固以二子者一鈍一浮，非策之知自戒於泛濫褊狹，終不足與知明體達用之大全。抑實學術毫釐之差，即關人品千里之謬者，本如是不容假借云爾。

壬午清明後二日心敬題

學旨

盡古今同此人，即同此耳目口鼻心思。古之聖賢非必皆生知安行，只是肯用力耳。用力人何不能之有，而甘心以凡自域，豈非下愚不移？

做人須堂堂的學做個大人物，方不負萬古一生之身。但學術自孔孟後，門戶分裂，幾於萬徑千蹊。苟非有格物致知之實功，必不能辨大學正旨。正旨不辨，則正路不明。即聰明向上之士，亦且誤入他岐，成就出來不能醇全。故做人要貴有大志。而要成就得這大志時，須講求學問宗旨頭項分明，乃不至適燕南轅。

莫看得此身小，只此身、心、意、知、家、國、天下，古大人如此者，吾今亦如此。莫看得大學難，只此身、心、意、知、家、國、天下，要修即修，要正即正，要誠即誠，修、齊、治、平莫不皆然。但無甘心讓善古人之心，即人人可以明此體，可以達此用。試思我輩今日一旦欲從事明新實功，而心、意、知、物不爲我格、致、誠、正乎？而家、國、天下不爲我齊、治、均平乎？善學者只須自奮自立。

大學八條目盡天德王道之全功，說來似覺驚天動地，然要之皆生人日用之必有事者。今試問我輩誰人一刻離得了身、心、意、知？誰人一日離得了家、國、天下？自十五入大學，已將這格、致、誠、正、齊、治、均平擔子責付我矣。須合下承當，一步一步照這路實實走去。除暴棄小成之心，奮任重道遠之志。質美者造就出來，庶幾成個有體有用的大人物。縱或才質不高，亦不至如俗學之事理扞格，讀終身書，而身心無關、世教無賴也。故吾輩讀大學，不可將八條目看作聖賢分上事，要知皆人生日用之實履，須一一依他於日用間實落做將去。

大學一書，孔曾一片婆心，爲後人指出内聖外王真血脈、真路程，即便是千万世做人真样子。故人生苟不甘心以小人自居，須是依此學去，學乃成得個大學，人乃成得個大人。後世學者讀孔曾書，終身矻矻孜孜，至於日用視履，全然不照這路程行持。我不知他讀此書時，如何探討其宗旨，把自己身子又看作何等。不惟枉讀經籍，失聖賢垂訓婆心，亦且辜負此大人之身。

讀大學而不依其功程行持，我不責其枉讀聖經、失聖人立言至意，祗傷其堂堂七尺，而全不以大人自命耳。萬古一生，而不知以大人自命，可傷孰甚於是？

天地開闢以來，不知幾千萬世矣，乃生我輩於今日。小成猶爲辜負此身，況可苟且因循，甘心暴棄？

終身學而不適於實用，非口耳章句之學，即情識意見之學。

後世所學非所用，所用非所學，是以千百年不見真儒之效。故吾人既費心力爲學，要須學明德新民實學。

無切於身心世教之學，古人必不肯學。故古者人材不無大小，而其學未嘗不切於吾身，未嘗不切於世道。我輩今日亦惟是當務之爲急。

與古來無窮聖賢同生於宇宙，而德義無間，世教無關，泯然與草木同朽。有識者捫心自忖，豈不可愧可憐！

學所以學爲人也，做人苟且，所學何事？

好大學者，吾不得而見之矣，得見有恥者斯可矣。有恥則不甘於不學，將來庶幾爲好學人乎？且不甘心學小儒之學，將來庶幾可望於大人乎？

終日誦習古聖賢經籍，而人品心術無感發興起日新月異之效，瞽史誦詩習記類耳，白頭何益？窮盡五車何益？故讀大學貴明大學宗旨，尤貴身體力行，變化氣質。

一切古聖賢垂經訓以示人，無非教人成德，育才無論矣，即朝廷懸爵禄以待經術之士，亦豈欲人尋章摘句、掇拾支離粉澤之言，便以爲國家文治之光耶？以經書取士，正欲士之通達經術以致用也；以策論表判取士，正欲士之通乎古今治理，習於議論文章，爲他日當官敷奏之具也。奈何近來學者既無存心養性之功，以爲建立事業之本；所學之學，章句時藝外，一切道德經濟之書並不肯講究，甚者視此等書若贅疣，目此等人爲迂闊。稍有涉獵，便以爲有妨舉業。遇一好古之士，輒擯譏排謗之爲快。嗟乎！即其循誦習傳學成腔調，非不可釣朝廷爵禄，榮身而肥家，獨不知清夜之間反心自問，果於聖賢立言垂訓本心何如？於朝廷家設科取士本旨何如？又不知將自己存心行事與古之學者一一對勘其邪正、公私、善惡、是非何如？苟非病狂喪心，當必赧然自汗者。

離人無己，故明德以新民爲實用；外己無物，故成物以成己爲本體。蓋此道合人我、合內外、合體用、合道德事業一以貫之，舉一固偏，二視亦離。故古者大人之學，明、新、止善，合下全體承當。到得學成業著時，人己共成，時措咸宜，極位育之全功，裕參贊之能事，渺然之身，渾然與天地同德。蓋由其見得學之大處真，故其學之務處實，而業之所臻，其結局處亦弘且備也。吾輩苟不甘心以小人儒自居，豈可不急急辨明學脈？

人配天地稱三才，今之農工商賈無論，即峨冠長裾誦讀詩書者，不知可配得三才乎？舉世冒名失實，皆自瞞自昧耳。有識者能一返心自問，便當有出頭之日。

讀孔孟書，而毫釐不肯照他言語行持，孔孟亦何貴？有此誦習之人，再若借此文奸言而飾盜行，是孔孟之書爲後世借寇兵而齎盜糧矣。天地本生爲大人之身，聖賢本期爲大人之學，而甘心以小人自棄，其身清夜之間，其何以自問於心？

人生父乾母坤之身，要成得個踐形克肖之子，須是以六合爲四國，以古來大聖大賢爲君臣師友，以詩、書、禮、樂爲憲典，以孝弟忠信爲綱紀，以居仁由義、窮理盡性爲安身立命之堂奧，窮則獨善其身，達則兼善天下，仁爲己任，死而後已。

心外無事，事外無理。二氏幻空一切，不免離事言理，俗儒依傍格套，不免外心言事，其於大學體用一原之學相去天淵。

明、新、止善一時俱到，而其中本末始終卻自然秩然不紊。知此之謂知道，學此之謂大學，止此之謂止至善。

離成物不足以成己，故學術不足以經世理物，不惟算不得有用之學，亦算不得有體之學。外修己亦無所謂安人、安百姓，故事功不本於窮理盡性，不惟算不得有體之學，亦算不得有用之學。

與天合德謂之天德，然天豈徒以無聲無臭爲德？即不見不聞之中，而時行物生相禪於不已，故天德以有用爲天德。與王同道謂之王道，然王豈徒以立綱陳紀爲道？其一切損益措注，原無非精神心術之運，故王道必以有體爲王道。今時言學者，皆知盡性至命爲天德矣。天德誠不外於盡性至命，但不識如後世所謂凝神定慮，而不足以經世宜民之德，其德果可爲天德否？今時論治者，皆知發政施仁爲王道矣。王道誠不外於發政施仁，但不知如後世所謂行惠布德，内多欲而外施仁義之道，其道果可謂王道否？聖學不明，言學者淺之則爲訓詁章句，深之亦止於佛老之空虚；言治者卑之則爲刑名法律，高之亦止於五霸之仁義。嗚呼！大學明，新合一一脈，所以立天地之心，作生民之命之淵源也。三代而後，學術治術支離如此，何怪世無真儒，而治無上理乎？今日安得有如孔曾其人一揭大學宗旨而明斯道於中天者？

用即體之用，無用便體不成體；體即用之體，無體便用不成用。蓋體以用而名，無用則體於何見？且將以何爲體？用以體而名，無體則用於何本？且將以何爲用？故離王道而言天德，便非天德，天德未有不裕王道者。外天德而言王道便非王道，王道未有不本天德者。

同一正心誠意：即家、國、天下而言正心誠意者爲大學；離家、國、天下而言正心誠意者爲異學。同一齊家、治國、平天下：本格、致、誠、正而言齊、治、平者爲大學，外格、致、誠、正而言齊、治、平者爲霸術。此學術毫釐千里之差，辨之不精，必至差入邪逕，迷誤終身。故大學之道，必以格物致知爲入門第一義也。

顏子一陋巷布衣耳，論者以王佐許之者，蓋德合於天之謂王。王道者，王者體天而行之道也。王佐則謂其與王者一心一德，可以佐王行體天之道耳。顔子心不違仁，滿腔子天理流行，使他得時行道，自然體天爲符，典敦天叙，禮庸天秩，彰德悉合天命，懲罰悉協天討。即其陋巷中，視聽言動一一料理得恰當之機緘，便是他日料理人國家經綸措注恰當的機緘也。總之，王道只是天德之妙用，亦只是天德之真用。顔子不違仁，便是顔子之天德已具。天德具，王道自在其中矣，豈不可以王佐許之？故周程皆諄諄教人學顔子之學也。

精義入神，即在灑掃應對之間；灑掃應對，無非精義入神之妙。天理人事豈不同條共貫？惟其有關雎、麟趾之至意，自然有周官、周禮之法度；惟其有周官、周禮之法度，然後見關雎、麟趾之至意。天德王道豈不同條共貫？

目前得失窮通之念不清，即他日計功謀利、見小欲速之根；目前苟且便安之念不清，即他日怠荒叢脞之根；目前傲物侮人之念不清，即他日陵逼君長、暴虐下民之根；目前躁進欲速之念不清，即他日貪得競榮之根；目前技藝聲華之念不清，即他日園林臺榭、狗馬聲色之根；目前飾非文過之念不清，即他日愎諫遂失之根；目前喜佞惡直之念不清，即他日親小人、遠君子之根。大凡種之非斷，未有苗之是者。故曰有天德然後可言王道，其要只在慎獨。

天德無私心，王道無私行。然非無私心，如何得無私行？而非無私行，何以見其無私心？天德王道不唯叫不得兩事，亦並分不得内外本末。真如乾元渾然，而品物流行。外乾元無以作流行之體，非流行無以見乾元之用。太極陰陽，闔闢一機，這裏那分得内外本末。

自己一個身子，尚不能使之就理得所，如何能使萬物各得其所？自己一個心，尚不能使之順理清寧，如何能使宇宙清寧？一身一心者，萬身萬心之準極，故窮能獨善其身者，乃能達而兼善天下。三代以後，論者皆致憾於唐、虞、三代郅隆熙皡之化不可再見，不知其君若臣，初不知欽明温恭、敬勝義勝之學，安能料理得天下有時雍風動、永清大定之休？

不從家、國、天下尚實練身、心、意、知，縱虚極静篤，頑然木石而已。佛老之所謂德而非天德。不從格、致、誠、正中發爲張施措注，縱禮明樂備，掇拾格套而已。五霸、漢、唐之所謂道而非王道。天德有體有用，王道本敬本誠。

實見得天地一體之義，雖欲獨善其身，而有所不忍。故二帝、三王得行其道，惟以立天地心、作生民命爲職務。孔、孟、程、朱不得行其道，惟以明道淑人、立教範世爲心行。

天地間只此生生不已之機，生生化化於無窮。此點生機，在人即仁，故仁者以天地萬物爲一體，而學以合明、新、止善於一爲大也。孔門之學，主於求仁，正是天德王道一貫之宗。學者苟不能遽辨千古學術之大小偏全，與千古人物之大小偏全，且須體認仁之體用與孔門求仁血脈，到見得明白時，自不難於論世知人。

萬物一體之謂仁，故王者以立達天下之人爲分量。吾儒即宜以欲立立人、欲達達人爲心行。然學者私欲蔽錮，人已隔閡已久，如何便能得根心，推暨不欲無加乎？須先講明得萬物本吾一體，不惟自暴自棄者於吾分量有虧，即僅僅獨善而無與於人物亦於己量欠闕。庶幾遇人顛連昏蔽時，不至膜外視之。惻怛日生，私吝漸去，馴至火然泉達而不難矣。

從人物資始一元處體勘得明白，雖昆蟲草木尚不欲其失所，矧民吾同胞乎？故新民而必欲使斯民無一人之不新，亦只是明得明德盡耳。

此心是經綸酬酢之本，須教他清明虛融，天理昭然。自然遇事有條有理，遇民物無隔無閡。

無事時，此心天清地寧；有事時，此心流水行雲；讀書時，此心鑑明衡平；遇物時，此心春生夏長。豈不吾心之天地位、萬物育？又豈不與天地合德、日月合明、四時合序、鬼神合吉凶？

無事則廓然大公，遇事則物來順應。動靜咸宜，己物兼成。知此者謂之知德，見此者謂之見道，學此者謂之學大人之學，背此者無論縱欲敗度，功利刻薄，自棄於大道之歸。即言信行果，亦不免吾夫子之所謂小人儒也。

不明天命之性，縱謹慎敦篤，躬行實踐，可謂之德，而不可謂之天德。故大學以明明德立學之真體，爲做人本務。

平常培養得生機圓滿，到臨民遇物時，自然油然盎然。一切鞠育栽培，不啻慈母之於嬰兒。

看得自己分量盡，自然不度外視人。度外視人，必其不明自己分量也。

凡爲天下國家有九經，而所以行之者一誠。苟無其誠，則雖有政不行，行亦不實。王道安能不本於天德？

中庸九經王道備矣，然在王者，本天德以行之，則爲王道。霸者假藉爲之，即屬霸術。有爲無爲之間，公私天淵迥別。即治理治效，天淵迥別。

漢祖唐宗最推三代以後賢主，然謂之小康則可，若語王道蕩平，則非特漢祖粗豪不知□□□□□即唐宗一切設施措注極意摸擬三代，亦究之優孟之學叔敖，徒仿像其聲音笑貌耳。蓋其初原非有一民失所若己，推而納諸溝中之心。一切施仁累善，不過爲要結人心，保得天下安固而已。因收功高世主之名耳。故當天下未平，則淬厲其氣，未嘗不宵衣旰食，求言納諫，孜孜太平之策。及宇内已定，外患盡弭，遂不覺驕志頓起，戒心盡忘，一切宫室子女之毒、溺愛偏徇之私，且日滋日長，而遽變其前度。甚至不忍一時之小忿，濟以好大喜功之侈心。遼海一師，殘民以逞，而曾不知止。總之，水無源故易盈，而亦易涸也。且三代聖王，皆有基命宥密之學，一切張弛措置，無非精神心術之運。故君身正而朝廷正，朝廷正而百官正，百官正而萬民無不正。□□□□□□□□試問唐宗，其基命宥密之學果安在耶？

經濟之書，自文獻通考、大學衍義而外，如經世八編□□□□合以名臣奏議、武備志等書，王者之治具備矣。然運而用之存乎心，推而行之存乎才，神而明之存乎識，舉而措之存乎力，爲之不懈存乎誠。

從來治平之道，不過厚生、利用、正德三項，中間運用之妙固存乎心，然大綱細目古今異同之詳，卻須逐一講過，得其要領，庶幾到臨事時，可對症用方，通便宜民耳。正未可藉口根心妙用，不學無術，當人國事而誤人國家也。孟子曰「徒善不足爲政」，空疏之病，豈可不戒？

證心録

證心録自識

證心録者，爲二曲郭巨翁述也。巨翁老而留意心學，比殷殷欲余有說，以資養心之證。余匪有得於其道者，而巨翁之意則不可孤矣。且巨翁以不得養心之要，而藉證於余。余於養心之要，未之自信也，而可無求證於人乎？於是本愚見所及，質言述之，凡若干條。既以仰贊巨翁之證，而兼求證於吾黨先生長者焉。

甲戌臘月八日豐川王心敬爾緝甫識

證心録

心者，身之主宰。得其正則百事正，不得其正則百事不正。正則上之爲聖人君子，次亦不失爲善人有恒；不正則爲小人，甚者流入禽獸之歸。是此心之正不正，不特此身善惡攸分，即此身人禽於此分也。然養心有道，得其道則不正者可正，失其道則一切養心之方皆害心之端，雖欲正而心終不得其正。故吾輩誠欲爲天地間正人，須存正心乃可。欲存正心，須講求善養之方乃可。

心本正，其不正者欲誘之，欲累之也。孟子曰「養心莫善於寡欲」，吾輩欲使此心歸正，亦只還他本來無欲之心而已，更無巧法。

人物同生於天地，而人獨配天地爲三才，原是配以此心之理。若飲食嗜欲，則凡物與人無異。孟子所以謂人之異於禽獸者幾希也。人若此心不正，人形物質，豈不負此鬚眉，愧此七尺？

從古來一切聖賢孳孳正心誠意，亦只是恥爲禽獸之歸耳。孟子曰「恥之於人大矣」，周子曰「必有恥乃可賢」。吾輩欲使此心不愧天地，全在培養此點恥心。

孟子曰：「爲機變之巧者，無所用恥。」夫機變之巧世俗所艷，爲聰明伶俐者也，緣何爲無所用恥？只爲此心不正，不知自愧耳。吾輩所宜自省！

七情，心之用也。本不能絕，但能順應無私，不生將迎意必之私，即一切喜怒哀樂皆此心之正。

無心之說，二氏妙秘之言，談心者皆喜道之。然吾謂似是而非也。心豈可以無言？只是不可着於有耳。不着於有，此可言正心，卻不可言無心。

遇當爲事，便直截做去，不存顧惜心；遇不當爲事，便斬然不爲，不存牽掛心。即此是無欲有主之心。

日用酬酢中，此心但能不違天理，便心得其正，而與天地同流。

知命者乃可養心，若打不破命字關頭，出頭沒於窮通得喪境界，此心終無寧靜之日（巨翁無子，故云爾）。

无妄想貪着時，看此心有何不正。

莫謂世事擾心，吾心自擾於事耳。物各付物，酬酢萬變之中，正自天清地寧。

機心習熟，豈能遽靜？涵養深久，自當寧謐。莫以心難遽定，遂生欲速退怠念頭，旋缸無歇手，即澄之理，但莫更生攪擾，當自有澄清時。

此心雖一返即是故物，但習氣已深已熟，須下日煆月煉之功，不可借口現成不失，略見頭面，遂矜一了百了也。人心習機如久慣猾賊，乘隙即動，必須主人壯健精明，攝服得盜賊心膽，乃得不爲所乘。然這賊是主人自做。言攝服早已逗漏如許，已須是自己化盜心爲良心。一革舊習，則成平定廓清之功。

人常謂靜時工夫易，動時工夫難。此言若近似，然其實未盡也。動靜只一心，亦只一功耳。豈有易於靜而難於動者？操心如操舟，苟得舵柄在手，平水安瀾固無飄搖，即長江巨浪亦自轉折如意。養心但尋求真把柄，把柄到手時，更無難易之分。難易皆是自己心地不明不誠，借口推諉，妄生分別耳。

事原無妨於心，然不可以心不妨事而故求多事。吾輩久擾之心，須多着靜乃能得力。

「求心依舊落迷途」，此明心之語。若執此爲説，亦便屬障禪之語。放失之久，不尋如何能識能得？蓋求之爲言□□已放者分上說故云耳。若在不放的人分上說，則一「心」字尚無着處，何況更言求心乎？大抵此等語言，與陽明先生無善無惡之說，雖在理解中屬妙秘之言，然其實皆是險巇語。如醫方中巴豆、芒硝，善用之自可以醫積癖，卻不可執此方以補衰羸。吾輩須細自審量，若平日病不在於求心，則此等語言斷不可借口自寬。

心之易放，原有由來。彼養心而不得其道，如破屋拘豕，攔東走西耳。故拘豕者要得不失，須是堅固墻垣，慎守扃鐍。養心者要得心定意寧，須是養其天然無漏之心，乃能自我作主。

易曰「忠信所以進德」，孔子曰「主忠信」。蓋中心之謂忠，實心之謂信。忠信者，吾人本心也。吾輩須從此體認，使內不欺己，外不欺人。到得表裏一致，便是慥慥篤實之君子。

養心須令本心昭著，一毫私意瞞昧自己不過，然後能閑邪存誠，使此心湛静清寧。若外此而言，按納降伏之心，皆屬補塞罅漏末着。

須使一切日用飲食、衣服居處、待人接物之間，不以好惡之私生喜怒之心，方是平定廓清之功。若止勉持大節，終非究竟。

虛融中微有畔援欣羡意思，皆屬此心走作，急須提醒收攝，還他本心。

吾心與聖賢同體，緣何遂只如此擾攘？視聖賢幾與我異類，只爲習氣深重，遂難出脱耳。故養心亦只須消磨得習氣盡，便心得其正。

心無僞妄時，便是真心昭著。不可此外更求真心，迷頭認影。

心是活物，養心者不可以死法養之。若不達其機，而徒執昔人一時方便法門，便據爲終身操持之訣，守定不移，則即藥還爲病也，終於心勞日拙而已。

但行所無事，自無入不得，更論甚動静忙閑、此難彼易。然這行所無事，何可易言？須有知性盡性之功，乃能無意、必、固、我之私。

知性乃能識心，乃能識此心之存不存、正不正。不知性而言養心，縱説盡千般方法，皆屬游談無根。前輩名賢蹈此病者極多，不可不知。

心之正不正，論理欲，不論動静。蓋動静者所乘之時，理無動静而皆正也。吾輩欲使此心真得其正，須先辨得理欲界限分明，乃能去得將就冒犯之弊。

「静中體認未發氣象」「静坐時養出端倪」，此皆前輩爲初學未知心體者，指出入門下手之法，最爲求放心者方便之門。蓋初學溺於情識日久，一旦欲反本還源，如何不假方便便能曉了？所謂渡海須用筏也。海門駁正之論，謂爲印心之資則可，謂爲知古人循循善誘之苦心則不可。蓋人雖捷足，未有渡海不由筏者。況上智者少，而中材以下者多，安得舍卻津筏，遂登道岸？

本來清寧之心，如何日見擾亂？總是「情欲」二字爲祟。大丈夫須一刀兩段，還他正大光明。

已過事莫追，追之無益，徒擾本心。未來事莫億〔一〕，事未可知，徒滋憧憧。現在事莫太執着，有義有命，執着徒增疑懼。

放不下私心，便本心放矣。提不起真心，便妄心起矣。出此入彼，間不容髮，學者須常使志氣清明，本真作主。

只心有所向便是妄。豈可無風起浪，自擾性天？

一向機心習熟，要須刻刻防閑。

平日此心東奔西馳，及至收時，又苦把捉不定。豈此心竟無可收之法？亦只緣粗心浮氣，未曾向這裏實下體勘之功。又氣傲心高，不肯虚心細問先覺，遂至眼前事隔千里萬里耳。嗟乎！一念鹵莽，終身墮落。有心者清夜自返，如何甘心得下？

天陷西北，地缺東南。誠知得世界尚且缺陷，則知人生有餘不足，靡非氣數之難逃，只須隨緣任運，順他自然。所謂「物之不齊」，吾即以不齊者齊之，則參差氣數無一足撓我有主之心。即此是養心之道，亦便是知命立命之學。

〔一〕「億」，原作「憶」，疑形近而訛，遂改。

知得貧賤憂戚皆天之玉我於成，則怨天尤人之意自無，而心體時時同太虛矣。

事之當爲者不爲，此厭事之心，厭事則觸處皆爲心害。不當爲者爲之，此喜事之心，喜事則無事生事。只須以養爲主，消除適莫，則「動静不失其時，其道光明」矣。此大易艮背行庭之旨，存養之道第一義也。

天生本有之心不放，則爲天之肖子。天生本無之私不生，則爲天之廉吏。用心不辨當否，必至喪人品、迷本性，日趨於污下，自負其天職。

「廓然大公，物來順應」，此心學徹上徹下法。即體即用，即本體即工夫，了此更無餘事。然須講求如何是大公之心，如何能廓然，如何謂之順應，又如何能物來順應。一一講求得頭項分明，然後得不迷所往，故養心亦致知爲第一義。

「明則誠」，養心必體認心體分明，然後不被情識瞞昧。但有攙和意見的，即非本心。

無物而能物物者，是爲真心。

心雖能神妙無方，然來往變滅者卻非本心；雖無一物，然不可宰物者卻非本心；雖至微至密，然不能遍照者卻非本心；雖衆理具備，然有能有所者卻非本心；雖應酬萬事，然溺形滯迹者卻非本心。自體自用，非虛非實。意必既泯，將迎不形。如明鏡止水，虛而能應，應而常虛。知此者方乃謂之知心，方可語養心。

去非心便是善心，去妄心便是真心。若謂去卻非心、妄心，更求真心、善心，便是架牀上之牀，叠屋上之屋。

私妄之生，必有來頭，不可僅尋對治法。對治者撲此生彼，終非究竟，直須斷其根原。

道心爲主，則人心退聽。故培養道心者，廓清人心之本務。若徒逐處對治，未免頭出頭沒，故養心貴知本務。

簸糠迷目，天地易位。人心意慮情識皆迷惑顛倒之根，吾輩須是還他湛寂本體。

捉賊捉贓，則賊心服。治心寇者，須究寇生根由。

不隨喜怒轉此心，便澄然無事，然須知緣何得不轉。於喜怒徹此，方可言有主之心。

心正則喜怒自當。吾輩一切不當之喜怒，皆由於心君之不泰。

閑邪莫如存誠，寡欲莫如養心。

爲甚麽心不誠？須是知過則改。

心放縱不可拘執，亦不得操存涵養，須求真訣。孟子勿忘勿助，明道定性識仁，文成語録中言心諸條，不可不時閱之，以資印證。

古聖先賢爲後人指下存心養性之方，不爲不詳。爲什麽累千百年不得一正心誠意之真儒？總緣人不能耐心體認，因而甘心憧擾耳。舉世相緣，賢者不免。獨不思心吾固有，返求可得。此身一失，千古無我。做一場人，奈何將自己一個心不肯實納在腔子裏，加工體認，遂至迷罔終身，與草木同蠢耶。

讀「君子坦蕩蕩，小人長戚戚」二句，其得力受病處各有由來，須窮究其本原，庶幾可爲印心之助，讀書乃不爲玩物喪志。

讀經書中言「善心」「正心」「誠意」「本心」者，便須默識其意，而舉以自照果否同異；言「私心」「妄心」「非心」「惡心」者，便須體察其狀，而舉以自問果否無有，有則改之，無則加勉。如此則處處讀書皆印心養心之助。

意慮微起，天地懸隔。此心豈可着於方所？自蔽本來清明體段。

爲什麽將天空海闊之心如拘如囚？爲什麽將行雲流水之心如桎如梏？爲什麽將玉清冰潔之心如厠如穢？爲什麽將明鏡止水之心如霾如霧，如倀倀之瞽？爲什麽將和風甘雨之心如魃如雹？爲什麽使靄靄春温之心爲冰爲灰，爲祈寒之雪霜？爲什麽使湛湛秋肅之心如焚如焰，如大火之燎原？爲什麽使左右逢源之心一貧如丐？爲什麽使天長地久之心爲夢幻泡影？大丈夫到此豈可不自慚自奮！

回光返照，是收心吃緊法； 物來順應，是養心且要着。 不自生風波，看此心有何不清平； 不自生揀擇，看天下何事可礙心。

程子「只整齊嚴肅，則心自一」之說，即制外養中之旨，而更無幫補湊合之弊。 能從此着腳，便能使身心收束。 若更能做得恰好純熟，自能使表裏融洽，渾歸肅雍之域。

治心病須從平日溺志處治將去。 此亦急，則治標之法。

萬變不失其常者，其本心乎？

明道云：「人心唯怒爲難制，能於怒時遽制其怒，而觀理之是非，於其道也思過半矣。」可見循理乃端本澄源之法。白沙「怒火制以忍水」之說，救急對治方耳，非究竟也。

無任情欲，任情欲則心爲情轉； 無溺見聞，溺見聞則心爲識縛； 無任意氣，任意氣則心爲意氣動搖。 若本心作得主宰，一切情識意氣皆我心君孝子順孫。 不惟本不爲害，原無非天君得心應手之人。

心得其正，則不知老之可憂、少之可慕、生之可樂、死之可懼，以本心無老少生死故也。 故養心到無老少生死之可言處，然後可言正心。

物交引心者，是倒持太阿，以柄授人，故學□□□大本爲第一義。

孟子云「夜氣之所息」，「息」之一字甚妙。旋水久定，則澄人心。不收斂焉得清明？然有大息法，有小息法。小息法者，炷香靜坐，息機斂氣，使歸寧定。昔人所謂小歇脚也。大息者，艮背行庭，無動無靜，無人無我。昔人所謂大歇脚也。二方對症用之，皆有效驗。然吾輩須從大息下手，乃不墮入野狐禪窟。

無事時，靜攝；有事時，煅煉。

無事時，天清地寧；有事時，流水行雲。然會得時，則雖謂無事時流水行雲，有事時天清地寧，亦無不可。即本體爲工夫，戒慎恐懼之意，即春風浴沂之機，自然動靜如一。

莫以衰老可以不必事心，此心一息不存，便失人理。此心蒙蔽，一毫未徹，便入迷途。

仁以爲己任，死而後已。無我可推諉處。

勿以既老不能苦行，此事不勞苦力，只責志向。勿以既老耳目不明，此事不靠聞見，只問心地。勿以無人理家不能靜專，此事正要在事上煉、境上煅、忙處操、難處存耳。唐文皇曰「疾風知勁草」。吾輩正於艱難拂鬱時，見志趣，見力量，見操守也。

豐川家訓

自序

我生不辰，十齡喪父。始踰七年，伯父亦見背。當我伯父見背之年，適滇黔告警之始。當是時，余以從未更事之孱軀，上應供軍百需，下有饑寒債負，内外之逼。兩弟幼弱，一僕愚癡。親族關心者，咸爲我惴惴懼於覆墜。賴昊天弘仁，祖宗餘慶，老母明晰大體，主持家政。余遂得有日裏三分之暇，可乘之誦書課藝。每午夜擎燈，伯母、老母東西對績，余於其前就燈親書，往往鷄鳴未已。次年，余補邑庠弟子。又次年，食餼。農事漸理，仲弟亦長，七八年間，遂得立脚不傾，稍成人家。

暨余二十五歲，老母又感孟母三遷之義、濂溪希賢之論，聞我二曲夫子風，斷然教之離家從學。繼又以兼習制舉有妨正務，二十九歲，乃令謝去諸生，一意稽古。歲屆大荒，乃聽歸侍。屈指歲月，居二曲者將及十年。嗚呼！昔孟子七年居魯，學遂大成。余居二曲者，如此其久。至於中間飲食衣服之資，半典衣物；書籍燈火之需，多出紡績。老母辛苦拮据之狀，恐仉母未必至於此極。而余以□□靡有成就，辜負母心，循省時恨。今老母年且踰七望八，余亦年五十而往。兩弟四子三侄三孫以及子婦孫女僕婢孕息者五十多人，且幸梟獍未生，長舌弗作。老母家教整嚴，每以張、陳、陸、鄭十世同居爲訓，終余之身當無蕩析之虞。顧惟是念治家之道與國無異，非法嚴政肅，無由齊一；非前創後繼，無由綿長。今余於兩弟再從同居，吾孫弟孫且屬緦麻。非有經久之法，何從得守法之人？非有守法之人，又何從得經久之家哉？爰是略仿古訓，參以時宜，示訓於家，令其守誦。冀仍邀昊天垂慈，鑑我祖宗忠厚，以及老母六七十年積累精誠，陰相我子孫中，代生恪遵斯訓之良士，庶張、陳、陸、鄭之家或可儌倖萬一也夫！嗚呼！余言至此，余心滋懼矣。凡我子孫，可不念哉。

戊子臘月心敬自識

卷上

豐川王心敬口授

男：勷功勍　孫：師睦師仁師聖師孝師中謹録

立身

百祥根於爲善，而善由身作；百殃起於不善，而不善亦由身作。身之立不立，不特終身人品之關，亦終身休咎之關也。立身之道可不講歟？訓立身。

記曰：「天地之性，人爲貴。」書曰：「惟人萬物之靈。」人性何以貴？貴以具道義耳。人何以靈於萬物？靈以能知道義耳。故道義爲生人安身立命根本。

孟子曰：「古人之得志，則澤加於民；不得志，則修身見於世。窮則獨善其身，達則兼善天下。」人生立身之道，無分窮達，原有當盡之準繩。不如此，則人量未滿。

做人之道，上一等：達，便宜爲天地立心、生民立命；窮，便宜爲往聖繼絶學、來世開太平。有如氣質不高，才識有限，亦必安分守禮，無作非爲。縱無益於世道人心，亦尚不悖生人正理。

學記曰：「人不學，不知道。」古語云：「人不學，不知義。」人生立身之道，道義乃其根柢，而學問實爲要務。孔孟既遠，師傳失真。生乎後世而務學，要須知大宗正脈何在。隨其資之高下，而力學之，庶幾路途弗差，不至作索隱行怪之流，蹈虛浮無實之弊。

學如種樹，有培養生發，有種子根本，非耑精不得充實，非充實不能光輝。充實光輝，學中培養生發之候也。然推其根源，則皆由此一點亹亹勃勃、不甘自已之志，爲之貫注，爲之鼓舞，則是立志二字乃進學真種子、真根本也。種真本立，但能滋養不息，自然生機暢茂，富有日新，成得宇宙間一個巍巍堂堂之身矣。世未有有志而不大成者，即未有無志而能大成者，故務學又以立志爲急。

「蓬生麻中，不扶自直；人生士林，相觀而善。」此言觀感者易爲興也。生乎聖遠言湮之日，長乎荒僻固陋之鄉，家無深知道義之父兄，塾無真明學術之師友，耳所聞者流俗言行，目所見者流俗人物，何能便解向上，何能便解正宗？卻須審擇明師，不惜屈下，以開吾正知正見。如或近無真儒，不足師承，卻須轉求海内，廣尋〔一〕名賢。即百里千里之遠，亦當負笈就正。縱勢不能如孟夫子之居魯七年，邴原之遊學數載，亦不可不有三二回晉謁、五七月親炙。切莫以「貧窶」二字藉口推諉。如謂貧難具資，平日衣食間儉用，一半年亦可以辦此行裝。難道無一二畝可貿之田乎？辦終身學業，此何如事，胡可惜小而誤大？又莫以那不出身子藉口推諉。如謂那不出身子，平日閑遊虛度的時日不知多少，即奈何偏惜此數月尋師

〔一〕「尋」，王豐川家訓節要（後簡稱節要本）作「詢」。

的時日。又最忌以方事舉業，恐妨本務，藉口推諉。如謂方事舉業，出門妨務。不知閉門誦讀時，堆堆悶悶。即與二三知己聚首講貫，亦未必有高識遠見振刷激發得我真正精神。一旦得高明大賢一番開發、一番鼓舞，便當茅塞重開，固蔽頓啟。昔人所謂「共君一夜話，勝讀十年書」者，即在於此。以此之益較之閉戶埋頭與二三無識無學者窮年累月辯講章談機柚，其益豈徒十倍百倍乎？且即吾所遇者口不談制藝，得他大識見、高議論開發我一番胸襟，亦自資益我志趣不淺。況一出門則必廣歷山川，亦自足擴我眼界，壯我文機，其有益我舉業者正自無窮。又學者從事舉業而不得精進者，實由於無堅志，因而無定力，故半途而止，苟安小就耳。若際遇高明激發得正志卓然，即大德大業將來尚欲奮迅做去，目前所事區區八股頭業肯甘心下人耶？則是暗中益我舉業正勝與俗輩聚處者千倍萬倍，又不獨十倍百倍而遂已也。有大識見者，正須高視遠觀，自求出頭，切莫以鄙吝淺小之見，因循苟且，遺誤終身。

余資最駑鈍，以老母之教，居二曲者十年，遂亦略見學術眉目。繼董憲副三楚之邀，雖爲日僅僅越六月，而自己覺得遇此一番經歷，遂若平日所讀之書、所擬之議，較從前頓然確切的實得幾分。以此見從師訪友與遊歷地方，益人者不淺。更若我子弟賦質清明，能虛心尋師訪友，廣歷山川，其所收益當自於我倍蓰。

學者不肯求師受益，只是恥於折節下人耳。不知我若得明師開發鍛煉，將來成得個大人物，光宗耀祖，顯親揚名，俯仰自得，屋漏無慚。這是何等尊榮！何等高貴！卻因一時不能屈下賢哲，自甘卑污，豈不是大愚大癡？況天子必有師，諸侯必有傅。文武師鬻子，尚父、周公所執贄而事者十餘人。即孔子亦且問禮問官、學琴學樂，交平仲而友伯玉。以帝王卿相之貴，大聖大賢之德，而尚且不惜降節求師、虛心問道，何況中材下士耶？又況尊師重道足見心量之虛公、盛德之含弘〔一〕。不以爲榮而反以爲恥也，不亦惑歟！且獨不見自暴自棄者一事無成，終身爲人鄙賤厭惡。即自己亦消沮閉藏，抱慚畢世乎？獨奈何一慚之不忍，而忍終身慚耶？有識者定須脱卻陋見，自辨前塗。

大倫有五，朋友居一。蓋師道尊尊，則止以傳道授業；朋友親親，則便於切砥磋〔二〕磨。且〔三〕人生從師之日少，親友之日多，故朋友之爲益不少。即高明上智亦不可無良友勸德規失也。

正士難親，便辟易狎，世人之通情。雖賢者亦所不免。然難親者卻是益友，易狎者卻是損友。求友須求難親之友以益我，無求易狎之友以損我。若急不得益我之友，寧絶交寡與。雖無益至，亦無損來。

要辨朋友之損益，只以勸德規過爲衡。看其能勸德規過者友之，視其不能勸德規過者即勿友。其於擇友思過半矣。

易繫有言曰：「君子出其言善，則千里之外應之；出其言不善，則千里之外違之。言行之發，榮辱之主也。可不慎歟！」然吾以爲問在人之應違尚遠。言而不善，一言或且沾生平之禍，或且折終身之福；行而不善，一事或且傷天地之和，或且累畢世之品，其於吾身正甚切也。然吾又以爲〔四〕問之生平終身，問之天地亦尚遠耳。言行不當，反之此心。莫見

〔一〕「弘」，節要本作「宏」。
〔二〕「磋」，原作「砥」，據節要本改。
〔三〕「且」字原脱，據節要本補。
〔四〕「爲」，原作「謂」，疑音近而訛，遂改。

莫顯之昭著，不啻十目十手之指視。這些處如何可堪？

當理而言，言必由衷；當理而行，行盡根心。這纔是表裏粹白之士。

鄙俗時行語，切不可出口。久之，易於順口道出，貽玷招尤。

學業功課少時，止宜依孔子論弟子章條目次第學之。及其長也，只依尚書契敷五教之目、子夏論學賢親君友各盡其誠、孟子論學問之道求放心大義學之。存心之道，只依孔子論君子九思條目學之。謹修威儀之道，只依禮記九容、曾子三貴學之。言行之道，只依論語敏事慎言、言忠信行篤敬之道學之。待人接物之道，只依大學絜矩之道學之。出處之道，只依孔子所言「邦有道則仕，邦無道則隱」「隱居求志，行義達道」之義學之。而統會以五經四書大旨，參觀夫性理、通鑑、大學衍義、會典、律例、武經等書意趣，以博考聖賢之成法，精識事理之當然。氣質佳者自可大成，即中人者亦可望於不越規矩。所謂學術之金科玉律也。此外無論虛浮泛濫之學不可學，即希高望遠無裨實用之學亦不可學。

學問務虛習浮，如捕風捉影；縱博極羣書，立就萬言，何裨立身實際？學問希高望遠，如畫餅充飢；縱高談九天，深窮九地，何裨日用經常？從古聖賢，只依乎中庸，學明體達用實學。故可出可處，可貴可賤，可暫可常。

子弟如氣質駑下，不能博涉五經、全史，經如書經、禮記，卻須精習一部。小學、性理、綱目、大學衍義數書，亦須教之常行觀玩，使知性命源流、聖學宗旨、古今治亂、歷代人物梗概，斷不可令習天文、讖緯、星象、術數。至於字，乃日用必不可廢之事，卻須教之學習晉唐名帖。但習之有常，縱不大佳，亦自不至於粗惡刺目。至於圖畫，雖屬清事，卻不可學，無論精到爲難，即學成家數，費如許心力，徒爲他人供扇頭紙上之戲玩，亦何爲乎！且子弟高識者少，將畫作適情事尚可，有如視爲美技良術，更不事事，則敗家喪品皆由於此。故斷然禁戒，不可令習也。

所讀之書，讀時期於反上身來，貼切理會。遇事遇境，期於將所讀者依傍行習。久之，則書與我浹洽。讀時既津津有味，行時亦非格格不合，能讀一部勝十部，讀一句勝十句也。若徒入耳出口，雖多奚益？

學或可以不博，必不可以不正不實；縱有不誦讀講貫之時，必不可忘身體力行之意。

凡經世理物之事，須於伏處之日逐一講過。將來登第後，庶不至全無知覺、觸處茫然。

國家以科目取士，子弟必不能不從事於此。顧看得太重者，視舉業之外更無學問；縱得一第，開門瓦置，必不能有實學實用裨益國家。這樣人固不知朝廷家設科取士之本意。至於視舉業易者，謂時文末技涉獵有得，即可兼收。不知八股業雖詞章之末，卻非得真切傳授，亦不得脈法貼合，非篤志研習，亦不得機神融液。脈法不合，機神不練，而妄希售時，是無異卻行而求前，適燕而南轅也。這也不知時文底裏，須是即學習舉業之中，既不失正誼明道本旨，而仍於舉業，則詢訪老成，細加揣摩，務使法脈詞調精切融練，毫不失當行程度，乃爲正誼明道時宜一以貫之也。

文章，經國之具，明道之資，豈可不工？但不可使人以詞章之士目我，即我亦不可甘心僅作詞章之士。至於制義一道，深言之，與六經史傳相表裏；淺言之，乃士子進身之筌蹄。尤不可忘其本原，僅從得魚得兔處著眼，又不可以已得魚、兔而輒自滿足也。

日用間若遇事，不得朝夕講貫，或乘暇看書一二段，或看鑑二三葉。即日間無暇時，夜間亦須擎燈依此行持。庶幾心有管束，不至事過後收拾不來。

小學一書，雖老不可廢。若厭爲迂濶難行，其人必至入於肆無忌憚之域。許文正公云：「小學一書，當敬之如神明，奉之如師長。」吾於此書亦然。然吾非以文正公崇信而學，依樣畫葫蘆也。吾心實實見得是一日不可離者。

兵事亦不可不知，仕則有地方之責；即不仕，亦須知之以教子弟。縱不能身歷行陣，目見親習，亦須從書傳中設身處地體勘一番，從經歷名將前請教印證一番。

農田水利不惟中材以下所宜講究，即高才上智亦正不可不知。蓋老農老圃固非士君子所可甘，奈何學爲人上而通不知稼穡之艱、小民之依。

學不知性，則見解種種不實；學不盡性，則腳跟步步皆虛。吳草廬所謂雖大智高行，亦終不免於行。不著而習，不察也。故讀孔、曾、思、孟及漢、魏以來諸先正書，正〔一〕須於語言〔二〕之中味其心理融液之機，潛心體認，久之自成自道，知性盡性。或動或靜，即無非性天之流行；一言一行，即無非中和中發育。而孔子所謂「成性存存，道義之門」者在是矣。處且爲真儒碩士，出且爲循良名臣。立身而身立，永不負上天生人之意，不亦美哉！

〔一〕「正」字原脱，據節要本補。
〔二〕「語言」，節要本作「言語」。

卷中

豐川王心敬口授

男：勷功勍　孫：師仁師聖謹録

治家

近者不譜，何暇言遠？親者不治，何敢問疏？家之中，吾父母、吾兄弟妻子以及僕婢之所日接也。身之所歷，莫切於此；學之所施，莫要於此。可漫易哉？訓居家。

昔之言治家者，曰忍，曰和，曰公，吾謂公爲要焉。家之不和，每起於不公。既不和矣，忍豈可長乎？且恐忍小，而久之害大也，可奈何？故三者以公爲要。

教家亦忠厚爲元氣，以嚴整爲格式。蓋一家之中，能使忠厚之意貫浹於內外男女心髓之間而不自知，則善氣所迎即隱消多少乖戾之氣。然非嚴整素定，使家中一切人知我家法有確不可移易之意，則忠厚流爲姑息，但遇〔一〕頑冥必且有敗類之釁。故寬猛共濟非特治國治天下之道宜爾，治家更爲要緊。

〔一〕「遇」字原脱，據節要本補。

易曰:「家人有嚴君,父母之謂也。」故治家者必以治國之道治之,庶賞罰是非井井不紊,而上下之間恩明義美,無意外乖忤之隙。

易曰:「閑有家,悔亡。」蓋言治家之法嚴則無悔也。又曰:「家人嗃嗃,悔厲吉;婦子嘻嘻,終吝。」是則言治家而過嚴,雖家人或凜惕局蹐,似乎不堪。然不致有犯分乖逆之嫌,自是吉事。若但寬弛縱逸,嬉嬉自如,當時雖若安於無事,而久之必有冒犯尊長、肆意專行之弊生焉。即人心未離,不至敗家,而悔吝之咎終不免矣。故家中恩勝之地,必以義濟之,乃可不亂。昔者子產之治鄭,武侯之治蜀,皆是此意。有治家之責者,正須知也。

生我家者父母,覆載我家者天地,至於覆庇我家、安養教衛我家者大君,故教家以忠君爲第一義。身膺仕籍者,須教之國爾忘私,公爾忘身。方事進取者,須教之矢志致主,立心報國。即畎畝耕稼之人,無君可事,亦須教之急公尚義,安分守法。如此則永不犯公法,長得樂生理。即家道成一康寧順泰之家,而父母兄弟妻子羣享其廕〔一〕息矣。故忠君一事又所以安父母、安兄弟、安妻子之原本也。凡我子孫,雖農夫單寒,亦正不得視此二字乃百爾卿士職分,而無與於居家之通義。

豺獺尚知報本,父母生我鞠育,顧欲復欲報之德真是昊天罔極。人而不孝,物類不如。故入門而盡孝,終身不替。然生我者父母,生我父母者又我祖妣,又我高、曾。昔者先王推報本追遠之意,分所可及,崇報靡替。蓋水源木〔二〕本,生人不可一日而忘也。況今屬在士庶俱得有高、曾、祖、考之祭,故我們家中家廟即不得立,亦須有神龕棲主大節,奠獻隨時薦新、

〔一〕「廕」,節要本作「蔭」。
〔二〕「木」,原作「月」,據節要本改。

朔望拜謁之定節。

凡居家必須量置祭器，藏之潔處，爲四時薦獻之具。祖考有遺下手澤書籍，切莫輕易狼藉損失，視爲閒物。

遇祖先遺留，即當思手澤口澤之存。遇四時八節，即當盡拜獻薦奠之禮，行之日久，積成家範，子孫視以爲常，自然敬祖尊先之意纏綿固結於其心而不可解。即庸劣不肖亦惑能僾如在之誠，所以培養子孫孝經之意者當且無窮。

古禮載子婦於父母鷄鳴盥漱適寢之禮，今亦勢不能行。至於昏定晨省，問饑視寒，以及先意承志、視聽於無形無聲之先等義，則卻須平日立爲程範，與之講明。積久則自成家法，子孫遜順，忤逆當少。

古云：「孝子諭親於道，不陷親於惡。」然須人子真明於道，則可言不陷乎親。又須既明於道，有委曲幾諫之意，乃中諭親於道之節。嗚呼！微矣！

爲人子者須時時有顯親揚名、立身行道之意。

惟送死可以當大事。親喪必恪遵禮制爲宜，切不可苟且粗略，自貽終身悔恨。

古云：「思貽父母令名，必果；思貽父母羞辱，必不果。」此是人子終身莫解之大義，所謂死而後已者。

要知得孝爲德本，要知得仁由孝生。一行未善，孝道有虧；一物未仁，孝量未全。

我爲孝子，則我子必孝。此視傚之定理，亦天道之好還。這件公案，爲人子者正須知之。

蓼莪之詩，爲人子者宜時爲展誦。

兄弟同胞，是曰天顯其人，賢智固爲我切近師友。即中材下愚亦我同氣連枝，當倍加軫憐。況父母鞠子之哀，此義亦須深念。豈可不兄友弟恭，義厚恩深？

每見世俗厚妻子而薄兄弟，甚者親他人而忌骨肉。其人多後福不長，其家每門庭日衰。以其傷父母之心，即此傷天地之和，天理不佑也。故凡我子孫，寧死不願爲之也。

棠棣之詩，有兄弟者宜時一展誦。

家道離，多起於婦人；兄弟不和，亦多由於婦人。然皆是男子無識見、無主張，故婦人得作祟耳。若男子見理分明，中心有主，遇婦人言善則聽；稍涉乖戾，即正色拒之。何至有牝鷄晨鳴、骨肉間離之禍？

夫婦敵體，必須相敬如賓。苟非爲生子起見，不可多置婢妾，以滋反目。如以子嗣之故，必不得已而爲此，卻須大小有倫，名分秩然，無寵愛失正之過乃可。每見富貴之家寵妾失正，以致夫婦之情不終，生出無限怪異情節。及身歿之後，妻妾爲仇，僉人指唆，構訟連年，甚至體面掃地，家道蕩盡而後已。凡此皆爲丈夫者偏溺愛寵貽之禍也。

本朝滿洲旗下，妻妾之分截然。甚有古意，是所宜守。

谷風之詩，有夫婦者宜時一展誦。

不幸而有繼弦之傷，處女爲貴，如年在不能娶處子之列，寧妾無妻。不惟於先產子女有益，亦且爲自己有匹耦失節之嫌，於門庭身份有損。

人家欲家道之綿長，教子乃其首務。須以嚴正爲貴，正則子不至於越禮犯分，嚴則子不至於縱欲敗度。積習久之，自然習慣成性。但得中材，當能守分循矩，不失爲世上善人。但得善人，即家世所益，當非淺鮮。

南人無論貧富貴賤，無生子不教讀書者。此意甚好。蓋人性本善，一經讀書，無論氣質好者可望成就，即中材能識得三二分義理亦是保身保家之藉資。我北人見識鄙吝淺俗，但一貧窮便不令子孫讀書從師，甚至闔鄉百十家無一蒙師，至使富足之家男丁數十口並無識丁之人。此風最是可笑可惜也。日後子孫但非痴聾瘖啞，當七八歲後必須令之從師讀書，以下些義理種子。

人家有英發子弟，自是振起家聲之基，自宜倍加憐愛。然愛之深者，以其氣質可以造就，將來能振起家勢耳。近見一二士大夫家父兄遇清靈子弟過於溺愛者，曾不嚴加裁成，至使可造之器莫到大成之地。是不以愛之者悞之乎？又且有因其稟賦靈敏，早得科名，縱之任性妄行，不加禁懲，久之恃其科名，習以成性，竟至墮名檢而敗身家。此又是以愛之者害之也。目前殷鑑昭照可戒，有子弟者安可不深加意？

子弟但氣質清明者，須教之就正人學正學，勿愛惜小費，勿希圖近功。蓋不惜費則延師置書自然有熏陶長養之益，勿希近功自然成就出來有高明遠大之效。每見今人爲子弟延師買書，則吝惜如拔頭毛，至使好氣質子弟亦汩沒於俗師寡陋之下。噫，愚甚矣！獨不思成一個子弟所值孰多，敗一個子弟所失孰多。且惜錢省費者爲子孫留也，與其留之不能成材之子孫使之蕩於無用，何如即將此財用之延師置書爲其成就之資之爲得乎？此等人豈非至愚極痴，見眉睫不見天地者歟？又見遇子弟清靈，則汲汲然圖其早得科名，宜讀之書一部不教之讀，宜習之業一事不教之習，八股頭業外毫無知覺。雖得科名，輒敗官場。欲速利，反得害；欲速成，反致敗。是皆急圖近功貽之禍也。且即中間有清明氣質，發後經歷明通，然生平目未見大人物，耳未聞大道理，先入者爲之主，亦只可成就得熟滑便佞、隨世浮沉之人，豈能得其岳岳自立，振大家聲。蓋下的是近小種子，如何得遠大結果？有識者一通盤計之，真堪痛哭流涕，豈獨宜長嘆而已。

教子弟者，最上教之讀書出身，行志達道；如不能取科第，則教之耕讀相資。爲上必不得已，而有事以資農耕之不足，則使之教學作幕亦無不可。但作幕非大有主見人，易於失其所守，尚不如教學之無弊。如更不能教學作幕，則醫藥、種樹、畜牧亦尚切實可爲。但藥非明理，易至殺人，終不如畜牧種樹不至無實欺世。至若居市貿易，則最易喪人誠慤之心。古人雖四民並列，然終非傳家教子良法，切不可教之使爲。

爲〔二〕生雖難，然能守一二件確實本分事，則亦可以贍生不困。

教子弟就其材識，大以成大，小以成小，然總以孝悌、謹信、忠厚、樸實爲主本。氣質高者，可賢可俊；即庸下者，亦不至蕩閑踰檢、狡心詭行，損傷元真之氣。

教子弟，第一戒其虚浮，禁其奢侈。蓋虚浮不戒，習以成性，將來必至喪卻人品，壞忠厚家風；奢侈不禁，緣爲固然，將來必至蕩業敗産，困頓流離。

子弟清靈，而虚華不實，此是妖孽，切勿欣喜縱放，急須教之樸實。

家間儲畜，第一幾部要緊書籍、要緊法帖不可不畜；第二縱不能耕九餘三，亦須有一年二年畜積以防意外事故、年歲灾荒。其餘器皿取具而足，無論力難辦全，即力在有餘，亦寧樸無華，寧儉無奢。

飲食無求奢，衣服無求美，器具但取堅，房屋但求固，田産無太多，亦只期於足用而止。不特物忌太盈，天地之福當爲愛惜，亦恐使子孫視爲固然，志驕心盈，益求華好，不知愛惜，則傾覆由之也。

子弟中視其材識能管農耕畜牧者，須擇一個委之單管此事。然即聰明堪上進之人，亦須人人教之，使知其中情形。

〔二〕「爲」，節要本作「治」。

疏子曰：「賢而多財，則損其志；　愚而多財，則益其愚。」此言雖近，意味深長。治家者切不可視爲迂濶。

古者后親蠶，卿大夫夫人采蘋采藻，靡不克勤婦職。蓋婦管内政，自合有當盡之職分。兼人心勞則善心生，佚則忘善，故公父文伯世禄之家，其母年且既老，猶績紡不替也。近時仕宦優裕之家，婦人每每驕佚成習，全不事事，甚至衣服飲食切近之事亦不身親，至使娶婦生女敗己之家、敗人之家，前後相踵，全不知戒。噫！　亦迷而不覺矣。吾家寒士，且老母教訓素嚴，目前幸無此習，然亦須準此爲程定，爲他日功課。

男當教，女亦須教。然男子讀詩書，親師友，其知禮義也尚易；　女則所與朝夕浸漬者，無識婦人而已，其知禮義也難。故教之宜倍勤於男子。且女一不知禮義，則不惟敗人之家，亦且失教之罪必及於自己，兼使難堪之苦實被於女身，是又不可不深教也。故女子在家時，須與男子一體督教，縱不能使之通文義，嫻書史，至於織紝飲食職分必宜與子婦輩一體督責，使之學習。坊間所賣烈女傳出像一書，並女孝經一書，亦不可不家備一部。若遇父兄在家暇時，或初夜擎燈爲之講明一二段，使知婦熱分内大道理。久之，先入爲主，苟非至頑至愚之人，亦必不至於拙惰驕悍、敗人家道、自累門風也。近見時賢教子者，尚有幾家教女之法？　全不講究，是所宜戒也。

娶婦嫁女，以擇令族德門佳子女爲貴，不可但貪圖目前貴盛，而尤以擇女擇婿爲第一義。

今世亦多知擇婿，而不知擇女，是亦惑也。不知婦人吾門將來家道之成敗興衰一半由之，奈何可以苟且？　即云擇女較難然，但是不遠貪貴盛鄰邇賢良之家，指顧多親朋之知，亦安在無可問訊者？　要之視德門良士之家而求之，亦自不至大差。

僕婢縱不能視如子女，亦須知其饑寒勞逸、疾痛嗜欲所在，所欲與聚，所惡勿施，蓋不特欲其親上效忠不致離畔，亦士君子養育仁心之一道。

使僕婢不惟教他無至饑寒，即其所私用必不可廢之端，亦須爲之設處。不然此費總須出自主人之家，而不感主人之惠，甚者且與外人合手而謀主人之財，隱弊可勝言哉！ 則何如主人爲之備慮之之爲恩義兩得也。

勿使俊僕，勿置美婢，此亦治家者宜留心之處。

士大夫治家以内外有别爲貴，即庶人之家亦須關防嚴謹，深避嫌疑。

口腹細事，然於人最切，余每宴客，或赴人宴，會見水陸兩品並進終日，而僕童從旁侍立，則余頭不忍爲之旁視。凡我子孫宜體此意，遇款客時，肉炙魚羹亦須於僕隸略一分惠。又余每見一二縉紳之家，多不留心親友侍從之人，此皆不知人情粗略殘忍之端，所宜深戒。

與鄉黨須相親睦，至於吉凶節目尤以往來報稱爲要。

交親戚朋友，不可輕易假貸，不得已而假貸，當立爲功課，乘早交還，不可令致釁隙。

處親戚朋友，忍小忿吃大虧，是久交無舋之道。

朋友不可深交財，交財則便須明白，至於貪黷刻薄之人，則尤切戒交手。

居鄉放債，切不可爲，萬不可聽子弟及小人營利之言，自失素守。

總之，居家以忠厚爲本，忠厚則天必佑之；以勤儉爲要，勤儉則人事不失；以奉公守法、睦鄰善交[一]爲美，奉公守法則永不致於罹官法，睦鄰善交則永不至於招搆陷；而更[二]淵源於孝弟，潤澤以詩書，則元氣永固，自然善氣發祥，家道永昌矣。

家中除正經書籍外，一部感應篇圖說亦不可不備，蓋此書教中材亦頗有陰翊勸誡之力。

聖諭像解一書，實事詳細，文理亦雅，最驚醒人心，無論高下，讀之皆有勸誡。教家者能常聚子弟講讀一條，有益子弟不少。蓋正經書籍能資高明，感應篇圖說可警庸愚，而是書則同上中下通□□□偕資也。楚書曰：「楚國無以爲寶，惟善以爲寶。」余謂此書亦有家者之重寶也。（此書太平府繁江縣梁侯延年之所梓）

[一] 「交」，原作「教」，據節要本改，後文同。
[二] 「更」字原脱，據節要本補。

卷下

豐川王心敬口授

男：勷功勍　孫：師仁師聖謹録

涖仕

書曰：「學古入官，不學面墻。」諺曰：「操刀漫嘗，必至傷手。」士君子伏處誦讀之日，即人人有入官之望。故隱居求志，學爲人上，亦教子弟垂家規者所宜預講也。訓涖仕。

凡家中有讀書應試之人，即他日有出身加民之責，須預講其道於平日，然後不至憒於臨時。况朝廷設科取士原期得明達治理之士，應科而不實講於經濟之宜，即其讀書之日已重悖國家爵禄待士之本意，他日曠官〔一〕之罪猶是後一着事也。故當官之細節雖非書生所能預詳，而大體則不可不豫先講明。

凡官職無論大小高卑，莫不各有其宜盡之道。若道所宜盡，揆之本心必有不自安者，覺得不安即便從此點本心做去，

〔一〕「官」，原作「鰥」，據節要本改。

而不至牽沮於己私，其於國事必有所濟，於民生必有所益。縱阻於時勢，不能盡如人意，然[一]亦必不至敗壞朝廷家事，病待澤之民，亦便可不負朝廷，不負所學。故論臣品以實心盡職爲第一義。

程明道先生有言：一命之士，苟存心於愛物，亦必有所濟。若居高位握大權，則轉移補救尤易爲力，而無功德及人，這裏切不得以時勢難爲藉口自解。蓋時勢固有難爲之處，而難爲處正未嘗無可爲之機與爲之之法也。況盤根錯節正別利器之地，難爲而我便無法以爲，亦是我才不足有爲耳。不見古人名臣於艱難擾攘之秋，隨處見從容幹濟之長，施休養生民之仁耶。安得以「時勢」二字寬己解愆？

當官能盡職業，則君恩既報，屋漏無慚，真可浩然天地之間。況從來高爵厚禄之享，多屬奉公循法之良吏。即天道富貴福澤之報，亦必在忠誠靖共之名臣有識者。何忍以一念身家之私，自墮弘庥？

受人家國之任，於朝廷所付托的事能看得重於家事，於朝廷所付托的人能看得重於家人，公爾忘私，君爾忘身，這便是大聖賢的存心行事，必然至誠格天，功業傳世，子孫繁昌。餘者但能不以家事妨害受托的國事，不以子孫戕剥受托的生民，公私兩利，家國兩益，亦尚不至逆天地之心。

惟理是視，而不以利害之私爲興除，則興除得當。惟義是衡，而不以喜怒之私爲賞罰，則賞罰不失。惟義是準，而不以好惡之私爲用舍，則用舍咸宜。

[一]「然」字原脱，據節要本補。

居上位而有偏私之好惡，則中間流弊無窮。使人得窺其偏私之好惡，則中間蒙蔽無窮。故好惡不可不慎。

昔人以「清、慎、勤、敏」爲居官四字符，余謂此四字自是要緊，然但知此四字亦只可謹身寡過而已。必兼之仁、明、公、正，則知明處當，仁盡義至，始能建俊偉光明之業。居外官可爲真循良，立朝廷可爲真大臣。

官無崇卑，以爲國家休養生民爲主。此乃國家設官分職之本意。

天道春生秋肅，故萬物有生有成。治道仁育義正，故萬民感德畏威。恩威寬猛必相濟爲理，乃無偏頗。

治道以厚風俗、正人心爲原本，擊強禁暴乃其輔治之法，發號施令乃其出治之具，至於簿書期會則彌縫之文爲而已。文爲固不可緩，豈可以徒□文爲遂足塞承流宣化之責？

治百姓須教化養育之意多，法制刑禁乃不得已而施耳，故曰：「樂之君子，民之父母。」

「多一事不如少一事，進一善不如退一惡。」原是昔人歷練之言，然恐見理不明。守此爲法，將不免生因循摸稜之弊。蓋當法明制備之日，則多事不如仍舊。若當綱頹紀弛之日，則立綱振紀正不可已。當賢才彙征之時，則但以去惡爲要。若賢蔽於朝，良留於野，則進賢徵良亦奚可緩？故識時務者謂之俊傑也。膠柱鼓瑟必至失卻事宜，自蹈弊轍。

非聖者無法，遵先者善後。讀書反身爲益弘多，即如孔子告子夏之問政曰「無欲速，無見小利。欲速則不達，見小利則大事不成」數語。此爲爲政者言。若當途之士，能實體此義，而推廣之，亦當俊偉光明，心逸品高。蓋無欲速正有速達之理，不見小正是大成之基。非特天道佑善，亦實公道難泯也。前代無論，試觀目前某某數公清節厚德，安分循規，卒之履大位而無憂；而營營者或且苦於奔馳而無益。是則聖言真同蓍蔡，百世不可易也。凡在仕途須知此義。

王道無近功。惟其無近功，所以成就的規模高大弘遠。故士大夫要知得敏則有功，亦切戒見小欲速。實體職分，使仁明廉幹之實徹於朝廷，信於上官，自是上進之階。何必汲汲尋門問戶，自貽伊戚。且天道甚明甚公，苟違天理，任人巧其術以相投，天偏巧其法以相報。又何如循理順天，人神共慊？

當衆人隨波逐流之日，而獨能砥柱中流，以立品節、樹功業、澤生民爲心，天下安得不推爲泰山喬嶽？當世安得不目爲威鳳祥麟？

士大夫以清操爲第一義。然清而無幹，不能爲百姓興利除弊，亦只可獨善得一己，究於國家無補。

不清之害固大，清而不明之害亦不小。蓋官雖卑至丞尉，在上之喜怒賞罰，即在下之利害休戚由之。況等而上之，所統者愈大，則在下之利害休戚所關者愈大愈衆。豈可使賞罰少有不平？故惟是本以公心乃無冤濫。然心若不明，則即其自以爲公之處即藏不公之弊，而流害不可勝言。子夏曰「仕而優則學」，商書曰「學於古訓乃有獲」，故居高乘位者斷不可廢知言窮理之學。

彰善癉惡，明示好惡，最是風動人心之大機，故是非善惡不可假借。然非理明見真「不可假借」四字，何可易言？

激濁揚清最是爲大吏者風裁所關，亦是報國第一義。

惟〔一〕民甚恕，亦不甚怒，上官之取，但是不知其疾苦，不恤其耗擾，雖一錢不名，點水不染，彼且羣咻其暗。

凡係有關國計民生與關官方體統之事，當與知大體者謀之，不可與左右不知大體者謀。即子弟無高識遠見，亦不可輕聽其言。

孝經曰：「天子有諍臣七人，雖無道不失天下；諸侯有諍臣五人，雖無道不失其國；大夫有諍臣三人，雖無道不失其家；士有諍友，則身不離於令名。」故書曰：「能自得師者王，謂人莫己若者亡，好問則裕，自用則小。」蓋人雖至明，門以外者皆所不見之地，且居高當權，即前後左右無非欺蔽之人，孤明獨照，豈能當豐蔀之遮蒙？矧百里千里之間，地遠情□，如何能坐照而得？故必廣求賢哲，自擴聰明。

居高當權，往往有一言而貽生民之病，一事而流國家之禍。故君子作事謀始，出言稽弊，然非自己能明於大體，識時見遠，即其所謀者未必非敗之媒，所稽者未必非弊之囮。故君子又必集思廣益，好問好察，而不敢自用其聰明。

〔一〕「惟」，節要本作「小」。

卿大夫矜己之長而忌人，過於防閑而不信人，雖曰予智適以自形其小耳，雖曰防欺適以自招其欺耳。苟我能用人，則人長即我長。苟自己見理之明，人自不敢欺，亦誰能欺我？何事專己疑人，自封耳目？

擇幕賓最是要緊，須得明大體而心誠直者爲貴。蓋幕客是吾之替身，故曰主文。主文好，則官府少不好之事。即官府容有不到處，主文且[一]盡心盡力彌縫補救，使不至於決裂敗壞。倘得不知大體之人，則直是以主文而代令史之職，豈能助成豐功偉績？得不誠直之人，則逢迎阿諛，直以替身而作欺蔽之身，如何能勸德規失？故仕途上一個好主文最是要緊，切不可見小惜費，苟且備員。

信得其人真時，即當用之無疑。疑則即不須用。過防徒滋隔閡，沮敗正事。

官途不愁無人逢迎奉承，止[二]愁無人諫過規失。故大禹以聖人居天子之位，尚且聞善則拜，建鞀設鐸。誠知崇高富貴之前，惟忠言讜論爲難得也。況位非天子，德非聖人，何可恥於受諫，自貽敗缺？

爲長吏不能不任耳目，然任之不當，則雖有公心，卻恐爲耳目之不公者敗之。且即所任者果能無私，而苟非真知大體，亦必遺悞且多，故當官固以擇幕賓爲要，尤以擇耳目爲要也。然卻要知幕賓難擇而尚易，耳目擇之更難於幕賓。蓋以幕賓

[一]「且」，節要本作「則」。
[二]「止」，節要本作「只」。

皆明習事體之人，只辨其心之誠不誠，識之高與下。而耳目則多屬下役小慧，見愛官長而信任之也。故即須辨其心之誠僞，又必辨其識之明暗。然下役小慧，如何解得大體？故任耳目而不得其當者，十常七八，總不如自己講明道理，持公秉正，好惡素服人心，是非參之公論。即耳目或不能廢，而權衡予奪仍自在我。初不依其偏詞隻語以定賞罰，則庶幾十不失八矣。若單任耳目，必至誤卻事宜。

惟人至靈，惟公門供役之人尤至靈。蓋其專一窺官府意旨以爲趨避。官長未言之隱，尚能揣度而知，何況使出一人有不知覺者乎？知則必至千方迎合，與其人合手而生弊，甚至耳目不忠，亦且合手役廝與外人以欺蔽官府。故耳目不易任，任耳目亦不容〔一〕易言。

凡一切看詳要緊結穴處與判斷訟訴，須自己經手爲貴。即不能一一皆親，亦須入目斟酌一番。不惟防欺，亦且自己習成勤敏，積久練達，其益無窮。

敏則有功，緩則多失。居高乘位，凡事非關於國計，則關於民生，須明而兼之以敏，乃可世儘有明，知其當然。而以因循頽唐貽累自己功名、貽誤國計民生者，故明必濟之以敏，則庶幾無留滯廢缺之弊。

官方有大體，有細節。大體能知，而細節不周尚可，獨不可昧大體，而徒尚細節。蓋細節不周，苟得大體不差，尚不失爲知要。若不知大體，而徒詳其瑣節，則沾小名、飾小譽，必且流於矯僞纖嗇矣。

〔一〕「不容」，節要本作「豈」。

無形上官之短，無忌同官之長，無惡下僚之直，無容吏胥之奸，無隱僕隸之惡。

事上欲其婉而正。婉者，不害於義的事，不妨委曲從之，以盡事上之禮。正者，若事有關於國計民生，卻須據理諫諍；否則，亦須隱譬默諷，使其自止。若一概婉順，全無救正，而惟以國家事作事上人情，不惟徇私背公，於理不可，亦恐相隨而非，自蹈罪戾，並陷[一]所事之人，致令人己兩失。

待下僚須如子弟。賢明可培植者，則極力培植，使之大成。中材尚可激勵有爲者，則極力激發指教，使之成立。至於不肖，亦須預加禁戒，三令五申，使之改過自新，未可遽加棄置。蓋人雖至愚，上官教戒懇切，亦當十變其五。如此不悛，然後以朝廷正法行之。即受罰者亦心死無怨。若無預教之法，並少三令五申之飭，一聞不善，即加斥罷，則是不教而殺。心雖無私，亦非古聖人移庠移序、移郊移遂之仁術。必若教之不改，則殺一人而懲衆人，亦正不可隱忍姑息，類婦人之仁。

視下僚之賢否，爲看待之厚薄，則賢者益勤，而不賢者知愧，是即不言之教、不怒之威。

下僚一時有忤意者，當問其心之爲公爲私，若是出於爲公，正是益友，當喜而勿怒。

凡待一切在下之人，宜嚴而恕。嚴非作威作福之謂；所謂賞罰必信，命令必果也。恕非聽其徇私、任其作慝之謂；

[一]「陷」，原作「蹈」，據節要本改。

謂體其隱衷之憂苦，憐其才力之不足，諒其本心之無他也。如此，則在下之人不敢不服其威，而不敢或玩其法，不能不感其恩，而必不至於怨上之刻。

待左右役使之人，其家苦樂之故，不可不大加體恤。若壞法干紀，則斷不可恕。

僕從不須太多，不惟多一人要爲之辦一人之費，亦恐多一人則滋一人之弊。防閑最難，官場亦有敗缺，非同凡庶之家小小利害。故僕從欲其詳擇而慎用。

朝廷官錢須嚴立規程，自己不可妄用絲忽。蓋權在其手，易於挪〔一〕移。初間不覺，到後積累日多，每難結局。仕途以此致困者，往往而然，何可〔二〕不慎？

官場中自己衣服飲食，一錢不可妄用。至如〔三〕大體所關，斷不可失於刻薄。或且至於顧小而失大，惜少而費多。

居官儉樸最是要緊事，蓋一能儉樸，則可以成廉，可以就公，且可以成就其正直之德、光明之業。

〔一〕「挪」，原作「那」，據節要本改。
〔二〕「可」，原作「必」，據節要本改。
〔三〕「如」，節要本作「於」。

人命關天關地，故疑獄須慎，未可輕入人死，致累陰騭。至於故入，尤關子孫，何可不慎！

鬼神最忌者，殘民害物之人；　天地所佑者，仁民育物之人。故仁恕爲居官吉祥之本。

仕路窄狹，天道好還。當官處事，須令有忠厚寬然之意，非是以朝廷家公法作私人情。苟使事無大害於法紀，殺一人不如生一人，重一分不如輕一分，於心亦安，於天亦順。昔之聖人著爲典，曰：「與其殺不辜，寧失不經。」蓋君子寧仁而過，無義而過，仁過不失爲仁人，義過則流於殘人，仁人育萬物而有餘，殘人長子孫而不足。故君子惟體仁以長人，弗殘忍以害物，所以奉爲[一]天道而長養子孫也。況世間過厚之德，傷心之怨，往往相值報復每在當身，又何可不仁厚立心，寬弘處世？

一人在官，舉家失業，至大獄所連，或至數家，或數十家。數家則失業者數十人，數十家則失業者且百十人，中間衙門賄賂之費，寓所飲食之費，往來奔走之費，當且無窮，而其父母妻子憂惶愁怨之況，又何可勝言？故無論徇私誣陷關係冥報，即決斷不速，淹滯時日，亦暗折本身之福。

于公，漢之小吏，而自以斷獄平允，信其後嗣必昌，令之大其門閭，可容高車駟馬。其後子孫繁盛果如所擬。東海之于，至今代興不替。古人自信天道之不誣如此，爲民父母斷獄者，亦可以知天道可以知所尚矣。

[一]「爲」，節要本作「若」。

昔東海孝婦之冤未伸，以致大旱三年。古之禳旱者，亦必先令清雪冤滯。蓋天心仁愛萬民，至於善人抱冤，則尤所忿結。故牧民者真能清明斷決，無罔善良，豈不仁感上蒼，福報弘深？

宋之曹翰、曹彬，同祖兄弟也。翰死未幾，而子孫至有乞食者。彬之子孫則累世貴盛，與宋爲終始。仁暴之異報如此，天道亦分明矣哉！

仕途，星象術數之人未可輕近。至於勳臣御戎之家，尤宜遠嫌。

做一場官，須有大德大功留在地方人心，傳之家國青史，乃身名俱榮，人神共快。不然，一過人忘，無異行客之過舍。甚者，遺臭不泯，且爲後世之指摘。大丈夫當流芳百代，胡甘自棄！

凡人之善惡其及人也有限，故天之報也亦有限。若居高乘位，其權之所及者遠且寬，故天之報其善也百倍於凡民，報其惡也亦百倍於凡民。

自古名臣循吏之家，其福禄長，世必有與國家相終始的數家，由其開基之人真忠實德，深得天心，故天亦遂報之以綿遠久長之福。

莅仕後，一部通鑑宜常閲，即一部感應篇注解亦宜時一入目。蓋感應篇雖不如通鑑之勸誡兼乎天人，可以訓世無弊，而其隱助中下人爲善去惡之念、趨福避禍之意者，亦實不淺。蓋最上一等，忠君愛民，自盡其心之當然，無所爲而自爲。其餘，但能知得天道福善禍淫、人心報德讐怨有不爽之理，亦自不至肆行無忌，致忿人神，是亦中下人一貼起死回生丹也。

姑蘇論學

卷一

甲午夏四月二十三日，關中豐川王先生應中丞張公之聘來姑蘇。榮與家學耕進謁，時在座者尚有數友，語次，及江左風氣之敝，榮因請問今日救敝之宜。先生曰：「藥期已疾，講學須從人心風俗之敝〔一〕，痼深，重下砭針，使疾去還元爲貴耳。貴鄉文物甲海内，然積重之習愈流愈長，其在於今，則文太過、華太繁矣，人心風俗之遠不及古處，端在於此。故今日對症之良藥，救文以質，救華以實，是爲宜也。」榮復請曰：「以質救文，以實救華，謹聞命矣。顧不知學問之道，如何卻是質實處也？」先生曰：「所貴乎學者，謂其内而實足資乎成己，外而實足資乎成物，以副造物賦人天地萬物一體之全量耳。故孔門大學以一脈，只在明德新民、明體達用的實務上着腳，其中豈謂不用講説、不須著述、不須論辨？但所講説、著述、辨論俱在這明體達用上用事，始爲本質根實之學。若外明體達用，而嘵嘵焉勝口講説，競情著述，徒尚論辨，即所講説、著述、論辨俱爲虚文浮華矣。總之，天下無無質之文，文而勝質，即爲虚文；無離實之華，華而無根，即爲浮華。千古學脈，只以成己成物爲生人要義，亦只以明體達用爲學術質實。即講説、論辨、著述，亦必歸極於此，而後不至□泛濫。外此而言學，非虚即浮，學其所學，而非大學也。」

諸友進謁請教。先生曰：「大中丞以清操表率於上，復孳孳爲諸君料理館舍，令諸君以文會友，將來仍欲以周、程、張、朱之書勸課諸君。而特揭書院以紫陽，是欲以力行實踐之學，轉移風尚，即吴中返原還醇之一大機也。顧天下事倡在上，而倡之無方，責在上；應在下，而應之不速，責在下。況諸君四民之首，即四民□所觀望，是惟實體中丞今日建立書院

〔一〕「敝」，原作「蔽」，疑形近而訛，遂改。

本心，實下定志定力，以從事於希賢希聖之途，而不爲風尚所移易，乃不負其特舉盛意。即諸君所以立身而惠鄉里者，在是矣，不亦善乎？」諸友起謝，曰：「謹受教。」

一友問朱子之學。先生曰：「敬義夾持，知行並進。此朱子晚年定本，實即孔孟淵源也。」友因問：「讀朱子之書，宜何如？」先生曰：「朱子一生著述甚衆，初年原不無泛鶩之處；中年懲程門末流之弊，原不無偏重道問學之處；故其晚年自悔之意，時時向同人白之。全集所載，可覆而知也。今大全集、語類俱在，初終備陳，讀時卻須分別觀之，庶幾不至迷於所從。然徒觀其言，猶無得也，必心體其生平孜孜爲學之心，而實下遵聞行知之功，然後謂之善學耳。」友曰：「晚年之說，此陽明誣朱子。先生亦爲是說乎？」先生曰：「朱子大全集中既一一俱在，即本傳之末亦有『晚見學者牽於文句訓詁，頗時時指示本體，令其深思自得，而知者固已寡矣』之言，陽明晚年之說誣朱子，輯文集與爲本傳者抑誣耶？且陽明定論中固不必皆晚年，數十條中獨無晚年一二十條耶？但有晚年十餘條，即可見朱子晚年日造日精之學、若無若虛之心，又何須違其本懷，漫無折衷，徒欲尊之，而適自蹈於誣耶？」

一友問：「學術以何爲宗，然後不墮一偏，印合孔孟？」先生曰：「自孔孟而後，濂、洛、關、閩、河、會、姚、涇皆血脈相貫，無不可宗。然學以合天地萬物一體爲大，以體用工夫融會貫通爲全。諸儒不免因一時之症立補救之方，故其爲說不必兼備，善用之，皆切病之良劑；統論之，或有未滿之分量。今日論學術，而欲斟酌圓滿，不墮一偏，必如大學明、新、止善之旨。全體大用，真體實工，一以貫之，然後中正渾全，印合孔孟也。然這裏卻須要融會貫通之識乃可，不然，竊恐不審脈絡，徒鶩體備，又成子莫之執中。」

次日進謁，坐間，有以排陸爲尊朱者。先生曰：「朱陸同師孔孟，獨以其氣稟不同，故其從入之途遂異，然要之謂如孔門諸子，學而各得其性之所近則可，初非如吾儒與二氏判然邪正之攸殊也。況萬世之道統既一歸孔子，則今之講學亦宜以孔子爲宗。試觀孔門之內，文、行、忠、信，何教不備？德行、言語、政事、文學，何才不有？初不聞四科十哲紛紛聚訟也。且學者自有當務之急，又最忌先立成心。今使於自己學術本末虛實之不辨，而競心於前人異同淺深之間，竊恐將來入於口舌議論之習。此子貢方人，而夫子有『我則不暇』之警也。又使自己於入德之途不知參會貫通，而徒聽他人之言爲主見，亦恐將來只成得意見偏適之學，而不足語於殊途同歸、百慮一致之旨。此先儒有『學者最忌先入爲主』之論也。」榮曰：「然則朱陸之偏全淺深何在乎？」先生曰：「朱子生前嘗謂學者曰：『某之學主於道問學，子靜之學主於尊德性。』是其氣稟不同，故其所從入之途不同也。然朱子則心虛而年高，故其所成就日進於充實光輝；陸子則心粗而未老即喪，故其成就未融乎意見之偏執：此則造詣之較然者耳。然要之，目陸爲禪學，而排斥之不遺餘力，則非宜，且非所以尊朱也。」榮曰：「何謂非宜？」先生曰：「禪自是出世之宗，吾儒是經世之學，虛實天淵。陸子主於經世，以陸爲禪，陸子且笑人於地下矣。」榮復請，曰：「不宜則聞命矣。朱陸晚年意見大有不同，駁陸何謂非所以尊朱乎？」先生曰：「朱子之學所以宜尊者，謂其窮理、主敬、力行之旨，中正圓滿，流弊殊少耳。尊朱子須實學朱子之窮理，實學朱子之主敬，實學朱子之力行。讀其書，務明其旨，通其理，務踐其行，使朱子冥冥中喜得肖子賢孫，以光昭其令緒，然後謂之善繼善述□□□□□而稱善尊耳。若不明其旨，不踐其行，而徒以口排陸王爲功在尊朱，果可謂之能繼志述事、光昭令緒耶？且當日無極一辨，陸子既多勝氣，朱子亦微少涵容。至今讀其往返書問，令人爲二先生浩嘆不已。豈容重此喋喋，彰二先生前失耶？又今日孔、曾、思、孟宗傳昭如日月，即濂、洛、關、閩大旨亦示人坦途，學者但各務真知實行，一消黨伐門戶陋習，而會歸於孔孟，庶幾吾道日益光昭，不負朝廷表章孔孟、表章濂洛五子，而尤加意表章朱子之盛心，即朱子不且心喜得善繼善述之子孫耶。不然，而嘵嘵然爭同辨異，即恐無益於斯道之明晦，而徒自蹈於浮薄也。」

越三日，進謁，一友又問聖學從入之途畢竟以何爲正。先生曰：「千古聖學以明體達用爲大，故大學一書，明德立體，新民達用，內聖外王，一以貫之，此乃千古不易之學宗也。外此而言學，非疏則偏，流弊必甚。」

一友言：「象山尊德性之旨畢竟落於徑直，徑直便是禪家一超頓悟餘習。豈若朱子之學主積累，四平八穩乎？」先生曰：「論入門，徑直者有脱略之病，不如積累之平實；而論相資，積累者尤須探本之識，平實正宜資於徑直。學者能合徑直、積累，以從事德性不離問學，以爲尊問學無非主於尊德性。本體工夫，一貫相因，固可望於中行凝道之選。即爲中人□量於流弊之淺深，教人專從積累平實一路着腳，亦自於下學有益。若必視尊德性一路爲異端，而排斥之不遺餘力，即不知所謂積累學問者，抑何旨耶？矯弊而適自蹈於弊，不惟無益於道術之明晦，亦且自蹈於門戶之黨伐，而聖道之真體實工自相割裂矣。」友曰：「尊德性之不可排，謹聞命矣。不知徑直、積累如何可以兼用乎？」先生曰：「以尊德性爲道問學之本體，以道問學爲尊德性之實用，即頓即漸，無頓無漸。體用一原，存□無間，不亦兼之耶？」

先生又曰：「講學於宗旨頭腦所在分真僞、別大小、辨偏全，惟恐其不細，若從入之途轍，此則如適金陵者，由水由陸之不同，不得不乘車乘舟之異致耳，必曰乘車穩、乘舟險？必曰乘舟逸、乘車勞？徒見其無真識，而且虛敝精神唇吻於無益也，此最吾輩之所宜戒。況我輩萬萬不及古人，而徒摘其破綻以爲口舌之資，亦非後生之所宜□也。」

越十日，榮同馮機進謁，先生曰：「看□□□情恬，自是可造之器。」機云：「姿昧質弱，恐不足望於上達。」先生曰：「人只看立志何如，誠能矢不甘下流之志，下己百己千之功，雖愚必明，雖柔必強。何況賢〔一〕天性清醇，正自易造耶。」

榮問：「爲學莫先於立志，平日非不知之，但是志不能定，奈何？」先生曰：「此只是不善思耳。」榮復請曰：「如何

〔一〕「賢」字後疑有脱文。

不善思？」先生曰：「君若能思得此生道不能明、德不能立，便是空生天地，辜負造物生成之義，雖欲不奮勵其志，而不可得。」

榮問：「濂溪之主靜，得毋近於禪否？」先生曰：「吾儒之主靜原是爲經世之本，故曰主靜以立人極；禪學之主靜卻是爲出世之計，故曰還虛乃出離三途六道。吾儒釋氏其旨趣，原皎如黑白之不同，何得以禪疑吾儒之主靜？」

榮問：「平日每苦思慮紛拏，心不能靜，奈何？」先生曰：「無欲乃靜。」榮因請問：「如何乃能無欲？」先生曰：「須體認得無欲之體，時時用涵養省察之功，乃可。」榮又問：「如何樣認無欲之體？」先生曰：「程門相傳體認喜怒哀樂未發氣象一法最妙。」榮復問：「如何樣涵養省察？」先生曰：「論語中夫子與顔子、樊遲論爲仁、君子之九思、曾子之三省，其功最實。」

一友問先生平日於諸儒所得力。先生曰：「生平每讀王文中中說，不覺見小苟安之意頓消；每讀周子書，不覺馳鶩矜躁之意頓消；每讀大程書，不覺吝鄙偏狹之意頓消；每讀二程書，不覺怠慢苟且之意頓消；每讀張子書，不覺頹唐退縮之意頓消；每讀朱子書，不覺虚浮粗疏之意頓消；每讀張南軒、陸文安、王文成、顧文端、高忠憲書，不覺支離撓擾之意頓消。吾於諸儒，蓋無人不取其長。學亦各有得力，未敢硜硜然學一廢百也。特是奉主敬以立極，於取諸先生長中，得力之多寡淺深有分寸耳。」

友曰：「其詳可得聞乎？」先生曰：「此非吾言所能盡，故言其概。不佞平日竊見得千古聖學，必以合真體實工、全體大用，而後中正圓滿，不墮一偏。諸先生有偏重本體而略於工夫作用者，有偏詳工夫作用而略本體者，更有明於本體作用工夫合一而未滿其量，且得力各有脈絡，而不必確本一敬，以合於千聖宗傳、萬世範圍者。不佞竊不自量，妄欲各取其長，悉略其偏，一歸中正圓滿，以求當於孔孟相傳天德王道合歸一敬之旨，故中間去取有多寡淺深，其得力亦遂有多寡淺深耳。」

榮一日侍坐，嘗謂先生：「不排斥陸王，自是公心，但近來學者多排斥陸王之『立大本』『致良知』爲近禪，先生或不宜明言兼取陸王之長。」先生愴然曰：「某之不排陸王者，固以平日所自信，不忍徇人言而改。兼見得陸王之立本、良知，非陸王之私創，乃孟子之本旨。陸王可排，孟子亦可排耶？孟子之立本、良知不爲禪，陸王之立本、良知遂禪耶？陸王之語言、意見之時有偏着，自其病，然此屬賢者過之之弊耳。力詆爲禪，不惟於陸王爲失人，亦且於自己爲失言。且不佞更慮以『立大本』爲禪，不善學者將必至於情識口耳，逐末迷本；以『致良知』爲禪，不善學者將必至於支離撓擾，任情冥行，其不至舉吾道盡性至命之宗，流於見聞標榜、格套假藉之途，不止也。一時之毀譽離合，曾足道耶？」

一友問：「今日紫陽、姚江之辨，舉世紛紛。平心而論，畢竟其所以優劣者何在？」先生曰：「身立堂上，然後見堂下之得失是非。二先生天上人也，愚昧如余，何能辨之？然竊嘗講讀其遺文，窮探其底裏。大抵論其立心，皆守先待後之大儒。論其得力，則紫陽學之功勤而密，姚江思之功銳而精。合之皆可入聖，分之各自成家。無紫陽，此道空疏、師心之弊無以救，無姚江，則此道聞見支離之弊無以救也。然學紫陽者，上之固可望於充實光輝，下之亦不失篤學好修之士。學姚江，則得之固可望於明善知性，失且流於專內遺外，甚且流於師心自用。論千古道統，以踐履篤實爲上；論千古教宗，以流弊輕少爲醇，則垂教範世，紫陽固爲獨優矣。然□此□竟貶姚江爲禪宗，而排之不遺餘力，亦失三代是非之公耳。」

一友問：「先生每謂於漢、唐、宋、明諸大儒各采其長而晰其偏，是欲以一人之身折衷併包也，不亦僭乎？」先生曰：「君見評珠價者乎？當采珠者之梯絙入海也，非有絕人堅忍之術不能爲，然僅能以一命易一蚌，亦尚不能即得其大且圖者而取之；及羣列於肆，雖孱夫穉子，可袖手而立辨其大小美惡；則以創得者難爲功，而坐辨者易爲力也。諸先生或於學絕道喪之日，煥然開志周學孔之坦途；或於功利詞章之秋，□乎啟主靜無欲之門庭；或於聞見轇轕之日，淵乎□識仁定性之壼奧；或於溺空沉寂之際，昭乎揭窮理主敬之實功；又或慮支離之迷本始也，而重宣立本之旨；慮情識之淆德性也，而特闢良知之宗旨：皆梯絙而取珠於海也。余也生乎其後，遺文俱在，兩造昭然，又終身閉戶探討其中，故遂易於細微立審、偏全不淆，所謂居肆而辨珠也。是諸先生爲其難，余也爲其易。豈曰能兼容併包乎？亦幸生其後耳。」

卷二

坐間，有言及立教宜專主力行者。先生曰：「孔門之教，文、行、忠、信，本末内外，無所不該，故其所成就德行、政事、言語、文學四科，亦無一不備。立教必如此，乃能如天地之化工，春夏秋冬任運以行，而一切飛潛動植之物，咸歸化育，故曰『有教無類』。蓋所貴乎教者，原是因人性之所近一一歸吾陶鑄，使之財德達成耳。若有所偏主，則有去取，便是有類矣。有類便有棄才，亦豈能合於天地之化工曲成萬物而不遺耶？」

先生曰：「斯道切近，而學者每以迂遠視之；斯道平易，而學者每以高深視之；斯道中正完全，而學者每以偏畸言之。視爲迂遠高深者，其人本在斯道之外，言之偏畸者，其人自視爲斯道之中，然其實以迂遠高深視道而道存，以偏畸言道而道亡，故『意見』二字最吾道之大弊。」

謙問：「近來學者每言禪學與聖學亦有同處，此言是□？」先生曰：「此言似是而實非。生人只此心性，吾儒言心性，禪家亦言心性，初學無識，遂疑其有相同之處□殊不知禪家是把一切天地倫物並自己身心皆目爲幻，獨取此心一點靈明知覺，收拾到至□至淨，而歸於無何有之鄉。聖學則實就日用倫常上用功，而歸於盡性至命與天合德之域。其□於無聲無臭、不識不知處。若相同，要之究其旨□則一人走東，一人走西，如何可以同論？學者辨不清路途，慕吾儒之盡性至命，而自涉於禪宗清淨寂滅之途，與惡禪家之清淨寂滅，而並擯吾儒之盡性至命歸諸佛氏，皆於聖門路途未能了然於心者也。」

一友問：「先生言本體必歸重於工夫，言工夫必歸本於本體，何也？」先生曰：「有實工夫，乃有真本體；有真本體，乃有實工夫。安敢不合言之？」

一友問：「佛亦可謂之聖人乎？」先生曰：「佛是衰世之賢者，有托而逃焉者也。謂之聖則不可，聖是通明之謂。佛氏偏蔽於清淨一邊，其通明何在？」

坐問，有願學朱子、不願學諸儒者。先生曰：「學朱子自平正穩確，但朱子生平之學日進日邃，亦屢變益精。其初鑑程門末流之弊也，故其言道問學處居多。其後鑒學者多牽於文句訓詁也，故又時時爲之指示本體。然要之言學問非偏廢於存心養性之功，而言本體亦即在日用倫常之間。細觀大全集並□□□□朱子本傳自見。我輩尊朱子，要知其生平救弊之苦心，更要知其晚年矯偏之本意，乃不至以尊朱子者病朱子耳。」

友問：「朱子所以造於何地？」先生曰：「未嘗親炙其德輝，何敢妄斷？然就其論述，想像其實詣，亦庶幾乎充實而光輝矣。」

先生曰：「人性本善，不假人力而善，然亦豈能不假人力，而使不失其善者？陸王立論意在張皇本體之本善，未免於盡性復性實工夫容有脫疏，殊與六經、四子本旨有異。苟不善學，虛見不實之弊所不能免。然鑑此而不知工夫所以全本體，而又舍本體而言工夫，支離牽纏又豈能免？必如中庸尊德性而道問學，然後爲中正圓滿也。」

先生又曰：「好直捷者有脫略之弊，專務說辨證而不知探本窮源者，支離纏繞之弊亦所不免。如天秤然，左輕，而加之太重，則右又輕矣。我輩既以孔孟爲大宗，何可有偏重一邊之說，以爲後世學術之害？」

一友問：「朱子之學已至於充實光輝，而全集中不無涉於多學而識之說，何也？」先生曰：「朱子之意原欲由博返約，故初問論學時，每涉於此，然亦少壯未通透時，見未圓融，不免有此耳，故其後屢以爲悔。即孔子不嘗曰知天命乎？五十之前固不敢自謂知性知天也，然論人以晚年所造爲定評，初中固不須求也，況到後來既已自知其前之偏重，即前失又何足爲病者。」

先生又謂謙曰：「近來士風，不講學術者，全然視此事爲迂闊；略知名目者，卻只以口舌議論當之。舉六經、四子真知實踐之旨，墜地無餘，深負孔孟之良訓。吾輩宜以爲鑑也。」

謙問：「君子義以爲質，必要禮行、孫出、信成。陸王之學，得毋但有義質信成，無禮孫工夫與？」先生曰：「不是全無禮孫工夫，只緣有任性師心之病在裏面，所以異乎孟子之純粹，而見解時流於偏畸。且義信賴禮孫爲出行，只可言得禮孫恰好、不恰好，言不得全無禮孫。今觀象山義門風規、荆門政績，陽明討寇之略、推功之仁，禮行孫出，豈其無之？但以天稟爽邁高明，柔克工夫殊未詣極，一切言行未免負性帶氣，一往直前，覺得禮孫工夫不免疏歉耳，未可道全無此二項條理也。」

坐間，有極詆王文成爲禪者。先生曰：「王文成天姿極高、極雋快，見解明爽處，同時諸公無及之者。其病卻在當時無出其上之師友爲之切摩。又其生平不甚得力於六經，故其直截易簡處極可取，而其師心自用處流弊亦不少。若目爲禪，恐未可。禪自是出世之學，文成自是經世之學。明世宗許爲有用道學，自屬公論，但未若顏、孟、周、程之純粹耳。彼推之過當，而以爲直接曾孟者，固屬過實之譽；若斥之過甚，而以爲吾道之異端，亦涉失真之毀也。吾儒自有三代之直道在，奚容任意爲是非？」或曰：「顧、高、馮三公，皆巨儒也，而皆力詆陽明無善無惡之説，抑又何也？」先生曰：「陽明此言語病即不無，然推以無意、無我、無極、太極之旨，義亦可原。而顧、高、馮三公必欲鍛成不可救之罪，亦太覺深文矣。此正黨錮激烈之餘習，吾輩宜以爲鑑，尚足援據耶。」

謙問：「高忠憲、顧涇陽二先生，近來學者多指爲禪，果涉□□？」先生曰：「顧高鑑陽明末流之弊，立論推排無善無惡之説，故顧先生言本體以性善爲宗，言工夫以小心爲主，高先生則力持明善復性之旨，此□□本四子以立教。貴鄉有明一代，學術當以二先生爲主盟。若並二先生亦目爲禪，豈吾儒僅聞見□□、徇迹仿象之学耶？又岂正心誠意、盡性至命之旨，特二氏有之，初不屬之吾儒耶？不特視吾儒之宗傳僅落於格套皮毛，抑且割吾儒之精微□歸之二氏，於六經、四子之成説，亦日習而盡□也？且今之並目顧高爲禪者，以其言性善、言小心、言明善、言復性，類於虛寂，不似朱子之立教合窮理、主敬、力行並進，爲平正確實，有可依據耳。故力排象山之立大本、陽明之致良知，並顧高之性善、小心、明善、復性而擯之。獨不思朱子平日之學術，何處非本性善、小心、明善、復性爲旨歸？今觀大全集百本、語類百本以及諸經書之注疏，雖不單靠心性提宗旨，然何語不本此旨爲淵源？且試問朱子之言窮理，非即窮此性善、小心、明善、復性之理，而外此更有何理乎？朱子之言力行，非即力此性善、小心、明善、復性之行，而外此更有何行乎？朱子之言主敬，又豈於此性善、小心、明善、復性之外更有一段收斂把持，將來作敬而主之耶？又朱子主敬之旨，果異於顧端文小心之旨耶？朱子窮理、力行之旨，果異於高忠憲明善、復性之旨耶？是不特無見於顧高之底蘊，並不察於朱子之源流也。總之，吾儒論學術之大全，能兼采諸家之長，而不輕沒先賢之善，固爲大公。即實踐朱子之學，而防其流爲虛寂之弊，絕口不言顧高之旨，亦無不可；但不可不參究朱子一生論學之旨，並不參究顧高與朱子異同之旨。且目未觀其書爲何似，人禪亦禪，隨聲附和耳。」

或有問及薛文清與陸王之異者。先生曰：「薛文清最穩當平實，此救陸王之弊者也。然學以盡心知性爲大本，陸王言心性處自分明。學文清者卻須參以陸王本體之見，乃本體工夫，一貫不偏，畸重則或彼或此，流弊皆不克免耳。」

謙問：「禪自有禪之樂，吾儒自有吾儒之樂。若以稍曠達爲即是禪學，則曾點春風浴沂禪也，中庸鳶飛魚□□也，朱子『圓融無際大無餘，即〔一〕此身心是太虚』，程子傍花隨柳及弄月吟風等風味皆禪矣。不特□□即孔子朝聞夕死、於我如浮雲皆禪機，而程子解鳶飛魚躍，至引禪家『活潑潑地』之語以證之，則又分明是禪矣。且禪是脱離倫物綱紀，而以静虚爲樂；吾儒今日日讀聖賢書，日盡倫常事，其主静乃爲立人極耳。何患入禪乎？」先生曰：「君言自是，但亦須辨得儒釋分界處清楚乃可，不然卻恐偏溺成碍，誤入禪耳。此亦不可不知也。」

謙問：「吾輩學道工夫，尊德性而道問學，二者不可偏廢，亦不可偏重，須銖兩悉稱然後當。不知是否？」先生曰：「爲學不知尊德性，則流爲俗儒之支離聞見，然徒知尊德性而不知道問學，亦類於二氏之溺空滯寂，故朱子有去兩短集兩長之説。然卻要知尊德性之功，原在於道問學，而所以道問學之意，亦原是爲尊德性。本體加以工夫，工夫不離本體，這時説個筋膠融浹也可，即説個銖兩悉稱亦無不可。若不知一體相成，而徒言不可偏廢，即銖兩相稱之説，又成執中無權、門面調停也。」

先生又曰：「朱子志道章注云『本末兼該，内外交養』，此是印合孔孟學宗以立言。吾輩今日學問必實體此旨，庶幾一貫不偏，方爲大學正脈也。稍偏，則不墮於禪宗之虚寂，即流於俗儒之支離矣。」

一友問：「著述亦明道之資，或亦不可無者？」先生曰：「不言而信，存乎德行，著述非所先也，必也爲明道而言，平心論理可也。爭門户，競上流，則不必。」

一友問：「先生與中丞議論不合處，每以一語轉之，而不深加折辨，何也？」先生曰：「道如淵海，即見深者，豈能使

〔一〕「即」，原作「只」，據朱熹日用自警示平父改。

盡其全量？一言微失□□□□□上流，此淺丈夫之爲耳。且安知非□□□或偏乎？至我不漫然隨順中丞，而必爲一言轉之者。道，公道也，隨中丞則有中丞而無道，故不敢以喜佞惡直待中丞。且自己亦不敢自蹈於徇人，而自信爲盡當，故特轉一言，虛心相商耳。」

謙問：「謙嘗擬『學而時習，不亦說乎』之解，謂學如開井然，用許多工夫，將來求得泉也。及開通泉眼，則水自源而來。學而能貫徹原頭，自然心神活潑，油油然胸有真趣，而得悅心之境。不知是否？」先生曰：「頗爲得之，但卻要知這『學』字是朱注明善復初之學，則『悅』字乃有來路。若如世俗之所謂學，即恐惟見其苦耳。」

謙問：「□□□事理，而但證之心，心與事理相隔，故有□□□□之弊。儒者若專向外面用功，不內體之心性，而令事與心融，則亦安能免義外之病耶？」先生曰：「是。」

謙又問：「吾儒之學，必須外之所行實本於心，內之真知□□□行□後，乃無內外間隔之病。」先生曰：「是。」或有言顧端文。[一]舍是而□□於語言疑似之間，執己陷人，深文少恕，惟類於黨伐。又似舍當務之急，而徒爭閑氣也。

一友問：「先生從不闢陸王，莫不是願學陸王否？」先生曰：「吾儒自有孔孟體用工夫一貫之大宗在，陸王不免旨有偏着，意見未化，豈所願學？」友曰：「既不願學，不闢何也？」先生曰：「陸王之有偏着，視孔孟有偏着耳。然其生平學術行事根心本性，亦自不陷俗儒皮膚冒竊之弊。若在聖門，亦當在子游輩重本輕末之列，固非異端也。我輩生乎其後，只可爲之惜其見解之未能圓滿，何可等於楊墨之異端，而固拒諸吾道之外乎？又以敬自視兩先生事功、文章，千不如，萬

[一] 此句後原文漫漶，故暫付闕如。

不如，愧服之不暇，更何敢輕加排詈耶？且敬不惟不敢妄詆先賢，亦且深體朱子取善之心，而不欲遺之恨耳。」友曰：「不敢妄詆先賢則似矣，如何是深體文公之心，而不欲譴之恨者？」先生曰：「昔朱文公守南康，日邀陸子講學白鹿書院。陸子爲之發明義利之旨，文公聽之深加敬服，對學者曰：『某到此不曾說到這裏。』負愧何言？至刻其說於貞石，親加題跋。其後又有鵝湖之會，中間書問商確不啻密友。獨以無極一辨，意見不合。然當時門弟子有因此極詆陸子者，文公仍曰：『南渡以來，八字着脚理會着實工夫者，惟某與子靜二人，某實敬其爲人，老兄何可輕議？』又嘗曰：『某之學重在道問學，子靜之學重在尊德性，自今當舍兩短、集兩長。』又因陸子久無書問，則重貽之書，有『無若居士兄遽斷來章』之囑，是則文公之於陸子，其見解固不必有水乳之合，其人品豈遂若薰蕕之異，未嘗不於學術異同之間深致其辨，初非於意見離合之中相視如讎。今若直擯陸爲異端，是反誣文公生前刻異端之說而不知辨，交異端之人而不知拒，不幾爲文公貽生前不知人之失乎？且朱陸生前道誼之交，自我們數百年後，始爲之分黨與而爭門庭，重蹈陳清瀾學蔀通辨之故轍。不惟自己徒落得無知人論世之識，亦且於前賢本來和諧中，頓生黨伐之根，以貽其幽冥之大憾，故既有所不敢，且不忍也。知朱子之於陸子，則知朱子之與王子矣。」

謙問：「陽明先生謂事理只求諸吾心，不可於事物上求；又謂盡吾心之天理，自合乎古之儀節，不必講求古之儀節。然則如古曲禮、小學諸書所載温清定省諸儀節，可以不講求與？」先生曰：「外吾心原無所謂物理。物理者，吾心處置事物自然恰好之天則也。固未嘗離卻事物，然其機緘卻在吾心一切事物之來前，特爲吾心觸發之端耳。如親當孝，君當忠，是固昔人之所疑事事物物皆有定理者也。獨不思君親一也，臣子則有忠孝者，即有不能忠孝者，有忠孝之極其分量者，即有未極其分量者，忠孝之理果於君親之身求之乎，亦於吾身求之乎？大率義内義外之辨，極精極微，雖賢者未易晰其端委。事事物物皆有定理之說，苟不善會，未免涉彼長彼白、所敬在此所長在彼之見，故陽明先生舉而歸之吾心，是固孟子義内之旨。其理自精，但此理固在吾心，而吾心未明之初，豈能一一悉達其藴、盡滿其量乎？曲禮等書所載儀節，皆古之聖賢從此心精義入神之後，以利用安身之道，書之簡策，而昭示天下後世者也，故必須多聞多識。即古人盡性之言行，觸發吾心未見之端緒，即以證吾心已見之端緒，然後心量克盡，與聖合符。是講求古來儀節，正禮記所謂多識蓄德之事，其於開發本心，印證本性，深有賴焉。此中庸明善之功，不廢博學審問，而曾子以爲輔仁有藉於會友也。故謂講求儀節在知其要領，無非求明此心之天理，初非執定古本，據爲應事之準則可。若謂但致吾心之良知，而全無事於講求古人儀節，不學不問之人，尚不知心作何狀，如何爲盡？且不知吾心原與古聖賢之心同一體量，而古聖賢一切盡心之節目，原無非我心自有而宜盡之條理。縱此心不雜於人欲之私，而以茫無證會之心師心自用，其能於吾心悉達其藴、盡滿其量，如古曲禮等書所載之儀節周詳美備乎？亦見其乖張而謬戾矣。『孟子道性善，言必稱堯舜』，正以人性之善，原與堯舜同。而堯舜則千古能盡性之人，千古人盡性之準則也。欲踐吾性，正須實學堯舜，故書曰『學於古訓乃有獲』。獲固獲吾心之理，然不於古訓是學，亦將何所則效而有獲乎？陽明先生主張即心即理之說，而並其開發印證吾心之實功而廢之，是亦未免懲噎而廢食，無怪乎後世議其多師心也。」

卷三

問：「主敬存誠乃爲學大關鍵，蓋學問之道以收放心爲要，而欲收放心，舍此無從下手也。今堂非不欲收□放心，其奈惰慢縈擾之私隨剷隨生，甚至加意振作，而困苦百出，必至廢弛而後已。不知用何方法乃可把持牢固，漸造於醇熟地位？」先生曰：「禮曰『君子莊敬日強』，易曰『閑邪存其誠』，爲學而欲使惰慢縈擾之私不生，豈有他法哉？亦惟實下主敬之功、實盡存誠之學而已。但非實見得吾心本敬本誠之體，而直截從本體上着工夫，竊恐以硬把持便謂即主敬之真、强差排便謂即存誠之要也。大學曰：『欲誠其意者，先致其知。』君誠欲主敬而存誠乎？曷先於格物明善之功實落圖之？」

問：「吾儕自知福薄之人要積善以培根本，惡念固不敢萌，而浮游妄想終難排遣。即如今舉業粗疏，自知庸下，而功名之念沖擾於胸中，往往有僥倖一得之想。且於事至物來，從沒有善處之法。未至，輒躊躇所以應之；既至，忙亂每多不當；過去，又割捨不斷，計其得失。只極一小事，過了一個日子。此無才乎，抑未明理乎？」先生曰：「所云『惡念不敢萌，而浮游妄想終難排遣』一段，見足下天良之本善，又見足下自知之分明，可敬也。顧浮游妄想，豈排遣之所能盡？亦豈有才者之所能排遣哉？蓋吾心浮游妄想之私，原不可使之擾吾清明靜定之體，而徒欲盡之以排遣，竊恐即排遣成浮游妄想矣。昔顧端文先生嘗轉孟子『養心莫善於寡欲』之言，曰『寡欲莫善於養心』。此真工夫合一之見，爲千古萬世求放心者澄源探本之論也。然則足下誠欲禁浮游妄想也，正不必於浮游妄想尋對治法，但從本來無欲之心體，用體認涵養之功，使吾心大公順應之體段見得分明，養得純粹，到得道心爲主時，即人心自當退聽，而浮游妄想不禁自遠矣。」

問：「堂自幼雅慕賢豪，心圖就正，奈生年二十八矣，所交落落無有合者，居恒每有寂寞之感。夫惡習固不敢入，而善者亦未得相與也。豈德鄰之難歟，抑動與人違而不自覺歟？願先生有以教我！」先生曰：「天下賢哲皆同道，同道即同心，故賢與賢，或聞風而殷慕，或傾蓋而談心，甚至有讀其書，憾不親炙諸百世之上者。蓋好之真，故其求之摯，求之摯，即賢者且與我有同心，而求我矣。尚安得有落落寡合之感歟？且方今即無上聖大賢，至如堪爲足下師者所在不乏，而二十八年竟落落無合，豈德之孤而鄰之寡耶？竊恐足下不能於未見之先，如古之慕賢若渴；既見之後，不能如古之賢賢易色；與賢者居，不能如古之親仁就正；與賢者遇，而不能如古之降節服教。則是動與賢違，而不自覺也。夫如是，即足下再至二十八年，其落落猶如故耳，豈獨今日哉？且性習無中立之勢，善者既未得相與，即惡習恐日久而潛入不覺也，又不獨德鄰之難矣。」

跋

甲午夏，家君以應儀封中丞之召，至姑蘇。一時諸名士多見顧於寓中，中有一二論學術者，每以痛擯陸王爲尚。家君輒平心酌劑，未嘗少徇其意。許、徐、沈、馮固南中有識士也，有所問，必録而記之。然於折衷陸王之說，容加回護。暇時，質其所録於家君。家君於其回護處，則俱如其原說改正焉。功請曰：「陸王爲蘇中一二從中丞遊者所擯，曷少隱之？」家君愴然曰：「是何言也？道，天地之公也，二帝、三王之所不得私，孔、孟、曾、思之所不得私。吾輩論道，亦惟其公者公之而已。執己排人與夫徇人忘己，皆昧心而害道者也。吾於此道，四十年中，由二帝、三王、孔、孟、曾、思而下及河、會、姚、涇，更由河、會、姚、涇而上衷於孔、孟、曾、思、二帝、三王，始之由同以疏異，後且由異以歸同，蓋幾費探討體認之力，始有此一隙之明。苟明知其如是，而昧心害道以徇之，無論非大道之公也，自違本心亦甚矣。且吾於陸王採取其長處極多，即補救其偏處亦不少。一旦盡棄其夙學，以要人一日之合，自悖夙旨不尤甚乎。是惟宜據日前之原說，以求正當世，倘得當世明識平心者謂予是，余固得同志，即當世有明識平心者，而能確指予非，予且得益友回護，亦無所用也。」

嗚呼！家君之命録此而不諱也，固就正有道之深心所由寄也。閱此編者，能鑑原其心之不敢私，斯道之幸也。能切摘其見之尚有偏，尤斯道之幸，而家君之所殷祝耳。

男功謹識

姑蘇紀略

寓蘇日，友人有謂家君之學原是陸王者。功歸，以告。家君曰：「此譽我而失實耳，非毁也。今無論陸王學術有淵源，即如自宋以來，濂、洛、關、閩靡不有堯舜君民之志，然皆以未能得志行道，致令無識者有多議論而少成功之譏。象山義門之風冠絶千古，荆門之政備見躬行。陽明初爲主事，即疏參劉瑾；及勘事福建，以無責任、無兵糧之客臣，忘身忘家，而蕩滅宸濠滔天之寇；至於平江西兩廣積年猾盜，皆能不動聲色：偉勳爲前此諸儒所未有。既足刷道學迂闊無當之羞，並足徵吾儒體立用行之效，使在孔門，即不得列德行之科，亦當於言語、文學、政事三科中高占一班。如我迂疏庸腐，常愧不及二先生萬一，今曰原是陸王之學，則我竊附爲幸矣，是深譽我者，孰如此言！象山之學主於立大本，而我平日必言本末兼該。陽明之學主於致良知，而我平日則必言知行一貫。未嘗不於陸王採取其長，正未嘗不於陸王補救其偏，則是我於陸王不爲世儒之排斥，而要之言論各有淵源，旨歸亦各有着落。原不侔也，今乃比而同之，此則傳聞我之兼采陸王，而未察我之學宗何如，並未曾目睹我平日之論述何如，故不免有此説耳，無□異者！」

功因問：「本末兼該、知行一貫，目與單提立大本、致良知□□者有偏全之分，而知交多以陸王之學爲説□□。」家君

男功謹録

曰：「象山之立大本本於孟子，陽明之致良知亦本孟子。今觀孟子曰：『先立其大，則小者不能奪也。』立大本初非遺末也。陽明之致良知其爲□本曰『實致其良知於日用倫物之間』，是致良知初非遺行也。但二公當日欲矯支離聞見之弊，不免意見有偏重。而從之學者每不能善守其原說，讀其書者復不能會通其本旨，遂致有於內偏重之疑。由是禪學之疑因之起，而爭門門戶者遂聚訟盈庭矣。故我每言學必言本末兼該、知行一貫，以補其言外未盡之端，使聽者一聞了然，或當免尚口者頰舌之煩，爲吾道斬去一重葛藤耳。究之豈能深加乎其原旨也？不特此也，且如周子言主靜，而我必言動靜交養；程朱言主敬，而我多言敬義夾持。此亦豈能加於三先生本旨毫釐者？特我生乎其後，有鑑於末流不善學者之舉一廢百，未免由□始立教者之語言有偏岐，故合下即合體用工夫以立言，先消這一重語言異同之障，是則諸先生對時制方之醫，而予折肱救弊之醫耳。偏全之說貌若似，而情實未盡也，至於疑我之學是陸王，此則近時學者之習見。蓋彼亦未暇細究孔孟是何學術，亦並不推陸王立大本、致良知之淵源出於何人，並不知陸王立大本、致良知之宗何以流弊近禪，且並不暇徹底窮探禪之爲宗若何。但見陸王之言立大本、致良知，即曰禪學，至於目不睹陸王之書者，亦從而羣噪之曰禪。及詰之，則曰近時學者皆云，及問近時學者何以禪陸王如是之甚，則曰陸子重內輕外、重本體略工夫，且與朱子無極之辨有異同，朱子之門人曾禪之；而陽明則生平不以象山爲非也，且致良知之說亦有似乎重德性而略問學，故並禪之耳。至細詰以立大本與致良知之說何以是禪，既茫然莫辨，更細詰以朱陸異同於無極之辨，信矣不知既辨無極之後與朱陸之相交也何如，則亦於朱子全集中晚年所以與陸往還之書，並陸子集中與朱子往還之書舉茫然莫知其梗概也。但見不闢陸王者，則曰是附會陸王者，更見有取陸王之長者，則曰是真學陸王之學者也。此友之疑，或亦出此耳。殊不知我生平之學尊孟子，故於陸子之言立大本、王子之言致良知，不惟不敢排斥，實心取焉。然我取立大本之旨，而鑑於陸子畸重立本，而使人有遺末之疑也，則補救其闕，而申之以本末兼該之旨；有取於致良知，而鑑於王子單提良知，使人有遺行之疑也，則補救其闕，而申之以知行一貫之旨。此如製藥者未嘗不於术、芍、連、芩有專用之時，而佐使炮製之間固自酌劑平允，殊無偏勝之患，則與彼之用术、芍、連、芩者固不可別而異之，亦豈容渾而同之耶？且我深惜近世學者，自己於明善誠身之要不肯實講一句、實做一步，專以譏評先儒爲徒資口舌之具文，又並不肯實於朱子之書細心體認，精求原委，於朱子之教身體力行，詣深造極，而專以攻譏陸王爲尊崇朱子之借資。無論其學術落於徒尚口耳，大失朱子平日教人躬行實踐、虛公取善之至意，即其立心先已不可對朱子而質聖賢也。故我於朱子不敢徒讀其書而不體其心，徒尊所聞而不行所知；於陸王未嘗不取其重本之得，亦未嘗不救其偏内之失。殊不敢爲世儒之口闢陸王，便爲功在尊朱也。故生平於朱陸學術之辨，自己取舍之間，皆平心質理，不敢昧心作一字含糊模棱之言，欺天罔人。此友徒見我之不排陸王，兼取其立大本、致良知之旨；而未察我所以補救之本意，則心以爲學陸王之學耳。」

功復問：「然則朱陸之異同何如？」家君曰：「我輩生二先生五六百年後，無從面質二先生底裏，然遺文俱在，誦詩讀書固可論世知人也。大抵二先生生平所睹面，則鵝湖白鹿耳。鵝湖之會，朱子之意欲人泛觀博覽，而後歸之約，陸子之意欲先發明人之本心，而後使之博覽，然未大辯詰也。白鹿之會，則有同無異，故陸子義利之說，朱子親劖之貞石，而跋其後。至無極一辯，而意見乃大相左矣。然其生平書問，則兩家全集俱載其本末始終，參互考證，自可以得其概也。大抵朱陸之學同尊孔孟，而氣禀之高明沉潛不同，故其初之從事未免各從其性之所近以入，沉潛者所好在篤實，高明者所好在易簡。朱子之學術雖尊孔孟，而其禀賦之篤實與曾子、子夏近，故其生平所學原本於曾子三省與子夏博學篤志一章之旨，而教法則原本於子夏不躐等之旨。陸子之學術雖亦尊孔孟，而其禀賦之高明與孟子近，故其生平所學原本於孟子之立大本、求放心，而其立教則有似於子游重本輕末之義。所謂學焉各得其性之所近，而即以此各授其徒，亦如親炙孔門者之造就各自成家也。但朱子好學，而得天之齡長，故年彌高，學日進而德且彌劭。陸子則負氣，而得天之年短促，故學卒未至於孟子之醇乎其醇，而師心之病終未化，意見之執終未融耳。」

功曰：「然則今日當如何遵守？」家君曰：「萬世師表者孔子，今日學術奉孔子爲宗，而兼采諸儒之長，以會歸於洙泗。此萬世之公論，亦朱子之素心。若慮初學易迷於所往，流入空虛，而一心恪守朱子之學宗，詣精造微，以達於孔孟，正自平正確實。但不可不講於孔孟之宗傳、不講於朱子之學宗、不講於陸子之底裏，且不實學朱子之學，而徒以口頭排斥陸王爲功在尊朱耳。蓋尊其學在真明其旨而實踐其行，徒以口頭排其疑似爲推尊，不惟非尊崇之實事，亦且於一道同風之世，徒生黨同伐異之轍；於吾道真知實踐之途，僅成一口舌聚訟之庭。如閭閣婦女一言之異，輒爾角口不止，已陋甚矣，況又不能深得其情，而徒傷吾道之公乎？」

功復請曰：「近世學者皆諱言陸王，吾父心不沒陸王之長可矣，或宜諱言之，以息紛紛之爭。」家君蹙然曰：「小子言何鄙也！道，萬世之公也。如我不沒陸王之長，而仍補救其偏，自信此心可以質諸天地，質諸孔、曾、思、孟，並可質之朱陸二先生於百世之上。彼尊陸王者謂我補偏之說尚不滿於陸王，至有面規之者，我不恤也。闢陸王者謂我取長之言附會陸王，即有背毀之者，我何恤乎？且我生平過不自量，願學孟子，故於知言論世頗費心力，四十年來，於諸儒先學術原委微細窮索，始之由分悟合，繼且由合晰分，乃始有此平心質劑之微明。今即不敢謂百世俟聖於不惑，顧其自信此心此理之公亦久矣，棄自信者，而一旦以避謗畏譏之故，隨聲附和，心何安乎？且前有千古，後有萬年，天地鬼神昭布□列，違平日自信之素心，以取悦世儒之口，□□□□□□□□□□之，使前賢負疑似之謗，亦負慚於孟子辯禹傳子、伊尹割烹、百里奚飯牛之義矣，其若願學孟子之素願何？今以往，有鑑我之心而知我者，我聽之；即有聞我之言而仍以爲譏者，我亦聽之。若曰是宜回護而隱諱，此鄉愿媚世之術也，且未論其見解之偏全是非，即其得罪於天地鬼神、前聖昔賢亦甚矣。我則何敢！況三代之直道自在人心，當世之高明應自不乏，倘因我之説有正我之失而當者，即我獲其益，更若因我之言有少解其惑而悟者，即人獲其益。是我一直言無隱，而人我皆益也，又何諱焉？」

功復請問：「陸子之立大本、王子之致良知，既淵源於孟子，而後之學者往往擯之爲禪，何也？」家君曰：「是亦有説焉。孟子之言立大本、致良知是統論學術，故立大本爲吾道首重之條理，而良知亦吾道應有之脈絡。而陸子之言立大本、王子之言致良知乃是單提宗旨，單提爲宗，即未免偏重之流弊生矣。故重在本則未免語末或輕，宗在知則爲言於行似略，是以爲世道計者憂之，以爲斯道中正圓滿、無有偏倚。既偏於內，則流弊易至於遺外；既重於體，則流弊易至於遺用。一不善學，而吾儒知性盡性之旨，且將流於佛家明心見性之途矣。於是先正爲防微杜漸之慮者曰：『陸王偏重本體，易使人遺工夫而寡實用，其流弊與空宗近。』而逐聲者遂並不窮其底裏，而直禪之曰：『先正某人曾云。』不知先正乃防微杜漸之義耳。究之陸王教人存心盡性於人倫日用之中，禪學是教人明心見性於三界萬象之外，血脈宗旨天淵分異，直舉陸王而禪之，陸王不且笑人耶？又其謂窮理知言何故？余於陸王未嘗不惜其立意有時涉於偏着，下語有時涉於岐重，又未嘗不防閑其流弊、補救其闕失，而終不忍直加以禪學之目。蓋我看得陸王宗旨分明，更看得禪學宗旨分明，故不忍以本來不同者隨聲渾合也。」

功復請問：「既願學孟子，則論學一遵孟子之意旨可矣，而平日每舉大學明、新、止善爲學宗，何也？」家君曰：「我於孔子後反覆推勘，惟孟子見明力定，卓然爲吾道長城。其書明快的確，無一非孔子心印，故生平不自量其力之不逮，而矢願學之志。然孟子生異端與吾道爭衡之日，而我則生吾道中門戶自相黨伐之時，重本體者略工夫，重工夫者遺本體，重真體者寡實用，重實用者輕真體，一門之中互有是非，一家之內至相異同，斯道幾成口舌議論之場矣。故我論學宗大學明、新、止善一貫之宗，而初不盡拘孟子之言，如老學究區區奉一先生之説而不知變也。然要之明、新、止善，豈有加於仁義之旨者？第其爲旨，體用工夫渾然圓成。得善學者學之，固天德王道之一貫；即不善學者，亦不至於偏岐貽弊。故我願學孟子之爲人，而學宗大學之宗傳耳。」

功曰：「學宗大學之宗傳，其若願學孟子何？」家君曰：「昔孟子願學孔子，然孔子單言仁，而孟子則兼言義。我學孟子之爲人，而學宗孔子之心傳，安在其不善學孟子者？且孟子願學孔子，而我直宗孔子之學宗，正所謂願學孟子也。蓋我願學孟子者，心心之相印；而論學宗大學者，則溯源窮本，抑又斟酌方藥之時宜耳。且千古學宗惟大學中正圓滿，本無滲漏，自不容舍此他適。矧國家表章孔子萬世師表之題昭如日星，遵王不悖之義亦復應爾也。」

豐川答問録

卷一（答徐子）

豐川王心敬爾緝甫著
麻城受業門人徐家麟録

問：「中庸論舜之大德，以禄、位、名、壽爲可必得；呂氏則有命雖不易，惟至誠不息足以移之之論；孟子章朱子則有修德行仁、天命在我之論；至若詩書所載『祈天永命』『祝嘏介福』不勝指數。苟無是理，聖人豈肯載之於經？不得以二氏因果感應及百家小説所述禍福之迹爲盡誣誕也。所可疑者，孔子□與舜同，而禄、位、名、壽盡與舜反，且不王可矣。匡之圍，陳蔡之厄，桓魋之難，至於如此之極，將所謂『至誠不息足以移之』，『修德行仁，天命在我』者何如耶？且如聖人不以飲食嗜欲傷其生，鄉黨所記章章矣，而疾病亦不能免，豈非陰陽□□之患，聖人固無如何？由此言之，天勝人耶，人勝天耶？」

先生曰：「來問深信修德得天之理爲不誣，是矣。而顧疑孔子盡與舜反，謂若至誠足移、行仁在我之説，亦有不足信者。噫嘻！吾子亦但見孔子在當時如彼，未計孔子之在後世如何也。吾子試思禄、位、名、壽，天以報之當身者爲厚乎，以報之百世者爲厚乎？人以得諸一時者爲大乎，以得諸百世者爲大乎？以孔子與大舜之得報在一身論，孔子之得天若與大舜反；以孔子與大舜之得報在百世論，天之報孔子，孔子之得天，與舜反與舜不反，又孰厚孰大耶？竊覺孔子不特其功德之賢於大舜者遠，即其得報之過於大舜者，亦正遠也。所以然者，大舜、孔子之德原非有優劣之殊，亦非有大小遠近之異。第大舜之功德極一時之盛，故天若遂報之以一時之極；孔子之功德原合萬世爲一身，故天之報孔子亦遂若延年一身以及萬世。德如其報，報如其德，正毫釐不爽耳。天勝人耶，人勝天耶？至誠足移不足移，行仁在我不在我耶？遠眸亦可悟矣。至若疾病之説，吾子所疑者元家性命雙修、不囿五行之旨，而吾夫子固在天地陰陽之内，造化運氣之中也。在氣運中者，天且有不期之變異，地且有不測之灾祥，而況於夫子乎？但如夫子之不以嗜欲飲食傷生，則亦自有人定勝天之義矣。然此等處卻無關大義，本不足置辯也。遠眸但於尚論舜時，體認舜在當日一生所遭是何如境遇，舜卻如何樣修德；孔子一生所遭是何如境遇，孔子卻如何樣修德。隨身所遇，師聖增修，而於嗜欲飲食間，時時奉鄉黨一篇，如遵生之箋，是乃吾儒學古有獲實義耳。」

問：「李泌君相造命一言，儒者深善之，而程子則曰人事即天命。麟嘗靜觀日用之間，吉凶禍福莫不由人事之得失。程子之言信而有徵，固不獨君相能造命矣。然吉凶之機，出於惠迪從逆之顯然者十八九，而莫爲莫致者亦常一二，則天命又不盡聽之人事也。是終不能無疑也。」

先生曰：「吾子能信君相造命之旨，又能推見造命之不獨君相，則亦自可知天命之不外人事矣。而顧疑於莫爲莫致，亦常一二之天命，不知論理論其常耳，其莫爲而爲、莫致而至者，固其數之變也，數變十之一二，豈足疑常理十八九乎？故君子但自盡其常道以造命，而其莫爲莫致者，聽諸不可知之天也。然命則順聽諸天，而道必實盡諸己，則天能使命莫爲莫致，而不能使人不進不修。君子造命之實功，正未嘗不在莫爲莫致中也，其實始終是一造命之道耳。」

問：「天之於人，猶父母之於子也。今觀父母之於子，見其善必喜從而誘掖之，使必至於成；見其惡，必怒從而譴責之，使有所儆戒。乃化工之機最速，而報應之驗常緩，或十數年，或數百年，從其後而觀之，幾於不爽銖黍，其前何爲若罔聞知也？稔其惡而厚其毒，父母之戒其子豈如是耶？意者惡人之流毒於世，亦氣數之不得已，天固使之然耶？乃其後之報之又往往不少寬假，何也？是不可解也。」

先生曰：「據遠眸之意，是疑天之報惡常緩，若天當未報之時爲稔惡厚毒，又若天當施報之時爲既使不假，與父母之見惡必怒而即有所儆戒者不同耳。不知天之報惡或緩者，非天之稔惡厚毒也，天未嘗不時時儆之戒之，而彼自稔其惡厚其毒也；亦非天之既使流毒，而復不寬假也。天之寬假原開以使得自相悔勉之路，而彼之流毒則自陷於使天不得寬假之途也。向使天儆戒矣，而彼見幾知懼寬假矣，而彼乘時翻改，將天報緩寬假之日皆彼遷善趨福之時，天之緩報而譴告，不更仁於父母之見惡怒責乎？又父母之於子，不明者莫知其惡，而天則無惡不見，平日每默示而隱儆；溺愛者不知責，而天則一不寬假□機每禍一以儆百，則是仁育義正之弘功。正不似世俗之爲父母者不明、溺愛、偏私、遺禍，而真足曲成不遺，成萬物一大父母也。遠眸從此思之，不亦可怡然解耶。」

問：「人生壽夭莫不定於有生之初，而修養家言保嗇神氣亦可永年。其取譬也，謂如爐火置風中即易燼，藏之深密即可久，此又似理之不可易者。豈死生雖有命，而善遵生者，氣數亦不得而拘之，朱子之所以有取於參同契者耶？」

先生曰：「人生壽夭原定於有生之初，保嗇精神亦自有可以延年之理。爐火之喻，未嘗盡非，但非天地經常之理，亦非聖賢夭壽不貳之旨也。蓋此心以一念不雜，爲同天永貞之體。一雜保嗇延年之念，即已貳於夭壽之私、歧於功利之謀，而與天異體，自戕命根矣，故君子惟知修身俟命。當其保嗇時，則自知保嗇而延年之意，固付之無心耳。朱子參同之注，自少年未聞道時事，使在聞道之後，未必不啞然自笑矣。而吾子乃以爲其意可取耶？且遠眸以精神爲當保嗇乎，不當保嗇乎？如其當然，則亦只自行保嗇，何必多置此延年之見？又既知保嗇精神即可以延年，則亦只自保嗇，而延年自在其中，又何多着一延年之見，令精神反滲漏於計度之私，而令保者不合嗇者不固耶？况子朱子道德高深，可信可尊者正自有在，而顧獨取於其參同之注，亦覺失尊信朱子之道也，然要之『保嗇精神』四字，已自言成滲漏明透出自私自利本心，即此已成大病耳。何者？精神固可言保，而不可言嗇，『嗇』之一字，原屬起念爲留延年種子也。」

問：「凡虚定積氣之處皆天，不得謂太虚之表、玄漠之間有帝焉，而吾之呼吸不相通，猶之人一身之中有心以爲主，而四體觸處，心必知之，而遍體皆心。乃孔子知我其天之義，解者不一，或以爲天只是蒼蒼之天，或又以爲只是孔子自知，或又以爲道理與天契合，而不得謂天之竟無知覺。竊謂無體非心，而別有心以主之，無處非天，而別有帝以主之。天人一理，近取諸身，俱可類推，是耶非耶？」

先生曰：「遠眸既知太虛之表、元漠之間，有帝爲宰，而吾之呼吸可通，猶一身之内有心爲主，而吾之四體觸處皆知，則知孔子所謂知我之天不特指蒼蒼之形，必有所以主之者在，又可知自有能知之天，不得謂知我之天只一自知，而所謂道理與天契合，不得謂天之竟無知覺者，其言自當也。蓋言天而只指以蒼蒼之形，只指以在我之心，則不惟使人疑六經之所謂赫赫明明、於昭在上者皆欺人之言，將實理視爲渺茫，亦且起猖狂自恣者肆無忌憚之心，終身更無可救藥也。但以爲無處非心，而別有心以主之，無處非天，而別有帝以主之，則殊有語病焉。蓋只可言無體非心，而主之只此一心，無處非天，而主之原屬於帝，庶幾語意圓通耳。」

問：「凡人之生也，理與氣而已，理之根在心，而氣之根附於腎，故修養家有性命雙修之説，吾儒工夫固在心上做。然而四體之病雖聖人不免，竊謂長生雖不可冀，卻病之理固有之。生禀薄弱，過用精神，恐傷其生。日間工夫，半用於心，半用於氣，不亦可乎？」

先生曰：「吾儒言持志養氣，而修養家言性命雙修，其言亦若相類，然其實指趣天淵。蓋吾儒所言者，持志亦不可暴氣；而養生家所言者，修性先借修命。吾儒無暴其氣，只是善持其志；而養生家兼養其命，乃所以進趨於性。吾儒是以心氣一貫相修，爲入世動用之宰；養生家是以借命還性，爲出世静遠之基也。故其言養言修若一致同歸，而其實一公一私，直天地懸隔。今遠眸云『日用工夫，半用於心，半用於氣』，其意亦若類孟子持志養氣之旨，而不知僅入養生家修命之中矣，何者？以遠眸原爲卻病起見，故其所謂養心者，只以精神薄弱，而不欲其過用以傷氣；又欲以養腎還氣，而不欲其以耗氣生病，遂致與吾儒心氣一貫相養之旨違耳。然要之，亦正與養生家性命雙修之旨悖也。蓋彼所言者尚是借氣以還神，雖有階級，而仍屬一貫。遠眸所言者則卻是忽心忽氣，言若相兼，而其實意旨割裂，凡此皆不免從意見影響間私相擬議也。必如就遠眸之意，而求兼收之益，則仿朱子『半日讀書，半日靜坐』之規，以不過用其心，爲心氣交養之本。又體養生家節思以養神、寡欲以養氣之旨，以精神並養爲保元卻病之要，庶乎一舉兼收耳。然要之中間節度盡於這心上取則，其實只一養心之得其道，並不可言一半養心、一半養氣也。

「大約此中有吾儒二氏之分，並有一貫割裂之異。不洞明養生家宗旨，不能盡其義；不洞明吾儒宗旨，亦無由會其歸也。遠眸但從此下細心窮理實工夫，就所窮者又皆一一從自己心身上下體認實工夫，他日便當有豁然之日也。倘若工夫或不能實，即讀盡吾儒之言、讀盡養生家言，終屬支離不貫耳。」

問：「吾儒所謂性，仁、義、禮、智、信五者是也，五者少不得學問思辨、格物致知工夫，然後可以盡此理之量、極此理之變，釋氏則以爲理障而去之。吾心之理隨時隨處見於日用之間，釋氏則以爲事障而又去之。上下截斷，獨守此虛靈不昧之本體，其一種空寂工夫，既不能盡此理之量、極此理之變，又不能實此理於日用之間，使身修家齊國治而天下平。其以視吾道明、新一貫之宗，誠不能無病。若論其工夫所到，直至虛靈不昧之地，其以視吾儒爲詞章訓詁之學者，玩物喪志，支離外鶩，紛紛擾擾，而本性汩沒殆盡者不且有間乎？今欲使吾心有釋氏虛靈不昧之體，而無釋氏遺棄事理、墮於虛無之病，不知何道之從？」

先生曰：「所論釋氏之病似矣，吾儒之病亦似矣，但釋氏原是出世還虛之宗，故彼之棄遺倫物乃屬自還其宗。吾儒原是立體致用之宗，而吾儒則止於訓詁詞章，遂盡失其宗耳。今欲使吾儒有釋氏之長而無釋氏之病，盡吾儒之道而並無吾儒之病，卻非借逕於釋氏之虛靈不昧，又非盡廢詞章訓詁也。吾儒之明德、新民原自虛靈不昧，亦原自倫物不遺，但日用從身、心、意、知、家、國、天下間時時用格致之實功，即時時盡誠、正、修、齊、治、平之實事，而一切訓詁盡歸於此，一切詞章盡歸於此，即全體大用一以貫之矣。」

問：「天地之德有四，約而言之仁而已矣，故聖門惟以求仁爲務。而里巷之士，慈惠温和者，得福亦且多厚，天之所與，可知也。然從來擔當事務寬厚之士，多不奮，而勇決剛果者，往往有濟，又將毋一意仁厚者足以合天地生長之心矣，而恐非任事之才乎？」

先生曰：「惟仁得天，吾子之言是矣，仁厚者不足任事，吾子之言似是而實非也。天下惟仁者有勇，故惟仁者能任事。若能合天地生長之心，而恐非任事之才。此以語居心忠厚之近仁者可耳，豈真足謂之仁者乎？」

問：「朱子曰『某看人也須是剛』，他日又曰『須是慈祥和厚爲本』。夫惟聖人爲能陰陽合德，其下即不能不偏，偏則二者果孰爲得耶？」

先生曰：「朱子所云人也須剛者，謂人惟剛足以任道。又曰須是慈祥和厚爲之本者，謂居心取於慈祥和厚，卻非謂剛者盡不足於慈祥和厚而慈祥和厚者□□□□□□故謂聖人而下氣禀不能不偏者，用剛克柔克之功以求兼全之詣，則可謂有所偏者擇一獨得之□，則不可盡德以陰陽相和而全，若一偏則皆□□□□成失也。」

問：「從來謹厚敦□之士，未必能振拔有爲，故孔子思狂狷。然□□□敏之士能幹自負，而窺厥本原往往□□□□□是自負能幹者獨不能幹此一□□□□□□□□予聖賢耶！意者學者縱無□□□□□□□□□之德，亦自不失爲寡過之士而自負其才，而本原自足者固不得以英才目之與？」

先生曰：「才以濟德爲真才，能幹而本原不可問，則是此才乃濟惡之才。濟惡之才正西銘所謂不才，而孔子所鄙斗筲之不足算者也。故論語告子貢之問士，其次取孝弟之士，又其次取信果之士，而深鄙斗筲之才耳。」

問：「聖門言語一科止列宰我、子貢，此特謂其相從於陳蔡而後不在門者耳。但聖賢所謂能言大都就和順積中而英華發外上說，則如孔門身通六藝之內所謂能言者應不止此二人矣。第不知顏閔而下，宰我、子貢之亞，尚有何人不愧言語之科者與？」

先生曰：「吾子既知以和順積中、英華發外爲能言，則凡孔門之言能當理者皆可謂之能言，而其著於論語若有子之言似聖人，尤其能言之。至冉伯牛之善言，德行亦即可與顏閔同科。而其餘之無據可考者，亦尚不乏人也。然如閔子之言必有中，而列諸德行；子貢之優於從政，而獨列言語。意者言語一科固重在言之中理，而亦實有見事明通、出言爽辯，真足轉人疑滯，動人聽聞，而爲同儕所不及者在乎此。雖論語所載之未詳，亦或者其人原不可多覯也。然此等皆無關大義，但心通其意，固置之不足辨耳。」

問：「逆億者有心迎之也，先覺者無心而自悟也。彼誠明坐照，惟天資高、學問到、閱歷久者耳。其餘若資性既暗，學問未到，與夫坐誦章句陳言，於世故茫然不諳，或淺諳薄衷，察察爲明，而臨事恐爲小人所罔者，雖有逆億，徒多揣度影響之私，而亦未必允當情事。故惟『居敬窮理』四字爲學者的當工夫，而其功又非朝夕可盡。不知日用之間，尚有何捷法可以應卒然之事耶？」

先生曰：「只有居敬窮理一法，尚有何捷法耶。若必求捷法，則立地下一狠心，於居敬則實實居敬，而不肯一刻放過，於窮理則實實窮理，而不肯一事放過，火速用己百己千之實功，亦自有愚明柔強之捷效耳。」

問：「南軒有云：『爲政須先平其心，不平其心，雖好事亦錯。如抑強扶弱豈不是好事，往往只這裏錯了。』又曰：『吾人處事當如持衡，高者下之，低者平之。』此言寬與猛皆不可着於胸中也。吾輩克己工夫未到，從氣性偏拗上錯者常有之，而見識不精，至於失中過當，亦復不少。然則學者雖能平其心以應事，而不能窮人情、極物態，無私則有之，當理則未也。如之何而可也？」

先生曰：「吾子『無私有之，當理則未』之說良是也，然欲得無私而又當理，亦非別有良法也，只實用居敬窮理之功，以致辨於去私合理之方，實盡乎克私復理之學耳。蓋吾輩之行不當理者，每由此心之多私，亦由未明於理欲之辨，未盡乎克復之實也。今誠能平日有克己之功，而於遇事時一去私心，而以平心應之，□本其固有之明，亦自得平衡之用矣。若更能平日實下窮理之學，則臨事〔一〕當自有明以察幾之識；平日實用居敬之功，則臨事當自有健以致決之力。將心之平者日益明，而人情物態紛然至者，或猝然應之無難也。」

問：「古之君子不以私恩害公義，蓋公之至者仁之正也，以私恩爲仁而害於大公之仁，君子不爲也。然君子怨或不讐，德無不報，故以德報德。凡可爲着力而不害於義者，斷無漠然之理，豈非矯情立名？君子所惡。聖人之天理固在人情中乎？又嫌疑之際不可不避。先儒則謂凡避嫌者內不足也。聖人至公，自不避嫌，果信然耶。」

先生曰：「報德之說，論語中吾夫子之言自爲至矣。避嫌之論，吾子來問之旨亦分明也。聖人而避嫌，則是只知有嫌，而不視乎理矣。豈聖人乎？但聖人於此自有精義入神之妙用，不類硜硜者之徑情直遂耳。」

問：「名非君子所急，急急於名與急急於利，清濁雖殊，其有貪於外則一也。然沒世無稱，君子所疾。長而無述，孔子責之。寂寂終身，竟與草木同腐。可嘆孰甚焉！即曰誠中形外，未有實至而名不歸者。然闇修之士，行不出里閈，名不聞諸侯，向非著書立說以□表見，或附青雲之士，以自顯其□□□□道哉？杜征南勒石紀功，一立於山，一沉於淵，曰千百年後，安知不陵谷易位？古人之好名如此其至也，後之學者又能已於名耶？」

〔一〕「事」，原作「時」，疑誤，今據上下文義擬改。後同。

先生曰：「名非君子之所避諱，卻非君子之所急求，蓋夫子之所疾乎無稱無述者，謂其無一善之實可稱述耳，非教其急急於名如杜征南[二]輩也。且古之君子其見理明、居心正，方且以名勝爲己恥、趨名爲己羞。又何□□□實而自驚虚名乎？故其著書立説一身□□□□□□之慮，不知者若似爲留天下後世之名□□□□□□□□盡其明道覺世之責，修詞立□□□□□□□□□爲足自表見如杜南征之欲留名天下後世也。故吾輩正誼明道之學只以自盡其實爲當耳。」

問：「出處，君子之大節也。時不可有爲，而不能隱，是無守也。無守，何能有爲？春秋之時，天地閉，賢人隱，獨孔子以大聖人達節通權，不磷不淄，非賢者所可學也。然當時所遇隱君子，趨雖不同，聖人必惓惓接引。彼既無聖人之才，高蹈自全，乃其本分。奈何責其不出耶？豈大厦非一木所支，聖人固必欲一出，而亦欲諸君子同心其濟耶？」

先生曰：「不仕無義，吾非斯人之徒而誰與於古之大經也？吾夫子以千古大經之道自處，亦即以千古大經之□□當世，故轍環周流不能自已，而遇楚狂輩可與言之士，即殷殷諷勸以大義耳。然去魯遲遲，及公三日不朝則即行，居齊不妨爲高昭子家臣，而景公不能用即行，聖人進禮退義之旨，未嘗不在三月皇皇中也。吾儒出處之大致，亦居然可推矣。」

問：「明道先生爲條例司，不以爲浼其行道也，孔子獵較之家法也。今必欲逆其大行而後一出，則莘渭之遇，古今不再覯也。後世之得君，亦以其漸也，而又誰先與之券哉？且坐而言，不若起而行，非空言之遂無補也。正恐天下後世疑處士不出未免虚聲，亦所以塞其口也。且仁者以天地萬物爲一體、民胞物與，何日忘之，何忍棄之，而沾沾焉潔其身乎？」

先生曰：「君子之出處有二道，而出處之中亦各有二。其出也：時可行道，則宜出；力足行道，則宜出。其處也：時不可行，則宜處；身不能行，則宜處。故當其宜出也，不特莘渭之遇合宜出，即明道之條例司亦宜出。當其宜處也：不

[二] 「征南」二字原誤倒，今據上下文義乙正。

特如明道之條例司所宜處，即如莘渭之遇合亦宜處。漸不漸，券不券，固非所論；起行不起行，虛聲不虛聲，亦非所論也。蓋仁者萬物一體之仁，原不問於窮達，而行義達道則視乎其審時審己何如耳。潔身亂倫之譏，原非可施諸仕止久速間也。」

問：「孔子有教無類，孟子謂人皆可爲堯舜，此亦聖賢與人爲善之心耳。竊觀古今但有學利之聖人，何嘗有困勉之聖人？孟子傳道，願得英才；時無英才，而孟子之道無傳。然則質之不美，雖大賢無如之何耶？孔子思中行、思狂狷，顔曾而外即少傳人，然則善誘如聖人，亦無如之何耶？」

先生曰：「孔子之有教無類，亦正如孟子之意謂人性皆善，原皆可教之使爲堯舜。氣稟學利困勉之類，不可拘耳。今曰有學利之聖人，無困勉之聖人，則吾子不惟未達孔孟立教之旨，亦欠尚論知人之功矣。他不悉舉，即如孔門曾子之魯，固吾夫子所與柴愚、師辟同慮者也，而卒與斯道之傳，後世尊爲宗聖。吾子自少即讀論語，亦第見曾子之與聞一貫矣。抑曾思其魯鈍之姿，用真積之力，其爲困勉固不知其若可乎？且以武公之睿聖，而九十猶不忘規戒之益。又如湯武之大聖，而盤盂几杖皆有箴有銘以自儆。此非所謂困勉之功，即學利之聖人原自不廢，而亦惟其能不廢困勉之功，故卒至聖人乎。不特此也，堯、舜、文王、孔子亦可謂生知安行矣，而堯舜之兢業、文王之緝熙敬止、孔子之好古敏求者，且終身不替，則是人非聖人則已耳，聖人固未嘗不用困勉之功也。至□顔孟而外，即少傳人。時無英才，聖人之道不傳，是則當時及門之士自昧於皆可爲聖之性不肯用困勉之功，故雖孔孟之聖無如何耳。初非困勉之不可爲聖，而孔孟之言特與人爲善之意也。」

問：「近世學者，文采風流往往不乏；然求之真識定力，則茫茫四顧，竟無其人。夫從來特出之士，雖窮居僻處，深自韜晦，亦自川媚山輝，聲聞四達。今其人何以不概著也？我夫子振伊洛之緒於舉世不好之時，默識心知，躬行實踐，爲關西士子宗師。邇年以來，吳楚從遊亦復所在不少。斯道付托後來，果在何誰？士固難得，未容輕許一人，安在遂無人也？其名其實，倘可詳言，俾窮鄉孤學得一神往其人乎？」

先生曰：「承問，赧然心愧，亦復盡然心傷。如不肖淺中薄植，既已不堪自問。至真識定力，亦實四顧茫然。吾子清明沉潛，由士希賢，由賢希聖，正自無難，亦尚於孔孟之門神往，而師諸百世之上，可乎三代以下，未免各從其性之所近以爲從入，未敢語孔孟大全，未可容丈夫駐足也。」

卷二（答張擇中）

豐川王心敬爾緝甫著
蒲城張正録

問：「先儒解『學問之道』二句，有云『學問之事在於求其放心而已矣』，是求放心而始可言學問也。有云『學問之道皆所以求放心』，是放心收而學問已無餘事也。當主何説爲是？」

王子曰：「惟學問之事其道在於求放心，故學問之道皆所以求放心，二説本是一意。放心收而學問已無餘事，故收放心而始可言學問，二意正自相因。」

又問：「中庸靜存動察，明是兩節工夫。今時學者見説靜，即謂墮入邪説。何也？」

王子曰：「見説靜即謂墮入邪説，此訓詁章句家見解。蓋由其不知學是何事，而專以聞見口耳爲學，故悉以靜存之旨歸之二氏耳。然靜存動察，亦昔人不得已爲人揭出工夫條段，使知工夫須内外顯微一切圓滿，不可墮入邊見耳，初非截然爲二也。今曰明是兩截工夫，此亦支離之見。」

又問：「齊地千里，而謂之有其地矣。魯地五百里，以爲有□□□則在所損。何也？」

王子曰：「□□□□□□其有可王之資耳，非謂齊分上宜□□□□□□魯地五百里之在所損於王者何疑。」

又問：「□□曰氣之不可變者，死生夭壽，而程子又曰『□□之可以引年』，何也？」

王子曰：「壽夭有一定之氣，修養有延年之理。張子言其氣，程子言其理。」

又問：「未發則不睹不聞，已發則莫見莫顯，何以爲動而未形有無之見者幾也？書又曰一日二日萬幾□□心之起念而爲言乎，抑主外事來觸而爲言乎？且一二日，何至萬幾之多也？」

王子曰：「寂然不動者誠，感而遂通者神，動而未形有無之間者幾，誠即不睹不聞，神即莫見莫顯，幾則念慮之動而尚微者耳，故曰動而未形有無之間。夫知此幾爲念慮初動之微，則知書之言萬幾爲主起念而言矣，然亦豈能離外事來觸而言乎？且論幾之動於帝王，固不離外事來觸以爲言也，至萬之爲言，只是形容其頭緒無窮耳，非必定之以萬也。善說詩者，不以文害辭害志可耳。」

又問：「『齊之以禮』，致治之大綱也。至動之不以禮，注云『此是氣禀小疵者』，何也？且此禮當就在上持身說，當就施之於民說？」

王子曰：「禮有就大體言者，禮樂之禮是也；有就儀文度數言者，動容周旋中禮之禮是也。禮樂之禮所以整齊天下，無是則天下無以齊，故爲致治之大綱；儀文度數之禮所以整齊一身、條理一事，苟大本立而於此或未中節，則亦未便至於喪德失民，故爲氣禀學問之小疵耳。動禮在莊涖之後，則此禮當不獨指在上自持其身而言矣，然究之施於民而當乎？禮亦總是□□身而合其宜，則雖謂指上之持身也無不可，但須□加民而言爲圓滿妥確耳。」

問：「『君子思不出其位』，范文正公做秀才時，便以天下爲己任，不謂之出位乎？」

王子曰：「位者，分位地位之意。如農以力穡爲現在分位地位，則便以思其積粟養生爲結局定位；商以貿易爲現在分位地位，則便以思其積財贍用爲結局定位；吾儒以隱居求志爲現在分位地位，則便以思其行義達道爲結局定位。范文正公既做秀才，便當以思其堯舜君民爲位者也，則其思以天下爲己任，正是思所當思，而能不出其位耳。若今之秀才，將來皆有世道生民之責，營營以一第一官爲思，而念曾不及於天下，卻是思出位矣。豈大易本旨耶？然要之未可爲志在得權乘勢與越俎代庖者借口也。」

又問：「『與人恭而有禮』，君子持身涉世之道也。如人來而我恭遜，我往而人籧篨，當致盡其恭乎，抑或有不足致敬之人乎？」

王子曰：「君子恭而有禮，自盡而已。若以人不敬我，而遂不敬人，是世俗責報之心也。一涉責報之心，早已非禮矣，尚何以責人爲哉？且安知我之敬人而人不敬我非我之未合於禮乎？故君子惟有自盡而已。孟子三自反之意正是如此，豈得以一敬人人不敬我而遂不盡禮乎？」

又問：「孟子曰『七年之内必爲政於天下』，程子謂『凡遇此等，必要思量作爲如何』，不知使孟子身當其任，其作爲果當何如也？」

王子曰：「尊賢使能章尚不詳明乎？答齊桓晉文諸章尚欠分疏乎？」

又問：「寂然不動者性，感而遂通者情。而孟子以惻隱、羞惡、辭讓、是非之心爲仁、義、禮、智之端，夫惻隱、羞惡、辭讓、是非情也，仁、義、禮、智，性也。然則仁、義、禮、智之名，是由感而遂通之情推明其寂然不動之性乎？」

王子曰：「此論得之。蓋性不可名，故孟子往往即情驗性耳。」

又問：「朱子曰性有偏駁，理亦墮而欠闕，欠闕或只□件數皆具，而但失之少、失之薄乎，抑一邊全具而一邊全無乎？」

王子曰：「人性相近，而有愚、不肖者，則氣有偏薄，故視賢、智者失之薄失之少耳。若物性則天之賦之者，原來與人性不同，一邊具而一邊全無矣。此中須分別人物言之，單以此言物固不可，單以此言人更不可也。」

又問：「萬物統體一太極，其或物雖蠢於人，而理自無不一乎？或欠闕太甚，而終無可復之理乎？」

王子曰：「人物之生，雖同生於二氣五行之中；然人之生也，原是得天地清氣，而萬物原只得天地濁氣。所謂萬物統體一太極者，猶言魚龍同生於水，麟鹿同產於山耳，其實魚龍麟鹿靈蠢由來自別也。若是萬物與人本一理以生，而非各正其性命，亦何至欠闕太甚？又何至終無可復之理乎？孝經曰：『天地之性人爲貴。』記曰：『人爲萬物之靈，陰陽之會，五行之秀。』易曰：『乾道變化，各正性命。』亦可見人之得天原清純完全，物之得天原欠闕太甚，而與人迴別，故終無可復之理耳。」

又問：「先儒有云恭敬忠非仁，方用此以求仁也。又云恭敬忠即仁之隨在異名，非用此以檢束而爲仁也。二者孰是？」

王子曰：「前說即工夫合本體之旨，後說即本體爲工夫之旨。蓋未識仁則工夫所以求本體，故工夫與本體爲二，既識仁，則工夫無非本體，故工夫與本體爲一。二說各自有爲，然要之後說不犯顛撲也。」

又問：「顏淵喟然嘆章句謂道無方體，道則高矣美矣，章句又謂道有定體，何也？」

王子曰：「道無方體，而有定體也。」

又問：「小學於安詳恭敬九容等注皆云涵養本原，不知本原只是起頭，抑指性情言乎？」

王子曰：「指性情言，如云草木之本原，則在生機也。如以起頭言，則是草木之萌芽爲本原矣。草木之本原果在生機乎，抑在萌芽乎？大抵安詳恭敬九容等事正程子所謂制外以養中之旨，中指性情言，則本原亦正指性情言耳。」

問：「『不在其位，不謀其政』，孔子匹夫也，春秋之作，不嫌於僭乎？」

王子曰：「孔子春秋之作，明其理，非謀其政也。然孔子言知我罪我者其惟春秋，則亦未始不嫌於謀政矣。但孔子爲當時之亂臣賊子不得已作春秋，則與其他出位而謀者異耳。蓋當時賞罰善惡之權既不明於王朝，則是非善惡之理自當明諸吾儒。孔子以宇宙道統爲己任，即以宇宙綱常明教爲己任者也。春秋之所，所以正綱常而維名教，正孔子之責，亦豈同他出位謀政者比歟？」

問：「周公孔子，生知者也，一則夜以繼日，坐以待旦，一則終日不食，終夜不寢，與困勉者何異？」

王子曰：「曰生知非全不用工夫，而於天下理無不知、事無不能也，只是生來清明，於人便知如此用功耳。周孔生而便知於此用工，正其生知異人處也。」

問：「中庸言未發前工夫，而大學未及之，何也？」

王子曰：「言各有當也。然曰定、靜、安，又曰有所則不正，則未嘗不兼未發工夫也。且明明德中正心之功，又豈皆在意之已發處用乎？」

問：「顏子之終於陋巷，是無人用顏子乎，抑顏子全不欲用於春秋之世也？」

王子曰：「只是無能用顔子者耳。觀爲邦之問，顔子豈無意當世者？然不獨顔子爲然，古來惟忘情世道之士乃以潔身爲高耳。聖賢君子，天地爲心，生民在抱，特不忍輕身苟仕耳。行道濟時之念，固未嘗恝置於心也。」

又問：「『君子不器』，是就肆應咸宜上説，是就技能無不通上説？」

王子曰：「□愚見是言君子之道全德備，肆應咸宜，非偏長寸善之拘於一方、終於一藝耳。但所謂肆應之咸宜，乃是於禮樂兵農經時濟世的道理徹底通達，無往不宜，初非如後世琴棋書畫之□技，皆能以此爲淹貫也。若如琴棋書畫縱無一不能，此技耳，正所謂器，又何足言不器乎？」

又問：「遁辭是自己知得前説不是，而忽變其説。若於前三者病症較淺，如何反列詖、淫、邪三者之後？」

王子曰：「詖、淫、邪雖非情實，然尚不離於本説，遁則全非本旨矣。今有人焉，言之過而失其真，又有人自知失真，而盡變其説，足下且以爲病之輕重何如也？」

又問：「孟子處齊日久，齊君臣之隱意豈能逃孟子之朗鑑。即答燕有可伐之理，亦當以齊非伐燕之人先言而預防之，乃當日何不出此，致使齊人伐燕而取之，又何怪勸齊伐燕之嘖嘖也？」

王子曰：「沈同初不以齊之伐燕爲問，孟子何得遽對以齊非伐燕之人？今假如不正人與足下泛論正當事，足下將遂對以彼非作正當之人乎？凡此之疑，皆非所語於論世知人也。」

問：「知止能得，是就理一上説，是就分殊上説？抑理一分殊，一以貫歟？」

王子曰：「無理一便無分殊，無分殊亦無理一，一本萬殊，一以貫之。知即知此，得即得此也。」

問：「『無行不與』，『予欲無言』，是精微奧妙之理皆具於日用常行之中歟？或者『性與天道不可得聞』，抑只在學者迷悟之間耶？」

王子曰：「惟精微奧妙即在尋常日用之中，故性道之聞不聞在人迷悟之間。」

卷三（答唐生）

豐川王心敬爾緝甫著
蒲城張正録

問：「某鄉中無有明師良友，竊恐學未易成。」

王子曰：「五經四子及宋明諸先儒語録，皆經歷過路程本子也，誠能時時依這上邊一字一句身體力行，縱無明師良友，久之專精生明，亦自有一旦豁然之日。孟子所謂道若大路，歸而求之有餘師者此也，況鄰邇之間，安在無可師資之人？誠矢志求益，明師良友隨地在焉。君患無成學之志耳，無患少明師良友也。」

問：「某素有此志，奈上有父母，下有妻子，而家計貧困，不能無阻於進修，奈何？」

王子曰：「孔門如顔子、原憲、曾子、子路，亦皆上有父母、下有妻子，何嘗以貧阻其進修？且古來成大德業如舜、説、管、鬲諸聖賢，正皆從貧困艱難中進修得力，又豈以貧自阻耶？蓋人當得意時，卻易沉溺，遇貧窘困乏，則絶無世味紛華之可溺，這一點真性始得透露，故其從動心任性煅煉出來的識力始精始實，是貧不惟無阻於進修，正有資於進修也。謂貧有阻於進修，亦只是不曾進修耳。」

問：「今之舉業家迂視理學，果其理不相貫通乎？」

王子曰：「何嘗不相貫通？但如今學者分作兩事看、分作兩途做也久矣，故亦不得便謂今之舉業與理學貫通也。君但看今時舉業家習尚的講義制藝與大學三綱八條目的旨趣同異何如，今時舉業家學術心行與古大人明德、新民、止至善的學術心行之公私邪正何如，即異同不辨而□□□然要之末俗沿流忘源，非國家設科立制本心也。善學者能一一返□還元，將六經、四子無非天德王道之大原；策論表判亦皆經世華國之實用，即舉業而儒者明體適用之全學俱在於是，又何嘗不相貫通乎？先儒語舉業曰『只消轉念，不消易業』，此探本之論，但在學者善學耳。」

問易經設教之義與吾輩學易之方、用易之道。

王子曰：「易之設也，蓋古聖人神道設教，所以範圍天下之人，使『出入以度，内外知懼』耳。是乃教人藉易以檢人心身，令其寡過之道也。吾輩若知此心存亡之機，見善則遷，知過則改，不使毫釐自昧，即此便是趨吉避凶根宗。而前古聖人教人學易用易之道俱不外此矣。不然，縱居則觀象，動則觀變，終屬畫餅充饑。既非孔子學易無過之義，且縱卦卦而做，爻爻而擬，終成優孟衣冠，亦且於孟子用易之妙義不倫也。」

問：「學問至得此欛柄後，猶有進步乎？」

王子曰：「遷善改過，隨時變易以從道，此是聖學一着徹始徹終的實工夫。學問到得此欛柄後，但能從生至熟、從勉至安，即其進步耳，非於此欛柄之外別有進步也。然文王望道未見，孔子何有於我到這田地，德愈盛則心愈虚，惟日孜孜，常若不及，亦終不自見有進步也。」

問：「學問至左右逢其原，若夫子之言性與天道，可得聞乎？」

王子曰：「所謂原即性與天道也，蓋此心之外更無性，此心之外更無天，故孟子謂盡心即可以知性，而知性即可以知天。人能知此心出入存亡之端，時時遷善改過，不敢自昧，這便是『後天而奉天時』。若到居安資深、左右逢原地位，這便是『先天而天弗違』矣。學問至此，直是性道爲一、天人無二，致曲者之人道合盡□□□□□□□不可聞性與天道乎？」

□□□□□□其樂勢力功名俱可不用矣。

王子曰：「□□此勢利功名不能染着，則謂到此勢利功名俱不用卻不可。蓋勢者道之所藉以行，而利即義之利，功則德之施，名則德之表，又名所以立教也。古之聖賢何嘗不貴乎此，特其到盡性至命地位，視一切勢利功名特利用安身行義達道之藉資。未得時不至思，已得時不至患，□□世俗汩沒勢利功名□□□而喪其本心，爲勢利功名入耳，若謂可以不□□□□□□□□□□□不惟視聖賢遠於人情，抑且視吾道爲□□□出世空宗與天地生意不相浹洽矣，亦非大中至正之理也。且『功名』二字□並勢利爲言，亦覺未嘗□被當世謂之功，以功著稱謂之名。『功名』二字□□□□□□□□得與勢利二字，四項並列，若欲並列，則易『富貴』二字或可耳。」

次日又問：「某於先君之葬未能成禮，至今抱恨抱歉。今母氏年高，又無以爲養。生事死葬，人子事親大端，而某皆無以慊乃心，今當奈何？」

王子曰：「欲報之德，昊天罔極。人子孝親之心，原無窮極。如君抱恨抱歉，自人子不容已至情，但現在分位既處其難，則亦只隨分自盡耳。能隨分自盡，便是事父母竭力，亦便是善養親矣。昔子路問於孔子曰：『傷哉貧也。生無以爲養，死無以爲葬也。』孔子曰：『啜菽飲水，懸棺而封，人豈有非之者哉？』處難爲之日，只就難爲中盡其心力，便是孝道。若不諒其力之所不能，苟求安營，而曰吾將以養吾父母而悦其心志。無論窮通有分不可必得，即僥倖得之，而此心已喪，此身已失，即此便是虧體辱親矣，何孝之有？孟子曰：『不失其身而能事其親者，吾聞之矣。失其身而能事其親者，吾未之聞也。』聖謨洋洋，可無三復？」

卷四

豐川王心敬爾緝甫著
門人緱山鵬録

問：「觀論語開章言學曰『説』『樂』『不慍』，可知聖賢之學，原是要涵養性情，成就德器。一切窮經考古，不過借以講明印正涵養成就之程途耳。今者但以窮經考古便當作學聖人之學，是何異認彰儀門作五鳳樓乎？顧又不知如何而可免此等徇名失實之弊也？」先生曰：「但看四子、五經，便尋求聖賢立言宗旨，而弗明弗措；但遇先覺即虚心尋問聖學指歸，以印正吾之所疑，而弗得弗措。按程朱『居敬窮理』正旨實下工夫，到得正理漸明時，遇有疑端，更以精心反身實證，庶幾知識浸明，即心機浸清，自當漸通實旨之處日多於前此。如是，而功力更能不怠，即當心理可望瑩通。凡看聖賢書，當能直窺肯綮，而自少徇名失實之隱蔽爾。」

問：「仁，人心也；言，心之聲；色，心之徵。而要皆仁之符。顧不知初學入門者，果如何提撕，如何涵養，庶可免於巧令之失，而不至隳喪其本心之良也？」先生曰：「就現前要着論，只發言徵色時，根心本性而不事修飾，即此病可免。若就探本窮源論，則莫如本明道『學者先須識仁』之旨，務期有得，於此有得，即此心便當惺惺不昧。有不言，言皆本仁而發，自耻虚華。有不色，色皆根仁而生，自羞粧點。如是提撕，即所謂『清夜之鳴洪鐘，聲一振而左右前後之昏夢胥覺』。如是涵養，即所謂大海之畜鱗介，水無窮，而水族之大小鉅細各得其所。又何隳喪其本心之足慮乎？」

問：「三代之學，皆所以明人倫，可見學只是要得盡倫。雖口未誦一經之人，而盡卻正分，學之事已畢。今則不然，國家以經術取士，即學者記誦詞章之習在所必不能已，則居今而欲挽其流弊，期以還源返本，又不知何道之從也？」先生曰：「克敦倫常於今自是人生正分，學習舉業於今自是人士正職。今如於賢親君友一一克盡其誠，根柢於六經、五子之書以養其氣，取裁於先輩大家之制義以正其體。言者，心之聲。從此代聖賢以立言，自當親切而有味，則不背先王建學之本義，而兼融古制時宜。於此心如是，直是渾合千秋之學旨，而妙契聖學之時宜矣。」

問：「觀有子禮之用章旨，可知先王制禮原是因人心之不能自已，以立之範圍。既是因人心之不能自已以立範圍，便不得不制爲許多儀文，以檢束其官骸，而收攝其精神。是則這禮真是本天率性，生人不可須臾離者。而老氏乃以禮忠信之薄、亂之首，至欲掃而去之，以還於葛天、無懷之世。有子曰：『不以禮節，亦不可行。』鵬竊以爲老氏之直欲廢禮，不特亦之爲云，而直是斷斷不可行爾。」先生曰：「以老子去禮之說，借發有子『亦不可行』之旨，甚近！甚近！蓋如後世是如何風氣，而欲去禮而挽之葛天、無懷。即使果得葛天無懷之聖帝繼體而治斯世，亦豈能重到得當日葛天無懷之風乎？即如今之日，時已屬夏，天氣融暢，萬物生遂矣，而欲一旦仍返之初春庶彙未生之候，即造物之天，竊恐亦無此權。徒使有識者笑其不知世變、不達天道，而妄爲此嘵嘵，以欺世惑民耳。老莊未始於道無見，其爲說亦未始非挽回世教之苦心，但是欠通識，少達觀，又好名而氣勝。其立說多不顧情事之安，而騖欲駭世驚俗、蠱惑愚蒙，誑之以後世之難行。即且有如其說者，勉力行之，而亦屬必無成效，反以滋弊，而禍不可以勝言。何者？試問居今世，處今時，向使懲禮爲忠信之薄，而一旦去而不用，不知朝廷之上且成何朝廷？郡國之間且成何郡國？不但天下郡國之地大人衆也，即一鄉一家，且逆節橫生，雖中有善人參互其間，而曾能挽其頹波之横流耶？故余嘗謂，先王之制禮，乃先王範天地之生人於安居，是乃仁天下之至意，而安天下之要道也。但一處於禮疏，即一處亂；一事於禮疏，即一事亂；一人一時於禮疏，即一人一時敗且壞以亂。而其爲生人所不可須臾離，殆亦如飲食衣服，生人雖欲須臾離之，而不得者也。老氏顧欲掃而去之。嗚呼！豈特亦不可行，直是斷不可行，如吾子之言爾。然如老氏能知後世之禮爲忠信之薄，亦豈不知禮爲當世之不可去，去之且爲亂首，而敢以此直著之書，而傳之天下者？蓋一則目睹後世不本忠信之禮無以化民心，不免心懷憤激，然亦自知其無法可醫，而姑且洩之著述，以冀溺末者或一醒悟而返本；一則見當世之共推者聖人，聖人之最重者禮教，而其冷眼則獨窺得當世循禮者之忠信薄而亂，或伏思欲以其說駕聖人之上，以爲吾之所見且高出聖人，而吾之爲見爲書是乃聖人之所未及，知未及防，而可以補昔聖人之缺，而出其一等者也。於是突瞻而特爲之書，以眩天下愚昧者之耳目心志。故道，聖人之所重也，而彼偏曰『道可道，非常道』；德，聖人之所貴也，而彼偏曰『德可德，非常德』；仁義，聖人之所尚也，而彼偏欲絕而棄之。凡聖人之所貴重尊尚，彼則務欲駕一說以阻抑之，令不得伸，而特自伸其邪說。嗚呼！其心不可謂不深，其術不可謂不巧。然抑試問千百世下，無論中人下愚，即上哲高明，能通於彼旨者，果從彼而道其不可道耶？德其不可德耶？將遂絕仁而棄義耶？徒自取違經背道、反常亂德、糟糠仁義之天常民彝，得罪開闢以來千聖萬賢之大經正法，自溺於異端之索隱行怪，而茫昧不自知覺耳。且彼知禮爲忠信之薄，獨不思聖人之三千三百無適而非仁耶？徒知禮爲亂之首，曾不思宰制萬物、役使群動，使民恥且格而莫敢不敬者，舉賴於禮耶？且忠信之薄，薄者之罪，罪豈關禮？亂之首，亂者自首，豈禮之爲？今不知反薄於忠信之禮，救亂於根忠本信之禮，而但曰『禮者忠信之薄，而亂之首』，直欲掃而去之爲快。嗚呼！懲噎而廢食，其不胥天下無識之倫相尋於即危就亂者幾希。心徒深，而反蹈於自用自專；術徒巧，而反蹈於生今反古。其真擇焉不精，語焉不詳，而未達千古聖人經常不易之大道也夫。」

問：「詩所以道性情之書，實所以教人慎思之學也。蓋思是心之發念，乃天賦之靈源，若非直從這一點靈源上激發感動，鮮有不出正入邪者，故孔子删詩留三百篇，一篇自爲一事，一事自有一義，而原其大旨，總要人勸善懲惡，使發於思者純乎天理之正，而絕其邪曲之私爾。故删詩既定之後，又直取魯頌『思無邪』一言括盡三百要義，欲人知所歸也。顧如鄭、衛風中淫奔諸篇，不知吾夫子奚以不删，而不慮及中材下士讀之不但無以懲創其佚志，而或反以觸發其邪念，甚至借口於詩以自遂其邪行耶，則亦安得謂三百篇思盡無邪，而此一言足蔽全詩歟？」先生曰：「詩之毛序，乃自漢以來相傳詩之原序，蓋即三百篇之原題。按詩邶、鄘、衛三篇，皆衛詩。據毛序則如新臺、鶉奔、采唐三篇，乃刺衛淫亂之作，亦非淫者自道之詩。至鄭風中凡朱子所指爲淫者，亦皆序所自有來歷之作。惟溱洧一篇，刺其男女混雜、風俗不淑不醇爾，亦非淫詩，屬淫者之自道。獨朱文公集傳以夫子有鄭聲淫一言，而概擯之淫風之列。嗚呼！果其淫也？豈有男女敢自揚其淫以見諸詩之理？又孔子删詩本意，乃教人思之無邪，且删三千而僅留三百，奚以獨此不删？將所删皆何詩？而如左傳子產聘晉，直歌野有蔓草宣淫之詩，以美晉執政大臣，有是理耶？嗚呼！此一案也，於詩關經訓；於吾夫子之删詩，關道法。將來必有留心經術之名世大儒起而正之者，要須善讀知擇爲當也。」

問：「世人皆言聖人是生而知之，即程朱亦以此爲説。乃今觀十五志學，至七十從心所欲不踰矩，不知是學至此，將純任自然耶，抑是工夫至久至熟，愈細愈膩，而此心真能順帝之則耶？」先生曰：「聖人體天爲道，即體天爲心，豈有純任自然之念？自是工夫到此久而且熟，此心真能順帝之則耳。及到五十知天命，而洞明脈線之真形，抑且手法大熟於前，此更加以二十年惟精惟一之細工，遂若此時此心即矩，此欲即心，心中渾是矩矣。夫心中渾是此矩，即從心所欲自是從矩所欲，而何矩之可踰哉？蓋心即矩，即中庸未發之中，渾然萬理畢具，而恰好至善之天則，欲即心，即發皆中節之和，而適順其天則。要知人生此心不純，是正原有道心人心之别，而在此處則屬道心。何者？以其心爲不踰矩之泉源也。欲字不純是私欲，原有私欲願欲之分，而在此處則爲道心之萌芽。何者？以其欲乃不踰矩之機緘徑路也。凡讀經辨得恰好訓詁，不惟於本章無泥文牽義之弊，即讀一切聖經賢傳，當無他人文害辭、辭害志之過端耳。從心不踰矩之矩，即順帝則之則、有物有則之則。然若不知即是吾未發之中、中節之和，而脈絡原從致中和馴至，如何得從心所欲便不踰矩？故解經以印之自心者爲真，而仍以證之經旨爲實；不然，淺者只涉泥形逐迹之訓詁，深且蹈簸虚弄空之禪伭。」

又曰：「心字、欲字、矩字各有注脚，謂之一物斷不得，然若到得從心所欲不踰矩之地，不但謂之三物不得，即微有以心合理之二見，亦正不得。書曰『克協於一』，卻是此間一句的當注腳，其恰好真不可言。然如於協之汁漿與能到此地之由來，未能徹底明透於此心，縱說得來訓詁不差，亦終是依文解義，於吾夫子『七十而從心所欲不踰矩』十字之精神，終無當也。」

又曰：「吾夫子『七十而從心所欲不踰矩』，莫看作伭奇神化，只滿腔子是天理流行。」問曰：「此則到化境矣！何以說不可作伭奇神化看？」曰：「吾夫子道德同天，師表萬世，然語道卻只是日用平常，言工夫亦只是下學上達、不厭不倦。昔者人以仁聖見推時，則遑然遜謝曰『則吾豈敢』，這是何等存心！即今到從心不踰之地，而仍凜凜曰矩，只謙謙自任，曰『不踰矩』。善學者味此言，其一段自安下學，不然侈然自大之本情，儼然畢見於切己自述之下。易曰：『成性存存。』吾夫子之贊易，正吾夫子之自爲傳神寫照而已。」

問：「刪詩書，定禮樂，吾夫子一生事業也。自秦火而後，詩書尚留餘簡，而吾夫子手定之禮樂，則已茫然無可考證。厥後漢儒彙集禮記，雖間引孔門之言，而失真者固亦多矣。今觀論語八佾一篇，凡二十餘章，章各爲一事，一事自有一義。而原其大旨，無非爲踰禮僭樂者立之斷案，迷禮昧樂者示之指南，其一段闡明禮樂以維持世教之意，惓惓於意言之表。善讀者得其旨而會之，吾夫子定禮樂之心精，其或可想見一斑乎？」先生曰：「定之爲義，有斷定之義，有評定之義。若吾輩今日之於夫子，總之，是以其評定奉爲斷定耳。今按吾夫子二論中記其統評禮樂也，則有『吾從先進』之言。吾從先進，非即身而直爲斷定耶？『禮云禮云，玉帛云乎哉！樂云樂云，鐘鼓云乎哉！』則又據情文本末爲之評定矣。至『人而不仁，如禮何？人而不仁，如樂何？』則更是據道器源流而直爲之評定斷定更無藴矣。況如專於評斷禮樂之旨，論語二十篇中不可勝舉。況如記中禮運等篇，亦又發明。然要之折衷評斷者，係六禮六樂本具之精粗優劣，吾夫子初未嘗自作一書示之準極也。何者？吾夫子周之臣子也。周於此時雖東遷不振，而吾夫子則斷不敢自用自專，身蹈生今反古之大罪，亦正是自安臣子之正分，爲天下不倍之正義也。要知禮即是中，樂即是和，道是中和渾淪之源泉，中和即道恰好之脈絡。故明禮備樂之君子，即履中蹈和之君子，亦即德修道凝之君子，勉之即賢，安之即聖。故聖王庠序之教，六經、六樂並重於德行，而吾夫子詳校經學之得力，以立禮成樂，與興詩連類而並舉也。」鵬曰：「聖道亦止此一個中和，故先王尚之以立教。後之理學諸先正立宗明旨，往往不及禮樂，而惟是存誠、主敬、窮理、識仁之爲尊奉闡揚，則何也？」先生曰：「道無古今，宋儒是懲辭章記誦之害人心而湮道脈，故當時按症設方期於中病，然要之主敬正寓履中之意，存誠寓蹈和之旨，窮理、識仁即明中達和，又何一不舉鎔其中乎？況如橫渠學宗要於知禮成性，而其教關中學者，必以習禮爲先，則又何嘗不及禮樂歟？善學者神而明之可矣。」

問：「聖人之生關乎氣運。春秋時亂極當治，故天特生夫子，上以繼往聖之絶學，下以開萬世之太平。宋人云：『天不生仲尼，萬古長如夜。』亶其然已。顧當時周流列國，所遇之名公鉅卿，以至及門如宰我、子貢、有若輩，號稱知聖，亦第就吾夫子道德之高深極口形容耳。獨儀封人『天將以夫子爲木鐸』一語，竟是於千古聖人局面外，看出吾夫子一段出世因緣。又直是透得天生吾夫子，而所以位置吾夫子的主見，爲千萬世尊奉吾夫子者之定評允矣。萬古知聖之第一人也。但不知吾夫子至儀見封人時，是如何德輝；兩人見面晤時，又是如何議論、如何光景。而封人遂得信之真、知之明之若是也。」先生曰：「汝問甚有精思，文字亦明通合轍。語云：『好學深思，心知其義。』汝此問近矣。顧此段意思，余亦每思及之，而終是莫盡其神，惟有嘆千古知聖神識，首推封人而已。故曰代天爲言一句作細注，蓋於莫知其然時下此想像猜度之言也。然此段因緣關天心、關道脈、關教宗，亦正不可草草放過。今逢子問，姑仍妄爲想像猜度可乎？吾夫子生平周流四方，而居衛時多。夫子之學問行止與其志趨所注，封人想必前聞之悉。封人是賢者，於平日過衛之賢，無一不留心請見，亦必是胸中自有識見，於所聞吾夫子學問、行止、志趨，約略明得吾夫子學問道術之梗概。而平日論夫子，亦必擬有崖略，心竊儀之；不然過路之布衣，奚爲請見如是之殷懇？萍水之相逢，奚爲坐談之不憚時長如是乎？迨既見之後，而出將於吾夫子盛德之光輝目睹而神契，吾夫子道德之藴奥心領之。開誠敘談之頃，吾夫子生平之志願，相孚在言論之表，而前之疑者信，前之信者真，即其於平日所擬議吾夫子者，當且渙然發蒙，而直合上天誕降千秋命脈，一口爲二三子合盤托出矣。今觀『天將以夫子爲木鐸』一言，出自既見以後，即可想見吾夫子德輝、兩人晤面時議論之大略，又可知其所見得於所聞之表，更可知其見後如此之真。知必其未見時，心儀之匪淺，而神契之倍真也。然要之此言洞見吾夫子一生定局，又洞明天生吾夫子本意。則雖謂言出封人口，而實是代天爲言可矣。然余終是想像猜度之見，子其從深明道脈洞見天心者，虛衷更印之可也。」

先生曰：「論語一書，道理平滿周匝，而潔淨精微，無一語不可持循入手，無一人不可服膺得力。而如吾道一貫章，即吾夫子自舉，亦更可知聖學非大而無統。即曾子推歸夫子之道於忠恕，更可知聖道只自盡其本心。由前可悟聖學脈絡，由後可悟聖道精髓。真若此道合明，天意相之，留此一則公案，爲千萬世明道學聖者，指迷導覺於茫茫煙霧之中。一以貫之之一，先儒以爲乃合一之一，非一件之謂。愚謂不惟一件之謂未盡其旨，即合一之謂亦儱侗無當也。這一即『天得一以清，地得一以寧，人得一以生』之一，這是在天地爲生成樞紐，在人爲經綸命脈，而要之只是這生而徹底無欲之忠心、滿腔一體之恕心。所謂『大人與天地合其德』者，即合以此；『爲生民立命』者，即立以此。而所謂『天命之性』，亦即是命以此；所謂率性謂道、修道謂教者，即率以此、修以此。看得佉遠高奇固不是，看得皮膚支離更不是也。」又曰：「會得『夫子之道，忠恕而已矣』九字之旨，即中庸『道不遠人』真機可默會於此，而『忠恕違道不遠』之旨，亦正可不煩言而解。」先生一日讀羅近溪先生集，見其發明一貫二字之旨曰：「一者，一乎其貫者也；貫者，貫乎其一者也。非一無以爲貫，非貫無以見一。一而貫，無不貫矣；貫而一，無不一矣。」又其門人熊氏爲之注曰：「仁者，人也。形色，天性。易簡得天下之理，知能要大人之極。只因透此一體，貫天貫地，貫人貫物，貫古貫今，毫釐不間。」因曰：「近溪師弟之言，於同歸殊途、百慮一致之旨，脈脈心會。雖非正講『吾道一以貫之』之本旨，要之通乎其意，正自可淵然而契。且即五經、四子，萬事萬理，其源源委委、脈絡貫注者，舉可神而明之、默而成之矣。」

又讀明楊復所先生一貫録曰：「一貫者，孔曾授受之微言，是即所謂『一日克己復禮，而天下歸仁』，又即所謂『良知良能而達之天下者也』。」曰：「是言可謂善通經旨，不滯言詮矣。然如其言也，中爲天下之大本，和爲天下之達道，中和致而天地位、萬物育，至誠盡性而盡人物之性，推之贊化育、參天地，何在而非一以貫之之旨，又豈獨表裏論語、孟子之二説哉？」

又論近溪先生一貫説曰：「聖門之求仁也，曰『一以貫之』。一也者，兼天地萬物，而我其渾融合德者也；貫也者，通天地萬物，而我其運化同流者也。非一之爲體焉，則天地萬物斯殊矣，奚自而貫之能也？非貫之爲用焉，則天地萬物斯間矣，奚自而一之能也？非生生之仁之爲心焉，則天地萬物之體之用斯窮矣，奚自一之能貫？又奚自而貫之能一也？是聖門求仁之宗也。」先生爲之擊節曰：「是言倍覺精微，雖未直指出忠恕之爲一貫，要之仁即忠恕之精魂，忠恕即仁之體魄，精魂即體魄，體魄本精魂。透得此旨者，不但明此無不可通彼，即忠恕之正是一貫，一貫之只此忠恕，總無不可意會而悟也。」

一友問：「夫子之道，忠恕而已矣？」先生曰：「此是曾子既悟一貫後，直下斷定之詞。言夫子所謂一貫之道，只是這個忠恕而已矣。這忠恕之外，更無有也。蓋就夫子自舉心詣，只一以貫之，就知夫子者推本聖道，則只此忠恕。譬之靈丹，一貫是已就之靈丹，忠恕則言乎其真藥物。靈丹非此真藥物不就，若外此而覓真藥物，又何物可就此靈丹？這裏毫釐不容分別，只是言各有宜耳。」

忠恕雖曰二義，要之只是一心。從盡己言，謂之忠；從推己言，謂之恕。明其旨者，當可知這忠即恕心之肫然無僞，這恕即忠心之油然無私。即盡己之時，恕在忠；即推己之時，忠在恕。但是宜合併説處，不補綴圓滿，則義不該耳。猶之言仁不言義，言義不言仁，則不備也。然卻又須知，爲初學言，並舉得；爲知者言，單舉亦得。或有時並舉於文便，或有時單舉亦於義足，正不可執一論也。蓋如「臣侍君以忠」「爲人謀而忠」，正是單舉忠，而恕在其中；「強恕而行」「己所不欲，勿施於人」，正是單舉恕，而忠義未嘗不在其中爾。然非於夫子之忠恕，洞悉其體用源流，亦孰知其量之無所不暨，而體之本約而妙歟？

大學一書，衍自曾子之門。今觀其章末總結曰：「君子有大道，必忠信以得之。」忠信即忠恕，特是大學此言爲釋平天下之要歸，凡上文絜矩無非恕義，故易恕言信耳。其實忠信以得之，信即此恕之實，有諸己而藏身必恕之真機也。夫平天下無論，推而極之堯舜之時雍風動，不過是即就本章理財用人之綱條言，這事是多來大，這義是多來宏，而其道只得以忠信。吾夫子忠恕之旨，不亦淵然可會耶？

天地之道，爲物不貳，則其生物不測，是天地之以一而貫，可於此悟也。明此，即『吾道一以貫之』之旨，可於此引伸而會。天地之生物不測，而其爲物究之不貳，是天地之貫而實一，可於此悟也。即夫子道忠恕而已矣之旨，可淵然而悟。

問：「聖人之言，多是徹上徹下。今觀時習章，似乎語工夫而不及本體，語隱居而不及行義。又何也？」先生曰：「此章原是爲窮居潛修之士，指點素位而行、深造自得之味，令其反躬自認的意思。必是當時從遊之士，以學爲苦淡拘束，殊少結局，吾夫子特爲指示，使其於學下深造自得工夫也。誠如學而能自強不息，日就月將，如天之行健，時習之焉。斯時也，義理浹心，心機契古，豈不居安資深，取之左右逢原而自得耶？學既有成，聞風者慕義，懷疑者景從，不遠千里，多來就教。斯時也，傳道得吾徒，行道得吾與，一堂而發千古未發之精蘊，一日而闡萬古欲闡之微言，得天下英才而教育之，雖王天下之樂，奚加於是哉！樂行憂違，是乃吾儒素位之行。學吾之學，說吾之說，而人之不知，曾不以介。吾心到此地位，真是識見高明、涵養純熟，不亦乾之『初九，潛龍勿用』之位地歟？　明得此章原是爲及門指示窮居自得之學，即聖人之言通徹上下之疑，可不言而悟。」

仁之宜處，不待智者而後知，惟是見理不明，不能不奪於係累牽絆之私。貴乎知者，謂其見得明，即行的勇，不以一時之私累，去是非之公耳。擇而不處，此必有駑馬戀棧豆，智不能舍者，焉得謂之智乎？　可見智以行而實，智以仁而明。故中庸擇善固執乃爲真擇，知及仁守乃爲能知，提虚見而無實履，總不中用也。

不仁不可以久處約、樂，蓋失其本心之人，處暫尚可勉，持久則約未有不濫、樂未有不淫者，然此理易曉，人所共知。惟是仁知安利，以中庸安行利行例之，則有安勉淺深；　若以論語中仁知並論言之，似不當過分淺深。況以仁爲利，此則嗜仁如金玉，即是至於無以尚之之境矣，亦覺淺深不可過分，然要知富貴不能淫、貧賤不能移，惟仁知這兩種人，方到這裏，有砥柱中流之操，成全大丈夫耳。　故孔子諄諄言知仁，而門弟子亦諄諄問知仁也。

好惡，在朝廷關用舍賞罰，在草野關是非從違，最是人心風俗善惡醇漓之關，故夫子思仁者以正之。透「能」字要得公而明，蓋公則無私，明則允當，始言得能耳。　然孰不能好惡人者，何以獨推仁者耶？　夫子於處約、樂則曰惟仁知，於好惡則曰惟仁者，可見失其本心之人，無一而可者。　甚矣！　仁者，吾人之命脈也。

志仁則無惡者，蓋惡是有意昧心妄行不仁之事。　志仁則不欲自失其本心，豈復肯違心而行乎？　故無心之過，不敢必其無；　而有心之惡，則可信其無。　蓋過非存養之熟者不能寡，而惡則立意爲善之人，即可信其無也。　味其語意，此章似是夫子爲有志去惡而未得其要者，發救病之藥，教之無徒治於標末，爲捕東生西之爲，而當深探其本原，爲正本澄源之學耳。第志仁尚不容説到窮理盡性，窮理盡性則幾於仁而過可寡，又不獨惡可無。　理欲不並立，志仁則無爲惡之心。　仁不仁，爲人禽之關，而志則又造命生身之樞也，故學者以立志爲第一義。

富貴溺心，貧賤思去，雖賢者不免。不以其道得之，而不處不去。這裏非看得破、守得定，見大心泰，富貴貧賤處之如一者不能夫。看得破，是乃窮理之功精；守得定，是乃盡性之功密。窮理盡性，此乃不違仁之功不懈於夙夜也。況不處不去，這裏歷多少推遷升沉、榮辱得喪，而總是不去乎仁，即其終食、造次、顛沛之不違，俱在其中，豈得以前之審富貴、安貧賤者，爲尚涉於粗迹，而以後之無造次顛沛之違精細乎？要之不去仁，即不違仁；不違仁，即吾間於造次顛沛。但夫子說到此，恐不知仁者，貧賤是人之所惡，君子則雖不以道得之而不去。這是君子之心深見得仁不可一時去，而去仁即不可以自立於天地，故其平日存仁之功，直自終食以至造次顛沛而不違。安敢徇衆人之欲惡，而自失其本心乎？如此講，則始覺無前粗後深、上下分裂之弊，而其精神義蘊亦始覺圓滿周匝而不至滲漏，亦覺與朱注取舍之分明四語語意相應也。但於非道之富貴則不處，而於非道之貧賤則不去者一則，是富貴可由人不處以全其本心，貧賤由不得人去而必去之者，則必蹈於不仁。又以君子辭貴不辭賤、辭富不辭貧者，蓋富貴喪志，貧賤養德，君子以道德爲富爲貴也。又以君子存仁乃密詣之修，而亦不諱言名，而曰去仁無以成名，蓋常人以名視名，只粧點門面；君子則以仁視名，而必盡吾實修，名便是仁，仁便是名，何嫌於好名而諱之乎？然據夫子此二語，而於千古不好名而並不修行、好名而不知根心的兩種弊事，亦都破盡矣。甚矣！聖人之論理精密而圓徹，亦復近情而當理也。

先生一日讀論語，至『無欲速，無見小利』，顧謂及門曰：「聖言如日當天，無所不照，而於爲宰，則尤刻骨之戒。蓋自古及今，凡爲宰的做不得仁漸義□的郅治，皆欲速之見爲之祟；做不成光明正大的治功，皆見小之見爲之祟。然欲速尚是有向上之志，至見小利，則品行官箴無一不玷，豈特大事不成，直並爲宰的根基敗壞，而不可收拾，十人而七八矣。又豈徒爲宰者之金科玉律，直是立朝當官的清夜之鳴鐘。故夫子於子夏之爲宰問政，切切戒之然。然此二言，於吾儒爲學尤爲切戒。蓋學以達與大爲期，而屑屑然欲速見小，較度於緩急遲速之間，原非聖門正誼明道正分。子夏篤信謹守，而規模狹隘，故夫子平日既以無爲小人儒示戒，迨於問政，又諄諄以欲速見小反覆丁寧，此對症之藥也。他日子夏果曰：『雖小道必有可觀者焉，致遠恐泥，是以君子不爲。』到此反己印證，亦可以見其氣質之變化、學問之進益，而並一生篤信聖教之處，皆可淵然默會於言語之表矣。」

「道不同不相爲謀」之旨，講義以是非邪正作訓詁似未當。經文分明是言道不同，既是道則皆屬在人可行之路矣，這裏何得有大邪真非可以攙入？故所謂不同，只在真僞、大小、淺深間分界限耳。如同一儒學也，記誦詞章則祗爲進取，道德經濟則切於成己成物。矢志命意，直同天淵。又如同名道也，吾儒仁至義盡，楊氏則取於爲我，墨氏則取於兼愛，子莫又取於執中。無論吾儒不同道於二氏，即二氏正自不同，而抑又子莫道兼楊墨，而不與楊墨同道。道既不同，即所志不同、所業不同，所見亦並不同，這裏如何可以商究進修之方，印證此道之旨歸歟？且即同道中，亦未嘗無是非邪正，而要之是非、邪正、善惡，顯然標名之是非邪正也，總皆在通行之路上走，只中間真僞、大小、淺深意見之各別爾。到這裏謀便不合，甚至無益，而或且損至，如何可相謀？故道不同不得説壞道字，説壞便非道也。不同不得兼邪正言，只在走的路途意見略異上説。不可説作道内道外之不同，上經文是道不同，非道與不道之不同也。不相爲謀，是説謀亦不合，甚至貽悟不得，僅説不可相謀也。

諸子一日論戒慎恐懼之旨於先生之前，大率皆拘於文義訓詁，而以兢業惕厲爲説。先生謂諸子曰：「此四字原是兢業惕厲之義，然切莫看得中庸戒慎恐懼與曾點春風浴沂之樂截然各自爲義，要須打成一片，一體相成，始各有實義，血脈不差。何以言之？道一而已矣，心一而已矣。就其兢業處言，謂之戒慎恐懼；就其活潑處言，則擬以春風浴沂。其實兢業處原非把捉安排，而原自寓活潑；活潑處原非縱情肆志，而原自其兢業。異用一貫，殊途同歸，奚得存截然歧視之見？」門人聞先生戒慎恐懼與春風浴沂合一之旨，而頓恍然於敬樂司歸之爲無弊也。蓋從來言敬而不知本與樂合，則流於拘苦，而非敬之真；言樂而外敬以尋樂，則類於放曠，而亦非樂之真。惟敬中寓樂，樂中藏敬，異用同體，殊途同歸，斯爲吾道一貫，而萬世無弊。然初學下手，要必有所持循，始爲有據而可入。雖敬寓乎樂，然必兢惕深而後天機暢樂；雖具乎敬，亦必好之至而後樂之深。昔吾夫子積寢食憂憤之勞，而始克樂在其中；顏子用博文約禮之功，而始至其樂不改。將非事有終始，功有先後，道雖同歸，而下手着力，序不容紊歟。願先生明以教我！

先生曰：「初學未達敬樂真旨，言敬則必歸收斂，言樂則必屬恬愉。收斂是初學下手邊事，恬愉是久學得力邊事，似亦層次難紊。若積之日久，力到功深，到得一旦豁然時，則知收斂。恬愉不但得力後境界難分，即下手時機緘原自合一。何者？就用功言，初學收斂處是敬，然卻要知到收斂而恰合恬愉本體，即便是樂在其中。初學下手，老學得力，胥此一機，胥此一功，原無分斷，亦無層次也，故吾嘗言敬樂是一體相成事。不但得力後，收合一之全效，即初學下手，亦必認明體段，雙融並攝，然後居敬之功始真耳。」

收攝處是敬，然收攝必到得合於本體恰好恬愉之地，而後敬功始真，是敬必該樂，而始成得敬，則初學下手，豈不是敬樂雙融？

學問得力處，必看用力何如。未有用力處不全不真，而得力處不漏不假者。先生因言用力處必從敬樂雙融，故又及此。

豐川詩集

卷一

四言古詩

亭竹四章章六句

亭竹，興進德也。竹有君子之德四，故以取興焉。

亭亭修竹，春笋叢生。英英君子，厥志惟弘。惟弘伊何，如此春榮。

亭亭修竹，夏葉舒秀。英英君子，厥志惟衮。惟衮伊何，如此夏茂。

亭亭修竹，秋實結纓。肅肅君子，德惟其精。惟精伊何，如此秋成。

亭亭修竹，冬幹凌霜。凝凝君子，操不易方。不易伊何，如此冬常。

祝友四章章四句

祝友，求益也。世俗之友，聲氣往還而已。非所云五倫之一也，無取焉。

蔚彼南山，豐草鹿遊。念我非君，勸善其疇。

沔彼渭水，共波穢流。念我非君，規過何求。
我友敬矣，予心油油。我友怠矣，予心幽幽。
惕惕予心，惶惶我愁。我愁伊何，歲華伊秋。

乾乾君子

龍德出地，利見大人。本自初潛，學問寬仁。
亦既乾乾，成德爲程。無名奚損，有譽奚榮。
可潛斯止，可見斯行。進德修業，及時爲情。
善世不伐，德博而化。是謂正中，其人斯大。

崇效卑法二章章四句

禮如法地，智如效天。顯微無間，體用一原。
浩浩以居，翼翼以臨。乾坤在手，萬化生心。

動靜

動而不有，如天之常。靜而不無，如地之方。惟其不有，道德文章。

當體而寂，聲臭亦忘。惟其不無，虛融靜藏。當可而施，釐然發皇。

天民四章章四句

古有天民，其仁如春。父天母地，與物胞民。
古有天民，其禮如夏。學正而弘，德博而化。
古有天民，其義如秋。後天下樂，先天下憂。
古有天民，其智如冬。先覺吾道，洪範儒宗。

我母十二章章八句

蔚蔚雙槐，連巢哺烏。我母云亡，菽水奚圖。菽水亦荒，我心滋傷。愧此羽族，終焉何臧。
雙槐蔚蔚，哺連烏巢。我母云逝，其奈已遙。豈惟菽水，聞聲亦難。寧惟聞聲，睹容亦艱。
蔚蔚雙槐，有烏有雛。念我煢煢，於天何辜。昔賴慈親，以恃兼怙。今也云亡，誰爲兒傅。
兼怙云何，鞠兒十齡。惟傅云何，教兒先程。大志希顏，芳型學孟。無輕縻禄，無苟從政。
惟桑有枝，沃若其條。我母有子，不令逍遙。青燈對績，置兒其間。每至鷄鳴，課誦連連。
惟莪有華，依附於根。我母一子，義以裁恩。爲擇明師，遠遣學古。不以一子，惜其勞苦。
歲中歸省，輒令西旋。日月其逝，如何頻還。聖以爲歸，賢寧可安。汝學如就，其旨何言。
宇宙善行，督之必企。天壤紛華，禁之靡遺。惟是盡性，癡兒是期。惟是至命，癡兒令幾。

富貴非寶，道德是珍。是訓是飭，無負天民。人謗猶可，鬼笑斯殃。爰諄爰複，保此天良。一事之失，戒之必詳。一言之誤，誨之無忘。童孺不假，頒白仍然。永訣之辭，遺訓倍堅。惟昔賢媛，向母高明。文伯季母，亦多淑型。爰及仉母，百世獨稱。寧惟子輿，善成親名。子少鈍劣，未老倦勤。辜負良師，倍愴母神。頒頒雙鬢，茫茫前路。自茲沒齒，可怠予後。

讀易三章章四句

雷動地下，雨山凝凝。復以自知，艮乃自成。

懲忿摧山，窒欲塞瀆。損之又損，是謂乾度。

中孚是福，无妄非災。我心即天，天豈我裁。

語默二章章四句

洪鐘千石，扣之有聲。君子之言，當可而鳴。

洪鐘千石，不扣寂然。君子之默，浩浩其天。

大君

合天地德，是謂大人。體天地心，是謂大君。何以體之？仁弘君恩。何以體之？禮節君身。何以體之？信乃民任。義宜智別，有春有倫。匪是道也，霸而不醇。

示兒四章 一二章六句三四章四句

古之君子，學以爲己。今之君子，學以爲人。同此人己，義利攸分。

古之君子，仕以爲人。今之君子，仕以爲己。同此人己，公私頓異。

隱居求志，行義達道。出則建勳，處則深造。

余生漫浪，抱歉良深。汝曹他日，忍慼親心。

重示八章章四句

萋萋蒹葭，于灃之洲。士也邦彦，宜懋厥修。

翩翩垂楊，于灃之側。士也國璋，宜植厥德。

潔品清操，卿閭公褒。高文實行，宗族胥榮。

浮華其造，干譽違道。流俗斯艷，鬼神實笑。

鋪張其陳，清福濁神。人之君子，天之小人。

矧惟縱情，不顧其名。矧惟宣驕，不恤其操。

縱位三公，伊賈之凶。縱壽百年，徒禍之延。

豈但人指，天心應妒。豈俟子孫，當躬且受。

淄陽湖弔賀文忠先生四章章四句

湖在府中東南，文忠一家殉義於此。湖中今滿白蓮。

淄陽有蓮，歲歲花香。文忠之名，與蓮長芳。

淄陽有蓮，歲歲葉青。文忠之名，與蓮俱榮。

淄陽有蓮，厥實惟裒。文忠之靈，與蓮長留。

淄陽有蓮，厥根有蕃。文忠之節，與蓮長存。

自矢二章章四句

見之如真，守之能定。數真無權，天豈有命。

仁爲吾心，義爲吾宜。吾盡吾道，此外豈疑。

冬旱二章章四句

雪不冬颺，麥漸枯黄。我心之憂，新經大荒。

我心之憂，新經大荒。官無積貯，民尚流亡。

歲暮五章章四句

歲暮歲暮，殊無進步。輾轉撫心，何堪歲暮。
維彼古人，爰有武公。耄修不倦，睿聖以終。
駑馬十駕，亦自及驥。果能此道，明強可冀。
矧惟年齡，五十而三。視壯爲老，較頤爲殘。
悔之弗誠，學之弗精。是曰自棄，終負吾生。

題富平王節母旌節録八章章四句

黄鵠雙擧，思附於天。中道喪亡，哀號潛然。
黄鵠孤翔，嗷嗷哀鳴。豈惟獨棲，子翼未成。
拮据卒瘏，羽譙尾翛。爲此孤雛，不遑逍遥。
有子有子，已堪凌雲。念彼黄泉，啼號轉紛。
荆山嶢嶢，石川迢迢。有美一人，共姜之操。
荆山巖巖，石川涓涓。有美一人，畫荻之賢。
豈其守志，欲名之揚。豈其育子，欲聲之芳。
華表旌閭，厥願寧酬。有子歐陶，迺慰厥憂。

懷人五章章四句

懷襄城諸劉兄弟也。

嵩山迢迢，襄原其遙。念我懷人，言陟東皋。

白雲悠悠，山川修阻。尺鯉亦缺，使我心憂。

高堂莫止，體履如何？歲屢歉止，秋成如何？

林林諸郎，進造如何？歲屢撰述，卷帙幾多？

秋風淒其，鴻雁東飛。繫帛語浪，睠焉心悲。

祝岫庵邑君四章章八句

歲律既吉，星火西流。南極輝映，炳烺初秋。惟此秋初，邑無遺儔。爰鼓爰舞，爰祝我侯。

何以祝之，躋彼公堂。何以將之，稱彼兕觥。何以侑之，萬壽無疆。侯曰胡然，惟風之良。

士前奉爵，曰惟我師。我師我保，教之育之。教如訓蒙，育如勤耔。有德明發，敢忘致辭。

民曰豈弟，實惟我侯。克和克恕，不剛不柔。善良安室，奸宄潛休。侯惠我人，忍忘獻酬。

山居

白雲限裏，紫閣深處。洗耳清泉，挂瓢佳樹。種伯夷粟，灌樊須圃。讀羲皇書，友木石愫。一年四時，出山有數。抱月襟風，天地吾素。

贈友

蘭生空谷，馨馨其華。雖無人採，芳意自嘉。人生有道，仁義無賒。天爵良貴，貧賤奚嗟。

祝李重五先生四章章四句

先生富貴而不溺，有蓮之清德，且內外兼修，與蓮之花葉根實並茂同，故以之取興耳。

蓮生於沼，其葉鮮鮮。彼君子兮，服吉且閑。

蓮生於沼，其花灼灼。彼君子兮，容整而博。

蓮生於沼，有韞其實。彼君子兮，德積而密。

蓮生於沼，有綿其根。彼君子兮，永此德心。

感秋示兒

南風之薰，爲日幾何。今夕何夕，秋風已多。歲何如此，真成易過。汝曹勉哉，可漫蹉跎。

贈孝思李翁

良農即飢，必有豐年。良賈即貧，必無後艱。惟人懷妒，德或棄捐。惟天不昧，善忍遺焉。明明上帝，求民鑑觀。如翁篤行，寧不意憐。老也無嗟，屯也無嘆。子孫繩繩，後禄其綿。

贈葉君 葉醫

平野蒼蒼，溪水泱泱。厥壤惟沃，厥風惟良。吉人居此，既吉且康。其康惟何，心安而祥。其吉惟何，利物有方。無疚於天，攸賴乎鄉。篤斯術也，於何不臧。

古道篇贈韓城命之王君凡三章章六句 有序

命之王君，韓城良士也。好學多材藝，尤精醫藥、地理之術。昔先師之病，徒步來視。及先師之歿，又復徒步來弔，兼爲相厥幽宅。高情古道，真當於古人。求之於其行也，爲賦古道三章贈之。臨分執手，慨乎餘悲。

我生之始，尚見先型。我生之後，古道日傾。常恐終此，湝焉涕零。今日何日，而有斯人。不遠千里，不憚勞辛。唁生允義，宅死允仁。清霜肅肅，黄業其飛。關山緬邈，晤言無期。之子之遠，使我心悲。

大人

客有談大人而非其義者，余爲正之。

含蓋爲屋，瀛海爲城。崑崙爲案，明月爲燈。二氣爲登，太極爲朋。堯舜論治，孔子談經。收萬古春，納之一庭。盡四海人，載之一舲。極宇宙事，統之一籯。括天之理，揭之一評。鼓吹二儀，輝煌五行。焕乎文章，巍乎成功。淵兮天兮，無臭無聲。

五言古詩

感興

坐久林風發，翩翩吹予袂。悠然有會心，乃在山東際。陟岫望鄒魯，渺渺目難繼。豈必道遠長，哲人早已憩。徘徊歧路側，日午陰未霽。浩歌淚盈把，存心將何寄。歸來濯玉女(二曲山泉)，天空白日麗。

元日訂訓

三陽開泰宇，萬象生榮光。東來卿雲爛，覆我具慶堂。堂上垂白母〔一〕，羅列兒孫行。夙戒階除淨，新濯布衣裳。進饌烹蕨筍〔二〕（家慈緣先嚴病，禱天斷髮茹素。先嚴歿，遂終身不食肉），佐飲温柏漿。道古兒勸酒（家慈素喜聽孝忠節義事），分果孫喜狂。藹藹春風裏，融融樂意翔。信哉生人慶，親壽家平康。

其二

至樂非外假，家庭安以祥。鮮鮮履端日，四運必周詳。祖父貽良模，使我叨餘光。豺獺知報本，先澤其可忘。我無替道念，爾輩效賢良。善繼遠善述，乃得吉而昌。庶幾茲慶衍，地久與天長。

田園雜興

早歲志猷業，坐覺身可惜。遇合有義命，高懷徒鬱積。脱然謝掌故，歸田樂泉石。勤耕供孀母，急税省官檄。鄙吝詩書陶，襟懷風月滌。移石列泉畔，煮泉候三益。鴻冥吾焉敢，時然適吾適。

〔一〕「母」，原作「毋」，疑形近而訛，遂改。
〔二〕「筍」，原作「笱」，疑形近而訛，遂改。

其二

有客扣柴扉，攜兒抱琴樽。相見胡麻進，移席對白雲。款款話耕讀，終日無激論。兒童各會意，獻酬同子孫。歡忘林巒莫，欣然意倍親。明月奏古調，泠泠千山聞。

其三

秋成樂蜡賽，撾鼓招遠林。白叟攜黄童，還來原上村。西向叩神庥，北面謝皇恩。一祝歲常豐，再祝聖壽春，三祝賢官長，長保我人民。酒酣肥羜餘，歌歡四鄰聞。山鳥摷餔遺，麋鹿無驚羣。迭迭再三祝，春耕督宜勤。獲豐稅幸早，官吏良苦心。

其四

樂耕抱素願，淡焉無外妝。況復窮山谷，本無紛華將。牀頭釀秫酒，殘卷貯敝箱。癡兒朝出田，依松玩羲皇。一讀數可了，再讀象難詳。久久遊帝庭，淡焉渾自忘。雲鶴間來往，鷄豚狎我旁。兒來自何時，忽進太和湯。

寓心

早起林巒霽，紛紛鳥鳴春。登高望西岐，煙樹渺無根。長歌榛苓什，坐惜芳草新。歸來掩柴扉，披卷一榮神。天青白日間，心空指可親。遙遙千載後，賴見古人真。

夏夜

夜深溽暑退，月明紅塵微。移牀對明月，鳥靜人聲稀。穆穆松風至，浩浩此心期。

托言仙人心

托者，言有感而托之也。胡爲乎仙人之心之託者？明彼之然，而此之不然也。

嵩高接雲屋，崆峒爲比鄰。中而煙霞露，四時常同春。雲鶴互來往，藹如一氣親。神仙無物我，同契上皇人。

其二

審音知客至，停琴迓遙岑。洪崖舊往還，偓佺初相尋。相見共一笑，攜手入桂林。神仙無機械，新故如一心。

其三

坐久談指訣，各呈圜中真。一來復一往，亹亹敘其因。曰余從混然，曰余事谷神。神仙無驕吝，驕吝世間人。

其四

彼此證願力，慷慨共相陳。願世崇大道，願予不移身。願草元真誥，爲世指迷津。衆生度不盡，願不爲仙人。

問白雲

白雲英英白，蒸在青山巔。我欲問白雲，初逕穿林巒。蒙籠幾百里，陟崗忽有天。行行更行行，山盡白雲連。拱手問白雲，白雲終無言。

古意

聽風聽松風，觀水觀泉水。玩月玩秋月，結交交君子。君子心如石，君子交常好。結交交小人，如食斷腸草。

西方有美人

西方有美人，皎皎如玉仙。閉戶刺麟鳳，勤勤三十年。飲食無煙火，但資菊與蓮。荷衣無雜佩，但佩桂與旃。尚嫌飛塵污，時時濯清泉。歲寒霜雪冽，矢志愈不諼。兄弟苦相問，啟口美難言。

閒[一]步

三月不出戶，偶步到南村。南村新雨霽，萬象爲我新。情欣坐成癡，渾忘日氣曛。執友從西來，楊林喚我頻。呼我坐陰樹，酌我新醪勤。與子相别來，幾回閒此身。陶然且一醉，坐收萬區春。

返照

鑑形知鑑了，照夜知月皎。印月知潭澄，呈象知天曉。不將心返照，爭知身匪小。

自警兼示從弟

羣生寶一世，豈不在百年。百年正復幾，過眼春華前。所珍最靈人，寧惟癡癡焉。甘食嗜衣處，而足配地天。宅心仁爲貴，制事義所先。性以誠而盡，德惟敬乃全。大禹惜寸陰，聖賢且尚然。何況我下士，及時無勉旃。

[一] 「閒」，原作「問」，疑形近而訛，遂改，後同。

古道篇贈富平沈欽公

交游三季後，古道日淪亡。邈矣無可直，申顔亦茫茫。以水還濟水，竟成脂韋場。念此不成寐，中夜起徬徨。徬徨亦何補，聊盡吾愚腸。勉哉崇古語，大海期回狂。

賦得菱花荷葉淨如拭

雨霽青山新，策杖臨西渚。濯濯菱荷顔，花葉嬌欲語。菱葉顔不改，荷花艷愈吐。對菱我心潔，觀荷幾忘暑。得非塵外物，又復經積雨。嗟哉男子身，清操友千古。苟然不自玉，身名同朽腐。我賦菱葉歌，我歌荷花滸。一歌再三歌，聽之歌聲苦。

知音

淵明情寄酒，以酒作良朋。伊余生平契，知音惟清風。融融春霽道，皓皓秋桂叢。凌風歌古調，浩氣滿蒼穹。

一病

夙昔志顔孟，慷慨若可親。一病何爲者，仰止忽若神。孟氏立大本，子淵學爲仁。歷古賢與聖，孰非葆天真。而我雜粉澤，如何同日論。人窮返本性，知性好爲人。從此永無迷，疾病再生身？

郊行

雨餘扶病出，策杖到郊亭。原野融融緑，天日朗朗明。千山翠如洗，西川淨且瀠。黄鳥從東來，嘹唳兩三聲。舉首盼黄鳥，勃勃動我情。將非節序迅，四運不可停。而我日斯邁，而我月斯征。眼看四十近，奈何學無成。

夜讀方書

老母七十餘，視履尚健好。其奈過古稀，年齡亦已老。子昔閲册經，靈藥可還少。何當遇仙翁，導兒尋芝草。

種松

生平愛青松，欲覓無由栽。歲月閲二紀，買得此株回。爲擇芳園植，憐珍同嬰孩。顧此眇眇質，豈易排風雷。矧余雙蓬鬢，白髮日漸催。何能待千歲，坐見聳徂徠。殫滋栽培意，後代遺良材。

悲

晉魏鼎革日，劉阮酒終身。乃宋革晉鼎，淵明酒日親。羚羊挂新角，霧豹隱沉淪。所嗟蹈網羅，豈必皆任真。沸沸禪代際，吾悲酒中人。

即事

日影照城角，山人尚晏眠。呼兒具盥櫛，云已朝出田。仲弟從外至，謂有客謁先。見投以名刺，儀觀殊偉然。感客意氣勤，振衣肅相延。語次道經過，燕晉成荒年。兼苦疫氣熾，景象殊慘焉。謝客勿復道，言之徒心酸。

春雨新晴偶步南郊見山川草木欣欣向榮悠然如遊太古不覺感而成詩

杖策出南郊，雨過春無私。南山碧若沐〔一〕，悠然意領之。黄鳥過我前，偏若與我期。交交聲倍切，切切豁幽思。澗草山前木，生意各自知。半生勤誦讀，慨然慕皇羲。孰知三季後，正有皇羲時。

山居漫筆遠寄同學　蓋所感無窮不獨在地境喧靜間也

卜田南山下，結茅栜樹林。謂此城市外，庶絶紛囂侵。其如雨或至，亦有風時臨。麋鹿與禽鳥，呼羣號其音。乃知人間世，動擾那能禁。不如杜德機，時時太古心。

〔一〕「沐」原作「沭」，疑形近而訛，遂改。

岫庵令君秋雨索和

寒露迓重陽，千山滋秋色。夜裏新雨過，天地塵如滌。穀熟築場圃，端不借溝洫。萬寶既告成，二麥復種植。白叟與黃童，歡誦令君力。侯曰予何有，願竭小臣職。

題歐陽卷 生嗜琴

青天作窮廬，大地作長筵，高山作琴瑟，流水作絲弦。倩來大造手，悠然按節彈。一曲彈未竟，鴻蒙已重還。

表叔母李孺人之葬予以病未得赴奠使功兒代赴執紼因摘園産朱橘十枚攜薦几筵臨遺感舊潸然成吟

温門予父舅，亦予母舅臺。予父善夫子，中表如同胎。孺人善予母，憐予自嬰孩。每歲元宵節，集梨屢見推。（梨至元宵，藏者鮮矣。孺人知予嗜此，必護存至斯。屢以啖予。）迄今五十載，蒙昧猶潆洄。今也葬孺人，虔薦摘十枚。此物奚足貴，所貴親手栽。臨奠緣病阻，淚下莫能裁。

結茅汝澤祖果園爲讀書之所愴然感懷 癸未

憶昔分果日，深耕闢草萊。今來築精舍，豐草沒荒苔。屈指未五載，今昔頓異哉。嘆息人間世，把樹幾徘徊。

雪晴

日出雪初晴，雪滿日氣淨。晴日映皎雪，天地一明鏡。即此認予心，謾問都玄敬〔一〕。

采柏吟寄清涼山道人

詰朝采新柏，新雨春山青。灌木鳴好鳥，和風來杜陵。夙昔慕三五，慷慨憑咿嚶。誰知六籍表，正有皇軒情。灑然遺故我，油爾契天靈。置籃莫復理，倚石坐如冥。即此出世間，何有服食成。

誌感書示兒孫

今歲甲申歲，昊天溥降康。凡此力穡子，靡弗慶豐穰。更若勤渠輩，大有禮數詳。以此知農事，真成萬寶祥。以此知擇術，所貴擇厥良。如其擅穎異，務學固爲常。倘或苦顓蒙，土物愛心臧。

〔一〕「玄」，原作「元」，據焦竑國朝獻徵録卷七二太僕寺少卿都公穆墓志銘改。

感興

行路莫行露，露行霑人衣。學道莫爲名，爲名道心漓。至矣大成聖，絶四而無知。賢哉子淵氏，屢空其庶幾。心襟光霽月，江漢濯靈姿。顧予一葦力，敢言泛溟池。所嗟多岐道，舍此更焉師。

其二

孔雀耀朝日，顧盼炫靈文。回光覩陋瓜，黯焉獨傷神。言辭取旨達，風雅應有真。惜哉三都賦，十年費苦辛。徒艷揚馬麗，誰信道所尊。嗟吁秋風後，春華竟何存。

其三

聖賢模萬世，豈不在六經。云胡聽中道，途說充棟楹。嗟嗟秦漢後，著述何紛盈。微言以言晦，大義以臆冥。茫茫問津者，孤舟泛滄瀛。不有文中氏，周道其誰清？

其四

大巧不可學，規矩出神奇。如何棄周道，出入任路岐。洪鈞運元化，四令無愆期。至矣吾夫子，仕止良有時。巨寶藏韞櫝，皇居古山溪。慎哉衛吾道，名節乃藩籬。

其五

庶羞兼珍錯，高享乃云豐。桂漿醇且芬，試口識漓濃。淵哉六籍旨，淡嚼滋無窮。如何飮餐士，入耳昧口從。吾師憫焉傷，獨力闢蠶叢。孟氏求放心，學問揭根宗。卓卓返身旨，讀書開鴻蒙。

其六

時變無窮已，聖賢自有真。遠近去弗去，要歸潔此身。譬彼長安道，同行還殊門。譬彼東溟水，並歸派還分。銖尺執量稱，云何爲定論。詩書欲尚友，論世乃知人。

其七

洪造厚我生，鍾靈豈無由。得非覆載憾，付予秀異儔。五倫經萬世，四民冠九流。貴賤兩兩資，治養一一酬。涼哉寰中士，介然自爲謀。恩義等長陌，一軀眇贅瘤。千齡良云永，天心其何求。

其八

大道如壤泉，掘地無弗盈。善性如江月，三五處處明。飮食男女間，正自可通靈。塵從世中出，道向倫裏成。堪嗟無生士，云何揀擇生。豈獨岐周道，顯背印心情。懵懂佞佛人，研幾苦不精。

其九

瀚海包八荒，汪汪納萬溪。煌煌中天日，下士照幽奇。惟昔三五聖，凜凜各有師。爰及我孔子，在人咸所宜。矧以中下士，便云予周知。聖以虛愈聖，痴緣滿終痴。茫茫萬里道，楊朱泣路岐。

其十

日月經天地，萬古映八埏。冥冥大道門，庖羲啟真詮。歷黃及唐帝，一中闡心傳。舜暢十六字，三代均此宣。周陵皇綱墜，一線韋素牽。感圖既已矣，詩書開羣賢。三傳生亞聖，仁義揭七篇。王澤湮暴秦，兩漢僅言詮。偉哉六朝後，文中映後先。布衣屬三九，獨振濂洛前。五星聚宋奎，寶鼎出沉淵。淵淵洛川水，一脈延宋元。更有江西派，到海同一源。河姚繼兩宗，日月輝重泉。悠悠二百載，二曲集其全。天德兼王道，工夫達性天。平平還蕩蕩，不黨信不偏。嗟予師二曲，二曲脈誰延？

七言古詩

豐之山答友人

豐之山，雲飛揚；豐之壤，厥田良。面山望雲作圃場，春稻剥棗供高堂，供我高堂壽而康，無不足兮奚所望。豐之水，流悠揚；豐之俗，貽周王。南鄰北舍無暴戕，友助親睦美意長，美意長兮子孫良，無不足兮奚所望。豐之山，雲悠揚；豐之水，流悠揚。結茅臨水對山岡，合志同方誦虞唐，彈琴學道樂無疆，無不足兮奚所望。

殷祝　年幾及壯章句痼心願言向道就正無從觸境懷賢慨乎餘慕

和風惠日瑞雲翔，緑柳紅桃遍草堂。美人懷抱球琳琅，焉得惠然臨我旁。醒予春夢易予腸，使我遵道知向方。
碧峰白水映孤村，茅舍竹籬夏風頻。美人雅製組元纁，焉得翻然臨我門。開予鬱閉鼓予神，使我功崇業且勤。
秋山蒼翠秋風清，秋水澄泠秋桂馨。美人心境霽月瑩，焉得炯然鑑我誠。授予秘旨徹予冥，使我詣實造則精。
翔風凜凜雪翩翩，瓊宇瑤臺似晶天。美人性地玉冰研，焉得淵然詔我詮。傳予心即老予年，使我功深道永堅。

河岳篇　河岳在望儼然明師觸感自勖兼示兒曹

華嶽諸峰欲際天，南風更與天相連。洪鈞生人靈莫前，高標可讓華嶽偏。吁嗟乎！鴻鈞生人靈莫前，高標可讓華嶽偏。
黄河遠自塞西來，不到東溟不肯回。惟人性貴配三才，勇決可讓水堅哉。吁嗟乎！惟人性貴配三才，勇決可讓水堅哉。

觸感用示兒孫

終南遠自崑崙來，際天連峰亦壯哉，龍嵸萬里眇天台。不産梗楠産凡材，舍良生楛使人哀。
清滂原從秦嶺來，一波一折似徘徊，經過龍潭與釣臺。不入灃流入渭隈，舍清投濁使人哀。

豐京建自文王來，兼得武王周召培，流風遺俗豈全隤。千秋不見古人材，古盛今衰使人哀。

題嚴子陵春江獨釣圖

先生長日釣富春，春雨新晴江山新。雨間霽色映眉宇，江天朗皓無纖塵。先生浩氣横九州，先生夢寐唐虞游。故人禮意誠殷勤，故人何如堯與由。三公備位有司繁，後宫陰郭正爭言。都俞吁咈邈已矣，滿損謙益寧能陳。釁終徒虧故人義，且激清風報故人。

素懷

魚鰕欣滄海，禽鳥欣園林，麋鹿欣原野，草木欣陽春。堯舜之世我所欣，唐虞之治我所欣，我願諸公致唐虞，我願長爲唐虞民。

過北邙

吁嗟乎！大邱小邱是何人？新冢古冢是何世？爲問冢中萬萬人，幾人帶得名與利？

感秋寄知心

人生難得百年身，人生孰是百歲人？人生難得身常留，人生須是早回頭。暑往秋來木葉黄，萬卉凋落一夜霜。勸君了了尚早早，到得悔時有何好。

題張山人陶詩卷面

春深新雨霽，天地溶溶麗。開卷讀陶詩，恍見桃源意。桃源知何處，我心春無際，終南少室起風塵，武陵非復當年春，若還欲覓桃源路，秦山應笑問津人。

題城南釣臺

聞道羊裘嚴老子，當年垂釣富春山。兹臺垂釣何人者？釣臺空傳姓不傳。自昔曾聞太上隱，不要名利不立言。軒冕富貴如泥途，遁世無悶金石堅。吁嗟乎！釣者何人必其侶，乃不留名此塵寰。

酬郃陽康孟謀

康子磊落有萃士，春風惠我好音來。開函細味詩中意，鞭唐駕宋信多才。憶昔知君十年前，讀君載賡景略篇。激昂不負青雲志，鴻鵠直上摩穹天。客春惠然顧荒廬，博辨雄談萬卷書。自分迂疏宜永棄，詎意殷勤寄雙魚。感君意氣重瓊瑤，投報何忍等木桃。三代先覺在君鄉，樂道耕莘萬祼揚。堯舜君民三聘後，追逐稷契驂翱翔。賢哉樂貧陋巷士，不遷不貳心坐忘。兩漢經術尚無侶，何況唐宋說文章。吁嗟乎！萬古千生此一秋，光陰一去不重留。丈夫自有隨身矩，志伊學顔更何求。

灞陵

行過灞橋路，東南見高墳。問是何王墓？皆云漢孝文。聞之生景仰，策馬展殷勤。拜畢四回顧，完堅獨無痕。乃知史所載，灞陵未經焚。吁嗟乎！灞陵何似五陵高？秦皇山陵更沖霄。諸陵皆破獨不破，薄葬真成墳墓牢。

卷二

五言律詩

歲晚

獨坐心無翳，開軒客問奇。迂狂今已老，出處舊曾知。虔祝萱親健，嫌歌招隱詩。傳經尚有子，歲晚復奚疑。

贈復庵弟

漸覺初心暗，翻憐向日狂。一從瞻旭日，遂已借餘光。萬古斯文事，千秋懋建行。相期共白首，無復計行藏。

與復庵雨後登白公臺言志

臺迴俯清流，風輕泛白鷗。遠山連野翠，仙梵入聞幽（臺臨興國寺）。此日懷堪把，當年願盡休。行藏君莫問，吾意老滄州。

送復庵歸里

無限杯前恨，相看有浪過（刪定戴記，纂補家禮，參訂文獻攬要等書，二年内皆未能就）。更堪期久要，遂已賦驪歌。仲淹傳經早，守溪得士多（皆吾宗前修，二年内每相期祝）。臨歧還欲問，他日更何如？

秋夜

秋山沉暮峰，秋水冷溪淙。如何蟬久謝，尚自聞寒蛩。的歷松梢露，依稀山寺鐘。蒲團通夕坐，歷歲不曾慵。

其二

一心甘畎畝，念載臥茅廬。不計勳名晚，何知歲月除。更深滋露冷，月朗逼星疏。頭白明燈裏，優游尚著書。

其三

炯炯秋宵霽，蕭蕭露氣涼。有時或面壁，無夜不焚香。偃仰匡牀足，弦歌點興長。行藏吾分定，奚惜二毛蒼。

其四

谷口西風疾，階前竹露濃。户從初夕閉，衣自仲秋重。萬事忘清夢，百年付健筇。鍾情今夜月，皎皎挂寒松。

其五

敢擬耕莘野，嘗從溯泗川。千秋幾指掌，萬古一壺天。伊傅斯元聖，顔曾自大賢。獨憐尋信處，對月兩茫然。

春雨後承諸子相扳登白公臺

夜雨歸天際，登臺仗故人。千山疑頓碧，萬里迥無塵。稷契盈廊廟，情懷值莫春。惟應同白鶴，淩厲水雲身。

雨餘　仿少陵體時三十一年皇恩新沛牛種之□綸

雨過凌晨望，蘇蘇萬卉儔。爲因天澤渥，想見王仁優。葉露隨風下，殘流映樹浮。今朝秋正好，分付采蓮舟。

送額將軍西征

潮海天驕横，嫖姚憤請纓。前鋒羅虎旅，中纛護龍旌。軍令威如火，行營整似城。燕然銘漢代，今日更留名。

登西嶽廟萬壽閣望華嶽

樓頭空萬里，南向對青蓮。山迥疑無地，峰高欲柱天。希夷峽自在，賀老洞如懸。垂白猶羈滯，憑欄止自憐。

三登嶽廟萬壽閣有懷希夷

嗟此曾三到，悠悠四十期。過去空如此，將來斷可知。衰病惟堪睡，殘年可浪思。五龍饒蟄法，每擬問希夷。

讀李藥師禱雨碑

昔聞禱雨事，果見藥師碑。英雄失意日，感憤侮神時。遇合原關數，行藏自有期。臥龍未三顧，只許德公知。

丈室

終日淡無事，一窗適有餘。況逢風日美，兼對聖賢書。朋舊時攜酒，兒童亦起予。誰言方丈小，天地亦蝸廬。

餘年

月挂西城頭，兒曹課未休。大兒窮禮記，小子誦春秋。燈暗親添蠟，書生手益籌。餘年無外想，教子擬前修。

郊居

地僻人來少，身閑戶閉多。安仁如敦土，養勇鄙憑河。最愛凌霜菊，時爲對月歌。不知秋事晚，每夜夢雲蘿。

山居

山北結茅廬，舍南傍石渠。映門峰歷落，緣徑樹扶疏。隨意澆新笋，乘閒補舊書。親康諸子順，富貴欲何如。

示子

道大如天廣，性淵似海深。莫矜口耳課，貴契聖賢心。明道真知學，文公善惜陰。外王與內聖，夫豈異人任。

不寐

不寐緣何事，城頭鼓四更。星移入漏屋，風勁震疏欞。多病年空老，疏功道未明。撫心追往事，懷抱若爲情。

霜降日閱西郊觀大操 時有打箭爐[一]之釁

昨夜霜初將，朝來氣倍清。山川增殺氣，征鼓壯金聲。大閱禮時舉，王朝令正明。寄言寇盜者，盛世未銷兵。

夜雨

閉戸孤燈炯，蕭蕭二鼓天。雨中落暗葉，牀上顧兒眠。無計留青鬢，有懷負少年。更深渾不寐，堅坐檢雲編。

永晝

永晝西窗裏，蕭然事事清。叢篁秋倍碧，時鳥對相鳴。備藥扶羸[二]體，傳經訓後生。此身老倍健，願外更何情。

夜裏

疏屋漏天光，鷄鳴氣倍涼。寒空垂北斗，敝戸結清霜。睡少心非病，愁多夜似長。那堪回首憶，學業兩茫茫。

[一] 「爐」，原作「盧」，疑音近而訛，遂改。
[二] 「羸」，原作「嬴」，疑形近而訛，遂改，後同。

立秋後一日題

秋風昨夜至，積雨今晨回。一葉桐初落，三秋涼更來。光陰夢裏老，鬢髩鏡中催。解得推移事，窮通肯浪猜。

除日

歲裏成何事，悠悠歲又成。殘年逐臈去，白髮探春生。念後愁難盡，追前悔未平。心知隔遠地，鬱結向誰傾？

書壁

一與道相馳，轉如塵事親。聖狂真反掌，罔克只關人。況是光陰逼，兼之老境鄰。不將千古計，必負百年身。

秋夜

元朔寂寥夜，匡牀睡未寧。茅簷風動竹，甕牖霜含星。漏永兒偏寐，更深鐘未鳴。生平愧恨處，敘與老妻聽。

秋霽東臯

喜謝相如病，秋風逸興豪。夜來擬策杖，晨起眺東臯。雨洗青天迥，雪明太白高。翩翩雙白鶴，雲裏見秋毫。

復愁

迴迴寒山近，潺潺秋水間。夕陽歷落照，飛鳥參差還。世態浸非舊，鬢毛幾莖斑。此生空度也，慚愧負紅顏。

自喜

廿年抱素志，終日掩柴扉。自喜風塵少，誰言心事違。荆榮姜子被，萱茂老萊衣。歲歲稱觴日，彩雲堂上飛。

送友人落第西謁二曲夫子　甲子

落第君無恨，劉蕡昔擯唐。文章果自信，姓字抑還香。落落長揚道，雍雍賢母坊。家師若見問，齋坐學心忘。

贈孫日躋

萬古評誰定，斯文應有真。當年關洛子，宋代科名人。落落千秋業，堂堂萬古身。男兒原有分，莫負好青春。

寄懷李重五先生

別來如昨日，屈指已三秋。每遇風華好，常追雲際游（已卯秋，曾共游雲際）。桂棱增幾許，溪水應長流。何當話千古，夕陽共倚樓。

其二

二難辱交久，伴耕未得過。已成缺事恨，況隔故人多。霜降菊花滿，風清塵路和。邀天老母健，或得到雲窩。

清明雨後獨步西郊

西郊緩步出，極目川原明。爲愛春新霽，不圖塵頓清。雲中翔白鶴，畫裏見山城。更是關情處，芳林啼好鶯。

尋山

結屐春山裏，春深望眼賒。爲戀松際鶴，久待仙人家。緣逕松花滿，映溪日影斜。石橋歸路曉，倚杖看流霞。

其二

松花處處飛，風動薜蘿衣。嶺上白雲秀，林間麋鹿肥。狂歌通谷遠，俗慮對溪微。塵世無佳况，流連不忍歸。

答同門孫四章

八載睽離久，一春卧病多。故人從遠至，今夕和長歌。仲淹吾焉敢，汝中爾合過。相看頭半白，揮借魯陽戈。

夏夜坐月

一自投林莽，淵淵杜德機。名心既頓落，塵念似全稀。矪際清明月，正當焰暑微。冥懷欣倍慊，松下歸來遲。

新齋

結宇遠城市，春風盡日閒。歸窗窺北斗，啟戶對南山。墨竹風前緑，黄鸝雨外還。生平戀逸興，不望五侯顔。

秋夜聞笛

明月出東嶺，衡門掩戶初。誰家桓彝調，送入淵明居。露滴菊潭冷，更深竹影疏。西風吹不盡，迢遞夜窗虛。

仲春寄祝金應枚邑侯　時隨大軍監運口外

春回越孟月，闊別良悠哉。欣際梅花雨，遥逢春樹杯。小心成大業，濟變伏通才。父老千秋祝，登歌代有臺。

酬臨潼趙豐原明府　豐原山東濟南人爲人慷慨尚道義

一自干旌辱，悠悠夏又深。每逢新霽月，如見令君心。盛禮何時報，遺文漢史尋。龔黄卓魯傳，投贈重南金。

春日同諸子游樓觀日暮匆匆而歸途中誌慨一首

雨霽春雲白，仙山此招尋。初參文始殿，已見説經心。古木鳴時鳥，清泉瀉遠岑。塵老未得住，歸路發長吟。

和田十二世兄見贈　有序

田十二世兄以詩見贈，義不可無酬。兼念昔晤其先人少華公於二曲師席，余年尚未及壯。今公季君且卓爾嶙峋，而余白髮星星，尚餘斯道無聞，兒子輩猶駑劣不足比數。欣愧交集，乃依其原韻歌而和之。

自是琳琅秀，矧承詩禮傳。新交欻喜溢，憶舊轉凄然。辜負當時志，惶慚白髮年。有兒須鈍劣，尤覺愧聯翩。

傳聞西邊黑霜殺禾

方訝平陽變（比日平陽地震異常），還聞塞府殃（山崩）。堪憐天變疊，偏令我心傷。往日憂家難，年來苦歲荒。如何邊鎮地，傳道又災霜。

題友人園林

遶徑垂楊合，映門溪水深。羨君軒蓋侶，卻有山林心。明月池邊酒，清風石上琴。何時遂卜築，盡醉和長吟。

代孫日躋送别浙西李偉觀　李爲蔡侯幕賓孫爲西席蔡侯時以讀禮旋都李將南歸越中

客旆出秦關，征途指越山。信陵已散客，仲遠今歸閑。世路少知己，吾遭多際艱。惟予亦長去，菽水奉慈顔。

祝朱亞翁邑侯　懷來進士初仕吾邑愷悌慈祥邑人愛之

清白傳家舊（亞翁尊人守州累年，一貧如洗，以廉著聲），循良撫字長。由來學道士，不負愛人腸。大史特書重，汝南月旦祥。桐鄉千載後，載見古桐鄉。

贈李穆庵州守

爽豁一天霽，玲瓏八面窗。乍逢如舊識，未語心已降。竹帛千秋業，公侯百里邦。龔黄堪壽世，何必鹿門龐（穆庵有謝官高隱之思，故及之）。

其二

人情湍水底，世事浮雲端。要知醫急病，須審處方難。盤錯別利器，全豹窺微斑。胸中經濟業，徵在保身間。

贈友

本是吾徒事，矧君忘道身。功因法地密，智以達天真。君子懷三畏，重華察五倫。明師嚴在望，何處蹈迷津。

其二

後會知何日，悠悠萬里情。青燈徵舊約，緑酒訂新盟。無欲心斯静，識仁見始精。莫須求速化，積累自通靈。

其三

大道闢冥會，鴻儒視所宗。金姚多精思，洛閩有實功。端須兩兩藉，始得淵淵通。莫學門庭士，同懷苦苦功。

喜雨

乘春苗盡發，入夜雨還來。東郊雷虩震，南陌電爭回。萬彙生機飽，千家農慶開。比閭宜男婦，欣擬祀高媒。

除日

憶盡一年事，逆多順亦多。虚舟憑巨浪，砥柱任洶波。紫閣三秋静，元冬二竪磨。春來那用慮，遭際聽如何。

代人賀鳳翔郡守

劇郡資良牧，投艱簡大賢。矧逢戎馬日，方仗翰蕃年。渭水千秋闊，吳山萬古懸。端知分陜後，最湊漢庭傳。

六言八句詩

同李重五先生温再振表叔游草堂寺高冠潭諸勝夜飲大圓寺石樓即宿其上

日落雲峰漠漠，月朗煙樹蒼蒼。冬近山寒覺早，樓高風靜亦涼。連日遍游名勝，玆宵共話羲皇。卻笑三杯爛醉，夢參不二法王。

七言律詩

秋日登元武閣

夜裏西風滿郡城，郊原策杖趁朝晴。南山雨霽千峰秀，渭水秋深古渡平。鴻雁嘹嘹看又至，長楊颯颯爲誰鳴。岐陽鳳翽歸雲暮，獨上高樓萬古情。

垂釣

一水蒼茫草樹秋，絲綸垂處狎輕鷗。白雲故向當頭起，黄鵠真同萬里游。懷抱空慚東海侶，豐京本自二周留。飛熊入夢非吾分，吾道滄浪一釣舟。

元宵

一歲月華初此夜，南山雪意霽前宵。笙歌萬戶連雲動，燈火千村帶月高。玉燭久調欣郅治，昇平有象樂吾曹。興酣不覺春更換，獨對清光飲自豪。

別墅初成

爲愛青山結草閣，也戀緑水引流泉。窮經不覺身將老，課子還期道有傳。芍藥新栽滋雨露，海棠初放似神仙。何人月旦評輕易，浪擬當年魏仲先。

過水雲屯經屏國先生傲山樓愴然成感

扉園園畔傲山樓，萬卷牙籤此地收（樓乃先生貯書之所，爲二曲勝地）。正是名家全盛日，適逢勝代太平秋。鄉風國運偏相際，滄海桑田不自由。十畝荒涼餘竹樹，行人指點舊風流。

夏日避暑山村

歲月人間知幾何，空降強半逐風波。經綸笑付青山外，書卷吟臨緑水窩。深樹陰濃烈焰少，高岡磊落曉風多。北窗堪作羲皇夢，況有良朋和浩歌。

詠懷

深山塵事漫相營，落落乾坤已半生。最苦相逢乏勝友，且欣問世謝浮名。吳江共艷新常奉，遼海誰知舊老成。玉女淵源通泗水，肯將涇渭濯冠纓。

書懷

積霰新晴雪未殘，南窗日影尚高眠。童兒誦讀還須火，滿目清空自有天。況際同胞出陷溺（旱[一]荒新出），兼逢鄰郡絕烽煙（川、滇之變新彌）。太平耕稼真堪樂，忍和諸公爭進賢。

登嶽閣望蓮華峰有懷希夷

迢遞歸舟自楚鄉，秋風颯颯洒衣裳。初從廟閣詳連影，旋覓藍輿造上方。徒詫蒼巖雲路迴，卻愁斜日暮光黃。青坪未到仍還寓，只恐圖南笑我忙。

附記： 前此屢登廟閣望嶽，皆未得蓮峰之詳。此番秋氣澄清，乃見中正三峰團聚結連，宛如蓮朵之初放，乃信昔

[一] 「旱」，原作「早」，疑形近而訛，遂改。

人蓮峰之號端有由來。而古今注者往往謂蓮峰之號，因山頭有池生蓮，以此得名。皆臆度之説，未嘗身至而目見也。噫嘻！宇宙以訛傳訛，即章縫之士往往不免，豈獨流俗無識之侶哉！

秋夜

西風颯颯夜沉沉，漏永空齋獨自吟。金井碧桐寒彩鳳，茅簷碎玉伴遥砧。每憐春夢今徒老，肯把浮名更繫心。堪笑少年鹵莽盡，卻從書裏覓黄金。

感秋

何事浮游似夢游，西風吹雁又林邱。半生空負千秋志，一夜長懷萬古憂。芳樹望中驚落葉，碧溪眼底瀉寒流。白頭看破歷來妄，且摘黄花當酒籌。

秋日西郊攜酒特邀知契

南燕新歸北雁來，黄花霜後喜重開。窮年兀兀惟書卷，此日陶陶共酒杯。楓葉紅深秋色老，澄潭碧盡雁聲哀。前林疏豁經游處，月上東峰未擬回。

夏日山居代州馮荆南見顧並寄中州張濳翁來教及詩一章依韻奉答兼祝濳谷荆南及都下同志諸君子

紫閣峰陰夏尚寒，每從嵩洛擬征鞍。問奇可奈遲多病，抱恨其如蹈素餐。忽有仙人攜赤鯉，殊無忠告報彈冠。諸公莫讓夔龍步，箕潁巢由夢自安。

讀王端節先生傳

海岳光芒氣頓消，乾坤有恨恨方遙。半生雄略留黄卷（公有經濟才，所著論皆經世理物之要），一片丹心答聖朝。漫說芳名懸杲日，空餘浩氣薄層霄。大行不返煤山駕，何處秋風賦大招。

奉賀岫庵明府新舉義學及敦請名士立會課藝之作即步原韻用揚原旨

漫道秋風掃碧空，凌霄正自有雲鴻。那無良驥思千里，尚有插天俯萬峰。棫樸珪璋留壽考，辟雍鐘鼓兆吾豐。江河日下非公論，望古殷企道自同。

寄漢口易思成

憶昔襄江滯客檣，多君兩度迓登堂。新知竊喜情偏切，故舊翻憐別竟長。清夢時縈岳篆古（思老惠我五岳篆圖），春風每憶木瓜香。秦山楚水三千里，何日登樓更遞觴。

歲癸巳春時以萬壽開科兒曹闈試未歸出郊遥望

隔歲逢春罷釣蓑，爲因遠望暫娑娑。南山未改巖頭雪，澇水新增雨後波。太史橋頭柳色嫩，倫公灣裏杏花多。兒曹得失由天定，五策經論竟若何。

和令公過渼陂空翠堂有懷子美先生

萬頃波澄澇浦西，孤亭霜後柏還凄。何時錦纜隨流水，依舊峰陰入斷堤。碧竹蕭蕭疑雅唱，豐碑落落莫方畦。人生忠孝真無負，萬事滄桑迹未迷。

奉和令公詠明道先生手植雙槐

先生曾此簿吾鄉，雙樹親栽簿署傍。自昔蒼顔疑魯檜，於今圖畫重宫墻。虚心應是涵天地，勁骨何愁耐雪霜。吾道由來實萬古，槐蔭蔽芾擬甘棠。

掩關習静孫日躋示以春遊八句索和借用原韻聊述心和既以答教兼求就正

霽月光風豈易形，冥心恍見此心行。一靈炯炯青天霽，萬念融融碧水澄。和氣已消寒氣盡，梅花久謝百花榮。詠歸童冠還須待，滿目春風陋巷清。

夏日漫興

白髮蕭然也自憐，茅簷卻喜遠塵緣。窗前雲氣成山水，架上瑤編萃聖賢。乳燕凴巢陪笑語，清風入戶破煩眠。羲皇自謂知何似，欲問淵明笑又還。

題陶山人園林

圖得園林寄性靈，十年足不到官城。風來修竹都成韻，雨到芭蕉別有聲。映日松梢成鳳尾，騰空藤幹似龍形。山人狀貌真奇古，酷似南天老壽星。

其二

七旬未到已頭童，兩耳雙聾性未聾。尚思欲了千秋業，不負當年萬古胸，幾度尋山終未得，此回紆道轉相逢。一茅擬借長松下，細把前經更一窮。

過重陽宫題重陽真人遺像　像儼然如生爲海内奇觀殿前有仙迹無夢令刻石

擬向全真細問津，神仙那復號全真。將無初地即禪旨，直與金仙結性鄰。萬丈雄心消海市，千秋精氣化陽春。經過每喜參仙偈，道貌天人更肅神。

和岫庵明府新成渼陂杜工部祠相邀賞秋之作　時同坐者爲侯弟某某魏王靳楊諸君家彭水兄翼之

萬〔一〕頃蒼波仍自清，水聲澎湃和秋聲。蕃禾盡賴令君雨，躋勝還憑大雅情。次日風流傳勝事，他年磊落艷鴻名。少陵祠宇傳千古，況復循良起涸城。

其二

何處凌風覔扁舟，憑欄尚見鷗平浮。南山紫翠連雲棟，渭水晴光映繍溝。羣季惠連儼晉代，良朋詠讌正深秋。應知勝事傳圖畫，獨賴柴桑作令游。

和岫庵令君九日渼陂登高索和之作　予時以事辭未語故侯必欲索和

勝地即今一旦新，千秋雅韻會良辰。當年帥府留奇策，此日琴堂判世塵。四野西成歌帝力，一筵高會慶同人。獨憐莫與龍山會，和賦空慚渼水濱。

〔一〕「萬」，原作「黄」，疑形近而訛，遂改。

燈已就檠歛息靜坐新民從咸陽至攜其兄箋趙彦通魏雲棟七律一首且云明春必到荒齋興之所至泚筆依韻和之

籬畔黄花雨後然，孤燈獨對息綿綿。一從收斂初歸坐，便覺清明自有天。癡子初攜書院菊，門生待進渭川鮮（兼聞希賢攜魚至）。阿咸忽至傳兄教，明歲春風馬欲前。

漫興

萬物由來皆備我，何容分内反相疑。迢遙千古人爲主，廖廓三才道匪奇。適意如同敷地理，收心便自握天機。乾坤非大吾非小，已任惟仁可浪推。

賀邑侯再署盩厔事　侯最喜詩處處留題

東籬漸漸菊舒黄，新雨木瓜已大香。陶令由來風自古，寇公載籍績留芳。經綸不係繭絲重，疲瘵端須撫字長。游刃公餘多勝概，秋風幾度賦長楊（長楊即在邑境之中）。

贈富平孫德符

與君相見即相親，父子交情契倍真。自昔殷勤期定志，於今懇款證存仁。兩間不朽千秋業，三黨誰爲百歲人。甚矣吾衰君不少，可堪辜負現前身。

五言絶句

獨坐

山人無一事，獨坐春風和。况復柴門外，青山緑水多。

即事

鳥噪東方明，紛紛羣動作。獨有倦游人，日高卧紫閣。

山居

朝灌籬畔松，暮上白雲道。凌風嘯白雲，明月滿懷抱。

其二

松風静夜涼，明月三秋炯。爲愛風月好，不知深夜冷。

新正三日

舊歲前宵送，新營尚未來。牀頭剩柏葉，獨酌對春梅。

二曲旅寓憶母

白雲何冉冉，覆我具慶堂。焉得如白雲，疾飛到母旁。

山中春事

鬱鬱雙峰木，嚶嚶啼好禽。山中無伴侶，獨向澗邊吟。

歸山

滚滚下山多，浩浩吟山歌。攘攘異山谷，忙忙歸山阿。

題松泉高隱圖

石間水潺潺，松風白晝眠。世人長日鬧，處士終身閑。

題山人茅亭

碧溪通東溟，千山一茅亭。君伴青山住，青山爲爾青。

讀史

長吟梁甫吟，吟罷淚沾襟。臥龍不可見，空見臥龍心。

漫興

紫閣戀煙蘿，白雲（在紫閣西）恣浩歌。長安咫尺地，念載不曾過。

甘菊

一從別衆草，便種陶公園。晚花君莫笑，卻得花枝繁。

種梨

親手種梨樹，他年看玉花。非關桃杏少，冷艷宜山家。

野眺

碧落懸紅日，遠山銜大荒。高臺一杯酒，元氣御元央。

答友問山居　太平山莊紫閣西予家在焉

生長太平下，莊傍太平阿。出耕太平田，入唱太平歌。

其二

山田餘百畝，殘卷足三車。父子耕耘罷，高論千古書。

其三

擇筍供孀母，煮葵食諸季。稻成春酒熟，堂上斑衣戲。

其四

晴共鄰兒耕，雨共鄰兒話。秋成樂蜡賽，共頌皇恩大。

其五

莫怪儂甘隱，天生賦分閑。廟堂盈稷契，巢許合歸山。

登臺

臺聳眼偏濶，雲悠意並閑。鳥飛天盡處，極目終南山。

秋夜獨坐柬友

昨夜瑩光裏，清秋動竹叢。爲報瑩窗士，予坐冰壺中。

偶題

覰破一生夢，看平二等人。雖居今世上，卻似葛天民。

出門

岸幘步滂潯，桃紅艷滿林。不緣花爛熳，春意爭知深。

垂釣

山北千頃池，池南萬株樹。有石虎蹲蹲，此是垂釣處。

其二

素緣針無鈎，方竿餌不垂。終日對池坐，和風滿面吹。

其三

清晨即起釣，一釣日亭午。山人不見聞，深林避豺虎。

其四

池面明若鏡，池底清若水。漁翁不在魚，正自愛泓澄。

春日

遶戶鶯鳴樹，開軒日麗空。春風得意處，萬象總溶溶。

濯纓

把手步西疇，濯纓南澗頭。好憑東去水，送垢北溟流。

春郊雜興

爲問採桑子，新蠶今早遲。好看賴聖主，不賣二月絲。

其二

南池春水滿，翠柳黄鸝過。池上誰垂釣，臨風發浩歌。

其三

每愛青山好，看山意便親。即今春雨後，山色更宜人。

晚歸河梁

日莫歸河梁，風動長堤樹。臨風一浩歌，月光滌煙霧。

端午日感弔屈子

屈子沉今日，千秋此斷腸。我欲投角黍，滂水不通江。

題重陽宮　先儒謂金元之際高士隱於黄冠即指重陽師弟也

掉頭事金丹，雄心萬丈寒。當年隱君子，端的在黄冠。

其二

滿眼兵戈林，一腔憤懣深。金丹結不就，何處消雄心？

感興

寒風冷露時，白草恍榆道。多少奔忙人，誰知容貌老。

再過臨潼館重望石甕寺

奇峰〔一〕入碧落，磴道盤雲蘿。高高石甕寺，可得幾時過。

春雨新霽西郊有懷二曲夫子

西郊艷桃柳，南山呈翠微。欲將此意獻，二曲春多時。

中秋代東邀友

釀就葡萄酒，安排玩月筵。殷勤祝馬蹄，相待月明前。

〔一〕「峰」，原作「逢」，疑音近而訛，遂改。

囑兒

桂花前日發，秋月今宵圓。去趁清晨去，還須趁早還。

登臺

渭水東流去，南山西極來。春風無與競，天地總悠哉。

答友

癯貌管城子，疏才抱甕生。覆餗吾早懼，親命又叮嚀。

春雨後郊行

春雨春郊清，春深春鳥鳴。可無點也咏，辜負此春情。

憶董廣寧憲副

老我顛毛白，想公鬢亦蒼。如何逢陽九，又自摧寒霜。

更憶 公寓所有四緑萼樹自號緑萼主人

南楚逢冬暖，三冬已放梅。不知老緑萼，花爲何人開。

病起西園對菊 時趙子省親尚未歸館

兩月卧匡牀，迢迢阻客觴。不圖秋色老，菊已滿籬黄。

其二

寒露滋重陽，無風亦自涼。主人歸未得，籬菊爲誰香。

再過西園

深秋逼歲晚，殘菊擎人多。我欲花前醉，何人一和歌。

門人求書口占以贈

孝以光親大，忠緣報主真。麒麟閣上客，個個許君身。

其二

際會何人定，功名有志成。當年班定遠，原是一書生。

讀史

漢家重邊臣，細柳軍威申。總緣大慶主，肯拜新亡人。

其二

衛霍奮於先，張耿顯自後。兩朝邊塞計，諸將爭相鬭。

其三

滚滚黄沙滿，茫茫白草遥。邊頭得猛士，何自畏天驕。

讀孟子

兩漢餘枝葉，八家終繁華。七篇尚未顯，誰識大宗家。

明良

君以敬而明，臣由忠乃良。股肱元首分，實盡斯留芳。

其二

元首明而喜，股肱良乃起。君臣如父子，萬事斯咸理。

其三

元首惟其明，股肱始盡良。君倡臣始和，英辟應先倡。

其四

股肱良而喜，元首明斯起。臣良君愈明，要得臣知耻。

题畫扇

傍巖築高臺，青山四面繞。同心惟两人，伴卻雙松老。

其二

雲空山瓊翠，客至鶴還家。貌似林和靖，如何冠漆纱。

其三

翩翩天際鶴，陣陣往還閑。那得借三雙，攜兒到錫山。

其四

夢裏東林會，念年已到今。不知殘歲月，還得一相尋。

答元客

參元參何元，性命要雙全。到頭只一性，即性亦難言。

其二

本由神御氣，還借氣流神。神氣一乎二？吾今問解人。

千尋澗底松

千尋澗底松，經歷冰霜飽。本從山裏生，還向山中老。

其二

歷落干〔一〕雲漢，迢遥傲雪霜。育就千尋幹，荒山挺棟梁。

其三

清風梳鳳尾，仙液溢靈根。深巖饒日月，幽澗自乾坤。

其四

蒼蒼顔不改，翛翛意長閑。從今歷歲月，知更幾多年。

〔一〕「干」，原作「千」，疑形近而訛，遂改。

陳射洪張曲江

射洪浚雅脈，南海挹春芬。三唐自有此，生意始氤氳。

李太白

天馬欻行空，秋江正入峽。詩族蒙莊子，豪狂自創法。

杜子美

歛得秋山意，蒼然萬里標。要是律融古，三唐手倍高。

品四家

四家三唐最，高標俱萬尋。如予評品格，南海近元音。

題元次山詩集

大雅鄭聲亂，國風艷調沉。他年定六義，應向春陵尋。

山寺入定僧

古殿依山坳，蒼松繞畫廊。老僧新入定，寂寂坐禪房。

題醉仙

混混復沌沌，醉身並醉神。有時開醉眼，笑殺忙迫人。

其二

世人醒而醉，仙人醉而醒。爲問仙人醉，幾個醒人惺。

悠悠

颯颯全身老，悠悠學近荒。殷勤澄念慮，持此答穹蒼。

六言絕句

題壁

四十竟成何事，生平望古徒遥。悔卻因循不進，空餘浩氣冲霄。

與友擬續冬日青松不改成詩

冬裏青松不改，雪中天竹偏紅。變節終非志士，固窠乃見高風。

題春林高隱圖

村逕曲環碧水，茆簷直對青山。惟有深林啼鳥，一破幽人高眠。

題秋江獨釣圖

霜楓西山艷艷，蒹葭北渚蒼蒼。渡頭煙火起處，幽人獨釣寒江。

題游仙圖

剖山秋釀玉屑，耕耘春種胡麻。心事九天白日，生涯三島飛霞。

其二

看山朝霞作飧，吟風明月爲燈。笑指蓬萊闕路，相將飛渡滄溟。

山居

紫閣山中處士，白雲深處人家。凭枕臥看旭日，倚松坐嘯流霞。

其二

連壑萬竿碧竹，緣溪千樹紅桃。穉子能通奇字，山妻亦解羲爻。

其三

雷雨一天蝶夢，雲霄萬里鴻毛。畎畝唐虞可樂，山林胡不囂囂。

其四

靜坐山猿獻果，讀書湛母添燈。真覺常通晝夜，清修直貫幽明。

其五

風月一任吟弄，雲霞坐待卷舒。四時變化巖穴，百鳥笙歌茅廬。

其六

守水龍吟雲起，看山虎嘯風生。結契惟巢許侶，寄懷係羲皇情。

其七

燒樺夜觀周易，臨崗晝對晴空。知覺見聞消盡，魑魅魍魎潛踪。

贈友

愧我疏狂寡就，羨君精細多才。狂貴沉浮詣實，細宜見大心閑。

書齋

竹裏有亭最古，池邊無草不幽。架上經書萬卷，心頭懷抱千秋。

臘中

雪裏寒梅漸綻，臘中春酒偏香。六十相將又到，空憐兩鬢徒蒼。

七言絕句

秋望終南

萬仞蒼巖接碧空，寒山影裏見寒松。山人不是紅塵客，擬住白雲第一峰。

華清宮

華清宮殿接煙蘿，長日明皇玉輦過。十萬羽林何處去，傍溪荒草牧兒多。

太乙壇

莽莽荒郊柱礎殘，春風挾雨晚猶寒。即今野老傳昭應，猶說當年太乙壇。

其二

太乙壇中石徑斜，朝元閣下野花賒。温泉泉水温如舊，不管唐家與漢家。

春郊送客

芳草斜陽別酒醺，王孫歸去馬如雲。天長恨乏雙飛翼，喚起春風一送君。

東溪

青溪麗日映飛霞，渡口東風萬柳斜。片片桃花逐水至，上流應是有人家。

閑身

春風南澗時尋勝，夏日北窗不到塵。莫笑山人閑太甚，人間能得幾閑身。

山齋春事

夜雨新晴曉露寒，南軒春睡對青巒。呼兒莫去窗前草，生意油油正可看。

垂釣

惠風披灑坐魚磯，誤卻垂綸餌是非。我自春心冥欲醉，紛紛漫擬是禪機。

答問

黄河太華遞中條，明月清風正自豪。莫向山人問出處，山人但覺在山高。

宿華陽觀

蒼松古殿溪流紛，爲愛華陽臥白雲。夢裏渾忘身是客，玉臺高迓紫元君。

晚回華陽

青山緑水倍戀羣，並馬悠悠日又曛。昨夜華陽雲裏臥，回頭還愛華陽雲。

祝郿邑令君

南山霽色映蓬萊，松際鶴飛天畔回。安期不算長年老，卓魯千秋真壽哉。

雨後二曲道中

長楊驛路水雲寒，幾度急流幾度難。羸馬日西策不進，前途石路尚漫漫。

春日再上小雁塔

千山崒嵂拱飛霞，笑指長安十萬家。最是春風饒意興，一宵吹放滿川花。

酬郃陽康孟謀

碧桃初綻彩雲橫，青鳥遥傳錦字鳴。瑤什不慚芳草意，春風猶是故人情。

題雲裏長春

瓊花琪樹盡玲瓏，玉液融融冒竹叢。留得長春春不改，三冬猶自雪中紅。

題橋贈長公表兄

彩衣鮮艷映冰欄，芳意經霜倍可餐。即今關陝還如此，此老由來耐歲寒。

秋日蝴蝶

翩翩彩袖百花頭，蜀錦吳妝未肯休。長舞西施渾似醉，西風落葉不知秋。

懷友

紫閣峰頭處士家，故人白髮尚天涯。何時汲煮龍泉水，共酌松陰看落霞。

山齋春事

綿綿細雨暗長空，一卷初終河上翁。春到人間知幾許，隔簾早見海棠紅。

晨過山人山莊

秋山初日照全明，緣溪松杉帶露清。仙窩誰鼓雲和調，滿逕高山流水清。

燕然曲

黄沙白草遞關門，磧路三千不見村。漫羡燕然銘萬古，至今燐火滿黄昏。

塞下曲

金天殺氣塞風寒，大將揚威出漢關。王師到處俘驕虜，歲幣何勞獬豸冠。

問渭川

迢迢遞自渭源城，秋雨春淋古渡平。如何八水君爲長，不似灃流徹底清。

春郊

平原芳草正菲菲，楊柳春風黃鳥飛。淩風沽酒林間醉，不覺飛花落滿衣。

其二

麗日青雲春晝長，西郊桃柳共傳觴。兵農禮樂由來事，留得春風曾點狂。

冬至前夜　與友共賦

城頭更換漏聲催，雪月茫茫北雁來。共君今夜不須睡，候到元陽一點回。

秋夜

滂浦霜寒啼落鴻，西山斜月映深松。讀罷三墳更漏盡，疏星落落淡雲中。

雨中接渭北友人問易旨詩以答之

綿綿夏雨暗長林，渭水雙魚薄暮臨。漫道畫前原有易，也須默契畫前心。

春仲過長安十里亭

長安春半杏花肥，盡日黃塵傍馬飛。爲問官亭芳草路，幾人得意趁春歸。

其二

離亭十里對青門，逐馬紅塵未暮昏。語君莫踐亭前路，恐踏征人別淚痕。

題灞橋館

前林日暖杏花妍，野館寥寥傍灞川。多少征人悵望去，春風楊柳自悠然。

鴻門

十里高原幾處村，紛紛前事漫相論。若使人謀真可遂，漢王早已死鴻門。

過臨潼謁段太尉祠

新祠輝映傍仙壇（祠在昭應西，豐原趙侯新建），展拜春深意尚寒。驪山晚照紅如血，爭似先生方寸丹。

贈別朱生

有客青門雅性狂，相逢慷慨問行藏。我道臥龍真處士，未經三顧臥南陽。

歲底送西席張君歸里

熒熒銀燭換杯前，把酒鷄鳴尚未眠。莫怪暫離偏饒舌，當來相過是明年。

二曲道中

朔風旭日照寒林，一别雲亭冰雪深。今夜西窗撰杖履，可能印得三秋心。

扶病過西園菊已大放而趙子省親未歸情之所以觸不覺吟成五七各四絶題之壁[一]間然如黄花二語則有味乎其言之凡我子弟宜尋繹焉

紅葉紛紛欹滿苔，東籬菊放艷西階。黄花自是凌霜物，不爲重陽冒雨開。

其二

夜雨秋深氣倍凉，黄花霜裏整新妝。紛紛桃李知多少，只向三春鬧艷陽。

其三

一病纏綿月再回，扶笻擬共菊銜杯。淵明歸去空齋冷，寂寞黄花只自開。

[一]「壁」，原作「璧」，疑誤，今據上下文意擬改。

其四

菊月初逢第一回，看花看遍更徘徊。只須之子歸來早，不望白衣送酒來。

塞[一]下曲

萬里黄沙百雉城，向來烽火近全清。塞兒不識廟謨遠，徒艷將軍傳姓名。

其二

不須歲幣與和親，謹閉玉門靜塞塵。處處笙歌明月夜，九邊今似京華春。

途中重逢故人

關門一晤每傷神，夜夢徒勞已踰春。我此春來君又去，相逢人是客中人。

其二

一曲驪歌一愴衷，當杯莫惜醉顔紅。十年兩度客中遇，他日還知何地逢。

[一] 「塞」，原作「寒」，疑形近而訛，遂改。

其三

旅館寒燈擊柝聲，村醪遞勸意屏營。人生可使頭如雪，十載南京又北京。

新春

椒酒新嘗衣盡鮮，家家爆竹鬧新年。兒童但喜逢春好，老至逢春只自憐。

送客游江寧

漫道通明屬羽真，梁皇夙契耻稱臣。君到江寧問句曲，山中宰相今何人。

讀明史節義名臣傳

時賢機智非真智，甯武愚忠是實忠。留得丹心照日月，憑將七尺付鴻蒙。

漫興

風凋萬卉凝霜露，雪滿千山似白雲。漫言臘首春猶遠，春到梅花已幾分。

送學使歸都

四載公程限已分，雙旌歸去馬如雲。柳枝阿凍何堪折，留取清風送使君。

其二

青齡妄意計長途，投老青宵夢並無。長安故舊如相問，但道豐川一病夫。

北窗

槐花滿地落紛紛，風到北窗日漸曛。往事何堪回首計，人間萬事止浮雲。

其二

羞向餘生爭得喪，何會歧路費徘徊。每掃遊塵還故我，不知何處是蓬萊。

贈友遊蘇

繁華江左首蘇標，我進閶門遍幾橋。獨有范公祠最壯，至今千載義聲高。

寄家復庵於京師

臥病匡牀竟一年，臨風相憶每凄然。即今覓得雙鴻翼，千語終憐意未宣。

夏日即事

飯糗羹藜飽便休，乘風每喜趁林邱。自少原無得喪意，寵辱何自到心頭。

讀史

除得暴秦酷烈風，陽春雪後易熙雍。蕭曹若識夔龍意，定奏平平王道功。

其二

三章已變暴秦踪，漢業還推文帝隆。清淨自關天質好，區區反謂黄老功。

其三

高帝戎衣力未遑，如何文帝未純王？似斯恭儉懒皇極，正是當年誤老黄。

其四

恭儉豈惟兩漢少，寬仁自屬百王稀。當年若待周召佐，真是成康可庶幾。

灞陵

經過青門路漸分，居人指點帝王墳。即今纍纍三原上，獨得堅完一漢文。

始皇墓

冲霄錮石已前崩，銀海金魚泮若冰。惟有驪山雲似舊，時時還過始皇陵。

過鴻門

奮起江東秦頓亡，拔山蓋世自堂皇。入關不變三章約，卻把金湯讓漢王。

晨過咸陽

莽莽荒沙古渡頭，登舟永望不勝愁。即今浩蕩東流水，會向阿房閣下流。

其二

歷盡瀕河嶺幾層，秦家城闕杳無徵。徒餘纍纍北原上，不是唐陵即漢陵。

晚歸咸陽愴焉有感

西風陣陣舞黄塵，日暮征人競渡津。堪訝始皇圖萬世，咸陽二世已歸人。

經渡口感事

急雪朔風趁渭川，相將滚滚赴居原。渡頭泣問招舟子，五載征人幾度還。

石樓秋月 樓在大圓寺

三峰矗矗對窗臨，一水澄冷繞殿深。今宵恰際松梢月，萬仞空明直沁心。

紫閣老道

高頭拄杖皆如臺，古貌龍鍾畫上來。爲問雙松三百歲，當年若個半翁栽。

題醉仙圖

漫笑仙翁醉裏身，仙翁醉裏自乾坤。即今四海幾多醉，透得仙機幾個人。

遊方士見予多靜坐以予習煉養之術爲出離生死計者詩以答之

本無生死繫胸中，何有神仙羨葛洪。直以衰聾息萬慮，全將心事付鴻蒙。

進紫閣峪見老道人拾地華

久傳五百會龍沙，曾識終南有幾家。神仙不死還須飯，雨後山中拾地華。

讀杜詩飛揚跋扈爲誰雄詩示童孫

宇宙憑何作主張，男兒宇宙翊綱常。看取如車何事業，敢言跋扈與飛揚。

書齋春事　北關書齋南向北城齋中竹覆前院不見官城獨於後齋之前遠見碧�之頂高拱山峰巍岧而已

海棠爛熳春風爛，細雨新晴自影閑。竹密不知城市近，碧叢高拱終南山。

書債

一生清福貧堪扺，半世浮名妒亦多。只恐帶來書債重，殘年莫保償如何。

春事

雨過春深百卉妍，静觀得意欲忘筌。卻愛鷄雛生意好，每從午後飼階前。

妙契

妙契之深亦籍頭，古人業往無一留。每從論世得心曲，直印千秋與萬秋。

其二

妙契之親在昊天，天人相契本相懸。每從静裏觀真宰，只與吾心共静淵。

其三

妙契之切在吾性，乾坤同體原明定。每從無欲握真機，合地通天直性命。

其四

妙契之真世與身，親疏遠邇幾多人。每思乾父仍坤母，正是同胞一體親。

訪山人不遇

溪轉風回徑漸平，柴門深處竹陰清。仙翁采藥知何處，留得閑雲管送迎。

六十初度

甲周兒輩競稱觴，隱痛蓬生衹斷腸。希聖無成賢尚遠，一回把盞一情傷。

其二

身外浮榮視敝屣，可堪一事慊心無。戲堂抱恨斑衣老，化境仍輪蘧大夫。

追痛

白首雙雙尚兩親，羡他北舍與南鄰。嚴親見棄方周紀，慈母新違又四春。

春日雨霽伴友登眺靈臺靈沼竊見文聖遺迹而無一畝之宫一碣之石生其地者滋之愧矣憑弔移時慨乎情愴

夜雨新晴並轡來，登臺瞻眺意悠哉。灃水全如護聖迹，西流到岸卻東回。

其二

歷盡阿房與建章，秦宫漢苑等消亡。靈臺只以留仁主，留得灃涯共水長。

其三

細嶺迢迢西到遙，靈臺踞趾略加高。端知聖后恤民力，堪察雲物不外勞。

其四

靈臺經始自民成，力自吾民煩詑靈。即今閲歷三千載，溯風猶見子來情。

其五

波平沼涸莽荒田，魚躍鹿游不記年。白鳥猶如戀聖澤，一回飛去一回旋。

其六

長灘只以注秋淋，不似昆明水到今。始信先王仁且智，因高爲下不加深。

訪友山東

春山雨後早菲菲，巖洞深居不用扉。我來尋訪莫知處，忽有清歌出翠微。

端午日感召屈子

情魄知從河地晉，忠魂應傍楚宮遊。欲投角黍芒無處，一誦離騷一淚流。

卷三

別墅草

春事

清明節届一天清，萬仞終南對戶横。夜雨經宵桃帶笑，和風到院竹先鳴。幾間茅屋書三架，四壁荆籬箴兩銘。隱几倏然春草緑，一般生意眼前生。

草堂

草堂堂外水瀠洄，地僻竹深客罕來。最是春風饒逸興，碧桃早遣向窗開。

雨霽衡門容策杖，霜清布被渾忘寒。無事睡餘觀逝水，有時興到看青山。

讀書字字觀千古，評史人人信萬年。寒暑全呈活造化，乾坤雅供好山川。

興來也飲酒淵明[一]，詩就還憐康節狂。清夢少時羞五伯，癡情老至旨三皇。
夏日煌煌融暢體，春風落落披和襟。雪連冬至資瑩魄，月到中秋爲印心。
兩間幹濟人猶我，七十骯髒狷半狂。磊落一身公宇宙，雍雍四海際陶唐。

漫興

漫道山鄉僻，山鄉野味長。春風楊柳蒨，秋水芰荷蒼。況有泉經户，兼饒竹代廊。南山青萬仞，壁立對吾莊。
廖落鄰居寡，參差山樹深。野花無俗艷，時鳥盡清吟。雨後觀泉水，晴來望碧岑。年豐輒吾喜，不自覺何心。

即事

郊裏百泉繞，門前萬嶺横。時時白鷺至，日日瑞雲呈。款客容沽酒，吟詩閑朗聲。每逢籬菊放，輒夢讶淵明。

[一]「淵明」二字原誤倒，今據上下文義乙正。

旱後頻雨春麥芃芃豐可知也喜何如之油然成吟

和風吹面暖，惠日歷時長。新雨桃花嫩，春榮菜子黄。西經泉水潔，東過藥圃香。更是茲游豫，豐登兆寔祥。

晨起

本達三生夢，何知兩鬢霜。夜來新雨霽，晨起春風長。野色通籬入，時花撲案香。嵐深山有信，卻疑到清涼。

惟應

宇宙懸疣士，乾坤附贅人。羲皇已上世，洙泗莫能親。用武身先老，逢時病更因。惟應祝聖壽，長作太平身。

獨得

人世饒三短，謀生乏片長。每防咎戾集，敢計姓名揚。海闊天空意，和風霽月場。時賢今盡擲，獨得供文章。

餘生

老矣何堪供應酬，相將卜得邑南幽。山從門外雲中峙，水向村邊樹裏流。看竹何須問竹主，吟詩不用訪詩儔。昇平四海身猶健，閑得餘生可浪求。

讀擊壤歌

展卷一吟一曠然，堯夫千載一靈傳。渾將海闊天空意，盡付吟風弄月邊。無計驅車重問洛（昔癸未初冬，謁安樂窩遺像），有時晤對儼同天。從今擬共無名老，勝日春郊和幾篇。

夏夜

紅日迢迢逝，繁星歷歷明。涼風漸漸至，暑氣浸浸輕。況是塵全寂，還欣念並清。瀟然身與世，何處是蓬瀛？

我來

我來空到去如初，一物將來帶得無。即今細割吾生贅，還我清空一丈夫。

中秋

積雨盈旬值霽天，呼兒沽酒醉宵筵。人間難得中秋月，一度銜杯一曠然。

積雨盈旬值霽天，呼兒沽酒醉宵筵。人間難得中秋月，弦管無聲倍曠然。

宇宙

宇宙由來開闢長，誰從宇宙扶綱常。天心本向綏猷寄，世教還憑彝訓章。堯舜功勳即道德，孔曾性教寓文章。千秋宗範七篇在，表裏六經冠漢唐。

性情吟

性是情之源，情乃性之流。源清流斯潔，無徒流上求。君不見，泥裏叨叨洗土塊，洗到塊盡泥終在。

中和吟

中是和之體，和乃中之用。要得和不乖，須是中契情。君不見，黄鐘應律協宫聲，千擊萬擊胥和鳴。

代簡答人

雨後清明更一天，千山一似頓增妍[一]。忽有仙人攜赤鯉，惠然長箋問真詮。到處弛張關閫闢，尋常行止寓經權。語君文武容殊用，那得機關可另研。

感興

清醇易簡程明道，篤厚沈深朱晦翁。千載賢關端有賴，兩間聖域可無終。經綸時措符天德，敬業兼融契地功。四子六經樞紐健，自強二字是參同。

林間

莫問林間事，林間事事閑。每逢新雨霽，獨喜對南山。

莫問林間事，林間不浪游。每逢讀易罷，倚杖玩溪流。

[一]「姸」，原作「研」，疑形近而訛，遂改。

莫問林間事，憂喜不浪來。時花或到眼，亦自笑顏開。

莫問林間事，時時杜德機。魚任淵中躍，鳥憑天上飛。

讀皇極經世

半識辛勤未識真，還從六籍問迷津。歷時竊見東山意，回首轉疑洛水因。仁義一原容殊用，天人二致本相親。堯夫號善言天道，終讓箕疇在天人。

百源山裏苦思勤，算人毫芒古未聞。卻是箕疇通大義，天人子母不曾分。

答問靜

我向六經曾問師，中庸幸告我心期。欲知一念入微處，須認七情未發時。況是初心學定靜，端從本性覓根基。語君莫畏中途遠，舍卻中途路便歧。

最是俗儒難解懸，身懸不畏畏流禪。曾是舍卻初心靜，何路真超五欲巔。一念澄時平似地，七情順日渾如天。語君莫畏中途遠，卻是中途當念還。

答奇觀

君住終南泉石間，何須更問世奇觀。惟余獨解評山水，第一清明雨後山。

深谷龍湫深百尺，高峰瀑布高千尋。可人更是澄潭水，萬古空明沁人心。

楚遊草

宿確山驛 是日睹山東河南流民載道兼聞登萊饑〔一〕饉之狀不覺夜不成寐

青燈不寐將明夜，白髮空增未老身。漫道書生憂似杞，書生本是聖朝民。

客愁

計日將成臘，念予來自秋。高堂兩月夢，客舍五更愁。千里民生瘁，三湘米價稠（楚人以貴爲稠）。況聞青兖道，饑饉梗

〔一〕「饑」，原作「飢」，疑音同而訛，遂改，後同。

行舟。

初渡漢江

初試澄江一葉舟，淩風競渡若輕鷗。中流自在真無似，恰似年來性海游。

送倪旦老往粤西謁馬提臺

一葉孤舟泛遠程，楚江風雪尚前征。語君莫向官衙住，久住官衙損性靈。

憶母登黄鶴樓望秦川

江樓西望獨凭欄，華岳雲峰遮萬山。堪嘆昔人乘鶴去，不留仙馭到人間。

黄鶴樓

昔讀崔顥[一]詩，慨思黄鶴樓。仙翁終不返，江山空自留。雖復白雲在，更知是舊否。感此恓中曲，萬事付悠悠。

[一]「顥」，原作「灝」，疑音同而訛，遂改。

再登黄鶴樓感而有賦　樓頭塑費仙駕鶴升雲像

重上江樓駕鶴亭，鶴飛樓尚奠江汀。石門萬古鎖吳楚，澤國千秋壯翰屏。安樂宫墻業作硯，士衡宅畔久無銘。松風九曲兼荒草，雙眼應憐鶴背惺。

與胡枚臣董虞颺泛舟滋陽湖候月　十一月初九夜

雨月欣來楚，三冬未見雪。夜棹滋陽湖，淩風醉皎月。小試乘風棹，輕舟晚到門。如逢彭蠡宿，遠火點江村。安國真名士，仲舒正少年。欲迎湖上月，共泛釣魚船。

軒中梅放重題示虞颺公子

臘趁晴雲至，梅先春信開。看看逢泰運，如辨紫霞杯。

題緑萼軒新梅

何處來珠樹，羅浮種自真。不爭桃李艷，最與松筠親。寒歲居三友，瓊芳冠早春。玉堂與草舍，孤韻總無塵。

玉骨天生就，瓊花雪裏芳。探春先百卉，馥閣最朝陽。疏影偏宜月，冰姿不畏霜。年年繁結子，調鼎正難量。

元日和復庵憲副祝天

爆竹殘聲散曉煙，瓣香客裏祝南天。愚生草莽無他願，聖主皇圖鞏萬年。

爆竹殘聲散曉煙，炷香叩罷更祝天。微生身世無多願，老母平康過百年。

爆竹聲殘散曉煙，重重祝罷更祝天。知交盡建夔龍業，四海全無饑饉年。

正月六日晨訪趙又清於尚以朋高冠草堂尚臥未起

磴道盤雲嶺，柴門松桂妍。東山日已上，一枕尚高眠。

梅竹成三友，江山環四旁。俗氛那入夢，應是夢羲皇。

柳浪鶯　爲董大參賦

漢江東對九峰岑，柳浪新鶯囀上林。祝君莫向客窗叫，觸起遊人望母心。

梅影　**爲董大參賦**

清晝孤標已不羣，況逢風月影披紛。我今欲寫真圖樣，一影千秋留靚芬。

麥浪　**爲董大參賦**

一天青蒨隴頭豐，滚滚波濤態未窮。我寫真容君信否，太湖雨後洞庭風。

微雲　**與董大參道誼深知故篇中往往寓規勸之意**

新霽梧桐月正秋，蟾光逼影艷如流。澄天自合一天淨，那用微雲河漢留。

遠寺鐘聲　**爲董大參賦**

武昌城抱大觀岑，山寺佛燈午夜深。爲問城中十萬户，晨鐘醒得幾人心。

夜裏漁舟　爲董大參賦

怪此漁翁一葉船，風波夜裏傍江眠。人生多少謀生事，何苦百錢與命連。

秋蝶　爲董大參賦

何事乘風到處飛，蹁躚一似醉楊妃。卻憐雙袖秋前舞，不解秋後脱舞衣。

蜂衙　時湖南紅苗未平爲董大參賦

一堂團聚護元君，隊隊飛來獻蕊均。寄語湖南獨獠輩，昆蟲也自解君臣。

鶯簧　爲董大參賦

三月黄鸝柳外飛，巧言如訴復如誹。勸君莫啼公卿屋，富貴閨房多是非。

蝶板　爲董大參賦

脆質不堪書漆字，希聲仍自愧鳴榔。徒向花前鼓雙袖，那能金殿舞霓裳。

千丈松　爲董大參賦

華岳西鄰太白東，一株挺爾占高峰。男兒義氣凌霄漢，何數區區千丈松。

淡雲　爲董大參賦

如氛如霧還如熏，緲緲翩翩天際紛。因何一樣章天藻，不爲乾坤作卿雲。

千竿竹　爲董大參賦

勁節棱棱耐歲寒，汗來還中勒勛看。英雄若欲垂千古，須罄南山百萬竿。

武昌客舍雨中餞卜臣胡君就遂平西席

春雨瀟瀟客舍涼，餞君那得免情傷。念我離鄉羈楚地，憐君去楚尚他鄉。

青燈緑酒餞春宵，欲訂相逢計尚遥。應待天台返駕日，錢塘江上對秋潮。

月夜爲友邀飲前湖即和原韻

月朗湖全白，風清舟自平。叨從仙客醉，何處旅愁生。漏永燭頻換，情深語不驚。良宵寧易際，殘酌尚須傾。

十四夜武昌城觀燈記事竹枝詞

陣陣秧歌畫鼓催，滿城燈影似花開。月爲春燈避艷去，龍銜火樹送春來（是夜陰晦）。

元宵

武昌城建漢江頭，城裏春燈徹夜游。不是滿城官長好，人人爭似太平秋。

張大參新樓招飲

亭亭高閣建湖汀，春夜瓊筵畫燭熒。卻笑明晨奏太史，德星中聚少微星。

滋陽橋春雨

百頃澄湖水，連宵細雨中。垂楊滋沐碧，文杏帶淋紅。濛霂全疑霧，淪漪渾似風。滋陽橋上望，天地一鴻蒙。

二十一日夜客齋有感

江城雨過客窗寒，夢後思鄉起萬端。欲寫由來先寄去，秦關雙鯉寓書難。

三登黃鶴樓

不謂春深尚淹留，登臨每喜上江樓。楚天雲霽千峰秀，漢水風調萬艘浮。如錦繁華同逝梗，驚人軒冕類寒流。男兒倦破長風浪，不似仙人那可休。

滋陽湖弔賀文忠　湖在城中東南張獻忠破武昌亞相賀文忠家居一家二十口殉難湖中

一水蒼茫萬樹幽，當年簫鼓楚王游。向非亞相增顔色，翡翠芙蓉冷萬秋。

地以賢傳乃不徒，白也何事漫相呼。從今欲易滋陽號，直換佳名亞相湖（郎官湖，唐李太白爲漢陽令題，即在對面）。

國破那容家獨存，每逢陰雨泣黄昏。寄聲莫注溝渠水，恐污忠臣烈婦魂。

雪中懷達夫上人

僻巷松筠滿，城中似茂林。半生兄弟淚，千古君親心。歲暮悲春草，雪寒泣素琴（達夫善琴）。子猷興不淺，其奈阻遥岑。

武昌春雪

鄂渚雪漫漫，春來倍覺寒。回風迷驛路，積素失青巒。酒暖梅軒醉，燈紅客枕安。獨愁慈母意，遥念子衣單。

客中逢雪

離鄉忽隔歲，自訝自長游。每喜識加諳，殊憐客未休。雪深難問信，鶴去倦登樓。明日春交仲，高堂想又愁。

喜得舍弟家報

黄昏書到報平安，兩地懸愁一見寬。深夜幾回翻寄札，燈花也似對人歡。

得舍弟手書知家慈康泰而二曲夫子夙疾稍痊癒兼荷皇上西巡時旌禮異數既以誌喜兼申謝復庵憲副蓋家師夙荷憲副眷注近年來更荷其粟帛之饋深也

楚雨連朝暮，愁心縈萬端。春風傳札信，題字報平安。老母身全健，家師病漸寬。結腸倏解盡，晚飯頓加餐。

聖代優肥遁，士林憲耄年。此日宗元禮，千秋重伊川。門墻憐我魯，知契戴公先。連年資饘粥，盡賴江都賢。

臨漢江

三冬滯客檣，景物嘆殊方。漢水輕風白，楚山映日黄。新年看又盡，客路苦方長。歲更歸無日，高堂又斷腸。

席間共擬滿湖明月弔湘娥

秋水連天不見痕，桂漿欲奠晝偏昏。滿湖明月徹天地，應是湘妃一點魂。

客懷 二月晦日

萋萋芳草柳含煙，鄂渚愁臨春算天。家在長安何日到，寄書北雁已南還。

一自晨昏悵遠離，悠悠輾轉憶前期。春風柳絮含愁夜，又是慈幃入夢時。

緑柳紅桃傍眼明，秦關書信久無聲。撲燈今夜即須睡，恐入深春夢不成。

黄州草

題江天一覽亭 亭在郡治西偏竹樓舊趾之北踞地最高郭外江山雲樹一望無際

江城雨霽春風問，樹裏樓臺江外山。莫道茅亭官舍近，城頭姑射此亭間。

題覽勝　亭在北城頭又踞全郡之勝即治之少祖山也

漢江迢遞武昌回，赤壁連江百雉開。爲賀齊安諸父老，而今此地福星來。

又　二月十三爲太守赴任而余詩題在十五

覽勝昔曾懸夢想（昔賈可齋觀察曾爲余言此亭之勝），淩風今竟躋亭檻。凭欄果見楚天盡，仰睇真疑帝座通。漢水新添春浪白，樊山遥現瑞雲紅。兒童竹馬官街滿，爲是前辰迓郭公。

西亭感興八首即呈華西先生

齊安邑盡水山間，生理羣黎此最難。太守於今來衆母，莫須更慮虎狼殘。

堪喜江城晝日長，無邊草樹頓生光。從今各自安生理，無復樂郊願他鄉。

浩浩長江抱兩關，萬里雲樹萬重山。齊安自是鍾靈地，爲問何人學孔顔。

黄郡人文冠楚中，講堂何似兩川風。寄語諸生羣弟子，郡守不讓古文翁。

玉堂仙署仙樓邊，經術重逢漢吏賢。不信試看三月後，訟庭果否事蒲鞭。

漫道崇賢漢吏傳，華西（李先生別號）重道踵當年。不見西亭新坐榻，今來時爲布衣懸。

春風桃李盡芳顔，花落公庭訟自閑。莫向山頭尋姑射，使君公署自仙山（先生素精元旨，治尚清淨）。

春晴雲盡楚江天，惠日清風萬里煙。漫羡蘇公銘孟震，重題君子待新泉（州有君子泉，蘇公爲孟震題）。

赤壁一絶呈李華西先生

赤壁山頭雉堞連，千秋勝地著坡仙。名賢到處原增重，豈獨區區二賦傳。

遊林皋赤壁輒讀賈可齋太守石刻題留慨然憶舊不覺淚之沾襟

處處登臨見手題，春風憶舊每生悲。黄州墨妙留名勝，盡是他年墮淚碑（公守黄有善政，黄人以爲六十年未有，至今感念不已）。

夜發陽邏舟中即事

帶月發江鄉，歸程爭未央。晨鷄鳴遠岸，畫楫泝流光。曉色緣窗入，江風透體涼。卻憐閑覽勝，也自犯星霜。

歸自黄州滋陽橋登望

楚王臺畔柳條斜，冉冉新桃又放花。爲報春風莫急去，乘春羈客速還家。

發漢口五里途中即事

緣途柳巷覆清溪，芳草萋萋江畔齊。回首武昌春正好，晴川桃放漢江西。

辛卯冬赴湖北實齋中丞之召過襄陽逆旅主人固求題卷口占六言半律一首以答其意

漢水依然澄碧，峴山巋爾嶙峋。爲問襄陽父老，當年耆舊何人。

坐鎮幾多名將，專城何限豪賢。如何千秋百世，寥寥羊杜獨傳。

南遊草

舟泊丹陽

落日陰雲盡，輕舟向晚涼。玉蘭月下醉，長嘯對丹陽。

歸舟仍泊丹陽

雨過暑還在，更深風未清。多情今夜月，依舊向來明。

晨渡長江

洋洋者水耶，蒼蒼者天耶。日光雲影，洲樹蘆煙，出沒隱現於天光之下、水色之邊耶。

長天浩浩接青天，雲外千山斷又連。一葉輕舟任蕩漾，杳然身向太虚還。

舟過金陵

金陵原是帝王州，六代皇都盡此都。漫說齊梁須讓宋，元嘉盛治亦東流。

浩浩長江接遠空，鐘山返照半邊紅。傷心莫問陳家事，玉樹歌殘王氣終。

蕪湖阻風見燕子剪江

盲風特地起，移棹向江沱。顛狂小燕子，故故犯江波。

燕湖夜泊　是日大風幾於覆舟

風色如同動地，浪頭直欲滔天。涉險今憑忠信，此宵依舊安眠。

自三灣發舟假寐片時而舟已渡江

三灣宮殿與雲齊，柳浪風烟望轉迷。一夢華胥鷗鳥鳴，不知已到大江西。

日西望舊縣鎮尚遠而以風清浪平舟行自如

江流一望浩無涯，日晚風微路尚賒。一曲清歌落照逝，蘆花隨意拂窗紗。

過鳳凰山　山在江心

三乘歸淨土，一柱砥江陽。爲問山中衲，何時棲鳳凰。

舟泊荻港

荻港還留滯，選陰且繫舠。南風晝不轉，西望目徒遼。待月林間石，乘風柳下橋。悠然聞梵誦，歸路欲忘遥。

是晚乘小艇歸自橋頭港經過寺觀居人皆依山臨水維時皓月横空清風入舫顧而樂之想蓬萊方丈或當有此况味非得阻風何可際此人生風波小阻未必盡不幸也達人正須味無味之味耳復歌一律

豈謂阻風湍，相將日又閑。居人臨水次，紺殿聳峰巔。明月隨舟影，清風入畫欄。却忘非瀚海，疑是泛三山。

舟中聞觀音堂梵音

碧閣松篁護白雲，天光水色杳難分。梵音不逐長風去，却送客舟枕上聞。

舟發荻港見漁翁操輕舟出入蘆灣

風順洲同帆逝，日晴波共天流。愛煞蘆花灣裏，漁翁掉弄輕舟。

舟指銅陵

問程楊柳渡，遥望翠微宫。山密天如隘，波澄地欲空。江明上下日，船渡東西風。努力牽舟子，銅陵指顧中。

舟發銅陵

江行不可盡，江外復千山。一自銅陵驛，落帆二月間。孤舟留客夢，酷暑甚衰顔。卻羨淩風翼，霎時過幾灣。

江行無題

舟入銅陵界，酷暑殊不可耐，觸目感事，輒占小詩自遣，不謂數日中，遂得五十餘首〔一〕。蓋目所及見，一時漫浪寫出，故語盡率情，章無論次。然江行所見與江邊居人及蘆户漁舟情況，概見於斯矣，采風者或有取焉。

〔一〕 按，原詩實僅四十九首。

帶月舟已起，見月舟未止。莫怪客行忙，江程方此始。

揚州買客舲，本擬代駕乘。看看已半月，乃始到銅陵。

下江多壯邑，上江饒名邦。漫訝銅陵僻，銅陵跨大江。

大江東北去，一港入西南。銅陵幾萬戶，宛在水中涵。

妻回攜刀豆，兒起削毛桃。泗江不畏險，撈鰕那知勞。

葦田八九畝，茅屋兩三家。籬間長男女，江面作生涯。

江外蘆花岸，江裏蘆花洲。蘆花無裏外，江水中邊流。

樹裏還藏樹，山邊復有山。牧童吹羽笛，偏戲高峰巔。

枕江剩釣磯，蔭江叢楊樹。樹裏蘆花洲，行客泊舟處。

夏日幾忘暑，冬天不畏風。兒女五六口，盡長葉舟中。

江上多松樹，江邊長蘆花。蘆花無遠近，煙起即人家。

田多居人衆，田少居人寥。家家打魚舩，在在金龍廟。

柳暗煙如突，波平風漸微。翩翩雙白鷺，對對剪江飛。

家家漁是業，處處居依洲。兒童解没水，少女會操舟。

開門多向水，結屋盡須蘆。全憑柳作蔭，不畏水衝途。

日夜舟爲屋，春冬水上行。一家五六口，靠着打漁生。

潮頭爭水勢，雨裏舞輕簑。從小乘風慣，輕舲不畏波。

日裏棚作星，夜間月爲燈。大兒解渡客，幼女善搬罾。

茅棚三兩間，洲裏依高隴。爲有蘆花灣，不畏江濤涌。

堪羡渔舟裏，男三女又三。果然食水族，真個最宜男。

漁婦解搖櫓，吳牛可代舩。編荻即爲屋，食魚不用錢。

帆以平風滿，舟從曲岸斜。江心滚白日，水面浮人家。

枕江即近港，隔市不通橋。時時愁暴雨，夜夜防江潮。

山角即邊水，水邊港盡斜。打魚但得便，近水即爲家。

江水依微樹，樹梢碧嵐山。白雲千萬叠，卻似冠山巔。

酷暑停舟甚，乘風嘯石巖。卻宜江外樹，次第迓風帆。

舟行已千里，處處傍峰嵐。欲從商賈問，若個似終南。

十三解没水，十五即掉舟。港裏撈生鰕，江邊弄水牛。

一艇從前去，一帆隨後來。卻憐牽上水，偏被石尤摧。

江心多蘆洲，洲裏多垂柳。撑舩個個便，水閣家家有。

港北有人家，港南江水盪。共籍垂楊樹，居人環結網。

山下流江水，山頭鬱青松。松風日夜至，何日江風通。

水路卻無路，江程那有程。全看風勢順，不管牽舟行。

夜暗江花暗，日明江水明。江天通一色，舟向鏡中行。

青山江外水，天色更連山。江天明似鏡，碧嶺亘中間。

長江水性直，觸山即崩山。可憐牽上水，還要迂山灣。

過山復有山，經灣還有灣。茫茫千里道，盡在江水間。

山田愁石塊，水田愁稗草。汗盡筋力竭，苦向何人道。

日間踏水車，雨裏抽稗苗。輸稅渾忘重，上縣不惜遥。

江南萬水千水，江北千山萬山。牽纜纔經石上，挽舟又過江灣。

江南越石拽纜，江北拉帆行風。安危十倍百倍，勞逸千重萬重。

荒江横枕巖石，破龕惟安龍神。茅屋五家十口，汛兵一舖三人。

屋後全無鄰里，門邊尚有荷花。客至留坐煮茶，兒歸挑担澆瓜。

上水全憑牽纜，拽舟不畏逆流。卻笑舟人慒慒，一檣牽入蘆洲。

晨發自東流，舟行僅一舍。繫纜蘆花灣，乘風柳樹下。

切莫重蘆稅，蘆戶最寒心。時時愁焚燒，日日患漂沉。

切莫重蘆稅，蘆稅不可定。今年長蘆花，明年江流勝。

漁舟切莫稅，漁人深可憐。憑將數口命，日換百文錢。

漁舟切莫税，漁人生理窮。利收洶浪裏，命付風波中。

舟過大通五千里九華山

澄江淨如匹練，日夕晚照通紅。回首九華雲外，奇峰歷歷目中。

樹隱千山腰底，月移九瓣峰頭。爲謝杖履高士，此番且讓君游。

賴得無雲遮掩，還憐此日空過。悵望舟中極目，幾回倚欄浩歌。

崒嵂九峰皆好，逶迤一路獨清。此夜蘆花洲裏，夢同地藏談經。

舟行望池州府

晚照青山愈碧，明霞江水全紅。笑指池州寶塔，欣憑窗檻乘風。

晨過池州府

江回曲港漁舟遠，月隱清霄煙樹深。一塔西臨鎮水口，九峰東抱護城陰。滄洲蘆荻咽天地，白日春冬自古今。欲向漁翁憑借問，蓮花高士住何岑。

李陽驛

半月方來荻港驛，三宵又滯李陽灣。望望鄂黄如萬里，函關更隔幾重關。

阻風天妃廟望小孤山

江風不可渡，鬱鬱對孤山。念我行程急，寧同日月天。兩宵留客夢，一舸滯江灣。何事飛來石，衝波未肯還。

巖巖崎逝波，挺挺砥中流。萬古骨常勁，千尋幹永留。青松迷晚霧，紺殿俯停舟。雲路洶波裏，惟應夢裏游。

孤山

天地初生即生水，小者成河大者江。流日夜，滔天地，逢土逢山輒崩撞。君不見，緣江一帶螺螺山，處處墮水水成灣。

又不見，緣江傍水漠漠田，朝生蘆葦暮作川。水性至柔實至剛，以此衝突摧山岡。奇哉小孤一卷石，峙然獨立江中央。汹波亘古湧日夕，砥柱屹立歲月長。吁嗟呼！萬古千生此一秋，忠孝節義乃當留，人生心挺孤山骨，庶幾不遺孤山羞。

阻風仍雨

不謂南風甚，三宵更滯舠。煙迷吳岸樹，雨暗楚山嶢（天妃廟，宿松界，江之南則彭澤境也）。仙觀金疑動，江波一似潮。潯陽近在眼，咫尺莫騰超。

舟行

江外千山碧，江流晚日紅。雲移曲港樹，舟送滿帆風。瀟灑洲前鷺，青葱嶺上楓。看看白鹿到，可得謁文公。

江上勉行

舟行不可盡，夜裏尚舟行。一水涵天地，三江自去留（自彭澤而下，江間蘆洲爲三）。繁星隨棹轉，銀漢帶波流。明日匡廬近，淩風五老游。

夜泊五里套

傍晚方移棹，歸心不可勝。猶聞彭澤柝，尚見宿松燈。閃閃蘆花動，悠悠旅夢興。九江明日到，竊喜奠春陵。

本謂舟行疾，何圖滯客程。陰晴凡幾度，順逆俱曾更。偃臥看山水，虛心會友朋。胸中康濟業，還喜印羣英。

舟出宿松界五十里喜風

維陽買酒酬舟舷，又過金陵二十天。本道舟行須白日，來風夜半伴漁船。

幾回停棹滯江灣，夢謁金龍碧殿間。分明語我前途順，一葉輕舟穩似山。

羈舟不作羈人思，正是乘風得意時。白鳥過前似喚客，蘆花拂檻欲催詩。

楓葉灘頭萃水鳥，蘆花洲裹戲兒童。兩日舟行三百里，連朝帆拉半邊風。

聞鷄早已啟船窗，喚起舟人逐伴□。從今敬謝江南樹，指顧安行楚地江。

蘆花灣里鑑塘開，出得蘆花江面回。一從借得南咸似，夜裏同舟次第來。

過安慶謁元韓忠烈祠 祠中有石砌墓即忠烈藏骨之穴

艱難盡瘁身何補，社稷將傾寇倍張。留得三綱照日月，何須百口計存亡？英魂不共江流游，義骨應同石磯〔二〕長。漫道當年王氣歇，雙忠彪炳千秋香（此地韓公以守土，一家殉難。而繼此則余忠宣門，即殉難如此）。

舟指彭澤

乘風亭午遠行舟，江到彭澤間幾洲。南望雙帆出樹裏，應知洲外有江流。

皇皇日裏尚追程，卻望江西萬嶺横。爲問今來彭澤宰，可能格調似淵明。

小詩直起六朝弊，大節仍留千古傳。我欲一杯酹故迹，深江雲外萬峰連。

〔二〕「磯」，原作「機」，疑形近而訛，遂改。

舟中逢立秋

蘆花漸漸露凝寒，大火西流此夜看。欲渡長江即盡渡，秋風不管客衣單。

立秋日晨起發舟

東山月上映江光，兩岸蘆花似曉霜。依舊江風頓洒骨，果然秋意到船艙。

立秋一日舟中晚行款語同舟諸君

長歌珍重謝江東，西望潯陽九派通。雲霽長天晚照好，一杯瀟灑滿帆風。
前宵酷暑薰人骨，此夜秋風透體涼。人事推移真莫定，達觀寧肯浪過張。

雨過舟行

雨過南風靜，相將趁客舟。即今入槳〔一〕疾，何憾兩宵留。山翠如堪摘，江平欲不流。逍遥憶性海，連日澹悠悠。

夜經彭澤

客路經彭澤，南城落照殘。趁月秋波湧，上水晚風寒。廊廟非吾事，鵷鸞自備官。惟應辭鳳詔，澧水老漁竿。

將到湖口別江西同舟

發棹自江陰，流連日月深。同舟君早去，動我未歸心。

舟入湖口界

解纜從維揚，舟行踰月長。渾忘身作客，卻視水爲鄉。灘淖蘆花勝，石山夏草黄。廬峰如可到，長嘯對穹蒼。

〔一〕「槳」，原作「漿」，疑形近而訛，遂改。

過湖口關

東吳西楚湖爲關，縣在山頭湖口間。龍蟠萬里三江遶，虎臥千山四鎮環。鞺鞳石鐘鳴日月，紛紜客艇任留班。卻見蘆阜煙波外，五老挿天亘古間。

舟泊九江

戴月舟移彭澤岸，披星路指九江東。一從經雨天妃廟，直到潯陽未遇風。

從豬波湖入通山

豬波初此到，湖水清如江。東吳真澤國，西楚半湖邦。水落舟行曲，風殊土語龐。通山雲萬叠，望望入舩窗。

故人官此地，屈指七年多。自是牛刀用，其如驥足何。英雄須歷試，椎魯亦弦歌。今夜新亭上，同憐鬢盡皤。

題通山署公堂　縣無城依山隨川而居

不盡千年翠，爭來獻此堂。岸前閑雲度，檻外野花香。俗樸公庭靜，官閑化日長。蔣公千萬載，圖志艷循良（地輿志謂通山循良，自蔣公貽）。

此地多山水，時時風物清。全憑河作道，似仗山爲城。竹樹林間趣，雲霞吏外情。莫須吟夜月，梁甫意難平。

舟指黃州有懷華西太守先生

憶昔風帆相陪，今來一葉重遊。慟煞昊天不弔，西風冷落黃州。

黃郡楚中巨郡，歷來代值循良。若語清通簡易，先生惠溥蘇上。

江水依然東去，黃崗仍舊北從。風物依然公逝，黃昏淚灑秋風。

紫閣草

大圓禪院　舊係子房仙窩今更爲寺

避夏今來此，禪房舊塵心。堂前空翠滿，廊外竹林深。濯足從溪泮，乘風就樹陰。由來齊得喪，一倍洗塵襟。

漫浪一生事，支離七尺身。何圖今溽暑，至此避氛塵。碧竹凌霄漢，蒼松應負鱗。清風明月夜，伴作上皇人。

香刹憑仙掌，碧�鬱梵天。千屏橫翠嶺，一帶亘晴川。虎嘯風頭樹，龍吟澗底泉。鷄鳴風雨夜，應得赤松還。

山房感興

此地本仙山，留侯昔閉關。白雲留萬樹，玄鶴舞孤壇。洗藥溪流淨，封爐石棧間。同時葅醢侶，止爲昧追攀。

夜坐

遠寺疏鐘暗，初弦夜月微。松風清暑氣，竹露沾人衣。地勝全忘病，老來久悟非。如何林總輩，相率蹈危機。

禪堂前院蒼松

真共千秋老，不同拱把身。春風梳鳳尾，秋雨洗龍鱗。靈液長生藥，香花玉饌珍。西成子倍好，顆顆棟梁仁。

山門望雨

岧嶤白閣秀，崒嵂主峰間。一自乾方暗，倏然雲頓還。疾風翻白葉，急雨失青巒。西塞饑荒甚，可能遍九關。

乙亥夏攜童孫避暑紫閣山下大圓禪寺邑中閧鬧事大異尋常而積四十餘日尚無休期傷醇風之頓墜不覺蒼然成吟

多病欲忘緣，禪房戒倍堅。何圖囂鬧事，頓起太平年。

雨中收得紫松鱗

片片紫鱗落，蕭蕭細雨微。和丹顔色好，應是赤松衣。

禪房漫興十二首

時時溪繞寺，在在樹連天。終南雲萬叠，盡在石樓前。

奇樹多難識，珍禽不辨名。幽花與異草，隨意階前榮。

紺殿依松岑，清溪傍竹林。禪房客到少，應爲白雲深。

碧竹高而翠，清溪曲且幽。堂前老木槿，朝暮自開收。

新月如秋月，蒼松似畫松。爲憐松月好，坐嘯碧雲峰。

高閣臨谷口，清風晝日涼。北窗不待臥，然後到羲皇。

山靜暑無侵，炎氣驅已深。清涼簷下水，況復沁人心。

雨霽山光新，秋清更少塵。夜來松際月，一倍最宜人。

松月爲我照，松風爲我吟。風清清我骨，月朗朗予心。

簷前竹碧翠，階下水清淵。青山處處好，坐對欲忘言。

久厪山中想，今來慰乃心。不用急還家，此中有別音。

已向山中老，猶思老此山。不知殘歲月，造物肯容閑。

山門閑眺

萬井清如畫，千山抱似屏。白雲與碧樹，盡契幽人情。

對月

如坐玉冰壺，渾忘古佛殿。不用繪心譜，月明即本面。

題彌勒佛堂　有序

長春若暑，攜童孫輩就風紫閣禪院，田上人假我彌勒佛堂。棲遲偃仰，素月相對，見此佛裸腹自適，怡容寡愁，知其真得坦白灑落至味也。三人可師，一得可采，竊不敢以儒釋之界限之。六言一絕用示童孫。

坦腹當無宿忌，容容應斷新愁。假得師臺偃仰，肯仍貽卻師羞。

感旱

黄壤雍州上上田，向來三輔每豐年。如何穀價騰三倍，陸海於今轍旱乾。

送客人蜀

三巴雄關鎖劍關，兩川通在萬峰間。莫向誤溪詢易解，君平近住[一]射洪山（謂愧）。

即事

睡起仍如醉，穿林到水汀。雲移山吐碧，雨過樹添青。谷鳥吟晴日，鄰僧誦五經。悠然逢磐石，依舊坐如冥。

禪房

禪房本自靜，況復在深山。蒼松清予目，脩竹怡予顏。谷風與嵐光，一一滋心歡。即此到懷葛，超然出世間。

獨步

香閣凭山麓，青桃映碧巒。每從簷下望，如向畫中看。身與心兼寂，名同利並寒。所由辟穀老，當日晚追攀。

[一] 「住」，原作「佳」，疑形近而訛，遂改。

對紫閣

紫閣山頭日，光從東海生。紫閣山頭月，光從西方明。盡此山中物，孰不秉雙精。惟人尤爲貴，獨推萬類英。五德與萬理，炯炯性中成。今也欻來此，晨宵結山盟。倘如即昏昧，能毋負三靈（日月爲二靈，共山爲三靈）。

折得野菊付小孫

折得巖旁菊，清瀟亦自妍。一枝今付汝，莫作野花看。

山房雜興

奇峰直入雲際，紺殿盡依峰巒。廟外流渠走水，階前翠柏蒼杉。

溪邊緑竹偏碧，松下秋風倍清。岧嶤翠嶺雲臥，嘹唳澄潭鶴鳴。

深谷應聲若響，秋林寒露如冬。雨後紫峰偏艷，雪中紅葉倍濃。

崒嵂哉山之貌，清幽者寺之容。石室常無人到，山門時有雲封。

下界村莊歷歷，上方殿閣迢迢。每登石樓遠望，怳如身置雲霄。
福地山谿偏別，仙源風物不群。竹裏時鳴異鳥，峰頭每現卿雲。
夜月每同僧話，午風輒坐山門。更愛雨堂課誦，禪林規矩猶存。
不妨木石與居，有時鹿豕共遊。胸次渾渾灝灝，情懷淡淡悠悠。
共處無僧無俗，積時不忘不親。僧如懷葛世界，客似羲皇上人。

巖旁赤石竹

八月朔後三日午飯後，攜海福沙彌、勛兒循澗上窄徑，欲觀前巖之勝。見徑旁赤石竹一本，艷發小槲樹下，荒草之中。竊以無人自芳，有君子之操。隨口一絕，用示勛兒。

終歲憑槲蔭，常時任草封。秋深顏自艷，原不爲人紅。

贈大圓寺衆

地如曰鶴寺，僧似上皇人。爲緣機械盡，鷄犬亦相親。松樹仍雙樹，石城即化城。禪房老與少，盡是悟無生。到來已兩月，忘暑兼忘形。不須持半偈，已自超三乘。

後院雙松

貫歲修容千歲都，凌塵孤韻一塵無。雙雙只向山中老，不是當年上大夫。

山中雨後

白雲迢遞鎖禪扉，夜雨新經到客稀。林葉已紅秋色老，三邊征戍望寒衣。

紫閣蒼松示兒

有松有松紫閣巔，夏日傲日冬凌寒。挺挺沖霄無改色，迢迢歷歲常好顔。况有繁實延後裔，兼餘靈液醫頹瘵。吁嗟乎！天地生人授之中，生成萬物莫能同。堅操倘脆餘澤寡，能無踼蹐負蒼松。

尋山

秋山本可愛，經雨倍潔妍。山容與山骨，朗朗悟心顔。有時倚松望，不知松影翻。有時對山門，渾忘人往還。夜來交寒露，露滋若更鮮。扶笻出西林，攜孫陟巖巓。千峰如螺髻，無不翠連天。心目已澄爽，遂忘晷已偏。童孫若久饑，三至裾予牽。徑轉輒回顧，戀戀不能蠲。及乎過溪水，還愛水清漣。

夜月

雨後浮埃淨，秋星朗月稀。不知松影動，疑是院僧歸。鳥囀池邊樹，螢流竹畔扉。更深還似醉，不覺露沾衣。

雨後自家晚赴大圓

還山心轉切，驅馬渡荒津。落日秋風疾，揚鞭故道循。松聲如候馬，竹影欲迎人。皎皎圭峰月，新晴契倍親。

大圓寺院即事

紫閣山頭寺，終南第一峰。千巖輝白日，萬里入青松。精舍憑雲宿，石牀任蘚封。逍遥赤松子，幽夢每相從。

一刹通雲霧，三峰亘古今。常留石室在，待我臥雲岑。靜對空中日，閒調太古琴。翩翩雙白鶴，松際倍清深。

最愛溪清淵，經林到竹邊。風來山似動，雨過日偏妍。秋葉迎霜老，歸禽趁暮還。尚思攜斗酒，乘月眺前川。

自得山中意，渾忘山氣寒。有時松下臥，或向嶺頭看。猿嘯籬邊樹，鹿鳴窗外巒。由來聞見盡，魑魅任相干。

秋夜

竹露瀟瀟落，佛燈炯炯垂。松梢懸北斗，嶺外炳南箕。鵲轉林中樹，鷄鳴廊下籬。山人踵息好，穩睡似希夷。

山中即事

紫閣舊山壇，秋深萬樹丹。每行清水曲，獨對紫山巒。側柏充朝飯，緑芋代晚餐。老年揀擇盡，無地不身安。

雨中對禪院蒼松鷄冠悠然感心

松樹千年古，鷄冠半歲紅。山人通物理，老病亦從容。

松樹憑千古，鷄冠任雨紅。山人平等慣，客至亦從容。

獨坐

洗心惟學易，卻病欲忘緣。依稀林下坐，還是未畫前。

山中

對水玩清漣，登山眺遠天。晨宵教讀外，身世兩悠然。
萬壑歸溪淙，千峰信雨封。山中無一事，默爾對寒松。

山中雨候

紫閣朝雲映日紅，千山驟雨和西風。大圓寺裏新宮殿，盡在空濛煙霧中。

又雨

夜雨初晴雨又回，一回凝望一徘徊。長安有客還留滯，那得崇朝雨便來（時功尚滯長安）。

山中對問元客

或眺春山或溯川，也觀周易也耘田。華陰使至遊山島，不作騰雲駕海仙。

獨占終南第一山，白雲迢遞鎖青巒。大羅仙侶累相招，恥作南宫供俸班。

答元客

心頭無繫馭仙車，世境忘緣已到家。卻笑葛翁不解事，區區選地就丹砂。

中秋日山房新霽

積雪倏然散遠林，向來昏霧頓消沉。千峰嵐翠連天碧，萬里晴光徹地陰。竹影迎晴如揖讓，松風叶韻似歌吟。卻憐此夜圭峰月，不似天津繫道深（王文成會於中秋夜，證道於天津橋）。

與客談禪元

曾向禪門問路，也從道教尋宗。當念還元返本，霎時海闊天空。

與客談畢重訂諸孫

見性超乘超教，還虛無死無生。此是兩家生路，紛紛盡落紆程。

練氣原期見性，長生只契無生。惟命雙脩路叉，單傳直指塗清。

漫道兩家枯槁，原來出世因緣。要信吾儒異路，彝倫總會先天。

媢佛殊非通識，羨仙更屬無明。試念七情未發，此中何死何生。

秋深峰紫

季夏來紫閣，三峰蒼而清。心疑紫閣號，特自標佳聲。一自中秋雨，連綿五宵傾。乍晴登前閣，山容頓爾更。崒嵂羣峰上，紫英處處橫。更若秋霜落，紫艷當充盈。乃知終南誌，紫閣非浪名。以此念天台，原自有赤城。以此念帝居，紫霄定紫形。還念赤松子，應練丹心成。向時張子房，從遊感至精。兹余抱區區，自應通赤誠。

入前谷

雨過羣山曙，杖策呼孫童。趁此山光紫，相將望南峰。穿雲蹋山屐，拂露杖南筇。東巖竹垂碧，西澗木叢紅。徑旁朱石竹，花發艷獨濃。方謂行漸遠，當得碍更通。緣源未百步，峰回望轉窮。但見長流溪，潺潺鳴石中。相將問樵子，幾回眼始空。告我深谷裏，終無曠然容。直待登峰巔，萬里乃昭融。行行且止止，且止非吾慵。遷喬吾所願，入谷那堪從。

山中與勛兒偶論漢史

漢家帶礪賜真盟，麟閣諸臣最有聲。若就旂常較上下，元勳還數趙營平。

奔走禦侮功原大，寄命托孤勛更多。議獄全忘持入議，論功何事誓山河。

明君不廢情中法，仁后還伸義裏恩。霍顯逆謀縱不赦，可容伊尹更無孫。

涓流何足勝源渾，偏聽直忘師傅尊。漢家大運盡平孺，元氣實傷自孝元。

山中憶老友涇陽公張君因寄

酷暑真無奈，相將紫閣行。三孫隨杖撰，兩季結山盟。松韻詩難寫，秋嵐書不成。孟陽筆意好，何路寄遙情。

雨過峰峰靜，秋清在在嘉。山光今半紫，石蘚盡成花。況現靈雲掌（峰頭仙路更顯於華嶽），兼餘天半霞。何須東海上，迢遞覓仙家。

此地傳仙迹，石樓雲霧中。清溪還碧殿，緑竹映蒼松。經雨山容紫，迎霜柿葉紅。言尋辟穀處，丹竈有遺踪。

久斷攀龍夢，還憐歌鳳狂。不圖邑里釁，卻得山林涼。谷口偏多雨，禪房倍少忙。蕭然身與世，六月到羲皇。

日暮雨霏霏，呼孫早掩扉。孤燈獨對夜，憶得故人違。碧澗雙流暗，三峰紫氣微。相看皆老病，把手可堪稀。

秋逼重陽再攜童孫登紫閣西峰直造峰巔

西山多竹木，煙嵐倍鬱蒸。秋葉知霜近，黄紫趁節增。爲呼諸童孫，及時重一登。攀緣更攀緣，出昨更幾層。連天累累者，轉若俯罔陵。乾坤渾一氣，萬里無垠塍。但見山與河，如帶如畦棱。乃知前見眇，止爲登因仍。爲學正如此，日進識日升。登峰而造極，始信大道弘。吁嗟吾老矣，小子尚超乘。

哭旱篇　有序

旱天不弔荒疫，歷五年而未已。生平不解音律，獨當愁傷無聊時，不覺衝口而吟，積久浸多，暇日彙而録之，題曰哭旱，嗚呼！他日有采風而陳者，斯帙其鄭監門之流民圖乎！（己巳四月望日）

樹木須樹固，裁衣須裁長。長途預雨具，築室謹盜戕。寧令備不用，無使用無防。明明聖天子，翼翼奉職郎。郊天祀后土，豈不祈豐祥。天道不可知，積貯宜皇皇。

漢文重農穀，賈生條其便。積貯天下命，一語富强全。卓哉大傳識，王道探所先。賢哉漢太宗，聽受行郎旋。古人良已矣，班馬有遺篇。

西漢重循良，四海享樂康。貞觀覈吏治，寰宇富且强。總緣沛仁惠，有司代弛張。良斯惠實布，否且惠爲殃。九重遠萬里，安能一一祥。揀吏生民命，斯言信非狂。

憂旱　庚午五月朔十

積旱連三載，夏收亦又空。如何穀種晚，不雨終狂風。

積旱連三載，寡籌憂未休。渾忘草野士，夢上流民圖。
積旱連三載，結腸似九嶷。苦衷無可訴，夜夜叩蒼穹。

八月終旱

攬衣中夜起，幾度審陰晴。明知起無益，欲寐不能成。
傷哉西舍老，衰矣東鄰家。八口無升合，如何度歲華。

辛未仍旱

不謂年荒久，今春抑又荒。拳空空自苦，恨不爲癡盲。
榆皮貴似金，人命輕於草。草根人爭拾，嬰孩棄滿道。
焚香禱天地，天地亦何心。昔時膏壤野，荆棘盡成林。
千里荆棘滿，萬家煙火稀。誰將實災狀，圖上聖明知。

喜聞皇恩蠲賑

久旱甘霖斷，秋深恩詔頻。堪憐天道遠，獨賴聖朝仁。執物身須手，布仁君賴臣。皇恩深似海，還望簡賢人。

十月

不盡出門淚，難忘殣道情。夢中聞蛙噪，猶詫啼饑聲。

城市行人少，郊村晝鬼龐。昔時錦繡子，不死半他鄉。

壬申五月

萬川寂寞斷人煙，千里荆棘旱又連。螻蚋寧堪動上帝，夜來頻夢禱南泉。

讀白沙集樂歲呈楊大尹感懷書事首章仍步原韻　壬申

舍北歌童尩似鬼，舍南春婦無完裙。關中千里連連旱，何處今年是十分。

四載奇荒真亘古，三年洪澤孰如今。焚香靜夜祝賢令，莫負楓宸宵旰心。

久旱新雨漫題一詩索和温仲芳表弟　壬申七月附柬

久旱忽雨，殘黎殘喘有望矣！喜不自禁，隨口吟成一詩，僅取達意，宫商非所計也。仲芳夙與我同憂，知必與我同喜，閱箋隨和，幸無我辭！

酷暑連綿已四周，乾方忽送密雲收。由來陽倡陰斯和，且喜風輕雨未休。點點生身溝壑骨，絲絲續命仳離[一]儔。鞠躬祝罷排香水，萬姓重蘇此一秋。

喜聞皇恩更蠲租税隨口吟成口號一章　壬申十月二十

渥澤前年已疊疊，温綸今歲更連連。漢史欣傳文帝詔，而今萬姓戴堯天。

慰流民

荒院悲生事，哀啼動遠鄰。乍逢恍訝鬼，交語乃知人。把臂重增慟，寬愁故慰頻。莫須悲太甚，聖主多弘仁。

[一]「離」，原作「傷」，據詩經王風中谷有蓷「有女仳離」改。

雨後觀禾 癸酉

頭白五年旱，心關二麥成。雨餘扶病出，喜動結憂情。南畝禾須茂，殘黎食可憑。始知造物意，亦念我蒼生。

爲農今可活，夏穫應全收。千里將豐穰，殘黎脱遠遊。耕耘真帝力，樂利賴天休。轉悲流離子，新歸未有籌。

郊行寄侄

白馬鮮鞍韉，東行誰家郎。我有一尺書，煩君寄湖湘。有侄名王宇，小字曰海祥。年方□十八，紫色面微長。胡餅爲生理，托身市南坊。乃父亦□歿，乃母幸未戕，乃弟弱且幼，乃妻悲且傷。關中粟雖□，二麥將登場。況復聖天子，時時恩詔翔。死者長已矣，生者何可忘。欲歸尚早歸，他鄉非故鄉。

饑饉後逢故人

奇荒連五載，熾疫復三年。莫更問愁苦，年來淚已乾。

復愁　丁丑

如何旱既甚，虐魃還紛紛。夜裏不成寐，頻起望陰雲。

吾家既弗豐，親友復空匱。眼見大荒來，如何度此歲。

復憂

入秋已深，穀豆無望矣。惟菜蕎待雨，尚望半收。陰雨連日，風輒吹散，看看饑又至矣。問天無路，祈雨無門。倚楹愁嘆，觸口成吟。

已見秋蟬夏漸過，如何甘霖未滂沱。曾經兩旱頭頒白，不覺今來白更多。

三十經荒已白頭，如何未老更逢憂。卻恨此心昏未得，隻身空代萬人愁。

幾度欷歔淚未禁，一回輾轉喜相尋。兩臺應有汲公節，百爾孰無鄭監心。

擬征婦詞 有序

少時讀古征婦詞，止於怨將望夫，心不謂然。以爲止於如此，則何與乎性情之正；而詩之爲教亦僅矣。遂擬八絕正之。然詞不達意，固陋之譏自知不免。顧不知後世有删詩存教如宣尼者，見之去取何如也。甲子社日識。

庭院紛紛見落梅，樓蘭春色應初開。愁多夜夜夢偏舛，纔到陽關即便回。

都護勒銘在燕然，將軍耀武破祁連。丈夫塞外立功地，瀚海不清那可還。

瀚海不清那可還，建功立業在邊關。君見古來奇男子，幾人閨閣戀紅顔。

幾人閨閣戀紅顔，都護年高尚未還。男兒義氣輕身命，報主酬恩在此間。

寒霜冷露羈沙場，妾在長安煙火坊。聖主恩深春雨露，莫須回首念家鄉。

莫須回首念家鄉，身在疆場總要忘。人生百世終須死，裹尸還來骨自香。

男兒壯志尚蹁躚，賤妾時時暗禱天。但得功成歸里巷，白髮相對亦歡然。

功成旋里須焚黃，主澤親恩報始香。妾身縱向空牀死，一點靈魂亦自揚。

玉門曲

萬里長征計自難，百蕃歲賜費仍艱。真個漢皇聖神主，中興堅閉玉門關。

雪山不踐草痕平，瀚海無兵秋氣清。中國皇風朝百譯，輪臺那用更屯兵。

玉門西望虜塵空，關裏居人煙火叢。兒童須念龍頭樹，猶是漢皇培植功。

秋思

殷勤幾度寄征衣，霜落秋深鷹帛稀。莫是單于將款塞，大家待唱凱歌歸。

卷四

戊戌草

戊戌草自敘

甲申歸自江東，二年中更不復爲一詩。逮丙申以後西事浸興，軍需供億勞費倍常，暨以三邊荒旱延及三輔，流氓滿目，亦復民情在在囂然不安，遂不覺有感之鳴不能自已，故己亥夏有紫閣一草以志時遇。暨戊亥至今，有戊戌一稿備紀閲歷。然是自鳴其感，取於道志消愁，宮商節奏既所未詳。兼觸目動心，衝口輒出，扇頭楮尾，過輒〔一〕散遺。以是乙巳之秋，彙敘七八年來殘稿，僅得古近體若干首，但依歲次編爲一帙，更不復如前以類相從。嗚呼！是編也，境遇之順逆在是，家鄉之苦樂在是，即予學力之進退、情況之慘舒無不於是乎在。正可當予六十二歲以後，七十歲以前歷年紀略也。凡我子孫無視爲故紙而用以覆瓶幸矣！

〔一〕「輒」，原作「轍」，疑形近而訛，遂改，後同。

登臺　戊戌有序

塞外餉兵，緣塞苦旱，內地民情亦復在在而囂。今日之關中非復此前之關中可泄泄視也，然要之國計民生，皆於兩臺三公之身係之。則是此三公者上體君心，中計職分，下廑民瘼，任綦重矣。可自泄泄耶？登高撫景，蓋不覺悵感而殷祝矣！

重陽節届漫登臺（予登以節前三日），萬里秋空亦壯哉！華嶽峰連南極近，黄河水自西天來。五朝王業重三輔，八郡雄藩冠九垓。況翼神京關右臂，安危係重仗殊才。

即事　庚子九月念二

細雨逐秋暑未清，秋蟬苦傍熯風鳴。夜來獨喜得佳夢，應是今秋喇藏平。

重陽

籬畔黄花熯盡摧，登高擬醉意全灰。長房去後無人問，那得靈方出旱災。

行歸

草樹根皮處處無，殘黎何計守殘廬。夜深渾忘老眼暗，挑燈尚續救荒書。

翹祝

翹祝者，仰祝三巴賢監司、賢耆老也。數年以來，邊地荒甚，邊民就食西安者幾半。今也西安亦如此之荒，主客俱窘，日來無客無主，就食兩川者紛紛如織。嗚呼！西旱亦既云長矣，東旱無乃亦酷乎！老眼苦於未暗，目睹流離之狀，慘惻不可堪忍，無聊中作爲翹祝之詞。竊冀兩川賢大夫、賢地主沛仁惠矣。

饑行露宿已傷神，棧道連雲更苦辛。爲祝三巴賢地主，秦民本是國家民。

拖男攜女已傷神，劍閣登天倍苦辛。爲祝三巴賢地主，秦民原是同胞民。

荒中得復庵弟書於京師知於此荒極廑念調劑之殷詩以答之

奇荒殷祝雨，多病欲忘緣。身世情相戾，光陰日似年。長安書晚到，老眼燈前看。多謝賢親意，蒼生抱遠懸。

西來流移今尚不息而此方去年頓旱今年又荒天心真不可問矣悲而更祝情見乎詞蓋前此之祝在兩川仁人君子今日殷祝正在吾省汲公鄭監也

西鳳奇荒庚再逢（前此大荒，歲在庚午；今此大荒，歲在庚子），此荒恐與向難同。向來粟尚仰西北，此日三邊戶半空。

佛寺神堂半流亡，天行凍餒半凋傷。欲歸今尚無歸處，就食他鄉抑又荒。

涓涓不塞斯橫流，斧柯相尋乃巨憂。自古斯民大父母，每於未雨廑綢繆。

根本三邊國計存，況逢兩郡民情喧（連年處處民情囂鬧）。發倉端賴汲長孺，人告還憑鄭監門。

無聊

酷旱綿西塞，積歲復連城。流氓累累至，郡咽道如傾。死者長已矣，生者尚倖生。何圖至此地，此地旱重城。西人尚東奔，東人轉他營。倉皇向蜀去，漫浪赴楚行。去者仍旋返，往者還長征。東西南北路，紛紛類秋螢。有目不忍見，有心若爲情。有吏不可訴，有倉終無憑。嗚呼已焉哉，天心真難明。縱有堯舜主，阿誰達帝京。

殷訓兒曹

單衣乞乞，自營夕朝。敢厪奢顧，寤寐徒勞。
天賦秉彝，人有分量。專己遺人，便屬瘝曠。
况在爾曹，素切虚願。居平論人，刻薄是厭。
今雖無粟，一飯匪難。今雖無財，一錢豈艱。
值此奇荒，觸目淒涼。啼饑號寒，能無神傷。
以余衰暮，甘心枯槁。際此慘災，心焉如擣。
越俎繪圖，有如監門。親燈續書，直欲奏轅。
爾曹縱愚，亦皆抱子。爾曹縱賤，尚志即事。
尚其勉哉，志仁即仁。尚其戒哉，不仁匪人。

寄復庵弟於京師

天旱亦甚，獨得廟堂捐賑疊施，流移漸少。而寒家之時，荷保全尤爲倍深。古語有云「皇恩深似海」。嗚呼！吾鄉今日之仰戴皇恩不謂之似海也不可矣。喜而賦此，緘寄復庵家弟於京師，使其遥爲吾家吾鄉喜且慰耳。

三邊積旱罕耕人，西鳳今來旱亦頻。不是皇恩深似海，東民流盡似西民。

東民流盡似西民，口衆之家倍苦辛。不是皇恩深似海，兒曹也作劍南人。

冬寒倍常目睹流民凍餒之狀愴乎難忍而又束手無策嗚呼我生不辰逢此百憂乃知雅不自我先不自我後之怨爲發於情之不能自默也兩絕嗚哀又冀吾鄉仁人君子共聞余言耳

饑裏苦寒安有涯，東人雖餒尚憑家。最難流至邊頭侶，破屋圍鑪計亦賒。

五載流離口半亡，孑遺破廟作家堂。寒風莫禦饑難忍，啼號寧須待曉霜。

喜得　有序

荒景益慘，喜得廟堂慎簡良臣，始命漕臺施公繼命，光禄盧公察荒監賑，殘黎始有怙恃。近聞新命舊督西移，新督將至，蓋九重深明救荒以得人爲本計，故此擇人惟殷爾。窘急中得此佳音，頓覺更生之有期。拈筆賦此，不覺悲喜祈祝之交並。蓋悲者，悲已往之難堪；喜者，喜新恩之稠疊。而祈祝則在新當陜事者仰體俯育，懲往而勸來也。

異哉此一旱，轉從西而東(前三十年旱，乃從東轉西)。全陜幾萬里，流亡似斷蓬。更苦盜賊熾，處處横節萌(處處民與吏囂)。老稚塡溝壑，石斗虎狼同(民間但有積儲，往往見脅强暴)。衣冠縉紳裔，往往作冗傭。草根並木皮，在在蕩然空。九重真聖主，情形如目逢。渙然蠲正賦，淵淵轉鄰封。更明拯救本，賢良斯爲功。初擇漕臺老，繼簡光禄公。仁心義爲質，冰操玉作蹤。天心亦遂豫，霖雨頓渥重。穀成民有望，盜散流盡叢。兼聞新制府，慎選自宸衷。上而承君命，下且睹民風。斷知竭撫字，庶幾冀時雍。

頌聖

王聖由來臣盡賢，殘黎縱餒尚安眠。一年整整零三月，門上無人催稅錢。

立秋

薰風昨夜退，大火此宵流。一葉桐初落，蟬聲已帶秋。黍苗還眇眇，邊事尚悠悠。歷盡三年旱，更堪萬里愁（大兵未撤，於西征近邊漸有釁番）。

皇仁格天秋成有象欣寄復庵弟於京師兼祝同志諸公

幸矣秋苗穩象成，殘黎從此保殘生。九重慶豫寬宵旰，三輔歌呼荷聖明。書債姑容還他日，薄田從此付兒耕。衰年百念今全冷，但祝夔龍贊太平。

秋郊　同寄復庵

西渚蘆花白，南橋柿葉紅。山因久雨紫，水爲近霜融。稷契勛何限，顔曾道豈窮。穀登況在望，生計倍從容。

自感

黄粱[一]滾滾黍離離，正是西成滿溝時。三輔即今堪蜡賽，九邊何處尚鴻飢。原知大義無古今，近覺纓冠有是非（荒中以心迫而言，過後亦復念之心悔）。最苦民胞闕秉賦，德機擬杜終腸癡。

祝風

萬里飛騰不告勞，憑君爲我語天驕。四海全無饑饉歲，九重已將霍嫖姚。
萬里飛騰不憚長，憑君鄭重語龍驤。戰勝摧鋒如掃葉，功成奏凱更焚黄。

與友論孟子

五帝滔滔三代馳，七雄擾擾九疇微。先生特起存吾道，留得三才一布衣。

[一]「粱」，原作「梁」，疑形近而訛，遂改。

和友人秋渡渭橋

攙搶昨夜淨妖氛，占在西征奏凱聞。應是九重廟算勝，端知入座獻籌殷。秦邊終賴蒙恬力，漢將仍傳去病勳。迢遞虹橋通萬騎，可曾渡得飛將軍。

寄友代簡

累夏連秋旱盡空，南鄰北舍計偏窮。心從丙歲六年苦，耳到今年一倍聾。

八景　有序

秋苗雖成，穀收尚遙。流氓土著，窘俱難堪。因和友人初渡渭之章，不禁觸動前二十年一友索題八景之約。走筆撰造，漫得十章有奇。一則下筆時情之所溢，題有餘波；一則寄愁筆墨，可娛時目耳。如寫景志勝，而篇中往往波及邊事旱災，則根心之痛不覺緣感輒發，亦不自知其然而然也。達人且當笑予，仁人或當諒予也夫！

雁塔晨〔一〕鐘

清霜四顧廠遙林，冲漢丹梯擬再尋。積日塵悰結頓解，新秋隱慮感重深。東西噭雁鳴千里，邊塞長征歲六侵。咫尺長安賢督撫，晨鐘一倍省臣心。

驪山晚照

驪山密邇翼神州，復道當年恣勝游。萬乘臨幸嚇千帳，寸壤酬金窘五侯（近温泉一屋之地，千金莫得）。漢家徒艷朝元閣，唐代空傳走馬樓。獨得西峰紅萬古，金烏不改晚來秋。

太白積雪

金天浩蕩頓琳邱，積雪何須過九秋。漫擬通天白玉柱，將無特地修文樓。何人妙契通戛擊，幾見良工製璽旒。自是三公岳職瘁，秦人早念皓山頭。

再

終南萬里亘窮廬，獨柱金天玉柱孤。高望長江逐楚塞，西臨雪嶺帶星湖。不同耈面白頭老，自是冰心偉丈夫。爲問龍池三萬頃，可能霖雨蒼生無。

〔一〕「晨」，原作「神」，疑音近而訛，遂改。

咸陽古渡

秋日明河映畫樓，長安東望曉煙收。南來翠壁連天遠，北望荒陵匝地稠。滚滚征人逐逝浪，悠悠世故變浮鷗。興亡不獨阿房盡，漢苑唐宮〔一〕等逝舟（此前作彙附此）。

再

積雪遥瞻太白高，秋風送雁鼓寒濤。連天閣道迷黄甸，蔽日阿房咽白蒿。渭水即今通塞棧，秦中自昔賦同胞。如何土魯一番梗，獨使楓宸曉盱勞。

曲江流飲

十里陂池通御溝，唐家曲折引江流。曾聞緑柳叢桃樹，盡是官亭泛酒舟。勝迹即今隨逝水，詩人空自艷吾徒。端知一代風流事，要在明君賢相留。

華嶽蓮峰

奇哉嶽放金天花，冲漢青蓮九域賒。萬里騰延矯健幹，三峰歘聚綻蒼葩。靈巖處處妝嵐翠，峭壁時時現瑞霞。真是希夷仙品儁，高尋白帝作鄰家。

〔一〕「宮」，原作「官」，疑形近而訛，遂改。

再

古今圖志華嶽者紛紛，要是三峰如蓮初開而名。登嶽廟後閣，可一望而信也。至於希夷委骨，則賢者避世即此，骨亦不欲留之塵世，尤足尚耳。

莫向嶽蓮漫浪譁，鴻鈞造化巧無涯。尚開滄海結唇市，安得靈仙乏異華。結構神功兼鬼力，文章雲煥帶嵐葩。希夷果是超凡品，委骨仍屬白帝家。

灞橋風雪

灞橋橋下水西投，每際清明柳絮浮。惠日難消華表雪，和風偏度錦桃洲。乘春旅行紛悲喜，題柱詩名任去留。最是堪羞無義諺，何人挽水向東流。

草堂煙雨

草堂堂對萬峰開，霸主崇僧亦勝哉。自昔金鑾護殿刹，即今煙雨詫風雷。寶經欲盡閣將朽（經皆和金銀汁以書寫），玉塔徒存屋半摧。佛道興衰同幻夢，人間何事不塵埃？

感秋

浩浩蘆花望欲空，新霜入柿助顔紅。寒衣處處催刀尺，慘此西來野號鴻。

感事

四海一身豈易談，臣哉以此號鄰哉！要知王國公鐘鼎，爲養股肱耳目才。

忠藎斯無負主恩，循良始足顯家門。男兒萬世惟斯世，況是榮辱係子孫。

民爲邦本乃君珍，百爾誰非寄牧人。報君要得民安阜，豈獨區區潔此身。

漫向貪廉別劣良，操清職暗亦偏長。利害關民只反手，不明即利亦成殃。

録入秋小詩再寄復庵弟於京師

原知老至日無多，萬事經心寄逝波。獨以枌榆三載旱，每當無計輒悲歌。

輒有酸愁輒有詩，每逢吟罷每私悲。由來字字關心血，漫向三唐較和離。

行間字裏韞蓼荼，老淚於今幾盡枯。爲問玉堂賢太史，採風有當鄭圖無。

送客出門見鄰人子打雁而歸懇款祝之

一銲金鎗舊少鄰，邇來技妙更如神。勸君莫打隨陽雁，打得失羣最慘人。

原匹一乖耻更尋，知時還害智偏深。禽中此鳥獨全義，義鳥傷生太忍心。

陣陣成行迥入雲，稻粱不向野田分。本因畏雪離鄉土，何忍離鄉更喪羣。

每值冬寒遠雪塞，一經失配永孤零。我欲多留此義鳥，常過閨閣作義型。

又感

詩亡然後作春秋，詩寓春秋始可留。卻怪辭人咏義鳥，紛紛總向陣行求。

晨朝

布被猶足禦寒宵，鷄鳴不寐到晨朝。兒童莫解翁心苦，有報饑氓扣戶號。

滿目

如何旱已脱，滿目尚饑寒。直以輸將久，因之荒旱寬。一秋穀那足，積歲税重攤。獨賴汲公至，陳情尚未難（謂川東道胡公，今署府事，事事期益民生，爲三輔持賴）。

寒裏饑民咽道周賑無計不覺心之如刺仍用滿目原韻口占一律

離鄉饑倍窘，況值雪延寒。投寺簷誰戶，望門丐幾寬。何當粟萬廩，兼得厦千間。漫道衰翁鄙，果哉正莫難。

嘲林示孫　取外貌徒清中無實用之比

皎潔三琳樹，晶瑩白玉堂。瑤姿空自負，艷目不生香。

解嘲示孫　又取有資實用不須崇尚虛文

連宵雪罷又龍霜（秦人以雪後之霰，一名琳絲，一名龍霜，爲豐年上瑞），琳滿平田玉滿堂。但得豐年今有兆，瓊花何恨不生香。

盈盈瑞雪六宵連，映日龍霜瑞倍先。爲語兒曹邀里老，擎燈沽酒慶豐年。

冬夜送胡代言孝廉時以效力軍前入關過存　代言少宗伯作梅公季弟昔交楚中

甚矣吾衰別楚中，可堪十度易秋風。蕭疏華髮今全白，寥落寒宵此一逢。愧我迂懷輸甪里，惟君豪氣邁元龍。當陽四顧籌西塞，麟閣端須待偉功。

月裏再雪憶功兒襄陽之行　有序

功兒承中丞盧公高誼，資之搬取拙集板葉於襄陽。連日大雪纏綿不已。噫嘻！藍關雪擁，羸馬能前耶？倚門南望不禁長吟。

本道商山冬路難，藍關千里蹈冰艱。今朝矧值連宵雪，應是雪深擁馬鞍。

細數行程憂頓捐，今宵不用伴愁眠。兒今已去十三日，山路只消十二天。

再愁

朝來愁結總難寬，特遣�兒季主間。爲卜連宵大雪日，行人果否出藍關。

又雪更愁

何圖累雪雪還來，秦嶺堅冰那可開。爲問長安車馬客，襄陽曾有幾人回。

兒赴襄陽已四旬，一回雪至一縈神。早知今歲雪連月，悔不遲行待仲春。

過臘八二日仍雪倚門又祝

臘月只消二十日，商山卻過千餘程。莫須衝雪歸圖早，待得春和路易行。

老病

老病心何憾，人間幾鬢皤。獨憐好歲月，空此浪蹉跎。望道終無見，省身輒易訛。還思未死日，爲借魯陽戈。

老病心何憾，同窗我白頭。人情稔閱歷，世故飽經由。任運憑吾性，通天謝枉愁。獨憐飢滿目，終已寡良籌。

老病心何憾，同胞正可憐。徒欣旱已脫，轉苦[一]窘相延。百冗一秋穀，三春月半邊。新征兼舊欠，星火並相煎。

老病心何憾，皇仁亘古稀。恩雨恒投會，溫綸輒赴機。保赤前原切，誠求忍後微。況值良臣满，春耕省肯違。

雪裏得急走送至功兒襄陽書言李司馬傾蓋如舊兼際竟陵帶存王丈遇於襄署程候仍高情念舊亦眷存之厚獨以雪雨連綿歸期春冬皆不可知燈下即擬一論論所未盡托情韻語仍煩原人帶去襄陽

萬疊商山路仄傾，汝書未到可勝情。即今不恨歸來晚，喜得藍關雪未行。

司馬高情地主賢，襄陽仙令即當年。於今雪裏南州寓，喜得良朋次第憐。

未行還是一閑身，覽勝尋師得自親。難道襄陽千里內，邇來耆舊更無人。

且喜龐公老尚存（謂帶存王丈），客中懇款故情敦。吾見牀下即應拜，不待迢遥覓鹿門。

襄水樊原只舊封，惟賢自合悉賢蹤。當年水鑑閱人物，爲我殷勤問德公。

[一]「苦」，原作「若」，疑形近而訛，遂改。

時務原非俗士通，當年俊傑許隆中。倘逢水鏡莫輕問，首訪何人似臥龍。

襄陽本是聚賢鄉，名士猶應代發祥。元直於今誰氏似，士元果否產何方。

十里襄原指顧臨，秉時須到峴山岑。祠前莫後伸予款，涕淚沉碑過用心（叔子墮淚，元凱沉碑，異事同情。故此下章中或分或合，一羊一杜，原情寄慨，未嘗截然分段）。

滚滚死生似水流，悠悠古今類浮鷗。人生身後知誰是，何苦浮名身後留。

襄水縱流終逝水，峴山雖在亦浮邱。萬古一宵同幻夢，夢中何事浪悲憂。

弘名不朽賴勳弘，片石何言能帶聲。不是將軍饒事業，江碑縱出亦無名。

漢碣唐碑留幾何，邇來獨得去思多。淚碑只以墮淚在，不爾當年已早磨。

前章誦罷更重宣，真僞良枯混可憐。邇日豐碑叢若蝟，沉碑莫遣出重淵。

襄陽西楚控東朝，坐鎮由來簡俊髦。獨得將軍雅譽遠，至今聲並峴山高。

留得洪仁豈遂湮，當年義問浹吴人。即今父老還墮淚，一石真留萬古身。

吴南晉北正爭鋒，可得將軍緩帶從。正是藏刀含笑裏，吴兒癡盡轉歸風。

雅譽弘慈俗艷稱，深情厚貌我偏驚。巵言堪笑還堪味，應得將軍契九京。

十章一誦一呼名，誦罷還須告我誠。漫道豐川論太刻，史家論世貴知情。

雅情司馬重瓊瑶，爲我空言代木桃。明主今無愁展布，清時端不負賢勞。

今古雖云成代謝，襄樊總是舊山河。爲我臨岐酬茂宰，此鄉名士向來多。

德公顔貌近何如，十畝山田可似初。聞説襄陽秋種旱，先生能度此荒無。

關陜流移繁有徒，襄陽人曠土終疏。爲民父母須長慮，憲老仍須賢大夫。

殘臘

殘年倏去也，饑不去人間。啼餒挾寒苦，手援晝計艱。鄭圖徒自擬，郇字冀朋攀。卻恐勞魂夢，徒成瘁病顔。

偏見

胞與徒塵垂齠志，利濟空慚既老身。最是雙睛苦不見，寒冰偏見乞寒氓。

立春前一日示兒 是年臘月十九立春

越宿便送臘，相將復迓春。光陰真似夢，歲月善催人。渭北流移衆，塞西征伐頻。山林容病老，應感上天仁。

歲底送孫德符歸里 德符爲寒家西席

春來臘去早梅開，荏苒流光夢裏催。送君沽酒須成醉，直到明年共酒杯。

次宵再送兼寄其兄展成

青燈炯炯更重深，兩語叮嚀無限心。纘祖無忘明太保（恭介公丕揚，君之高叔祖），乘家合遡宋儒林（宋孫明復先生）。

老至經年如刻短，荒深度日似年長。從春混鬧毫無進，愧煞光陰夢裏忙。

半生徒塵志冲霄，老矣其如聖域遙。君家兄弟年還壯，升堂入室計尚饒。

聖狂分介只毫毛，舜跖岐途辨曉宵。好古如君通宋史，當年伊洛正同胞。

成春滋感

殘冬未盡已成春，悔舊圖新擬又新。防意期無慚屋漏，讀書雅不負前人。一生惕厲憂勤志，七十寧靜淡泊身（余再歲便成七十）。髮短頭童衰盡現，尚思策蹇步賢塵。

餘饑猶在倏成春，慘此流氓節屆新。客廟何緣修祖祀，殘羹亦俟乞仁人。邊長路遠無歸日，家蕩田荒僅剩身。獨得中丞新衆母，十年撫字仗良臣（光禄盧公新簡甘撫，得其久任，西人勞來安集有賴矣）。

呼兒

眼看殘臘去，三日便新年。汝曹營歲具，莫漫隨人緣。豐裕啬成鄙，單寒侈倍偏。還無貼鬱壘，餓鬼正堪憐。

又呼

新年流口倍無聊，丐戶投門應更饒。切祝兒曹立定例，三錢二餅答應號。

漫慮周急計莫全，汝曹但辨祀神先。即今夏服還無用，我有絺衫可當錢。

節晨那便望門投，饑裏挾寒更寡儔。如何辨得十千炭，元旦人周一火爐〔一〕。

除日

嗟此光陰真善更，四時如夢夢還嬴。可堪八郡寰中旱，已是六年塞外兵。醫病端須審臓腑，傳心況合盡微精。衰年不量精神短，尚欲殷勤訓後生。

〔一〕「爐」，原作「鑪」，疑形近而訛，遂改。

歲序忽焉除頓乘，流光可但子相仍。黄河亘地波同逝，太乙連天雪疊憑。荒後殘軀癯似鶴，老來百念冷於冰。獨憐萬古六經注，每欲删訂尚未曾。

除日又得功兒書

三得平安報，原知道路長（書來言李司馬因板數多，覓牛車三輛，由鴉路、魯山一路入關）。牛程應馬半，山寫矧冰妨。白福新知好（李君兄弟），韓城故族良（檀、車叔侄）。吾兒逢令節，今夜宿何鄉。

司馬果人傑，監車困上襄（功兒書言李司馬情操長才，棲郡佐者七年於兹）。七年誠蘖飲，三考自名揚。當代需才急，天曹覈品詳。不知經濟略，八政優何方。

元旦喜而且祝

除夜連天雨，正晨遍地霜。將無洗舊釁，特此布新詳。四海豐登滿，三邊鎧胄藏。衰翁荷帝力，暮景托清康。

此日履端日，皇州啟泰州。荒消農溥慶，寇弭威遐流。百爾協恭日，九重垂拱秋。從兹億萬歲，薄海一無憂。

新春三日四得功兒途中之報言李司馬送己酉返之日即得卓異之報五日内業已赴都板葉至家當在二月初旬喜聞佳音詩誌慶祝情之所溢不覺竟得十首

春至書重到，燈花燦若妍。兒歸有日也，公道果昭然。堪慶雙雙喜，真驚朗朗天。牀頭餘柏酒，盡醉徹宵眠。

始謂須三考，斯無負七年。孰知兒返日，便是公行天。五馬關中郡，三邊塞外連。楓宸方側席，竚望起名賢。

寰中分郡縣，太守寄山河。上計民爲本，拯時惠匪它。殘黎須撫字，幹濟視催科。辨得急中緩，生靈造福多。

天道豐年凶，民情苦樂兼。裕益端賴損，保泰正須謙。薄歛斯農厚，陟明始吏廉。古來考國裕，入境便堪覘。

吏以何爲貴，操廉自著聲。生民沾隱惠，門第藉光榮。歷古吉凶判，矧今黜陟清。即公返己驗，何事不分明。

皇家公爵禄，黔首托生成。寰宇惟千縣，郡封特百城。一身明暗别，萬姓福殃爭。自昔循良吏，操廉識倍精。

陰雨須先綢，苞桑係豫周。天朝聲勢赫，端的仗諸侯。山國清流逋，海防重上游。金湯成萬里，宵旰更奚憂。

吏理民斯貴，兵精國自强。文經非粉飾，武緯豈戈揚。吉士侯邦瑞，皇家萬紀張。賢良充上士，乃足報君王。

敬也西方士，皤然一老翁。讀書目[一]漸暗，聽語耳前聾。撫己衰將朽，感時氣似虹。連來繪旱狀，獨際中丞聰（司馬爲中丞門下士，故中丞爲司馬言拙集板事）。憐我精神寄，荷公道誼深。果然承推分，能弗勒丹心。霄漢情何極，瓊瑤報那尋。雙旌臨鄙郡，或得助甘霖。

新年四日

其矣光陰迅，忽焉又度年。憶前非我有，計後亦徒然。最恨經心久，終悲見道偏。不知殘歲月，天意肯相憐？

新春六日邀親鄰小酌

秋前豈自意，復此會良辰。痛定還思痛，神寧憶慘神。盤飧菲莫厭，杯酌數宜春。大有今頻兆，殘年保比鄰。

漫怨頻年荒，頻荒歲計長。皇家籌積貯，鄉里思流亡。憂患思無患，防傷思寡傷。君有攝養侶，寒暑幾曾戕。

酷旱何緣度，洋洋聖主仁。賑金頒弗吝，周粟運還頻。種備新蠲後，征停舊貸春。高天合地厚，更是簡良臣。

[一] 「目」，原作「日」，疑形近而訛，遂改。

指日元宵過，五年新舊征。秋收莫浪費，春稅緊於耕。況寄官家俸，仍需塞外兵。吾曹酬帝德，僅此報生成。

國憲昭如日，天心澄倍弘。絲髮不可假，巧智那能爭。近事即前鑑，古來本自明。相期教子弟，切戒和狼鳴（十年來，邑風有十狼五虎之號，老成憂之，無知者反尤而效焉，是可憂也）。

鄉風衰不盡，詩禮尚餘程。但係膠庠士，孰非廊廟英。希賢賢即至，尚古古疇爭。彪炳六君子，千秋藉邑榮（自漢以來，邑產賢者六人）。

擬賀盧公撫甘 有序

比年山陝連荒，九重側念惟殷，蠲租賑粟，仁渥恩隆，爰簡良臣分司賑救。光禄盧公特分陝省，至則萬慮惟周，一塵不染。凡所以宣上德而達下情者，靡弗周至。廟堂深鑑，忠藎特畀巡撫甘肅之寄。心敬夙荷公眷，既喜國家任重得人，兼欲少酬知己之惠，俚言伸賀，仍效芻蕘。

廟算殷秦籌，簡賢重上游。東人資衽席，西塞仰綢繆。萬戶蕭條日，六師磨礪秋。民安兵氣壯，方足慰宸憂。

三邊大父母，四府正公侯。況係攻車日，臣原賴壯猷。吁謨首積貯，辰告視韜籌。武緯文經業，非公更誰周。

國以民爲本，民惟吏作天。邊城氣壯日，牧守矢公年。漢著姑臧績，宋資清簡賢。總緣良節鎮，舉錯早無偏。

四鎮俱鄰邊，兵精仗將賢。況今師出塞，更合帥無前。專閫營平重，衝鋒驃騎先。甘涼多壯士，要在中丞憐（將來宜備檮巢。壯士此日宜備彈壓。健兵非精選邊上足智奇才，耐寒勇士，無以克奏。膚功有備無患，故書中諄諄及之）。

贈富平路來二君

春風吹杏綻前村，鵲噪枝頭客到門。剪燭西窗樽酒夜，千秋學術與重論。

寄襄城劉華岳　有序

壬寅春，襄城劉五弟華岳寄書與詩，累幅連章，情殷語摯，其末簡引東坡「與君世世爲兄弟，願結來生未了緑」句以申中心之祝。余捧讀一過，不覺淚之盈几，則作而嘆曰：「嗟乎！宇宙高懷，孰如吾華岳乎！」顧僕尚欲於未死之年，與吾弟再圖一晤，以終此生金蘭之契也。然計惟嵩山可共晨夕避囂證道耳，故作鈞聚嵩山五章達焉。其在雅詩曰：「中心藏之，何日忘之。」余詩東寄，余思蓋即與之俱東矣。顧不知天從人意否也？華岳子讀余詩，且謂之何？

雷陳氣誼荷高情，老矣東西吾弟兄。正合餘年圖聚首，奚堪茫昧計來生。

中天勝概萃嵩頭，尚欲驅車一共游。聞道奇峰二十四，不知何處可長留。

爲問閑閑七一翁，可能從我上嵩峰。休怪度歲無資借，五粒松花自產嵩。

松花松脂自仙糧，況有菖蒲佐饌香。吾輩縱羞沖舉事，也應心底到清涼。

極天嵩岳據天中，萬象含元毓那窮。何得千秋垂記載，區區獨讓一盧鴻。

訓兒　有序

此前原知旱應將至，每思爲耕餘之計，奈以虛計無成，臨荒終無分毫之濟。乃知事以斷成，虛願無益也。故今於荒之漸見，仍詩以訂之。

余家六十口，生計靠薄田。一自丙申歲，薄歉連六年。中更幾輓運，費視歲額寬。兼供軍前料，百需耗無邊。獨得皇仁渥，沛然亥租蠲。積困稍蘇解，共頌聖恩偏。天心真難度，兩旱東西延。四顧茫無策，老身倡作先。營田南山下，掘井澇河灣。費盡終年力，三方無一全。徒催一尺髭，虛耗典衣錢。向非聖明主，蠲賑更連連。不作三巴客，且流三楚間。今仍賴帝德，秋雨冬雪綿。穀登足糊口，黍收在眼前。痛已無忘痛，經顛應防顛。撫心滋前懼，記事訂來傳。天心不可恃，國恩豈常宣。勤耕而節用，積貯例宜堅。

勍兒讀書紫閣禪院前樓詩以勖之

三峰矗矗對高樓，千里山河到眼頭。况得聖賢日晤對，憑欄漫起望鄉愁。

山樓今是元龍頭，況爾高居最上頭。悟得升高憑一健，賢關勝域更奚愁。

和張令公弔先渼陂先生春雨亭遺像　癸卯

十畝園林地，蕭條剩數椽。亭銘翻陷壁（亭銘舊獨作前一照壁，今陷屋壁墻中），遺像僅中懸。春雨長年至，遺文無計傳。即今孟陽賦，讀罷倍潸然。

分秋名並斗（公以中秋十六夜詩「清光俄減一分秋」爲翰林所重，號一分秋學士），配李筆如椽。當時弘正子，名共日月懸。臺榭歸烏有，圖書莫盡傳。蕭然遺像在，相對兩凄然。

且坐留春色，行窩乏片椽（二亭俱毁）。獨餘春雨後，紫閣雅題懸（今棲像者，獨紫閣峰一室，春雨亭亦更不存）。浮世真如夢，榮華那久傳。達人觀大化，萬事祇悠然（令公老無子，今以家變寓此）。

和令公秋雨新霽獨坐西橋垂柳下韻

西郊新霽好，鍵戸下疏簾。策杖循前浦，緑橋較渚淹。重重華表柳，濯濯夜淋沾。南覆河邊寺，東來市肆帘。呼童沽酒飲，矯首對山瞻。念爾履中厲，惟余乾底潛。年年筋力鈍，日日歲時添。得醉還須醉，詩題信手拈。

初秋六日午後陪令公游釣臺即和原韻

望裏西陽晚，相將並轡來。積時重一到，小坐卻言回。不盡山川意，空留畫圖開。此生忙怕老，慚愧老僧杯。

十載今重到，還攜舊客來。欄杆渾欲盡，磴道轉盤回。坐裏山光晚，望中雨腳開。三農殷祝歲，貯望幾徘徊。

前此迫匆去，今還造次來。可奈山靈笑，仍隨逝水回。稻色遍留覽，城門向晚開。無能作釣叟，辜負釣魚臺。

中秋後五日手補丹溪心法破損

東離漸漸菊舒黃，八本丹溪手自裝。漫笑衰翁勤補綴，卷中饒有濟生方。

和令公留住西園避暑

一回經過一翻老，老我機忘任運遷。蒿徑重欣仲蔚至，北窗今共淵明眠。敢言學道同先正，尚有癡懷望大賢。最是結清難解處，秋深陸海尚荒田。

附令公原唱

蘿軒花徑意蕭然，談道論文日易遷。畏暑風前揮麈[一]立，乘涼月下對牀眠。歸仁宛與程朱近，閲世方知管鮑賢。拭目高旻甘雨沛，同過別墅看山田。

夜坐

餘齡倍簡易，夜裏不須燈。一從趺坐穩，不覺躁心平。耳送柝聲遠，鼻迎夜氣清。三秋貪靜寂，每每到鷄鳴。

[一] 「麈」，原作「塵」，疑形近而訛，遂改。

同孫德符至水磨頭囑兒

南山崒嵂北原平，處處清流繞路行。莫厭石林藏虎豹，白雪迢遞護柴荆。

和令公讀少墟先生集

宇宙奇男子，關中第一書。言言關道德，字字剖興除。别野收山色，草堂帶水渠。此間堪講貫，送老意如何。

和令公初秋登中樓文昌閣

冲霄高閣莫高臺，新雨一天爽頓開。欄外秋光連海岳，目前甲第幾資才。豐鎬依邇成周遠，亢旱重成飢象來。小邑盈虚胥萬變，登臨何事更徘徊。

和令公婁敬庵弔古

雲龍風虎談笑中，便學留侯[一]伴赤松。興劉要是推三傑，見幾還須數二雄。

[一] 「留」原作「劉」，疑音同而訛，遂改。

和令公遊白沙泉

亭午乘風至，相將細濯纓。珍珠隨地湧，白日正中明。魚向天邊躍（泉清澈底天色），雲從水裏行。何人能似此，徹底萬秋清。

和令公登顯靈臺

題詩泉上罷，還眺顯靈臺。碧水環宫去，青山撲閣來。禪房僧話畢，歸路夕陽催。淨土無因住，黄昏悵惘回。

重重登閣上，樹樹帶秋顔。稻壟臺邊水，夕陽雲外山。惟予筋力鈍，念弟鬢絲斑。況復風波裏，得閑且自閑。

題酒德頌

最是千秋隱現身，古來難定閉關人。一回醒罷一回醉，醒似佯狂醉豈真。

上元步月

上元新雨挹輕塵，此後月華頓似新。祇此秋光歲歲好，不知送老幾多人。

枝枝槐影盡分明，更得微風動似生。自是逢秋月自皎，豈徒新雨助光清。

和令公重陽日遊清涼山

終南萬峰峰峰峻，我昔結侶次第進。每見奇峰輒意往，便向山翁岐路問。五老[一]遊畢遊仰天，清涼雖小愛其近。中峰獨視羣峰高，三閣鼎峙入雲霄。四面無境不可見，四面無嶺不相朝。西望崆峒及吴岳，東眺華山與中條。登閣直欲御長風，人間何愁不頓消。況今欣值重陽節，勝侶如雲意興豪。惟君自可效留侯，即我何難到王喬。心空立地俗塵脱，漫疑仙界與凡遥。

和令公重陽夜飲

世事真如夢，人情日益幻。佳節尚不樂，俗情何日换。拈筆和君詩，滿酌還相勸。且醉茱萸酒，無然長浩嘆。

[一]「五」原作「吾」，疑音近而訛，遂改。

送門人

連宵暑雨漲前津，贏〔一〕得良辰切砥頻。此去莫須隳壯志，吾門現有晚成人。

和令公晤鄠邑茂宰

峨山同谷口，豐壤似桐鄉。山人真處士，茂宰自循良。交以文章重，情緣道誼長。千秋傳知契，蘭譜爛生光。

和令公經斑竹園次大復韻

終南千畝竹，聊騎過重重。且喜淇園主，相將林畔逢。指予黄閣下，正對白雲峰。此地松筠蒲，結茅可自容。

和令釣臺作

誰氏釣滄洲，結臺傍水流。雲山紛入望，鳧鷺向人幽。應是逃名侶，非同釣渭鈎。此間堪偃仰，何事終南頭。

〔一〕「贏」，原作「羸」，疑形近而訛，遂改。

和令公題羅什寺淨土樹　淨土樹相傳羅什經此傾履中臭土而生

奇樹留曇客，相傳是幻方。將毋同食針，胡不結垂芳。高柯欲凌漢，一株僅伴楊（自古皆二，今惟留一）。雙槐遺茂種，今贈種書堂。

和令公過二曲書院

弱齡喪嚴親，幾冠厠庠校。帖括僅剽竊，況能窺至道？悲哉二十年，捫藩迷茭奧。賴我高明母，殷勤義方詔。戒隨時風靡，督令先民效。繼聞二曲風，立身本誠孝。躬耕養慈闈，志弗戀廊廟。慨然懷孟母，忘其子不肖。斬然割私愛，遣之遠受教。臨遣每諄囑，務期學遠到。歲終歸省時，輒禁入喧噪。本其望子心，榮華非所樂。兼優知子哲，行藏能暇眺。謂是入仕途，未可容輕躁。矧乃學植荒，多因宦火燒。遂命謝青衿，擬從蘇門嘯。仍復念輔仁，端賴會同調。典衣鬻郭田，精舍竟烜耀。但得兒學成，區區何足較？其賴隸不力，兩紀曠黎照。賢哉張仲蔚，聞風切斐好。略我迂且狂，贈我猗蘭操。一昨經仙里，飽德飫詩要。別後縈夢魂，相期探林嶠。君也真信人，果來窮幽妙。尤感應求殷，不比他澒弔。更念同心難，復戀地清峭。長篇代誓言，結宇願依隩。人生等浮雲，所貴在養浩。從茲當擁篲，相迓共深造。

和令公同至太平山莊

數日園林同探，茲晨款假相連。中路來人傳信，癡兒久候村邊。

村酒殊無醽醁，山家饒有胡麻。重至漁人相導，漫愁迷路桃花。

勝客荒村增勝，清談茅舍加清。一接陽春高唱，如聞丹鳳霄鳴。

把臂渾忘城府，臨岐更訂歲寒。須似當年管鮑，莫成近日衣冠。

和令公草堂韻

看山輒欲醉，到寺每忘形（予每入寺觀，輒覺形神俱忘者移時）。況是高僧地，前峰萬仞青。凌霄留古檜，寶塔剩遺經。去去堪容隱，同予埋姓名。

和令公遊高冠峪

栗里先生戴鶡冠，霜深十月不知寒。捫蘿直入危峰裏，擊馬前山短柘端。

和令公鄠杜山水行

我家君之南，君家我之北。雖云阻川原，時如晤君側。反覆世態原蒼蒼，道誼心知歲月長。憶昨策蹇過德里，雪夜劇談世德堂。君家兄弟知我性，見心開誠無二姓。難兄冰骨弟玉姿，一天瓊琚相照映。自是交深非等閑，不言之誓重於山。君不見，磊落氣誼肝膽士，萬古傳型宇宙間。

和令公謁周文武二王陵

二聖萬古宅，展拜意虔哉。演易垂純節，拯民識變才。作求光世德，繼述範將來。昭穆三王序，追隨二輔陪。南山作案拱，渭水依堂開。歷代明禋重，興昭雲漢回。煌煌殷薦殿，鬱鬱序班臺。回首秦皇墓，千秋剩草萊。

送蛛摘網

青草滂邊生，飲餐豈待營。何事網羣命，殺生自養生。

殺爾吾心不忍，留爾飛蟲何堪。送爾蘆花灣裏，網羅慎毋重貪。

呼兒

殷勤懇款語兒郎，夜裏新聞倍異常。漫道瞿塘江路險，人情險巇過瞿塘。

聞都憲可亭朱公誤以賤名入薦剡書懷矢報

千山蒼翠兩川清（余邑居澧滂二水間），老矣無能負此生。夜來檢點酬知己，獨注六經萬古明。

寄襄城劉七一

節届重陽，雁仍南向。日念襄城，違離幾及一紀，而無由更一過往。去歲有書附寄七一，迄今二歲矣，亦竟未得回音。對境觸懷，不覺悵然成吟。吟畢，仍擬覓便遥寄七一。

離情一日似三秋，矧閱星霜一紀周。卻恨衰身不似雁，一年一度得南遊。

黄花每歲必重開，應是花神信令催。我有音書東寄去，如何二歲未曾回。

錦字縱無魚可寄，帛書尚有雁堪招。況我心知然諾重，回書必定過洪喬。

又感

春風從東來，秋風自西逝。瞬息萬里間，不數千里地。堪嘆人生不似風，咫尺襄城難重逢。

送客遊粤東

嶺南高躅推清獻（崔與之先生），海北清風繫白沙（陳獻章先生）。何路隨君伸一奠，歸途五嶺醉梅花。

清獻言行録尚在，白沙遺稿板猶存。爲我一詢瓊海老，二公風旨可能論。

觸感擬寄七一

半世洞庭思泛月，廿年嵩岳擬征鞍。人生不必功名會，一段清緣遂亦難。

嗟予七十明年到，吾弟即今豈少哉。萬事由來成一夢，何須更向夢中猜。

文章縱傳豈關我，勳業無時可浪尋。我向華山藉睡訣，君須寤寐弄心丸。

希夷本我家鄉老，康節即君梓里人。問道原無事跋涉，相師正是效先民。

莫疑鵬九修元客，漫道堯夫別派人。我自睡中養我性，君從醒裏錬君神。

漫興

身垢不清不潔白，心機不鍊不瑩真。死中正是真活路，敢笑元朝活死人。

天心絕四至無知，不惰心齋亦我師。擬養一靈到皜皜，他年鄒魯晤宣尼。

漫言學植與經通，老矣人間萬事空。區區惟有心堪賴，擬向華山藉睡功。

即事

衡門初起日曈曈，聞道鸞書第一通。爲語兒童莫浪喜，皇家招隱未招聾。

篳門圭竇厘良明，垂老逢時病且丁。兩耳不聰心尚在，可無芹曝獻愚誠？

皇仁徽旨早光臨，哲后中興温詔深。十奏那能伸百一，區區聊表報恩心。

本懷未擬效隨光，病不從心祇自傷。一奏惟酬一面對，敢言堯舜致君王。

再辭

實病應須奏實情，微臣哪敢冀微名。曾辭耳病十年矣，豈有十年耳轉明？

龍鐘尚可計行藏，況復官骸病半鄉。縱使衰身尚可免，耳聾何以對當陽？

豈謂有明記罕存，紛紛幾編協公論。縱使麟經繼莫得，也許陶鑄得龍門。

漫言野録備如林，更道國書義例森。三百歷年十六主，千秋公案定從今。

敢擬圖閑逸渺躬，何期高臥羨冥鴻。原来迂學筆無力，況到於今耳盡聾。

老矣逢會力寧逮，病不寬人只自傷。自此關心八大案，憑交班馬與穹蒼。

山居

插天山勢萬株松，占得終南第一峰。莫怪柴門常不閉，等閑時有白雲封。

林間陣陣鳴好鳥，巖畔時時見異花。莫怪終年客到少，等閑知契是雲霞。

清風入案迴無塵，皓月當空契倍真。莫怪終年不到縣，等閑風月可幽人。

翠嶺難形照旭日，碧峰那寫過新霖。莫怪經時不飲酒，等閑嵐翠醉人心。

文昌仙吏時來就，赤水真君共此庵。莫怪經年不食肉，等閑蕨术勝肥甘。

緼袍度夏日時久，布被經冬歲月深。莫怪不爐並不扇，等閑寒暑那能侵。

非參天上人間事，即讀三皇五帝書。莫怪渺躬綜宇宙，等閑萬古係吾生。

三封秘牘陳冢宰，兩度陳情達撫軍。莫怪於今成隱癖，等閑慚愧北山文。

時温論孟兩三葉，日訓童蒙四五人。莫怪深山忘世教，等閑教讀即經綸。

老矣

望七何能健再逢，區區兩耳矧全聾。得意千秋還孟子，關情四海付夔龍。

得勍兒都中書

隔歲營裝北赴程，成均初試尚留名。不售正勵讀書志，只恐時文汩性靈。

感烏

雙雙烏烏哺園林，感得衷情一倍深。我有雙親莫一逮，反哺真愧爾微禽。

莫解

入聞痛楚全如己，過眼餓寒輒內傷。萬事到來終可解，人間莫解是癡腸。
誰言通變全關己，漫道由人盡可能。自量癡腸冷莫得，當年摩頂或須成。

漫題

雙槐合抱對前庭，一度春風一度情。漫問先生何事業，童頭白髮且星星。

誌慟

成童便擬效先型，投老翻乖寤寐情。畢世辛勤成一夢，尋疑古訓未分明。（少讀古書骨肉以恩勝之說，又張公百忍之對，竊見先儒往往贊美。鄙心□□以爲然，遂不覺意泥滋毒，向使恩勝而濟之以義，□勝而濟之以斷，何至有今日乎？乃知善用古人者，正不得徒拘古語。而古人立言亦時有偏勝之說，以貽不善讀者之病也。讀書信理，可易言哉！）

一從初夏起狂塵，直到於今慟似新。縱使血誠酬仲父，終慚無計慰慈親。

百忍

齒豁頭童耳韻沉，雙睛獨得翳無侵。即今仍閉一隻眼，了卻生平百忍心。

漫興

秋風春雨一茅蓬，布氅葛巾慣夏冬。客至談心新似舊，深山機事本無容。

持此

颯颯全身老，悠悠學近荒。殷勤澄念慮，持此答窮蒼。

除夕 甲辰

七十明朝是，今宵僅舊年。不圖能至此，只合頌仁天。矧際昇平日，兼逢令長賢。所嗟心詣淺，踰矩正堪憐。

殘臘茲宵送，須臾又是年。一生惟盡分，萬事衹憑天。盥手披巾履，焚香叩祖先。呼兒訂歲事，不必乞人憐。

懸燈殘舊歲，爇柏迓新年。家家酒擬醉，處處爆連天。七十人間世，千秋孟子賢。撫哀還對照，那宜自心憐。

守舊除殘夜，迎新更到年。三更虔盥濯，九叩謝神天。聖代優怡老，諸兒雅望賢。邀靈良已厚，敢冀更生憐。

浮雲任往事，流水送殘年。本知全是數，何事更疑天。伯玉知非早，武公晚造賢。惟應師睿聖，珍重寸陰憐。

仍雜前韻續成七言二律蓋於時更有感愴不覺其言之煩多耳

甚矣光陰等逝川，滔滔宵去更新年。椒花重頌迎春夜，竹爆連鳴殘臘天。守歲那思來歲事，今人爭似古人賢(用仲範見規之言)。可憐回首追前日，祭畢先靈盡醉眠。

堪憐堪笑此豐川，倏然明晨七十年。稽古無成空抱志，撫時奚濟信由天。姑隨鄉例懸燈火，虔仿家規祀聖賢。殘夕欲除誰守得，呼兒永漏且安眠。

乙巳元日

曈曈曉日散宵煙，對對桃符逐戶鮮。幾回自向樽前笑，也得人間七十年。

悠悠歲月古稀年，檢點生平只自憐。六十九齡成一夢，當來何事是真詮。

稷契功勳斯罕到，孔顏性道始難幾。不知何代輕題品，七十人間號古稀。

蕭蕭白髮古稀身，笑此龍鐘轉際春。若問他年何課業，乾坤浩蕩一閑人。

元宵

火樹銀花接北樓，徹宵歌管徹宵遊。不是吾鄉賢宰令，人人爭似太平秋。

是夜獨邀德生表兄 予年七十德兄已七十有四矣

一壺市酒迓賢親，兩碗元宵手自伸。莫向良宵嗟歲暮，與君且醉太平春。

又七律一首仍用真韻

昔對衡門今比鄰，孩提攜手便相親。如今我已古稀到，君更七旬剩四春。從此無勞愁按劍，餘齡端可保如新。春燈遊冶兒童事，蠟炬清談我二人。

驚蟄雨雪

澇水冰消始半邊，蕭蕭雪雨趁朝煙。由來驚蟄清晨雨，必定春寒四十天。木炭經年爐裏盡，柏醪過節甕隨懸。曾聞老友辱車馬，檢點冬衣擬當錢。

寄勍京師　仲春初八

去春業憶汝，不覺更成年。楊柳全舒緑，杏花漸欲然。婚應完已就，館豈假無緣。今日春分到，如何稟未傳？

七十三朝滿，今春愈去年。飲餐加似少，筋力健於前。十卷完書解，三秋敘禮篇（書解卷初始完，仍擬於秋終禮纂之編）。

何人通大義，訂定萬秋傳。

況我慈親訓，言言期性瑩。即今冢宰志，倍表義方情。禄養終無逮，立身尚有程。數年如假我，要矢糞九成。

自此澄心意，相將底道瑩。時時思克己，念念欲平情。縱負千秋業，終期十駕程。餘生如不就，何計答生成。

賤辰前一日即事　二月初十日

小桃開罷杏花稠，七十明朝滿到頭。一事無成老至此，幾回感嘆幾回羞。

元宵纔過又生辰，令節人間何太頻。堪嘆昔人初制禮，不教惜事教勞人。

希賢希聖終茫渺，成己成人盡陸沉。爲懇親知莫浪賀，悠悠七十正傷心。

道岸難登真似天，流年莫挽渾如川。癡兒漫擬留賓客，客到稱觴衹益慚。

天性原無分老少，人爲豈遂限愚狂。倘得邀靈不即死，餘生黽勉答穹蒼。

賤日荷涇陽令公弟辱臨兼荷壽言壽卮十七史詳節之儀即席奉和即用原韻

十重豐蔀九重圍，未脱樊籠已古稀。此日羞看白髮秃，何心敢望彩雲飛？惟君著作藏名岳，念我風塵息世機。金石遞宣期歲暮，南山經水忍相違。

斑衣無復踵萊闈，何事人間到古稀。生不逢辰緣太蹇，知交要久車重飛。千秋金鏡東萊史，畢世心期漢上機。從此掩關細讀後，仙卮日醉欲無違。

再和令公十一日遊太史橋

石橋雨後畔，楊柳風中絲。太史題華表，陽春囀晛鸝。騷人真大雅，地主但龐眉。未得同樽酒，清燈夜和詩。

再和令公十二日〔一〕遊金峰寺詩亦用原韻 緣余以是日客尚多在未得陪行

直以酬賓劇，相隨阻勝遊。峰從望外峙，水向意中流。羨爾饒清韻，惟予寡浪愁。重陽肯再至，攜酒共林邱。

清明

七十盡消沉，清明愴倍深。一春雨露感，半世脊令吟。荆樹忽成槁，慈闈訓莫尋。墓前牽奠獻，辜負九京心。

春暮雨過登白公臺憶老友令公

終年稀出戶，策杖步陽和。雨洗山嵐近，麥舒野緑多。登高誰作賦，臨水只狂歌。憶我張平子，迢迢碧澗阿。

太乙臨臺迥，滂水繞岸長。日明四野媚，菜放一天黄。心與春相接，愁同老盡忘。孟陽推詞伯，可寫到羲皇。

〔一〕「日」字疑脫，今據上下文義擬補。

窗前於雨後栽棗占律示孫

今歲春光暖，棗芽朵朵嬌。爲因唊汝輩，特此培新條。深掘防秋旱，重扶畏雨搖。材堅堪任重，善護待豐標。

莫嫌斯本小，五尺便開花。矧見簷高出，還欣幹未斜。從兹食歲果，常借蔭窗紗。他日刊吾稿，傳家世爾家。

雨至移西院石榴之待去者

培爾從三尺，枝枝盡放花。只因栽太密，反覺地如賒。淪棄心奚忍，殷勤移到家。餘生既得所，坐見艷窗紗。

春暮沉沉雨，窗前隊隊栽。逢時應種樹，矧我植嬰孩。明夏花朝盛，他時果歲堆。年年逢賞月，賴爾佐金罍。

寄祝令公老友

永懷時入夢，遥望獨登臺。迢遞雲峰秀，嵯峨嶺畔開。聚星應此夜，拜手阻金罍。惆悵崧高意，北山頌有萊。

荏苒春分日，倏忽夏仲時。每逢新雨霽，如對曲江詩。最嘆頭雙白，何堪會更遲。金山紅葉滿，跂望餞佳期。

勍兒於京得山左素園林君爲友深承高誼規切此古道交也兒童赴都寄詩以祝蓋素園候銓邑宰不日有循良之責耳

青燈炯炯月西流，此夜班書撿再周。漢家守令知多少？獨得龔黄一輩留。

卷五

感興篇

感興篇題詞

感興篇者，余昔爲兒子輩致辨於道德經濟之大略、學術人物之梗概而詠也。蓋天地之故繁且賾矣，而其大者莫如道德經濟、學術人物。兒子輩年雖幼穉，業已入大學，從事聖賢之門矣。從此起腳，且望萬里。識見不明，必且路途錯走，路途錯走，必且貽誤終身。嗚呼！指之正路，而率由偏岐，子弟之罪也。指途早已不明，而欲望子弟之率由不差，過不且在父師乎？故暇日本蠡測之見，括千古道德經濟、學術人物是非偏全之辨，約以韻語，爲斯一編，用示兒子輩作適越之指南焉。嗚呼！父母之心亦殫且勞矣。

一至六十八

人道來頭莫浪尋，天生原爲代天任。不將人道全天道，辜負維皇誕降心。

二帝三王中道傳，孔門立教仁爲先。學聖不知學聖路，詩書誦讀亦徒然。

天地生人倫首重，古今成世道爲尊。人倫世道無關係，總得千齡亦浪存。

大道根心本自然，道心爲主即天全。如何講學諸前輩，每把中傳參別傳。

詩書道志政兼全，易禮春秋道器傳。聖賢雖往遺經在，透得遺經見聖賢。

漫靠陳編覓聖神，此身不到那能親。而今悟得明功內，須該篤行見始真。

掃清雲霧方呈日，淘淨泥沙始見金。學道寧專靠静坐，静中卻易見真心。

真方要得人真用，真用纔知方是真。印心貴在明經旨，苦欲經明印在身。

性體天生本大公，聖凡行處卻難同。率性原來固謂道，亦須見透始通融。

知性方能辨助忘，不知莫漫論存忘。若愁知性非容易，羅李相傳是要方。

拔地高山須有址，參天喬松豈無根。最憐譏訕心學老，一世刊書不信心。

程朱在在言心理，孟子言心又倍真。更若將心歸二氏，問君主宰是何人？

漫道真心難覓根，天生無欲即真心。如何昭昭羣經在，楞伽參同別路尋。

務學端須向本謀，本根立後效方收。不見古來樹木者，本根立後幹方綱。

由來性善本天成，也賴人功密且精。頓中有漸漸中頓，何得專從頓漸評。

漫道原明是本明，工夫不到豈能精。試看雲裏中秋月，必待雲清光始清。

見小之私誤大計，欲速之念誤功成。試看嶺上長松樹，豈有參天一歲成。

敬裏無營即屬靜，靜中有主敬斯藏。敬靜原來是一體，漫從敬靜分低昂。

心功豈謂敬非全，靜藥原因動擾宣。吾儒自有吾儒靜，言靜何云即蹈禪？

敬功固即靜中存，執靜設方教易渾。不是敬全靜有弊，溺靜容流異教門。

悟是悟修修踐悟，悟修之意即明行。明行既不容偏着，修悟如何可鬭爭。

修悟明誠是路程，能知實踐俱通京。九門原不限行客，何得專從南北爭。

大道融通本似京，四門便處俱堪行。最苦諸君行未遍，徒從門戶死相競。

身行未遍漫相爭，行過相爭尚是程。最苦紛紛未行客，聽人影響也相競。

莫須專向性天論，本體工夫非二門。問學原因尊德性，卻須問學始成尊。

莫須專向工夫論，本體茫然說甚尊。試看無米炊沙者，終日添薪未是飧。

博是通明約禮路，約乃身踐已通途。博約原成一貫事，漫分先後另相圖。

漫道儒禪勢易傾，儒禪道路原分明。吾儒若涉禪家路，祇是原頭辨未清。

下學無徒慕上達，功夫實到自圓成。若是功夫尚未到，蜣蜋何得望禪靈。

上達非從學外達，祇於日用盡人爲。此中消息無人見，知我非天更是誰？

聖道原來不限途，吾儒品根卻難誣。知天始屬奇男子，立命方成大丈夫。

須向心源爭取捨，漫從境遇辨涼薰。吾道原非薄富貴，只看不義如浮雲。

講明道路始能行，廢卻讀書路那明。不行若單靠書册，卻似關門講路程。

人生何事能離禮？廢禮何人尚是人？此禮原來非外鑠，三千三百盡吾仁。

是非好惡非人定，得失榮辱只自由。但使此心堪對聖，一時毁譽付千秋。

漫向聲稱辨聖狂，真心近道僞心亡。脱得鄉愿習氣盡，許君入道便升堂。

名見賊行賊不淺，利心害道害斯深。利心不獨貪財貨，一念徇人即利心。

名園欲護必修樊，節義森嚴道始尊。若謂論心不較事，名辱節敗道何存？

讀書原爲講行程，行後方知書有靈。堪訝前時諸故老，讀書只爲博鴻名。

讀書原爲達天常，理徹心明言自昌。堪訝當年韓柳輩，讀書只以供文章。

文章尚可憑空撰，理解殊難信臆精。語言若是無分寸，見理必然未確明。

聖賢不在讀書外，亦豈讀書遂聖賢。讀書止一學中事，莫謂讀書聖便全。

何名謂道何名器？上下優分道器名。道器由來只一貫，漫將精粗强相爭。

王霸分途莫漫評，高低只向假真爭。向非伯子真明道，千里毫釐豈是明。

六經布在非徒尊，繼述由來賴孝孫。堪訝荆公最嗜古，全忘政舉在人存。

政以人存人存政，不爲人存何貴人？若謂得人不在政，文武雖在亦誰論？

合抱參天豈無因？千枝萬葉縱由仁。若外此心論品格，外王內聖皆非真。

隱居原是舍而藏，非是一藏行便忘。不見耕莘釣渭客，便於伏處裕匡王。

根固枝葉始可茂，無根合抱豈能成？若離天德言王道，卻是無根望樹榮。

經綸即裕隱居日，事業斯光行義時。若是隱居無抱負，端知行義負人知。

行義原來行素籌，鼎烹本不到心頭。若但鼎烹無道達，深源夙望亦堪羞。

口誦心唯非但明，原期幼學壯而行。若是壯行行不去，定知窮理遠人情。

真樹便能生幹葉，真河必定運舟船。若云有體用微少，還是原來體未全。

欲求大用千秋欽，明體工夫須要深。試問沙洲根撥本，幾回能得幹千尋？

漫從文武分低昂，武緯文經非二方。不見本來一太極，原於動靜備陰陽。

吾道經中豈廢權，此權本即具經邊。堪笑孫吳全昧道，將權謂與詭相連。

功業同人難盡知，與仁同過正堪疑。不是設身真處地，立論雖正亦成癡。

進德原來祗視身，躬行端不靠他人。至如切磋爲吾輔，此事端須我近仁。

伊川朱子功原密，金溪姚江體自明。取長略短斯公道，何用紛紛鬪口爭。

天上日明仍月朗，地中山峙亦川流。聖途豈必燕秦道，單用騎乘不用舟。

人生爲貴非無因，生理真全始曰真。如何人道全抛棄，獨欲超然別覓身。

九族原來本一氣，五倫靡不屬天常。盡得倫常方是道，如何大覺屬空王？

察理方能此事知，逐聲終是己心疑。若云佛老不必讀，堂上如何辨是非？

讜儀千篇猶覺少，閑言一字亦爲多。漫從著述分多少，祇視文章皆若何。

禍淫福善盡由天，惠吉逆凶自古然。吾儒原不言因果，卻非報應竟茫然。

邪惡惑人邪教存，反經經正道斯尊。豈謂異端不必闢，異端先合辨吾門。

五帝殊歸道正同，三王異業心原通。歷觀往古人中聖，盡在憂勤惕厲中。

大道渾全本是天，明新止善那容偏。吾儒若欲追千古，須向學庸尋渡船。

附

讀尚書

萬仞有基方可造，千章無本豈能成。漫向唐堯羨事業，帝圖端的本欽明。

讀洪範

仁義一源容殊用，天人二致本相因。堯夫號善言天道，終讓箕疇天在人。

讀東周史

歷數非虛較繼禪，王綱振舉統方延。東遷未久同瘤贅，說甚周家八百年。

讀宋史

申商不雪亦成寒，房杜特堪備一官。伯醇不用民無福，最是乾坤一憾端。

天人

纔覺斯心一念萌，天心蚤已鑑真情。知得天人原不遠，存心行事自光明。

有命

孔子不能强得君，武侯亦正創三分。知得由天人力屈，盡人之外漫殷勤。

宋明諸大儒

蕩平大道本無垠，意必咸無乃聖人。諸公往往存成見，要是當年游夏倫。

讀西銘

焚香危坐課日程，厭飫優游神倍傾。宋代文章推四大，區區最契在西銘。

評濂溪

千古聖修衹此中，要知無欲即參同。聖道中興推宋代，一言已自（無欲故靜）冠羣公。

如何學聖一爲要，無欲之真即道心。□得道心聖道在，千秋聖路更奚尋。

陽明

□公豈是等閑倫，毀譽紛紛總未真。聰明絕世窮經少，正是真狂一輩人。

邵子

百源山裏苦思勤，算入毫芒古未聞。卻是箕疇通大義，天人子母不曾分。

讀史　漢代高文

除得暴秦酷烈風，陽春雪後易熙雍。蕭曹若識夔龍意，定奏平平王道功。

三章已變暴秦踪，漢業還推文帝隆。清淨自關天質好，區區反謂老黄功。

高帝戎衣力未遑，如何文帝未純王？ 似斯恭儉慚皇極，正是當年誤老黄。
恭儉豈謂兩漢少，寬仁自屬百王稀。 當年若得伊周佐，真是成湯可庶幾。

諸子衆流

聖澤即湮異教存，百家諸子竟殊倫。 融以純王皆有用，無須固拒自吾門。

主静

主静非徒身空静，紛紛萬變一私無。 説起静功即不信，便知心地少工夫。

元教

見性還元始到頭，真元每每笑庸流。 忠孝天常即種性，何不直從種性求。
大道真元須碎空，虚空並碎性方融。 既云元訣空階級，九轉七還更幾重。

禪教

至道無難嫌揀擇，此言一字未云差。如何又欲超三界，抛卻天倫父母家。

讀韓非

官家無法事難循，法意得人行始真。韓非真是不知事，衹重刑名不重人。

豈謂法亡意始良，春生秋肅乃純王。韓非亦是本周禮，但衹知周法度詳。

陽春本是生民廬，姑息之仁亦未蘇。知得秋成天道正，何須不閱申韓書？

漫道春生帝道昌，秋成正不害純王。申韓手寫君休怪，應取申韓作大黃。

補遺詩

垂釣

落落乾坤大，悠悠化日長。東風吹水面，萬頃盡文章。
只有天爲蓋，更無地礙心。浩蕩一生釣，爭知歲月深。
秋山洗夜雨，芳樹染遥林。嘹嘹東去雁，影入清潭心。
適情自適情，適情吾所好。釣魚自釣魚，安知年老少。
落日歷西城，滿地皓月明。渾忘天上現，只訝水中生。
夜裏沉星彩，朝來現物華。澄潭盡四面，逐日湧雲霞。
夜夜騰紅光，朝朝吐太陽。只宜地浩大，東畔接扶桑。

石蘚

巖巖石頭石，重重石上花。千秋共萬歲，只自伴雲霞。
巨像雲龍會，細形錦繡堆。窮工且盡巧，此手亦奇哉。
繪盡兩間態，變通萬卉形。只恐茂先博，臨圖莫辨名。
萬丈必雕繪，一拳也綉華。山靈無擇揀，不比畫工家。
荒山曾極巧，深谷仍餘妍。文章只自娱，寧冀世人憐。
何日鏤金碧，奚從施粉鉛。欲窮無問處，相對只淵然。
深沉奪染家，手棱似堆沙。不筆成奇繪，無根放異華。
方圓成象物，大小盡成形。山靈那得譜，爲我詰山靈。
映日花全顯，歸雲影倍真。山靈堪重謝，點綴萬山春。
卻笑少陵子，滄洲羨虎頭。豈知山萬里，壁比滿滄洲。
長夏寧愁日，隆冬不畏霜。漫說長春久，何如蘚放長。
白梅擅韻勝，黄菊傲霜傳。蘚花孰得似，無像不團圓。
萬仞盡騰空，狡猿啼路窮。何人施匠手，滿壁畫雲龍。
顧陸稱名手，他傳蘚不傳。端知人世巧，只取眼前妍。

有感

讀書慕古人，古人非漫造。顔氏苦爲仁，大舜酷行孝。以此千百載，芳行終堪效。高堂誰無父，降衷仁誰窈。其奈種種學，於此獨不好。萬代顔與舜，安得非絕調？

登武昌寓目

何事欻來此，真成一浪遊。相看春又去，應壓毋增愁。雲捲山如動，江長地欲流。最憐子舍客，隔歲未還舟。

舟過金陵

西風如箭送行舟，一點金陵南岸浮。欲問六朝無問處，相看惟有水東流。（兒輩讀是詩，以爲舟遇順風之景。倘如無風景象奚似？）

次日傍舟

東風不解送行舟，一點金陵傍岸浮。欲問六朝無問處，遠山江水兩悠悠。

昭君怨

爲語西河使，今朝緩緩行。燉煌雖絶塞，猶是漢家城。

元宵

山蔬村酒迓賢鄰，一歲月華此夜新。杯到莫辭須盡醉，人間難得太平春。

七十之年全盛世，上元佳節又清明。今宵不向樽前醉，笑倒當年漉酒生。

喧街歌管滿街燈，此夜金吾禁不行。四海昇平真有象，萬方燈火到天明。

憶野臣

點水蜻蜓立釣絲，江南客到更何時？故人不似春潮水，歸去有期來有期。

灞水感興　灞水原名滋水秦穆欲彰霸功因更爲霸然至今知此水之爲霸亦孰知此霸之爲秦霸者噫嘻千載迷人勞心經營□成人名類如此夫可嘆也

一水滔滔西向行，秦家彰霸更滋稱。即今滋水真名灞，秦霸徒彰滋水名。

夏日晨過紫閣山寺

朝隮趁清涼，支笻造上〔一〕方。山門射旭日，磴道夾新篁。寂歷雙廊靜，氤氳梵誦長。初心會淨土，不覺到羲皇。

雲半日明暗，松高露滴垂。萱妍石鼎畔，鳥囀槿欄時。扶杖重重上，怡懷步步遲。登堂聞梵鼓，點點契禪機。

自入山門裏，蕭然絕世塵。簷前水曲折，殿後嶺嶙峋〔二〕。掃地兒童慤，傍籬乳犬馴。老僧功課罷，語語會吾真。

崎嶇山村路，逍遙此一行。不須持半偈，已自超三乘。紫閣山光好，圭峰夜月清。結茅遂何日，惆悵若爲情。

〔一〕「上」，原作「土」，疑形近而訛，遂改。
〔二〕「嶙峋」，原作「憐恂」，疑形近而訛，遂改。

冬至

相看老至此，萬事付旻蒼。最苦目增暗，殊欣晷漸長。梓人添歲課，綉女辨紅妝。病叟研經義，無煩藉魯陽。

節序時終始，陰陽歲短長。誰能窮造化，祇合印行藏。觀復天心見，體乾君子强。文周闡易要，圖象付羲皇（通此義者，當於易旨進一解，並於邵子進一解。惜乎未能見康節一證也）。

秋去存幾日，倏然冬又中。人間寒始沍，地下暖全萌。一點無聲臭，三才兆始終。何人探理窟，爲我問鴻蒙。

登山

名山不可到，乘興到雲窩。直欲冲霄漢，寧徒愛緑蘿。夕陽西去疾，倦鳥北來多。今夜吾留住，峰頭對月歌。

紫閣山寺

嚴嚴東嶺朝霞秀，磊磊西峰晚翠多。今夜月明吾不去，凌風欲跨兩山歌。

三峰鼎峙似雲樓，黄白峇嶤聳兩頭。莫怪吾偏愛紫閣，三峰嵐翠待吾收。

秋雨新霽

最愛三秋蔚藍天，況逢新雨洗塵寰。呼兒爲點南窗筆，欲寫胸中一段緣。

春感

逢春歲歲悵蹉跎，病起晴窗匽浩歌。萬里南條開太華，三秦北界亘黄河。道開羲象乾坤大，治到周京宇宙合。西北坤靈原奥壤，鴻鈞本自鐘英多。

逢春歲歲只逍遥，倚杖西郊意未消。三輔由來稱陸海，九邊盡爲捍天驕。西河棋布重增府（西河諸衛所，今更置府縣），哈密星羅更樹標（哈密東南，今築城駐兵）。寄語臨邊良節鎮，羌番只畏將略高。

吞舟端的育東洋，七尺由來産豫章。棫樸芃芃壽考后，忠良衮衮〔二〕旌言王。未有君呼臣不應，何曾表竣影非長。豐鎬原是西京地，鐘鼓辟雍本故鄉。

周興吾陜始中天，父子君臣萬古鮮。一自狂秦湮聖脈，遂教西漢少鴻賢。弘農少厲關西氣，郿邑重尋理窟詮。自此堪

〔二〕「衮衮」，原作「滚滚」，疑音同而誤，遂改。

憐七八子，銀河終挽未東還。

除日

細憶一生事，如同水上行。一回風水順，一回逆浪生。順既心不喜，逆亦心不驚。七十人間世，祇信心爲凴。千秋名不顧，矧惜區區榮。獨憐六經注，辛苦晚經營。孔孟今已矣，何人一證明？

莫漫評今古，古今互短長。昨訝今人懶，近覺古人狂。無燈借螢火，苦油假月光。祇以圖榮顯，抵死半生忙。吁嗟堪吁嗟，士林竟留芳。名成利遂〔一〕矣，讀書苦不詳。試問魯論語，忘食是何腸？

七十前曾去，抑又二年過。無由挽日月，祇自愧蹉跎。

七十二歲歲暮

每嘆乾坤大，堪憐日月忙。七十人間少，况乃歲歷長。世少長生藥，誰留不死方？前途離性海，怡老更何鄉？

冬至陽生已謝冬，立春倏爾轉東風。世間盡逐忙迫老，余亦匆匆忙迫中。

〔一〕「遂」，原作「逐」，疑形近而訛，遂改。

東家漫羨西家強，南巷休嗤北巷狂。世間那有閑光景，貴賤窮通只共忙。

除夜

銀燈巷巷明如晝，椒酒家家飲到朝。堪笑終年忙不盡，除宵又是徹宵敖。

學博子蕃公屢惠瓮頭春

殘年自笑病爲鄰，獨荷高情雅惠頻。漫訝春醪明似釀，高情釀倍瓮頭春。

病起臨窗擬和篇，方愁鹿洞旨難宣。即今接得香醪醉，應有春風助筆端。

一飲一回滿腹香，人間老病總相忘。自少曾疑酒德頌，於今始解太和湯。

春日重游樊川

廿載結前盟，今春始再行。水因冰盡媚，山爲雪消青。楊柳長堤合，桃花彌望榮。重來風物異，仍覺種餘情。

一逕穿垂楊，遲遲不欲忙。況逢山水秀，正值煙花香。工□題詩處，山人寄隱庄。相期卜半畝，爲問爾韓康。

磊磊兩山高，灣灣一水朝。近山多緑樹，傍水爛紅桃。時有雲霞現，殊無虎豹驕。武陵托迹客，祇恐讓逍遥。

日暖春光麗，百花十里新。月明蟾影透，萬象一時真。深□□全異，端居更有神。不知餘歲月，果否許藏身。

愛此樊川地，長安五尺天。長安塵十丈，此地盡雲煙。指顧分霄壤，高懷托勝緣。即今栖息者，孰謂遜前賢。

緑柳蔭前堤，紅桃艷後溪。祇疑春爛漫，不辯境東西。翠竹多依道，山泉盡入溪。再來還有信，卻恐路重迷。

三川儼畫裏，杜曲擅神皋。樹裏花如錦，村邊蹊盡橋。人煙山上下，水樹影飄飖。桃李青蓮序，到來意盡銷。

未上山陰道，重來杜曲游。正逢妍景日，如同百花洲。處處□□隱，村村擬畫圖。無能結茅屋，俯仰愧前修。

奥境冠長安，天生一静廛。應憐勞鞅掌，特此假良緣。竹木涵澄境，雲霞爛曉天。青蓮且不到，只是醉羣仙。

雪裏投川契，春深寫老懷。誰知廿載後，乃始宿盟諧。人事真難料，天緣可浪猜。異時小筑意，還笑苦安排。

欲登金山又阻風清

何處峰飛至，洶波砥柱長。江風不借便，宛在水中央。

滯舟維陽者五日酷暑侵骨晦日易舟方欲就途始出門無大陰雲而雨者移時積日焰蒸爲之頓滌同送者咸歸天意如憐某之苦暑余何敢當然仁天之惠則特厚也口吟一絕用誌冥慈

何圖客路滯維陽，五日盤桓始辨裝。最是多情天上雨，微雲特地送人涼。

漁灣亭

漁灣若個是魚郎，緑柳碧筠六月涼。我來欲問垂綸意，一樹紫蘭滿院香。

漁亭亭畔草萋萋，滿院萱花三逕迷。壁上題詩人去盡，蒹葭掩映鳥空啼。

舟泊繁昌午夜聞有銅笛聲

萬里江光片月明，孤舟泊處暑難勝。何人夜半吹銅笛，動我華陽無限情。（范文正公游華陽谷，夜半聞笛聲，公曰：「此吹笛生三鼓始就，必高士也，惜無從覓而致之耳。」）

薄暮再抵黄州謁李華西先生遺愛祠慨然憶舊不覺淚之沾襟

樊山江外暗，赤壁柳邊黄。此夜月如晝，登舟意倍傷。故人乘冥尾，吾道日蒼涼。十載隔生死，西風欲斷腸。

由江將趨通山入豬波湖望興國尚遠而日已暮仍宿水次

青山環抱鑑湖開，煙水茫茫雉堞崔。一葉輕舟朝復暮，卻疑凌海泛蓬萊。

堪笑歸途已近秋，捨艫仍覓衝波艫。長江一過三千里，又入豬波萬頃湖。

竹山阻雨　在興國

迢迢澤國山爲欄，千里舟行翠巘間。秋風不管客行急，招雨留客又對山。

舟泊回風磯

已欣溽暑退，況復夜風清。萬里浮雲盡，一天皓月明。身心直並爽，暑病喜兼平。灑落今宵意，堯天正莫名。

夜過排風

歸路何時盡，憑舟兩月行。溽暑欣高謝，清秋尚夜征。犬吠村斯近，月輝水倍清。誰家作佛事，對岸萬燈明。

題通山署後亭

環城山萬疊，亭更結山頭。飛鳥從簷過，好風隨意流。雲霞通夢寐，竹樹共題留。莫伴淵明醉，踟躕意未休。

留別通山令金應枚

憶自相逢日，悠悠二十年。君原期志尹，余亦望希淵。辜負千秋志，蹉跎四序禪。君今將萬里，投贈祖生鞭。

入麻城界　金應枚弟署邑篆

急雨逢秋霽，舟行不可停。依然漢水白，還愛楚山青。入幕多英俊，居邦足典型。中元今夜月，應伴少微星。

班婕妤

自昔班婕妤一題，皆托於不忘君父。唐人飈葩掞藻，往往淫及望寵冀御。嗚呼！妒滋而怨生，其如三百篇之怨而不怒、忠厚悱惻何失原旨矣。暇日偶觸此題，聊拈四絕，顧不知有當正始之遺否耶？

對鏡渾忘照，看花不解香。終朝無意緒，昨夜夢君王。

丹桂凋晨露，嫦娥冷月宫。自應團扇捲，爭敢怨秋風。

聞説通宫語，官家病染身。朝陽無限姬，調藥知何人？

傳道日來事，君王病有原。恐驚長信夢，莫得大聲言。

塞上曲

籌邊籌將正非輕，上將伐謀不在兵。下寨要須逐水草，窮荒何處有安營。

誰言番國如吾國，漫道邊鄰似故鄉。長安春暮百花盡，柳溝垂楊始綻黄。

中元沙磧已飛雪，八月榆關便隮霜。漫道四時周四海，瓜沙冬境占秋光。

後磧猶如前磧白，千山盡似北山黄。一望枯茅無近遠，樓蘭那得有春光。

屯戍高原最上頭，每從雨霽望西洲。不知瀚海沙如水，衹訝銀河不肯流。

河套

枕邊本不同原野，臥榻寧容他客下。河套由來秦晋腹，單于那可牧番馬？

漢武雄功難再同，也須三受復唐風。不見前朝三百載，中原全力幾耗空。

寧夏

黄河東向抱城流，代代增渠稻倍收。一鎮三邊關臟腑，賀蘭況又近靈州（賀蘭山，材木禽獸所出）。

夏州雄鎮伏黄河，高岸長堤障水多。爲語將軍並大府，前朝城隮即洶波（有明哱拜据城，國兵即決黄河之水灌城而潰）。

萬里黄河一水灣，灣頭雄鎮冠諸邊。卻是賀蘭界外内，鮮卑逼近賀蘭山。

鎮城巍爾界華夷，河在東邊山在西。三夏長須防水患，三秋正要慮羌羝。

賀蘭山寫似長垣，截斷封疆不聽婚。不知天意成何意，百里重開二十門。

和令公踐約金峰之作即贈月印士人　余七歲時曾一至閣六十二年今乃再至

紅葉棲棲傍寺稠，乘風此日遂良游。禪堂仍舊依山砌，石磴從來傍水流。老我於今始再至，多君兩度散客愁。相逢更得廬山遠，留作溪山一勝邱。（朱考亭與陸象山泛舟鵞湖，顧而樂曰：「自有溪山以來，還有此佳客否？」令公詩伯，一年再至，今日之會亦良會也。可爲金峰生色矣！）

前到青山洗宿雨，今來紅葉映飛霞。石磴依然楷檜柏，長廊依舊畫龍蛇。最幸峰高馬可至，不愁前路日將斜。清宵細證西來意，應得天姬夜雨花。

贈月印

雲水清深便是家，仍聞靈異似丹霞。由來仙梵驅林虎，應是禪心降毒蛇。風到上方幡影動，月臨窗戶壁光斜。談空一話該三藏，還擬明春藉問花。

和復庵方伯弟白鹿洞用朱陸二先生唱和原韻　有序

自昔朱陸二先生鵞湖白鹿之會，象山見主尊德性，而文公之意則始終以操心，徑直疑其近禪。文公見主道問學，而象山之意始終以積累繁密，疑其支離。夫吾性本善，德性者即本體爲工夫，以善還善，徑直豈遂禪之徑直？體以工全，道問學者以工夫全本體，即教即道。積累豈遂支離之積累？善學者正宜於此虚心相受，不宜信意扞格。二先生微少虚心善下之意，遂不免於門廳意見之爭。嗚呼！此猶之乎游夏本末之見也。向使顔曾同堂而論道，當無此紛紛矣。今讀復庵弟和章「今古由來共此心」。噫嘻！今古共此心，即共此先天本體，不徑直即乖兹圓成，而非本來德性。共此心即共此後天工夫，不積累即逐處放佚，而非純一問學旨哉！斯言不事辯爭，不加調停，而可令善會者於二先生說油然解、淵然合也。屬而和之，統成五章，蓋以千古道脈攸係，不忍於吾弟草草放過云爾。

鹿洞鵞湖夙所欽，相將老矣尚關心。慚余逆浪窺廬阜（甲午秋，自江南泝流而上至九江，乘風西歸，僅得遥望廬阜），喜弟名言炳翠岑。德性圓成寧異徑，心工恰好豈浮沉？最憐一會留疑案，無處親承證自今。

四大名區炳四疆，於今鹿洞獨弘揚。本因矩矱規賢守，況際江山擅勝場。萬頃湖光浴講舍，千巖岳色籠鱣堂。地靈如舊絃歌在，木鐸還須仗紫陽。

王道東周已不行，微言至宋始分明。爲緣二老殊宗尚，轉使雙輪現缺盈。本體非真非正路，工夫不到不圓成。千秋公案何人判，直俟當來孔孟評。

吾道渾淪本似天，只由門戶裂宗傳。才猷德性分根柢，性道文章異諦筌。豈水無源歸渤海，誰材不具構淩煙。兩公近性標宗旨，終覺不符大學編。

老矣餘生衹俟天，終憐未遂證羣賢。可堪大道成岐路，無復真師示的詮。內聖外王兼始大，工夫本體合斯全。君看大學三綱領，聖域何曾一字偏。

寄祝張令公

鶴髮今奚似，詩編想已成。孟陽晉藝苑，平子漢才名。真覺殘軀老，端知道體清。一河同瀚海，可盡邇來情。

漢昆明池

滄池漭沆帝城邊，傳道昆明鑿漢年。武帝旌旗何是處，石鯨空傍月華眠。

小雁塔

衝霄九級摩蒼穹，夜夜晨鐘震滿空。長安近在鐘聲裏，幾個聞聲醒夢中。

題壁

晶晶夜月白，煌煌晝日明。日夜互照映，雅不棄柴荆。洪鈞連元化，惟人秉至精。豈云晚近士，遂減古人靈。禹皐贊帝德，地平逮天成。顔曾述孔業，傳道且守經。如何百世下，名儒如叢生。微論明良業，邈乎覩景星。即溯洙泗脈，浩如涉滄溟。惶慚重惶慚，惶慚不可勝。吁嗟空老矣，尚矢踐先程。

哭門人黄岡靖庶常[一]

西秦與南楚，本自天一方。雖云長晤難，書問尚相將。翳余區區士，師資奚敢當。中丞（海寧陳實齋詵）誤采聽，禮幣逮迂狂。余也謝母老，盛意愈周詳。直欲具軟輿，懇款迓高堂。並觀江漢水，遊子得侍旁。因茲余至楚，多士共質商。適時須制舉，翊運資賢良。濂洛溯洙泗，聖道始重光。本此育英士，殊才冀登塲。至今兩手書，奕奕輝文房。老母激摯意，嚴命赴楚疆。往來刻時日，壽期准歸裝。子思昔師衛，子輿曩見梁。人生感氣誼，何有道遠長。臘中驅笋輿，踰歲渡漢陽。正月念有八，迓入江漢堂。石虹名太史（黄安人，名希良），手筆燕許臧。實齋賢撫院，興學繼文常。本屬新知契，儼侶舊程張。是日課多士，題命四教章。二公於酒次，敦委發中藏。余僭伸臆説，咸謂意堂皇。自斯濟濟士，往往籍門墻。令兄首投契，吾子同瓣香。余愧文中子，賢昆媲董常。證語十二卷，至今成裝黄。雅念余母壽，殷思佐侑觴。公請太史撰，錦册製炫煌。一時知厚惠，義舉如雲翔。臨行倍依依，過漢始分航。余歸始踰月，老母竟喪亡。諸君敦古道，誄幛並牲腔。二千餘里外，

[一] 「常」，原作「熙」，據豐川續集卷二一答門人靖道謨庶常改。

高誼真難忘。逮余甲午夏，歸吳道麻陽。爲踐制府約，拙集擬謄張。吾契隨令兄，又顧自黄岡。校正存省稿，念日未旋裝。臨分繾綣意，追念每神傷。令兄今錦旋，正羡棣萼芳。如何遂萎棄，幽明限行藏。把書猶疑夢，老淚紛沱滂。最幸兩兄賢，諸孤仗庇勷。九原堪瞑目，關情減鬱惶。所嗟未廿載，張陳俱摧戕。念此心已割，老懷感難量。況如師生誼，肫切靡尋常。從兹江漢路，書問且渺茫。憑棺末由哭，愴愴結中腸。

祝令公生辰

甲第冠雲樹，清溪遶戶流。捻詩風入坐，濯足水時投。七十人間事，千秋雅製留。相看簷下桂，次第茂芽抽（令老新買一婢，爲立子計故云）。

元日辯餽

落落雲林容，蕭蕭遲暮年。欣逢歲改日，正值雪晴天。況有茶支節，無須酒似泉。猪肝兼匪嗜，敢荷令君憐。

南天竹　此君至冬始紅經霜不凋勁節與竹同德因德標號名以天竹始爲稱情

佳號此君同，真操共傲冬。語君莫望蚤，時到自然紅。
潔韻偏宜夏，丹顔必俟冬。不須嫌晚艷，誰比雪中紅。
並菊增朱艷，超梅傲晚霜。垂垂凌白雪，隊隊整紅妝。

天上無凡品，此君天上來。應知南院裏，親手大羅栽。
萬卉凋全盡，一叢艷乃揚。豈獨淇園竹，三冬始傲霜。
桂自月中種，竹從天上來。語君須鄭重，雙向書堂栽。

感嘆

羚羊須掛角，潛虬必骨換。積精苟能充，神理無難變。矧惟最靈人，智明氣仍健。如何終昏昏，髮白聖徒緬。

和岫庵令君秋雨見示之作

寒露迓重陽，千山盡秋色。夜裏新雨過，天地塵如滌。穀熟築圃場，端不借溝洫。萬寶既告成，二麥復種植。白叟共黃童，歡頌令君力。侯曰余何有，顧竭小臣職。

送同門傅子南歸

見君乙丑年，訝君志道早。惟予當是時，年齡亦甚少。相期在白首，彼此共聞道。何圖倏忽間，君衰余亦老。君過知命年，明年余亦到。君雖異昔日，究未遂深造。若予疏尤甚，學力倍草草。回憶前所期，辜負良不小。送君重送君，送君即長道。歲月不待人，轉眼便耄悼。更若天不假，虛度如何好。要休即今休，待了何時了？

除日

今日五十一，明日五十二。前此已空過，後此可造次？人生天地間，七十最稀事。縱復到七十，十八年易易。老驥伏槽櫪，角動輒勃跂。蒼鷹係絲韝，秋風思奮翅。男兒不自强，物類尚不啻。聖域與賢關，矧敢望其至。念此心欲焚，感此背如刺。援筆勵後效，勉哉此後視。

魯橋八詠

魯橋八詠，爲家弟遜功詠也。魯橋勝地，而得遜功則地益以勝。故八詠詠魯橋，不忘遜功耳。

碧澗雙流

碧澗年年不改，雙流歲歲常清。爲想新林雨霽，伊人於此濯纓。

翠峨晴雪

佳氣千秋靄瑞，奇峰萬仞蒼顔。爲想芸亭雪後，玉人獨對玉山。

西灣紅杏

一天霽日初融，十里杏花偏紅。爲想溪邊柳下，幽人坐嘯春風。

堰口夭[一]桃

爛熳雨溪之畔，冶妍一望而遙。爲想詩成錦繡，篇篇競秀夭桃。

寶氏遺碑　書出唐人

芳迹半緣人重，豐碑半借書留。何似碩人自命，嘐嘐自足千秋。

張公仙樹

霜皮一株千載，人人爭羡仙張。何似偉人建樹，他時在在甘棠。

名園晚噪

傍崖名園處處，臨流芳樹層層。爲語晚鴉莫噪，獨鳴須讓迦陵。

[一]「夭」，原作「天」，疑形近而訛，遂改。後同。

古寺疏鐘

落落寒松古寺，遥遥子夜聞聲。何似洪鐘千石，一任所扣爲鳴（遜功非獨精製舉家言，即詩歌古文詞靡不敏妙，所謂大扣大鳴，小扣小鳴者）。

又堰口夭桃二首

漫道武陵谿口，何言潘縣晴春。縱使丹青善繪，何如王翰詩新。

舞雩三三兩兩，春風淡淡悠悠。逸興劉明作侶，曠懷點也爲儔。

祝遜老

漸覺初心暗，翻憐向日狂。一從瞻旭日，遂已借餘光。萬古斯文事，千秋茂建行。相期共白首，無復計行藏。

送別遜功歸里

無限杯前恨，相逢又浪過。更堪期久要，遂已賦驪歌。仲淹傳經早，守溪得士多（遜功嘗有名山著書見懷，司衡羅士之想，故云）。臨岐還欲問，他日竟如何。

季秋望日岫庵明府邀遊釣臺　同坐者爲涇陽王遜功解元明府三仲

澇水遶臺去，終南撲面來。叨從彭澤醉，欣際孟陽才（晉張載，字孟陽，兄弟三人皆負才名，時號三張）。紅葉連山寺，卿雲入酒杯。爲因戀晚翠，月上未言回。

此日風光好，千山葉盡紅。況逢登眺處，極目水雲空。王翰詩詞健，岑參兄弟同。卻憐甘抱甕，也自伴從容。

雨後與遜功弟登眺澇濱白公臺

臺邇俯清流，風輕泛白鷗。遠山連野潤，仙梵入間幽（適聞鄰寺鐘梵之聲）。此日杯堪把，當年願盡休。行藏君莫問，吾意老滄洲。

除夕

臘向燈前送，春從子夜分。高堂欣尚健，諸子漸知文。否泰鷄前夢，窮通雪後雲（一歲中，居鄉不遂，又復染病。百事舛錯，不可勝言。然吾只以浮雲幻夢視之，且以爲天之玉我鍊我也）。一門五十口，和氣盡成醺。

堪喜春隨到，況餘椒釀香。爇檀除舊穢，爆竹迓新祥。

老母宣家訓，山妻辦酒漿。家康兼國泰，團坐視豐穰。

獨坐

爲愛青山結草閣，也戀緑水引流泉。窮經不覺身將老，課子還期道有傳。芍藥新栽滋雨露，海棠初放似神仙。何人月旦輕題品，浪擬當年魏仲先。

雪裏白梅

此君冰作骨，亦復玉爲顔。不知前此雪，得幾玉人看。

庚戌上元祭祖畢自嘆

千載情酤析紙錢，黄昏僾愾奠几筵。即今跪拜力全鈍，應是今年老去年。

故園不可見，想見故園春。楊柳枝枝舊，時花在在新。

圖書在版編目(CIP)數據

王心敬集/［清］王心敬著；劉宗鎬，蘇鵬點校整理．—西安：西北大學出版社，2014.12

（關學文庫/劉學智，方光華主編）

ISBN 978-7-5604-3556-5

Ⅰ.①王…　Ⅱ.①王…②劉…③蘇…　Ⅲ.①王心敬（1656～1738）—關學—文集　Ⅳ.①B249.9－53

中國版本圖書館 CIP 數據核字(2014)第 313468 號

出 品 人　徐　曄　馬　來
篆　　刻　路毓賢
出版統籌　張　萍　何惠昂

王心敬集　［清］王心敬 著　劉宗鎬　蘇鵬 點校整理

審定專家　駱守中　　**責任編輯**　黃偉敏　張紅麗
裝幀設計　澤　海　　**版式統籌**　劉　爭
出版發行　西北大學出版社
地　　址　西安市太白北路 229 號　　**郵　　編**　710069
網　　址　http://nwupress.nwu.edu.cn　　**E－mail**　xdpress@nwu.edu.cn
電　　話　029-88303593　88302590
經　　銷　全國新華書店
印　　裝　陝西博文印務有限責任公司
開　　本　720 毫米×1020 毫米　1/16
印　　張　78.25
字　　數　1214 千字
版　　次　2015 年 1 月第 1 版　2015 年 1 月第 1 次印刷
書　　號　ISBN 978-7-5604-3556-5
定　　價　280.00 圓